BRETAGNE

Marcus X. Schmid
Jochen Grashäuser

INHALT

Eine Reise ans Ende der Welt	10

Anreise 12
Mit dem Flugzeug	12	Mit der Bahn	15
Mit dem eigenen Fahrzeug	13	Mitfahrzentrale	16

Unterwegs in der Bretagne 17
Mit dem Auto	17	Mit dem Fahrrad	23
Mit der Bahn	19	Mit dem Pferdewagen	23
Mit dem Bus	20	Mit den Füßen	24
Mit dem Schiff	21		

Übernachten 25
Hotels	25	Die günstigsten Dächer über dem Kopf	28
Appartements/Häuser	27	Camping	29

Essen und Trinken 31

Sport 37
Wassersport	37	Landsport	39

Land und Leute 40
Geographie und Geologie	40	Bevölkerung	44
Klima	42	Wirtschaft	46
Flora und Fauna	43		

Wissenswertes von A bis Z 50

Geschichte 85
Frühzeit	86	Die autonome Provinz	93
Die Kelten	87	Die Französische Revolution	93
Die römische Provinz Gallien	88	Erster Weltkrieg	96
Die britische Einwanderung	88	Zweiter Weltkrieg	96
Die selbstständige Bretagne	89	Die Bretagne nach 1945	97

Bucht von Mont-Saint-Michel 98
Mont-Saint-Michel	98	Dol/Umgebung	113
Pontorson	107	Combourg	114
Pontorson/Umgebung	110	Cancale	117
Dol	110		

Côte Emeraude 124
Saint-Malo	124	Saint-Briac-sur-Mer	162
Dinard	142	Lancieux	163
Dinard/Umgebung	148	Saint-Jacut-de-la-Mer	164
Dinan	149	Saint-Cast-Le-Guildo	165
Dinan/Umgebung	158	St-Cast/Umgebung	170
Saint-Lunaire	160	Fort La Latte	171

Cap Fréhel	172
Sables-d'Or-les-Pins	173
Erquy	174
Erquy/Umgebung	180
Pléneuf-Val-André	181
Lamballe	184
Lamballe/Umgebung	189
Moncontour	191
Moncontour/Umgebung	194

Côte du Goëlo/Trégor 195

Saint-Brieuc	195
St-Brieuc/Umgebung	199
Binic	202
Saint-Quay-Portrieux	205
St-Quay-Portrieux/Umgebung	209
Paimpol	211
Paimpol/Umgebung	219
Ile de Bréhat	220
Tréguier	222
Tréguier/Umgebung	229

Côte de Granit Rose 235

Perros-Guirec	236
Ploumanach	244
Trégastel	248
Trébeurden	254
Trébeurden/Umgebung	257
Lannion	260
Lannion/Umgebung	264
Côte des Bruyères	267
Le Yaudet	267
Saint-Michel-en-Grève	268
St-Michel-en-Grève/Umgebung	269
Corniche de l'Armorique	269
Locquirec	270
Saint-Jean-du-Doigt	272
Plougasnou	273
Plougasnou/Umgebung	274
Cairn von Barnenez	274

Côte du Léon 276

Morlaix	276
Morlaix/Umgebung	284
Carantec	285
Saint-Pol-de-Léon	289
St-Pol-de-Léon/Umgebung	293
Roscoff	294
Insel Batz	300
Côte des Légendes	301
Plouescat	302
Plouescat/Umgebung	304
Brignogan-Plage	304
Le Folgoët	308
Lesneven	310
Pays des Abers	311
Plouguerneau	312
Plouguerneau/Umgebung	313
Aber Wrac'h	315
Aber Benoît	317
Ploudalmézeau	318
Ploudalmézeau/Umgebung	318
Aber Ildut	319
Lampaul-Plouarzel	320
Lampaul-Plouarzel/Umgebung	320
Saint-Renan	321
Le Conquet	322
Le Conquet/Umgebung	325
Plougonvelin	326
Ile d'Ouessant	326
Ile Molène	331

Rade de Brest 332

Brest	332
Landerneau	341
Landerneau/Umgebung	343
Plougastel-Daoulas	346
Plougastel-Daoulas/Umgebung	349
Daoulas	350
Halbinsel Crozon	351
Landévennec	352
Le Fret	355
Camaret	355
Crozon	360
Morgat	361
Telgruc-sur-Mer	363
Saint-Nic	364
Halbinsel Crozon/Umgebung	365

Côte de Cornouaille 368

Locronan	368	Lechiagat	397
Douarnenez	374	Lesconil	398
Halbinsel Sizun	382	Loctudy	399
Réserve du Cap Sizun (Vogelreservat)	383	Ile Tudy	400
		Pont-l'Abbé	401
Pointe du Van	383	Pont-l'Abbé/Umgebung	403
Baie des Trépassés	384	Quimper	404
Pointe du Raz	385	Quimper/Umgebung	414
Confort-Meilars	387	Bénodet	415
Pont-Croix	387	Fouesnant	417
Audierne	388	Fouesnant/Umgebung	420
Halbinsel Sizun/Umgebung	391	Concarneau	420
Pays Bigouden	391	Concarneau/Umgebung	427
Saint-Guénolé	392	Pont-Aven	428
St-Guénolé/Umgebung	393	Pont-Aven/Umgebung	432
Penmarc'h	395	Quimperlé	436
Le Guilvinec	396		

Côte du Morbihan 439

Lorient	439	Auray	483
Lorient/Umgebung	442	Auray/Umgebung	487
Ile de Groix	449	Sainte-Anne-d'Auray	488
Halbinsel Quiberon	450	Larmor-Baden	491
Côte Sauvage	451	Ile Gavrinis	491
Quiberon	452	Ile aux Moines	492
Quiberon/Umgebung	460	Ile d'Arz	493
Belle-Ile-en-Mer	461	Arradon	494
Carnac	468	Vannes	495
Carnac/Umgebung	477	Vannes/Umgebung	502
La Trinité-sur-Mer	477	Halbinsel von Rhuys	502
Saint-Philibert	478	Sarzeau	502
Golf von Morbihan	479	Saint-Gildas-de-Rhuys	504
Locmariaquer	480	Arzon	506

Côte d'Amour 508

La Roche-Bernard	508	La Baule/Umgebung	527
Guérande	510	Batz-sur-Mer	528
Guérande/Umgebung	516	Le Croisic	530
La Turballe	517	Grande Brière	534
Piriac-sur-Mer	519	Rundfahrt	537
La Baule	521		

Ostbretagne 539

Redon	539	La Guerche-de-Bretagne	549
Redon/Umgebung	542	La Guerche-de-Bretagne/ Umgebung	550
Rochefort-en-Terre	542		
Châteaubriant	545	Vitré	551

Vitré/Umgebung	557
Fougères	558
Fougères/Umgebung	564

Argoat ... 577

Fôret de Paimpont (Wald von Paimpont)	577
Circuit de Brocéliande	580
Paimpont	580
Plélan-le-Grand	582
Ploërmel	587
Ploërmel/Umgebung	591
Malestroit	591
Josselin	592
Josselin/Umgebung	598
Pontivy	599
Pontivy/Umgebung	604
Lac de Guerlédan (See von Guerlédan)	607
Mur-de-Bretagne	608
Guingamp	612
Guingamp/Umgebung	618
Le Faouët	622
Rennes	565
Rennes/Umgebung	575
Le Faouët/Umgebung	625
Carhaix-Plouguer	626
Carhaix/Umgebung	629
Huelgoat	629
Rundwanderung	631
Huelgoat/Umgebung	634
Calvaire-Tour – Umfriedete Pfarrbezirke	634
Landivisiau	636
Landivisiau/Umgebung	637
Lampaul-Guimiliau	637
Guimiliau	639
Saint-Thégonnec	643
St-Thégonnec/Umgebung	645
Sizun	645
Sizun/Umgebung	647
Pleyben	649
Pleyben/Umgebung	651

Etwas Französisch ... 652

Register ... 664

Kartenverzeichnis

Bretagne – Übersicht .... hinterer Umschlag
Rennes .... vorderer Umschlag

Aber-Küste 313	Halbinsel Quiberon 455
Argoat 578	Halbinsel Sizun 383
Auray – Zentrum 485	Huelgoat 630
Belle-Ile-en-Mer 463	Ile de Batz 301
Brest 334/335	Ile de Bréhat 221
Brignogan-Plage 305	Ile de Groix 449
Bucht von Mont-St-Michel 101	Ile d'Ouessant 327
Bucht von Morlaix/	La Baule 524/525
Côte des Légendes 278/279	Lac de Guérledan 609
Calvaire-Tour 635	Lamballe 187
Cancale – Zentrum 119	Landerneau 343
Carantec und Umgebung 287	Lannion 262
Carnac – Übersicht 469	Mont-St-Michel 103
Carnac – Zentrum 471	Morlaix 281
Circuit de Brocéliande 581	Ostbretagne 543
Concarneau – Übersicht 421	Paimpol – Zentrum 215
Concarneau – Zentrum 423	Pays Bigouden 393
Côte d'Amour 511	Pléneuf-Val-André 183
Côte de Cornouaille 369	Ploumanach
Côte de Granit Rose 237	und Perros-Guirec 238/239
Côte du Goëlo/Trégor 199	Pontivy 603
Côte Emeraude 125	Quiberon – Zentrum 457
Dinan 153	Quimper – Zentrum 406/407
Dinard 144/145	Quimperlé 437
Dol 111	Rade de Brest 332
Douarnenez – Übersicht 374/375	Redon – Zentrum 541
Douarnenez – Zentrum 379	Roscoff 297
Eisenbahnnetz 20	St-Brieuc 197
Erquy 176/177	St-Cast-Le-Guildo 167
Fougères 563	St-Malo – Übersicht 128/129
Golf von Morbihan 479	St-Malo – Ville Close 133
Grande Brière 535	St-Quay-Portrieux 207
Guingamp 615	Trégastel-Plage 250/251
Guingamp – Umgebung 619	Tréguier 225
Halbinsel Crozon 353	Vannes 497
Halbinsel Guérande 517	Vitré 553
Halbinsel Plougastel und	
Umgebung 347	

Was haben Sie entdeckt?

Haben Sie **den** Strand in der Bretagne gefunden, ein freundliches Restaurant weitab vom Trubel, ein nettes Hotel mit Atmosphäre, einen schönen Wanderweg?

Wenn Sie Ergänzungen, Verbesserungen oder neue Tipps zum Bretagne-Buch haben, lassen Sie es uns bitte wissen!

Wir freuen uns über jeden Brief!

Marcus X. Schmid
Stichwort „Bretagne"
Michael Müller Verlag
Gerberei 19
91054 Erlangen
E-Mail: mxs@michael-mueller-verlag.de

Zeichenerklärung für die Karten und Pläne

- mehrspurige Straße
- Asphaltstraße
- Bahnlinie
- Strand
- Gewässer
- Grünanlage
- Berggipfel
- Aussicht
- Allg. Sehenswürdigkeit
- Kirche/Kapelle
- Kloster
- Turm
- Leuchtturm
- Sendemast
- Felsen
- Campingplatz
- Information
- Parkplatz
- Bushaltestelle
- Flughafen/-platz
- Post
- Museum
- Telefon
- Ruine

Im äußersten Westen: Ile d'Ouessant

Eine Reise ans Ende der Welt

„Finis Terrae", sagten die Römer, als sie Gallien erobert hatten und von einer gischtumtosten bretonischen Klippe auf die Weiten des Ozeans blickten: das Ende der Welt.

Natürlich wissen wir es heute besser: Die Erde ist rund, und hinter dem Atlantik liegt Amerika. Doch wer im Finistère (finis terrae), im äußersten Zipfel der Bretagne, auf einem vom Wasser unaufhörlich gepeitschten Felsen steht und den Naturgewalten zuschaut – womöglich bei untergehender Sonne – kann die Römer verstehen, die sich hier am Ende der Welt wähnten.

Die zerklüftete Küste mit ihren Kaps, Halbinseln, Leuchttürmen und vorgelagerten Inseln gehört zu den beliebtesten Zielen der Bretagne-Reisenden. Die Bretonen sind vertraut mit dem Meer und dem ewigen Spiel von Ebbe und Flut, sie kennen aber auch seine Gefahren. In Paimpol, wo die Fischer seit dem 15. Jahrhundert zur *Grande Pêche* aufbrachen, dem großen Fischfang, der sie bis an die Küsten Islands und Neufundlands führte, steht manches Ehrenkreuz für einen, der die bretonische Erde nicht wieder gesehen hat, und das granitene Witwenkreuz dort ist ein beredtes Symbol für die menschliche Ohnmacht angesichts der Naturgewalten.

Überhaupt der Granit. Das uralte Gestein gehört zu den Bretonen wie das Meer. Vor 6000 Jahren richteten ihre keltischen Vorfahren riesige Steine zu ganzen Reihen auf, über deren Zweck bis heute gerätselt wird. Später, in christlichen Zeiten, war der Granit das Material für begnadete Steinmetzen, die daraus wunderbare *Calvaires* schufen, in Stein gehauene Passionsgeschichten mit oft über hundert

Rennes – quirlige Hauptstadt der Bretagne

Figuren, die das Schmuckstück der „umfriedeten Pfarrbezirke" sind. Doch oft überlässt man in der Bretagne den Granit einfach dem Meer: Der Spaziergang auf dem Zöllnerpfad von Perros-Guirec nach Ploumanach – leider kein Geheimtipp – führt vorbei an bizarren Felsformationen und skurrilen Figuren aus rosa Granit, die ihre suggestive Kraft besonders im Abendlicht entfalten.

Ziel der meisten Bretagne-Reisenden ist die Küste. Für Bad und Wassersport bietet das Land tatsächlich reichlich Gelegenheit. Aber auch im Landesinneren gibt es viel zu sehen. Neben den umfriedeten Pfarrbezirken, dieser einzigartigen bretonischen Spezialität, warten mittelalterliche Städtchen und Burgen auf den Besucher – und die von Waldstücken gelegentlich unterbrochene Heidelandschaft, in der keltische Druiden die Zutaten für ihre Zaubertränke fanden und wackere Ritter mittelalterlicher Heldenepen das Schwert in den Bauch des Gegners stießen.

Auch die moderne Bretagne ist eine Entdeckungsreise wert. Für den Touristen interessanter als die Industriestädte Brest und Lorient im Westen ist die quirlige Haupt- und Universitätsstadt Rennes mit ihren zwei Hochschulen und einer lebendigen Kneipenszene.

Es gibt viel zu sehen in der Bretagne und auch viel über sie zu erzählen. Am meisten über das „Ende der Welt" aber werden Sie von den Einheimischen erfahren. Die Bretonen gelten als leutselig und trinkfest, und wenn ein Bretone Sie zu einem *Chouchenn,* dem nach uralter keltischer Tradition hergestellten Honigwein, einlädt, lehnen Sie nicht ab. Er hat Ihnen bestimmt eine schöne Gesichte zu erzählen.

Degemer mad! – Bienvenue! – Willkommen!

Fahrrad der „Zwiebeljohnnies" in Roscoff

Anreise

Mit dem Flugzeug

Aus dem deutschsprachigen Raum fliegt kein Linienpilot seine Passagiermaschine direkt in den Luftraum der Bretagne. Erst von den Pariser Flughäfen Orly und Charles-de-Gaulle (Roissy) starten Flugzeuge in den Nordwestzipfel Frankreichs.

Der Preisdschungel von Flügen *aus dem Ausland nach Paris* ist schier undurchdringlich. Ein gutes Reisebüro hilft weiter, oder man klickt sich ausführlich durchs Internet und findet mit etwas Glück ein Low-Budget-Angebot.

Linienflüge innerhalb Frankreichs: Am Pariser Flughafen *Charles-de-Gaulle* landen die internationalen Flieger. Von da ab begeben Sie sich in die Hände der *Air France*. Reisende mit dem Ziel Rennes können bei geschickter Planung gleich von hier weiterfliegen, bei weniger geschickter Planung nimmt man den Transfer nach Paris-Orly in Kauf. Für alle anderen bretonischen Flugziele (Brest, Lannion, Lorient, Quimper) müssen Sie sich nach *Orly* begeben.

Der *Flughafenwechsel in Paris* ist etwas umständlich. Der Flughafen Charles de Gaulle (internationale Flüge, einige Inlandsflüge) liegt in Roissy, im Norden der Stadt, der Flughafen Orly (Inlandsflüge) im Süden. Die Fahrt von einem zum andern ist sowohl mit dem Bus als auch mit der Bahn (*RER*, umsteigen in *Saint-Michel/Notre Dame*) möglich. Drei Stunden Umsteigezeit sollte man alles in allem einkalkulieren, oder man sucht sich gleich ein Hotel und macht sich einen schönen Abend in der französischen Metropole.

Für Reisende aus Südwestdeutschland, Österreich und der Schweiz kann die regelmäßige Direktverbindung *Basel/Mulhouse/Freiburg–Rennes* interessant sein. Sie wird von der in Caen (Normandie) ansässigen Chartergesellschaft *Chalair* wahrgenommen.

Preise: Der Hin- und Rückflug ab Paris in die Bretagne kostet je nach Zielflughafen 210–250 €. Der Hin- und Rückflug von Basel/Mulhouse/Freiburg nach Rennes schlägt mit ca. 360 € zu Buch.

• *Generalvertretung der Air France* **Deutschland**: in ganz Deutschland erreichbar unter ✆ 018.058.830.830.
Schweiz: Kloten Airport, ✆ 044/439.18.18, ✆ 043/816.56.06.

Österreich: Kärntner Str. 49, 1010 Wien, ✆ 01/502.22.24.00, ✆ 01/512.79.12
• *Chalair* Aéroport de Caen, ✆ 0033/2.31.71.26.27, ✆ 0033/2.40.84.95.37, contact@chalair.fr, www.chalair.fr.

Billigflieger: Nicht abzusehen ist die Entwicklung auf dem Markt der Billigflieger. Ryanair hat den Reigen mit den Zielflughäfen Brest und Dinard eröffnet – allerdings nicht von Deutschland, sondern von England aus. Vielleicht ziehen andere nach. Die Programme der Billig-Airlines wechseln relativ rasch, und so bleibt ein Stückchen Hoffnung erhalten.

Mit dem eigenen Fahrzeug

Zwischen Straßburg, der östlichsten Großstadt Frankreichs, und Rennes als Tor zum äußersten Westen liegen etwa 820 Straßenkilometer, die Sie wahlweise auf gebührenpflichtigen Autobahnen oder auf kostenlosen Nationalstraßen zurücklegen können.

Wenn's mal kracht: Die grüne Versicherungskarte ist offiziell nicht notwendig, doch sie sei dringend empfohlen, da sie bei Unfällen und Verkehrskontrollen oft verlangt wird.

Mehr zum Thema Autofahren in Frankreich (Pannenhilfe, Verkehrsregeln, Autoverleih usw.) siehe *Unterwegs in der Bretagne/Mit dem Auto*.

Die französischen Autobahnen sind mautpflichtig. Wem es auf einige Stunden nicht ankommt und wer Geld sparen will, kann ohne einen einzigen Autobahnkilometer über die Nationalstraßen in die Bretagne gelangen – manche Strecken sind drei- bis vierspurig ausgebaut, andererseits sind die vielen Ortsdurchfahrten nicht jedermanns Geschmack – und schon gar nicht derer, die in den Durchfahrtsorten leben. Tipp: Zur Mittagszeit und in den Abendstunden ist das Verkehrsaufkommen merklich geringer.

Anfahrtsrouten

Folgende drei Hauptrouten führen über das französische Autobahnnetz von Deutschland bzw. von der Schweiz in die Bretagne. Kleinere Abweichungen im ersten Streckenabschnitt hängen vom jeweiligen Wohnort ab. Die Bretagne ist für Deutsche geographisch hinter Paris gelegen. Wer in der Metropole weder essen noch im Stau stehen mag, tut gut daran, sie großräumig zu umfahren.

Von Aachen (Norddeutschland): Über *Lüttich (Liège)* durch Belgien, hinter Mons Einreise nach Frankreich, dann auf der A 2 weiter, nach *Valenciennes* auf der A 1 (Richtung Paris) weiterfahren, nach ca. 75 km auf die A 29 (Richtung Amiens) wechseln, auf dieser bleiben bis hinter *Le Havre*, wo sie in die A 13 (Richtung Caen)

mündet. Bei *Caen* über die N 814 auf die A 84 (Richtung Mont-St-Michel). Von hier aus der Beschilderung *Mont-St-Michel* folgen. Der weltberühmte Berg liegt an der Grenze zur Bretagne.
Aachen–Mont-St-Michel: 714 km, bis auf die letzten paar Kilometer alles Autobahn. Mautkosten; 27,80 €.

Von Saarbrücken (Mitteldeutschland, Teile Süddeutschlands): Über die Grenze und auf die A 4 (Richtung Paris), nach gut 200 km bei *Châlons-en-Champagne* – um einem Stau in Paris auszuweichen – auf der A 26 Richtung Süden bis *Troyes* (knapp 100 km), von dort auf die A 5 (Richtung Paris) und nach 70 km auf die A 19 (Richtung Montargis) wechseln, nach 30 km die Autobahn bei *Courtenay* verlassen und über die N 60 nach *Montargis* und weiter bis *Orléans* (das letzte Stück autobahnähnliche Schnellstraße). Nach Orléans über die N 157 nach *Le Mans* (ca. 140 km), wo man auf die A 81 stößt, die über *Laval* nach *Rennes* führt.
Saarbrücken–Rennes: 800 km, mit größeren Abschnitten auf Nationalstraßen, Mautkosten 34,60 €. (Zum Vergleich: von Saarbrücken über Paris nach Rennes 739 km, Mautkosten 50,70 € und Staurisiko).

Von Basel (Teile Süddeutschlands, Schweiz, Österreich): Über die Grenze und auf der A 35 nach *Mulhouse*, weiter über die A 36 nach *Belfort*, dort die Autobahn zugunsten der N 19 verlassen, die über *Vesoul* nach *Langres* auf die A 31 und gleich darauf auf die A 5 (Richtung Paris) führt. Bei *Sens* von der A 5 auf die A 19 (Richtung Montargis) wechseln und weiter wie oben (von Saarbrücken), bei *Courtenay* von der Autobahn runter und weiter wie oben (von Saarbrücken).
Basel–Rennes 816 km, mit größeren Abschnitten auf Nationalstraßen, Mautgebühr 24,20 €. (Zum Vergleich: von Basel über Paris nach Rennes: 826 km, Mautkosten 42,80 und Staurisiko).

Zwei Streckenvorschläge, ohne Mautgebühren durch Frankreich zu fahren:
Von Saarbrücken (Mitteldeutschland, Teile Süddeutschlands): Ab *Saarbrücken* nach *St-Avoid* und über die N 3 nach *Metz*; weiter auf der N 3 über *Verdun* nach *Châlons*. Nach Nordwesten auf der N 77 nach Troyes. Von Troyes weiter auf der N 60 über *Montargis* nach *Orléans*. Von Orléans auf der N 157 nach *Le Mans*, immer noch auf der N 157 über *Laval* nach *Rennes*.
Saarbrücken–Rennes: 840 km.

Von Basel (Teile Süddeutschlands, Schweiz, Österreich): Ab *Basel* über die D 419 nach *Belfort*; auf der N 19 nach *Vésoul* und immer weiter auf der N 19 in nordwestlicher Richtung über *Langres* und *Chaumont* nach *Troyes*.
Ab Troyes stimmt die Reiseroute mit der Anfahrt von Saarbrücken überein. Basel–Rennes 750 km.

• *Mautgebühren* Motorräder sind 40 % billiger als Pkw, für Kleinbusse (max. 9 Sitzplätze) gilt der Pkw-Tarif. Pkw mit Anhänger über 500 kg zulässiges Gesamtgewicht zahlen etwa das Eineinhalbfache des Pkw-Preises. Kleinbusse mit Eintragung „Pkw-Kombi", Wohnmobile und Kleintransporter zahlen je nach Streckenabschnitt 60–90 % Zuschlag.

• *Bezahlmodus* Meist müssen Sie bei der Einfahrt das Ticket einem Automaten entnehmen; wenn Sie die Autobahn verlassen, zahlen Sie am Mauthäuschen an der Ausfahrt. Akzeptiert werden auch die Visa-, Master- bzw. Maestro-Card. Bei einigen Teilabschnitten zahlen Sie am Streckenbeginn, manchmal müssen Sie bei der Einfahrt Geld in einen Trichter werfen, damit sich die Schranke öffnet. Passendes Euro-Kleingeld ist da aus Zeitgründen nützlich.

TGV-Werbung: „Nehmen Sie Platz, testen Sie die 1. Klasse des TGV"

Mit der Bahn

Alle Wege führen über Paris. Vom Bahnhof Montparnasse bringt Sie die französische Staatsbahn direkt in die Bretagne – auf Wunsch ohne Umsteigen nach Brest, den westlichsten Bahnhof der Halbinsel.

Bis Paris hängt die Dauer der Zugreise vom Abreiseort ab, Frankfurter fahren knapp 7 Stunden, Hamburger 10 Stunden. In Paris starten die Züge in die Bretagne am *Bahnhof Montparnasse*. Wer auf dem Bahnhof *Gare de l'Est* (Anreise aus dem Süden) oder *Gare du Nord* (Anreise aus dem Norden) in Paris ankommt, begibt sich mit Metro, Bus oder Taxi zum Bahnhof Montparnasse. Der Hochgeschwindigkeitszug *TGV Atlantique* benötigt dann bis Rennes (ca. 350 km) nur noch zwei Stunden.

Preise und Ermäßigungen: Die reguläre Fahrkarte Frankfurt–Rennes (hin und zurück, 2. Klasse) kostet je nach Zug 250–280 €. Das muss natürlich nicht sein, es geht billiger. Sowohl in Deutschland wie auch in Frankreich wird jährlich neu daran getüftelt, wie man die Plätze optimal auslasten kann, d. h., zu welchen Zeiten in welchen Zügen für welche Personengruppen Preisermäßigungen den Umsatz fördern könnten. Der Dienst am Kunden führt direkt in den Dschungel der Bestimmungen. Nach derzeitigem Stand (2007) kommen aus dem Angebot der Deutschen Bahn für Bretagne-Fahrer die *RAILPLUS-Karte* (BahnCard mit Europaerweiterung), *Sparpreis 25 Europa* und *Sparpreis 50 Europa* in Betracht. Im Familienverband gelten in der Regel Sonderkonditionen für Kinder. Am einfachsten ist es, sich an der Informationsstelle eines größeren Bahnhofs kundig zu machen oder sich durch die Homepage der DB *(www.bahn.de)* zu klicken. Nicht einfacher ist es in Frankreich. Dort kann man an der Website der SNCF *(www.sncf.com)* verzweifeln.

Fahrräder

Wer sein eigenes Rad in der Bretagne dabeihaben will, erkundigt sich am besten erst bei der DB bzw. der SNCF. Es bietet sich an, eine *Radtasche* zu kaufen (Maße in der Regel 80 x 110 x 40 cm). Damit lässt sich das Rad problemlos auch in deutschen IC- und EC-Zügen mitnehmen, die den unverpackten Radtransport in der Regel nicht zulassen. Auch beim Umsteigen in Paris ist damit das Problem gelöst. In der Metro ist der unverpackte Fahrradtransport nicht gestattet, und mit dem Fahrrad samt Gepäck zwischen zwei Bahnhöfen durch den Stau zu radeln, ist auch nicht jedermanns Sache.

In Frankreich ist die Fahrradmitnahme kostenlos, sofern der Zug das Fahrrad-Piktogramm führt – und sofern Platz vorhanden ist. Auch einige TGVs nehmen Fahrräder mit, doch verfügen sie nur über 4 Stellplätze bzw. Hängehaken und verlangen eine Gebühr von 10 €. Stets Platz findet man kostenlos mit der oben erwähnten Radtasche.

Informationen über den Fahrradtransport mit der Bahn bekommt man in jeder deutschen Großstadt bei den Geschäftsstellen des **Allgemeinen Deutschen Fahrradclubs (ADFC)**. Hauptstelle: Grünenstr. 120, 282199 Bremen, ✆ 0421-346290, 🖷 0421-3462950, www.adfc.de.

Bike & Bus: Der *Verband selbstverwalteter Fahrradläden (VSF)* weist auf die sog. Euro-Shuttles hin: Busse, die den Kunden samt Fahrrad von Deutschland an den Urlaubsort bringen. Für Bretagne-Radler interessant ist die Firma Natours, die einen Euro-Shuttle von Deutschland (Osnabrück–Dortmund–Köln) in die Bretagne (St-Malo–St-Brieuc–Crozon bzw. St-Pabu) unterhält: Natours, Untere Eschstr. 15, 49179 Ostercappeln, ✆ 05473-922.90, 🖷 05473-82.19, www.natours.de.

Mitfahrzentrale

Eine professionelle Variante für Reisende mit schmalem Geldbeutel sind die Mitfahrzentralen (MFZ), die man in zahlreichen Städten Deutschlands findet. Der Fahrpreis setzt sich aus der Vermittlungsgebühr und der Betriebskostenbeteiligung für den Fahrer zusammen. Die Vermittlungsgebühr ist vor Antritt der Reise zu bezahlen. Der Fahrpreis (Betriebskostenbeteiligung) ist von der MFZ festgesetzt und direkt an den Chauffeur zu entrichten.

Preisbeispiel München–Paris ca. 42 € (inkl. 15 € Vermittlungsgebühr).

Um spätere Schwierigkeiten bei der Bezahlung am Ziel auszuschließen, sollte man sich unbedingt von der MFZ einen Beleg ausstellen lassen. Auf diesem ist der noch an den Fahrer zu zahlende Betrag festgehalten; die Unterschrift der MFZ, des Fahrers und des Mitfahrers dürfen nicht fehlen. Auch der Fahrer meldet sich sinnvollerweise einige Tage vor der Abfahrt im Büro, um freie Plätze, exaktes Fahrtziel und Abfahrtszeit bekannt zu geben.

Citynetz ist ein Zusammenschluss von Mitfahrzentralen aus ganz Deutschland und bundesweit unter der einheitlichen Telefonnummer 01805-19.19.444 zu erreichen. Natürlich kann man auch online suchen und sich anmelden: www.citynetz-mitfahrzentrale.de.

ADM-Mitfahrzentralen ist eine weitere Dachorganisation mit vielen Vertretungen in bundesdeutschen Städten. Die lokalen Vertretungen sind unter der jeweils örtlichen Telefonnummer 19440 erreichbar. www.mitfahrzentralen.de.

Allostop ist das weniger ausgebaute französische Pendant zum deutschen MFZ-System, es fördert auch das Car-Sharing von Fahrern, die auf derselben Strecke regelmäßig unterwegs sind:
Allostop Paris: 30, rue Pierre Sémard, F-75009 Paris. ✆ 01.53.20.42.42, www.allostop.net
Allostop Rennes: 20, rue d'Isly 20, F-35000, Rennes. ✆ 02.99.67.34.67. Telefonzeiten Mo–Fr 9.30–12.30 und 14–18 Uhr, Sa 10–12 und 14–16 Uhr. www.allostoprennes.com.

Unterwegs in der Bretagne

Mit dem Auto

Für Familien oder Reisende, die mehr sehen wollen, ist das eigene Automobil in der Bretagne Trumpf.

Drei gebührenfreie Highways sind die schnellen *Hauptverbindungen* in der Region: Vierspurig führt die *N 165* von Nantes über Vannes/Lorient/Quimper nach Brest, ebenfalls vier Spuren besitzen die *N 12* von Rennes über St-Brieuc/Morlaix nach Brest und die *N 139* von Rennes nach Nantes. Abseits dieser Hauptstrecken rollt der Verkehr in der Bretagne ziemlich ruhig.

Die französischen Straßen sind mit einem Buchstaben und einer Nummernkombination gekennzeichnet. Straßen mit einem *N* vor der Zahl sind gut ausgebaute *Nationalstraßen*, z. T. drei- bis vierspurige Schnellstrecken, auf denen man in der Regel schnell vorankommt. Straßen mit einem *D* vor der Zahl sind kleinere *Départementstraßen*, deren Zustand des Öfteren mit den Worten holprig, schmal und unübersichtlich beschrieben werden kann.

Höchstgeschwindigkeit: Die Grenze für Pkw liegt bei 110 km/h auf Nationalstraßen mit zwei getrennten Fahrspuren pro Fahrtrichtung, bei 90 km/h auf Landstraßen (bei Nässe jeweils 10 km/h weniger). Wer seinen Führerschein noch kein ganzes Jahr besitzt, darf auf allen Straßen höchstens 90 km/h fahren!

Kreisverkehr: Den *rond point* gibt's vor allem in größeren Orten. Stets gilt: Wer im Kreis drin ist, hat Vorfahrt, sofern kein Verkehrsschild oder Polizist Gegenteiliges signalisiert.

18 Unterwegs in der Bretagne

Verkehrsschilder: Sie entsprechen den europäischen Standards. Zusätzliche Informationen werden oft schriftlich kundgetan (siehe Kasten).

Pannenhilfe/Notruf/Unfallrettung: AIT-Assistance unter ✆ 0800.08.92.22 (rund um die Uhr im Einsatz), Polizeinotruf ✆ 17, Unfallrettung ✆ 15.
Deutschsprachiger Notrufdienst des ADAC in Lyon: ✆ 04.72.17.12.22

Reparaturen: Sie fahren ein französisches Auto? Sie haben es gut – in allen größeren Orten haben Renault, Peugeot und Citroën Vertragswerkstätten. Werkstätten für deutsche, amerikanische und japanische Autos finden sich nur in den größten bretonischen Ballungszentren: Rennes, St-Malo, St-Brieuc, Brest, Quimper, Lorient, St-Nazaire (Loire-Atlantique). Von Ihrer deutschen Vertragswerkstatt oder auf Anfrage direkt vom Werk erhalten Sie aktuelle Werkstattlisten für Frankreich.

Benzin: Verbleites Super *(super)*, Super bleifrei *(super sans plomb)* und Normal bleifrei *(essence sans plomb)* sind etwas teurer als in Deutschland, Diesel *(gazole)* hingegen wesentlich billiger. Tipp: Billiger tankt man stets an den Zapfsäulen der Supermärkte am Stadtrand (Intermarché, Casino, Carrefour, E. Leclerc etc.), allerdings gibt's dort keinen Service (kein Wasser, keine Luft).

Autoverleih: An den Flughäfen und in allen größeren Städten der Bretagne sind international bekannte Verleihagenturen und kleine regionale Vermieter zu finden. Voraussetzungen für das Mieten sind ein Mindestalter von 21 Jahren und der mindestens einjährige Besitz des Führerscheins. In der Regel gilt: Ohne Kreditkarte geht nix!

Accès à la mer (plage)	*Zugang zum Meer (Strand)*
Attachez vos ceintures!	*Schnallen Sie sich an!*
Au pas!	*Schritttempo*
Centre ville	*Stadtzentrum*
Chantier	*Baustelle*
Chaussée déformée	*Unebene Fahrbahn*
Danger!	*Gefahr!*
Déviation	*Umleitung*
Entrée	*Einfahrt*
Gravier (Gravillons)	*Rollsplitt*
Halte!	*Stopp!*
Horodateur	*Parkuhr*
Impasse	*Sackgasse*
Passage interdit	*Durchfahrt verboten*
Ralentir	*Geschwindigkeit verringern*
Rappel	*Erinnerung*
Route barrée	*Straße gesperrt*
Sens unique	*Einbahnstraße*
Serrez à gauche (à droite)	*Links (rechts) fahren*
Sortie	*Ausfahrt*
Stationnement interdit!	*Parken verboten!*
Stationnement payant	*Parken gebührenpflichtig*
Toutes directions	*Alle Richtungen*
Travaux	*Straßenarbeiten*
Véhicules lents serrez à droite	*Langsame Fahrzeuge: rechts fahren*
Virage	*Kurve*
Voie sans issuer	*Sackgasse*

Mit der Bahn 19

Chaussée déformée!

Bei mehrtägiger Miete und in der Hauptsaison ist die Buchung von zu Hause aus in der Regel günstiger. Am besten bei mehreren Firmen Informationen einholen. Ein Service der internationalen Verleihgesellschaften ist der Holiday-Tarif: Sie buchen schon zu Hause, und am Zielort steht ein Leihwagen für Sie bereit.

> ### Landkarten
> Am übersichtlichsten und stets aktuell gehalten sind die Karten von *Michelin*, die in Frankreich an jeder Autobahnraststätte verkauft werden:
> Die Blätter **308 LOCAL** 1:175.000 (Finistère, Morbihan) und **309 LOCAL** 1:150.000 (Côtes-d'Armor, Ille-et-Vilaine) decken die gesamte Bretagne gut ab und sind für Selbstfahrer die beste Lösung. Nicht ganz verständlich ist, dass die beiden sich ergänzenden Blätter unterschiedliche Maßstäbe aufweisen.
> Blatt **512 REGIONAL** 1:275.000 (Bretagne) deckt die ganze Bretagne ab und ist ausreichend, was das Straßennetz betrifft, allerdings sind kleinere Dörfer und Weiler oft nicht eingetragen.

Mit der Bahn

5. Dezember 1989: 482 Stundenkilometer, Weltrekord. Der TGV „Atlantique", Hochgeschwindigkeitszug und Lieblingskind der französischen Bahn, hat die deutsche ICE-Konkurrenz um Längen geschlagen. Doch der Alltag verläuft auch in Frankreich langsamer, und in der Bretagne nimmt das Tempo noch mehr ab.

Auf der Neubaustrecke von Paris nach Le Mans erreicht der TGV mit 300 Stundenkilometern seine höchste Geschwindigkeit, Richtung Nantes legt er dann nur noch 200 km/h zurück, auf der Strecke nach Brest, in den äußersten Westen Frankreichs, verringert sich seine Geschwindigkeit gar auf 160 km/h. Na also.

Unterwegs in der Bretagne

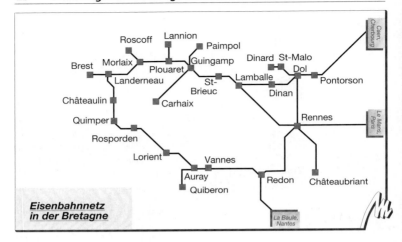

Eisenbahnnetz in der Bretagne

Nur wenige Haltestellen in der Bretagne unterbrechen die flotte Fahrt: Von *Rennes* rast der TGV je nach dem nach *St-Malo*, über *St-Brieuc* nach *Brest* oder über *Vannes* nach *Quimper*.

Die Fahrt mit dem TGV ist reservierungspflichtig. In beiden Klassen ist das Preisniveau der französischen Eisenbahn SNCF dem der bundesdeutschen DB ähnlich. Über mögliche Ermäßigungen für Vielfahrer bei einem längeren Aufenthalt erkundige man sich an einem größeren SNCF-Bahnhof.

Telefonische Auskunft und Reservierung:
Zentral für ganz Frankreich ✆ 08.92.35.35.35

Mit dem Bus

Weit mehr als in Deutschland ergänzen in der Bretagne Busse das kleine Schienennetz – ein stark regional bezogenes Busnetz versorgt die abgelegenen Gemeinden im äußersten Westen und befördert hauptsächlich Schulkinder und Tagespendler.

Dementsprechend sind die Abfahrtszeiten der lokalen Strecken gestaltet. An den Haltestellen der kleinen Ortschaften hält werktags oft nur zweimal täglich ein Bus: am frühen Morgen und am späten Nachmittag. Auf größeren Routen sind die Verbindungen meist häufiger – zumindest gibt es eine Mittagslinie. Nur auf den Strecken quer durch die Bretagne, die nicht per Schienenstrang erschlossen sind, sowie auf den Wegen zu den größten Touristenattraktionen (wie Pointe du Raz oder Mont-St-Michel) bewegen sich mehr Busse – bis zu zwölf pro Tag. An Sonn- und Feiertagen schlafen auch die Busfahrer aus – die Strecken werden weniger häufig bedient, manche gar nicht. Prinzipiell gilt für die gesamte Bretagne: Wer mit dem Bus reist, kommt ebenfalls an.

Mehrere Gesellschaften teilen sich – gegliedert nach Regionen – das Geschäft mit der Personenbeförderung. Neben den großen privaten Gesellschaften C.A.T., Tourisme Verney oder Courriers Bretons schneidet sich die staatliche TER ein großes Stück des bretonischen Transportkuchens ab. Den Passagieren kann es egal sein: Die Preise der Gesellschaften sind auf demselben Niveau.

Zugestiegen wird an Haltestellen *(Arrêts)*, in größeren Orten am Busbahnhof *(Gare Routière)*, der im Falle eines Bahnanschlusses meist am Bahnhofsplatz oder zumindest in Bahnhofsnähe gelegen ist.

Mit dem Schiff

Was den Alpenländlern die Seilbahn, ist den Bretonen das Schiff oder das Boot. Das schwimmende Transportmittel wird zum Übersetzen zu den zahlreichen Inseln, für die Küstenschifffahrt von Hafen zu Hafen oder zu Ausflugsfahrten in eine der riesigen Buchten eingesetzt. Aber auch das bretonische Inland ist mit einem Netz von Wasserstraßen durchzogen.

Wo früher nur an einem bestimmten Tag in der Woche ein Boot die regelmäßige Verbindung zum Festland aufrecht hielt, legen heutzutage – zumindest im Sommer – täglich mehrere Schiffe an, die ihre lebende Fracht meist am gleichen Abend wieder mitnehmen.

Der Anteil der Freizeitschifffahrt ist mittlerweile hoch – weit mehr Vergnügungsschiffe als Fischkutter oder Lastkähne bevölkern die bretonischen Gewässer. Vom Kanu bis zur Autofähre sind alle Bootsklassen vertreten, und alle finden ihr Publikum.

Schiffsausflüge: Im Golf, zur Insel, den Fluss entlang, auf Wunsch im schwimmenden Restaurant – dem Erfindungsreichtum menschlichen Geistes sind auch beim Angebot der bretonischen Schiffsausflüge kaum Schranken gesetzt. Hingewiesen sei, dass im Sommer die Buchung einige Tage vorher erfolgen sollte, um sich ein langes Gesicht zu ersparen, wenn Sie ohne Billett am Kai stehen und das volle Schiff ohne Sie ablegt.

Die beliebtesten Überfahrten führen zu den Inseln *Bréhat, Batz, Ouessant, Sein, Groix, Glénan, Belle-Ile*. Bei den Ausflugsfahrten sind das Vogelschutzgebiet der *Sept Iles* und der *Golf von Morbihan* regionale Spitzenreiter. Im Inland liegen die Flussfahrten auf der *Odet* und der *Rance* ganz vorne. Konditionen und Preise im Reiseteil.

Warten auf die Fähre

Unterwegs in der Bretagne

Englandfähren: Der größte Passagierhafen des Landes ist St-Malo. Zwei bretonische Häfen verbinden das europäische Festland mit der britischen Insel: Roscoff und St-Malo sind die Anlaufstellen für die Schiffe, die von Roscoff nach Plymouth und Cork, von St-Malo nach Poole und Weymouth schippern.

Die englischen *Kanalinseln* (Jersey, Guernsay, Sark) werden von St-Malo aus angelaufen.

Informationen Siehe Reiseteil unter *St-Malo* und *Roscoff*.

Hausboote: Führerscheinfrei mit der erlaubten Höchstgeschwindigkeit von 6 km/h dürfen Sie den Kanal entlangtuckern, bevor sie in einen Fluss gelangen und auf rasante 10 km/h beschleunigen können. Dann wird mit Sicherheit bald die nächste Schleuse einen eventuellen Geschwindigkeitsrausch jäh beenden: Allein von Redon nach Lorient sind auf 170 km 118 Schleusen zu bewältigen.

Von rund 10.000 km Flussläufen und Kanälen sind rund 600 km für Hausboote problemlos befahrbar. *Redon* an der Vilaine ist das Drehkreuz der bretonischen Wasserstraßen: direkt in den Norden nach St-Malo oder die *Vilaine* flussabwärts zum Atlantik oder über den *Nantes-Brest-Kanal* nach Pontivy und über den *Blavet* hinunter nach Lorient. Eine andere Hausbootroute bietet das *Aulne*-Revier mit dem Zentrum *Châteauneuf-du-Faou*.

Tipps für die Jungfernfahrt mit dem Hausboot

- **Der richtige Bootstyp**: Die Vermieter nennen jeweils die maximale Belegungszahl. Man sollte sich den Grundriss der Boote genau ansehen, damit es an Bord nicht zu eng wird. Wenn es das Reisebudget erlaubt, lieber eine Nummer größer buchen.
- **Routenwahl**: Der Blick auf die normale Landkarte ist bei der Routenplanung wenig hilfreich. Wie weit man am Tag kommt, hängt davon ab, wie viele Schleusen man passieren muss. Bei Flussfahrten ist zu beachten, dass die Rückfahrt unter Umständen länger dauern kann – wenn es flussaufwärts geht. Die Vermieter kennen ihre Bootsreviere am besten, können ihre Kunden entsprechend beraten und verkaufen die unentbehrlichen Flusskarten.
- **Fahrräder**: Zum Ausflug in die Umgebung von Wasserstraßen, aber auch zum Einkaufen sind Fahrräder ideal. Sie können bei den meisten Bootsbasen gemietet werden. In der Hauptsaison empfiehlt sich rechtzeitige Reservierung.
- **Einwegmieten**: In den meisten Fällen müssen die Boote zum Ausgangspunkt zurückgebracht werden. Doch zweimal die gleiche Strecke fahren, muss nicht langweilig sein. Oft eröffnen sich bei der Rückfahrt neue Perspektiven. Um den Kundenwünschen Rechnung zu tragen, werden mittlerweile auch Einwegmieten zwischen verschiedenen Bootsbasen angeboten.

Der 360 km lange Nantes-Brest-Kanal, der nach seiner Fertigstellung im 19. Jahrhundert parallel zur Küste die Hafenstädte verband, wurde 1920 unterbrochen: Aus einem Kanalabschnitt wurde ein Stausee. Heute wird überlegt, ein Schiffshebewerk zu installieren, um der wachsenden Kundschaft der Hausbootfahrer den Durchbruch von Ost nach West zu ermöglichen.

- *Preise* Sie richten sich nach Größe des Bootes, der Ausstattung und vor allem nach der Saison. Bei **Bretagne Plaisance** kostet die kleine Pénichette 935, 9,30 m lang, 3,10 m breit, für 3–5 Personen (ab 4 wird's eng) 1 Woche zwischen 900 und 1550 €. Die größere Pénichette 1120, 11,20 m lang, 3,80 m breit, für maximal 8 Pers. kostet pro Woche zwischen 1450 und 2200 €. Immer zuzüglich Treibstoff und Kaution (800 € bzw. 1000 €). Die unentbehrliche Flusskarte kostet 24 €.

• *Information* Gutsortierte deutsche Reisebüros verfügen über ausführliches Prospektmaterial der diversen Verleiher. Wer direkt beim Verleiher bucht, spart in der Regel Geld.

Zwei Adressen bretonischer Hausbootunternehmen:

Crown Blue Line, Base Relais, 22100 Dinan. ✆ 02.99.34.60.11, ✆ 02.99.34.25.27, www.crownblueline.com.

Bretagne Plaisance, 12, quai Jean-Bart, 35600 Redon. ✆ 02.99.72.15.80, ✆ 02.99.72.29.56, www.bretagne-plaisance.fr.

Eine allgemeine Auskunftsstelle für Hausbootfahrten ist **Comité de Promotion Touristique des Canaux Bretons**, cedex, 6, rue Lourmel, 56308 Pontivy. ✆/✆ 02.97.25.38.24.

Mit dem Fahrrad

Bescheidene 384 m über Meeresspiegel misst die höchste Erhebung der Bretagne, doch wer nur sporadisch einen Drahtesel lenkt und seine Kondition einzig aus dem Betätigen einer Computer-Tastatur bezieht, wird immer wieder aus der Puste kommen: Dem lustigen Ab folgt unweigerlich ein mehr oder weniger zähes Auf – womöglich noch mit Gegenwind.

Radleridylle

Aber Spaß macht es. Ein Radwanderurlaub in der Bretagne ist sowieso eine tolle Idee, aber auch, wer mit dem Drahtesel nur kleinere Strecken zurücklegt, genießt eine dem Land angemessene Fortbewegungsart: wenig Verkehr auf den schmalen Sträßchen neben den Hauptrouten, frische Luft und eine ruhige Landschaft, in der das langsamere Vorwärtskommen überhaupt nicht langweilig ist. Außerdem ist Radeln in Frankreich ein Volkssport.

In der Bretagne ist man auf Radler eingestellt: Zahlreiche Gîtes d'Etape bieten Tourenradlern preiswerte Unterkunft am Rand der Radstrecken, zahllose Verleiher vermieten Cycles – ab einer Stunde bis zu mehreren Wochen. Sie können normale Tourenräder mit und ohne Kindersitz, Rennräder oder Mountainbikes mit und ohne Körbchen mieten, in etlichen Badeorten stehen zusätzlich noch Spaßräder für das Gruppenvergnügen zur Verfügung.

Wer die Gelegenheit hat, ein Rad mitzunehmen, sollte diese nutzen. Bei der Anreise mit dem Zug kann dies allerdings etwas kompliziert sein (siehe *Anreise mit der Bahn/Fahrräder*).

Mit dem Pferdewagen

Hüh hott. Selbst blutige Anfänger berichten, nach einigen Stunden hätten sie ihr gutmütiges 1-PS-Gespann unter Kontrolle gehabt. Nur bergab gab's noch kleine Schwierigkeiten mit dem Bremsen. Brrrrrrrrr.

Mit der *Roulotte*, gemütlich durch den Wald oder auf ruhigen Treidelwegen einen Wasserlauf entlang. Wie einst die Marketender oder von Dorf zu Dorf fahrende

24 Unterwegs in der Bretagne

Barbiere reisen Sie auf Vorväterart stressfrei (außer bei den ersten Bremsungen) durch eine romantische Gegend.

Der gebotene Komfort des Einspänners liegt deutlich über dem aus Buch und Film bekannten Nomadenniveau. In der Regel sind vier Schlafplätze, ein Gasherd, ein Kühlschrank und die Küchengrundeinrichtung im Wagen eingebaut. Für das Wohl des Pferds sorgen Sie nach kurzer Einführung selbst: Die möglichen Strecken (Rundfahrten) sind vom Veranstalter festgelegt, wählen Sie vor Antritt der Reise die passende aus. Pro Tag legen Sie zwischen 8 und 15 km zurück.

- *Preise* Die Roulottes werden in der Regel von Juni bis September vermietet. Die Preise der Veranstalter sind ähnlich, im Juli/Aug. am höchsten: 1 Woche (7 Tage, in der Regel von Sonntag bis Samstag) in der Hauptsaison 600–700 € pro Woche, in der Nebensaison 450–550 €/Woche; ein Wochenende (2 Tage) in der Nebensaison 250–300 €. Eine brauchbare Adresse: **Roulottes et Calèches de Bretagne**, Gare de Locmaria Berrien, F-29218 Huelgoat. ✆ 02.98.99.73.28

Mit den Füßen

An der Pointe du Raz endet der europäische Fernwanderweg E 5. Von Verona quer über die Alpen, vorbei am Bodensee und durch Frankreich hindurch sind etwa 2000 km zu Fuß auf einer markierten Strecke zurückzulegen, bis der Rand der antiken Welt erreicht ist.

Ein Bretone hat 1990 mit seinem Eselchen den ganzen Weg in einem Stück abgewandert und erntete in den Medien seiner Heimat einen großen Achtungserfolg. Natürlich können Sie auch nur kurze Spaziergänge im nahen Umkreis Ihres Urlaubsorts unternehmen, die Bretagne ist ein beliebtes Wandergebiet mit einer entsprechenden Infrastruktur: Allein das Finistère verweist auf 1000 km Wanderwege, und einige der französischen Weitwanderwege – die rot-weiß markierten *Grandes Randonnées* (GR) – sind in der Bretagne beheimatet, der schönste davon der Küstenwanderweg Nr. 34 vom Klosterberg Mont-St-Michel bis Morlaix, der auch auf kleinen Ausschnitten reizvoll oder atemberaubend sein kann.

Neben den Grandes Randonnées (34, 37, 38, 39 und 380) gibt es zahllose *Petites Randonées* – markierte Eintagesstrecken, die sich von der 2-Stunden-Promenade bis zur Tagestour ausdehnen können. Alle Gemeinden, die an einem Wanderweg liegen oder eigene Wanderwege unterhalten, besitzen zumindest Skizzenmaterial über die Strecken in ihrer Umgebung, erhältlich im Office de Tourisme.

Die große Einsamkeit menschenleerer Gebiete gibt es in der Bretagne nicht, die Zivilisation ist immer nah. *Gîtes d'Etapes* (siehe Kapitel *Übernachten*) sind in ausreichender Anzahl an den Wegen verteilt – so erübrigt sich die Mitnahme von Verpflegung und Zelt. Nur bei längeren Strecken sollten Sie immer etwas gegen akuten Hunger und Durst und selbstverständlich einen Regenschutz dabei haben. Ein kleines Zelt macht Sie schlaftechnisch unabhängig. Leichte Wanderstiefel sind ausreichend.

- *Wanderführer* Von der französischen Reihe Topo-Guide sind derzeit 7 Titel mit Wanderungen in der Bretagne auf dem Markt. Erhältlich in jeder größeren Buchhandlung. Die schmalen Bändchen kosten 6 €, die dickeren 12,95 €.
- *Adressen* für weitere Auskünfte und organisierte Wanderungen:
ABRI, Verein der Relais und Wanderwege, zu dem sich wanderfreundliche touristische Einrichtungen zusammengeschlossen haben, arbeitet mit Bretagne-Rando zusammen. 4, rue Ronsard, 35000 Rennes. ✆ 02.99.26.13.50, ✆ 02.99.26.13.54.
Bretagne-Rando, bretonische Wanderorganisation, die in allen 4 bretonischen Departements aktiv ist und sich um alle Belange der Wanderer kümmert, bietet auch organisierte Wanderungen an. www.bretagne.rando.com.

Übernachten

Die angemietete Urlaubswohnung und der Campingplatz sind die beliebtesten Urlaubsquartiere in der Bretagne. Eine noble Variante der Übernachtung ist der Aufenthalt in einem Château-Hotel: schlafen und frühstücken wie die Aristokraten.

Jedes Jahr benötigen auf wenige Monate zusammengedrängt neben den knapp drei Millionen Bretonen ebenso viele Gäste nächtens ein Dach oder eine Zeltleinwand über dem Kopf. Die Verantwortlichen für die Lenkung des Tourismus verdienen ein Kompliment: Ohne die Landschaft völlig zu zerstören, wie dies an den spanischen oder türkischen Küsten geschah, gelang es der Bretagne bislang, dem stetig wachsenden Gästestrom gerecht zu werden.

Hotels

Etwa 5 % der französischen Hotels liegen in der Bretagne – 1999 boten knapp 1000 klassifizierte Hotels ca. 24.000 Zimmer, in denen etwa 10 % aller Bretagne-Gäste schlafen. In der Hochsaison gibt es viel zu wenige Etablissements, und doch schließen jedes Jahr Hotels, meist der unteren Kategorie, das auf ein paar Monate im Jahr beschränkte Geschäft reicht nicht aus. Hotelriesen sind, mit einigen Ausnahmen, in der Bretagne unbekannt; die meisten Herbergen sind traditionelle Familienbetriebe mit nur wenigen Zimmern – ein 40-Zimmer-Hotel ist für bretonische Verhältnisse schon ein Riese.

Einzelreisende zahlen für ihr Zimmer oft denselben Preis wie ein Paar – die französische Hotellerie ist ganz auf das Doppelzimmer ausgerichtet, und den Hoteliers ist es egal, ob das Zimmer von einer oder von zwei Personen bewohnt wird.

Das Doppelbett

Bett ist nicht gleich Bett. Das französische *grand lit* ist – warum, sei hier dahingestellt – für zwei Personen gedacht. In den französischen Hotelzimmern gehört es zur Grundausstattung und ist nicht jedermanns oder jedefrau Sache. Je älter die Matratze, desto durchgelegener ist sie, und so kann es vorkommen, dass die Schlafpartner, ob sie wollen oder nicht, sich nachts unweigerlich in der Mitte treffen.
Für Singles unter den Hotelgästen ist das grand lit der Grund, warum sie meist genauso viel wie das Paar zahlen müssen: Schließlich muss das ganze Bett frisch bezogen werden.

Das bretonische Nächtigungsangebot reicht vom schlichten Doppelzimmer mit Dusche und WC auf der Etage und durchgelegenem Bett vor abblätternder Blümchentapete (ca. 30 €) über das gediegen-bürgerliche Familienhotel (DZ 50–65 €) bis zu den gehobenen Etablissements (DZ ab 100 €). Frühstück *(Petit déjeuner)* kostet in den billigeren Hotels ca. 5 €, in der Mittelklasse ca. 7,50, in den teureren Herbergen ca. 10 € und besteht meist aus einem Croissant, einer Weißbrotschnitte mit etwas Butter und Marmelade sowie einem Glas Orangensaft und einem heißem Getränk. In jüngster Zeit hält – vor allem in der oberen Kategorie – das Frühstücksbuffet Einzug.

In diesem Buch geben wir die Preisspanne für ein Doppelzimmer an. Beispiel: DZ 43–51 € heißt: billigstes Doppelzimmer für 43 € (z. B. Nebensaison, Zimmer zur Straße, WC auf Etage), teuerstes 51 € (z. B. Hauptsaison, Meerseite, Dusche und WC im Zimmer). Geben wir keine Öffnungsperioden an, ist davon auszugehen, dass das Hotel ganzjährig geöffnet ist. Auf Angaben von Frühstückspreisen wurde verzichtet. Halbpension (HP) wird erwähnt, wenn diese Option sich anbietet. Alle Preisangaben beruhen auf Recherchen des Jahres 2006.

Im Sommer ist bei Hotels mit angeschlossenem Restaurant Halb- oder auch Vollpension manchmal obligatorisch. Selbst wenn offiziell kein Zwang zur Halbpension besteht, wird es nicht gern gesehen, wenn Hotelgäste auswärts essen, wo doch ein eigenes Restaurant im Hause ist. Wohnen Sie in einem 2-Stern-Hotel mit angeschlossenem Restaurant, kommt die Halbpension (HP) im Regelfall ohnehin günstiger als die einfache Übernachtung plus ein gleichwertiges Menü auswärts.

Die meisten Hotels sind mit einem Sternchensystem des Tourismusministeriums kategorisiert, 1- und 2-Stern-Hotels machen das Gros der bretonischen Herbergen aus.

Schlossherbergen und Herrensitze: Die *Relais & Château*-Unterkünfte und *Manoirs* sind die vornehme Form der Übernachtung; in der mondänen Villa am Meer oder im Schloss aus dem 16. Jahrhundert genießen Sie einen stilvollen Aufenthalt. In etwa 30 ausgewählten bretonischen Schlössern, Landsitzen oder Herrenhäusern werden Sie im Zimmer oder Appartement fürstlich verwöhnt. Rechnen Sie für das DZ mit mindestens 85 €.

Appartements/Häuser

Die Kategorien im Einzelnen

**** Luxushotel; wir schweigen in Ehrfurcht.
*** Sehr komfortables Hotel; hier vermissen Sie nichts, gepflegte Atmosphäre und gediegener Komfort.
** Hotel mit mittlerem Komfort, aus dem Bad kann die Duschzelle im Zimmer werden, gelegentlich sind bei einigen Zimmern Dusche und WC auf die Etage verbannt.
* Bescheidenes Hotel mit wenig Komfort, oft sind die Sanitäranlagen auf der Etage.

Nicht klassifizierte Hotels sind in der Regel einfache Häuser mit Mindestausstattung – Ausnahmen gibt's.

Appartements/Häuser

Weit vor den Campingplätzen sind die Ferienwohnungen die beliebtesten Urlaubsdomizile der Bretagne: Etwa 65 % der Gäste mieten sich ein Privatquartier für die schönste Zeit des Jahres. Unter den Bezeichnungen *Studios*, *Meublés*, *Résidences* oder *Appartements* werden Ferienwohnungen und -häuser für zwei bis neun Personen ab einer Woche aufwärts vermietet: Wohnzone, Schlafraum, Bad und ausgestattete Küche oder Kochnische gehören zur Grundausstattung, Kamin, Terrasse oder Swimmingpool sind beliebte Extras.

Die Preise schwanken stark nach Saison, Lage und Komfort, in der Hauptsaison ist oft mit dem doppelten Preis zu rechnen. Eine Villa direkt an der Granitküste im Sommer ist wohl das teuerste, was in der Bretagne zu haben ist. Im Westen und im Landesinneren sind die Ferienhäuser am billigsten.

• *Information* Wer ein Appartement für die Hauptsaison sucht, tut gut daran, sich rechtzeitig darum zu kümmern – die Auswahl schrumpft ab dem Frühjahr sehr schnell. Sich von den Tourismusbüros der in Frage kommenden Orte eine Liste der Mietobjekte zuschicken lassen, ist eine Methode, oder man wendet sich an professionelle Ferienhausvermittler. Oder man konsultiert das Internet, dort tummeln sich Vermittler zuhauf.

• *Vermittler in Deutschland* **Inter Châlet**, Ferienhäuser und -wohnungen. Heinrich-von-Stephan-Straße 25, Postfach 5420, 79021 Freiburg, ℡ 0761/21.00.77, ✆ 0761/21.00.154, www.interchalet.com.
Feworopa, Ferienhäuser und -wohnungen, Simanowitzstr. 24, 71640 Ludwigsburg, ℡ 07141/50.45.38, ✆ 07141/5.50.72, www.feworopa.de.

Gîtes ruraux: So nennt sich auf Französisch die ländliche Spielart des Feriendomizils abseits des Küstentrubels. Wahlweise wohnen Sie auf dem Bauernhof oder mitten im Dorf. Auch hier haben Sie die Wahl zwischen der möblierten Wohnung oder dem eigenen (Bauern-)Häuschen. Der Standard der Gîtes ruraux ist in der Regel nicht so hoch wie in den Ferienhäusern, preislich sind sie günstiger. Die Vermietung erfolgt in der Regel wochenweise.

• *Information* Die „Gîtes de France" haben zu jeder französischen Region ein ausführliches Verzeichnis (Beschreibung der Objekte und Fotos) herausgegeben. Die Ausgabe Bretagne kostet 20 €. Zu bestellen bei: Maison des Gîtes de France et du Tourisme Vert, 59, rue St-Lazare, F-75009 Paris, ℡ 03.20.14.93.93, ✆ 03.20.14.93.99, info@gites-de-france.fr, www.gîtes-de-france.fr (sich in die Bretagne durchklicken).

> **Tipps für die Suche nach dem Ferienhaus**
> Erkundigen Sie sich nach den Nebenkosten für Strom, Wasser, Heizung, Telefon und Endreinigung und fragen Sie, ob Bettwäsche und Handtücher vorhanden sind.
> Lassen Sie sich vom Vermieter die Lage des Hauses beschreiben: Wie weit ist es zum Strand, zum Einkaufen, zum Restaurant, zum Bus? Sind in der Nähe Fahrräder zu mieten?
> Eine Reiserücktrittsversicherung ist dringend zu empfehlen – falls Sie krank werden. Manchmal ist die Versicherung schon im Mietvertrag enthalten.
> Häuser von Privatpersonen zu mieten, z. B. über Zeitungsanzeigen, ist manchmal billiger, birgt aber stets ein Risiko. An wen soll man sich halten, wenn das versprochene Traumhaus sich als besserer Hühnerstall entpuppt?
> Um Enttäuschungen auszuschließen: schon im Urlaub das Haus für das nächste Jahr ausspähen.

Die günstigsten Dächer über dem Kopf

Chambres d'hôtes: Die *Chambres d'hôtes* (Privatzimmer), meist in kleineren Orten im Landesinneren, sind günstige Übernachtungsmöglichkeiten im familiären Rahmen: höchstens fünf, oft nur 2 oder 3 Zimmer. In der Regel ist das Frühstück im Preis enthalten. Manchmal wird abends für den Gast gekocht, der dann im Kreise der Familie mitisst. Adressenlisten bei den Informationsbüros.

Jugendherberge: Die *Auberge de Jeunesse* ist eine auch in Frankreich weit verbreitete Einrichtung. Im Besitz eines gültigen Jugendherbergsausweises können rund 40 Einrichtungen in der Bretagne genutzt werden. Vom gebotenen Komfort bis zur Freundlichkeit der Herbergsväter und -mütter sind sie sehr unterschiedlich, allen gemeinsam sind die einfachen Schlafräume, Kochgelegenheiten, Aufenthaltsräume und die Möglichkeit, Bettwäsche bzw. Schlafsäcke gegen Gebühr auszuleihen. Wer keinen Jugendherbergsausweis besitzt, kann dies in der Regel vor Ort nachholen.

• *Information* **Fédération unie des Auberges de Jeunesse**, 27, rue Pajol, 75018 Paris. ✆ 01.44.89.87.27, www.fuaj.org.

Gîtes d'Etape: Die jugendherbergsähnlichen Unterkünfte sind besonders an Wander-, Rad- und Wasserwegen im Inland verstreut und bieten ein einfaches Nachtlager.

Reiter, Wanderer, Radler, Kanu- oder Hausbootfahrer treffen sich hier ab 16 Uhr für meist eine Nacht (höchstens zwei dürfen sie bleiben), bevor sie sich wieder auf ihre verschiedenen Wege

Traumunterkunft gefunden?

begeben. In der Regel stehen die Herbergen unter kommunaler Verwaltung und sind oft in einem ausrangierten öffentlichen Gebäude untergebracht – ein Schleusenhaus, die alte Schule oder das Hospiz. Des Öfteren ist ein Kanu- oder Radverleih angeschlossen.

An Komfort bieten sie mindestens einen Gemeinschaftsraum, eine ausgestattete Küchenecke, einen oder mehrere einfache Schlafräume mit Betten oder Matratzenlagern (wahlweise oft Zimmer für 2–4 Personen) und meist einfache Sanitäranlagen. Bettwäsche wird im Bedarfsfall gestellt. Die Aufnahmekapazität beträgt zwischen 15 und 35 Plätzen. Warme Mahlzeiten sollten Sie telefonisch vorbestellen, das Frühstück kostet höchstens 5 €, die Übernachtung im Schlafraum ca. 10 €, im Zimmer für 2 Personen ca. 15 €.

- *Information* **Gîtes de France et du Tourisme Vert**, 59, rue St-Lazare, F-75009 Paris, ✆ 03.20.14.93.93, ✉ 03.20.14.93.99, info@gites-de-france.fr, www.gîtes-de-france.fr (sich in die Bretagne durchklicken).

ABRI, Verein der Relais und Wanderwege, Wanderer unterstützende touristische Einrichtungen. 4, rue Ronsard, 35000 Rennes. ✆ 02.99.26.13.50, ✉ 02.99.26.13.54

Camping

Offiziell gemeldete Plätze gibt es in der Bretagne etwa 850, das sind 11 % aller französischen Campings; doch dürfte ihre Zahl im Sommer, wenn Grundstücksbesitzer in Ferienhochburgen zur Linderung der größten Not ein zusätzliches Fleckchen Abstellfläche vermieten, weit höher sein. Auf den rund 100.000 registrierten Standplätzen herrscht während der Saison reges Leben, immerhin 15 % aller Urlauber und Urlauberinnen wohnen auf dem Campingplatz. Deutsche Campingurlauber haben die Briten überholt: sie stellen 30 % der ausländischen Klientel.

Die Kategorien im Einzelnen

Ob der Platz und die Ausstattung der Einrichtungen Ihrem Geschmack entsprechen, müssen letztendlich Sie entscheiden, die offiziell-verbindliche Einstufung legt nur fest, welche Rahmenbedingungen der jeweiligen Kategorisierung zugrunde liegen. Wir zitieren aus dem bretonischen Campingführer:

**** Großer Komfort – 3-Sterne-Komfort + solide und komfortable Gemeinschaftseinrichtungen, bewaldet und begrünt, allgemein zugänglicher Versammlungsraum.

*** Komfortabel – 2-Sterne-Komfort + individuelle sanitäre Einrichtungen, Stellplätze mit Stromversorgung, Lebensmittelversorgung vor Ort oder in der Nähe, Getränkelieferung in der Hochsaison, Bewachung rund um die Uhr, nächtliche Beleuchtung der Campingwege, Parkplatz am Eingang.

** Gut erschlossen, 1-Stern-Komfort + Duschen mit Warmwasser, Steckdosen für Rasierapparate und kleine Haushaltsgeräte, individuelle Waschbecken, Beleuchtung der öffentlichen Plätze, tagsüber Bewachung, Animationstreff, Kinderspielplatz, abgegrenzte Stellplätze, Umzäunung.

* Total erschlossen, befahrbare Wege, Waschbecken, Duschen mit Kaltwasser, Toiletten, Pissoirs, Spülbecken für Geschirr und Wäsche, tägliche Müllabholung, Telefon.

A.N. Campinganlage in der Natur (Aire naturelle); in einem natürlichen Rahmen maximal 25 Stellplätze pro Hektar, 3 Wasserstellen, 3 Toiletten, 2 Spülbecken, tägliche Müllabholung, 3 Waschbecken, 1 Dusche mit Warmwasser (empfehlenswert).

Übernachten

Auch bei Deutschen beliebt: die mobile Übernachtung

Die französische Campingkultur hat Tradition und ist in punkto Komfort sehr ausgeprägt: Meist sind Monsieur und Madame samt Enfants mit dem Wohnwagen, zumindest mit einem steilwandigen Familienzelt unterwegs. Kühlschrank und TV gehören zur Grundausstattung, Waschmaschinen im Vorzelt sind weiter auf dem Vormarsch, und im Grunde wird in der mobilen Wohnküche auf dem Camping so gelebt wie zu Hause, wenn man einmal Ruhe hat. Hinweis: Kleinzeltbesitzer, aber auch Wohnmobilisten ohne Vordach können von perfekt ausgerüsteten Platznachbarn auch mal schräg angeschaut werden.

Sie haben kein eigenes Zelt, weder Wohnwagen noch -mobil und wollen trotzdem auf den Campingplatz? Dann mieten Sie sich eine feste Unterkunft auf dem Platz – Mobil-Homes, Bungalows oder Holzchalets für 4, 6 oder 8 Personen werden auf etlichen größeren Plätzen angeboten. Sie verfügen meist über zwei getrennte Schlafzimmer, einen Wohnraum, Küche mit Kühlschrank und Geschirr, Baderaum mit Dusche/Badewanne und WC.

Beispiel eines voll ausgerüsteten *Hôtel de plein air*: Waschmaschinen, Küche, Babywickelraum, Fernsehraum, Aufenthaltsraum (mit Animationsabenden), Pingpong-Saal, Tennis- und Minigolfplatz, Swimmingpool, Fahrradverleih, Kinderspielplatz, Lebensmittelladen, Bar, Restaurant. Die eigene Reitschule oder der Golfplatz sind selten. Ein Platz an der Küste kann zudem noch über einen eigenen Strand und eigene Wassersportmöglichkeiten (Verleih, Schulungen) verfügen.

Etliche Plätze bieten für Körperbehinderte Rampen und adäquate sanitäre Anlagen an. Elektrische Anschlüsse und Brotverkauf während der Saison gehören bei Plätzen der 2-Stern-Kategorie meist zum Standard.

Gas in internationalen blauen Flaschen oder der französischen Marken (z. B. *Primagaz*, *Antargaz*) erhalten Sie problemlos an den mit (Markenname) *gaz* ausgeschilderten Depots auf dem Campingplatz, im Supermarkt, an der Tankstelle usw.

Die Plätze sind mit einem Sternchensystem kategorisiert. Ein Stern steht für einen Platz mit Minimalausstattung, vier Sterne weisen auf ein Luxusareal hin.

Die *Campings Municipaux*, meist in der zweiten Kategorie beheimatet, werden von den Gemeinden betrieben und sind in der Regel billiger und komfortloser als die private Konkurrenz (gilt nicht für das Landesinnere). Neben den kategorisierten Plätzen gibt es noch die wesentlich bescheideneren Campings auf dem Bauernhof und *Aire-Naturelle*-Anlagen.

Die Preise richten sich nach Kategorie, Ausstattung und Lage, gehobene Plätze gewähren in der Nebensaison oft einen Preisnachlass (bis 30 %).

Grundsätzlich gilt, dass die am häufigsten verbreitete 2-Sterne-Kategorie im Landesinneren besser ausgerüstet ist als an der Küste, wo die Plätze meist liebloser und in sanitärer Hinsicht bescheidener sind.

Von Juni bis September sind fast alle Plätze geöffnet. Die meisten Campings liegen – entsprechend dem Bedarf – an der Küste, mit Abstand die meisten sind an der Südküste zu Hause. Im Sommer, speziell zwischen Mitte Juli und Mitte August, sind begehrte Küstencampings oder 4-Sterne-Luxuscamps schnell ausgebucht. Falls Sie nicht abgewiesen werden wollen oder einen bestimmten Platz bevorzugen, hilft die Reservierung, am besten schon Wochen vorher.

Wie reserviert man einen Campingplatz?

Reservierungen werden telefonisch, schriftlich (auch über E-Mail) angenommen. Machen Sie genaue Angaben über Ihren Bedarf und besonders über:
– die Ankunfts- und Abfahrtsdaten, mit eventuell möglichen Ausweichdaten
– den gewünschten Stellplatztyp
– andere besondere Wünsche.

Da es am Telefon zu Missverständnissen kommen kann, sollten Sie sich vorsichtshalber die Reservierung schriftlich bestätigen lassen; vergessen Sie nicht, Ihren Namen und Ihre Adresse anzugeben. Bei Annahme einer Reservierung wird von der Campingplatzleitung meist um eine Anzahlung gebeten. Der Restbetrag ist einige Wochen vor der gebuchten Urlaubszeit zu bezahlen.

Essen und Trinken

Essen wie Gott in Frankreich: Artischocken, Austern, Rind und Hummer – die erlesensten Zutaten frisch auf den Tisch, lautet das Grundrezept der bretonischen Küche. Gourmets können sich die Hände reiben. Wir wünschen gesegneten Appetit.

Das Angebot an Meeresfrüchten ist reichhaltig, aber auch Lammkeule auf bretonische Art oder Hasenklein mit Möhrchen und Dörrpflaumen sind nicht zu verachten. Die süßen Crêpes und deftigen Galettes, die überall angeboten werden, sind in der Bretagne ohnehin zu Hause. Auf bretonischem Boden wurde zum ersten Mal Buchweizenmehlteig hauchdünn ausgerollt und auf einer heißen Eisenplatte gebacken.

Das Volksgericht *Kig ha Fars* und die Volkswurst *Andouille* sprechen Bände. Der kräftige Eintopf aus Gemüse, Rindfleisch und Schweinshaxe oder die deftige Kaldaunenwurst stehen für eine bäuerliche Küche. Weder die raffinierte Art der

Soirée gourmet

Zubereitung noch die ausgefuchste Würzkunst Pariser Gaumenkünstler sind für die bretonische Küche maßgebend, sondern die Qualität der Rohstoffe. Doch das Weißbrot mit der gesalzenen Butter gehört zu allen Mahlzeiten, da sind Bretonen recht eigen.

Vegetarische Menüs sind in bretonischen Restaurants immer noch selten. Sie können aber der Bedienung erklären, dass Sie fleischlos essen möchten, oder an Stelle des Steaks lieber mehr Gemüse und Salate hätten. In der Regel wird Ihr Wunsch erfüllt. Außerdem haben Vegetarier es gar nicht so schlecht in der Bretagne. Jede Crêperie (und davon gibt es wahrlich genug) stellt Galettes zusammen, in denen man problemlos fleischlos satt wird.

Restaurants: Mit 10 € (ohne Getränke und Trinkgeld) sitzen Sie am Mittagstisch, abends wird's teurer im bretonischen Restaurant. Wirkliche Gaumenfreuden erwarten Sie bei etwa 16–25 €, nach oben hin sind kaum Grenzen gesetzt.

In der Regel ist die Speisekarte mit den Tagesgerichten und den Preisen an der Restaurantfassade befestigt. Ihren Platz suchen Sie nicht selbst aus. Sie sagen dem *Chef de Salle*, wie viele Personen Sie sind, und dieser platziert Sie nach seinem Gutdünken – Einspruch können Sie selbstverständlich erheben. Wenn Sie dann sitzen, knüpft im gehobenen Restaurant der *Sommelier* Kontakt mit Ihnen. Der Meister der Weine reicht die Getränkekarte und erwartet Ihre *Ordres*.

Bestellen können Sie Gerichte *à la carte* oder ein *Menü*. À la carte – Sie stellen sich die Speisenfolge selbst zusammen – ist in der Regel teurer. Die vom Gastronomen angebotenen Menüs besitzen eine von ihm festgelegte Speisenfolge und reichen vom dreigängigen *Menu touristique* bis zum *Menu royal* mit sechs edlen Gängen (ab 50 € ohne Getränke).

Essen und Trinken 33

Das klassische Essen beginnt mit einem Apéritif. Ihm folgt die Vorspeise (*Entrée* oder *Hors d'oeuvre*) – z. B. Salate, Wurst, Muscheln oder Pasteten. Das Hauptgericht aus Fleisch oder Fisch plus Beilagen wird bei teuren Menüs in mehreren Gängen aufgetragen, beim Touristenmenü gibt es einen Teller. Beim ausgiebigen Menü folgen nun Käse oder Obst, worauf der süße Nachtisch *(Dessert)* gereicht wird, beim einfachen können Sie oft nur zwischen Käse, Obst und einer Süßspeise wählen. Der abschließende Kaffee und der *Digestif* (Schnaps) werden extra berechnet.

Die Essenszeiten am Mittag *(Déjeuner)* sind in der Regel von 12–14 Uhr, das Abendessen *(Dîner)* wird zwischen 19 und 22.30 Uhr eingenommen. Wer nach 21 Uhr ein Restaurant betritt, muss sich bei der Speisenauswahl manchmal mit einem eingeschränkten Angebot begnügen.

Hinweis 1: Ist ein Restaurant im Gegensatz zu seiner umliegenden Konkurrenz zur Essenszeit leer, ist dies ein schlechtes Zeichen für Qualität und Frische der Speisen.

Hinweis 2: Restaurants mit dem *Routier*-Schild dienen der werktätigen Bevölkerung und servieren Hausmannskost in einfacher Atmosphäre zu günstigen Preisen (etwa 11 € inkl. Wein).

Pizzerien: Die Pizzeria der bretonischen Halbinsel entspricht in etwa der mitteleuropäischen. Pizza ab 6 € aufwärts, dazu bietet die Speisekarte Vorspeisen, Salate, Pasta, Dessert, Fleisch- und Fischgerichte. Auch die Preisgestaltung der Pizzabäcker ist ähnlich. Wer sich durch alle Gänge tafelt, zahlt genauso viel wie in einem Restaurant des unteren Preisniveaus.

Crêperies: Der bekannteste kulinarische Exportartikel der Bretagne – in jeder deutschen Universitätsstadt serviert mittlerweile eine Crêperie die hauchdünnen Pfannkuchen, die ihren Ursprung in der Bretagne haben und dort täglich in Unmengen als geschätzte Zwischenmahlzeit verzehrt werden.

Dünne *Crêpes* aus hellem, gezuckertem Weizenmehl, Eiern und Milch dienen als Untergrund für süße Beläge wie Marmelade, Schokolade, Früchte. Die bekannteste ist die *Crêpe Suzette*, bestrichen mit Orangenmarmelade und flambiert mit Grand Marnier.

Für *Galettes* wird gesalzener Teig aus dunklem Buchweizenmehl *(Blé noir)* und Wasser geknetet. Galettes sind etwas dicker und werden mit pikanten und deftigen Beilagen belegt: z. B. Käse, Schinken, Knackwurst, Meeresfrüchte, Spargel etc.

Crêpes zum Selbermachen

Zutaten: (für 20 Crêpes) 6 Esslöffel Mehl, 6 Esslöffel Zucker, 1 Tütchen Vanillezucker, 1 Prise Salz, 4 Eier, 0,75 l Milch, 1 Esslöffel Rum, 1 Esslöffel Sonnenblumenöl. Mehl, Zucker und Salz in eine Schüssel geben und vermischen. Die Eier hinzugeben und solange verrühren, bis ein homogener Teig entstanden ist. Anschließend nach und nach die Milch, den Rum und das Öl hinzugeben. Der Teig muss eine Stunde ruhen, bevor die Crêpes ausgebacken werden können.

Spezialitätenläden: Ladenschilder wie *Charcuterie* oder *Traiteur* machen darauf aufmerksam, dass Sie hier Wurst-, Fleisch-, Käse- und Fischspezialitäten sowie fertig zubereitete kulinarische Köstlichkeiten bekommen, von denen Sie teilweise nicht einmal gewusst haben, dass es sie gibt. Tipp für Selbstversorger: Die vorgekochten Mahlzeiten sind meist exzellent und einfach aufzuwärmen. Geld darf nur am Rande eine Rolle spielen.

Poissonnerie: Hier werden ausschließlich Meeresprodukte verkauft. In den Becken tummeln sich ahnungslose Hummer, auf gestoßenem Eis erwarten grätenlose Thunfischfilets, Barben, Brassen und silbrige Sardinen ihr Schicksal.

Alimentation: Dieses Schild weist auf einen Lebensmittelladen hin, der oft im Tante-Emma-Stil geführt wird und nur über ein begrenztes Warenangebot verfügt. Grundnahrungsmittel, dazu eine kleine Auswahl an Käse, Wurst, Obst und Gemüse sowie Grundreinigungsmittel gehören auch in der kleinsten Alimentation zur Minimalausstattung.

Marché: Der wöchentliche *Markttag* ist in der Bretagne in der Stadt wie auch auf dem Land noch heute eine lebendige Einrichtung. Hier wird – manchmal noch in der mittelalterlichen Markthalle – alles für den täglichen Bedarf verkauft: Gemüse, Obst, Fleisch, Fisch, Blumen, Haushaltsartikel, Textilien ... Markthändler touren regelmäßig zwischen den Marktorten: Wundern Sie sich nicht, wenn Sie auf dem nächsten Markt hinter den Ständen die gleichen Gesichter sehen.

Supermarché: Große *Supermärkte* (Carrefour, Casino, SuperU, Intermarché und andere) mit ebenso großen Parkplätzen finden sich in der Regel in der *zone commerciale* vor den Toren der Stadt oder am Ortsrand größerer Landgemeinden. Das Angebot von Waren aus ganz Frankreich ist riesig.

Boucherie: Das Angebot ist qualitativ bestechend: köstliche Pasteten, zarte Hinterschinken, Wild oder saftige Steaks. *Rillettes* sind Schweinehackfleischpasteten, die *Paté de Campagne* wird meist aus Geflügel- oder Schweineleber hergestellt, und die berühmte *Andouille* ist nicht jedermanns Geschmack: Die Kaldaunenwurst aus fein geschnittenem Fettdarm, Kutteln und Kalbsgekröse wird geräuchert oder gekocht verzehrt.

Boulangerie: Die französische Bäckerei beliefert auch am Sonntagvormittag ihre Kundschaft mit frischem Backwerk: *Baguette* ist das lange schmale Stangenweißbrot, *Pain* das kürzere, etwas dickere Weißbrot. Ebenfalls am Morgen stets frisch sind *Croissants* (Hörnchen) und *Pain au chocolat* (Hörnchen mit Schokoladenfüllung). Seit einigen Jahren essen die Franzosen vermehrt auch Graubrot – zu Austern obligatorisch.

Pâtisserie/Confiserie: Die Konditorei der Franzosen – für Freunde von süßem Naschwerk eine verhängnisvolle Falle. Zu den bretonische Spezialitäten zählen der *Kouign Amman* (Butterkuchen), der *Far breton* (Eierkuchen mit Rosinen und Dörrpflaumen) und der *Gâteau breton* (mit Apfel- oder Pflaumenmus gefüllter Sandkuchen).

Meeresfrüchte

Zu ihnen zählen Austern, Hummer, Langusten, Krebse, Seespinnen, Jakobs- oder die gemeine Miesmuschel. Die Zubereitungsarten variieren unendlich, jeder Koch hat seine Rezepte. Hummer und Langusten rangieren preislich ganz vorne, eine stattliche gemischte Meeresfrüchteplatte für zwei Personen ist ab etwa 60 € zu haben. Umstritten ist unter Gourmets, ob der *Homard à l'Américaine* (Hummer in scharfer Sauce mit Cayennepfeffer, Weißwein und Tomaten, der weltweit auf den Speisekarten gehobener Gastronomietempel angeboten wird) in Wirklichkeit nicht ein *Homard à l'Armoricaine* ist, also eine bretonische Erfindung. Der ideale Begleiter zu den Meeresfrüchten ist ein trockener Weißwein.

Die Kunst, eine Auster zu öffnen

Die Austern sind gekauft, man freut sich auf eine himmlische Vorspeise und sieht sich plötzlich dem Problem gegenüber: Wie komme ich an die Delikatesse? Das Tier lebt nämlich noch, wehrt sich gegen sein Schicksal und hält mit seinem starken Muskel die Schale fest zusammen. Ratschlag: Nicht lange mit dem Taschenmesser herumfummeln, sondern sich ein spezielles Austernmesser besorgen (das vor Abrutschen und versehentlichem Aufschneiden der Pulsader schützt) und sich das Know-how des Austernöffnens von einer Fachkraft (fast jeder Bretone) demonstrieren lassen. Kurzanleitung: Die Auster mit der tieferen Schalenhälfte nach unten in die Hand nehmen, an der dicksten Stelle der Seite das Instrument ansetzen, den Schließmuskel durchtrennen, die obere Schalenhälfte mit einer Drehbewegung abheben und das Fleisch vorsichtig herauslösen. Eventuelle Schalensplitter entfernen.

Gesunde Austern zeigen folgende defensive Reaktionen: Sie lassen sich schwer öffnen, und der Mantel des rohen Fleisches zieht sich leicht zusammen, wenn er mit Zitronensaft beträufelt wird. Austern, die sich von selbst öffnen, sollten Sie besser nicht verzehren.

Austern werden roh, gebraten, gedünstet, gratiniert oder gekocht (Austernsuppe) verzehrt. Am einfachsten und gängigsten ist das Rezept „Huîtres natures": Das rohe Austernfleisch wird im eigenen Wasser in der größeren, unteren Schalenhälfte serviert, die nach Möglichkeit auf zerstoßenes Eis gebettet wird. Graubrot und gesalzene Butter, Zitrone und Pfeffer bereitstellen, dazu einen Muscadet oder Chablis, noch besser einen Champagner.

Getränke

Cidre: Der ganz leichte, spritzige Apfelwein aus vergorenen Äpfeln wird aus dicken Keramikpötten gerne zu Galettes und Crêpes getrunken. Es gibt mehrere Sorten: der apfelsaftähnliche *Cidre doux* mit ca. 2 % Alkohol, der herbere *Cidre brut* mit 4,5 % Alkohol. Der süffige *Cidre bouché* ist der Champagner unter den schwach alkoholischen Apfelgetränken. Hergestellt wird Cidre überall im Land – viele Bretonen destillieren selbst, Bauern, die einige Apfelbäume besitzen, verkaufen ihren *Cidre de ferme* ohne Etikett (dafür meist mit etwas mehr Alkohol) an jedermann. Schilder machen darauf aufmerksam.

Muscadet: Der einzige namhafte bretonische Wein, der im Süden an der Loire gekeltert wird. Verglichen mit französischen Spitzenweinen durchschnittlich. Trotzdem wird er in der Bretagne viel getrunken, besonders zu Austern und allen Fischgerichten.

Hydromel: Eine alkoholhaltige bretonische Spezialität aus Wasser *(Hydro)* und vergorenem Honig *(Miel)*. Früher wurde der viel getrunkene „Honigwein" in unzähligen Schwarzbrennereien am Fiskus vorbei gebrannt. Heute beliefern nur noch einige legale Honigwein-Destillerien den arg geschrumpften bretonischen Honigweinmarkt. An den Geschmack kann man sich schnell gewöhnen, doch Vorsicht: Zu einem nicht voraussagbaren Zeitpunkt fällt der Zecher unweigerlich um. Und zwar ausnahmslos nach hinten.

Chouchenn: Dem Hydromel ähnlicher bretonischer Aperitif, der an den Met der Germanen erinnert. Ausprobieren und sich ab dem zweiten Glas an der Theke festhalten.

Bier *(Bière)*: „Un demi!" versteht jeder Schankkellner als Aufforderung, Ihnen ein Bier zu geben, doch einen halben Liter dürfen Sie nicht erwarten – die französische Halbe hat nur etwa 0,3 Liter. Bier vom Fass *(à la pression)* ist billiger als Flaschenbier, getrunken werden bretonische, französische und manchmal deutsche Marken.

Hühner auf der Stange

Sport

Insgesamt 2400 Kilometer zerklüftete Küste und ständig Wind über den Wellen – die Bretagne ist ein Eldorado des Wassersports. Segeljachten in allen Preisklassen bevölkern Häfen und Meer, Surfer liegen stramm im Wind, während Taucher und Taucherinnen unbeobachtet ihrem voyeuristischen Vergnügen nachgehen.

Natürlich wird in der Bretagne wie überall in Frankreich Boule gespielt. Doch im bretonischen Sportangebot geht dieses simple Wurfspiel, mit dem sich, einem Vorurteil zufolge, Gauloise rauchende Schieberkäppis die Zeit vertreiben, schier unter. Nicht leicht hat es da auch das uralte *Gouren*, die keltische Variante des Ringens (siehe Kastentext *Gouren*). Allein im Finistère verteilen sich auf 1000 km Küste etwa 100 Centres Nautiques. Und nicht nur Meer, Flüsse und Seen werden zum Spielfeld, auch auf dem Land sind die Möglichkeiten sportlicher Betätigung überaus vielfältig. Schon vor Jahren konnte der Campingführer eines bekannten deutschen Automobilclubs befriedigt feststellen: „Tischtennisplatten gibt es in ausreichender Anzahl auf den Campingplätzen."

Die nötige Ausrüstung für Sport auf der festen Erde wie für den Wassersport wird bei Bedarf gestellt. In größeren Touristenorten ergänzen sich Wasser- und Landsportangebot: Schulungen auf dem Segelboot oder dem Pferd gehören ebenso zum Programm wie einwöchige Tauchkurse oder stundenweiser Verleih von Sportgerät. Auf Wunsch können Sie auch Lehrgänge buchen, in denen Quartier und Verpflegung bereits enthalten sind.

Wassersport

Segeln: Die Nummer eins des bretonischen Sportangebots. Von der Luxusjacht bis zum klitzekleinen Optimisten tummeln sich Segelboote und Jachten aller Größen und Preisklassen in bretonischen Häfen und Gewässern – über 130 Segelschulen *(Ecole de voile)* verteilen sich an der Küste.

Segelschulen bieten Kurse für Kinder und Erwachsene, Anfänger und Fortgeschrittene, sie verleihen Material und Ausrüstung und sind im Notfall Ansprechpartner für ratlose Windjammerkapitäne.

Die zahlreichen Jachthäfen *(Ports de plaisance)* gewähren den Freizeitseglern *(Plaisânciers)* Unterschlupf: Liegeplatz, Sanitäranlagen, Strom- und Spritversorgung gehören zum Service wie Auskünfte über Gezeiten, Wetter und Fahrtrouten. Die Liegegebühren variieren stark. In der Regel für ein 10-m-Boot 10–20 € täglich.

Ausgesprochene und geschützte Segelgebiete sind die *Rade de Brest*, die *Bucht von Douarnenez*, der *Golf von Morbihan* und die Gewässer um die *Iles de Glénan*.

Information Eine Liste der Segelschulen ist erhältlich beim **Comité Régional du Tourisme**, 1, rue Raoul Ponchon, 35069 Rennes. ✆ 02.99.36.15.15, ℻ 02.99.28.44.40, tourism-crtb@ tourismebretagne.com.

Surfen: Für das Gleiten auf dem Brett gilt Ähnliches wie für das Segeln – die Bedingungen sind exzellent, die *Centres nautiques* bieten Schulungen und verleihen Boards. Im Verleihgeschäft tätig sind auch ausgesprochene Surfspezialisten und Sportgeschäfte vor Ort.

Die Nordwestküste ist ein wildes Surfrevier, gefährlich wird es an der Westküste, ideale Bedingungen herrschen entlang der Südküste: *Quiberon*, *La Baule* oder die *Pointe de la Torche* – wo auch Weltcup-Rennen ausgetragen werden – sind nur einige Gebiete, in denen es sich nach Herzenslust surfen lässt.

Gouren

Die bretonische Variante des Ringens (Gouren, Lutte bretonne) wurde im 5. Jahrhundert nach Christus von den einwandernden Kelten aufs Festland gebracht. Während die Sportart bis ins späte Mittelalter dem Adel vorbehalten war und überwiegend Kampfsportcharakter besaß, breitete sie sich im 18. Jahrhundert auch im einfachen Volk aus, wurde als willkommene Abwechslung aufgenommen und bekam immer mehr Spielcharakter. Anfang des 20. Jahrhunderts von Dr. Cottonec aus Quimperlé modernisiert, war der Gouren nach dem 2. Weltkrieg so gut wie verschwunden und erlebt nun seit einigen Jahrzehnten einen neuen Aufschwung.

Gouren ist zu einem Teil des neuen bretonischen Selbstbewusstseins geworden, und in diesem Rahmen lernen in einigen Grundschulen schon die Kleinsten, wie sie ihren Gegner am Hemd *(roched)* fassen müssen, um ihn mit Hilfe eines speziellen Griffs *(kliked)* aus dem Gleichgewicht zu bringen und auf den Rücken zu legen *(lamm)*. Die Fédération de Gouren zählt momentan 40 Clubs mit 1300 Mitgliedern, darunter acht Professionelle, die überwiegend im Finistère als Lehrer tätig sind.

Die Wintersaison der bretonischen Ringer besteht in erster Linie aus Hallentraining und findet ihren Abschluss in der bretonischen Meisterschaft. Im Sommer dagegen wird *mod kozh*, auf die alte Art, gekämpft. Die Rivalen begegnen sich im Freien, manchmal auf einer Unterlage aus Sägespänen, und wer drei Kämpe hintereinander für sich entscheiden konnte, darf mit dem gewonnenen Schaf auf den Schultern eine Ehrenrunde drehen. Zu sehen sind die bretonischen Ringkämpfe u. a. beim Festival de Cornouaille in Quimper und bei der Fête des Filets Bleus in Concarneau. Und wer *kliked* und *roched* selbst üben möchte, kann beim Festival des Vieilles Charrues in Carhaix-Plouguer einen Einführungskurs belegen.

Tauchen: Die Bretagne ist aufgrund der Gezeitenwechsel und Unterwasserströmungen ein schwieriges Tauchgebiet. Einige Beschränkungen sind zu beachten: Die Unterwasserjagd mit Pressluftflasche ist verboten, nur sechs Fische bzw. Schalentiere pro Tag dürfen erlegt, doch nicht verkauft werden. Manche Tauchgründe sind als Fangschutzgebiete ausgewiesen. Ausländische Taucher ohne Mitgliedschaft in einem bretonischen Tauchclub müssen ihre Tätigkeit bei der Marineverwaltung (Hafenbehörde) anmelden.

Fischen: Nicht nur an der Küste (bescheidene Fangergebnisse) oder vom Schiff aus (besser) findet die Jagd auf Speise- und Raubfische statt. Auf insgesamt 10.000 km Flusslauf- und Kanallänge können – Angelschein vorausgesetzt – Lachse, Aale, Glasaale, Forellen, Hechte und viele Kiemenatmer mehr

Rentner beim Sport

mit der Angel an Land gezogen werden, und zwar angeblich ununterbrochen: „In der Bretagne kann der Angler 365 Tage im Jahr, bei Tag wie bei Nacht, seinen Lieblingssport ausüben" (bretonischer Werbeprospekt).

Die tatsächlichen regionalen Bestimmungen sind unterschiedlich, konkrete Auskünfte über das Fischen in Süß- und Salzwasser geben die betreffenden Informationsbüros.

Landsport

Tennis: Im ganzen Land gibt es Plätze – von Hotels, Campings, Clubs, privaten Zentren oder der Gemeinde unterhaltene Anlagen. Der weiße Sport ist mittlerweile so beliebt, dass im Sommer Engpässe unvermeidlich sind: Dann ist die Reservierung einige Tage vorher angebracht. Die Preise pro Stunde sind von der Exklusivität des Clubs und der Anlage abhängig.

Reiten: Der Pferdesport hat Tradition in der Bretagne, und so ist das Angebot für Anfänger und Fortgeschrittene entsprechend groß. Von der Reitstunde bis zum mehrtägigen Ausritt reicht die Palette, Sie können wählen zwischen dem organisierten mehrstündigen Spazierritt und zwei Wochen Reiterferien.

• *Information* **Ligue Equestre de Bretagne**, 5bis, rue Waldeck Rousseau, BP 307, 56103 Lorient. ℡ 02.97.84.44.00, ✆ 02.97.84.44.85.

Association Régionale de Tourisme Equestre de Bretagne (ARTEB), 27, rue Laënnec, 29710 Ploneïs. ℡ 02.98.91.02.02

Golf: Die Bretagne zählt zu den ersten Golfadressen; der Golfclub von Dinard-St-Briac ist der zweitälteste Frankreichs, auf über 30 bretonischen Golfplätzen wird eingelocht – das Spiel mit dem kleinen Ball auf dem feinen Rasen erfreut sich auch in der Bretagne immer größerer Beliebtheit. Die meisten Plätze haben 18 Löcher. Die Preise pro Runde bewegen sich zwischen 20 und 50 €.

Information **Ligue de Golf de Bretagne**, Immeuble Le Calypso, 130, rue Eugène Pottier, 35000 Rennes. ℡ 02.99.31.68.80, ✆ 02.99.31.68.83.

Granit, der Stein der Bretagne

Land und Leute

Geographie und Geologie

Aus der Perspektive des Piloten zeigt sich die Bretagne als bizarres Fabeltier: Wie ein riesiger ungeschlachter Drachenkopf schiebt sich die Halbinsel ins Meer – die Stirn bei der Rosa-Granitküste im Norden, die Halbinsel Crozon als bleckende Zunge, die Kehle zieht sich von Concarneau zur Loire-Mündung im Süden.

Geographisches: Der Ärmelkanal im Norden und der Atlantik im Süden und Westen sind die Wassergrenzen der bretonischen „Halbinsel", die Landgrenze nach Osten ist eine historische, die immer wieder verschoben wurde: Sie verläuft vom Mont-Saint-Michel (heute Normandie) am Ärmelkanal über die Grenzfesten Fougères und Vitré und weiter über Châteaubriant und Redon bis La Roche-Bernard an der Atlantikküste.

1798 wurde das bretonische Gebiet in fünf Départements eingeteilt, von denen eines 1964 verloren ging: Die Halbinsel Guérande und die Stadt Nantes gehören seit der Gebietsreform unter General de Gaulle nicht mehr zur Bretagne, die verbliebenen vier Départements sind: *Illes-et-Vilaine* (Rennes), *Côtes d'Armor* (St-Brieuc), *Finistère* (Quimper) und *Morbihan* (Vannes). Verwaltungshauptstadt der gesamten Bretagne ist *Rennes*.

Die Landesfläche erstreckt sich auf genau 27.209 km^2 (zum Vergleich: Hessen 21.114 km^2). Die Küste misst rund 600 Kilometer (Luftlinie), die sich etwa zu gleichen Teilen von Nord nach Süd und von Ost nach West aufteilen. Wenn alle Landspitzen der vielen Halbinseln und Kaps bei der Vermessung der Küstenlänge berücksichtigt werden, schwanken die Ergebnisse: Von 2000 bis 3000 km reichen die von uns ermittelten Zahlen. Auf jeden Fall ist das Meer nie weit – nur selten mehr als 10 km.

Das Land ist teils hügelig, teils flach, wird von West nach Ost gegliedert durch die *Monts d'Arrée*, die *Montagnes Noires* und die *Heide von Lanvaux* (nach Osten verlängert vom *Sillon de Bretagne*). Die höchste Erhebung findet sich in den Monts d'Arrée (384 m). Den zerklüfteten Küstenverlauf prägen eine felsige, oft 50–70 m hohe Steilküste, zahllose Mündungsbuchten, Halbinseln, Kaps und lange Dünenstrände.

Viele Flüsse durchziehen die Bretagne, doch die meisten sind weder lang noch breit oder gar reißend – gemächlich fließt das Wasser in zahlreichen kurzen Wasserläufen und vereinigt sich nur selten in einem größeren Bett. Die wichtigsten bretonischen Wasserläufe sind die *Rance* im Nordosten, die *Aulne* im Westen, der *Blavet*, die *Odet*, der *Aven*, die *Ellé* und die *Vilaine* im Süden.

Geologisches: Unter den Geographen ist das *Armorikanische Gebirge* ein gängiger Name für die bretonische Halbinsel, der auf den Ursprung der Bretagne weist: Wo vor 350 Millionen Jahren nur eine endlose Wasserwüste war, begann sich eines Tages im Erdmittelalter die Erde zu heben, und es kam zur „Variskischen Gebirgsbildung" (nach den Variskern benannt, die in der Antike in der Gegend von Hof/Bayern lebten). Zusammen mit den heutigen deutschen Mittelgebirgen stieg das Armorikanische Gebirge hoch, das in seiner Jugend mit Erhebungen bis zu 4000 Metern von Südengland bis zum französischen Zentralmassiv verlief. Knapp 200 Millionen Jahre war das Armorikanische Gebirge ähnlich den Alpen ein auffälliger Gebirgsriese, dann senkte sich in den folgenden Jahrmillionen das Land wieder, und mit dem Ende der letzten Eiszeit verschluckte das Meer immer mehr Festlandsmasse. Der Ärmelkanal entstand, der Atlantik flutete den Golf von Morbihan; das anstürmende Wasser zerklüftete die Küste heillos, fraß sich durch weiches Gestein und drang durch Fjorde tief ins Landesinnere ein. Aus früheren Berggipfeln wurden vorgelagerte Riffe, Inselchen und Inseln, unter letzteren ist die *Belle Ile* mit 84 km^2 die größte. Auch die Wattlandschaften, die heute täglich für einige Stunden existieren, bevor sie wieder überspült werden, gehörten einst zum europäischen Festland.

In geschützten Lagen konnten sich Sandstein und Schiefer halten, doch der Stein des Landes ist der Granit. Die ganze Bretagne ruht auf dem harten Gestein, das als Rest des Armorikanischen Gebirges das vorgeschobene Bollwerk des Festlands gegen das Meer bildet. Die Hauptbestandteile des Granits sind Feldspat, Quarz und Glimmer. Seine Färbung, von rötlich bis grau, wird vom Feldspat bestimmt.

Von durchschnittlich 1200 m hohen Erhebungen (vor 60 Millionen Jahren) wurde der Granit auf 300 m abgetragen. Dennoch ist das Innere der Bretagne trotz seiner geringen Höhe z. T. gebirgsähnlich – enge Täler, kleine Schluchten und immer wieder Granitblöcke bilden eine oft verschlossene Kleingebirgslandschaft. Der Granit der Erdkruste ist nicht nur der Schutzwall gegen das landverschlingende Wasser, sondern auch bevorzugtes Baumaterial für die meisten Häuser und zahlreiche Kunstwerke in der Bretagne.

Sonne, Wolken, Wind und Meer ...

Klima

Seit fast 200 Jahren zieht die Bretagne Menschen an, die sich der Malerei verschrieben haben und die hier nicht nur zahllose Motive für ihre Bilder finden, sondern auch Lichtverhältnisse, die auf der Welt ihresgleichen suchen. Die hohe Luftfeuchtigkeit zaubert im Sonnenlicht Farbenspiele über eine Landschaft, über der im nächsten Augenblick dräuende Wolken aufziehen können, um gleich wieder vom Wind weggeschoben zu werden.

Der nah vorbeifließende *Golfstrom* beschert der Bretagne ein gemäßigtes ozeanisches Klima mit milden Wintern, in denen Schnee eine Seltenheit ist, und mit lauwarmen Sommern, in denen sich aber auch längere Schönwetterperioden durchsetzen können. Der viele Regen, den der ständig wehende Westwind vom offenen Meer mitbringt und den das ozeanische Klima über das ganze Jahr verteilt, sorgt für eine hohe Luftfeuchtigkeit. Die Südküste ist insgesamt etwas milder und regenärmer als der Norden, Kontinentalklima herrscht allein im Osten, im Becken von Rennes, das an die französische Festlandsmasse angebunden ist.

Die *Niederschläge* fallen unterschiedlich aus: Im Westen regnet es durchschnittlich mehr als im Osten, im Inland fällt wieder mehr Regen als an der Küste. Während man in der Ostbretagne 700–800 mm im Jahresdurchschnitt zählt, in der Küstenzone 800–900 mm, regnen in den Monts d'Arrée und den Montagnes Noires in der Zentralbretagne jährlich mehr als 1500 mm ab.

So unterschiedlich wie die Niederschläge sind die *Temperaturen*. Herrscht in Brest eine jährliche Durchschnittstemperatur (Tages- und Nachttemperaturen zusammengerechnet) von knapp 12 °C, sind es in Roscoff schon knapp 17 °C (zum Vergleich: Frankreich 11 °C). Die Jahresdurchschnittstemperatur an der Küstenzone beträgt 11–12 °C, damit ist es an der Küste über das Jahr durchschnittlich 1–2 °C wärmer als im Inland. Nur im Sommer nicht: Da klettert das Thermometer im Landesinneren höher als am Meer. Im August liegt der Tagesdurchschnitt bei 17–19 °C. Spitzenwerte von 30 °C sind keine Seltenheit.

Der Herbst lässt die Temperaturen sachte abkühlen und ist ansonsten die Zeit der Stürme aus Südost und Südwest. Im Winter beträgt der Temperaturmittelwert immer noch 6–7 °C; der kälteste Monat an der Küste ist der Februar mit 6 °C, im Landesinneren der Januar mit 3 °C. Durchschnittlich zehn Frosttage werden auf dem Festland jährlich gezählt.

Ab April beginnt sich die Luft wieder zu erwärmen, und schon bald sind die angenehmen bretonischen Frühjahrstemperaturen erreicht – im Landesdurchschnitt tagsüber etwa 16 °C.

Zu den Wassertemperaturen siehe *Wissenswertes von A bis Z/Baden*.

Flora und Fauna

Die Pflanzenwelt des Küstensaums ist nicht dieselbe wie die im Landesinneren. Unter dem Einfluss des Golfstroms sowie im milden Süden der Bretagne gedeihen sogar Gewächse, deren Heimat eigentlich das Mittelmeer ist: Steineiche, Erdbeerbaum oder Palme haben sich auch am Westrand Europas eingelebt, auf der Ile de Batz trägt der nördlichste Feigenbaum des europäischen Kontinents seine Früchte.

Neben diesen exotischen Bäumen sind als beliebte Schmuckpflanzen *Oleander* und *Rhododendron*, die *Geranie* und vor allem die *Hortensie* zu nennen, die zu ihren Blütezeiten Farbe in die bretonische Landschaft bringen. Direkt an der Küste wächst an ungeschützten Stellen wenig bis nichts – zu stet und zu heftig peitscht der Wind über das Land und trägt mit Hilfe des Regens bisweilen sogar das Erdreich ab, bis

Heide im Morgentau

der Fels kahl und bloß liegt. Doch wo etwas wachsen kann, nutzen die Pflanzen dies aus: Von Mai bis September blüht rosa die gemeine Grasnelke *(Armeria maritima)*; Strandkiefern *(Pinus pinaster)* und Monterey-Zypressen *(Cupressus macrocarpa)* bevölkern die Dünen und den angrenzenden Landstreifen hinter der Uferregion.

Die Heidelandschaft *(Landes)* ist das botanische Bindeglied zwischen Küste und Landesinnerem. Sie entsteht meist durch Roden von Wald und anschließender Überweidung. Sie kann unmittelbar an der Küste auftreten oder karge Berg- und Sumpfgebiete im Inneren bedecken. Typisch für die Heide sind die Zwergsträucher: *Besen-* und *Stechginster, Farn, Brombeersträucher* und *Heidekraut* bilden die Grundvegetation, in deren Schutz Blumen wie die *Heidenelke* hübsche Tupfer setzen.

Im Landesinneren findet man die „grüne Bretagne". Über große Strecken präsentiert sie sich als unübersichtliche Wiesen-, Feld- und Heidelandschaft mit schachbrettartigen Heckenformationen und dazwischengestreuten kleinen Forsten, die einen Hauch von Wald vermitteln.

Die wenigen verbliebenen richtigen *Wälder* (etwa 320.000 ha, das sind nicht einmal 10 % der bretonischen Landfläche) bestehen hauptsächlich aus *Eichen* und *Buchen*, *Ahorn, Kastanien* und *Eschen*. Dichtes Unterholz und Kleingewächse wie *Eiben, Stechpalmen, Farn, Moos* oder *Flechten* machen die lichten, sonnendurchfluteten Wälder gleich neben dem Wegrand zu einem meist unwegsamen Gelände, in dem sich die alten Sagen ungestört über die Zeit retten konnten. Das größte verschonte und sagenreichste Waldstück ist mit etwa 6300 ha der *Wald von Paimpont*.

Fauna: Das Wildschwein hat Obelix so gut wie ausgerottet, auch Großwild ist mittlerweile eine Rarität. Über die Zeiten gerettet haben sich außer den Insekten nur Nutz- und Haustiere, dazu der Hase und die Eidechse – außerhalb der Zoos ist die Tierwelt auf der festen bretonischen Erde wenig aufregend.

Anders in der Luft und im Wasser: Millionen Vögel geben sich ein Stelldichein, und ungezählte Fische und andere Wasserlebewesen bevölkern das nasse Element. Ab März schnäbelt und brütet das gefiederte Volk zur Freude der Ornithologen in den Vogelreservaten der Küste oder in der ruhigen Grande Brière. Die Bewohner des Wassers können Sie trockenen Fußes in den Aquarien bestaunen oder appetitlich angerichtet verzehren.

Bevölkerung

Bretonen lieben Kinder. Von 1850 bis 1950 hatten eine Million Bretonen ihre Heimat verlassen, um in der Fremde ihr Glück zu suchen. Wegen des starken Geburtenüberschusses sank die Bevölkerung trotzdem nicht wesentlich, und nach den 1960er Jahren stieg sie mit dem wirtschaftlichen Aufschwung sogar leicht an.

Erst im letzten Viertel des 20. Jahrhunderts ging der Nachwuchs drastisch zurück. Inzwischen lassen die Statistiken wieder hoffen. 2006 stand Frankreich dank einer gezielten Familienförderungspolitik mit 2,01 Geburten pro Frau an erster Stelle unter den europäischen Ländern.

Die letzte Volkszählung gab es 1999, daraus einige Ergebnisse: Von 2,9 Millionen Bretonen sind rund 60 % Städter, Tendenz steigend – seit Mitte der 1960er hat sich die Einwohnerzahl der Städte verdoppelt.

Auf einem Quadratkilometer siedeln im Schnitt mehr als 100 Bretonen und Bretoninnen, wobei die Bevölkerungsdichte sehr ungleich verteilt ist: im Landesinneren sind oft nur 40 Menschen pro Quadratkilometer sesshaft, in und um Rennes sowie in den größeren Städten an der Küste und in deren Einzugsgebieten (Brest und Lorient) steigt die Zahl sprunghaft an.

Binnenwanderung (zur und in die Großstädte) und Abwanderung (vielfach nach Paris, wo die heimwehkranken Bretonen rund um den Bahnhof Montparnasse einen eigenen Stadtteil bewohnen) sind die großen Probleme der Bretagne: Von den 1269 bretonischen Gemeinden verlieren über 500 stetig an Einwohnern, fast alle anderen stagnieren, nur die wenigen Großstädte verzeichnen einen Zuwachs. Viele junge Menschen verlassen im erwerbsfähigen Alter wegen fehlender Arbeitsmöglichkeiten die Bretagne und kommen erst als Rentner wieder zurück.

Bretonen sind in Frankreich, ähnlich wie Ostfriesen im deutschen Sprachraum, Ziel der immergleichen Witze über Holzschuh tragende, nicht gerade helle Hinterwäldler. Die Figur der etwas tumben *Bécassine*, die in der Weltstadt Paris nicht den besten Eindruck macht, kam in Frankreich sogar zu Comic-Ehren. Im Übrigen gelten die Bretonen als grobschlächtig-derb, unflexibel und bockig, abergläubisch und trinkfest. So sind sie das krasse Gegenstück zum weltoffenen, feinziselierten Pariser, der kurzfristig in die Bretagne einfällt, das ursprüngliche bäuerliche Leben toll findet, sein Ferienhäuschen mit Schilf deckt und schwitzend einen Menhir im Gärtchen aufstellt.

Zwei statistische Befunde zum Schluss: Der Alkoholkonsum der Bretonen liegt weit über dem französischen Durchschnitt, die Scheidungsrate in der Bretagne ist die niedrigste ganz Frankreichs. Dass Alkohol die Ehe kittet, sei damit nicht behauptet.

Der Fischfang ist bis heute der traditionelle Haupterwerbszweig der Bretonen

Wirtschaft

Das uralte innerbretonische Strukturproblem ist am Anfang des 21. Jahrhunderts noch immer nicht beseitigt – der Westen ist der vernachlässigte und traditionell ärmere Teil des Landes. Am Ende der Welt ist die Infrastruktur schlechter, das Klima rauer, die Küste unwirtlich und der Boden karg.

Die industrielle Revolution ließ die Bretagne links liegen, und auch der später aufkommende Welthandel lief erst einmal an ihr vorbei. So ist die Bretagne eine bäuerliche Region geblieben, deren Bewohner vorrangig von der direkten Ausbeutung der Erde, des Meers und der dazugehörigen Nahrungsmittelindustrie leben – dem einzig nennenswerten Exportzweig der Bretagne.

Bis 1950 zählte man den Landstrich zu den unterentwickelten europäischen Regionen. Nur zögernd begann sich die Regierung in Paris um ihre bretonischen Hungerleider zu kümmern, und es dauerte ein Jahrzehnt, bis die Programme zu greifen begannen: Heute stehen etwa 40 % der Bevölkerung in einem Arbeitsverhältnis. Wirtschaftlich muten die Erfolge, insbesondere auf dem Agrarsektor, auf den ersten Blick bestechend an. Die Bretagne ist in Sachen Fischfang, Erzeugung von Agrarprodukten und Viehhandel die französische Nummer eins.

Der seit Jahrzehnten herrschende Trend weg von den Erzeugnissen des Meeres zu Agrarprodukten hält trotz der beeindruckenden Fangzahlen an, zunehmend aber wird auch die Bretagne eine Dienstleistungsgesellschaft.

Fischfang: Als japanische und amerikanische Großunternehmer im 20. Jahrhundert moderne Großfänger auf die Weltmeere schickten, um den Dorsch mit Radar und gigantischen Schleppnetzen zu jagen, ging es mit den bretonischen Fangzahlen schnell und steil bergab. Der von bretonischen Fischern gepflegte Kampf „Mann gegen Fisch" im Tosen der Elemente war ökonomisch überholt, und Mittel, um die bretonische Flotte zu modernisieren, fehlten.

Wirtschaft 47

Ein weiteres Problem kam durch die Massenausbeutung des Meeres hinzu: Es leben weniger Fische im Ozean. Die Boote müssen, wenn sie es auf Thunfisch abgesehen haben, bis nach Afrika fahren, um nach vielen Tagen halbwegs beladen in den bretonischen Heimathafen zurückzukehren.

Nachdem etliche nationale Hoheitszonen ausgedehnt und offen zugängliche Fanggründe verkleinert wurden, haben die bretonischen Fischer noch mehr Schwierigkeiten, sich auf dem Markt durchzusetzen. Einige trockene Zahlen:

In der Bretagne gibt es zwölf *Affaires maritimes*, administrative Zentren des organisierten Fischfangs. Die größten sind von Nord über West nach Süd: St-Malo, Morlaix, Brest, Douarnenez, Le Guilvinec, Concarneau und Lorient, wobei Concarneau der französische Hafen mit den höchsten Fangergebnissen ist.

Vom Gesamtumsatz im französischen Fischgeschäft entfallen 40% auf die Bretagne, 60% der französischen Fischkonserven werden hier eingedost; jährlich werden etwa 150.000 t Fisch, 15.000 t Krustentiere (70 % aller französischen Meeresfrüchte) und 3000 t Jakobsmuscheln in den bretonischen Häfen angelandet. Im Jahr 1998 arbeiteten rund 6000 professionelle Fischer auf 2200 Schiffen, die meisten von ihnen auf kleinen Kuttern, die nur für einen Tag ausfahren.

40 bretonische Schiffe von 150 bis 1000 Bruttoregistertonnen begeben sich noch auf die *Grande pêche* (Große Fangfahrt): Mehr als 20 Tage sind sie unterwegs, um ihre Laderäume zu füllen. Concarneau hält mit 29 Großfängern den französischen Spitzenplatz.

Die zweihäufigste Fangart ist die mindestens drei Tage dauernde *Pêche au large*; ihre Zentren sind Le Guilvinic, Concarneau und Lorient.

Landwirtschaft: Zur Zeit der Industrialisierung wurde erst langsam, dann immer rasanter ein Großteil der gerodeten Landesfläche kultiviert. Knapp 60 % der Bretagne, etwa 1,5 Millionen Hektar, sind heute landwirtschaftliche Nutzfläche. Im bunten Gemüsereigen (Spezialität: Frühgemüse) gedeihen besonders *Artischocken*, *Blumenkohl*, *Zwiebeln* und *Kartoffeln* prächtig. Dazu kommen ausgedehnte *Viehweiden*, *Mais-* und *Weizenfelder*. Der *Buchweizenanbau*, einst ein führender Agrarzweig, hat seine Bedeutung ganz verloren – nur noch für die in der Bretagne gebackenen Galettes wird das Mehl benötigt. Geblieben sind dagegen die *Apfelbaumplantagen* als wichtigste Obstbaumkultur; Cidre wird unverändert gern getrunken und weiterhin exportiert.

Der Agrarsektor blickt auf eine erstaunliche Entwicklung zurück. Wo 1950 noch etwa die Hälfte der Erwerbstätigen damit beschäftigt war, auf Kleinstflächen den Boden zu bestellen und einige Nutztiere zu züchten, arbeiten heute nur noch 12 % der Erwerbstätigen (knapp 130.000 Personen, Tendenz rückläufig), doch die haben es innerhalb kürzester Zeit geschafft, die Bretagne zum französischen Agrarmarktführer zu machen.

In den frühen 1960er Jahren bewirkten mehrere Faktoren diesen rasanten Aufschwung. Die Bauern, bis dahin von Großhändlern abhängige Einzelkämpfer, begannen sich in Genossenschaften zusammenzuschließen, um gemeinsam eine bessere Vermarktung und effektivere Anbaumethoden zu erreichen. Daneben stieg man verstärkt vom traditionellen Getreideanbau auf Viehhaltung und die Zucht von Frühgemüse um. Mit sichtbarem Erfolg. Die auf Druck bretonischer Bauern von Paris erlassenen Agrargesetze (1962) brachten Finanzspritzen in die Region, eine Art Flurbereinigung ordnete das zersplitterte Land und erlaubte eine modernere Bewirtschaftung. Aus dem bretonischen Kleinbauern wurde vielfach ein

48 Land und Leute

Erntezeit

Agrarspezialist, der nur Erdbeeren anbaute oder täglich jede Menge Hühnereier sammelte. Die Durchschnittsgröße eines landwirtschaftlichen Betriebs betrug im Jahr 2000 etwa 20 ha (zum Vergleich: 1955 waren es 10 ha).

Fleisch, Milch und Eier: Die mit Abstand bedeutendsten Agrarzweige sind die Rinderhaltung (Milchkühe), die Schweine- und die Hühnerzucht. Der Anbau von Frühgemüse folgt erst mit weitem Abstand, Getreide hat seine Rolle in der Bretagne so gut wie ausgespielt.

Doch trotz erheblicher Ausweitung der Produktion, der Wegrationalisierung menschlicher Arbeitskräfte und der agrartechnischen Intensivierung wachsen die Gewinne nicht: Wie alle EG-Bauern stöhnen auch die bretonischen Landwirte über eine Agrarpolitik, die sie zu ewigen Verlierern macht. Die Direktiven aus Brüssel bewirken eine steigende Produktion mit einhergehendem Preisverfall.

Klaglos lassen sich die Bauern allerdings nicht ins Abseits drängen. Der protestierende bretonische Landmann, der mit seinem Traktor die Straße blockiert, gehört zum französischen Medienalltag.

Industrie: Rund 20% der Beschäftigten, das sind knapp 200.000 Arbeitnehmer, sind im industriellen Sektor tätig, der sich grob in Metall verarbeitende Industrie, Bauindustrie und Agrarindustrie aufgliedern lässt. Die *Lebensmittelindustrie* ist gegenwärtig der einzig halbwegs florierende Industriezweig.

Der große Boom, der die *Bauindustrie* an die Spitze des Industriegewerbes getragen hat, hat wieder nachgelassen: Die meisten Zweit- und Ferienwohnungen sind gebaut, und die Städte haben derzeit kein nennenswertes Wachstum mehr zu verzeichnen. Wurden Ende der 1970er Jahre jährlich noch 25.000 Wohneinheiten (inklusive Ferienhäuser) hochgezogen, waren es 1999 nur noch insgesamt 9000 – Tendenz rückläufig.

Wirtschaft 49

Die *Metall verarbeitenden Industriebetriebe* sind die größten Arbeitgeber des Landes und erwirtschaften die höchsten Gewinne – und für den größten Einzelposten des bretonischen Exports sorgt der Ableger der Pariser Citroën-Werke in Rennes: 1999 wurden hier 750 Millionen Euro von 4 Milliarden Euro umgesetzt. Nach Citroën sind die Werften von Brest und Lorient weitere bretonische Großunternehmer, doch ihr Umsatz ist wie in der gesamten Branche rückläufig.

Im Zuge der französischen Gesetze zur Förderung der regionalen Wirtschaften hatten sich nach 1960 etliche französische Firmen in der Bretagne angesiedelt, um in den Genuss von Subventionen, billigen Arbeitskräften und günstigen Grundstücken zu kommen. Viele dieser Unternehmen zogen sich nach 1980 wieder zurück, als der Subventionsregen aufhörte. So ist der Industriesektor derzeit wieder einmal krisengeschüttelt: Die schwindenden Arbeitsplätze tragen unmittelbar zu einer verstärkten Abwanderung qualifizierter Fachkräfte bei. Derzeit beträgt die Arbeitslosenquote in der Bretagne trotz Abwanderung rund 10 %.

Energiewirtschaft: Nach der Stilllegung des Atommeilers von Brennilis sind die beiden einzigen nennenswerten bretonischen Stromerzeuger das Kraftwerk am *Stausee von Guerlédan* und das Gezeitenkraftwerk an der *Rance-Mündung*, unterstützt von einigen Kraftwerken auf Erdölbasis. Hinzu kommt in jüngster Zeit die Energieerzeugung durch Nutzung des Winds, wozu sich die Bretagne hervorragend eignet. Im Finistère drehen bereits zahlreiche Windräder *(Eoliennes)*.

Tourismus: Im späten 19. Jahrhundert entdeckten finanziell gut gestellte Franzosen und Engländer das Urlaubsland vor ihrer Haustür, und seitdem boomt das Geschäft mit der schönsten Zeit des Jahres. Die *Côte d'Emeraude* mit alteingesessenen Renommierorten wie Dinard oder St-Malo waren die ersten Adressen, die Massenurlaubsparadiese der *Halbinsel von Quiberon* und Umgebung, des *Golfs von Morbihan* und *La Baule* ganz im Süden sind neueren Datums. Im Landesinneren geht es wesentlicher ruhiger zu als am Meeresgestade: 70 % des touristischen Geschehens spielen sich an der Küste ab, und auch hier gilt wie für alle Wirtschaftszweige: je weiter westlich, desto ruhiger.

Die Saison ist kurz, doch das Geld, das die Touristen im Sommer ausgeben, ist für das bretonische Bruttosozialprodukt beträchtlich. Nach der Côte d'Azur ist die Bretagne die meistbesuchte französische Feriengebiet. Jedes Jahr kommen rund drei Millionen Gäste in die Bretagne, wobei die Franzosen unangefochten das Gros stellen, gefolgt von Engländern, Deutschen und Holländern. Allein im August werden in den Hotels knapp eine Million Übernachtungen gezählt, darunter rund 750.000 von französischen und gut 60.000 von deutschen Gästen. Der deutsche Anteil am ausländischen Tourismusaufkommen beträgt rund 25 %.

Vom Winde gedreht ...

Wissenswertes von A bis Z

Adresse	51	Kreisker	66
Alignements	51	Kreuzgang	66
Allée couverte	51	Langhaus	67
Ankou	51	Lettner	67
Apsis	52	Leuchttürme und Signalzeichen	68
Aquarien	52	Märchen und Legenden	68
Arbeit	53	Medikamente	70
Arkade	53	Megalith	70
Argoat	53	Menhir	70
Armorika	53	Museum	71
Ärztliche Versorgung	53	Musik	71
Ausrüstung	54	Naturschutzgebiete	72
Baden	54	Öffnungszeiten	73
Basilika	55	Oratorium	74
Bocage	56	Ortsnamen	74
Calvaire	56	Ossuaire	74
Cairn	56	Pardon	74
Chor	56	Pietà	76
Circuits touristiques	57	Post	76
Criée	57	Presse	76
Cromlech	58	Refektorium	76
Diplomatisches	58	Reisezeit	77
Dolmen	59	Reliquiar	77
Donjon	59	Retabel	77
Enclos paroissial	59	Sablières	78
Ermäßigungen	60	Sarkophag	78
Fest- und Feiertage	60	Schiff	78
Fest-noz	61	Schlösser und Burgen	78
Flamboyant-Stil	61	Sentiers des Douaniers	78
Fotografieren und Filmen	61	Souvenirs	79
Fußfischen	61	Sprache	79
Geld	62	Strom	81
Gezeiten	62	Telefonieren	81
Gisant	63	Thalasso-Therapie	82
Haustiere	63	Transsept	82
Heilige	63	Trinkgeld	82
Höflichkeit	64	Triumphbalken	82
Information	64	Tumulus	82
Internet	65	Tympanon	83
Kapitell	65	Volkskunst	83
Karyatide	66	Wimperg	84
Kathedrale	66	Wurzel Jesse	84
Kenotaph	66	Zoll	84
Kleidung	66		

Adresse

Grundsätzlich steht bei französischen Adressangaben die Hausnummer vor dem Straßennamen, also: *37, rue de la Gare*. Wenn Sie *37bis, rue de la Gare* lesen, handelt es sich um den ersten Nebeneingang des Hauses Nr. 37 an der Bahnhofstraße. Vielleicht ist das Haus besonders lang und hat noch einen zweiten Nebeneingang; dieser bekommt dann die Nummer *37ter*.

Alignements

Das französische Wort *Alignement* bedeutet etwa „Ausrichtung" und steht für exakt in eine Richtung gesetzte Steinreihen, die die Angehörigen der Megalithkultur zu noch nicht geklärten Zwecken anlegten. Die kleinsten Steine der Alignements sind nur 60 cm hoch, die höchsten sechs bis sieben Meter. Auch die Zahl der aufgerichteten Steine schwankt stark – von heute unscheinbaren Steinreihen mit nur wenigen Blöcken bis zu riesigen Granitarmeen; die meisten ausgerichteten Steine sind bei Carnac versammelt, wo allein in den zwei größten Alignements 1099 bzw. 1029 → Menhire aller Größen gezählt werden. Über das Warum dieser Steinfelder lässt sich, wie bei den meisten Hinterlassenschaften der Megalithkultur (→ Megalith), nur rätseln. Mit ziemlicher Sicherheit ist aber davon auszugehen, dass sie kultischen Zwecken dienten.

Allée couverte

Die *Allée couverte* (bedeckte Allee) wird von deutschen Forschern völlig frei mit dem Begriff „Langgrab" übersetzt. Mehrere → Dolmen hintereinander bilden ein langes Megalithgrab, an dessen Ende der Fürst beigesetzt wurde. Zusätzlich können vom Langgrab noch Seitenkammern abgehen, in denen rangmindere Tote bestattet wurden.

Die bekanntesten Langgräber sind *La Roche-aux-Fées* bei La Guerche-de-Bretagne und das *Langgrab von Mougau-Bihan* bei Commana.

Ankou

L'Ankou ist der Tod. Und doch nicht ganz. Ankou ist mehr die menschliche Angst vor dem Unausweichlichen, das hemmende Gefühl, das überwunden werden muss, um nach dem Sterben frei und leicht in eine andere Dimension hinübergleiten zu können – der Zustand des Nicht-Seins ist den Kelten unbekannt.

Die Auseinandersetzung mit dem Tod und die Überwindung der Todesangst gehörten sozusagen zum Alltag, und hier fanden die Missionare auch einen Hebel, keltisches Bewusstsein mit dem christlichen Glauben zu verschmelzen. Schnitter Tod, der Knochenmann mit Sense, ist seit der Christianisierung die übliche Darstellung des Todes, und die Botschaft lautet nun: Der Tod ist unausweichlich, doch gibt es eine Auferstehung, und der Weg zu ihr führt über Jesus. So wurde für die Überwindung der Todesangst eine praktische Anleitung gegeben, die die Heiden besonders dankbar aufnahmen. Die bretonischen Legenden und Abbildungen mit dem Tod als Hauptdarsteller sind zahllos.

Doch hat die in Industrieländern übliche Verdrängung des Sterbens auch die Bretagne erreicht. Was für Touristen eine leicht gruselige Kulturattraktion darstellt

("Schau, Herbert, da guckt der Tod vom Beinhaus!"), hat aber für viele Bretonen noch Sinn. Zumindest am Sonntag können sie sich dem allgegenwärtigen Tod und den Symbolen der Vergänglichkeit nicht entziehen: Zuerst durchqueren sie, vorbei am → Calvaire mit dem gekreuzigten Christus, den Friedhof und tauchen die Finger in ein Weihwasserbecken, über dem der Tod grinst, bevor sie die Kirche betreten.

Apsis

Im Kirchenbau der halbkreisförmige Abschluss des Hauptschiffs (→ Schiff) hinter dem Altarraum, meist nach Osten ausgerichtet und von einer Halbkuppel überwölbt. Die *Nebenapsiden* schließen die Seitenschiffe einer Kirche ab.

Aquarien

Ein beliebter Programmpunkt im französischen Urlaubsalltag. Entlang der gesamten bretonischen Küste sind sie anzutreffen, jeder bessere Badeort versucht sich mit ihnen zu schmücken, und in der Regel tummelt sich dasselbe, meist schläfrige Besichtigungsangebot hinter den Glasscheiben: heimische Krustentiere, Fische und Seesterne in mehr oder weniger liebevoll gestalteten Becken. Wer zwei oder drei größere Aquarien besucht hat, hat fast alles gesehen, was im näheren Ozean zuhause ist, auch einige sehr bizarre Meereslebewesen.

Die neuesten, größten, spektakulärsten und teuersten Aquarien der Bretagne sind in Brest und St-Malo beheimatet. Die *Océanopolis von Brest*, in den 1990er Jahren die Nummer eins der bretonischen Meeresmuseen, hat 1998 mit dem *Grand Aquarium von St-Malo* eine ebenbürtige Konkurrenz bekommen. Kiemenatmer aus allen Ozeanen und andere Attraktionen rund um das Meer, präsentiert in modernen Bauten, sorgen in beiden Aquarien für lukrativen Gewinn in der boomenden Freizeitindustrie.

Ankou, der Tod

Arbeit

Für Deutsche und Österreicher gibt es diesbezüglich schon lange keine Probleme mehr: Staatsangehörige von EU-Ländern dürfen jederzeit in Frankreich arbeiten. Für Schweizer gelten seit Juni 2004 die neuen Übergangsbestimmungen des Personenfreizügigkeitsabkommen mit der EU. Sie brauchen keine besondere Bewilligung mehr, um in Frankreich eine Erwerbstätigkeit aufzunehmen.

Bezahlt werden muss zumindest der SMIC, der gesetzlich garantierte Mindestlohn, derzeit pro Stunde 8,27 € brutto, für eine 35-Stunden-Woche 1254,28 € brutto. Da bleibt nach Abzug der Sozialabgaben nicht viel übrig – sofern es überhaupt gelingen sollte, in der Bretagne einen Job zu finden.

Arkade

Der römische *Arcus* bedeutet Bogen, und auf römische Bautradition gehen die Arkaden- oder Bogengänge der christlichen Kultur zurück: Auf Säulen gestützte Bögen bilden einen einseitig offenen Gang (z. B. → Kreuzgang, Laubengang auf der Straße), dienen als Raumteiler oder verzieren als sog. Blendarkaden die Fassade eines Gebäudes.

Argoat

Goat ist der Wald, und *ar* bedeutet an oder in. *Argoat*, Land des Waldes, nennen die Bretonen die innere Bretagne, die zur Zeit der britannischen Einwanderung praktisch ein einziges, riesiges Waldgebiet war.

Heute ist das Land des Waldes das baumärmste Gebiet Frankreichs; nur 10 % von Argoat sind noch bewaldet (zum Vergleich: 19 % Frankreichs sind Waldland). Trotzdem ist das heutige Argoat nach wie vor die grüne Bretagne: eine wellige, fruchtbare Bocage-Landschaft (→ Bocage). Nichts deutet darauf hin, dass wenige Kilometer entfernt an der Küste das Wasser wild die Küste peitscht.

Armorika

Die klassische Bezeichnung für die Bretagne, die die römischen Besatzer der keltischen Sprache entlehnten (*ar Mor* = am Meer). Der Name hielt sich in Reise- und Intellektuellenkreisen – auf alten Landkarten gut ersichtlich – bis in die frühe Neuzeit, Geographen sprechen noch immer vom Armorikanischen Gebirge.

Ärztliche Versorgung

Statt des früheren Auslandkrankenscheins (E 111) gilt seit 2005 die *EHIC* (European Health Insurance Card). Mit der EHIC weist man dem Arzt nach, dass man ordnungsgemäß versichert ist, und lässt sich ordnungsgemäß behandeln. Arbeitet der Arzt im Rahmen des staatlichen Gesundheitssystems, so regelt die Kasse die Bezahlung direkt. Die EHIC gilt nicht für zahnärztliche Behandlungen. Auch ein Rücktransport im Krankheitsfall ist mit der EHIC nicht gedeckt. Wer das Risiko eines selbst bezahlten Rücktransports ausschalten will, schließt eine Auslandsreise-Krankenversicherung ab.

Wenn der Arzt nicht im Rahmen des staatlichen Gesundheitssystems arbeitet, bleibt nichts anderes übrig, als die Rechnung erst selbst zu bezahlen und sie sich hinterher zuhause gegen Vorlage der Quittung zurückerstatten zu lassen. Die

Apotheke in Mur-de-Bretagne

Rückerstattung ist auf den Betrag limitiert, den die heimische Krankenkasse auch im Inland getragen hätte.

Ausrüstung

Sie befinden sich in einem europäischen Land, Sie brauchen also keinen Tropenhelm mitzunehmen. Drei Gegenstände aber können Ihren Urlaub bereichern:
Das *Fernglas* und die *Taschenlampe*, sinnvoll in der Landschaft, in Kirchen, Höhlen und Langgräbern eingesetzt, erhöhen das visuelle Vergnügen einer Bretagnereise zusätzlich. Eine *Bibel* in den Urlaub mitzunehmen, mag besonders Atheisten befremden. Doch die gezielte Lektüre des Buchs der Bücher verhilft Christen wie Nichtchristen vor Ort zu einem besseren Verständnis der zahllosen, meist neutestamentarischen Motive der bretonischen Kirchenkunst.

Baden

Die Bretagne besitzt eine der aufregendsten Küsten Europas. Die Folge davon sind eine Unzahl von Stränden, der längste mit insgesamt 8 km Länge vor La Baule, der kürzeste sei zu seinem Schutz verschwiegen. Im Norden und Westen bestimmen meist Ebbe und Flut die täglichen Badezeiten (→ Gezeiten) – gebadet wird bei Flut. Bei Ebbe sind die Wege zum Wasser oft weit, bei Flut kann unter Umständen das Badetuch überspült werden. An den Stränden im Süden sind die Gezeitenunterschiede nicht mehr so ausgeprägt.

Ab Juni erreicht das Meerwasser allmählich Badetemperaturen: 15–17 °C genügen anscheinend nicht, eingefleischte Wasserratten um ihr Vergnügen zu bringen. Im August sind die Wassertemperaturen mit durchschnittlich 20 °C am höchsten – vereinzelt werden in geschützten Buchten Spitzenwerte von 22 °C erreicht. Der

September bewahrt die Wärme noch eine Weile, bis der Atlantik schnell wieder abkühlt – etwa 10 °C beträgt die winterliche Durchschnittstemperatur.

Es finden sich Strände in allen Größen und für alle Geschmäcker. Grob lassen sie sich so einteilen: an der *Nordküste* Sandstrände in Buchten, an der *Nordwestküste* Sand- und Kiesstrände, an der *Südküste* lange Sandstrände.

Beispiel einer vollständigen Strandinfrastruktur: Wasserwacht, Umkleidekabinen, Duschen, Toiletten, Sonnenschirm- und Strandzeltverleih, Kinderclub (hier können Sie Ihren Nachwuchs aufbewahren), Club Nautique (Segel-, Surf- und Tauchschulen, Verleih von Booten und Brettern), Bar, Crêperie. Das eine oder andere Detail kann bei den Seebadstränden fehlen, doch Rettungsschwimmer sind zumindest im Sommer immer da.

Das Meer vor der Bretagne ist keine harmlose Wasserfläche wie das glatte Mittelmeer – starke Strömungen, scharfkantige Riffe oder die herantosende Flut können bei gedankenlosem Drauflosschwimmen ins offene Meer bedrohliche Situationen heraufbeschwören. Gefährliche Strand- und Küstenabschnitte sind deutlich als solche gekennzeichnet, große Hinweistafeln machen im Bedarfsfall darauf aufmerksam, wann mit der Flut zu rechnen ist. Wir können nur darauf hinweisen, dass diese Schilder nicht grundlos in der Gegend herumstehen.

Detaillierte Strandbeschreibungen im Reiseteil.

Basilika

Eine schon in der Antike beliebte Hausform (griechisch *basilikos* = königlich) steht für die Bezeichnung eines christlichen Kirchentyps: Das dominierende Hauptschiff (→ Schiff) wird von zwei schmaleren Seitenschiffen umrahmt, deren Dächer (Pultdächer) deutlich niedriger sind als das Dach des Hauptschiffs (Satteldach).

Sandstrand und Belle Epoque – bretonisches Seebad-Ambiente

Bocage

Das französische Wort entspricht etwa dem deutschen Hain und ist in ganz Frankreich die gebräuchliche Bezeichnung, mit der eine Heckenlandschaft beschrieben wird: Hohe Hecken grenzen die Anbauflächen ein, um sie vor dem Wind zu schützen. In einer agrarorientierten, windigen Region wie der Bretagne sind die Bocage-Landschaften – trotz zunehmender Flurbereinigung – noch weit verbreitet. Oft können Sie erst von einem höher gelegenen Punkt einen zusammenhängenden Teil des Gebiets optisch erfassen.

Calvaire

Der französische *Calvaire* und der deutsche Kalvarienberg leiten sich ab vom spätlateinischen *locus calvariae*, der Schädelstätte (= Golgatha). Der Kalvarienberg bezeichnet im deutschen Sprachgebrauch einen Hügel oder Berg mit einer plastischen Darstellung der Kreuzigungsgruppe, zu dessen Spitze die Kreuzwegstationen hinaufführen. Doch ein Kalvarienberg und ein bretonischer Calvaire sind zwei gänzlich verschiedene Dinge, deshalb haben wir im Text auf eine Eindeutschung verzichtet.

Der bretonische Calvaire, im 15. Jahrhundert im Geist der Renaissance geboren und bis zum 17. Jahrhundert zur Blüte gebracht, ist ein Golgatha aus Granit, häufig gekrönt von drei Kreuzen und belebt durch steinerne Figuren, die Szenen aus dem Leben und Sterben Jesu erzählen. In die Stein gewordene Lebensgeschichte Christi, meist nicht chronologisch geschildert, aber immer in der Kreuzigung gipfelnd, sind scheinbar wahllos biblische und bretonische Episoden, Apostel und Ortsheilige in den bunten Bilderreigen eingestreut. Das alles hatte seinen Zweck: Wie ein Moritatensänger hielt der Ortspfarrer am Calvaire seine Predigt, zeigte dabei mit seinem Stöckchen auf die passenden Szenen. Und wenn er auf die Gottlosen zu sprechen kam und vielsagend auf den Teufel deutete, der grinsend den Tod des sündigen Schächers erwartet, erschauerte die Gemeinde.

Einige Calvaires sind so groß und figurenreich, dass sie erst nach längerer Betrachtung zu erfassen sind, andere einfach, ohne gestalterischen Aufwand und auf das Wesentliche konzentriert. Doch eines ist allen bretonischen Calvaires gemeinsam: ihre Ausdrucksstärke, die in dem harten Granit über Jahrhunderte konserviert wurde. Die Patina, die der Stein annahm, die Flechten und das Moos sind das i-Tüpfelchen dieser bretonischen Auseinandersetzung mit dem Tod und seiner Überwindung.

Als schönste und größte Calvaires der Bretagne gelten die von *Guimiliau, Lampaul-Guimiliau, St-Thégonnec, Pleyben* und *Plougastel-Daoulas*.

Cairn

Das bretonische Wort für „Bruchstein" bezeichnet ein *Fürstengrab*, die gewaltige Grabstätte frühzeitlicher Fürsten in Form eines schließlich pflanzenbewachsenen Hügels: Über einen oder mehrere → Dolmen wurden kleinere Steine gehäuft. Die beiden größten ausgegrabenen Fürstenhügel sind die von *Gavrinis* und *Barnenez*.

Chor

Der Name leitet sich vom liturgischen Gesangschor ab, der hier, auf dem erhöhten Abschluss der Kirche vor dem Halbrund der Apsis, den Gottesdienst mitgestaltete.

Kreuzigung am Calvaire von Pleyben

Die sog. Chorschranke, vom niedrigen Geländer bis zum raumteilenden → Lettner, trennt den der Geistlichkeit und der weltlichen Prominenz vorbehaltenen heiligen Chorraum von der Gemeinde im Langhaus ab. Seit dem 14. Jahrhundert steht auch der Altar in der Regel im Chor, der seitdem auch Altarraum genannt wird.

Circuits touristiques

Eine französische Erfindung zur Urlaubsgestaltung. Die motorisierten Circuit-Teilnehmer werden von einem zentralen Ausgangspunkt zu einer Reihe von Zielen in der Umgebung gelotst, die oft unter einem gemeinsamen Motto angepriesen werden: *Kapellen, alte Steine,* → *Dolmen und* → *Menhire* oder die *Route des Ducs* und die berühmte *Calvaire-Tour*. In der Anzahl der Kilometer und hinsichtlich der Qualität sind erhebliche Differenzen festzustellen. Auf einer Länge von 20 bis 150 km können Sie sich auf Circuits begeben, die sich rundum lohnen (selten), die qualitativ sehr gemischte Stationen aufweisen (die Regel) oder die Sie sich sparen können (kommt auch vor). Vorschläge für Circuits liegen bei all den rührigen Gemeinden aus, die sich eine thematische Rundreise ausgedacht haben, einige finden Sie – z. T. gekürzt – im Reiseteil.

Criée

Crier heißt schreien, und Criée kann mit Versteigerung übersetzt werden. In der Bretagne ist die Criée die Fischhalle am Hafen, in der der frische Fang meist morgens versteigert wird. Manche Criées haben Besucherbalustraden, denn der Besuch einer Fischversteigerung ist für Außenstehende ein exotisches Erlebnis. Es sei allerdings angemerkt, dass die traditionellen Versteigerungen immer mehr zu vollautomatisierten Verkäufen werden. Unter dem Stichwort *Criée* finden Sie im Reiseteil einige trotzdem noch besuchenswerte Fischhallen.

Cromlech

Kramon ist die Krümmung, *Lec'h* heißt Ort. Mitunter haben die Menschen des Neolithikums Steine nicht in Reih und Glied aufgestellt, sondern mit ihrem Lieblingsmaterial, den → Megalithen, eine gekrümmte, kreis- oder halbkreisförmige Form geschaffen. Der bekannteste Cromlech ist der Steinkreis von Stonehenge (England), der eindeutig nach den Gestirnen ausgerichtet ist. Vielleicht sollten wir uns einen Cromlech als Freilichtkalender mit integrierter Kultstätte vorstellen, denn der Lauf der Gestirne blieb trotz ihrer erkannten Regelmäßigkeit ein magischer Vorgang. In der Bretagne sind u. a. bei Carnac einige kleinere Cromlechs zu finden.

Diplomatisches

• *Französische Botschaften/Konsulate* in **Deutschland**: Französische Botschaft, Pariser Platz 5, 10117 Berlin, ✆ 030-590.03.90.00, ✉ 030-590.03.90.67 (Konsular- und Visa-Abteilung), www.ambafrance-de.org.
Generalkonsulate in Düsseldorf, Frankfurt, Hamburg, München, Saarbrücken und Stuttgart.
In der Schweiz: Ambassade de France, Schosshaldenstr. 46, 3006 Bern, ✆ 031/359.21.11, ✉ 031/359.21.91, www.ambafrance-ch.org.
Generalkonsulate in Genf und Zürich.
In Österreich: Französische Botschaft, Technikerstr. 2, 1040 Wien, ✆ 01/50.27.50, ✉ 01/50.27.51.61, www.ambafrance-at.org.
• *Botschaften/Konsulate in Frankreich* **Deutsche Botschaft**: 13–15, avenue Franklin-D.-Roosevelt, 75008 Paris. ✆ 01.53.83.45.00, ✉ 01.43.59.74.18, www.amb-allemagne.fr
Deutsches Honorarkonsulat: *In Rennes –* Groupe ESC Rennes, 2, rue Robert d'Arbrissel, 35065 Rennes. ✆ 06.78.06.86.87 (Handy), ✉ 02.99.33.08.24, baker_consul@yahoo.fr.
In Brest – c/o Maison de l'Allemagne, 105, rue de Siam, 29200 Brest. ✆ 02.98.44.64.07 (Maison de l'Allemagne) ✆ 02.98.43.32.53 (Frau Honorarkonsul), mda@infini.fr.
Schweizer Botschaft in Frankreich: 142, rue de Grenelle, 75007 Paris. ✆ 01.49.55.67.00, ✉ 01.49.55.67.67, www.eda.admin.ch/paris
Österreichische Botschaft in Frankreich: 6, rue Fabert, 75007 Paris. ✆ 01.40.63.30.63, ✉ 01.45.55.63.65 www.aussenministerium.at/paris.

Dolmen

Das Wort kommt aus dem Keltischen: *dol* ist der Tisch, *men* der Stein. Der dolmen ist also der „Tisch aus Stein" oder einfach der „Steintisch". In der Regel tragen zwei bis vier senkrechte Steinkolosse eine Deckplatte. Der Dolmen war die Grabkammer des verstorbenen Herrschers, um die Erdreich und Geröll aufgehäuft wurde. Mehrere Dolmen hintereinander bilden ein *Langgrab* (→ Allée couverte), eine jüngere und ausgefeiltere Variante des Fürstengrabs. Der größte Dolmen der Bretagne, die *Table des Marchands*, steht bei Locmariaquer.

Donjon

Ein Donjon ist der zusätzlich befestigte Wohnturm einer Burganlage, der einer Belagerung am längsten standhielt. Die Formen reichen von rund bis elliptisch, abweisend und wehrhaft ist der Donjon immer. Hier wohnte die Familie des Burgeigentümers, und hier waren neben Privatgemächern die repräsentativen Räume der Burg untergebracht: Empfangs- und Festsaal mit riesigen Kaminen, die vermutlich dennoch nur notdürftig die Kälte vertrieben.

Enclos paroissial

Franzosen bezeichnen damit den umfriedeten Pfarrbezirk, wie es ihn oft im Nordwesten der Bretagne gibt. Grundsätzlich grenzt eine Mauer den Enclos von der Außenwelt symbolisch ab. Das Triumphtor in der Umfassungsmauer ist der Einlass in den heiligen Bezirk, einer abgeschlossenen, Gott geweihten kleinen Welt. Vorbei an Beinhaus (→ Ossuaire), Friedhof und → Calvaire (in der Regel gegenüber dem Beinhaus), vielleicht noch an einer Kapelle und einem Brunnen, führt der Weg zur Kirche. Durch eine Vorhalle, in der oft die 12 Apostel stehen, gelangt man dann in den Kirchenraum.

Der Donjon zu Dinan

Fußfischer

Die aufwendigsten und schönsten der umfriedeten Pfarrbezirke sind zwischen Elorn und Aulne, an den Grenzen von Cornouaille und Léon, entstanden. Besonders hell am Enclos-paroissial-Himmel strahlt das Dreiergespann *Guimiliau*, *Lampaul-Guimiliau* und *St-Thégonnec* bei Landivisiau; ihre Enclos paroissiaux werden meist im Rahmen der Calvaire-Tour zusammen besichtigt.

Ermäßigungen

Kinder bis zu sieben Jahren haben es gut: Sie erhalten fast überall, außer im Restaurant, einen Preisnachlass von 50 % oder mehr, und im Restaurant gibt es meist Kindermenüs.

Studenten haben mit dem internationalen Studentenausweis oft bei Museen Erfolg: Bis zu 50 % billiger kann das Billett werden. Nicht alle Museen bieten diesen Studentenservice, private in der Regel nie.

Camper, die mit dem *Camping-Carnet* (gibt es z. B. beim ADAC) unterwegs sind, können bei manchen Plätzen bis zu 10 % einsparen. Immer fragen.

Fest- und Feiertage

Arbeitsfreie staatliche und kirchliche Feiertage sind:

- 1. Januar (Neujahr)
- 1. Mai (Tag der Arbeit)
- 8. Mai (Waffenstillstand 1945)
- 14. Juli (französischer Nationalfeiertag)
- 15. August (Mariä Himmelfahrt)
- 1. November (Allerheiligen)
- 11. November (Waffenstillstand 1918)
- 25. Dezember (Weihnachten)

Dazu kommen die beweglichen Feiertage: Ostern (inkl. Ostermontag), Christi Himmelfahrt und Pfingsten (inkl. Pfingstmontag, dessen Abschaffung als staatlicher Feiertag seit einiger Zeit zur Debatte steht). Achtung: Fällt ein Feiertag auf

Dienstag oder Donnerstag, so sind am Montag bzw. am Freitag Behörden, Banken und Geschäfte in der Regel geschlossen. Dieses arbeitnehmerfreundliche System wird mit *faire le pont* (wörtl. „die Brücke machen") bezeichnet.

Fest-noz

Zahlreich sind im Sommer die Transparente, Anschläge und Zeitungsanzeigen – auch das kleinste Dorf lädt ein zu seinem Fest-noz, dem nächtlichen Fest des geselligen Tanzens und Trinkens. Touristen sind überall willkommen, etliche Fremdenverkehrsorte planen das Fest-noz auch für das Sommerprogramm ihrer Gäste ein. Doch im Prinzip ist es eine urbretonische Art, ein vergnügliches Sommerfest auf dem Land zu feiern, die in den 1960er Jahren einen neuen Aufschwung erlebte: Die Biniou- und Bombardespieler fanden wieder Auftrittsmöglichkeiten. Heute spielen fast alle Gruppen elektrisch verstärkt oder mit elektronischen Instrumenten, doch Stimmung und Alkoholausschank blieben gleich.

Flamboyant-Stil

Eine Spielart der englischen und französischen Spätgotik (im bretonischen Kirchenbau etwa ab 1500), deren Grundform die Fischblase ist. Züngelnde Formen, zwischen geometrischen Zierrahmen in miteinander wetteifernden Ornamenten zusammengefasst, streben flammengleich in die Höhe. Die Spitzbogen der klassischen Gotik erhalten so im Flamboyant ihre ausgeprägteste Form. Kein Wunder, dass der Flamboyant-Stil gerade in der Bretagne voll eingeschlagen hat: Ähnliche flammenartige Formen sind aus der keltischen Kunst und der irischen Buchmalerei bekannt.

Fotografieren und Filmen

Neben einem gängigen *Normalobjektiv* empfehlen sich ein *Weitwinkel* für die schmalen Gassen, die Landschaften und Küsten sowie ein *Tele* für Statuen, einzelne Gebäudeteile oder eine ahnungslose, Tracht tragende Bretonin mit Spitzenhäubchen. Ein Blitz erhellt die zahlreichen dunklen Räume, in denen sich ein Bild lohnt – doch bitte Zurückhaltung in alten, dunklen Kirchen mit mitgenommenen Malereien, denen das plötzliche Grell gar nicht gut tut. Hier hilft ein *Stativ* weiter, das lange Belichtungszeiten ermöglicht.

Fußfischen

Pêche à pied, das Fischen zu Fuß, ist in der Bretagne ein feststehender Begriff. Wenn sich das Meer zurückgezogen hat, schwärmen die Fußfischer und Fußfischerinnen mit Schaufeln, Harken, Netzen, Eimern oder Plastiktüten bewaffnet in die für einige Stunden freigegebenen Fanggründe aus und sammeln auf, was die Flut zurückgelassen hat: Muscheln, Krabben und andere begehrte Schalentiere. Allerdings: Das Fußfischen ist in den letzten Jahren zu einer ernsten Gefahr für die Watt-Fauna geworden. Alljährlich tummeln sich zu viele Sammler auf dem trockengelegten Meeresboden und räumen hemmungslos ab. Der schlimmste Fehler ahnungsloser Fußfischer aber besteht darin, die umgedrehten Steine nicht wieder in ihre ursprüngliche Position zurückzubringen und so die Nahrungskette zu unterbrechen: Die unter den Steinen verborgenen Mikroorganismen, von denen die nächstgrößeren Meeresbewohner leben, sterben ab, die Folge ist eklatanter Nahrungsmangel und damit verbunden eine bedrohliche Reduzierung aller Meeresbewohner in Küstennähe.

Neueinsteiger, die sich ihre Meeresfrüchteplatte selbst zusammenstellen wollen, sollten also vor allem darauf achten, dass sie sich maßvoll bedienen und keine Baustelle zurücklassen. In den Badeorten können Sie sich wie ein Profi ausrüsten, bei Ihren ersten Fußfischversuchen den langjährigen Anhängern dieser Tätigkeit auf die Finger schauen und ihnen sogar dumme Fragen stellen: „Pardon, est-ce qu'on peut manger ce crabe?" – Verzeihung, ist dieser Krebs essbar?

Geld

Wie alle EU-Angehörigen begleichen auch die Bretonen ihre Geldgeschäfte in *Euro* (€) und *Cent* (den *Cent* nennen die Franzosen entsprechend der alten Währung *Centime*). Für Schweizer: Ihr harter Franken ist nur 0,618 € wert (Stand: 2007).

Franzosen zahlen gelegentlich noch mit dem *Cheque* in der Hand, zunehmend üblicher ist die *Kreditkarte*, die in Frankreich wesentlich verbreiteter als in Deutschland ist – ob an der Tankstelle, im Supermarkt, Hotel oder Restaurant. Zum Geldziehen findet man bei vielen Banken einen rund um die Uhr aktiven Automaten, der in der Regel neben den gängigen Kreditkarten auch die *Maestro-Karte* (Nachfolger der ec-Karte) akzeptiert.

Für Kunden der deutschen Postbank gibt es die *SparCard 3000 plus* im Kreditkartenformat, mit der man von allen Geldautomaten mit Visa-Plus-Zeichen abheben kann. Die ersten vier Abhebungen im Jahr sind gratis, danach bezahlt man pro Vorgang ca. 5 € Gebühr. Die Karte spätestens einen Monat vor der Reise bestellen!

Gezeiten

Ebbe und Flut verändern das Bild der bretonischen Küsten einschneidend. Wo sich noch vor einer Stunde eine felsdurchsetzte Sandbank ausbreitete, belecken nun die Wogen die Spitzen der Riffe, bevor diese ganz überflutet werden. Manche Hafenorte der Bretagne rühmen sich eines gezeitenunabhängigen Hafens, der jederzeit angelaufen oder verlassen werden kann, doch meist bietet sich das gleiche, für Binnenländler ungewohnte Bild: Zweimal täglich neigen sich die Boote im Hafen sanft zur Seite, wenn sich das Wasser zurückgezogen hat, und mit derselben Regelmäßigkeit werden sie durch das eindringende Wasser wieder aufgerichtet.

Bedingt durch das Zusammenwirken von Schwer- und Fliehkräften, die bei der Bewegung des Mondes um die Erde und bei der Bewegung der Erde um die Sonne entstehen, kommt es zu Massebewegungen des Erdkörpers (die Erdkruste hebt und senkt sich minimal), der Atmosphäre (Schwankungen des Luftdrucks) und des Meers. Zweimal täglich, in der Regel alle 12 Stunden und 25 Minuten, steigt das Meer an (Flut) und sinkt es wieder ab (Ebbe). Bei Neu- und Vollmond – speziell im Frühjahr und im Herbst – sind die einwirkenden Kräfte am größten, es kommt zu den kräftig strömenden *Springtiden*. Bei Halbmond hebt die Sonne einen Teil der Mondanziehungskraft auf, und es entstehen die besonders schwachen *Nipptiden*.

Die von Prielen durchzogene Wattlandschaft aus Sand und Schlick, die vom Meer regelmäßig freigegeben wird und doch nicht zum Festland gehört, ist Heimat einiger weniger Wattpflanzen und einer reichen Tierwelt: Schnecken, Muscheln, Garnelen, Krebse, Kleinfische und Vögel bevölkern diese Zwitterwelt. Im Nordosten der Bretagne ist das Spiel von Ebbe und Flut am ausgeprägtesten: In der Bucht von Mont-St-Michel beträgt der Tidenhub – der Höhenunterschied zwischen Hoch- und Niedrigwasser – 14 Meter. Das Meer zieht sich 15 bis 20 Kilo-

meter zurück, um regelmäßig wie ein Uhrwerk einige Stunden später wieder die Mauern des Klosters zu umspülen.
Die Berechnung der Gezeiten war den Menschen der gezeitenabhängigen Küsten schon immer ein lebenswichtiges Anliegen. Anfang des 20. Jahrhunderts wurde die Gezeitenmaschine entwickelt, ein Spezialrechenapparat, der heute vom Computer abgelöst ist. Die aktuellen Gezeitenstände an den bretonischen Küstenabschnitten sind der bretonischen Tagespresse (unter der Rubrik *Marées*) oder den Broschüren zu entnehmen, die in den Informationsbüros der Küstenorte kostenlos erhältlich sind.

Gisant

Plastische Liegefigur aus Stein eines teuren Verstorbenen, oft auf dem → Sarkophag installiert und vor allem in Kirchen zu finden.

Haustiere

Wenn Sie Ihren Hund mit in den Urlaub nehmen wollen, müssen Sie die in der EU-Verordnung 998/2003 festgehaltenen Bestimmungen für das Reisen mit Hunden, Katzen und Frettchen berücksichtigen.
Impfung: Ihr Hund muss gegen Tollwut geimpft sein. Eine Einfuhr ist erst 21 Tage nach der Erstimpfung möglich, eine notwendige Wiederholung der Impfung ist im Impfpass vermerkt (in der Regel nach 12 Monaten). Der EU-Heimtierausweis (für Nicht-EU-Mitglieder: Impfpass) ist mitzuführen. Nicht vorgeschrieben, aber empfohlen wird eine Prophylaxe gegen Herzwurm.
Kennzeichnung: Das Tier muss zur Identifikation mit einem Chip versehen oder tätowiert sein; letztere Form wird nur noch bis 2011 toleriert.
Kampfhunde: Pitbulls, Mastiffs u. ä. haben Einreiseverbot! Sie gehören zur sog. 1. Kategorie. Anders steht es mit der 2. Kategorie, zu der die Rottweiler gezählt werden. Sie benötigen einen Zuchtbucheintrag, müssen einen Maulkorb tragen und von einer volljährigen Person an der Leine gehalten werden.
Hund und Hotel: Einige Hotels akzeptieren Hunde *(animaux admis)*, oft gegen Aufpreis, in anderen müssen die Tiere draußen bleiben (obwohl der Hotelbesitzer selbst einen Hund hält). Und dann gibt's auch noch Hotels, die aus unerfindlichen Gründen – mit dem Zollstock im Kopf – große Hunde verbieten und kleine gestatten. Es empfiehlt sich also, vorher nachzufragen.
Hund auf dem Campingplatz: Die meisten bretonischen Campingplätze tolerieren Hunde, Ausnahmen gibt's.

Heilige

7777 Heilige kümmern sich angeblich um das kleine Fleckchen Erde am Ende der Welt. Kein Wunder, dass sich die Bretagne unter dieser immensen Zahl von Heiligen sonnt, schließlich waren ja Adam und Eva nicht nur die ersten Menschen, sondern auch die ersten Bretonen. Der Grenadier der Republik, La Tour d'Auvergne (siehe *Carhaix-Plouguer*, Kastentext *Der erste Grenadier der Republik*), führte den unwiderlegbaren etymologischen Beweis: „A tam!" (bretonisch: ein Stückchen!), presste der männliche Bewohner des Paradieses mühsam auf Bretonisch heraus, als ein Stück des Apfels in der Speiseröhre hängen blieb. Seine Gefährtin reagierte gelassen: „Ev!" (bretonisch: trink!).

Die *heilige Anna*, Mutter der Jungfrau Maria und natürlich ebenfalls Bretonin (siehe *Ste-Anne-La-Palud*, Kastentext *Die Großmutter von Jesus Christus*), ist die nächste direkte Verbindung der Bretagne zum Christenhimmel, ihr und ihrer Tochter wird unter den Angebeteten die höchste Verehrung zuteil.

Der Reigen der Heiligen setzt etwa 500 Jahre nach Christi Geburt mit der Besiedlung durch die Inselkelten ein. Nach der Legende zeichnen sieben hoch verehrte Gründungsheilige für die organisierte Landnahme und die Christianisierung der verbliebenen Gallier Armorikas ab dem 5. Jahrhundert verantwortlich: *St-Malo*, *St-Brieuc*, *St-Pol*, *St-Tugdual* (Treguier), *St-Samson* (Dol), *St-Waroc'h* (Vannes) und *St-Corentin* (Quimper) waren die ersten Bischöfe der sieben bretonischen Bistümer.

Zu diesen gesellten sich im Laufe der Jahrhunderte die weiteren 7770 Heiligen – berühmte wie *St-Yves*, Schutzpatron der Rechtsanwälte, und *St-Ronan*, der Bändiger der Elemente, oder die zahllosen lokalen Heiligen, die beispielsweise gegen Zahnschmerz helfen (*St-Tugen* und *Ste-Apolonia*), Säuglinge von Blähungen befreien *(St-Rochus)* oder die Gartenarbeit gelingen lassen *(St-Fiacrus)*. Ein Unikum ist *St-Languis* – der Heilige gegen Langeweile.

Sie haben missioniert, Wunder gewirkt, sind den Märtyrertod gestorben, sie helfen nach ihrem Tod gegen Wehwehchen, schlimmere Beschwerden, Unglück und Katastrophen – aber nur wenige Heilige wie St-Yves sind tatsächlich offiziell vom Vatikan heilig gesprochen worden. Eine erkleckliche Anzahl gilt als „offiziöse Heilige", die ohne päpstliche Zustimmung von bretonischen Bischöfen anerkannt wurden. Die weitaus größte Zahl der Heiligen aber sind die Volksheiligen, die ohne den Segen der katholischen Kirche allein vom Volk in den Heiligenstand befördert wurden. Die seit Jahrhunderten stattfindenden Pardons und die zahlreichen „Merci"-Schildchen an ihren Verehrungsstätten zeigen, dass ihre Anziehungskraft ungebrochen ist.

Doch das Verhältnis der Gläubigen zu ihren himmlischen Beschützern ist nicht immer problemlos, denn Heilige können launisch sein. Manche wollen nicht mehr helfen, andere können nicht mehr, haben ihre Kraft verloren. Wurde ein Schutzheiliger als Versager entlarvt, schreckten die Bretonen noch im letzten Jahrhundert vor nichts zurück: Seine Statue wurde mit Wasser überschüttet oder mit dem Gesicht zur Wand gedreht, wo er sich schämen musste.

Höflichkeit

In Deutschland gilt, wer das Wörtchen *bitte* vergisst, nicht unbedingt als unhöflich. Wenn Sie's mit Bretonen oder anderen Franzosen zu tun haben, dann aber bitte mit *s'il vous plaît*.

Information

Vor Reiseantritt informieren die *Maisons de la France*, das sind die französischen Fremdenverkehrsämter im Ausland, oder Sie kontaktieren gleich eine der zentralen Informationsstellen der Bretagne bzw. das lokale Office de Tourisme, letzteres siehe im Reiseteil unter den jeweiligen Orten.

Deutschland: Maison de la France, Zeppelinstr. 37, 60325 Frankfurt. ✆ 0900.157.00.25, ✆ 0900.159.90.61, *info.de@franceguide.com*.

Schweiz: Maison de la France, Rennweg 42, 8001 Zürich. ✆ 0900.90.06.99, ✆ 044-217.46.17, *info.zrh@franceguide.com*.

Österreich: Maison de la France, Lugeck 1–2, Stg. 1, Top 7, 1040 Wien. ✆ 0900.25.00.15, ✆ 01-503.28.72, *info.at@franceguide.com*.

In der Bretagne: *Comité Régional du Tourisme de Bretagne*, 1, rue Raoul Ponchon, 35069 Rennes. ✆ 02.99.36.15.15, ✆ 02.99.28.44.40, tourism-crtb@tourismebretagne.com, www.brittanytourism.com.

- *Ille-et-Vilaine* Comité Départemental du Tourisme, 4, rue Jean Jaurès, B.P. 6046, 35000 Rennes. ✆ 02.99.78.47.47, ✆ 02.99.78.33.24, tourisme35.cdt@wanadoo.fr, www.bretagne35.com.

Côtes d'Armor: Comité Départemental du Tourisme, 7, rue St-Benoît, 22046 St-Brieuc. ✆ 02.96.62.72.01, ✆ 02.96.33.59.10, armor@cotesdarmor.com, www.cotesdarmor.com.

- *Morbihan* Comité Départemental du Tourisme, PIBS-KERINO, Allée Nicolas-le-Blanc, BP 408, 56010 Vannes. ✆ 08.25.13.56.56, ✆ 02.97.42.71.02, www.morbihan.com.

- *Finistère* Comité Départemental du Tourisme, 4, rue du 19 mars 1962 , BP 1419, 29108 Quimper. ✆ 02.98.76.20.70, ✆ 02.98.52.19.19, contact@finisteretourisme.com, www.finisteretourisme.com.

In der Bretagne findet man in größeren Orten ein *Office de Tourisme*, in kleinen Orten übernimmt das *Syndicat d'Initiative* diese Funktion, ein vom lokalen Tourismusgewerbe gesponsertes Informationsbüro.

Während der Saison halten knapp 200 Informationsbüros ihre Pforten geöffnet und dienen nicht nur mit einer wahren Prospektflut. Urlaubstechnische und ortsbezogene Fragen werden beantwortet, Zimmer vermittelt, Hotellisten herausgegeben und die Lage der verstecktesten Campingplätze beschrieben. Sie können hier problemlos Veranstaltungen, Bootstouren und Ausflüge der diversen privaten oder städtischen Veranstalter buchen. Etliche bretonische Informationsstellen bieten daneben während der Saison geführte Stadtrundgänge, Kirchenbesichtigungen, Wanderungen, Ausflüge u. v. m. an.

Internet

In größeren Orten trifft man gelegentlich auf ein Internet-C@fé. Oft handelt es sich dabei um Spielerbuden, in denen meist jugendliche Besucher ihrem Cyber-Spieldrang frönen. Manchmal steht in einem Café auch nur ein einzelner Computer in einer Nische, von dem Sie gegen Entgelt eine Mail an die Lieben nach Hause versenden können. Ebenfalls surfen und mailen können Sie in einigen Offices de Tourisme. Immer mehr Hotels – in der oberen Klasse schon fast die Regel – bieten Gästen mit eigenem Laptop einen Internet-Anschluss (WiFi oder ADSL) im Zimmer an.

Kapitell

Der oberste Teil einer Stützsäule, in romanischen Kirchen oft mit skulptierten Tierfiguren oder biblischen Darstellungen geschmückt. Gelegentlich bekommt man sogar bemalte Kapitelle zu sehen.

Karyatide

Eine weibliche, geschnitzte oder gemeißelte Figur, die anstelle eines gewöhnlichen Stützbalkens oder einer Säule das Gebälk eines Bauwerks trägt. Von der Nixe bis zur Bäuerin tragen in der Bretagne Karyatiden aller Berufe seit Jahrhunderten in stoischer Ruhe ihre Last.

Kathedrale

Cathedra ist ein Stuhl mit Armlehnen, in dem ein Bischof bequem Platz findet. Die Kathedrale leitet sich von *ecclesia cathedralis* ab und ist stets eine zum Bischofssitz gehörende Kirche. In Deutschland heißt die Kathedrale Dom.

Übrigens: Wenn der Papst in Sachen Glaubens- und Sittenlehre *ex cathedra* spricht, dann ist für einen guten Katholiken jeder Irrtum ausgeschlossen; das Unfehlbarkeitsdogma gilt seit 1870.

Kenotaph

Das „leere Grab" (griechisch: *kenotaphion*) ist ein Gedächtnismal in Grabform für einen Verstorbenen, dessen Gebeine an anderer Stelle beigesetzt sind. Selbstverständlich kann es sich bei dem Verstorbenen auch um eine Verstorbene handeln.

Kleidung

Hitze, Wind, Kälte, Regen – das Wetter ist zu allen Jahreszeiten in all seinen Spielarten vertreten, und dem sollten Sie Rechnung tragen. So sind auch im Hochsommer neben leichten Kleidungsstücken Pullover, Windjacke und Regenschutz ein Muss. Gummistiefel für Wattspaziergänge im Regen und feste Schuhe für Klippenwanderungen können eine Bereicherung sein. Die steife Kleidungsetikette hat sich in der Bretagne verabschiedet: Höchstens im feinen Casino ist eine Krawatte für den Herrn erwünscht.

Kreisker

Ludwig XIV. kannte seine widerspenstigen Untertanen: Als er nach der niedergeschlagenen Stempelpapierrevolte (siehe Kapitel *Geschichte*, Kastentext) einige Kirchtürme niederreißen ließ, wusste er genau, dass er die Bretonen an einem empfindlichen Nerv traf.

Bretonen lieben also Türme, und viel älter als der Leuchtturm ist der Kreisker, das „Haus in der Mitte", der typisch bretonische Kirchturm: Meist zwischen Hauptschiff (→ Schiff) und → Chor aufsteigend, vom Grundriss ein Quadrat, wird der Granitturm der Gotik zu seiner Spitze hin immer schlanker, wobei Ecktürmchen die oft luftig durchbrochene Spitze umgeben können.

Kreuzgang

Ein überdeckter Gang um einen in der Regel quadratischen Innenhof an der Südseite von Kirchen in größeren Klosteranlagen. Der Kreuzgang als Mittelpunkt des Klosters bildete den Zugang zu den Mönchszellen und war Ort der alltäglichen Kommunikation in der Klostergemeinschaft. Die Bezeichnung leitet sich vermutlich von den Kreuzprozessionen ab, die hier im abgeschirmten Innersten des Klosters abgehalten wurden.

Langhaus

Der gewöhnlich von West nach Ost ausgerichtete Hauptteil einer → Basilika oder Hallenkirche; → Chor und → Apsis gehören nicht mehr zum Langhaus. Das Langhaus kann sich auch (bei größeren bretonischen Kirchen die Regel) aus mehreren → Schiffen (Haupt- und Seitenschiffe) zusammensetzen. Die im Mittelalter übliche strikte Trennung von Chor und Langhaus besorgten der → Triumphbalken und die Chorschranke, auch → Lettner genannt.

Der Lettner trennt den Chor vom Gemeinderaum

Lettner

Das mittellateinische *Lectionarum*, das Lesepult, gab dem Lettner in der Kirche seinen Namen: eine Holz- oder Steinkonstruktion der mittelalterlichen Leser- oder Sängerbühne, auf der zu besonderen Anlässen gepredigt oder gesungen wurde. Die lang gezogene Tribüne, die hoch über der Gemeinde an der Grenze von → Langhaus und → Chor quer durch das ganze → Schiff verläuft, ruht auf Säulen oder Bögen: eine Ehrfurcht gebietende Grenze zwischen heiligem Bezirk und Gemeinderaum. Die Flächen des Lettners eignen sich optimal für Verzierungen, und diese Gelegenheit ließen sich die bretonischen Kunsthandwerker nicht entgehen: Filigranes Dekor und ausgedehnte Bildergeschichten mit Aposteln, Heiligen, Passionsszenen oder zähnefletschenden Ungeheuern schmücken jede freie Stelle der Säulen und Tribünengeländer der meditativen hölzernen oder granitenen Raumteiler.

Ab dem 17. Jahrhundert kam der in West- und Mitteleuropa beliebte Lettner wieder aus der Mode – oft wurde er aus den Gotteshäusern entfernt.

Leuchttürme und andere maritime Signalzeichen

Wer zählt die Türme, kennt die Namen? Das Seegebiet vor der Bretagne ist stark befahren und obendrein gefährlich, schon in Urzeiten machten Feuer auf bösartige Klippen, Strömungen oder Hafeneinfahrten aufmerksam. Diese Leuchtfeuer wurden dann von Türmen abgelöst, die durch raffinierte Prismensysteme gebündeltes Licht in die Ferne schicken konnten. Schließlich erfand Edison die elektrisch betriebene Glühbirne, nach und nach – bis weit in die Hälfte des 20. Jahrhunderts – wurden die Türme umgerüstet und können heute ihren Lichtblitz manchmal bis zu 70 km weit über das Meer schicken.

Neben den feststehenden Navigationsmarkierungen wie *Leuchttürmen, Signalstationen (Sémaphore)* oder *Baken* (meist ein Gerüst zur Kennzeichnung des Fahrwassers, das im Falle der Leucht- oder Richtfeuerbake oben ein Leuchtfeuer trägt), sind die *Bojen*, schwimmende Seezeichen, die jüngste Erfindung der Gewässermarkierung. Sie werden durch schwere Stahlketten an einem Betonklotz auf dem Meeresgrund in Position gehalten. Die modernsten Bojen beziehen ihre Energie aus Solarzellen.

Man unterscheidet zwischen aktiven und passiven Seezeichen: Die aktiven sind mit einem optischen und/oder akustischen Signalgeber ausgerüstet, passive Seezeichen machen nur mittels ihrer Form und unterschiedlichen Farben auf Gefahren oder Fahrrinnen aufmerksam. Ein Beispiel: Schippern Sie nach Ouessant, zeigt die Farbe Rot die Backbordseite (= links) in Richtung Hafen an, Grün die Steuerbordseite (seitliche Fahrrinnenbegrenzung). Gelb und schwarz gestreifte Markierungen zeigen Gefahrenstellen an und weisen die Richtung.

Leuchtturmgucken kann an der bretonischen Küste zum Hobby werden, ein *Circuit des Phares* allerdings zur Lebensaufgabe: Allein das Amt für Seewegmarkierungen von Brest ist verantwortlich für 30 Leuchttürme, 85 Leuchtfeuer, 14 Seefunkstationen und 240 Bojen.

Zu den schönsten bretonischen Leuchttürmen zählen der *Phare d'Ile Vierge* (bei Plouguernau), *St-Mathieu* (bei Le Conquet), *Phare d'Eckmühl* (Penmarc'h) oder die rosa Granittürme von *Bréhat* und *Ploumanach*.

Märchen und Legenden

Ein Märchen: Sie sind ein bretonischer Fischer, der noch nie eine Schule von innen gesehen hat. Es ist Sonntag, ein schauerlicher Winterabend. Sie sitzen in Ihrer armseligen Hütte und hören den auf- und abschwellenden Lärm der Brandung im pfeifenden Heulen des Windes. Sie haben den Kopf voll mit phantastischen Geschichten, die die Großmutter erzählte, in denen Grusel und Wunder eng verwoben waren. Heute Morgen hat der Pfarrer anschaulich den schrecklichen Weg des ungläubigen, ständig betrunkenen Lozerech in die Hölle geschildert, und Sie sind noch immer beeindruckt. Sie verlassen Ihre Hütte, am Himmel rasen Wolkenfetzen über den Mond, silbriges Licht fällt hierhin, dorthin, irrlichtert kurz über den Schaum der Brandung, die im Dunkeln tost. Plötzlich löst sich aus den huschenden Licht- und Schattenspielen eine Gestalt. Vielleicht eine Heilige. Oder ein Kobold, der Teufel, eine Fee? Oder ist es → Ankou, der Tod? Auf jeden Fall sehen Sie ganz klar eine Gestalt.

Auf den Schreck müssen Sie natürlich erst einmal einen trinken, Sie bekreuzigen sich und machen sich auf den langen und nachts nicht ungefährlichen Weg ins nächste Dorf (am zweiten Wegkreuz spukt der ermordete Bruder des Fürsten). In der Schenke erzählen Sie, noch immer zutiefst aufgewühlt, was Sie gesehen haben: „Ja, gleich zwei Meter neben mir, und geplaudert haben wir auch." Das Erlebnis wird gebührend begossen, die Stimmung steigt mit dem Alkoholgenuss, und Sie werden heftig als Held gefeiert, dessen nächtliches Abenteuer bald die Runde macht. Und weil alle Bretonen gerne Geschichten hören, wird sie weiter und weiter erzählt. Und wenn Ihr Erlebnis völlig phantastisch und absolut unglaubhaft ist, hat es gute Chancen, Sie selbst um einige Jahrhunderte zu überleben.

Zahllos sind die skurrilen Geschichten, die in der Bretagne erzählt werden, oft brutal und derb, am Ende stehen immer Erlösung oder Verderben. Jungfrauen laufen mit abgehauenem Kopf unter dem Arm herum, wackere Kirchenmänner erschlagen Drachen, reihenweise sterben Liebespaare, und aus Vatermördern werden am Ende noch → Heilige.

Die *christlichen Legenden* haben drei Wurzeln: katholische Wundergeschichten um einen Heiligen oder die Jungfrau Maria, uralte keltische Mythen, durch die Kirche in eine gottgefällige Geschichte verwandelt, oder Legenden, die ungeschminkt vom Sieg des Christentums über die Druiden und Priesterinnen der

Ste-Noyale trägt ihr abgeschlagenes Haupt nach Pontivy

Kelten berichten. Entsprechend ist auch der Tenor der meisten christlichen Legenden: die Überwindung des barbarischen Heidentums durch den wahren Glauben.

Viel älter sind die *nichtchristlichen Mythen*, von keltischen Einwanderern in die Bretagne mitgebracht, die hier, am Ende der Welt, einen idealen Nährboden fanden. Geheimnisvolle Wesen mit magischen Fähigkeiten, gut und böse, verspielt oder mit wichtigen Aufgaben betraut, bevölkern phantastische Zwischenwelten, die den Elementen Luft, Erde, Wasser und Feuer zugeordnet sind.

Da ist der über die Ozeane herrschende *Meeresgott*, der in der Tiefe der Fluten überlebt. Neben ihm trifft man auf gutmütige *Nixen* (mit und ohne Fischschwanz), algenbedeckte *Wassermänner* oder lockende *Sirenen*. Menschen (in der Regel Fischer), die mit ihnen in Berührung kommen, können ihr Glück machen (wenige) oder sind verloren (die meisten).

Steine symbolisieren die Erde. Die rätselhaften → Megalithen, die unbekannte Menschen aufstellten oder zu Totenmälern zusammenfügten, waren den *Korrigans* lieb. Die scheuen Kobolde und Zwerge, deren Späße oft derb sind und die in der Hauptsache ihre Ruhe haben wollen, siedelten sich mit Vorliebe um Menhire und Dolmen an, die nachts also besser zu meiden sind.

Feen sind die lichten Geister der Luft. Ihre Heimat ist meist der Wald, der sich zu Einwanderungszeiten fast flächendeckend von Küste zu Küste zog. Zeigen sie sich den Menschen, wirken sie zart und schön, ihre Magie ist mächtig. Sie sind die moralisch höchststehenden der Elementargeister, sie dienen dem Guten. Das Schlimmste, was ihnen passieren kann, ist, dass sie sich in einen Sterblichen verlieben. Ausgerechnet die sittlich reinen Feen mussten am meisten unter dem siegenden Christentum leiden. Aus ihnen wurden abgrundtief böse Hexen, die mit dem Teufel nicht nur im Bunde standen, sondern mit dem Gehörnten auch wildeste Massenorgien feierten.

Der *Teufel*, der gefürchtete Fürst des Höllenfeuers, kommt auch nicht zu kurz im bretonischen Sagenschatz. Immer gut gekleidet, aalglatt und listenreich, versucht er brave Bretonen aller Stände zu übertölpeln – soweit überliefert, gelingt es ihm kein einziges Mal. Nur abgrundtief böse Seelen, die für seinen himmlischen Gegenspieler ohnehin verloren sind, darf er unter Feuer und Dampf ohne Umweg in die Hölle befördern.

Medikamente

Wer spezielle Medikamente benötigt, sollte diese in ausreichender Menge mitnehmen, ansonsten ist eine normale Reiseapotheke völlig ausreichend. Das Apothekennetz ist weit gespannt: Eine Apotheke *(farmacie)* gehört in jedem größeren Dorf zur Grundausstattung der Gemeinschaft; in größeren Städten ist nachts und am Wochenende immer eine geöffnet – welche, steht in der Zeitung.

Megalith

Das griechische *megas lithos* heißt übersetzt „großer Stein". Das Wort Megalith wird demgemäß für die Riesensteine benutzt, die von Menschen zwischen 4500 und 2000 v. Chr. entweder einzeln aufgestellt oder zu einem größeren Ganzen zusammengefügt wurden. In der Bretagne waren diese Frühzeitmenschen besonders rührig – heute werden etwa 1000 → Dolmen und 5000 → Menhire gezählt, mit Sicherheit nur ein Bruchteil der Granitriesen, die das Land einst übersäten.

Das Wissen über die Megalithkultur ist gering, dementsprechend ranken sich viele Legenden um die geheimnisvollen Hinterlassenschaften einer im historischen Dunkel liegenden Zeit. Der bretonische Volksglauben sah (und sieht) in den Megalithen wunderbare Kräfte schlummern, die heilten oder für erhöhte Fruchtbarkeit sorgten. Der Kirche war der Aberglauben um die magischen Kolosse suspekt, sie konnte nicht untätig zusehen, wie sich Frauen an den offensichtlichen Phallussymbolen rieben oder ganze Gemeinden sich zur Sonnwendfeier am Dorfdolmen trafen. So kamen zu den Zerstörungen der Zeit die durch den Klerus veranlassten hinzu: Gräber wurden systematisch verwüstet, Menhire umgestürzt oder zumindest christianisiert – die eingemeißelten Kreuze oder Marterwerkzeuge sollten die heidnischen Kultsteine entschärfen. Doch der Blick ins Schaufenster eines Fotostudios in Megalithnähe beweist: Brautpaare kriechen noch immer gern durch Dolmen, um ihre Ehe zu sichern, oder umrunden kichernd einen Menhir, damit der Kinderwunsch bald in Erfüllung geht.

Menhir

Men ist der Stein, und *hir* heißt lang. Der französische Obélix verkauft in seinem gallischen Dorf *menhirs*, sein deutscher Synchronsprecher nennt sie *Hinkelsteine*. Bis zu 20 Meter hoch waren die aufgerichteten Kolosse der Megalithzeit, die noch

immer einzeln, als kleine Gruppe, im → Cromlech oder in → Alignements in den Himmel stechen. Über Sinn und Zweck der mühsam aufgestellten, oft kilometerweit herbeigeschafften Steine gibt es keinerlei Hinweise. Waren sie Teil eines nicht mehr nachvollziehbaren, umfassenden Netzes magischer Kraftquellen? Stehen sie im Zusammenhang mit den Gestirnen? Plausibel ist die allgemein gehaltene These, dass der Menhir im Zusammenhang mit einem uns unbekannten Kult steht.
Die größten Menhire stehen bei *Dol* und bei *Kerlouas* – oder liegen zerbrochen bei *Locmariaquer*.

Museum

Die Bretagne ist nicht nur das Land der → Calvaires und → Menhire, sondern auch das der Museen. Jeder Ort, der etwas auf sich hält, besitzt ein Heimatmuseum oder zumindest einen alten Bauernhof, der, als Ökomuseum ausgeschildert, Einblick in das Leben auf dem bretonischen Land geben soll. Etwa sechzig Museen sind amtlich erfasst, die Dunkelziffer ist beträchtlich.

Etliche der Museen, so stellt sich nach einem Besuch heraus, sind enttäuschend: Eine Handvoll Exponate in einem historischen Gemäuer – das obligatorische *Lit clos* (truhenartiges, abgeschlossenes Bett der Bretonen), eine Tracht und ein paar alte Fotos als Pflichtrequisiten – rechtfertigen oft das Eintrittsgeld nicht.

Das aufschlussreichste und bestausgestattete ethnographische Museum ist das *Musée de Bretagne* in *Rennes*. Die Museen von Quimper, Vannes und St-Brieuc oder die *Museen für Frühgeschichte* in *Carnac* und *St-Guénolé* sind danach zu nennen. Besuchenswert auch das *Museum der Kap-Horn-Fahrer* in St-Malo, das *Puppenmuseum* in Josselin und das *Bootsmuseum* in Douarnenez.

Hinweis: Ein bretonischer Museumsbesuch ist kein billiges Vergnügen. Um die kleinste gesellschaftliche Einheit – die Familie – nicht völlig zu ruinieren, haben etliche Museen und verwandte Einrichtungen Familientarife eingeführt, jährlich schließen sich mehr an. Klein- und Großfamilien sollten deshalb an jeder Kasse auf entsprechende Tarife achten.

Musik

Das bretonische Volkslied lebt wieder. Uralte keltische Melodien, vermengt mit französischen oder schottischen Weisen, die irgendwann von bretonischen Musikern übernommen wurden, sind Bestandteil einer wieder blühenden Musiktradition, die immer noch im Volk verhaftet und zu keiner Kitsch-Folklore verkommen ist.

Bis nach dem 2. Weltkrieg war die bretonische Volksmusik fast ausgestorben. Man erzählt von gerade 63 bretonischen Dudelsackspielern, die vor Kriegsausbruch noch ihrem Gewerbe nachgingen. In den 1970er Jahren, als Alan *Stivell* den *Celtic-Rock* weit über die Grenzen der Bretagne populär machte, drang auch aus deutschen Musikanlagen der Sound der Bretagne: Laut und schneidend dröhnen die Bombardes, der Biniou (Dudelsack) hält lässig mit, dazwischen klingt sanft die Harfe, die schon die Druiden zupften.

Die Zahl der bretonischen *Kirchenlieder*, der *Gwerziou* (Klage- und Heldenlieder) und der *Soniou* (lustige und lyrische Lieder) geht ins Unendliche. Ob reine Instrumentalstücke (Tanzlieder, Märsche) oder Gesänge – es wird getanzt, selbst das tragischste Klagelied wird in Bewegung umgesetzt. Die Texte der Gwerziou und Soniou entsprechen den weltweiten Inhalten der Volksmusik. Neben den ewigen

Grundthemen Liebe, Krieg und Tod werden auch lokale, zeitgebundene Ereignisse musikalisch kommentiert – zur Freude der Zuhörer oft deftig satirisch.

Das klassische Kleinst-Instrumentarium von Biniou und Bombarde wurde in der Neuzeit erweitert. Eine kleine Übersicht der heute gebräuchlichsten Instrumente:

Le Biniou: Biniou ist der Dudelsack, doch in der Bretagne gibt es zwei Dudelsackarten; der *Biniou koz* (altes Biniou) ist der traditionelle Dudelsack mit dem durchdringenden, spitzen, scharfen, gellenden Ton, der nur eine einzige Begleitbasspfeife besitzt. Der *Biniou bras* (großes Biniou) ist ein Nachbau des schottischen Dudelsacks, der in den 30er Jahren des 19. Jahrhunderts in die Bretagne kam und seit den 1950er Jahren den Biniou koz weitgehend verdrängt hat. Aus dem Biniou bras dringt ein schwerer Ton aus insgesamt drei Pfeifen. Der Spieler des alten Binious spielt normalerweise im Duo mit einem Bombardespieler zusammen, der Großbinioubläser spielt alleine oder in der Sicherheit der sog. *Bagad*, der Gruppe, in der Trommler für den Rhythmus sorgen.

La Bombarde: Die traditionelle bretonische Oboe, eigentlich ein Vorläufer derselben, vom Klangbild gellend laut und hell. Bombardespieler suchen immer einen Dudelsackpfeifer zum gemeinsamen Musizieren.

La Harpe celtique: Auf Bretonisch *Telenn*; kleiner als die klassische Harfe, erlebte sie seit den 1950er Jahren einen musikalischen Aufschwung. Traditionell wird seit gallischen Zeiten zur Harfenbegleitung gesungen (siehe *Troubadix*).

La Treujenn Gaol: Eine Klarinettenart, auf Deutsch schlicht Kohlstrunk *(Tronc de chou)*; das Instrument wurde Mitte des 19. Jahrhunderts auf dem Land populär und wird nach wie vor gerne gespielt.

Akkordeon *(Boueze)* und **Violine** sind neuere Begleitinstrumente.

Naturschutzgebiete

Die Bebauung und Nutzung der bretonischen Naturparks unterliegt einer strikten Kontrolle mit dem Ziel, Landschaft und alte Strukturen zu erhalten.

Geschützter Lebensraum für Tiere und Pflanzen

Der *Naturpark von Armorique* ist ein lose zusammenhängendes Gebiet von etwa 110.00 Hektar mit 55.000 Einwohnern: Der *Archipel von Ouessant* (mit den Inseln Ouessant, Molène und Sein), die *Halbinsel von Crozon* samt der *Aulne-Mündung* und die *Monts d'Arrée* gehören zu einem Naturpark, der zur Schutzzone für Menschen, Tiere und Pflanzen erklärt wurde, und in dem zahlreiche kleine Ökomuseen Einblicke in die Vergangenheit der Bretagne verschaffen.

1970 wurde die *Grande Brière* auf der Halbinsel Guérande mit demselben Ziel zum Naturschutzpark erklärt. „Die Parkzone soll sich in einen Ort der Begegnung zwischen Stadt und Land und eine Schule zur Entdeckung der Umwelt verwandeln", so die Satzung.

Öffnungszeiten

Grundsätzlich gilt: Der Mittag ist den Franzosen auch an Werktagen heilig. In der ganzen Bretagne herrscht von 12 bis 14 Uhr die Ruhe eines niederbayerischen Fleckens an einem verregneten Novembersonntag.

Bretonische Ich-AG

Behörden: Publikumsverkehr Montag bis Freitag 9–12 und 14–17 Uhr.

Geschäfte: In der Regel von Dienstag bis Samstag von 9–12 und 14.30–19 Uhr geöffnet, am Montag oft nur nachmittags. Große Supermärkte sind auch über Mittag offen, schließen des Öfteren erst um 20 Uhr (auch samstags), freitags um 22 Uhr und empfangen ihre Kunde meistens auch Sonntagvormittags.

Kirchen: Besonders in Landgemeinden sind die Gotteshäuser von 12–14 Uhr zu. Manche Kirchen werden außerhalb der Hochsaison ständig verschlossen gehalten, einige aufgrund schlechter Erfahrungen auch im Hochsommer. In diesen Fällen ist der Schlüssel beim nächsten Gehöft oder Haus zu suchen.

Museen: Einige Museen sind während der Saison täglich und ohne Mittagspause geöffnet, die meisten haben außerhalb der Saison kürzere Öffnungszeiten, staatliche sind am Montag in der Regel geschlossen. Genaue Öffnungszeiten im Reiseteil.

Post: In der Stadt von Montag bis Freitag 9–19 Uhr, samstags 8–16 Uhr. In kleineren Orten wird eine Stunde eher geöffnet, dafür ist eine Mittagspause üblich; am Samstag bleibt die Landpost oft geschlossen.

Touristinformation: In touristischen Brennpunkten während der Hochsaison oft ohne Mittagspause den ganzen Tag bis zum frühen Abend geöffnet, auch am Wochenende. In ausgesprochenen Sommerurlaubsorten sind die Büros nur für die

Sommermonate eingerichtet, davor oder danach sind Auskünfte und – falls noch vorhanden – Prospekte auf dem Rathaus *(mairie)* zu erhalten. Informationsbüros in Großstädten oder ganzjährigen Reisezielen sind das ganze Jahr geöffnet, doch außerhalb der Saison in der Regel mit kürzeren Öffnungszeiten.

Oratorium

Im frühen Mittelalter war das Oratorium (von *orare* = beten, bitten) ganz allgemein ein Kleinstgotteshaus, später wurde aus dem Oratorium die Hauskapelle oder der Betsaal in Klöstern, Spitälern oder Schlössern. Im Innenraum der Kirche ist das Oratorium eine meist dem Chor angegliederte kleine Kapelle im Bereich des Allerheiligsten, die den Laien verschlossen bleibt.

Ortsnamen

Tre-, Lan-, Loc-, Ker- oder *Plou-*: Plougastel, Ploumanach, Plouzedre, Kergrist, Kermaria, Kernascléden, Tredrez, Trégastel, Tregorff, Loctudy, Locquirec, Locronan, Lannilis, Lannion, Landivisiau – die Reihen lassen sich unendlich fortsetzen, und die sich konstant wiederholenden Vorsilben können in den Köpfen Weg suchender Reisender Verwirrung stiften. Doch alles hat seinen Sinn:
Tre heißt Tochtergemeinde und manchmal schlicht und einfach Sand.
Lan ist die Einsiedelei; Sie können davon ausgehen, dass die Urzelle des Orts die Eremitage eines Ortsheiligen war, an der nach dessen Tod eine Kapelle gebaut wurde, um die herum eine Siedlung entstand.
Loc könnte man mit Zelle übersetzen, gemeint ist die Klause eines Eremiten in der Umgebung, der dem Ort seinen Namen gab.
Ker bedeutet einfach Dorf und *Plou* ist die Pfarrei, der Pfarrbezirk.

Ossuaire

Das Beinhaus, anfangs an die Kirche oder die Umfassungsmauer des Pfarrbezirks angebaut, später ein eigenes Haus in Form eines Reliquienschreins, war notwendiger Bestandteil eines bretonischen Kirchenensembles. Aufgrund des notorischen Platzmangels auf den kleinen Friedhöfen um die Kirche – das Grab im heiligen Bezirk versprach Schutz vor der Verdammnis – mussten die Verstorbenen je nach Bedarf ihr Grab räumen, um den Nachkommenden Platz zu machen. Was von ersteren übrig war, kam nun ins Beinhaus, die Aussparungen in der Fassade dienten dem ungehinderten Luftaustausch. Vom einfachen Knochensammellager im frühen 15. Jahrhundert bis zum Prunkbau der Renaissance erlebte das Beinhaus eine stete Steigerung der Ausgestaltung. Heute ist das Ossuaire meist leer, auch die Grabstätten sind ausgelagert, viele der alten Friedhöfe in den Kirchbezirken sind in Rasenflächen verwandelt worden.

Pardon

Der Pardon ist die Wallfahrt bretonischer Prägung. Einmal im Jahr, zum Ehrentag von Maria, der heiligen Anna oder eines der zahlreichen anderen bretonischen → Heiligen, machen sich die Gläubigen auf den Weg, um sich im Rahmen einer Pilgerfahrt ihre Sünden vergeben zu lassen. Auch ergreifen sie die Gelegenheit, um Hilfe gegen Krankheit und Schicksalsschläge zu erbitten oder neue Kraft für die Arbeit zu schöpfen.

Pardonschmuck in Josselin

Noch im 16. Jahrhundert waren die Bretonen ängstlich darauf bedacht, sich einmal auf die 30-tägige Pflichtwallfahrt *Tro Breiz* zu begeben. Wer sie während seines Lebens unterließ, musste die 550 km lange Strecke nach seinem Tod zeitraubend nachholen: Unterirdisch bewegen sich die Särge mit den verstorbenen Nicht-Pilgern jährlich um eine Sarglänge vorwärts (etwa 1,80 m), bis die Wallfahrtstrecke zurückgelegt ist: 305.555 Jahre und knapp 5 Monate.

Die *Tro Breiz* gibt es nicht mehr, auch werden Wallfahrtsmuffeln keine drakonischen Strafen mehr angedroht, doch im Land des tiefen Glaubens ist die Tradition des Pardons ungebrochen. Die aus den Schränken hervorgeholten Trachten sind nur das äußere Zeichen der Verbundenheit der bretonischen Bevölkerung mit den christlichen Wallfahrten.

Am Vormittag findet der feierliche Prunkgottesdienst statt, Höhepunkt ist die nachmittägliche Prozession: vorneweg die Priester (bei den größten Pardons ein bis mehrere Bischöfe), dann die Bannerträger und die jeweiligen Reliquien oder Statuen, gefolgt vom Pilgerzug, der je nach Größe der Wallfahrt aus der Dorfgemeinschaft oder aus Tausenden von weither angereisten Pilgern bestehen kann.

Ein kleiner Rummelplatz, fliegende Händler mit Wallfahrtszubehör oder irdischem Krimskrams sowie ausgedehnte Mahlzeiten gehören zum weltlichen Rahmenprogramm der meisten Pardons. Bei den großen Pardons, die sich wegen ihrer fotogenen Attraktivität großen touristischen Zulaufs erfreuen, kann der Jahrmarkttrummel die kultische Handlung der frommen Wallfahrer in den Schatten stellen.

Die größten und interessantesten Pardons werden in *Ste-Anne-la-Palud*, *Ste-Anne-d'Auray*, *Locronan*, *Le Folgoët*, *Rumengol*, *Perros-Guirec*, *Tréguier* und *Josselin* gefeiert; Details im Reiseteil.

Pietà

Die Darstellung der trauernden Maria mit dem Leichnam Jesu auf dem Schoß (Vesper- oder Andachtsbild, eigentlich: Frömmigkeit). Seit dem 14. Jahrhundert ist Marias Trauer ein bevorzugt behandeltes Motiv der Passionsgeschichte, das auch bretonische Maler und Bildhauer in den Kirchen und auf den → Calvaires immer wieder variierten.

Post

Mit dem kursiven Schriftzug *LA POSTE* wirbt von der Hauptpost bis zur kleinsten Filiale jedes französische Postamt. Die Zustellzeiten für Briefe und Ansichtskarten entsprechen etwa der deutschen, schweizerischen oder österreichischen Norm. Aber Augen auf beim Wurf der Urlaubspost in den Briefkasten – in größeren Orten haben die bretonischen Briefsammler mehrere Schlitze: einen für die Stadt, in der man sich befindet, und einen für *autres destinations* (andere Bestimmungsorte), womit der Rest der Welt gemeint ist.

An die Postämter kann man sich auch problemlos Briefe oder Päckchen „*Poste restante*" schicken lassen. Sie werden können dort gegen Vorzeigen eines Ausweises und Bezahlung von 0,50 € pro Sendung abgeholt werden. Adressiermuster:

> Name
> *Poste centrale (nur bei größeren Orten)*
> *Poste restante*
> F - Postleitzahl und Ort („F" steht für Frankreich)

Wird die postlagernde Sendung innerhalb von zwei Wochen nicht abgeholt, geht sie zurück an den Absender.

Presse

Davon können Herausgeber nur träumen: eine Auflage von 860.000 Exemplaren. Der bretonische *Ouest France* mit seinen 40 verschiedenen Lokalausgaben ist die größte Zeitung ganz Frankreichs. Im Westen der Bretagne findet er im *Télégramme* mit Redaktionssitz in Brest lokale Konkurrenz. Wer wissen will, wo in der Bretagne ein neues Schulhaus eingeweiht wird oder welche lokale Vereinigung was beschlossen hat oder wie das Wetter in Bretagne ist, kommt um den Ouest-France kaum herum. Wer wissen will, was in Paris, Washington, Peking oder Berlin diskutiert wird, greift besser zu den bekannten Zeitungen mit Sitz in Paris (*Le Monde*, *Libération*, *Le Figaro* und *France-Soir*).

Zumindest im Sommer sind in größeren Touristenorten auch deutsche Zeitungen und Zeitschriften erhältlich, das ganze Jahr über in den größeren bretonischen Städten. Das Angebot beschränkt sich in der Regel auf überregionale Tageszeitungen (Süddeutsche Zeitung, Frankfurter Allgemeine Zeitung, Welt, Bild) und die bekanntesten Magazine (Spiegel, Focus, Stern).

Refektorium

Das lateinische *refectorius* bedeutet erquickend. Im „Erquickungsraum" nahmen die Mitglieder eines Klosters ihre Mahlzeiten ein. Heute würde man ganz profan Speisesaal sagen.

Reisezeit

Die Tourismussaison in der Bretagne läuft von Juni (langsames Eintröpfeln) bis zum September (langsames Ausklingen). Absolute Hauptreisezeit sind die Monate Juli und August, wenn ganz Frankreich Ferien macht. Doch jede Jahreszeit hat ihre Reize, und gegen einen Regenguss ist auch im August niemand gefeit.

Im Frühjahr hat das Meer noch keine Badetemperaturen, doch die Monate, in denen die Natur erwacht, sind in der Bretagne besonders üppig – vergessene Kapellen sind unter blühenden Bäumen und Hortensienbüschen versteckt, kein Küstenpfad ist überlaufen. Vor allem Mai und Juni bieten sich aufgrund ihrer höheren Temperaturen und des mit der Natur erwachenden Tourismusangebots als Frühjahrsreisezeit an. Ornithologen besuchen schon ab März die Bretagne – dann beginnen die Vögel, ihren Nachwuchs auszubrüten.

Für die Sommermonate Juli und August gilt: Das Meer ist am wärmsten, die Lufttemperaturen sind am höchsten, und die meisten Franzosen verlassen ihren ständigen Wohnort und schwärmen in ihre nationalen Urlaubsgebiete aus. So ist der bretonische Sommer die Badesaison mit der Gästespitzenzahl – zu den französischen Urlaubern gesellen sich weitere Zehntausende von englischen, deutschen und niederländischen Touristen. Hotelquartiere, Ferienwohnungen und etliche Campingplätze an den Brennpunkten des touristischen Geschehens sind oft ausgebucht, vorbestellen – am besten einige Monate vorher – ist daher ratsam.

Der Herbst lockt wieder verstärkt Kulturtouristen und Küstenliebhaber ohne große Badeambitionen an, die mit einem abgespeckten Tourismusangebot auskommen: Schon ab September schließen die ersten Campingplätze, ab Oktober die ersten Hotels. Spätestens ab Mitte Oktober ist wieder die große Ruhe zurückgekehrt, doch immer noch ist die Bretagne eine Reise wert: Herbststürme, die tiefen Farben des Oktobers und gemütliche Restaurants, in denen Sie wegen Gästemangels zuvorkommend bedient werden.

Unser Tipp: Wer sich nicht nach den Schulferien richten muss und auch auf faule Strandtage verzichten kann, erlebt im späten Frühjahr und frühen Herbst ein nicht überlaufenes Land, zudem findet man dann problemlos Tisch und Quartier.

Reliquiar

In diesem kostbaren kirchlichen Behälter ruhen die der Nachwelt bewahrten Reliquien (Überreste) eines oder einer → Heiligen. Größe und Art des Reliquiars sind dem Inhalt angepasst: Neben Medaillons, Kästchen, Kreuzen, Figuren, Köpfen oder Büsten ist der oft als Goldschmiedearbeit ausgeführte Reliquienschrein das bekannteste Behältnis für Skelettteile, Kleidung oder Gebrauchsgegenstände verstorbener religiöser Autoritäten. Die Reliquienverehrung gründet sich auf den in vielen Religionen verbreiteten Glauben, in den Körperteilen oder einstigen Besitztümern heiliger Menschen sei deren Macht gespeichert, die durch entsprechende Verehrung (Prozession, Körperkontakt, Anrufung im Gebet) übertragen werden kann und noch Jahrhunderte nach dem Tod der Verehrten Wunder wirkt.

Retabel

Das Retabel, der Altaraufsatz, kann vom Gemälde bis zum Flügelaltar jede Art von schreinartigem Aufbau auf dem Altar sein.

Sablières

In der Kirchenarchitektur sind die Sablières Balken, die am oberen Abschluss der Innenwände unterhalb der Dachkonstruktion das Kirchengemäuer umlaufen. Wegen der erwünschten Elastizität zwischen Mauerwerk und dem hölzernen Dachstuhl sind sie auf lockeren Sand *(sable)* gesetzt und verstecken die Schnittstelle von Wand und Dach.

Sarkophag

Ein aufwendiger Monumentalsarg, in der Regel aus Stein, aber auch aus Holz oder Metall, meist in einer Grabkammer, einer Krypta oder direkt in der Kirche aufgestellt. Die alten Ägypter, Griechen und Römer bestatteten ranghohe Verstorbene im Sarkophag, die Grabbaumeister des Christentums entdeckten ihn während der Renaissance neu.

Schiff

In der Kirchenarchitektur die Bezeichnung eines Innenraums der Kirche, der sich – durch Pfeiler oder Säulen getrennt – in mehrere Schiffe gliedern kann: Das *Mittelschiff* wird dann von einem oder mehreren *Seitenschiffen* umgeben; ein *Querschiff* kann quer zwischen → Langhaus und → Chor liegen.

Schlösser und Burgen

Auch der kleinste Landadelige lebt gerne angemessen. Mit harter Fronarbeit und hohen Sondersteuern belegten die Aristokraten der Bretagne über Jahrhunderte ihre Bauern und Städte.

Alle Wohnstätten des bretonischen Adels, ob schutzloses Prunkschloss oder Wehrburg, heißen *Château*, und ihre Zahl geht gegen unendlich. Das Angebot reicht von der kümmerlichen Ruine bis zum Märchenschloss. Wenn Sie alle Châteaux gebührend besichtigen wollten, würde aus Ihrem Urlaubstrip ein Langzeitaufenthalt.

Viele Schlösser sind in Staatseigentum übergegangen, andere werden noch bewohnt oder sind zumindest in Privatbesitz. Das Schild „Privé" weist darauf hin, dass der touristischen Neugier Grenzen gesetzt sind. Die interessanten Châteaux, deren Besichtigung den Ferienalltag tatsächlich bereichert, sind gebührenpflichtig, dafür ist ein kleiner Blick hinter die Fassaden gestattet: Entweder ist die Inneneinrichtung originalgetreu belassen oder ein kleines Museum in einem Saal untergebracht. Ein beschaulicher Spaziergang in einem Schlosspark kann vielleicht den Besuch abrunden.

Sentiers des Douaniers

Auf Deutsch Zöllnerspfade. Wo früher einsame Zollbeamte versuchten, den lebhaften Schmuggel an der zerklüfteten und unübersichtlichen Küste durch sporadische Kontrollgänge zu unterbinden, ergehen sich heute die Urlaubermassen. Der aufregendste Zöllnerspfad der Bretagne verläuft am rosa Fels-Chaos zwischen Perros-Guirec und Ploumanach, alle anderen sind weit weniger besucht und doch einen Spaziergang wert. Eine touristisch einleuchtende Variante der Zöllnerspfade sind die *Sentiers côtiers* (Küstenpfade) – im Prinzip die gleichen Wege, nur dass die örtlichen Fremdenverkehrbüros zu ihrem Leidwesen keine Zöllner ausfindig machen konnten, die hier einst ihrer Arbeit nachgingen.

Souvenirs

Nichtverderbliche Mitbringsel sind neben nieder- und hochprozentigen Alkoholika (Cidre, Chouchenn, Hydromel) z. B. Kosmetik (speziell Parfüms), Schmuck (hochkarätiges Gold), Antiquitäten, Fayencen aus Quimper, bretonische Spitzenhäubchen *(Coiffes)*, Bilder in Aquarell oder Öl (Motiv: die Bretagne) und daneben unendlich viel Kitsch. Angemerkt sei, dass sich über Geschmack streiten lässt und ästhetisch hochstehende Souvenirs ihren Preis haben – das Schnäppchen im unbedarften Bauernland ist nicht zu machen, weil es das unbedarfte Bauernland nicht gibt.

Sprache

„Unsere Sprache ist nicht nur Mittel zur Verständigung, sondern spirituelles Erbe. Nur mit ihr können sich keltische Geheimnisse vollständig erschließen." (Gwenc'hlan Le Souezek)

Privatbesitz: Manches Märchenschloss ist nur von außen zu betrachten

„Das Bretonische gehört zum keltischen Ast der indogermanischen Sprachen. Dieser Ast teilt sich nochmals in zwei Zweige: Der Zweig Q: das Gälische in Irland und Schottland. Der Zweig P: das Britische, das Walisische, das Cornische (bis zum 17. Jh. in Cornwall gesprochen) und das Bretonische, der Armorika umfasst." (Joseph Abasq)

Als im 5./6. Jahrhundert die Einwanderer von der britischen Insel nach „Kleinbritannien" kamen, fanden sie ein Land vor, in dem durch die lange römische Besetzung die ursprünglich keltische Landessprache vom Gallischen verdrängt war. Es dauerte nicht lange, bis sich das Bretonische mit nur wenigen gallischen Einsprengseln und damit die verloren gegangene keltische Sprache wieder durchgesetzt hatte. Heute ist die Bretagne die einzige keltische Sprachbastion auf dem europäischen Kontinent, aber auch dies nur eingeschränkt.

Eine imaginäre Linie etwa von St-Brieuc bis etwas östlich von Vannes trennt die *Haute Bretagne* (Ober-Bretagne = Ostbretagne) von der *Basse Bretagne* (Nieder-Bretagne im Westen). In der Ober-Bretagne, geographisch angebunden an die französische Festlandmasse, wurde das Bretonische entweder gar nicht gesprochen (wie in Rennes) oder fast völlig verdrängt, die Verständigung im Alltag wird

Einige bretonische Wörter

Wenn deutschsprachige Menschen kleine Teile der Welt auf Bretonisch ausdrücken wollen, sollten sie die Wörter einfach so aussprechen, wie sie geschrieben werden. Ist ein Wort mehrsilbig, wird die vorletzte Silbe betont. Die Feinheiten bleiben einer ausgiebigen Beschäftigung mit dem keltischen Sprachzweig P vorbehalten.

aber	Flussmündung	*goaz*	Bach	*mor*	Meer
ankou	der Tod	*guic*	Weiler	*nevez*	neu
anaon	Seele der Toten	*gwenn*	weiß	*noz*	Nacht
aod	Strand	*gwer*	grün	*park*	Feld
avel	Wind	*gwerz*	Lied	*pen*	Kopf, Kap
aven	Fluss	*hen*	alt	*pont*	Brücke
bag	Schiff	*hent*	Weg	*porz*	Hafen
bara	Brot	*hir*	lang	*poull*	kleiner Teich
beg	Landzunge	*ilis*	Kirche	*raz*	Engpass
bihan	klein	*kaer*	schön	*roc'h*	Felsen
brao	schön	*kastell*	Schloss	*roz*	Anhöhe
braz	groß	*kemper*	Zusammenfluss	*ruz*	rot
bré	Hügel	*kenavo*	Auf Wiedersehen	*stang*	größ. Binnengewässer
breit	Bretagne	*koz*	alt	*ster*	Fluss
bro	Gebiet	*kreac'h*	Hügel	*stivell*	Quelle
brug	Heidekraut	*kreiz*	Mitte	*toull*	Loch
deiz	Tag	*kroaz*	Kreuz	*trez*	Sand
demat	Guten Tag	*lec'h*	Ort, Stelle	*tron (traon)*	Tal
dol	Tisch	*len*	See	*tro*	Turm
douar	Erde, Platz	*loc'h*	Teich	*trugarez*	danke
dour	Wasser	*mad*	gut	*ty*	Haus
du	schwarz	*marc'h*	Pferd	*ya*	ja
enez	Insel	*men*	Stein	*yec'hed mat!*	Auf Ihr Wohl!
feunteun	Brunnen	*menez*	Berg, Gebirge		
gallek	französisch	*meur*	groß	*yen*	kalt
goat	Wald	*milin*	Mühle		

ausschließlich über die französische Sprache abgewickelt. Anders in der Basse Bretagne, die am Rand der westlichen Zivilisation liegt. Im gesamten Finistère sowie in den Westregionen von Morbihan und Côtes d'Armor wächst ein Großteil der Bevölkerung noch immer zweisprachig auf – Französisch wird den Kindern in der Schule beigebracht, zu Hause im privaten Rahmen sprechen sie Bretonisch.

Liberté, Egalité, Fraternité: Der französische Staat mühte sich über die Jahrhunderte redlich, den Bretonen ihre eigene Sprache auszutreiben. Die Benutzung der eigenen Sprache war noch bis weit ins 20. Jahrhundert ein schweres Vergehen in einer bretonischen Schule, das mit Prügel oder Ausschließung vom Unterricht geahndet wurde. Schüler, die Klassenkameraden Bretonisch sprechen hörten, waren per Dekret zum Petzen verpflichtet – hielten sie dicht, konnten sie selbst bestraft werden. So ist es nicht verwunderlich, dass mittlerweile alle Bretonen Französisch sprechen, aber nur mehr ein knappes Drittel der eigenen Sprache halbwegs mächtig ist. Und doch kommt es im Nordwesten der Bretagne immer wieder vor, dass Sie mit einem älteren Menschen Français plaudern und bald bemerken, dass nicht nur Sie eine Fremdsprache sprechen.

Seit den 1970er Jahren ist neuer Wind in die Sprachdiskussion gekommen. Begünstigt durch eine Rückbesinnung auf die eigene Kultur ist im Rahmen der europaweiten Diskussion über regionale Kulturen das Interesse an der eigenen Sprache gewachsen. Bretonische Sprachkurse, bretonische Zeitungen und Radiostationen sind im beginnenden 21. Jahrhundert natürlicher Bestandteil des kulturellen Lebens geworden, zumindest in der Basse Bretagne. Die staatlichen Einrichtungen ziehen langsam nach: Die ersten Lehrstühle für Bretagnistik und keltische Sprachen an den Universitäten von Rennes und Brest sind besetzt, an höheren Schulen ist die alte Landessprache teilweise Wahlfach. Seit 2002 gibt es aufgrund eines Abkommens zwischen Paris und Rennes Grundschulen mit zweisprachigem Unterricht, vor allem im Finistère. Eine Fortsetzung in den Mittelschulen wird gefordert, auch in der Erwachsenenbildung sind Bretonischkurse gefragt.

Strom

Es fließt 220 Volt Wechselstrom. Der in Deutschland gebräuchliche zweipolige Stecker passt in keine französische Dose. Diese hat drei Löcher, das dritte für die Erdung. Preisgünstige Adapter, die das Anschlussproblem sauber lösen, gibt es – meist im Doppel- oder Dreierpack – fast in jedem Supermarkt. Luxuriöse Campingplätze sind für deutsche Stecker ausgerüstet.

Telefonieren

Telefonzellen findet man in jedem Ort, aber ohne Telefonkarte *(télécarte)* geht in der Regel nichts. Diese wird zu 50 oder 120 Einheiten, ist 2 Jahre lang gültig und wird in allen Postämtern sowie in manchen Tabakläden verkauft.

Der mobile Zeitgenosse telefoniert mit dem Handy, das auf Französisch *portable* heißt, der Begriff *cellulaire* taucht eher schriftlich als mündlich auf. Portable wird übrigens auch der Laptop genannt, schließlich ist auch er tragbar.

Kaum hat man die französische Grenze überquert, schaltet das Handy auf einen französischen Netzwerkbetreiber um. Achtung: Da die Weiterleitungsgebühren für einkommende Handy-Anrufe (auch wenn sie vom französischen Nachbarn kommen) stets über das heimatliche Netz laufen und dem Empfänger belastet werden, können die Telefonkosten schnell in die Höhe klettern. Tipp für Dauertelefonierer: eine französische SIM-Karte kaufen, man bekommt eine französische Telefonnummer und muss die Gespräche, die aus dem Ausland kommen, nicht mehr mitfinanzieren. Die SIM-Karte hat ein bestimmtes Gesprächsguthaben und ist wiederaufladbar.

Telefonieren aus dem Ausland nach Frankreich: erst die Landesvorwahl 0033, danach die zehnstellige Nummer ohne die 0.

Telefonieren innerhalb Frankreichs: Innerhalb Frankreichs muss immer die komplette 10-stellige Nummer gewählt werden. Sämtliche Nummern der Bretagne beginnen mit 02.

Telefonieren von Frankreich ins Ausland: Vorwahl nach Deutschland 0049, in die Schweiz 0041, nach Österreich 0043. Bei der folgenden Stadtvorwahl entfällt die Null. Beispiel für die Ziffernfolge von Frankreich nach Frankfurt: 0049–69 + Anschlussnummer.

Nationaler Auskunftsdienst (Service national): 12

Internationaler Auskunftsdienst (Service international): 0033.12 + Nr. des Landes. Auskunft über deutsche Telefonnummern also unter 0033.12.49.
Notruf Feuerwehr: 18
Notruf Polizei: 17

Notruf Unfallrettung: 15
... und wenn der Apparat nicht funktioniert, wie er soll: Im Falle einer **Störung** *(en cas d'incident)* kann man mit der Unglückszahl 13 sein Glück versuchen.

Thalasso-Therapie

Der Begriff taucht an der bretonischen Küste häufig in Verbindung mit luxuriösen Kurhotels auf. *Thálassa* sagt der Grieche zum Meer, und das Meer ist die Grundlage dieser Therapie, die in der Antike wohlbekannt war und dann in Vergessenheit geriet, bis im 19. Jahrhundert Monsieur Quinton diese Kur- und Heilform einem größeren Publikum wieder schmackhaft machte. Die Grundthese der Thalasso-Therapie hatte schon Plato formuliert: Alles irdische Leben kommt aus dem Meer, und das Urelement Salzwasser ist am besten in der Lage, Gebrechen zu lindern oder zu heilen bzw. den menschlichen Körper und Geist zu regenerieren („Das Meer wäscht alle Leiden vom Menschen ab.").

Die Kombination von warmem und kaltem Meerwasser, ständig frisch in die Bäder der Kurzentren gepumpt, Algen- oder Meerschaumpackungen, Gymnastik, Massagen und Spaziergänge in der reinen Atlantikluft werden erfolgreich zur Behandlung von rheumatischen oder orthopädischen Krankheiten, Kreislaufstörungen, Störungen des Stoffwechsels oder des vegetativen Nervensystems eingesetzt. Aber auch zur Rehabilitation oder zum Relaxing unter fachlicher Betreuung kommt ein zahlreiches Publikum in die Etablissements.

Zentren für Thalasso-Therapie sind Quiberon, Roscoff, St-Malo, Carnac, Douarnenez, Bénodet, Le Crouesty, Belle-Ile-en-Mer, Dinard, La Baule und Perros-Guirec. Wer keine Kur gebucht hat, kann auch vor Ort in das Angebot einsteigen: Die Einrichtungen können durch den Kauf einer Tageskarte ohne weitere Verpflichtung genutzt werden.

Transsept

Im Kirchenbau das Querschiff (→ Schiff) einer Kirche.

Trinkgeld

Bedienungsgeld ist in der Regel im Preis inbegriffen. Nach oben zu runden ist in jedem Fall freundlich und ganz und gar üblich.

Triumphbalken

Zwischen → Chor und → Langhaus hoch über der Gemeinde zieht sich der in der Regel geschnitzte Balken quer über das → Schiff, auf ihm eine Kreuzigungsgruppe – üblicherweise Jesus am Kreuz, daneben in der Regel Maria und Maria Magdalena.

Tumulus

Lateinisch Hügel und speziell Grabhügel. Wie der → Cairn ist auch der Tumulus ein frühzeitliches *Fürstengrab*, auf dessen Dolmen-Skelett Steine und Erdreich geschichtet wurden. Im Unterschied zum Cairn aber wurde der Tumulus nur zu einem einzigen Begräbnis errichtet und danach für alle Ewigkeit geschlossen.

Tympanon

In der Architektur das oft geschmückte Giebelfeld über dem Eingang, bekannt aus der griechischen Tempelarchitektur; im klassizistischen Kirchenbau spielt es erneut eine Rolle.

Volkskunst

Zahllose Werke in und an den aristokratischen und kirchlichen Bauten sind Arbeiten unbekannter Steinmetze und Kunsttischler – keine Künstler, sondern Handwerker, die einfach ihre Aufträge erfüllten, ohne große Namen starben und auch nach ihrem Tod nicht „entdeckt" wurden. Sie arbeiteten als feste Angestellte in städtischen Ateliers oder zogen vagabundierend über Land, um ihre Fertigkeiten anzubieten. Und sie tobten sich hemmungslos aus: Aus Treppenaufgängen machten sie ein Gesamtkunstwerk, geschnitzte Frauengestalten mussten stoisch lächelnd ein Haus tragen, funktionale Wasserspeier wurden zu zeitlosen Ungeheuern verwandelt. Vor allem in den Kirchen war kein Balken, keine Fassade und keine Nische vor den Kunsthandwerkern sicher. Ihre Gestaltungsfreude und üppig wuchernde Phantasie schufen Ornamente, Heiligenporträts und Dämonenfratzen, Bauern, Drachen oder Hausschweine. Es entstanden blumige Erzählungen mit heiligen und unheiligen Darstellern, die betrunken, leidend, entrückt oder zähnebleckend seit Jahrhunderten in derselben Haltung in derselben Geschichte mitspielen.

Bretonische Volkskunst wird oft als naiv oder bäuerlich beschrieben, ihre Darstellungen als einfältig, primitiv oder als abgeschautes Kunstmischmasch abgetan: „Die Originalität dieser bretonischen Kunst besteht in der Gabe der örtlichen Kunsthandwerker, alle europäischen Kunststile der Epochen, die sie dank des regen Seehandels kennen lernten, in ihre Arbeiten zu integrieren", so ein Experte. Doch waren die Steinmetze oder Kunstschnitzer, denen es gelang, zeitloses Entsetzen oder nicht endendes Leiden in ihr Werksmaterial einzugraben, keineswegs naiv – oder vielleicht doch:

Die Trauer der Maria Magdalena

Mit dem Meißel oder Schnitzmesser Bilder zu schaffen, scheint auf einen schwer ergründbaren Gestaltungsdrang zurückzugehen. Bei den bretonischen Landpfarrern hielt sich der Drang, Stein oder Holz in überquellender Schaffensfreude zu gestalten, anscheinend am längsten. Noch im 20. Jahrhundert arbeitete der Pfarrer von Rothéneuf wie besessen an seinen skurrilen Felsskulpturen, der Abbé von Cancale schnitzte nicht nur das „Gedicht an den Apfel", und der Seelsorger von Trégastel schuf zur Freude seiner Gemeinde einen riesigen *Père éternel* aus Ton über dem örtlichen Aquarium. Mögen die Experten dies naiv nennen, die Bretonen kümmert's wohl kaum.

Wimperg

Das althochdeutsche *wintperga* heißt auf Neudeutsch schlicht und verständlich Zinne oder Giebel. Diese funktionslosen Ziergiebel setzten die Baumeister der Gotik als spitz zulaufenden Fassadenschmuck über Fenster und Portale.

Wurzel Jesse

Die Wurzel Jesse oder auch der Jessebaum ist die Darstellung des irdischen Familienstammbaums von Jesus. Zuunterst Isai oder auch Jesse vom Stamm Juda, aus dessen Körper der Baum drängt, dessen Zweige von den menschlichen Vorvätern des Gottessohns bestimmt werden. Jesus an der Spitze ist die Blüte des Baums.

Zoll

Seit der Einführung des EG-Binnenmarkts 1993 gelten für alle EU-Staaten sehr liberale Bestimmungen über die im Reisegepäck mitgeführten Freimengen. Grundsätzlich wird die Mehrwertsteuer im Erwerbsland, d. h. beim Kauf der Ware, fällig. Bei der Ausreise sind weder Zollabgaben noch sonstige Steuern zu entrichten. Bedingung dafür ist, dass alle gekauften Produkte nicht gewerbsmäßig genutzt, also nicht weiterverkauft werden. Die Einfuhr von Tabak und Alkoholika nach Frankreich ist nur Personen ab 17 Jahren gestattet. Für **Einfuhr von Waren nach Frankreich** gelten folgende Bestimmungen:

Aus EU-Ländern (Deutschland, Österreich): Bei folgenden Mengen pro Person stellen die Behörden den „persönlichen Bedarf" nicht in Frage:
10 l Spirituosen; 20 l alkoholische Zwischenerzeugnisse (Portwein, Sherry); 90 l Wein oder weinhaltige Getränke, davon höchstens 60 l Schaumwein/Sekt; 110 l Bier.
800 Zigaretten; 400 Zigarillos; 200 Zigarren; 1 kg Tabak.
Ein Überschreiten der angegebenen Mengen stellt kein Problem dar, wenn Sie glaubhaft versichern können, dass der gesamte Alkohol- und Zigarettenvorrat zum Eigenverbrauch bestimmt ist.

Aus Nicht-EU-Ländern (Schweiz): Zollfrei eingeführt werden dürfen: 1 l Spirituosen über 22% Vol. oder 2 l Spirituosen unter 22% Vol.; 2 l Schaumwein oder 2 l sonstiger Wein; 200 Zigaretten oder 100 Zigarillos oder 50 Zigarren oder 250 g Tabak; 500 g Kaffee oder 200 g Kaffeeauszüge; 100 g Tee oder 40 g Teeauszüge; 50 g Parfüm; 0,25 l Eau de Toilette; Waren und Geschenke dürfen den Gegenwert von 50 € nicht überschreiten (für Kinder unter 15 Jahren liegt die Grenze bei ca. 25 €); für Fernsehgeräte (tragbare ausgenommen) ist eine Kaution zu hinterlegen, Videogeräte sind bei der Einreise zu deklarieren.

Bei der **Ausfuhr von Waren aus Frankreich** sind die jeweiligen Einfuhrgesetze des Wohnlandes zu berücksichtigen:

Nach Deutschland und Österreich: Gemäß der Logik des EU-Binnenmarkts sind die Bestimmungen identisch mit den oben genannten Einfuhrbestimmungen nach Frankreich (siehe *Einfuhr von Waren nach Frankreich aus EU-Ländern*).

In die Schweiz: 2 l alkoholische Getränke bis 15% Vol. und 1 l alkoholische Getränke über 15% Vol.; 200 Zigaretten oder 50 Zigarren oder 250 g Tabak; Waren für den privaten Bedarf oder zu Geschenkzwecken dürfen den Wert von 300 Franken nicht übersteigen.

Geschichte

„Die Bretagne ist eine alte Rebellin. Jedes Mal seit 200 Jahren, wenn sie sich erhoben hat, hatte sie Grund dazu. Gegen die Revolution oder gegen die Monarchie, gegen die Repräsentanten der Republik oder gegen die Statthalter der Könige, es ist immer derselbe Kampf, den die Bretagne austrägt."

(Victor Hugo)

Über weite Strecken ist die überlieferte Geschichte der Bretagne die eines unterdrückten Volkes, das gegen übermächtige Gegner und Großreiche einen trotzigen, doch hoffnungslosen Kampf führte. Die ersten Fremdherrscher waren die Römer, die 500 Jahre lang die ferne gallische Provinz verwalteten. Später mussten sich die Bretonen mit Franken, Normannen, Engländern und Franzosen auseinandersetzen, die allesamt gerne die Bretagne in ihren Besitz gebracht hätten.

Frankreich gewann schließlich den Streit um den kleinen Nachbarn auf dem Granitbrocken, der sich zäh, doch letztlich erfolglos gegen die Übernahme durch Paris wehrte und manchmal immer noch wehrt. Gab es zwischen den beiden Weltkriegen noch Bombenattentate von militanten Bretonen, so greifen heute aufrechte Separatisten eher zur Sprühdose: *Breizh libre*!

In der globalen Hitliste der Märchenerzähler nehmen die Bretonen einen der vordersten Plätze ein, für sie ist die Bretagne der Nabel der Welt. Die Geschichte des Menschen beginnt in einem Paradies, das von einem Bretonisch sprechenden Urpaar bewohnt wird; ein Seefahrer der Insel Bréhat hat Amerika entdeckt, und die Weltstadt Paris trägt ihren Namen nach der legendären versunkenen Stadt Ys, nach bretonischer Meinung die prunkvollste Stadt der Welt. Doch halten wir uns an die Fakten.

Frühzeit

Während der *Altsteinzeit* (Paläolithikum) vor etwa 100.000 Jahren sind noch große Teile Nord- und Westeuropas von Eis bedeckt, die armorikanische Halbinsel hingegen ist eisfrei, nur der Boden ist dauergefroren. Neben Mammut, Wollhaarnashorn und Höhlenbär leben einige Altsteinzeitmenschen in der Bretagne, die sich unter anderem von den genannten Tieren ernähren und simple Waffen und Gebrauchsgegenstände (aus Stein) sowie den Feuerstein benutzen.

Wir überspringen großzügig die folgende *Mittelsteinzeit* (Mesolithikum, ca. 8500–4500 v. Chr.), in der sich auf dem mittlerweile aufgetauten Boden der Halbinsel bis auf den langsamen Übergang der nomadisierenden Jägergemeinschaften zu sesshaften Bauern und Hirten wenig tut, und kommen gleich zur *Jungsteinzeit* (Neolithikum). Schätzungsweise rund 100.000 Menschen leben da schon in der Bretagne und beginnen eines Tages damit, riesige Steine aufzurichten, alleinstehend oder in ausgedehnten in riesigen Steinfeldern; ihre Fürsten bestatten sie in gewaltigen Steingräbern.

Nirgendwo auf der Welt gibt es so viele dieser Steinsetzungen wie in der Bretagne. Die zwischen 4000 und 6500 Jahre alten Megalith-Denkmäler bereiten der Wissenschaft noch heute Kopfzerbrechen. Was sollen die aufgerichteten Steine in die Bretagne? Hier eine wunderschöne, aber letztendlich wenig befriedigende und durch nichts zu beweisende Theorie: „In vorgeschichtlicher Zeit begaben sich Volksstämme, die wahrscheinlich aus Asien kamen, auf eine Wanderung Richtung Europa. Man vermutet, dass diese Stämme die Sonne anbeteten und ihr deshalb nachzogen, wo sie im Westen der Bretagne versinkt. Die Bretagne muss eine Art mythischer Hafen gewesen sein, wohin sich die Seelen der Toten in Boote begeben haben, ihrem Gott auf seinem nächtlichen Weg zu folgen, das Jenseits zu erreichen. Auf ihrem langen Marsch zur Sonne haben diese Menschen hier und da riesige Steine aufgestellt, die Megalithen." (DuMont Kunstreiseführer Bretagne)

Wir bauen einen Menhir

Wäre Obelix, der weltbekannteste Hinkelsteinproduzent, nicht als Kind in den Zaubertrank gefallen, der es ihm ermöglichte, Felsblöcke aufzusammeln und mit der Handkante zu behauen, hätte auch er sich eines Megalithikertricks bedient, um die Granitblöcke aus dem Fels zu brechen: Holzkeile, in natürliche Felsritzen getrieben, werden mit Wasser übergossen; sie quellen auf und sprengen die Menhire und Deckplatten der Dolmen aus dem Fels. Mit Hilfe von Rollen, Gleitflächen und Hebeln aus Holz werden die Giganten (mittlere Steine wiegen ein bis drei Tonnen, die Schlusssteine der Alignements und Deckplatten der Dolmen 15–20 Tonnen) von den Steinbrüchen aus mit Riemen und Seilen aus Tierhaut an ihre Standorte gezerrt und dort unter Ausnutzung des Hebelgesetzes aufgerichtet. In einem Experiment kamen Wissenschaftler zum Schluss, dass für den Transport und die Aufrichtung einer Tonne Granit zwischen 15 und 20 Personen benötigt wurden. Denkt man an den Koloss von Locmariaquer, mit 20 m Höhe und 350 t Gewicht der größte Menhir der Bretagne, kann man sich eines nachträglichen Staunens kaum erwehren.

Jedenfalls ist die Bretagne und insbesondere das Morbihan ein Zentrum der *Megalithkulturen*, die besonders in Westeuropa, aber auch in Skandinavien, Griechenland und Marokko ihre Spuren hinterlassen. Sicher ist auch, dass die Megalithiker über eine Form gesellschaftlicher Organisation verfügen (mit Priestern oder Königen an der Spitze), astronomische Kenntnisse besitzen (die Steinreihen sind oft nach komplizierten Gestirnkonstellationen ausgerichtet) und einen ausgeprägten Totenkult pflegen (Gräber).

Spekulationen gibt es viele. So sind die Megalithen je nach Interpretation Sonnenkalender, Phallussymbole, magische Energiezentren, Symbole eines Fruchtbarkeitskults, Drachenwegweiser, Hinweiszeichen auf Grabstätten oder Wasserstellen und vieles mehr.

Eine simple, unanfechtbare Antwort auf die geheimnisumwitterten Granitarmeen fand *Gustave Flaubert*, der Mitte des 19. Jahrhunderts genauso ratlos wie wir die wundersamen Alignements von Carnac durchschritt: „Die Steine von Carnac sind Großsteine – basta!"

Die Jungsteinzeitmenschen leben vermutlich ununterbrochen bis zur keltischen Besiedlung in der Bretagne, allerdings hören sie schon etwa 1500 Jahre vor der Kelteninvasion auf, große Steine aufzurichten. Was nicht aus Stein ist, ist verschwunden, doch lassen schon die Äxte oder die Ritzungen in manchen Steinblöcken Rückschlüsse auf die Fertigkeiten und die Kulturstufe der rätselhaften Megalithiker zu.

Die Kelten

Über die Ursprünge der Kelten ist wenig bekannt. Wahrscheinlich war dieses indogermanische Volk einst im Nordosten Frankreichs und in Teilen Deutschlands bis nach Österreich und Böhmen beheimatet – irgendwo zwischen Rhein und Donau. Im siebten vorchristlichen Jahrhundert brechen die Kelten aufgrund ihrer wachsenden Bevölkerung auf, um neue Siedlungsräume zu finden, und werden auch in Spanien und England sesshaft. Ihr Erfolg beruht auf der Härte des Eisens, sie kennen die Geheimnisse seiner Herstellung. Das harte Metall, als Schild und Schwert eingesetzt, verschafft ihnen entscheidende Vorteile im Kampf gegen die üblichen, weicheren Bronzewaffen. Die frühesten schriftlichen Nachrichten über das keltische Volk stammen aus dem späten 6. Jahrhundert v. Chr.; ein römischer Chronist weiß zu berichten, dass die *Celtae* in Gallien (Frankreich), Westspanien und Süddeutschland ansässig sind.

Im 5. Jahrhundert v. Chr. beginnt die große Ausbreitung der keltischen Stämme, im 3. Jahrhundert v. Chr. ist der Höhepunkt erreicht. Von den westlichen Inseln Europas (Irland/England) über Mitteleuropa und den Balkan bis nach Kleinasien reicht der keltische Kulturraum – der Istanbuler Stadtteil Galata (= Gallien) ist noch heute nach ihnen benannt. Allerdings liegt es den Kelten nicht, Staaten zu gründen oder größere Stammesverbände zusammenzuschließen. Jeder Kleinherrscher wurstelt ohne Bewusstsein für größere politische Zusammenhänge vor sich hin, und so dauert die Phase der großen Ausdehnung nicht lange. Von Süden her erobern römische Legionen den keltischen Siedlungsraum für die aufstrebende Weltmacht, im Norden drängen Germanen die Kelten bis auf die Mainlinie zurück.

Rund 500 Jahre v. Chr. erreichen die Kelten die bretonische Halbinsel, besiedeln sie und nennen sie *Armor*. Vier Stämme leben hier, der mächtigste von ihnen sind die *Veneter* (Vannes), die an der bretonischen Südküste siedeln, nordwestlich von ihnen die *Osismi* (Carhaix), im Norden die *Coriosolites* (Corseul), im Osten die *Redones* (Rennes). Sie vertragen sich nicht, sind immer für einen Raubzug gegen den ungeliebten Nachbarn gut und streiten untereinander über 400 Jahre hinweg. Dann benötigen die Römer Armor für ihr Weltimperium.

Die römische Provinz Gallien

Auf eine gemeinsame Gegenwehr können sich die Keltenstämme nicht einigen – 56 v. Chr. wird Armorika von den Römern unterworfen. Nach dem bewährten Prinzip „Eliminiere die Oberschicht, und du raubst dem Widerstand die Köpfe", lässt Cäsar nach seinem Sieg über die Veneter (Vannes) die einheimische Aristokratie über die Klinge springen. Doch einige Kelten sind stur: Während der Ostteil der gallischen Provinz bald römische Lebensart annimmt, ist ein Großteil der etlichen zehntausend Legionäre über 200 Jahre lang damit beschäftigt, den Westen des kleinen Armorika unter Kontrolle zu halten (siehe *Asterix*) – dann ist auch das heutige Finistère römisch-gallisch. Wirtschaftlich geht es den Bewohnern Armorikas gut, sie leben in befestigten Siedlungen *(oppida)* oder lose verstreut auf dem Land, ein dichtes Straßennetz wird aufgebaut.

300 n. Chr. beginnt das Römische Weltreich im Westen bedenklich zu wackeln, im auseinanderfallenden Imperium entsteht ein Machtvakuum, die Völker Europas beginnen wieder zu wandern. Einfallende unrasierte Barbaren setzen der römischen Provinz im Westen ein Ende und sorgen durch planloses, doch effizientes Metzeln und Plündern für einen immensen Bevölkerungsschwund. Als im 5. Jahrhundert die ersten Einwanderer aus Britannien eintreffen, ist der größte Teil Armorikas kaum mehr besiedelt. Die meisten Römer sind abgezogen, zurückgeblieben sind die romanisierten Alt-Kelten (Gallier).

Die britische Einwanderung

Im 5. Jahrhundert dringen heidnische Sachsen, Angeln und Jüten nach Irland und auf die britische Insel vor, die gottlosen Pikten in Schottland gelüstet es nach dem Süden Englands. Gut organisiert beginnen sich ab Ende des 5. Jahrhunderts viele christliche Inselkelten unter der Leitung ihrer Stammesherrscher und Priester im großen Stil abzusetzen. Ihr Ziel ist die Bretagne (= Kleinbritannien), nah an den geliebten Inseln und landschaftlich mit der Heimat eng verwandt.

Im Jahr 380 wird das *Christentum* römische Staatsreligion. Die Kelten der Insel haben den christlichen Glauben schon früh angenommen. Mönche und Priester haben die Druiden ersetzt, aber einige Aufgaben der keltischen Priesterkaste behalten: So unterliegt ihnen nicht nur die Religionsausübung, sie sind traditionell auch für die Rechtsprechung zuständig, und sie sind bei der Besiedlung der Bretagne dabei. Das Anliegen der Gottesmänner ist nicht nur die logistische Organisation der Auswanderung aus der alten Heimat, sondern auch die Bekehrung der armorikanischen Gallier – beide Aufgaben erfüllen sie trefflich.

Sieben Gründungsheilige kennen die Bretonen (siehe *Wissenswertes von A bis Z/ Heilige*), doch tatsächlich sind sehr viel mehr britannische und irische Mönche an der Einwanderung in die Bretagne beteiligt. So erinnern die Namen etlicher Orte augenfällig an die Besiedlung (siehe *Wissenswertes von A bis Z/Ortsnamen*), die ab 460 etwa 200 Jahre lang in mehreren Wellen vor sich geht. In vielen kleinen Verbänden, den Clans, setzen Britannier aufs Festland über. Angeführt werden diese Clans von Priestern, die auch die weltlichen Geschicke lenken. Um deren Wohnsitze, sei es eine Einsiedelei oder ein kleines Kloster, entwickeln sich die Keimzellen der neuen Siedlungen. Den wahren Glauben predigend, ziehen Priester und Mönche durch das Land, ihre Mission ist von Erfolg gekrönt: Sie finden unter den Einheimischen immer mehr Anhänger und legen so den Grundstein der bretonisch-christlichen Kultur.

Viel spricht dafür, dass die Bretagne vor der Invasion der Inselkelten kaum besiedelt war und sich die Landnahme meist friedlich und im Einverständnis mit der Urbevölkerung vollzieht. Nur von den gallorömischen Städten Rennes und Nantes wird gewaltsamer Widerstand gegen die Neuankömmlinge geleistet.

Am Ende des Verschmelzungsprozesses haben die Einwanderer aus Britannien und Irland das Keltentum auf dem europäischen Festland wieder heimisch gemacht – nur ihren alten Glauben haben die Bretonen gegen den christlichen Gott eingetauscht.

Der drittbekannteste Gallier: Majestix

Die selbstständige Bretagne

Die ersten Gegner der expandierenden Siedler sind außer den städtischen Gallorömern die Franken, die von Osten her versuchen, Armorika zu besetzen. Ihnen folgen die Normannen, dann die Franzosen als Nachfahren der Franken, und schließlich macht auch England Ansprüche auf den Granitklotz geltend. Die nächsten Jahrhunderte sind ein einziges Wirrwarr an Eroberungsversuchen, Unterwerfungen, Ausdehnungen und Schrumpfungen des bretonischen Gebiets sowie erbitterte Auseinandersetzungen unter den bretonischen Herzögen. Einige Daten im Zeitraffer:

579: *Waroc'h* besiegt die Gallorömer bei Vannes. Die bretonische Vorherrschaft setzt sich endgültig durch.

Um 600: König *Gradlon* gründet das erste Königreich auf bretonischem Boden, das Königreich Cornouaille, das knapp 200 Jahre existiert.

799: Der Frankenkönig *Karl der Große* unterwirft ein Jahr vor seiner Kaiserkrönung die Bretagne. Er ernennt einen Markgrafen und legt eine ständige Truppe an die bretonische Ostgrenze.

818: Karls Nachfolger *Ludwig der Fromme* macht die Bretagne tributpflichtig, dann aber begeht er einen Fehler. Er ernennt *Nominoe*, den Grafen von Vannes, zum Herzog der Bretagne. Nominoe verweigert weitere Tributzahlungen, ruft sich zum ersten Gesamtherrscher der Bretagne aus und schlägt die fränkischen Truppen bei

Josselin – das Château derer von Rohan

Redon. Er gründet die erste, etwa hundertjährige bretonische Herrscherdynastie, die Bretagne expandiert nach Osten.

851: *Erispoe*, Sohn des Nominoe, krönt sich zum bretonischen König, der Frankenkönig akzeptiert mit seiner Unterschrift den neuen, unabhängigen Nachbarn.

857–874: Unter König *Salaün* erlebt die Bretagne die erste Blüte und ihre größte Ausdehnung: Anjou, Côtentin und Avrachin werden dem Machtbereich der Bretagne einverleibt.

919: Die Bretagne verliert die Kanalinseln Jersey und Guernsey an die einfallenden Normannen. Letztere plündern einige Jahrzehnte lang das Land, vorzugsweise Klöster, denn hier ist die meiste Beute zu holen.

952: Der letzte bretonische König, *Alan Barbe-Torte*, stirbt. Vorher hat er die Normannen verjagt und das Land mit Burgen übersät. Die neuen Burgherren, im Kampf gegen die Normannen Streit gewohnt und sich ihrer Macht bewusst, lassen die Nachfolger von Alan Barbe-Torte (= Alan mit dem gezwirbelten Bart) nicht mehr souverän regieren. Das Land zersplittert in mehrere Grafschaften, die sich um die Oberhoheit rangeln. Die sich bekämpfenden Herzöge suchen Verbündete von außen: England und Frankreich beteiligen sich an den inneren Auseinandersetzungen. Eine Zeitlang verwaltet sogar der Engländer *Heinrich II.* die Bretagne (1166), und ein Abkömmling des englischen Königshauses wird bretonischer Herzog. Dann heiratet ein Kapetingerspross (Frankreich) ins Herzoghaus ein und wird selber Herzog: 1213 wird *Pierre de Dreux* gekrönt, er und seine ersten Nachfolger schaffen es, sowohl unabhängig zu bleiben als auch das Land wirtschaftlich wieder zu beleben.

1341–1365: Der bretonische Erbfolgekrieg als Teil des französisch-englischen Hundertjährigen Kriegs (1339–1453) schafft neue Koalitionen und zehrt das Land ein Vierteljahrhundert lang aus: Herzog *Jean III* ist 1341 kinderlos gestorben. Zwei Anwärter streiten sich um den verwaisten Thron und finden bereitwillig Hilfe bei den

Die selbstständige Bretagne

umliegenden Großmächten: Frankreich unterstützt *Charles de Blois*, einen angeheirateten Neffen des verstorbenen Herzogs, England und der bretonische Adel helfen *Jean de Montfort*, dem Bruder des Dahingegangenen. In alle Windrichtungen ziehen die verschiedensten Armeen über die geschundene Bretagne und hinterlassen ihre Blutspur, im ganzen Land wogen die Kämpfe zwischen den beiden Parteien hin und her. Ohne den jeweiligen Gegner entscheidend zu schwächen, plündern und brandschatzen die Söldner Dörfer und Städte und verwüsten das Land, bis es 1364 zur Entscheidungsschlacht bei Auray kommt: Jean de Montfort und seine englischen Verbündeten besiegen Charles und seine Franzosenfreunde, Charles selbst fällt. Der Sieger wird im *Vertrag von Guérande* als Herzog der Bretagne anerkannt.

Die Schlacht von Auray

Die Protagonisten des blutigen Spektakels: Charles de Blois, beim Volk beliebt, gilt als frommer Mann. Jean de Montfort wird als draufgängerische Spielernatur geschildert, Duguesclin, Feldherr der Truppen von Charles, spielt den Part des treuen Recken. Die Schlacht in den Sümpfen von Kérzo bei Auray soll endlich die Entscheidung herbeiführen. Duguesclin rät seinem Chef dringend von dem Unterfangen ab – umsonst.
Unter dem einfallsreichen Schlachtruf „Kein Pardon!" treten beide Seiten an. Die überlegenen Truppen Montforts, 2000 Mann, unterstützt von 1000 englischen Bogenschützen, schlagen fürchterlich zu. Am Abend sind die Sümpfe von Blut getränkt. Charles de Blois liegt, von einem englischen Dolch durchbohrt, im Sterben. Soldaten entkleiden den schwer gepanzerten Leichnam und entdecken, dass Charles das Büßerhemd trägt. Jean de Montfort ist erschüttert von der schicksalhaften Ahnung seines frommen Vetters. Überwältigt von der Trauer über den verwandtschaftlichen Verlust, versinkt er in Lethargie. Erst der nüchterne Denkanstoß eines Edelmannes („Sie können nicht einen lebenden Vetter und die Bretagne besitzen, mon Sire!") bringt ihn wieder ins Lot. Jean gibt fürs Erste den Auftrag, auf dem Schlachtfeld eine Kirche zum Gedenken an seinen Gegner und Verwandten zu errichten, und zieht – Balsam für den Gemütskranken – als neuer Herzog der Bretagne von dannen.

Nach 1399 beginnt mit den kontinuierlich regierenden *Herzögen von Montfort* eine Phase der relativen Ruhe und einer wieder aufblühenden Wirtschaft, die knapp 100 Jahre dauern soll. Geschickt lavieren die bretonischen Herzöge zwischen England und Frankreich, bis der letzte seines Geschlechts alles verspielt: Herzog *Franz II.* (1428–1488), aufrechter Kämpfer für die Unabhängigkeit seines Landes und erbitterter Franzosenfeind, macht aus seinem Hof in Nantes ein Verschwörernest gegen *Anne de Beaujou*, die für ihren unmündigen Bruder *Karl VIII.* die französischen Regierungsgeschäfte führt. Der Herzog fühlt sich stark genug, der französischen Krone die Stirn zu bieten, und sucht die offene Konfrontation, die das Ende des autonomen Herzogtums einläutet. Am 28. Juli 1488, in der Schlacht von St-Aubin, verliert er gegen den mittlerweile gekrönten Karl VIII. und kapituliert bedingungslos. Wenige Wochen später stirbt François als gebrochener Mann und hinterlässt als Nachfolgerin seine kleine Tochter Anne, die Nationalheldin der Bretagne.

Anne, Herzogin der Bretagne

Die beliebteste Frau der Bretagne ist schon im zarten Alter von elf Jahren eine heiß umworbene Partie – mindestens sechs Freier aus besten Herrschaftshäusern werben nach dem Tod des Vaters um das Töchterlein des letzten bretonischen Herzogs. Nicht Liebe noch Mitleid treibt sie an. Durch nüchterne Heiratspolitik wollen sie lediglich ihren Besitz mit der schutzlos gewordenen Bretagne abrunden.

1490 schließt das Kind mit Maximilian, Erzherzog von Österreich, eine „Ehe per procurationem", wie man diese Form der Fernehe damals nannte: sie gibt einem Stellvertreter des nicht abkömmlichen, künftigen Kaisers das Ja-Wort. Der französische König Karl VIII. (17 Jahre alt), auf Anraten seiner älteren regierenden Schwester ebenfalls am verwaisten Kind interessiert, beruft sich auf den Vertrag von Verger, in dem schwarz auf weiß stünde, dass eine Ehe von seiner Zustimmung abhinge, und er stimme nicht zu. Im Gegenteil, er möchte selbst gern um Annes Hand anhalten. Seine Brautwerbung ist plump, doch erfolgreich: 1491 belagern seine Truppen die Frischvermählte, die nie ihren Maximilian sah, in Rennes, und diesem schlagkräftigen Argument haben die Berater der kleinen Herzogin nichts entgegenzusetzen: „Nimm ihn doch, schau, dein Volk hungert und will, dass du den französischen König heiratest, Max hin, Max her. Es wird schon nicht so schlimm werden."

Und dann geschieht das Wunder: Anne und Karl verlieben sich. So berichten jedenfalls die Chronisten. Der Papst wird sanft überredet, Annes Fernehe mit dem Habsburger und Karls Verlobung mit der blutjungen Schwester Maximilians aufzulösen. Am 6. Dezember wird geheiratet, am 8. Februar 1492 wird die vierzehnjährige Anne zur Herzogin der Bretagne und Königin von Frankreich gekrönt.

Anne zählt gerade 22 Lenze, als ihr Gemahl nach neunjähriger, letztlich kinderlos gebliebener Ehe – vier Kinder sterben im Säuglingsalter – in Amboise unter leicht mysteriösen Umständen bei einem Gelage verstirbt. Offiziell rumpelt er in seinem Schloss, mit Anne ins Gespräch vertieft, mit dem Kopf gegen einen niedrigen Türbalken. Tödlich.

Die junge Witwe muss in Sachen Wiederverheiratung keine eigene Entscheidung treffen, der Ehevertrag sieht die Regelung ihrer Zukunft vor: Sollte Karl VIII. ohne Erben sterben, ist automatisch sein Bruder Ludwig XII. ihr nächster Gatte. Der verheiratete Ludwig bringt noch schnell seine Scheidung über die Bühne, und am 8. Januar 1499 steht Anne ein zweites Mal vor dem Traualtar. Ihrem neuen Gemahl schenkt sie eine Tochter, Claude, die später ebenfalls Königin werden wird. Als Anne 1514 stirbt, ist sie knapp 37 Jahre alt.

Am 13. August 1532 tritt Annes Tochter *Claude*, Gattin des Königs *Franz I.*, die Bretagne in einem Staatsakt an die französische Krone ab, die bretonischen Landstände bestätigen das Vertragswerk und beschließen in Vannes die Union des Herzogtums mit Frankreich. Als einzige Bedingung stellen sie die Respektierung ihrer bisherigen Privilegien. Die Bretagne erhält den Status einer autonomen Provinz, den andere französische Provinzen nicht besitzen.

Die autonome Provinz

Ab 1532 regiert ein von Paris entsandter Gouverneur als Präsident der bretonischen Landstände die autonome französische Provinz Bretagne. Das bretonische Ständeparlament, bestehend aus Adel, Klerus und Großbürgertum, beschränkt sich mehr oder weniger darauf, die ihm zugesicherten Privilegien auszunutzen, darunter die Steuerhoheit und die Ausübung der Gerichtsbarkeit.

Trotz anhaltender interner Zwistigkeiten und immer wieder aufflammender nationalistischer Bestrebungen, trotz Bauern- und Bürgeraufständen und langjährigen Religionskriegen beginnt eine Zeit des größten Wohlstands für die Bretagne. Durch die Anbindung an Frankreich floriert an den Küsten der weltweite Seehandel, im Landesinneren wird das Gewerbe der Tuchmacher, die ihre Stoffe in die halbe Welt exportieren, zum wichtigsten Standbein des Wohlstands. Sehr lange währt die Blüte aber nicht. Die französischen Könige versuchen, einer nach dem anderen, die Bretagne auszubeuten und in ihren Rechten zu beschneiden, besonders die absolutistischen Herrscher *Ludwig* Nr. *XIII.* und Nr. *XIV.* tun sich hierbei keinerlei Zwang an. Kleine regionale Aufstände gipfeln 1675 in der Stempelpapierrevolte (siehe Kastentext *Die Stempelpapierrevolte*).

1689 wird dem französischen Gouverneur der Bretagne zur Sicherheit ein königlicher Kommissar, Intendant genannt, beigestellt. Genau 100 Jahre lang können Gouverneur und Intendant die Bretagne, die wirtschaftlich immer weiter ins Abseits gerät, relativ unbehelligt regieren, bis die umwälzenden Ereignisse aus der Hauptstadt Paris die Bretagne erreichen und für eine weitere Zeit des Blutvergießens sorgen.

Die Französische Revolution

Sie beginnt 1789 in Paris mit dem Sturm auf die Bastille, Gefängnis für unliebsame Untertanen und Symbol königlicher Willkür: Nieder mit dem Adel, weg mit dem Klerus, Freiheit, Gleichheit, Brüderlichkeit lauten die unerhörten Parolen, die das Ende der Feudalgesellschaft einläuten und bald auch in ganz Frankreich zu hören sind.

Die Stempelpapierrevolte – der bretonische Bauernkrieg

1675: Sonnenkönig Ludwig XIV., der für seine immer aufwendigere Hofhaltung in Versailles immer mehr Geld braucht, hat auf Anraten seines findigen Finanzministers Colbert neue Steuern für die abgelegene bretonische Provinz beschlossen – ein Recht, das laut Vertrag von Vannes nur dem Ständeparlament von Rennes zusteht. In der erlauchten Kammer kommt es quer durch die Fraktionen zu heftigen Auseinandersetzungen zwischen Adel, Klerus und Besitzbürgertum. Das bretonische Ständeparlament gerät in Opposition zum absolutistischen königlichen Willen.

Die Erhöhung der Steuern auf Zinn, Zoll, Tabak, Mühlen, Fischerei und Schifffahrt, die die Bretonen mit zwei Millionen Livres bereits vorab abgegolten hatten, sowie eine neue Steuer, die auf jede amtliche Beglaubigung (Stempelpapier) und öffentliche Handlung (z. B. Hochzeit, Taufe, Beerdigung) erhoben wird, provoziert den Aufstand der *Bonnets Rouges*, der Rotkappen.

Was als städtische Revolte mit Schmähreden gegen den Gouverneur der Krone in Rennes begonnen hat, erfasst bald das ganze Land: Die *Révolte du papier timbré* wird vor allem im Finistère zur flächendeckenden Erhebung des Landvolks unter dem Banner revolutionärer neuer Ideen, die nicht nur gegen den blutsaugerischen König, sondern gegen die Ständegesellschaft allgemein gerichtet ist. Eine aus dem Boden gestampfte Bauernarmee von 20.000 Mann unter der Führung des Rechtsanwalts Sebastian Ar Balp kämpft erfolgreich gegen die verunsicherten Söldner des Königs. Von wütenden Bauern werden die ersten Châteaus des einheimischen Adels angezündet, der ketzerische *Code Paysan*, von 14 Gemeinden zwischen Douarnenez und Concarneau unterschrieben, bildet die programmatische Grundlage der Revolte, die die herrschenden Verhältnisse von Grund auf verändern will.

14 Artikel enthält das Bauerngesetzbüchlein, einer aufrührerischer als der andere. Nicht nur die neuen Steuern sollen zurückgenommen werden, gebührenfreie Gerichtsbarkeit und unabhängige Richter werden genauso selbstverständlich gefordert wie die Heirat zwischen Landadel und Bauern, die Aufteilung des Feudalbesitzes und die Abschaffung der Frondienste.

Die bretonischen Stände geraten zwischen die Fronten: auf der einen Seite die revoltierenden Bauern, auf der anderen marodierende royalistische Truppen und ein Hagel von königlichen Erlassen, die dem Landadel die ihm noch verbliebene Macht beschneiden wollen – von autonomer Provinz ist keine Rede mehr.

Adel verpflichtet. Die bretonischen Stände schlagen sich auf die Seite der königlichen Heere, die in Eilmärschen anrücken, um der wütenden Revolte ein schnelles Ende zu bereiten. Die Bonnets Rouges haben keine Chance. Mit unglaublicher Brutalität wird unter dem Gouverneur de Chaulnes der Aufstand erstickt. Ar Balp wird von einem französischen Offizier erstochen. Das führungslos gewordene Heer ist einem Gegner ausgeliefert ist, der sein Handwerk versteht. Das Gemetzel unter den Bauerntruppen, wahllose Massenhinrichtungen in den Armenvierteln der Städte oder die systematische Beseitigung der Führer durch Erhängen, Rädern oder wenigstens Verbannung auf die Galeere sind nur einige probate Mittel königlicher Ordnungspolitik.

Selbst Madame de Sévigné, tadellose Angehörige der Oberschicht und durch ihre ausführlichen Briefwechsel der Nachwelt bekannt, moniert in einem Brief an ihre Tochter: „Wie ich erfahre, tun sich unsere armen Bauern aus der Basse Bretagne zu Gruppen von 40 oder 50 auf den Feldern zusammen. Sobald sie Soldaten sehen, werfen sie sich auf die Knie und sagen Mea culpa. Das ist die einzige französische Redensart, die sie kennen." Umsonst. Die einzige Gunst, die ihnen unter Umständen gewährt wird, ist ein schnelles Ende. Nach dem Tod Zehntausender Menschen jeden Alters und beider Geschlechter, deren einzige Gemeinsamkeit die Armut war, ist die Revolte niedergeschlagen.

Doch damit nicht genug. Zur Strafe werden einige Kirchtürme geschleift, das Parlament der störrischen Provinz wird für 15 Jahre nach Vannes verbannt, die bretonischen Stände sind endgültig unterworfen und mucken nicht länger gegen neue Steuern auf. Die pressen sie ohnehin wie gewohnt aus den Bauern heraus – den Verlierern der Stempelpapierrevolte.

Der Revolution wird auch in der Bretagne begeistert begrüßt, doch bald schon will ein Großteil der Bretonen nicht mehr mitmachen. Die überzeugten Katholiken können es nicht gutheißen, wie antiklerikale Republikanerhorden ihre Kirchen und Klöster plündern und zerstören. Die bretonischen Nationalisten, die sich von der politischen Umwälzung eine Wiederherstellung ihrer Selbstständigkeit erhofft haben, sehen sich bitter enttäuscht. 1793 liefert die allgemeine Zwangsrekrutierung für das republikanische Heer den letzten Auslöser für eine königstreue Erhebung. Wieder einmal sehen sich die Bretonen als die Melkkühe Frankreichs – ob ein König oder eine republikanische Regierung ihr Land aussaugt, ist ihnen egal.

Die Gebietsreform von 1798 macht für die bretonischen Patrioten das Maß endgültig voll: Die bislang zumindest offiziell autonome Bretagne wird in fünf von Paris direkt verwaltete Départements aufgeteilt. Die Autonomie ist endgültig dahin, der Name Bretagne verschwindet von der französischen Landkarte.

Während das städtische Bürgertum dem republikanischen Gedankengut immer noch aufgeschlossen gegenübersteht, befürchten Landadel und Klerus für ihre Pfründe das Schlimmste und versuchen, das Rad der Geschichte zurückzudrehen: Gestützt auf ihre gehorsamen, urkatholischen Bauern führen sie einen blutigen Kampf sowohl gegen die bretonischen Städte wie auch gegen das französische Revolutionsheer.

Die Verluste an Menschenleben sind immens. Die in Paris und anderswo so wirksam arbeitende Guillotine kommt in der Bretagne mit dem Kopfabschlagen nicht mehr nach. In Nantes werden die Todeskandidaten der Einfachheit halber gruppenweise entsorgt: Auf leckgeschlagenen Kähnen werden sie der Loire überantwortet, die der bissige Volksmund daraufhin „Badewanne der Nation" nennt.

Nach der endgültigen Niederschlagung des Aufstands der Royalisten 1815 beginnt in der ausgebluteten Region eine lange Zeit politischer Grabesruhe.

> **Die Chouannerie**
>
> Der Waldkauz – Chat-Huant – gab den königstreuen Gegenrevolutionären der Bretagne seinen Namen: Der Käuzchenruf war die Parole der Chouans, die ihren König und ihre Priester wiederhaben wollten und dafür über Jahre einen zähen Partisanenkampf führten, den sie am Ende doch verloren.
>
> Einen „Krieg des lokalen Geistes gegen den zentralen" nennt Victor Hugo den Aufstand, der 1793 von der Vendée und der Bretagne ausgeht und anfangs beachtliche Erfolge zeitigt; die Grenzfesten Fougères und Vitré werden erobert und die Revolutionsarmee genarrt. Das unübersichtliche Land und die Hilfe der Bauern machen die Chouans fast unangreifbar.
>
> Erst als die Revolutionstruppen die Heckenlandschaft in großem Stil roden und damit ihrer Verstecke berauben sowie alle verdächtigen Sympathisanten der Aufständischen unter Druck setzen, kommen die ersten Rückschläge. Als 1795 eine groß angelegte Landung königstreuer Gegenrevolutionäre bei Quiberon kläglich scheitert (siehe *Quiberon*, Kastentext *Die Schlacht von Quiberon*), ist die Sache der Monarchisten so gut wie verloren. Trotzdem wird hartnäckig weitergekämpft. Der letzte bedeutende Anführer der Chouans, Georges Cadoudal, wird 1804 nach einem missglückten Attentat auf Napoléon hingerichtet.

Erster Weltkrieg

Der traurige Ruhm, den jüngsten Soldaten Frankreichs in den Ersten Weltkrieg geschickt zu haben, gebührt einem bretonischen Städtchen: Le Faouët. Vier lange Jahre wird dieser Krieg in den Schützengräben Ostfrankreichs geführt, weit weg von der entlegenen Bretagne. Rigoros werden die wehrfähigen Männer der Städte und Dörfer ausgehoben, die in allen Waffengattungen ihr Leben für das Vaterland geben, vorzugsweise in den Schützengräben. Der Blutzoll, den die Bretagne zahlt, ist riesig: Von den zwischen 1914 und 1918 gefallenen französischen Soldaten sind etwa 250.000 Bretonen – rund 10 % der bretonischen Gesamtbevölkerung. Die langen Listen der Gefallenen zieren fast alle Fried- und Kirchhöfe der Bretagne.

Zweiter Weltkrieg

Auch der vom Hitlerregime entfesselte nächste Krieg trifft die Bretagne, und das gleich zweifach: Von 1940–1944 fast kampflos von den Deutschen besetzt, werden wichtige Häfen (z. B. St-Malo, Brest, Lorient) für die Zwecke der deutschen Seekriegsführung zu waffenstarrenden Festungen ausgebaut. Die Südküste wird mit einem flächendeckenden Bunkersystem gepanzert, denn hier, so hatten Wehrmachtsstrategen prognostiziert, könnten die Alliierten eine Invasion versuchen. Versuchen sie nicht, doch vier Jahre lang werden die Besatzer aus der Luft attackiert. Opfer der Bombardements ist in erster Linie die bretonische Zivilbevölkerung der Küstenstädte.

Auch wo nicht offiziell gekämpft wird, sind Opfer zu beklagen: Die *Résistance* (Widerstand), die aus dem Untergrund den Besatzern schmerzliche Nadelstiche zufügt, wird von Wehrmacht, SS und Gestapo gnadenlos verfolgt. Wer nur im leisesten Verdacht steht, Mitglied der Widerstandsbewegung zu sein, wird hingerichtet. Für einen getöteten deutschen Soldaten müssen zehn wahllos aus der Zivilbevölkerung herausgegriffene Franzosen sterben.

Der christianisierte Menhir von St-Uzec (JG) ▲

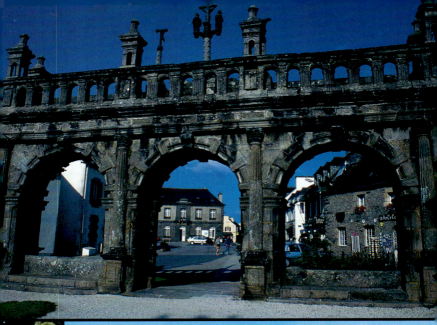

▲▲ Das Triumphtor von Sizun (JG)
▲ Jesus vor Pontius Pilatus am Calvaire von Plougonven (JG)

Jesus und die Häscher am Calvaire von Guimiliau (JG) ▲
Schmerz – Detail am Calvaire von St-Thégonnec (JG) ▲▲
Der Calvaire von Plougonven (JG) ▲

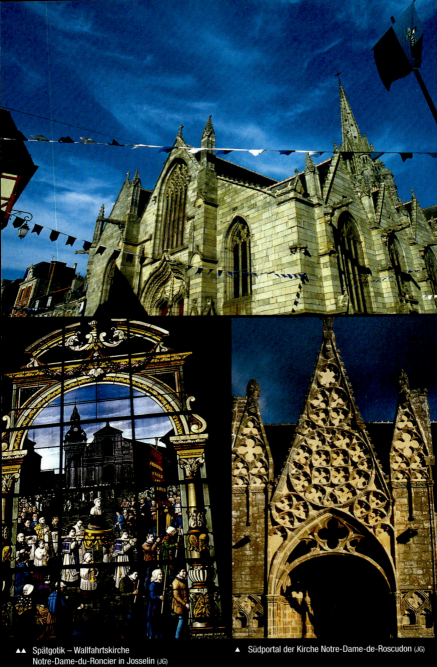

▲▲ Spätgotik – Wallfahrtskirche Notre-Dame-du-Roncier in Josselin (JG)
▲ Moncontour: Kirchenfenster St-Maturin (JG)
▲ Südportal der Kirche Notre-Dame-de-Roscudon (JG)

Die Befreiungsoffensive der Alliierten von 1944, unterstützt von der nun offen kämpfenden *Résistance*, beendet die Zeit der deutschen Besatzung. Wo gekämpft wird, fließt Blut und wird zerstört: St-Malo, Brest, Lorient und St-Nazaire gehen im Bombenhagel und unter schwerem Artilleriebeschuss in Flammen auf, in wenigen Wochen sterben Tausende von Menschen.

Die Bretagne nach 1945

Nach Ende des Zweiten Weltkriegs werden die Schäden des Kriegs beseitigt – viel mehr geschieht nicht, die Bretagne bleibt eine der ärmsten Regionen Frankreichs. Erst in den frühen 1960er Jahren beginnt sich das Bild zu wandeln: Aufgrund effizienter Anbaumethoden und besserer Vermarktung erlebt die Agrarwirtschaft einen Aufschwung, der Staat kurbelt Industriegründungen an, die Bauwirtschaft beginnt zu florieren, die Städte wachsen. Mit dem aufkommenden Massentourismus werden immer mehr Ferienhäuser gebaut, mehr und mehr Gäste kommen in die Bretagne, die sich zum Sommerurlaubsland umrüstet.

Nach der Jahrtausendwende hält der Aufschwung an, auch wenn einige Strukturprobleme sichtbar werden. Die Bauern murren über die Politik der EU, die Fischerflotte schrumpft weiter, und das Interesse der Industrie am Nordwestzipfel Frankreichs ist merklich gesunken, seit der Staat keine Subventionen mehr zahlt.

Die Zeiten sind friedlich geworden. Die Bretagne hat jetzt die historische Chance, sich zu einer modernen Gesellschaft zu entwickeln. Auf der Grundlage einer ausgeprägten Agrarstruktur, ohne die in Industrieländern übliche Zerstörung der Landschaft, könnten – teilweise geschieht dies bereits – zukunftsweisende, menschenfreundliche Technologien entwickelt und eingesetzt werden. Einer ruinösen Ausbeutung des schönen Landstrichs würde so ein Riegel vorgeschoben.

Schließlich mögen sich die Bretonen an ihre Vorfahren erinnern. Die Kelten waren so naturverbunden, dass sie es nicht nötig hatten, Tempel für ihre Götter zu errichten. Ihnen genügte ein heiliger Platz – eine Quelle, ein Hain, ein Berg.

GIs nach der Einnahme von St-Nazaire (1944)

Der heilige Berg im Meer

Bucht von Mont-Saint-Michel

Hauptattraktion der Bucht von Mont-St-Michel ist der „heilige Berg", der ihr den Namen gegeben hat. „Mit seiner Dom-Tiara und seinem Festungspanzer ist der Mont-St-Michel im Meer, was Cheops in der Wüste ist," schrieb der Romancier Victor Hugo über die einzigartige Klosteranlage.

Vielleicht hat Victor Hugo geahnt, was das 21. Jahrhundert dem Berg bescheren würde, als er forderte „Der Mont-St-Michel muss eine Insel bleiben" – das Thema ist heute wieder topaktuell.

Neben dem Tourismusmagneten lohnt vor allem auch *Cancale* einen Besuch. Die Austernhauptstadt ist der einzige größere Ort an der weit geschwungenen Bucht – für Gourmets eine Adresse erster Güte.

Mont-Saint-Michel (200 Einwohner, Région Basse-Normandie)

Seit über tausend Jahren strömen die Menschen zum Mont-St-Michel. Früher machten Gläubige dem Erzengel Michael ihre Aufwartung, heute kommen Touristen, die das Wunderwerk bestaunen. Jährlich besuchen über drei Millionen Gäste das berühmte Kloster im Meer. „Die zum Kloster führende Dorfgasse", schrieb 2006 der Journalist Axel Veiel, „erweist sich als Via Cruci. Die Ausdünstungen des Vordermanns in der Nase, die Stöße des Hintermannes im Rücken, geht es im Schneckentempo oder gar nicht voran. Ein Ausbrechen zur Seite ist schwer möglich. Regale, Stangen und Ständer, gefüllt oder behängt mit Andenken, stehen im Weg. Will jemand Abteikekse, Klosterbleistifte oder Muscheln in Zellophan erwerben, gerät der Zug ins Stocken."

Bucht von Mont-Saint-Michel 99

Der Mont-St-Michel, der sich pyramidenförmig 157 m hoch über einer unendlichen, von Prielen durchzogenen Schlick- und Meerlandschaft erhebt, ist eine der herausragenden architektonischen Meisterleistungen des Mittelalters: Auf einem Granitblock – etwa 900 m Umfang und 75 m hoch – gestalteten romanische und gotische Baumeister einen Kloster- und Burgkomplex, dessen Silhouette zum unvergesslichen optischen Erlebnis wird. Oft von dramatischen Wolkenformationen umschleiert, wacht die „Pyramide der Meere" (Victor Hugo) über die Bucht.

Der ursprünglich bretonische Mont-St-Michel gehört heute zur Normandie: Im Lauf der Zeiten änderte der *Couesnon*, der Grenzfluss zwischen den beiden Regionen, mehrmals seinen Lauf – der Mont liegt jetzt haarscharf „drüben". Ein in der Bretagne häufig zitiertes Sprichwort gibt dem launischen Fluss denn auch die Schuld am Verlust des für aufrechte Bretonen nach wie vor bretonischen Klosterberges: „Le Couesnon dans sa folie mit le Mont en Normandie." – In seiner Verrücktheit hat der Couesnon den Mont in die Normandie verlegt.

Der bereits 1880 fertiggestellte Damm zum Berg und Parkplatzflächen verhindern, dass der Couesnon sich ungehindert ins Meer ergießen kann, Sand- und Schlickablagerungen sind die Folge. Trotz des extremen Gezeitenunterschieds von bis zu 13 Metern erreicht die Flut heute den Klosterberg nur noch selten. Gewaltige Anstrengungen dürften nötig sein, um den von der UNO 1984 in die Liste der „Weltkulturdenkmäler" aufgenommenen Mont-St-Michel in seiner Einzigartigkeit zu retten. Das sah auch die Pariser Regierung ein, die 2006 einen Kredit von 150 Millionen Euro bereitstellte. Damm und Parkplätze sollen abgerissen werden, damit der Fluss wieder freie Bahn hat, ein Staudamm am Cuesnon soll bei Ebbe zusätzliche Wassermassen einströmen lassen, der heilige Berg wieder zur Insel werden. Ab 2011 sollen die Besuchermassen entweder per Pendelschiff (auch bei Ebbe) oder per Bahn über eine Brücke auf Stelzen zum Mont-St-Michel transportiert werden.

Geschichte

Die Kirchenchronisten schreiben mit ihrem Gänsekiel das Jahr 708. Bereits zweimal ist dem Bischof von Avranches, *Aubert*, der Erzengel *Michael* erschienen, um eine Kirche für sich anzumahnen. Der Gottesmann will anfangs nicht hören, doch einige schmerzhafte Kopfnüsse des streitbaren Engels überzeugen den Zweifler schließlich. Auf dem hoch aus dem Wald von Scissy ragenden *Mont Tombe* (Berg des Grabes, ein keltischer Bestattungsplatz) lässt er eine kleine Kirche zu Ehren des Erzengels errichten. Doch kaum haben die Bauarbeiten begonnen, überrollt eine Springflut das Land. In einer riesigen Woge stürmt die See heran, taucht den Wald in die Fluten des Ozeans und überschwemmt das tief gelegene Land. Fortan ist der Berg mit dem Kirchlein von Wasser umgeben.

Trotz Insellage wallfahren die Gläubigen zahlreich zum Mont-St-Michel. Im 10. Jahrhundert werden die Fundamente eines gigantisches Bauprojekts gelegt: Im Lauf zweier Jahrhunderte wächst auf der Felspyramide im Meer ein zunächst romanischer, ab 1212 gotischer, himmelsstürmender Klosterkomplex heran, für die damalige Zeit ein architektonisches Wunder. Immer mehr Pilger strömen auf den heiligen Berg und tragen zum Reichtum der Abtei bei. Das Kloster boomt, Augenzeugenberichte über Wunder auf dem Mont vergrößern sein Ansehen zusätzlich. Alle kommen, Adlige und reiche Bürger, Bauern und Arme, die Wallfahrt zum Mont-St-Michel wird für die französische Christenheit obligat. Selbst im Hundertjährigen Krieg (1339–1453) versiegt der Pilgerstrom nicht. Die englischen Truppen, die

Bucht von Mont-Saint-Michel

auf dem 3 km entfernten *Mont Tombelaine* eine Garnison unterhalten und mit Ausnahme des befestigten Klosterbergs die ganze Bucht des Mont-St-Michel kontrollieren, verdienen durch die Ausstellung von Passierscheinen tüchtig mit.

Der Niedergang beginnt gegen Ende des 15. Jahrhunderts. Mit der Einführung des Nießrechts können auch weltliche Herren als Äbte eingesetzt werden, das Kloster verkommt zu einer gut auszuplündernden Pfründe. Die mönchischen Sitten verrohen, die von den Pilgern überwiesenen Almosen fließen statt in die Kassen der Abtei in die Privatsäckel der Äbte. Die Mönche führen ein mondänes Leben. Sie tragen Seide und Spitze, gehen zur Jagd, halten sich Konkubinen und pressen die Bauern im Umland aus. Während der Religionskriege brennt ein Abt mit der Kasse des Klosters durch.

Die von den Humanisten des 16. und den Wissenschaftlern des 17. Jahrhunderts kritisierte Heiligenverehrung des Mittelalters sorgt für das Ausbleiben der Pilger und läutet das Ende der Abtei ein: Aus einer gut besuchten Pilgerstätte wird ein ebenso gut besuchtes königliches Gefängnis. Ab Mitte des 17. Jahrhunderts besitzt der Mont-St-Michel nur noch strafrechtliche Bedeutung – in den tiefen, schlecht belüfteten Holzkerkern und schweren Eisenkäfigen schmachten unbotmäßige Akademiker, kritische Literaten und aufmüpfige Revolutionäre. Die Französische Revolution von 1789 führt zum vollständigen Erliegen jeglichen religiösen Lebens. Der Mont-St-Michel bleibt unter wechselnden Herrschaftsverhältnissen bis 1863 ein gefürchtetes Zuchthaus.

Das Jahr 1865 bringt einen Neubeginn. Die Diözese von Coutances führt wieder eine Wallfahrt auf den so lange gemiedenen Mont-St-Michel durch, 1874 wird der Klosterberg als *Monument Historique* unter Denkmalschutz gestellt. Die heruntergekommenen Gebäude werden sorgfältig renoviert, ein Damm wird durch das Watt gebaut. Eine neue Ära beginnt: das Zeitalter des Tourismus.

Information/Verbindungen

- *Postleitzahl* 50170
- *Information* **Office de Tourisme**, gleich hinter dem Eingangstor einige Steinstufen hinauf. Prospekte und freundliche Auskünfte. ✆ 02.33.60.14.30, ✆ 02.33.60.06.75, ot.mont.saint.michel@wanadoo.fr, www.ot-montsaintmichel.com.

- *Verbindung* Mit dem **Bus** nach Pontorson über Beauvoir (ebenfalls Haltestelle), in der Saison bis zu 11-mal täglich; letzte Abfahrt werktags 20 Uhr, am Wochenende und feiertags früher. Danach bleibt nur noch das Taxi (vorbestellen!) oder Trampen.

Diverses

- *Parken* Bewacht, gebührenpflichtig und flutsicher auf dem großen Asphaltparkplatz rechts vor dem Eingangstor; 24 Std. 4 €, Wohnmobil 8 €.
- *Einkaufen* Konnten frühere Reisende von antiquarischen Schnäppchen in den Mauern der Klosterburg berichten, listen wir nur gewissenhaft auf: 25 Souvenirläden mit einem Großangebot an Geschmacklosigkeiten drängen sich mit Restaurants und Imbissstuben die Grande Rue hinauf. Anschauen kostet nichts und ist gleichwohl vergnüglich. Unser Tipp: Trinkgefäße aus Plastik in Totenschädelform.

- *Festival und Wallfahrt* Im Juli und August besteht die Möglichkeit, im Rahmen der „**Parcours Nocturnes**" den Mont-St-Michel in besonderer Atmosphäre zu entdecken: Für 8 € (18–25 Jahre 5 €, Kinder gratis) ein musikalisch untermalter Spaziergang durch die beleuchteten Gemäuer von Dorf und Abtei. In der 2. Julihälfte findet jährlich an einem Dienstag die „**Pèlerinage des Grèves**" statt – ein rein religiöses Ereignis, bei dem die Pilger den traditionellen Weg über das Watt zum Klosterberg beschreiten. Kontakt ✆ 02.33.48.80.37.

Mont-Saint-Michel

Bucht von Mont-St-Michel — Karte S. 101

Ende September (am Wochenende, das dem 29. September am nächsten liegt) begeben sich die Pilger auf die große **Wallfahrt zu St. Michael**. Neben zahlreichen Messen auch Konzerte mit klassischer und religiöser Musik.

• *Messe* In der Abteikirche versammeln sich außer montags täglich um 12.15 Uhr die noch verbliebenen Mönche des Klosterbergs zum öffentlichen Gottesdienst.

• *Gezeiten* Wenn Sie das Kloster als Insel erleben wollen, sollten Sie die Zeit des Neu- oder Vollmonds (besonders flutreich die drei Tage danach) wählen – die Flut setzt dann mit Sicherheit den Zugangssteg unter Wasser und umspült die Meerespyramide. Die Hoteliers und Campingbetreiber kennen den Gezeitenplan und wissen die Topdaten.

Übernachten

Hotels: Auf dem Mont-St-Michel gibt es einige Hotels, die a) teuer und b) meist belegt sind (Reservierung dringend empfohlen). Etwa 2 km vor dem Kegel ist am Eingang des Damms in einem Ortsteil der Gemeinde Ardevon eine moderne Hotelsiedlung entstanden. Hier ist der Übernachtungsschwerpunkt der organisierten

Bucht von Mont-Saint-Michel

Bustouren. Die 7 Hotels entlang der Straße sind alle mehr oder weniger gelungene, modern ausgestattete Neubauten. Weitere Hotels findet man in Beauvoir, 4 km vom Mont. Auch das 9 km entfernte Pontorson (siehe dort) verfügt über mehrere Herbergen.

Camping: Die nächsten Plätze liegen am Eingang des Damms (2 km), in Beauvoir (4 km), oder auf dem Weg nach Pontorson (D 976). In der Hochsaison können diese Plätze ausgebucht sein.

• *Hotels auf dem Mont-St-Michel* ***** La Mère Poulard**, 27-Zimmer-Etablissement, das schon Könige, Präsidenten und berühmte Filmschauspieler beherbergte. Bei Mutter Poulard schläft und speist die Prominenz (siehe *Essen*). Für Gäste aus weniger exklusiven Unterkünften lohnt sich der Blick ins Hotel, an dessen Wänden sämtliche prominente Hotelgäste verewigt wurden. DZ 95–245 €. Ganzjährig geöffnet. ✆ 02.33.89.68.68, ✆ 02.33.89.68.69, hotel@merepoulard.com, www.mere-poulard.com.

** La Vieille Auberge, mit Terrasse und teilweise Meersicht, 11 Zimmer, teils mit Bad/Dusche und WC, einige kleine Zimmer mit Waschbecken. Brasserie/Restaurant. DZ 75–125 €. Ganzjährig geöffnet. ✆ 02.33.60.14.34, ✆ 02.33.70.87.04, lavieilleauberge-montsaintmichel@wanadoo.fr, www.lavieilleauberge-montsaintmichel.com.

** Le Mouton-Blanc, 15 meist kleine ordentliche Zimmer mit voller Ausstattung. Empfehlenswertes Restaurant mit Menüs von 15–32 €,. DZ 70–105 €,. Ganzjährig geöffnet. ✆ 02.33.60.14.08, ✆ 02.33.60.05.62, contact@lemoutonblanc.fr, www.lemoutonblanc.com.

• *Hotels auf dem Damm* ***** Le Relais du Roy**, im selben Besitz wie das nachstehende Hotel Vert. Das zentrale Gemäuer aus dem Mittelalter ist von zwei verglasten Neubautrakten umringt. Stilvoll der Empfangssalon mit Kamin aus dem 15. Jh. und Holzbalkendecke. 27 Zimmer im Neubauteil, modern und funktional, Bad/Dusche/WC, einige mit Blick auf den Mont. Großes Restaurant mit Menüs ab 18 €. DZ 60–85 €. Geöffnet Mitte März bis Nov. ✆ 02.33.60.14.25, ✆ 02.33.60.37.69, reservation@le-relais-du-roy.com, www.le-relais-du-roy-com.

** Vert, große Hotel-/Motel- und Campinganlage an der Straße. Modernes 112-Zimmer-Hotel. Zimmer mit Bad oder Dusche/WC. 500-Gedecke-Restaurant „La Rôtisserie" mit Menüs ab 13 €. DZ 40–63 €, die billigeren in der Motel-Abteilung. Geöffnet Jan. bis Mitte Nov. ✆ 02.33.60.09.33, ✆ 02.33.60.20.02, stmichel@le-mont-saint-michel.com, www.le-mont-saint-michel.com.

• *Hotels in Beauvoir* **** Le Beauvoir**. Das stilvolle Landgasthaus links der Straße zum Mont gehört zur Logis-de-France-Familie. 18 ordentliche bis gute Zimmer mit Bad oder Dusche/WC, empfehlenswertes Restaurant mit reicher Auswahl und Barbetrieb. DZ 30–70 €. 9, route du Mont-St-Michel. ✆ 02.33.60.09.39, ✆ 02.33.48.59.65, hotel.beauvoir@wanadoo.fr, www.le-beauvoir.com

* Gué de Beauvoir, altes Schlossgebäude (Landhausstil), von schönem großem Garten mit alten Bäumen umgeben. 20 einfache Zimmer mit solider Sanitärausstattung, meist Bad/WC. Restaurant mit Menüs ab 15 €. DZ je nach Standard 40–50 €. Geöffnet Mitte Feb. bis Okt. sowie Dez. 5, route du Mont-St-Michel, ✆ 02.33.60.09.23.

• *Camping* ***** Mont-St-Michel**. Der dem Mont nächstgelegene Platz gehört zum Hôtel/Motel Vert. 300 Stellplätze auf Rasenterrain, teilweise Schatten, mehrere Sanitärblocks für die diversen Platzreviere, die zentralen Anlagen gegenüber der Hotel-/Campingrezeption sind ganz in Ordnung. Wohnmobile finden auf der anderen Straßenseite einen eigenen Platz. Jahrmarktangebote für Kinder, Spielplatz, Supermarkt und Restaurants. Geöffnet Feb. bis Mitte Nov. ✆ 02.33.60.22.10, ✆ 02.33.60.20.02, www.le-mont-saint-michel.com.

*** Aux Pommiers, umzäuntes Wiesengelände in Beauvoir einige Schritte neben der Durchgangsstraße. Knapp über 100 Plätze, z. T. unter schattigen Apfelbäumen. Nicht unsympathisch, kleines Schwimmbecken, Snackrestaurant mit Tagesgerichten. Geöffnet April bis Mitte Okt. 28, route du Mont-St-Michel. ✆/✆ 02.33.60.11.36, www.camping-auxpommiers.com.

* Gué de Beauvoir, beim gleichnamigen Hotel (s. o.) in Beauvoir. Ungeschützte Wiese direkt an der Straße neben dem kleinen Château, erst nach hinten wird es ruhiger. Einige Obstbäume spenden etwas Schatten. Die spartanischen Sanitäranlagen sind höheren Belegungszahlen nicht gewachsen. 5, route du Mont-St-Michel. ✆ 02.33.60.09.23

Ein weiterer Campingplatz in **Pontorson** (siehe dort).

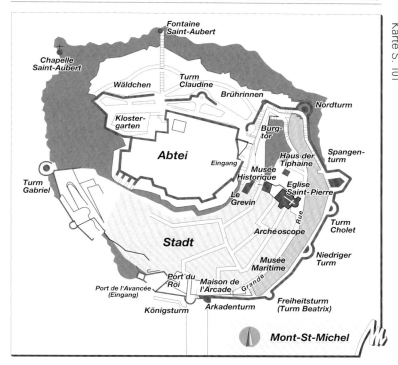

Essen

Die Bucht des Mont-St-Michel ist bekannt für das **Prés Salés** (= Salzwiesen) genannte Fleisch: Lammfleisch mit dem besonders würzigen Geschmack der Salzweiden, auf denen die Schafe grasen. Eine andere, weltweit bekannte kulinarische Attraktion sind die nach dem Rezept der legendären Mère Poulard gefertigten **Omelettes**: In schwindelerregendem Rhythmus schlagen bretonisch behaubte Damen gewaltige Eimassen in glänzenden Schüsseln schaumig und füllen das luftige Produkt in breite Omelettformen. Über Holzkohle gebraten, erfreute die Eierspeise schon Könige und Diplomaten. Zu bewundern ist das Schauspiel der Zubereitung im **Restaurant de la Mère Poulard**, zu genießen ebenfalls. Ein Omelette-Menü gibt's ab 25 € (nur mittags), vorzügliche „normale" Menüs kosten 30–65 €.

Sehenswertes

Befestigungsanlage: Den einzigen Zugang zum heiligen Berg bildet die *Porte de l'Avancée*, das Tor des mächtigen Vorwerks, das in den ersten befestigten Hof führt; hier befindet sich das ehemalige Wachgebäude aus dem 16. Jahrhundert. Die *Porte du Roi*, mit einem imposanten Fallgitter versehen, öffnet sich zu einem zweiten, fachwerkgesäumten Platz; rechts zeigt sich die *Maison de l'Arcade*, die einst den Soldaten des Abts als Unterkunft diente. Gleich neben dem Arkadenhaus führt eine Treppe zur begehbaren Wehrmauer hinauf: Ausblicke rund um die Ostseite. Mehrere

Türme mit Aussichtsplattformen erlauben dasselbe Vergnügen; unterhalb der großen Treppenflucht, die zur Abtei hinaufgeleitet, ist der *Nordturm* der beste Platz, um die einbrechende Flut zu beobachten.

Rechts der großen Abteitreppe gelangt man durch eine schmale Pforte in den *Klostergarten* auf der Nordseite. Ein Parkweg windet sich unter der abweisendmächtigen Wand des Klosters zwischen alten Bäumen und bunten Blumenbeeten entlang hinauf zur Westplattform vor der Klosterkirche. Bei Ebbe bietet sich ein außergewöhnliches Panorama: Tief unten, am Fuß des heiligen Berges, erblickt man die granitene *Chapelle St-Aubert*, dahinter zerfließt eine unendliche, von Prielen durchzogene Sandwüste am Horizont, und wo Himmel und Erde zu verwachsen scheinen, schimmert flach der Ozean.

Grande Rue: Die „Hauptstraße" führt hinter dem Platz nach den beiden Festungshöfen steil zur Abtei hinauf. Die Fachwerkhäuser aus dem 15./16. Jahrhundert beherbergen Andenkenläden und Restaurants; statt der früher üblichen Devotionalien und Antiquitäten finden sich heute vorzugsweise Plastikschnickschnack und die irrsinnigsten Souvenirs. Im oberen Teil geht die gepflasterte Gasse in Treppen über. Auf der linken Seite erhebt sich die *Eglise St-Pierre*, ein Stück zurückversetzt das *Haus der Tiphaine*.

Die Merveille: eines der großartigsten Bauwerke des Abendlandes

Kirche St-Pierre: Die Pfarrkirche des Dorfes stammt aus dem 11. Jahrhundert. Sie wurde im Lauf der Jahrhunderte mehrmals umgebaut, die Ausstattung besteht zum größten Teil aus Stücken, die aus dem Klosterkomplex ausgemustert wurden. Die Apsis ist lichtdurchflutet, in der rechten Seitenkapelle thront hinter einem flackernden Kerzenmeer eine versilberte St.-Michael-Statue. Schwere, damastene Pilgerfahnen schmücken Empore und Seitenwände.

Haus der Tiphaine: 1360 wurde *Bertrand Duguesclin* zum Gouverneur von Pontorson ernannt und war damit weltlicher Chef des Mont-St-Michel. Im Haus der Tiphaine lebte seine Gattin *Tiphaine Raguenel*, er selber war meist auf Feldzügen unterwegs. Ihren Strohwitwenaufenthalt füllte Tiphaine mit wohlfahrtspflegerischen Tätigkeiten und dem Studium der Astrologie aus. Heute wird das alte Gebäude als Museum genutzt: Stilmöbel (z. T. 14. Jh.), Gemälde, Wandteppiche und manches rare Juwel, von Pilgern dem Kloster zum Geschenk gemacht.

Abtei: Der Klosterkomplex auf der Spitze des granitenen Kegels des Mont-St-Michel entstand über mehrere Jahrhunderte. Das zentrale Problem war der Bau einer ausreichend befestigten Plattform rund um die Felsspitze, die einerseits das 100 m lange Kirchenschiff der Abteikirche tragen und andererseits genügend Raum bieten sollte, um Mönche, Gäste und Vorräte unterzubringen. Mit einem gewagten Projekt gelang den Baumeistern schließlich eine geschickte Lösung. Auf den Fuß des nackten Granits wurde Stockwerk auf Stockwerk gesetzt, Gewölbe auf Gewölbe, bis der Kern der Felsspitze so weit verbreitert war, dass man die Kirche daraufsetzen konnte – eine Glanzleistung statischer Berechnung und architektonischer Gestaltung.

Drei Bauperioden lassen sich stilistisch unterscheiden. Das Kloster der normannischen Herzöge wurde mit der Kirche *Notre-Dame-sous-Terre* 966 im karolingischen Stil begonnen. Die Kirche, zu Beginn des 11. Jahrhunderts in eine Krypta umgewandelt, bildete zusammen mit zwei anderen Krypten das Stützwerk für die *romanische Abteikirche der englischen Könige* (zweite Bauperiode 1017–1144). Der dritte Bauabschnitt begann 1212. Finanziert von französischen Königen, entstanden die gotischen Gebäude der sogenannten *Merveille*, die kurz darauf wegen des Hundertjährigen Kriegs durch Befestigungen erweitert wurden und das heiß umkämpfte, aber nie eroberte Kloster vor feindlichen Angriffen schützten.

La Merveille: Das Wunder. Der dreigeschossige Klosterbau auf der Nordseite des Mont, dessen Fundamente die Abteikirche mittragen, ist ein Meisterwerk gotischer Baukunst. Ermöglicht wurde es durch ausgiebige Schenkungen des französischen Königs *Philippe Auguste*, der die hochmütige Vormundschaft der Herzöge der Normandie über den Mont-St-Michel beendete. In den Jahren 1211–1228 entstand auf den teils durch einen Brand, teils durch bauliche Nachlässigkeiten stark in Mitleidenschaft gezogenen romanischen Bauteilen ein einzigartiger Gebäudekomplex: Hier wohnten die Mönche und hochgestellte Pilger. Arme Pilger wurden in einem Gemeinschaftsraum verköstigt und untergebracht. Die Ostseite von oben nach unten: *Refektorium, Gästesaal, Almosenhalle*. Die Westseite: *Kreuzgang, Rittersaal, Vorratsräume* (darunter die Grüfte des Kerkers). Den besten Eindruck der Merveille erhält man vom Klostergarten aus. Die mächtigen Strebepfeiler, die das gewaltige Bauwerk stützen, sind auf drei Etagen von hohen Fensterreihen durchbrochen, um das Innere zu beleuchten. Flankiert wird der festungsähnliche Gebäudetrakt vom *Corbin-Turm* mit seinem kegelförmigem Dach und seinen engen Schießscharten. Die uneinnehmbaren Mauern, die die Gebäude der Merveille rechts davon umringen, sorgten für den Schutz der Klostergemeinde.

Kreuzgang: Diese weitere Meisterleistung gotischer Architektur wurde 1228 fertig gestellt – hier gelang die für die Gotik typische lichte Schwerelosigkeit. 227 schmucklos-schlanke Säulen tragen eine Doppelreihe spitzbogiger Arkaden, deren Rückseiten mit zartem Blattwerk und feinen Rankenmotiven geschmückt sind; dazwischen Fabelwesen und Menschenköpfe, an den Eckpfeilern biblische Szenen und ornamentales Dekor. Der Kreuzgang wird auf der Südseite durch ein zierliches Brunnenhaus *(Lavatorium)* unterbrochen, in dem früher die Mönche einmal wöchentlich das Ritual der Fußwaschung zelebrierten. Auf der Nordseite bietet sich eine Sicht aus der Adlerperspektive auf das endlose Watt der Bucht.

Refektorium: Der ehemalige Speisesaal des Klosters wird durch 56 schmale, von schlanken Säulchen gerahmte Fensterschlitze in unwirklich-helles Licht getaucht. Die sich abwechselnden geometrischen Verzierungen der Buntglasmosaike bilden den einzigen Schmuck des weit und licht wirkenden Saales, in dem die Mönche schweigend ihre Mahlzeiten einnahmen; von einem Sitz, den der Architekt rechts in der Mauer ausgespart hat, rezitierte ein Bruder während des Essens heilige Texte.

Kreuzgang hoch über dem Watt

Gästesaal: Zwischen 1208 und 1220 unter dem Abt Jourdain erbaut. Hier empfing der Klostervorsteher die reichen und prominenten Besucher. Der 35 m lange Saal entfaltet die Pracht gotischer Baukunst: Eine Reihe eleganter Säulen und Spitzbogen teilt das ausladende Gewölbe, große Fenster beleuchten ihn. Zwischen zwei riesigen Kaminen auf den Stirnseiten (sie dienten der Essenszubereitung) reihte man Tische aneinander, durch schwere Wandteppiche an der Nordwand wurde der Empfangssaal von den Latrinen für die Hochwohlgeborenen getrennt.

Rittersaal: Der Arbeitsraum *(Scriptorium)* der Mönche – hier wurde kopiert, studiert, geflüstert. Riesige Cheminées beheizten den Raum, der durch schwere Wandteppiche in kleine Parzellen geteilt werden konnte. Seinen Namen erhielt der Saal vom Ritterorden des Hl. Michael, den *Ludwig XI.* 1469 gründete. Er ist weniger elegant als der Gästesaal, drei Reihen robuster Säulen mit blattwerkverzierten Kapitellen tragen die Decke. Über eine kleine Treppe gelangt man vom Rittersaal hinunter in die Vorratskeller und in den Almosensaal.

Almosensaal: In diesem durch eine einfache Säulenreihe aufgelockerten romanischen Gewölbe schliefen die weniger betuchten Pilger. Heute werden hier Postkarten, Bildbände, Dias und Filme verkauft. Ein Modell des Mont-St-Michel instruiert den Besucher über den Verlauf der Führung.

Vorratsräume/Kerker: Die düsteren und dunklen Kreuzrippengewölbe, in denen die Vorräte des Klosters aufbewahrt wurden, ruhen auf zwei Reihen dicker Pfeiler. Ab 1472 wurde mit dem teilweisen Umbau der Keller begonnen; es entstanden schlecht gelüftete, mit schweren Holzbohlen versperrte Kerkerräume, die später durch massive Eisenkäfige erweitert wurden.

Klosterkirche: Die Vierung der Kirche liegt direkt über der Felsspitze des Mont-St-Michel. Um das Kirchenschiff zu tragen, wurde die Kirche *Notre-Dame-sous-Terre* in eine Krypta umgewandelt, deren mächtige Pfeiler den Chor tragen sollten. 1017 begannen die Bauarbeiten; in knapp 130 Jahren entstand eine gewaltige romanische Kirche, die zu Beginn des 13. Jahrhunderts neu „unterkellert" wurde und – dank der tragfähigen Fundamente der Merveille – erweitert werden konnte. Nachdem 1421 der Chor eingestürzt war, begann man 1446 mit dem Bau eines neuen Fundaments. Anstelle des romanischen Stützwerks wurden drei neue Krypten errichtet, deren berühmteste, die *Krypta der dicken Pfeiler* (zehn mächtige Stützpfeiler mit einem Umfang von jeweils fünf Metern), den neuen Chor trug. 1521 waren die Bauarbeiten abgeschlossen – ein elegant-lichter, spätgotischer Chor krönte das schlichte romanische Kirchenschiff. Leicht und anmutig erhebt sich der Turm der Kirche, eingefasst von Strebewerk, Balustraden und Türmchen. Der vergoldete Erzengel aus dem Jahr 1897, der auf der Turmspitze 157 m ü. d. M. seine Schwingen ausbreitet, stammt von Emmanuel Frémiet, einem bedeutenden Bildhauer des 19. Jahrhunderts.

Öffnungszeiten der Abtei Mai bis Aug. 9–19 Uhr, Sept. bis April 9.30–18 Uhr. Eintritt 8 €, 18- bis 25-Jährige 5 €; der Audio-Guide in passender Sprache kostet 5 €. Im Sommer auch 1-stündige geführte Besichtigungen (abwechselnd Französisch/Englisch/Deutsch).

Museen: Das *Musée Maritime* und das *Archéoscope* in der Grande Rue sowie das *Musée Historique* und das *Haus der Tiphaine* unterhalb der Abtei geben dem Besucher einen multimedialen Überblick über Geschichte, historische Personen und meereskundliche Themen rund um den Mont-St-Michel.

Öffnungszeiten Feb. bis Mitte Nov. 9–18 Uhr, das *Musée Maritime* bis in die erste Januarwoche. Pauschalkarte für alle 4 Museen 15 €, sonst pro Museum 7 €.

Pontorson (4100 Einwohner)

Wie der Klosterberg gehört auch das geschäftige Pontorson nicht zur Bretagne, sondern zur Normandie. Der hier kanalisierte *Cuesnon* tröpfelt träge durch das Städtchen, das seit Jahrhunderten von den Pilgern lebt, die von hier aus das letzte Stück ihrer Wallfahrt zurücklegen. Baugeschichtlich interessant ist die *Kirche Notre Dame*, auf Wunsch von Wilhelm dem Eroberer 1050 im romanischen Stil hochgezogen und später gotisch erweitert. Die Westfassade mit zwei romanischen Türmen ist in Europa einzigartig, ein vergleichbar architektonisches Kleinod lässt sich nur noch in Syrien finden.

Ansonsten bietet Pontorson wenig Spektakuläres. Dem Flaneur fällt vielleicht das verspielt-skurrile „Baumhaus" auf, das gegenüber dem Bahnhof den Garten einer leer stehenden Villa ziert. Das private Wasserdepot wurde von einem italienischen Architekten im 19. Jahrhundert entworfen.

Für weniger betuchte Touristen ist Pontorson vor allem seines Preisniveaus wegen interessant: Die Kosten für Übernachtung und Essen sind deutlich niedriger als auf dem Mont-St-Michel und in seiner unmittelbaren Umgebung.

● *Fahrradtour* Mit dem Fahrrad zum Mont-St-Michel! Unterwegs bietet sich an, einen Stopp bei der Windmühle Moidrey einzulegen, von der aus man einen herrlichen Blick auf den Klosterberg hat. Geführte Besichtigungen der renovierten Mühle (3 €) werden vom Müller persönlich angeboten. Die Öffnungszeiten besser vorher beim Office de Tourisme erfragen. Auf dem Rückweg lohnt für Feinschmecker ein Abstecher zur Entenfarm „La Rigaudière". Madame und Monsieur Fromont bieten leckeres Foie Gras zum Verkauf an und sind einem Schwätzchen mit ihren Kunden aus aller Welt nie abgeneigt.

Bucht von Mont-Saint-Michel

Information/Verbindungen

- *Postleitzahl* 50170
- *Information* **Office de Tourisme** in der Nähe der Kirche. Sehr hilfsbereit. Internetzugang. Juli/Aug. Mo–Sa 9–12.30 und 14–18.30 Uhr, So 10–12.30 Uhr. Sept. bis Juni Mo–Fr 9–12 und 14–18 Uhr, Sa 10–12 und 15–18 Uhr. Place de l'Hôtel de Ville. ✆ 02.33.60.20.65, ℻ 02.33.60.85.67, mont.st.michel.pontorson@wanadoo.fr, www.mont-saint-michel-baie.com.
- *Zug* Verträumter SNCF-Bahnhof zwischen der Place de la Gare und den beiden Bahnsteigen – relativ zentral, südöstlich der Ortsmitte an der Ausfallstraße nach Rennes. Direktverbindungen nach Caen und Rennes.
- *Bus* Die Busse von Courriers Bretons halten und starten an der Place de la Gare; Pontorson liegt verkehrsgünstig an den Strecken Rennes–Mont-St-Michel und Fougères–St-Malo. Werktags 4-mal nach Rennes, 4-mal nach St-Malo, 3-mal nach Fougères.

Bus nach Mont-St-Michel: Ganzjährig zum Klosterberg ab Bahnhof, in der Hauptsaison bis zu 10-mal, in der Nebensaison 7-mal. Aktuelle Abfahrtszeiten (Schwerpunkt am Vormittag) bei der Touristinfo oder am Bahnhof. Fahrtdauer etwa 15 Minuten.

Diverses

- *Internet* Zugang zur Welt im **Office de Tourisme**.
- *Fahrradverleih* **Découverte de la Baie**, gegenüber dem Rathaus. Mountainbikes, klassische Räder, auch Anhänger. ✆ 02.33.60.68.00 (Hauptstelle im Ortsteil Boucey). Ein weiterer Verleiher ist der **Camping Haliotis** (s. u.).
- *Einkaufen* Für Feinschmecker unter den Selbstversorgern interessant ist das Prés-Salé-Lammfleisch, das Pontorsons Metzger anbieten.
- *Markt* Mittwoch vor dem Rathaus, Juni bis Mitte Sept. auch Sonntagmorgen.
- *Wohnmobile* Umsonst kann man die Nacht auf dem Parkplatz des Supermarkts in Pontorson verbringen, Strom und Wasser gibt's gegen Bezahlung. Als konventionelle Variante bietet sich der Camping Haliotis an.

Übernachten

- *Hotels* *** **Montgomery**. Im Jagdpavillon seiner Familie fühlte sich Jacques Montgomery bereits 1521 wohl. Heute: efeuumranktes 32-Zimmer-Hotel der Best-Western-Kette in einem Haus aus dem 16. Jh., Originalausstattung im Stil von Louis XIII bis zurück ins 16. Jh. Viel gediegenes altes Holz in komfortablen Räumlichkeiten. Sehr stilvoll. Mit Terrasse, Blumengarten, exquisitem Restaurant (siehe *Essen*). DZ 60–117 €, teurer sind die Suiten. 2. Novemberhälfte geschlossen. 13, rue Couesnon. ✆ 02.33.60.00.09, ℻ 02.33.60.37.66, info@hotel-montgomery.com, www.hotel-montgomery.com.

** **De Bretagne**, zentral in der Hauptstraße in der Nähe der Tourist-Info. 12 ordentliche Zimmer in einem familiären Hotel. Unterschiedliche Sanitärausstattung. Restaurant mit preisgekrönten Menüs (siehe *Essen*). DZ 59 €. Geschlossen im November sowie Jan. bis Feb. 59, rue Couesnon, ✆ 02.33.60.10.55, ℻ 02.33.58.20.54.

** **Vauban**, einladendes, 2006 komplett renoviertes Haus. Vom Restaurant „Orson Bridge Café" in der 1. Etage führt eine Außentreppe hinunter zu einer sehr schönen Terrasse (halb Wiese, halb Beton), deren einziger Nachteil die Nähe zur Straße ist: Hinter der Hecke rauscht der Verkehr. Weniger Lärm geht von der Eisenbahnlinie aus, sie ist nicht mehr stark frequentiert. Auch 3-Bett- und Familienzimmer. DZ 58–68 €. Ganzjährig geöffnet. 50, bd Clemenceau. ✆ 02.33.60.03.84, ℻ 02.33.60.35.48, hotel-france-vauban@wanadoo.fr, www.hotel-france-vauban.fr.

** **De France**, Bahnhofshotel hinter der Bahnschranke. 10 kleine, saubere Zimmer in Rosa oder Hellblau mit winzigem Sanitärabteil. DZ 43–58 €. Falls niemand da ist, wende man sich ans Hôtel Vauban (s. o.), das nur von der Eisenbahnlinie getrennt und im selben Besitz ist. Ganzjährig geöffnet. 2, rue de Rennes. ✆ 02.33.60.03.84, ℻ 02.33.60.35.48, hotel-france-vauban@wanadoo.fr, www.hotel-france-vauban.fr.

* **La Tour Brette**, ordentliches, kleines Familienhotel mit 10 Zimmern, sehr freundlich, einfach und preiswert. DZ 34 €, 3-Bett-

zimmer 42 €. In den ersten 3 Dez.-Wochen geschlossen. Angesichts der guten und preiswerten Küche (s. u.) sei Halbpension empfohlen. 8, rue Couesnon, ℅ 02.33.60.10.69, ℡ 02.33.48.59.66, latourbrette@wanadoo.fr, www.latourbrette.com.
Le Grillon (s. u.) an der Hauptstraße vermietet 5 Zimmer. DZ mit Dusche 29 €, DZ mit Dusche/WC 32 €. 37, rue Couesnon. ℅ 02.33.60.17.80.
• *Jugendherberge* Neben dem Campingplatz Haliotis (Richtung Mont-St-Michel, ausgeschildert; 50 Betten und 7 Familienzimmer, Kochgelegenheit. Rezeption 8–12 und 17–21 Uhr. Übernachtung 11,50 €/Pers., mit Bettzeug 13,50 €. Jan. und 1. Februarwoche geschossen. 21, bd Général Patton, ℅/℡ 02.33.60.18.65, aj@ville-pontorson.fr.
• *Camping* *** **Haliotis**, am Westrand des Orts, ausgeschildert. 110 Stellplätze auf einem Wiesengelände am Ufer des normannisch/bretonischen Grenzflusses Couesnon. Gut ausgestattet, alles noch frisch, aber immer noch wenig Schatten, dafür sehr schöner Swimmingpool. Bei gutem Wetter gesellen sich zu den Campern viele Moskitos. Geöffnet April bis Nov. Chemin des Soupirs.
℅ 02.33.68.11.59, ℡ 02.33.58.95.36, www.camping-haliotis-mont-saint-michel.com.

Essen

Das kleine Pontorson im Hinterland des Klosterbergs ist – wie viele andere Orte im Polderland der Küste – eine Hochburg des vorzüglichen *Prés-Salés-Lamms*: Die auf den Salzweiden gehaltenen Tiere besitzen durch ihre extravagante Ernährung ein vorzügliches, schon vorgewürztes Fleisch. Schlemmer reißen sich um diese (teure) Spezialität.
• *Restaurants* **Montgomery**, im gleichnamigen Hotel (s. o.). Zur Atmosphäre: siehe Hotelbeschreibung. Zur Speisekarte: Erlesenes aus Küche und Keller. Restaurant leider nur noch für Hotelgäste geöffnet, soweit genügend Halbpensionäre zusammen kommen. 13, rue Couesnan. ℅ 02.33.60.00.09.
Bretagne. Das Restaurant des gleichnamigen Hotels (s. o.) bietet ebenfalls gehobene Gaumenfreuden, die schon mehrfach ausgezeichnet wurden. Prés-Salés-Lammcarrée oder Tournedos mit Knoblauchcreme kosten etwa 20 €, Menüs ab 16 €. Empfehlenswert. 59, rue Couesnan, ℅ 02.33.60.10.55.
La Tour Brette, im gleichnamigen Hotel (s. o.). Vorzügliche, preiswerte Küche. Austern, Seeteufel-Filet (mit Sauerkraut und Reis), große Käseplatte hinterher ... Mi geschlossen. 8, rue Couesnon. ℅ 02.33.60.10.69.
• *Crêperie* **Le Grillon**, die schmucke Crêperie des gleichnamigen Hotels (s. o.) serviert außer Crêpes auch leckere Salate (sehr zu empfehlen: Salade nordique) oder Moules frites. Mittags schnell voll, dann ist die Bedienung gelegentlich überfordert. Mi abends und Do geschlossen. 37, rue Couesnon, ℅ 02.33.60.17.80.

Privates Wasserdepot (19. Jh.)

Pontorson/Umgebung

Tremblay: Wer an alten Kirchen seine Freude hat, wird den kurzen Ausflug nach Tremblay nicht bereuen. Die Pfarrkirche in der Dorfmitte stammt aus dem 11./12. Jahrhundert, das linke Seitenschiff wurde im 16. Jahrhundert hinzugefügt. Anfang des 19. Jahrhunderts musste die Kirche nach einem verheerenden Brand größtenteils neu aufgebaut werden. Trotz aller Umgestaltungen blieb außen wie innen der romanische Charakter erhalten. Unter dem Holztonnengewölbe ist es sehr düster, die Augen müssen sich erst an das Dunkel gewöhnen, um die Innenausstattung wahrzunehmen. Hauptsehenswürdigkeit ist der Hochaltar mit einem symbolträchtigen, kunstvoll geschnitzten Kreuz und einem seltenen Baldachin.

Anfahrt Tremblay liegt 16 km südlich von Pontorson an der D 175 (Richtung Rennes). Ist die Kirche geschlossen, findet man den Schlüssel bei der Bar „Chez Janine" gegenüber.

Dol
(4600 Einwohner)

Die Grande Rue des Stuarts gehört zu den besterhaltenen Altstadtstraßen der Bretagne. Gesäumt wird sie von geschichtsträchtigen Fachwerkhäusern, in denen wie eh und je die Alltagsgeschäfte getätigt werden.

Dol liegt auf einer etwa 20 Meter hohen Anhöhe, im Norden der Stadt schließt sich der *Marais de Dol* an, ein früheres Sumpfgebiet, das noch im 12. Jahrhundert von den Fluten des Atlantiks überspült war. Der Bau eines Deichs, Zwangsarbeit für Gefangene der Revolutionstruppen, verwandelte die ehemalige Polderlandschaft in ein fruchtbares Gebiet. Heute liegt Dol inmitten von grünen Weiden, die teils unter Meeresspiegel liegen. Hier grasen die berühmten Prés-Salés-Schafe, deren würziges Fleisch zu den Spezialitäten des ruhigen Landstädtchens gehört.

Zu Beginn des 6. Jahrhunderts war hier der britische Mönch *Samson* an Land gegangen und hatte ein Kloster gegründet, das nach dem 9. Jahrhundert zu einem religiösen Zentrum anwuchs: Dol war die erste und über 350 Jahre lang mächtigste bretonische Bischofsstadt. Dem Erzbischof gehörten weite Ländereien und einträgliche Pfründe, so konnte die *Kathedrale von St-Samson* zu einer 100 m langen Kirchenfestung im Stil der normannischen Gotik heranwachsen. 1790 endete Dols glorreiche klerikale Vergangenheit: Die Revolutionäre enthoben den Bischof seiner Ämter und richteten ihn hin. Seitdem gehört die frühere Bischofsstadt zum Episkopat von Rennes.

Neben der Kathedrale und den Gassen an der belebten, fachwerkgesäumten *Grande Rue des Stuarts* besitzt Dol auf dem etwa 1½ km entfernten *Champ Dolent* auch Frühgeschichtliches: Auf einem gepflegten Picknickgelände erhebt sich einer der schönsten Menhire der Bretagne.

Information/Verbindungen/Diverses

- *Postleitzahl* 35120
- *Information* **Office de Tourisme** bei der Kathedrale; Juli/Aug. täglich 10–19 Uhr, Sonntag nur bis 13 Uhr. Sept. bis Juni Mo–Sa 10–12.30 und 14–18 Uhr, So 14–18 Uhr. 5, place de la Cathédrale. ✆ 02.99.48.15.37, ✆ 02.99.48.14.13, ot.dol@wanadoo.fr, www.pays-de-dol.com.
- *Verbindung* **Zug**: schnuckeliger Bahnhof etwa 1½ km außerhalb des Zentrums an der Straße nach Combourg. Die Linie Rennes–St-Malo wird mehrmals täglich bedient, Rennes–Pontorson/Mont-St-Michel täglich 1-mal. Verbindungen auch nach Dinan und St-Brieuc.
Busse: Im Sommer Anschlüsse nach St-Malo und zum Mont-St-Michel.
- *Parken* Am problemlosesten zu jeder Ta-

Dol 111

Bucht von Mont-Saint-Michel
Karte S. 101

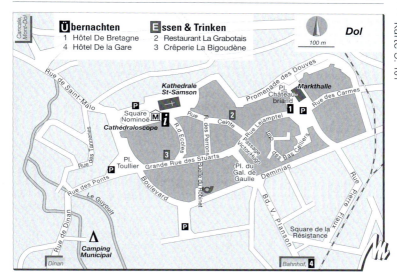

geszeit um die Kathedrale, am Busbahnhof und an der Place Châteaubriand.
• *Fahrradverleih* **Romé Cycles**, 13, boulevard Deminiac. ✆ 02.99.80.96.26.
Mr. Renou, 19, rue de Dinan. ✆ 02.99.48.17.57.
• *Markt* **Wochenmarkt** Samstagvormittag in der Rue Lejamptel. **Bio-Markt** in der Markthalle Di 17–10 Uhr.

• *Golf* **Des Ormes**, gepflegter 18-Loch-Parcours beim gleichnamigen Château-Camping in Epiniac (südöstlich von Dol) mit diversen Kursangeboten für Anfänger und Fortgeschrittene, aber auch frei zur unbegleiteten Nutzung. ✆ 02.99.73.53.00.
• *Waschsalon* in der Passage Victor Hugo, Ecke rue Lejamptel Nr. 20, täglich 8–20 Uhr.

Übernachten

• *Hotels* **** De Bretagne (1)**, mit Blick über die Place Châteaubriand. 27 helle Zimmer in unterschiedlichstem Sanitärstandard. Großzügiges, empfehlenswertes Restaurant. DZ 22–52 €. Im Okt. geschlossen. 17, place Châteaubriand. ✆ 02.99.48.02.03, ✆ 02.99.48.25.75.
* De la Gare (4), kleines Hotel in Bahnhofsnähe mit 13 hellen Zimmern. DZ mit Minimalausstattung 27 €, mit Badeluxus 43 €. 2. Oktoberhälfte geschlossen. 21, avenue Aristide Briand. ✆ 02.99.48.00.44, ✆ 02.99.48.13.10.
• *Camping* ****** Castel des Ormes**, auf der D 795 stadtauswärts Richtung Combourg, nach 7 km links ab in den Wald (ausgeschildert). Fürstliches Feriengelände oberhalb eines längeren Sees mit Bischofsschloss aus dem 16. Jh. Der separate ehemalige Bediensteten-, Lager- und Stalltrakt wurde

renoviert und den Erfordernissen eines modernen Campings angepasst. Beheizter Swimmingpool, Planschbecken, Badestrand am Seeufer, Tennisplätze, Golfgelände zum Üben, Laden, Bar, Restaurant, Disko, Waschmaschinen. Sehr gepflegte sanitäre Anlagen. Fahrräder, Reitpferde und Tretboot. 800 Stellplätze. Mitte Mai bis Mitte Sept. geöffnet. Epiniac. ✆ 02.99.73.53.00, ✆ 02.99.73.53.55, www.lesormes.com.
** Municipal Les Tendières, großzügiger 90-Parzellen-Platz stadtauswärts am Westrand von Dol, ausgeschildert. Am Eingang ein Weiherlein, durch das angenehme Gelände mit Bäumen fließt ein Bach. Efeuüberwachsene Sanitärs, an denen im Sommer Wartezeiten nicht auszuschließen sind – einfach, aber sauber. Geöffnet Mitte Mai bis Mitte Sept. Rue des Tendières. ✆ 02.99.48.14.68.

112 Bucht von Mont-Saint-Michel

Essen (siehe Karte S. 111)

● *Restaurants/Crêperien* **La Grabotais (2)**, schmuckes Fachwerkhaus, das auch innen seinen Stil behalten hat. Volltreffer für Leute, die Musketiere mögen. Leckere Fischspezialitäten vom Holzkohlengrill über dem offenen Kamin, z. B. Seewolf mit Estragonsauce. Menüs von 18–26 €. Mo geschlossen. 4, rue Ceinte. ✆ 02.99.48.19.89.

La Bigoudène (3), bodenständige Crêperie, die auch Menüs und Moules-Frites serviert. Für Crêpes-Liebhaber gibt es ein Crêpes-Menü (10 €). 50, Grande Rue des Stuarts. ✆ 02.99.80.71.00.

Sehenswertes

Grande Rue des Stuarts: Autos brausen durch die Idylle, doch die Hauptstraße, flankiert von weit vorkragenden Fachwerkhäusern, hat ihren mittelalterlichen Charakter über die Jahrhunderte gerettet. Das Haus Nr. 17, die *Maison des Petits Palets*, heute ein Blumenladen, stammt aus dem 12. Jahrhundert und zählt zu den ältesten Häusern der Bretagne. Hinter den granitenen Stützpfeilern des Erdgeschosses von Nr. 27, der *Maison de la Guillotière* (13.–15. Jh.) hat sich mittlerweile ein Modegeschäft niedergelassen. Im Haus Nr. 18, der „Hölle" *(Maison de l'Enfer)*, riskiert der Eintretende allenfalls, im „Pub Le Stuart" dem Teufel Alkohol in die Klauen zu geraten; das düstere Kellergewölbe des Anwesens stammt aus romanischer Zeit. Wenn es eine Hölle gibt, dann auch ein Paradies: Unmittelbar neben dem Pub stehen die Häuser *Le Grand Paradis* und *Le Petit Paradis* – jedes zweite Haus der Straße hat seinen Namen und seine Legende. Oberhalb vom Rathaus beginnt die *Rue Lejamptel*, die Verlängerung der Grande Rue. Auch hier stehen einige schöne Fachwerkhäuser, überwiegend Beige- und Brauntöne im Gebälk. An der ehemaligen *Auberge Grande Maison* erinnert eine Tafel an den großen Romancier Victor Hugo, der hier im Jahr 1836 mit Juliette Drouet, seiner lebenslangen Geliebten, eine Nacht verbrachte. Gegenüber, in der schmalen *Rue Ceinte*, die zur Kathedrale hinaufführt, lebten die Kapitelherren. Ihr Prunkstück war ein 500 Jahre altes Gebäude, in dem heute das Restaurant *La Grabotais* den Besucher verwöhnt (siehe *Essen*).

Kathedrale St-Samson: Schon ihre Größe weist auf die frühere Bedeutung hin. Im Lauf von drei Jahrhunderten (12.–15. Jh.) wuchs St-Samson zu einer mächtigen und düsteren Gottesfestung heran. Der linke Turm blieb unvollendet, der rechte wurde erst im 17. Jahrhundert mit einer Spitze gekrönt. An der Südfassade springt die große gotische *Vorhalle* (13./14. Jh.) weit hervor und lockert die schier endlose Wand auf. Der Innenraum der Kathedrale ist überwältigend: Auf fast 100 m Länge überspannen gotische Bögen das steile, 21 m hohe und in drei Etagen gegliederte schlanke *Kirchenschiff*, das scheinbar schwerelos in den Himmel strebt. Durch das hohe *Chorfenster* (spätes 13. Jh.) dringt dämmrig-bläuliches Licht und beleuchtet gespenstisch die geschnitzten *Chorstühle* der Stiftsherren (14. Jh.). Das Chorfenster ist eines der ältesten bretonischen Buntglasfenster. Es überstand die Französische Revolution relativ unbeschadet, wurde mehrfach restauriert und erzählt in seinen acht vertikalen Reihen fromme Geschichten in buntesten Farben. Für Kunsthistoriker erwähnt sei das *Grabmal des Bischofs Thomas James* im linken Querschiff, eines der ersten bretonischen Renaissance-Denkmäler, das die Florentiner Bildhauerbrüder *Giusto* im frühen 16. Jahrhundert gestalteten.

Gleich der Kathedrale gegenüber steht die **Trésorerie**, ein Haus aus dem 16. Jahrhundert, in dem vermutlich früher die Schätze der Kapitelherren verwahrt wurden. Noch heute bewachen martialische Ritter den Eingang, eine Madonna verleiht dem

Fachwerk in der Grande Rue des Stuarts

Haus zusätzlichen Schutz. Bis vor kurzem war hier ein Heimatmuseum untergebracht, derzeit steht die Trésorerie zum Verkauf.

Cathédraloscope: 1999 öffnete direkt neben der mächtigen Kathedrale von Dol eine neue Attraktion der Stadt unter dem Namen „Cathédraloscope – le mystère des cathédrales" ihre Pforten. Wer sich für die auch in der Bretagne zahlreich zu besichtigenden Gotteshäuser interessiert und nebenbei auch einmal erfahren möchte, wie es schon im Mittelalter möglich war, solch mächtige Bauwerke zu errichten, der ist hier genau richtig. Während sich die ersten beiden Ausstellungsräume im Erdgeschoß der gotischen Kunst in der Bretagne widmen, erfährt der Besucher im ersten Stock auf sehr anschauliche Art und Weise, wie die Baumeister der Gotik ihre Kathedralen errichteten. Durch immer ausgefeiltere Überlegungen wurde es nach und nach möglich, die statischen Komponenten der Mauern auf das Wesentliche zu beschränken, um so dank großer Fenster Licht in die dunklen Kirchen zu bringen. Die Abteilung Symbolik im zweiten Stock enthält größtenteils Reproduktionen von Miniaturen, den Schluss bilden drei nachgebaute Kathedralenfenster, deren Geschichte der Besucher miterleben kann.

Für 2007 hat der engagierte Besitzer dieser privaten Einrichtung eine thematische Erweiterung angekündigt: eine Dauerausstellung über die Burgen der Umgebung.

Öffnungszeiten April bis Okt. tägl. 10–19 Uhr. Deutschsprachige Audio-Guides. Eintritt 7,50 €.

Dol/Umgebung

Menhir de Champ Dolent: 9,30 m ist der Steinphallus hoch. Ein so gewaltiges Monument ist natürlich für Legenden anfällig. Als sich zwei feindlich gesonnene Brüder mit Waffengewalt um das Erbe ihres Vaters prügelten und das Blut der beiden bereits den Boden der Kampfstätte tränkte, soll der Granitbrocken vom Himmel

114 Bucht von Mont-Saint-Michel

Auf der Hügelkuppe des Mont Dol

gefallen sein, um die tobsüchtigen Rivalen zu trennen. Eine Zusatzlegende weiß, dass der Menhir jedes Jahr ein klein wenig tiefer in die Erde einsinkt und dass das Jüngste Gericht tagen wird, wenn der riesige Monolith ganz versunken ist.

• *Anfahrt* Der Menhir steht an einem Picknickplätzchen unmittelbar neben dem Sträßchen nach Epiniac (D 4).

Mont Dol: Auf der von Sagen und Geschichten umrankten Kuppe hat der Erzengel *Michael* gegen den Teufel gekämpft und gewonnen – er warf ihn den Berg hinab. Schon in keltischer Zeit war der Mont Dol ein Kultort, moderne Geomantiker wittern hier vermutlich ein Kraftfeld. Einsam, steil und unwirklich ragt inmitten des Polders die 65 m hohe Granitplatte aus der brettflachen Landschaft. Der gigantische Felsblock 3 km nördlich von Dol ist von lichtem Kastanienwald bestanden, eine schmale Straße führt von der Kirche des Weilers Mont-Dol am Fuß des Bergs nach oben. Die *Wallfahrtskapelle Notre-Dame-de-l'Espérance*, zwei Windmühlen und ein schmales Granitstein-Anwesen mit Restaurant/Crêperie/Café krönen das Plateau. Von seiner Höhe aus, am besten von der Plattform der Notre-Dame-Statue, bietet sich eine wunderschöne Aussicht über das Land. Bei klarer Sicht erkennen Sie rund 40 Kirchturmspitzen, den blauen Strich des Atlantiks und den Kegel des Mont-St-Michel am Horizont. Der Mont Dol wird heute als Picknickgelände genutzt: Zurückgelassene Plastiktüten und Abfälle verunzieren immer häufiger die romantische Idylle.

• *Hotel* **** Du Tertre**, kleines Hotel neben der Kirche von Mont-Dol, zu Füßen der Granitkuppe, seit Sommer 2006 unter neuer Regie. 9 komfortable Zimmer, Dusche/WC. Rustikaler Frühstückssalon. DZ 42–46 €. Mont-Dol. ✆ 02.99.48.20.57, ✆ 02.99.48.29.51, hotel-du-tertre@wanadoo.fr, www.hoteldutertre.com.

• *Camping* **Air naturel La Roche**, auf der dorfabgewandten Hügelseite. Sehr schönes Wiesengelände zu Füßen des Mont Dol rund um einen Bauernhof. Landleben für ruhige Naturen. Gute Sanitärs in der Scheune, Versorgung mit Agrarprodukten ab Erzeuger. 25 Stellplätze. Geöffnet April bis Sept. ✆/✆ 02.99.48.01.65.

Combourg (4850 Einwohner)

Unterhalb des turmbewehrten Châteaus ducken sich schiefergedeckte Fachwerkhäuser am Rand eines lang gezogenen Teichs. In ihm spiegelt sich seit Jahrhunderten die Kulisse eines romantischen Märchens: Dächer, Kegel und Türme eines Traumschlosses.

Die Bausubstanz des Orts ist wahrlich alt: Vor einigen Jahren musste eine völlig von Efeu umrankte Crêperie wegen akuter Einsturzgefahr geschlossen werden. Ansonsten

Combourg

ist Combourg ein sehr geschäftiges Kleinststädtchen, dessen Leben sich innerhalb der kurzen Strecke zwischen der Kirche St-Gilduin und dem Château am anderen Ende der Hauptstraße abspielt. Zwei Meter daneben herrscht düsterste Provinz. Bekannt wurde Combourg in der Welt der Literatur: Das Schloss war Wohnsitz von *François-René de Châteaubriand*, der hier seine Jugend verbrachte und später wohl nicht zu Unrecht behauptete, dass ihn Combourg zu dem gemacht habe, was er war – ein schwermütiger Romantiker. Die Stadt, die sich in touristischer Hinsicht ganz auf ihren berühmten Sohn kapriziert, ist eine angenehme Zwischenstation im ruhigen Hinterland der Bucht von St-Michel.

Information/Verbindungen/Diverses

- *Postleitzahl* 35270
- *Information* **Office de Tourisme** in der Maison de la Lanterne (siehe *Sehenswertes*). Juli bis August Mo–Sa 10–19 Uhr, So 10–12.30 Uhr. Sept. bis Juni Di–Fr 9.30–12.30 und 14–18 Uhr. 23, place Albert Parent. ℡ 02.99.73.13.93, ℻ 02.99.73.52.39, ot@combourg.org, www.combourg.org.
- *Verbindung* Zug, Bahnhof etwas außerhalb an der Straße D 796 Richtung Mont-St-Michel. Anschluss an die Linie Paris–Rennes–St-Malo, wochentags mehrmals in beide Richtungen.
- *Einkaufen* Hervorragende Wurstwaren gibt es beim Metzger Fauvel an der Place Parent. Das Rezept für die meisterhafte Zubereitung geräucherter bretonischer Kaldaunenwurst („andouille") erhalten Sie gratis.
- *Markt* am Montag.

Übernachten/Essen

- *Hotels* *** **Du Château**, nettes, efeuumranktes Anwesen zwischen Schloss und Weiher mit dem Prädikat „Hôtel de Charme et de Caractère". 33 komfortable, meist großzügige, zum Garten hinaus besonders ruhige Zimmer. Gepflegtes Restaurant mit guter Küche (siehe *Essen*). DZ 52–133 €. Mitte Dez. bis Mitte Jan. geschlossen. 1, place Châteaubriand. ℡ 02.99.73.00.38, ℻ 02.99.73.25.79, hotelduchateau@wanadoo.fr, www.hotelduchateau.com.

  ** **Du Lac**, gutbürgerliche Übernachtungsadresse unterhalb der Schlossmauer. 28 komfortable Zimmer, 10 sehr ruhig, mit Seeblick. Teils Duschkabinette, teils eigene Badezimmer. Gemütliches Restaurant mit breiter Glasfront zum Weiher hin. DZ 47–74 €. Feb. geschlossen. 2, place Châteaubriand. ℡ 02.99.73.05.65, ℻ 02.33.99.73.23.34, contact@hotel-restaurant-du-lac.com, www.hotel-restaurant-du-lac.com.

- *Camping* ** **Le Vieux Châtel**, nett gestalteter kleiner Municipal-Platz am Weiher – doch das Ufer bleibt unerreichbar. 100 Stellplätze durch Hecken parzelliert, genug Stromanschlüsse, schattig durch etliche Bäume. Pyramidenförmiger, futuristischer Sanitärpavillon mit Aufenthaltsraum. 2 Tennisplätze, Bouleplatz. Geöffnet Mitte Juni bis Aug. Avenue de Waldmünchen. ℡ 02.99.73.07.03, ℻ 02.99.73.29.66.

- *Restaurant* **Du Château**, das Restaurant des Schlosshotels ist Combourgs erste Speiseadresse. Menü 21–53 €, wir empfehlen die Ortsspezialität: Rinderfilet mit Sauce Châteaubriand – le véritable Châteaubriand. 1, place Châteaubriand. ℡ 02.99.73.00.38.

Sehenswertes

Château de Combourg: Berühmt wurde das Schloss durch die Memoiren seines Bewohners. In den *Erinnerungen aus dem Jenseits* zeichnet der Dichter, Diplomat und erste französische Romantiker, *François-René de Châteaubriand*, ein ausführliches Bild vom Leben auf Schloss Combourg, wo er Kindheit und Jugend verbrachte. Französische Gymnasiasten kennen seine literarischen Ergüsse: In düsteren Bildern erinnert sich der Erwachsene seiner vollen Hosen, als er eines Tages in einem Turm von einem früheren Schlossherrn erschreckt wurde, der sich in einen schwarzen Kater verwandelt hatte. Fortan hatte der Turm einen Namen *(Tour du Chat)* und

Bucht von Mont-Saint-Michel Karte S. 101

der noch kleine François-René einen Heidenrespekt – der Blick unters Bett vor dem Schlafengehen wurde ihm selbstverständlich.

Einzig die *Tour du More* wurde im 11. Jahrhundert gebaut, der Rest der Außenfassade stammt von einer Erweiterungsaktion im 15. Jahrhundert. Der Innenausbau geht auf eine grundlegende Renovierung im 19. Jahrhundert zurück. Lange Zeit war die wehrhafte Burg im Besitz der Familie Duguesclin. Eine Liquiditätskrise zwang die mächtige Aristokratenfamilie Mitte des 18. Jahrhunderts zum Verkauf. Käufer und damit legaler Erwerber des vererbbaren Adelstitels wurde ein im Korsarengeschäft und Sklavenhandel reich gewordener Reeder und Bürger von St-Malo, der Vater des späteren Dichters. Nach dem Tod des Vaters lebte die Mutter mit den beiden Töchtern und dem kleinen François-René alleine in dem düsteren Schloss. Châteaubriands Hang zu schwermütiger Romantik hatte, wie der Dichter in seinem umfangreichen Werk gesteht, in der schaurigen Atmosphäre des alten Gemäuers seinen Ursprung: „In Combourg bin ich das geworden, was ich bin ..."

Bis heute befindet sich das Schloss im Besitz derer von Châteaubriand und wird von ihnen bewohnt. Um den großzügigen Wohnsitz zu unterhalten, gestattet der Schlossherr das Flanieren im Park (inkl. Besichtigung der Kapelle) und den Besuch der Bibliothek sowie des früheren Salons, der ein paar Kuriositäten aus dem Leben des Dichters zeigt.

Öffnungszeiten Schloss: April bis Okt. Mo–Fr 14–17.30 Uhr, Juli/Aug. auch samstags. Besichtigung nur mit Führung (45 Min) möglich. *Park*: Mo–Fr 9–12 und 14–18 Uhr, Juli/Aug. auch samstags. Eintritt Schloss + Park 6 €, nur Park 2,50 €.

Maison de la Lanterne: Die schlichte Natursteinfassade und der nach hinten angesetzte Spitzturm machen den heutigen Sitz des Tourismusbüros zu einer eigenen kleinen Sehenswürdigkeit. Das 1597 gebaute Haus diente früher als Wachhaus. Die Laterne, in deren flackerndem Lichtkegel einst späte Stadtbesucher inspiziert wurden und die dem Haus den Namen gab, hängt heute am Platz zwischen Schloss und Weiher, direkt an der Besichtigungstour durch das Städtchen.

Wo der französische Diplomat und Romantiker François-René de Châteaubriand seine Jugend verbrachte

Cancale

(ca. 5200 Einwohner)

Der Name Cancale bürgt seit Jahrhunderten für kulinarischen Hochgenuss: Cancaler Austern wurden in den Heerlagern des Julius Cäsar gefunden, zweimal wöchentlich wurden sie frisch an den Hof des Sonnenkönigs expediert oder begleiteten, geeist, den Zug Napoléons ins kalte Moskau.

Die großen Austernparks in der Bucht zwischen der *Jetée de la Fenêtre* (Hafendamm) und der *Pointe du Hock* sind Cancales größtes Kapital. Daneben haben sich in den letzten Jahren die Aufzucht der gemeinen Miesmuschel (Zentrum ist das 15 km entfernte *Le Vivier-sur-Mer*) und – dank des sanften Klimas – der Anbau edler Frühgemüse als weitere Erwerbsquellen entwickelt.

Zwar hat auch Cancale den Sprung zur touristischen Destination geschafft, ist aber trotzdem ein sympathisches Küstenstädtchen mit viel Flair geblieben. Das touristische Leben, das sich zwischen den Restaurants, Bars, Hotels und Austern-Probierstuben entlang des Hafendamms abspielt, hat höchstens im Sommer jene geschliffene Professionalität, mit der Busladungen von Touristen durch das Austernprogramm geschleust werden. Und während sich im Schlick der schachbrettartigen Gehege betriebsam Traktoren, Züchter und Touristen tummeln, herrscht oben auf der Klippe über dem Hafen, wo sich alte Häuser um den Kirchplatz drängen, die träge Ruhe des einstigen Bauern- und Fischerdorfs.

*I*nformation/*V*erbindun*g*en/*D*iverses

- *Postleitzahl* 35260
- *Information* **Office de Tourisme**, verglaster Pavillon direkt unterhalb der Kirche. Juli/Aug. täglich von 9.30–19 Uhr, Sept. bis Juni Mo–Sa 9–12.30 und 14–18.30 Uhr, So 10–13 Uhr. 44, rue du Port. ✆ 02.99.89.63.72, ✆ 02.99.89.75.08, ot.cancale@wanadoo.fr, www.cancale-tourisme.fr.
In der Hauptsaison zusätzliche Infostelle am Port de la Houle; täglich 14.30–19 Uhr.
- *Verbindung* Mehrere **Bus**haltestellen über die verschiedenen Ortsteile verstreut, z. B. am Hafen (Port de la Houle) und auf dem Kirchplatz im oberen Ortszentrum. Mo–Fr bis zu 4-mal über St-Coulomb/Parame nach St-Malo (40 Min.), Sa 2-mal, Sonn- und Feiertag 1-mal. Am Sonntag 1-mal zum Mont-St-Michel. Infos bei den Courriers Bretons, ✆ 02.99.19.70.70.
- *Parken* Gebührenpflichtig an der Hafenmole oder oben – ebenfalls gebührenpflichtig – auf dem Platz vor der Kirche.
- *Bootsausflug* Der **Verein ABC** (Association Buisquine Cancalaise) organisiert Fahrten auf einem rekonstruierten Krebsfänger aus dem 19. Jh. Die Halb- bzw. Tagesfahrt auf dem restaurierten Zweimaster „La Cancalaise" weiht in Segelmanöver und Tricks der Austern- und Hummerfischer ein. Preisbeispiel: Ganzer Tag 42 €. Mehrtägige Kreuzfahrten auf die anglo-normannischen Inseln, nach Südengland etc. Auskünfte und Buchungen über das Office de Tourisme oder direkt unter ✆ 02.99.89.77.87.
- *Ausflug mit dem Traktor* In Cherruiex, etwa 20 km östlich von Cancale, bringt der **Train Marin**, ein Traktor mit Anhängern, bei Ebbe die Gäste hautnah zur Bucht von Mont-St.-Michel. Der kommentierte Ausflug, u. a. mit Besichtigung von Muschelbänken, Einführung ins Fußfischen und Erläuterung der traditionellen Fangtechniken, dauert ca. 2 Std. Gezeitenabhängige Abfahrten. Auskünfte und Buchung: 21, rue du Lion d'Or, Cherruiex. ✆ 02.99.48.84.88.
- *Fahrradverleih* **Les 2 Roues de Cancale**, Fahrradgeschäft, das verkauft, repariert, aber auch Räder verleiht. 7, rue de l'Industrie (Straße nach St-Malo, dann am Ortausgang rechts in ein Seitensträßchen). ✆ 02.33.99.89.80.16.
- *Einkaufen* Austern direkt ab Erzeuger. Über die Technik des Öffnens und Verzehrmöglichkeiten siehe *Einleitung/Essen und Trinken*, Kastentext *Die Kunst, eine Auster zu öffnen*.
- *Markt* Sonntagvormittag auf dem Kirchplatz und in den kleinen Straßen dahinter (Rue de la Marine und Rue Cocan).

Bucht von Mont-Saint-Michel

- *Schwimmen* In der Bucht unterhalb der Kirche, nördlich der Austernbänke, steht ein etwas veraltetes Ebbe/Flut-Becken zur Verfügung. Parkmöglichkeiten am Hafendamm.
- *Wassersport* Segeln und Wasserski an der Plage de Port Mer. Die **Ecole de Voile de Port Mer** ist von März bis Nov. zugange. ✆ 02.99.89.90.22
- *Reiten* Mehrere Reitställe in der Umgebung von Cancale. **Le Riage** in St-Coulomb (4 km westlich von Cancale) bietet neben Ausritten auch „Möglichkeiten zum Galopp am Strand". ✆ 02.99.41.18.79.
- *Tennis* Öffentlich bespielbare Plätze beim Stadion. Rue Pierre de Coubertin. ✆ 02.99.89.84.67.

Übernachten

- *Hotels* *** **Continental (7)**, die gediegenste 3-Stern-Herberge der Stadt: 16 schön möblierte Zimmer mit Bad und WC, Blick über die Bucht. Stilvoller Salon und schöner holzgetäfelter Speisesaal mit sorgfältig gedeckten Tischen. Die Zimmerpreise steigen mit den Stockwerken (Lift). DZ 88–138 €. Jan. geschlossen. 4, quai Thomas. ✆ 02.99.89.60.16, 🖷 02.33.89.69.58, hotel-conti@wanadoo.fr, www.hotel-cancale.com.

*** **Le Querrien (6)**, hat auf 16 Zimmer aufgestockt und grundlegend renoviert, die Zimmer etwas klein, aber ordentlich. Der Besitzer ist Austernzüchter und betreibt eine bei der Gemeindejugend beliebte Pizzeria. DZ 59–138 €. Ganzjährig geöffnet. 7, quai Dugay Trouin. ✆ 02.99.89.64.56, 🖷 02.23.15.19.37, le-querrien@wanadoo.fr, www.le-querrien.com.

** **Le Phare (8)**, nicht ganz so stilvoll wie „Continental" daneben und etwas kleiner: 11 Zimmer mit Bad/Dusche und WC. Panorama-Restaurant. DZ 50–75 €. Geöffnet Feb. bis Mitte Nov. 6, quai Thomas. ✆ 02.99.89.60.24, 🖷 02.33.89.91.75, accueil@lephare-cancale.com, www.lephare-cancale.com.

** **La Houle (2)**, nettes kleines Familienhotel mit 12 Zimmern. Teilweise 3-/4-Bettzimmer. Ohne Restaurant, aber mit ansprechendem Frühstücksbuffet. DZ 32–55 €, die billigeren mit Etagen-WC. Geöffnet Feb. bis Dez. 18, quai Gambetta. ✆ 02.99.89.62.38, 🖷 02.33.89.95.37.

La Cotriade (4), mit Grill/Snack-Restaurant. 13 Zimmer, z. T. mit Hafenzeilen- und Meerblick. Unterschiedliche Sanitärausstattung, spartanisches Mobiliar. DZ 37–53 €. Geöffnet April bis Mitte Nov. Rue St-Clément. ✆ 02.99.89.61.78.

- *Jugendherberge* Gut ausgestattetes Haus zwischen Cancale und der Pointe de Grouin. Die Herberge liegt in einer kleinen Bucht und ist bei Flut nicht mehr als 20 m von der Brandung entfernt. Für preisbewusste Reisende der ideale Standort in der Gegend von St-Malo. Insgesamt 72 Schlafplätze, Zimmer mit Dusche und Lavabo. 11,50–12,50 €/Person. Auch Campingmöglichkeit. Dez./Jan. geschlossen. Port Picain. ✆ 02.99.89.62.62, 🖷 02.99.89.78.79, cancale@fuaj.org, www.fuaj.org (dort sich auf der Karte durchklicken).
- *Camping* *** **Bel Air**, im gleichnamigen Ortsteil nördlich von Cancale, links der Straße. Ausschließlich Übernachten in gemieteten Wohnwagen. Schattiger Platz 1 km vom Meer, von hohen Hecken eingerahmt und unterteilt. Beheiztes Schwimmbecken, Bar, Waschmaschine, TV-Raum und Tischtennis. Etwa 600 m zum Ortszentrum. Geöffnet Mai bis Mitte Sept. 50, rue du Stade. ✆ 02.99.89.64.36, , 🖷 02.99.89.66.81, www.location-mer-bretagne.com.

Weitere Plätze entlang der Nordküste Richtung St-Malo.

Essen

Cancale ist Treffpunkt renommierter, anonymer Testesser, denn natürlich gibt es in der Austernstadt mehrere vorzügliche Restaurants, vorzugsweise am Quai Thomas. Nach einem wunderbaren Abend des Gaumenkitzels werfen die Geschmacksprofis großzügig mit Kochlöffeln und -mützen, Sternen und Gabeln um sich – die Restaurantlandschaft ist zugepflastert mit Ehrungen aller Art.

Für den delikaten Snack zwischendurch sorgen die *Degustationslokale*, die an derben Holztischen auf der Promenade ausschließlich Austern servieren. Das Dutzend

Cancale

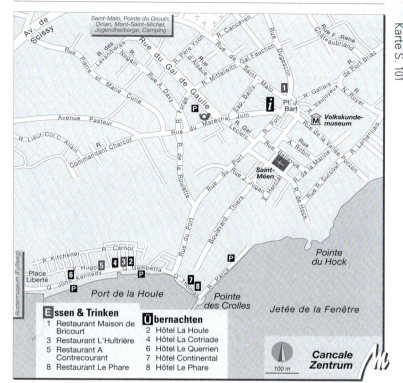

Bucht von Mont-Saint-Michel — Karte S. 101

Essen & Trinken
1 Restaurant Maison de Bricourt
3 Restaurant L'Huîtrière
5 Restaurant A Contrecourant
8 Restaurant Le Phare

Übernachten
2 Hôtel La Houle
4 Hôtel La Cotriade
6 Hôtel Le Querrien
7 Hôtel Continental
8 Hôtel Le Phare

(Größe nach Wahl), professionell frisch geknackt, wird mit Zitrone, bretonischem Landbrot, gesalzener Butter und einem Viertel gut gekühltem Muskateller aufgetragen. Wohl bekomm's!

• *Restaurants* **Maison de Bricourt (1)** (Relais Gourmand). Das Restaurant der Kategorie „Relais Château" vereint gediegenes Ambiente mit vorzüglicher Küche. Das Restaurant von Gourmetspezialist Olivier Roellinger serviert lukullische Menüs von 85–140 €. Rue Duguesclin 1. ✆ 02.99.89.64.76.
Le Phare (8), im Restaurant des gleichnamigen Hotels. Der Besitzer kocht selbst: Austern, Hummer, Schalentiere, 4 Menüangebote 18–48 €. 2 Michelin-Gabeln, für die gebotene Qualität günstig. Außerhalb der Saison Mi/Do geschlossen. 6, quai Thomas. ✆ 02.99.89.60.24.
L'Huîtrière (3), das populärste Austernrestaurant der Hafenzeile, auf zwei Etagen, aber beide oft brechend voll. Preiswerte Menüs, teurer wird's bei der Meeresfrüchteplatte. Die Austern kommen aus eigener Zucht. Ein Farbfoto im Parterre zeigt „Cahue Père & Fils" bei der Arbeit, in der ersten Etage hängt dasselbe Sujet als Bleistiftzeichnung. Der leibhaftige (beleibte) Père Cahue sitzt in der Regel neben der Theke, diskutiert mit den Stammgästen und überwacht das Geschehen. 14, quai Gambetta. ✆ 02.99.89.75.05.
A Contrecourant (5). Obwohl sich diese Adresse an der Hafenzeile „gegen die Strömung" nennt, gibt es auch hier – wen wundert's – viele Meeresfrüchte (Menüs von 16–36 €) und selbstverständlich Austern. In der Nebensaison Di/Mi geschlossen. 3, place du Calvaire. ✆ 02.99.89.61.61.

Sehenswertes

Austernmuseum (La Ferme Marine): Eine Entdeckungsreise durch das Königreich der Auster im Park St-Kerber an der Plage de l'Aurore, südlich des Hafens. Einzigartige Dioramashow, die durch die 350 Millionen Jahre lange Geschichte der Auster führt! So erfahren Sie u. a., warum François I. anno 1545 Cancale das Stadtrecht verlieh. Austernbecken! Muschelbecken! Muschelausstellung! Und Ökomuseum! Die schlechte Nachricht: Degustation nur für Gruppen mit Reservierung.

Öffnungszeiten Mitte Feb. bis Juni und Mitte Sept. bis Okt. Führung um 15 Uhr (Französisch), Juli bis Mitte Sept. Führungen um 11, 14, 15, 16, 17 Uhr, um 14 Uhr auf Englisch, um 16 Uhr auf Deutsch. Eintritt 6,10 €.

Austernzucht

Hauptgrund für den Ruf Cancaler Austern ist der starke Gezeitenunterschied in der Bucht, der die Austernparks bei Flut mit genügend Nahrung versorgt und den angesammelten Schlick wegspült. Dazu kommt das spezielle Plankton des Meeres vor Cancale, das den Austern ihr lokalspezifisches Aroma verleiht.

Grundsätzlich gibt es zwei Arten von Austern. Die *Huître Plate* (flache Auster) wird auf dem Grund des Meeres ausgesät und mit dem Schleppnetz abgefischt. Die *Huître creuse* (hohle Auster), auf Drahtzäune gesetzt, wächst in drei Jahren heran und wird regelrecht abgeerntet. Austern sind Zwitterwesen, sie können das Geschlecht wechseln. Das von einem momentanen Männchen ins Meerwasser abgegebene Sperma wird von momentanen Weibchen aufgenommen, in deren Innerem die Eier heranreifen. Die geschlüpften Larven verlassen die Mutteraustern und schweben acht Tage als Teil des Planktons durchs Wasser, bevor sie sich auf eine passende Unterlage senken. Hat die Auster diese gefährliche Zeit überstanden und ist auf den Drahtzäunen der Austernfischer gelandet, wird es für sie drei Jahre später noch einmal richtig schwierig: Denn bevor die geernteten Tiere zum Verkauf freigegeben werden, müssen sie in der „Austernschule" lernen, nicht mehr im Ebbe-und-Flut-Rhythmus der Cancaler Bucht auf- und zuzugehen. In verschiedenen Meerwasserbecken werden immer längere Ebbeperioden simuliert, bis die Austern von alleine mehrere Tage lang geschlossen bleiben. Erst dann sind sie in der Lage, den Transport zum Verbraucher lebend zu überstehen und frisch auf dessen Teller zu landen.

Bis Mitte des 19. Jahrhunderts bestimmten in Cancale die flachen Austern, die am Meeresboden gedeihen und die man bei Ebbe auch zu Fuß aufsammeln kann, das kulinarische Angebot. Nur einmal im Jahr – man wollte die wild wachsende Ressource nicht gefährden – zog La Caravane durch die Bucht: Eine große Flotte von Booten fischte mit Netzen den Meeresgrund ab und brachte die Austern auf die Tafeln französischer Könige, die sich dafür der Stadt mit der Verleihung immer neuer Privilegien erkenntlich zeigten. Bis in die 1920er Jahre vollzog sich das jährliche Ritual der großen Ausfahrt, dann bereitete eine mysteriöse Pilzerkrankung dem Austernparadies fast den Garaus. Nur durch den Import von Jungtieren aus dem Golf von Morbihan konnte die Ausrottung der wilden Bestände verhindert werden.

Das Zeitalter der industriellen Austernzucht kam 1960: Infolge mehrerer kalter Winter und der stärkeren Verschmutzung des Meeres drohte die Flachauster zu verschwinden. Durch die Aufhebung eines bis dahin bestehenden Zuchtverbots für die weniger anfälligen Hohlaustern nördlich der Vilaine-Mündung konnte Abhilfe geschaffen werden. Der Import portugiesischer und besonders resistenter japanischer Austernsamen legte den Grundstock für die weitläufigen Austernparks und sorgte für wirtschaftlichen Aufschwung.

Heute werden die Austern wie Gemüse gezüchtet, und die gummistiefelgeschützten Männer zwischen den Zaunreihen des flach planierten Meeresbodens mit ihren Traktoren und Limousinen gleichen eher Landwirten als Seebären. Die Anbaufläche der Austernparks (366 ha für Huîtres creuses, 713 ha für die Flachauster) ist in unzählige Segmente unterschiedlicher Größe aufgeteilt (Etalages). Den Besitzern ist es erlaubt, ihre Austern direkt ab Meer zu verkaufen. Die jährliche Produktion beträgt etwa 2000 Tonnen Hohl- und 400 Tonnen Flachaustern.

P. S. Vor einigen Jahren ließ man die Tradition der Caravane neu aufleben. Im Vierjahresrhythmus ziehen die Boote in tiefem Wasser wieder ihre Netze über den Grund und holen wilde Austern aus dem Meer. Bei der letzten Karawane betrug die Ausbeute innerhalb von drei Tagen 5000 Kilo.

Volkskundemuseum (Musée des arts et traditions populaires): Das Museum in der aufgegebenen alten Ortskirche widmet sich vergangenen regionalen Ereignissen. Spärliche Exponate aus der Zeit der Windjammer, „Bisquines" und Austernfischer stehen oder hängen planlos herum. Interessant (in Französisch) sind die Erläuterungen zur Austern- und Muschelzucht. Amüsant ist die Auflistung angeblich aller Restaurants, die sich mit dem in Gourmetkreisen geschätzten Namen *Rochers du Cancale* schmück(t)en. Aktuelle und schon geschlossene Schlemmertreffpunkte auf dem blauen Planeten von Pnom Penh über Shanghai und L.A. ins zaristische Moskau des 19. Jahrhunderts.

Öffnungszeiten Juni und Sept. Fr–Mo 14.30–18.30 Uhr; Juli/Aug. 10–12 und 14.30–18.30 Uhr, Mo geschlossen. Eintritt 3,50 €.

122 Bucht von Mont-Saint-Michel

Kirche St-Méen: Ein Stück unterhalb des alten Gotteshauses erbaute man im 19. Jahrhundert die heutige Ortskirche. Attraktion ist der über 189 Stufen zu erklimmende Turm, von dessen Aussichtsplattform man bei klarer Sicht rund 40 Kirchtürme ausmachen kann.

Öffnungszeiten Der Turm kann zu den Öffnungszeiten des Office de Tourisme bestiegen werden. Schlüssel dort erhältlich. Hinauf und hinunter zusammen 1 €.

Spazier-/Wanderweg: Der alte Zöllnerspfad von Cancale zur weit vorgestreckten *Pointe de Grouin* ist Teil des „Bretagne-Rundwanderwegs" und einer seiner schönsten Abschnitte. Der Pfad windet sich von *Terralabouet* zwischen steilen, perlmuttfarbenen Klippen über die *Pointe du Hock* (Aussicht auf den *Rocher du Cancale*) bis zur Pointe de Grouin und mündet dann in die *Corniche de la Mer*, die weiter bis St-Malo führt.

Pointe du Grouin: 50 m hoch schieben sich die steilen Felsen der schmalen Landzunge in den anbrandenden Ozean. Das von Heidekraut bewachsene Kap ist seit 1961 Naturschutzgebiet, die beiden *Inseln*, die das Kap säumen, gehören zu den größten Nistplätzen von Kormoranen, Krähenscharben, Brandenten und verschiedenen Möwenarten. Von April bis August ist das Revier des Vogelreservats vom Lärmen der startenden und landenden gefiederten Schwärme erfüllt.

Im *Leuchtturm* lenkt eine Station der Küstenwache jährlich 15.000 Schiffe mittels Radar um die gefährliche Felszunge. Wer das Glück hat, die *Pointe du Grouin* bei schönem Wetter zu erleben, dem wird ein sensationeller Rundblick vergönnt: von *Cap Fréhel* im Westen über die *Iles Chausey* im Norden bis weit in die Normandie im Osten. Unser Tipp: Gleich bei der Ankunft einen Tisch im Restaurant reservieren, anschließend die Landschaft der Pointe du Grouin genießen und den Abend bei Fisch und Meeresfrüchten ausklingen lassen.

• *Hotel/Restaurant* ** **La Pointe du Grouin**, Natursteinanwesen auf einem schmalen Streifen Fels im Atlantik – dementsprechende Aussicht aus allen Zimmern. Teilweise Balkons. Alle 16 Zimmer mit TV, sauber und adrett, sanitär sehr unterschiedlich. DZ 85–110€. Im Sommer unbedingt reservieren. Von der windgeschützten Brasserie genießt man einen schönen Blick auf die Vogelwelt der *Ile des Landes*.
Das Restaurant bietet eine ausgesprochen gute Küche. Gediegenes Interieur mit Blick auf den Mont-St-Michel, gepflegte Klientel. Menüs von 20–70 €, Vorschlag für 20 €: Fischterrine an Schnittlauchrahm. Lachs in Butter-Zitronen-Sauce. Große Auswahl an Frucht-Sorbets. Im Sommer Reservierung dringend empfohlen.
Geöffnet April bis Mitte Nov., Restaurant (Di geschlossen) bereits ab Feb. La Pointe du Grouin. ✆ 02.99.89.60.55, ✆ 02.99.89.41.99, hotel-pointe-du-grouin@wanadoo.fr, www.hotelpointedugrouin.com.

• *Camping* ** **Municipal du Grouin**, hoch auf den Klippen vor der Pointe Barbe Brulée. 200 Stellplätze, terrassierte Wiesenfläche, durch Schatten spendende Bäume etwas aufgelockert. Fahrradverleih. Zur Pointe du Grouin nur ein Katzensprung, Aussicht aufs Vogelschutzgebiet. Geöffnet März bis Okt. ✆ 02.99.89.63.79, mairie@villecancale.fr.

*** **Port Mer**, links der Straße von der Pointe du Grouin nach Port Mer. Ausschließlich Wohnwagenverleih. Direkter Zugang zum Sandstrand. Windgeschützt auf einem steilen Hügel etwa 1½ km außerhalb von Port Mer; schönes Wiesengelände, das zum Meer hin abfällt. Brot und Gebäck werden morgens von der Besitzerin gebracht. 2 ordentliche, doch mittlerweile betagte Sanitärblocks, in denen beim Duschen schon mal die Klinke abbrechen kann, und ausreichend Stromboxen mit 220 Volt. Hunde sind an der Leine zu halten und haben Strandverbot. Geöffnet Mai bis Mitte Sept. 32, avenue de la Côte d'Emeraude. ✆ 02.99.89.63.17, ✆ 02.99.89.66.81, info@location-mer-bretagne.com, www.location-mer-bretagne.com.

Hier wachsen die berühmten Delikatessen – die Austernbucht von Cancale

Baden

Rund um die Hafenmole und die Austernparks von Cancale gibt es keine Bademöglichkeit. Es empfehlen sich die Strände nördlich, die sich über die *Pointe du Grouin* herum bis nach *Rotheneuf* ziehen. In fast jeder Bucht zwischen den steilen Felsklippen finden sich kleinere oder größere Kiesel- oder Sandstrände. Eine Auswahl:

Plage de Port Mer: Beliebt und am schnellsten vom Hafen aus zu erreichen. Der mit Felsen durchsetzte Sandstrand ist im Sommer oft überfüllt. Verschiedene Animationsangebote. Bootsanlegeplatz.

Plage de Saussaye: Die ruhige Sandbucht am Anfang des Landzipfels, der sich ins Meer hinausstreckt, gehört zur Kategorie kuschelig. Keine Parkmöglichkeiten, steiler Abstieg von der Küstenstraße aus.

Plage du Verger: Der große, lang gezogene Sandstrand westlich der Pointe de Grouin, über dem die Kapelle *Notre Dame du Verger* thront, gilt als Surferadresse. Schmales Dünengelände, begrenzt von den Felsklippen der *Pointe de la Moulière*, an der sich Muschelliebhaber herumtreiben. Der Parkplatz an der Küstenstraße wird gelegentlich als wildes Wohnmobilcamp genutzt.

Plage Duguesclin: Die etwa 1 km lange Bucht hinter dem Verger-Strand bietet auch bei Flut genügend Liegefläche. Vom Strandstreifen aus wird das Wasser relativ schnell tief, Surfer haben optimale Bedingungen. Der Parkplatz an der Küstenstraße ist bei schönem Wetter zugeparkt.

Am Ufer der Rance – Hafen von Dinan

Côte Emeraude

Die „Smaragdküste", wie der Küstenabschnitt zwischen St-Malo und St-Cast-le-Guildo genannt wird, ist geprägt von steilen, zerklüfteten Kaps und weiten Buchten, in die sich feinsandige Sandstrände schmiegen.

Die Küstenstraße D 786 verläuft von *Dinard* über *St-Enogat* nach *St-Lunaire* und von dort aus ziemlich kurvig quer über weit ausgreifende Landzungen durch behäbige Urlaubsörtchen. Stichstraßen auf der ganzen Route führen hinunter zum Meer. Hier betraten viele Missionare aus England, die sich im 5./6. Jahrhundert aus ihrer Heimat absetzten, bretonischen Boden und gründeten ihre ersten Stützpunkte.

Die kleineren Ortschaften der Côte Emeraude teilen das Schicksal vieler bretonischer Küstendörfer: Neben den alten Villen, die sich am Rand der früheren Fischerorte angesiedelt haben und die heute oft zum Verkauf angeboten werden, schießen kleine, mehr oder weniger geschmackvolle Wochenend- oder Ferienhauskolonien aus dem Boden und zersiedeln den Küstenstreifen. Alte Hotels werden immer häufiger in Appartementhäuser oder Residenzen umgewandelt oder machen neuen Bauten Platz. Im Winter weisen verschlossene Jalousien den Besucher ab, in den Sommermonaten herrscht hektischer Urlaubsrummel.

Saint-Malo (50.700 Einwohner)

„Ni Français, ni Breton: Malouin suis!" – Weder Franzose noch Bretone: Bürger von St-Malo bin ich! Über Jahrhunderte war den stolzen Bewohnern der Stadt dieser Wahlspruch Zeichen ihrer Eigenständigkeit: Die Malouins pflegten mit anderen Seemächten als Gleiche unter Gleichen zu verhandeln und waren von den Ordern bretonischer Herzöge oder französischer Könige wenig zu beeindrucken.

Zwischen dem 16. und 19. Jahrhundert war St-Malo eine blühende Handelsstadt. Haupterwerbszweig der Bürger war das Korsarentum. In dieser Branche verdienten sie sich einen erstklassigen Ruf, und noch heute ist diese Vergangenheit allgegenwärtig. An allen Ecken und Enden der nach dem Zweiten Weltkrieg sorgfältig wieder aufgebauten Festungsstadt begegnen dem Besucher die gefürchteten Seeräuber. Die Andenkenläden präsentieren Postkarten mit den geröteten Gesichtern verwegener Matrosen, deren Namen – *Borgne-fesse* (einäugige Hinterbacke), *Boit-sans-soif* (Säufer ohne Durst) oder *Cap't'n je pique* (Käpten Stich) – kalte Entschlossenheit demonstrieren. Über den Bars und Pubs prangen Blechschilder mit holzbeinigen Seebären und einarmigen Piraten, Restaurants werben mit dem Konterfei des legendären *Surcouf*. Ein Weltunikum ist der eingetragene „Verein der Nachkommen der Korsaren".

Châteaubriand, einer der illustren Söhne der Stadt, schrieb, dass die *Ville Close* von St-Malo – nicht größer als die Tuilerien von Paris – Frankreich mehr berühmte Persönlichkeiten geschenkt habe, als manch andere große Stadt. Der auf der *Ile du Grand Bé* begrabene Romantiker und Staatsmann hatte nicht Unrecht. Neben Kaperprofis erblickten in der stolzen Stadt zahlreiche berühmte Entdecker, Physiker, Ärzte und Schriftsteller das Licht der Welt. *Jacques Cartier* entdeckte 1534 Kanada, *Pierre-Louis de Maupertius*, Arktisforscher und Geologe, wurde von Friedrich dem Großen die Präsidentschaft der Berliner Universität übertragen, *François Joseph Victor Broussais* revolutionierte die neuzeitliche Medizin, *Félicité de Lamennais* erschütterte mit seinen religiösen Streitschriften die katholische Kirche, und schließlich *François-René de Châteaubriand* selbst. Die Leibspeise des zu seiner Zeit bekanntesten französischen Literaten – das nach ihm benannte, doppelt dick geschnittene Steak aus der Mitte der Rinderlende – verzückt noch heute die Gourmets aller Herren Länder.

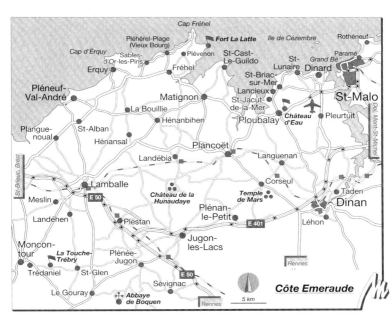

126 Côte Emeraude

Spaziergang bei St-Malo

Nach den Zerstörungen des Zweiten Weltkrieges präsentiert sich St-Malo heute wieder wie im 18. Jahrhundert. Die „granitene Zitadelle" (Châteaubriand) auf der nur durch einen künstlichen Damm mit dem Festland verbundenen Insel wird von einem abweisenden grauen Mauerwall umgürtet, hinter dem stolz klassizistische Reederhäuser aufragen. Die *Ville Close* (auch: *intra muros*) ist eine jener befestigten Inselstädte, die trotz heftigster Belagerungen über Jahrhunderte hinweg nicht eingenommen werden konnten. Erst die Massenvernichtungsmaschinerie des 20. Jahrhunderts schaffte es, das gewaltige Bollwerk zu zerstören. Seit der erfolgreichen Stadtrestaurierung wird St-Malo täglich neu erobert. Tausende von Touristen spazieren auf den Wällen, streifen durch die Straßen und spüren der Korsaren- und Entdeckervergangenheit nach.

Geschichte

Die Ursprünge St-Malos liegen im Ortsteil St-Servan. Dort befindet sich im 1. Jahrhundert v. Chr. ein keltischer Versammlungsplatz, auf dessen Grundmauern die Römer die Stadt *Aleth* hochziehen, eine schnell wachsende Siedlung, in erster Linie als Nachschubbasis für die Invasion Britanniens genutzt. Im 6. Jahrhundert lässt sich der Mönch *Aaron* als Eremit auf der Landzunge nieder, kurz darauf folgt ihm aus Britannien der Missionar *Maclow* (Malo). Malo, einer der sieben Gründerheiligen, geht eifrig ans Werk, errichtet zusammen mit seinem Clan ein Kirchlein und verbreitet das Christentum an den nördlichen Gestaden.

Im Lauf der folgenden vier Jahrhunderte wächst Aleth zum Bischofssitz, in der karolingischen Ära thront bereits eine ausladende Kathedrale über der Landzunge des heutigen St-Servan. Mitte des 9. Jahrhunderts beginnt eine schwere Zeit für die Bewohner Aleths; ständig von normannischen Plünderern bedroht, beschließt man, auf die Aleth gegenüberliegende Insel umzuziehen, die durch den Schutz des Ozeans mehr Sicherheit bietet. Das heutige St-Malo ist geboren.

Korsaren

Im Gegensatz zum ordinären Piraten, der auf eigene Rechnung unter der schwarzen Totenkopfflagge die Weltmeere verunsicherte, waren Korsaren mit einem Kaperbrief ihrer Regierung (königlicher Freibrief) unterwegs, der es ihnen erlaubte, feindliche Schiffe aufzubringen und Besatzung inkl. Passagiere zwecks Lösegeldforderung zu verschleppen. Eine weitere Aufgabe der schnellen und wendigen Korsarenschiffe war der Geleitschutz der eigenen Handelsschiffe.

Die Malouiner Schiffskonvois mit weißem Kreuz auf blauer Flagge, die die Wogen der Meere durchpflügten, waren von allen Handelskapitänen gefürchtet – besonders von den englischen, die im ständigen Kampf um die Seehoheit mit Frankreich lagen. St-Malo wurde zur blühenden Korsaren- und Handelsstadt. Mitte des 17. Jahrhunderts hatte sich der Seeraub zum Gewohnheitsrecht entwickelt. Die tollkühnen Malouins spezialisierten sich von nun an ganz auf die „Fahrt à la Course": Reiche Reeder und betuchte Aristokraten gründeten Aktiengesellschaften und rüsteten Korsarenschiffe aus. Kehrten die Schiffe zurück, waren die Aktionäre am prächtigen Gewinn beteiligt, klappte die Tour nicht, teilte man sich den Schaden.

Eine besonders lukrative, wenn auch risikoreiche Variante war der Commerce triangulaire, das Dreiecksgeschäft zwischen Afrika, Amerika und der Bretagne, zynisch als „Ebenholzhandel" bezeichnet. Mit Getreide und billigem Glitzer beladen, segelten die Schiffe zum Schwarzen Kontinent, tauschten dort ihre Ladung gegen Sklaven und verkauften das „schwarze Gold" in den Zuckerrohrplantagen der Neuen Welt mit horrenden Gewinnen. Für die Rückfahrt wurden die Laderäume mit Gewürzen und Zucker gefüllt, und die Schiffe kehrten nach etwa einjähriger Fahrt in die Bretagne zurück.

Einige tatkräftige Malouins arbeiteten erst als Korsaren und stiegen später nach erfolgreicher Fahrt und mit zunehmendem Alter zu Reedern mit eigenen Kontoren und Schiffen auf, die in den Kaperkrieg investierten und dabei ungeheure Summen gewannen.

Zu den bekanntesten Korsaren gehörte *Porcon de la Barbinais* (1639–1665), der nach gescheiterten Lösegeldverhandlungen mit dem Piratenscheich von Algier auf einen Mörser gespannt und von einer Kanonenkugel zerfetzt wurde. Ein anderer, *René Dugay-Trouin* (1673–1736), eroberte Rio, und die Hollywoodvorlage *Robert Surcouf* (1773–1827), der „Schrecken der Engländer", setzte sich nach 12-jähriger Kapertätigkeit im Indischen Ozean in seiner Geburtstadt zur Ruhe und wurde zu einem der reichsten Reeder Frankreichs.

Der Aufstieg der zwischen dem 12. und 14. Jahrhundert mit einer mächtigen Mauer bewehrten Stadt beginnt während des Hundertjährigen Krieges, in dem St-Malo, nunmehr schwer einzunehmen, sich ein hohes Maß an Selbständigkeit ertrotzen kann. Zur Zeit der Hugenottenkriege (1562–1598) übt die Stadt volle Selbstverwaltung aus und verhandelt als autonome Republik mit den europäischen Seemächten. Für die folgenden drei Jahrhunderte gelten die Malouins als die wagemutigsten und stolzesten Seefahrer der Welt. 1534 bricht *Jacques Cartier* zur Entdeckung Kanadas auf, Ende des 16. Jahrhunderts statten Malouiner Geschäftsleute ihre weithin gefürchteten Schiffe erstmalig für einen neuen Wirtschaftszweig aus: die Kaperei.

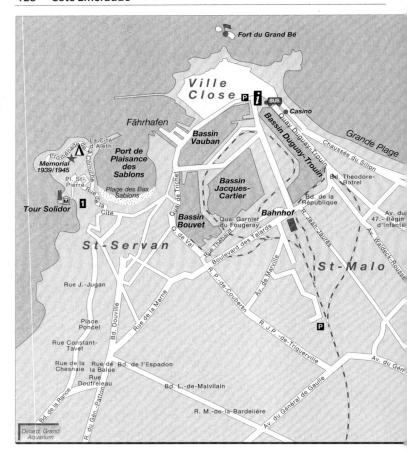

Mit ihr beginnt St-Malos blühende Ära. Der erste arabische Mokka, der in Frankreich eingeführt wird, ist von Malouiner Korsaren requiriert worden.

Nach den napoleonischen Kriegen und der Neuordnung Europas zu Beginn des 19. Jahrhunderts verschwindet das Korsarentum aus der Wirtschaftsgeschichte. Zwar gibt es noch vereinzelte Seescharmützel vor allem mit orientalischen Potentaten, doch die Ära der Kaperschifffahrt, die St-Malo reich und unabhängig gemacht hat, ist beendet. Neues Betätigungsfeld der Malouins wird Mitte des 19. Jahrhunderts die *Grande Pêche*, der friedliche Kabeljaufang vor Neufundland und Labrador, der bis zum Ersten Weltkrieg für St-Malos Wohlstand sorgt. Mit dem Niedergang der bretonischen Flotten zwischen den beiden Weltkriegen sinkt auch St-Malos Stern.

Im Zweiten Weltkrieg bauen die deutschen Besatzer St-Malo zum strategischen Stützpunkt aus und verschanzen sich im Sommer 1944 in der Ville Close vor der Invasion der Alliierten. In der ersten Augusthälfte 1944 zerbomben alliierte Luft-

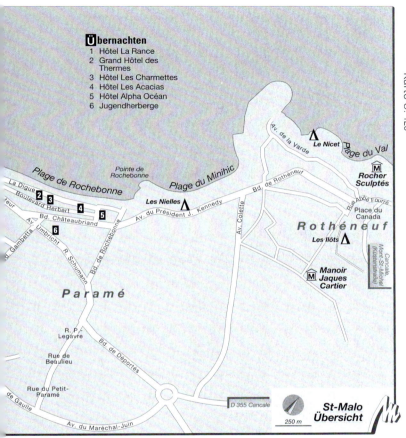

geschwader die Stadt, St-Malo ist ein einziges Trümmerfeld. 700 Gebäude (80 %) sind zerstört, nur die Befestigungsanlagen und zwei alte Reederhäuser überdauern das Inferno relativ unbeschadet. Gleich nach dem Krieg beginnt der Wiederaufbau. Architekten und Kunsthistoriker wälzen die alten Stadtpläne und kennzeichnen in systematischer und aufwendiger Arbeit 130 unter Denkmalschutz stehende Häuser. Akribisch markieren sie Steine und Baufragmente und rekonstruieren so das St-Malo des 18. Jahrhunderts. Seit dem Abschluss der Restaurierungsarbeiten 1952 säumen die klassizistischen Fassaden der Reederhäuser wieder die Straßen- und Gassenschluchten der alten Korsarenstadt.

*I*nformation/*V*erbindungen

- *Postleitzahl* 35400
- *Information* In einem Pavillon gegenüber

der Porte St-Vincent. April–Juni und Sept. Mo–Sa 9–12.30 und 13.30–18.30 Uhr, So 10–

130 Côte Emeraude

12.30 und 14.30–18 Uhr; Juli/Aug. Mo–Sa 9–19.30 Uhr, So 10–18 Uhr; Okt.–März Mo–Sa 9–12.30 und 13.30–18 Uhr. Stadtführungen bietet das Office de Tourisme Mitte Juni bis Mitte Sept. an. Esplanade St-Vincent. ℅ 08.25.13.52.00, ℅ 02.99.56.67.00, info@saint-malo-tourisme.com, www.saint-malo-touzrisme.com.

- *Flugzeug* Großflughafen gut 10 km außerhalb, südlich von Dinard. Verbindungen siehe *Dinard*.
- *Zug* Bahnhof stadteinwärts hinter dem Hafengelände. Täglich mehr als 10-mal über Dol und Combourg nach Rennes. So mindestens 5-mal. Nach Dinan und St-Brieuc: umsteigen in Dol.
- *Bus* Haupthaltestellen vor der Porte St-Vincent und am SNCF-Bahnhof. Über ein Dutzend Verbindungen täglich nach Dinard über den Rancedamm (30 Min.). Außerdem Busse zu allen touristischen Zielen der näheren und weiteren Umgebung: ca. 9-mal St-Briac und Dinan, 2-mal Cancale. Über Pontorson zum Mt.-St-Michel (4-mal werktags), 2-mal Fougères und bis zu 2-mal Combourg.
- *Fähre* Von 9.30–18.15 Uhr, im Juli/August bis 23 Uhr, zumindest stündlich **Personenfähre nach Dinard** und wieder zurück. Ablegestelle des „Bus de Mer" der Compagnie Corsaire am Fährhafen am Rand der Ville Close. Einfache Fahrt 4 €, hin und zurück 6 €, Fahrrad 4,50 € bzw. 7,50 €. Die Fahrt über die Rance-Mündung dauert 10 Minuten. Fahrpläne beim Office de Tourisme oder an der Anlegestelle bei Corsaire.
Fährverbindung zu den Kanalinseln **Guernsey** und **Jersey** mit den Condor Ferries. 2 Tarifperioden für die Ganztagstour nach Jersey oder Guernsey 37 € bzw. 47 €, erm. 26 €, Auto stets 67 €, Familientarife. Abfahrt täglich an der Gare Maritime. Ebenfalls mit den Condor Ferries zu den englischen Küstenorten **Poole** und **Weymouth**, in der Hauptsaison täglich. Condorferries. ℅ 08.25.13.51.35, www.condorferries.fr.
Etwas weniger häufig verkehren die Emeraude Ferries, sie bedienen die Kanalinseln **Guernsey** und **Sark**. ℅ 08.25.13.51.80, www.emeraudeferries.com.
Die Brittany Ferries fahren täglich an die englische Küste nach **Portsmouth**. ℅ 08.25.82.88.28, www.brittanyferries.com.

Diverses

- *Internet* **Cyberm@lo**, an der Küstenstraße. Kommunikation und Spiele. 68, chaussée du Sillon.
- *Petit Train* Ab Porte St-Vincent rollt das Touristenzüglein von April bis Okt. 30 Minuten lang durch die Inselstadt. Erwachsene zahlen 5 €, Kinder unter 10 Jahren 3,50 €.
- *Bootsausflug* Jede Menge Bootstouren und Schiffsausflüge. Beliebt ist die Fahrt die Rance hinauf nach Dinan mit der Compagnie **Corsaire**. Abfahrt an der Hafenmole. ℅ 08.25.13.80.35.
- *Autoverleih* **Avis**, 27, avenue Aristide Briand, ℅ 02.23.18.07.18, und Gare Maritime, ℅ 02.99.40.58.68.
Europcar, 16, boulevard des Talards, ℅ 02.99.56.75.17.
Ada, 77, boulevard des Talards, ℅ 02.99.56.06.15.
- *Fahrradverleih* **Vélos bleus** bietet eine Riesenauswahl an Tourenrädern und Mountainbikes. Nov. bis Feb. geschlossen. 19, rue Alphonse Thébault, ℅ 02.99.40.31.63.
Espace Nicole Deux Roues im Ortsteil Paramé, verleiht zu ähnlichen Konditionen Räder und Mofas. Mo geschlossen. 11, rue Robert Schumann, ℅ 02.99.56.11.06.
- *Markt* **Wochenmarkt** Di und Fr vormittags in der Ville Close und in St-Servan. In Paramé Mi und Sa vormittags. Der **Fischmarkt** Di und Fr auf der Place de la Poissonnerie (intra muros) besteht zurzeit leider nur noch aus einem Stand (für Selbstversorger: klein, aber exquisit), da die restlichen Fischverkäufer in die Markthallen abgewandert sind.
- *Criée* Am Hafen von St-Servain, täglich außer Sa und So 5.30–6.30 Uhr nur für Händler. Mit etwas Glück kommt man aber auch als Besucher rein.
- *Veranstaltungen* **Etonnants Voyageurs**, jährlich am Pfingstwochenende – das Festival des Abenteuerromans.
Folklores du Monde, jährlich in der 1. Julihälfte – eine folkloristische Veranstaltung mit nicht nur bretonischer Musik und Tänzen.
Quai des Bulles, Ende Okt./Anfang Nov. – jährliches Comic-Festival.
Festival du Roman Policier Franco-Brittanique. Das Festival des französisch-englischen Krimis wurde im September 2006 zum ersten Mal durchgeführt. Nebst Lesungen von Krimi-Autoren und einschlägigen

Saint-Malo 131

Filmen waren auch Polizisten beider Länder eingeladen (aus England waschechte Bobbies) und erzählen aus der täglichen Praxis. Wiederholung sehr wahrscheinlich.

• *Schwimmbad* Das Becken der Piscine Olympique Municipale beim der Gare Maritime lockt nicht nur bei schlechtem Wetter mit Wettkampfmaßen. Ganzjährig geöffnet.

• *Wassersport* Mehrere Anbieter für alle Arten von Wassersport: Tauch- und Segelkurs oder Strandsegeln. Im Sommer wird die Ausrüstung direkt an den Stränden vermietet. Einige Adressen für die Ausleihe von Zubehör:

Point Passion Plage, diverse Wassersportgeräte vom Katamaran bis zum Kajak, Plage de Bon-Secours, ✆ 02.99.40.11.45

Chantier Naval de la Plaisance, Motorbootverleih, Port des Bas-Sablons (beim Jachthafen von St-Servan), ✆ 02.99.82.62.97.

Etoile Marine Croisières, Segelbootverleih mit und ohne Skipper, 41, quai Duguay-Trouin, ✆ 02.99.40.48.72.

Comarin, Tauchausrüstung, Port des Bas-Sablons (beim Jachthafen von St-Servan), ✆ 02.99.31.38.38.

• *Tennis* Problemlos auch für Nichtmitglieder beim **Tennisclub de Marville**, Avenue de Marville 22, ✆ 02.99.56.14.44.

• *Casino* Statt an die Korsaren können Sie Ihr Geld heutzutage in der Spielhölle vor der Porte St-Vincent abliefern. Täglich ab 10 Uhr Kampf gegen 125 einarmige Banditen, angeschlossen sind Bar, Brasserie, Pizzeria und Diskothek.

• *Waschsalon* **Salon Lavoir de la Gare**, 25, boulevard des Talards, in Bahnhofsnähe ; hier geht es täglich von 7–22 Uhr Ihrer Dreckwäsche an den Kragen.

Übernachten

Zahllose Hotels in und um St-Malo – meist Kleinbetriebe mit nur wenigen Zimmern und oft familiärem Charakter. In der Hochsaison geht ohne Vorbestellung trotzdem nichts. Sie können Ihren Standort wählen: direkt in der alten Korsarenstadt, im unauffälligen St-Servan, am Strand von Paramé oder noch weiter draußen im ländlichen Rothéneuf. Eine Auswahl:

• *Hotels in der Ville Close (intra muros) (siehe Karte S. 133)* *** **Central (16)**, 43 Zimmer hinter repräsentativer Fassade; gediegene Bar und Restaurant der gehobenen Klasse. Mit Garage. DZ 59–165 €. Ganzjährig geöffnet. 6, Grande Rue. ✆ 02.99.40.87.70, ✆ 02.99.40.47.57, centralbw@wanadoo.fr, www.hotel-central-st-malo-com.

*** **Elizabeth (20)**, im verwinkelten Teil St-Malos. Eines der alten, stilvoll renovierten Häuser. Von Louis XIII. bis XV. grüßen die Kunstepochen Frankreichs in den 10 Appartements (Wohnraum, Diele, Bad, separates WC) und 7 Zimmern. Kein Restaurant. Garage. DZ 60–145 €. Ganzjährig geöffnet. 2, rue des Cordiers. ✆ 02.99.56.24.98, ✆ 02.99.56.39.24, h.elizabeth@wanadoo.fr, www.st-malo-hotel-elizabeth.com.

** **France et Châteaubriand (7)**, neben dem Geburtshaus von Châteaubriand, am belebtesten Platz der Ville Close, trotzdem erstaunlich ruhig. Atmosphäre eines alteingesessenen Grandhotels, Wintergarten, Aufenthaltsraum, Speisesaal, 80 Zimmer. DZ 48–95 €, die teureren mit Meerblick und Bad. Ganzjährig geöffnet. Place Châteaubriand. ✆ 02.99.56.66.52, ✆ 02.99.40.10.04, hotel.france.chateaubriand@wanadoo.fr, www.hotel-fr-chateaubriand.com.

** **Bristol Union (15)**, am Fischmarkt. Freundliche Atmosphäre in einem gemütlichen Hotel. Gediegene Rezeption und 27 wohnliche Zimmer, wahlweise mit Dusche, Dusche/WC oder Bad/WC. Kein Restaurant. DZ 48–95 €. Geöffnet Feb. bis Mitte Nov. 4, place de la Poissonnerie. ✆ 02.99.40.83.36, ✆ 02.99.40.35.51, hotel-bristol-union@wanadoo.fr, www.hotel-bristol-union.com.

** **De la Porte St-Pierre (18)**, direkt an der Stadtmauer und über sie Zugang zur Plage de Bon Secour. Weit ab vom Trubel. 24 Zimmer mit Blümchentapeten, teilweise Meerblick. Alteingesessener Familienbetrieb, gute traditionelle Küche (siehe *Essen*). DZ 60–90 €. HP 60–62 €/Person. Geöffnet Feb. bis Mitte Nov. 2, place du Guet. ✆ 02.99.40.91.27, ✆ 02.99.56.06.94, portestpierre@wanadoo.fr, www.hotel-portestpierre.com.

** **De l'Univers (8)**, gegenüber dem Rathaus und nah am Strand. Wer gerne Straßenszenen beobachtet, ist hier richtig. 63 ordentliche Zimmer diverser sanitärer Kategorien. Salon, Bar mit maritimem Ambiente, gepflegtes Restaurant (200 Gedecke). DZ 61–86 €. Ganzjährig geöffnet. 10, place Châteaubriand. ✆ 02.99.40.89.52, ✆ 02.99.40.07.27, unicerhotel@hotmail.com, www.hotel-univers-saintmalo.com.

Côte Emeraude
Karte S. 125

Côte Emeraude

** Anne de Bretagne (9), trotz seiner 42 Zimmer im „modernen" französischen Stil ein heimeliges Hotel in einer ruhigen Gasse. Wohnzimmerähnlicher Aufenthaltsraum, heiterer Frühstückssalon, Zimmer sanitär unterschiedlich ausgestattet. DZ 60–69 €, Garage. Kein Restaurant. Ganzjährig geöffnet. 11, rue St-Thomas.
✆ 02.99.56.18.00, ℻ 02.99.56.04.68, contact@hotel-annedebretagne.com, www.hotel-annedebretagne.com.

** De la Pomme d'Or (17), eines der wieder aufgebauten Reederhäuser an der Grande Porte; Salon und Rezeption bersten schier vor Andenken und Nippes, dazu eine freundlich-familiäre Hotelbesitzerin. 12 Zimmer, z. T. mit Blick über das Bassin Vauban, und ein netter Speisesaal. DZ 46–60 €. Jan. und 1. Februarwoche geschlossen. 4, place du Poids du Roi. ✆ 02.99.40.90.24, ℻ 02.99.40.58.31, lapommedor@wanadoo.fr, www.la-pomme-dor.fr.

** Le Croiseur (13), am Fischmarkt. Einfaches, kleines Hotel für Reisende ohne große Ansprüche. 14 recht kleine Zimmer teils mit Dusche, teils nur Waschbecken, WC stets auf dem Gang. Kein Restaurant, kneipenähnlicher Frühstücksraum. DZ 45–60 €. Ganzjährig geöffnet. 2, place de la Poissonnerie. ✆ 02.99.40.80.40, ℻ 02.99.56.83.76, hotel.le.croiseur@free.fr, www.hotel-le-croiseur.com.

Les Chiens du Guet (19), direkt an der Porte St-Pierre, vor dem Strand Bon Secours; ein altes, sehr einfaches Haus mit einem Dutzend einfacher Zimmer, teilweise mit Meerblick und Sanitäreinrichtungen. Im Erdgeschoss gutes Restaurant (siehe *Essen*). Wer wenig Wert auf Zimmerkomfort legt, aber beim Essen auf seine Kosten kommen will, ist hier mit HP gut beraten. Ganzjährig geöffnet. DZ 41–51 €, HP 67–74 €/Person. 4, place du Guet. ✆ 02.99.40.87.29, ℻ 02.99.56.08.75, www.leschiensduguet.com.

• *Hotel in St-Servan (siehe Karte S. 128/129)*
** La Rance (1), 11-Zimmer-Hotel mit dem Prädikat „Hotel de charme et caractère" in bester Lage am Hafen von St-Servan. Ausgesprochen ruhig, einige Zimmer mit Meerblick und Balkon. DZ je nach Standard 55–81 €. Ganzjährig geöffnet. 15, quai Sébastopol, Port Solidor. ✆ 02.99.81.78.63, ℻ 02.99.81.44.80, hotel-la-rance@wanadoo.fr, www.larancehotel.com.

• *Hotels in Paramé* ****** Grand Hotel des Thermes (2)**, Gründerzeitpalast in bester Strandlage; 178 großzügig-komfortable Zimmer oder Appartements. Geräumige Salons, 3 Restaurants sowie eine Teebar aus der Jahrhundertwende. Neueren Datums sind das Diätrestaurant, die moderne Schwimmhalle und das angegliederte thalassotherapeutische Zentrum. DZ 96–620 €. 2. und 3. Januarwoche geschlossen. 100, boulevard Hébert. ✆ 02.99.40.75.00, ℻ 02.99.40.75.01, rea@thalassotherapie.com, www.thalassotherapie.com.

** Les Acacias (4), direkt an der Digue; schnörkellose Fassade und 23 schnörkellose Zimmer, z. T. mit Meerblick. Holzgetäfelte Bar, Teesalon und ruhige Terrasse zum Strand hin. DZ 46–80 €. Geöffnet Feb. bis Mitte Nov. und über die Weihnachts- und Neujahrfeiertage. 8, boulevard Hébert. ✆ 02.99.56.01.19, ℻ 02.99.56.17.81, hotel.acacias@wanadoo.fr, www.hotel-les-acacias.com.

** Alpha Océan (5), am Hauptzugang zum Strand von Rochebonne, 200 m östlich des Zentrums von Paramé. Hinter der verblichenen Fassade steckt ein ordentliches Logis-de-France-Quartier. 25 Zimmer, z. T. mit Meerblick. Restaurant, Bar, Frühstücksraum. DZ je nach sanitärem Standard 35–80 €. Geöffnet Feb. bis Nov. und über die Weihnachtstage. 93, boulevard de Rochebonne. ✆ 02.99.56.48.48, ℻ 02.99.40.58.29, hotel-alpha-ocean@wanadoo.fr, www.hotel-alpha-ocean.com.

* Les Charmettes (3), putziges, verwinkeltes Natursteingebäude direkt an der Strandpromenade neben dem Grand Hotel. 16 einfache Zimmer mit unterschiedlicher Sanitärausstattung. Teilweise Meerblick. Heller Frühstücksraum mit Panoramablick, Strandterrasse. Duschen und WCs auf der Etage. DZ 45–65 €. Mitte Nov. bis Mitte Dez. geschlossen. 64, boulevard Hébert.
✆ 02.99.56.07.31, ℻ 02.99.56.85.96, hotel.les.charmettes@wanadoo.fr, www.hotel-les-charmettes.com.

• *Jugendherberge* **Centre de Rencontres Internationales (FUAJ) (6)**; an der Hauptstraße von Paramé. 256 Betten in 70 2- bis 6-Bett-Zimmern mit Minimalkomfort. JH-Mitgliedschaft unabdingbar, Besucher ohne Ausweis können vor Ort Mitglied werden. Gartenanlage. Übernachtung inkl. Frühstück 12,40–16,20 €/Pers., die Zimmer können erst ab 17 Uhr bezogen werden. Ganzjährig geöffnet. 37, avenue du Père Umbricht.
✆ 02.99.40.29.80, ℻ 02.99.40.29.80, info@centrevarangot.com, www.centrevarangot.com.

Saint-Malo

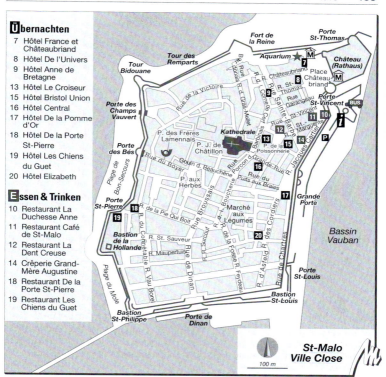

Côte Emeraude Karte S. 125

Übernachten
7 Hôtel France et Châteaubriand
8 Hôtel De l'Univers
9 Hôtel Anne de Bretagne
13 Hôtel Le Croiseur
15 Hôtel Bristol Union
16 Hôtel Central
17 Hôtel De la Pomme d'Or
18 Hôtel De la Porte St-Pierre
19 Hôtel Les Chiens du Guet
20 Hôtel Elizabeth

Essen & Trinken
10 Restaurant La Duchesse Anne
11 Restaurant Café de St-Malo
12 Restaurant La Dent Creuse
14 Crêperie Grand-Mère Augustine
18 Restaurant De la Porte St-Pierre
19 Restaurant Les Chiens du Guet

Camping

** **Municipal la Cité d'Aleth**, oberhalb der Promenade de la Corniche im Ortsteil St-Servan. Große Anlage auf der äußersten Spitze der Landzunge, schöner Blick auf den Ozean bzw. auf St-Malo. Das große Wiesenareal am Hang ist durchsetzt mit Bunkeranlagen aus dem 2. Weltkrieg, die besten Plätze sind von Dauercampern besetzt. Sanitäranlagen gut. 360 Stellplätze. Geöffnet Mai bis Sept. Allée Gaston Buy. ✆ 02.99.81.60.91, ✉ 02.99.21.92.62, www.ville-saint-malo.fr/campings.

** **Municipal des Nielles**, liebloses Wiesengelände am Ortsausgang von Paramé; 95 schattenlose Stellflächen. Die Caravanabteilung befindet sich direkt oberhalb des Meeres, steile Treppen führen hinunter zum Strand. Wenige Stromboxen und einfache Sanitäreinrichtungen. Bushaltestelle direkt vor dem Platz. Geöffnet Juli/August. Avenue J. Kennedy. ✆ 02.99.40.26.35, ✉ 02.99.21.92.62, www.ville-saint-malo.fr/campings.

** **Municipal des Ilots**, am Ortsausgang von Rothéneuf. 155 Stellplätze in einem von Bäumen umgebenen Wiesengelände. Relativ neue Sanitärs, Stromboxen. Geöffnet Juli/August. Avenue de la Guimorais. ✆ 02.99.56.98.72, ✉ 02.99.21.92.62, www.ville-saint-malo.fr/campings.

*** **Municipal du Nicet**, auf der gleichnamigen Landspitze im Ortsteil Rothéneuf, am Rand eines Wohnviertels. Hinter der elektrischen Schranke liegen 160 Stellflächen oberhalb der Küste, wenig Schatten auf Wiesengelände. Sanitärgebäude neueren Datums. Geöffnet Juli/August. Avenue de la Varde. ✆ 02.99.40.26.32, ✉ 02.99.21.92.62, www.ville-saint-malo.fr/campings.

Côte Emeraude

Essen (siehe Karte S. 133)

Die günstigsten Restaurants in der Ville Close reihen sich in der Rue Jacques Cartier zwischen der Porte St-Vincent und der Grande Porte – Schnellabfertigung für den Massentourismus. Hinweis: Die oft günstigen Menüpreise werden in etlichen Lokalen durch die Weinkosten wieder zunichte gemacht.

• *Restaurants* **La Duchesse Anne (10)**, eines der besten Lokale der Stadt, feinste Malouiner Küche im passenden Rahmen zu entsprechenden Preisen. Spezialitäten: Hummer und Fisch. Menüs 47–57 €. Mo mittags und Mi geschlossen. 5, place Guy La Chambre, ✆ 02.99.40.85.33.
De la Porte St-Pierre (18), gemütliches Hotel-Restaurant mit mehrfach ausgezeichneter Küche, Menüs von 20–56 €. Spezialitäten: hausgemachte Fischsuppe und gegrillte Austern. Donnerstagmittag und Dienstag geschlossen. 2, place du Guet, ✆ 02.99.40.91.27.
Café de St-Malo (11), schickes Restaurant mit beheizter Terrasse. Menüs ab 20 €. Spezialität: gebratener Hummer, mit Calvados flambiert 52 €. Täglich geöffnet. 4, place Guy La Chambre, ✆ 02.99.56.46.75.

Les Chiens du Guet (19), das Restaurant des gleichnamigen Hotels; bei Sonne ist die Außenbestuhlung angenehm, die Menüs von 15–30 € schmecken bei jedem Wetter. Hummer aus dem Becken. Spezialität: Meeresfrüchte auf der Platte und am Spieß. In der Nebensaison Mo geschlossen. 4, place du Guet, ✆ 02.99.40.87.29.
La Dent Creuse (12), das Restaurant zum hohlen Zahn ist die etwas billigere Alternative; am früheren Fischmarkt, Terrasse auf dem Platz. Menüs um die 15 €. Mittwoch geschlossen. 7, place de la Poissonnerie, ✆ 02.99.40.19.92.

• *Crêperie* **Grand-Mère Augustine (14)**, gute Crêpes, die bei schönem Wetter auf der Terrasse genossen werden können. In der Nebensaison Di geschlossen. 11, rue Jacques Cartier, ✆ 02.99.20.25.74.

Sehenswertes

Stadtmauerrundgang: Die Tour auf dem Stadtwall *(Remparts)* gehört zum touristischen Pflichtprogramm. Die teilweise aus dem 12. Jahrhundert stammenden Wehrmauern, die die *Ville Close* umgürten, blieben während der Bombenangriffe im Zweiten Weltkrieg weitgehend unzerstört. Mehrere Treppenaufgänge an den Toren und Eckbastionen führen zu ihnen hinauf. In Höhe der Fensterfronten wandern Sie zwei Kilometer rund um die Ville Close und bekommen so ein anschauliches Bild über die restaurierte Korsaren- und Handelsstadt.

Wir empfehlen die doppelbogige *Porte St-Vincent* als Ausgangspunkt eines Stadtwallgangs gegen den Uhrzeigersinn. An der Außenseite des Walls führt der Weg führt zunächst rund um die grimmigen Mauern des *Châteaus* zur *Plage de l'Eventail*, die bei Ebbe bis hinüber zum *Fort National* reicht. Durch die *Porte St-Thomas* gelangt man auf die Wehrpromenade. Über dem Aquariumsgebäude geht es zur ersten, weit vorspringenden Bastion, dem *Fort de la Reine*, von dort bei Ebbe sehr schöner Blick auf die Wellenbrecher und wildzerklüfteten Riffe. An den grauen Mauern der 1959 für die Handelsmarine errichteten Seemannsschule entlang erreicht man die *Tour Bidouane*, ein bei Flut von harten Brechern umbrandetes Bollwerk, das die Nord- und Westseite der Befestigungsanlagen kontrollierte. Der Turm ist gesäumt von der *Place du Québec*, einer Plattform, die durch einen Graben von der Festungsmauer getrennt ist. Der Platz wurde in einen kleinen Garten umgewandelt, in dem die steinerne Statue des legendären Surcouf nach England deutet. Im Meer draußen schwimmt die *Ile du Grand Bé*, auf der Châteaubriand seine letzte Ruhe fand.

Die Westseite des Stadtwalls ist der älteste Teil (12. bis 14. Jh.) und schließt die Stadt gegen die Rancemündung und den Strand *Bon-Secours* ab. Am Ende des Strandabschnittes öffnet sich die *Porte St-Pierre*, früher der einzige Zugang zur

Saint-Malo 135

Stadt, der nachts unverschlossen, aber nicht unbewacht blieb. Nach Schließung der anderen Stadttore ließ die Stadtwache hier scharfe Bulldoggen frei, die nicht selten Nachtschwärmer und unvorsichtige Spätheimkehrer zu Tode bissen. Hinter dem Tor erhebt sich die großzügig mit Blumenbeeten und Bäumchen geschmückte *Bastion de la Hollande*, der am weitesten in die Rancemündung vorgeschobene Aussichtsposten. Eine Bronzefigur des Kanada-Entdeckers Jacques Cartier gibt ihr historische Würze.

Die Südwestspitze der Stadtmauer bildet die *Bastion St-Philippe*, von der aus Neugierige den Schiffsverkehr im Hafen beobachten können. Die ganze Südfront des Befestigungsrings wird nur von der *Porte de Dinan* unterbrochen; geprägt wird der Wall von den wieder aufgebauten Reederhäusern aus dem 18. Jahrhundert – granitgrau und abweisend bilden sie die Skyline St-Malos. An der *Bastion St-Louis* begegnet man einem weiteren berühmten Sohn der Stadt: *René Dugay-Trouin*, tollkühner Korsar und Eroberer von Rio de Janeiro, posiert in der Haltung des reichen Reeders und Weltmannes. Die sich wiegenden Masten der Luxusboote begleiten den Weg über die mit zwei Türmen versehene *Grande Porte* zurück zur *Porte St-Vincent*.

Kathedrale St-Vincent: Am 6. August 1944 wurde die Turmspitze von einer deutschen Granate getroffen. Eine Woche später sollte von der heiligen Stätte nur noch ein Gerippe mit wackligen Pfeilern übrig sein, nur die Kanzel und das Chorgestühl hatten im Meer von Schutt und Asche überlebt. Die Orgel war geschmolzen, die Kirchenfenster lagen in tausend Scherben. Das Baudenkmal aus dem 11. Jahrhundert (bis ins 18. Jh. mehrmals um- und ausgebaut) wurde als nicht mehr reparabel eingestuft, die Aufräumtrupps benutzten die Reste des Gotteshauses als Pferdestall. 1972, nach 25-jährigen Restaurierungsarbeiten, wurde die weitgehend nach dem Original wieder aufgerichtete Kathedrale neu eingeweiht. Wie vor Jahrhunderten überragt die Kreiskerspitze wieder das Zentrum der alten Korsarenstadt. Im Inneren wirkt die Kathedrale schmucklos und mächtig. Eine mehrstufige Treppe führt vom Portalvorbau hinunter in das grottenartige Hauptschiff. Gespenstisch dringt blaues Zwielicht durch die Buntglasfenster in den vorderen Altarraum, die Fensterrose strahlt in Rottönen.

Die Kathedrale St-Vincent war immer St-Malos erste spirituelle Adresse. Hier wurden die berühmten Männer der Stadt getauft, einige liegen hier auch begraben, unter ihnen *Jacques Cartier* und *René Dugay-Trouin*, dessen sterbliche Reste 1973 zufällig bei Bauarbeiten in der Pariser Kirche St-Roch entdeckt wurden. Unter hohen militärischen Ehren wurden die bleichen Gebeine des Seehelden 1973 in feierlichem Zug in die Kathedrale St-Vincent überführt – Balsam für die Seele bretonischer Nationalisten.

Château (Rathaus): Die fünfeckige Burg, ein über die Jahrhunderte bunt zusammengewürfelter Baukomplex, erhebt sich rechts der Porte St-Vincent. Zu Beginn des 15. Jahrhunderts bescherten die bretonischen Herzöge der mit dem französischen Königshaus konspirierenden Stadt die erste Befestigung, um die nach Autonomie strebenden Malouins besser kontrollieren zu können. Vier Türme überragen den Burgkomplex: der *Donjon*, (die *Tour des Dames*, der *Mühlenturm* und die *Tour Quic-en-Groigne*. In den ehemaligen Kasernengebäuden im Burghof hat sich heute das Bürgermeisteramt eingerichtet.

Historisches Museum (Musée d'histoire de la Ville): Im einstigen *Wohnturm des Gouverneurs* dreht sich alles um die Stadtgeschichte. Auf vier Etagen wurden

Hunderte von Exponaten zusammengetragen (französische Erläuterungen), die in bunter Mischung St-Malos Aktivitäten auf den Weltmeeren beleuchten: die Entdeckungsfahrten Jacques Cartiers, die blühende Ära des weltweiten Tuch- und Stoffexportes, die ruhmreiche Zeit der Kaperfahrten und die neuzeitlichen Zerstörungen.

Im *Erdgeschoss* illustrieren Schiffsmodelle, Seekarten und Statuen das frühere Leben in der alten Korsarenstadt. Das *1. Stockwerk* ist dem 19. und 20. Jahrhundert gewidmet: eine riesige Galionsfigur eines Kaperschiffs, Aquarelle und Stiche, Stadtpläne, (Schatz-)Truhen, Kirchenglocken, Hausmodelle und Fotos der zerbombten Stadt. *2. Stockwerk*: Die Helden St-Malos begutachten aus ihren Bilderrahmen heraus ehemalige Beutestücke, Schatztruhen und alte Globen. *3. Stockwerk*: Eine Truhe aus der Zeit der indischen Handelskompanie, in Nürnberg gefertigt und für Holland bestimmt, landete durch erfolgreiche Korsarenstrategie letztendlich im Stadtmuseum von St-Malo. Daneben sorgt Sklavenzubehör (Handschellen und Ketten) für Gänsehaut. Die ältesten Stadtzeugnisse findet man im *4. Stockwerk*: ein Kettenhemd, ein Kanonenrohr, einige Schiffsteile, zersprungene Töpfe, ein hölzerner Mönch. Eine Vitrine mit dem Schaubild der Entdeckungsfahrten Jacques Cartiers erläutert St-Malos kometenhaften Aufstieg im ersten Drittel des 16. Jahrhunderts. Eine schmale Treppe führt von hier auf die Brüstung des Turms: Ausblicke wahlweise in den Burghof, auf St-Malo, die Hafenbecken oder hinüber nach Dinard.

Neben diesen Ausstellungsräumen im hufeisenförmigen Wachturm ist den Besuchern nach seiner Restaurierung 1988 auch der große *Hauptturm* zugänglich: Dessen *1. Stockwerk* widmet sich ganz dem Schiff. Angefangen vom Leuchtturm über Schiffswerkzeuge, Angelzubehör und Flaschenzüge bis zu Ölbildern von Stapelläufen. Im *2. Stockwerk* wird das Alltagsleben im alten St-Malo dokumentiert: Meerschaumpfeifen, Trachten, Hüte, dazwischen Frauenporträts, ein prächtiger Schrank aus dem 17. Jahrhundert und ein mächtiges Schrankbett aus massivem Nussbaum. Interessant ist die *Sainte-Barbe*, das Modell einer kostbaren Prozessionstrage in Festungsform, die die Kanoniere der Stadt bei der Fronleichnamsprozession mit sich führten. Dugay-Trouin brachte das Original 1711 als Beute aus Rio de Janeiro mit. Im *3. Stockwerk* sind Werke von Künstlern des 19. bis 20. Jahrhunderts ausgestellt.

Öffnungszeiten 10–12 und 14–18 Uhr, Nov. bis März Mo geschlossen. Eintritt 5 €.

Aquarium Intra-Muros: Das Aquarium an der Place Vauban ist in die Stadtmauer integriert und bietet neben der Würdigung der Meeresbewohner Gelegenheit, in das Innenleben des Stadtwalls vorzudringen. Ein etwa 100 m langer Gang führt an 35 Bassins vorbei, die teilweise in die Stadtmauer eingelassen sind. Im Wasser tummeln sich mehr als 1000 Arten und Spezies. Vom Ärmelkanal bis in die Tropen reicht die ursprüngliche Heimat der gefangenen Taschenkrebse, Seepferdchen, bunten Fische und blauen Hummer.

Öffnungszeiten April–Juni und Sept./Okt. täglich 10–13 und 14–18 Uhr; Juli/August täglich 10–20 Uhr; Nov. bis März Sa/So 10–13 und 14–18 Uhr. Eintritt 6 €, Kinder 4 €.

Fort National: Das auf einer kleinen Felseninsel vor der Stadt gelegene Fort wurde 1689 von Festungsbaumeister *Vauban* und seinem Schüler *Garangeau* erbaut. Es sollte St-Malo und seine stolzen Bewohner zusätzlich schützen. Die Festung wurde nach der Französischen Revolution lange als Kerker genutzt. 1944 dann saßen hier

381 Bürger von St-Malo ein: Von den deutschen Besatzern als Geiseln genommen, sollten sie als lebende Schutzschilde die alliierten Bombenangriffe verhindern. Das Fort befindet sich heute in Privatbesitz. Neben den Zisternen und den unterirdischen Kerkergewölben sind zwei Wälle zur Besichtigung frei.

Öffnungszeiten Juni bis Sept., eine Besichtigung ist nur bei Ebbe möglich. Die aktuellen Öffnungszeiten beim Office de Tourisme erfragen. Halbstündige Führungen. Eintritt 4 €.

Ile du Grand Bé: Bei Ebbe können Sie die Stadtmauer an der *Porte des Champs-Vauvert* oder an der *Porte des Bés* verlassen und die *Plage de Bon Secours* überqueren; ein bei Flut überschwemmtes Sträßchen führt auf die Insel zum Grab von *François-René de Châteaubriand*, 1768 als zehntes Kind eines St-Malouiner Reeders geboren. Nach seiner militärischen, staatsmännischen und literarischen Karriere starb er 1848 in Paris. Bereits vor seinem Tod hatte sich Châteaubriand die der Ville Close vorgelagerte Insel als letzte Ruhestätte ausgesucht und mit größter Sorgfalt Form und Umfang seiner Grabstätte festgelegt. Unter einer groben, an den Seiten abgerundeten Steinplatte ohne Inschrift, geschmückt allein von einem robusten, niedrigen Kreuz, sollten seine Gebeine ruhen, von seinem einfachen Grab aus wollte der Dichter nach seinem Tod den „Dialog mit dem Ozean" fortsetzen. Das Grabmal ist auf drei Seiten von einem Eisengitter umgeben, nach Norden hin bleibt die Brüstung ungeschützt – der Fels fällt steil zum Meer ab. 1944 – die deutschen Truppen hatten auf der Insel ein Bunkersystem installiert – wurde das Grab bei einem Luftangriff der Alliierten teilweise zerstört, eine Granate hatte die Steinplatte, den Sockel des Kreuzes und die schmiedeeisernen Gitter gestreift. Anhand von alten, noch von Châteaubriand vorgelegten Plänen gelang es *Raymond Cornon*, dem Chefarchitekten des St-Malouiner Wiederaufbaus, das Grabmal zu rekonstruieren.

St-Malo/Weitere Stadtteile

Gleich hinter den an die Ville Close angrenzenden Hafenanlagen beginnt die Neustadt *(St-Malo extra muros)*. Die bis in die späten 1960er Jahre eigenständigen Gemeinden St-Servan, Paramé und Rothéneuf wurden im Zug einer Gebietsreform eingemeindet und werden seither zentral verwaltet. Die emsige Verbauung, das enge Straßennetz und die Neuanlage touristischer Komplexe haben die Gemeinden so eng miteinander verbunden, dass St-Malo eine urbane Agglomeration bildet: im Westen das durch Grünanlagen aufgelockerte *St-Servan-sur-Mer*, im Nordosten die fast nahtlos an die Ville Close und Neu-Malo angrenzende Bade- und Ferienmetropole *Paramé*, deren Ferienhäuschen allmählich zum ländlichen Familienbadeort *Rothéneuf* hinüberwuchern.

St-Servan-sur-Mer

Tour Solidor/Museum: Der Turm mit dem ovalen Grundriss auf dem äußersten Rand der Landzunge von St-Servan wurde Ende des 12. Jahrhunderts als kleine Befestigungsanlage konzipiert. Diese bestand zunächst aus einem einzigen Turm und wurde 1322 schließlich durch zwei weitere Türme erweitert. Sein heutiges Dach bekam die Tour Solidor erst im 19. Jahrhundert.
Heute dient der Turm als Museum *(Musée international du Longcours et des Cap Horniers)*. Eine einmalige Sammlung des Vereins der Kap-Horn-Fahrer zeigt in liebevoller Präsentation viele Details aus dem Leben der Männer, die auf ihren Segelschiffen das berüchtigte Kap Horn umfuhren. Fotos, Ausrüstungslisten,

Schiffsmodelle, Navigationsbestecke im Wandel der Zeiten, ein riesiger, ausgestopfter Albatros, Souvenirs aus den Häfen der Welt, von Matrosen kunstvoll selbst gefertigte Gegenstände aus Horn, Elfenbein und allen Materialien, deren ein Seemann habhaft werden konnte. Ein großartiger Rundumblick von der Dachbalustrade krönt den Besuch.

Öffnungszeiten 10–12 und 14–18 Uhr. Nov. bis März Mo geschlossen. Eintritt 5 €.

Promenade de la Corniche: Der auch als *Corniche d'Aleth* bezeichnete Spazierweg oberhalb der Küste führt rund um die Landzunge von St-Servan. Er verläuft von der *Place St-Pierre* (Ruinen der ehemaligen Kathedrale von Aleth) hinunter zum *Hafen* (links die Tour Solidor) und folgt dabei der zerklüfteten, steilen Küste. Herrliche Ausblicke auf die der Landzunge vorgelagerten Riffe und Inselchen. Hinter den schweren Bunkeranlagen des *Forts de la Cité* (s. u.) öffnet sich ein Panoramablick auf die Rancemündung und die Ville Close.

Wirkt kleiner, als es ist: das Große Aquarium

Memorial 1939–1945: Die Geschützstellung und Leitzentrale der deutschen Wehrmacht oberhalb der Corniche d'Aleth war viele Jahre einfach ein Bestandteil des Campings St-Servan, in dessen Windschatten sich die Wohnmobilisten eingerichtet hatten. Auf ihrer Suche nach neuen verwertbaren Attraktionen stießen die Tourismusmanager dann auf das *Fort de la Cité* vor ihrer Nase. So dokumentieren heute auf drei Stockwerken der grasbewachsenen, zernarbten Festung Fotografien, Objekte und ein 45-Minuten-Film („Die Schlacht um St-Malo") die Baugeschichte des Bunkers, die Schlacht um St-Malo und die Eroberung des Bunkers durch die alliierten Streitkräfte am 14. August 1944.

Öffnungszeiten April bis Mitte Nov., Juli/Aug. täglich, sonst Mo geschlossen. Eintritt 5 €.

Le Grand Aquarium: am Ortsrand von St-Servan (Straße nach Dinard, dann ausgeschildert). Der spiegelverglaste Bau ist seit seiner Eröffnung 1996 der Touristenmagnet Nr. 1 in St-Malo – auch an Sonnentagen stehen die Besuchermassen geduldig Schlange vor den bunt illuminierten Becken, deren Bewohner nach einer Weile auch die störrischsten Schulklassen in ihren Bann ziehen. Einsam rudert die Riesenkrabbe, dumm glotzt der Wolfsfisch, Seepferdchen schweben schwerelos im Wasser, während Barracudas zwischen Wrackteilen lauern. Der Rundgang führt durch sechs thematisch gegliederte Räume (Atlantik, Mittelmeer …). Höhepunkt ist das Ringaquarium, in dem Zitronenhaie die Besucher hautnah umkreisen. Der Acrylglasring, 3,5 m tief und 3 m breit, fasst 570.000 l Wasser und wurde in sieben Monaten unter Anleitung von sechs amerikanischen Acrylglasexperten zusammengebaut. Bunt und quirlig geht es in der anschließenden *Salle Tropical* zu. Exotische Fische wie der Apolemychtus trimaculatus, der Pygplites diacanthus oder der

140 Côte Emeraude

Steinerner Ehestreit (Rochers Sculptés Abbé Fouré)

Tannenzapfenfisch mit eingebautem Lichtorgan lassen nicht nur die Herzen von Hobby-Aquariumhaltern höher schlagen. Der Gang durch das versunkene Piratenschiff, in dem eine Riesenschildkröte lebt, begeistert vor allem Kinder. Den Abschluss bildet ein nachgebautes Mangrovenwäldchen, in dessen Süßwasser sich die Fische des Regenwalds tummeln. Teuer, aber spektakulär und sehr informativ.
<u>Öffnungszeiten</u> Juli/Aug. tägl. 9.30–20 Uhr. Sept. bis Mitte Nov. und Weihnachten bis Juni tägl. 10–18 Uhr. Mitte Nov. bis Weihnachten nur an Wochenenden. Eintritt 13,75 €, Kinder 9,90 €.

Paramé

Das eingemeindete Städtchen ist St-Malos erste Badeadresse. Über gut 2 km ziehen sich die beiden ineinander übergehenden Strände *Plage du Casino* und *Plage de Rochebonne* die Küste entlang. Die befestigte Strandpromenade *(La Digue)* begleitet den sommerlichen Badetrubel. Paramé besitzt ein großes Thalassotherapiezentrum und entlang der Promenade eine Unzahl klassischer Gründerzeit-Etablissements – gediegene Fassaden, hinter denen zu Anfang unseres Jahrhunderts die meist englischen Feriengäste ein Urlaubsquartier fanden.

Rothéneuf

Im Ortszentrum herrscht provinzielle Beschaulichkeit. Das ländliche Rothéneuf schließt heute fast nahtlos an Paramé an. Ferienhäuschen und kleinere Residenzen entlang der *Avenue Kennedy* haben die alte Kirchengemeinde mit in das Ballungszentrum einbezogen. Der Küstenabschnitt hinter dem großen Strand von Paramé ist entschieden wilder und zerklüfteter, die steilen Felsen und Klippen werden von Heidekraut und zerzausten Krüppelkiefern überwuchert, unterbrochen von einigen schönen Dünenstränden.

Rochers Sculptés: Vom Ortszentrum führt die *Rue Abbé Fouré* zu einem steil über den Klippen liegenden, mauergesäumten Anwesen mit einem kleinen Meeresaquarium. Durch die Gartenanlage gelangt man an den Rand eines felsigen Abgrunds, von dem aus glitschige Stufen zum Strand hinunterführen. Rechts und links der Treppe befindet sich Rothéneufs touristische Attraktion: die skulptierten Felsen des *Abbé Fouré*. In über 25-jähriger Arbeit (bis zu seinem Tod 1910) meißelte der Gemeindepfarrer, der als Sonderling und Einsiedler galt, knapp 300 Figuren in den Granit – ein auf 500 Quadratmeter Fels verteiltes Bildwerk entstand. Die Skulpturen mit teils dämonischen Fratzen und wild verzerrten Gesichtern erinnern an die granitenen Schergen, die im Westen der Bretagne von den Calvaires herab die Zunge blecken. Zusätzlich inspiriert wurde der Abbé bei seiner Arbeit von der legendären Geschichte der „Letzten von Rothéneuf", einem Korsarenclan, dessen Mitglieder gegen Ende des 18. Jahrhunderts in blutrünstigen Aktionen englische Schiffe auf- und sich gegenseitig umbrachten. Doch nicht nur die Piraten und Mordgesellen mit den schiefen Mündern, die vor keiner Schandtat zurückschrecken, verwandeln den grauroten Granit der Felsklippe in einen grotesken Bilderreigen. Auch Szenen des dörflichen Alltags hat der fromme Mann festgehalten: ein wutschnaubender Ehemann zerrt, unter dem schadenfrohen Gelächter der Nachbarin, seine Gattin an den Haaren und verpasst ihr einen Fußtritt.

Öffnungszeiten Tägl. 9–13 und 14–19 Uhr, in der Hauptsaison durchgehend. Eintritt 2.50 €.

Manoir Jacques Cartier: Im Süden des Orts, schräg gegenüber dem Friedhof. Im Landhaus, in dem sich der Kanada-Entdecker *Jacques Cartier* (1491–1557) zur Ruhe setzte, ist ihm heute ein kleines Museum gewidmet. Restauriert und mit alten Möbeln bestückt, macht es verflossenes bretonisches Alltagsleben lebendig. Eine Diashow erläutert die Reisen des berühmten Hausbewohners.

Öffnungszeiten Juni und Sept. Mo–Sa 10–11.30 und 14.30–18 Uhr; Juli/Aug. täglich zu den selben Zeiten; Okt. bis Mai nur Führungen: Mo–Sa 10 und 15 Uhr. Eintritt 4 €.

Baden

Plage de Bon-Secours: Der Hauptstrand von St-Malo an der Westseite der Ville Close (Rancemündung). Mehrere Tore führen durch die Stadtmauer hinaus auf den etwa 200 m langen Sandstreifen – bei Flut nicht mehr sehr breit, bei Ebbe weit ausgedehnt. Badefreunde können dann ins ältliche Ebbebecken (Sprungturm) eintauchen. Unterhalb der Stadtmauer gibt es Strandzelte und -schirme sowie Surf- und Segelausrüstung zu mieten, ein Kinderclub animiert die Kleinen.

Grande Plage: Der große Strand zieht sich von der Ville Close über gut 2½ Kilometer nach Osten. Begleitet von der langen Strandpromenade, ist er in drei ineinander übergehende Abschnitte geteilt. An die *Plage du Casino* schließt sich unmerklich die *Plage du Rochebonne* an, die, von einer Felsnase unterbrochen, zum schönsten Strandabschnitt führt – zur 800 m langen *Plage du Minihic*, deren Dünensaum nicht mehr so stark von der Hotel- und Häuserzeile Paramés verbaut ist. Die beiden ersten Strandreviere haben alle für ein Seebad obligatorischen Einrichtungen, in den Hotels und auf den Caféterrassen entlang der *Digue* gibt's Erfrischungen. Bei Ebbe dienen beide Strände Strandsurfern als hartsandige Rennbahnen. Der Strand von Minihic besitzt, abgesehen von den Anlagen des Jachtclubs und einigen Hotels, keine Infrastruktur, bietet aber an seiner Ostseite zwischen den Felsen unterhalb des *Forts de la Varde* lauschige Liegeplätze.

Plage du Val: Etwa 200 m langer, klippengesäumter und bei Flut 20 m breiter Strand, von den älteren Villen Rothéneufs eingerahmt, darüber ein zur Bar umfunktioniertes ehemaliges Grand-Hotel. Gemütliche Grünanlagen lockern die Atmosphäre auf. Surfer kommen hier auf ihre Kosten. Ordentliche Sanitäranlagen und Erste-Hilfe-Station.

Plage des Bas Sablons: Der Hauptstrand von St-Servan in der Hafenbucht, durch eine bei Ebbe aus dem Wasser aufragende Mauer vom Jachthafenbecken getrennt. 400 m lang, nicht allzu sauberes Wasser. Strandeinrichtungen entlang der Promenade.

Dinard (10.400 Einwohner)

Das älteste bretonische Seebad und, zusammen mit La Baule, das einzige von internationalem Format. Im Gegensatz zur betonierten Funktionalität des Konkurrenten an der Südküste herrscht in Dinard noch die steife Eleganz der vergangenen Belle Époque. Im Schatten von kolonialen Herrensitzen, Ferienvillen und filmreifen Grand-Hotels schlendern immer noch wohlgelaunte englische Herrschaften auf der Mondscheinpromenade: „Isn't it lovely, is it?"

Anfang der 30er Jahre des 19. Jahrhunderts kamen die ersten Touristen nach Dinard. 1836 entdeckte ein pensionierter britischer Konsul den Ortsteil *Prieuré* als Sommerfrische, 1852 mietete sich die englische Familie Faber in die „Villa Beauregard" ein. Nach der Jahrhundertmitte etablierten sich die ersten beiden Hotels, kurz darauf eröffnete das erste Casino. 1875 wurde der mondäne Jachtclub ins Leben gerufen und wenig später der berühmte Tennisclub von Dinard. 1880 schließlich fand sich eine Golfgemeinde zusammen, die noch heute zu den exklusivsten Frankreichs zählt.

Es gehörte zum guten Ton der feinen englischen Gesellschaft der Jahrhundertwende, eine Villa in Dinard zu besitzen, und zu Beginn des Ersten Weltkriegs hatte Dinard den Ruf gewonnen, das berühmteste und exklusivste Seebad Europas zu sein. Entlang der traumhaften Strände an der zerklüfteten Küste waren neben den großzügigen Ferienvillen über hundert Hotels aus dem Boden geschossen. Auf dem *Clair de Lune* promenierte des Abends die standesbewusste Eleganz, gefolgt von Parvenüs, die im Glanz berühmter Namen im Mondschein badeten.

Auch wenn heute das Gros der Touristen aus Frankreich kommt, so ist Dinards besondere Liaison zu England noch auf Schritt und Tritt zu spüren: *Lindfield & Company* verkauft Teas & Coffees, daneben bringt *Jane Petticoat* Mode an die Frau, in der *Association Lord Russel* sind die Engländer unter sich, und last but not least ist das *Festival du Film Britannique* ein kulturelles Highlight, das weit über die Stadtgrenzen hinausstrahlt.

Information/Verbindungen

- *Postleitzahl* 35800
- *Information* **Office de Tourisme**, nobel und großzügig oberhalb der zentralen Plage de l'Ecluse. Professionell und jede Menge Hochglanzpapier. Auskunft auch in Englisch und Deutsch. Juli/Aug. täglich 9.30–19.30 Uhr, Sept. bis Juni Mo–Sa 9.30–12.30 und 14–18.30 Uhr, So 14.15–18 Uhr. 2, boulevard Féart. ✆ 02.99.46.94.12, ✆ 02.99.88.21.07, info@ot-dinard.com, www.ot-dinard.com.
- *Flugzeug* Der Flugplatz des Großraums St-Malo/Dinard heißt Dinard-Pleurtuit und liegt an der D 168 südlich der Stadt. Flüge mit Aurigny Air Services nach Guernsey

Dinard 143

Über dem Hauptstrand von Dinard: Feriendomizile in bester Lage

(Info ✆ 02.99.46.70.28), und mit Ryan Air nach London-Stansted (Info ✆ 02.99.16.00.66). Flughafen ✆ 02.99.88.17.85.

● *Bus* Busse halten die Verbindungen in die Welt aufrecht, seit der Bahnhof abgerissen ist. Ausgangspunkt ist der alte Bahnhofsplatz. Der Verkehrsknotenpunkt für Dinard heißt St-Malo: stündlich 1 Bus über den Damm des Gezeitenkraftwerks (20 Min.) in die Piratenstadt und von dort weiter. Außerdem werktags im Sommer bis 9-mal nach Dinan und 6-mal die Küste nach Westen über St-Lunaire nach St-Jacut (in der Vor- und Nachsaison nur bis Ploubalay). Auskunft unter ✆ 02.99.46.10.04.

● *Fähre* Von 9.30–18.15 Uhr, im Juli/Aug. bis 23 Uhr zumindest stündlich **Personenfähre nach St-Malo** und wieder zurück. Ablegestelle des „Bus de Mer" am oberen Ende der Promenade Clair de Lune, einfache Fahrt 4 €, hin/zurück 6 €, Fahrrad 4,50 bzw. 7,50 €. Die Fahrt über die Rance-Mündung dauert 10 Minuten. Fahrpläne und Preise beim Office Tourisme oder an der Anlegestelle am Clair de Lune, ✆ 08.25.13.81.30.

Diverses

● *Internet* Cyberspot, 6, rue Winston Churchill. Kommunikation und Spiele, 11–24 Uhr, in der Nebensaison Di geschlossen.

● *Babysitting* Bei Bedarf vermittelt das Office de Tourisme professionelle Kinderaufpasser/innen.

● *Bootsausflug* Die Compagnie Corsaire am oberen Ende der Promenade du Clair de Lune bietet eine breite Palette an: 1-stündige „Entdeckung der **Bucht von St-Malo**" in 2½ Stunden (Abfahrt gezeitenabhängig) die **Rance** hinauf nach Dinan (Tipp: Einfache Fahrt buchen und mit dem Bus zurück). In der Saison 4-mal pro Woche 3-stündiger Bootsausflug zum **Cap Fréhel**, im Juli und August täglich eine Überfahrt nach **Cézembre**, zur Insel vor der Küste zwischen Dinard und St-Malo. Im Juli und August täglich ein Ausflug zur **Ile Chausey**. Extraservice für Hochseefischer: mindestens 3-mal wöchentlich halbtägige **Angelausflüge**; Auskunft und Reservierung: Corsaire, Clair de Lune. ✆ 08.25.13.81.30, www.compagniecorsaire.com.

Ebenfalls im Bootsausflugsgeschäft sind die „Croisières Châteaubriand", auf der 3-stündige **Gourmetkreuzfahrten** angeboten werden. Billigstes Menü inkl. Ticket ohne Getränke 54 €. Juni bis Sept. 1½-stündige **Rance-Rundfahrt**, Auskunft und

144 Côte Emeraude

Buchung: Croisières Châteaubriand, Gare Maritime, Barrage de la Rance (beim Gezeitenkraftwerk). ℡ 02.99.46.44.40, www.chateaubriand.com.
- *Busausflug* Von Juni bis Sept. ganztägige Busrundfahrten über das Cap Fréhel nach Dinan oder zum Mont-St.-Michel und nach Cancale. Zentrale Auskunft im Office de Tourisme.
- *Autoverleih* **Avis**, am Flughafen Dinard-Pleurtuit, ℡ 02.99.46.25.20.
- *Fahrradverleih* **Breiz Cycles**, 8, rue St-Enogat, ℡ 02.99.46.27.25.
- *Markt* Di, Do und Sa 6–13 Uhr in den Markthallen und auf dem Platz davor.
- *Festivals* **Festival des Britischen Films**, Anfang Oktober (zum 18. Mal 4.–7. Okt. 2007). Der eiserne Hitchcock oberhalb der Plage de l'Ecluse lässt seit Jahren grüßen, den Goldenen Hitchcock vergibt die Jury jährlich neu. Festivalbüro gleich hinter dem Office de Tourisme. www.festivaldufilm-dinard.com.
Festival de Musique de Dinard, im August, klassische Musik.
- *Schwimmbad* Beheiztes Meerwasserschwimmbecken mit 50-m-Bahnen in der Halle neben dem Casino. Geöffnet Feb. bis Dez.
- *Wassersport* **Point Passion Plage (Wishbone Club)**, Verleih von Surf- und Funbrettern, Katamaranen, Kanus und Kajaks. April bis Dez. geöffnet. Plage de l'Ecluse, ℡ 02.99.88.15.20.
Centre Nautique du Port-Blanc, Verleih von Kanus und Kajaks. Ganzjährig geöffnet. Rue Sergent Boulanger, ℡ 02.99.88.23.21.
Windschool, Surf- und Segelkurse, auch Verleih. Juni bis Aug. geöffnet. Plage de St-Enogat, ℡ 02.99.46.83.99.
Club Subaquatic Dinardais, fürs Tauchen zuständig. Ausflüge April bis Nov. 25, rue de Barbine, ℡ 02.99.46.25.18.
- *Reiten* **Centre Hippique et Pony Club**, etwa 1½ km südlich des Zentrums an der RN 168. 26 Ponys und 35 Pferde können gezäumt werden. Ausritte, diverse Kurse. Le Val-Porée, ℡ 02.99.46.23.57.
- *Tennis* **Tennis-Club de Dinard** im Parc de Port Breton, insgesamt 15 Plätze. Boulevard de la Libération, ℡ 02.99.46.10.17.
- *Golf* Der Golfklub residiert 8 km außerhalb bei St-Briac-sur-Mer. Schön an der Küste gelegene 18-Loch-Anlage. Näheres siehe *St-Briac-sur-Mer*.
- *Bridge* Sie befinden sich in einem klassischen, von England beeinflussten Seebad.

Übernachten
1 Hôtel Reine Hortense
2 Hôtel De la Vallée
5 Hôtel Printania
7 Hôtel Emeraude Plage
8 Grand Hôtel
9 Hôtel Les Tilleuls
10 Hôtel Les Mouettes
11 Hôtel Du Prieuré
12 Hôtel Beau Rivage

Essen & Trinken
2 Restaurant La Vallée
3 Restaurant Le Newport
4 Restaurant L'Appel du Large
6 Restaurant La Passerelle du Clair de Lune

Di, Do und Fr jeweils nachmittags professioneller Unterricht und „Partie libre" im Bridgeclub des Château de Port Breton. Kontakt ℡ 02.99.46.20.45.
- *Casino* Das Casino Municipal „Palais d'Emeraude" steht Spielern und Schaulustigen von März bis Nov. offen. 100 Maschinen, Boule, Roulette und Black-Jack. Mehrere Bars und ein Terrassenrestaurant über dem Damm. 4, boulevard Wilson.
- *Waschsalon* **Lavomatic de la Poste**, täglich 8–19 Uhr, gleich bei der Post. Rue des Saules.

Dinard 145

Côte Emeraude
Karte S. 125

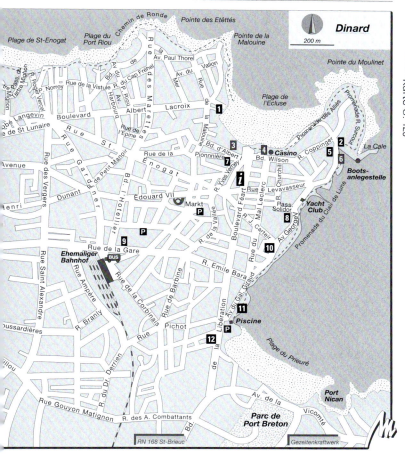

Übernachten

• *Hotels* **** **Grand Hotel Barrière (8)**, der elegante Belle-Epoque-Bau über dem Clair de Lune ist ein wahres Grand-Hotel. 90 voll ausgestattete Zimmer mit Blick zum Meer oder auf den beheizten Swimmingpool. 8 Suiten (de Luxe). Salon, Restaurant, Bar, Park usw. DZ ab 160 €, für 420 € residieren Sie in der Suite de luxe. Frühstück 18 €. Geöffnet April bis Okt. 46, avenue George V. ✆ 02.99.88.26.26, ✉ 02.99.88.26.27, grandhoteldinard@lucienbarriere.com, www.lucienbarriere.com.

*** **Reine Hortense (1)**, von Lage, Architektur und Ausstattung vom Feinsten. Herrliche alte Ferienvilla, Flair der Belle Epoque am Rand der Plage de l'Ecluse. 8 äußerst komfortable Zimmer. Noble Terrasse zum Strand. DZ 220 €. Geöffnet April bis Sept. 19, rue de la Malouine. ✆ 02.99.46.54.31, ✉ 02.99.88.15.88, reine.hortense@wanadoo.fr, www.villa-reine-hortense.com.

** **De la Vallée (2)**, am Anfang bzw. Ende der Mondscheinpromenade Clair de Lune. 23 für die Kategorie komfortable Zimmer, 17 davon mit Meerblick. Restaurant. DZ 60–105 €. Feb. bis Mitte Nov. und über Weihnachten/Neujahr geöffnet. 6, avenue George V. ✆ 02.99.46.94.00, ✉ 02.99.88.22.47, contact@hoteldelavallee.com, www.hoteldelavallee.com.

** **Printania (5)**, gegenüber dem Hotel de la Vallée. 56-Zimmer-Hotel. An das alte Gebäude an der Clair de Lune wurde ein neuer Block gesetzt. Schöne Aussicht auf die Rancemündung und St-Malo. Alle Zimmer mit Bad bzw. Dusche/WC. Fernsehsaal, Panoramabar, Restaurant. DZ 60–90 €. Geöffnet Mitte März bis Mitte Nov. 5, avenue George V. ✆ 02.99.46.13.07, ✉ 02.99.46.26.32, printania.dinard@wanadoo.fr, www.printaniahotel.com.

** **Emeraude Plage (7)**, 47-Zimmer-Hotel in zweiter Reihe zum Hauptstrand (50 m). Klassisches Natursteingebäude mit lang gezogenem Nebenflügel und neuerem Anbau. Hoteleigener Parkplatz. Fast alle Zimmer mit Bad oder Dusche/WC. DZ 54–88 €. Ganzjährig geöffnet. 1, boulevard Albert I. ✆ 02.99.46.15.79, ✉ 02.99.88.15.31, dinard@hotelemeraudeplage.com, www.hotelemeraudeplage.com.

** **Les Tilleuls (9)**, von außen nicht allzu attraktiv, innen aber renoviert. Gartenterrasse, 500 m zum Strand. 53 z. T. etwas enge Zimmer mit modernen Sanitärs. Restaurant mit 2 Speisesälen. DZ 50–70 €. Ganzjährig geöffnet. 36, rue de la Gare. ✆ 02.99.82.77.00, ✉ 02.99.82.77.55, hotel-de-tilleuls@wanadoo.fr, www.hotel-des-tilleuls.com.

** **Beau Rivage (12)**, 24 passable Zimmer, alle mit Bad/Dusche und WC. Lift, manche Zimmer mit Meerblick, zur Straße hin etwas laut. Im Erdgeschoss Zeitungscafé mit Tabakverkauf. DZ 45–60 €. Ganzjährig geöffnet. Place de Gaulle. ✆ 02.99.46.14.34, ✉ 02.99.46.70.45.

Du Prieuré (11). Nach der letzten Renovierung wird das Haus vermutlich mit 2 Sternen belohnt. Natursteingebäude steil oberhalb des gleichnamigen Strandes. 5 geräumige Zimmer mit Blick über die Bucht und auf St-Malo, alle Zimmer mit Bad/Dusche/WC. Restaurant mit herrlichem Blick, ausgezeichneter Küche und familiärer Behaglichkeit. DZ 70–85 €. Ganzjährig geöffnet. 1, place de Gaulle, ✆ 02.99.46.13.74, ✉ 02.99.16.07.75, didiermeril@wanadoo.fr.

Les Mouettes (10), klein, nett, etwas von der Mondscheinpromenade zurückgesetzt, an einem engen Gasseneck. 10 kleine, niedliche Zimmer, 6 davon mit Dusche oder Dusche/WC-Abteil, was die Zimmer dann zusätzlich verkleinert. Sehr freundlicher Besitzer. Rustikaler Frühstücksraum. DZ 35–39 €. Ganzjährig geöffnet. 64, avenue George V. ✆ 02.99.46.10.64, www.hotel-les-mouettes.co.

● *Campings* **** **De la Ville Mauny**, etwa 3 km außerhalb, an der D 603 Richtung St-Briac. Großzügiges Wiesenareal am Rand eines Wäldchens, Hecken, Zierpflanzen und kleine Tannen lockern die 200 Parzellen auf. Lebensmittel, Snackbar, Restaurant, Waschmaschinen, geheiztes Schwimmbecken, Sauna, Tennis. Gepflegte, ausreichend konzipierte Sanitärblocks. Sport- und Freizeitangebote, zum nächsten Strand gut 3 km. Mietcaravans und -zelte, einige Bungalows. Rue de la Ville Mauny. ✆ 02.99.46.94.73, ✉ 02.99.88.14.68.

*** **Port Blanc**, unter Gemeindeverwaltung. 6-ha-Gelände mit fast 400 Stellplätzen in bester Lage an der feinsandigen, felsgesäumten Plage de Port-Blanc. unterhalb des Sportgeländes. Herrliche Aussicht auf den Plätzen in der ersten Reihe. Mehrere terrassenförmige Ebenen, wenig Schatten und etwas veraltete, doch gepflegte Sanitärgebäude im Bunkerstil. Einkaufsmöglichkeiten an der platzeigenen „Basarzeile", verschiedene Animationsangebote. Geöffnet April bis Sept. Rue Sergeant Boulanger. ✆ 02.99.46.10.74, ✉ 02.99.16.90.91, dinard.camping@free.fr.

Hitchcock und seine „Vögel"

Essen (siehe Karte S. 144/145)

• *Restaurants* **La Vallée (2)**, weil auch das Auge mitisst. Das Restaurant des Hotels an der Mondscheinpromenade bietet neben einem schönen Blick auch eine sehr ordentliche Küche. Spezialität sind Fisch und Meeresfrüchte in all ihren Spielarten, dazu bretonische Schmankerlküche. Menü 29–39 €. 6, avenue Georg V, ✆ 02.99.46.94.00.
La Passerelle du Clair de Lune (6), praktisch gegenüber dem La Vallée. Internationale Küche, z. B. Menu Passerelle Destination le Pacifique (u. a. roher Fisch mit Kokosmilch und Mangosalat) oder Menu Passerelle Destination la Scandinavie. Mo/Di geschlossen. Promenade du Clair de Lune, ✆ 02.99.16.96.37.
L'Appel du Large (4), im Restaurant des Casinos kann man sich ins mondäne Dinard vergangener Jahrzehnte zurückversetzen lassen. Riesige Glasscheiben mit grandiosem Blick aufs Meer und Preise, die schlimmer sein könnten: Menü 16 €. 4, boulevard Wilson, ✆ 02.99.16.30.30.
Le Newport (3), preiswert und ohne große Ambiance-Ambitionen. Restaurant, Crêperie, Brasserie, Bar – alles in einem. Crêpes und Galettes werden hier ebenso verzehrt wie Magrets de canard, Moules & Frites und Meeresfrüchteplatten. 8, rue Yves Verney, ✆ 02.99.46.50.18.
• *Außerhalb* **Repaire des Corsaires**, wer das Speisen gleich mit einem kleinen Ausflug auf die in der Bucht gelegene *Ile Cézembre* verbinden möchte, dem sei dieses Meeresfrüchterestaurant empfohlen. Gehobene Preise, ✆ 02.99.56.78.22. Sinnvoll ist es, sich vorab zu erkundigen, ob das Lokal geöffnet ist. Überfahrt mit Corsaire.

Sehenswertes

Promenade: Dinard liegt teils über den Klippen und Felsen entlang der Rancemündung, teils blicken die noblen Ferienvillen oder modernen Appartementblocks aufs offene Meer. Unterhalb des felsigen Küstensaums, auf dem die Villen des Seebads stehen, windet sich ein Pfad, in die Klippen gehauen oder betonbefestigt, an der Küste entlang.

Der *Chemin de Ronde* (Rundweg) ist in mehrere Abschnitte gegliedert, der prominenteste davon ist die *Promenade du Claire de Lune*. Zwischen der *Plage du Prieuré* und der *Pointe du Moulinet* begleitet die Mondscheinpromenade die Rance auf ihren letzten Metern in den Ozean. Der blumengeschmückte Fußgängerdamm unterhalb der steil aufsteigenden Felsen – in der Saison abends bunt illuminiert und von Lautsprechern beschallt – lockt nicht nur Liebespaare zu einem romantischen Spaziergang.

Um die überbaute *Pointe du Moulinet* herum, von der man ein prächtiges Panorama auf St-Malo genießt, erreicht man die feinsandige *Plage de l'Ecluse* – Dinards Paradestrand. Der Küstenpfad führt – begleitet von den Villen auf den Klippen – zur *Pointe de la Malouine* und weiter zur *Pointe des Etêtés*: Im Ozean schwimmen die vorgelagerten Inselchen, unterhalb der Landspitze liegen die Terrassen des Parks von Port-Riou. Von dort ist bei klarer Sicht das Cap Fréhel zu erkennen. Hinter der *Plage de St-Enogat* führt ein in den Felsen gehauener Treppenweg erst steil hinauf, bevor man die *Plage de Port Blanc* am westlichen Stadtrand erreicht.

Baden

Plage de l'Ecluse: Dinards Renommierstrand beim Casino. Im Sommer von gestreiften Strandzelten gesäumt, zu jeder Jahreszeit dahinter die Fassadenfront repräsentativer Ferienresidenzen. Der 300 m breite Strandabschnitt mit Blick aufs offene Meer bleibt bei Flut gerade breit genug für die Sonnenanbeter, bei Ebbe geht es feinsandig und flach ins Wasser. Die Infrastruktur lässt nichts zu wünschen übrig: Umkleidekabinen, Duschen, Strandzelte Strandliegen, Sonnenschirme ...

148 Côte Emeraude

Fluss-Straßen-Kreuzung beim Gezeitenkraftwerk

Plage du Prieuré: Der 300-m-Strand am Ende der Mondscheinpromenade erstreckt sich ganz reizvoll vor den Klippen der Mündungsbucht. Da er noch in der Rancemündung gelegen ist, verschlickt der Strand bei Ebbe völlig. Schwimmbecken am Rand des Strandes. Bei höherem Wasserstand viel besucht. Schöner Blick auf St-Malo.

Plage St-Enogat: Über dem 250 m langen, bei Flut noch gut 20 m breiten Strandabschnitt, ein Stück hinter der *Pointe des Etêtés*, thronen Ferienhäuser und Residenzen. Eingerahmt von Klippen, öffnet sich die Bucht zum Meer. Surf- und Segelrevier. Kleine Snackbar oberhalb des Strandes. Zu erreichen über die Straße vom Zentrum oder – idyllischer – über den betonierten Strandpfad.

Plage de Port Blanc: Am westlichen Ortsrand von St-Enogat (Richtung St-Lunaire, ausgeschildert) bietet der etwa 100 m breite Feinsandstrand gute Bademöglichkeiten. Sehr flach und deshalb bestens für Kinder geeignet. Bei Ebbe gut 250 m bis zum Atlantik. Hauptstrand für die Campinggäste vor Ort.

Dinard/Umgebung

Gezeitenkraftwerk (Usine Marémotrice): Das erste Gezeitenkraftwerk der Welt. Erste Pläne für den Bau wurden bereits 1941 geschmiedet, ausgeführt wurden sie 1961. Nach knapp sechsjähriger Bauzeit konnte die imposante Wasserkraftanlage 1966 von der staatlichen Elektrizitätsgesellschaft E.D.F. in Betrieb genommen werden. Das Prinzip des Kraftwerks beruht auf der Nutzung der riesigen Wassermassen, die die Rance in ihrem Unterlauf befördert (18.000 Kubikmeter pro Sekunde), und dem extremen Gezeitenwechsel, der in der Rance-Mündung einen Tidenhub von fast 14 m erreicht. Durch einen 750 m langen Damm zwischen der *Pointe de la Briantais* und der *Pointe de la Brebis* wird der Fluss zu einem 22 qkm großen See aufgestaut, dessen Wassergefälle über 6 Schleusentore so reguliert werden kann, dass die 24 Rohrturbinen im Inneren des Dammes bei Ebbe und Flut arbeiten. Sie erzeugen jährlich fast 600 Millionen Kilowattstunden Strom, was dem Verbrauch einer Stadt mit 300.000 Einwohnern entspricht.

Über den Staudamm führt die Verbindungsstraße zwischen St-Malo und Dinard; eine Plattform oberhalb der gurgelnden Strudel und Wirbel am Fuß der Turbinenanlagen erlaubt einen weiten Blick über das sich zum Ozean öffnende Rancetal. Auf der Westseite des Stausees regeln eine Hebebrücke und eine 65 m lange Schleuse den Schiffsverkehr zwischen Fluss und Atlantik.

Ein kleines *Dokumentationszentrum* im Gezeitenkraftwerk zeigt ein Modell und erklärt mit interaktiven Bildschirmen das Funktionieren der Anlage – von der Ursache der Gezeiten bis zur brennenden Glühbirne. Die Besucher können sich auch in den virtuellen Kommandostand begeben oder einfach einen Blick auf einen ganz reellen Teil der Innereien des Kraftwerks werfen.

Öffnungszeiten April bis Sept. Mo–Sa 10–18 Uhr, So 10–12.30 und 13.30–18 Uhr. Eintritt frei.

Jardins du Montmarin: Das 1760 erbaute Schloss im Stil Ludwig XV. befindet sich direkt am Ufer der Rance in der Nähe von Dinard und St-Malo. Neben einigen interessanten Details, wie z. B. dem Dach, das die Form eines umgedrehten Schiffsbauchs hat, oder dem ganz in Marmor ausgeführten Brunnen im Ehrenhof des Schlosses, ist vor allem der terrassenförmig zur Rance hinunter angelegte Park (teils à la française, teils à l'anglaise) einen Besuch wert.

Öffnungszeiten April bis Okt. 14–19 Uhr, Sa geschlossen. Eintritt 5,60 €, Kinder 3,60 €.

Dinan (ca. 10.900 Einwohner)

Dinan ist eine der mittelalterlichen bretonischen Städte, deren Architektur, Kultur und Geschichte etliche Maler und Literaten in ihren Bann zog. Der Romancier Victor Hugo notierte: „Eine schöne alte Stadt, angeklebt und zugemauert auf einem Hang über dem Abgrund wie ein Schwalbennest."

75 m hoch erhebt sich das Felsplateau über dem Fluss. Dinan wird von einem festen, fast kompletten Mauerwall mit trutzigen Türmen und malerischen Toren umringt, hinter dem sich in verwinkelten Gassen über 100 Fachwerkhäuser drängen. Als *Ville d'Art et d'Histoire* ist Dinan ein nationales Kulturdenkmal und bezeichnet sich mit Recht als die „am besten erhaltene bretonische Stadt". Umso unverständlicher ist es, dass die Stadt kein vernünftiges Verkehrskonzept entwickelt: Trotz der Schnellstraße Rennes–St-Malo rollt ein beträchtlicher Teil des Schwer- und Fernverkehrs weiterhin mitten durch Dinan.

Von der lebhaften Oberstadt führt eine der idyllischsten Gassen der Bretagne steil hinunter zum Hafen *(Le Port)* am Ufer der Rance – Startpunkt für einen Bootsausflug oder Endstation eines schönen Spaziergangs bei Crêpes und Cidre.

Geschichte

Historisch verbürgt ist Dinan seit 1065: Der berühmte Wandteppich von Bayeux in der Basse-Normandie zeigt die von Wilhelm dem Eroberer belagerte Stadt. Ihre Ursprünge liegen wahrscheinlich in der gallo-römischen Zeit, damals dürfte sich am heutigen Hafen eine Furt befunden haben. Keimzelle Dinans ist die Abtei von Lehon, bereits zur Zeit der britannischen Invasion eine wichtige Pfarrgemeinde. Der Aufstieg zur bedeutenden Handels- und Garnisonsstadt der Bretagne vollzieht sich ab dem frühen 12. Jahrhundert. Im 13. und 14. Jahrhundert wird die aufstrebende Stadt von den bretonischen Herzögen mit einem Wall von 2600 m Länge, elf Türmen und vier Toren befestigt und bald darauf mit einem mächtigen Donjon

150   Côte Emeraude

Rue de l'Horloge

bewehrt. Im Hundertjährigen Krieg ist Dinan des Öfteren Tagungsort der aristokratischen Ständeversammlung und umstrittener Spielball herzoglicher Interessen. Engländer und Franzosen wechseln sich in der Belagerung der Stadt ab, bis sie 1359 von ihrem berühmtesten Helden (siehe Kastentext *Bertrand Duguesclin*) gerettet wird.

Die Dinannais sind geschäftstüchtig, der Hafen floriert, die Handwerksbetriebe haben volle Auftragsbücher. Neben der Erzeugung hochwertiger Lederartikel gilt die Stadt als Spezialistin für die Produktion von Leinwand und Tuch. Dinans wirtschaftliche Blüte und seine politische Bedeutung erreichen gegen Ende des 15. Jahrhunderts den Höhepunkt: Unter der Regentschaft des friedfertigen Herzogs *Franz II.* florieren die Geschäfte, seine Tochter *Anne* bezeichnet Dinan mit gutem Grund als „Schlüssel meiner Schatztruhe" und kümmert sich fürsorglich um die Stadt. Die Wohlhabenden bauen sich schöne Fachwerkhäuser, 1507 spendiert die Herzogin den gehorsamen, fleißigen Bürgern die Glocke für das neue Rathaus (*Tour de l'Horloge*). 1585 beginnt unter dem französischen Gouverneur *Mercoeur* der Ausbau des Schlosses, einer Befestigungsanlage, die weder von außen noch von innen geknackt werden kann. Der ängstliche Mann fürchtet die mächtigen Dinannais, die sich immer heftiger gegen die französische Einflussnahme wehren. Im Lauf des 17. Jahrhunderts entdeckt die katholische Kirche Dinan: Franziskaner, Benediktinerinnen und Dominikanerinnen quartieren sich in der gut geschützten Stadt ein.

1790 schlägt Dinans schwärzeste Stunde. Die Stadt, eine Bastion der französischen Krone und Sitz ihrer Seneschalle, leidet schwer unter den Attacken der revolutionären Truppen. Mit der Industrialisierung sinkt Dinans wirtschaftliche Bedeutung, ohne jedoch ganz zu verschwinden. Die Händler und Handwerker, die Messen und Märkte, die Dinan über vier Jahrhunderte zur Wirtschaftskapitale im Pays de Rance gemacht haben, können sich über die Zeit retten. Ein neuer Aufschwung zeichnet sich mit dem touristischen Zeitalter ab.

Information/Verbindungen

- *Postleitzahl* 22100
- *Information* **Office de Tourisme**, viele und gut strukturierte Informationen. Juli/Aug. Mo–Sa 9–19 Uhr, So 10–12.30 und 14.30–18 Uhr; Sept. bis Juni Mo–Sa 9–12.30 und 14–18 Uhr. 9, rue du Château.

Dinan

✆ 02.96.87.69.76, ✆ 02.96.87.69.77, infos@dinan-tourisme.com, www.dinan-tourisme.com.
- *Zug* Dinan liegt auf der Nebenlinie Dol–St-Brieuc. Werktags (inkl. Samstag) 5-mal über Dol nach Rennes (90 Minuten), in den Sommermonaten auch an Sonn- und Feiertagen mindestens 3 Züge. Über Lamballe nach St-Brieuc (1 Stunde) mindestens 3-mal täglich, im Sommer auch sonn- und feiertags. In der Hochsaison mehrmals täglich Anschluss an den Zug Rennes–Dinard. Der Bahnhof liegt westlich der Altstadt an der Place du 11 Novembre 1918.
- *Bus* Zentrale Bushaltestelle vor dem Bahnhof. Nebenhaltestelle auf der Place Duclos im Zentrum. 6-mal täglich nach Dinard (30 Minuten), 4-mal St-Malo, an Sonn- und Feiertagen 2–3 Busse. Richtung Rennes über Bécherel bis zu 6-mal täglich.
- *Stadtbusse* Ein kleines Stadtbusnetz, bestehend aus 4 Linien, verbindet alle Stadtteile mit der Altstadt.

Diverses

- *Parken* Ein größerer Parkplatz liegt unterhalb des Schlosses (ausgeschildert), weitere Parkflächen in der Nähe der Post, z. B. an der Place Duguesclin. Die Dinannais sind Ihnen dankbar, wenn Sie Ihr Fahrzeug außerhalb der Stadtmauern parken.
- *Petit Train* Von Ostern bis Sept. kommentierte Rundfahrt im kleinen Zug zu den wichtigsten Sightseeing-Stationen: Altstadt, Hafen, Schloss, Stadtmauer. Abfahrt alle 40 Min. beim Theater zwischen der Basilique St-Sauveur und dem Office de Tourisme; in der Nebensaison Do und Sonntagvormittag keine Fahrten.
- *Bootsausflüge* Mai bis Sept. mit der Compagnie Corsiare die **Rance hinab nach Dinard und St-Malo**. Eine 25 km lange, romantische Bootsfahrt durch ein landschaftlich sehr eindrucksvolles Flusstal – vorbei an Schlössern, Fischerdörfern und der Insel der Mönche. Auf der Fahrt lernt man vielleicht die Legenden der Bretagne besser verstehen. Die Abfahrtszeiten richten sich nach Ebbe und Flut. Fahrtdauer 2 Std. 45 Min. Erwachsene 26 €, 1- bis 16-Jährige 15,50 €. Rückfahrt (Gezeiten!) oft nur mit dem Bus.
Ebenfalls von Mai bis Sept. bietet Corsaire eine kommentierte 1-stündige **Rundfahrt die Rance flussabwärts nach La Hisse und zurück**. Erwachsene 7,50 €, 2- bis 12-Jährige 5 €. Abfahrt am Hafenkai Compagnie Corsaire. ✆ 08.25.13.80.35, www.compagniecorsaire.com
- *Fahrradverleih* **Cycles Yves Gauthier**, in Bahnhofsnähe. 15, rue Deroyer, ✆ 02.96.85.07.60.
- *Einkaufen* Dinan ist eine Stadt des Kunsthandwerks. Mehrere Spitzenbetriebe der Glasbläser-, Töpfer-, Seidenmaler-, Web- und Holzschnitzerkunst bieten ihre Produkte an. Vor allem in der Straße hinab zum alten Hafen (Rue du Jerzual/Rue du petit Fort) haben sich etliche Meister niedergelassen.
- *Markt* Großer **Wochenmarkt** auf der Place du Champ und der Place Duguesclin jeden Donnerstag 8–13 Uhr. Bunte Kulisse für einen netten Einkaufsbummel unter den Augen des Helden der Stadt. Ständiger **Fischmarkt** in der Halle aux Poissons zwischen Rathaus und der Kirche St-Malo. Am Samstag **Früchte- und Gemüsemarkt** in der Rue Carnot. Juli/Aug. jeden Mittwoch (Juni und Sept. nur am 1. Mittwoch) **Flohmarkt** auf der Place St-Saveur.
- *Feste* Eine Fülle von Folklore-, Musik- und Marktfesten. Das Festjahr beginnt in der

Rue du Jerzual

152 Côte Emeraude

1. Juliwoche mit dem **Festival des Terre-Neuvas** im 5 km südwestlich von Dinan gelegenen Ort Bobital. In Erinnerung an die bretonischen Hochseefischer, die jährlich mit mehreren Booten nach Neufundland aufbrachen, finden Konzerte traditioneller und internationaler Künstler statt. www.festival-terre-neuvas.com.
In der 2. Juliwoche folgt das **Festival international de Harpe celtique** (traditionelle Musik und Tänze). www.harpe-celtique.com.
Das ausgefallenste und größte Fest ist die **Fête des Remparts**, das Stadtmauerfest, das alle 2 Jahre (Jahre mit gerader Endziffer) an einem Wochenende in der 2. Julihälfte stattfindet. Mittelalterliche Trachtenumzüge (5000 Kostümierte), Turniere und reiches Animationsprogramm in den Altstadtstraßen.

Das 1. Novemberwochenende gehört dem Apfel. Auf der **Fête de la Pomme** im knapp 2 km westlich von Dinan gelegenen Quévert werden lokale Spezialitäten (Cidre und Schnaps) vorgestellt und prämiert. Ausgelassene Erntedankfeierlichkeiten.

• *Schwimmbad* Zwei Freibäder laden zur Erfrischung ein: die **Piscine Municipal** in der Rue du Champ Garel (nördlich der Altstadt) und die **Piscine des Pommiers** im Örtchen Léhon (siehe *Umgebung*), in Nachbarschaft der alten Benediktinerabtei.

• *Waschsalon* Cool waschen, cool aussehen. **Pressing-Laverie 2000**, Reinigung und Wasch-Selfservice in der Rue de Brest 16 (Verlängerung der Rue des Rouairies Richtung Brest/St-Brieuc).

Übernachten

• *Hotels* *** **Le d'Avaugour (7)**, auf dem Marktplatz. Hinter der eleganten Natursteinfassade aus dem 18./19. Jh. verbirgt sich ein komfortables Hotel mit hohen, lichten und nett möblierten Räumen. 21 Zimmer mit Bad/Dusche/WC und 3 Familiensuiten. Schöne Gartenterrasse zur Stadtmauer hin. DZ 68–120 €, stark saisonabhängig. Geöffnet Mitte Feb. bis Mitte Nov. 1, place du Champ, ✆ 02.96.39.07.49, ℻ 02.96.85.43.04, avaugour.hotel@wanadoo.fr, www.avaugourhotel.com.

** **Le Challonge (8)**, ganz angenehme, komfortable Zimmer mit guter sanitärer Ausstattung, auch Familiensuiten. Neu ist der WiFi-Zugang. DZ 48–63 €. Ganzjährig geöffnet. 29, place Duguesclin. ✆ 02.96.87.16.30, ℻ 02.96.87.16.31, lechallonge@wanadoo.fr, www.lechallonge.fr.st.

** **La Tour de l'Horloge (2)**, 10-Zimmer-Hotel in einer engen Altstadtgasse. Komfortabel eingerichtet, sanitär sehr gut ausgestattet. DZ 44–55 €. Ganzjährig geöffnet. 5, rue de la Chaux. ✆ 02.96.39.96.92, ℻ 02.96.85.06.99, hiliotel@wanadoo.fr, http://perso.wanadoo.fr/hotel-latourdelhorloge.

** **Les Grandes Tours (10)**, von der Inter-Hotel-Kette geführt. 34 Zimmer, sachlich möbliert, die meisten liegen nach hinten und sind daher ruhig. Hoteleigener Parkplatz. DZ 45–48 €. Januar geschlossen. 6, rue du Château. ✆ 02.96.85.16.20, ℻ 02.96.85.16.04, carregi@wanadoo.fr, www.lesgrandestours.com.

* **La Duchesse Anne (9)**, nettes kleines Fachwerkhaus mit 9 kleinen Zimmern „tout comfort" inkl. TV und Telefon, 2 davon für Großfamilien (max. 8 Personen). DZ je nach Standard 40–46 €. Ganzjährig geöffnet. 10, place Duguesclin. ✆ 02.96.39.09.43, ℻ 02.96.87.57.26.

Hôtel-Pub St-Sauveur (3), säulengestütztes Fachwerkhaus mit 6 unterschiedlich großen Zimmern, davon eines für Familien. In der 3. Etage Mansardenzimmer, auch diese mit Dusche/WC. Freundliches, lebendiges Pub im Erdgeschoss mit Snacks und Billardtisch. DZ 35–43 €. Ganzjährig geöffnet. 21, place Saint-Sauveur.
✆ 02.96.85.35.20, ℻ 02.96.87.91.66.

• *Jugendherberge* Etwa 2 km außerhalb, auf dem Weg zum Camping de la Halleraie (s. u.); in der ehemaligen Mühle von Méen. 70 Plätze in 2- bis 8-Bett-Zimmern, Selbstversorgerküche, Campingmöglichkeit im Park. Übernachtung 11,50 €. Januar geschlossen. Vallée de la Fontaine des Eaux. ✆ 02.96.39.10.83, ℻ 02.96.39.10.62, dinan@fuaj.org, www.fuaj.org (dort sich auf der Karte durchklicken).

• *Campings* **** **De la Hallerais**, etwa 4 km außerhalb, an der Landstraße D 12 kurz vor dem Dörfchen Taden (ausgeschildert). Großzügige 10-Hektar-Anlage mit 220 Stellplätzen in einer Waldlichtung oberhalb der Rance. Der Platz ist penibel gegliedert und von Teerstraßen durchzogen, Hecken und Blumenbeete lockern auf. Wenig Schatten. 3 sehr gepflegte sanitäre Blocks, Waschmaschinen, Supermarkt, Pizzeria, vorgekochte Gerichte, Bar, Mobilhome-Vermietung, TV-Saal, Spiel- und Leseräume. Im Sommer beheiztes Schwimmbecken, 3 Tennisplätze,

Dinan 153

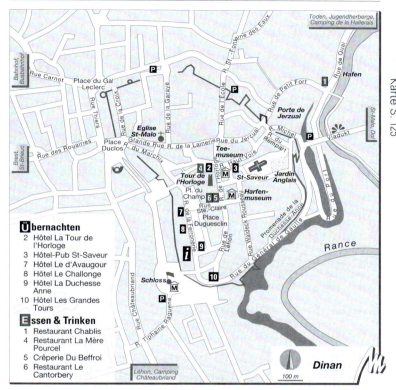

Côte Emeraude — Karte S. 125

Übernachten
2 Hôtel La Tour de l'Horloge
3 Hôtel-Pub St-Saveur
7 Hôtel Le d'Avaugour
8 Hôtel Le Challonge
9 Hôtel La Duchesse Anne
10 Hôtel Les Grandes Tours

Essen & Trinken
1 Restaurant Chablis
4 Restaurant La Mère Pourcel
5 Crêperie Du Beffroi
6 Restaurant Le Cantorbery

Minigolf. Geöffnet Mitte März bis Okt. Taden. ✆ 02.96.39.15.93, ℡ 02.96.39.94.64, www.wdirect.fr/hallerais.htm.

** **Municipal Châteaubriand**, unterhalb des Schlosses, an der Straße stadtauswärts nach Lehon. Kleines, nüchternes Rasengelände mit 50 zum geringeren Teil schattigen Stellplätzen. Die einfachen, aber gepflegten Sanitäranlagen reichen bei voller Belegung nicht aus. Geöffnet letzte Juniwoche bis Mitte September. 103, rue Châteaubriand. ✆ 02.96.39.11.96, ℡ 02.96.87.08.40.

Essen

• *Restaurants* **La Mère Pourcel (4)**, Dinans berühmteste Speisegaststätte. In einem schön restaurierten Fachwerkhaus aus dem 15. Jh. im Herzen der Altstadt. Gemütlicher Speiseraum mit mittelalterlichem Flair (Naturstein, Holz, antike Möbel) und Restaurantterrasse zum Promenierplatz hin; mehrere Kochmützen für gediegene Küche. Menüs 18–50 €. Sonntagabend und Mo sowie im Feb. geschlossen. 3, place des Merciers, ✆ 02.96.30.03.80.

Chablis (1), direkt am Hafenkai. Das frühere Relais des Corsaire hat mit den neuen Besitzern den Namen gewechselt. Urwüchsiges Ambiente in einem Haus aus dem 15. Jh. Eine freundliche Equipe serviert alles, was aus dem Meer kommt. Menüs von 16–25 €. Die schöne Gartenterrasse gegenüber, direkt an der Rance, ist die Brasserie-Abteilung in gleicher Regie. Im Winter Sonntagabend und Mo geschlossen. 7, rue du Quai, ✆ 02.96.39.40.17.

Le Cantorbery (6), auf 2 Etagen: im Oberstüblein sorgt viel Holz für eine intime

Atmosphäre, im Erdgeschoss wird am offenen Feuer gegrillt, auf beiden Etagen derselbe, etwas befremdlich anmutende Teppich. Spezialität des gepflegten mittelständischen Etablissements sind auf diverse Arten zubereitete Jakobsmuscheln und bretonischer Hummer. Aber auch Tiere vom Land zieren die Speisekarte. Menüs 13–24 €. In der Nebensaison Mi geschlossen. 6, rue Sainte-Claire, ✆ 02.96.39.02.52.

• *Crêperie* **Du Beffroi (5)**, im alten Steingemäuer direkt gegenüber dem Theater. Sehr freundlicher Service. Crêpes und Galettes, aber auch Crêpemenüs von 7,50–16 €. In der Nebensaison Mi geschlossen. 3, rue de l'Horloge, ✆ 02.96.39.03.36.

Sehenswertes

Stadtspaziergang: Als Ausgangspunkt eines Stadtspaziergangs bietet sich die *Place Duguesclin* an, der Marktplatz ein Katzensprung nördlich des Schlosses. Vor gut 600 Jahren war er Schauplatz des Duells zwischen Duguesclin und dem Ritter von Canterbury (siehe Kastentext *Bertrand Duguesclin*). Heute wird er von stolzen Bürgerhäusern aus dem 17. und 18. Jahrhundert umringt, in der Mitte thront die Reiterstatue des Volkshelden, eine Arbeit des durch den Erzengel vom Mont-St-Michel berühmt gewordenen Bildhauers *Emmanuel Frémiet*. Auf der Höhe des Denkmals führt die *Rue Ste-Claire* in die *Rue de l'Horloge*, eine der malerischsten Straßen Dinans. Gleich rechts steht ein auf drei Säulen abgestütztes Fachwerkhaus, das *Hôtel Kératry*, heute Sitz des Harfenmuseums. Schräg gegenüber, ebenfalls auf drei Säulen abgestützt, zeigt sich die *Maison du Gisant* (16. Jh.), benannt nach der kopflosen Liegefigur zwischen den Säulen, die vermutlich aus einer Kirche hierher gelangte. Wenige Schritte weiter erhebt sich der *Glockenturm* (s. u.).

Knapp nach dem Turm, bei einem alten (noch nicht verfallenen) Fachwerkhaus, gelangt man links zur malerischen *Place des Merciers* mit dem vielleicht schönsten Fachwerkhaus Dinans, dem heutigen Feinschmeckerlokal „La Mère Pourcel" (siehe *Essen*). Ihr schließt sich die nicht weniger schmucke *Place des Cordeliers* an. Hier sind noch einige *Maisons à vitrines* zu sehen, deren hohe Fenster ohne Sims ins Gemäuer eingelassen sind.

Am Ende der *Place des Cordeliers*, beim gotischen Portal eines ehemaligen Franziskanerklosters, das heute als Schule Verwendung findet, führt rechts die *Rue de la Lainerie* in Dinans idyllischste Straßenzeile, die *Rue du Jerzual*; bis zum Bau des Viadukts Mitte des 19. Jahrhunderts war sie die Hauptverkehrsader zwischen Oberstadt und Hafen. Die kopfsteingepflasterte, steil zum Fluss hinunterführende Gasse wird von restaurierten Fachwerkhäusern gesäumt. Nach der *Porte du Jerzual* (13.–15. Jh.) führt sie als *Rue du Petit Fort* hinunter zur Rance. Heute haben sich in den idyllischen Häuschen entlang des Wegs zum Hafen Dinans Kunsthandwerker niedergelassen. In den Ateliers und kleinen Magazinen können Sie den Meistern beim Glasblasen, Figurenschnitzen oder Weben zuschauen und das eine oder andere Souvenir erstehen. Am steilen Ende der Gasse liegt der *Hafen*: Restaurants, Bars und Cafés, Ausflugsboote und Jachten liegen am Kai, malerisch überspannt das unlängst renovierte gotische Brücklein die Flussschleife der Rance, dahinter, hoch oben, rollt der Verkehr über den *Viaduc*.

Hinweis aufgrund einer Leserzuschrift: Der ganz und gar empfehlenswerte Spaziergang hinunter zum Hafen hat nur einen Haken: Für den Rückweg gibt es keine Alternative. Der Aufstieg zurück in die Oberstadt kann schweißtreibend sein, wenn die Sonne brennt – zumal, wenn man in Motorradkluft unterwegs ist.

Stadtmauerspaziergang: Dinans Stadtmauer, im 13. Jahrhundert errichtet und hundert Jahre später erweitert, ist der älteste Stadtwall der Bretagne. Trotz einiger Lücken ist er so gut wie ganz erhalten, 2600 Meter wehrhafte Mauern umschließen etwa 30 Hektar, in die sich das alte Dinan zwängt.

Der Stadtwall ist fast vollständig begehbar, am schönsten sind die Ost- und die Südostseite. Beginnen Sie Ihre Tour bei der *Kirche St-Sauveur*, an die sich der *Jardin Anglais* anschließt, ein vor allem an schönen Sommertagen von mittagspausierenden Angestellten und Schülern bevorzugter Sonnenplatz, abgeschlossen von einer niedrigen Mauerbrüstung, hinter der die Mauer steil zum Hafen hin abfällt. Auf der von Bäumchen und Bänken gesäumten *Promenade de la Duchesse Anne* in südlicher Richtung genießen Sie ein reizendes Panorama: Malerisch windet sich unten die Rance. Durch die steinernen Bögen des Viadukts, der seit 1852 das Tal in 40 m Höhe auf 250 m Länge überspannt, gleitet der Blick zu den Ausflugsbooten im alten Hafen.

Volksheld Duguesclin

Château/Museum: Das einst stolze Schloss von Dinan ist heute ziemlich lädiert, zeigt aber immer noch imposante Ansichten. Die ältesten Teile gehen auf das 13./14. Jahrhundert zurück: die *Porte du Guichet*, der Südausgang der Stadt, flankiert von zwei Rundtürmen mit schmalen Schießscharten, und der 34 m hohe *Donjon*, in dem sich das *Musée de Dinan* befindet. Die beiden Befestigungsteile wurden im 15. Jahrhundert durch die mächtige *Tour de Coëtquen* ergänzt, dem ehemaligen Kerker mit bis zu vier Meter dicken Mauern, in dessen feuchter Tiefe heute mehrere Liegefiguren versammelt sind, die unter der diffusen Beleuchtung etwas unheimlich wirken.

Das *Museum* beherbergt in drei Sälen Exponate zur bretonischen Geschichte und zur Geschichte Dinans. Hinter der noch funktionierenden Zugbrücke des Donjons werden Sie am Eingang erst von einigen Heiligen- und mehrere Jesus-Skulpturen begrüßt. Im *1. Stockwerk* wird neben drei Webstühlen eine Sammlung schlohweißer, fein gebundener Hauben in allen Größen gezeigt, nach Ortschaften und Regionen gegliedert. Im *Saal der Wachen* (Zwischenstockwerk) veranschaulichen bretonische Möbel und Regale mit alten Gewichten und Maßeinheiten das Alltagsleben. Im *Obergeschoss* sind die berühmten Persönlichkeiten Dinans versammelt, unter ihnen *Théodore Botrel* (Barde und Sohn der Stadt), *Auguste Pavie* (Forscher und Diplomat) und natürlich *Bertrand Duguesclin*, der Feldherr zu Pferd. Und schließlich die „Büste von Charlie", einem Kellner-Original, das Anfang des 20. Jahrhunderts in einem Pariser Künstlerlokal zu literarischen Ehren kam.

Die Plattform über dem Wehrgang erlaubt einen Rundblick: Markant ragen drei Türme aus dem grauen Dach- und Schornsteingewimmel Dinans in den Himmel, links der *Turm der Kirche St-Malo*, in der Mitte die *Tour de l'Horloge* und rechts die Spitze der *Basilika St-Sauveur*.

Ganz unten im Keller des Schlossturms befindet sich ein *Wunschloch* mit Geldstücken, eine Glasplatte verhindert den Zugriff. Durch ein rund ausgeschnittenes

Bertrand Duguesclin

Als der aristokratische Knabe 1320 in der Burg von La Motte-Broons 20 km südwestlich von Dinan geboren wird, glaubt niemand, dass aus dem hässlichen Balg eines Tages einer der berühmtesten Helden der bretonisch-französischen Geschichte werden soll. Das zehnte Kind eines kleinen Landadeligen hat eine schwere Jugend. Mit seinen krausen, schwarzen Haarbüscheln, der Knollennase und dem fliehenden Kinn ist er nicht nur die Zielscheibe des Spotts seiner Spielkameraden, auch der Vater wendet sich wegen seiner Hässlichkeit von ihm ab. Ungeliebt, gehänselt und nicht für ganz voll genommen, muss sich der kleine Bertrand bereits in jungen Jahren gegen Gott und die Welt wehren. Immer in Händel und Auseinandersetzungen verstrickt, übt er sich schon früh in der zeitgemäßen Kunst der Fehde, trainiert er wie ein Besessener mit Lanze,

Dolch und Schwert. Mit 17 Jahren beschließt er, das Glück in der Welt zu suchen. Auf einem Ackergaul zieht er nach Rennes, der Stadt der eleganten Ritter und urwüchsigen Haudegen. Die Besten der Kriegsbranche geben sich hier alljährlich ein sportlich-kriegerisches Stelldichein. Bertrand, arm, aber ehrgeizig, sieht seine Chance: Er pumpt sich eine komplette Kampfmontur zusammen und tritt 1337 inkognito beim großen Turnier an. Der namenlose Ritter besiegt alle Gegner, begeistert das Publikum und wird zum Helden des Tages. Als er das schwere Visier hochklappt, ist die Überraschung groß – und die Verachtung des Vaters für den hässlichen Spross schlägt in Begeisterung für dessen Talent um. Mit den Worten: „Mein schöner Sohn, von nun an sollst du nicht mehr von mir verachtet werden", drückt er ihn an seine stolzgeschwellte Brust.

Der Ruf Bertrands eilt in alle Himmelsrichtungen, seine unfassbaren kämpferischen Fähigkeiten machen ihn bald über die Landesgrenzen hinaus bekannt. Er wird Söldner und entscheidet sich für *Charles de Blois*, der gegen *Jean de Montfort* zum Kampf um die Bretagne antritt (siehe *Geschichte*, Kastentext *Die Schlacht von Auray*). Es ist eine Entscheidung fürs Leben: Mehr als drei Jahrzehnte zieht Bertrand rastlos durch Westfrankreich und Spanien von Feldschlacht zu Feldschlacht, von Belagerung zu Belagerung. 1354 wird er zum Ritter geschlagen, Charles de Blois ernennt ihn zum Feldherrn seiner Truppen.

1359 wird Bertrand Duguesclin in Dinan von den Engländern eingeschlossen. Ein weiterer Markstein seiner Karriere, der ihm neben der Achtung des englischen Gegners auch die Liebe einer schönen Frau einbringt. Dinan, bereits seit Wochen von einer gegnerischen Übermacht unter der Regie *Lord Lancasters* belagert, droht zu fallen, Duguesclin erreicht einen Waffenstillstand. Als sein Bruder außerhalb der Stadt von *Lord Canterbury* gefangen genommen wird, ist die Vereinbarung gebrochen. Das Fehderecht tritt in Kraft. Duguesclin fordert den rechtsbrüchigen Canterbury zum Duell; auf dem Champ Clos von Dinan verprügelt der Haudegen den eleganten Lord dermaßen, dass Lancaster, ganz loyaler englischer Sportsmann, die Belagerung aufgibt. Canterbury wird aus der Armee ausgeschlossen, und die schöne Bürgerstochter *Tiphaine Raguenuel* verliebt sich während des Duells in die Kampfmaschine. Duguesclin heiratet Tiphaine. Neben dem privaten Glück geht es auch beruflich voran: 1360 wird Bertrand zum Gouverneur ernannt, 1364 zum Grafen.

1365 stehen Blois und Montfort in den Sümpfen von Auray vor der Entscheidung. Trotz der Warnung seines Feldherrn Duguesclin, der sich zurückziehen will, stellt sich Charles de Blois seinem übermächtigen Vetter. Dieser gewinnt (Charles stirbt), wird Herzog und kassiert Lösegeld für den gefangen genommenen Duguesclin.

Die Erbfolge ist geklärt, die militärischen Auseinandersetzungen und politischen Intrigen zwischen dem französischen und englischen König gehen jedoch weiter. Duguesclin führt etliche Feldzüge an, die den Besitz der französischen Krone vergrößern. Sein Söldnerheer zieht siegreich über die Pyrenäen, hat Rückschläge einzustecken, doch ist es schließlich erfolgreich. Als König von Granada kehrt Duguesclin nach Frankreich zurück, sein König ernennt ihn zum Oberbefehlshaber der französischen Truppen. Der Krieg zwischen England und Frankreich geht weiter, und Duguesclin ist mit wechselndem Glück immer dabei. Am 14. Juli 1380 stirbt der getriebene Haudegen während seiner Lieblingsbeschäftigung. Bei der Einnahme von Châteauneuf-de-Randon im Zentralmassiv – es ist heiß, die Sonne brennt unbarmherzig auf die schwere Rüstung – streckt ihn ein Herzschlag nieder.

Loch können Sie den Schatz um einen Geldbetrag Ihrer Wahl erhöhen und dürfen sich dabei etwas wünschen. Die Sache scheint zu funktionieren: Die Wünsche des Verfassers gingen in Erfüllung.

Öffnungszeiten Juni bis Sept. täglich 10–18.30 Uhr; Okt. bis Dez. und Feb. bis Mai täglich 14–17.30 Uhr. Eintritt 4,20 €.

Tour de l'Horloge: Von der Zeit seiner Fertigstellung (Ende 15. Jh.) bis zur Französischen Revolution war der 30 m hohe Turm Sitz der Ratsversammlung und Rathaus der Stadt. 158 Stufen führen hinauf zur Aussichtsplattform im Glockengestühl: herrliches Panorama über die Stadtdächer und das Rancetal.

Das mechanische Werk der ersten Turmuhr im Inneren des Glockenturms wurde von einem in Nantes ansässigen deutschen Uhrmacher gebaut, die hell tönende Glocke ist ein Geschenk der Herzogin *Anne* an die von ihr geliebte Stadt. Die Uhr ist seit dem 19. Jahrhundert außer Betrieb, aber im Erdgeschoss zu besichtigen.

Öffnungszeiten Mitte April bis Mai täglich 14–18.30 Uhr. Juni bis Sept. täglich 10–18.30 Uhr. Eintritt 2,75 €.

Basilika St-Sauveur: Vom 12. bis zum 17. Jahrhundert wurde an ihr gebaut. Über dem Eingangstor wachen Löwe und Stier, beide geflügelt. Wie die ganze Fassade und die Südmauer (mit einigen Skulpturen und Fratzen) stammen sie aus romanischer Zeit (12. Jh.). Kirchen- und Querschiff, Chor und die an die romanische Mauer angefügte Seitenkapelle (15. Jh.) sind gotisch. Die Spitze des Glockenturms (17. Jh.) wurde nach einem Blitzschlag im 18. Jahrhundert durch mehrere pyramidenförmige, schiefergedeckte Kuppeln ersetzt. Im Inneren gefallen der granitene Taufstein (12. Jh.) und das „Fenster der Evangelisten" (15. Jh.) über der vierten Seitenkapelle links. Weitere Buntglasfenster sind neueren Datums (20. Jh.): Duguesclin, Charles le Bois, Anne de Duchesse und andere Persönlichkeiten der Stadtgeschichte sind porträtiert, daneben zahlreiche Patrons des Handwerks. Fischer, Gärtner, Seiler ... jeder ehrbare Beruf hat seinen Schutzheiligen. Im nördlichen Querschiff steht das viel besuchte Kenotaph Bertrand Duguesclins (14. Jh., im 18. Jh. restauriert), unter dessen Platte verborgen das Herz des Volkshelden ruht. Die vergoldeten Lettern der Inschrift über dem Grabmal erzählen, dass der Held zeit seines Lebens „bertran du gueaq'ui" gerufen wurde.

Teemuseum Arthé (Musée de la Veilleuse-Théière Arthé): Das Museum in der Rue de l'Apport zeigt kunstvolles Teegeschirr und Porzellan aus dem 19. Jahrhundert. Mehr als 400 Exponate – ein Muss für Teeliebhaber.
Öffnungszeiten 10.30–12.30 und 14.30–19.30 Uhr, außerhalb der Saison Mo geschlossen. Eintritt frei.

Harfenmuseum Ti an Delenn im *Hôtel Kératry*: Im auffälligen Fachwerkhaus wird das dank Troubadix gefürchtete Bardeninstrument, seine Geschichte und Entwicklung dargestellt. Hier hat sich der örtliche Harfenverein niedergelassen, der Ausstellungen, Workshops, Kurse und Konzerte rund um die Harfe organisiert.
Öffnungszeiten Juni bis Sept. Di/Mi und Fr/Sa 15–19 Uhr, Do 11–17 Uhr. Eintritt 2 €.

Dinan/Umgebung

Léhon: Das aufgeräumte und herausgeputzte Dörfchen 2 km südlich von Dinan wird überragt von den Gebäuden der alten *Benediktinerabtei St-Magloire*. Sie wurden zwischen dem 13. und 15. Jahrhundert an Stelle eines Klosters errichtet, das bereits im 10. Jahrhundert urkundlich erwähnt ist. Die Kirche des alten Priorats wurde im 19. Jahrhundert renoviert. In ihrem Inneren, beleuchtet vom diffusen Licht der kubistischen Buntglasfenster und – auf Knopfdruck – beschallt von einem Mönchs-Choral, ruhen mehrere berühmte Persönlichkeiten von adligem Stand. Neben den Liegefiguren der Nichte Duguesclins und Marguerite d'Avaugours (Wohltäterin der Stadt im 13. Jh.) befindet sich das Grabmal Jean V. von Beaumanoir, eines der Helden des in die Geschichte als „Schlacht der Dreißig" eingegangenen Gemetzels (siehe *Josselin*, Kastentext *Die Schlacht der Dreißig*). Wie die Inschrift über dem Grabmal verrät, wurde er am 14. Februar 1385 durch zwei Schwerthiebe eines verräterischen Vertrauten tödlich niedergestreckt.
Die ehemalige Klosteranlage links der Kirche ist teilweise verfallen, unter den gotischen Bögen des malerischen *Kreuzgangs* (17. Jh.) herrschen Ruhe und Frieden. Das *Refektorium* wurde in den 1990er-Jahren restauriert und kann besichtigt werden.
Öffnungszeiten Mitte Juli bis August Di–Fr 10–12 und 14.30–18.30 Uhr, So 14.30–18.30 Uhr. Eintritt 3 €.

Temple du Mars: Neben einem verfallenden Bauernhof steht der bereits verfallene angebliche Tempel des Kriegsgottes. Das einzige größere römische Überbleibsel in der Bretagne wirkt noch armseliger als das bäuerliche Anwesen: Der einst achteckige Turm hat nur noch vier Ecken, oben versucht eine gewagte Latten- und Bretterkonstruktion den gröbsten Verfall aufzuhalten. Wenn Sie kein ausgeprägtes Verhältnis zu den Resten der Antike haben, lohnt der Besuch nur, wenn Sie Kamille mögen.
Anfahrt Von Dinard in westlicher Richtung über die D 794 Richtung Corseul. Etwa 2 km vor der Ortschaft ein schmales Teersträßchen zu einem aufgegebenen Bauernhof links ab (ausgeschildert). Nach etwa 500 m auf dem Hof des verlassenen Anwesens parken.

Blick ins Hafenviertel

Saint-Lunaire (2250 Einwohner)

Die einst stolzen Hotels der Belle Epoque wurden größtenteils in Appartementbauten umgewandelt. Einzig die Gründerzeitfassaden hinter dem Hauptstrand erinnern noch an die Atmosphäre des alten Seebads. Heute erwacht das neben dem weltläufigen Dinard ländliche St-Lunaire jeden Sonntagmorgen zu unerwartetem Leben, wenn rund um die Kirche der Wochenmarkt stattfindet. Kirchgänger, Touristen und Trödler bilden ein buntes Gemisch, mit skeptischem Blick überwacht der Gemeinde-Gendarm das Geschehen.

St-Lunaire zieht sich die Strandstraße *(Rue de Grève)* entlang über den *Boulevard du Décollé* auf eine felsige Landspitze hinauf, die die beiden Ortsstrände voneinander trennt. Die *Pointe du Décollé* (der Geköpfte), weit ins Meer hinausragend, ist ein hervorragender Aussichtspunkt. Eine natürliche Felsbrücke führt über einen tiefen Felsspalt, das *Trou du Chat* (Katzenloch) zum letzten, steil abstürzenden Granitzipfel der Landspitze. Unterhalb entdeckt man die *Grotte der Sirenen*, hoch oben residiert in einem reetgedeckten bauernhausähnlichen Gebäude ein Café-Bar-Discobetrieb mit Terrasse – windig, aber mit herrlichem Panorama von der Pointe de Grouin zum Cap Fréhel.

Information/Verbindung/Diverses

- *Postleitzahl* 35800
- *Information* **Office de Tourisme**, Pavillon hinter der Grande Plage. Nebst den üblichen Infos auch Internet-Service. April bis Juni und Sept. Mo–Di 10–12 und 14.30–17.30 Uhr, Mi, Fr und Sa 14.30–17.30 Uhr; Juli/August täglich 9.30–19 Uhr; Okt. bis März Mo–Di 10–12 und 14.30–17 Uhr, Fr 14.30–17 Uhr. 72, boulevard du Général de Gaulle. ✆ 02.99.46.31.09, ot@saint-lunaire.com, www.saint-lunaire.com.
- *Verbindung* Mehrmals täglich **Busse** nach Dinard/St-Malo und in die entgegengesetzten Richtung über die nachfolgenden Badeorte nach St-Cast.
- *Internet* Gebührenpflichtiges Einloggen im Office de Tourisme.
- *Markt* Sonntagvormittag, rund um die Kirche, jedoch nur in den Sommermonaten.
- *Bootsverleih* **Yacht Club**, an der Grande Plage. Boulevard de la Plage, ✆ 02.99.46.30.04.
- *Minigolf* An der Strandpromenade neben dem Tourismusbüro wird von Ostern bis September in kleinem Maßstab eingelocht.

Übernachten/Essen

- *Hotels* * **Kan-Avel**, nettes kleines Hotel neben der Kirche, eine ruhige Adresse mit dörflichem Flair. 11 kleine, helle Zimmer, alle renoviert, mit Bad oder Dusche/WC. Etwas hellhörig und deshalb sinnvollerweise ohne TV. Sehr sympathisches Wirtspaar, das nebenbei ein hervorragendes Frühstück serviert (hausgemachte Apfel-Zimt-Marmelade). 300 m zum Strand. DZ 37–40 €. Mitte Nov. bis Mitte Dez. geschlossen. Place de l'Eglise. ✆/✆ 02.99.46.30.13, kanavel@wanadoo.fr, www.kan-avel.fr.

  Richmond, charmanter Familienbetrieb kurz vor der Pointe du Décollé am Boulevard. Zwei Brüder schmeißen den Laden, derweil die Mutter im Entrée sitzt. Der Blick vom hellen Frühstücksraum auf den Strand hinab ist etwas verbaut, stattdessen gibt es stilvoll-verblichene Atmosphäre im verwinkelten Gründerzeit-Ambiente. Neben dem alten Hotelgebäude im kleinen Gartenpark führt eine Treppe in den Gästepavillon. Die meisten Zimmer mit sehr einfachem Mobiliar und sanitären Einrichtungen, von den oberen Zimmern phantastische Aussicht aufs Meer. Während der Sommerferien gelegentlich von englischen Schulklassen ausgebucht. DZ 38–48 €. Geöffnet Mitte März bis Mitte Nov. Boulevard du Général de Gaulle, ✆ 02.99.46.30.28.

- *Camping* *** **La Touesse**, zwischen St-Enogat und St-Lunaire 300 m vom La-Fourberie-Strand. Wenig Schatten, ordentliche Hygieneblocks, kleiner Laden, Bar, Res-

taurant und Waschmaschinen. Vermietung von Wohnwagen, Mobil-Homes und Fahrrädern. 140 Stellplätze. April bis Sept. geöffnet. Rue de la Ville Géhan.
✆ 02.99.46.61.13, ✉ 02.99.16.02.58, www.campinglatouesse.com.

*** **Longchamps**, in Richtung St-Briac, durch die D 786 von den Dünen des Longchamps-Strands getrennt. Rund um den Platz Ferienhaussiedlung. Ebenes, teils schattiges Areal. Neue Sanitärblocks, Bar, Laden, Fahrradverleih, Restaurant, Waschmaschinen, Spielsaal, Minigolf etc. Surfertreff. 240 Stellplätze. Juni bis Mitte Sept. geöffnet. Boulevard de St-Cast.
✆ 02.99.46.33.98, 02.99.46.02.71, www.camping-longchamp.com.

• *Restaurants/Nachtleben* **La Joyeuse Etrille**, preiswerte klassische französische Küche, auch Fischspezialitäten. Menüs 14–21 €. Sonntagabend und Mo/Di sowie im Januar geschlossen. 301, boulevard du Général de Gaulle. ✆ 02.99.16.62.10.

La Chaumière – alles unter einem Dach: sympathischer Multifunktionsbetrieb an der Spitze der Pointe du Décollé. Garantiert außergewöhnliche Aussicht und durchgehend Programm bis in die frühen Morgenstunden. 3 verschachtelte, ebenerdige Gebäude im Bauernhaus-Stil beherbergen ein Restaurant (Menüs ab 20 €), eine Crêperie, eine Diskothek und einen separaten Nachtclub. Pointe du Décollé, ✆ 02.99.46.01.70.

Baden

Grande Plage: Der Stadtstrand liegt östlich der Landspitze – lang gezogener breiter Sandstrand, gut geschützt und auch für Kinder geeignet. Bei Flut bleiben 5 m trockener Sand für die Badetücher. Umkleidekabinen, Strandclub, in der Saison verschiedene Wassersportausrüstungsverleiher. Strandaufsicht und Rettungsstation.

Plage de Longchamps: 400 m Sandbucht westlich der Landspitze, von einem breiten, kahlen Dünengelände zur Straße nach St-Briac hin begrenzt (Parkplatz). Treffpunkt der Brett- und Bootssegler, die hier von der steifen Westbrise profitieren. Bei Flut mehr oder weniger ganz überspült. Neben der Segelschule einige Tenniscourts.

Vor dem Pferderennen

Saint-Briac-sur-Mer (2100 Einwohner)

Die Straße von St-Lunaire führt oberhalb der Küste mitten durch den schön gelegenen 60-Hektar-Platz des Golfclubs von Dinard. Vor dem alten Dorfkern von St-Briac mit seinen niedrigen, grauen Granitsteinhäuschen wachsen Neubauviertel mit Ferienhäusern – aus dem kleinen Fischerdorf an der *Frémur-Mündung* ist ein Familien-Badeort mit Jachthafen geworden. Zeitweise lebte hier der letzte männliche Spross der Romanows, Wladimir Kirillowitsch (1917–1992); seine Mutter, Victoria Melita von Sachsen-Coburg und Gotha, eine Enkelin von Königin Viktoria, war vor der russischen Revolution geflohen und fand nach mehreren Zwischenstationen 1925 in St-Briac die passende Bleibe. Ihre Statue steht im hübsch herausgeputzten Ortskern, dessen Platz von einladenden Kneipen gesäumt ist.

Rund um St-Briac bietet die zerklüftete Küste abwechslungsreiche Sandstrände – dank der geschützten Lage in der Trichtermündung sicher, bei Ebbe aber ohne Wasser. Vom *Croix des Marins* (Kreuz der Seefahrer) auf einem Hügel etwas außerhalb der Ortschaft genießt man einen herrlichen Ausblick über die Küste.

- *Postleitzahl* 35800
- *Information* **Office de Tourisme**, in kioskähnlichem Pavillon an der Durchgangsstraße. Neben den üblichen Infos auch Internet-Service. Juli/August So/Mo 10.30–12.30 und 14.30–18.30 Uhr, Di und Fr/Sa 10–12.30 und 14–18.30 Uhr. Mi/Do 10–12.30 und 14–17.30 Uhr; Sept. bis Juni Di/Mi und Fr/Sa 10–12.30 und 14–17.30 Uhr. 49, Grande Rue. ✆/📠 02.99.88.32.47, ot.saint-briac@wanadoo.fr, www.tourisme-saint-briac.fr.
- *Verbindung* Mehrmals täglich **Busse** nach Dinard und St-Malo, nach St-Cast nur im Sommer.
- *Internet* Gebührenpflichtiges Surfen und Mailen im Office de Tourisme.
- *Fest* Festival **St-Briac en Musique** am 2. Juliwochenende. **Fête des Mouettes** (Möwenfest) am 2. Augustwochenende: Folklore-Darbietungen mit ca. 600 Akteuren rund um den Hafen.
- *Tennis* 4 Außenplätze und 2 überdachte Courts, Auskunft und Anmeldung beim Tennis-Club Briacin, ✆ 02.99.88.03.23.
- *Golf* Die Clubanlage des Golfclubs von Dinard ist nicht nur das zweitälteste Golfgelände Frankreichs (seit 1887), sondern auch eine der schönsten Anlagen des Landes. Auf einer amerikanischen Liste der 500 schönsten Greens der Welt nimmt das Gelände mit 6. Platz ein. 50 ha Rasen unterhalb des Aussichtspunkts der Pointe de la Garde-Guérin, durchzogen von der Küstenstraße, dafür mit weitem Blick über den Strand von Port Hue. 18 Löcher zum Einputten. ✆ 02.99.88.32.07.
- *Hotel* *** De la Houle**, ein Hotel „de charme et caractère" an der Durchgangsstraße vor dem Ortszentrum. 15 Zimmer, Bar und Restaurant (nur Juli/August geöffnet) mit Wintergartenatmosphäre, Frühstück im 1. Stock auf einer Terrasse über der Straße. DZ 50–85 €. April bis Okt. geöffnet. 14, boulevard de la Houle. ✆ 02.99.88.32.17, 📠 02.99.88.96.11, hoteldelahoule@wanadoo.fr.
- *Campings* ***** L'Emeraude**. Das an eine Ranch erinnernde Eingangsportal mit dem akkuraten Empfangspavillon führt auf ein schattiges 5-Hektar-Areal, dessen Blumendekoration mehrere nationale Preise gewann. Das Wiesengelände am Ortseingang ist umzäunt und von Hecken und Baumgruppen unterteilt. Ordentliche, gefliese sanitäre Anlagen mit ausreichend Dusch- und Waschgelegenheiten. Laden, Selbstkocher-Herde, Kinderspielplatz. Tennisplatz, Minigolf und Fahrradverleih. Außerdem Mobilhomevermietung und beheiztes Schwimmbad. 1½ km zum Strand von Port Hue. 190 Stellplätze. Ostern bis Mitte Sept. geöffnet. 7, chemin de la Souris. ✆ 02.99.88.34.55, 📠 02.99.88.99.13, www.camping-emeraude.com.
** Camping Le Pont Laurin, ebenes Rasenterrain am kommunalen Sportplatz oberhalb der Frémurmündung. Hecken unterteilen 170 Stellplätze. Einfache Sanitäranlagen, Stromversorgung. Auch hier Mobilhomevermietung. Zu den Stränden 2 km. Geöffnet Ostern bis Sept. La Vallée Gatorge. ✆ 02.99.88.34.64, 📠 02.99.16.38.19, www.ouest-camping.com.

Baden

Plage de Port Hue: Der von Dünen und dem Golfplatz eingerahmte 400 m lange Sandstrand garantiert ein gezeitenunabhängiges Badevergnügen und zählt wegen seiner gleichmäßigen Dünung besonders bei Wellenreitern und Bodysurfern als gute Adresse. Wenig Schatten, keine ausgesprochenen Stradeinrichtungen, Toiletten in einem alten Wehrmachtsbunker. Kleiner Kiosk und Snackservice mit Getränken und Crêpes. Nur während der Saison überwacht.

Plage de la Salinette: Der Südstrand in der geschützten Bucht wird vor allem von Bootsanlegern genutzt. Am Rand liegt malerisch eine kleine Landspitze mit einem Château und alten Kiefern. Bei Ebbe wegen zu viel Schlick zum Baden ungeeignet. Erste-Hilfe-Station, Kinderclub, Umkleidekabinen und Toiletten. Ein Katzensprung weiter, in der nächsten Bucht: Strand mit ähnlichen Bedingungen. Sicheres Baden bei Flut.

Lancieux (1200 Einwohner)

Von St-Briac kommend führt eine neue, 300 m lange Brücke über den *Frémur*, der die Grenze zwischen den Departements Ille-et-Vilaine und Côtes-d'Armor bildet. Der Ortskern von Lancieux liegt auf einem Höhenkamm westlich der Frémur-Mündung. Hier steht noch der quadratische *Turm* der 1904 abgerissenen, romanischen Ortskirche. Der D 786 leicht bergab folgend, gelangt man zur *neuen Kirche*, die als Besonderheit ein Weihwasserbecken besitzt, das in einen galloömischen Grenzstein aus dem 4. Jahrhundert gehauen ist. Einige Läden, ein unerwarteter Teesalon und eine ländliche Allroundkneipe bringen etwas Leben ins Zentrum.

Zu den Stränden des familienfreundlichen Badeorts führen von der Ortsmitte aus mehrere Stichstraßen hinunter. Bei Ebbe kann man eine schöne Rundwanderung um die Halbinsel unternehmen *(Zöllnerpfad)*; inmitten der Bucht ragt die *Ile Ebihens* aus dem Wasser. Neben der *Plage du Rieul* mit Fischerhafen unterhalb der Brücke über den Frémur und der kleinen, gut geschützten *Plage de l'Islet* gegenüber der kahlen, gleichnamigen Insel wird vor allem die *Plage de St-Sieu* aufgesucht. Der 1 km lange Sandstrand zwischen der *Pointe de Bouglais* und der Islet-Insel ist der Hauptstrand der Gemeinde und ein Windsurfer-Paradies. Provisorische Umkleidekabinen, Segelschule, Wachstation.

- *Postleitzahl* 22770
- *Information* **Office de Tourisme**, Pavillon an der Durchfahrtsstraße. Internetbenutzung gegen Gebühr. In der Saison Di–Sa 10–12.30 und 14–18 Uhr, in der NS wechselnd

In Lancieux

164 Côte Emeraude

manchmal vor-, manchmal nachmittags. Square Jean Conan. ☎ 02.96.86.25.37, 📧 02.96.86.29.81, lancieux.tourisme@wanadoo.fr, www.lancieux-tourisme.fr.

• *Verbindung* **Bus**verkehr die Küste entlang Richtung Dinard/St-Malo und Richtung St-Cast. Mindestens 3 Busse täglich im Sommer.

• *Internet* Anschluss an die Welt im Office de Tourisme.

• *Fahrradverleih* **Cap Armor**, 3 km außerhalb in Ploubaley (Straße nach St-Brieuc). Nur Juli/August. ☎ 02.96.86.27.51.

• *Markt* Juli/August Dienstagvormittag auf dem Parkplatz bei der Touristinformation.

• *Wassersport* **Cercle Nautique**, nah an der Plage de St-Sieu vermietet April bis Mitte Nov. Segeljollen oder Optimisten. 17, rue de la Plage, ☎ 02.96.86.31.50.
Propulsion, an der Plage de St-Sieu. Verleih von Katamaranen und Kajaks. Place St-Sieu, ☎ 02.99.88.11.12.
Les Innuits, an der Plage de St-Sieu, Verleih von Katamaranen und Strandseglern. ☎ 02.96.86.30.17.

• *Tennis* Gemeindeplatz mit 2 Courts im Ortsteil La Chaponnais, Rue du Stade. ☎ 02.96.86.22.19.

• *Hotels* *** **Des Bains**, im Ortszentrum oberhalb des Sieu-Strandes (ca. 300 m). 13 Zimmer, einige mit Meerblick. Garten, Restaurant. DZ mit Dusche/WC 60–80 €, mit Bad/WC und Kitchenette 98 €, Suite für 4 Pers. 132 €. Ganzjährig geöffnet. 20, rue du Poncel. ☎ 02.96.86.31.33, 📧 02.96.86.22.85, bertrand.mehouas@wanadoo.fr, www.dinan-hotel-bretagne.com.
De la Mer, gegenüber dem vorgenannten und im selben Besitz; Natursteinhaus mit 18 z. T. kleinen, aber ordentlichen Zimmern unterschiedlichster Sanitärausstattung. Gemütliches Restaurant mit guter Küche. DZ je nach Ausstattung 37–62 €, HP 50–78 €. 1, rue de la Plage. ☎ 02.96.86.22.07, 📧 02.96.86.22.85, bertrand.mehouas@wanadoo.fr.

• *Camping* ** **Municipal les Mielles**, 200 m vom Surfstrand. Ziemlich kahles, aber recht gut ausgestattetes 2,5-ha-Gelände. Waschmaschinen, Kinderspielplatz, behindertengerechte Sanitärblocks. 150 Stellplätze. Geöffnet April bis Sept. Rue Jules Jeunet. ☎ 02.96.86.22.98, campinglesmielles@wanadoo.fr.

• *Crêperie* **Château d'Oh**, Crêpes mit Aussicht! Der weithin sichtbare, hoch aufragende Wasserturm (*château d'eau*) von Ploubelay, etwa 3 km außerhalb von Lancieux auf dem Weg nach St-Jacut, beherbergt auf 104 m Höhe (Lift) eine Crêperie, von der aus man den gesamten Küstenabschnitt überblicken kann. Ganzjährig geöffnet. ☎ 02.96.27.31.17.

Saint-Jacut-de-la-Mer (900 Einwohner)

Der Ort geht zurück auf die Gründung des irischen Mönches *Jacut*, der vor 1300 Jahren im Land gegangen sein soll. Seine Mutter war eine außergewöhnliche Frau: Um die Drillinge, die sie gebar, gleichzeitig und gerecht nähren zu können, wuchs ihr für die Stillzeit eine dritte Brust. Jacut und seine beiden Brüder dankten es ihr und wurden später allesamt Heilige.

Die Gemeinde zieht sich weitläufig über eine schmale, weit in die Bucht der *Frémur*- und *Arguenon-Mündungen* hinaus reichende Landzunge *Pointe du Chevet* (Kopfkissen). Der alte Ortsteil mit seinen dunklen Granitsteinhäuschen liegt auf der höchsten Erhebung der Landspitze. Vom äußersten Punkt (Wiesenplateau) bietet sich eine wohlfeile Sicht auf die von kleinen, goldgelben Stränden eingerahmte *Ebihens-Insel* mit dem Makrelenturm und auf die *Arguenon-Bucht*, in der bei Ebbe die Pfahlgehege der Austern- und Muschelbänke aus dem Schlick ragen.

St-Jacut ist ein preiswerter Familienbadeort, dessen Reiz vor allem im Fußfischen und den Küstenpfaden besteht. Letztere winden sich zwischen Felsklippen und Landabbrüchen an vielen kleinen Sandbuchten vorbei, der grünen, von Tamarisken und Krüppelkiefern bestandenen Landzunge entlang. Die touristischen Einrichtungen wirken improvisiert und bei Ebbe am Rande des Schlicks etwas verloren, bei Flut lässt sich an den kleinen, flachen, die Halbinsel säumenden Stränden jedoch

Wassersport in jeder Form treiben. Hauptstrände sind die *Plage Rougeret* am „Zipfel des Kopfkissens" und gleich nebenan die idyllische *Plage Châtelet* mit Segelboot- und Surfbrettverleih.

- *Postleitzahl* 22750
- *Information* **Office de Tourisme**, im alten Ortsteil, an die Post angebaut. Im Sommer täglich 10–12.30 und 14–19 Uhr. Rue du Châtelet. ✆ 02.96.27.71.91, ✆ 02.96.27.75.64, office@saintjacutdelamer.com, www.saintjacutdelamer.com.
- *Verbindung* **Bus**verkehr die Küste entlang Richtung Dinard/St-Malo und Richtung St-Cast. Mindestens 3 Busse täglich im Sommer.
- *Markt* Freitagvormittag.
- *Hotel* * **Le Vieux Moulin**, ausgezeichnetes Quartier mit Stil und Geschmack in einer alten, renovierten Windmühle an der Hauptstraße des alten Ortsteils. Verwinkelte Erker und viel Naturstein. 26 Zimmer, sanitär unterschiedlich ausgestattet, aber alle mit viel Liebe zum Detail, teils im alten Rundturm, teils im turmartigen Nebengebäude auf der anderen Straßenseite, teils in einem Anbau am Meer. In Empfangshalle und Restaurant schöne Stilmöbel mit freundlicher Service. Ruhiger, von hohen Hecken geschützter Garten. Der Chef des Hauses kocht selbst und ausgezeichnet. Menüs von 20–26 €. DZ 35–62 €. Geöffnet April bis Nov. 24, rue de Moulin. ✆ 02.96.27.71.02, ✆ 02.96.27.77.41, www.hotel-le-vieux-moulin.com.
- *Camping* ** **Municipal de la Manchette**, rund um den Fußballplatz, ein Stück nach der Kreuzung der D 786/D 26, die auf die Halbinsel von St-Jacut führt. 374 von niedrigen Hecken unterteilte Stellflächen, einfache Sanitärblocks mit Warmwasserduschen, Kinderspielplatz. Direkter Zugang zu zwei Stränden, die bei Flut unbeschwertes Badevergnügen erlauben. Geöffnet April bis Sept. Rue de la Manchette, ✆ 02.96.27.70.33.

Saint-Cast-Le-Guildo (3200 Einwohner)

Das Seebad erfreut sich besonders lebhaften Urlauberzuspruchs: Einerseits gilt der touristisch voll ausgestattete Strand als einer der schönsten der Nordbretagne, andererseits ist St-Cast eine preiswerte und akzeptable Alternative zum mondänen Dinard.

So schnell die Einwohnerzahl von St-Cast jedes Jahr in der Hochsaison auf das Zehnfache an. Über dreißigtausend Kurzzeitbewohner belagern dann die Strände des Seebads oder schwärmen zu den obligatorischen Ausflügen aus. Dass in den letzten Jahren trotzdem einige Hotels dichtmachen mussten, ist wohl dem Umstand zuzuschreiben, dass außerhalb der Saison wenig los ist in St-Cast.

Der Name St-Cast deutet auf den irischen Prinzen *Cado* hin, der im 6. Jahrhundert das Gebiet um St-Cast christianisierte. Den Doppelnamen erhielt die Gemeinde erst 1972 durch eine Gebietsreform: In diesem Jahr wurde *Notre-Dame-le-Guildo* eingemeindet, ein kleines Hafenörtchen 5 km südlich an der Mündung des Arguenon, das vor allem vom Holzhandel lebt.

St-Cast selbst besteht aus drei Ortsteilen: *Le Bourg* auf dem Höhenkamm hinter dem Hauptstrand, bis heute das Verwaltungszentrum; *La Garde*, das sich erst um die Jahrhundertwende am Südende des Hauptstrandes entwickelte und vor schmucken Ferienvillen, Hotels und dem Casino strotzt und *L'Isle*, das sich mit seinen verwinkelten Gassen (Einbahnstraßen!) und alten Häusern steil über die Landzunge am Nordrand des Strandes hochzieht. Strandzeile und Fußgängerzone von La Garde gehen nahtlos in den Ortsteil L'Isle über, wo sich der einstige Fischerhafen zum Jachthafen gemausert hat. Pläne, seine Kapazität von derzeit 224 Liegeplätzen auf 750 Liegeplätze zu erhöhen, stießen 2006 auf lokalen Widerstand.

166 Côte Emeraude

Information/Verbindungen

- *Postleitzahl* 22380
- *Information* Multipavillon an einer Kreuzung der zweiten Parallelstraße zum Strandboulevard: Gendarmerie, Taxistand, Bushaltestelle, öffentliches WC und Tourismusauskunft mit Internet-Service – alles unter einem Dach. April bis Juni und Sept. Mo–Sa 9–12 und 14–18 Uhr; Juli/August Mo–Sa 9–19.30 Uhr, So 10–12.30 und 15–18.30 Uhr; Okt. bis März Mo 14–18 Uhr, Di–Fr 9–12 und 14–18 Uhr, Sa 9–12 Uhr. Place Charles de Gaulle. ✆ 02.96.41.81.52, ✆ 02.96.41.76.19, officetourisme@saintcastleguildo.fr, www.saintcastleguildo.fr.
- *Verbindung* Zentraler **Bus**bahnhof auf der Place Anatol Le Braz im Ortsteil L'Isle. Weitere Haltestellen in Le Bourg (Kirche) und beim Tourismusbüro. Ganzjährig mindestens 2-mal täglich Richtung Lamballe. Nach St-Brieuc (über Fréhel, Sables d'Or, Erquy, Val-André) im Juli und August mindestens 2 Mal täglich. Richtung Dinard/St-Malo ganzjährig mehrmals täglich Busanschluss (über Notre-Dame-le-Guildo und St-Jacut die Küste entlang). Infos im Office de Tourisme.

Diverses

- *Internet* Gebührenpflichtiger Anschluss im Office de Tourisme.
- *Bootsausflug* Ausflugsfahrten zum Kap Fréhel oder Fischen mit dem „patron pêcheur" auf dessen Kutter; Auskünfte und Buchung über das Tourismusbüro. Halbtagsausflüge auf dem Segelschiff *Le Dragous*, im Sommer täglich, in der Nebensaison am Wochenende; Auskunft beim Centre nautique am Hafen oder im Office de Tourisme. Die „Compagnie Corsaire" organisiert Ausflüge zum Fort La Latte/Cap Fréhel sowie nach St-Malo. Auskünfte ebenfalls im Office de Tourisme.
- *Fahrradverleih* **Patrick Page** vermietet Tourenräder, Kinderräder, Mountainbikes und Mofas. Auch Reparaturen. 9, rue de L'Isle (Oberstadt), ✆ 02.96.41.87.71.
- *Markt* Mitte Juni bis Mitte Sept. Montagvormittag großer **Wochenmarkt** auf der Place des Fêtes rund um das Sportgelände beim Camping Les Mielles. Großes Angebot an frischen Landprodukten, Haushaltswaren und Souvenirs.
Freitagvormittag ganzjährig **lokaler Markt** auf der Place Anatole Le Braz in der Oberstadt von L'Isle.
- *Schwimmbad* Überdachtes, beheiztes Meerwasserschwimmbad hinter der Strandpromenade (Höhe Fußballstadion), ✆ 02.96.41.87.05.
- *Wassersport* **Centre nautique**, am Hafen, ist für alle Belange des Wassersports zuständig. ✆ 02.96.41.86.42.

Vitavoile, eine Bucht südlich der Grand Plage. Tages- und Wochenkurse auf Segelbooten (Optimist, Katamaran) sowie Surfunterricht. Verleih von Motorbooten, Kanus und Kajaks. Plage de Pen Guen, ✆ 06.73.68.86.05.
St-Cast Plongée, am Hafen, bietet diverse Tauchkurse an. ✆ 06.76.93.72.03.
- *Boule* Die **Association Bouliste Castine** lädt während der Saison täglich zum Wettkampf ins öffentliche Boulodrôme. Ab 16 Uhr wird gegen einen Einsatz von 2 € um Geld gespielt. Donnerstag ab 15 Uhr doppelter Einsatz. Rue Duguay-Trouin.
- *Reiten* **Centre équestre du Bois Bras** in einem kleinen Waldgelände etwas außerhalb des Ortsteils Le Bourg (Richtung Matignon). Das Reitzentrum gibt Unterricht durch einen diplomierten Reitlehrer und organisiert diverse Ausritte entlang der Küste. ✆ 02.96.41.95.01.
Ecurie du Gallais, 4 km südlich von St-Cast im Ortsteil Ste-Brigitte ist ebenfalls für Wanderausritte zuständig, ✆ 02.96.41.04.90.
- *Tennis* **Tennis municipal**, in La Garde. Der Tennisclub von St-Cast residiert standesgemäß an der Rue de Tennis, ✆ 02.96.41.94.28.
- *Golf* **Golf de St-Cast**. Der Platz von Golf de Pen-Guen (südlich von La Garde, hinter dem Strand von Pen-Guen) wurde mit 18 Löchern auf internationalen Standard erweitert. Die 16 ha große Rasenanlage bietet neben dem Einputt-Erlebnis schöne Ausblicke über die Bucht von St-Cast und die Halbinsel von St-Jacut. ✆ 02.96.41.91.20.

Übernachten

- *Hotels* *** **Les Arcades (4)**, 32-Zimmer-Hotel am Ende der Grande Plage, voll im Zentrum des touristischen Geschehens. Komfortables Hotel mit Brasserie-Restau-

Saint-Cast-Le-Guildo 167

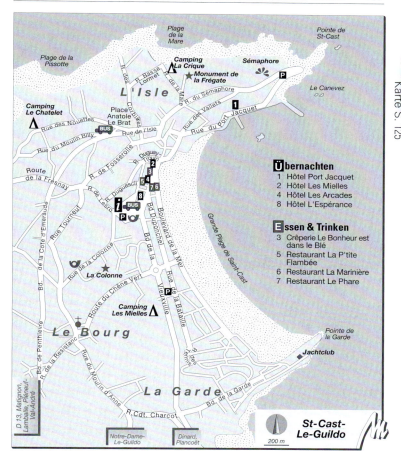

rant und Terrasse zur Straße. DZ 56–86 €. Geöffnet Mitte März bis Mitte Nov. 15, rue du Duc d'Aiguillon. ✆ 02.96.41.80.50, ✉ 02.96.41.77.34, lesarcades@hotels-saint-cast.com, www.hotels-saint-cast.com.

** **L'Espérance (8)**, empfehlenswertes kleines Hotel mit 5 Zimmern, ohne Restaurant. Kleiner Garten. DZ 45–60 €. Ganzjährig geöffnet. 6, rue Jacques Cartier. ✆ 02.96.41.78.33, ✉ 02.96.41.75.91.

** **Les Mielles (2)**, im Zentrum der Fußgängerzone etwa 50 m zum Strand, in selber Regie wie das „Arcades". 19 Zimmer, fast alle mit Bad bzw. Dusche/WC, teils etwas klein, aber ordentlich, größtenteils mit Meerblick. Restaurant mit Meerblick. DZ 48–56 €. Rezeption beim Hotel „Les Arcades". Geöffnet Mitte März bis Mitte Nov. Rue du Duc d'Aiguillon. ✆ 02.96.41.80.95, ✉ 02.96.41.77.34, lesmielles@hotels-saint-cast.com, www.hotels-saint-cast.com.

** **Port Jacquet (1)**, freundlicher Familienbetrieb an der Straße zum Port de Plaisance, für seine Kategorie empfehlenswert. Im Restaurant Fischspezialitäten, gewohnt wird in Reihenbungalows im Garten. DZ 36–56€. Ganzjährig geöffnet. 32, rue du Port. ✆ 02.96.41.97.18, ✉ 02.96.41.74.82, port.jacquet@wanadoo.fr, www.port-jacquet.com.

168 Côte Emeraude

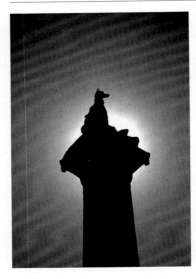

La Colonne

- *Campings* **** **Le Chatelet**, Top-Platz auf der L'Isle-Halbinsel oberhalb der Plage de la Pissotte, rund um einen künstlich angelegten Weiher. Über 200 z. T. schattige Stellplätze und volle Infrastruktur. Mobilhome-Verleih, Bungalows, Swimmingpool, Tauchmöglichkeit. Geöffnet Mai bis Mitte Sept. Rue des Nouettes. ✆ 02.96.41.96.33, ✉ 02.96.41.97.99, www.lechatelet.com.

** **Les Mielles**, etwa 200 m landeinwärts, vor dem Ortsteil La Garde an der Straße nach Notre-Dame-le-Guildo. Das ebene Gelände ist im Sommer voll belegt. Viele Jugendgruppen. Vereinzelte Bäumchen und Hecken unterteilen den Platz am Rand eines Wäldchens. Behindertengerechte, sauber gewartete Sanitärzentrale, die mit dem Sommeransturm fertig wird – besser als auf vielen 3-Stern-Plätzen. Waschmaschinen, Bügelraum, Küche für Selbstversorger. Baguettes und Gebäck bei der Rezeption, Zeitungsverkäufer bringen der „Ouest-France", eine mobile Fastfood-Station liefert in der Saison Crêpes und Glaces. 164 Stellplätze. Geöffnet Mitte März bis Dez. Boulevard de la Vieux Ville. ✆ 02.96.41.87.60, ✉ 02.96.81.04.77, www.campings-vert-bleu.com.

** **La Crique**, links vom Leuchtturm am Ortsende von L'Isle. Schön oberhalb des kleinen La-Mare-Strandes gelegen, mit Blick aufs Fort la Latte auf der anderen Seite der Bucht von Frênaye. Die 112 fast schattenlosen Stellplätze fallen in Terrassen zum Meer hin ab. Ordentliche Sanitäranlagen in ansprechenden Natursteingebäuden. Zum Strand hinab 100 m. Geöffnet Mitte März bis Dez. Rue de la Mare. ✆ 02.96.41.89.19, ✉ 02.96.81.04.77, www.campings-vert-bleu.com.

Essen (siehe Karte S. 167)

- *Restaurants* **La Marinière (6)**, das Restaurant in Gunstlage gleich hinter dem Strand, ist der Muschelspezialist des Orts. Moules marinières, campagnardes, à la crème de saumon fumé ... Menüs von 15–21 €. Mo/Di geschlossen. 5, bd de la Mer, ✆ 02.96.41.86.14.

Le Phare (7). Brasserie mit mehreren Muschel- und Austernmenüs von durchschnittlicher Qualität, serviert von einem Bilderbuch-Bretonen. Man hat sich auf Touristen eingestellt. Trotzdem: nicht unsympathisch. Rue du Duc d'Aiguillon. ✆ 02.96.41.93.89.

La P'tite Flambée (5) ist ganz groß, wenn Pizza oder Grillgerichte serviert werden. Die Spezialität des Hauses ist Fondue Bourguignonne. April bis Sept. täglich, außerhalb dieser Monate nur an Wochenenden geöffnet. 11, rue de la Mer, ✆ 02.96.41.91.24.

- *Crêperie* **Le Bonheur est dans le Blé (3)**. Spezialität: Crêpe mit Jakobsmuscheln und Lauchfondue. Di/Mi geschlossen. 17, rue du duc d'Aiguillon, ✆ 02.96.81.03.99.

Sehenswertes

La Colonne: Am 11. November 1758 wurde die Schlacht von St-Cast geschlagen. Die 18 m hohe *Säule* auf halbem Weg von L'Isle nach Le Bourg, auf deren Spitze ein schlanker Windhund einen Leoparden niederhält, erinnert an dieses wichtige Datum der bretonischen Geschichte. Oder ist es ein Märchen? Die Schlacht schien für die bretonischen Truppen verloren. Trotzig stimmten sie ein keltisches Kampflied an – und die zwangsrekrutierten walisischen Truppenteile des englischen Heeres liefen auf die Seite ihrer bretonischen Brüder über und brachten gemeinsam mit diesen dem englischen Restheer eine vernichtende Niederlage bei. Der Sieg bedeutete das Ende der Jahrhunderte langen englischen Invasionsbestrebungen in der Bretagne. *Napoléon III* ließ zum hundertjährigen Jubiläum des für die Bretonen so bedeutenden Ereignisses das Mahnmal errichten.

Monument de la Frégate: Ein granitenes Mahnmal oberhalb der Bucht des La-Mare-Strands erinnert an eine Tragödie, die sich in der Sturmnacht des 16. Septembers 1950 in der Bucht von La Frênaye abspielte. Das meteorologische Forschungsschiff *Laplace* lief beim Versuch, einen Ankerplatz zu finden, auf eine deutsche Mine aus dem Zweiten Weltkrieg auf. 50 Seeleute fanden dabei den Tod.

Baden

Grande Plage: Der Hauptstrand des Seebads, zwischen der Pointe de La Garde mit ihren Ferienhäusern und der steil abfallenden Landzunge von L'Isle ist etwa 1½ km lang und Zentrum des hochsommerlichen Badevergnügens. Kinderclubs, Rutschbahnen, Umkleidekabinen, Strandzelte und Verleihstationen für Wassersportzubehör stehen zur Verfügung. Auch bei Flut noch Liegeplätze.

Plage de Pen-Guen: Hinter der Pointe de La Garde unterhalb der Straße nach Notre-Dame-Le-Guildo. 1 km feiner Sand, bei Flut noch genügend Platz für Badetücher. Trotz ähnlicher touristischer Infrastruktur intimer als die Grande Plage. Beachclubs, Umkleidekabinen, ein Restaurant (abends Disco) und ein Windsurfverleih. Großer Parkplatz an der Straße.

Plage de la Mare: Der 150-m-Strand an der Westflanke des Kaps in der Bucht von Frênaye ist das Badrevier der Campinggäste des gleichnamigen Platzes. Der Sand des Strandes ist teilweise mit Felsbrocken durchsetzt. Die Bucht ist von steilen Klippen begrenzt und im Sommer ziemlich voll. Tauchclubstation, Surfertreff.

Gründerzeitidyll am Strand von St-Cast

Der galante Prinz

Gilles de Bretagne ist ein sympathischer junger Mann mit herausragenden künstlerischen und galanten Fähigkeiten – er liebt es, seinem Publikum bretonische, keltische und französische Verse vorzusingen und adeligen Damen auf ritterliche Art den Hof zu machen. Sein älterer Bruder, Herzog *Franz*, unkreativ und eifersüchtig, hasst ihn wegen seiner Beliebtheit aus ganzem Herzen. Als Gilles dem einflussreichen Sieur *Arthur de Montauban* erfolgreich ins Liebeswerben um eine reiche Erbin pfuscht, ist das Maß voll. Unter fadenscheinigen Gründen und gegen das Votum der königlichen Gerichte erheben der Herzog und Montauban Anklage wegen Konspiration mit England und kerkern den Prinzen ein. In einer stürmischen Aprilnacht des Jahres 1450 lassen die beiden Neider – Montauban ist gleich eigenhändig dabei – Gilles in seiner Zelle meucheln. Seine letzten Atemzüge nutzt der arme Prinz für einen tödlichen Fluch: Binnen 40 Tagen sollen der Herzog und die feige Mörderbande vor Gottes höchstem Gericht erscheinen und sich für ihre ruchlose Tat verantworten. So geschieht es. Fast. Herzog Franz haucht kurz darauf sein Leben aus, und auch die gedungenen Mörder erleben Silvester 1450 nicht. Nur Arthur de Montauban, Hauptdrahtzieher und Vollstrecker, kommt ungeschoren davon – hochbetagt stirbt er als Erzbischof von Bordeaux.

Das traurige Schicksal des lebenslustigen Prinzen rührte die Bretonen so sehr, dass sie Gilles de Bretagne zum heiligen Prinzen, le Saint Prince, erhoben.

St-Cast/Umgebung

Notre-Dame-Le-Guildo: Der kleine Hafenort, der 1972 seine Selbständigkeit verlor und in die Großgemeinde von St-Cast eingegliedert wurde, liegt etwa 5 km südlich des Seebads malerisch an der Mündung des Arguenon-Flusses. Von St-Cast kommend, führt ein schmales Sträßchen vor der Brücke über die Flussschleife hinab zu den Holzlagern des Hafens. Bei Ebbe können Sie bequem dem mit Steinen besäten Flussufer folgen und nach etwa 200 m die ersten *Pierres Sonnantes* entdecken – grünschwarze Amphiboliten, Steine, die aufgrund ihrer Festigkeit und Härte beim Zusammenklopfen einen hellen, metallisch klingenden Ton erzeugen. Auf der anderen Seite des Arguenon-Flusses erheben sich die stark in Mitleidenschaft gezogenen Ruinen der alten *Burg Guildo*, die einem in der Bretagne wegen seiner Lebenslust und seinem tragischen Ende sehr beliebten Herrn gehört hatte (siehe Kastentext *Der galante Prinz*).

Veranstaltungen In den Ruinen der Gespensterburg finden jedes Jahr zwei besondere Abende statt: im Juli ein von einem Feuerwerk begleitetes Abendessen, umrahmt von traditionellen Seemannsliedern, im August ein Fest mit „Son et lumière" (Licht-Ton-Spektakel).

• *Hotel* ** **Du Vieux Château**, schmuckes Natursteingebäude an der Straße direkt oberhalb des Hafens, mit behäbiger Provinzatmosphäre. Teils renovierte Zimmer mit TV und Dusche/WC. Restaurant mit altem Mobiliar, Caféterrasse zur Hauptstraße. DZ 45 €. Ganzjährig geöffnet. Le Port. ✆ 02.96.41.07.28, ✆ 02.96.41.14.36.

• *Chambres d'hôtes* **Château du Val d'Arguenon**. Kurz hinter dem Ortsausgang von Notre-Dame-Le-Guildo Richtung St-Cast führt ein Sträßchen rechts ab zum Schloss aus dem 16. Jh. Das große, teils bewaldete Gutsgelände reicht direkt bis zur Steilküste. Topadresse für Wohnen in aristokratischer Atmosphäre. Die distinguierte Hausherrin betont, dass es sich um kein Hotel, sondern um ein familiäres Gästehaus handelt. Reiten im Park, Tennisspiel auf historischem Boden, Frühstücken im massiv möblierten Speisezimmer. Geschmackvolle DZ für 80–120 €, Château du Val d'Arguenon. ℡ 02.96.41.07.03, 📠 02.96.41.02.57, chateau@chateauduval.com, www.chateauduval.com.

Fort La Latte

Die Filmburg mit dicken Türmen, Zugbrücke und festen Mauern krallt sich an die äußerste Spitze einer steilen Klippe – unter ihr tost der Atlantik, über ihr die Düsenjets der französischen Luftwaffe. Letztere benutzen die markante Silhouette der Burg als Orientierungspunkt bei Aufklärungs- und Tiefflugübungen.

Die Anfänge der Burg gehen ins 13. Jahrhundert zurück, als ein Herr von *Goyon* durch eine lukrative Heirat die finanziellen Mittel für den Burgbau bekommt. Die Burg wird im 14. Jahrhundert mehrmals erweitert, von *Bertrand Duguesclin* eingenommen, wieder zurückgegeben und schließlich 1421 – die Goyons haben es bei Hofe zu etwas gebracht und siedeln nach Versailles um – von der Familie verlassen. Die Leitung der Burg übernimmt ein nachgeborener Sohn der Familie als Gouverneur, den Wachdienst verrichten Edle aus der Nachbarschaft und die Bewohner der umliegenden Ortschaften. Unter *Ludwig XIV.* erkennt Baumeister *Vauban* die außerordentliche Lage der Burg: 1691 wird sie renoviert, ausgebaut, die Kapelle auf Vordermann gebracht und eine Abschussrampe für Kanonen installiert. Während der Revolution ist die Burg Gefängnis für englische Spione, in dieser Zeit wird auch der noch sichtbare Ofen errichtet, in dem bis ins späte 19. Jahrhundert hinein die Kanonenkugeln glutheiß gemacht werden, bevor man sie auf eine der zahlreichen Belagerungstruppen abfeuert. 1890 wird Fort la Latte aus dem Besitz des Kriegsministeriums ausgegliedert und zum *Monument Historique* erklärt. Die Burg ist heute in Privatbesitz, einige Teile können besichtigt werden. Besonders aufregend ist der Blick vom *Donjon* aufs *Cap Fréhel* und über die *Bucht von Frênaye*. Im Sommer ist das Fort ein beliebter Ort für kulturelle Veranstaltungen.

* *Anfahrt* Von St-Cast die D 16A, hinter der Ortschaft La Motte den Wegweisern folgen. Die schmale Straße endet an einem Parkplatz, von dem ein Pfad ca. 500 m durch den Wald zur Küste führt. Am Ende des Walds steht der Menhir „Finger des Gargantua", von dort aus erste Blicke auf die pittoreske Anlage unterhalb des Farndickichts.
* *Öffnungszeiten* April bis Juni und Sept. tägl. 10–12.30 und 14–18 Uhr; Juli/August täglich 10–19. Uhr; Okt. bis April Sa/So 14.30–18.30 Uhr. Eintritt 4,30 €, Kinder 2,40 €.

Fort La Latte

Cap Fréhel – aufregend schönes Kap an der bretonischen Nordküste

Cap Fréhel

Cap Fréhel ist eines der beeindruckendsten Naturdenkmäler und ein landschaftlich aufregend schönes Vogelschutzgebiet der Bretagne. 70 Meter tief stürzen die graurosa Sandsteinklippen hinab ins smaragdgrüne Meer, an den Felswänden tanzen Möwen und seltene Meeresvögel – Touristen mit Ferngläsern und Teleobjektiven belauern das beeindruckende Schauspiel in der steifen Brise des Atlantiks. Das von schäumender Gischt umtoste Kap ist mit einer einzigartigen Heide- und Torfmoorvegetation überzogen, die im Lauf des Jahres immer wieder ihr Farbenkleid ändert: Gelber Stechginster, seltene Drosera-Arten und sogar Orchideen blühen auf dem von Pfaden durchfurchten Fels. Auf der Felsformation *La Fauconnière* – ein schwindelerregender Pfad führt auf der östlichen Seite des Kaps bis auf ein Paar Dutzend Meter heran – nisten zahlreiche Vogelarten: Kormorane, Silbermöwen, Lummen, Tord-Alken.

Bereits zur Zeit der Römer wiesen Leuchtfeuer den Weg durch die Klippen und Riffe des Ärmelkanals. Einen ersten Leuchtturm erhielt das Kap 1687, als Malouiner Korsaren einen primitiven Turm mit Leuchtfeuer installierten. 1702 wurde der Baumeister des Sonnenkönigs, *Sébastien Vauban*, auf das strategisch wichtige Kap aufmerksam. Er ließ zum Preis von 7090 Livres Steine aus Chausey heranschaffen und legte den Grundstein für den alten Leuchtturm. Mit einem Jahresgehalt von 200 Livres wurde der erste Leuchtturmwärter eingestellt.

1821 wurde der Turm mit der neuesten Finesse des französischen Physikers *Augustin Jean Fresnel* ausgestattet: Drehbare Paraboللinsen reflektierten das Licht der Rapsöllaternen, das erste Intervall-Rotationsfeuer war erfunden. Der Turm funktionierte mehr oder weniger störungsfrei bis zum 11. August 1944. Genau vier Tage vor ihrer Kapitulation sprengen deutsche Soldaten vor den anrückenden Alliierten den Turm. Bereits 1948 wird einen Steinwurf vom alten ein neuer Leuchtturm errichtet. Von seiner Plattform (145 Stufen) genießen Besucher eine herrliche Fernsicht: im Westen die *Ile de Bréhat* mit der Bucht von St-Brieuc, im Osten das *Fort La Latte*, die *Pointe de Grouin* und, weit draußen im Atlantik, die *Chausey-Inseln*. Der Turm kann nur im Juli und August bestiegen werden. Öffnungszeiten unregelmäßig.

- *Wandern* Ausgangspunkt einer Wanderung um das Kap ist der gebührenpflichtige Parkplatz (2 €, Wohnmobile 7 €) vor dem neuen Leuchtturm. Von hier führen Trampelpfade an einem Panorama-Café mit Restaurant vorbei zur Kapspitze. Mehrere Pfade verlaufen oft steil abfallend und schwindelerregend rings ums Kap. Eine Rundtour bis zum Fort la Latte dauert ohne Besichtigung des Forts etwa 4 Stunden (ca. 12½ km).

Von Juli bis September werden geführte Kapwanderungen angeboten. Auskunft über Termine, Konditionen, Preise etc. im Office de Tourisme von Fréhel-Bourg.

- *Chambres d'hôtes* **Relais de Fréhel**, an der D 16, die von Plévenon ans Kap führt. In einem alten Bauernhof aus dem 19. Jh. vermieten Madame und Monsieur Billet neben 2 Ferienhäusern auch 5 unterschiedliche Gästezimmer. Schöne Atmosphäre in ruhigster Lage; Tennisplatz. Nach Voranmeldung auch Abendessen, ohne Anmeldung kann man sich in der Rhumerie („Rum-Bar") einen Drink mixen lassen. DZ 55–60 € inkl. Frühstück. Ganzjährig geöffnet. Route du Cap, 22240 Plévenon. ✆ 02.96.41.43.02, ✆ 02.96.41.30.09, billetpa@wanadoo.fr, www.relaiscapfrehel.fr.

- *Camping* * **Municipal des Grèves d'en bas**, an der D 34 zwischen dem Kap und Pléhérel; 150 Plätze oberhalb einer kleinen Bucht, fast kein Schatten, sehr einfach, immerhin warme Duschen. Geöffnet Juni bis Sept. ✆ 02.96.41.43.43.

Sables-d'Or-les-Pins

Der Badeort mit seinen weiten Sandstränden ist ein Kind der Neuzeit; Sables-d'Or-les-Pins wurde 1922, zwei Jahre vor der Einweihung der Eisenbahnlinie von St-Brieuc und Lamballe, auf dem Reißbrett entworfen. Mit der Fertigstellung begann der unaufhaltsame Aufstieg des Retortenörtchens zu einem viel besuchten Seebad, das allerdings nur im Sommer richtig lebt. Dann sind die unzähligen Ferienhäuser und Residenzen, die manchmal mühsam, manchmal gelungen die Patina vergangener Fachwerkzeiten imitieren, voll belegt, Hotels, Cafés und Restaurants haben Hochbetrieb.

Sables-d'Or-les-Pins trägt seinen Namen zu recht: Die goldgelben Sanddünen, die sich in die weit geschwungenen Felsbuchten schmiegen, sind oberhalb des Küstenstreifens mit Pinien und Krüppelkiefern übersät und bieten für Campingfreunde beliebte Quartiere. Im Sommer wimmeln die Strände in Richtung Kap Fréhel denn auch von Wohnwagen, Zelten und Touristen. Ein gelungenes Panorama über Strände, Klippen, Heideland und Kap bietet sich von der D 34 aus, die oberhalb der Küste über Pléhérel-Plage (3½ km langer Traumstrand) zum Cap Fréhel führt.

Information/Verbindungen

- *Postleitzahl* 22240 (Fréhel)
- *Information* Die zentrale Informationsstelle der Gegend ist das **Office de Tourisme du Pays de Fréhel** in Fréhel-Bourg, dem Hauptort auf der Halbinsel, zu dem auch Sables-d'Or-les-Pins und Pléhérel gehören. April bis Sept. Di–Sa geöffnet, in den übrigen Monaten unregelmäßig. ✆ 02.96.51.53.81, ✆ 02.96.41.53.81, otfrehel@wanadoo.fr, www.pays-de-frehel.com. **Zweigstelle in Sables d'Or** (im Holzpavillon an der Allée des Acacias) Mitte Juni bis Mitte Sept. Mo–Sa 9–12.30 und 14–18.30 Uhr. ✆ 02.96.41.51.97.

174   Côte Emeraude

- *Verbindung* Eine **Bus**linie führt im Sommer von Lamballe oder St-Brieuc über Erquy ans Kap Fréhel. Sables-d'Or ist daran angeschlossen. Haltestelle am Hafenboulevard. Nach Fréhel-Bourg keine Busverbindung.

Diverses

- *Fahrradverleih* **Nord Ouest**, ein Großanbieter am Ende der Hauptstraße mit Tourenrädern, Mountainbikes und einer Unmenge an Spaßrädern. Allée des Acacias, ✆ 02.96.41.52.70.
- *Markt* Im Sommer am Dienstag im Zentrum von Fréhel, neben dem Office de Tourisme.
- *Feste* Im Sommer mehrmals wöchentlich Open-Air-Konzerte, Folkloreveranstaltungen und Tanzabende auf der Place des Fêtes. dem großen Platz vor dem Strand.
In Plévenon findet am ersten Freitag im August das Fest-Noz mit keltischer und bretonischer Musik statt.
- *Sport* Die Palette des örtlichen Animationsprogramms umfasst ziemlich alle Sparten der körperlichen Ertüchtigung: Kinderspielclub, Pingpong, Reiten, Tennis, Segeln, Surfen, Minigolf und Golf, klassische und moderne Ballspiele u. a. m. Kontakte über das Tourismusbüro oder in den jeweiligen Clubs und Vermietungsservices rund um Sables-d'Or-les-Pins.
- *Casino* Vom Bad direkt zum Spielautomaten – gleich hinter dem Strand am Ortsende Richtung Kap Fréhel dient ein nüchterner Bau dem Glücksspiel. Hier treffen sich auch die Boulespieler.

Übernachten/Essen

- *Hotels* ** **De Diane**, stattliches Haus an der Hauptstraße. Alle Zimmer mit Dusche/WC oder Bad/WC. DZ 63–95 €. Mit Restaurant. Geöffnet April bis Okt. Allée des Acacias, ✆ 02.96.41.42.07, ✆ 06.92.41.42.67, hoteldiane@wanadoo.fr, www.hoteldiane.fr.
** **Les Pins**, ebenfalls an der Hauptstraße, mit Restaurant; die Hälfte der Zimmer mit Dusche, die andere Hälfte mit Dusche/WC. DZ mit Dusche 47 €, mit Dusche/WC 61 €. Geöffnet Ostern bis Sept. Allée des Acacias. ✆ 02.96.41.42.20; ✆ 02.96.41.59.02.
- *Jugendherberge* in der Nähe des Örtchens Plévenon, von dort auch ausgeschildert. Ideal als billige Unterkunft mitten im Nirgendwo. Geöffnet von April bis Sept. ✆ 02.96.41.48.98.
- *Camping* * **Municipal Pont de l'étang**, von Pléherel Plage etwa 4 km in Richtung Kap Fréhel. Das riesige Gelände mit 900 Stellplätzen inmitten des welligen Dünengeländes zwischen Pléhérel-Plage und Sables-d'Or überzeugt durch seine Lage. Herrlich von Pinien beschattet, den smaragdfarbenen Ozean vor der Nase und 1 km Sandstrand. Versorgungslastwagen und Fastfood-Busse bieten alles, was Camper zum Überleben brauchen. Trotz Mikrochipsteuerung und Computerkasse in sanitärer Hinsicht insgesamt dürftig, Wasserstellen und Stromanschlüsse sporadisch über das Gelände verteilt. Warme Duschen. Zeltler, die ihren Wagen auf dem Parkplatz lassen, finden in der Nebensaison tolle Plätzchen, in der Hauptsaison ist der Platz brechend voll. Geöffnet April bis Sept. Pléherel-Plage, ✆ 02.96.41.40.45.
- *Crêperie* **La Clepsydre**, urige Crêperie mit sehr netter Bewirtung in Pléherel-Plage. Crêpes 2,50–7,50 €. Di und Mi geschlossen. Rue du calvaire. ✆ 02.96.41.41.21, ✆ 02.96.41.57.55, http://frehelcamping.bzh.bz.

Erquy   (3800 Einwohner)

Ein ansprechendes Bild: Weitläufig ziehen sich die Häuser an der halbkreisförmigen Bucht entlang und steigen dann steil den Hang zum Kap hinauf.

Bucht und Kap von Erquy waren schon vor 4500 Jahren besiedelt, wie Grubenschächte in der Nähe der Ortschaft und mehrere Feuersteinfunde bezeugen. Dank der geschützten Lage statteten die Römer die verkehrsgünstig gelegene Bucht mit einem Hafen aus – einer der ältesten Häfen der Bretagne und bis heute einer der aktivsten.

Erquy 175

Erquy: vom Römerhafen zur Hauptstadt der Jakobsmuschel

Der Arbeit seiner Fischerflotte verdankt Erquy seit 1963 auch den Titel „Hauptstadt der Jakobsmuschel". Die von Feinschmeckern geschätzte *Coquille St-Jacques* ist eine der Haupterwerbsquellen des Städtchens: 50 Prozent aller französischen Jakobsmuscheln stammen aus der Bucht von St-Brieuc. Wurden 1990 1400 Tonnen aus dem Meer geholt, waren es 1995 schon knapp 1800 Tonnen, heute sind es jährlich rund 6000 Tonnen. Damit solche Zahlen auch in Zukunft noch möglich bleiben, ist die Anlandung der Muscheln streng reglementiert: Nur zweimal pro Woche, und dann jeweils nur für eine Stunde, dürfen die Fangflotten Jagd auf die kostbare Delikatesse machen. Die Einhaltung dieser Vorgaben wird aus der Luft und vom Wasser aus kontrolliert, Überschreitungen werden durch Sanktionen geahndet. Die zweite große Erwerbsquelle ist der Tourismus, wobei Erquy von der außerordentlich schönen Naturlandschaft seines Kaps profitiert. Rosa, lila und gelb überzieht das Heidekraut die Felsen, in die das Meer kleine, vom Muschelsand weiß leuchtende Buchten genagt hat. Unbeschwerte Badefreuden, ausgedehnte Küstenspaziergänge, zwei kuriose Seen in den Klippen, Pinien, Dünen und Ozean – die Gegend um Erquy gehört zu den bevorzugten Bade- und Urlaubsgebieten der *Côte Emeraude*.

*I*nformation/*V*erbindungen

- *Postleitzahl* 22430
- *Information* **Office de Tourisme**, hinter der Strandzeile. Freundliche Auskünfte, akkurate Infos über Unterbringung und diverse Freizeitangebote. Verkauf von Regionalkarten mit Wandertouren. In den Sommermonaten können hier Exkursionen zu den Themen Natur, Geschichte und Wirtschaft rund um das Cap d'Erquy gebucht werden. Mai/Juni Mo–Sa 9.30–12.30 und 14–18 Uhr, So 10–12.30 Uhr; Juli bis August Mo–Sa 9.30–13 und 14–19 Uhr, So 10.30–13 und 14–18 Uhr; erste Septemberhälfte Mo–Sa 9.30–12.30 und 14–18 Uhr; Mitte Sept. bis April Mo–Sa 9.30–12.30 und 14–17 Uhr. 3, rue du 19 mars. ✆ 02.96.72.30.12, ✆ 02.96.72.02.88, info@erquy-tourisme.com, www.erquy-tourisme.com.

- *Verbindung* Nur Regional**busse**. Zentrale Haltestelle bei der Kirche am Boulevard Clemenceau. Im Sommer 3x täglich über Val-André nach St-Brieuc (ca. 1 Std.), in die entgegengesetzte Richtung zum Cap Fréhel (25 Min.).

Diverses

- *Internet* **Cybercommune**, surfen, spielen, mailen. Di/Mi und Fr/Sa geöffnet. 14, rue Castelnau (Ortszentrum).
- *Bootsausflug* Vedettes de Bréhat fahren Juni bis Sept. zur **Ile de Bréhat**. Wegen der geringen Tiefe des Hafens von Erquy ist die Fahrt nur bei besonders hoher Flut möglich (unregelmäßig, ca. 1x pro Woche). Information und Buchung beim Office de Tourisme. Direkte Überfahrt zur Insel von der *Pointe de l'Arcouest* bei Paimpol (siehe *Ile de Bréhat*). Vedettes de Bréhat, ✆ 02.96.55.79.50.
Mit dem Segelschoner Ste-Jeanne halbtags durch die **Bucht von Erquy**, max. 40 Personen an Bord, 27 €/Pers.; ganztags in der **Bucht von St-Brieuc** 43 €. Auch längere Fahrten inkl. Übernachtung an Bord möglich. Reservierung am einfachsten über das Office de Tourisme. www.saintejeanne.com.
- *Markt* Samstagvormittag.
- *Criée* Die Fischversteigerung ist mittlerweile voll digitalisiert, Verkauf nur an Händler. Interessierte Touristen können trotzdem zusehen oder über das Office de Tourisme eine Führung rund um die Criée buchen.
- *Wassersport* **Ecole de Voile d'Erqui**. Die Segelschule von Erquy bietet zwischen Mai und Okt. Speedsail-, Katamaran-, Strandsegel-, Segelboot- und Kajakkurse an. Infos in der Maison de la Mer (am Hafen). ✆ 02.96.72.32.62.
Histoire d'Eau (Geschichte des Wassers), taucht zwischen Mai und Okt. in der Bucht von Erquy oder im Tauchbecken des Clubs ab. Mindestalter 8 Jahre. Maison de la Mer (am Hafen). ✆ 02.96.72.49.67.
- *Tennis* Kommunaler Tennisplatz mit 6 Freiluft- und 2 überdachten Courts im Ortsteil Tu es Roc (Nähe Camping Le Guen); Avenue du Portuais, ✆ 02.96.72.13.94.

Übernachten

- *Hotels* ** **De la Plage (4)**, funktionaler Neubau mit viel Glas an der Strandpromenade. 25 Zimmer, z. T. mit Miniterrassen (verglast), etwas geschmacklos eingerichtet, in

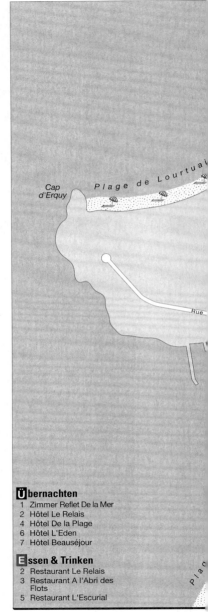

Übernachten
1 Zimmer Reflet De la Mer
2 Hôtel Le Relais
4 Hôtel De la Plage
6 Hôtel L'Eden
7 Hôtel Beauséjour

Essen & Trinken
2 Restaurant Le Relais
3 Restaurant A l'Abri des Flots
5 Restaurant L'Escurial

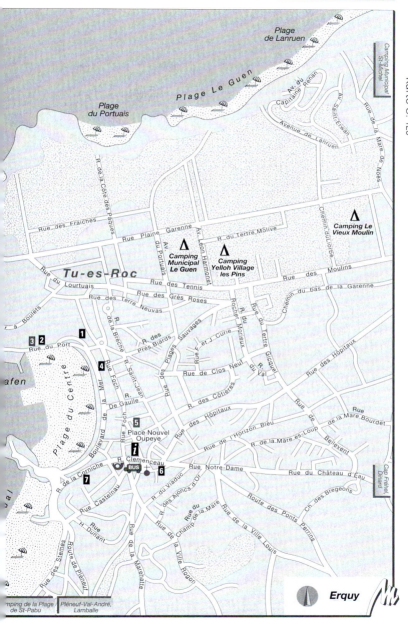

178 Côte Emeraude

sanitärer Hinsicht aber gut in Schuss. Alle Zimmer mit Bad bzw. Dusche/ WC. Restaurant. DZ 33–95 € je nach Zimmergröße und Saison. Ganzjährig geöffnet. 21, boulevard de la Mer. ✆ 02.96.72.30.09, ✆ 02.96.72.16.62. dacorest@wanadoo.fr, www.hotelplage-erquy.com.

** **Beauséjour (7)**, nettes, kleines Hotel, etwas zurückversetzt in zweiter Reihe zur Strandpromenade. 15 Zimmer mit Dusche/WC. Von den oberen Stockwerken eindrucksvolles Buchtpanorama. Restaurant. In der Hochsaison Halbpension obligatorisch. DZ 49–66 €, HP 51–66 €. Geöffnet Mitte Feb. bis Mitte Nov. 21, rue de la Corniche. ✆ 02.96.72.30.39, ✆ 02.96.72.16.30. hotel.beausejour@wanadoo.fr, www.beausejour-erquy.com.

** **Le Relais (2)**, sympathisches Haus mit Brasserie-Restaurant-Kette am östlichen Hafenrand. Restaurantterrasse mit Hafenblick, 12 ordentliche Zimmer mit Dusche/WC und z. T. schöner Aussicht. DZ 46–57 €. Ganzjährig geöffnet. 60, rue du Port. ✆ 02.96.72.32.60, ✆ 02.96.72.19.57, http://lerelais-erquy.chez-alice.fr.

L'Eden (6), etwas abseits der Strandaktivitäten, beim Kino im Ortszentrum. 6 Zimmer mit Nasszelle, Spielsaal. DZ 31–35 €. Geöffnet März bis Okt. 4, rue Notre Dame, ✆ 02.96.72.32.13.

• *Zimmer* **Reflet de la Mer (1)**, 6 einfache Zimmer in der 1. Etage, z. T. mit Meerblick. Dusche/WC auf Etage. In der gastronomischen Abteilung des Hauses gibt's Snacks und Crêpes, die Eisdiele serviert kalte Köstlichkeiten. DZ 24–35 €. Geöffnet April bis Sept. 18, rue du Port, ✆ 02.96.72.00.95.

• *Campings* Die Umgebung von Erquy ist Ziel vieler Campingtouristen, das Angebot an Zeltquartieren dementsprechend groß. Doch trotz der 14 Plätze unterschiedlicher Kategorie reichen die nahezu 2500 Campingparzellen in der Hochsaison kaum aus. In dieser Zeit empfiehlt sich – wollen Sie nicht im Abseits landen – rechtzeitige Reservierung.

*** **De la Plage de St-Pabu**, auf der D 786 Richtung Val-André etwa 2 km bis zur Kreuzung nach St-Pabu. Schmale Straße noch 1 km bis zum Meer hinab (ausgeschildert). Platz für ambitionierte Strandaktivisten und Stützpunkt für Drachenflieger. Das terrassenförmig planierte Rasen-Sand-Areal ist nur durch eine kleine Straße vom Strand getrennt. Wenig Schatten, ausreichend Wasser- und Stromanschlüsse, ordentliche sanitäre Anlagen. Lebensmittelladen, Bar und Restaurant, Wasserrutsche, Segelboot- und Surfbrettverleih sowie mehrere Spielfelder (Volleyball, Fußball etc.). 400 Stellplätze. Geöffnet April bis ca. Mitte Okt. St-Pabu. ✆ 02.96.72.24.65, ✆ 02.96.72.87.17, www.saintpabu.com.

**** **Le Vieux Moulin**, nördlich des Orts, auf dem Kamm des Kaps entlang (ausgeschildert). Ebenfalls top, in ähnlicher Lage und mit ähnlicher Ausstattung. Der freundliche Besitzer gibt sich mit Erfolg viel Mühe, alles in Schuss zu halten: 170 idyllische Plätze unter hohen Bäumen, ordentliche Sanitärblocks, beheizter Swimmingpool und Kinderspielplatz. Restaurant, Bar, Laden und Wohnwagen-/Zeltvermietung. 1200 m zum Strand. Geöffnet Mai bis August. Rue des Moulins. ✆ 02.96.72.34.23, ✆ 02.96.72.36.63, www.camping-vieux-moulin.com.

*** **Yelloh Village les Pins**, in der Nähe des vorgenannten Platzes auf dem Kamm des Kaps. Schönes, schattiges Areal in einem Wald, Top-Infrastruktur. Beheizter Swimmingpool, Bar, Restaurant, Laden und TV-Raum. Selbstverständlich Pingpong und Tennis. 800 m bergab zum Strand vor Pen Guen. 400 Stellplätze. Geöffnet Mai bis 1. Septemberwoche. Le Guen. ✆ 02.96.72.31.12, ✆ 02.96.63.67.94, www.yellohvillage-les-pins.com.

** **Municipal Le Guen**, in unmittelbarer Nachbarschaft des Yelloh Village. Netter Platz, ebenfalls unter Pinien, zwanglose Atmosphäre, gepflegte sanitäre Anlagen. 130 Stellplätze. Geöffnet Mai bis Sept. Avenue Léon Hamonet, ✆/✆ 02.96.72.07.05.

* **Municipal St-Michel**, etwa 5 km nordöstlich von Erquy (ausgeschildert), auf der anderen Seite des Kaps. Der große Gemeindeplatz liegt einen Katzensprung oberhalb des herrlichen Strandes. Etwas staubiges Gelände am unteren Rand eines Nadelwalds, kaum Schatten, die sanitären Anlagen sind einer Vollbelegung nicht gewachsen. Vor allem bei jungen Leuten und Surfern beliebt. 200 Stellplätze. Geöffnet April bis Sept. Les Hôpitaux. ✆ 02.96.72.37.67, ✆ 02.96.63.64.70.

Essen/Nachtleben (siehe Karte S. 176/177)

• *Restaurants* **L'Escurial (5)**, im komfortablen Restaurant am Strandboulevard können Sie gediegen essen und dabei unauffällig Strandflaneure, Boulespieler und Segler be-

Garantierter Badespaß an der Plage de St-Michel

obachten. Die Küche schlägt verschiedene Menüs in allen Preisklassen vor sowie ein vorzügliches Jakobsmuschelfrikassee. Feinschmeckermenü: Lauwarmer Jakobsmuschelsalat, ½ gegrillter Hummer, Goldbrasse, Dessert nach Wahl. Sonntagabend und Mo geschlossen. Boulevard de la Mer, ✆ 02.96.72.31.56.

Le Relais (2), das Restaurant des gleichnamigen Hotels (s. o.) am Hafen. Angenehme Terrasse, freundlicher Service, Menüs ab 14 € aufwärts, unser Tipp liegt eine Preisklasse höher: Jakobsmuscheln à la bretonne, saftig zartes Lachsfilet mit Sauce Béarnaise und aus der breiten Dessertpalette eine Ile flottante zum Abschluss. Hinweis für Fleischliebhaber: Auch das Entrecôte ist köstlich zubereitet. Do Ruhetag. 60, rue du Port, ✆ 02.96.72.32.60.

A l'Abri des Flots (3), drei Häuser weiter, etwas höheres Preisniveau als der Nachbar; wir empfehlen hier das großartige Jakobsmuschel-Menü für 23 €. 68, rue du Port, ✆ 02.96.72.41.39.

● *Disco* Kontaktfreudige junge Menschen treffen sich am späteren Abend im **Octopuce**, der „bar à ambiance musicale", die dem L'Escurial (s. o.) angeschlossen ist.

Baden

In und um Erquy herum locken sieben Strände, die schönsten davon rund um das Kap. Heideland überzieht die Felsen und Klippen, Stechginster und Heidekraut reichen bis hinunter zum Meer. Erquy bedeutet Baden auf feinem, weißem Muschelsand zwischen graurosa Sandsteinblöcken oder Sonnenbaden in den Dünen inmitten mediterraner Flora. Zu den Stränden rings um das Kap führen steile Stichstraßen hinab. Eine Auswahl der schönsten Tauch-, Bade- und Surfbuchten:

Plage du Centre: Bewachter Hausstrand des Städtchens und Zentrum des organisierten Badens. Der lang gezogene Sandstrand unterhalb der Uferpromenade wird begrenzt von der steilen Landzunge des bewaldeten Kaps mit dem Ortsteil *Tu-es-Roc* und von der *Pointe de la Haussaye* mit der ihr vorgelagerten Insel – eine Badebucht, die auch für Kinder sehr gut geeignet ist. Im Sommer lebhafter Betrieb mit Segeljollen und Kindertrampolin.

Plage de Caroual: 2 km südlich von Erquy im Anschluss an den gleichnamigen Ortsteil. Etwa 2 km feiner Sand zum Burgenbauen. Trotz seiner Größe intimer als der Zentralstrand.

Plage de St-Pabu: Direkt an den vorherigen Strand anschließend. Allerdings ist der Sand hier mit Steinen versetzt. Auf dem breiten Streifen, der auch bei Flut noch breit genug bleibt, toben gelegentlich Speedsailer und Drachenflieger. Surferdorado. Ausrüstung wird auf dem Campingplatz vermietet.

Plage Le Guen: Nördlich des Zentrums. Von der Straße, die zu den Klippen empor führt, leitet eine Abzweigung zu vier „wilden" Stränden, die sich an den Küstensaum des Kaps schmiegen. Besonders einladend ist die *Plage le Guen*: schöne Bade-Ecken zwischen hohen Felsriffen und -türmen. Der Nadelwald und das Heidekraut reichen fast bis ans Wasser.

Plage de St-Michel: Im Osten des Kaps, der krönende Abschluss der zu Erquy zählenden Strände. Felstorsos ragen aus dem weißen Sand einer sanft geschwungenen Bucht, in deren Vordergrund eine idyllische Insel mit der Kapelle St-Michel ruht. Großer Parkplatz mitten in der Heide etwa 100 m oberhalb des Strandes. Surferparadies, in dem sich aber auch Ozeanophile ohne Brett hemmungslos austoben können.

Erquy/Umgebung

Wandern/Spazieren: Ein Wanderweg führt rund um das 170 ha große Kap Erquy, die 20-km-Tour durch das Naturschutzgebiet dauert etwa sechs Stunden. Sie folgt dem alten Zöllnerpfad und führt, teilweise neben der Trasse einer stillgelegten Bahnlinie die Küste entlang. Der Heidespaziergang lässt Florafreunde auf ihre Kosten kommen. Aussichtspunkte helfen beim Entdecken der Lieblingsbadebucht. In der Hochsaison bietet das Tourismusbüro begleitete Ausflüge an (siehe *Information*).

Lacs Bleus: Die zwei blauen Seen in den bewaldeten Klippen, 30 m über dem Meer, stammen von alte Steinbrüchen, in denen der rosa Sandstein von Erquy abgebaut wurde, und die sich nach ihrer Stilllegung mit Wasser füllten. Der Blick von einem steilen Felsen oberhalb der Seen ist ein optischer Hochgenuss: in der Tiefe der ruhige, blaue Wasserspiegel eines Sees, eingerahmt vom harschen Felsgestein, an das sich verkrüppelte Nadelbäumchen klammern, und davor die weit geschwungene Bucht von Erquy mit ihren smaragdgrünen Fluten und dem rot-weißen Leuchtturm des Hafendamms. Der Weg zu dem Panoramapunkt ist ausgeschildert.

Château de Bien-Assis: Die Allee, die von der Straße zwischen Erquy und Val-André (D 786) abzweigt, führt durch einen Garten direkt zu einem 400 Jahre alten Wasserschloss – ein symmetrischer Bau mit zinnengekrönten Mauern aus rosa Sandstein, umgeben von schönem Eichen- und Rotbuchenwald. Bereits um 1400 ließ sich ein Seigneur der Bretagne das Schloss bauen, das in den Religionskriegen teilweise zerstört und 1620 wieder aufgebaut und erweitert wurde. Einzig sichtbares Relikt des Ursprungsbaus ist ein Kamin aus dem 15. Jahrhundert. Das Schloss war im Lauf der Geschichte im Besitz mehrerer hoher Herrschaften und diente während der Revolution als Gefängnis. Seit 1880 gehört es der Familie von Kerjegu. Der Besuch des Gartengeländes (Kapelle) ist möglich, zu bestimmten Zeiten auch ein Blick ins noch bewohnte Schloss: großer Gardesaal, Salon, Speisezimmer und prunkvolle Treppen.

Öffnungszeiten Mitte Juni bis Mitte Sept. 10.30–12.30 und 14–18.30 Uhr, Sonntagvormittag geschlossen. Eintritt 4,50 €.

Am Hausstrand von Pléneuf-Val-André

Pléneuf-Val-André (3700 Einwohner)

Rund um das Casino wirbelt das Ferienleben, auf dem zwei Kilometer langen Fußgängerdamm Promenade de la Digue flaniert das Publikum, am breiten Sandstrand tobt das Animationsprogramm der Strandclubs und Segelschüler.

Pleneuf wurde im 5./6. Jahrhundert von Einwanderern von der britischen Insel gegründet, das touristische Zentrum Val-André wurde erst gegen Ende des 19. Jahrhunderts für englische Feriengäste aus dem Boden gestampft. Hotels, Restaurants und Appartement(hoch)häuser ziehen sich hinter der Strandpromenade die Bucht entlang, dahinter reihen sich die Geschäfte und Boutiquen der *Rue Amiral Charnier*, in der sich zu den Stoßzeiten die Autos stauen.

In der Saison schnellt die Einwohnerzahl Val-Andrés alljährlich um mehr als das Achtfache hoch – dann bevölkern etwa 30.000 Urlauber die Großgemeinde Pléneuf-Val-André, die aus drei Ortsteilen besteht. Das ländliche *Pléneuf,* auf einem steil ansteigenden Hügel gut 2 km oberhalb der Küste gelegen, geht über in das fast schon städtische Seebad *Val-André* mit seinem großen, weit geschwungenen Badestrand; diesem angehängt ist der geruhsame Ortsteil *Dahouët*, wo in der tief eingeschnittenen Mündung des Flusses *Flora* die Jachten im Hafenbecken ankern.

Am nördlichen Ende der *Plage du Val-André* schiebt sich hinter dem Hafen die mit schmucken Villen und Kiefernparks belegte *Pointe de Pléneuf* zur vorgelagerten Vogelinsel *Ile du Verdelet* ins Meer hinaus. Der Küstenpfad, der vom Hafen von Val-André rund um die Landspitze zu führen scheint, endet im massigen Granit genau gegenüber der Insel. Um zur *Plage des Valleés* auf der anderen Seite der Landzunge zu gelangen, muss man rechts vom Hafen ein Paar Stufen erklimmen.

Côte Emeraude

Der Weg führt steil nach oben, auf dem Kamm der Landspitze entlang (wunderbare Aussicht) und dann steil hinunter zur Küste. Am südlichen Ende der Plage du Val-André trennt die felsige *Pointe de la Guette* den belebten Badestrand von der Hafenzeile an der Floramündung im Ortsteil Dahouët. Unterhalb des Küstenpfads schmiegt sich die *Anse du Pissot*, eine kleine, intime Badebucht, mit grobkörnigem Sand an die mächtigen Felsen.

Information/Verbindungen

- *Postleitzahl* 22370
- *Information* **Office de Tourisme**, am Hauptstrand neben dem Casino. Höchst professionell. Stadt- und Umgebungspläne, vielerlei Möglichkeiten zur Einschreibung für Animationsprogramme und Ausflüge. Vermittlung von Ferienimmobilien. Brauchbarer Wanderführer für 5 €. Mai/Juni Mo–Sa 9–12.30 und 14.30–18 Uhr, So 10–12.30 und 15–18 Uhr; Juli/August Mo–Sa 9–13 und 14–19 Uhr, So 10–12.30 und 15–18 Uhr; Okt. bis April Mo–Sa 9–12.30 und 14.30–18 Uhr. Rue Winston Churchill. ✆ 02.96.72.20.55, 02.96.63.00.34. pleneufvalandre@wanadoo.fr, www.val-andre.org.
- *Verbindung* In jedem Ortsteil gibt es eine zentrale **Bus**haltestelle. In Pléneuf vor der Kirche, in Val-André an der Rotunde beim Casino, in Dahouët am Hafen. 3- bis 6-mal täglich nach St-Brieuc/Lamballe und 3-mal über die Badeorte nördlich zum Cap Fréhel.

Diverses

- *Bootsausflug* Vedettes de Bréhat bieten in der Hauptsaison Mi und So Ausflüge zur **Ile de Bréhat** an. Abfahrt in Dahouët. Reservierung beim Office de Tourisme. Ebenfalls im Sommer läuft die „Pauline" aus, eine Nachbildung eines alten Loggers – früher sowohl Lotsenschiff als auch Fischkutter. Gebucht werden können Fahrten von 3 Std. bis zum Tagesausflug. Abfahrt im Hafen von Dahouët. Auskunft und Reservierung unter ✆ 02.96.63,10.99.
- *Markt* Dienstagvormittag wöchentlicher Gemeindemarkt in Pléneuf. In der Saison von Juni bis September jeden Freitagvormittag ein zusätzlicher auf Selbstversorger zugeschnittener Markt in Val-André rund um den großen Parkplatz oberhalb der Rotunde.
- *Schwimmbad* Beheiztes Hallenbad beim Camping Les Monts Colleux. Ganzjährig geöffnet. ✆ 02.96.72.25.87.
- *Wassersport* Mehrere Wassersportzentren bieten Kurse an und verleihen diverses Gerät. Die beiden unten aufgeführten bieten zu ähnlichen Konditionen Segelkurse auf verschiedenen Bootstypen sowie Surflehrgänge bzw. -ausrüstung an:
Centre nautique auf dem Guette-Plateau oberhalb des Jachthafens. Ganzjährig geöffnet. ✆ 02.96.72.95.28.
Base nautique de Piégu am Hafen von Val-André. April bis Sept. ✆ 02.96.72.91.20.
- *Reiten* **Centre équestre La Jeanette**, etwas außerhalb von Pléneuf (Abzweig von der Straße nach Lamballe). Lehrstunden und freie Ausritte. Auch Ponys. ✆ 02.96.72.95.79.
- *Tennis* Anfang August startet jährlich das 7-tägige Internationale Tennisturnier von Val-André, eines der bedeutendsten Turniere der Bretagne. Auch wenn Sie hier nicht antreten, können Sie einen der 8 Hart- oder 4 Rasenplätze im Parc de l'Amirauté nutzen. ✆ 02.96.72.23.35.
- *Casino* Zentral an der Strandpromenade, Rotundenbau mit Flügeln im Art-déco-Stil. Bar, Terrasse und Kino machen „La Rotonde" zum Zentrum des Strand- und Nachtlebens. Das Glücksrad dreht sich ganzjährig zwischen 22 und 3 Uhr, schon ab 10 Uhr morgens berauben 48 einarmige Banditen unglückliche Glücksritter. Tenue correcte exigée – gepflegte Kleidung erforderlich: kein Jogging-Anzug, keine Jeans, keine Shorts. Eintritt gratis.
- *Fahrradverleih* **Garage Renault** bei M. Huitric, Rue A. Charner, ✆ 02.96.72.20.12.
- *Golf* Seit Juni 1992 wird auf der 18-Loch-Anlage mit Par 72 der kleine, weiße Ball geschlagen – kürzeste Bahn 140 m, längste 490 m. Oberhalb der Plage des Vallées, im englischen Parkstil gehalten; auch Übungsbahnen für Anfänger. Rue de la Plage des Vallées, ✆ 02.96.63.01.12.
- *Waschsalon* Grau rein, Weiß raus – **Laverie automatica**, an der Hauptstraße von Val-André, rue Amiral Charnier 37 (Richtung Dahouët).

Pléneuf-Val-André 183

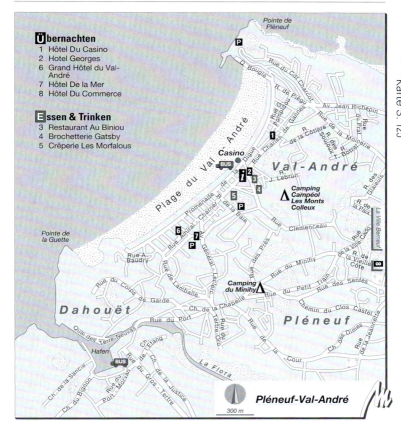

Übernachten

• *Hotels* Die meisten Hotels befinden sich am Strand von Val-André, wo sich in zweiter Reihe zur Strandpromenade einige Mittelklassehäuser angesiedelt haben. Im Ortsteil Pléneuf rund um die Kirche gibt es mehrere ländlich-gemütliche Gasthöfe.

*** Georges (2), von innen eindeutig schicker als von außen. 24 sehr gepflegte Zimmer mit Flat-TV, die teuersten mit großem Balkon zur Straße, die billigeren nach hinten und ohne Balkon. Dezenter Raum fürs üppige Frühstück. DZ 69–99 €. Geöffnet Feb. bis 3. Novemberwoche. 131, rue Clemenceau. ✆ 02.96.72.23.70, ✉ 02.96.72.23.72, hotel-georges@partouche.com, www.partouche.com.

** Grand Hôtel du Val-André (6), durch die Promenade vom Strand getrennter Hotelbau mit 39 Zimmern – 36 haben Dusche bzw. Bad/WC. Komfortables Wohnen in alter Seebadatmosphäre. Restaurant mit Promenadenaussicht. DZ 80–100€. Januar geschlossen. 80, rue Amiral Charnier. ✆ 02.96.72.20.56, ✉ 02.96.63.00.24. accueil@grand-hotel-val-andre.fr, www.grand-hotel-val-andre.fr.

** De la Mer (7), 12-Zimmer mit sanitär unterschiedlicher Ausstattung. Sehr gutes Restaurant, in dem Halbpensionsgäste verwöhnt werden. DZ 39–76 €, HP 46–67 €. Ganzjährig geöffnet. 63, rue Amiral Charnier.

✆ 02.96.72.20.44, ✉ 02.96.72.85.72, hdlm2@wanadoo.fr, www.hotel-de-la-mer.com.
* **Du Casino (1)**, hat mit dem Casino nichts gemein. 9 einfache Zimmer, von den oberen Räumen nach vorne teilweise Meerblick. Das Hotel hat Renovierungsabsichten bzw. greift nach einem zweiten Stern. DZ je nach Ausstattung und Saison 30–64 €. Geöffnet Ostern bis Mitte Okt. 10, rue Charles Cotard, ✆ 02.96.72.20.22.
Du Commerce (8), sehr einfaches 10-Zimmer-Hotel im Ortszentrum von Pléneuf. DZ 30–35 €. Letzte Dezember- und 1. Januarwoche geschlossen. 2, place du Lourmel, ✆ 02.96.72.22.48.
● *Campings* ** **Campéol Les Monts Colleux**, relativ zentrumsnah, oberhalb des Hauptstrands (300 m), mit schönem Blick über die Bucht. Etwas verwinkelte, teilweise steile Anfahrt (ausgeschildert). 180 Stellplätze mit ausreichend Stromanschlüssen, sanitär ordentlich bestückt, die Rasenterrains sind nummeriert und mit kleinen Hecken und Stacheldraht abgegrenzt. Beheizter Swimmingpool, Kinderspielplatz. Auch Vermietung von Chalets. Geöffnet April bis Sept. Rue Jean Lebrun, ✆ 02.96.72.95.10, ✉ 02.96.63.10.49, www.campeoles.fr.
*** **Du Minihy**, weit oberhalb der Bucht auf dem Weg von Pléneuf nach Dahouët. Ähnliche Ausstattung und ähnliches Terrain wie der vorgenannte Platz. Auch hier Chaletvermietung. 800 m zum Strand. 60 Stellplätze. Geöffnet Mitte Juni bis Mitte Sept. Rue du Minihy. ✆ 02.96.72.22.95, ✉ 02.96.63.05.38, campingminihy@voila.fr.
*** **La Ville Berneuf**, direkt oberhalb des gleichnamigen Strands in der Nähe des Golfareals. Relativ kahles, heckenunterteiltes Gelände mit 75 Stellplätzen, 100 m zum Strand. Waschmaschinen, Shop, Spielplatz. Plage de Ville Berneuf. ✆/✉ 02.96.72.28.20.

Essen (siehe Karte S. 183)

● *Restaurants* **Au Biniou (3)**, im Lokal, das auch einheimische Gourmets frequentieren, speisen Sie hervorragend und in lauschigem Ambiente. Stilvolle Atmosphäre unter Bildern lokaler Künstler. Ausgezeichnete Fischgerichte (Spezialitäten: hausgeräucherter Fisch und Jakobsmuscheln), Muschelvorspeisen und gediegene Meeresfrüchteplatten, erlesene Weinkarte (ab 16 € das Fläschchen). Mehrfach und zu Recht mit dem „Diplome d'Honneur" für gute Küche/Service ausgezeichnet. Neben 3 wechselnden Menüs und einem „Vorschlag des Küchenchefs" gediegene Auswahl à la carte. Reservierung dringend empfohlen. Di abends und Mi geschlossen. 121, rue Clemenceau, ✆ 02.96.72.24.35.
● *Crêperie/Brochetterie* **Les Morfalous (5)**, Crêpes, Gallettes und Omelettes. April bis Mitte Sept. täglich geöffnet. 9, rue Amiral Charnier, ✆ 02.96.72.95.52.
Pub Gatsby (4), der Essbereich ist neben dem Pub und ruhig. Keine Menüs, dafür z. B. gute Muschelgerichte, Chili con carne oder Tagliatelle mit Lachs und Sahnesauce zu Durchschnittspreisen. Spezialität des Hauses sind Brochettes en Chef oder Couscous de la Mer. 125, rue Clemenceau, ✆ 02.96.72.28.06.

Lamballe (10.600 Einwohner)

Die alte Hauptstadt des Herzogtums von Penthièvre und heutige „Station Verte de Vacances" liegt touristisch etwas im Abseits, und auch von ihrer historischen Bedeutung ist nicht viel geblieben. Höchstens als Stadt der bretonischen Pferde ist Lamballe heute noch bekannt.

Von einer schönen Landschaft umgeben, liegt das Städtchen auf einem Hügel über dem *Gouessant-Fluss*, über dessen Tal die Stiftskirche *Notre-Dame-de-Grande-Puissance* wacht. Rund um die dreieckige *Place du Martray* im Zentrum sind einige schöne alte Fachwerkhäuser zu sehen. Überregionale Berühmtheit haben die jahrhundertealte Wallfahrt zur Notre-Dame-de-Grande-Puissance und der *Haras National*, das 1825 gegründete Pferdegestüt für stark belastbare Zugtiere im Dienste des französischen Postwesens.

Die Ursprünge Lamballes gehen auf einen gewissen *Paul* zurück, der im 6. Jahrhundert ein kleines Kloster im heutigen Stadtgebiet errichtete. Aus *Lan Paul* wurde

Lamballia und daraus Lamballe, das im frühen Mittelalter als wehrhafte Festung galt: Hinter dem Stadtwall mit seinen 50 Türmen konnten in Kriegszeiten die Bewohner von 45 Kirchensprengeln Unterschlupf finden. 1420 wurde Lamballe auf Befehl *Jeans V* zum ersten Mal geschleift. Der Herrscher hatte genug von den Eigenmächtigkeiten des Lamballer Herzogs und bestrafte ihn mit der Zerstörung der Festungsmauern der Hauptstadt. 1626 besorgte *Richelieu* den Rest; wegen familieninterner Zwistigkeiten – Ärger mit dem Schwiegersohn – ließ der Kardinal die Burg komplett schleifen.

Lokalhistoriker erinnern, dass Lamballe Geburtsort oder Aktionsfeld einiger interessanter Persönlichkeiten war. So erwähnen sie *Louis-Marie Lavergne*, „der die Kartoffel in die Bretagne brachte", und *Marie-Victoire von Lambilly*, die „Frankreichs erste Advokatin" war. Die berühmteste Figur der Lamballer Stadtchronik war vielleicht *Marie-Thérèse de Savoie Carignan*, die Witwe eines früh verstorbenen Prinzen von Lamballe, die selbst nie in Lamballe weilte. Die junge Dame lebte seit 1770 bei Hof und war das beliebteste Kammerfräulein der Königin Marie-Antoinette. Während der ersten Blutbäder an Adeligen im September 1792 wurde die Kammerjungfer auf bestialische Weise umgebracht; ihren Kopf spießten die Mörder auf eine Pike und zeigten ihn der gefangen gesetzten Königin. Diese verlor ihren eigenen Kopf etwas später unter der Guillotine.

So schön wohnte der Henker von Lamballe

*I*nformation/*V*erbindungen

- *Postleitzahl* 22400
- *Information* **Office de Tourisme**, am Eingang des Haras. April bis Juni Di–So 13.30–18 Uhr; Juli/August täglich 10–18 Uhr; Sept. bis März Di–So 14–17.30 Uhr. Place du Champ de Foire. ✆ 02.96.31.05.38, ✉ 02.96.50.88.54, otlamballe@wanadoo.fr, www.otlamballe.com.
- *Verbindungen* **Bus**haltestelle am Bahnhof. Regelmäßig nach St-Brieuc und die Küstenorte der Côte Emeraude. 2-mal täglich direkt nach Paris. Boulevard Jobert, ✆ 02.96.68.31.20.

Zug: Lamballe liegt an der Direktlinie Paris–Brest und am Nebenstrang St-Brieuc–Dol. 8-mal täglich Richtung Paris/Brest, 10-mal nach Rennes; 3-mal täglich nach Dinan/Dol bzw. St-Brieuc. Bahnhof im Süden der Stadt, Boulevard Jobert, ✆ 08.92.35.35.35.

Diverses

- *Parken* Entweder auf der Place du Champ de Foire oder, was die Stadtväter und ihre Kinder lieber sehen, auf dem Großparkplatz unterhalb der Kirche Notre Dame. 5 Minuten ins Zentrum.
- *Einkaufen* Die Region um Lamballe ist für ihre Töpfereiartikel bekannt. Der Lehm stammt aus dem Ortsteil La Poterie, etwa 3 km östlich von Lamballe. Dort dreht sich vom „bol" (Frühstückstasse) bis zur „saloué" (Nachttopf) alles um den Topf, wie ein Lamballer Sprichwort sagt.

Das schönste (Kirchen-)Portal des Penthièvre

- *Markt* Jeden Donnerstag **Wochenmarkt** auf der Place du Marché im Zentrum. Landwirtschaftliche Produkte aus der näheren Umgebung: Creme, Honig, Kaldaunenwurst und Cidre vom Bauernhof.

Tonflohmarkt Ende Mai/Anfang Juni in La Poterie (3 km östlich von Lamballe).
- *Feste* Größtes Ereignis sind die **Jeudis lamballais**, jeweils an Donnerstagen von Mitte Juli bis Mitte August: Neben kommentierten Kutschfahrten durch die Stadt (Erwachsene 7 €, erm. 2 €) finden Orgelkonzerte in der Kirche St-Jean sowie Open-air-Konzerte auf dem Marktplatz statt (beides eintrittsfrei). Neben dieser Mischung aus klassischer, traditionell bretonischer und Weltmusik organisiert auch das Nationalgestüt große Veranstaltungen zu verschiedenen Themen. Genauere Auskünfte beim Office de Tourisme.
Ende August/Anfang Sept. wird das 3-tägige **Springreitturnier** von Lamballe ausgetragen. Im Anschluss an die Wettkämpfe kann man das berühmte Defilée bretonischer Gespanne am Platz vor dem Gestüt erleben: Hengste im Sonntagsputz, alte Kutschen und Karossen.
Am letzten Sonntag im September findet unter dem Titel **Mille sabots** (Tausend Hufe) im Nationalgestüt ein großes Pferdefest statt. Infos unter 02.96.50.06.98.
- *Pardon* Pardon der Notre-Dame-de-Grande-Puissance am ersten Septembersonntag.
- *Schwimmen* Beheiztes Freibad in der Grünzone am Plan d'Eau im Westen der Stadt. Ganzjährig geöffnet, Sonntag geschlossen. Rue des Hautes Rivières.
- *Reiten* **Centre Equestre de la Poterie**, in La Poterie (3 km östlich von Lamballe). 25 Pferde und 20 Ponys. ✆ 02.96.31.92.92.
- *Tennis* Der Tennisclub Lamballais freut sich auch über Nichtmitglieder. Rue George Clemenceau (südlich des Bahnhofs), ✆ 02.96.34.74.44.
- *Waschsalon* Feinwäsche, Buntwäsche, Kochwäsche waschen und trocknen in der **Laverie automatique**, 16, rue Dr Calmette (Nähe Office de Tourisme), täglich 7–22 Uhr.

Übernachten/Essen

- *Hotels* ** **Les Alizés (6)**, moderner Betonzweckbau der Inter-Hotel-Kette 2 km außerhalb im Industriegebiet von La Ville es Lan, an der RN 12. Geschäftsleute-Herberge mit Neonreklame und funktionalem Design, in dem sich „die alten Legenden der Bretagne mit der Ultramoderne treffen" (Prospekt). 32 Zimmer mit Bad/WC, Telefon und TV. Ordentliches Restaurant. DZ 52–80 €. Ganzjährig geöffnet. 3, rue des Jardins. ✆ 02.96.31.16.37, ✉ 02.96.31.23.89, alizes.hotel.rest@wanadoo.fr.
** **Kyriad (7)**. Die Kyriad-Kette hat das frühere ** **Hôtel d'Angleterre übernommen,

Lamballe 187

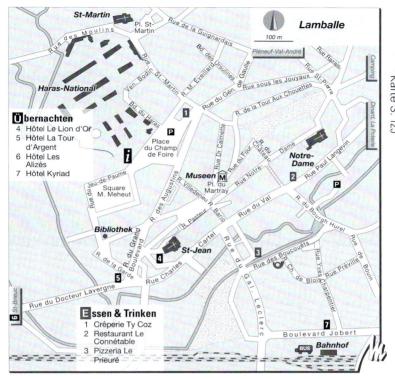

Côte Emeraude
Karte S. 125

2003 komplett renoviert und dabei trotzdem einen Stern eingebüßt. Großer, etwas formloser Bau gegenüber dem Bahnhof. 27 schalldichte (!) Zimmer mit Dusche/WC bzw. Bad/WC, Radio, Telefon und WiFi-Zugang. DZ 53–75 €. Ganzjährig geöffnet. 29, boulevard Jobert. ✆ 02.96.31.00.16, ✉ 02.96.31.91.54, kyriad.lamballe@wanadoo.fr, www.hotel-lamballe.com.

** **Le Lion d'Or (4)**, unterhalb der St-Jean-Kirche, in einem Langbau, der einer tüchtigen Innensanierung unterzogen wurde. 17 Zimmer mit durchschnittlichem Mobiliar und guter sanitärer Ausstattung. DZ 48–62 €. Ganzjährig geöffnet. 3, rue du Lion d'Or. ✆ 02.96.31.20.36, ✉ 02.96.31.93.79, leliondorhotel@wanadoo.fr, www.leliondor-lamballe.com.

** **La Tour d'Argent (5)**, gelegentlich auch „La Tour des Arch'ants" geschrieben. Natursteinhaus mit Giebelfenstern, Schieferdach und Efeuschmuck. 14 z. T. kleine Zimmer, unterschiedlich ausgestattet. Unterm Dach etwas verwinkelt und düster. Wohl hauptsächlich wegen des Restaurants im Fachwerkanbau erhielt das Hotel von Logis de France zwei Kamine (Spezialität: Jakobsmuscheln und grillte Garnelen). DZ 48–62 €. 2, rue Dr Lavergne.

✆ 02.96.31.01.37, ✉ 02.96.31.36.59, latourdesarchants@wanadoo.fr.

• *Camping* ** **Municipal**, im Ortsteil St-Sauveur, im nordöstlichen Stadtgebiet. Kleine Grünanlage mit 25 Plätzen gegenüber dem Friedhof. Nur Juli/August geöffnet. Rue St-Sauveur, ✆ 02.96.50.13.50.

• *Restaurants* **Le Connétable (2)**, das Interieur ist wohl nicht jedermanns Geschmack, doch die Menüs (11–28 €) wurden mehrfach ausgezeichnet; unser Vorschlag: Hasenterrine mit Haselnüssen, gegrillter Lachs in Sauerampfersauce, Dessert. Sonn-

tagabend und Mo geschlossen. 9, rue Paul Langevin, ✆ 02.96.31.03.50.

Pizzeria Le Prieuré (3), schon beim Vorbeischlendern fällt die efeugeschmückte Fassade des alten medizinischen Kabinetts auf. Auf der Außenterrasse über dem Flussufer amüsieren sich junge Leute, innen geraffte Stoffbespannung, Kieferfurnier und Pflanzendschungel. Nette Angestellte servieren neben Pizza, Spaghetti und italienischen Fleischgerichten auch Preiswertes vom Grill. Täglich wechselndes Mittagsmenü inkl. Wein 11 €. Gegenüber der Hauptpost. Mo/Di geschlossen. 19, rue St-Jacques, ✆ 02.96.34.71.50.

● *Crêperie* **Ty Coz (1)**. In der gemütlich eingerichteten Crêperie neben dem Nationalgestüt ist man sehr auf Tradition bedacht. Terrasse. Menüs 7,50–10 €, Sonntagmittag und Mi geschlossen. 35, place du Champ de Foire, ✆ 02.96.31.03.58.

Sehenswertes

Collégiale Notre-Dame-de-Grande-Puissance: Die Stiftskirche zu Ehren der „Jungfrau der großen Kraft" erhebt sich steil auf einem Felsen über dem Gouessant-Fluss (schöne Aussicht von der Terrasse rechts der Kirche). Das Gotteshaus stammt aus dem 13. Jahrhundert, doch ist von den romanischen Bauteilen wenig erhalten; im Lauf der mehrhundert-jährigen Bauveränderungen hat sich die Gotik als stilbeherrschend durchgesetzt. An der Außenfassade gefällt vor allem das *Südportal*, im Inneren der Kirche ein schön geschnitzter spätgotischer *Lettner*.

Kirche St-Martin: Im Norden der Altstadt, beim Haras. Das Kirchlein, ursprünglich im 11. Jahrhundert gebaut, wurde im 15. und 16. Jahrhundert grundlegend verändert. Schönstes Detail ist das romanische *Eingangsportal*, das im 16. Jahrhundert sein charmantes hölzernes Vordach bekam.

Haras National: Um seine Kavallerie und das öffentliche Transportwesen besser auszustatten, plante *Napoléon* den Ausbau eines Netzes kaiserlicher Pferdezuchtanstalten im ganzen Land. 1825 wurde der Plan des mittlerweile toten Kaisers auch in Lamballe verwirklicht und die Stadt zum nationalen Pferdedepot des Bezirks Nordbretagne ernannt. Schwerpunkt der Arbeit war die Aufzucht von Nutztieren, insbesondere von robusten Remonte- und schweren Zugpferden. Seinen Höhepunkt erlebte das Gestüt von Lamballe Anfang des letzten Jahrhunderts. Noch 1918 zogen 390 Lamballer Hengste französische Postkutschen über holprige Landstraßen. Der Haras von Lamballe ist der zweitgrößte Frankreichs und dem Landwirtschaftsministerium unterstellt. Etwa 80 Hengste verlassen jährlich die Stallungen. 70 Mitarbeiter sorgen sich um Aufzucht der Pferde und heißen Besucher willkommen: Zu sehen sind Pferde bei der Arbeit, Ställe, Sattelkammer und Schmiede; außerdem schöne Wagen, Kutschen und herrliches Zaumzeug.

Öffnungszeiten 1-stündige Führungen, Mitte Juni bis Mitte Sept. mehrmals täglich 10–18 Uhr. Im Juli/Aug. auch deutschsprachige Führungen: Mitte Sept. bis Mitte Juni Di–So um 15 Uhr. Eintritt 5 €, 6- bis 12-Jährige 2,50 €.

Maison du Bourreau: Das über 500 Jahre alte Haus an der Place du Martray mit vorkragendem Schieferdach und zweireihigen Butzenscheiben, in denen sich Geranien spiegeln, ist der Kern des im Lamballer Volksmund *Hôte du Pilori* (Pranger) genannten Stadtteils. Das raffinierte Fachwerk und der Beruf seiner ehemaligen Bewohner (Henker) haben das heimelige Haus zu einem der bekanntesten Gebäude der Bretagne gemacht. Heute ist das Henkershaus Sitz zweier Museen, die der Altstadtverein eingerichtet hat (s. u.).

Musée du Pays de Lamballe: Das Volkskundemuseum zeigt auf eineinhalb Stockwerken neben landwirtschaftlichem Gerät, alten Fotografien und Kupferstichen vor allem Trachten und Hauben aus der Vergangenheit des Herzogtums Penthièvre, dessen Zentrum die Stadt einst war. Bemerkenswert ist die Sammlung Lamballer Keramik, insbesondere die weihnachtlichen Krippenfiguren, die zusammen mit den Erzeugnissen provenzalischer Kunsthandwerker um die Gunst des französischen Publikums ringen.

Öffnungszeiten Mi und Fr 14.30–17 Uhr. Eintritt 2 €.

Musée Mathurin-Méheut: Das Museum wurde zu Ehren eines berühmten Sohnes der Stadt eingerichtet. Der Maler *Mathurin Meheut* (1882–1958) fand seine Motive vor allem im bretonischen Alltagsleben: expressionistisch gesehene Islandfischer, der Pferdemarkt von Lamballe und ruhige Landschaften. Seine Aquarelle, Zeichnungen und Gemälde gelten als solide französische Leinwandkunst.

Öffnungszeiten April Mo–Sa 10–12 und 14.30–17 Uhr; Mai und Okt. bis Dez. Mi, Fr und Sa 14.30–17 Uhr; Juni bis Sept. Mo–Sa 10–12 und 14.30–18 Uhr. Eintritt 3 €.

Bibliothek (Bibliothèque municipale): Ein republikanischer Lesezirkel aus der Zeit der französischen Aufklärung war 1774 Geburtshelfer der heutigen Stadtbibliothek. Der Hafen der Ruhe und Kultur (Stadtwerbung) verfügt über 30.500 Bände und Zeitschriften, ein Wörterbuch Chinesisch-Französisch von 1813, einige Hundert Folianten aus der Zeit der Vereinsgründer und sieben Originalhandschriften aus dem 12. Jahrhundert. Aus dem späten 20. und 21. Jahrhundert stammen die über 700 CDs mit Musik aller Stilrichtungen, die zu einem speziellen Urlaubstarif verliehen werden.

Öffnungszeiten unregelmäßig, in der Regel Di geschlossen. ☎ 02.96.50.13.68.

Lamballe/Umgebung

Abtei von Boquen: Das 1137 gegründete Zisterzienserkloster am Rand des Waldes von Boquen (Gemeinde Plénée-Jugon) war bis zur Französischen Revolution ein wohlhabender Glaubenshort und eine von Aristokraten hochgeschätzte Lehenspfründe. Nach der teilweisen Zerstörung durch Revolutionstruppen kehrte erst 1936 wieder ein Mönch in die Ruinen zurück. Heute leben hier Nonnen nach den strengen Regeln des heiligen Bruno von Köln, dem Gründer des Karthäuserordens. Teile des verschwiegenen Klosters können besichtigt werden. Die *Abteikirche* (12. Jh.), *Fassaden*, *Kapitelsaal* und *Kreuzgang* der Klosteranlage wurden in bretonisch-normannischem Stil generalüberholt. Das Holztonnengewölbe und die schlichte Ausstattung verraten den romanischen Ursprung, die *Statue der Notre-Dame-de-Boquen* stammt wie der *Chor* aus dem 15. Jahrhundert Die Treppe vom linken Querschiff in die Schlafräume der Nonnen steht nur diesen offen.

- *Anfahrt* Von Lamballe über die D 14 in südlicher Richtung 18 km bis Le Gouray, im Ort links und ca. 5 km auf schmaler Landstraße (ausgeschildert).
- *Öffnungszeiten* Von Mitte Juli bis Ende Aug. führen die wohltätigen Schwestern von Bethlehem 45-minütige Abteiführungen durch. Während der Gottesdienste keine Besichtigung. Wenn der Eingang nicht besetzt ist, die Empfangsschwester über das Haustelefon rufen. ✆ 02.96.30.22.36.

Harmloser Tourist als rebellischer Bauer

Château de la Hunaudaye (Burg): Um 1220 stand hier eine Vorgängerburg, die ein Opfer des bretonischen Erbfolgekriegs wurde. 1367 begann der Bau der heutigen fünfeckigen Anlage mit ihren fünf Türmen, die letzten Verschönerungsarbeiten fanden im 16. Jahrhundert im Stil der Renaissance statt.

La Hunaudaye gehörte lange Zeit dem einflussreichen Geschlecht der Toulimine, die hier bis zum Ende des 16. Jahrhunderts ihre politischen Fäden spannen. Nach dem Anschluss an Frankreich nutzt die Familie die Burg nur noch gelegentlich als Zweitwohnsitz, 1783 erwirbt Marquis de Talhouet, der künftige Bürgermeister von Rennes, das Gemäuer, doch die Immobilie erweist sich als Fehlinvestition: Aufgeputschte Revolutionäre sorgen 1793 dafür, dass aus La Hunaudaye eine malerische Ruine wird. Sie unterminieren die Burg, plündern sie und zünden sie an. Sie leisten gründliche Arbeit – Türstöcke gehen seither ins Leere, Treppen führen ins Nichts, tiefe Abgründe öffnen sich in die Eingeweide der Burg. 2006 wurden im Inneren Restaurierungsarbeiten in Angriff genommen. Die Wiedereröffnung wurde für den Sommer 2007 versprochen. Vielleicht hat der Ruinenbummel dann etwas von seiner gespenstischen Attraktion verloren.

Öffnungszeiten April bis Mitte Juni und Mitte Sept. bis Okt. So 14.30–18 Uhr. Mitte Juni bis Mitte Sept. tägl. 10.30–18 Uhr. Führung inkl. Ausstellung Eintritt 3 € (Hochsaison 3,90 €).

Jugon-les-Lacs (ca. 1300 Einwohner): Eine „Petite Cité de Caractère" 16 km südöstlich von Lamballe – innerbretonische Behäbigkeit, dazu dunkler Stein mit freundlichem Blumenschmuck, ein adretter Marktplatz und viele gelbe Straßenlaternen an den Fassaden. Die Kirche wurde erst im 19. Jahrhundert um die 800 Jahre alte stilvolle Vorhalle und den Turm aus dem 15. Jahrhundert errichtet. Die Seen beiderseits des Orts erweisen sich bei näherem Hinsehen als die Flüsse *Rieul* und *Rosette*, die sich beide bei Jugon-les-Lacs seeartig verbreitern. Am *Grand Etang de Jugon* am nördlichen Ortsende feiert im Sommer der Wassersport Triumphe; kleines Centre nautique und Campingareal.

Moncontour (900 Einwohner)

Schwere, efeuüberwucherte Mauern schnüren den kompakten Stadtkern rund um die Kirche St-Mathurin ein. Vor Jahrhunderten hoch auf einem felsigen Steilhang am Zusammenlauf zweier Flüsse gebaut, präsentiert sich das Städtchen bis heute im Steingewand aus der Zeit der Musketiere und Hofintrigen.

Besonders in der mittäglichen Ruhe herrscht zwischen den grauen Granit- und dekorativen Fachwerkhäusern der „Petite Cité de Caractère" eine mittelalterliche Atmosphäre – jeden Augenblick kann das Pferdegetrappel einer eiligen Kutsche durch die kopfsteingepflasterten Gassen hallen.

Moncontour zählte schon im 13. Jahrhundert zu den wichtigsten Festungen der Herzöge von Penthièvre. 1626 wurden Burg und Stadtmauer in Richelieus Auftrag geschleift. Die Ausführung der Aktion war allerdings bezüglich des Mauerrings dilettantisch. Noch heute trutzen 11 der 15 Türme in der Stadtumwallung dem Zahn der Zeit. Bis ins frühe 19. Jahrhundert war Moncontour eine wichtige bretonische Textilstadt, deren Justizverwaltung an die 8000 Leinweber unterstellt waren. Die Stadt führte ein weithin geschätztes, amtlich eingetragenes Markenzeichen für die hier produzierten Stoffe ein, die über St-Malo und Lorient in alle Welt exportiert wurden. Mit dem Niedergang des Textilgewerbes um die Mitte des 19. Jahrhunderts verblich Moncontours Stern. Seitdem schläft das Städtchen inmitten seiner hügeligen, grünen Landschaft einen von den Geschichtsläufen ungestörten Dornröschenschlaf.

Sehenswert sind die alten, z. T. aus dem 16. Jahrhundert stammenden *Fachwerkhäuser* in der Rue du Temple und der Rue des Dames, die granitenen *Hôtels* (17.–19. Jh.) wohlhabender Kaufleute rund um die Place Penthièvre und die aus dem 16. Jahrhundert stammende *Kirche St-Mathurin*, die im 18. Jahrhundert fast vollständig erneuert wurde. Höhepunkte im Inneren: geriffelt-verdrehte Säulen und ausgefallene, an flämische Meister erinnernde Buntglasfenster (16. Jh.), die Szenen aus dem Leben Jesu und verschiedener Heiliger erzählen, u. a. leuchtende Bildergeschichten über St-Yves und St-Mathurin.

Ein Schmuckstück des Städtchens ist die **Maison de la Chouannerie et de la Revolution** (Sitz des Office de Tourisme), in der u. a. Waffen, zivile Objekte und Dokumente aus der Revolutionszeit aus- und einige Szenen auch nachgestellt sind („Revolutionäre spüren einen Chouan im Wirtshaus auf").

Öffnungszeiten Juni bis August täglich 10–12.30 und 14.30–18.30 Uhr. Sept. Di–Sa 10–12.30 und 14–18 Uhr. Eintritt 3 €, erm. 1 €.

Ein Museum neueren Datums ist das **Musée Théâtre du Costume**: Eine Kostümbildnerin stellt im Maßstab 1:3 und 1:7 Kostüme vom Mittelalter bis in die Neuzeit aus und führt die Besucher mit viel Engagement durch die Räume.
Öffnungszeiten Juni bis Sept. tägl. 14–18 Uhr; Okt. bis Mai Sa/So 14–18 Uhr. Eintritt 2,30 €.

Information/Diverses

- *Postleitzahl* 22510
- *Information* Im Süden der Altstadt in der Maison de la Chouannerie et de la Révolution. Kompetent und freundlich. Im Raum steht ein nach dem Katasterplan von 1809 gefertigtes Modell der Stadt. Juni bis Aug. täglich 10–12.30 und 14.30–18.30 Uhr; Sept. Di–Sa 10–12.30 und 14–18 Uhr. 4, place de la Carrière. ✆ 02.96.73.49.57, ✉ 02.96.73.44.92, tourisme@pays-moncontour.com, www.pays-moncontour.com.
- *Markt* Montagvormittag.
- *Festival* **mardivertissants** (mardis divertissants = vergnügliche Dienstage). Von Mitte Juli bis Mitte Aug. an Dienstagen auf dem Kirchplatz. Kostenlose Abendkonzerte mit traditioneller, moderner und Weltmusik. **Festival Musique et Patrimoine**, an 3 Wochenenden im September: Konzerte in Schlösschen und Kirchen, die dem Publikum normalerweise nicht zugänglich sind.

Fête Médievale, alle zwei Jahre an einem Sonntag in der 2. Augusthälfte (zum 15. Mal 2007). Den Auftakt macht die mittelalterliche Messe in der Kirche St-Mathurin, dann geht's profan weiter: Straßentheater und Musik, am Abend großes Defilée in mittelalterlichen Kostümen.

- *Pardon* Jedes Jahr über die Pfingstfeiertage großer Pardon zu Ehren des heiligen Mathurin. Er beginnt am Nachmittag des Pfingstsamstags mit der Wallfahrt der Kranken (insbesondere geistig Verwirrte, die Mathurins Segen einst heilte) und wird um 21 Uhr mit einem Fackel- und Freudenfeuerzug der Gläubigen fortgesetzt. Am Sonntag findet das traditionelles Fest Deiz statt, am Pfingstmontag wird das feierliche Wochenende seit einigen Jahren mit einem Fahrradrennen abgeschlossen.
- *Schwimmen* **Piscine de la Tourelle**, südlich des Orts (ausgeschildert). Hypermoderne Glas-Beton-Holzkonstruktion.

Übernachten/Essen

- *Hotel* ** **Hostellerie de la Poterne**, ein neueres Anwesen gegenüber der Stadtmauer, das gar nicht ins mittelalterliche Bild der Stadt passt. Die 9 Zimmer mit Dusche/WC sind einfach, ordentlich und funktional. DZ 46–49 €. 2bis, rue de l'Eperon, ✆ 02.96.73.40.01.
- *Chambres d'hôtes* **A la Garde Ducale**, am zentralen Platz – eine ganz und gar vorzügliche Adresse! Christiane und Roland Le Ray vermieten 4 traumhafte, geräumige, sehr gepflegte Zimmer, alle mit Dusche/WC. Madame macht das innenarchitektonische Konzept, Monsieur sorgt für die adäquate Realisierung, und so schläft der willkommene Gast im „Louis XVI" ebenso gut wie im „Rêve de Jeunesse". Am besten meldet man sich auch gleich für den „Table d'hôte" an, das mehrgängige, üppige Abendmenü für 20 € (Getränke inklusive) hat's in sich. Als Verdauungsspaziergang lädt der Hausherr zu einer nächtlichen Stadtführung ein – eine Gelegenheit, die jeder, der etwas Französisch versteht, sich nicht entgehen lassen sollte. Mit der Taschenlampe leuchtet Roland manches Gemäuer ab und erzählt mit Kompetenz und Witz die Geschichte von Moncontour – nebenbei kommt so auch sein Pudel ein bisschen an die Luft. DZ 48 €, 3-Bett-Zimmer 70 €, 4-Bett-Zimmer 80 €, inkl. Frühstück. ✆/✉ 02.96.73.52.18.
- *Camping* ** **Intercommunal La Tourelle**, im Süden des Orts in Richtung „Piscine de la Tourelle". Die interkommunalen Chalets auf dem 2005 eröffneten Campinggelände sind nicht zu übersehen. Auf dem durchnummerierten Terrain daneben knapp 40 Stellplätze. Gepflegte sanitäre Anlagen, Stromanschlüsse, WiFi-Zugang, einzig der

Bretonischer Barock: Kirche von Moncontour

194 Côte Emeraude

Schatten fehlt. Ganzjährig geöffnet. ☎/🌐 02.96.73.50.65, www.pays-moncontour.com.

● *Restaurant* Moncontour hat wenig Restaurants, dafür eine internationale Palette: im „frog & rosn'beef" gibts englische Küche, bei „Heguy" baskische und im „Au coin du feu" bretonische Crêpes. All das ist aber nichts im Vergleich zur mittelalterlichen Küche im **Chaudron Magique** am Platz bei der Maison de la Chouannerie. Im mittelalterlichen Dekor serviert die erfindungsreiche, junge Köchin (die gern alte Rezepte studiert) Leckerbissen der besonderen Art, z. B. Rinderbacke mit Traubensaftsenf und frischem Gemüse. Und wenn Sie fragen, was ein „Bettlerteller" ist, bekommen Sie möglicherweise einen längeren Vortrag zu hören. An Samstagen wird im mittelalterlichen Kostüm serviert, man mag das goûtieren oder nicht – der vorzüglichen Küche tut's keinen Abbruch. Preise leicht über dem Durchschnitt, Qualität garantiert. Sonntagabend und Mo geschlossen. 1, place de la Carrière, ☎ 02.96.73.40.34.

Moncontour/Umgebung

Trédaniel: Etwa 500 m außerhalb des Dörfchens (2 km südöstlich von Moncontour) liegt gleich neben der Straße die *Kapelle Notre-Dame-du-Haut*. Sie wurde im 17. Jahrhundert an der Stelle errichtet, an der die heilige Jungfrau einen Landedelmann rettete, der von Straßenräubern aufgeknüpft werden sollte. Seither gilt die Kapelle als Wallfahrtsort (großer Pardon am 15. August). Verehrt und angefleht werden sieben krank aussehende, bemalte Holzstatuen, die die sieben heiligen Doktoren der Bretagne symbolisieren. Sie helfen bei Migräne, Angst, Koliken, Rheuma, Augenschmerzen, Tollwut und Wahnsinn. 1985 wurden die Originalfiguren gestohlen; Kopien ersetzten darauf die Originale, doch 2003 wurden auch die Kopien gestohlen. Den Schlüssel bekommen Sie im Bauernhof 100 m vor der Kapelle ausgehändigt.

Nachbau einer Wurfmaschine vor realistischem Hintergrund

Château de la Touche-Trébry: Das zwischen einem Wald und einem Teich gelegene Schloss, mit Wassergräben und einer Umfassungsmauer bewehrt, ist der Herrensitz derer von La Roche, die Ritter des Königsordens und Abgesandte des Adels beim Bischof von St-Brieuc waren. Heute spielen Kinder im Hof des stahlgrauen Gemäuers Fußball, der neue Schlossherr, ein deutscher Lehrer, hat nichts dagegen. Die Anlage aus dem 16. Jahrhundert macht einen etwas asymmetrischen Eindruck, weil ein Turm zerstört ist und hartnäckig nicht wiederaufgebaut wird.

● *Anfahrt* Etwa 8 km östlich von Moncontour (der D 6 Richtung Collinée folgen, kurz hinter Trédaniel links ab auf die D 25), gleich hinter dem Weiler Trébry.

● *Öffnungszeiten* Mitte Juli bis Aug. Mo–Sa 10–12 und 14–18 Uhr. Eintritt 3 € (mit Besichtigung des Schlossgartens 4 €).

Côte du Goëlo/Trégor

Saint-Brieuc (46.100 Einwohner, Agglomeration ca. 90.000)

Zwei stolze Viadukte überspannen die beiden tiefen Täler des Gouedic und des Gouet, die drei Kilometer nördlich der Stadt in den Atlantik münden. Auf einem Hochplateau dazwischen liegt die alte Bischofsstadt – umgeben von Industriebetrieben, Kühlhäusern und dem umtriebigen Handelshafen.

Nur über einen der beiden Viadukte ist das Zentrum zu erreichen. Rund um die mächtige *Kathedrale St-Etienne* drängt sich etwas mittelalterliche Bausubstanz und kolonialer Gründerzeit-Klassizismus, ansonsten überwiegen funktionale Neubauten und gesichtslose Wohn- und Geschäftsviertel. St-Brieuc, die moderne, betriebsame Hauptstadt des Départements *Côtes d'Armor* ist wirtschaftlich mit Abstand die Nummer eins in der Region. Für Touristen ist die Metropole ohne besondere Sightseeing-Höhepunkte nur eine Zwischen- bzw. Umsteigestation zu den Badeorten in der Bucht von St-Brieuc. Immerhin ist die Innenstadt mit ihrer großen Fußgängerzone ein reizvolles Konsumpflaster, und das sehenswerte *Kunst- und Geschichtsmuseum* entführt aus einem tristen Regentag in ein stilles Reich bretonischer Vergangenheit.

Den Grundstein der Stadt legte im 6. Jahrhundert der Mönch *Brioc* – einer der sieben bretonischen Gründerheiligen und der erste Bischof der Stadt. Über seinem Grab wurde später die Kathedrale erbaut, neben deren Portal eine Mahntafel an ein tragisches Zwischenspiel in der Stadtgeschichte erinnert: In der Nacht des 5. Brumaire des Jahres VIII (26./27. August 1799) starb unter den Bajonetten königstreuer Chouans der republikanische Bürgermeister Poulain-Corbion. Mit

Côte du Goëlo/Trégor

dem Ruf „*Vive la République!*" hatte er sich gegen die Überzahl der anrückenden Waldkäuze gestellt, die er an der Übernahme der Stadt hindern wollte.

Information/Verbindungen

- *Postleitzahl* 22000
- *Information* **Office de Tourisme de la Baie de Saint-Brieuc**. Groß und professionell, im Altstadtzentrum unweit der Place de la Résistance, das ganze Jahr über geöffnet. Mo–Sa 9–12 und 14–18 Uhr. Rue St-Gouéno 7. ✆ 08.25.00.22.22 und 02.96.33.32.50 (vom Ausland aus), ℡ 02.96.61.42.16, info@baiedesaintbrieuc.com, www.baiedesaintbrieuc.com.
- *Bus* Vom Busbahnhof im Südosten der Stadt werden mehrere Regionalrouten bedient. Richtung Norden über Binic/St-Quay-Portrieux nach Paimpol bis zu 6-mal werktags. Ebenso oft über Val-André, Erquy und Sables-d'Or zum Cap Fréhel und weiter nach St-Cast. Nach Guingamp 2-mal täglich, nach Lamballe 1-mal. Gare Routière, Rue du Combat des Trente ✆ 02.96.68.31.20.
- *Zug* Der Bahnhof im Südteil der Stadt liegt an der Strecke Paris–Brest. Mehrmals täglich in beide Richtungen. Nach Paris (keine 3 Stunden mit dem TGV) über Lamballe und Rennes. Nach Brest über Guingamp/Morlaix/Landerneau. Mehrmals täglich nach Dinan, von dort Anschluss nach Dol und St-Malo. Boulevard Charner. Auskunft und Reservierung ✆ 08.92.35.35.35.

Diverses

- *Parken* Nicht lange herumkurven: An der Place du Champ de Mars steht eine große, gebührenpflichtige Parkfläche zur Verfügung.
- *Internet* **médiacap**, Fachgeschäft für Informatik. 4, rue Jouallan.
- *Fahrradverleih* Leihräder beim **Camping Les Vallées** im Ortsteil Robien, südlich der Bahnlinie. Bd Paul Doumer, ✆ 02.96.94.05.05.
- *Markt* Mittwoch und Samstagvormittag großer Wochenmarkt rund um die Markthallen, auf der Place Général de Gaulle, der Place de la Résistance, der Place du Martray und Place du Chai.
Der große **Michaelis-Markt** Ende September, mit Vergnügungsrummel, ist die regionale Attraktion des Départements Côtes d'Armor. Außerdem gibt es im Dezember auf der Place Duguesclin einen 3-wöchigen **Weihnachtsmarkt**.
- *Festivals* Zum **Festival Art Rock** am Pfingstwochenende von Fr–Mo strömen jedes Jahr ca. 40 000 Menschen herbei, um die Angebote aus den Bereichen Rockmusik, Theater, Tanz, Kunst und Multimedia zu besuchen. Infos unter www.artrock.org.
In den Sommermonaten gibt es unter dem Titel **L'été en fête** jeden Donnerstag- und Freitagabend Kleinkunstveranstaltungen vor der Kulisse der mittelalterlichen Häuser an der Place du Martray. Eintritt frei.

Übernachten

Knapp ein Dutzend Hotels mit über 200 Zimmern bieten ausreichend Übernachtungsmöglichkeiten, vorzugsweise in Mittelklassehäusern. Schwerpunkt ist der Stadtkern rund um die Place de la Résistance und die Kathedrale.

- *Hotels* ***** De Clisson (1)**, nördlich des Altstadtzentrums, Brieucs erste Übernachtungsadresse. 24 gut möblierte und sanitär gut ausgestattete Zimmer in gediegenem Anwesen mit Gartenpark. DZ 68–120 €, der höhere Preis gilt für ein geräumiges, luxuriös ausgestattetes Zimmer mit King-Size-Bett. Weihnachten geschlossen. 36–38, rue du Gouët, ✆ 02.96.62.19.29, ℡02.96.61.06.95, contact@hoteldeclisson.com, www.hoteldeclisson.com.
** Duguesclin (5), beim alten Busbahnhof. Preis und Leistung stimmen. 17 ordentliche Zimmer mit Bad bzw. Dusche/WC. Restaurant/Brasserie mit preiswerten Tagesmenüs. DZ 45–50 €. Ganzjährig geöffnet. 3, place Duguesclin. ✆ 02.96.33.11.58, ℡ 02.96.52.01.18, leduguesclin@wanadoo.fr, www.hotel-duguesclin.com.
** L'Arrivée (6), auf zwei Sterne hochgerüstetes Bahnhofshotel. 8 ordentliche Zimmer mit Dusche. Etagen-WC. Preiswertes Restaurant (Mo geschlossen). DZ 37 €. Ganzjährig geöffnet. 35, rue de la Gare, ✆ 02.96.94.05.30.

Saint-Brieuc 197

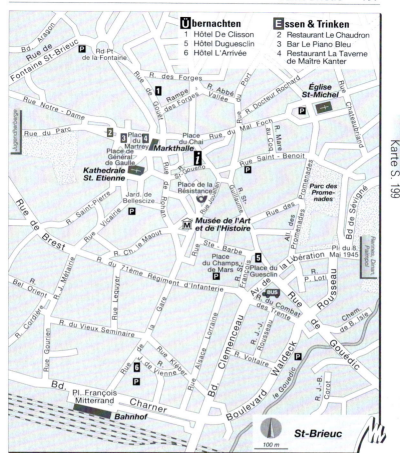

Côte du Goëlo/Trégor — Karte S. 199

• *Jugendherberge* 3 km nordwestlich von Saint-Brieuc, in einem restaurierten Landhaus aus dem 15. Jh. (Buslinie 3, Selbstfahrer: Richtung St-Brévin). Fahrradverleih. 125 Schlafplätze. Übernachtung inkl. Frühstück 15,70 €/Pers. Ganzjährig geöffnet. Manoir de la Ville Guyomard, Les Villages. ✆ 02.96.78.70.70, ✉ 02.96.78.27.47, saint-brieuc@fuaj.org, www.fuaj.org (dort auf der Karte weiter durchklicken).

*E*ssen/*T*rinken

• *Restaurants* **La Taverne de Maître Kanter (4)**, im belebten Zentrum. Meeresfrüchte und Sauerkraut in verschiedenen Varianten, Menüs 18–25 €. Place de la Grille, ✆ 02.96.61.97.70.

Le Chaudron (2), in restauriertem Fachwerkhaus in der Altstadt. Vorzügliches Fondue, Raclette und Grillspezialitäten. Außerhalb der Saison Montagabend geschlossen. 19, rue Fardel, ✆ 02.96.33.09.72.

• *Bar* **Le Piano Bleu (3)**, traditionsreiches Konzertcafé und Bar. Jazz und keltische Musik. 4, rue Fardel, ✆ 02.96.33.41.62.

Sehenswertes

Kathedrale St-Etienne: Als Gründer gilt der später heilig gesprochene *Guillaume Pinchon*. 1225 errichtete er, teils auf Pfahlwerk über einem Sumpf, an der Stelle des Klosters von Brioc eine Kathedrale. Das wehrhaft-abweisende Gotteshaus mit den granitenen Ecktürmen, Schießscharten und Pechnasen wurde im Lauf der Jahrhunderte mehrmals umgebaut und restauriert. Zahlreiche *Grabmäler* mit Liegefiguren schmücken das Innere. Bemerkenswert ist das Grabmal des heiligen Guillaume, im aufwendigen *Reliquienschrein* darüber werden seine Knochen aufbewahrt. Gegenüber gibt, in liegender Haltung, mit aufgerichtetem Oberkörper gönnerhaft-mahnend, die Figur des Bischofs Mathias de Croing der Gemeinde seinen Segen. Weitere Höhepunkte: Der *Orgelprospekt* (16. Jh.), die *Kanzel* (18. Jh.) und die *Kapelle Mariä Verkündigung* (im südlichen Schiff) mit einem kostbaren *Barockaltar*.

Musée de l'Art et de l'Histoire: oberhalb der Place du Champ de Mars. Auf drei Etagen widmet sich das Museum der Kunst und der Geschichte der Hauptstadt des Départements Côte d'Armor. Die Museumsleitung versteht ihr Handwerk: ansehnliche Exponate, stimmungsvolle Präsentation, lehrreiche Aufbereitung. Im *Erdgeschoss* die Abteilungen Landschaftsmalerei sowie „Fischer und Schiffer" mit vielen maritimen Glanzstücken, darunter eine seltene Gezeitenrechenmaschine und die ersten Sardinendosen. Im *1. Stockwerk* wird die Entwicklung der Textilindustrie dargestellt, Höhepunkt hier ist die feine Webstuhlsammlung. Im *3. Stockwerk* veranschaulichen liebevolle Modelle das ländliche Leben früherer Zeiten; in der Abteilung „Beginn des Tourismus" erfährt der Besucher unter anderem, dass erholungsbedürftige Menschen aus Guingamp schon um 1850 an die Küste fuhren und damit den Binnentourismus einleiteten.

<u>Öffnungszeiten</u> Juli/Aug. Di–Sa 10–18 Uhr, So 13.30–18 Uhr; Sept. bis Juni Di–Sa 9.30–11.45 und 13.30–17.45 Uhr, So 14–18 Uhr. Eintritt frei.

Parc de Promenade: Rund um den Justizpalast lädt der im 19. Jahrhundert angelegte Park zu ausgedehnten Spaziergängen ein.

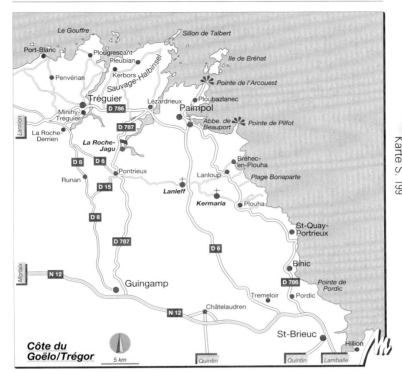

St-Brieuc/Umgebung

Quintin: Im Talgrund bildet das Flüsschen *Gouet* einen Teich, hinter den Terrassen der Ufergrünanlagen erhebt sich Quintin – hübsch und verschlafen im blumenaufgelockerten Granitkleid, folgerichtig auch als *Petite Cité de Caractère* kategorisiert. Vor 300 Jahren war Quintin die wichtigste bretonische Textilstadt. 30.000 Leinweber produzierten in und um Quintin das damals weithin bekannte feine Quintiner Flachslinnen, das unter der Markenbezeichnung „Bretagne" speziell in der Hut- und Mützenbranche Verwendung fand und bis in die Neue Welt exportiert wurde. Vom Reichtum dieser Zeit zeugen die malerisch vorkragenden Fachwerkhäuser und granitenen Kaufmannshotels, die sich in den Gassen und Plätzen zu einer Filmkulisse aneinanderreihen.

Rechts vor der *Basilika Notre-Dame-de-la-Délivrance* steht ein *Brunnen* (15. Jh.), der Heiligen Jungfrau zur Empfängnis geweiht. Die Kirche zu ihren Ehren wurde erst im 19. Jahrhundert errichtet. Neben der *Marienfigur* in der Vorhalle beherbergt sie im Chor die *Liegefiguren* zweier Seigneurs von Quintin, die beide im Hundertjährigen Krieg auf dem Schlachtfeld blieben. Lange Zeit dienten die beiden Figuren, Kopf nach unten, als Schwelle der früheren Stiftskirche – eine respektlose,

Côte du Goëlo/Trégor

aber praktische Zweckentfremdung. Weitere Sehenswürdigkeiten sind vier *Weihwasserbecken* aus dekorativen javanischen Riesenmuscheln und ein *Reliquienschrein*. Letzter birgt ein Stück des Gürtels der Muttergottes, das der erste Schlossherr von Quintin 1252 vom Kreuzzug aus Jerusalem mitgebracht haben soll. Dem wertvollen Tuch werden heilige Kräfte zugeschrieben, Müttern soll es die Kraft für eine leichte Geburt schenken.

Das **Schloss** von Quintin – seine Anfänge gehen auf das 13. Jahrhundert zurück – steht in einem Park oberhalb der Basilika und ist heute in Privatbesitz. Es besteht aus zwei Komplexen. Der Bauabschnitt aus dem 17. Jahrhundert konnte nicht vollendet werden, die Bauherrin musste auf Befehl Ludwigs XIV. die Arbeiten einstellen. Der König glaubte an ein protestantisches Komplott der schönen Gräfin mit dem mächtigen Bischof von St-Brieuc. Der neuere Teil des Schlosses wurde im 18. Jahrhundert angefügt und kann besichtigt werden: Speisesaal, diverse Innenräume, Gartenanlage und die sechs Räume des *Museums* mit den üblichen Exponaten zur Stadtgeschichte (Dokumente, Porzellan, Silberschmuck und Urkunden). Während der Sommersaison gibt es Ausstellungen zu originellen Themen, z. B. „Der Gemüsegarten" oder „Nachttöpfe aus allen Jahrhunderten". *Öffnungszeiten* April bis Mitte Juni und Mitte Sept. bis Okt. Sa/So 14–17 Uhr; Mitte Juni bis Mitte Sept. täglich 10.30–12.30 und 13.30–17.30 Uhr. Eintritt 5,50 €.

- *Postleitzahl* 22800
- *Information* **Office de Tourisme**, freundliche Auskünfte in einem Eckhaus im Altstadtzentrum. Juli/August Mo–Sa 9.30-12.30 und 14–18 Uhr, So 10–12 und 14–17 Uhr. Sept. bis Juni Di–Sa 9.30–12 und 14–17 Uhr. 6, place 1830. ✆ 02.96.74.01.51, ℻ 02.96.74.06.82, otsi.pays-de-quintin@wanadoo.fr, www.pays-de-quintin.com.
- *Verbindung* **Busse** der CAT halten und starten am Schlossteich. Mindestens 6-mal täglich nach St-Brieuc, 2-mal über St-Nicholas-du-Pelem/Rostrenen nach Carhaix.
- *Markt* Dienstagvormittag im Zentrum.
- *Pardon* Wallfahrt zu Ehren der „Notre-Dame-de-la-Délivrance" (Heilige Jungfrau der geglückten Entbindung) jährlich am 2. Sonntag im Mai. Noch heute ist es Brauch, dass Gläubige ein Stück Stoff an der Marienstatue reiben, um es anschließend schwangeren Frauen über den Bauch zu legen. Dieses Ritual soll eine unkomplizierte Geburt fördern.
- *Hotels* ** **Du Commerce**, in der Altstadt. Gemütliches 13-Zimmer-Hotel mit sanitär unterschiedlich ausgestatteten Zimmern. Restaurant. DZ 55–60 €. Mitte Dez. bis Mitte Jan. geschlossen. 2, rue Rochonen. ✆ 02.96.74.94.67, ℻ 02.96.74.00.94, hotelducommerce@cegetel.net, www.hotelducommerce.fr.cc.
L'Hippocampe, am südlichen Ende des Schlossweihers. Einfaches, aber sauberes Übernachtungsquartier auf der Etappe, die Bar im Erdgeschoss ist Treffpunkt der Glücksritter in Pferderennen. Einige Zimmer mit Bad bzw. Duschkabinett. Etagen-WC. DZ 20–40 €. 12, rue Vallée. ✆ 02.97.74.87.00, ℻ 02.96.58,12.63.
- *Camping* ** **Municipal du Lac**, kleiner Gemeindeplatz neben dem Schlossteich mit 30 Stellplätzen. Von hohen Pappeln eingerahmtes Rasenterrain, idyllisch unterhalb der Stadt. Kinderspielplatz, Tennisgelände und gut gewarteter Sanitärblock. Moderate Preise. Geöffnet Mai bis Mitte Okt. Route du Menhir. ✆ 02.96.74.92.54, ℻ 02.96.74.06.53.

Châtelaudren: 14 km westlich von St-Brieuc, auf halbem Weg nach Guingamp. Der Ort am Ufer des *Leff* erhielt 1148 die Stadtrechte und darf seit 1985 wie viele bretonische Städtchen das Prädikat „Kleine Stadt mit Charakter" tragen. Der Fluss, am Ortsrand zu einem kleinen See aufgestaut und gerühmt wegen seiner Forellen, brachte einst eine böse Überraschung: Nach einem Dammbruch überschwemmten 1773 seine Wassermassen die Stadt und forderten 50 Menschenleben.
Heute ist Châtelaudren ein verschlafener Marktflecken, der nur am montäglichen Markttag zu Leben erwacht. Auf einem Hügel oberhalb des Stadtplatzes steht die

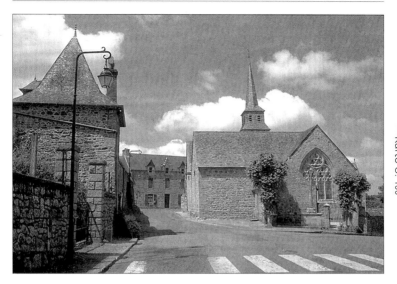

Sonntagnachmittag in Châtelaudren

Kapelle Notre-Dame-du-Tertre (13./14. Jh.), in der Kunstgeschichte auch als „rote Kapelle" bekannt. Die *Holzdecke* des Chors, im 15. Jahrhundert bemalt und seitdem mehrfach restauriert, zeigt auf rotem und goldenem Grund 96 ausdrucksstarke Bildminiaturen mit biblischen Motiven – die Hauptfiguren verraten interessante Details über mittelalterliche Konfektionsware. Über dem Altar des Nebenschiffs Szenen aus dem Leben der heiligen Marguerita und ein bildlicher Lebenslauf des heiligen Fiacre, beginnend mit der Missionsfahrt des irischen Königssohns auf den Kontinent. Außerdem sehenswert eine *Alabastermadonna* (15. Jh.), die die Kirchenpatronin darstellt.

Camping ** **Municipal de L'Etang**, kleiner Platz neben dem Stauweiher an der Straße nach Quintin. Winziger, doch ordentlicher Sanitärblock, so gut wie kein Schatten. Offiziell 17 Stellplätze. Geöffnet Mai bis Sept. Rue de la Gare, ✆ 02.96.74.10.38.

Bucht von Saint-Brieuc: Der weite Küstenstreifen von 30 km Länge lädt von der Halbinsel von *Hillion* bis zur *Pointe de Pordic* zur Entdeckung ein. Täler, Felsklippen, Strände und wilde Buchten wechseln sich ab. Auf dem reizvollen Wanderweg am Zöllnerpfad entlang und mit Ausblick auf das geschützte Meeresgebiet können bis zu 200 verschiedene Vogelarten beobachtet werden. An der *Pointe du Roselier* ist ein alter Ofen, in dem zur Zeit der großen Seeschlachten die Kanonenkugeln zum Glühen gebracht wurden, zu besichtigen. Lohnende Ausflugsziele sind auch die beiden Hauptstrände *Plage de Tournemine* und *Plage des Rosaires* mit vielfältigen Wassersportmöglichkeiten und nicht zuletzt das beliebte Städtchen *Pordic* selbst. Mit zahlreichen Landsitzen und wunderschönen Aussichtspunkten verspricht es dem Besucher alle Annehmlichkeiten eines Badeorts.

Im 19. Jh. war Binic einer der größten Fischereihäfen Frankreichs

Binic (3100 Einwohner)

Familien mit Kind und Kegel bevölkern die zahlreichen Ferienimmobilien; an den Stränden und entlang der Hafenesplanade herrscht im Sommer Hochbetrieb. Binic gehört nicht zu den ersten Bade-Adressen der Bretagne, hat sich aber in den letzten Jahren gemausert.

Am Kopf *(pen)* der Mündung des *Ic*, der betoneingefasst über das Hafenbassin abgeleitet wird, präsentiert sich das malerische Städtchen in einer Nische der gut abgeschirmten Bucht. Am Ende des weit geschwungenen, seichten Hauptstrands reihen sich geduckte Häuser die Esplanade zum Hafen entlang, auf dem Hang hinter der Kirche verstecken sich Villen und Ferienhäuschen im Grünen.

Vor seiner Entdeckung als Familienurlaubsstädtchen war Binic einer der bedeutendsten Fischereihäfen Frankreichs, Heimathafen der legendären Islandfischer und Neufundlandfahrer, die bis ins erste Drittel des 20. Jahrhunderts den Lebensrhythmus Binics bestimmten. Die Zeiten haben sich geändert. Heute rühmt sich das Städtchen des drittgrößten Jachthafens der Nordbretagne, und statt bärbeißiger Seewölfe belagert ein munteres Urlaubervölkchen die Bars und Cafés rund um den Hafen. Nur im kleinen *Museum* neben dem Office de Tourisme erinnern einige Exponate an die große Zeit der *Grande Pêche*.

Geschichte

Binic ist bereits zu Cäsars Zeiten römisches Oppidum und wichtige Nachschubbasis für die Invasion Britanniens. Im 16. Jahrhundert segeln die ersten Binicer Fischer zu den fangreichen Fischgründen Neufundlands. Sie begründen Binics Ruf als gute Adresse im Kabeljauhandel. Ein kurzes Zwischenspiel als Korsarenhafen nach der Revolution bringt Binic den großen Aufschwung. *François Le Saulnier,*

Binicer Fischer und Cousin des legendären *Surcouf*, erzwingt 1821 auf Druck seines berühmten Verwandten von *Ludwig XVIII*. die Stadtrechte für Binic. Eine neue Ära, die *Grande Pêche* genannte Zeit der Island- und Neufundlandfischer, beginnt. Zahlreiche steinerne Zeugen keltisch-römischer Vergangenheit, die nutzlos in der Heidelandschaft schlummern, versinken für immer im Meer – sie werden für den Ausbau der Hafendämme gebraucht. In wenigen Jahren wachsen 150 neue Gebäude rund um den Hafen, Unterkünfte, Werften, Lagerhäuser und Handelskontore, die sich um die Vermarktung der einträglichen Fischzüge kümmern.

1845 verlässt der erste große Segelschoner die Reede, um in einer halbjährigen Fahrt den Kabeljauschwärmen des Golfstroms zu folgen. Bald arbeiten mehr als 600 Bootsbauer an der Herstellung weiterer, *Terreneuvier* (Neufundländer) genannter Segelschoner, über 1800 Matrosen fahren auf Binicer Schiffen zur See. Die Binicais gelten neben den Basken als geschickteste Fischer im lukrativen, oft tödlichen Dorschgeschäft. In verschiedenen Ortschaften der Neufundland- und Labrador-Küste hinterlassen sie sogar einen speziellen Dialekt, der lange Zeit unter der dortigen Bevölkerung gesprochen wird: „bénicasser la morue", auf Binicer Art den Kabeljau beschwatzen.

Den Höhepunkt erreicht die *Grande Pêche* Ende des 19. Jahrhunderts. Binic ist einer der größten Fischereihäfen Frankreichs und schickt fast 100 Schoner mit jeweils 25 Mann Besatzung auf die von Februar bis Ende August dauernde große Fahrt. Doch vom langsamen Niedergang der Schonerflotten nach dem Ersten Weltkrieg ist auch Binic betroffen. Nach dem Zweiten Weltkrieg beginnt zögernd ein neuer Aufschwung. Wie in so vielen Fischerstädtchen der Bretagne bringt der stetig sich entwickelnde Tourismus einen wirtschaftlichen Ausgleich.

*I*nformation/*V*erbindungen

- *Postleitzahl* 22520
- *Information* **Office de Tourisme**, in einem neuen Gebäude an der Durchgangsstraße. Alle Auskünfte zu maritimen Angelegenheiten, Reservierung und Vermittlung von Ferienimmobilien, Prospekte sowie ein Faltblatt mit 5 Spaziervorschlägen in der Umgebung von Binic. Jan. bis März und Nov./Dez. Mo–Fr 9.30–12 und 14–17.30 Uhr, Sa 10–12 und 14–17 Uhr; April bis Juni und Sept./Okt. Mo–Fr 9.30–12.30 und 14–18 Uhr, Sa 10–12.30 und 14–17 Uhr; Juli/August Mo–Sa 9.30–12.30 und 14–19 Uhr, So 10–12.30 und 14–18 Uhr. Boulevard du Général de Gaulle. ✆ 02.96.73.60.12, ✉ 02.96.73.35.23, binic@tourisme.fr, www.ville-binic.fr.
- *Verbindung* **Busse** rund 10-mal täglich Richtung St-Brieuc bzw. St-Quay-Portrieux. Haltestelle an der Avenue Leclerc auf dem Parkplatz am Hafenbecken.

*D*iverses

- *Bootsausflug* Juli/August 2-mal, im Sept. 1-mal wöchentlich gehen die Vedettes de Bréhat in Binic auf Fahrt an der Goëlo-Küste entlang über Paimpol zur **Ile de Bréhat**. Die Ganztagestour kostet inkl. einer 60-minütigen Bréhat-Umrundung 29 €, Kinder zahlen 21 €. Retourticket 26 bzw. 19 €. Gelegentlich findet die Rückfahrt mit dem Bus statt. Auskünfte beim Office de Tourisme.
- *Fahrradverleih* **Cycles Ménier**, Tourenräder und Mountainbikes. 33, avenue Leclerc, ✆ 02.96.73.74.95.
- *Markt* Donnerstagvormittag auf dem großen Parkplatz hinter dem Hafenbassin.
- *Wassersport* **Kayak de Mer** bietet ein umfangreiches Kajakprogramm. Esplanade de la Blanche, ✆ 02.96.38.63.31.
Club nautique organisiert Segel- und Surfkurse für Erwachsene und Kinder, auch Segelausflüge. Quai des Corsaires, ✆ 02.96.69.29.27.
Les plongeurs de l'Ic veranstaltet Tauchkurse und -ausflüge, ✆ 06.99.67.19.20.
- *Tennis* Kostenlos auf dem Gemeindeplatz mit 2 Courts, Information im Office de Tourisme.

Übernachten/Essen

- *Hotels* Das Familienseebad hat sich ganz auf den Immobilientourismus spezialisiert. 49 Betten in drei Hotels stehen Ferienwohnungen und Privatzimmer in knapp 1000 Objekten gegenüber.
*** Le Benhuyc, Binics beste Unterkunft mit viel Glas, zentral am langen Kai. 1992 eröffnet, 2006 wegen Umbau geschlossen, Wiedereröffnung für Mai 2007 versprochen. 23 Zimmer, großteils mit Blick über den Hafen, Speisesaal, kleiner Palmengarten. DZ vermutlich 60–90 €. Ganzjährig geöffnet. 1, quai Jean Bart.
✆ 02.96.73.39.00, ✆ 02.96.73.77.04, benhuyc@wanadoo.fr, www.benhuyc.com.
** Neptune, zentrales Eckhaus am Kirchplatz hinter dem Quai Jean Bart. 8 z. T. etwas schmale, dunkle Zimmer in unterschiedlicher Größe. Cafébar im Erdgeschoss, Restaurant mit solider Küche im 1. Stock. DZ mit Dusche/WC je nach Lage und Größe 40–58 €. Ganzjährig geöffnet. Place de l'Eglise. ✆ 02.96.73.61.02, ✆ 02.96.73.64.86, le.neptune@tiscali.fr.
L'Auberge des Prés Calans, ein Stück außerhalb des Geschehens, rechts an der Straße nach Paimpol. Im Stil eines Landgasthauses, Spezialität des Restaurants sind Meeresfrüchte. (Sonntagabend und Mo geschlossen) 8 Zimmer, 4 weitere mit Kochgelegenheit. DZ 50–69 €. Ganzjährig geöffnet. Route de Paimpol. ✆ 02.96.73.78.07, ✆ 02.96.73.38.50, aubergedesprescalans@tiscali.fr, www.auberge-desprescalans.com.

- *Campings* ***** Panoramic**, 3-ha-Platz an der D 786 nach St-Brieuc auf einem Hügel oberhalb des großen La-Blanche-Strandes (500 m), von Panorama allerdings keine Spur. Teilweise schattig, 150 heckenunterteilte Stellplätze zwischen hohen Bäumen. Langgezogener Verwaltungs-, Unterhaltungs- und Versorgungstrakt, Sanitärblocks mit Geschirrspül- und Wäschebecken. Nicht allzu berühmtes, beheiztes Schwimmbecken; der „Spielplatz" besteht aus 2 Kinderschaukeln. Geöffnet April bis Sept. Rue Gasselin. ✆ 02.96.73.60.43, ✆ 02.96.69.27.66, www.lepanoramic.net.
** Municipal Les Fauvettes, auf einem planierten, zur Küste hin abfallenden Rasengelände über der Plage de l'Avant Port. Von der Kirche aus führt die Anfahrt steil bergauf durch eine ruhige Wohngegend (ausgeschildert). 80 schattenlose Stellplätze mit städtischer Schmalausrüstung, teilweise Panoramablick. 300 m zum Strand. Geöffnet Ostern bis Sept. 13, rue des Fauvettes. ✆ 02.96.73.60.83, www.villebinic.fr.
- *Essen* Das bislang von uns empfohlene Restaurantschiff *La Mascotte* musste 2006 wegen eines Lecks den Betrieb schließen und wurde beerdigt. Einen adäquaten Ersatz haben wir bisher nicht gefunden. Restaurants und Brasserien zuhauf am Kai und der dahinter liegenden Rue Joffre. Karte studieren und probieren.

Baden

Bei Ebbe ist es etwas mühsam, ins Wasser zu kommen. Das Meer zieht sich weit zurück, und um die Fluten zu erreichen, muss ein 1 km langer Fußmarsch über planen Sand oder glitschigen Schlick in Kauf genommen werden. Bei Flut schiebt sich das Meer über die seichte Küste weit zu den Felsen vor, die Liegeflächen für Sonnenanbeter schrumpfen auf klägliche Reste zusammen. Die drei Strände Binics sind über den Zöllnerpfad und die Quais miteinander verbunden.

Der Hauptstrand *Plage de la Blanche* südlich des Hafenbassins besitzt ein Meerwasserbecken, Umkleidekabinen, Strandclub und Wachstation. Die *Plage de l'Avant Port*, durch die Hafenmole mit dem Leuchtturm vom Hauptstrand getrennt, liegt geschützt in einer Felsbucht unterhalb von Ferienhäusern und den Campingplätzen. Sie ist 200 m lang und bei Flut noch 10 m breit (Mickeyclub). Die hinter der Pointe du Rognouse anschließende *Plage du Corps de Garde* wird südlich von Felsen begrenzt und ist bei Ebbe nur zum Fußfischen geeignet.

Saint-Quay-Portrieux (3100 Einwohner)

Der alte Fischerort Portrieux strahlt trotz der Geschäftigkeit der Hafenzeile provinzielle Behäbigkeit aus. In der Bucht nebenan entstand um die Wende zum 20. Jahrhundert St-Quay, dessen Casino, Hotels und Appartementhäuser sich hinter dem Strand zu einem quirligen Badeort aufblähen: Das Seebad mit dem Doppelnamen hat tatsächlich zwei Gesichter.

Von Portrieux aus segelten früher die Fischerboote zum Dorschfang bis Neufundland, sein Name rührt von der reichen Ausbeute guter Fischfilets *(rieux)* her. Durch die kleine Hauptgeschäftsstraße über den Kamm des Küstenvorgebirges ist es mit dem Tourismuszentrum St-Quay verbunden. Seinen Namen verdankt St-Quay einem irischen Mönch, der bei der Landung in der Bretagne fast das Leben verloren hätte (siehe Kastentext *Der heilige Ké*). Heute hat St-Quay seinem Partnerort den Rang längst abgelaufen. Die Gemeindeverwaltung ist hierher umgesiedelt, und die Geschäftswelt macht ihre Einnahmen vorzugsweise hier, wo die Urlaubsgäste seit rund 100 Jahren für auskömmlichen Wohlstand sorgen.

*I*nformation/*V*erbindungen

- *Postleitzahl* 22410
- *Information* **Office de Tourisme**, am großen Platz vor dem Casino in St-Quay. Stadtpläne, Hotellisten, Animationsprogramme, Vermittlung von möblierten Wohnungen und Häusern. Mo–Sa 9–19 Uhr, So 10.30–12.30 und 15.30–18 Uhr; Sept. bis Juni Mo–Sa 9–12.30 und 14–18.30 Uhr. 17, rue Jeanne d'Arc. ✆ 02.96.70.40.64, ✉ 02.96.70.39.99, tourisme@saintquaiportrieux.com, www.saintquayportrieux.com.

In der Hauptsaison unterhält das Büro eine **Zweigstelle** am Hafen von Portrieux. Mo–Sa 10.30–12.30 und 15.30–18.30 Uhr, So 15.30–18.30 Uhr. 20, quai de la République.

- *Verbindung* **Busse** werktags 11-mal täglich nach Paimpol (über Plouha) bzw. nach St-Brieuc (über Binic). Sonntags 5-mal. Haltestellen am Hafen in Portrieux und an der Place de Verdun neben der Touristinformation in St-Quay.

*D*iverses

- *Bootsausflug* Mit den weiß-blauen Ausflugsschiffen von Ile de Bréhat an der Côte de Goëlo entlang über Paimpol zur **Ile de Bréhat**. Daten und Abfahrtszeiten am Kai von Portrieux (Port nouveau) sind gezeitenabhängig (Juni–September). Erwachsene retour 26 €, Kinder 19 €, inkl. Inselumrundung 29/21 €. Reservierung beim Office de Tourisme.
Diverse Halbtagesausflüge auf einheimischen Booten zum Sportangeln oder Sightseeing (nur im Juli/Aug.). sowie Ausflüge auf einem alten Segelboot vermittelt ebenfalls das Office de Tourisme.
- *Markt* Montagvormittag in Portrieux am rechten Hafendamm (Quai Robert Richet). Freitagvormittag in St-Quay, rund um die Rue Jeanne d'Arc oberhalb vom Hauptstrand.
- *Veranstaltungen* Segelregatten, Tennisturnier, Feuerwerk, Jazz- und Rockkonzerte ... der im Office de Tourisme erhältliche Veranstaltungskalender verschafft Überblick.
- *Pardon* **Wallfahrt zu Ehren der heiligen Anna** mit Fackelprozession, Meeressegnung und Hafenfeuerwerk (Illumination) im Ortsteil Portrieux am 26. Juli.
Pardon de St-Ké am 24. September in St-Quay.
- *Wassersport* **Loc 'Voile Armor** am Jachthafen verleiht fast alles, was schwimmt: Boote, Surf- und Funbretter. Esplanade du Port d'Armor, ✆ 02.96.70.92.94.
St-Quay Plaisance, Verleih von Kajaks. 30, avenue Paul de Foucaud, ✆ 02.96.70.96.99.
Ecole de Voile. Die städtische Segelschule mit festen Wochenprogrammen v. a. für

Kinder und Jugendliche bildet an der Plage du Casino zukünftige Jollenkapitäne aus. Quai Robert Richet, ✆ 02.96.70.83.45.

Narco Club, nicht Betäubungs-, sondern Tauchspezialist. Der Club hat auf dem Tauchschiff „Narcose" 19 Plätze für Tiefwassertaucher frei. Esplanade du Port d'Armor, ✆ 02.96.73.05.79.

● *Reiten* **Centre Equestre de la Vallée**, bietet neben Reitunterricht auch Ausritte ins Hinterland und an den Strand an. ✆ 02.96.65.20.52.

Univers Ponies, für die kleineren Urlauber, ✆ 02.96.20.37.76.

● *Tennis* Hoch oben im Verwaltungsviertel zwischen beiden Ortsteilen besitzt der städtische Tennisclub in etwas verbauter Atmosphäre 7 Courts, einer davon überdacht, mehrere Ascheplätze. Club Quinoceen, Place de la Poste, ✆ 02.96.70.51.81.

● *Golf* Der 6125 m lange Parcours des **Golf des Ajoncs d'Or** mit 18 Löchern liegt im 6 km entfernten Lantic; er gehört dem Golfclub von St-Quay. Auskunft über das Office de Tourisme oder unter ✆ 02.96.71.90.74.

● *Casino* Das Glücksrad im verunglückten Casinogebäude am Hauptstrand dreht sich in der Sommersaison täglich von 21.30–3 Uhr. Mindesteinsatz bei Roulette oder Boule 1 €. Einarmige Banditen dürfen bereits ab 14 Uhr gefüttert werden, Billardprofis gewinnen zwischen 17 und 4 Uhr in der Billardbar. Boulevard de Gaulle, ✆ 02.96.70.40.36.

● *Waschsalon* Der Weiße Riese von St-Quai-Portrieux wohnt in der Laverie automatique, rue Clemenceau, gegenüber dem Hôtel du Commerce.

Übernachten/Essen

● *Hotels* *** **Ker Mor (1)**, ein „Relais de Silence" in bester Lage am Rande einer steilen Felsklippe gegenüber der Ile de la Comtesse, schön renoviertes 1001-Nacht-Villa aus dem 19. Jh. mit Zwiebeldach im Stil eines indischen Maharadscha-Palastes. Gartenpark mit bunten Blumen, Pinien und einer Palme, 28 komfortable, helle Zimmer mit TV, Bad und Toilette. Individuelle Balkonterrassen mit herrlicher Aussicht. Der Betrieb des Gartenrestaurants wurde leider aufgegeben. DZ 99–155 €, Frühstück 12 €. Geöffnet April bis Mitte Nov. 13, rue du Président Le Sénécal. ✆ 02.96.70.52.22, ✆ 02.96.70.50.49, contact@ker-mor.com,
www.ker-mor.com.

** **St-Quay (2)**, kleines, efeuumranktes Granitsteinhaus mit 7 Nichtraucher-Zimmern. Unterschiedliche sanitäre Ausstattung, zur Straße hin etwas laut. Schöner Speiseraum

Auf dem Zöllnerpfad

Saint-Quay-Portrieux

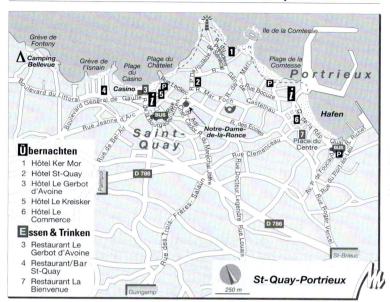

mit Holzbalkendecke und sorgfältig arrangierter Tischdekoration. Die freundliche Besitzerin sorgt auch in der Küche für das leibliche Wohl ihrer Gäste. DZ 51–56 €. Ganzjährig geöffnet. 72, rue Foch. ✆ 02.96.70.40.99, ✉ 02.96.70.34.04.

** Le Gerbot d'Avoine (3), Logis-de-France-Quartier zentral am Hauptstrand. 20 Zimmer im Natursteingebäude, sanitär unterschiedlich, z. T. Balkons. Salon mit altem Mobiliar und schwer ornamentierten Tapeten, Restaurant mit ordentlicher Speisekarte und guter Küche. Drei Menüs inkl. Wein ab 17 €. DZ mit Dusche/WC und TV 45–55 €. In der Saison HP erwünscht (55–67 €). Ganzjährig geöffnet. 2, boulevard du Littoral. ✆ 02.96.70.40.09, ✉ 02.96.70.34.06, gerbotdavoine@wanadoo.fr, www.gerbotdavoine.com.

Le Kreisker (5), ein Katzensprung oberhalb des Hauptstrands. Im Erdgeschoss Barbetrieb, Lotto, Toto, Pferdewetten und Tabakkiosk. Im Obergeschoss 6 einfache Zimmer mit Waschbecken, eines mit Dusche/WC über einem separaten Eingang neben der Bar. 32–50 €. 18, rue Jeanne d'Arc, ✆ 02.96.70.57.84.

Le Commerce (6), gleich hinter dem Hafen von Portrieux. 12 einfache Zimmer, die meisten mit Waschbecken. Man zahlt für die Lage mit: DZ 39–46 €. 4, rue Clemenceau, ✆ 02.96.70.41.53.

• *Camping* *** **Bellevue**, im Ortsteil Fonteny, etwa 500 m westlich des Zentrums. Schöner Panoramablick, ein Küstenpfad führt steil hinunter zum schmalen Strand von Fonteny. Terrassenförmig angelegt auf einer rasenbedeckten Klippe über dem Meer, teilweise von Hecken und Bäumchen unterteilt. 3 ordentliche Hygieneblocks mit Warmduschen, Abspül- und Wäschebecken. Kleiner Laden, Waschmaschinen, Kinderspielplatz, Swimmingpool. Extra-Service: Duschen für Hunde. Knapp 200 Stellplätze. Geöffnet Mai bis Mitte Sept. 68, boulevard Littoral. ✆ 02.96.70.41.84, ✉ 02.96.70.55.46, www.campingbellevue.net.

• *Restaurants* **Le Gerbot d'Avoine (3)**, das Restaurant des gleichnamigen Hotels bietet nach der Küche des Hotels Ker Mor wohl die gelungensten Gaumenfreuden des Seebads. Menüs und gute Auswahl à la carte, Spezialität Meeresfrüchte. 2, boulevard du Littoral, ✆ 02.96.70.40.09.

La Bienvenue (7), in einer Gasse hinter dem Hafen von Portrieux (ausgeschildert). Akzeptables Restaurant, Küche mit regionaler Note, Menüs 16–25 €. 2, place du Centre, ✆ 02.96.70.42.05.

St-Quay Bar (4), neben dem Casino, vom Barbetrieb getrenntes separates kleines Restaurant mit Panoramablick über den Strand. Keine großen Menüs, keine große Auswahl, doch gute Muscheln, gute Salate und gute Desserts. Auch Pizze. 4, boulevard de Gaulle, ✆ 02.96.70.41.55.

Sehenswertes

Sentier des Douaniers: Ein herrlicher Küstenpfad führt in 1 Stunde vom St-Quay-Strand zum Hafen von Portrieux – rund um die Landzunge mit steilen Klippen unterhalb des Leuchtturms, vorbei an alten Badehäusern und Villen in Pinienparks mit dem charmanten Flair eines Seebads. Vor der steil abfallenden Spitze der Landzunge oberhalb der *Plage de la Comtesse* liegt verträumt die *Ile de la Comtesse*, deren einstige Besitzerin im 19. Jahrhundert für heftigen Wirbel in der Gemeinde sorgte. Die Comtesse tyrannisierte jahrzehntelang die über ihren Lebenswandel empörte Gemeindeverwaltung und überzog diverse Bürgermeister mit gerichtlichen Verfahren. Bald genoss die boshafte Dame den Ruf einer „uneinnehmbaren Festung" – heute ist ihre Insel bei Ebbe problemlos zu Fuß zu erreichen.

> ### Der heilige Ké
>
> Ké, couragiert und erfindungsreich, verließ die britische Heimat in einem Boot, das für seine Zeit mit der letzten technischen Neuerung ausgestattet war: Ein steinerner Trog beschwerte den Kiel, stützte den Mast und diente obendrein als Süßwasserreservoir.
>
> Als Ké am Strand von St-Quay (das damals noch nicht nach ihm benannt war) anlegte, hielten zahlreiche Frauen, die zum Waschen hierher gekommen waren, das neumodische Gerät für die Nussschale eines bösen Geistes, verprügelten den Missionar fürchterlich und gingen woanders waschen. In seiner Not, allein am Strand und dem Tod nahe, flehte der zerschundene Mönch um die Gnade der heiligen Jungfrau. Die erschien prompt, kühlte seine Wunden mit dem Wasser einer Quelle, die unter ihrem himmlischen Fuß hervorsprudelte, und führte Ké zu einem von ihr herbeigezauberten riesigen Brombeerbusch, unter dem er vor bösen Tieren und Waschfrauen Schutz fand.
>
> Am nächsten Morgen wurde der schlafende Mönch von den Weibern geweckt, die ihn demütig um Vergebung baten; ihre seefahrenden Männer hatten sie von der Harmlosigkeit des neuartigen Schiffs und seines Kapitäns überzeugt. Ké erholte sich, blieb und baute eine Kapelle, die er der Heiligen Jungfrau vom Brombeerstrauch weihte.
>
> Die Kapelle Notre-Dame-de-la-Ronce wurde rasch zum Wallfahrtsziel, doch 1875 zerstört. Bei den Abbrucharbeiten entdeckte man unter dem Altar einen überdimensionalen Brombeerbusch. Der steinerne Trog, dem Ké die Prügel zu verdanken hatte und der lange als Reliquie verehrt worden war, war allerdings verschwunden. An der Stelle der Kapelle steht heute das Tourismusbüro.

Baden

Feine Muschelsandstrände und ein Meerwasserschwimmbecken stehen den Badegästen zur Verfügung. Der Küstenpfad verbindet die einzelnen, oft malerisch zwischen Klippen, Felsen und Pinien gelegenen Strände, an denen die Gemeindeverwaltung auf einem absoluten Hundeverbot besteht.

Plage du Casino: Der Hauptstrand des Badeortes ist 400 m lang und durch das Meerwasserschwimmbecken auf einer kleinen Klippe in zwei Abschnitte unterteilt. Begrenzt und gut geschützt wird er von der Felsflanke mit dem Leuchtturm. Alle Strandeinrichtungen, von Kinderclubs über Strandzeltverleih bis zu Umkleidekabinen und Erste-Hilfe-Station. Bei Flut nur knappe Liegeflächen.

Plage de la Comtesse: Vom Hauptstrand über den Küstenpfad Richtung Portrieux; der 200 m lange Sandstreifen unterhalb der Felsklippen des Villenviertels ist bei Flut noch etwa 15 m breit. Bei Ebbe ist das vorgelagerte Comtesse-Inselchen trockenen Fußes zu erreichen. Traumhafte Lage, etwas ältliche Strandeinrichtungen.

Plage du Moulin: Ein Tipp auf dem Gemeindegebiet von Etables-sur-Mer, etwa 2 km Richtung Binic. Kleine, anheimelnde Sandbucht mit Kinderclub und Beach-Volleyballfeld. Umkleidekabinen, WCs und ausreichend Strandbars halten sich dezent im Hintergrund.

St-Quay-Portrieux/Umgebung

Plouha: Ein ruhiger, unscheinbarer Ort auf einem Hochplateau etwas landeinwärts der steil abbrechenden Felsküste neben der D 786. Plouha ist ein beliebter Ruhesitz von Seeleuten und Marinerentnern, die in der schlafmützigen Atmosphäre der 4000-Seelen-Gemeinde einen ungestörten Lebensabend verbringen wollen. Eine Kirche, ein Marktplatz, zwei kleine Hotels und viele Einfamilienhäuschen, die fast jährlich mehr werden – Plouha ist die behäbige Alternative zum Stadtleben in St-Quai-Portrieux.

> **Operation Bonaparte**
>
> 1944. Ein einsamer Strand in einem gottverlassenen Winkel der Bretagne erhält eine Schlüsselrolle in den Aktivitäten der Résistance. Unter dem Decknamen Bonaparte organisiert die Widerstandsbewegung von Januar bis Juli 1944 den Transport abgeschossener alliierter Piloten nach Plouha und von dort ihre Flucht nach England. Von der heutigen Plage Bonaparte aus entkommen den Nazis schließlich 135 amerikanische und kanadische Flieger. Das Denkmal der alliierten Flieger oberhalb des Bonaparte-Strands erinnert an die erfolgreiche Operation.

Etwa 1½ km außerhalb von Plouha drängen sich an der Steilküste sechs Badestrände zwischen den Felsklippen, teilweise führen Stichstraßen zu den Buchten. Hervorzuheben sind die kleine *Plage Bonaparte*, durch einen Felstunnel zu erreichen, und der lang gezogene *Strand Le Palus*, eine von Felsen abgeschlossene Badebucht. Bevorzugter Aussichtspunkt alternder Seebären und Fischersfrauen jeden Alters ist das *Denkmal der Alliierten Flieger* oberhalb des Bonaparte-Strandes: schöne Sicht über die Bucht von St-Brieuc, rechts die 100 m hohen Klippen, die die Bucht von Port-Moguer begrenzen.

Circuit des Falaises: Der Circuit der Steilküsten leitet zwischen St-Quai-Portrieux und Paimpont die Ausflügler auf schmalen Sträßchen zu allen Landspitzen der Region. Am beeindruckendsten sind die *Pointe de Minard* und die *Pointe de Bilfot*. Idealer Ausflug für Radler, auch wenn es immer bergauf und bergab geht. Hinweis für passionierte Fußgänger: Der Küstenpfad zählt zu den schönsten Abschnitten des GR 34.

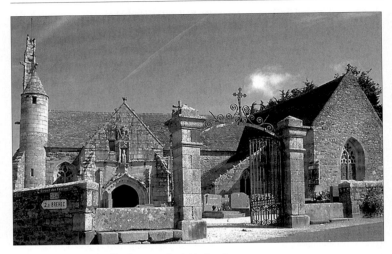

Stimmungsvoll: der Enclos paroissial in Lanloup

Lanloup: 5 km nordwestlich von Plouha an der Straße nach Paimpol. Das kleine Lanloup wartet mit einem schönen Pfarrbezirk auf. Die Kirche St-Loup (15. Jh.) zeigt eine beeindruckende *Vorhalle* mit 12 Steinaposteln und einer Marienstatue über dem Portal Das große Kreuz im Gräberfeld stammt aus dem 18. Jahrhundert.

Bréhec-en-Plouha: Der familiär-gemütliche Strand mit der idyllischen Häuserzeile vor dem Marktplatz ist vor allem am Wochenende fest in der Hand von Ausflüglern und Surf- und Segelfreunden. Die niedrigen Häuser schmiegen sich unterhalb der Felsküste in die überaus hübsche Bucht. An den kleinen Bootshafen schließen sich ein paar Restaurants, Cafés und Läden an. Wandertipp: Auf dem GR 34 in 1 Std. 45 Min. zur Plage Bonaparte, in 3 Std. 45 Min. zum Palus-Strand.

Kermaria: Der kleine Weiler an der D 21, 3 km nordwestlich von Plouha, besitzt eine außergewöhnliche *Kapelle* aus dem 13. Jahrhundert – eine Stiftung des unversehrt aus dem Heiligen Land zurückgekehrten Kreuzritters Henry d'Avongour an die „heilende Maria". Im Lauf der Jahrhunderte wurden an der *Maison de Marie-Qui-Guérit* (Haus der heilenden Maria) mehrmals bauliche Veränderungen vorgenommen, die Vorhalle mit den wunderschönen Holzaposteln war wiederholt Schauplatz von Gerichtsverhandlungen.

Doch berühmt ist die Kapelle wegen eines in der Bretagne seltenen, etwas blassen Deckenfreskos aus dem 15. Jahrhundert, das einen makabren *Totentanz* darstellt und die tragischen Ereignisse der Pestzeit thematisiert: 47 Personen aus allen Gesellschaftsschichten (König, Ritter, Kardinal, Mönch, Bauer, Bettler, Wucherer und zwei Verliebte), tanzen – einander an den Händen haltend – einen erschreckenden Reigen im Dach des Kirchenschiffs. Zusätzlich erinnert ein vermoderter Reliquienschrein mit dem Totenschädel eines Heiligen an die Vergänglichkeit des Seins.

• *Öffnungszeiten* Falls geschlossen ist: Den Schlüssel zur Kirche verwahrt Madame Cojean in Kermaria, ✆ 02.96.20.35.78.

• *Pardon* Am 3. Sonntag im September findet ein großer Pardon statt.

Lanleff: Der bäuerliche Weiler, 1 km abseits der D 7 zwischen St-Brieuc und Paimpol, beherbergt einen Tempel, der lange Zeit ein archäologisches Rätsel war. Etwas versteckt hinter dem Friedhof, fast an die Rückseite eines Hauses angelehnt, verwirrten die Ruinen des in der Bretagne seltenen Rundbaus die Wissenschaft. Die Hypothesen reichten vom keltischen Sonnentempel über eine gallorömische oder merowingische Kultstätte bis hin zur Annahme, dass dem Teufel verfallene Ritter des Templerordens den Rundbau gründeten, um hier in blasphemischer Weise Baphomet den Hintern zu küssen.

Die Wissenschaft kam zu dem Schluss, dass es sich höchstwahrscheinlich um eine im späten 11. Jahrhundert gebaute romanische Kirche handelt. Den zeituntypischen kreisförmigen Grundriss des Tempels brachten heimkehrende Ritter aus dem ersten Kreuzzug als architektonische Anregung aus dem Orient nach Frankreich mit. Um die Instandhaltung der so merkwürdigen Ruine hat man sich nur wenig gekümmert. Gut erhalten – wenn auch ohne Dachkuppel – ist noch die innere Rotunde (10 m Durchmesser) mit den Arkaden. Die Außenmauern, teils von Pflanzen überwuchert, bieten ein trauriges Bild. Offensichtlich diente der äußere Ring des wuchtigen Rundbaus aus grau-rosa Granit einige Zeit als Steinbruch für den Bau der umliegenden Häuser.

Paimpol (7900 Einwohner)

Paimpol – die Stadt der Islandfischer. Ein knappes Jahrhundert lang prägten sie das Leben des Hafenstädtchens. Ihrem oft tragischen Schicksal setzte Pierre Loti mit seinem Roman „Pêcheur d'islande" ein weltweit gelesenes Denkmal: „Die alten Dächer erzählen vom Jahrhunderte langen Kampf gegen den Westwind, gegen die Gischt, den Regen, gegen alles, was das Meer herausschleudert ..."

Die Fassaden der Häuser im Altstadtkern haben die Zeiten überdauert, auch wenn über dem *Café Tressoleur*, das die Islandfischer Pierre Lotis frequentierten, heute in Neonschrift „Sport 2000" um Kundschaft wirbt. Sehenswert neben dem alten Paimpol westlich des Hafens (durch eine breite Umfahrungsstraße von Neu-Paimpol getrennt) sind die Ruinen der *Abtei von Beaugard* im Ortsteil Kerity. Die Strände um Paimpol sind für Bade- und Wassersportler nicht allzu einladend – flache, weite Buchten, bei Ebbe voll Schlick, und rund um den Hafen baggern Sandaushubschiffe. Badefreunde finden auf der Insel Bréhat bessere Möglichkeiten.

Geschichte

Die Gegend um Paimpol ist bereits in frühgeschichtlicher Zeit besiedelt. Nach den Römern lassen sich im 6. Jahrhundert Bretonen in *Pemp-Poull* (Fünf Weiher) nieder – zur damaligen Zeit eine Halbinsel, die bei Flut bis rund um das heutige Bahnhofsgelände unter Wasser stand. Lange Zeit ist Paimpol Landungshafen für ein Missionskloster auf der vorgelagerten Insel St-Riom, seit 1202 dann Lehensdorf der Abtei von Beaugard. Paimpol, dessen Fischer schon im 15. Jahrhundert bis zu den Neufundlandinseln segeln, wird im 17. Jahrhundert nach einer englischen Besetzung befestigt und steigt 1790 zum Hauptort des Kantons auf.

1852 bricht der erste *Terre Neuviers* (Neufundländer) zum großen Fang auf den Kabeljau auf und leitet damit eine für Paimpol ebenso ruhmreiche wie tragische Ära ein: die *Grande Pêche* (Großer Fang). Sie bringt Paimpol zwar fast ein Jahrhundert lang Reichtum, seinen Bewohnern aber auch viel Leid. Jedes Jahr im Februar zieht nach einer weihevollen Abschiedszeremonie eine Flotte von Islandfischern zur Grande Pêche aus und hinterlässt eine Stadt ohne Männer. Bei ihrer Rückkehr Ende August fehlen regelmäßig einige Schiffe, und die freudigen Feierlichkeiten der Heimgekehrten sind immer von einem Schatten der Trauer überzogen – allein zwischen 1864 und 1866 bleiben acht Schiffe auf See verschollen.

Pierre Loti

Julien Viaud wird 1850 in Rochefort geboren, 1892 zum Mitglied der Académie Française ernannt und stirbt 1923 in Hendaye. Bereits in jungen Jahren bereist er als flotter französischer Marine-Offizier die Meere. Er kennt den Nahen und Fernen Osten, die Kriegsschauplätze der französischen Kolonialpolitik in Übersee und gilt als weltgewandter, schriftstellerisch hochbegabter junger Mann. Die meisten seiner Romane und Novellen spielen in einer exotischen Welt. In die Bretagne verschlägt es Viaud Anfang der 1880er Jahre – für nur kurze Zeit, aber mit für ihn unerwarteten Folgen.

Der weltläufig-exaltierte Julien verliebt sich in eine hübsche bretonische Unschuld, die seinem Liebeswerben widersteht und ihn damit zu einem neuen Roman inspiriert. Gründliche Recherchen über das gefährliche Leben der Islandfischer (er deckt sich in den verqualmten Spelunken bei gestandenen Seeleuten mit Informationen ein) und die psychische Verarbeitung seiner schmerzlichen Niederlage bei der schönen Maid sind die Ingredienzien für sein Werk. Das Thema: Meer, Liebe, Tod. Der Titel: *Pêcheur d'Islande*, Islandfischer. Viaud, er nennt sich fortan Pierre Loti, mischt seine eigenen Erfahrungen auf See mit den drastischen Beschreibungen der Islandfischer und verkehrt sein Liebesdrama ins Gegenteil: Die Heldin, die schöne, wohlhabende *Gaud Mével* ist unglücklich in Yann Goas verliebt, einen armen Islandfahrer, der ihr zunächst eigensinnig die kalte Schulter zeigt und behauptet, er sei mit der See verlobt. Diese holt ihn schließlich auch. Von seiner ersten Ausfahrt nach der Trauung mit Gaud – ja, sie hat ihn doch herumgekriegt – kehrt Yann nicht mehr zurück. Verzweifelt steht Gaud am Kreuz der Witwen und hält Ausschau nach dem verschollenen Schiff.

Loti, der mit diesem Roman zu Weltruhm gelangte, entwarf darin ein Gemälde der Bretagne des ausgehenden 19. Jahrhunderts ohne folkloristische Übertreibung. Trotzdem oder gerade deswegen war der französische Schriftsteller bei den Bretonen nicht sonderlich beliebt. Das Bild der einfältigen, Holzpantinen tragenden Bevölkerung, die sich willenlos in ein gottgewollt-tragisches Schicksal ergibt, brachte Loti den Vorwurf ein, ein falsches Bretagne-Bild gezeichnet zu haben. Zwar ist in Paimpol einer der Quais nach dem Mann benannt, der Paimpol zu literarischem Weltruhm verhalf, ein eigenes Denkmal wie für seinen Künstlerkollegen *Botrel* findet man jedoch nicht.

Seinen Höhepunkt als erster Kabeljauhafen erlebt Paimpol kurz vor der Jahrhundertwende: 80 Schoner sind auf See. Nach dem Ersten Weltkrieg geht die große Zeit langsam, aber stetig zu Ende. Die Männer, die immer noch mit Leine und Haken fischen, haben den Anschluss an die neue Zeit verloren. Die atlantischen Fangflotten, die mit großen Schleppnetzen den Golfstrom abzufischen beginnen, entscheiden die Schlacht um den Dorsch für sich. 1935 brechen die beiden letzten Schoner zur *Grande Pêche* auf – nur einer kehrt in den Heimathafen zurück.

Paimpol

Der Hafen der Islandfischer

Heute wird in Paimpol wieder Küstenfischfang betrieben. Von den rund 150 Booten, die zur Fangflotte gehören, laufen nur noch zwei weiter in den Atlantik aus. Neben dem Tourismus bringen vor allem extensiver Frühgemüseanbau und Austernzucht Geld in die Kassen.

Information/Verbindungen

- *Postleitzahl* 22500
- *Information* **Office de Tourisme**, beim großen Kreisel vor der Altstadt. Freundliche Damen geben Auskunft; Stadt- und Umgebungsplan, Hotelliste und Animationskalender. Juli/Aug. Mo–Sa 9.30–19.30, So 9.30–13.30 Uhr; Sept. bis Juni Mo–Sa 9.30–12.30 und 13.30–18.30 Uhr. 19, rue du Général Leclerc. ✆ 02.96.20.83.16, ✎ 02.96.55.11.12, tourisme@paimpol-goelo.com, www.paimpol-goelo.com.
- *Bus* Busbahnhof auf dem Vorplatz des Bahnhofs. Über die Badeorte der Goëlo-Küste bis zu 11-mal täglich nach St-Brieuc. 3- bis 4-mal täglich über Lézardrieux nach Tréguier und Lannion. Zur Pointe de l'Arcouest (Abfahrt zur Insel Bréhat) 4-mal täglich, in der Hauptsaison öfter.
- *Zug* Bahnhof im Südteil der Stadt, 300 m vom Hafendamm. Eine Stichlinie verbindet Paimpol mit Guingamp an der Hauptstrecke Paris–Brest. 4- bis 5-mal täglich über Pontrieux am Trieux-Fluss entlang nach Guingamp.
- *Fähre zur Insel Bréhat* siehe *Ile de Bréhat*.

Diverses

- *Internet* **MSP**, Souvenirshop mit Cyber-Zugang. 6, av. du Général de Gaulle.
- *Bootsausflug* April bis Sept. mit den Vedettes de Bréhat Bootstour den **Trieux-Fluss** hinauf bis zum Château La Roche Jagu (4 Std. 30 Min. mit Besichtigung). Erwachsene 17 €, Kinder 12 €. Die Boote fahren ab der Insel Bréhat und von der Pointe de l'Arcouest.

Auch die Rundfahrt um die Insel **Bréhat** erfolgt mit den Fährbooten von Vedettes de Bréhat, Buchung an der Pointe de l'Arcouest. Im Anschluss an die normale Überfahrt bleiben die Gäste an Deck und tuckern in 1 Stunde um die Insel. Inkl. Übersetzen zahlen Erwachsene 12,50 €, Kinder 9 €. Vedettes de Bréhat, ℡ 02.96.55.79.50.

• *Dampfeisenbahn* **Le Vapeur de Trieux**. Mitte Mai bis zur 3. Septemberwoche dampft eine nostalgische Dampflok mit Wagen vom Bahnhof Paimpol das Trieux-Tal hinauf nach Pontrieux und von dort nach mehrstündigem Aufenthalt wieder zurück. Auf der Hinfahrt Zwischenstopp mit Degustation lokaler Produkte (im Preis inbegriffen). Rückfahrkarte 21 €, Kinder 10,50 €. ℡ 08.92.39.14.27.

• *Fahrradverleih* **Intersport**, der einzige Verleiher von Rädern in Paimpol. Rue Raymond Pellier, ℡ 02.96.20.59.46.

• *Markt* Dienstagvormittag ein sehr farbenfroher Markt mit landwirtschaftlichen Produkten auf der Place Gambetta, ein Stück unterhalb des alten Glockenturms. Hier findet man auch die Fischhallen.

• *Feste* **Fête du Chant Marin**, im Juli und August jedes 2. Jahr (Jahre mit ungerader Endziffer) – ein buntes Fest zum Thema Seemannslieder rund um den Hafen.

• *Schwimmbad* Neues, überdachtes und beheiztes Schwimmbad mit Solarium und Sauna im Ortsteil Kerraoull (stadtauswärts Richtung Lézardrieux). Täglich geöffnet, ℡ 02.96.20.54.57.

• *Wassersport* **Centre Nautique des Glénans**, am oberen Ende des Jachthafens. Segelkurse. ℡ 02.96.20.84.33.

Centre Nautique du Trieux, Wassersportzentrum in Coz Castel, 5 km außerhalb am Ufer des Trieux: Windsurf- und Segelunterricht auf verschiedenen Bootstypen, Vermietung von Booten, auch Kajaks. ℡ 02.96.20.92.80.

Force 8, an der Straße nach Lannion (gegenüber Supermarkt E. Leclerc) ist der Vermietungsexperte für Wassersportgeräte: Surf- und Funbretter, Kajaks, Wasserski. Route de Lannion, ℡ 02.96.22.03.31.

Intersport verleiht nicht nur Fahrräder, sondern auch Kajaks. Rue Raymond Pellier, ℡ 02.96.20.59.46.

• *Minigolf* Im Ortsteil Kérity, 2 km südöstlich der Kais. Schönes Gelände in der Bucht von Poulafret, umgeben von einem öffentlichen Park.

• *Tennis* Der Tennis Club Paimpolais spannt seine Schläger in der Rue de Bel Air (nördlich der Altstadt). ℡ 06.08.34.49.45 (Handy), in der Saison Einschreibung gleich vor Ort.

• *Golf* Der Golfclub von Paimpol locht ein in Pléhédel (7 km südlich der Stadt), im Schlosspark des Château de Boisgelin. 18-Loch-Anlage in herrschaftlicher Atmosphäre. ℡ 02.96.22.37.67.

• *Waschsalon* Wer wäscht weißer? **Lavomatique**, ein paar Meter oberhalb des Hafens, 7.30–22.30 Uhr, rue de Labenne; oder **Au Lavoir Pampolais**, in Bahnhofsnähe; 23, rue du 18 Juin.

Übernachten

• *Hotels* ***** Repaire de Kerroc'h (2)**, gutbürgerliches Reedershaus am Jachthafenbecken, eine gediegene Wohnadresse. Komfortable Zimmer mit ordentlichen Sanitärabteilungen. Schöner Blick über die Boote und das Geschehen auf der gegenüberliegenden Hafenzeile. Sehr beliebtes Restaurant mit Menüs von 18–25 €. DZ 50–114 € je nach Lage und Größe. Ganzjährig geöffnet. 29, quai Morand. ℡ 02.96.20.50.13, 📠 02.96.22.07.46, repaire2kerroch@wanadoo.fr.

** Le Goëlo (6), 32-Zimmer-Haus am Kopfende des Hafens. Zimmer sanitär sehr unterschiedlich ausgestattet. WiFi-Zugang. DZ 56–75 €, die teureren mit Blick auf den Hafen. Januar geschlossen. 4, quai Duguay-Trouin. ℡ 02.96.20.82.74, 📠 02.96.20.58.93, contact@legoelo.com, www.legoelo.com.

** Motel Nuit & Jour (1), an der Straße zur Ile de Bréhat. Moderner Komplex mit mehreren Häuschen im Wiesengelände. Falls Sie um 3 Uhr nachts noch ein Zimmer suchen: Kein Problem, der Zimmerverteilungsautomat arbeitet zuverlässig. Zweckmäßig eingerichtete Zimmer, ausreichend groß und ohne Charme. DZ 52–72 €. Auch 3- und 4-Bett-Zimmer. Ganzjährig geöffnet. Route de l'Ile de Bréhat. ℡ 02.96.20.97.97, motelpaimpol@aol.com, www.motelpaimpol.com.

** De la Marne (10), im neuen Stadtteil, 300 m vom Bahnhof. Ordentliches Stadthotel mit 11 Zimmern, zur Straße hin etwas laut. Gute Hygieneeinrichtungen. Exquisites Restaurant (Mo geschlossen) mit Menüs von 26–53 €. DZ 57 €. 30, rue de la Marne, ℡ 02.96.20.82.16, 📠 02.96.20.92.07, hotel.marne22@wanadoo.fr, www.hotelrestaurantdelamarne.com.

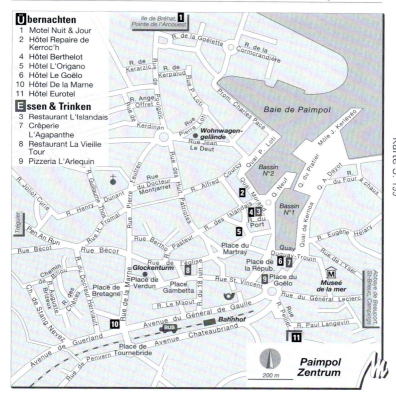

Côte du Goëlo/Trégor — Karte S. 199

** L'Origano (5), der Paimpoler Aufsteiger, kleines Natursteinhaus in einer Seitenstraße zum Hafen. Das frühere 1-Stern-Haus hat viel getan: 9 schöne Zimmerchen mit guten Sanitärs, kleine Fenster. DZ 46–55. Geöffnet Ostern bis Okt. 7bis, rue du Quay. ✆ 02.96. 22.05.49.

** Eurotel (11), etwa 1 km außerhalb der Stadt an der Straße nach Lanvollon. Der moderne Bau mit seinen 30 gut ausgestatteten Zimmern zählt zur gehobenen Mittelklasse in Paimpol. DZ 42–51 € je nach Saison. Ganzjährig geöffnet. 2, chemin de Kergroas. ✆ 02.96.20.81.85, ✆ 02.96.20.48.24, info@paimpol-eurotel.com, www.paimpol-eurotel.com.

* Berthelot (4), moderner Bau vis-à-vis vom L'Origano. 12 einfache, sanitär unterschiedliche Zimmer, z. T. verwinkelt in engen Gängen. DZ 30 € (Dusche/WC auf Etage), 38 € (mit Dusche), 43 € (mit Dusche/WC). Ganzjährig geöffnet. Rue du Port, ✆ 02.96. 20.88.66.

• *Campings* ***** Le Cap Horn**, 5 km östlich von Paimpol am Port Lazo, im Ortsteil Plouezec. 120 Stellplätze in einem leicht ansteigenden, heckenunterteilten 3-ha-Terrain oberhalb des Strandes. Wenig Schatten, Laden, Restaurant, Schwimmbecken, Sport- und Spielsaal. Waschmaschinen, Tennisplatz, Surfbrett- und Fahrradverleih. Außerdem Wohnwagenverleih. Geöffnet April bis Sept. Port Lazo. ✆ 02.96.20.64.28, ✆ 02.96.20. 63.88, www.lecaphorn.com.

** Le Cruckin, in der Nähe der Abtei von Beauport, zum Meer hin leicht abfallendes Gelände mit 200 Stellplätzen. Die Sanitäreinrichtungen genügen den behördlichen

Anforderungen und werden regelmäßig gewartet. Zum Meer etwa 200 m. Caravanvermietung. Geöffnet Ostern bis Ende Sept.

☏ 02.96.20.78.47.
• *Wohnmobile* Stadtnaher Platz Grundversorgung an der Rue Jean Le Deut.

Théodore Botrel

Théodore Botrel, 1868 in Dinan geboren, verlässt nach karger Kindheit und Jugend wie so viele Bretonen die Heimat, um in Paris ein Auskommen zu finden. Als einfacher Bahnangestellter fristet er dort sein Leben. Ein stiller Hang zum bretonischen Bardentum und die Begeisterung für Pierre Lotis Roman „Islandfischer" treibt ihn Nacht für Nacht in die Kabaretts der Hauptstadt. Als er eines Abends aufgefordert wird, selbst etwas vorzutragen, kommt Théodores große Stunde: Heimweh, Stolz und schwermütige Erinnerung – in einer Nacht komponiert und textet er einen Ohrwurm, den ein Musikverleger sofort als potenziellen Hit erkennt. Die Paimpolaise, die nach Motiven der Islandfischer von der tragischen Liebe eines armen Fischerjungen zu seiner Paimpolaise (ortsansässiges Mädchen) erzählt und tödlich endet, wird durch geschickte Vermarktung binnen kurzer Zeit zum absoluten Verkaufsschlager (1898 bereits 2 Millionen gedruckte Exemplare) und Botrel zum viel gefeierten Star. 1896 kommt Botrel zum ersten Mal nach Paimpol. Seine Popularität als Schöpfer der „Marseillaise des Meeres" verhilft ihm zu großzügigem Wohlstand, die bretonischen Bardenkreise verehren ihn und Botrels Anwesenheit bei folkloristischen Feierlichkeiten hebt deren Bedeutung.

1914 schwappt eine neue Botrel-Welle über Frankreich hinweg. Mit bissiggrausamen Chansons feuert Botrel französische Soldaten in den Schützengräbe(r)n des Ersten Weltkriegs zum Kampf gegen die Deutschen an. In der Bretagne – sie blutet besonders unter den rigorosen Aushebungen der französischen Regierung – macht sich Botrel damit nicht nur Freunde. Sogar der Magistrat von Paimpol rückt vorübergehend von ihm ab. Am 26. Juli 1925, wenige Wochen vor einem Kongress des Heimatvereins, zu dem auch Botrel eingeladen wurde – man wollte ihm verzeihen – stirbt Théodore Botrel in Pont-Aven.

Essen (siehe Karte S. 215)

• *Restaurants* **La Vieille Tour (8)**, eine gute Adresse mit etlichen Auszeichnungen in einem alten Haus in der Kirchstraße. Stilvoll eingerichtet, mit kleinen Tischen, aufmerksame Bedienung, Meeresfrüchte- oder Fleischgerichte. Menü 26–75 €. Sonntagabend und Mi geschlossen. 13, rue de l'Eglise, ☏ 02.96.20.83.18.

L'Islandais (3), im lebhaften Restaurant mit beheizter Außenterrasse direkt an der Hafenzeile gibt es Meeresfrüchte (Platte ab 22 €), Crêpes, Galettes und Gegrilltes sowie leckere Menüs ab 17 €. Täglich geöffnet. 19, quai Morand, ☏ 02.96.20.93.80.

L'Arlequin (9), Pizzeria mit guten italienischen Teig- und Nudelgerichten – doch billig ist das Pizzavergnügen in ganz Paimpol nicht! 9, rue de St-Vincent, ☏ 02.96.20.55.22.

• *Crêperie* **L'Agapanthe (7)**, am Kopfende des Hafens. Ruhig, freundlich mit viel Holz eingerichtete geräumige Crêperie, die eher wie eine Brasserie wirkt. Großes Angebot, auch an Desserts. 12, quai Duguay-Trouin, ☏ 02.96.20.42.09.

Sehenswertes

Stadtrundgang: Der Altstadtkern mit seinen engen Gassen und niedrigen Häusern besitzt noch viel vom Flair der alten Fischerstadt. Zentrum der Altstadt ist die

St-Malo, die alte Freibeuterstadt (JG) ▲▲
Château Hunaudaye (JG) ▲
Rue du Jerzual in Dinan (JG) ▲

▲▲ Klein und Groß – Hafen von St-Malo (JG)
▲ Am Ende des Badetages (JG)

Der Hauptstrand von Dinard (JG)
Die Flut kommt – Mont-St-Michel (JG)

▲▲ Der Hafen von Dinan (JG)
▲ Bigoudenhäubchen (JG)
▲ Bretonische Modenschau (JG)

Place du *Martray*. In dem putzigen Fachwerkhaus mit dem zierlichen Eckturm am oberen Ende des länglichen Platzes (Ecke Rue de l'Eglise) findet sich das *Hôtel Michel*, in dem *Pierre Loti* abstieg, als er an seinem Roman über die Islandfischer arbeitete. Hier lebt, liebt und ängstigt sich auch die Hauptfigur der Geschichte, die gute Gaud Mével. Das *Quartier Latin* genannte Viertel, dessen Gässchen nördlich des Platzes zum Hafenbecken hinausführen, spiegelt in den Fassaden der Häuser noch immer die Spur des vibrierenden Viertels, in dessen verrauchten Spelunken bis Anfang dieses Jahrhunderts viel Seemannsgarn gesponnen wurde. In der *Rue des Huit Patriotes* steht noch die 500 Jahre alte Fachwerkfassade der alteingesessenen *Eisenwaren – und Schiffsarmaturenhandlung Jézequel*, über lange Zeit das Kaufhaus der Islandfahrer. An der *Place de Verdun* hinter dem Gassengewinkel ragt ein Glockenturm (1760) in den Himmel – das letzte Zeugnis der um 1550 erbauten Pfarrkirche, deren Ursprünge ins 13. Jahrhundert zurückreichen. Dem alten Turm gegenüber steht in einem Mini-Park das Monument für den bretonischen Barden *Théodore Botrel*, den Schöpfer der ungekürten bretonischen Nationalhymne „La Pampolaise". Auf der Stirnseite des Denkmals blicken eine junge Fischersfrau und eine Mutter sorgenvoll-hoffend übers Meer. Auf der Rückseite intonieren drei Fischer fern der Heimat sehnsuchtsvoll das Lied, und es ist ihnen anzusehen, dass sie „Paimpol und seine Felsküste, die Kirche und den großen Pardon – am meisten aber ihre Paimpolaiserin lieben, die sie im Pays breton erwartet". Die erste Textstrophe ist in französischer Sprache in den Granit des Denkmals geschlagen, doch mittlerweile recht verwittert und kaum mehr zu entziffern.

Musée de la Mer: in der Rue Labenne; für Nautikfreunde durchaus lohnenswert. Ausstellung zur Stadtgeschichte, Navigationsinstrumente, Bilddokumente zum alten Paimpol und natürlich ein Epos auf die Islandfischer, ihren Literaten Loti und ihren Musiker Botrel. Jedes Jahr im Sommer jeweils Wechselausstellungen – stets zum Thema „Meer".

• *Öffnungszeiten* Mitte April bis Mitte Juni und 1. Septemberhälfte täglich 14–18 Uhr; Mitte Juni bis August täglich 10.30–12.30 und 14–18.30 Uhr. Eintritt 4,40 €.

Abtei von Beauport: Die Klosterruine, in historischer wie architektonischer Hinsicht das bedeutendste Bauwerk der Region von Paimpol, überragt das Meer vom Hang eines kleinen Hügels aus. Gegründet wird die Abtei 1202 vom Grafen *Alain de Penthièvre*, einem Anhänger des Prämonstratenser-Ordens. Von Herzögen und Königen mit allerlei Privilegien versehen, ist Beauport über Jahrhunderte Zentrum der Region, wirtschaftlicher

Hinter der Hafenfront

Klosterruine von Beauport

Motor für die Entwicklung Paimpols und gefürchteter Gerichtssitz. Die Äbte des Ordens regieren mit eiserner Faust – nicht nur in klösterlichen, sondern auch in den ihnen unterstellten weltlichen Belangen. Ein Urteil aus dem Jahr 1650 belegt ihre rigide Machtausübung: Drei hungrige Fischer, die aus dem wohlgefüllten Magazin der Abtei ein Säckchen Getreide gestohlen haben, werden von den strengen Mönchen zum Tode verurteilt. Nur dem Einspruch des bretonischen Parlaments verdanken die Diebe schließlich ihr Leben; die Todesstrafe wird in jahrelangen schweren Kerker für die Delinquenten umgewandelt. 1790 endet die Ära prämonstratensischer Selbstherrlichkeit. Revolutionstruppen sengen und plündern die Abtei, verjagen die Ordensbrüder und verwandeln das Kloster in eine Pulverfabrik. 1845 gelangt das nun schon ziemlich ramponierte Gebäude-Ensemble in Privatbesitz. Teile der Anlage sind noch heute bewohnt.

Die Ruinen, exponiert auf der schmalen Halbinsel gelegen und durch alte, hohe Bäume vor neugierigen Blicken geschützt, illustrieren den Jahrhunderte währenden Kampf normannisch-romanischer und gotischer Baukunst. Im *Kreuzgang* verleiht das Aufeinandertreffen normannischer Ornamentik und gotischer Spitzbogen und Gesimse dem efeuumrankten Bau eine Spur Unheimlichkeit, die von den *Liegegräbern* unter den Arkaden noch gesteigert wird. Sehenswert sind auch die Reste der *Klosterkirche* aus dem 13./14. Jahrhundert, das *Refektorium*, der *Fürstensaal* und der leider leere *Weinkeller* der Ex-Abtei.

- *Anfahrt* Im Ortsteil Kérity, 2 km von Paimpol auf der D 786 Richtung St-Quay-Portrieux, dann kleiner Weg links ab (ausgeschildert). Staubiger kleiner Parkplatz vor den Ruinen.
- *Öffnungszeiten* Mitte Juni bis Mitte Sept. täglich 10–19 Uhr; Mitte Sept. bis Mitte Juni 10–12 und 14–17 Uhr. Zum besseren Verständnis erhalten Sie für den Rundgang auch deutschsprachige Infoblätter. Im Sommer Führungen und zahlreiche Veranstaltungen, über die ein Faltblatt informiert. Eintritt 5 €

Paimpol/Umgebung

Ploubazlanec: Der größere Ort, nördlich von Paimpol auf dem Weg zur *Pointe de l'Arcouest*, war Wohn- und Arbeitsort *Pierre Lotis*, in dem ein großer Teil seines Romans „Islandfischer" spielt. Im *Friedhof* auf einem Hügel im Ortszentrum illustriert ein erschütterndes Monument die tödliche Härte des Kabeljaugeschäfts: Schwarze Gedenktafeln säumen die einfache Friedhofsmauer – die „Mauer der Verschollenen". *Perdu en mer* (Verloren auf See) lautet die lakonische Notiz, mit der an die über 2000 Seefahrer aus Paimpol und Umgebung gedacht wird, die seit 1852 nicht heimgekehrt sind. Vom 12-jährigen Schiffsjungen bis zum Kapitän der *Pierre Loti* – unbarmherzig werden die Namen der beim großem Fischfang vermissten und verschollenen Seeleute aufgelistet, oft ganze Besatzungen mitsamt den Namen der verlorenen Schiffe.

Im östlichen Ortsteil findet man das einst wichtigste Gotteshaus von Ploubazlanec, die umfriedete *Chapelle Notre Dame de Perros Hamon* mit drei skulptierten Figuren über dem Westportal und einem Kalvarienturm. Am Südportal erinnern zahlreiche Gedenktafeln an vom Meer verschlungene Islandfischer.

Von der Kapelle aus führt das Sträßchen weiter zur Landspitze mit dem *Witwenkreuz* (*Croix des Veuves* – Namensgeber war Pierre Loti), von dem die Fischerfrauen früher sorgenvoll über die Einfahrt der Bucht von Paimpol blickten. Nur zu oft kehrte der Ehemann nicht zurück. Die von Wind und Wetter gezeichnete Mutter-mit-Kind-Statue erinnert an das Leid und die Not der zurückgelassenen Familien und an die Gefahren des Dorschfischfangs.

Camping **Municipal de Pors Don**, der kleine Gemeindecamping von Ploubazlanec liegt unten am Meer. Unspektakulär, aber billig. Die größten Kosten entstehen für die Elektrizität. Geöffnet Mitte Juni bis Mitte Sept. Kein Telefon.

Pointe de l'Arcouest: über die Stichstraße N 786 c zu erreichen. Die Landspitze etwa 6 km nördlich von Paimpol ist der Abfahrtshafen für die Schiffe nach Bréhat und ein beliebtes Wandergebiet. Die 19 km lange Rundtour über die Landzunge bietet schöne Aussichtsplätze über die mit Riffen und Klippen bestückte Bucht, im Hintergrund die *Ile de Bréhat* mit ihren gelben Sandstränden und der zerklüfteten Küste. Auf dem Weg vom großen kostenlosen Parkplatz zur Anlegestelle (dort etwa 250 bewachte, gebührenpflichtige Parkplätze) liegt zwischen Krüppelkiefern am Küstensaum versteckt ein *Gedenkstein für Irène Curie*. Die Tochter der Nobelpreisträger Marie (1903 Physik, 1911 Chemie) und Pierre Curie (1903 Physik), die zusammen mit ihrem Mann 1935 den Nobelpreis für Chemie erhielt, verbrachte hier oft ihre Sommerferien.

- *Überfahrt auf die Insel Bréhat* siehe *Ile de Bréhat*.
- *Bootsausflug* siehe *Paimpol*.
- *Hotel* *** **Le Barbu**, 19-Zimmer-Hotel direkt vor dem Hafenkai. Teuer, aber Qualität. Von einem Teil der angenehm möblierten Zimmern Blick aufs Meer und die Blumeninsel. Ruhiger Garten mit Swimmingpool für die Gäste, ein weiterer kleiner Garten ist betischt. Bar, Fernsehraum, Sauna und Solarium. Das für seine Meeresfrüchte bekannte Panoramarestaurant serviert verschiedene Menüs. DZ 60–110 €, HP 146–196 € für 2 Personen. Januar geschlossen. Ponite de l'Arcouest, 22620 Ploubazlanec. ✆ 02.96.55.86.98, ✆ 02.96.55.73.87, hotel.lebarbu@orange.fr, www.lebarbu.fr.
- *Camping* ** **Panorama du Rohou**, kleiner Platz 1 km von der Pointe de l'Arcouest mitten in der Pampa (ausgeschildert). Sanitär einfach, teilweise schattige Plätzchen. Kleiner Laden mit täglich frischem Brot und Croissants, Gastauschzentrale und Eisfächer, kleine Leihbibliothek mit internationalen Buchtiteln aus Urlauberbeständen, Mobilhome- und Caravanverleih. 70 Stellplätze. Ganzjährig geöffnet. ✆ 02.96.55.87.22, ✆ 02.96.55.74.34, www.campingpanorama.com.

Der Phare du Paon an der Nordspitze Bréhats

Ile de Bréhat (400 Einwohner)

Dank des milden, trockenen Klimas blüht eine fast mediterrane Vegetation: Oleander, Eukalyptus, Mimosen, Palmen, Feigen – und hinter prächtigen Hortensienbüschen verstecken sich geraniengeschmückte Granitsteinhäuschen.

Die Blumeninsel der Bretagne, von der Pointe de l'Arcouest aus mit dem Boot in zehn Minuten erreicht, ist ein stark frequentiertes Ausflugs- und Ferienziel. Die 3½ km lange und 1½ Kilometer breite Insel ist durch einen Isthmus in zwei Teile geteilt, die seit dem 18. Jahrhundert durch den *Pont Ar Prad* (auch *Pont Vauban* genannt) miteinander verbunden sind. Die stark zergliederte Felsküste mit ihren Buchten und breiten Sandstränden wird von fast hundert Inselchen und Riffen gesäumt.

Bréhat ist von einem dichten Netz aus schmalen Sträßchen, Trampelpfaden und Radlerwegen überzogen, Autos sind nicht erlaubt. Den Transport von Gästen, Gepäck, Lebensmitteln, Baumaterial usw. übernehmen Handwagen oder die wenigen Traktoren, die in der Landwirtschaft eingesetzt sind. Die Ile de Bréhat lebt heute vorwiegend vom Tourismus, der Gemüseanbau spielt eine untergeordnete Rolle. Früher lebten die Insulaner vom Meer: entweder als Fischer oder als Matrosen bei der Kriegs- und Handelsmarine. Schon um 1450 sollen die als kühn und beherzt geltenden Bréhatiner zum „Großen Fang" auf den Kabeljau im ganzen Nordatlantik unterwegs gewesen sein.

Stolz erzählen ihre Nachfahren, dass es ein Bréhatiner Kapitän war, der Kolumbus acht Jahre vor der Entdeckung der Neuen Welt auf die richtige Spur nach Amerika brachte. Nach einigen Ballons schweren Portweins in einer Lissaboner Hafenkneipe soll der betrunkene Bréhatiner dem stocknüchternen Kolumbus die Route der Kabeljaufischer nach Neufundland verraten haben.

Ile de Bréhat

Auf dem Südteil der Insel findet man die beiden Hauptortschaften, den Hafen *Port Clos* und einen Kilometer landeinwärts das alte *Bourg* mit den niedrigen Granitsteinhäuschen, die sich um den platanengesäumten Dorfplatz neben der Kirche reihen. Nordwestlich von Bourg erhebt sich auf einer felsigen Anhöhe die *Kapelle St-Michel*, im Zweiten Weltkrieg Kurzzeitrefugium für Flüchtlinge. Von hier aus bietet sich dem Auge ein selten schönes Panorama: die Ruinen einer alten *Flutmühle* mit dem *Teich von Birlot* im Vordergrund, dahinter der *Kanal von Kerpont* mit unzähligen rosa-orangefarbenen Granitriffen. Der Nordteil der Insel ist entschieden wilder, die Winde sind stürmischer, die Vegetation karger, die Küste zerklüfteter. Zwei Leuchttürme überragen das wilde Heideland, auf dem Schafe und vereinzelte Kühe weiden. Vom *Phare du Paon* auf dem äußersten Nordzipfel Bréhats hat man eine phantastische Sicht in den Abgrund und auf die von der Gischt umtosten Granitklippen.

- *Postleitzahl* 22870
- *Information* **Syndicat d'Initiative**, Freundliche Auskünfte, Inselplan und Prospekte gibt es im Erdgeschoss des Tourismusturms neben der Kirche. Ortsteil Bourg de Bréhat. ✆ 02.96.20.04.15, ✆ 02.96.2006.94, syndicatinitiative@wanadoo.fr.
- *Verbindung* Die **Vedettes de Bréhat** halten die Verbindung zum Festland (Pointe de l'Arcouest) aufrecht. Von April bis Sept. verkehren 8.30–19 Uhr die Fähren stündlich, von Okt. bis März weniger oft. Fahrräder werden nur bis 16 Uhr von der Insel zurück aufs Festland transportiert! Hin/zurück für Erwachsene 12,50 €, 4- bis 11-Jährige 9 €, Fahrräder 15 €. Wer für die Rückfahrt die letzte Fähre wählt, beachte, dass der Fußweg zur Ablegestelle bei Ebbe um gute 20 Min. verlängert wird.
- *Bootstour* Ebenfalls die **Vedettes de Bréhat** bieten eine 45- bis 60-minütige Inselumrundung an; die Tour kann bereits an der Pointe de l'Arcouest gebucht werden. Erwachsene 12,50 €, Kinder bis 11 Jahre 9 €.

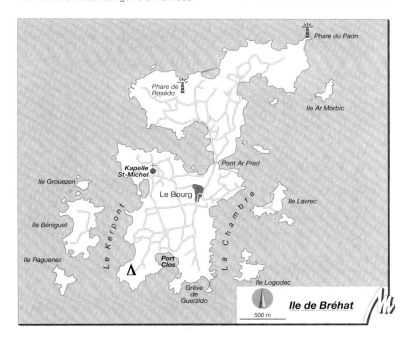

- *Fahrradverleih* Wer die Insel nicht zu Fuß erkunden will, dem bleibt nur das Drahtesel – mehrere Verleiher gleich hinter den Hotels von Port Clos auf dem Weg nach Bourg. Preise und Qualität der Velos unterscheiden sich nicht wesentlich.
- *Hotels* ** **Bellevue**, 3-stöckiges Hotel gegenüber dem Hafen, gleich oberhalb der Mole in Port Clos. 17 renovierte Zimmer mit Dusche/WC, wahlweise mit Blick aufs Meer oder in den Garten. Restaurant mit Terrasse zum Hafen, Cafébar und Salon. Die Preise sind allerdings gesalzen, schon das Glas Leitungswasser kostet knapp 3 €. DZ 80–95 €, in der Regel nur HP 82–102 €/Person. Ganzjährig geöffnet.
02.96.20.00.05, 02.96.20.06.06, hotelbellevue.brehat@wanadoo.fr, www.hotel-bellevue-brehat.com.

** **Vieille Auberge**. Das verschachtelte, efeuumrankte Granitanwesen in der Gasse, die zum Dorfplatz von Bourg führt, vermittelt bretonische Ursprünglichkeit. Familiäres Quartier mit 14 Zimmern (Bad bzw. Dusche/WC). Rustikales Restaurant (Menüs von 15–40 €). DZ 71–98 €, HP 55–71 €/Person. Geöffnet Ostern bis Okt.
02.96.20.00.24, 02.96.20.05.12, vieille-auberge.brehat@wanadoo.fr.

- *Camping* ** **Aire Naturelle du Goareva**, kommunaler Betrieb im Kiefernwald der gleichnamigen steilen Landspitze. Schönes Gelände unterhalb der Ruinen der Zitadelle, magerer Sanitärblock. Im Sommer viele Pfadfindergruppen und junge Naturliebhaber. Mitte Juni bis Mitte Sept. geöffnet.
02.96.20.02.46.

Baden

Es gibt mehrere Strände und kleine Badebuchten rund um die Insel. Im Nordteil ist das Meer schwerer zugänglich und oft auch gefährlich. Besser badet man im Süden, auf den dem Festland zugewandten Südzipfeln, rechts und links von Port Clos. Hauptstrand ist die *Plage de Guerzido*, weitere Möglichkeiten unterhalb der steilen Felsen des *Bois de la Citadelle* (in der Nähe des Campingplatzes).

Tréguier (2700 Einwohner)

Früher reichten die Niederungen der Stadt bis hinein ins salzige Wasser des Jaudy-Flusses. Bei Flut drang das Meer bis zu den Getreidespeichern vor, die heute, durch das Hafenbecken und einen Damm geschützt, die steil aufsteigende Rue Ernest Renan einrahmen.

Tréguier ist eines der wenigen Hügelstädtchen der Bretagne. Über der Halbinsel, die durch die Vereinigung der Flüsse *Jaudy* und *Guindy* entstand, ragen steil die Dächer einer mittelalterlichen Kleinstadt empor, überwacht von der mächtigen *Kathedrale St-Tugdual*, dem Wahrzeichen der Stadt, in der *St-Yves*, der berühmteste bretonische Heilige, verehrt wird. Tréguier, die Hauptstadt des Trégor, ist nicht nur ein Ort tiefster bretonischer Religiosität, sondern auch eine Stadt der Philosophie und Literatur. Hier fand *Anatol le Braz*, Literat und Sammler bretonischer Legenden, seine letzte Ruhe, und das Geburtshaus von *Ernest Renan*, Orientalist, Religionshistoriker und Schriftsteller, wurde, wenn auch spät, zum *Renan-Museum* umgebaut.

Tréguier war im Lauf seiner Geschichte immer ein geistliches Zentrum und hat sich bis heute diese Identität bewahrt. Unter den wuchtigen Türmen der Kathedrale (11./12. Jh.) ducken sich noch immer die alten Klostergebäude und Fachwerkgiebel der Bürgerhäuser um die *Place du Martray*. Selbst das Standbild des ketzerischen Theologen Renan vor der Kathedrale vermag die spirituelle Atmosphäre der alten Bischofsstadt nicht zu stören.

Geschichte

Tréguiers Geschichte beginnt vor über 1400 Jahren, als um 535 einer der sieben bretonischen Gründungsheiligen, der Mönch *Tugdual*, an dieser idyllischen, gut

Die alten Getreidespeicher am Ufer des Jaudy

geschützten Flusskreuzung landet und ein Kloster gründet. *Landreger*, das Kloster der drei Flüsse, wie Tréguier auf Bretonisch heißt, entwickelt sich unter Tugdual und seinen Amtsnachfolgern zu einem spirituellen Zentrum und wird im 9. Jahrhundert zu einem der neun Bischofssitze des Herzogtums Bretagne.

Gegen Ende des 13. Jahrhunderts wirkt der Pfarrer und Richter *Yves Helori* (siehe Kastentext *St-Yves*) so segensreich in der Stadt, dass er als einer der wenigen bretonischen Volksheiligen von der römischen Kurie anerkannt wird. Seine Heiligsprechung 1348 und die damit verbundenen Festlichkeiten begründen eine bis heute erhalten gebliebene Tradition: den großen Pardon zu Ehren des heiligen Yves. Damit ist der Grundstein für eine dynamische religiöse Entwicklung gelegt. Rund um die peu à peu erweiterte Kathedrale erblüht die Bischofsstadt zu „einem großen Kloster" (Ernest Renan).

Anders als anderswo sind den frommen Bewohnern Handel und Wandel ein Gräuel, selbst der so günstig gelegene Hafen am Jaudy führt nur ein Schattendasein. Haupttätigkeitsfeld der Trécorrois, wie sich die Bewohner Tréguiers nennen, ist das Geschäft mit Wort und Glauben. Auf Magistratsbeschluss hin erhält die Stadt 1585 eine Druckerei und das erste typographische Atelier der Bretagne. Tréguier wird zur Stadt der Buchdrucker, Typographen, Kopisten und Devotionalienhändler, in der das erste bretonisch-französisch-lateinische Wörterbuch verlegt wird.

Einer so frommen Stadt drohen mit der Französischen Revolution schlechte Zeiten. 1794 wütet das berüchtigte Revolutionsbataillon *d'Etampes* gegen alles Pfäffische in der Stadt, Teile der Kathedrale gehen zu Bruch, Grabmäler werden geschändet, halb Tréguier wird ein Raub der Flammen. Der Bischof kann gerade noch nach England fliehen, für Tréguier beginnen eiserne Zeiten. Zwar kommen nach dem Sturz Napoléons die Herren mit den schwarzen Soutanen wieder zurück, doch der Bistumstitel, das lohnende geistliche Geschäft, ist verloren. Es dauert einige Zeit,

224 Côte du Goëlo/Trégor

bis sich die Bürger besinnen: Mitte des 19. Jahrhunderts wird der Flusshafen ausgebaut – seine Ausstattung ist bis dahin auf einige Schifferspelunken vor dem Stadttor beschränkt – und ein träger Handel mit Getreide beginnt.

Information/Verbindungen/Diverses

- *Postleitzahl* 22220
- *Information* **Office de Tourisme**, ein stilvoll eingerichtetes Büro unten am Fluss, Internetzugang. Mai bis Mitte Sept. Mo–Sa 10–13 und 14–19 Uhr, So 10–13 Uhr. Mitte Sept. bis April Mo–Mi und Fr 9.30–13 und 14–18 Uhr, Sa 9–13 Uhr. 67, rue Ernest Renan. ✆ 02.96.92.22.33, ℻ 02.96.92.95.11, contact@paysdetreguier.com, www.paysdetreguier.com.
- *Verbindung* Tréguier liegt an der **Bus**-Hauptstrecke Lannion–Paimpol (mindestens 3-mal werktags in beide Richtungen, Sonntag kein Verkehr). Haltestellen auf der Place de la République (Oberstadt, unweit der Kathedrale) und am Hafen in der Unterstadt.
- *Parken* Große Parkplätze entlang des Jaudy-Ufers in der Unterstadt. Wer unbedingt mit dem Wagen in die Oberstadt muss, parkt am besten an der Place de la République oberhalb der Kathedrale.
- *Internet* Gebührenpflichtiger Zugang im Office de Tourisme.
- *Einkaufen* Tréguiers Kunsthandwerker genießen einen guten Ruf; besonders das Holzhandwerk verdient Beachtung. Bretonische Möbel und Holzskulpturen zu angemessenen Preisen.
- *Markt* Jeden Mittwochvormittag verwandelt sich der Platz vor der Kathedrale in einen lebhaften Handelsplatz (landwirtschaftliche Produkte, Kleidung, Haushaltswaren u. a. m).
- *Pardon* Am dritten Maisonntag wird der **Grand Pardon de St-Yves** zum Gedenken an den Anwalt der Armen begangen. Die feierliche Riesenprozession führt vom knapp 2 km entfernten Minihy-Tréguier, dem Geburtsort des Heiligen, zur Kathedrale von Tréguier und wird begleitet von Richtern, Rechts- und Staatsanwälten aus aller katholischen Herren Länder. In ihren farbenfrohen Talaren geben sie der Wallfahrt ein besonders buntes Gepräge.
- *Schwimmbad* Wetter schlecht? Im Stadtosten, Richtung Lannion, gibt es ein beheiztes Hallenbad im Sport-, Stadion- und Freizeitkomplex Gilbert Lemoine.
- *Waschsalon* Sonnensauber, windfrisch, auch am Sonntag – **Lavomatique**, täglich 7–22 Uhr. 3, rue M. Berthelot.

Übernachten/Essen

- *Hotels* *** **Kastell Dinec'h (5)**, ein Stück außerhalb an der Straße nach Lannion, hinter der Industriezone erst Wegweiser zum Ortsteil „Kastell", dann besser ausgeschildert. In idyllischer Lage im abgelegenen Grünen verwöhnt ein gut situiertes, modernes 15-Zimmer-Hotel seine Gäste. Gartenpark mit Swimmingpool, im gepflegten Restaurant Menüs von 30–50 €. DZ 78–125 €, Frühstück 12,50 €. Route de Lannion. ✆ 02.96.92.49.39, ℻ 02.96.92.34.03, kastell@club-internet.fr.
* **De l'Estuaire (2)**, gegenüber den Kais, neben den alten Getreidespeichern. Schönes Natursteinhaus mit rustikalem Holzfachwerk-Glasvorbau neueren Datums. Restaurant siehe *Essen*. 16 Zimmer, sanitär unterschiedlich, eine Handvoll mit Bad/WC und TV. DZ 30–60 €. Ganzjährig geöffnet. Le Port. ✆ 02.96.92.30.25, ℻ 02.96.92.32.91, hotel-estuaire-treguier@wanadoo.com.

Saint-Yves (1), ein mehrstöckiges Granitsteingebäude zwischen alten Fachwerkhäusern; 10 einfache Zimmer. DZ mit Dusche/WC auf Etage 28 €, mit Dusche 32 €, mit Dusche/WC 40 €. Ganzjährig geöffnet. 4, rue Colvestre, ✆ 02.96.92.33.49.
- *Camping* **La Ferme du Syet** in Minihy-Tréguier. 25 Zeltplätze auf dem Gelände eines Reiterhofs in bewaldeter Umgebung. Anfahrt: Tréguier über die Rue Colvestre (am Hôtel St-Yves vorbei) verlassen, immer geradeaus, nach 1½ km rechts dem Schild „équitation, gîte, camping" folgen. Geöffnet Mai bis Okt. ✆ 02.96.92.31.79, la-ferme-du-syet.nicolas@wanadoo.fr.
- *Restaurants* **Les 3 Rivières (4)**. Das Lokal des Hotels Aigue Marine beim Jachthafen ist die beste Speiseadresse der Stadt; die kreative Küche basiert auf traditionellen Gerichten. Gehobenes Preisniveau. Port de Plaisance, ✆ 02.96.92.97.00.

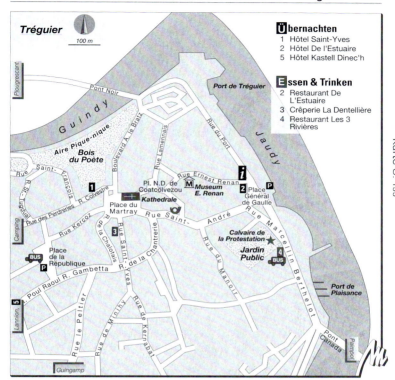

De l'Estuaire (2), im Obergeschoss des gleichnamigen Hotels. Während die weitum gelobten Jakobsmuschel-Spieße verzehrt werden, fällt der Blick beschaulich über den Jaudy-Fluss. Menüs und umfangreiche Auswahl à la carte. Für Feinschmecker Ulrich F. war es der kulinarische Höhepunkt seiner Bretagne-Tour. Okt. bis März Sonntagabend und Mo geschlossen. Le Port, ✆ 02.96.92.30.25.

• *Crêperie* **La Dentellière (3)**, Crêpes, Salate und Grillspezialitäten in ländlicher Atmosphäre in einer kleinen Seitenstraße zur Place du Martray. 4, rue St-Yves, ✆ 02.96.92.33.54.

Sehenswertes

Kathedrale St-Tugdual: Aus der demütig-einfachen Klosterkirche, die Tugdual 540 errichtete, ist eine der schönsten französischen Kathedralen geworden. Das Gotteshaus mit den imposanten Ausmaßen wurde seit dem 11. Jahrhundert aus Caener Stein, Schiefer und Granit in mehreren Abschnitten erbaut. Abgesehen vom alles überragenden, 63 m hohen Spitzturm mit seinem durchbrochenen Helm, der erst im späten 18. Jahrhundert angebaut wurde, lassen sich drei Epochen unterscheiden: Der normannische *Hastingsturm* mit der schnörkellosen Würde der Romanik ist das einzige Überbleibsel aus dem 11./12. Jahrhundert, *Kirchenschiff* und *Chor* präsentieren sich im Stil der Gotik des 14. Jahrhunderts, die *Porche des Cloches* (Glockenportal) mit ihren 40 Steinfiguren stammt zusammen mit der *Chapelle au Duc* und dem *Kloster* aus dem 15. Jahrhundert und ist im Flamboyant-Stil gehalten.

St-Yves

Yves Helori de Kermartin wird 1253 auf dem Herrensitz von Kermartin im nahen Minihy als achtes Kind eines Landadeligen geboren und teilt das Schicksal vieler Buben seiner Zeit. Für den nachgeborenen, männlichen Sprössling wird die klerikale Laufbahn bestimmt, um den schmalen Familienbesitz nicht durch Erbteilung zu gefährden. Yves, ehrgeizig und gescheit, geht sein Schicksal zielstrebig an. Als Schüler fällt er durch seine außergewöhnlichen Geistesgaben auf, als Student der Theologie und der Rechte in Paris und Orléans erwirbt er allerbeste Zensuren. Mit 27 Jahren wird er zum kanonischen Richter ernannt, zum Priester geweiht. Gegen seinen Willen – ihm schwebt auf der Karriereleiter Höheres vor – wird er in verschiedenen kleinen Landpfarreien des Départments Côtes-du-Nord eingesetzt. Die niedere Stellung tut seinem Tatendrang jedoch keinen Abbruch. Bald verbreitet sich sein Ruf als gerechter, mildtätiger Richter, der die Armen gegen die Hoffart der Reichen verteidigt. Der Bischof horcht auf, ruft Yves nach Tréguier, und die kleine Landgeistliche, der so entschieden und klug die kleinen Streitereien seiner Gemeinde schlichtete, wird zum Anwalt der Kirche gegen die Besitzansprüche der weltlichen Herren. Durch salomonische Urteilssprüche weist er der aristokratischen Willkür die Schranken und bekräftigt seinen Ruf als Verteidiger der Armen und Fürsprecher der Entrechteten, der ihn über die Diözese hinaus berühmt und beliebt macht. Doch der Job ist hart und nervenaufreibend. Mit 44 Jahren quittiert der „Anwalt der Armen" den Dienst und zieht sich in sein Geburtshaus zurück, um sich ganz der Meditation und der Fürsorge seiner oft mittellosen Klientel zu widmen. Nach einer mehrwöchigen, kräftezehrenden Wallfahrt zu verschiedenen Pilgerstätten im Finistère kehrt Yves 1303 todkrank nach Kermartin zurück, wo er am 19. Mai stirbt.

Bald nach seinem Tod beginnt der Heiligsprechungsprozess für den Verstorbenen. Wichtigster Fürsprecher für ihn wird *Jean V*, der Herzog der Bretagne. Er lässt eine Liste von 79 bezeugten Wundertaten des Richters erstellen und sendet sie nach Rom. Über 17 Jahre zieht sich das Kanonisierungsverfahren hin, doch 1347 wird der geistliche Richter von der römischen Kirche als Heiliger anerkannt. Seit dieser Zeit gilt Saint Yves als internationaler Patron der Juristen, sein Todestag wird in Tréguier mit einem großen Pardon gefeiert.

Das Westportal mit seinem zarten Mittelpfeiler, *Portal der Diebe und Aussätzigen* genannt, ist geschlossen. So schreiten Sie also durch das schmucke *Glockenportal* an der Südseite ins Kircheninnere. Zunächst fällt die Ausgeglichenheit der Proportionen des gewaltigen Raumes auf. Das Licht der Buntglasfenster mit ihren typischen Motiven bretonischer Heiligenverehrung beleuchtet die 46 Stühle des Renaissance-Chors. Im linken Seitenschiff flackert ein Meer von Kerzen vor dem monumentalen *Grabmal von St-Yves*. Die Totenstätte aus weißem Stein, schmiedeeisenumrankt von neugotischen Spitzbogen und von Votivtafeln umrahmt, stammt aus den Jahren 1885–1890. Ganz dem Zeitgeschmack der Jahrhundertwende verpflichtet, wurde sie nach einem Modell des ursprünglichen Grabes geschaffen, das Herzog Jean V. im 15. Jahrhundert stiftete und das während der Revolution geschändet wurde. Der Herzog wünschte sich angeblich, unmittelbar neben dem Heiligen begraben zu werden. Hinter dem Grabmal von St-Yves zeigt eine Platte im Boden mit der Jahreszahl 1451 die exakte Stelle seines Grabs an.

Vom nördlichen Seitenschiff aus gelangt man zur meist geschlossenen *Sakristei*, in der der Kirchenschatz aufbewahrt wird. Neben einem originellen Messgewandmöbel mit Drehschubladen (17. Jh.) und verschiedenen Reliquienschränken enthält er ein verwittertes Blatt aus dem Gebetbuch des heiligen Yves (13. Jh.) und Manuskripte aus dem Heiligsprechungsverfahren. Höhepunkt des Schatzes ist der reich verzierte Eichenschrein mit den sterblichen Überresten des Heiligen. Über dem Heiligtum hängt eine berühmte, in der ganzen Bretagne kopierte Figurengruppe: St-Yves zwischen dem hochmütigen Reichen und dem demütigen Armen.

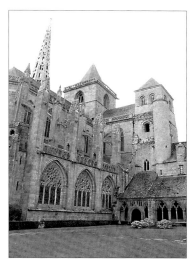

Kathedrale von Tréguier

Rechts neben der Sakristei führt eine Pforte zum *Kreuzgang* mit seinen spätgotischen Arkaden (15. Jh.). Unter den Spitzbogen sind Sarkophage, Liegefiguren und Flachreliefs aus diebstahlgefährdeten Kapellen und Klöstern aufgestellt.

Öffnungszeiten Juni bis Sept. täglich 9–19 Uhr; Okt. bis Mai täglich 9–12 und 14–18 Uhr, Eintritt frei. Kreuzgang und Sakristei sind nur von Ostern bis Sept. zugänglich, Eintritt 3 €.

Museum Ernest Renan: An der schmalen Straße mit den schmalbrüstigen Fachwerkgiebeln, die von der Kathedrale zum Hafen hinunter führt, steht das Geburtshaus Ernest Renans (Nr. 20), dessen Biographie allerdings weit aufregender ist als das von der Stadtverwaltung für ihn eingerichtete Museum. In dem stattlichen Haus aus dem 16. Jahrhundert erwarten Sie spärliche Exponate aus dem Arbeitsleben des Wissenschaftlers: Bibliothek und Arbeitszimmer, Manuskripte, Bilder – und seit dem Einzug der neuen Medien eine Videoshow über das ereignisreiche Leben Renans.

Öffnungszeiten April bis Juni und Sept. Mi–So 10–12 und 14–18 Uhr; Juli/August täglich 10–12 und 14–18 Uhr. Eintritt 4,60 €, 0–18-Jährige gratis.

Alte Häuser: Der mittelalterliche Stadtkern mit seinen Fachwerkhäusern und kopfsteingepflasterten Gassen aus dem 16./17. Jahrhundert ist noch erhalten. Die schönsten Gebäude liegen rund um die *Place du Martray*: an der Ecke zur *Rue Kercoz* das Haus der Madame Taupin, in der *Rue Ernest Renan* das Geburtshaus Renans, in der *Rue Colvestre* das Hôtel de Coetivy (Stadthaus alten bretonischen Adels) und das Haus des Duc Jean V. mit seinen Spitzbogen. In letzterem soll der Herzog während seiner Aufenthalte in Tréguier gewohnt haben.

Am Ufer des Jaudy führt die Straße an einer idyllischen Gebäudezeile aus dem 17. Jahrhundert vorbei. Die viereckigen Türme, die die Rue Ernest Renan einrahmen, waren einst das Hafentor zur Stadt und wurden bis in die jüngste Zeit als Getreidespeicher genutzt.

Ernest Renan

Ernest Renan wird am 27. Februar 1823 in Tréguier geboren. Mit fünf Jahren verliert er seinen Vater, einen Kapitän, durch ein Schiffsunglück. Auf Wunsch seiner Mutter und etlicher geistlicher Herren soll der begabte Jüngling Priester werden. Der 15-jährige wird nach Paris geschickt, um dort sein Studium fortzusetzen und sich der Subdiakonatsweihe zu unterziehen. Weit weg von der geistlich-gelehrten Atmosphäre seiner Heimatstadt, konfrontiert mit den Verlockungen und dem Wirbel der Großstadt, löst sich der junge Mann vom Klerikalismus und lässt den Weihetermin platzen. Stattdessen stürzt er sich auf ein neues Betätigungsfeld: semitische Sprachen und Orientalistik. Auf der Grundlage seiner theologischen Ausbildung und seiner Nahost-Kenntnisse erwirbt sich Renan in Fachkreisen bald einen Namen und wird zweimal im Auftrag der Regierung zu Ausgrabungen nach Palästina beordert.

Unter dem Eindruck der biblischen Landschaft verfasst Renan sein glänzend geschriebenes Werk „La Vie de Jesus", eine psychologisierende Lebensgeschichte, in der er das Leben Jesu als einen Weg zum Anarchismus wertet und die Wundertätigkeit des Gottessohnes einer rationalistischen Deutung unterzieht. Das Werk löst im französischen Klerus einen Sturm der Entrüstung aus und führt dazu, dass Renan seiner Professur im Collège de France enthoben wird. Damit nicht genug. In seiner streng-katholischen Heimatstadt verliert der ketzerische Sohn bald jede Reputation und gilt als Nestbeschmutzer und Defätist – im Krieg von 1870/71 hatte er sich zu allem Überfluss gegen den Deutschenhass der Franzosen verwahrt. Trotz weltweiter Publikationen und wissenschaftlicher Anerkennung spaltet Renan die Bürgerschaft. Selbst nach seinem Tod am 2. Oktober 1892 – er war bei Lebzeiten noch rehabilitiert und 1878 sogar zum Mitglied der Académie Française gewählt worden – wirbelt das Andenken an den berühmten Sohn noch mächtig Staub in der Lokalgeschichte auf. Als 1903 das Ernest-Renan-Denkmal auf dem Platz vor der Kathedrale enthüllt werden soll, kommt es zu heftigen klerikalen Protesten. Umsonst: Die Statue des fülligen Wissenschaftlers, über dessen Altershaupt sich eine weibliche Gestalt mit Strahlenkranz und Lorbeerzweig emporreckt, blickt ketzerisch zur Kathedrale auf. Trotz vollendeter Tatsachen gibt sich die Kurie nicht geschlagen. Ein Jahr später findet der Protest gegen die Renan-Partei ihre künstlerische Entladung: Im Park am Jaudy-Ufer wird der *Calvaire de la Protestation* eingeweiht.

Bois de Poète: Das Wäldchen, das sich vom Ufer des *Guindy* bergan zur Kathedrale erstreckt, wurde von der Stadtverwaltung zum Picknickgelände umgerüstet. Dass dieser idyllische Teil des Städtchens noch nicht baulich verunstaltet wurde, verdanken die Bürger Tréguiers einem Vertrag von 1920. Anlässlich des Erwerbs des Bischofssitzes (heutiges Rathaus) und seiner Ländereien verpflichtete sich der Käufer (Stadt) gegenüber dem Verkäufer (Bischof), den Bischofswald als natürliches Flaniergelände zu belassen. Seinen heutigen Namen erhielt das Wäldchen erst später. *Anatol le Braz* (1859–1926), berühmter bretonischer Literat, verehrte sein Vorbild Ernest Renan so sehr, dass er sich testamentarisch wünschte, in dessen Heimatstadt begraben zu werden. Sein Wunsch war der Stadtverwaltung Befehl. Das mit einem keltischen Kreuz geschmückte Grabmal, in dem der Dichter seine letzte Ruhestätte fand, gab dem Ex-Bischofswald einen neuen Namen: *Bois de Poète* – Dichterwäldchen.

Tréguier/Umgebung

> Von Tréguier aus führt der **Circuit des Ajoncs**, die Ginster-Rundfahrt, oberhalb der Jaudy-Mündung nach Plougrescant und von dort aus weiter die Trégor-Küste entlang (ca. 40 km). Mehrere Stichstraßen stoßen zu Fischer- und Urlaubsdörfchen hinab ans Meer.
> Aber auch für graue Urlaubstage bietet das Trégor Kurzweil. Ausgefallene Kirchenbauten wie die Templer-Kirche von Runan oder die Kapelle St-Gonery in Plougrescant gehören ins Programm.

Minihy-Tréguier: Der Geburtsort von *St-Yves* liegt 1½ km außerhalb Tréguiers. Das verschlafene Dörfchen erwacht einmal im Jahr zu regem Leben, wenn die Wallfahrt zu Ehren des Heiligen für wenige Stunden große Massen von Pilgern aus aller Welt in den Ort spült. Minihys Geschichte beginnt mit dem Bau des Herrensitzes von Kermartin. Als Yves Helori de Kermartin 1253 geboren wurde, war Minihy ein größerer Gutshof mit Hauskapelle. An der Stelle der früheren Schlosskapelle steht heute eine sehenswerte *Kirche* (15. Jh.) im Mittelpunkt der granitgrauen, niedrigen Häuser. Sie ist von einem *Friedhof* umgeben, auf dem sich die Gläubigen um einen kleinen *Calvaire* und einen *Steinaltar* drängen. Der bogenförmige Altar, als ursprüngliches Grabmal des Heiligen bezeichnet, vermutlich aber nur ein Teil des alten Kapellenaltars, ist der Mittelpunkt der Wallfahrt: Kniend rutschen die Pilger, Richter, Staats- und Rechtsanwälte durch den niedrigen, schmalen Bogen (Korpulente rutschen rechts oder links vorbei) und beten um die Fürbitte des Heiligen. Im Inneren der Kirche fällt ein überdimensioniertes *Ölbild* in einem meisterlich verzierten Holzrahmen aus dem 16. Jahrhundert auf – eine kunstvolle Abschrift des 1297 verfassten Testaments von St-Yves.

La Roche-Derrien: Das mittelalterliche Städtchen liegt rund 6 km südwestlich von Tréguier. Neben mehreren alten Fachwerkhäusern sind eine Kirche und zwei Kapellen zu besichtigen. Von der *Chapelle du Calvaire* genießt man einen sehr schönen Blick auf das Tal des *Jaudy*; die *Eglise Sainte Catherine* aus dem 11. Jahrhundert kann sogar mit einer Orgel aufwarten, die ehemals in der Abtei von Westminster stand. Das kürzlich restaurierte Instrument aus dem 16. Jahrhundert wurde von England nach St-Brieuc verkauft und gelangte später nach La Roche-Derrien.
Über das kleine **Musée Jadis** lassen wir Leserin Elke K. berichten: „In einem Fachwerkhaus aus dem 16. Jahrhundert finden sich zum einen Ausstellungen zur Geschichte des Hauses selbst sowie zur Geschichte der Region und der Bretagne. Im Erdgeschoss hat das Ehepaar Bonnier, das das Museum privat betrieb,

Côte du Goëlo/Trégor

Sicher wohnen in La Roche-Jagu

Gegenstände des täglichen Gebrauchs der Bewohner sowie Utensilien der verschiedenen in und um *La Roche* ausgeübten Berufe zusammengetragen. Die Sammlungen sind sehr liebevoll präsentiert und man merkt sofort, dass das Herz der Bonniers, die sich mit diesem Museum einen Lebenstraum verwirklicht haben, an jedem Ausstellungsstück hängt."

Öffnungszeiten Mitte Juni bis Mitte Sept. Di–So 10–12.30 und 14.30–19 Uhr. Eintritt 3,50 €.

Château La Roche-Jagu: Eine doppelreihige Buchenallee führt zur Umfassungsmauer mit dem Eingangsportal und dem dahinter liegenden Schlossgarten, in dem über einer sanften Biegung des *Trieux-Flusses* stolz das aus dem 15. Jahrhundert stammende Schloss thront. Die Doppelfunktion von Wohn- und Wehrbau wird bei einem Rundgang um das Schloss deutlich. Die Türme, der Wehrgang und die Wachräume der Ostfassade lassen die strategisch wichtige Flussschleife überblicken, die mit Skulpturen verzierten 19 Kamine im spätgotisch-anglonormannischen Stil sind Zeugen behaglicher, aristokratischer Wohnlichkeit. Hinter dem Schloss führt ein steiler Spazierweg hinab ins Flusstal, wo sich Jachten spiegeln oder bei Ebbe metallisch der Schlick glänzt. Eine Innenbesichtigung des Schlosses, heute im Besitz des Départments Côtes-d'Armor, ist möglich. Neben den 19 Kaminen sind im Erd- und Obergeschoss gediegene mittelalterliche Wohnausstattung und Gemälde zu bewundern. Eine Videoshow und wechselnde Ausstellungen zeitgenössischer Künstler vervollständigen das Besichtigungsprogramm. Für den kleinen und großen Hunger danach bietet ein gemütliches Restaurant im alten Schlossverwaltergebäude Crêpes und Menüs an.

Auch der Spaziergang im frisch angelegten Park mit mediterranen Gewächsen ist empfehlenswert. Drei Rundwege verschiedener Länge erschließen den Park gleich beim Schloss.

• *Anfahrt* Von Tréguier über die D 786 nach Lézardrieux (10 km), vor der Trieux-Brücke rechts auf die D 787 Richtung Guingamp. Nach 9 km links in die Schlossallee einbiegen.

• *Öffnungszeiten* Mitte Juni bis Mitte Sept. täglich 10–19 Uhr, sonst täglich 10–13 und 14–18 Uhr. Erwachsene 4 €. Die Besichtigung des Schlossparks ist gratis. Die Führungen durch Schloss und Park dauern (90 Min.).

Tréguier/Umgebung

Pontrieux: Der Ort am Beginn der fjordartigen Trichtermündung des Trieux-Flusses gehört zur Kategorie der *Petite Cité de Caractère*. Der Fluss ist bis Pontrieux schiffbar. Der Hafen der Stadt, heute ein ansehnlicher Jachthafen, war bereits im Mittelalter ein wichtiger Verkehrsknotenpunkt für den Handel zwischen Armor und Argoat. Das Städtchen, das sich lang gestreckt in das schmale Flusstal schmiegt, besitzt einen alten Kern mit zwei dreieckförmigen Plätzen, die von Fachwerk- und Natursteinhäusern umgeben sind. Das auffälligste Gebäude steht an der Place Le Trocquer: ein *Tour Eiffel* genanntes Haus (16. Jh.) mit blauem Fachwerk. Auf dem Platz sprudelt ein granitener Barockbrunnen aus dem 18. Jahrhundert.

- *Postleitzahl* 22260
- *Information* **Office de Tourisme**, im Tour-Eiffel-Haus. Juli/Aug. täglich 10.30–18.30 Uhr. In der Nebensaison Mo und Fr 10.30–12.30 und 14–18.30 Uhr, Mi/Do 13.30–18.30 Uhr, Sa 10–13 Uhr. Place Le Trocquer. ✆/℻ 02.96.95.14.03, tourisme.pontrieux@wanadoo.fr, www.pontrieux.com.
- *Markt* Wochenmarkt am Montagvormittag, vor allem landwirtschaftliche Produkte.
- *Pardon* In der Nacht des 3. Julisonntags wird die Statue der „Notre-Dame-des-Fontaines" aus der Kirche geholt und in einer Fackelprozession durch den Ort getragen.
- *Wassersport* Der Wassersportclub am Hafen organisiert Kanu- und Kajakfahrten auf der Trieux. Vermietung von Booten. Auskünfte über das Office de Tourisme.
- *Camping* ** **Traou-Mélédern**, 500 m vom Ortszentrum am Ufer des Trieux, ausgeschildert. Gepflegtes Terrain, 50 Stellplätze, wenig Schatten, aber warme Dusche und Strom. ✆ 02.96.95.69.27.

Sauvage-Halbinsel: Die Halbinsel zwischen den Mündungen des Jaudy und des Trieux liegt touristisch ziemlich im Abseits – was ihren Reiz nicht schmälert. Eine gemütliche 50-km-Rundfahrt kann die Sauvage-Halbinsel erschließen. Über den Ort *Lézardieux* am Trieux führt die Touristenroute zu einer verfallenen Flutmühle *(Ancien moulin de marée)*, zum *Phare du Bodic* (ein Stück links davon eine Plattform mit Sichtgarantie) und zur Landspitze *Sillon de Talbert*. Die Orientierungstafel *Creac'h Maout* an einem Gefallenendenkmal linkerhand der Spitze

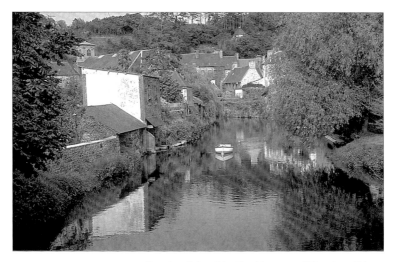

Beschaulich ruhig: Pontrieux am Flüsschen Trieux

erlaubt die Identifizierung der markanten Landschaftszeichen. Auf dem Rückweg nach Tréguier können Sie in *Pleubian* stoppen: Die Ortskirche besitzt eine beachtenswerte Außenkanzel. Einen kurzen Abstecher wert ist der Aussichtspunkt an der Jaudy-Mündung mit dem treffenden Namen *Bellevue* (in Kerbors vor der Kirche rechts ab) mit Blick über den Fluss nach Tréguier.

Runan: Von Pontrieux über die D 21 in westlicher Richtung, nach 5 km ist die kleine Ortschaft erreicht. Eine imposante Kirche überragt das Hochplateau, ihr kantiges Grau im Sommer von üppigen, weiß blühenden Hortensienbüschen geschmückt. Die *Kirche Notre-Dame* (15. Jh.) wurde im Auftrag des Templerordens errichtet und später von den Johannitern übernommen. Sie besitzt einen umfriedeten *Pfarrbezirk*, ein *Beinhaus* (1552) und eine große *Außenkanzel* (15. Jh.), die belegt, dass Runan zu dieser Zeit eine viel besuchte Pilgerstätte war. Die *Südfassade* der Kirche, aufgelockert durch vier spätgotische Fenster, ist reich mit Skulpturen und Ritterwappen verziert. Im Inneren beleuchtet das eindringende Licht diffus die reich ornamentierte *Holzdecke* mit ihren Heiligenfiguren. Das *Fenster* im Chor ist eine Meisterarbeit aus dem Jahr 1423. In der *Taufkapelle* rechts vom Eingang ein Retabel mit ausgefallenen Figuren aus blauem belgischen Stein.

Plougrescant: Kirchenpatron und Ortsheiliger ist der britische Eremit und Heiler St-Gonéry, der im 6. Jahrhundert hier lebte und für den im 10. Jahrhundert etwas oberhalb der fjordartigen Mündung des Jaudy eine Kapelle errichtet wurde. Um diese herum hat sich ein kleiner Ortskern entwickelt, der Rest der Gemeinde ist auf weit verstreute Einzelgehöfte verteilt.

Von der ursprünglichen Chapelle St-Gonéry blieb nur der seltsam geknickte Glockenturm. Ob die bleigedeckte Spitze aus dem Jahr 1612 von einem Blitz getroffen oder von der Hand des Teufels verbogen wurde, ist ungewiss. Die Einheimischen erzählen grinsend, dass der Turm wieder gerade stehen wird, wenn das erste jungfräuliche Mädchen des Ortes vor den Traualtar tritt.

Das Mauerwerk der Kapelle stammt in seinen frühesten Teilen aus dem 14./15. Jahrhundert. Der von Bäumen beschattete Pfarrbezirk im Ortszentrum wird von einer niedrigen Mauer umfasst, drei Kreuze bewachen die Eingangsstufe. Das Innere der Kapelle gehört zu den Meisterleistungen bretonischer *Deckenmalerei*. Ein einheimischer Künstler bemalte im 15. Jahrhundert (im 18. und 19. Jh. restauriert) die Kielbogendecke mit biblischen Motiven. Vor blinkenden Sternen auf rotem Grund stehen ein schamhafter Adam in der Blätterjacke und eine Eva, deren Nacktheit unter einem Umhang verborgen ist. Mit naiver Lust ergeht sich der Künstler in fremdartigen Konfektionen, malt orientalische Mützen, spitze Turbane und exotische Trachten. Den besten Eindruck von der Originalität des unbekannten Meisters geben das Bild von der Erschaffung der Tiere und der genaue Blick aufs Abendmahl: der Tisch wird aus der Vogelperspektive gezeigt.

Öffnungszeiten Besichtigung nur mit Führung. Mitte Juni bis Mitte Sept. täglich ca. 6-mal, die Zeiten sind angeschlagen. Eintritt 2 €.

- *Postleitzahl* 22820
- *Information* **Syndicat d'Initiative**, Juli/Aug. Mo–Sa 9.30–12.30 und 14–18 Uhr, So 9.30–12.30 Uhr. Sept. bis Juni Di–Sa 9.30–12.30 und 14–18 Uhr. 42, Hent Sant Gonery. ✆/📠 02.96.92.56.83, si.plougrescant@wanadoo.fr, www.plougrescant.fr.
- *Verbindung* Mit dem **Bus** mehrmals täglich nach Tréguier. Abfahrt bei der Kapelle St-Gonéry im Zentrum.
- *Wandern* 4 Rundwanderwege, von der Gemeindeverwaltung instand gehalten; zu empfehlen ist die 16 km lange „Balade autour de Plougrescant" (4,5 Stunden), die an allen wesentlichen touristischen Höhe-

Tréguier/Umgebung

punkten vorbeiführt, z. B. an der „Baie d'Enfer" (Höllenbucht) mit Austernbänken und Rennstrecke oder am „Gouffre" (Schlund) mit dem berühmten Haus zwischen den Felsen. Wanderkarten gibt es im Rathaus oder an den Rezeptionen der Campingplätze.

Kompetente Auskünfte über Wanderungen in der Umgebung gibt auch der sympathische Besitzer der Bar **La Chope** im Plougiel (gegenüber der Kirche).

- *Camping* *** **Le Varlen**, etwa 2 km außerhalb von Plougrescant (ab Kirche ausgeschildert). Funktionaler Wiesenplatz, freundliche Leitung und familiäre Atmosphäre. Für 3 Sterne simple Sanitärs und einfaches Platzangebot, doch nicht unsympathisch. 65 Stellplätze. Geöffnet März bis Mitte Nov. 4, route de Pors Hir. ✆ 02.96.92.52.15, ✉ 02.96.92.50.34, www.levarlen.com.

** **Municipal de Beg Ar Vilin**, etwa 2 km außerhalb von Plougrescant (ab Kirche ausgeschildert) am Ufer der Höllenbucht, ein idyllischer Gemeindeplatz mit 100 Stellplätzen weit ab vom Schuss. Rasengelände mit Hecken und Baumbestand, in Wohnwagen- und Zeltabteilung aufgeteilt, von der Lage für einen gemütlichen Aufenthalt prädestiniert. Elektroanschlüsse, gefliester Sanitärblock mit heißen Duschen (Jetons). Geöffnet Mitte Juni bis Mitte Sept. Beg Ar Vilin. ✆ 02.96.92.56.15, ✉ 02.96.92.51.18, www.plougrescant.fr/camping.

** **Le Gouffre**, ca. 1 km hinter dem Haus am Schlund (Anfahrt beschildert). Knapp 120 Stellplätze auf von Hecken unterteiltem Wiesengelände in ruhiger Lage, gepflegte Sanitäranlagen. Kaum Schatten. Wohnmobilstation. Geöffnet Mitte Mai bis Mitte Sept. Hent Crec'h Kermorvan, ✆ 02.96.92.02.95.

Le Gouffre: Der „Schlund" genannte Aussichtspunkt befindet sich in einem Naturschutzgebiet und ist gut ausgeschildert (auf direktem Weg ca. 2 km vom Ortszentrum von Plougrescant).

Vom Parkplatz am Ende des Sträßchens ist es nur ein kurzer Spaziergang bis zu einem der meistfotografierten Häuser der Bretagne: Zwischen zwei mächtigen Granitblöcken eingezwängt, hinter denen die Fluten in Felsspalten gurgeln, duckt sich ein schiefergedecktes Häuschen, das sich im seichten Wasser eines malerischen Salzweihers spiegelt. Nachdem das „Haus zwischen den Felsen" jahrzehntelang leer stand oder allenfalls als selten aufgesuchtes Feriendomizil diente, wird es

Eines der beliebtesten Fotomotive: das „Haus zwischen den Felsen"

Côte du Goëlo/Trégor

seit wenigen Jahren von der Besitzerin, einer älteren Dame, wieder bewohnt. Alle Versuche bretonischer Institutionen, das Haus zu erwerben, sind bisher gescheitert, auch aus der Fremdenverkehrswerbung ist das prächtige Motiv verschwunden: Madame beschäftigt einen Anwalt, der darauf achtet, dass seine Klientin für publizierte Fotos entschädigt wird.

Am Salzweiher des fotogenen Hauses vorbei führt der Weg zum „Gouffre", dem Meeresschlund, wo das Wasser unablässig gegen die riesigen Granitbrocken ankämpft. Es ist der nördlichste Punkt des bretonischen Festlands – allein sind Sie hier bestimmt nicht.

Port Blanc: Auf der Suche nach kreativer Abgeschiedenheit entdeckten französische Künstler um die Jahrhundertwende den kleinen Fischerort an der Trégor-Küste. *Anatol le Braz*, einer der Heroen der bretonischen Literatur, fand den Weg ebenso hierher wie der französisch-amerikanische Schriftsteller und Pathologe *Alexis Carrel*, der auf der vorgelagerten Insel *St-Gildas* den Bestseller „Der Mensch, das unbekannte Wesen" schrieb. Der malerische, fast mediterran wirkende Hafenort Port Blanc, der Gemeinde von Penvénan angegliedert, liegt weitab vom Animationsrummel der großen Seebäder. Einzig in der Hauptsaison beleben Ausflügler die Strandzeile, sonst herrscht im Zentrum der häuschenübersäten Region behäbige Ruhe.

Ein bizarres, von einem kleinen *Marienoratorium* gekröntes Granitensemble ziert den Ortsstrand von Port Blanc. Dahinter liegen die kleinen Hotels der Strandpromenade, die im Westen über einen bürgersteigähnlichen Damm zum Hafen führt. Weiter landeinwärts, etwas erhöht, umfriedet ein Enclos Paroissial mit Kalvariensockel die *Chapelle Notre-Dame* mit ihrem bis zum Boden reichenden Dach. Die im 16. Jahrhundert errichtete Kapelle zeigt im Inneren (nur während der Messe zugänglich) ein bretonisches Motiv: Auf einem Altar im rechten Seitenschiff thront zwischen einem Reichen und einem Armen der heilige Yves.

Port Blanc ist mit mehreren Stränden gesegnet. Der Ortsstrand vor der Hotelzeile ist malerisch, doch auf dem schmalen Sanddreieck unterhalb des Oratoriums lassen sich bei Flut nur noch schmale Badetücher ausbreiten. Hier ist der Sitz der Segelschule, die auch Surfbretter verleiht. Besser zum Baden, wenn auch klein, ist der weiße Sandstrand etwa 500 m westlich der Hotels. Die *Plage des Dunes*, ein Kilometer weiter (Campingplatz), ist bei Ebbe extrem flach, bei Flut bleibt nur wenig Liegefläche – Felsen, Sand und Kiesel in einer optisch reizvollen Bucht.

• *Pardon* Auf der vorgelagerten Insel St-Gildas wird am Pfingstsonntag ein weithin bekannter Pardon gefeiert. In seinem Mittelpunkt steht der Beschützer der Pferde St-Gildas. Wenn die Ebbe den Weg auf die Insel freigibt, werden die Pferde im Festtagsputz durch das Watt geritten und dreimal um die Kapelle des Heiligen geführt. Nach der Segnung werden sie mit Brot gefüttert, das am Leib der Gildas-Statue gerieben wurde. Es soll die Tiere bis zum nächsten Pardon vor Bauchgrimmen und Durchfall schützen.

• *Hotel* ** **Grand Hotel de Port Blanc**, lang gestrecktes Gebäude an der Strandpromenade, von den Frontzimmern schönes Panorama mit Blick auf den Oratoriumsfelsen. Restaurant/Bar im Glasvorbau, auf dem Strandboulevard ein Terrassencafé. 29 Zimmer mit Bad bzw. Dusche, einige inkl. WC. DZ 38–65 € je nach sanitärer Ausstattung. WiFi-Anschluss. Geöffnet April bis Okt. 1, boulevard de la Mer, 22710 Penvénan. ✆ 02.96.92.66.52, ✉ 02.96.92.81.57, www.hotel-port-blanc.com.

• *Camping* * **Des Dunes**, sandiger Platz mit dürrer Strandvegetation an der gleichnamigen Plage, 1½ km westlich des Ortszentrums (ausgeschildert). Schattenlos, trotz des modernen Sanitärpavillons etwas verloren im Sand. Mai bis Mitte Sept. geöffnet. Rue des Dunes, Port Blanc 22710 Plenvénan. ✆ 02.96.92.63.42.

Côte de Granit Rose

Gelber Ginster, Heidekraut, wilde Brombeer- und rot blühende Zwergsträucher übersäen den kargen Boden des offenen Heidelands. Dazwischen türmt sich im Sonnenuntergang rosa glühender Granit zu einer dramatischen Felslandschaft, an der sich die Fluten des Atlantiks brechen.

Die bizarren Formen der über 350 Millionen Jahre alten, von Wind und Wasser erodierten Felsblöcke, deren zartes Rosa vom hohen Feldspatgehalt herrührt, reizten schon immer die Phantasie der Betrachter und haben zu einem außergewöhnlichen Wettstreit der beiden „Granit-Rose-Städtchen" *Ploumanach* und *Trégastel* geführt: Wer hat das skurrilste Stück Fels? Wer die schönste Granitformation? Ist es der *Hut Napoleons*, ist es die *Flasche*, der *Totenkopf*, die *Hexe*, die *Bastille* oder die *Teufelsburg*? Die Meinungen darüber sind Legion, die Ansichten der Lokalpatrioten eindeutig. Die *Côte de Granit Rose* von Perros-Guirec bis Trébeurden gehört zu den absoluten Höhepunkten einer Bretagne-Reise.

Zum infrastrukturellen Hauptort hat sich das Seebad *Perros-Guirec* entwickelt, *Ploumanach* und *Trégastel* im Westen bieten – ausgenommen in der Hochsaison – sympathisch-verschlafene Provinzionalität und dörflichen Charme. Hinter Trégastel werden die rosafarbenen Granitformationen und bizarr aus dem Wasser ragenden Riffe seltener. Bei *Trébeurden* am westlichen Ende der Granit-Rose-Tour sind so gut wie keine rosa Steine mehr zu finden, doch besitzt der Ort wegen seiner ausgezeichneten Strände eine große Stammkundschaft.

Entlang der Rosa Granitküste führt eine der eindrucksvollsten bretonischen Küstenstraßen, die *Corniche Bretonne*, die auf ihren rund 30 Kilometern zwischen Perros und Trébeurden oft genug zu erstaunlichen Ausblicken Anlass gibt. Die Parkplätze sind meist von schaulustigen Automobilisten belegt – zu Fuß ist das Vergnügen ungleich größer.

Perros-Guirec (7600 Einwohner)

Vor hundert Jahren noch drängten sich nur einige weiß gekalkte Häuschen mit den typischen Giebelkaminen in der Bucht des heutigen Jachthafens zusammen. Seit der Entdeckung der Bretagne als Urlaubsland zu Beginn des 20. Jahrhunderts hat sich der einst kleine Fischerhafen in ein fast mondänes Reiseziel verwandelt.

Der Ort, mittlerweile über die zerfranste, fast 50 m hohe Landspitze der *Pointe du Château* hinaus bis ans Ende der nächsten Bucht gewachsen, ist heute hinter Dinard das bedeutendste Seebad der Nordküste. Ferienhäuser, Residenzen, Hotels und Villen in Kiefernparks hoch über der Küste bestimmen das Weichbild des Städtchens, das im Sommer von Tausenden von Touristen aufgesucht wird.

Perros-Guirec besteht aus mehreren Ortsteilen, die im Lauf des 20. Jahrhunderts nahtlos zusammengewachsen sind: die von neuen Betonhäusern flankierte Promenade des heutigen Jacht- und früheren Fischerhafens *(Unterstadt)*, das Verwaltungs- und Geschäftszentrum entlang der Hauptstraße auf dem Hügel oberhalb der Küste *(Oberstadt)* und das Ferienzentrum am *Trestraou-Strand* mit seinen Beachclubs, einer Kongresshalle und dem 1924 eingeweihten Casino. Auf einem Hügel im Westen erhebt sich die Kirche des Ortsteils *La Clarté*, dahinter liegt *Ploumanach*, das ebenfalls zum Gemeindegebiet von Perros-Guirec gehört. Östlich des Zentrums, unterhalb der *Pointe du Château*, lassen es sich Badegäste am Strand von *Trestrignel* gut gehen. Perros bietet seinen Gästen ein buntes Animationsprogramm: Bootsausflüge zu den der Küste vorgelagerten *Sept-Iles* (Sieben Inseln), Surf- und Segelregatten, Strandkonzerte … Die Palette der touristischen Möglichkeiten ist schier unerschöpflich.

Information/Verbindungen

- *Postleitzahl* 22700
- *Information* **Office de Tourisme**, im Ortszentrum der Oberstadt gegenüber dem Rathaus; Informationen über Perros und die Rosa Granitküste. Juli/Aug. Mo–Sa 9–19.30 Uhr, So 10–12.30 und 16–19 Uhr; von Sept. bis Juni Mo–Sa 9–12.30 und 14–18.30 Uhr geöffnet. 21, place de l'Hôtel de Ville. ✆ 02.96.23.21.15, ✉ 02.96.23.04.72, infos@perros-guirec.com, www.perros-guirec.com.
- *Verbindung* Zentraler **Bus**bahnhof am Hafen der Unterstadt, direkt vor dem Bassin du Linkin. Außerdem mehrere Haltestellen im ganzen Stadtgebiet, u. a. direkt vor dem Tourismusbüro in der Oberstadt. Die Busse von CAF verbinden die verschiedenen Orte der Granitküste mit Lannion, dem nächstgrößeren Verkehrsknotenpunkt. Täglich bis zu 7-mal nach Lannion (25 Minuten); 8-mal über Ploumanach, Trégastel, Trébeurden und das Radom von Pleumeur-Bodou zurück nach Lannion.

Diverses

- *Parken* Große Parkplätze am und rund um den Hafen (Unterstadt), in der Oberstadt beiderseits der Hauptstraße (ausgeschildert). Da die Parkplätze am Trestraou-Strand oft voll belegt sind, empfiehlt sich für Spaziergänger und Wanderer durch die Rosa-Granit-Welt ein Parkplatz in der Oberstadt. Bei der Rückkehr bringt Sie der Bus direkt zu Ihrem Wagen. Für Eilige, die dann meist doch länger bleiben, gibt es einen Parkplatz unterhalb des Campingplatzes Ranolien zwischen Perros und Ploumanach an der Küste. Ein Katzensprung zum Felsenchaos.
- *Internet* **Internet Café**, 116, avenue du Casino.

Perros-Guirec

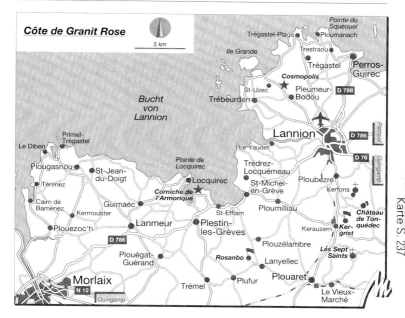

Côte de Granit Rose — Karte S. 237

- *Bootsausflug* Die „Vedettes de Perros-Guirec" bieten April bis Sept. **Ausflüge zu den 7 Inseln** an. Die Bootstour im Vogelschutzreservat dauert je nach dem Eineinviertelstunden oder mehr. Ein Landgang ist nur auf der Ile aux Moines (Mönchsinsel) möglich. Abfahrt am Kai des Trestraou-Strands 75-Minuten-Ausflug zu den Vogelinseln Rouzic und Malban. Erwachsene 14 €, Kinder 9 €. Die 2-Stunden-Tour führt zusätzlich an der Mönchsinsel und an Bono vorbei, Ticket 16/10 €. Eine weitere Variante bietet einen 30-minütigen Aufenthalt auf der Mönchsinsel, Ticket 19/13 €. Reservierungen unter ✆ 02.96.91.10.00.

Der traditionelle Kutter *Ar Jentilez* unternimmt Halbtagsausflüge; max. 10 Personen haben Platz an Bord. Erwachsene 22 €, Kinder 17 €. Reservierung beim Centre nautique, ✆ 02.96.49.81.21.

Die *Sant C'hireg*, der Nachbau eines Langustenfängers, lädt die Passagiere zur Mithilfe bei den Segelmanövern ein; Halbtagsausflüge 23 €, Kinder 14 €. Reservierung unter ✆ 02.96.23.22.11.

- *Fahrradverleih* **T. S. Loisirs**, 61, boulevard des Traouïéro, ✆ 02.96.91.66.61.

- *Markt* Freitagvormittag unterhalb der Kirche St-Jacques. In der Hauptsaison auch Markt am Sonntag im Ortsteil La Clarté.

- *Veranstaltungen* Im Sommer rummelt es insbesondere am Trestraou-Strand mehrmals wöchentlich. Regatten, Folkloreabende oder Rockkonzerte unter freiem Himmel. Höhepunkt der Saison ist das **Festival de la Cité des Hortensias**, das große Hortensienfest am 2. Sonntag im August. Auf mehreren Bühnen in der Stadt bieten bis zu 500 Musiker, Tänzer und Sänger bretonische Folklore. Den Abschluss der Fête bildet der Triumphzug der Bläser, anschließend wird ein Fest-Noz auf dem Rathausplatz gefeiert. Einige Konzerte sind gebührenpflichtig.

- *Pardon* Großer Pardon am 15. August zu Ehren der Notre Dame de la Clarté in und um die gleichnamige Kapelle. Der Pardon beginnt am Abend des Vortags mit einer Nachtwache für die Jungfrau zur Klarsicht und einer anschließenden Freudenfeuerprozession auf dem Hügel hinter der Kapelle. Am Morgen des eigentlichen Festtags werden fünf Messen in der Kapelle gelesen. Nach einer weiteren Messe unter

freiem Himmel auf dem Kirchhügel beginnt die große Prozession mit Segnung auf dem Kirchplatz.

• *Wassersport* **Centre nautique** verleiht Boote aller Art und bietet ein umfangreiches Kursangebot, z. B. 1- bis 2-wöchige Segelkurse. Plage de Trestraou, ✆ 02.96.49.81.21.

Seven Islands Surf Club vermietet Bretter, Ausrüstung und gibt ebenfalls Kurse. Plage de Trestraou, ✆ 02.96.23.18.38.

Emotion Sub ist einer der Tauchspezialisten vor Ort. Routes de Randreus, ✆ 02.96.91.67.20.

Ü bernachten
1. Hôtel Le Manoir du Sphinx
2. Hôtel Les Feux des Iles
3. Hôtel De France
4. Hôtel St-Guirec et de la Plage
5. Hôtel Du Parc
6. Hôtel Le Gulf Stream
7. Hôtel De la Mairie
9. Hôtel Des Rochers
10. Hôtel Au St-Yves
11. Hôtel Ker Mor
13. Hôtel Les Violettes
15. Grand Hôtel de Trestraou
16. Hôtel La Bonne Auberge
17. Hôtel Le Suroît

E ssen & Trinken
2. Restaurant Les Feux des Iles
4. Restaurant Coste Mor
8. Crêperie Les Calculots
9. Restaurant Des Rochers
12. Pizzeria Le Ker Bleu
14. Restaurant La Marie Galante
17. Restaurant Le Suroît

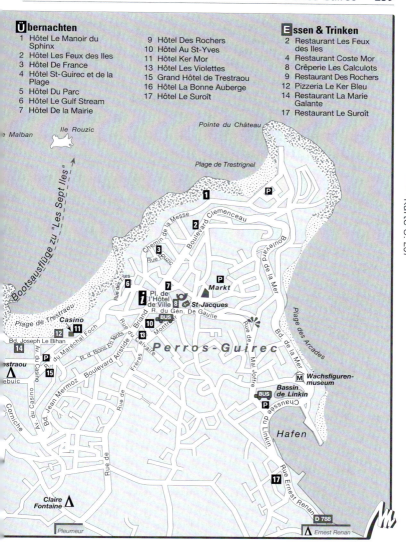

- *Bridge* Sie befinden sich in einem – zumindest touristisch gesehen – ehemals britischen Seebad: Distinguierte Damen und Herren treffen sich Di und Fr von 13.45–18 Uhr im Complexe sportif de Kerabram zum stilvoll-ungezwungenen Spiel, Infos unter ☏ 02.96.37.13.51.

- *Radeln* Radler werden vom Tourismusbüro verwöhnt. Brauchbare Tourenkarten gibt es gratis. Empfehlenswert die 25-km-Tour Vieilles Pierres (Tour der alten Steine).

- *Tennis* Mehrere Clubs, einer davon **Tennis de Trestraou** am Trestraou-Strand, ☏ 02.96.23.08.11.

240 Côte de Granit Rose

- *Minigolf* Gesellige Partien nach dem Segeln, Surfen oder Sonnenbaden direkt am Trestraou-Strand, ✆ 02.96.23.08.11.
- *Golf* Der Golfclub der Halbinsel residiert außerhalb von Perros auf dem Weg nach Pleumeur-Bodou. Auf einer stilvollen 18-Loch-Anlage kann ganzjährig eingelocht werden. Golf de St-Samson, Kerenoc, ✆ 02.96.23.87.34.
- *Casino* Das Casino am Trestraou-Strand hat täglich ab 21 Uhr ganzjährig geöffnet. Schon ab 10 Uhr kämpfen die einarmigen Banditen gegen furchtlose Glücksritter. Abends: Blackjack und Roulette.
- *Karussell* „Bitte, bitte, noch einmal" – le petit Caroussel, ein Jahrmarktsjuwel aus den Anfängen des 20. Jahrhunderts, hat schon manche Eltern zur Verzweiflung gebracht. Am Trestraou-Strand.

Übernachten (siehe Karte S. 238/239)

- *Hotels* Viele Hotels, dazu eine Unzahl möblierter Zimmer und Appartements – Perros ist das Beherbergungszentrum der Granitküste. Schwerpunkte sind der Hafen in der Unterstadt, der Boulevard A. Briand (Hauptstraße der Oberstadt) und der Trestraou-Strand. In der Saison bieten viele Hotels nur Zimmer mit Halbpension. Eine Auswahl:

*** Le Manoir du Sphinx (1), schmucke, hochgeschossige alte Villa auf der Landspitze oberhalb des Trestrignel-Strandes; 20 mit Bad/WC/TV ausgestattete Türmchen- und Erkerzimmer mit Panoramablick über die Bucht. Hotel und Gartenpark mit dem angestaubten Charme eines englischen Aristokratenetablissements. Ausgezeichnete Dîners im Hotelrestaurant. DZ 108–127 €, HP 101–120 €. Geöffnet März bis Mitte Jan. 67, chemin de la Messe. ✆ 02.96.23.25.42, ✉ 02.96.91.26.13, lemanoirdusphinx@wanadoo.fr, www.lemanoirdusphinx.com.

*** Les Feux des Iles (2), freistehendes Natursteingebäude am Anfang der Oberstadthauptstraße, steil über den Klippen; 15 Zimmer mit prächtiger Aussicht, alle mit Bad/WC/TV und sehr komfortabel. Neben dem hoteleigenen Tennisplatz überzeugt vor allem das mehrfach ausgezeichnete Hotelrestaurant mit seinen Schlemmereien. DZ 97–120 €, HP 85–104 €. Geschlossen Ende Sept./Anfang Okt., um das Jahresende und im März. 53, boulevard Clemenceau. ✆ 02.96.23.22.94, ✉ 02.96.91.07.30, feuxdesiles2@wanadoo.fr, www.feux-des-iles.com.

*** Le Grand Hôtel de Trestraou (15). Das Hotel aus den alten Zeiten des Seebads beherrscht mit seiner kolonialen Würde den Baderummel zu seinen Füßen. 49-Zimmer-Haus mit großen, etwas stillosen Aufenthaltsräumen und Restaurant mit 200 Gedecken. DZ 61–105 €. Geöffnet März bis Okt. 45, boulevard J. Le Bihan 45. 02.96.49.84.84, ✆ 02.96.23.21.50, grand-hotel@wanadoo.fr, www.grand-hotel-trestraou.com.

** Ker Mor (11), das mit Türmchen verzierte „Haus am Meer" liegt neben dem Kongresszentrum direkt am Trestraou-Strand. Frühe Reservierung und Halbpension im Sommer sind bei dieser Lage selbstverständlich. 27 in Größe und Ausstattung unterschiedliche Zimmer, z. T. mit Meerblick. Solides Restaurant mit Terrasse und Aussicht auf den Baderummel. DZ 47–90 €. Ganzjährig geöffnet. 38, rue du Meréchal Foch. ✆ 02.96.23.14.19, ✉ 02.96.23.18.49, hotel-ker-mor@wanadoo.fr, www.hotel-ker-mor.com.

** De France (3). Oberhalb des Stadtrands auf einer weit vorgeschobenen Landzunge im Grünen liegt dieses schieferverkleidete Empfangs- und Wohngebäude mit seiner granitgerahmten Fensterfront, die aufs Meer hin blickt. 30 sanitär voll ausgestattete Zimmer (Bad bzw. Dusche/WC), die sich im Preis nur durch ihre Lage unterscheiden. Überdachte Aufenthaltsterrasse, ruhiger Garten und Restaurant. DZ 42–80 €. Geöffnet April bis Sept. 14, rue Rouzic. ✆ 02.96.23.20.27, ✉ 02.96.91.19.57, contact@hotel-de-france-perros.com, www.hotel-de-france-perros.com.

** De la Mairie (7), preisgünstige Herberge mit 20 schallgedämmten Zimmern zum Rathausplatz hin, von denen man nicht zu viel erwarten sollte. Der rechtwinklige Natursteinbau mit eine Betonbalkonzeile und eine Erdgeschossbar. DZ mit Dusche/WC 42–48 €. Ganzjährig geöffnet. 28, place de l'Hotel de Ville.
✆ 02.96.23.22.41, ✉ 02.96.23.33.04, accueil@hoteldelamairie-perrosguirec.com, www.hoteldelamairie-perrosguirec.com.

** Au St-Yves (10), 20 Zimmer unterschiedlichster Ausstattung in einem weiß getünchten, familiären Bürgershaus mit neuzeitlichem Fachwerkanbau (Restaurant) und

Caféterrasse. Oberhalb des Rathauses führt die Einfahrt von der Hauptstraße direkt in den Hotelparkplatz. DZ 45–47 €. Mitte Jan. sowie 2 Wochen im Nov. geschlossen. Rue St-Yves.
✆ 02.96.23.21.31, ✉ 02.96.23.05.24, hotel.styves.perros@wanadoo.fr, www.hotel-styves-22perros.com.

Le Gulf Stream (6), kleines Hotel am östlichen Ende des Trestraou-Strands, oberhalb der steil abfallenden Klippen. 10 mit altmodischem Flair ausgestattete Zimmer mit grandiosem Ausblick über die Bucht. 4 Zimmer besitzen Bad/WC, ansonsten Etagen-WCs und -duschen. Nettes Restaurant. DZ mit Waschbecken 35 €, mit Bad/WC bis zu 80 €. Nov./Dez. und Jan./Feb. jeweils 2 Wochen geschlossen. 26, rue des Sept-Iles.
✆ 02.96.23.21.86, ✉ 02.96.49.06.61, contact@gulf-stream-hotel-bretagne.com, www.gulf-stream-hotel-bretagne.com.

Les Violettes (13), nettes Familienhotel in einem verwinkelten Gebäude-Ensemble mit geraniengeschmückten Balkönchen abseits der Hauptstraße in der Oberstadt. Von den 17 einfachen, aber zweckmäßig eingerichteten Zimmern haben 9 Bad/Dusche/WC. Solides Restaurant. DZ 36–48 €. 2. Dezemberhälfte geschlossen. 19, rue du Calvaire.
✆ 02.96.23.21.33, ✉ 02.96.23.10.08.

Le Suroît (17), zweistöckiger Eckbau stadtauswärts an der Hafenzeile (Unterstadt), 10 einfache Zimmer und ebensolcher Barbetrieb. 4 Zimmer mit Bad. Tagsüber emsiger Straßenverkehr. DZ 36–48 €. Februar geschlossen. 81, rue Ernest Renan. ✆ 02.96.23.23.83, ✉ 02.96.91.18.32.

La Bonne Auberge (16), hübsches, etwas schmalbrüstiges Natursteingebäude im touristischen Abseits im Ortsteil La Clarté (3 km zum Strand), vis-à-vis der Kapelle Notre Dame. Während des großen Pardons im August allerdings befindet sich die Herberge für 2 Tage im Zentrum des Geschehens, dann hilft nur frühzeitige Reservierung. 7 einfache Zimmer, Salon, kleines Restaurant. DZ 36 €. Mitte Nov. bis Mitte Dez. geschlossen. Place de la Chapelle.
✆ 02.96.91.46.05, ✉ 02.96.91.62.88, gouriou.m@wanadoo.fr.

● *Camping* Trotz der rund 1000 Stellplätze im Gebiet von Perros-Guirec und Ploumanach wird es im Sommer eng. Vorbestellung empfohlen.

*** Trestraou, zentrale Lage, etwa 200 m hinter dem gleichnamigen Strand. Die ziemlich weitläufige Anlage ist eingerahmt von

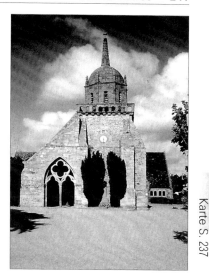

Die uralte Kirche des Badeorts

3 Hotelkomplexen, die nachts hell strahlen und deren werte Gäste von den Zimmerbalkons in die Kochtöpfe der Freiluftkollegen schielen. Die 180 Stellplätze auf gepflegtem Rasen sind teilweise durch Hecken unterteilt. Das schmale Freizeitangebot (Tischtennis, Kicker) wird vom noch schmaleren Lebensmittelangebot des Supermarkts im Empfangsgebäude unterboten (Dosen, H-Milch); ca. 200 m zum Strand. Geöffnet Mai bis Sept. 89, avenue du Casino. ✆ 02.96.23.08.11, ✉ 02.96.23.26.06, www.trestraou-camping.com.

*** Ernest Renan, gegenüber der Landzunge von Perros-Guirec an der Strecke von Perros nach Louannec (D6), ruhig an einer langgezogenen, gut geschützten Lagune. Die Gemeindeverwaltung von Louannec zeichnet verantwortlich. Sanitär sehr gut ausgestattetes, mit Blumen und einigen Bäumchen bepflanztes 4-ha-Gelände mit 265 Stellplätzen. Geöffnet Juni bis Sept., Wohnmobile dürfen sich bereits im April installieren. Route de Perros-Guirec, Louannec. ✆ 02.96.23.11.78, ✉ 02.96.49.04.47, camping-louannec@wanadoo.fr.

*** La Claire Fontaine, schattiges, rasenbedecktes Areal am südlichen Ortsrand weit oberhalb der Küste, etwa 1 km vom Trestraou-

Strand. 180 Plätze für Leute, die nicht auf Rummel stehen und die es nicht stört, dass das Meer nachts nicht bis an ihr Ohr dringt. Die Sanitäranlagen werden ordentlich gepflegt, Warmduschen im Preis inbegriffen. Geöffnet Ostern bis Sept. Rue de Toul Al Lann. ✆ 02.96.23.03.55, ✉ 02.96.49.06.19, www.camping-claire-fontaine.com.

Essen (siehe Karte S. 238/239)

• **Restaurants** **Les Feux des Iles (2)**, im gleichnamigen Hotel. Gepflegtes, geschmackvoll eingerichtetes Restaurant mit 7-Insel-Panorama. Der Hotelchef erweist sich auch als Meister der Küche. Menüs und Spezialitäten à la carte, z. B. norwegischer Lachs und Krustentiere. 53, boulevard Clemenceau, ✆ 02.96.23.22.94.
Le Suroît (17), im gleichnamigen Hotel. Wenn der Durchgangsverkehr abends nachgelassen hat, sitzt man im Wintergarten mit Blick auf den Jachthafen sehr gemütlich – besonders in der kühleren Jahreszeit. Menüs von 15–35 €. Fisch und Fleisch. Sonntagabend und Mo geschlossen. 81, rue Ernest Renan, ✆ 02.96.23.23.83.
La Marie Galante (14). Im Neubau hinter der Glasfront serviert die galante Marie Fische und Meeresfrüchteplatten zu stolzen Preisen, im Altbau mit viel Holz geht's weniger fein zu. Bescheidene Bestuhlung für bescheidenere Gäste: Crêpes und Galettes, Salate, Sandwichs und Eis. Plage de Trestraou, ✆ 02.96.49.09.34.
Le Ker Bleu (12), die Pizzeria für den schnellen Hunger zwischen Strand und Casino. Pizza und Pasta, aber auch Galettes, Fleisch- und Fischgerichte direkt am Badeboulevard. Plage de Trestraou, ✆ 02.96.91.14.69.
• *Crêperie* **Les Calculots (8)**, am Kirchplatz im alten Zentrum, mit Terrasse. Innen nette Seemannsatmosphäre. Mo und Di abends, So ganztags geschlossen. Place de l'Eglise, ✆ 02.96.91.04.09.

Sehenswertes

Kirche St-Jacques: Der Bau mit der hübschen doppelbogigen Vorhalle und dem mächtigen Turm irritiert wegen seiner Asymmetrie. Die Besonderheit der aus rosa Granit gebauten Kirche sind zwei Kirchenschiffe aus verschiedenen Epochen. Die romanische Westseite aus dem 12. Jahrhundert wurde im 14. Jahrhundert um ein gotisches Kirchenschiff erweitert. Turmkuppel und Chor stammen aus dem 17. Jahrhundert. Im Inneren sind die wuchtigen romanischen Säulen bemerkenswert, ihre Kapitelle sind teils mit einfachen Ornamenten verziert, teils sind figürliche Darstellungen auszumachen. Ebenfalls aus der romanischen Zeit stammt das steinerne Taufbecken links vom Eingang, eine der vier stützenden Figuren hat sich davongemacht. Schließlich ist auch das Altarblatt aus dem 17. Jahrhundert mehr als einen Blick wert: Auf drei Etagen verteilt, zeigt es rund 20 Figuren aus der Heiligengeschichte.

Wachsfigurenmuseum (Musée de Cire): Hinter dem Bassin de Linkin am Hafen stellen einige berühmte Franzosen (*Boishardy, Napoléon, Cadoudal, Renan* und *Botrel*) Szenen aus der französischen Geschichte dar. Daneben pergamentene Dokumente und Stiche aus der Lokal- und Regionalgeschichte. Eine Haubensammlung aus der Niederbretagne rundet den nicht allzu aufregenden Besuch ab.
Öffnungszeiten April/Mai und Sept. täglich 10–12.15 und 14–18 Uhr; Juni bis August täglich 9.30–18.30 Uhr. Eintritt 3 €.

Zöllnerpfad (Sentier des Douaniers): Vom westlichen Ende des Trestraou-Strands steigt die Straße steil nach oben. Hier beginnt der Zöllnerpfad (beschildert), ein sehr schöner Spazierweg von etwa 3½ km Länge, der knapp über der Brandung die Küste entlang nach Ploumanach führt. Anfangs noch von harmloser Schönheit, zeigt die Wandertour bald verrücktere Aspekte. Kreuz und quer türmen sich vor dem Hintergrund der blauen Atlantikfluten in der gelb und lila blühenden Heidelandschaft gewaltige, rosa schimmernde Felstorsos zu immer bizarreren Formationen. Den ersten Höhepunkt der Rosa-Granit-Tour erleben Sie nach etwa 2½ km an der *Pointe du Squéouel* (skler well = schöne Aussicht): Blick auf das *Château du Diable* (Teufelsschloss), eine mächtige Granitburg aus der Zauberkiste der Natur. Weitere steinerne Sensationen unter *Ploumanach/Sehenswertes*.

Chapelle Notre Dame de la Clarté: Die Kirche im Ortsteil La Clarté wurde 1445 in Auftrag gegeben und aus dem rosa schimmernden Granit der Perroser Steinbrüche hochgezogen. In diesem Bethaus sollte künftig die heilige Jungfrau zur Klarsicht verehrt werden, der dem Spender auf so wundersame Weise geholfen hatte (siehe Kastentext *Die Jungfrau der Klarsicht*). Der Turm der Kapelle wurde erst im späten 16. Jahrhundert hinzugefügt. Die Steine zu seinem Bau besorgte man sich im Ploumanacher Schloss, das während der Ligakämpfe von den Royalisten zerstört worden war. Im Innern der Kirche imponieren die *Kreuzwegstationen* (zwölf Jugendstilbilder des bretonischen Künstlers Maurice Denis), mehrere *Holzapostel* und die 1946 mit einer goldenen Krone versehene *Marienfigur*, die im Mittelpunkt der alljährlichen Wallfahrt steht.

Die Jungfrau der Klarsicht

Die Entstehung der Kapelle geht auf einen hier ansässigen Marquis von Barrach zurück, der vor 600 Jahren als Kommandant einer französischen Marineeinheit von einem Raubzug aus England zurückkehrte. Kurz hinter den Sieben Inseln geriet seine Staffel in dichtesten Nebel. Es war unmöglich, sicher zu steuern, Wind und Strömung konnten die orientierungslosen Schiffe jeden Moment an den tödlichen Riffen zerschellen lassen. Demütig kniete der gläubige Marquis auf den Planken nieder und flehte um die Fürbitte der heiligen Jungfrau. Sollten er und seine Flotte gerettet werden, versprach er, würde er ihr eine Kapelle stiften. Der Graf fand Gehör – ein Sonnenstrahl brach durch den Nebel und zeigte den sicheren Weg in den Hafen von Perros. Der adelige Herr, ganz Ehrenmann, ließ gleich nach seiner Ankunft an der Stelle, die der himmlische Strahl beschienen hatte, eine Kapelle errichten. Um an das Wunder im Nebel zu erinnern, nannte er sie Notre Dame de la Clarté – Jungfrau der Helle, der Klarsicht. Ihre Aufgabe ist es, Fischer und Seeleute sicher zu leiten und Menschen aller Berufe vor dem Übel der Blindheit zu schützen.

P. S. Solide Heimatforscher melden bei der Geschichte Zweifel an – trotz gewissenhafter Nachforschungen in Marinearchiven und Stammbüchern konnte die Existenz eines seefahrenden Marquis von Barrach nie nachgewiesen werden.

Le Tertre: 100 m oberhalb der Kapelle erhebt sich *Le Tertre* (der Hügel) über den Ort. Der beliebte Aussichtspunkt gibt einen einzigartigen Panoramablick auf die Sieben Inseln frei, im Rücken die großen Weltraumlauscher und das gleißendweiße Radom von Pleumeur-Bodou. Der Orientierungstisch auf dem Hügel ist aus heimischer Keramik.

Sieben Inseln (Sept Iles): Die Inseln vor der Küste sind Frankreichs ältestes Vogelschutzgebiet. Eine Bootstour zwischen den Inseln (von West nach Ost: *Bono, Rouzic, Aux Moines, Malban, Plate, Le Cerf, Les Costans*) gehört nicht nur für Ornithologen zum festen Programm. Der Rundtrip (siehe *Diverses/Bootsausflug*) dauert 2 Stunden und führt quer durch eine außergewöhnliche Meereslandschaft, in der sich neben zahlreichen Möwenvölkern und Basstölpel-Kolonien auch ausgefallenere Arten wie Austernfischer und Papageientaucher zum Nisten niederlassen. Ein Landaufenthalt ist nur auf der *Ile aux Moines* (Mönchsinsel) gestattet. Hier sorgen ein malerischer Leuchtturm und eine Vauban-Festung aus dem 18. Jahrhundert für zusätzliche optische Kurzweil.

Baden

Plage de Trestraou: 500 m Sand und wirbelndes Badeleben mit komplettem Strandprogramm: Von der öffentlichen Dusch- und Umkleidezeile über Surfen, Segeln und Kindertrampolin bis zum Asphaltboulevard mit seinen Brasseries, Cafés und dem Casino bietet der Hauptstrand von Perros alles. Die Parkplatzsuche an der Strandpromenade kann mühsam sein.

Plage de Trestrignel: Unterhalb der Landspitze *Pointe du Château* schmiegt sich der 300 m lange, feinsandige Strand in die villenbestückte Bucht. Reger Badebetrieb, Strandclub, bei Flut kaum Platz für die Handtücher. Bei schönem Wetter ist der Parkplatz voll belegt.

Ploumanach

Ebbe und Vollmond: Die spiegelglatte See ist durchsetzt von violett schimmernden, rund geschliffenen Felswesen. Vor dem Oratorium des heiligen Guirec geben sie eine gespenstische Kulisse für das Zauberschloss auf der Insel ab.

Ploumanach gehört zum touristischen Muss. Das Panorama der traumhaften Bucht inspirierte vor einigen Jahren sogar die französische Eisenbahnverwaltung: In Großformat zierte das Konterfei des Costaères-Schlosses die Plakatwände der Pariser Untergrundbahn.

Die Gegend um Ploumanach war schon vor 2000 Jahren bewohnt. Aus einer losen keltischen Siedlung entwickelte sich mit Hilfe römischer Besatzungstruppen ein gallorömischer Hafen, den im 6. Jahrhundert einige Mönche aus England anliefen. Sie gründeten die Pfarrgemeinde *(Plou)* vom Mönchsmoor *(Manac'h)* und gaben dem Ort seinen Namen.

Anfang des 20. Jahrhunderts wurde das Fischerdorf vom Tourismus entdeckt, und nach und nach entwickelte sich Ploumanach zu einem reizend-beschaulichen Badeort im Schatten des lebhaft-lauten Perros. Mit seinem rosa Granit vor der Haustür zählt der Ort zu den „Perlen der Bretagne", der abendliche Spaziergang durch das Steinchaos kann süchtig machen.

Information/Verbindungen/Diverses

- *Postleitzahl* 22700 Perros-Guirec/Ploumanach
- *Information* **Office de Tourisme** von Perros-Guirec, siehe dort. In der Hauptsaison unterhält das Office eine Zweigstelle an der Rue St-Guirec. Täglich 10–12.30 und 15–18.30 Uhr.
- *Verbindung* Ploumanach liegt an der **Bus**strecke Lannion/Granitküste. Mindestens 4-mal täglich wahlweise über Perros-Guirec oder Pleumeur-Bodou nach Lannion.
- *Parken* Großer, bei regem Sommersturm aber viel zu kleiner Parkplatz direkt vor dem Ortsstrand.
- *Bootsausflug* Zu den **Sieben Inseln**, in der Nebensaison mehrmals wöchentlich, in der Hauptsaison täglich. Einzelheiten siehe *Perros-Guirec*.
- *Pardon* Am Himmelfahrtstag feiert Ploumanach seinen großen Pardon für St-Guirec, der mehrere Wunder vollbracht und Kinder, Lahme, Fieberbefallene und Eiter-

Ploumanach

Die Flasche auf dem Zöllnerpfad

aussätzige dadurch geheilt haben soll, dass er sie in seinem Bett herumrollte. Die Prozession für St-Guirec führt auch zum Oratorium des Heiligen. Die unverheirateten weiblichen Festgäste verzichten heutzutage auf den alten Brauch, dem Heiligen mit einer Nadel in die Nase zu pieken (siehe *Sehenswertes/Oratorium*).

Übernachten/Essen (siehe Karte S. 238/239)

• *Hotels* ** **St-Guirec et de la Plage (4)**. Der schieferverkleidete Restaurant-Anbau des alten Natursteinhotels unterhalb des Granitchaos zerstört die beschauliche Lage am Strand. Großer Trubel durch Schaulustige, die ebenfalls das 1-A-Panorama, das ein Großteil der 24 Zimmer (fast alle mit Bad/WC) bietet, genießen wollen. In der Hauptsaison Vorbestellung und HP unumgänglich. DZ 35–85 €, HP 40–59 €. Geöffnet April bis Okt. Plage de St-Guirec. ✆ 02.96.91.40.89, ✆ 02.96.91.49.27, hotelsaint-guirec@wanadoo.fr, www.hotelsaint-guirec.com.

** **Des Rochers (9)**, hinter der Naturparkanlage (Bastille), vis-à-vis des Hafens. 13-Zimmer-Hotel mit dem etwas postmodernen Schick greller Farben und rustikaler Holztäfelung in Aufenthaltsraum und Restaurant. Sanitär gut eingerichtete Zimmer mit Bad bzw. Dusche/WC. DZ 39–70 €. Ganzjährig geöffnet. 70, rue de la Pointe. ✆ 02.96.91.44.49, ✆ 02.96.91.43.64, hoteldesrochers@wanadoo.fr, www.hotel-des-rochers.com.

** **Du Parc (5)**, zentrale Lage vor den touristischen Höhepunkten und dem Parkplatz. Schönes Natursteingebäude mit einem flachen Anbau und blumengeschmückten Dachgiebelfenstern. 11 gut möblierte Zimmer mit Bad/Dusche/WC. Restaurant und Bar. DZ 32–49 €. April bis Mitte Dez. geöffnet. 174, place St-Guirec. ✆ 02.96.91.40.80, ✆ 02.96.91.60.48, hotel.du_parc@libertysurf.fr.

• *Camping* **** **Le Ranolien**, an der D 787 auf dem Weg nach Perros; das Felsenchaos des Teufelsschlosses auf der Pointe Squéouel liegt gleich ums Eck. In Lage und Ausstattung einer der schönsten Campingplätze der Bretagne. 10 ha bewaldetes Heideland, in dem wild verstreut riesige Felsblöcke schlummern, bieten lauschige Plätzchen für mehr als 1000 Gäste. Sehr gepflegte Sanitärausstattung und breites Animationsangebot: Minigolf, Tennis, Segelkurs, beheiztes Schwimmbad mit Planschbecken, Folkloreabende und Ausflüge. Tabak, vorgekochte Schnellgerichte, Zeitungen, Tiefkühltruhen, Waschmaschinen,

Reinigung, Restaurant und Selbstbedienungsladen gehören zum Service. Im Juli/Aug. ist Platzreservierung zwingend. 520 Stellplätze. Geöffnet April bis Mitte Sept. Rue de Ranolien. ✆ 02.96.91.65.65, 📧 02.96.91.41.90, www.leranolien.com.

*** **West-Camping**, unweit der Kreuzung der Küstenstraße (D 788) mit der Hauptstraße, die von Ploumanach herausführt. 50 Stellplätze auf einem bewaldeten Terrain mit ziemlich einfacher Infrastruktur. Geöffnet Ostern bis Sept. 105, rue Gabriel Vicaire. ✆/📧 02.96.91.43.82, www.westcamping.com.

• *Restaurants* **Des Rochers (9)**, im gleichnamigen Hotel am Hafen mit wunderschönem Blick von den Fensterplätzen. Aufgetragen wird eine exquisite Küche, Spezialität sind gegrillter Hummer und flambierte Gamba-Jakobsmuschel-Spieße. Menüs ab 17 €. 70, rue da la Pointe, ✆ 02.96.91.44.49.

Coste Mor (4), das Restaurant des Hotels St-Guirec et de la Plage (s. o.). Durchschnittliche Gerichte zu durchschnittlichen Preisen, einmaliger Blick von der Terrasse hinüber zum Schloss Costaëres. Menü ab 14 €. Plage de St-Guirec, ✆ 02.96.91.40.89.

Le Mao, in Hafennähe, fast schon maoistische Preise: Menüs 10–20 €, keine Top-Qualität, aber durchaus genießbar. Meeresfrüchtespezialitäten, als Nachtisch bietet sich ein Fromage Blanc mit Erdbeersauce an. 145, rue de St-Guirec, ✆ 02.96.91.40.92.

Sehenswertes

Zöllnerpfad: Die Hauptattraktion Ploumanachs. Der Weg von der nördlich liegenden *Pointe de Squéouel* (siehe *Perros-Guirec*) über den *Leuchtturm von Meen Ruz* und den Ortsstrand hinüber zur mächtigen *Bastille* ist als Naturpark ausgewiesen. Nachdem Sie das irrsinnige Teufelsschloss (siehe *Perros-Guirec*), das jeden Moment einzustürzen droht, hinter sich gelassen haben, führt der Pfad die Küste entlang quer durch das von Granitblöcken versperrte Heideland und bietet ständig neue Perspektiven: die *Flasche*, *Napoléons Hut*, chaotische Türme, Variationen in rosa Gestein. Hinter der Seerettungsstation (kleine Ausstellung über die lokale Geschichte des Vereins französischer Lebensretter) duckt sich zwischen riesigen Felsblöcken die *Villa Ker Wel* des berühmten französischen Architekten Gustave Eiffel. Rechts der *Leuchtturm von Meen Ruz* und dann, nach einem etwas holprigen Abstieg, der letzte Höhepunkt: die Bucht von Ploumanach mit der bei Flut nur knapp aus dem Wasser ragenden Andachtsstätte des heiligen Guirec und dem märchenhaften *Schloss Costaëres* (s. u.) auf einer Granit-Insel im Vordergrund. Am Ende des Strandes türmen sich gewaltige Blöcke zu einer 25 m hohen Zitadelle aus Fels, die im Volksmund schlicht *La Bastille* heißt. Klettererprobte mit vernünftigem Schuhwerk können von oben ein mehr als außergewöhnliches Panorama bestaunen.

Tipp: Es lohnt sich, den Spaziergang bereits in Perros-Guirec zu beginnen. Die optischen Attraktionen steigern sich (siehe *Perros-Guirec/Zöllnerpfad*).

Schloss Costaëres: Die zauberhafte Silhouette des Schlosses auf einem Felsinselchen inmitten der Bucht ist eines der meistfotografierten Motive der Bretagne. Eingerahmt von rosafarbenen Granitblöcken und bizarren Riffen, umspült von den blauen Wogen des Atlantiks, ist das Märchenschloss eine optische Topattraktion der *Côte de Granit Rose*.

Das Schloss wurde 1892 im Auftrag des polnischen Ingenieurs Bruno Abakanowicz gebaut. Er hatte das Grundstück von einem hier Kartoffeln züchtenden Perroser Zöllner erworben und plante für sich und seinen illustren Bekanntenkreis aus Künstlern und Schriftstellern eine Arbeitsklause bzw. ein elegantes Feriendomizil. Auch der Romancier *Henry Sienkiewicz* hielt sich einige Wochen hier auf. Ob er im Schloss seinen Weltbestseller *Quo Vadis* schrieb oder nur Urlaub machte – die Henry-Sienkiewicz-Forschung ist sich in diesem Punkt nicht einig. Einerlei: Bei Insidern ist das Schloss als *Château Quo Vadis* ein stehender Begriff.

Schloss Costaëres

In den 1970er Jahren übernahm ein japanisch-französisches Firmenkonsortium die Eigentümerrechte und schickte Manager und verdiente Verkaufstalente zum Entspannen auf die Insel. Der vorläufig letzte Eigentümerwechsel vollzog sich 1989. *Didi Hallervorden*, deutscher Kabarettist, Entertainer, Mehrheitsaktionär und Geschäftsführer einer Liechtensteiner Firma, erwarb die Wohnrechte. Doch er sollte wenig Glück mit seinem Kauf haben: Am Morgen des 7. Septembers 1990 verwüstete ein Brand zwei Stockwerke und das Dach des Walt-Disney-Schlosses. Hallervorden hat die damals zugesagte Renovierung mittlerweile abgeschlossen. Das Betreten der Schlossinsel ist für Ungeladene untersagt, das Fotografieren nicht. Das unglaublichste Panorama bietet sich von der Spitze der „Bastille" genannten Felsformation gegenüber der Insel.

Oratorium: Bei Ebbe ragt die kleine, überdachte Andachtsstätte, *St-Guirec* geweiht, aus dem ruhigen Wasser der Bucht. Vor über 1400 Jahren soll hier der englische Mönch an Land gegangen sein, um die heidnischen Völker zu missionieren. Zum Gedenken an ihn wurde im 12. Jahrhundert ein mit seinem hölzernen Standbild versehenes Oratorium errichtet, das bei Flut bis zu den Säulchen verschwindet und nur bei Ebbe trockenen Fußes zu erreichen ist. Um die Gedenkstätte des Guirec entwickelte sich im Lauf der Zeiten ein eigentümlicher Brauch, der vor allem die jungen Damen des Ortes auf erklärliche Weise anzog: Sollte doch dem Mädchen, das der Holzfigur des Heiligen mit einer Nadel in die Nase stach, noch übers Jahr ein besonders gut aussehender Bräutigam begegnen. Die zahlreichen nasestechenden Bittstellerinnen machten mit der Zeit aus dem Gesichtserker des Heiligen ein Loch. Kein Wunder, dass die geplagte Holzskulptur vor Jahren durch ein granitenes Standbild ersetzt werden musste, das allerdings in der Nasengegend auch schon deutliche Spuren der Verwüstung zeigt.

Maison du Littoral: Wer während eines Spaziergangs auf dem Zöllnerpfad auch etwas über die Entstehung des Felsenchaos' erfahren möchte, sollte hier einen kleinen Zwischenstopp einlegen: Die ständige Ausstellung informiert über die Geologie der Granitküste, die Verwendung des rosa Gesteins sowie Flora und Fauna der Region. Außerdem werden wechselnde Ausstellungen und ein Seemannsknotenatelier präsentiert.
Öffnungszeiten Mitte Juni bis Mitte Sept. Mo–Sa 10–13 und 14–18 Uhr. Eintritt frei.

Baden

Plage de St-Guirec: Der Ortsstrand von Ploumanach wird von Hotels, Caféterrassen und dem Oratorium begrenzt. Zum Meer hin brechen die vorgelagerten Felsen und Riffe den Ansturm der Wogen und glätten die See. Der 300–400 m breite Sandstreifen, den die Gezeiten schaffen, ist auch für Kinder ein sicheres Badeebner in optisch eindrucksvoller Lage: rosa Felswesen, ein Oratorium und ein Märchenschloss bilden die Kulisse des Planschvergnügens. Bei Ebbe ein hervorragendes Revier zum Fußfischen: Muscheln, Schnecken und Krustentiere verstecken sich im grünen Algenteppich zwischen Sand und Fels.

Plage de la Bastille: Südlich der 25 m hohen Felszitadelle, die die beiden Strände von Ploumanach trennt – mit Blick auf Schloss Costaères, kleiner als der Hauptstrand, aber mindestens so schön. Für Kinder sehr geeignet, ruhiges Meer. Und auch hier gilt bei Ebbe: ein idealer Fleck für Fußfischer.

Trégastel (2200 Einwohner)

Am Strand grüßen die Stein gewordenen Zeugen reger bretonischer Phantasie: die Schildkröte, die Hexe, der Totenkopf oder die Palette eines Malers. Ebenso gehört der Ewige Vater (Père Eternel) aus gebranntem Ton, der auf dem Aquarium seinen Zeigefinger mahnend erhebt, zu den Attraktionen des Badeorts.

Trégastel besteht aus zwei Ortsteilen. Die schmalen Granithäuser des alten *Bourg* auf einem Hügel ducken sich um den zentralen Kirchplatz (mehrmals restaurierte Kirche aus dem 12. Jh., Beinhaus aus dem 17. Jh.), in den winkligen Gassen herrscht die Beschaulichkeit vergangener Zeiten. Unten am Strand drängen sich zwischen Villen, Ferienhäusern und Hotels die Urlauber: *Trégastel-Plage*, in den Gründerjahren des Tourismus rund um den alten Hafen entstanden, ist der modernere Ortsteil und verströmt auch in der lebhaften Hochsaison noch das leise Flair des gepflegten Familienseebads. Die schmucke Häuser- und Hotelansiedlung unterhalb des Gradlonfelsens hat Charme, und die Zauberwelt der steinernen Fabelwesen als Kulisse des Badevergnügens rechtfertigt den empfindsamen Stolz der Bewohner, wenn man auf die Konkurrenz mit Ploumanach zu sprechen kommt.

Tipp: Den schönsten Gesamteindruck und die beste Orientierung gewinnen Sie, wenn Sie an der Hauptstraße (D 788) dem Schild „Panorama" folgen und vom Granitensemble „König Gradlons Krone" *(Couronne du Roi Gradlon)* in der Heide den Blick über die rosa Felsen und das blaugrüne Meer schweifen lassen.

Information/Verbindungen/Diverses

- *Postleitzahl* 22730
- *Information* **Office de Tourisme**, an der Hauptstraße vor der Kapelle Ste-Anne. Stadtplan, Hotel-/Campingliste und eine

Wenn Pfarrer töpfern – „Père Eternel" in Trégastel

Menge Broschüren über die Granitküste. April bis Juni und Sept. Mo–Sa 9.30–12 und 14–18 Uhr. Juli/Aug. Mo–Sa 9.30–13 und 14–19 Uhr, Sonntag 10–12.30 Uhr. Okt. bis April Mo–Fr 9.30–12 und 14–17.30 Uhr, Sa 9.30–12 Uhr. Place Ste-Anne. ✆ 02.96.15.38.38, ✆ 02.96.23.85.97, tourisme.tregastel@wanadoo.fr, www.ville-tregastel.fr.

• *Verbindung* Die **Lokalbusse** halten auf ihrer Rundtour in der Hochsaison bis zu 12-mal täglich in Trégastel. Zum Verkehrsknotenpunkt Lannion 30 Min. Von dort aus Verbindung zu allen Ortschaften der Granitküste. 3 Haltestellen: an der Place Ste-Anne an der Durchgangsstraße, am Parkplatz des Strandes Coz-Pors (Trégastel-Plage) und vor der Kirche im Ortsteil Bourg (1½ km landeinwärts).

• *Parken* Großer Gratis-Parkplatz vor dem Aquarium, von da ein Katzensprung zur Plage du Coz Pors. Weitere Möglichkeit auf der Landenge vor der Ile Renote.

• *Bootsausflüge* Mit den Vedettes de Perros-Guirec zu den **7 Iles** ab der Plage du Coz-Pors; in der Nebensaison mehrmals wöchentlich, in der Hauptsaison täglich. Details siehe *Perros-Guirec*. Auskunft und Buchung im Hafen oder im Office de Tourisme. Der Langustenfänger *Sant C'hireg* (siehe *Perros-Guirec*) fährt gelegentlich auch ab der Plage du Croz. Details siehe *Perros-Guirec*.

• *Markt* Montagvormittag an der Place Ste-Anne.

• *Schwimmen* **Forum de Trégastel**, hinter dem Coz-Por-Strand. Stattlicher Hallenbadkomplex mit 30 Grad warmem Meerwasser. Außerdem: vier 25-m-Bahnen, Wasserkanone, Sauna, Hamam (Dampfbad). Sehr unterschiedliche Öffnungszeiten, mal vormittags, mal nachmittags. Eintritt ab 8,80 €, Kinder ab 6,20 €. Wer die obligatorische Bademütze nicht bei sich hat, kann eine solche für 2,50 € vor Ort erwerben. ✆ 02.96.15.30.44.

• *Wassersport* Segel- oder Surfkurse in der **Base Nautique** auf der Landspitze zwischen Grève-Blanche- und Grève-Rose-Strand. Außerdem Kajakverleih. Grève Rose, ✆ 02.96.23.45.05.

• *Reiten* Aufgesattelt wird am Ortsausgang des alten Ortsteils Bourg direkt gegenüber dem Kalvarienberg. **Club Hippique**, 13, route du Calvaire, ✆ 02.96.23.86.14.
Alternative für die kleineren Urlauber: **Poney-Club de Rulan**, Route de Lannion, ✆ 02.96.23.85.29.

• *Tennis* Städtischer Tennisclub mit 5 Courts und 2 Hallenplätzen. Clubhaus in der Rue de Poul Palud, ✆ 02.96.15.31.54.

Übernachten/Essen

- *Hotels* ***** Park Hotel Bellevue (4)**, ruhiges 31-Zimmer-Hotel in der Regie von Inter-Otel mit stilvoll-repräsentativer Fassade und herrlichem Garten, etwas zurückversetzt unterhalb des Panoramahügels. Hohe, helle Räume mit Bad oder Dusche/WC. ADSL- und Wi-Fi-Anschluss. DZ 70–100 €. Geöffnet Mitte März bis Mitte Nov. 20, rue des Calculots. ✆ 02.96.23.88.18, ✉ 02.96.23.89.91, bellevue-tregastel@wanadoo.fr, www.hotelbellevuetregastel.com.

  ** Beauséjour (1), in erster Reihe am Coz-Pors-Strand. Im Erdgeschoss des lang gezogenen Baus Eiscafé, Snackbar, Restaurant-Terrasse (April bis Sept. geöffnet); Halbpension empfiehlt sich, in der 2. Etage 16 z. T. etwas düstere, sanitär voll ausgerüstete Zimmer, 2 davon mit privater Terrasse. Teils Meersicht, teils Blick auf die Skulptur des „Ewigen Vaters" über dem Aquariumsfelsen. DZ 50–95 €, HP 65–73 €. Geöffnet März bis Mitte Nov. Plage du Coz-Pors, ✆ 02.96.23.88.02, ✉ 02.96.23.49.73, daniel.laveant@wanadoo.fr, www.beausejoursarl.com.

  ** De la Mer et de la Plage (2), absolut zentrale Lage am Coz-Pors-Strand, in Preis und Leistung dem vorgenannten ebenbürtig. 20 zivilisiert eingerichtete Zimmer mit Bad oder Dusche/WC. DZ 40–95 €. Zu den teureren Zimmern gehört die Nr. 21 mit Blick auf den „Würfel" und einer Dusche, die man besser als Shower-Room bezeichnen würde – großartig! Geöffnet Mitte März bis Dez. Plage du Coz-Pors. ✆ 02.96.15.60.00, ✉ 02.96.15.31.11, hoteldelamer.tregastel@ifrance.com, www.hotelaldemer.ifrance.com.

- *Camping* ***** Tourony Camping**, in Ploumanach, dann am Ortsausgang noch vor der Flutmühle rechts am Flusslauf des Traouïero. Der Platz verfügt über gute Sanitärblocks, alter Pinienbestand spendet Schatten, auf ebenen Rasenflächen gut 100 Stellplätze. Der gleichnamige Strand ist zum Baden nicht besonders geeignet. Geöffnet Ostern bis 3. Septemberwoche. 105, rue de Poul-Palud. ✆ 02.96.23.86.61, ✉ 02.96.15.97.84, www.camping-tourony.com.

- *Wohnmobile* können für 5 € pro Nacht (inkl. Wasser und Strom) beim Tennisclub parken. Rue de Poul Palud.

- *Restaurants* **Auberge de la Vieille Eglise (5)**, Landgasthof im Ortsteil Bourg in einem sympathisch verwinkelten, alten Gebäude gegenüber der Kirche. Gutbürgerliches Restaurant mit bretonischer Küche, Spezialität Meeresfrüchte, die gehobeneren Menüs sind ausgesprochene Schlemmermenüs (Menüs 16–45 €). Mo geschlossen, außerhalb der Saison auch Sonntagabend und Dienstagabend. Place de l'Eglise (Bourg), ✆ 02.96.23.88.31.

  Coz-Pors (3), eines der Restaurants am gleichnamigen Strand; freundlich und für seine Preisklasse gut. Selten ist die –

Übernachten
1 Hôtel Beauséjour
2 Hôtel De la Mer et de la Plage
4 Park Hotel Bellevue

Essen & Trinken
3 Restaurant Coz-Pors
5 Restaurant Auberge de la Vieille Eglise

gesetzlich vorgeschriebene – Nichtraucherabteilung. Der Küchenchef empfiehlt heute: Seehecht in Blätterteig an Crevetten, danach Pot au feu (Fischeintopf mit Langustine), zum Nachtisch Mystère (Vanilleeis mit Baiserkern im Haselnussmantel). Menüs 11–35 €. Weitere Spezialität des Hauses: Meeresfrüchtepizza. Mitte Nov. bis Mitte Dez. geschlossen. Plage du Coz Pors, ✆ 02.96.23.40.28.

Sehenswertes

Zöllnerpfad: Der Pfad verbindet die kleinen und großen Strände von Trégastel, der Spaziergang durch die bizarr zerfressenen und durchlöcherten Granitmassive mit ihren bildhaften Namen ist eine touristische Pflicht. Der Weg führt von der *Grève Rose* über den weißen Sand der *Grève Blanche* zum Panoramafelsen in der Mitte des Kaps von Trégastel. Die Felsformation mit Orientierungstafel – die *Krone des*

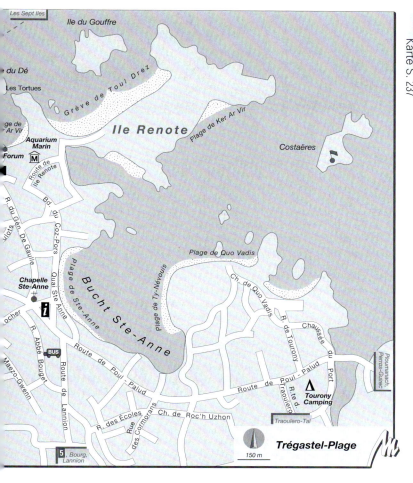

Baden im Schatten des Würfels

Königs Gradlon – bietet einen herrlichen Blick über die feinsandigen Strände mit ihren Granittorsi, die bei Ebbe aus dem spiegelglatten Blaugrün ragen. Weiter zum Strand von Coz-Pors mit dem berühmten Würfel *(Le Dé)*, der im Vordergrund gewagt auf einem Felsriff ruht, vorbei am *Totenkopf* mit seinem ausgehöhlten Auge und den aufgeschichteten *Crêpes* hinüber zum Naturpark der *Ile Renote*. Heute ist die einstige Insel mit dem Festland verbunden, doch an ihrem Ende türmt sich wie eh und je das große Chaos des rosa Granits von Trégastel.

Aquarium: Die Grotten unter den zyklopischen Granitblöcken des Aquariums erfüllten im Lauf der Zeit verschiedene Funktionen: Sie waren Bleibe von Höhlenbewohnern, Ort der Gottesverehrung, Munitionslager, Behausung verarmter Fischer, Tummelplatz eines bildhauernden Abbés und prähistorisches Museum. Nachdem ein Großteil der Exponate in der feuchten Höhlenkulisse verrottet war, entschlossen sich die Stadtväter zu einer der Umgebung angemesseneren Form der Nutzung. In etwa 30 kleinen, in die Felswände eingelassenen Aquarien tummeln sich nunmehr ausgefallene Exemplare der atlantischen Meeresfauna und lethargische, mediterrane Seekarpfen. Einmal etwas ganz anderes ist die anschauliche Gezeitensimulation – alle 12 Minuten wechseln auf 30 qm Ebbe und Flut.

Über den wuchtigen Granitkolossen des Aquariums droht auf einer Plattform (über eine schmale Metallleiter zu besteigen) mit erhobenem Zeigefinger die weithin sichtbare, weiße Skulptur des an Buddha erinnernden *Père Eternel* (Ewiger Vater), den ein in Trégastel praktizierender Pfarrer vor Jahren in Ton gebrannt hat. Vorsicht mit dem Kopf beim Eingang in die niedrige Grotte.

Öffnungszeiten Mai/Juni und Sept. 10–18 Uhr, Montagvormittag geschlossen. Juli/Aug. tägl. 10–19 Uhr (Di bis 21 Uhr). Okt. Di–Sa 14–18 Uhr, So 10–12 und 14–18 Uhr. Am Eingang sind Erklärungen auf Deutsch erhältlich. Eintritt 7 €, Kinder (4–16 Jahre) 5 €.

Allée Couverte de Kerguntuil: Die Zeugin der frühgeschichtlichen Besiedlung des Landfingers von Trégastel ist ein nicht allzu aufregendes Erlebnis und wohl nur für Spezialisten interessant. Sie sehen: einen einzelnen Dolmen und ein bedecktes Langgrab.

<small>Anfahrt Richtung Trébeurde, außerhalb des Orts von der D 788 links in die Rue du Dolmen abbiegen, danach erste Straße rechts *(Dolmen)*, leicht bergan bis zu einem Bauernhof (dahinter die *Allée Couverte*).</small>

Calvaire: Auf einem Hügel am Ortsende des alten Trégastel-Bourg, direkt neben einem Jugendferienlager, erhebt sich ein neuzeitlicher Calvaire (spätes 19. Jh.) in ungewöhnlicher Form. Die turmähnliche, von außen über eine Wendeltreppe zu besteigende Gedenkstätte aus grob bearbeitetem Granit wird gekrönt von einem gekreuzigten Jesus. Am Wendelgang und im Innenraum dokumentieren zahlreiche weiße Votivtafeln den Dank der Gläubigen.

Traouïero-Tal (Vallée des Traouïero): Die Talschlucht ist ein Traumplatz für Botaniker und Liebhaber bretonischer Mythen und Legenden. Wie aus sicherer Quelle verlautet, lebten zwischen den 300 Millionen Jahre alten bemoosten Granitblöcken, die sich entlang des Flüsschens *Kerougant* türmen, die *Korrigans* (Zwerge) – ständig in Gefahr, von dem wackligen Chaos über ihren Zwergenmützen erschlagen zu werden. Der Wanderweg durch das schmale Tal ist gesäumt von seltenen Farnen und sonderbaren Moosen und Pflanzen, aus denen Druiden einst ihre Zauberdrinks brauten. Auch heute noch sollen die kleinen und etwas verschrobenen Helfer der alten Weisen im Tal herumhuschen: An der früher mit einem schweren Granitblock verschlossenen Höhle *Karreg an arc'Hanteg* bewachen sie den unsichtbaren (!) Schatz von einst befreundeten Piraten. Und im Höllenloch *(Toll en Ifern)* halten sie den in Fels gemeißelten Engel der Aussätzigen gefangen.

• *Wanderung* Sie dauert etwa drei Stunden und sollte nur mit vernünftigem Schuhwerk unternommen werden. Wer sich nicht allein ins Zwergenreich traut, kann sich einer vom Office de Tourisme organisierten Führung anschließen (in der Hauptsaison 3-mal wöchentlich, Juni und Sept. 2-mal).

Baden

Der Tourismusprospekt von Trégastel wirbt mit 12 Stränden, an denen von Mitte Juni bis Ende September ein absolutes Hundeverbot die Badefreuden erhöht. Die Zahl ist etwas übertrieben – nicht alle verzeichneten Buchten lassen sich als Badesrevier betrachten. Trotzdem hier einige empfehlenswerte Strände:

Plage du Coz-Pors: Der Ortsstrand von Trégastel-Plage ist eingerahmt von Hotels, Restaurants, Cafés und Souvenirläden. Bei Flut wird der 300 m lange, feinsandige Strand durch ein bizarres Granitlabyrinth vor der Brandung geschützt. Bei Ebbe zieht sich das Meer bis hinter den markanten Felswürfel zurück und hinterlässt eine Menge Muscheln, Schnecken und anderes See-Kleingetier zum Sammeln. Neben Kinderspielclubs und Sportgeräteverleihern findet sich am Strand auch eine Rettungsstation.

Grève Blanche: Trégastels erste Badeadresse – 500 m feinster weißer Sand, der auch bei Ebbe zum Baden geeignet ist. Umkleidekabinen und Strandanimation. Zum Ort hin ist der Strand begrenzt von der felsigen *Krone des Königs Gradlon*, nach Westen von der bei Ebbe mit dem Land verbundenen *Ile aux Lapins* (Haseninsel).

Grève Rose: Ein knapp 20 m breiter, rosa schimmernder Streifen, der bei Flut die Wogen begrenzt, gab dem Strand seinen Namen. Der Strand ist das Aktionsfeld der lokalen Segel- und Tauchschule und trotzdem ruhiger und intimer als der weiße Nachbarstrand. Keine Strandclubs.

Grève de Toul-Drez: Der Strand der *Renot-Halbinsel* (Naturpark mit Picknickplätzen unter Pinien und Kiefern) liegt zum offenen Meer hin, die Fluten werden abgebremst vom vorgelagerten Felsriff des großen Molochs *(Grande Gouffre)*, dessen glatt gespülter Granit bei Ebbe trockenen Fußes zu erreichen ist. Einsame Badenischen im Schatten bizarrer Steinriesen, in die gelegentlich die blaugrüne Brandung einbricht. Parkplatz auf der Landenge beim Picknickgelände.

Trébeurden (3500 Einwohner)

„Um Trébeurden herum ist die Küste in sehr zahlreiche Inseln geteilt" (aus einem Hochglanzprospekt). Von dieser geologischen Merkwürdigkeit abgesehen gilt die zersiedelte, lang gestreckte Gemeinde an der östlichen Spitze der Halbinsel von Lannion als Anfangs- bzw. Endpunkt der Corniche Bretonne.

Die typischen Felsformationen der Rosa-Granitküste schimmern hier weniger spektakulär, doch auch Trébeurden hat sich mit Haut und Haar dem Tourismus verschrieben – in der Saison sind die Strände stark frequentiert. Das Zentrum *Le Bourg* liegt etwas landeinwärts an der D 788. Rund um die Kreuzung der Durchgangsstraße mit der Straße hinab zum Hafen und zu den Stränden finden sich Rathaus, Post und Touristenbüro, oberhalb bei der Kirche der Supermarkt. Nahtlos führt die Bebauung zum Meer, wo *Le Chalet*, eine von Granitblöcken übersäte Landzunge, den lang gezogenen Hauptstrand *Tresmeur* von den Jachten des Hafens trennt. Hinter der Hotel- und Residenzenzeile des Tresmeur-Strandes ziehen sich im Grün der Kiefernparks und Gärten schmucke Villen und Ferienhäuser den steilen Hang hinauf.

Etwa 2½ km südöstlich des Ortszentrums (ausgeschildert) streckt sich die steil zum Meer hin abfallende Landspitze *Pointe de Bihit* weit hinaus in die Bucht von Lannion. Die Straße führt an einen großen Parkplatz mit Orientierungstafel und eindrucksvollem Panorama: rechts die sanfte Dünung des Hauptstrands, begrenzt von *Le Chalet* und der vorgelagerten *Ile de Milliau*, links die zackigen Felsen der Steilküste, dazwischen kleine und größere Sandbuchten, die golden herausschimmern. Noch ein Stück weiter die hoch über der Küste verlaufende Straße entlang, und Sie erreichen den *Strand von Pors Mabo* unterhalb eines bewaldeten Hangs, eine der besten Badeadressen der Umgebung. Auch bei Surfern genießen die Strände von Trébeurden einen hervorragenden Ruf.

Information/Verbindungen

- *Postleitzahl* 22560
- *Information* **Office de Tourisme**, an der großen Kreuzung im Ortsteil Le Bourg. Neben dem üblichen Material informiert eine kostenpflichtige Broschüre über 4 „Circuits" durch die Umgebung. Juli/Aug. Mo–Sa 10–19 Uhr, So 10–13 Uhr; Sept. bis Juni Mo–Sa 9–12.30 und 14–19 Uhr. Place de Crech'Héry. ✆ 02.96.23.51.64, ✆ 02.96.15.44.87, tourisme@trebeurden.fr, www.trebeurden.fr.
- *Verbindung* 6x täglich **Busse** nach Lannion (9 km) und in die entgegengesetzte Richtung zu den Badeorten der Granitküste. Haltestelle an der Kreuzung im Ortszentrum.

Diverses

- *Bootsausflüge* Die Compagnie Armein fährt in der Hauptsaison 1x wöchentlich von Trébeurden zur **Ile de Batz**. Die Abfahrten sind gezeitenabhängig. Hin/zurück Erwach-

Trébeurden 255

Trébeurdens Hauptstrand – viel Platz für Badefrösche

Côte de Granit Rose
Karte S. 237

sene 20 €, Kinder die Hälfte. Auskunft und Buchung beim Office de Tourisme.
• *Führungen* Im Sommer veranstaltet das Office de Tourisme sachkundig begleitete Ausflüge ins Marschland inkl. Vogelkunde. Eine weiteres Angebot ist die Megalithentour, bei der mehrere Zeugen aus der Steinzeit besucht werden. Infos zu diesen und weiteren Führungen im Office de Tourisme.
• *Fahrradverleih* **Le Piston vert** verleiht klassische Räder und Mountainbikes. Reparaturwerkstatt. Rue de Kergonan (unweit des Office de Tourisme), ✆ 02.96.15.00.83.
• *Markt* Dienstagvormittag.
• *Wassersport* **Ecole de Voile**, am Tresmeur-Strand. Kurse und Verleih von Segelbooten und Surfbrettern. Wasserski. ✆ 02.96.23.51.35.
CAP bietet Kurse und Tauchgänge mit Flasche in der Goas-Treiz-Bucht. 54, corniche de Goas Treiz (nördlich des Zentrums), ✆ 02.96.23.66.71.
• *Reiten* Möglichkeit zu ein- oder mehrtägigen Ausritten mit der **Ecurie d'Heldrick**. Manoir de Trovern (Richtung Jugendherberge), ✆ 06.89.47.80.74.
• *Tennis* Gemeindeplatz mit zwei überdachten Plätzen und einem Außencourt. 5, rue des Plages, ✆ 02.96.23.58.70.
• *Waschsalon* **Laverie automatique du Port de Plaisance**, am Jachthafen. 365 Tage im Jahr geöffnet.

Übernachten

• *Hotels* *** **Manoir de Lan Kerellec**, 18-Zimmer-Hotel mit „Relais & Châteaux"-Label im Landhausstil hoch über dem Meer, Trébeurdens schickste und teuerste Adresse. Alle Zimmer mit Bad/WC und Blick über Bucht und Inselchen, teils mit Privatgärtchen, teils mit Terrasse. Kleiner Hotelpark und ein Salon, in dem sich vorzüglich (bretonisch) speisen lässt. Spezialität: Filet St-Pierre in Cidre oder über Holzkohle gegrillter Hummer mit Korallenbutter (Menü ab 37 €). DZ 100–422 €, Frühstück 17 €. Geöffnet Mitte März bis Mitte Nov. Allée de Lan Kerellec.
✆ 02.96.15.00.00, ✆ 02.96.23.66.88, lankerellec@relaischateaux.com, www.lankerellec.com.
** **Ker an Nod**, gutbürgerliches, seit Generationen von derselben Familie geführtes Haus direkt oberhalb des Pors-Termen-Strands. 21 renovierte Komfortzimmer, 14 davon mit Blick aufs Meer. Im Restaurant Menüs ab 22 €. DZ 45–60 €. April bis Dez. geöffnet. 2, rue de Pors Termen.
✆ 02.96.23.50.21, ✆ 02.96.23.63.30,
info@keranod.com, www.kerannod.com.

Le Quellen, unweit des Goas-Treiz-Strands. Sehr sympathischer Betrieb mit 8 Zimmern und Restaurant. Einige Zimmer sind renoviert, andere werden es noch. DZ 32–56 €, alle mit Dusche, die billigeren mit WC auf Etage. Geöffnet April bis Okt. 18, corniche de Goas Treiz. ✆ 02.96.15.43.18, ✆ 02.96.23.64.43, lequellen@wanadoo.fr, www.lequellen.com.

Ecume de Mer, gleich neben dem vorgenannten. Mit Restaurant und großem Vorgarten zur Straße. 29 schlichte Zimmer, davon 3 mit Bad/WC, weitere 16 mit Dusche. DZ 45–45 €. Ostern bis Sept. geöffnet. 16, corniche de Goas Treiz. ✆ 02.96.23.50.60, ✆ 02.96.23.55.65.

• *Jugendherberge* im Ortsteil Toëno, 1½ km nördlich des Orts, auf der Landseite der Hauptstraße, oberhalb des Goas-Treiz-Strands. 56 Betten. Übernachtung 11 €/Person (Bettzeug inklusive). Frühstück 3,40 €. Rezeption 9–12 und 18–21 Uhr. Campingmöglichkeit auf dem Gelände. Geöffnet März bis Sept. 60, route de la Corniche. ✆ 02.96.23.52.22, ✆ 02.96.15.44.34, trebeurden@fuaj.org, www.fuaj.org (dort sich auf der Karte weiter durchklicken).

• *Camping* Zeltfreunde und Wohnmobilisten zieht es zum Pors-Mabo-Strand etwa 2½ km südlich von Trébeurden-Bourg. Dort gibt es steil über der Küste 3 Plätze, die für Gespanne z. T. fast unzugänglich sind:

*** **Armor-Loisirs**, von den Plätzen der Pors-Mabo-Bucht der höchstgelegene auf dem Bergkamm der Steilküste, zum Strand hinab gut 1 km. Wenn nicht Hecken, Bäume oder Wohnwagen den Blick verstellen, hat man eine wunderbare Aussicht. Wiesengelände mit Schatten spendendem Baumbewuchs, Sanitärs etwas altmodisch und knapp, dafür gut gewartet. Spielplatz, Tischtennis in der Scheune, Billard, Spielautomaten, Waschmaschine, Bar, Fertiggerichte und ein Restaurant-Eck. 72 Wohnwagenplätze mit Wasser-, Kanalisations- und Stromanschluss. Hunde nicht erlaubt. 112 Stellplätze. Geöffnet April bis Sept. Rue de Kernevez, Pors Mabo. ✆ 02.96.23.52.31, ✆ 02.96.15.40.36, www.armorloisirs.com.

*** **Kerdual**, der Weg ist ausgeschildert, aber für Gespanne ein Problem – die engen Kurven der schmalen Teerstraße führen zum schön gelegenen Platz über dem Pors-Mabo-Strand steil hinunter. Das abschüssige Gelände ist terrassiert, von fast allen Stellplätzen genussvolle Aussicht auf die Bucht von Lannion. Direkter Zugang zum Strand (100 m). Sanitär gut ausgestattet. In der Hauptsaison unbedingt reservieren. Nur 26 Stellflächen. Geöffnet Mai bis Mitte Sept. Plage de Pors-Mabo. ✆/✆ 02.96.23.54.86, jphostiou@voila.fr.

** **Roz-Armor**, direkt oberhalb des vorgenannten Platzes und damit fast die gleichen Probleme bei der Anfahrt. Ebenfalls terrassiert und großartiges Panorama. 30 Stellplätze, 2 Sanitärblocks mit warmen Duschen. Etwa 200 m zum Strand. Geöffnet letzte Maiwoche bis 1. Septemberwoche. Chemin du Can, Pors Mabo, ✆ 02.96.23.58.12.

Baden

Rund um Trébeurden gibt es sieben Strände. Eine Auswahl:

Plage Goas Treiz: Von Trégastel kommend knickt die Hauptstraße vor der Landspitze Toëno links ab und gibt den Blick frei über die Surfer- und Taucherbucht von Goas Treiz. Geparkt wird links und rechts der Hauptstraße, bei Flut praktisch keine Liegeflächen.

Plage de Tresmeur: Der Hauptstrand von Trébeurden und einer der schönsten Badestrände der Granitküste. Malerisch schwimmt im Vordergrund die *Ile de Milliau*, rechts begrenzt von den rund gewaschenen Granitblöcken der Landzunge von *Le Chalet*. Bananenförmig zieht sich die Bucht 800 m weit, bei Flut allerdings bleibt nur ein schmaler Sandstreifen. Umkleidekabinen, Beachclubs, Sprungturm und Animationsangebote sorgen für ausgelassenen Baderummel. Mit Strandaufsicht.

Plage de Pors Termen: Der kleine, etwa 100 m lange Sandstrand nördlich der Hafenbucht ist Tummelplatz für Familien mit Kindern. Umkleidekabinen, Strandaufsicht und Beachclub an der bebauten Hafenzeile.

Plage de Pors Mabo: Etwa 3 km außerhalb von Trébeurden, südlich die Teerstraße entlang, die oberhalb der Küste zu den Campingplätzen führt. Parkplatz 200 m

Ile Grande

oberhalb des Pors-Mabo-Strands. 300 m Sand, durchsetzt mit Felsriffen, eingezwängt von der steilen Felsküste, an die sich Heidekraut und Krüppelkiefern klammern. Schöne Lage, bei Flut nur wenig Liegefläche, bei Ebbe hervorragendes Revier für Muschelsammler.

Trébeurden/Umgebung

Ile Grande: Etwa 6 km im Norden, eine Station der Corniche Bretonne. Höchstens bei Flut, wenn sich das Wasser unter der kurzen Brücke sammelt, die das Festland mit der Ile Grande verbindet, erinnert sie an eine kleine Insel – etwa 2 km ist sie lang, 1 km breit und ziemlich flach. Die schmale Straße über die Brücke führt an eine Kreuzung, an der sich zwei kleine Gasthöfe angesiedelt haben; sie bilden das Zentrum der lang gestreckten Ortschaft, an deren höchster Erhebung der Glockenturm einer granitenen Kapelle in den Himmel ragt. Das karge Heideland ist stark mit Ferienhäuschen bebaut. Einziger einträglicher Wirtschaftszweig der Inselgemeinde ist – neben dem Tourismus – der Abbau von Granit, der wegen seiner eigentümlichen Farbe seit 1926 als exklusives Baumaterial gebrochen wird. Für Touristen ist Ile Grande wegen ihres Vogelreservats interessant, die *Station Ornithologue* (Beobachtungsposten) organisiert auch Bootsausflüge. Und schließlich kommen hier auch Camper auf ihre Kosten: drei Plätze, von denen einer in den Sanddünen des Inselstrandes liegt.

• *Camping* *** **L'Abri Côtier**, das 2-ha-Areal am östlichen Inselrand ist ein typischer Familienplatz. Ruhig im Grünen, umgeben von Ferienhäuschen, die oberen Stellplätze mit Blick aufs Meer. 200 m zum Strand, der sich zum Baden nicht allzu gut eignet. 2 gut gewartete Sanitärblocks mit Warmwasser und Duschkabinen. 135 Stellflächen. April bis Okt. geöffnet. 5, rue Pors Gelin, 22560 Pleumeur-Bodou, ✆/✆ 02.96.91.92.03.

** **Municipal de Ile Grande (Dourlin)**, bei den Sanddünen am westlichen Inselrand, dementsprechend sandig. Recht einfache Sanitärs und schattenlos, dafür aber dicht

Christianisierter Menhir

am Hauptstrand. 200 Stellplätze. Rue de Toul ar Stang, 22560 Pleumeur-Bodou, ✆ 02.96.91.92.41.

Menhir von St-Uzec: Etwas erhöht neben der schmalen Straße ragt der Hinkelstein inmitten der kargen Heide aus dem Boden – eines der bemerkenswertesten frühgeschichtlichen Zeugnisse der Bretagne, das die Verschmelzung keltischer Mythen mit der christlichen Religion versinnbildlicht. Der uralte Felsblock, mit dem die bretonischen Bewohner allerhand Aberglauben und Zauber verbanden und an dem sich kinderlose Frauen schamlos rieben, wurde im 17. Jahrhundert. durch einen exorzistischen Handstreich dem christlichen Glauben einverleibt. Ein anonymer einheimischer Steinmetz schlug 1674 im Auftrag des Bischofs ein Kreuz in die Spitze des der Geistlichkeit verhassten Symbols und verzierte die Front mit christlichen Reliefs. Auf diese Weise entstand das in der Bretagne einzigartige Monument. Die unbefangene, fast kindliche Ausführung der in den Stein getriebenen Reliefs vermittelt den Eindruck einer viel früheren Entstehungszeit und erinnert an ein indianisches Totem. Die handwerkliche Inbrunst galt neben der Darstellung der Gottesmutter und dem Hahn Petri den Werkzeugen, die für die Kreuzigung Jesu notwendig waren: Hammer, Zange, Leiter und die Lanze mit dem Essigschwamm.

Anfahrt Von der Küstenstraße D 788 auf die D 21 nach Pleumeur-Bodou abbiegen. Nach etwa 300 m links ab (ausgeschildert St-Uzec), dann noch 1 km auf schmaler Teerstraße.

Pleumeur-Bodou: Trébeurdens Nachbargemeinde im Inneren der Halbinsel. Das Gemeindegebiet von Pleumeur-Bodou war in frühgeschichtlicher Zeit fruchtbares Siedlerland, heute leuchtet ein überdimensionaler Ballon gleißend-weiß im Sonnenlicht, riesige Parabolschirme lauschen ins All: Pleumeur-Bodou ist Frankreichs Ohr in den Weltraum, eine irreale Science-Fiction-Vision im Herzen des welligen, farbenfroh blühenden Heidelandes. Der Ort selbst ist touristisch uninteressant, doch in der Umgebung begegnet in *Cosmopolis* die Prähistorie der Neuzeit.

Cosmopolis

Eine stillgelegte, planetarische Satellitenstation inklusive Fernmeldemuseum, ein Planetarium und der Nachbau eines gallischen Dorfes – das ist Cosmopolis. Der Brückenschlag von Sternen-Hightech zur stromlosen Asterix-Epoche funktioniert: Cosmopolis ist eine gut besuchte „Stadt". Die Sehenswürdigkeiten im Einzelnen:

Radom: Die riesige weiße Kuppel des Radoms ist das Wahrzeichen der Gemeinde Pleumeur-Bodou. Unübersehbar etwa 2 km vom Zentrum entfernt, hat sie einen Durchmesser von 64 m. Unter der 9 mm dünnen Spezialfolie fand am 11. Juli 1962 um 0 Uhr 47 eine Weltpremiere statt, die Pleumeur international bekannt machte: die erste interkontinentale Fernsehübertragung via Satellit, an die vor der Kuppel ein moderner Menhir als Gedenkstein erinnert. Seither ist Pleumeur Frankreichs Zentralstation für Satellitenübertragungen.

Das Radom, dessen Hornantenne über einem großen Reflektor einst die magnetischen Wellen des Satelliten Telstar empfing, ist heute ausgemustert. Seine Aufgabe haben Parabolantennen mit 30 Metern Reflektordurchmesser rings um die Kuppel übernommen, die mit Hilfe modernster Computer bis aufs Hundertstel-Grad ausgerichtet werden können. Gegen sie wirkt das eiserne Monster, das sich auf dem Betonsockel in der Mitte der Kuppel nur noch zu Demonstrationszwecken laut quietschend dreht, wie Edisons Phonograph im Zeitalter des iPods. Das Radom beherbergt heute das *Musée de Télécoms*, das sich der Erklärung und Präsentation moderner Ton- und Bildübertragungen verschrieben hat.

Öffnungszeiten April und Sept. Mo–Fr 11–18 Uhr, Sa/So 14–18 Uhr; Mai/Juni täglich 11–18 Uhr; Juli/Aug. täglich 11–19 Uhr. Eintritt 7 €, 5–17-Jährige 5,60 €.

Planetarium: Nur ein paar hundert Meter vom Radom entfernt (ausgeschildert). Unter der Kuppel kann man „das faszinierende Schauspiel des Himmels und das Ballett der Planeten und der Sterne" (Infobroschüre) genießen. Im 315 Personen fassenden Hemisphärensaal werden zehn ständig wechselnde Programme gezeigt. Sie simulieren u. a. eine Reise durch das Sonnensystem, den Himmel unter dem Kreuz des Südens, eine Sonnenfinsternis oder die alles verschlingenden Nebel eines Schwarzen Lochs.

Öffnungszeiten Juli/Aug. täglich 7 Vorstellungen von 11–17 Uhr (auch Deutsch und Englisch), in der Nebensaison täglich außer Mi und Sa 1 bis 2 Vorstellungen. Eintritt 7,20 €, 5–17-Jährige 5,80 €.

Village Gaulois: Der Nachbau eines kleinen gallischen Dorfes unterhalb des Planetariums ist nicht nur für Kinder und Asterixfans interessant. Der Besucher erhält

Steinzeit trifft Atomzeitalter

So schön wohnten Asterix und seine Freunde: Village gaulois

in den Lehmhütten und um sie herum einen hervorragenden Einblick in die Bau- und Lebensweise der alten Gallier. Zusätzlich: Diorama, keltischer Kinderspielplatz in freier Natur, auf dem sich auch Erwachsene verlustieren, Kanufahren, Ponyreiten und kleine Snacks.

<u>Öffnungszeiten</u> April bis Juni und Sept. täglich außer Sa 14–18 Uhr; Juli/Aug. täglich 10.30–19 Uhr. Eintritt 4 €, 5–15-Jährige 3 €, in der Hauptsaison jeweils 0,50 € Zuschlag.

Lannion (18.400 Einwohner)

Wo einst die Hutmacher im Kleinbetrieb produzierten und verkauften, wird aktuelle Damen- und Herrenmode feilgeboten. Die Häuser sind die alten geblieben, die Geschäfte haben sich der Zeit angepasst: Hinter großzügigen Schaufenstern befriedigen Boutiquen, Pubs und ein Reisebüro die Wünsche der Kundschaft.

Das alte Hafenstädtchen liegt am breiten Flussbett des *Léguer,* der hier, kurz vor der Mündung ins Meer, ins Spiel der Gezeiten einbezogen ist. Östlich des Léguers zieht sich die Altstadt hangaufwärts. Dem ebenen Westufer geben ein Park und das *Kloster Ste-Anne,* heute ein von Nonnen betreutes Altenwohnheim, einen großzügigen Rahmen; dahinter erstreckt sich das moderne Lannion.

Für Nostalgie ist in Lannion wenig Platz. Die Bewohner der zweitgrößten Stadt des Départements Côtes d'Armor parlieren zwar oft noch Bretonisch und leben weiterhin ihre Traditionen, doch ihr Blick ist in die Zukunft gerichtet. Das Nationale Forschungszentrum für Fernmeldetechnik *(CNET)* und die Fabriken in der Umgebung haben Lannion zu einem modernen Verwaltungs-, Handels- und Industriezentrum gemacht, das trotz seiner geringen Einwohnerzahl eine wichtige Rolle in der bretonischen Ökonomie spielt.

Lannion 261

Touristen finden in der Hauptstadt des Trégor eine angenehme, intakte Stadt mit schönen alten Häusern und guten Einkaufsmöglichkeiten. Wer es einrichten kann, sollte seinen Besuch auf Donnerstag legen. Dann verwandelt sich ein Großteil der Altstadt zwischen dem Parkplatz am *Léguer* und der *Place Leclerc* in einen lebhaften Markt, auf dem von Kleidern über Lebensmittel bis zu afrikanischen Souvenirs alles zu finden ist. Lohnenswert ist auch ein Besuch der kleinen Markthallen *(les halles)* mit ihren Fischständen.

Lannion ist auch ein guter Ausgangspunkt für eine Tour ins Hinterland, das kulturell, architektonisch und landschaftlich einiges zu bieten hat.

Information/Verbindungen/Diverses

- *Postleitzahl* 22300
- *Information* **Office de Tourisme**, in einem Pavillon am Rand des großen Parkplatzes am Léguer-Fluss. Im Sommer kommentierte Stadtführungen und Führungen in und um Le Yaudet. Juli/Aug. Mo–Sa 9–19 Uhr, So 10–13 Uhr; Sept. bis Juni Mo–Sa 9.30–12.30 und 14–18 Uhr. Quai d'Aguillon. ✆ 02.96.46.41.00, ℻ 02.96.37.19.64, infos@ot-lannion.fr, www.ot-lannion.fr.
- *Flugzeug* Kleiner Flughafen an der Straße nach Trégastel nördlich von Lannion. Mo–Fr 3 Flüge, So 1 Flug nach Paris. ✆ 02.96.05.82.22.
- *Zug* Direktverbindung Paris-Lannion. Der TGV legt die Strecke in 4 Stunden zurück. Ansonsten Züge nach Plouaret (14 km südlich), dort umsteigen auf den Hauptstrang Rennes/Brest. Der Bahnhof befindet an der avenue du Général de Gaulle, am linken Léguer-Ufer.
- *Bus* Die Busse bedienen 3- bis 6-mal täglich die Orte der Granitküste, die Strecke nach Paimpol (werktags mindestens 7-mal), nach Tréguier (werktags mind. 6-mal) sowie nach Guingamp und St-Brieuc. Der Busbahnhof liegt stadtauswärts Richtung Guingamp am rechten Léguer-Ufer, an der allée du Palais-de-la-Justice.
- *Parken* Am rechten Léguer-Ufer gibt es einige gebührenpflichtige Großparkplätze.
- *Autoverleih* **Avis**, avenue de la Résistance (die avenue Richtung Flughafen, beim ersten Rond-Point), ✆ 02.96.48.10.98.
- *Fahrradverleih* Einziger Verleiher in der Stadt ist die **Jugendherberge**, rue du 73e Territorial, ✆ 02.96.37.91.28.
- *Einkaufen* Würste und Likör aus Lannion haben einen guten Ruf.
- *Markt* Jeden Donnerstag großer Regionalmarkt mit buntem Angebot auf der place du Général Leclerc.
- *Kanu/Kajak* Die **Base nautique de Lannion** verleiht Kajaks und bietet neben Kajaktagesausflügen auch Rafting an. Rue St-Christophe, ✆ 02.96.37.05.46.

Übernachten/Essen (siehe Karte S. 262)

Lannion ist eine Stadt der Kurzbesuche, entsprechend gering ist das Hotelangebot. Die Campingplätze der Stadt liegen weit außerhalb an der Léguermündung und an der Straße nach Guingamp.

- *Hotels* ** **Arcadia (1)**, 2 Sterne-Hotel in der Nähe des Flughafens, mit beheiztem Schwimmbad, Garten und Terrasse. Ganzjährig geöffnet. 23 Zimmer. DZ 48–60 €. Route de Perros-Guirec. ✆ 02.96.48.45.65, ℻ 02.96.48.15.68, www.hotel-arcadia.com.
** **Ibis (4)**, das größte Hotel am Platz, gegenüber dem Bahnhof. 70 klimatisierte Zimmer, Wi-Fi-Zugang. DZ 56–69 €. Ganzjährig geöffnet. 30, avenue du Général de Gaulle. ✆ 02.96.37.03.67, ℻ 02.96.46.45.83, H3401@accor-hotels.com.
- *Jugendherberge* Die Jugendherberge Les Korrigans (in der Nähe des Bahnhofs) bietet in 65 Betten Übernachtung für 14,30 €/Person, inkl. Frühstück. Im Sommer kann auf dem kleinen Grundstück der Herberge gezeltet werden. Fahrradverleih. Ganzjährig geöffnet. In der benachbarten **Pixie Bar** interessante Ausstellungen und Konzerte. Rue du 73e Territorial. ✆ 02.96.37.91.28, ℻ 02.96.37.02.06, lannion@fuaj.org, www.fuaj.org (dort sich auf der Karte durchklicken).
- *Camping* *** **Des 2 Rives**, relativ neuer, gut ausgestatteter Platz am Ortsende Richtung Guingamp (ausgeschildert, beim Leclerc-Markt abbiegen). Lang gezogenes, noch schattenarmes Wiesenareal am Flussufer

Côte de Granit Rose
Karte S. 237

262 Côte de Granit Rose

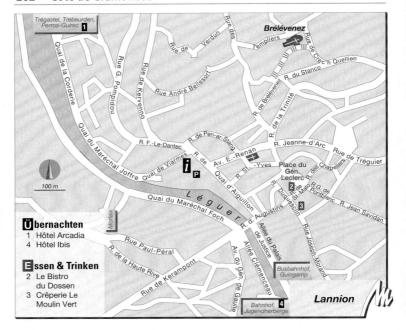

Ü bernachten
1 Hôtel Arcadia
4 Hôtel Ibis

E ssen & Trinken
2 Le Bistro du Dossen
3 Crêperie Le Moulin Vert

(leider Gitterzaun) mit 110 Stellplätzen und 3 hypermodernen Sanitärblocks. Bar, Waschmaschine etc. Geöffnet März bis Sept. Rue du Moulin du Duc. ✆ 02.96.46.31.40, ℻ 02.96.46.53.35.

*** Des Plages de Beg Léguer, etwa 4 km außerhalb von Lannion an der Nordseite der Léguermündung. Am Rand eines Wohngebiets hoch über dem Meer, aber ohne Blick auf dasselbe. 200 Stellplätze, 3 Sanitärblocks, kleiner Laden, Waschmaschine, Bar, Restaurant, TV, kleiner Kinderspielplatz, Minigolf und beheiztes Schwimmbad. Geöffnet Ostern bis Okt. Beg Léguer.

✆ 02.96.47.25.00, ℻ 02.96.47.27.77, www.campingdesplages.com.

• *Restaurant* **Le Bistro du Dossen (2)** serviert traditionelle Gerichte. Spezialität ist die Terrine des Hauses, Menüs 11–17 €, viele Salate. Nur Mittagstisch, So geschlossen. 11, rue St-Malo, ✆ 02.96.37.71.27.

• *Crêperie* **Le Moulin Vert (3)**, in ungezwungener Atmosphäre gibt es neben Crêpes auch eine Vielzahl an Menüs (9–20 €), Eisbecher, Omelettes; besonders lecker: Galette mit Lachs und Crème fraîche. Täglich geöffnet. 15, rue Duguesclin, ✆ 02.96.37.91.20.

Sehenswertes

Kirche von Brélévenez: Die ursprünglich romanische Kirche aus dem 12. Jahrhundert im eingemeindeten Vorort Lannions hoch über der Stadt gehörte einst den Templern, die – obwohl offiziell aufgelöst – als Geheimorganisation immer noch eine Rolle spielen sollen. Während des Aufstiegs zur Kirche, vorbei an alten Granithäusern, weitet sich Schritt für Schritt das Panorama von Lannion.

Vom romanischen Ursprungsbau ist die *Apsis* erhalten – in ihrer einfachen Ausgewogenheit eine der schönsten der Bretagne. Das *Schiff*, an dem immer wieder Änderungen vorgenommen wurden, ist der Gotik zuzurechnen, das gelungene *Südportal* mit den drei schlanken Pfeilern wurde dabei zum Blickfang; der *Turm* ist ein Werk des 15. Jahrhunderts. Ein interessantes Detail im düsteren Inneren ist das *Weihwasserbecken*. Das steinerne Gefäß diente vor seiner Zweckentfremdung ganz profan als Getreidemaß, in dem einst der Zehnte, die feudalistische Form der Kirchensteuer, abgemessen wurde. Unter dem Altar findet sich eine Krypta mit einer Grablegungsszene.

140 + 4 + 2

Bei unserer Recherche über die Kirche von Brélévenez fiel uns etwas Merkwürdiges auf. Wichtigstes und umstrittenstes Detail der Kirche, so schlossen wir nach der Lektüre diverser Kunst- und Reiseführer, scheint die Zahl der Treppen zu sein, die zu dem romanisch-gotischen Bau hinaufführen. Eine Auswahl an Zitaten:

„Am Fuße der 143 Steinstufen ..." (dtv/Merian), „Eine schwindelerregende Treppe mit 140 Stufen ..." (Hureau), „Man erreicht die Kirche über eine Treppe mit 142 Stufen ..." (Michelin), „über 144 Granitstufen erreichbar" (Velbinger), „142 Stufen." (Oppens), „eine eindrucksvolle Treppe mit etwa 400 Stufen" (Knaurs Kunstführer), „Über 140 Stufen muss derjenige erklimmen ..." (Reise Know-How), „erreicht man den zwar nur 143 Stufen umfassenden, aber endlos scheinenden Stufengang" (Artemis), „eine Treppe mit 140 Stufen (zur Sicherheit zweimal gezählt)" (Goldstadt Reiseführer).

Côte de Granit Rose Karte S. 237

Selbstverständlich gingen wir der Sache nach. Hier unser Ergebnis: Von der ersten Granitstufe am Treppenbeginn führen 140 Stufen den Hang hinauf, es folgen vier abgesetzte Stufen in den Kirchenbezirk hinein, zwei weitere führen zum Portal der Vorhalle. So ist es und nicht anders.

Alte Häuser: Die beiden schönsten Häuser Lannions schmücken die *Place Leclerc* an der Ecke zur *Rue des Chapeliers*. Von oben bis unten schieferverkleidet, gleißt die grau-schwarze Fassade der Nr. 29 seit 500 Jahren silbrig-hell im Sonnenlicht, schlanke Karyatiden umrahmen die Fenster der Nr. 31. In der *Rue Geoffrey-de-Pontblanc* gleich daneben ist neben weiterer Altbausubstanz (Häuser Nr. 1 und 3) ein Granitkreuz zu sehen; genau hier wurde Ritter *Geoffrey de Pontblanc* während einer Schlacht um Lannion von englischen Schwertern niedergestreckt. An der *Rue des Chapeliers* (Straße der Hutmacher), die von der Place Leclerc zum oberen Marktplatz führt, neigt sich altes Fachwerk über das Kopfsteinpflaster – das schönste Sträßchen der Stadt.

Lannion, an der Place Leclerc

Whisky-Destillerie: Seit Ende des 19. Jahrhunderts produziert die Familie Warenghem in Lannion den einzigen bretonischen Whisky. Die Führung durch den Betrieb (20 bis 30 Min.) schließt selbstverständlich eine Degustation mit ein.

- *Anfahrt* Von Lannion in Richtung Guingamp, die Destillerie befindet sich am Ortsende bei einem Rond-Point.
- *Öffnungszeiten* Mitte Juni bis Aug. Mo 15–18 Uhr, Di–Fr 10–12 und 15–18 Uhr, Sa 10–12 Uhr. Eintritt frei.

Lannion/Umgebung

Château de Coatfrec: Die Ruinen der Burg zwischen *Ploubezre* und *Buhulien*, etwa 7 km südöstlich von Lannion, gehören nicht zum obligatorischen Besichtigungsprogramm. Wie im Märchen schlummern die Trümmer der einst stattlichen Anlage aus dem 15./16. Jahrhundert im dichten Wald und warten auf den Prinzen, der die Prinzessin wachküsst. Verantwortlich für die Zerstörung zeichnen die bretonischen Generalstände. Aus Angst vor dem berüchtigten Räuber *La Fontanelle* ließen sie die Burg 1592 niederreißen. Sie nutzten die Gunst der Stunde, als der Bandit seinen widerrechtlich angeeigneten Sitz für einen kurzen Raubzug verließ.

Anfahrt Lannion über die D 767 Richtung Guingamp verlassen, in Buhulien rechts ab Richtung Ploubezre, nach dem Weiler Pont-Keriel links. Spätestens dann fragen. Die letzten 3 Minuten auf schattigem Waldweg zu Fuß.

Chapelle Notre-Dame-de-Kerfons: Landidylle. Kastanienbäume beschatten die schlichte Kapelle aus dunkelgrauem Granit, ein kleiner Calvaire steht im Kapellenbezirk, nebenan gackern die Hühner eines Bauernhofs. Kein Mensch würde in dieser Abgeschiedenheit ein Kunstwerk vermuten. Doch der *Holzlettner* aus dem späten 15. Jahrhundert in der einstigen Grabkapelle der Grafen von Coëtmen zählt zu den schönsten der Bretagne.

Lannion/Umgebung 265

Vor dieser Schranke, Symbol der Ständetrennung, stand das einfache Volk im Schiff der Kapelle, die Adligen, der reiche Schneider und die Geistlichkeit durften im Altarraum dem Gottesdienst sitzend beiwohnen. Beide Parteien konnten sich in die meditative Bilderwelt des Lettners versenken: Vor dem Hintergrund der üppigen, mit Gold und bunten Farben überzogenen Schnitzereien und Täfelungen blicken eine volkstümlich liebevoll gestaltete *Jungfrau Maria*, *Johannes*, die *Apostel* und die *heilige Barbara* (ohne Schein) von der Empore herab, gruselige Dämonenfratzen und sanfte Engelsgesichter illustrieren eindringlich die Schrecken der Hölle und die Freuden des Himmels. Seit seiner Restaurierung erstrahlt der Lettner in neuem Glanz: Neue Farben wurden nach dem alten Vorbild aufgetragen, nur das Kruzifix, das ihn krönte, fehlt noch immer – es wurde 1907 für 13 Goldkronen an einen Privatmann aus Perros verkauft.

Genau zwischen Altar- und Gemeinderaum bezeichnet eine in eine Bodenplatte gemeißelte Schere das *Grab des Schneiders*. Als reichster und angesehener Nichtadeliger wusste er nie so genau, wo sein Platz in der Kirche war: Für das Volk zu vornehm, für die Grafen ein Standesfremder, wurde er nach seinem Tod zwischen den Ständen an der magischen Trennlinie des Lettners beigesetzt. Bunte *Glasfenster* (15. Jh.), ein italienischer *Rokoko-Altar* aus Eichenholz (1686), ein Nebenaltar (17. Jh.) und die *Nixen* im Balkenwerk der Dachkonstruktion ergänzen die sehenswerte Ausstattung.

• *Anfahrt* Von Lannion auf der D 11 nach Ploubezre, 1½ km weiter nach dem Ort links ab (ausgeschildert).

• *Öffnungszeiten* Mitte Juni bis Mitte Sept. täglich Di 10–12 und 15–18 Uhr (Juli/August bis 19 Uhr). Eintritt 1,60 €.

Château de Tonquédec: Mitten im verschwiegenen Wald, hoch über dem Flusstal des Léguer, erheben sich die Ruinen einer Burg, die einst zu mächtigsten der Bretagne zählte. Gewaltige Ecktürme flankieren den Wall, der die trapezförmige Grundfläche immer noch lückenlos umschließt. Erst im Inneren der Anlage wird das ganze Ausmaß der Zerstörung sichtbar. Im frühen 15. Jahrhundert wurde Tonquédec von den Grafen von Coëtmen auf den Grundmauern einer älteren Burg errichtet, 1626 gab Kardinal *Richelieu* wieder einmal einen seiner Lieblingsbefehle: Er ließ die Festung schleifen. Eine provisorische Crêperie im Burghof

Der Lettner von Kerfons

bietet Erfrischungen, der Gang auf einen der Türme bei gutem Wetter eine freie Sicht über die Wipfel der Bäume hinweg.

- *Anfahrt* Von Lannion auf der D 11 nach Ploubezre, 1½ km nach dem Ort Richtung Kerfons links ab, dann auf einem Serpentinensträßlein zum Schloss hoch (ausgeschildert).
- *Öffnungszeiten* April bis Juni und Sept. täglich 15–19 Uhr; Juli/Aug. tägl. 10–20 Uhr. Im Okt. nur Sa/So 14–18 Uhr. Eintritt 5 €.

Château de Kergrist: Ein Märchenschloss der trutzig-putzigen Art mit landwirtschaftlichem Betrieb. An der Fassade hinterließen im Lauf der Zeit verschiedene Epochen ihren Stile und schufen so die „Perle des Trégor". Aus den Anfängen des Baus stammt noch der Ehrenhof (15. Jh.), die Nordseite präsentiert sich gotisch, der neueste Bauabschnitt, die Fassade des Wohntrakts aus dem 18. Jahrhundert, prunkt im französischen Barock. Der weitläufige Garten wurde im selben Stil angelegt und ist – neben einigen Räumen im Schloss – zur Besichtigung freigegeben.

- *Anfahrt* Von Lannion auf der D 11 nach Ploubezre/Plouaret, ein Stück vor der Kreuzung mit der D 30 die Stichstraße nach links nehmen.
- *Öffnungszeiten* April bis Juni und Okt. Di–So Führung durch das Schloss 17 Uhr, Garten 14–18 Uhr. Juli bis Sept. tägl. Führungen durchs Schloss 14 und 17 Uhr, Garten 11–18.30 Uhr. Schlossführung und Gartenbesichtigung 10 €, nur Gartenbesichtigung 5 €.

Chapelle des Sept Saints (Siebenschläferkapelle): Über einem Dolmen aus vorchristlicher Zeit treffen sich Christen aus Orient und Okzident. Seit 1954 pilgern am vierten Julisonntag zum Pardon der Siebenschläfer auch Abgesandte der oströmischen Kirche nach *Le Vieux-Marché* und feiern gemeinsam mit Westeuropäern die sieben Heiligen, deren Verehrung aus dem fernen Ephesus an der türkischen Westküste vermutlich von Kreuzrittern ans westliche Ende der Welt gebracht wurde. Kreisförmig umgeben Bäume die relativ junge Kapelle aus dem Jahr 1703, deren Inneres sieben naiv gestalteten Holzstatuen der Heiligen zieren. Der uralte Dolmen, über dem die Kapelle errichtet wurde und der seither als Krypta dient, steht solide verschlossen hinter einem Eisengitter. Wieder einmal wurde ein heidnischer Kultort in eine christliche Glaubensstätte verwandelt. Das Denkmal am Platz vor der Kapelle gilt Professor Massignon, dem Initiator der gemeinsamen Wallfahrt. Falls geschlossen ist: der Schlüssel wird im Nachbarhaus verwahrt.

Anfahrt Von Lannion auf der D 11 nach Ploubezre/Plouaret, ein paar hundert Meter nach der Kreuzung mit der D 30 links ab und auf einem engen Sträßchen zur Kapelle.

Château de Rosanbo: Das beliebte Ausflugschâteau wird von Marquis *de Rosanbo* bewohnt, dem heutigen Stammhalter der alten bretonischen Familie. Das Schloss

---

Die Siebenschläfer von Ephesus

Eine frühchristliche Legende aus Kleinasien, die verschieden erzählt wird, doch im Kern gleich bleibt: Sieben männliche Christen (Jünglinge, Brüder, Legionäre) werden auf Befehl von Kaiser *Decius* von römischen Legionären in einer Höhle nahe der Großstadt Ephesus eingemauert. In manchen Versionen haben sie sich in die Höhle geflüchtet und sind erschöpft eingeschlafen, in anderen werden sie gewaltsam hineingebracht. Jedenfalls schlafen sie ein, und sie schlafen einen 200 Jahre währenden Schlaf. Als sie im Jahr 431 pünktlich zum Konzil von Ephesus erwachen, lässt Kaiser *Theodosius II.* über dem Ort des Wunders eine Wallfahrtskirche erbauen – das Christentum ist längst oströmische Staatsreligion geworden.

atme „bretonischen Lebensstil und Tradition", verrät der Hausprospekt – wohl wahr, jedenfalls für eine Minderheit. Ab dem 14. Jahrhundert bastelten die Rosanbos an ihrem geschmackvollen Wohnsitz auf einem Fels über dem *Bo* (*ros* = Fels, *an* = über), nach einschneidenden Veränderungen im 15. und 17. Jahrhundert wurde der Bau im 19. Jahrhundert vorläufig abgeschlossen.

In den zur Besichtigung freigegebenen Sälen im Erdgeschoss (inkl. Billardsaal) können Sie neben Wandteppichen, Möbeln, sakralen Kunstwerken und Luxusgeschirr eine gemütliche Privatbibliothek mit 8000 Bänden bewundern. Ein Spaziergang durch den Park rundet den Besuch ab. Ergehen Sie sich im „Theater", im „Salon des Dreiecks" oder im „Salon der Jahreszeiten" – eine künstliche Gartenlandschaft mit einem Hauch von Versailles. Eine undurchdringliche Mauer um das Anwesen schützt das Juwel und seine Bewohner vor den Blicken neugieriger Passanten.

- *Anfahrt* Von Lannion auf der D 11 nach Plouaret, in Plouaret rechts ab die D 32 nach Lanvellec, noch ein Stück weiter nach Westen und dann rechts ab (beschildert).
- *Öffnungszeiten* April bis Juni und Sept. täglich 14–17 Uhr; Juli/Aug. täglich 11–18.30 Uhr; Okt. So 14–17 Uhr. Nur geführte Besuche von ca. 50 Min. Dauer; die jeweils nächste Führung ist am Eingangstor der Schlossparkmauer angeschlagen.

Côte des Bruyères

Über die Hauptroute D 786 ist die Strecke zwischen Lannion und Morlaix schnell und sensationslos nach 35 Kilometern zurückgelegt. Wer Zeit hat, kann die kleinen Küstenstraßen an der Côte des Bruyères (Heidekrautküste) benutzen und wird es nicht bereuen.

Die vielfach zerrissene Küste ist nicht mehr so imposant wie bei Ploumanach und Trégastel, doch im launenhaften Spiel des Lichts und im steten Wechsel der Gezeiten ein reizvoller Abschnitt des bretonischen Gestades. Kleine Badeorte wie *St-Michel-en-Grève* oder *Locquirec* laden zu einem Aufenthalt ein, Kirchenkunst gibt es in *St-Jean-du-Doigt* und *Trédréz* zu besichtigen. Kultureller Höhepunkt ist das frühzeitliche *Fürstengrab von Barnenez*.

Le Yaudet

Spielzeugboote ankern in der tief eingeschnittenen Mündung des *Léguer*, der Fels der Küste fällt zügig ab und bildet rechts und links der Mündung eine Bucht wie aus dem Bilderbuch. Zwei Tipps: Besonders anmutig ist die Bucht, wenn sich die Morgennebel lösen oder abends die Sonne im Meer versinkt. Sie können einen Spaziergang unternehmen: Auf schmalen Pfaden gelangen Sie zu zwei kleinen Stränden sowie zu einem Hafen und haben immer wieder schöne Ausblicke.

Die Anhöhe ist seit alters her bewohnt. Wo die Menschen der Bronzezeit und auch die Kelten gesiedelt hatten, errichteten Römer die befestigte Siedlung *Lexovia* und die Bretonen einen Weiler. Der spätere Bischofssitz wurde im 9. Jahrhundert von den Dänen heimgesucht. Geblieben ist die *Chapelle Notre-Dame-du-Yaudet* – in bester Belvédère-Lage hinter dem Granitdörfchen. Sie birgt eine seltene Darstellung: Über dem Altar ruhen Maria und ihr Neugeborenes in einem mit Spitzen bedeckten Bett, über ihnen schwebt die Taube des heiligen Geistes, Gottvater wacht zu ihren Füßen.

- *Öffnungszeiten Kapelle* April bis Okt. tägl. 9.30–18 Uhr; Nov. bis März Sa/So 9.30–18 Uhr.
- *Anfahrt* Von Lannion auf der D 786 Richtung Morlaix, bei Ploulec'h auf die D 88 meerwärts ab, durch Le Yaudet hindurch bis zum Parkplatz bei der Kapelle.

Saint-Michel-en-Grève (400 Einwohner)

Der kleine Ort gruppiert sich in Grau und Weiß um seine Kirche gleich oberhalb des lang gezogenen Strandes und verliert sich dann zögernd landeinwärts. Im Sommer wird aus dem Dörflein ein Badeort, dessen Anziehungspunkt die sog. *Lieue de Grève*, die Strandmeile ist – mehr als 4 km feiner, weißgelber Sandstrand in einer sanft geschwungenen, weiten Bucht.

Der Ortsstrand am östlichen Ende der Lieue de Grève ist mit Strandclub und Umkleidekabinen ausgestattet, die restlichen Kilometer – direkt an der D 786 – nur Sand und Wasser. Bei Flut bleibt kaum noch Platz für ein Handtuch, bei Ebbe kann der harte Sand für Landsportarten genutzt werden.

Bei jedem Gezeitenstand lohnend ist der Weg auf den *Grand Rocher*. Nach einem kurzen Aufstieg gelangen Sie auf die Spitze des Felsens, der mit 80 m Höhe bei St-Efflam die Bucht überragt, und können sich – besonders bei einsetzender Flut – als Panorama-König fühlen.

- *Postleitzahl* 22300
- *Information* **Office de Tourisme**, neben dem Rathaus. Mitte Mai bis Mitte Sept. Di–Sa 9.30–12.30 und 14–17.30 Uhr, ✆ 02.96.35.61.93.
- *Verbindung* St-Michel-en-Grève liegt an der Buslinie Morlaix–Lannion. Bis zu 4 Fahrten täglich in beide Richtungen.
- *Hotels* ** **Au Bon Acceuil**, an der Straße nach Lannion, am Ortsende. Ländliches Anwesen mit einfachem Komfort, dafür preisgünstig. DZ mit Dusche/WC auf Etage 35 €, DZ mit Dusche/WC 45 €. Route de Lannion. ✆ 02.96.35.74.11, ✆ 02.96.35.78.11.

* **De la Plage**, direkt am Strand neben der Kirche, die Strandterrasse gleich neben dem Friedhof. Typ englisches Oma-Hotel für die Nachsaison – außen der Versuch schlichter Eleganz, innen 34 ordentliche Zimmer in sanitär unterschiedlichem Zustand und ein großer Speisesaal. DZ mit Dusche/WC auf Etage 35 €, mit Dusche/WC 50 €. Ganzjährig geöffnet. 1, place de l'Eglise. ✆ 02.96.35.74.43, ✆ 02.96.35.72.74, hotellaplage@aol.com, www.hoteldelaplage.be.

- *Camping* **** **Les Capucines**, in Richtung Lannion, etwa 1 km vom Meer in abgeschiedener Lage. Vom Swimmingpool bis zum Fahrradverleih gut ausgestatteter, gepflegter, 4 ha großer Platz, durch Lebensbäume und Kiefern in Parzellen gegliedert. 100 Stellplätze. Für 2007 wurde ein brandneuer, gedeckter Swimmingpool versprochen. Geöffnet Mitte März bis Okt. 22300 Trédrez-Locquémeau. ✆ 02.96.35.72.28, ✆ 02.96.35.78.98, www.lescapucines.fr.

Letzte Ruhe am Strand

St-Michel-en-Grève/Umgebung

Ploumilliau: In der Kirche in der Ortsmitte wohnt der Tod – in Form einer eigentümlichen Holzskulptur. *Ankou*, der Knochenmann, ist hier nicht nur mit der traditionellen Sense, sondern zusätzlich auch mit einem Spaten ausgestattet. Bei einer früheren Recherche war der Tod vorübergehend abwesend, doch hatte er am Kirchenportal eine Nachricht hinterlassen: „Ich bin in Österreich, auf Schloss Sallaburg bei Wien. Aber liebe Freunde, ich vergesse niemand, rechnet mit meiner Treue. Ich komme zurück. Der Tod." Der Tod hielt Wort. Er ist wieder da.
Anfahrt Von Lannion etwa 7 km auf der D 786 Richtung Morlaix, dann die D 88A ca. 2½ km landeinwärts. **Markt**: Samstag.

Trédrez-Locquémeau: Ein verschlafenes 1000-Seelen-Nest einen Kilometer hinter der Küste hoch über dem Meer. Die im Nachhinein bedeutendsten sieben Jahre der Gemeinde liegen über 900 Jahre zurück, als *St-Yves* der hiesige Ortsgeistliche war. Der Bau der ihm geweihten *Ortskirche* war im Jahr 1500 vollendet, ihr Pfarrbezirk ist großteils erhalten. Innerhalb der Umfassungsmauer breitet sich der Friedhof um die Kirche aus, im schlichten Beinhaus sind heute Zementsäcke statt Totenschädel gestapelt, und über dem Seiteneingang klebt ein Schwalbennest, auf das reglos die Apostel schauen. Den kühlen Innenraum unter der Holzdecke mit engelverzierten Sablieren schmücken einige feine Sakralarbeiten: u. a. ein Granittaufbecken mit geschnitztem Holzdach (15. bzw. 17. Jh.), die Altartafeln des Seitenaltars (17. Jh.) und ein gekreuzigter Jesus (13. Jh.).
Anfahrt Von St-Michel-en-Grève auf der D 30 4 km nach Osten.

Corniche de l'Armorique

Die Corniche de l'Armorique gibt sich als Konkurrentin der *Corniche Bretonne* an der rosa Granitküste aus, doch so ganz kann sie nicht mithalten: Die D 42, die sich nach der Départementsgrenze zum Finistère D 64 nennt, führt von *St-Efflam* bis zum Aussichtspunkt *Marc'h Sammet* hinter Locquirec auf etwa 7 km Länge an wilden Felsformationen, steilen Abstürzen und eingestreuten Sandstränden entlang. Im Zusammenklang mit dem Meer wirkt der angenagte Küstenstrich durchaus pittoresk, doch der Superlativ an Steinlandschaften bleibt nun einmal die rosa Granitküste. Apropos: Von der *Pointe de Plestin* können Sie im Nordosten den Verlauf der Côte de Granit Rose einsehen.

● *Camping* Ab Plestin-les-Grèves folgen einige Campingplätze dem Verlauf der Corniche de l'Armorique. Von Ost nach West:
*** **St-Efflam**, bei St-Efflam, hinter der Strandstraße. Ein Mitte der 1990er eröffneter Platz in Gemeinderegie, der eine gute Zukunft vor sich hat, wenn die Bäume etwas mehr Schatten geben. Bislang heckenunterteiltes, großzügiges Wiesengelände mit mehreren Sanitärblocks in Holzbauweise. Alle Annehmlichkeiten eines 3-Sterne-Platzes. Holzbungalow-Vermietung. 200 Stellplätze. Geöffnet April bis Sept. Rue Lan Carré, St-Efflam, 22310 Plestin-les-Grèves, ✆ 02.96.35.62.15, ✆ 02.96.35.09.75.
*** **Kerallic**, Bestandteil eines Feriendorfs, ein betriebsamer, gut ausgestatteter Platz für 60 Campingeinheiten. Laden, Restaurant, Fahrradverleih, Tennisplatz. Busreisenden stehen Bungalow-Studios zur Verfügung, Camper finden Bocage-Flächen mit Hecken, Bäumen und zwei Sanitärblocks. Juli/Aug. geöffnet. 22310 Plestin-les-Grèves, ✆ 02.96.35.61.49.
** **La Corniche**, auf einem kleinen Kap, durch frisierte Hecken und Nadelbäume windgeschützt, einfach, in schöner Lage, aber ohne Strand. 50 Plätze. Mitte Juni bis Mitte Sept. geöffnet. Rue de Toul-ar-Vag, 22310 Plestin-les-Grèves, ✆ 02.96.38.93.99.
** **Les Hortensias**, bei Kerdroheret, oberhalb der Küste, etwa 1 km westlich des Campings de la Corniche und ebenso einfach wie dieser. 40 Stellplätze, viele Hortensien. Mai bis Sept. geöffnet. 505, corniche d'Armorique, 22310 Plestin-les-Grèves, ✆ 02.96.35.61.58.

Locquirec (1300 Einwohner)

Mildes Klima, mediterrane Flora und angenehme Wassertemperaturen: Locquirec, der alte Fischerhafen, an dem einst die Malteser einen Stützpunkt unterhielten, wurde zwischen den Weltkriegen von reichen Parisern entdeckt und ist seither der gediegenste Badeort zwischen Lannion und Morlaix. Trotz der vielen Villen und einfachen Feriendomizile sind die neun größeren und kleineren Sandstrände an der meist unbebauten Felsküste der klobigen Landzunge noch immer von Wald und Heide umgeben. Aussichtspunkte, Spazierwege, das einsame Hinterland oder die zahlreich angebotenen Sport- und Unterhaltungsmöglichkeiten – Freizeitgestaltung wird in dem meist von Familien besuchten Seebad leicht gemacht.

Übrigens: In Locquirec beginnt das Département Finistère – das Ende der Welt rückt näher.

Information/Verbindungen/Diverses

- *Postleitzahl* 29241
- *Information* Office de Tourisme im Glaskästchen am Hafen. Mo–Sa 9–12.30 und 14–18 Uhr, Place du Port. ☎ 02.98.67.40.83, ✆ 02.98.79.32.50, contact@locquirec.com, www.locquirec.com.
- *Verbindung* Locquirec liegt direkt an der Buslinie Morlaix–Lannion, täglich bis zu 4 Fahrten in beide Richtungen. Haltestelle am Hafen.
- *Bootsausflüge* Täglich fährt ein Schiff zur **Ile de Batz** und retour. Auskunft beim Office de Tourisme.
- *Markt* Mittwochmorgen buntes Markttreiben.
- *Wandern* Die Küste und das Hinterland um Locquirec sind ideale Betätigungsfelder für Unternehmungen auf zwei Beinen. Faltplan mit Streckenvorschlägen verschiedener Länge beim Office de Tourisme.
- *Café* **Caplan & Co**, gegenüber dem Camping Bellevue, von Leserin Esther K. empfohlen, „weil es uns Wohlfühlen geht". Kaffee und Bücher: angenehme Atmosphäre und eine edle Literaturauswahl quer durch die Zeiten – der Besitzer war Verleger und hat aus seinem Ex-Beruf ein Hobby gemacht. Die Werke (auf Französisch) gibt es auch zu kaufen.

Übernachten

- *Hotels* *** **Le Grand Hotel des Bains**, Tradition in bester Lage am Meer. 36 voll ausgestattete, angenehme Zimmer, Tennisplatz, überdachtes und beheiztes Salzwasserschwimmbecken, Restaurant. Der einladende, betischte Hotelpark bis zum Meer verleiht dem Grand Hotel zusätzliches Flair. Wer denn immer noch das Gesicht verzieht, gehört in die hoteleigene Beauty-Farm (Gesichtspflege, Haarentfernung, Balneotherapie). DZ 145–213 € je nach Saison und Zimmerlage, inkl. Frühstück. Ganzjährig geöffnet. 15bis, rue de l'Eglise. ☎ 02.98.67.41.02, ✆ 02.98.67.44.60, reception@grand-hotel-des-bains.com, www.grand-hotel-des-bains.com.
Les Sables Blancs, kleines 8 Zimmer-Hotel mit Crêperie, Bar und Terrasse in sehr schöner Lage direkt am Strand und abseits des Kleinstadttrubels. Nicht ganz einfach zu finden: Straße Richtung Lanmeur, dann noch vor Ortsende rechts die Rue des Sables Blancs bis zum Meer hinunter (nicht ausgeschildert). DZ 50–85 €. April bis Sept. geöffnet. 15, rue des Sables Blancs. ☎ 02.98.67.42.07, ✆ 02.98.79.33.25, les-sables-blancs@hotmail.fr.
Du Port, gemütliches 10-Zimmer-Hotel am Hafenbecken mit einfachen, aber netten Räumlichkeiten und Blick über das Treiben in der Bucht. Restaurant mit Fischspezialitäten. DZ je nach sanitärer Ausstattung 38–42 €. Geöffnet Mitte März bis Mitte Nov. 5, place du Port. ☎ 02.98.67.42.10, ✆ 02.98.79.32.43.
- *Camping* ** **Municipal Des Pins**, ein lang gezogenes Areal für bis zu 100 Camping-Familien am Ortseingang von Locquirec. Stellplätze direkt an der Strandlinie (sehr sandig) oder im dahinter ansteigenden Pinienwäldchen (schattig und weniger sandig). So oder so – sehr einfache Sanitäreinrichtun-

Grasen mit Meerblick

gen. Geöffnet April bis Sept. Route de Plestin. ✆ 02.98.67.45.79, www.mairie-locquirec.com.

Le Rugunay, gegenüber dem vorgenannten – ein äußerst simples Ausweichgelände in der Hochsaison. Einziges Plus: der Blick über die Bucht. 100 Stellplätze. Geöffnet April bis Okt. Rue du Rugunay. ✆ 02.98.67.41.06, jean-michel.guillanton@wanadoo.fr.

Bellevue, direkt an der Küste (westlich von Locquirec der „Route touristique" nach St-Jean-du-Doigt folgen. Kleiner, schlichter Platz mit Bar und Lebensmittelladen für 35 Zelte oder Wohnmobile. Geöffnet von Ostern bis Sept. 2006 wurde auf dem Gelände gearbeitet, die Wiedereröffnung für 2007 war noch nicht sicher. 25, route de la Corniche, ✆ 02.98.78.80.80.

Sehenswertes/Spaziergang

Kirche: Der Weg vom Tor des Pfarrbezirks zur Kirche wurde mit alten Grabplatten (um 1800 und später) bepflastert, um Platz im kleinen Pfarrbezirk zu schaffen. Der bescheidene mittelalterliche Calvaire, auf dem zwei Teufelchen das Christuskreuz stützen, wurde dabei nicht angetastet. Die Ortskirche selbst, in der einst die Malteser ihre Andacht verrichteten, stammt aus dem 12. Jahrhundert. Im 17. Jh. wurde sie umgebaut und auf drei Schiffe erweitert, die gewölbte Holzdecke wurde im Querschiff und im Chor bemalt. Am meisten aber beeindruckt der *Altaraufsatz* aus dem 16 Jahrhundert; die bemalte Holzschnitzerei erzählt ausdrucksstark die Passionsgeschichte von der Geißelung Christi (daneben Veronika mit dem Schweißtuch) bis zur Kreuzabnahme und Grablegung. Die Figuren waren früher gruppenweise auf einzelne Sockel verteilt und wurden dann aus Platzgründen zusammengerückt, was das Geschehen verdichtet und die Dramatik verstärkt. Im weiteren zieren eine *Pietà* aus Alabaster, ein Christus in Handschellen und mehrere Heiligenstatuen die Kirche. Die größte Verehrung wird der Figur der *Notre-Dame-de-Bon-Secours* (15. Jh.) im linken Querschiff zuteil.

Pointe de Locquirec: Ein gemütlicher Spazierweg, der hinter der Ortskirche beginnt, führt in 30 kurzweiligen Minuten um die Spitze der Landzunge. Bei klarer

Sicht überblicken Sie die ganze Bucht von Lannion. Eindrucksvollste Stelle ist die *Pointe du Château*, die äußerste Landspitze gegenüber der gischtumtosten *Ile Verte*. Wenn Sie westlich weiter gehen, gelangen Sie zum Strand *Les Sables Blancs*, im Osten können Sie an der *Corniche de l'Armorique* entlangwandern.

Baden: Rund um die Landspitze von Locquirec erstrecken sich insgesamt neun Sandstrände verschiedener Größe. Die *Plage du Fond de la Baie* am nordöstlichen Ortsende ist der größte, die Strände *des Sables Blancs* und *du Moulin* westlich des Orts sind landschaftlich die angenehmsten, aber ohne Stranderichtungen.

Westlich von Locquirec erst in Richtung Lanmeur/Morlaix fahren, dann den Hinweisschildern „Route touristique" folgen und Sie bleiben – bis auf einen eventuellen Ausflug nach St-Jean-du-Doigt – zumindest in Meeresnähe.

Saint-Jean-du-Doigt (600 Einwohner)

In dem Dorf läge der Hund begraben, würde die Kirche nicht eine ganz seltene Reliquie aufbewahren: ein Fingerglied von Johannes dem Täufer. Bis 1420 war die Kirche Meriadec geweiht, doch gegen so mächtige Konkurrenz kam der Ortsheilige nicht an. Nach dem ersten Kreuzzug gelangte die Reliquie nach Frankreich und landete 1420 ausgerechnet in dieser verschlafenen Gemeinde im Finistère. Sofort wurde mit dem Bau einer angemessenen Kultstätte begonnen, doch erst 1505 kamen die Arbeiten so richtig voran: Herzogin *Anne* war dank des Fingerglieds von ihrem Augenleiden geheilt worden und zeigte sich entsprechend großzügig. So entstand im Stil des Flamboyant ein aufwendiger Kirchenbezirk. Im letzten Jahrhundert schlug das Schicksal zweimal zu. 1925 traf ein Blitz den Turm, 1955 brannte die ganze Kirche. Sie wurde in ihrer ursprünglichen Form zwar wieder aufgebaut,

Hinter diesen Mauern ruht ein Fingerglied von Johannes dem Täufer

doch die Ausstattung war für immer dahin. Trauriger Notbehelf: Wo vor der Feuersbrunst Heiligenfiguren standen oder Bilder hingen, erzählen heute nüchterne Kopien von der vergangenen Pracht. Immerhin konnten der Kirchenschatz und die kostbare Reliquie gerettet werden. Nach letzten Restaurierungen wurden 1990 die neuen Kirchenfenster geweiht.

Ein vollkommener *Enclos paroissial*: Das leicht beschädigte *Triumphtor* führt in den geschlossenen Bezirk, dahinter sprudelt vor den Gräbern und einem kleinen *Calvaire* Wasser aus einem *Renaissance-Brunnen* mit dem biblischen Motiv der Taufe Jesu. Über den drei übereinander liegenden Becken des Brunnens segnet ein wohlwollender Gottvater die heilige Handlung. Unterhalb des Turms nahmen früher gleich zwei *Beinhäuser* die Skelette der Toten auf – beide klein, eines gotisch, das andere im Renaissance-Stil. Daneben steht die offene *Betkapelle* mit derb verziertem Fries. Das Kircheninnere ist bis auf einige Steinstatuen schmucklos nackt, die Spuren des Brandes sind deutlich zu erkennen. Im *Kirchenschatz* finden sich ein kostbar verzierter Renaissance-Kelch, ein Prozessionskreuz und neben zwei weiteren Reliquiaren natürlich der Reliquienschrein mit der Daumenkuppe von Johannes dem Täufer.

Vor oder nach der Besichtigung: Etwa 1 km außerhalb von St-Jean-du-Doigt liegt ein kleiner Strand – breiter Sandstreifen und ein Parkplatz davor.

- *Pardon* Am letzten Junisonntag findet die große Wallfahrt statt. Augenleidende hoffen auf Linderung beim „Pardon des Feuers" in St-Jean-du-Doigt.
- *Hotel* ** **Le Ty Pont**, 22 ruhige Zimmer in der Ortsmitte, 18 davon mit Bad oder Dusche/WC. Kinderspielplatz, Bar, solides Restaurant. DZ je nach sanitärer Ausstattung 38–48 €. Place Robert Le Meur. ✆ 02.98.67.34.06, ✉ 02.98.67.85.94.
- *Camping* **Municipal**, schlichter Platz 100 m von der Kirche.

Plougasnou (3400 Einwohner)

Das Zentrum eines größeren Umlands ist ein stiller, sehr ländlicher Ort. Plougasnous mit Abstand größter Bau ist die Kirche (16. Jh.) mit dem nachträglich eingearbeiteten Renaissance-Vorbau. Obwohl 2 km vom Meer entfernt, versteht sich die Gemeinde als Seebad; schließlich gehören die vorgelagerten Strände zum Gemeindegebiet. Empfehlenswert ist der Strand gleich östlich von Plougasnou – lang und geschützt in einer klippenreichen Bucht, die Felsriffe im Wasser sorgen für optische Reize.

Manchmal wegen der Kirche, meist aber ganz profan wegen der Banken, der Läden und des Supermarkts kommen tagsüber Touristen in den Ort. Wer Plougasnou abends aufsucht, will nur eines: ein Bett und vorher eine Mahlzeit.

- *Postleitzahl* 29630
- *Information* **Office de Tourisme**, am Kirchplatz. Mo 10–12 und 14–16 Uhr, Di–Sa 9–12 und 14–17 Uhr, Juli/Aug. zusätzlich So 9–12 Uhr. Place du Général Leclerc. ✆/✉ 02.98.67.31.88, www.tourisme-plougasnou.com.
- *Verbindung* **Busse** rund 5x tägl. nach Morlaix.
- *Markt* Dienstagvormittag, in der Hauptsaison auch Freitagvormittag.
- *Hotels* ** **De France**, im Ortszentrum; 17 Zimmer, 10 mit Bad bzw. Dusche/WC, teils auch mit Terrasse. Bar, Restaurant. DZ mit Dusche/WC auf Etage 30 €, mit Dusche/WC 50 €. 27, place du Général Leclerc. ✆ 02.98.67.30.15, ✉ 02.98.67.85.21.
** **De la Presse**, am selben Platz wie das vorgenannte. Kleines, einfaches 7-Zimmer-Hotel, 5 Zimmer mit Dusche/WC, 2 nur mit Dusche. DZ 35–40 €. Ganzjährig geöffnet. 7, place du Général Leclerc. ✆ 02.98.67.32.22, ✉ 02.98.67.83.40.
- *Camping* ** **Du Trégor**, knapp 2 km von Plougasnou landeinwärts, im Ortsteil Kerjean. Sympathisches, relativ bescheidenes Gelände. 60 Stellplätze, Elektrizität und Warmwasserduschen. Geöffnet April bis Okt. Kerjean, ✆/✉ 02.98.67.37.64, www.campingdutregor.com.

Plougasnou/Umgebung

Primel-Trégastel: Auch der kleine Badeort Primel am felsdurchsetzten Gestade hat sich die rosa Granitküste zum Vorbild genommen und seinem Namen das „Schloss im Sand" *(Trégastel)* hinzugefügt. Das Felsenchaos, das sich besonders kompakt auf der heidebewachsenen, schmalen Landzunge am Ostende der Bucht darbietet, setzt sich im Meer fort. Bei Ebbe werden die Zacken der zahlreichen Riffe schnell vom Wind getrocknet, dann kann auch die vorderste Landspitze besucht werden. Ein zehnminütiger Spazierweg führt zum Felsenlabyrinth der *Pointe de Primel*, das sich trotzig ins Meer schiebt. Die geschützte Bucht zwischen Primel-Trégastel und Le Diben ist ein vorzügliches Surfrevier, der großzügige Strand gleich vor dem Ort ist für das Sonnenbad zuständig.

Ohne die vielen Ferienhäuschen wäre Primel-Trégastel wesentlich kleiner. Hotels gibt es nicht, Durchreisende ohne festen Wohnsitz sind auf den Ortscamping, die Plätze in der Umgebung oder die Hotels in Plougasnou und Le Diben angewiesen.

- *Camping* ** **Municipal de la Mer**, der Gemeindeplatz von Primel-Trégastel, neben dem Parkplatz vor dem Felsenlabyrinth. Schöne Lage am Strand, nur niedrige Hecken, deshalb fast schattenlos und windig. 100 Stellplätze. Geöffnet Juni bis Sept. Primel-Trégastel, 29630 Plougasnou, ✆ 02.98.72.37.06.

Le Diben: Das Dorf auf der anderen Seite der Bucht, wie Primel-Trégastel ein Ortsteil von Plougasnou, ist eine Hochburg der Fischfabriken und Meerwasserbecken für Krustentiere *(Viviers)* – eine Besichtigung ist möglich. Le Diben ist durch die Ferienhäuschen recht zersiedelt, ein kleiner Jachthafen hebt sich angenehm gegen den das Hafenareal der fischverarbeitenden Betriebe ab. Die *Pointe de Diben* ist die westliche Begrenzung der Bucht von Primel-Trégastel – wie in Primel viel Fels, doch flacher.

- *Hotels* ** **Au Temps des Voiles**, am östlichen Ortsausgang. Sehr schöne Lage vor dem kleinen Jachthafen. Sonnenterrasse, geheiztes Schwimmbad, Fitnessraum, Restaurant/Crêperie – was will man mehr? DZ mit Dusche/WC 44–54 €. 20, rue de l'Abbesse, Le Diben, 29630 Plougasnou. ✆ 02.98.72.32.43, ✉ 02.98.72.42.66, autempsdesvoiles@wanadoo.fr, www.hotel-autempsdesvoiles.fr.
** **Roc'h Velen**, im Nachbarort St-Samson (4 km entfernt). 10-Zimmer-Hotel über dem Meer, 400 m bis dorthin. Restaurant. Akzeptable DZ mit Dusche oder Bad 42–58 €, HP ab 40 €. Ganzjährig geöffnet. St-Samson, 29630 Plougasnou. ✆ 02.98.72.30.58, ✉ 02.98.72.44.57, rochvelen@wanadoo.fr, www.hotelrochvelen.fr.

Plage de Térénez: Der Renommierstrand der gleichnamigen Bucht bietet die besten Bademöglichkeiten zwischen Primel-Trégastel und Morlaix. Viel Platz, keine Infrastruktur, am Wochenende Badefroschinvasion aus Morlaix.

Cairn von Barnenez

Der Cairn von Barnenez ist das letzte gewaltige Überbleibsel etlicher Megalithbauten, die zwischen 4500 und 2000 v. Chr. auf der Halbinsel entstanden. Könnten die Seelen auf normal-europäischen Friedhöfen vor Neid erblassen, sie würden es: Auf der *Halbinsel von Kernéléhen* haben Menschen der Vorzeit ihren Fürsten ein aufwendiges Grabmal in fantastischer Lage errichtet. Auf einem Hochplateau der schmalen Landzunge über der Bucht von Morlaix ruhten die Verstorbenen unter dem Schutz eines monumentalen Steinhügels, den die Abendsonne über dem Ozean in flammendes Licht taucht.

Im modernen Kassengebäude vor dem Fürstenhügel die ersten Eindrücke: Bilder, Aufrisse und Modelle. Nach dem Einlass auf das Gelände das freigelegte Original:

Cairn von Barnenez

Der Strand erwacht – Frühling in Primel-Trégastel

ein in mehreren Stufen aufgeschichteter, 70 m langer und 8 m hoher Hügel aus ungeschlachten Granitbrocken. Aufgereiht wie auf der Schnur, bildeten klobige Dolmen im Inneren des Kolosses die Grabkammern von elf Fürsten der Megalithzeit.

Zwei deutlich unterscheidbare Kollektivbegräbnisse fanden hier im Abstand von 500 Jahren statt: Grüngrauer Granit wurde um 3800 v. Chr. für die erste, ältere Kammer mit sechs Dolmen verwendet. Daran schließt sich nahtlos der helle Stein der kleineren unteren Kammer (3300 v. Chr.) an – für sie musste sogar der Hügel aufgeschüttet und planiert werden. Bei Dolmen D an der Ostseite ist das Grabmal angeknabbert: 1954 wollte ein Bauunternehmer den erdbedeckten Steinhügel als Steinbruch nutzen und musste nach einigen Lastwagenladungen feststellen, dass er auf eine archäologische Rarität gestoßen war. Bis 1968 dauerten die Ausgrabungsarbeiten, bei denen der Tumulus nach allen Regeln der Kunst freigelegt wurde. Doch außer Keramikscherben wurde nichts Aufregendes gefunden – der stark säurehaltige Boden hatte alles zersetzt.

Der Cairn ist nicht nur von außen zu besichtigen: Durch die Gänge der Dolmen D und C können Sie gebückt den Tumulus durchqueren.

Öffnungszeiten Mai bis Aug. täglich 10–18.30 Uhr. Sept. täglich 10–12.30 und 14–17.30 Uhr. Okt. bis April Di–So 10–12.30 und 14–17.30 Uhr. Eintritt 5 €.

• *Camping* ***** Baie de Térénez**, direkt an der D 76, kurz vor dem Cairn von Barnenez. Sehr gepflegtes, doch ziemlich schattenloses Wiesengelände, von Bäumen und Sträuchern eingegrenzt. Gute Infrastruktur: Bogenschießanlage, Swimmingpool, origineller Minigolf, Restaurant, TV, Waschmaschine etc. Über die Straße geht es zum nächst erreichbaren Strand (viele Kiesel, bei Ebbe verschlickt). Zum Baden besser an die Plage de Térénez, 1½ km oberhalb der Austernbänke. Knapp 150 Stellplätze. Geöffnet April bis Sept. 29252 Plouezoc'h. 02.98.67.26.80, www.campingbaiedeterenez.com.

• *Crêperie* **Du Cairn**, nah beim Camping Baie du Térénez an der Stichstraße zum Cairn de Barnenez. Leser lernten hier eine der besten Crêperien des Landes kennen. „Neben fantastischen Galettes und Crêpes serviert der freundliche Besitzer einen hervorragenden Cidre vom Fass." Route de Barnenez, Plouezoc'h, 02.98.67.21.27.

Côte du Léon

Morlaix (16.000 Einwohner)

Auf den steil ansteigenden Hügeln des Hinterlands und unten im Tal liegt der Kern der Stadt. Vom Alter verzogene, schiefergedeckte Fachwerkhäuser, ansehnliche Bauten aus der Blütezeit des Tabakgeschäfts am Morlaix-Fluss und ein Eisenbahn-Viadukt aus dem 19. Jahrhundert – jede Epoche drückte Morlaix ihren Stempel auf.

Wo sich die *Queffleuth* mit dem *Jarlot* trifft und sich mit ihm zum *Morlaix-Fluss* (*Rivière de Morlaix* oder auch *Dossen*) vereinigt, ist aus der Ex-Hafenstadt im Wandel der Jahrhunderte eine lebhafte bretonische Verkehrsdrehscheibe geworden, die an ihre weltoffene Rolle in der Vergangenheit anzuknüpfen sucht. Die Fährverbindung von Roscoff, die Urlaubsdomizile in der klippenübersäten Bucht von Morlaix und ihre Lage als Ausgangspunkt etlicher Ausflugsfahrten bringen ein internationales Publikum in die Stadt.

Die letzte große Bauwelle setzte nach dem 2. Weltkrieg ein, der auch Morlaix nicht ungeschoren ließ und das Stadtbild einschneidend veränderte. Heute führen breite Avenues vorbei an großzügigen Plätzen durch die Innenstadt, während sich an den Hängen die alten Viertel ducken. Ein Bummel durch die Stadt und ein Aperitif in einem der Cafés rund um das klassizistische Rathaus gehören zum Pflichtprogramm, die Kür findet in der *Maison de la Duchesse* statt.

Geschichte

Schon in grauer Vorzeit siedelten Menschen in der Gegend um Morlaix. Als Urzelle der Stadt ist ein römisches Lager (*mons relaxus* – Morlaix) über dem Zusammenfluss von Queffleuth und Jarlot nachgewiesen. Um das Jahr 1000 erinnert sich ein Adliger aus Tréguier an die strategisch günstige Lage des Vorgebirges und errichtet eine Burg, um die sich Fischer, Handwerker und Händler niederlassen. Speziell der Fisch lässt den Ort wohlhabend werden, was den Bau einer ersten Stadtmauer erfordert. Bis 1277 ist die Marktgemeinde Privateigentum des Grafen von Léon, erst dann wird sie zu einer souveränen bretonischen Stadt.

In den unruhigen Zeiten des Mittelalters ist Morlaix und seine Umgebung Schauplatz zahlreicher Feldzüge und Schlachten, doch die Stadt blüht auf, und 1506 erscheint im wohlhabenden Morlaix hoher Besuch: *Anne*, Herzogin der Bretagne und Gemahlin des französischen Königs *Ludwig II.*, macht im Rahmen einer ausgedehnten Dankwallfahrt für die Genesung ihres Gatten der Stadt ihre Aufwartung. Höhepunkt der Feierlichkeiten wird das liebevolle Geschenk der Stadt an die Herzogin: ein gezähmtes Hermelin tippelt, ein funkelndes Diamantband um den Hals, brav der Regentin entgegen. Anne ist gerührt.

Ungebetene Gäste

1522 erscheint unwillkommener Besuch in Morlaix: *Jean de Coetanlem*, Pirat und Bürger von Morlaix, hat gerade mit seinen Angestellten das englische Bristol geplündert. Im Gegenzug tauchen 60 englische Segler vor Morlaix auf, die eine fast verlassene Stadt vorfinden: Die überregionale Messe in Guingamp und der große Markt in Noyal-Pontivy finden am selben Tag statt. Die Engländer haben leichtes Spiel und plündern die Stadt. Doch der disziplinlose Haufen beginnt an Ort und Stelle, die verderbliche Beute (Alkohol und Lebensmittel) zu vernichten. In den Wäldern von Styval vor den Toren der Stadt fallen den Zechern schließlich die Augen zu. Jetzt haben die zurückkehrenden Morlaisiens leichtes Spiel – sie bringen die Engländer, die nicht rechtzeitig nüchtern werden, gnadenlos um.

Damit so etwas nicht wieder passiert, schützt seitdem das wehrhafte Château du Taureau auf einer Insel in der Bucht die Einfahrt nach Morlaix.

Der Hafen ist in den folgenden Jahrhunderten der sicherste der *Basse Bretagne*, die Gewinne der Korsaren sowie die Produktion und der Verkauf von Schiffen, Stoffen, Goldschmiedearbeiten und später Tabak sorgen für kontinuierlichen Wohlstand. Besonders mit Holland, Hamburg, Spanien und Portugal wird reger Handel getrieben. 1736 öffnet eine Tabakmanufaktur der Westindischen Kompanie ihre Tore, die bald 25.000 Zentner Rauchstoff jährlich herstellt und Keimzelle eines groß angelegten Tabakschmuggels wird.

Doch wie fast alle bretonischen Städte verliert Morlaix mit Beginn des industriellen Zeitalters seine wirtschaftliche Stellung. Die Tabakfabrik gibt es, wenn auch weniger groß, heute noch – sie hat sich auf Zigarren, Kau- und Schnupftabak spezialisiert. Der Hafen hat seine Bedeutung verloren, Wirtschaftszweige wie die Piraterie sind ausgestorben, nur einige Kunsthandwerker erinnern noch an das einst blühende Metier.

278 Côte du Léon

1809 stirbt *Charles Cornic*, genannt der „Blaue Offizier", einer der berühmtesten Söhne von Morlaix. Der Seemann, der sich vom Schiffsjungen zum gefürchteten Korsarenkapitän hochgearbeitet hatte, ließ sich im besten Mannesalter frustriert pensionieren, weil er als Angehöriger des Bürgertums von seinen aristokratischen Kollegen in der Flotte nur Spott und Hohn erfuhr. Kurz vor seinem Tod will die neue Republik dem Greis in Anerkennung seiner Leistungen ein neues Kommando geben, doch Charles Cornic lehnt aus Altersgründen ab.

Das letzte bedeutende Ereignis der Stadtgeschichte ist blutig und leidvoll: Am 29. Januar 1943 wird die von deutschen Truppen besetzte Stadt von alliierten Verbänden bombardiert. Die Zivilbevölkerung, ohnehin das erste Opfer, hat unter den deutschen Racheakten zusätzlich zu leiden. Für einen getöteten deutschen Soldaten werden bis zu hundert Menschen füsiliert. Die *Place des Otages* (Platz der Geiseln) erinnert an die hingerichteten Bretonen.

Heute ist Morlaix eine lebendige Stadt, durch seine Fabriken in der *Zone Industrielle* und die Schnellstraße Brest–Rennes an die französische Ökonomie angebunden.

Information

- *Postleitzahl* 29600
- *Information* Professionell arbeitendes **Office de Tourisme** in einem kleinen Pavillon in Viaduktnähe. U. a. ausführliche Zimmervermietungsliste mit Preisen. Juli/Aug. Mo–Sa 9–12.30 und 13.30–19 Uhr, So 10.30–12.30 Uhr; Sept. bis Juni Mo 9.30–12.30 und 14–18 Uhr, Di–Sa 9–12.30 und 14–18 Uhr. Wenn geschlossen ist, steht der automatische Ratgeber neben dem Eingang zur Verfügung. Place des Otages. ✆ 02.98.62.14.94, ✉ 02.98.63.84.87, officetourisme.morlaix@wanadoo.fr, www.morlaixtourisme.fr.

Verbindungen

- *Bus* Busbahnof für **Überlandbusse** am Bahnhof, die Strecken Roscoff (täglich mindestens 4-mal) und Huelgoat/Carhaix (täglich 2-mal). **Stadtbusse** mit Verbindung in die Vororte fahren ab der Place Cornic beim Viadukt.
- *Zug* Über dem Talkessel fährt die Eisenbahn auf dem zweistöckigen Viadukt zum Bahnhof und von da weiter über St-Pol-de-Léon zum Sackbahnhof Roscoff. Oder ostwärts nach Rennes (8-mal täglich, nach Lannion umsteigen in Plouaret) bzw. nach Westen über Landivisiau/Landerneau nach Brest (etwa 12-mal täglich). Zudem mit dem TGV nach Paris in 4 Stunden oder nach Brest in 30 Min. Auskunft und Reservierung ✆ 08.92.35.35.35.

Morlaix

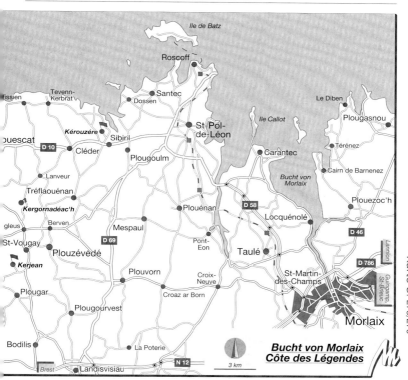

Côte du Léon
Karte S. 278/279

Diverses

- *Parken* Während der Geschäftszeiten herrscht in der Innenstadt Parkplatzmangel. Gebührenpflichtige Plätze rund ums Viadukt von der Place de Gaulle bis zum Rathaus an der Place des Otages sowie an der Place des Halles. Kostenlose Plätze an der Place du Pouliet und an der Place de Callac an der Route de Paris.
- *Führung* Unter dem Titel **Le Léon à fer et à flot** (Das Léon auf der Schiene und zu Wasser) wird von April bis Sept. eine sehr empfehlenswerte Tagestour für ca. 10 € angeboten: Sie beginnt mit einem Spaziergang durch das mittelalterliche Morlaix, dem sich die Zugfahrt über Saint-Pol-de-Léon nach Roscoff anschließt. Nach der Entdeckung der Korsarenstadt geht die Rundfahrt mit dem Schiff weiter durch die Bucht von Morlaix und anschließend die Rivière de Morlaix hinauf, um im Jachthafen unterhalb des Viadukts zu enden. Infos: ✆ 02.98.62.07.62, www.aferaflots.org oder beim Office de Tourisme.
- *Rundflug* Der **Aéroclub de Morlaix** bietet für jeweils 2–3 Personen Luft-Circuits an, z.B. nach Carantec, auf die Insel Batz oder nach Locquirec. Oder Sie sagen, wohin Sie geflogen werden wollen, und vereinbaren einen Preis. Der Club empfiehlt, den Fotoapparat nicht zu vergessen. Flugplatz von Ploujean, ✆ 02.98.62.16.09.
- *Fahrradverleih* **VTT Baie de Morlaix**, am Jachthafen. Quai de Tréguier, ✆ 02.98.88.69.30.
- *Markt* Samstag bis in den späten Nachmittag. Großes Angebot.
- *Feste* Den Auftakt macht im Februar das **Rockfestival Panorama**. Im März/April findet unter dem Titel **Le printemps musical**

ein Orgelfestival statt. Jeden Mi im Juli/August kann man das **Festival des Arts** in den Straßen der Stadt erleben. Von 19.33 Uhr (pünktlich!) bis 24 Uhr Performances und Artistik von internationalen Künstlern und Zirkusleuten. Außerdem steigt Anfang August in der Gegend rund um Morlaix (nicht in der Stadt selbst) das **Festival de la Danse Léon**.

• *Waschsalon* Stilgerecht in der Rue des Lavoirs unterhalb der Place des Halles steht **Lavomatique** tägl. von 8–20 Uhr zu Diensten. ✆ 02.98.62.02.24.

Übernachten

• *Hotels* ** **De l'Europe (7)**, im Zentrum, die erste Übernachtungsadresse der Stadt. 60 schallisolierte Zimmer mit unterschiedlich gediegener Möblierung, alle mit TV und Telefon. Wi-Fi-Zugang in der Rezeption. DZ 60–120 €. Ganzjährig geöffnet. 1, rue d'Aiguillon. ✆ 02.98.62.11.99, ✉ 02.9888.83.38, reservations@hotel-europe-com.fr, www.hotel-europe-com.fr.

** **Du Port (2)**, an der westlichen Seite des Jachthafens, an der Ausfallstraße nach Carantec, deshalb etwas laut. 25 unterschiedlich große, sanitär voll ausgestattete Zimmer. DZ 57–72 €. Um den Jahreswechsel geschlossen. 3, quai de Léon. ✆ 02.98.88.07.54, ✉ 02.99.88.43.80, info@lhotelduport.com, www.lhotelduport.com.

** **De la Gare (9)**, älteres Eckhaus an verkehrsreicher Straße in Bahnhofsnähe. DZ mit Dusche 38–42 €, mit Dusche/WC 42–48 €. Ganzjährig geöffnet. 25, place St-Martin. ✆ 02.98.88.03.29, ✉ 02.98.63.97.80, cachassagne@wanadoo.fr, www.hoteldelagare-morlaix.com.

St-Melaine (4), in der Nähe des Viadukts unterhalb der gleichnamigen Kirche. 8 einfache Zimmer mit ebensolchem Sanitärkomfort, 2 Dreibettzimmer mit eigenem Bad. Etagenduschen und -WC. Bar. DZ 28–42 €. Ganzjährig geöffnet. 77, rue Ange de Guernisac, ✆/✉ 02.98.88.54.76.

• *Gîte/Chambres d'hôtes* **Le Logis des Ecluses (3)**, Unterkunft in Hafennähe zu sehr zivilen Preisen. Im Massenlager 14 € pro Person, Laken 3,50 €. Frühstück 6 €; auch einige Gästezimmer für DZ 54 €, Frühstück inklusive. 28, allée St-François. ✆/✉ 02.98. 62.66.80, www.lelogisdesecluses.com.

• *Jugendherberge* Hinter der Tabakmanufaktur, am Sträßchen, das beim Logis des Ecluses hochführt, wird vermutlich noch 2007 eine brandneue Jugendherberge eröffnet. 2006 waren die Arbeiten schon weit fortgeschritten.

Steinlandschaft mit Viadukt

Essen/Trinken

Ein für Morlaix typisches Gericht heißt **Morue**: zwei zarte Crêpes verhüllen Stockfisch und Langustenschwänze, darüber gibt man etwas Béchamelsauce.

• *Restaurants* **Les Bains Douches (10)**, beim Justizpalast. Ein Fußgängersteg führt in das frühere Badehaus aus der Jahrhundertwende. Die gekachelte, charmant-bür-

Morlaix

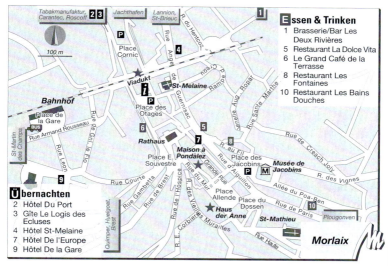

Essen & Trinken
1 Brasserie/Bar Les Deux Rivières
5 Restaurant La Dolce Vita
6 Le Grand Café de la Terrasse
8 Restaurant Les Fontaines
10 Restaurant Les Bains Douches

Übernachten
2 Hôtel Du Port
3 Gîte Le Logis des Ecluses
4 Hôtel St-Melaine
7 Hôtel De l'Europe
9 Hôtel De la Gare

Côte du Léon – Karte S. 278/279

gerliche Inneneineinrichtung mit Piano entstammt derselben Epoche. Hier ist nicht das Menü (obwohl es zwei gibt), sondern à la carte angesagt. Der Küchenschwerpunkt liegt eher auf Fleisch- als auf Meeresprodukten, z. B. exzellente gefüllte Lammnuss, dazu zarte Salzkartoffeln; oder Hasenfrikassee an Cidre, mit Gewürzbrot und frischen Nudeln serviert. Für das Gebotene straffe Preiskalkulation. Zum Nachtisch empfehlen wir gebrannte Vanillecreme. Samstagmittag, So und Montagabend geschlossen. 45, allée du Poan-Ben, ✆ 02.98.63.83.83.

Les Fontaines (8), im orangebraunen Eckhaus an der Place des Viarmes kann man gleich an mehreren Stellen Platz nehmen: Bei schönem Wetter auf der Terrasse, sonst im barähnlichen Erdgeschoss oder im gemütlichen ersten Stock mit Wohnzimmeratmosphäre (3 Tische). Zu den Spezialitäten bei Maguy und Roger zählen Moules au chouchenn (bretonischer Honigwein) und Schweinefleisch in Cidre. Leider nur Mittagstisch, So geschlossen. 2, rue au Fil, ✆ 02.98.88.07.06.

La Dolce Vita (5), der Pizzaspezialist der Stadt, abend meist brechend voll. Pizza vom Holzkohlenfeuer oder Pasta aus dem Kochtopf, von flotter Belegschaft serviert. Zur Mittagszeit gibt's auch einen Plat du Jour. Mo geschlossen. 3, rue Ange de Guernisac, ✆ 02.98.63.37.67.

• *Bars* **Le Grand Café de la Terrasse (6)**, das schönste Café der Stadt. Die grüne Fassade und die Stühle sind ebenso typischer Pariser Café-Stil wie der distinguierte Kellner. Im Inneren ein großes Deckengemälde und mitten im Raum eine elegante geschwungene Wendeltreppe, die in die erste Etage führt, wo sich gelegentlich die Mitglieder des Rotary-Clubs und andere Krawatten treffen. In erster Linie ein ideales Café für die Zeitungslektüre, aber auch Restaurant mit klassischer französischer Küche. So geschlossen. 31, place des Otages, ✆ 02.98.88.20.25.

Les Deux Rivières (1), eine wahrhafte Spelunke in einer alten Seilerei. Einst war Bier aus Morlaix weithin bekannt. Seit 1985 hält die *Brauerei Coreff* die alte Tradition wieder aufrecht und braut dunkles, ale-ähnliches Bier (Malzhefe), das in kurzer Zeit wesentliche Marktanteile auf dem bretonischen Biermarkt erobern konnte. Heute können Sie Coreff-Bier in verschiedenen Varianten genießen – neben dem stark malzhaltigen Ambrée zwei weitere dunkle Biere und eine blonde Alternative. Kostenlose Besichtigung der Brauerei (mit Freibier!) im Juli/Aug. Mo–Fr 11 und 14 Uhr. So geschlossen. 1, place de la Madeleine, ✆ 02.98.63.41.92.

Sehenswertes

> Der folgende Stadtbummel erschließt die verbliebenen Sehenswürdigkeiten der Stadt, von denen das Laternenhaus der Herzogin Anne mit seiner für die Bretagne wohl einmaligen Wendeltreppe die größte ist. Am Startpunkt Place des Otages bekommen Sie den besten Eindruck vom Viadukt. Am Ende des Rundgangs sind Sie am Hafen auf der anderen Seite der Eisenbahnüberführung. Die Stationen:

Viadukt: Der Blickfang der Stadt hat Morlaix viel von seinem anheimelnden Charakter genommen; seit 1864 beherrscht die gewaltige, 59 m hohe und 284 m lange Eisenbahnbrücke aus hellen Steinquadern die Häuser des Talkessels. Selbst die Kirche St-Melaine steht wehrlos im Schatten des Kolosses.

Kirche St-Melaine: Außerhalb der Kirche halten zwei Engel eine große Inschrift aus Stein: „Im Jahre 1489 wurde der Bau dieser Kirche mit Gottes Willen begonnen". Das spätgotische Gotteshaus, das dem heiligen Melaine, dem Bischof von Rennes, geweiht ist, steht an Stelle einer zu klein gewordenen Kapelle. Zum Bau wurde Granit von der Insel Batz verwendet. 1943 wurde auch die Kirche ein Opfer der Bombardierungen, die nördlichen Seitenkapellen datieren aus der Nachkriegszeit. Im Innenraum prangen Goldsternchen auf der blauen *Holztonnendecke*, auf der Empore thront eine vielstimmige *Orgel*. Kuppel und Säulen über dem *Taufbecken* sind eine großartige Schnitzarbeit: reiche Verzierungen in dunklem Eichenholz.

Rue Ange de Guernisac: Gleich hinter der Kirche St-Melaine beginnt die stilvolle Heimat einiger Artisanats, eine gemütliche, kurze Gasse mit viel Schieferschindeln und Fachwerk. Auch die Nebengässchen atmen noch den Hauch vergangener Zeiten.

Musée des Jacobins: Bretonischer Alltag, Kunst und Volkskunst, archäologische Funde aus der Umgebung, Stilmöbel, Gebrauchsgegenstände und Stadtansichten, eine bunt gemischte Gemäldesammlung mit flämischen und italienischen Künstlern sowie Werken von Monet, Courbet oder Boudin ... – die städtische Kollektion ist beachtlich, aber sie braucht neue Räume. Derzeit werden aus den Beständen Wechselausstellungen gezeigt, teils in der 1. Etage des Musée des Jacobins, teils in der Maison à Pondalez (s. u.). Langfristig ist der Umzug in die Tabakmanufaktur vorgesehen. Mit der Eröffnung des neuen Hauses wird aber kaum vor 2010 zu rechnen sein.

Kirche St-Mathieu: Die Kirche oberhalb der Altstadt wurde mit Ausnahme des Turms im 19. Jahrhundert neu aufgebaut und ist als Bauwerk wenig interessant. Im Inneren bewahrt sie eine sog. *Statue Ouvrante* aus dem 16. Jahrhundert, eine der seltenen Marienfiguren, die sich aufklappen lassen: Das Innenleben Marias birgt eine Dreieinigkeits-Skulptur.

Haus der Anne de Bretagne (Maison de la Duchesse Anne): In der Rue du Mur Nr. 33 wohnte angeblich die Herzogin Anne während ihres Aufenthalts in Morlaix. Außen zeigt das Haus ein wunderschönes, dreifach vorkragendes Fachwerk mit Karyatiden und kunstvoll geschnitztem Balkenwerk: Dämonen und Heilige schneiden Fratzen oder blicken ernst auf die Fußgänger hinab. Aber erst innen zeigt sich die wahre Attraktion des „Laternenhauses". Bei diesem Haustyp, der über Spanien nach Morlaix gelangte, führen von einem glasüberdachten Innenhof mit riesigem

An der Place des Halles

Kamin Zugänge zu den benachbarten Häusern. Einmaliges und kunstvollstes Detail des von Wind und Wetter geschützten „Laternenhofs" ist die elf Meter hohe *Säule der Treppe*, die zu drei Stockwerken hinaufführt – ein einziges, mächtiges Stück schwarzes Eichenholz, ausgiebig verziert mit Figuren und Kapitellen. Eine besonders gelungene Holzskulptur turnt auf der Balustrade: ein Akrobat im Handstand, direkt aus dem tragenden Balken herausgearbeitet.

Öffnungszeiten Mai/Juni Mo–Sa 11–18 Uhr. Juli/Aug. Mo–Sa 11–18.30 Uhr. Sept. Mo–Sa 11–17 Uhr. Eintritt 1,60 €.

Maison à Pondalez: Die Grande Rue ist entgegen ihrem Namen nicht sehr groß, aber malerisch und autofrei – und die Maison à Pondalez in der Nr. 9 ist zweifellos die Perle des Sträßchens. Bis zur Eröffnung des neuen Stadtmuseums werden hier Wechselausstellungen aus den Beständen des Musée des Jacobins gezeigt.

Öffnungszeiten April/Mai und Sept. 10–12 und 14–18 Uhr, Di und Sonntagvormittag geschlossen. Juni sowie Okt. bis März 10–12 und 14–17 Uhr, Di und So geschlossen. Juli/Aug. täglich 10–12.30 und 14–18.30 Uhr. Eintritt 4,10 €.

Place Allende und Grande Rue: Der alte Marktplatz und die einstige Hauptstraße des alten Morlaix weisen die meiste mittelalterliche Bausubstanz auf – sanft liegt ein Hauch von Idylle über dem früheren Zentrum. Speziell die herausgeputzte Grande Rue mit ihren Fachwerkhäusern, Schieferschindeldächern und Butzenscheiben verweist auf eine lang vergangene Epoche, in der die Kunstschreiner mit viel Aufwand für eine verspielte Fassadengestaltung sorgten.

Tabakmanufaktur: Am Quai de Léon beim Jachthafen erinnert die altehrwürdige Fassade der Manufaktur an Morlaix' ausgezeichneten Ruf in der Welt des blauen Dunstes. Bis vor einigen Jahren produzierten hier noch 250 Beschäftigte jährlich mehr als 300 Millionen kleine Zigarren und dicke Kippen mit dem gallischen Helm.

Jesus und die Häscher (in Plougonven)

Erst 2003 legten die letzten 40 Zigarettenarbeiter in Morlaix ihre Arbeit nieder. Auf dem Gelände der Tabakmanufaktur wird das städtische Museum eine neue Heimat finden, das dann auch eine Zigarrenabteilung bekommen wird. Die Eröffnung ist für 2010 vorgesehen.

Hafen: Wo einmal die Schiffe der Weltmeere ihre Fracht löschten und angesehene Schiffsbauer Fregatten und Dreimaster vom Stapel laufen ließen, haben nun im Schatten alter Reederhäuser maximal 300 Privatjachten einen sicheren Liegeplatz gefunden. Gelegentlich legen kleine Frachter an, doch die umgeschlagenen Tonnen sind unbedeutend.

Morlaix/Umgebung

Rivière de Morlaix (Morlaix-Fluss): Sowohl das linke wie auch das rechte Ufer des sich sanft ins Meer schlängelnden *Morlaix-Flusses* sind bei Ebbe wie bei Flut ein Augenschmaus. Und schließlich öffnet sich die schmale, lang gezogene Mündungsbucht, die *Rivière de Morlaix* mit ihren Klippen und Felsen. Picknick nicht vergessen!
Fototipp: Sonnenuntergang bei *Dourduff*. Als Zugabe können Sie im Beobachtungshaus des *Observatoire ornithologique* in Dourduff gratis Meeresvögel beobachten und klassifizieren.

Plougonven: Der Ort besitzt einen der ältesten bretonischen umfriedeten Pfarrbezirke mit *Kapelle*, *Beinhaus* (1532), *Calvaire* (1554) und einer *Kirche* (1523), die zu Beginn des 20. Jahrhunderts fast völlig abbrannte, doch wenig später originalgetreu wiedererrichtet wurde.
Höhepunkt des Ensembles ist der *Calvaire*, einer der ältesten, größten und schönsten der Bretagne. Auf einem achteckigen Sockel gruppieren sich in zwei Stockwer-

ken die Figuren, die nicht nur in der Passionsgeschichte mitspielen. Neben anderen Heiligen gibt sich auch St-Yves – traditionell zwischen dem Reichen und dem Armen dargestellt – die Ehre. Drei Kreuze steigen hoch, aus dem mittleren zweigen noch vier Äste ab, auf deren oberen Johannes und Maria stehen. Unter ihnen überwachen zwei römische Reiter die Hinrichtung. Einige Passionsszenen wurden einzig auf diesem Calvaire gestaltet. Besonders ausdrucksstark ist die Versuchung Jesu in der Wüste: Ein meditativ-gelassener Jesus widersteht einem unendlich bösartigen Teufel.

Anfahrt Von Morlaix etwa 12 km auf der D 9 in südöstliche Richtung.

> Nicht nur der Calvaire von Plougonven lockt. Morlaix ist ein günstiger Ausgangspunkt für die sog. **Calvaire-Tour** (umfriedete Pfarrbezirke), den meistbefahrenen Circuit der Bretagne. Wir starten unsere Calvaire-Rundreise im nahen Landivisiau – siehe Kapitel *Argoat/Calvaire-Tour*.

St-Martin des Champs/Trésor des Augustines: Der Orden der Augustinerinnen wurde im 12. Jahrhundert in Dieppe gegründet. Nach den Wirren der Revolution, in denen einige der frommen Frauen nur knapp der Guillotine entgingen, erstand eine noble Dame im Jahr 1834 das *Kloster St-François* in St-Martin des Champs und stellte es den Ordensfrauen zur Verfügung. Heute wird in ihm der kostbare „Schatz der Augustinerinnen" verwahrt, der den Besuchern die Welt dieses Ordens näher bringt.

• *Anfahrt* Morlaix auf der Landstraße in Richtung Carantec verlassen. Saint Martin des Champs ist mit Morlaix zusammengewachsen, das Kloster befindet sich am Ortsausgang auf der linken Seite.
• *Öffnungszeiten* Di–Fr 14–17.30 Uhr. Eintritt 3 €.

Carantec (2700 Einwohner)

Kleine Badebuchten schmiegen sich in den Granit der Steilküste, darüber schlängeln sich Spazierwege zwischen Ginster und Kiefern. Inselchen und nackte Felsriffe übersäen das Meer, das während der Ebbe zum Fanggrund der Fußfischer wird.

Solche geographischen Voraussetzungen ziehen naturgemäß erholungsbedürftige Menschen an. Den Ortskern des alten Dorfes locker umrahmend, hat die Besiedlungszone den größten Teil der Halbinsel erobert. Im sicheren Hafen an der Nordwestspitze unterhalb des Zentrums ankern mittlerweile mehr Jachten als Fischerboote. Das Familien-Seebad auf einer Landspitze zwischen den Flussmündungen des *Morlaix-Flusses* und der *Penzé* ist – neben dem eher städtischen Roscoff – der angenehmste und bestausgestattete Badeort weit und breit. Laut Prospekt werden in Carantec „Ihre Freuden jodhaltig sein", „im Kontakt mit unseren Schätzen werden Sie geradezu aufblühen", außerdem kann hier „jeder seinen Sport mit Maßen ausüben oder seine Leidenschaften völlig ausleben". Wir drücken die Daumen.

Von seinen touristischen Einrichtungen und der gesunden Luft abgesehen, besitzt Carantec in der Bucht von Morlaix Austernzuchtanlagen, die auch nach der kurzen Urlaubssaison ein Auskommen garantieren. Hummer und Langusten werden ebenfalls ganzjährig angelandet.

Côte du Léon

*Information/*Verbindungen

- *Postleitzahl* 29226
- *Information* **Office de Tourisme**, in einer Seitenstraße der Place de la Libération. Auskünfte aller Art, Buchungen und Exkursionen. Im Sommer Organisation von begleiteten Spaziergängen. Juli/Aug. Mo–Sa 9–19 Uhr und So 9–12.30 Uhr. Sept. bis Juni Di–Fr 10–12 und 14–17.30 Uhr, Sa 10–12 Uhr. 4, rue Louis Pasteur. ✆ 02.98.67.00.43, ✉ 02.98.67.90.51, carantec.tourisme@wanadoo.fr, www.ville-carantec.com.
- *Verbindung* Carantec hat drei **Bus**haltestellen – am Rathaus, an der Kirche und an der Plage du Port. Täglich 5-mal nach St-Pol-de-Léon/Roscoff und nach Morlaix.

Diverses

- *Bootsausflüge* Breites Angebot: z. B. durch die **Bucht von Morlaix** (Ile Louët, Château du Taureau, Vogelreservate ..., Dauer 2–3 Stunden) oder zur **Insel Batz**, vormittags hin, nachmittags retour. Auskunft/Reservierung im Office de Tourisme.
- *Markt* Donnerstagvormittag.
- *Pardon* Am Pfingstmontag Pardon von Notre-Dame-de-Callot auf der Ile Callot. Am 3. Julisonntag Pardon von St-Carantec. Am Sonntag nach dem 15. August Pardon von Notre-Dame-de-Callot (der größte). Am 31. Dezember bzw. am 1. oder 2. Januar Pardon von Notre-Dame-de-Callot.
- *Schwimmbad* Die beheizten Becken im **Camping Les Mouettes** (s. u.) mit drei großen Wasserrutschen und einigen kleineren Wasserspielereien stehen auch Nichtgästen im Juli und August von 13.30–19 Uhr zur Verfügung.
- *Segeln/Surfen* **Centre nautique** an der Plage du Kelenn. Wochenkurse für Kinder und Erwachsene auf verschiedenen Bootstypen. ✆ 02.98.67.01.12.

Point Passion Plage beim Centre Nautique verleiht Surfbretter, Katamarane, Kajaks und andere Boote. Auch Unterricht, ✆ 02.98.67.01.12.
- *Tauchen* **Carantec Plongée**, ebenfalls an der Plage du Kelenn: Kurse, Tauchgänge, Ausrüstungsverleih und Atemluftverkauf. ✆ 02.98.67.95.37.
- *Wandern* 15 km Wanderwege entlang der Küste. Das Tourismusbüro hat eine Broschüre mit 6 in der Regel ca. 1-stündigen Wandervorschlägen um die Halbinsel herausgegeben.
- *Tennis* **Tennisclub 2 Baies**, beim Sportstadion. 3 Courts. Reservierung in der Nebensaison übers Office de Tourisme, im Juli/Aug. vor Ort unter ✆ 02.98.67.93.59. **Pen al Lann**, 5 Courts, am östlichsten Ortszipfel Carantecs, auch Übungsstunden. Allée du Cosmeur, ✆ 06.16.66.12.09 (Handy).
- *Golf* 9-Loch-Platz im Osten Carantecs an der Plage du Clouët, 25 gepflegte Hektar mit liebenswertem bretonischen Flair. Rue de Kergrist, ✆ 02.98.67.09.14.

*Übernachten/*Camping

- *Hotels* *** **De Carantec**, 12 Zimmer mit Meerblick in einer stilvoller Villa in einem kleinen Park, die teureren mit Zugang zu einem halbrunden, mit Liegemöbeln ausgestatteten großen Balkon. 50 m vom Strand entfernt. DZ je nach sanitärer Ausstattung 145–220 €. Ganzjährig geöffnet. 20, rue du Kelenn. ✆ 02.98.67.00.47, ✉ 02.98.67.08.25, patrick.jeffroy@wanadoo.fr, www.hoteldecarantec.com.
* **Le Relais**, in der Nähe der Kirche, von den Stränden 500 m entfernt. 20 einfache Zimmer in unterschiedlichem Sanitärstandard. Im Erdgeschoss Barbetrieb. DZ 28–39 € je nach Ausstattung. Ganzjährig geöffnet. 17, rue Albert Louppe, ✆ 02.98.67.00.42, ✉ 02.98.78.30.58, www.lerelais-carantec.fr.st.

- *Camping* **** **Les Mouettes**, westlich des Orts in der Nähe des Grand-Grève-Strands, bei Flut nahe Bademöglichkeit am Kiesstrand. Von Hecken unterteiltes, 2½-Hektar-Wiesengelände, etwas ältliche Sanitärs, warmes Spülwasser (!), Babywickelraum, Bar/Restaurant, Schwimmbecken mit Riesenrutsche und, und, und. In der Saison voll bis auf den letzten Platz. 350 Stellplätze. Geöffnet Mai bis 1. Septemberwoche. La Grande Grève. ✆ 02.98.67.02.46, ✉ 02.98.78.31.46, www.les-mouettes.com.
Les Hortensias, knapp 3 km außerhalb Richtung St-Pol-de-Léon, beim Dörfchen Kermen. Der einfache Bauernhof-Camping ist die familiäre, billigere und weniger durchorganisierte Alternative zu Les Mouet-

Carantec 287

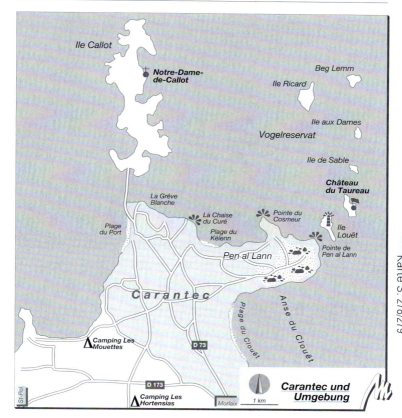

Carantec und Umgebung

tes, allerdings weit ab von Schuss und Meer. Verkauf eigener Agrarprodukte, warme Duschen. 25 Stellplätze. Geöffnet Mitte April bis Sept. Kermen-Carantec, ✆ 02.98.67.08.63.

Essen

● *Restaurants* **La Chaise du Curé**, mitten im Ort, nah der Kirche. Einfach gestyltes Lokal mit wenigen Tischen, Schwerpunkt Fisch und Meeresfrüchte. Ordentliche Qualität zu Durchschnittspreisen. Empfehlenswert ist die Lachsmousse mit Sauce armoricaine. Mi/Do geschlossen. 3, place de la République, ✆ 02.98.78.33.27.

La Cambuse, an der Plage du Port, dem Restaurant Le Cabestan angeschlossene Brasserie. Gut, reichlich und günstig, wenn es auch wegen der fröhlichen Bargäste etwas laut werden kann. Große Karte mit Fisch- und Fleischgerichten, für den kleinen Hunger Moules frites. Ergebnis unseres Testessens: vorzüglicher Lachssalat, ausgezeichnete Entenbrust und auf den Punkt gebratenes Pfeffersteak. Zum Nachtisch: Profiteroles au Chocolat (warme Schokowindbeutel mit Eis gefüllt). Und: Es gibt eine Nichtraucherecke. Außerhalb der Hauptsaison Mo/Di geschlossen. 7, rue du Port, ✆ 02.98.67.01.87.

288 Côte du Léon

Ile de Louët und Festung Taureau

Ausflug/Spaziergang

Ile Callot: Eine Ferien- und Wallfahrtsinsel, auf der im Winter vielleicht 20, im Sommer etwa 1000 Menschen leben. Bei Ebbe kommen Sie zu Fuß auf die der Landzunge vorgelagerte Insel hinüber, die Straße ist bis zur Halbflut begehbar, bevor sie völlig überspült wird. Die Spazierwege sind beliebt, die Inselränder viel besuchte Reviere der Angler und Fußfischer. Die *Kapelle Notre-Dame* aus dem 16. Jahrhundert (1808 neu gestaltet) mit ihrem gelungenen Turm und einer Wunder wirkenden Madonnenstatue ist das religiöse Zentrum des Inselchens: Gleich mehrere Wallfahrten finden jährlich statt, die größte am Sonntag nach dem 15. August zu Ehren der Jungfrau Maria der Ile Callot, mit der Segnung des Meers als Höhepunkt.

Chaise de Curé (Pfarrersstuhl): Hier sitzen nicht nur Geistliche gerne. Der Felsen mit Aussichtsplattform im Norden Carantecs erlaubt eine freie Sicht auf die Bucht von Morlaix und verschafft einen Überblick über die Ortsstrände von der Gréve Blanche bis zur Plage du Cosmeur auf Pen al Lann. Gleich links im Blickfeld liegt die Ile Callot.

Pointe de Pen al Lann: Etwa 1½ km südlich vom Zentrum führt ein kurzer Fußweg durch Kiefern zu dem Aussichtspunkt, ein kleiner Landstreifen, der in die Bucht von Morlaix ragt. Von hier können der kleine Felsklotz der *Ile Louët* mit ihrem Leuchtturm und die dahinter schwimmende *Festung Taureau* aus nächster Nähe genossen werden. Die Landspitze gegenüber im Osten ist die *Halbinsel von Barnenez* mit dem berühmten Fürstengrab (siehe *Cairn von Barnenez*).

Festung Taureau: Hinter der *Ile Louët* umspült das Meer die abweisenden Mauern einer Inselfestung. Das beliebte Fotomotiv wurde 1542 nach einem englischen Überfall auf Morlaix (siehe *Morlaix*/Kasten) zur Sicherung der Bucht von Morlaix auf einem kahlen Stück Fels errichtet und war während der Französischen Revolution ein ausbruchsicheres Gefängnis. Die „Küste der Legenden" kündigt sich an: Die Gerüchte, dass in den Mauern der Meerfestung auf dem öden Eiland Alchimisten ihrem gottlosen Handwerk nachgehen würden, wollten über Jahrhunderte nicht verstummen.

Baden

Die diversen Strände und kleineren Buchten gleich unterhalb der Siedlungszone sind das Kapital Carantecs. Die *Plage du Kélenn* ist der repräsentativste und bestbesuchte der fünf größeren Badestrände: 300 m lang, bei Flut noch 10 m breit, mit Rettungsstation, Mickey-Club, Segel-, Surf- und Tauchschule, Crêperien, Eissalon und Hundeverbot. Die *Grève Blanche* nordwestlich der Plage du Kelenn unterhalb der alten Befestigungsanlagen ist mit knapp 100 m Länge der zweite große Strand Carantecs. Neben diesen beiden umziehen weitere Strände und sandige Kleinbuchten die gesamte Halbinsel, wobei die Bademöglichkeiten an der *Penzé-Mündung* im Westen die schlechteren sind.

Saint-Pol-de-Léon (7100 Einwohner)

Die Nadelspitze der Chapelle Notre-Dame-du-Kreisker sticht zusammen mit den kürzeren Türmen der großen Kathedrale in den Himmel über St-Pol. Der weithin sichtbare Kreisker ist mit 77 m Höhe Rekordhalter in der Bretagne.

St-Pol ist eine ernste Stadt, über Jahrhunderte geprägt vom bretonischen Katholizismus. Überaus passend ist das Rathaus im alten Bischofspalais untergebracht. Die *Rue Général Leclerc* mit ihren vielen Kleingeschäften verbindet die beiden außergewöhnlichen Gotteshäuser der ehemaligen Bischofsstadt, in der sich noch immer das Leben um die Kirchen dreht. Ohne die zahlreichen Besucher, die wegen der einzigen französischen Kathedrale aus der Spitzbogenepoche und des höchsten Kreiskers der Bretagne kommen, würden die Bewohner des Städtchens ein wesentlich beschaulicheres Dasein führen. Ein Teil des Geldes, das die Touristen dalassen, wird offensichtlich ins Stadtbild investiert. Die alten Häuser aus dem 16. bis 18. Jahrhundert, die die Straßen des kleinen Zentrums säumen, präsentieren sich größtenteils frisch herausgeputzt. Vor einigen Jahrzehnten sahen dieselben Gebäude noch sehr marode aus.

Geschichte

Schon in vorgeschichtlicher Zeit lebten Menschen in und um St-Pol-de-Léon. Später legten römische Soldaten während der Besetzung Galliens ein Lager an, das nach ihrem Abzug von einheimischen Zivilisten übernommen wurde. Die Geschichte der heutigen Stadt beginnt damit, dass der Einsiedler *St-Pol Aurélien* im 6. Jahrhundert von seinen Kirchenoberen aufgefordert wird, die Insel Batz zu verlassen und nebenan auf dem Festland eine Bischofsstelle anzutreten. St-Pol findet eine halbverlassene, in Trümmern liegende römische Siedlung vor. Tatkräftig macht der erste Bischof der Basse Bretagne aus der lethargischen Gemeinde die *Cité sainte*, die heilige Stadt, ein religiöses und auch weltliches Zentrum in einem traditionell konservativen Landstrich.

1790 wird das Bistum von der Republik aufgelöst, doch der Kreisker kann sich gottlob als Leuchtturm bewähren – nur deshalb lassen die Republikaner die Nadel Gottes unversehrt. Nach der Revolution sinkt St-Pol-de-Léon zu einer Provinzstadt, im 20. Jahrhundert erlebt sie einen Aufschwung als gut besuchte Touristenstadt und Zentrum eines gemüsereichen Agrarlands.

Artischockenkrieg im Goldenen Gürtel

Die alte Landschaft Léon ist ein Teil des Goldenen Gürtels (Ceinture Dorée), der sich als landwirtschaftliche Gunstzone die Küste entlang nach Westen ausdehnt und intensiv für Gemüseanbau genutzt wird: Heute dominiert der Blumenkohl – drei Viertel aller französischen Blumenkohle wachsen im Goldenen Gürtel. Die Léoner Artischocke, einst das wichtigste Gemüse der Region, hat an Bedeutung verloren, deckt aber nach wie vor neun Zehntel des französischen Artischockenmarktes ab. Zwiebeln, Kartoffeln, Karotten, im Fruchtwechselrhythmus angebaut, ergänzen das fast ganzjährige Gemüsesortiment mit einem Schwerpunkt auf Frühgemüse.

1960 brach zwischen wütenden bretonischen Bauern und dem französischen Staat der Artischockenkrieg aus, den – es sei vorweggenommen – die Landmänner gewannen. Was war passiert?

Die Bauern, damals noch kaum genossenschaftlich organisiert, verkauften wie gewohnt ihre Ernte zum Großteil an private Großabnehmer, die im Rahmen eines festgesetzten Mindestpreises die Preise diktierten. 1960 kamen zwei Ereignisse zusammen: Die Regierung hatte die Preisbindung aufgehoben, und nach einer ausgesprochen guten Ernte waren jede Menge Artischocken zu haben. Als Folge purzelten die Preise in den Keller. Der Mensch lernt durch Erfahrung und durch Leidensdruck, so auch die bretonischen Artischockenbauern. Sie zogen zur berühmten „Artischockenschlacht" aus, nahmen die öffentlichen Gebäude in St-Pol-de-Léon und Roscoff ein, errichteten Straßenbarrikaden und verbrannten über 20 Millionen Artischocken auf riesigen Scheiterhaufen – den Rest der Ernte verkauften sie vom Traktor herab.

Das Landwirtschaftsministerium kapitulierte, und ein Jahr später war der Krieg vorbei: 3000 Bauern schlossen sich zur S.I.C.A. (Société d'Intérêt Collective Agricole) zusammen, die den Verkauf der Feldfrüchte organisierte und sich in Paris als starke Lobby in die Agrarpolitik einmischte. Das Förderungsgesetz von 1962, das die Landwirtschaft durch finanziellen Großeinsatz des Staates tatsächlich modernisierte, war der schönste Sieg der bretonischen Sturköpfe.

Information/Verbindungen/Diverses

- *Postleitzahl* 29250
- *Information* **Office de Tourisme**, hinter der Kathedrale an einem weiten Platz beim Rathaus. Nur wenige Hochglanzbroschüren, aber fachkundige Hilfe. Juli/Aug. Mo-Sa 9–12 und 14–19 Uhr, So 10–12 Uhr. Sept. bis Juni Mo–Sa 9–12 und 14–17.30 Uhr. Place de l'Évêché. ✆ 02.98.69.05.69, 📠 02.98.69.01.20, tourisme.st.pol.de.leon@wanadoo.fr, www.saintpoldeleon.fr.
- *Verbindungen* **Bus**: St-Pol liegt an den Buslinien Roscoff–Morlaix und Roscoff–Brest. Die 5 km nach Roscoff und weiter nach Brest werden werktags bis zu 8-mal bedient, die 20 km nach Morlaix mindestens 4-mal. Nach Carantec 5-mal täglich. Busbahnhof an der Place Michel Colombe hinter der Kreisker-Kapelle.
  Zug: St-Pol liegt an der Bahnlinie Morlaix–Roscoff. In jede Richtung 2-mal täglich. Bahnhof nördlich des Zentrums.
- *Parken* Um die große Kathedrale oder auf dem Platz hinter der Kreisker-Kapelle.
- *Fahrradverleih* **M. Desbordes** vermietet ganzjährig Drahtesel, ✆ 02.98.69.03.38.
- *Markt* Am Dienstag ganztägig im Stadtzentrum.
- *Wassersport* Gleich neben dem Strand von Ste-Anne ist das **Centre Nautique** von St-Pol-de-Léon. U. a. Verleih und Kurse für

Saint-Pol-de-Léon

Katamaran, Surfbrett, Optimist. ✆ 02.98.69.07.09.
• *Waschsalon* **Laverie du Kreisker**, zwischen Kathedrale und Kreisker-Kapelle in einer Seitengasse der Rue Général Leclerc. Täglich geöffnet. 14, rue Rozière.

Übernachten/Essen

• *Hotels* **** De France**, zur Citôtel-Kette gehörend. Im weißen Gebäude mit Schieferdach stehen 22 Zimmer zur Verfügung, alle mit Bad/WC. Privater Parkplatz. DZ 44–55 €. Ganzjährig geöffnet. 29, rue des Minimes. ✆ 02.98.29.14.14, ✆ 02.98.29.10.57, hotel.de.france.finistere@wanadoo.fr, www.hoteldefrancebretagne.com.
** Du Cheval Blanc, eine sympathische Adresse im Stadtzentrum, unweit der Kathedrale. 2005 komplett renoviert und mit einem verdienten zweiten Stern unter neuer, junger Regie wiedereröffnet. 19 sehr helle, schöne Zimmer, alle mit Dusche/WC und DSL-Anschluss. Privater Parkplatz. DZ 40–55 €. Ganzjährig geöffnet. 6, rue au Lin. ✆ 02.98.60.01.00, ✆ 02.98.69.27.75, contact@hotelchevalblanc.com, www.hotelchevalblanc.com.
Le Passiflore, an der Verlängerung der Hauptstraße nach Süden, in der Nähe des Bahnhofs. Günstiges Routiers-Restaurant. Bescheidene DZ mit Dusche/WC 40 €. 28, rue Pen Ar Pont, ✆ 02.98.69.00.52.
• *Camping* ***** Ar Kleguer**, etwa 2 km außerhalb am abseits gelegenen Stadtstrand von St-Pol. Schön gelegen und adrett angelegt auf der Landspitze der Halbinsel – Waldboden, Pinien zwischen Felsen und ringsum vom Atlantik umgeben. Bar, kleiner Spielplatz, beheiztes Schwimmbad, Tennis, Minigolf. 170 Stellplätze. Geöffnet April bis Sept. Le Vrennit.
✆ 02.98.69.18.81, ✆ 02.98.69.05.39, www.camping-ar-kleguer.com.
*** Trologot, beim vorgenannten gleich ums Eck, am Kiesstrand. Eigener Strandabschnitt und Bootslipanlage; flaches Heckengeländer mit Blick auf die Hochseeschiffe im Hafen von Roscoff. Schwimmbad. Sanitär einem 3-Stern-Platz angemessen. 114 Stellplätze. Geöffnet April bis Sept. Trologot. ✆ 02.98.69.06.26, ✆ 02.98.29.18.30, www.camping-trologot.com.
• *Restaurant* **La Petite Brocante**, kleines Restaurant in einer Gasse der Altstadt, mit Straßenbetischung. Dienstagabend und Mi geschlossen. Menüs von 17–27 €. 8, rue aux Eaux, ✆ 02.98.19.10.95.
• *Crêperie* **Kreiz Kastell**, direkt neben der Petite Brocante (s. o.). In der beliebten, gemütlichen Crêperie ist einzig die Bedienung gestresst. Crêpes und Menüs von 12–20 €. 12, rue aux Eaux, ✆ 02.98.69.15.83.

Sehenswertes

Kathedrale: Bis 1790 war die Basilika Bischofskirche, 1901 wird sie den Minoriten zugeeignet, doch ihre Geschichte reicht bald 800 Jahre zurück: Ein normannischer Baumeister aus Caen beginnt im Auftrag des Bischofs *Derrien* 1230 den Bau des Hauptschiffs und verwendet in diesem entlegenen Winkel der Bretagne elfenbeinfarbenen Kalkstein aus der Normandie. 1331 wird die Kathedrale nach über 100 Jahren Bauzeit geweiht, doch ist sie noch lange nicht vollendet. Bis über die Mitte des 16. Jahrhunderts hinaus wird an ihr gebastelt, wobei im Chor, der Apsis und den Seitenkapellen der helle Kalkstein der ungeliebten Normannenkonkurrenz ersetzt wird: 1431 markieren bretonische Gesellen ihre behauenen Steine, dunkler einheimischer Granit, trotzig mit dem regionalen Zunftzeichen.

Schließlich ist trotz der langen Bauzeit und trotz Konkurrenz der ausführenden Handwerker ein wohlproportioniertes Gebäude entstanden, nicht besonders groß, nicht besonders prächtig, aber in der klaren Form gotischer Idealarchitektur: Spitzbogenarkaden und Bündelpfeiler sorgen für schlichte Eleganz, Seitenkapellen durchbrechen raumgreifend die Fassadenführung, zwei Türme, etwa 50 m hoch, schließen vollendet die Westseite ab. Die exponierte Vorhalle auf der Südseite ist heute der Haupteingang, auf ihrer Brüstung gab einst der Bischof der Gemeinde seinen Segen.

Nach dem Eintritt offenbart sich die wahre Pracht des Doms. Blaurotes Licht dringt durch die *Fensterrosetten* im Querschiff, Bilderfenster erzählen strahlend

Sozusagen himmelsstürmend: die Chapelle Notre-Dame-du-Kreisker

ihre frommen Geschichten. Im Dämmerschein unter dem erhabenen Gewölbe des Gotteshauses prunken die angehäuften Schätze der Bischöfe von Léon: eine Fülle von Altären, Skulpturen, Bischofsgräbern, Bildern und mittendrin – vor dem Hochaltar – der größte Schmuck: das stolze *Chorgestühl* aus massivem Eichenholz (1512) mit phantastischen Schnitzereien. Szenen aus dem Leben von St-Pol, Blinde, Musikanten, Paralytiker, Fratzen, Totenschädel, Mönchlein und Tiere – alles mit viel Liebe fürs Detail gearbeitet. Über dem Altar aus schwarzem Marmor erhebt sich schlank das sogenannte *Kolumbarium*, ein geschnitzter Palmzweig, dessen gebogenes Ende den Hostienbehälter barg. Selten ist das *Wandgrab* im rechten Chorumgang: 34 beschriftete Kästchen mit ausgewählten Totenschädeln von Honoratioren der Stadt, die posthum vom Friedhof in die Kirche übersiedelt wurden.

Kapelle Notre-Dame-du-Kreisker: Um die Entstehung der Kreiskerkapelle rankt sich eine kleine Legende. Eine Näherin verstieß laufend gegen das 5. Gebot und arbeitete auch an Sonn- und Feiertagen. Ein werkelnd verbrachter Festtag zu Ehren der Jungfrau Maria wurde ihr schließlich zum Verhängnis, ihre Strafe bestand aus einer Ganzkörperlähmung. Nach aufrichtiger Reue wurde sie von *St-Kireg* geheilt und stiftete der heiligen Jungfrau ihr Häuschen, das nach ihrem Willen in eine Marienkapelle umgebaut wurde, die schon bald von Händlern und Seefahrern als Andachtsstätte aufgesucht wurde.

Tatsache ist, dass die erste Kapelle 1375 von den Engländern so beschädigt wurde, dass ein Neubau nötig war. Nach Blitzschäden 1668 wurde die Kapelle so gestaltet, wie sie sich heute zeigt: der ganze Granitbau leicht geneigt, das Innere im sanften Licht der Buntglasfenster barock geschmückt. Die musikalisch untermalte Innenbesichtigung gehört in die Abteilung „stimmungsvoll"; schönstes Detail ist der Altar im rechten Seitenschiff aus dem 17. Jahrhundert. Der *Turm*, aus der Mitte der Großkapelle aufragend, ist das große und unerreichte Vorbild für die folgenden

Kreiskergenerationen. 77 m über der Erde endet der schwerelos in die Höhe strebende Kreisker in einer zart durchbrochenen, filigranen Spitze, in deren luftigen Ornamenten die Sonne spielt. Der Turm kann prinzipiell bestiegen werden. Wir weisen aber darauf hin, dass sich die 169 Stufen sehr eng hinaufwinden. Menschen ab einer bestimmten Körperfülle können nur hoffen, dass sie im Gegenverkehr auf kein Pendant stoßen. Oben auf der Brüstung völlig ungehinderter Rundblick.

Öffnungszeiten des Turms Während der Saison täglich außer zu Gottesdienstzeiten.

Kapelle St-Pierre: Sie steht auf dem Friedhof der Stadt (östlich des Zentrums), in dessen Umfassungsmauer einige kleine Beinhäuser eingebaut sind. Die ältesten Teile der Kapelle reichen ins 15. Jahrhundert zurück, doch ihre größte Sehenswürdigkeit sind die Fenster aus der Neuzeit, die biblische Geschichten erzählen – besonders prächtig im vormittäglichen Sonnenlicht.

Baden

Der *Stadtstrand Ste-Anne*, etwa 2 km vom Zentrum, breitet sich kiesdurchsetzt und wenig aufregend vor der Mole des kleinen Jachthafens und Wassersportzentrums aus. Ringsum liegen einige ebenso wenig aufregende kleinere Strände wie z. B. der *Strand von Kersaliou*. Letzterer ist bei Ebbe immerhin ein ideales Revier für Fußfischer.

St-Pol-de-Léon/Umgebung

Château de Kérouzéré: Hinter dem von zwei Löwen flankierten Tor führt eine Allee zum wehrhaften Burgschlösschen mit schwarzen Kegeldächern, den ehemaligen Park bedecken Ackerflächen. 1425 erbaut, stehen noch drei von vier Ecktürmen und tragen mit ihren Pechnasen massiv zum abweisenden Burgcharakter bei. Das kostenlose Lustwandeln im Nutzgarten ist jederzeit erlaubt, eine geführte Innenbesichtigung (Stilmöbel) wird nur von Mai bis Oktober angeboten.

Anfahrt Auf der D 10 in Richtung Westen bis Sibiril, von dort ausgeschildert.

Château de Kergornadéac: Etliche Hinweisschilder weisen auf den halbamtlichen Besichtigungspunkt inmitten einsamer Landschaft unmittelbar neben der Straße hin. Völlig zerfallen präsentieren sich die Reste der letzten in Frankreich gebauten Wehrburg (1630) neben einem Herrenhaus. Privatbesitz.

Anfahrt Ab St-Pol-de-Léon auf der D 788 nach Südwesten. 2 km nach Berven in Mengleus auf die D 30 nach rechts und gleich das nächste Sträßchen wieder rechts (beschildert).

Château de Kerjean: Erker, Türmchen, Kolonnaden und weiße Fensterrahmen im düstergrauen Granit gestalten die Fassade der robust-verspielten Behausung eines bretonischen Landadeligen inmitten eines weitflächigen, grasgrünen Parks. Um 1550 legte Louis Barbier, Neffe des Abtes von St-Mathieu, das großzügige Erbe seines Onkels in gehobener Wohnkultur an. Das einstige „Versailles von Léon" galt bis 1710 als Muster-Renaissance-Château des Regierungsbezirks Léon. Dann brannte es ab, wurde geplündert und erst spät – bis auf den rechten Seitenflügel – originalgetreu wieder aufgebaut, wirkt aber durch die noch nicht beseitigten Zerstörungen und leeren Fenster, die nur ein Stück des Himmels rahmen, unausgewogen. Die rechte Seite fehlt dem Auge doch. In einem Teil des Inneren ist ein kleines, auf Möbel spezialisiertes *Heimatmuseum* untergebracht. Die Kapelle ist ebenso zu besichtigen wie das Zimmer, in dem *Françoise Barbier* vier aufdringliche Italiener aufbewahrte (siehe Kastentext *Eine halberotische Novelle*).

● *Anfahrt* Ab St-Pol-de-Léon auf der D 788 nach Südwesten. Über Berven, Plouzévédé, St-Vougay über kleine Nebenstraßen nach Kerjean (nur teilweise beschildert).

294 Côte du Léon

- *Öffnungszeiten* April bis Mitte Juni und 2. Septemberhälfte 14–18 Uhr, Di geschlossen; 2. Juni- und 1. Septemberhälfte 10–18 Uhr, Di geschlossen; Juli/Aug. täglich 10–19 Uhr; Okt. bis März Mi und So 14–17 Uhr. Eintritt 5 €.
- *Veranstaltungen* Kerjean ist mit seinem wechselnden Veranstaltungs- und Ausstellungsprogramm am bretonischen Kultursommer beteiligt. So widmete sich einmal die Ausstellung „An Taolennoú" – Die Sünde in Bildern – anhand der sog. Missionsgemälde den Sündenpredigten. Ein andermal wurde dem geheimnisvollen Zusammenhang zwischen Architektur und menschlichem Körper nachgespürt.

> **Eine halberotische Novelle**
>
> Natürlich beginnt die Geschichte in Italien. *René Barbier*, Herr von Kerjean, weilte in Florenz bei *Maria von Medici* und musste das unsittliche Treiben der italienischen guten Gesellschaft mit ansehen, wo es in buntem Reigen so ziemlich Jede mit Jedem trieb. Nur Monsieur wollte nicht mittanzen. Seine Ehe mit der wunderschönen Françoise, so erzählte er leicht angewidert den florentinischen Schürzenjägern, sei eine monogame Gemeinschaft, rein im Sinne der Moral und des Glaubens.
>
> Er erzielte mit seiner Geschichte bei Hof einen großen Lacherfolg, die leichtlebigen Italiener glaubten ihm kein Wort, und der erboste Bretone ging mit vier Hofschranzen eine törichte Wette ein: Sie wollten nach Kerjean reisen, mal eben seine brave Gattin verführen und als Beweis einige intime Gegenstände zurückbringen. Top, die Wette galt. Übermütig gab ihnen der siegessichere brave Bretone sogar noch jede Menge Tipps mit, und vier erfolgsgewohnte Aufreißer machten sich auf den Weg in die Bretagne. Und kehrten nicht zurück.
>
> Langsam aber trafen nacheinander die verabredeten Gegenstände ein, sodass René Barbier schließlich sorgenvoll, überstürzt, in Zweifeln verloren und von Eifersucht geplagt nach Hause fuhr, wo er eine gutgelaunte Françoise vorfand, die ihm mit den Worten „René! Endlich!" freudig in die Arme fiel. Die vier Höflinge waren auch noch da. Eingesperrt in einem Raum, vertrieben sie sich mit Weiberarbeit die Zeit: Die Schlossherrin war hinter das üble Spiel gekommen und hatte die Edelleute dazu verdonnert, solange Tuch für sie zu weben, bis ihr Gemahl wieder zurück war und sich mit eigenen Augen von der sexuellen Standhaftigkeit seiner Gattin überzeugen konnte.

Roscoff (3550 Einwohner)

Die Zwiebel sorgte für das Image der Roscovites auf der britischen Insel: Die „Zwiebeljohnnies" aus Roscoff brachten im 19. Jahrhundert ihre tränentreibenden Knollen lieber im Direktverkauf in England unters Volk, da war die Gewinnspanne höher. Taktvoll erinnert die Rue des Johnnies an alte Geschäftsverbindungen.

Der Zwiebelexport ist im Rahmen der Europäischen Gemeinschaft wieder aufgelebt, nur kommen heute die Briten zu den Zwiebeljohnnies – gleich schiffsladungsweise fallen die englischen Urlauber in Roscoff ein: In der Bretagne ist das Städtchen neben St-Malo die einzige Anlaufstelle für Fährschiffe aus England. Doch trotz des Rummels und der ausgeprägten touristischen Infrastruktur behielt der Kern der alten Hafenstadt sein ursprüngliches Ortsbild – am Ende einer ins Meer

Roscoff, Einfallstor für British people

ragenden Felsklippe suchen dunkle Häuser, trutzig zusammengeschart, Schutz gegen die Fluten des Ozeans.

Im Sommer wohnen 12.000 Menschen in und um Roscoff. Daneben sorgen England-Fähren und Insel-Batz-Tourismus für viel Laufkundschaft, der der Ort Rechnung trägt: Zahlreiche Bars und Verköstigungsbetriebe aller Preisklassen sowie etliche Hotels versorgen den kontinuierlichen Gästestrom. Neben einigen Granithäusern aus dem Mittelalter besitzt Roscoff mit dem Turm der *Kirche Notre-Dame de Kroaz-Batz* einen der der schönsten bretonischen Kirchtürme. Weniger von touristischem, dafür von erheblichem wissenschaftlichem Interesse ist das *Meeresinstitut von Roscoff*, eines der größten Ozean-Forschungszentren Europas mit einem angeschlossenen *Aquarium*.

Geschichte

„Schlaf, schlaf deinen tiefen, granitenen Schlaf, du Loch der Piraten, altes Korsarennest", schrieb der bretonische Poet Tristan Corbière (1845–1875) und erinnerte damit an wagemutige Korsaren und investitionsfreudige Kaufleute, die im 16. Jahrhundert Roscoffs Wohlstand begründeten – damals galt die Stadt als besonders berüchtigtes Piratennest. Nichtsdestoweniger landete am 13. August 1548 *Maria Stuart* im zarten Alter von fünf Jahren in Roscoff, blieb einige Tage und reiste nach Morlaix weiter, wo sie sich mit dem französischen Thronprinzen Franz II. verlobte. Die Tage dieses Besuchs sind das wichtigste von den Chronisten vermerkte Ereignis der Stadtgeschichte.

Im 19. Jahrhundert, Korsaren gab es keine mehr, muss Roscoff eine düstere Stadt gewesen sein, die nur in England bekannt war: In monatelangen Verkaufstouren zogen die Roscoviter Gemüsehändler im Süden der britischen Insel herum, bis sie im mühsamen Kleinhandel ihre Erzeugnisse, vor allem Zwiebeln, losgeschlagen hatten.

296 Côte du Léon

1899 bereitete die Erfindung der Thalassotherapie, eine Kur gegen Knochenleiden und Beschwerden des vegetativen Nervensystems (siehe *Wissenswertes A–Z/ Thalasso-Therapie*), einen neuen wirtschaftlichen Aufschwung vor. Die ersten Hotels wurden errichtet, und die ersten Gäste kamen zum Wohl ihrer Gesundheit. Seitdem ist die Stadt in einem steten Aufwärtstrend begriffen, der internationales Flair in die alten Mauern bringt.

Roscoff, früher nur als Hafen von St-Pol-de-Léon von Bedeutung, ist seit 1973 in Eigenregie „ein Tor zur Bretagne". In diesem Jahr gründeten einheimische Bauern die Fährgesellschaft „Brittany Ferries", um ihr Gemüse kostengünstig nach England zu transportieren. Heute werden im gezeitenunabhängigen Handels- und Fährhafen neben den Agrarprodukten des Goldenen Gürtels hauptsächlich Angelsachsen und deren Kraftfahrzeuge umgeschlagen.

Information/Verbindungen

- *Postleitzahl* 29680
- *Information* **Office de Tourisme**, gegenüber der alten Kapelle Ste-Anne, gleich hinter dem Kai. Auskünfte, Reservierungen, Buchungen, wechselnde Ausstellungen zu landeskundlichen Themen; ein Faltblatt schlägt diverse Stadtspaziergänge vor. Öffentlicher Internet-Anschluss. Juli/Aug. Mo–Sa 9–12.30 und 13.30–19 Uhr, So 10–12.30 Uhr; Sept. bis Juni Mo–Sa 9–12 und 14–18 Uhr. 46, rue Gambetta. ✆ 02.98.61.12.13, ✉ 02.98.69.75.75, tourisme.roscoff@wanadoo.fr, www.roscoff-tourisme.com.
- *Bus* Busbahnhof beim Bahnhof. Busse immer über St-Pol-de-Léon Richtung Brest (werktags bis zu 8-mal) oder nach Morlaix (täglich mind. 4-mal).
- *Zug* Wegen der Englandfähre wurden die Gleise bis nach Roscoff verlegt; Stichbahnhof im Süden des Zentrums. Über St-Pol-de-Léon nach Morlaix. Dort muss stets umgestiegen werden, egal, ob es Richtung Brest oder Richtung Paris weitergeht.
- *Schiff* **Fähre zur Insel Batz**, die Boote legen bei Flut direkt an der ehemaligen Criée ab, bei Ebbe muss man den 1 km langen Steg (L'Estacade) ablaufen. Juli bis Mitte Sept. alle 30 Minuten (letzte Abfahrt Roscoff 20 Uhr); Mitte Sept. bis Juni. täglich bis zu 7-mal. Dauer der Überfahrt etwa 15 Min., Retourticket 7 €, 4–11-Jährige 4 €, Fahrrad 7 €.
Fähre nach England, Start am modernen Fährhafen Gare Maritime de Bloscon, einem gezeitenunabhängigen Tiefwasserhafen etwa 2 km östlich der alten Stadt. Mit Brittany Ferries nach Cork/Irland oder in 6 Stunden nach Plymouth/England – die kürzeste und frequentierteste Strecke. Ebenfalls im Geschäft sind Irish Ferries, die die Strecke Roscoff/Cork/Rosslare bedienen.

Diverses

- *Parken* Am zentralsten auf den (im Sommer gebührenpflichtigen) Stellplätzen am Kai vor dem Fischer- und Jachthafen.
- *Internet* Gebührenpflichtiger Zugang im Office de Tourisme.
- *Bootsausflug* Am Kai des Fischer- und Jachthafens unmittelbar vor der Stadt legen die Vergnügungsboote verschiedener Veranstalter ab. Angeboten werden während der Saison an wechselnden Wochentagen Ausflüge durch die **Bucht von Morlaix** mit den Vogelinseln (Dauer 2½ Std.), eine Fahrt zum **Château Taureau** oder zum **Cairn von Barnenez** sowie eine **Rundfahrt um die Insel Batz**. Auskunft und Buchung im Tourismusbüro.
- *Einkaufen* Wer wissen will, was aus Algen alles so hergestellt wird, kann zu Geschäftsöffnungszeiten den Laden **Comptoir des Algues** (beim Tamaris-Hotel) besuchen. Die Produkte können auch gekauft werden.
- *Markt* Gut frequentierter Wochenmarkt am Mittwochvormittag am Quai d'Auxerre.
- *Criée* Die neue Criée am Fährhafen von Bloscon hat eine spezielle Balustrade für Besucher. Eine Ausstellung mit Videofilm erklärt die Criée auf anschauliche Weise, durch das Fenster sieht man den Fischern bei der Arbeit zu. Führungen: Mitte März bis Juni sowie Sept. Mi um 15 Uhr. Juli/ Aug. Mo–Fr 11, 15 und 17 Uhr. Eintritt 4 €.
- *Pardon* Am 3. Julimontag zu Ehren von Ste-Barbe.

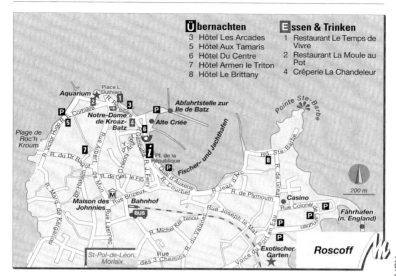

Übernachten
- 3 Hôtel Les Arcades
- 5 Hôtel Aux Tamaris
- 6 Hôtel Du Centre
- 7 Hôtel Armen le Triton
- 8 Hôtel Le Brittany

Essen & Trinken
- 1 Restaurant Le Temps de Vivre
- 2 Restaurant La Moule au Pot
- 4 Crêperie La Chandeleur

• *Veranstaltungen* Der Veranstaltungskalender von Roscoff ist – zumindest in der Hauptsaison – bunt, den Rest des Jahres über ist eher tote Hose. Zu den Highlights im Sommer zählen Openair-Konzerte, Kinderfeste und Feuerwerk. Ein Anklang an die Vergangenheit der Stadt ist das Zwiebelfest **Fête de l'oignon rose** im August. Infos im Office de Tourisme.

• *Wassersport* **Centre nautique** am Fischer- und Jachthafen, diverse Kurse für Kinder, Erwachsene und Familien. Quay d'Auxerre, ✆ 02.98.69.72.79.

• *Casino* In der Nähe des Fährhafens erst Ende der 1990er Jahre hochgezogen. Glücksautomaten, Boule, Black Jack, Roulette. „Votre plaisir est notre satisfaction" – Ihr Vergnügen ist unsere Freude. Klar. Neben Engländern werden ab 22 Uhr gerne auch andere Nationalitäten abgezockt.

Übernachten/Essen

• *Hotels* An Hotels mangelt es in Roscoff nicht. Die Auswahl ist groß, vor allem in der Mittelklasse.

*** Le Brittany (8), das schlossähnliche Hotel mit 25 Zimmern, direkt am Meer, ist Roscoffs gediegenste Übernachtungsadresse. Ansprechende Zimmer, teilweise mit Meerblick, sanitär sehr gut ausgestattet. Eigenes Schwimmbad. Im hoteleigenen Restaurant „Le Yachtman" Menüs ab 20 €. DZ 98–255 € je nach Zimmerlage, Größe und Saison. Geöffnet Mitte März bis Nov. Boulevard Ste-Barbe. ✆ 02.98.69.70.78, 02.98.69.61.13.29, hotel.brittany@wanadoo.fr, www.hotel-brittany.com.

** Du Centre (6), direkt am Hafen und seit der Komplettrenovierung 2002 zum „Petit Hôtel de Charme" avanciert. Das Haus ist klein, nicht aber die 16 komfortabel ausgestatteten Zimmer. Einzig in der obersten Etagen mussten sie abgeschrägt werden. Angenehme Terrassenbar „Chez Janie" zum Hafen hin. WiFi-Zugang. DZ 59–108 € je nach Zimmerlage und Saison. Geöffnet Mitte Feb. bis Mitte Nov. Le Port.
✆ 02.98.61.24.25, 02.98.61.15.43, contact@chezjanie.com, www.chezjanie.com.

** Aux Tamaris (5), 2004 renoviertes Hotel, 26 Zimmer mit komfortabler Sanitärausstattung, WiFi-Zugang und schöner Aussicht. DZ 52–75 €. Geöffnet Mitte Feb. bis Mitte Nov. 49, rue E. Corbière.
✆ 02.98.61.22.99, 02.98.69.74.36, auxtamaris@dial.oleane.com, www.hotel-aux-tamaris.com.

** Armen Le Triton (7), gutbürgerliches Garni-Hotel in einem ruhigen Viertel, etwa 100 m zum Meer. Schöne Gartenanlage, 45 Zimmer mit Dusche oder Bad/WC. DZ 49–

Bretonische Spitze

63 €. Geöffnet Mitte Feb. bis Mitte Nov. Rue du Dr Bagot. ✆ 02.98.61.24.44, ✉ 02.98.69.77.97, resa@hotel-letriton.com, www.hotel-letriton.com.

** Les Arcades (3), seit 1911 von derselben Familie geführtes Haus in der Nähe des Hafens. 24 gut ausgestattete Zimmer in einem schönen, efeuumrankten Gebäude mit Arkaden. Teils Blick auf die abfahrenden/ankommenden Fährschiffe. Schönes Restaurant mit Außenterrasse und Meerespanorama (Menü ab 15 €). DZ je nach sanitärer Ausstattung 39–63 €. Geöffnet Ostern bis Okt. 15, rue Amiral Réveillière. ✆ 02.98.69.70.45, ✉ 02.98.61.12.34, lesarcadesroscoff@wanadoo.fr, www.hotel-les-arcades-roscoff.com.

• *Camping* **** Municipal Perharidy**, 2½ km westlich von Roscoff, vor der Pointe de Perharidy. Recht gut eingerichtetes Stützpunktcamp, aber am Ende der Saison ist die große Wiese völlig abgewirtschaftet. 200 Stellplätze und 17 gut ausgestattete 4-Personen-Bungalows. Geöffnet April bis Okt. ✆ 02.98.69.70.86, ✉ 02.98.61.15.74, www.camping-aux4saisons.fr.

** Kerestat Peoc'h, im Landesinneren südlich von Roscoff, westlich der Straße von Morlaix beim gleichnamigen Herrenhaus mit Gratis-Museum (Aufkleber-Etiketten für Früchte) und Park. Für den längeren Aufenthalt trotzdem nicht so idyllisch. 32 Stellplätze. Geöffnet Juli/Aug. ✆ 02.98.69.71.92.

• *Restaurants* **Le Temps de Vivre (1)**, zentral am Kirchplatz; keine Schnellabfertigung, sondern aufmerksamer Service und geschmackvolle, wechselnde Gerichte. Der Name des Lokals – Zeit zum Leben – ist auch die Philosophie der Familie Crenn. Menüs 39–90 €. Unser Vorschlag für 39 €: Austern als Vorspeise, dann Seelachs mit Kartoffelcreme im Krustentierjus, zum Nachtisch 2 kleine Desserts. Place Lacaze Duthiers, ✆ 02.98.61.27.28.

La Moule au Pot (2), hinter der Kirche. Der Muschelspezialist von Roscoff. „Eine liebevolle Einrichtung, alles so zusammengesammelt; es gibt einen schönen kleinen Garten, und es schmeckt" (Leserbrief). Geöffnet Mai bis Nov. 13, rue Edouard Corbière. ✆ 02.98.19.33.60.

• *Crêperie* **La Chandeleur (4)**, die preiswertere Alternative liegt in Hafennähe. Kein berauschendes Interieur, dafür aber gute Crêpes. Mo geschlossen. 34 rue Amiral Réveillère, ✆ 02.98.69.70.23.

Sehenswertes

Kirche Notre-Dame de Kroaz-Batz: Stolze Bürgerhäuser flankieren den Platz um die Kirche Unserer Lieben Frau vom Balkenkreuz, lassen selbst das säulchengegliederte Beinhaus mit dem steilen Dach verblassen, aber gegen den *Glockenturm* kommen sie nicht an: Wie die Kirche im Übergang von der strengen Gotik zur verspielten Renaissance im 16. Jahrhundert erbaut, wird er, vierfach abgestuft, von zwei Balkons und zierlichen Laternentürmchen spielerisch zu seiner Spitze getrieben. Vier Glocken schwingen auf zwei Stockwerken luftig im Freien.

Über dem Hauptportal verwittert ein *Segelschiffrelief* mit Kanonen, ein zweites Schiff findet sich an der gegenüberliegenden Rückseite. Von gläubigen Korsaren in Auftrag gegeben, erzählen sie vom Zusammenspiel der Kirche mit heimatliebenden Freibeutern und stellen klar, dass der Korsarenberuf, heute geächtet und verfemt, einst ein ehrbares Handwerk war.

In der Saison ist die Kirche vor und nach der Mittagspause zu besichtigen. Der größte Schatz im Inneren sind sieben *Reliefs* aus Alabaster mit Stationen aus dem Leben Christi (15. Jh., an einem Altar im rechten Seitenschiff). Besonders gelang dem Künstler die Himmelfahrt, die er aus dem Blickwinkel der Zurückbleibenden darstellt – nur die Füße des entschwebenden Gottessohns sind noch zu sehen.

Aquarium: Zwei Fußminuten hinter der Kirche, eindrucksvoll in einem wuchtig-klassizistischen Granitgebäude mit Turm untergebracht. Es ist nur ein kleiner, aber den Besuchern zugänglicher Teil des bereits 1872 gegründeten Biologischen und Ozeanographischen Instituts von Roscoff, das rund 100 Angestellte beschäftigt. In den Ausstellungsbecken haben 300 verschiedene Spezies des Meeres eine kleine Heimat gefunden. Das Schwergewicht bilden die Krustentiere – hier können Sie lebendig sehen, was im Restaurant gegrillt und gebraten serviert wird. Das dazugehörige kleine Ozeanographische Museum mit Videofilmen und Erläuterungstafeln ist für den theoretischen Teil des Besuchs zuständig.

Öffnungszeiten Juli/Aug. täglich 13.30–18.30 Uhr, gelegentlich auch morgens. April bis Juni und Sept. 13.30–17.30 Uhr. Eintritt 4,50 €, ermäßigt 2,50 €.

Haus der Maria Stuart: Beim Kai in der Rue Admiral-Réveillère 25, steht das Granithaus aus dem 16. Jahrhundert, in dem die fünfjährige Maria Stuart auf die Weiterreise nach Morlaix gewartet haben soll. Zwischen dem Haus und dem Wachtürmchen der alten Stadtmauer stand bis 1934 eine Kapelle, von der einzig der Eingang nicht abgerissen wurde. Hier erinnert eine Inschrift an die unglückliche Thronanwärterin.

Maison des Johnnies et de l'Oignon Rosé: Das städtische Museum widmet sich ganz dem einstigen Zwiebelexport auf die britische Insel. Schwerbeladene Wanderhändler aus Roscoff, Santec und St-Pol-de-Léon zogen bis 1914 zu Fuß, später mit dem Fahrrad von Plymouth bis Land's End, wo sie mit etwas Glück die letzten Zwiebeln losschlagen konnten. Das früher in der kleinen Kappelle *Ste-Anne* untergebrachte Museum zog 2004 in ein altes Bauernhaus an der Rue Brizeux um, wo die Zwiebelgeschichten etwas mehr Platz haben.

Öffnungszeiten Nur Führungen (1 Std.). Mitte Juni bis Mitte Sept. Mo–Fr 11, 14, 15.30 und 17 Uhr, So 14, 15.30 und 17 Uhr. Mitte Sept. bis Mitte Juni Di 10.30 Uhr und Do 14.30 Uhr. Eintritt 4 €.

Exotischer Garten: Kleines, sehr reizvolles Gelände rund um einen Aussichtsfelsen an der Küste südlich des Fährhafens. Der milde Einfluss des Golfstroms lässt in und um Roscoff exotische Pflanzen und Früchte gedeihen. Hier und auf der Insel Batz wachsen die nördlichsten Feigenbäume Europas. Der älteste von ihnen (1610 von Kapuzinermönchen gepflanzt) erlaubte bis kurz vor seinem Tod Anfang der 1990er noch Ernten von bis zu 400 kg/Jahr, heute zieren seine Nachkommen diverse Gärten. Insgesamt versammelt der Exotische Garten 1500 Pflanzen aus der südlichen Hemisphäre.

Öffnungszeiten März und Nov. täglich 14–17 Uhr. April bis Juni und Sept./Okt. täglich 10.30–12.30 und 14–18 Uhr. Juli/Aug. täglich 10–19 Uhr. Eintritt 5 €.

Baden

Rund um Roscoff sind sieben Badestrände ausgewiesen. Der Hauptstrand *Plage de Roc'h Kroum* ist 100 m lang und von Umkleidekabinen bis zum Schirmverleih voll ausgestattet. Die besten Strände sind ohne Infrastruktur und liegen in der Bucht westlich der Stadt. Ebenfalls sehr schön ist die *Plage de Perharidy-Pouldu* westlich der Pointe de Perharidy. Bei Ebbe sind, wie hier überall an der Küste, die Fußfischer zugange – dann hat sich das Meer weit von Roscoff zurückgezogen. Schlechtwettertipp: Im beheizten *Meerwasserschwimmbad* des Thalassozentrums an der Plage de Roc'h Kroum stören weder Wind noch Regen.

> ### St-Pol Aurélien
> Der heilige *Pol* oder *Paul*, einer der Gründungsheiligen der Bretagne, erhielt den Beinamen Aurélien, um Verwechslungen auszuschließen. Er lebte bis zum Jahr 530 mit zwölf Gefährten in Wales als Kaplan des legendären Königs Tintagel, doch diese Stelle füllte ihn nicht aus – er wollte für Gott neue Seelen gewinnen. Er kündigte seine Stelle und landete auf der Insel Ouessant, wo seine missionarischen Bemühungen auf den noch unfruchtbaren Boden der Inselheiden fielen. Auf Batz, seiner nächsten Station, fand Pol klimatisch wie bekehrungstechnisch günstige Bedingungen vor und machte durch Wunderheilungen bald überregional von sich reden. Spätestens nach seiner Drachendressur war er eine Berühmtheit, und die Leute erzählen die Geschichte so:
> Ein hungriger, fleischfressender Drache tyrannisierte die Inselbewohner, und der Häuptling beauftragte den Kirchenmann mit der Entfernung des Untiers. Pol zog los. Als er dem Monster gegenübertrat, kämpfte er nicht, sondern schlang seine Stola um den Drachenhals, führte seinen willenlosen Gefangenen an den Inselrand, der Drache sprang auf Zuruf ins Meer und ward nie mehr gesehen.
> P. S. Die Original-Stola des heiligen Pol ist in der Dorfkirche zu bewundern. Angemerkt sei, dass der Stoff eine morgenländische Arbeit aus dem 12. Jahrhundert ist und Pol im 6 Jahrhundert lebte – ein weiteres Wunder.

Insel Batz (600 Einwohner)

Ein flacher Felsrücken von 357 Hektar unweit des Festlands, 3½ km lang und 1½ km breit. Die einzige frucht- und bewohnbare Insel des riffdurchpflügten Ozeans vor Roscoff ist im Winter völlig abgeschieden, im Sommer ist die Ile de Batz ein viel besuchtes Ziel im Nordfinistère.

Noch heute herrscht auf der Insel die traditionelle geschlechtliche Arbeitsteilung: Gemüseanbau und Tangsammeln ist Frauenarbeit, Schifffahrt und Ackerbau eine Domäne der Männer. Und die Touristen, ob männlich oder weiblich, besichtigen die *romanische Kapelle* mit einem christianisierten Dolmen, stehen am Schlangenloch *(Toul al Serpent)* an der Stelle, wo St-Pol den Drachen ins Meer schickte oder besuchen den *Leuchtturm*. Andere lassen es sich einfach bei Spaziergängen und Radtouren gut gehen oder baden in einer der vielen Buchten. Der schönste Strand, *Aod Venn*, liegt im Nordosten hinter den Häusern von Porz Melloc. Im Süden kann das Baden wegen Strömungen gefährlich werden.

Jardin Georges Delaselle: Wie Roscoff profitiert auch die Ile de Batz vom Klima des Golfstroms, der hier im nördlichen Finistère südländische Pflanzen aller Art zum Blühen bringt. Liebhaber exotischer Gärten machen sich auf ins Gartenparadies des Jardin Georges Delaselle im Osten der Insel.

Öffnungszeiten April bis Juni und Sept./Okt. 14–18 Uhr, Di geschlossen. Juli/Aug. täglich 13–18.30 Uhr. Eintritt 4 €.

Côte des Légendes

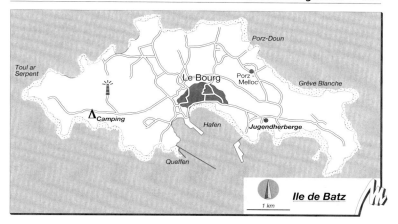

Ile de Batz

- *Postleitzahl* 29253
- *Information* **Office de Tourisme** in Le Bourg, für die erste Orientierung dient eine Infotafel an der Anlegestelle. ✆ 02.98.61.75.70, ℻ 02.98.61.75.85, mairie.iledebatz@libertysurf.fr, www.iledebatz.com.
- *Fährverbindung mit Roscoff* Juli bis Mitte Sept. alle 30 Minuten (letzte Abfahrt Roscoff 20 Uhr). Mitte Sept. bis Juni täglich bis zu 7-mal. Dauer der Überfahrt ca. 15 Min., Retourticket 7 €, 4–11-Jährige 4 €, Fahrrad 7 €.
- *Fahrradverleih* In der Hauptsaison mehrere Verleiher an der Anlegestelle. Ganzjährig bei **Prigent**, neben der Kirche von Le Bourg, ✆ 02.98.61.76.91.
- *Hotels* **Grand Hotel Morvan**, östlich von Le Bourg, das größere und bessere der beiden Insel-Etablissements. 34 Zimmer in diversem Sanitärstandard, großzügiger Speisesaal mit 150 Gedecken, Terrasse mit Meerblick. DZ 46–55 €, HP ca. 50 €/Person. Geöffnet Feb. bis Nov. Pors Kernoc. ✆/℻ 02.96.61.78.06, www.grand-hotel-morvan.com.
Roch Ar Mor, an der Anlegestelle, ebenfalls am Inselrand, mit bescheidenen 10 Zimmern, doch das große Restaurant für 120 Gäste ist zu den Essenszeiten im Sommer gut ausgelastet. DZ 39 €, HP ca. 45 €/Person. Geöffnet April bis Nov. Le Débarcadère. ✆ 02.98.61.78.28, ℻ 02.98.61.78.12, rocharmor@wanadoo.fr.
- *Jugendherberge* 10 Min. von der Anlegestelle. 50 Schlafplätze auf 2 Häuser verteilt. Speisesaal, in dem man Mitgebrachtes verspeisen kann, Service auf Vorbestellung. Bettlaken können gemietet werden. Übernachtung 14 €/Person, Iglus werden auf dem Terrain geduldet. Geöffnet April bis Sept. Creach Bolloch. ✆ 02.98.61.77.69, ℻ 02.98.61.78.85, info@aj-iledebatz.org, www.aj-iledebatz.org.
- *Camping* Die Gemeinde hat ein kleines Gelände zur Verfügung gestellt – neben dem Hauptort direkt am Strand. Einfach, aber bevorzugte Lage. 50 Plätze, die Formalitäten (z. B. Anmeldung oder Zahlen) werden im Rathaus abgewickelt. Geöffnet Mitte Juni bis Mitte Sept. ✆ 02.98.61.77.76.
- *Essen* Die meisten Verköstigungsbetriebe der Insel haben nur in der Hauptsaison geöffnet. Neben den beiden Hotel-Restaurants stehen einige Crêperien zur Verfügung.

Côte des Légendes

Von Roscoff über Plouescat hinaus bestimmen die Zwiebel- und Artischockenfelder des Goldenen Gürtels das Bild. Dann setzt sich langsam die passende Kulisse für die Küste der Legenden durch.

Finis terrae, das Ende der Welt: eine wellige Bocage-Landschaft, in der Erdwälle die Äcker notdürftig schützen, windiges Heideland, kleine, mühsam zu befahrende

Straßen, lange Dünenstrände und immer mehr Felsen – allmählich dringen Sie ins wahre Finistère ein. Von hier bis an die *Aber-Küste* im äußersten Westen ist das Land nur dünn besiedelt. Im Gespräch mit älteren Leuten merkt man gelegentlich, dass ihr Französisch eine erlernte Zweitsprache ist, in der Dorfbar wird sowieso Bretonisch geredet.

Auch in der Hochsaison hält sich der Touristenansturm in Grenzen. *Plouescat*, *Brignogan* und *Plouguerneau* sind die einzigen drei Gemeinden, die sich auf viele Gäste eingestellt haben, und das aus zwei Gründen. Sie haben ortsnahe Strände und sind ideale Standorte für Ausflüge in den Westen zur Aber-Küste oder ins südliche Hinterland zu den Schlössern im Léon, nach *Le Folgoët* mit seiner Wallfahrtskirche oder ins moderne *Brest*. Auch für die *Calvaire-Tour* kommen sie als Basis in Frage. Aber kein Hauch internationalen Flairs, große Zentren sind auch diese Badeorte nicht geworden. Trotz des milden Golfstromklimas ist die Nordwestküste der Bretagne rau, und Bildungstouristen kommen kaum auf ihre Kosten. Abgesehen von den Schlössern westlich von St-Pol-de Léon ist keine nennenswerte Architektur oder Kunst zu bewundern – hier zählt nur die Natur.

Côte des Légendes

An der Küste der Legenden gibt es auch nicht mehr Legenden als anderswo in der Bretagne, doch ein Problem aller küstennahen Fremdenverkehrsämter machte auch den Public-Relation-Experten zwischen Roscoff und Plouguerneau zu schaffen: „Wie nenne ich meine Küste griffig?" Klingende Namen wie Smaragdküste oder Rosa-Granit-Küste waren schon vergeben. Ein erstes Ergebnis des Marketing-Poeten-Brainstormings war die „Küste der Heiden". Schließlich waren hier die britannischen Missionare auf solchen Widerstand gestoßen, dass sie ihren Tod einkalkulieren mussten. Doch was würde der Pfarrer dazu sagen? Weiteres Brüten. Dann die Lösung: Küste der Legenden. Klingt für das immer näher rückende Ende der Welt auch nicht schlecht und ist politisch korrekt.

Plouescat (3700 Einwohner)

Die alte *Markthalle* aus dem 16. Jahrhundert gegenüber der Kirche ist das Schmuckstück Plouescats: Tief zieht sich das schwarze Schieferdach über die an den Seiten offene Halle fast bis zum Boden, gestützt auf ein ausgeklügeltes Balkenwerk aus dunklen Eichen.

Plouescat, das sich von der Neusteinzeit bis heute gemächlich über die Jahrtausende brachte, liegt drei Kilometer hinter dem Meer und wird während der Saison tagsüber mit Musik beschallt. Die rege Marktgemeinde eines größeren ländlichen Einzugsgebiets ist im Sommer gut besuchter Mittelpunkt einer beliebten Urlaubsregion.

Baden: Die besten Strände liegen einige Kilometer außerhalb des Orts im Norden und im Westen: von der *Plage de Poul Fouen* und dem Kleinstrand *Cam Louis* zu den langen Sandstränden von *Pors Guen* und *Pors Meur*, vor denen sich das Meer bei Ebbe weit zurückzieht. Die *Plage du Dossen*, 12 km östlich auf dem Gemeindegebiet von Santec, etwa 2 km lang und auch bei Flut ansehnlich breit, ist einer besten Badestrände der Gegend und für alle Wassersportaktivitäten geeignet. Bei Ebbe können Sie die vorgelagerte *Insel Sieck* zu Fuß erreichen. Weniger geeignet zum Baden ist die geschützte *Bucht von Kernic* – zu seicht.

Die Markthalle von Plouescat (16. Jh.)

Information/Verbindungen

- *Postleitzahl* 29430
- *Information* **Office de Tourisme**, neben der Kirche. Juli/Aug. Mo–Sa 9–12.30 und 13.30–18 Uhr, So 10–12 Uhr. Sept. bis Juni Di–Sa 9–12.30 und 13.30–17 Uhr. 8, rue de la Mairie. ✆ 02.98.69.62.18, ✆ 02.98.61.98.92, infos@tourisme-plouescat.com, www.tourisme-plouescat.com.
- *Verbindung* Plouescat liegt an der **Buslinie Brest–Roscoff**. Werktags 8-mal, sonntags 2-mal in beide Richtungen.

Diverses

- *Parken* Großer Gratisparkplatz südlich des Zentrums an der Place Wanfried, deren Name an Plouescats nordhessische Partnerstadt erinnert.
- *Internet* **Cybercafé Média**, im Zentrum. Kein Café, sondern ein professionelles Informatik-Unternehmen mit gebührenpflichtigem Internetzugang. 10, rue du Général Leclerc.
- *Fahrradverleih* **Cycles Le Duff,** 34, rue de Brest, ✆ 02.98.69.88.73.
- *Einkaufen* Plouescat ist Einkaufszentrum eines größeren Umlands; neben vielen Kleinläden der diversen Sparten haben sich auch Supermärkte angesiedelt.
- *Markt* Samstagvormittag.
- *Wassersport* Segeln, Surfen, Kajak, Strandsurfen – an allen Stränden Plouescats wird geschult und verliehen; Segel-Wochenkurse, Einzelséancen etc.
Centre Nautique, Kurse in Segeln und Surfen. Port de Pors Guen, ✆ 02.98.69.63.25.
Char à voile der Spezialist für Strandsegeln (Rollen auf dem festen Sand). Baie de Kernic, ✆ 02.98.69.82.96.
Point Passion Plage, Vermietung aller möglichen Strand- und Wassergeräte. Plage de Pors Meur, ✆ 06.61.65.60.15.
- *Minigolf* Am Pors-Guen-Strand.
- *Tennis* Insgesamt 8 Courts in Plouescat und Porsguen. Platzvermietung und Schulung für Anfänger und Fortgeschrittene. Anfragen und Reservierung ✆ 02.98.69.86.36.
- *Casino* Die Spielhölle Plouescats liegt gleich neben dem Hotel Treas-Glaz am Ortsende. Zitat: „Sie können auch die Welt der Spielbank in Plouescat entdecken." Was sich die Leute offenbar nicht zweimal sagen lassen. Bei der letzten Recherche bei strahlendem Sonnenschein schon an einem gewöhnlichen Montagnachmittag gut besucht. Spielautomaten, Roulette, Black Jack.

Côte du Léon

Übernachten/Essen

- *Hotels* ** **La Caravelle**, fast im Ortszentrum. Plouescats beste Adresse, 16 passable Zimmer mit eigenem Sanitärbereich, gutes Restaurant. DZ 36–54 €, Halbpension 40–59 €. Ganzjährig geöffnet. 20, rue du Calvaire. ✆ 02.98.69.61.75, ℻ 02.98.61.92.61, hotel-logis-caravelle@wanadoo.fr, www.hotel-logis-caravelle.com.
L'Azou, im Ortszentrum. 5-Zimmer-Haus mit sehr schön begrüntem Innenhof und empfehlenswertem Restaurant (siehe *Essen*). DZ mit Dusche 37 €, HP 46 €. 2. Märzhälfte und im Okt. 3 Wochen geschlossen. 8bis, rue Général-Leclerc. ✆ 02.98.69.60.16, ℻ 02.98.61.91.26, restau.lazou@wanadoo.fr.
Le Roch Ar Mor, kleines 7-Zimmer-Hotel in der Nähe des Pors-Meur-Strands, DZ je nach sanitärer Ausstattung 25–35 €, HP 44 €. Bar mit Terrasse. Geöffnet Ende Sept. 18, rue Ar Mor. ✆ 02.98.69.63.01, ℻ 02.98.61.91.26, roch.ar.mor@wanadoo.fr.

- *Camping* ** **Municipal de la Baie du Kernic**, Anfahrt ab Plouescat beschildert; der Platz liegt auf einem Dünengelände auf einer Landzunge in der Nähe des Pors-Guen-Strands. Reizvolle Lage, viel Sand, Felstorsos, bei Ebbe kaum Wasser zum Baden. Einfache Ausstattung. Knapp 250 Stellplätze. Geöffnet Mitte April bis Mitte Sept. ✆ 05.46.55.10.01 (Reservierungsbüro), info@campingterreoceane.com.
** **Municipal de Keremma**, 8 km von Plouescat an der Straße nach Lesneven, Abzweig bei der Maison des Dunes. Großer, sympathischer Platz mit 200 Stellplätzen im Naturschutzgebiet an der Plage de Keremma. Bewachsenes Dünengelände, Schatten, z. T. lauschige Plätze. Für 2 Sterne gut ausgerüstet: mehrere Sanitärblocks, Waschmaschine, Bar mit Zigaretten- und Zeitungsverkauf. Geöffnet Mitte Juni bis Aug. ✆ 02.98.61.62.79, ℻ 02.98.61.68.79, treflez.mairie@wanadoo.fr.
* **Poul Foen**, simpler Platz nördlich von Plouescat am Strand von Poul Foen (Anfahrt ausgeschildert). Knapp 90 Stellplätze. Geöffnet Mitte Juni bis Mitte Sept. ✆ 02.98.69.81.80, ℻ 02.98.61.98.92.

- *Restaurant* **L'Azou**, das Restaurant des Hotels in der Hauptstraße Plouescats. Großes, doch ansprechendes Restaurant mit ausgesprochen gutem Essen (Fischspezialitäten) und freundlichem Service. Beim Hantieren mit der Assiette du pêcheur (Meeresfrüchteplatte) wird Anfängern gern weitergeholfen. Leser waren begeistert. Menü 14–30 €. 8bis, rue Général-Leclerc, ✆ 02.98.69.60.16.

Plouescat/Umgebung

Menhire: Um Plouescat stehen etliche Zeugnisse der Megalithkultur. Die diversen Menhire und Langgräber-Reste dürften nur für Megalithsüchtige interessant sein – klein, beschädigt oder verfallen bereichern die Steine die Landschaft nur wenig. Interessierte erhalten beim Office de Tourisme eine Skizze der Umgebung, auf der einige Megalithen eingetragen sind. Der größte, der *Menhir von Kergouarat*, steht 7 Meter hoch auf einem Feld einige hundert Meter vor der Küstenzeile von Pors Guen. Zwei zerfallene, unscheinbare *Langgräber* liegen am Strand von Pors Meur.

Maison des Dunes/Dunes de Keremma: Das Dünenhaus an der D 10 kurz vor Tréflez ist ein guter Ausgangspunkt für einen Spaziergang über die zart bewachsenen Dünen von Keremma. Höhepunkt des Ausflugs ist der Bilderbuchstrand, der auch bei Ebbe noch zum Bad einlädt. In der *Maison des Dunes* informieren eine kleine Ausstellung und etwas Schriftmaterial über die fragile Welt der Dünenlandschaft, die hier unter Naturschutz steht.
Öffnungszeiten Juli/Aug. täglich 10.30–17.30 Uhr.

Brignogan-Plage (800 Einwohner)

Der alte Fischerort hat seit Aufkommen des Badetourismus in seinem Umkreis kräftig expandiert. Wirr in die bizarre Fels- und Heidelandschaft hineingesetzt, klecksen Häuschen ihr leuchtendes Weiß in das Grau und Grün einer kaum kultivierten Wildnis mit Druidencharakter.

Brignogan-Plage

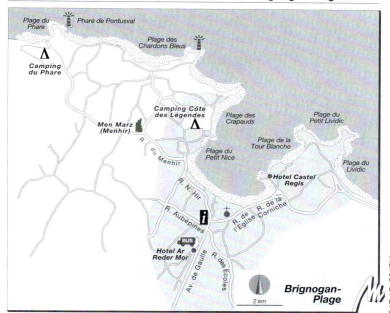

Côte du Léon
Karte S. 278/279

Das Zentrum von Brignogan mit dem Dreigestirn Rathaus, Bar und Kirche entfaltet auch an den sonnigsten Tagen keinen Reiz. Dieser ist der Küstenlandschaft und den Stränden vorbehalten: Riesige Felsklötze, einsam versprengt oder sich gegenseitig zusammentürmend, zersetzen mit archaischer Wucht die harmlose Welt der Pflanzen, der Untergang des Sonnenballs hinter den Felsbänken der Plage du Phare ist ein Erlebnis für sich.

*I*nformation/*V*erbindungen/*D*iverses

- *Postleitzahl* 29890
- *Information* **Office de Tourisme**, an der Zufahrtsstraße, unterhalb der Mairie. Juli/Aug. Mo 10–13 und 16–19 Uhr, Di–Sa 9.30–13.30 und 16–19 Uhr, So 10–13 Uhr. Sept. bis Juni Di–Fr 10.30–12.30 und 13.30–16 Uhr, Sa 10.30–12.30 Uhr. 7, av. du Général de Gaulle. ✆ 02.98.83.41.08, ✉ 02.98.83.40.47, www.ot-brignogan-plage.fr.
- *Verbindung* **Bus**haltestelle unmittelbar neben der Geschäftsstraße beim Hotel Ar Reder Mor. Brignogan ist im Sommer werktags 5-mal, sonntags 3-mal Start- und Zielpunkt der Strecken nach Landerneau und Brest.
- *Fahrradverleih* **Location de Vélos** 1, rue de l'Eglise, ✆ 02.98.83.09.67
- *Markt* Im Sommer am Freitagvormittag.
- *Wassersport* **Centre Nautique Brignogan**, an der Plage des Crapauds; u. a. Segel- und Surfschule (auch Hochseesegelkurse), Optimisten, Katamarane, Kajaks, Fischen. ✆ 02.98.83.44.76.
Aqua drive, beim Centre Nautique, Tauchkurse und -ausflüge, ✆ 02.98.85.83.53.
Locations de Vélos (s. o.) betreibt auch einen Kajakverleih.

*Ü*bernachten/*B*ar

- *Hotels* **** Hostellerie Castel Regis**, an der östlichen Landzunge der Hafenbucht und mit direktem Zugang zu dieser. Das kleine Hotel mit einem größeren, durch alte Hecken

Warten auf die Flut

unterteilten Park ist Brignogans beste und gemütlichste Adresse, dazu noch schön gelegen. 21 Zimmer, guter Service, gute Ausstattung, ausgezeichnetes Restaurant (nur für Hotelgäste). Meerwasser-Swimmingpool, Tennis, Sauna, Minigolf. DZ 73–110 € je nach Saison und Aussicht, HP für 2 Pers. 155–192 € je nach Saison. Geöffnet Mai bis Sept. Le Garo. ✆ 02.98.83.40.22, ℡ 02.98.83.44.71, castel-regis@wanadoo.fr, www.castelregis.com.

** **Ar Reder Mor**, schlichtes Stadthotel an der Durchgangsstraße; 25 kleinbürgerliche Zimmer mit allem Drum und Dran, auch Restaurant. DZ je nach sanitärer Ausstattung 40–49 €, Frühstück 8 €. Ganzjährig geöffnet. 35, avenue du Général de Gaulle. ✆ 02.98.83.40.09, ℡ 02.98.83.56.11, arredermor@wanadoo.fr, www.hotel-arredermor.com.

• *Camping* Mehrere Plätze um den Ort. Die beiden besten am Meer:

** **Côte des Légendes (Keravezan)**. Die Straße trennt den Platz an der Plage des Crapauds in zwei ungleiche Teile. Schattenlos, mit einfachen, aber noch halbfrischen Sanitärblocks. Das kleinere Areal unmittelbar hinter dem Strand ist das begehrtere Stück mit Dünencharakter und zuerst belegt; die Plätze auf einer größeren Freifläche gegenüber der Straße neben dem Sportplatz sind rein funktional. 140 Stellplätze. Geöffnet Ostern bis Sept. ✆ 02.98.83.41.65, ℡ 02.98.83.59.94, www.campingcotedeslegendes.com.

** **Du Phare**, gleich hinter dem gleichnamigen Strand in schöner Lage. Hohe Hecken gliedern das weitgehend naturbelassene Gelände, das auch in der Hauptsaison nur selten überlaufen ist. Freundlicher Betreiber, Grundnahrungsmittelverkauf, ordentliche sanitäre Anlagen, Waschmaschine. Minigolf. Knapp 150 Stellplätze. Geöffnet vom 1. April bis 25. Sept. (danach u. U. eingeschränkter Betrieb). ✆ 02.98.83.45.06, ℡ 02.98.83.52.19, www.camping-du-phare.com.

• *Bar* **Café du Port**, direkt an der Westseite des Hafens. Morgens Treffpunkt der Fischer, in der Hauptsaison abends eher junges Publikum. Mit Blick auf die Boote der ideale Ort, um einen Badetag ausklingen zu lassen. ✆ 02.98.83.40.17.

Sehenswertes/Spaziergang

Men Marz: Der schlanke, über 8 m hohe Menhir steht im Westen des Orts, bei einem Haus an der Kreuzung der Straße von Brignogan/Zentrum zum Strand von

Le Phare. An seiner Spitze wurde das Kreuz der Christen herausgemeißelt, um die heidnischen Geister für immer zu bannen.

Pointe de Pontusval: In den letzten Jahren eroberte sich das Ensemble aus Leuchtturm, Fels und Meer einen festen Platz auf bretonischen Farbprospekten. Die Pointe, etwa 2 km nordwestlich des Zentrums (ausgeschildert), ist in der Tat ein exquisiter Aussichtspunkt, besonders bei Sonnenuntergang.

Baden

Brignogan-Plage besitzt etliche gute Bademöglichkeiten. Etwa zehn Strände umgürten das Gebiet, einige davon mit kinderfreundlichem Zugang und seichter Brandung, andere rauer, aber wildromantisch. Der Sand vermischt sich mehr und mehr mit Kies. Eine Auswahl:

Plage des Crapauds: Der Ortsstrand hinter dem städtischen Campingplatz ist der größte, bestausgestattete und bestbesuchte Strand mit Rettungsstation, Kinderclub und dem gut ausgerüsteten Club Nautique. 300 m lang und bei Flut 10 m breit.

Plage du Petit Nice: Der Klein-Nizza-Strand ist ebenfalls gut besucht; 150 m gelber Sand, bei Flut noch 15 m breit, erlaubt der Strand in seiner ruhigen Bucht auch Kindern den Zugang ins Wasser.

Plage du Phare/Plage des Chardons Bleus: Ein langer Dünenstrand im Nordwesten von Brignogan-Plage. Ein zur Residence umfunktioniertes Großhotel der Gründerzeit und eine Kapelle mit kleinem Leuchtturm bereichern architektonisch das Granitgewirr der *Plage Chardons Bleus* am Ostrand. In der Hauptsaison Bar mit Snacks, Drinks und „Bière allemande de Luxe"; vor den Riffs träumen Segelschiffe im seichten Wasser. Hier ist die Brandung des Öfteren nicht mehr so zahm wie an den vorher genannten Stränden. Allwettertipp: Strandspaziergang.

Die Flut kommt – an der Plage du Phare

Le Folgoët
(ca. 6300 Einwohner)

Ein Verrückter, ein Ave-Maria und eine Lilie: Aus diesen Zutaten werden hier Legenden gemacht, deren Anziehungskraft bis heute ungebrochen ist. Pünktlich am ersten Sonntag im September pilgern Scharen von Katholiken zum Pardon zu Ehren Salaüns, des heiligen Narren.

Itron Varia ar Fol Coat heißt die Wallfahrtskirche auf Bretonisch – Kirche Unserer lieben Frau vom Narren im Wald. Jedes Jahr am 8. September wimmelt der Rasen vor der dreibogigen Kapelle gegenüber dem Kirchenkomplex von Besuchern, die sich zu einem der berühmtesten Pardons der Bretagne einfinden. Den Rest des Jahres, ausgenommen an Mai-Sonntagen und am letzten Sonntag im Juli (siehe *Pardons*), ist es still in Le Folgoët, der riesige Platz wirkt kahl, die Restaurants sind nur mäßig besucht. Nach dem Fest versinkt der Ort wieder in tiefe Provinzialität.

Die Wallfahrtskirche, obwohl sichtlich von ihrem Alter und den Zerstörungen der Revolution mitgenommen, gehört zu den kostbarsten der bretonischen Kirchenperlen, ihr granitener Lettner ist ein kleines Wunder aus behauenem Stein.

Geschichte: Im frühen 14. Jahrhundert lebte hier *Salaün* im Wald, elternlos, gutmütig, zurückgeblieben, zu nichts nutze. Die Leute mochten ihn, versuchten sogar, ihm schulisch weiterzuhelfen, vergeblich: Salaün war und blieb blöde, wohnte allein an seiner Quelle, wo er sein zusammengebetteltes Brot verzehrte, und das Einzige, was er je sagte, war „O itron guerhet Mari" – Gegrüßet seist du, erhabene Maria. Bei jeder Gelegenheit, immer freundlich lächelnd, gab er Zeit seines Lebens nur den Anfang des Englischen Grußes (Ave Maria) von sich.

Mit vierzig Jahren starb der Narr am Rande der Gesellschaft, er wurde beerdigt, und bald darauf geschah es: Aus seinem Grab wuchs eine nie gesehene Lilie, und ganz in Gold standen die Worte „Ave Maria" auf den Blütenblättern. Menschen waren schon immer neugierig, also wurde der Sarg geöffnet und siehe da: die Lilie entsprang dem Mund des Salaün. Der Himmel hatte ein Zeichen gesetzt, und seither erfreut sich der gottgefällige Verrückte in der Bretagne großer Verehrung.

1364: Das Ende des bretonischen Erbfolgekrieges ist das Geburtsjahr der Wallfahrtskirche. *Jean de Montfort* hatte sich verpflichtet, im Falle seines Siegs über seine Thronwidersacher der Jungfrau Maria im Wald des Narren eine würdige Kirche zu stiften. 1364 hatte er die entscheidende Schlacht von Auray gewonnen, und versprochen war versprochen. 1423 beendete sein Sohn die Bauarbeiten an der Kirche über der Quelle Salaüns. Weltliche und kirchliche Prominenz kam, um das Werk zu bestaunen, Pilger strömten herbei, um andächtig vor dem Wunder der Lilie zu erschauern. Der Papst verlieh der Wallfahrtskirche den Titel *Basilika minore*, Herzogin *Anne* liebte die Wallfahrt nach Le Folgoët, und zahlreiche französische Könige erwiesen durch ihre wohlwollende Anwesenheit dem Pilgerort weitere Ehre – ausgenommen *Ludwig XIV.* Der raffinierte Sonnenkönig schenkte die Kirche den Jesuiten von Brest. Er wusste, dass den mit allen Wassern der Wissenschaft gewaschenen Ordensbrüdern Wallfahrten – zumal mit einer Prise Aberglauben gespickte – tief zuwider waren. Trauriger Höhepunkt des systematisch eingeleiteten Niedergangs war schließlich die Revolution: Die Kirche wurde geplündert; was im Sinne des revolutionären Zeitgeistes unbrauchbar oder ganz einfach zu schwer war, wurde zerstört, der Innenraum zu einem riesigen Schweinestall umfunktioniert.

Die Gläubigen der Umgebung konnten sich mit diesem erbärmlichen Zustand ihrer Kirche nicht abfinden. Einige Bauern schlossen sich zusammen und kauften das zum Abbruch vorgesehene Objekt. Nach einer notdürftigen Reinigung wurde die gerettete Madonnenstatue wieder an ihren Platz gestellt, und die Pardons wurden wieder aufgenommen, als sei nichts gewesen. Als gar Kunsthistoriker aus der fernen Hauptstadt Paris die Kirche als erhaltenswertes Gesamtkunstwerk einschätzten, wurden Mitte des 19. Jahrhunderts großzügig Gelder zur Verfügung gestellt, mit denen eine umfassende Restaurierung finanziert werden konnte.

• *Pardons* Von Frühjahr bis Herbst gibt es in Le Folgoët mehrere Pardons. Am 1. Sonntag im September pilgern rund 20.000 Menschen zum Grand Pardon de Notre-Dame-du-Folgoët. Fällt der 8. September auf einen Sonntag, ist dies der Wallfahrtstag.
Jeden Sonntag im Mai, dem Monat der Jungfrau Maria, finden in Gegenwart von etwa 3000 Pilgern feierliche Weihemessen statt, auf Bretonisch Pemp-Sull genannt.

Kirche Notre-Dame: Die Kirche mit den Ausmaßen einer Kathedrale liegt an einem weiten Platz gegenüber des alten Pfarrhauses und der angegliederten Pilgerherberge. Die Heiligkreuzkapelle, *Chapelle de la Croix* (15. Jh.), die mit ihrem von den zwölf Jüngern geschmückten Apostelportal wie ein

Vor der Wallfahrtskirche

Querschiff neben dem Chor südlich aus dem Langhaus ragt, gibt dem spätgotischen Bau seinen winkelförmigen Grundriss. Insgesamt steigen drei *Türme* hoch, einer über dem Chor, dann ein plump-kräftiger Stummelturm und daneben der schlanke, im Flamboyant-Stil gehaltene Nordturm (15. Jh.), mit 56 Metern der höchste. Auf der Nordseite der Kirche steht ein unscheinbarer *Brunnen* mit einer Marienfigur. Die Quelle soll genau unter dem Hauptaltar liegen und schon Salaün zur Labung gedient haben. An der aufwendig gestalteten *Südfassade* posieren Statuen, Skulpturen und eine Sonnenuhr verzieren das Mauerwerk, fein gemeißelte Granitemporen, schlanke Türmchen und Wimpergen unterstreichen die aufstrebende Eleganz.

Im Kirchenschiff filtern die farbigen Fenster in der Apsis und der Heiligkreuzkapelle das Tageslicht; die große *Fensterrose* hoch oben in der Chorwand verwandelt das Licht in dunkle Blautöne und lässt es gedämpft auf die Statuen, Altäre und den *Granitlettner* fallen. Auch er hat durch die Revolution Schaden genommen, u. a. wurden Heiligenfiguren abgeschlagen, doch bleibt er mit seinem aus Stein gehauenem Zierrat ein Meisterwerk, trotz des harten Materials schwerelos und filigran gearbeitet. Drei Bögen, auf vier Steinpfosten gestützt und von Wimpergen in die Höhe gezogen, tragen die Balustrade aus rotem Granit.

Der Versammlungsplatz der Pilger

Wie am Lettner gehört in der ganzen Kirche das Lilienmotiv zum Grunddekor. Die aus Eiche geschnitzte Kanzel erzählt Szenen aus dem Leben des heiligen Narren: Salaün beim Balanceakt an einem Baum, Salaün wird von zwei Soldaten verhaftet, die heilige Anna erscheint dem Narren, prächtig sprießt die wundersame Lilie aus Salaüns Grab.

Über der Quelle, an der Salaün wohnte, steht der granitene, mit Spitzbögen und Lilien verzierte *Hauptaltar*, an der Chorwand weitere vier *Altäre*, einer aus Holz geschnitzt, die anderen aus dem blau-schwarzen Granit von Kersanton. Rechts des Lettners erinnert eine graue *Tonvase* mit keltischer Erde aus Schottland, aus der Picardie und der Bretagne seit 1937 an die Schlacht von Boiselle (1915) – keltische Waffenbrüderschaft im 20. Jahrhundert. Der gefesselte Christus daneben hat nichts mit der Geschichte zu tun.

Dekanat und Pilgerherberge: Zusammen mit der Krönungskapelle (mit alten, z. T. von französischen Revolutionären geschändeten Heiligenfiguren aus Sandstein und Granit) gehören die herrschaftlich wirkenden Gebäude gegenüber der Wallfahrtskirche zum Komplex der Pilgerstätte. Im Garten stehen Torsos hinter Hortensien, eine verrostete Kanone und trutzig-dunkle Bauten sind zu sehen. Im kleinen *Museum* der ehemaligen Pilgerherberge werden bretonische Möbelstücke, einige bretonische Trachten, Heiligenfiguren und weitere Gegenstände gezeigt.

Öffnungszeiten des Museums: Mitte Juni bis Mitte Sept. täglich 10–12.30 und 14.30–18.30 Uhr. Eintritt 2 €.

Lesneven

Das Städtchen, in dem die berühmte Wallfahrtskirche von Le Folgoët liegt, sei hinterher erwähnt – in touristischer Hinsicht ist Lesneven, verglichen mit dem

Pilgerkomplex, zweitrangig. Doch bietet das Landstädtchen mit dem hübschen historischen Altstadtkern vom Office de Tourisme bis zu den Hotels all das, was Reisenden in dieser abseits der Hauptrouten gelegenen Region nützlich sein kann. Wenn auch nicht der Nabel der Welt, so ist Lesneven immerhin ein Verkehrsknotenpunkt: Vom Denkmal des Generals *Le Flo*, Sohn der Stadt, General und Botschafter, zweigen Straßen in alle Richtungen ab – nach Brest, nach Landerneau, nach Roscoff oder direkt zur Küste.

- *Postleitzahl* 29260
- *Information* Zentral am Marktplatz in einem Ex-Wachhaus des 19. Jh. Material und Auskünfte über die Region. Juli/Aug. Mo 9.30–12.30 und 13.30–18.30 Uhr, Di–Sa 9.30–12.30 und 14–18,30 Uhr, So 10.30–12 Uhr; Sept. bis Juni Mo–Fr 9.30–12 und 14–18 Uhr, Sa 9.30–12 Uhr. 14, place Le Flo. ✆ 02.98.83.01.47, ✉ 02.98.83.09.93, otlesneven@cotedeslegendes.com, http://lesneven.cotedeslegendes.fr.
- *Verbindung* **Bus** nach Brest, Landerneau oder Roscoff werktags 8-mal, sonntags 2-mal.
- *Markt* Großer Markt am Montag. Freitagvormittag Gemüse-, Fisch-, Blumenmarkt.
- *Waschsalon* 9, rue Duguesclin. Maschinen von 4–16 kg. Täglich geöffnet.

Pays des Abers

Penn ar Bed, das bretonische Ende der Welt im äußersten Westen des Finistère: einsame, karge Landschaft, versunkene Flusstäler, Wind, Meer und endlose Dünen. Das baumlose Land verliert sich sacht in den Wellen des Atlantiks, während die Flut das Meer in den ehemaligen Flussbetten der Abers tief ins Land spült.

Abers, bretonisch für weite Mündung, sind ehemalige Flussläufe, die das Meer erobert hat und die jetzt als gezeitenabhängige Meeresarme fjordartig und flach weit ins Land hineinzüngeln. Drei dieser Abers am Nordwestzipfel Frankreichs gaben der wenig besiedelten *Pays des Abers* ihren Namen: *Aber Wrac'h*, *Aber Benoît* und *Aber Ildut* sind die größten der überfluteten Täler, die auf viele Kilometer das Bild der Küste prägen. Das Gras wächst an diesem windzerzausten Weltende nur kurz, Steilküsten gibt es kaum – meist flach und widerstandslos geht das Festland in Wasser über. Felsen und Inselchen sorgen für den letzten Schliff der badeunfreundlichen Küstenlinie, die optisch an vielen Stränden zum Bade lädt, doch Vorsicht: Meeresströmungen verhindern fast überall am nördlichen Gestade ein uneingeschränktes Planschvergnügen. Passionierte Windsurfer und Muschelsammler hingegen können sich hemmungslos austoben.

> **Tang**
>
> Der Tang, woanders nur unerwünschter Strandbelag, ist an der Aber-Küste ein traditioneller Wirtschaftsfaktor. Noch immer sind in dieser Region der Bretagne häufig Tang- und Algensammler anzutreffen, die das angeschwemmte glibberige Grün auf Karren laden, oder Baggerschiffe, die am Küstensaum das Meer abgrasen. Aus der Asche der Algen wird seit vielen Jahrhunderten Dünger gewonnen, Blasentang wird zu Viehfutter verarbeitet. Als Alginsäure werden Algen heute auch in der Kunstfaserproduktion, als Eindickungsmittel für Speiseeis, als Appetitzügler und in der Kosmetikindustrie genutzt.

Plouguerneau (5600 Einwohner)

An der Ostseite der Aber-Wrac'h-Mündung kündet das raue und verschlossene Ortsbild von Plouguerneau den äußersten Nordwesten der Bretagne an. Das Zentrum der Marktgemeinde, vor einigen Jahren noch kahl und düster, wurde inzwischen herausgeputzt: Frisch gestrichene Fassaden, neue Laden- und Hinweisschilder, eine verkehrsberuhigte Zone, nur die Pfarrkirche an der großzügigen *Place de l'Europe* ist streng und abweisend wie eh und je.

Außerhalb der Saison lässt nichts erkennen, dass das 4 km vom Meer entfernte Plouguerneau im Sommer ein Badeort ist. Doch Plouguerneau ist mehr als nur eine Einkaufsstation oder ein günstiger Ausgangsort zur Aber-Küstentour. In den Sommermonaten entfaltet der rührige Mittelpunkt einer vielfach aufgesplitterten Badezone diverse Aktivitäten, um neben der Stammkundschaft auch Gäste zu unterhalten, die vielleicht nur wegen des höchsten gemauerten Leuchtturms der Welt auf der nahen *Ile Vierge* gekommen sind – um letztendlich doch einige Tage in der wilden Landschaft zu verbringen.

- *Postleitzahl* 29880
- *Information* **Office de Tourisme des Abers**, neben der Kirche. Informationen über die gesamte Region, gebührenpflichtiger Internetzugang. Das Büro teilt arbeitet eng mit dem von Lannilis zusammen. Juli/Aug. Mo–Sa 9.30–12.30 und 14–19 Uhr, So 10.30–12.30 Uhr. Sept. bis Juni Mo/Di und Fr/Sa 9.30–12 und 14–17 Uhr, Mi 9.30–12 Uhr. Place de l'Europe. ✆/✉ 02.98.04.70.93, office@abers-tourisme.com, www.abers-tourisme.com.
- *Verbindung* Über Lannilis gute **Bus**verbindung von und nach Brest. Zentrale Zusteigemöglichkeit am Hauptplatz. Werktags mindestens 5 Busse von Lilia/St-Michel über Plouguerneau nach Lannilis und retour.
- *Internet* Gebührenpflichtiger Zugang im Office de Tourisme.
- *Bootsausflug* Mit Vedettes des Abers, ✆ 02.98.04.74.94, entweder eine **Aber-Rundfahrt** oder zum Leuchtturm auf die **Jungfraueninsel**. Abfahrt im Hafen von Perros (am Ortseingang von Lilia links ab).
- *Fahrradverleih* **Méca 'Mob**, Route du Verger, ✆ 02.98.04.64.67.
- *Markt* Donnerstagmorgen bei der Kirche.
- *Pardon* Am letzten Junisonntag St.-Michael-Wallfahrt zu Ehren von Peter und Paul.
- *Wassersport* **Centre Nautique** schult am Hafen von Corréjou, ✆ 02.98.04.50.46.
- *Hotel* ** **Castel Ac'h**, 5 km außerhalb von Plouguerneau am Strand von Lilia (D 71). Komfortables Mittelklassehotel in einem langgezogenen Gebäude neueren Datums. 18 Zimmer, nach vorne heraus mit Meerblick. Gutes Restaurant. DZ 45–80 €. Plage de Lilia. ✆ 02.98.37.16.16, ✉ 02.98.37.16.00.
- *Camping* ** **Municipal de la Grève Blanche**, im Ortsteil St-Michel, unweit der St-Michel-Kapelle an der Straße in Richtung Lilia. Schutzloser Platz für 100 Campingeinheiten in guter Lage am Meer – mit wunderschönem Blick auf den Leuchtturm. Sanitäranlagen einfach, aber ordentlich. Geöffnet letzte Maiwoche bis 1. Woche im Oktober. ✆ 02.98.04.70.35, ✉ 02.98.04.63.97, www.campinggreveblanche.fr.st.
** **Le Vougot**, nordöstlich von Plouguerneau. Ein ebenso einfacher, jedoch kleinerer Platz, 350 m vom Strand von Vougot entfernt. 55 Stellplätze. Geöffnet April bis Sept. ✆/✉ 02.98.25.61.51, www.campingplageduvougot.com.

Baden: Die *Plage de Corréjou* (mit Strandinfrastruktur) zwischen Plouguerneau und St-Michel sowie die *Grève Blanche* hinter St-Michel Richtung Lilia sind die Hauptstrände der Gemeinde. Weiter östlich findet man den langen Strand von *Vougot* und feinsandige, von Steinkolossen umrahmte Buchten bis zum Ortsteil La Digue. Bei Lilia liegen die Strände von *Kervenny* (in punkto Wasserqualität der beste) und *St-Cava* gegenüber von Aber Wrac'h – ein felsdurchsetztes, flaches Sandgestade. Außer Vougot alle Strände mit Dusche/WC.

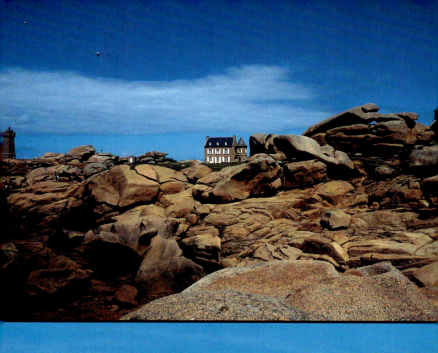

An der Granitküste (JG) ▲▲

Nahaufnahme – das Eiffel-Haus (JG) ▲

▲▲ Rosa und bizarr – Steinensemble bei Ploumanach (JG) ▲ Cosmopolis (JG)
▲ Der Totenkopf (JG)

Ein Werk der Natur – prägnantes Profil (JG)

Am Strand von Trégastel (JG)

▲▲ Sonnenuntergang bei Ploumanach (JG)
▲ Schattenspiel in St-Quay-Portrieux (JG)

Plouguerneau/Umgebung

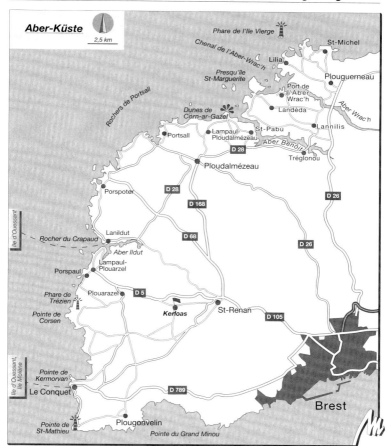

Plouguerneau/Umgebung

Seit einigen Jahren sind 10 interessante bis spektakuläre Orte in und um Plouguerneau zum **Ecomusée de Plouguerneau** zusammengefasst. Zu den wichtigsten gehören der *Leuchtturm der Ile Vierge*, der *Dolmen von Lilia*, die *Kapelle von St-Michel*, das *Missionsmuseum von Le Grouanec* und der *Pont du Diable*. Unter ✆ 02.98.37.13.35 gibt das Ecomusée auch verlässliche Auskunft über die häufig wechselnden Öffnungszeiten einiger Sehenswürdigkeiten.

Phare de l'Ile Vierge: Etwa 1½ km ist die kleine Jungfraueninsel der zerzausten Küste vorgelagert. Der Stummel des kleinen weißen Leuchtturms, der – ausgemustert – nur

314 Côte du Léon

Navigationshilfe am Ende der Welt

noch die Antenne des Funkfeuers trägt, steht seit 1902 ganz im Schatten seines Nachfolgers: Die elegante Nadel-Silhouette des höchsten gemauerten Leuchtturms der Welt sticht alles in allem unerreichte 82,50 m in die Wolken (letzter Stein auf 77 m Höhe), die Innenwand besteht aus Milchglas, die Außenfassade wurde aus Kersanton-Granit hochgezogen. Erst 1956 wurde das Leuchtfeuer elektrifiziert. Zwei sich unablässig drehende Windräder decken den Energiebedarf, der nötig ist, einen weißen Blitz im 5-Sekunden-Abstand 27 Meilen weit durch die Nacht zu schleudern. Fischer sind gegen Entgelt bereit, Besucher auf die Leuchtturminsel zu fahren (Überfahrt 10 Min.). Der Aufstieg über die 397 Stufen kostet extra.

● *Öffnungszeiten* In der Hauptsaison täglich 10–17 Uhr, in der Nebensaison beim Office de Tourisme in Plougerneau oder Lannilis nachfragen. Eintritt 2,50 €.

Lilia: Kleiner Hafen und das dem Jungfrauen-Leuchtturm nächstgelegene Stück Festland. Durch zersiedelte Landschaft mit einem extravaganten Wohnturm führt die Straße zu einer Küste, an der man den Begriff „Ende der Welt" hautnah erfahren kann: Der Atlantik pflügt sich durch ein Chaos aus Granit, wasserumspültes Urgestein der Erde, das sich langsam im uferlosen Meer verliert. Und wie es sich für eine bretonische Gemeinde gehört, kann auch Lilia mit einem Zeugen aus der Steinzeit aufwarten. Dem Dolmen vor dem Ortseingang verdankt es möglicherweise sogar seinen Namen (lia = Megalithen).

● *Verbindung* **Busse** von und nach Plougernau und St-Michel.
● *Restaurants* **Castel Ac'h**, im gleichnamigen Hotel am Hafen (siehe *Plouguerneau*) serviert eine ausgezeichnete und teure Küche. ✆ 02.98.37.16.16.
La Route du Phare, ebenfalls am Hafen, ist weniger ambitioniert: Bar, Crêperie und Restaurant in einem. ✆ 02.98.04.70.15.

St-Michel: Weißgetünchte Häuschen, Disco, Camping – alles liegt in St-Michel weit verstreut und ist doch stets nah am Meer. Mitten in der Amüsier-, Wassersport- und Badezone steht die Kapelle, die dem Ort den Namen gab. Auch sie gehört zum Ökomuseum; an Sommerabenden wird sie gelegentlich für Konzerte genutzt. Hauptanziehungspunkte von St-Michel sind seine beiden Strände, vor allem die *Plage de Corréjou*, der Renommierstrand mit dem Centre Nautique
Verbindung Busse von und nach Plougernau und Lilia.

Le Grouanec: Der umfriedete Pfarrbezirk mit einer *Quelle*, die verschiedene Becken speist, einem *Beinhaus* und der niedlichen *Kirche* direkt am Straßenrand bildet ein ausgesprochen harmonisches Ensemble. Die schlichte Kirche der Jungfrau Maria von Grouanec aus dem Jahr 1503 wurde 1954 restauriert. Im Innenraum fallen die modernen Fenster des Pariser Designers und Glasmalers Max Ingrand (1908–1969) auf, aber auch die geschnitzten Balken des Stützwerks und die naiv-andächtigen Kreuzwegstationen auf Keramikkreuzen verdienen Beachtung.

Eine weitere Einrichtung des Ökomuseums ist das saisonal geöffnete *Missionsmuseum*, untergebracht in einem renovierten Bauernhaus: Hier werden insbesondere Leben und Werk des westbretonischen Missionars *Michel Le Noblez* vorgestellt.

Pont du Diable: Die Teufelsbrücke über den Aber Wrac'h ist heute nur noch bei Ebbe zu erkennen. Um das vom Satan in einer einzigen Nacht errichtete Brückchen ranken sich – wie sollte es anders sein – diverse Legenden.

Aber Wrac'h

Der in seiner Mündungsbucht felsdurchsetzte Hexen-Aber (*Wrac'h* = Hexe) reicht stolze 10 km ins Land hinein und ist damit der längste Aber des Landes. Etwas im Inneren der Halbinsel, zwischen Aber Wrac'h und Aber Benoît, liegt der Hauptort **Lannilis** mit Versorgungsmöglichkeiten; an der westlichen Aber-Küste, direkt an der 2 km breiten Mündung, der Fischerort *Port de l'Aber Wrac'h*. Die Wasseraktivitäten konzentrieren sich hier mehr auf Segeln als auf Schwimmen – ein Jachthafen wurde angelegt, eine Segelschule ist zugange, einen Badestrand gibt es nicht. Hinter Port de l'Aber Wrac'h liegt die *Engelsbucht (Baie des Anges)* mit den Ruinen eines Klosters. Die Spitze der Halbinsel bilden die spärlich bewachsenen *Dunes des Marguerites*, deren goldgelber Sand im Meer ausläuft.

- *Postleitzahl* 29870 Lannilis
- *Information* **Office de Tourisme** in Lannilis (bei der Kirche). Das Büro arbeitet eng mit dem von Plouguerneau zusammen.

Nützlich ist die Gratiskarte mit Wandervorschlägen zwischen Aber Wrac'h und Aber Benoît. Juli/Aug. Mo–Sa 9.30–12.30 und 14–19 Uhr, So 10.30–12.30 Uhr. Sept. bis Juni

Seglerparadies Aber-Küste

Côte du Léon

Ein Hauch von Fjord – Aber-Landschaft bei Lannilis

Mo–Mi und Fr 9.30–12 und 14–17 Uhr, Do 9.30–12 Uhr. 1, place de l'Eglise. ✆/✉ 02.98.04.05.43, office@abers-tourisme.com, www.abers-tourisme.com.

• *Verbindung* Mehrmals täglich **Busse** nach Plouguerneau und nach Brest.

• *Einkaufen* **La Maison du Boulanger**, in Lannilis (bei der Kirche). Das biologische Brot, das hier über dem Holzfeuer gebacken wird, findet den Weg bis auf den Markt von Brest. Die wunderschöne Bäckerei verkauft diverse Brote und Kuchen, ist aber auch ein angenehmer Ort, um einen Kaffee oder Tee zu sich zu nehmen. 3, rue des Marchands, ✆ 02.98.04.48.05.

• *Markt* In Lannilis am Mittwochvormittag.

• *Wassersport* Das **Centre de Voile de l'Aber Wrac'h** in Port de l'Aber Wrac'h bietet eigene Kurse an ; Schulungen u. a. auf Optimisten, Funboards und Kajaks. ✆ 02.98.04.90.64.

• *Hotels* *** **Baie des Anges**, in der Engelsbucht an der Straße zur Landspitze. Gutes, rundum renoviertes Haus mit 18 Zimmern, die schönsten mit 2 Fenstern zum Hafen. DZ 75–165 € je nach Zimmergröße, Lage und Saison. Ganzjährig geöffnet. 350, route des Anges, 29870 Landéda. ✆ 02.98.04.90.04, ✉ 02.98.04.92.27, contact@baie-des-anges.com, www.baie-des-anges.com.

* **Le Jozérik**, in Lannilis (Nähe Rathaus). Das frühere „Marina" hat mit dem Besitzer den Namen gewechselt, ist aber klein und einfach geblieben. Schlichte DZ je nach sanitärer Ausstattung 32–46 €. Ganzjährig geöffnet. 18, rue de la Mairie. ✆ 02.98.04.19.46, ✉ 02.98.04.08.56, www.jozerik.fr.

• *Camping* 2 Plätze am Nordende der Engelsbucht:

*** **des Abers**, ab Lannilis/Landéda ausgeschildert. Die Lage ist unübertrefflich: Rundum frisst sich das Meer in tiefen Buchten ins Festland, zahllose Inselchen schwimmen davor. Ansonsten: brauchbarer, terrassierter 4-ha-Platz auf der Halbinsel Marguerite, in vorderster Reihe vor einem langen Sandstrand. Gut ausgestattet, warmes Wasser auch zum Geschirrspülen, Waschmaschinen, Lebensmittel, Pizzas, Crêpes, Surfbrettverleih. Der Bus nach Brest hält vor der Haustür. 180 Stellplätze. Geöffnet Mai bis Sept. 29870 Landeda. ✆ 02.98.04.93.35, ✉ 02.98.04.84.35, www.camping-des-abers.com.

* **Municipal Pen Enez**, an den gleichnamigen Dünen (im hinteren Teil der Engelsbucht ausgeschildert); ebenso schattenlos, weit vorn an der Küste, schlichtes Erdwall-Dünen-Gelände. 100 Stellplätze. Geöffnet Ostern bis Sept. 29870 Landéda. ✆ 02.98.04.99.82, www.camping-penn-enez.com.

- *Crêperie* **Captain Crêpes**, ein Lesertipp in Port de l'Aber Wrac'h: „Crêperien gibt es in der Bretagne wie Sand am Meer, aber die hinter Port de l'Aber Wrac'h direkt in der Kurve fand ich besonders schön. Es gibt dort Riesensalate, nette Bedienung und eine ganz auf das Thema Meer und Schiffe abgestimmte Einrichtung. Sehr originell!" ✆ 02.98.04.82.03.

Aber Benoît

Vor *Tréglonou* überquert die D 28 den 7 km langen *Aber Benoît* und wendet sich nach dem Dorf scharf nach Westen Richtung Ploudalmézeau/St-Pabu. Vom kleinen *St-Pabu* am westlichen Aber-Ufer führt die Straße zum Ende des Mündungstrichters bei den *Dunes de Corn ar Gazel*: 500 m feinster weißer Sand, von Felsen flankiert, und von Heidekraut übersäte Dünenlandschaft, soweit das Auge reicht. Für Faule: Ein Touristensträßchen erlaubt immer wieder Blicke aufs Meer.

Im winzigen *Lampaul-Ploudalmézeau* versammeln sich im Friedhof die Kirche mit gelungenem Renaissance-Glockenturm von 1639, ein Brunnen und eine Kapelle zu einem Granit-Ensemble des bretonischen Glaubens. Touristischer Mittelpunkt des Dorfs ist der Gemeindestrand hinter den weitläufigen *Dunes de Tréompan*. Von den Megalith-Hinterlassenschaften rund um die waldbewachsenen Ufer des Abers sei der Tumulus auf der Insel Carne erwähnt.

- *Tauchen* **Aber Benoît Plongée**. Tauchkurse verschiedener Niveaus. Quai du Stellac'h, St-Pabu, ✆ 02.98.89.75.66.
- *Camping* **** **De l'Aber Benoît**, nordwestlich von St-Pabu an der einsamen Küste; Landschaft und die Initiative des Besitzers haben einen netten Platz in den Ausläufern der Düne Corn ar Gazel geschaffen. Für 2 Sterne gut eingerichtet: Snackbar, Fahrradverleih, TV, Brotverkauf und Gemischtwarenhandlung. Organisation von Wanderungen, Reiten oder Wassersport. Nachtschwärmer finden im Sommer in geräuschfreundlicher Entfernung (200 m) eine Diskothek. 100 Stellplätze. Geöffnet Mai bis Mitte Okt. 89, rue Corn ar Gazel, 29830 St-Pabu. ✆ 02.98.89.76.25, www.camping-aber-benoit.com.

Bis zur nächsten Flut ...

Ploudalmézeau (5000 Einwohner)

Die Kreishauptstadt liegt 4 km von der Küste entfernt und ist für Touristen allenfalls als Einkaufsort interessant. Wassersportler suchen die nahe *Plage de Tréompan* auf.

Die Ortskirche ist ein Werk des 19. Jahrhunderts, ihr Turm wurde von der Public-Relations-Abteilung der Gemeindeverwaltung zur Sensation ausgebaut: „Er ist der letzte in Frankreich gebaute Kirchturm, dessen Stil noch direkt der französischen Gotik verpflichtet ist." Spektakulärer ist der nichtgotische Wasserturm des Orts, in dem ein Restaurant in luftiger Höhe seine Menüs anbietet und auch Neugierige ohne Hunger einen umfassenden Rundblick genießen.

- *Postleitzahl* 29830
- *Information* **Office de Tourisme**, im Zentrum. Juli/Aug. Mo–Sa 9.30–12.30 und 13.30–18 Uhr, So 10–12 Uhr. Sept bis Juni Di–Do 10–12 und 14.30–17 Uhr, Fr 10–12 Uhr, Sa 14.30–17 Uhr. 1, rue François Squiban. ℡ 02.98.48.12.88, ℻ 02.98.48.11.88, www.ot-ploudalmezeau.com.
- *Verbindung* **Busse** von Cat bedienen ab Brest die schleifenförmige Linie Brest–St-Renan–Porspoder–Portsall–Ploudalmézeau–St-Renan–Brest. Werktags 3-mal, sonntags und an Feiertagen 1-mal.
- *Markt* Am Freitagvormittag.
- *Kajak/Kanu* **Nautismen en Pays d'Iroise**, unterhält im Sommer eine Basis an der Plage de Tréompan. Kurse und Kajakverleih. ℡ 02.98.48.68.46.
- *Waschsalon* **Lavomatique**, 4, rue Auguste Caroff (Nähe Place du Genéral de Gaulle), täglich 7–21 Uhr geöffnet.
- *Restaurants/Crêperien* **La Salamandre**, mitten im Ort. Zwischen altmodischem, ländlichem Interieur werden Crêpes vom Feinsten aufgetragen, z. B. Crêpe Agennais avec Chantilly (am besten noch eine Kugel Eis dazu). Kinderfreundlich. Place du Général de Gaulle, ℡ 02.98.48.14.00.
Le Château d'Eau, an der Straße nach St-Renan. Essen mit Weitblick in 50 m Höhe. 116 Meter über dem Meeresspiegel der Aberküste serviert das Panorama-Restaurant des Wasserturms Crêpes und Menüs ab 15 €, Finistère-Rundblick inklusive. Geöffnet März bis Okt. 12–15 und ab 18.30 Uhr, So durchgehend. Sportliche Esser gelangen über 278 Stufen in den Speisesaal, gehbehinderte oder bequeme Gourmets benützen den Aufzug. Reservierung in der Hauptsaison empfohlen. St-Roch, ℡ 02.98.48.15.88.

Ploudalmézeau/Umgebung

Portsall: Ein paar Schiffe im kleinen Hafenbecken einer geschützten Bucht, ein Kirchlein gleich hinter der Hafenzeile, gegenüber ein kleiner gemütlicher Sandstrand, am Ortsausgang Richtung Kersaint die Ruinen einer uralten Burg. Ein ruhiges Hafenörtchen wie so viele, kaum einer Erwähnung wert, wäre hier nicht eine der größten Umweltkatastrophen Europas passiert (siehe Kastentext *Öl*).

Porspoder: Ein ländlicher Stützpunkt im westlichsten Frankreich, in dem die Zeit stehen geblieben scheint. Die Gäste wohnen meist in den Ferienhäusern um die Ortschaft, angelockt von dem langen Dünenstrand. Sie wollen bretonische Atmosphäre pur schnuppern? Dann besuchen Sie das Café vor der Kirche.

Die Gegend um Porspoder ist uraltes Siedlungsland. Etwa 9 km südlich des Weilers *Melon* steht auf einem vorgelagerten Inselchen ein Dolmen im Gras – bei Ebbe zu Fuß erreichbar.

- *Camping* * **Municipal des Dunes**, ein trauriger Dünenplatz ohne Schatten, am nördlichen Ortsende vor der Küste; mobile Rezeption im Wohnwagen, spartanische sanitäre Anlagen, das war's. 180 billige Stellplätze. Geöffnet Mitte Juni bis 1. Woche im Sept. Créach Guen. ℡ 02.98.89.91.29, ℻ 02.98.89.92.46.

Öl

Am 16. März 1978 lief auf den Klippen vor der Küste, den in der Schifffahrt bekannten Rochers de Portsall, der Riesentanker „Amoco-Cadiz" auf und brach auseinander. 220.000 Tonnen Öl machten aus 360 Kilometern Küste – bis hinauf nach Mont-St-Michel – einen teerverklebten Streifen, eine Todesfalle für unzählige Tiere, auf Jahre hinaus verseucht und verpestet.

Natürlich zog die Ölpest wirtschaftliche Folgen nach sich: Küstenfischer und Austernzüchter wurden arbeitslos, die Touristen wollten ihre schönsten Tage nicht an einem verseuchten Meer verbringen und blieben weg. Die betroffenen Gemeinden, Muschel- und Austernzüchter, Gastronomen, Umweltschützer und der französische Staat klagten gemeinsam gegen den Verursacher, die Standard Oil of Indiana. Zehn Jahre später sprach das zuständige Gericht von Chicago sein Urteil, der Verursacher der Umweltkatastrophe wurde zur Kasse gebeten. Der Trust musste bescheidene 138 Millionen US-Dollar zahlen. Nach Abzug von 30 Millionen Dollar Gerichtskosten gingen vier Fünftel vom Rest an den französischen Staat, einen Fünftel erhielten die bretonischen Kläger. So gelangten kaum mehr als 20 Millionen Dollar „Wiedergutmachung" in die geschädigte Region.

Heute wird natürlich in allen betroffenen Küstenorten versichert, dass das Meer wieder so sauber sei wie vor der Katastrophe. Zitat: „Heutzutage ist keine Spur der Katastrophe mehr zu sehen. Die Natur hat wieder einmal gesiegt." Die Wasserqualität der betroffenen Gebiete wird seither besonders häufig kontrolliert: Dreckiger als anderswo ist das Meer in der Tat nicht, und die bretonischen Strände an der Westküste schneiden insgesamt durchschnittlich bis gut ab.

Aber Ildut

Sanft ergießt sich das Meer im eroberten Flussbett ins wellige Land. Der letzte und friedlichste Aber, nach dem heiligen Ildut benannt, ist auch der kürzeste. Hier endet der Ärmelkanal, und es beginnt geographisch der Atlantik. Hauptort am Aber-Ufer ist das Örtchen **Lanildut** an der Verbindungsstraße D 27. Der Hafen *Rocher du Crapaud* mit seiner Fischfangflottille, benannt nach dem Felsklotz an der Mündung, liegt vorn an der Trichtermündung des Abers und ist einer der stillen Superlative der Bretagne: Er ist der europäische Algenumschlagplatz Nr. 1. In Brélès führt ein Sträßchen knapp 4 km landeinwärts zum *Schloss Kergroadès*, ein wehrhafter, restaurierter Bau aus dem 17. Jahrhundert (keine Innenbesichtigung).

● *Fähre nach Ouessant* Vom Hafen Rocher du Crapaud verkehrt in der Hauptsaison täglich ein Schnellboot der Compagnie „Finist'mer" zur Ile d'Ouessant. Fahrtdauer 35 Min., Preis hin und zurück 32 €, 4–16-Jährige 19 €. Auskunft unter ✆ 08.25.13.52.35.

● *Camping* ** **Municipal du Tromeur**, in Lanildut, knapp 1 km nördlich des Orts, im Landesinneren. 70 Stellplätze im Grünen, teils im Schatten. Sanitäre Anlagen ausreichend. Geöffnet Juni bis Sept. 11, route du Camping, 29840 Lanildut. ✆ 02.98.04.31.13, ✆ 02.98.04.41.15, www.vive-les-vances.com/tromeur.

Lampaul-Plouarzel

Die alte Siedlung um ein Kloster von St-Pol Aurélien ist dank ihres Strands zu einem Küstenort mit Reihenhauscharakter gewachsen. Südlich von Lampaul-Plouarzel führt ein verwirrendes Sträßchennetz durch eine gottverlassene Gegend zur *Pointe de Corsen*: über *Porspaul* in einer Bucht mit Dünenbegrenzung ein Stück an der Küste entlang, bis die Straße nach *Trézien* landeinwärts führt. Dort Richtung Meer halten, am 37 m hohen Leuchtturm (kann im Sommer bestiegen werden) vorbei, bis Sie Ihr Fahrzeug am Parkplatz der Pointe de Corsen abstellen können.

• *Information* **Office de Tourisme.** Alle Auskünfte über die Gegend sowie Fahrkartenverkauf zur Ile d'Ouessant. 7, rue de la Mairie. ✆ 02.98.84.01.13, 02.98.84.04.34, omt.lampaul-plouarzel@wanadoo.fr, www.lampaul-plouarzel.fr.

• *Camping* ** **Municipal de Porsevigne**, südlich von Lampaul Plouarzel, bei Porspaul. Direkter Zugang zum Strand, einige Schattenplätze. Ausreichend sanitäre Anlagen, Waschmaschine. 100 Stellplätze. Geöffnet Mitte Mai bis Mitte Sept. ✆ 02.98.89.69.16, 02.98.89.32.02.

Der Längste (Menhir von Kerlouas)

Lampaul-Plouarzel/Umgebung

Pointe de Corsen: Der westlichste Punkt der französischen Festlandsmasse, und dazu ein sehr exponierter. 50 Meter fällt das Land steil zum Atlantik hinab, weit schweift der Blick über die Küste und die vorgelagerten Inselsplitter. Südlich der Landspitze folgen zwei größere Strände: gleich anschließend der von *Porsmoguer*, weiter südlich der Strand von *Ploumoguer*, vom gleichnamigen Dorf im Landesinneren etwa 6 km entfernt.

Plouarzel: Das Dorf, knapp drei Kilometer hinter der Küste, war schon in der Bronzezeit besiedelt, wie einige Megalith-Hinterlassenschaften bezeugen. Später gründete hier der heilige Armel ein Kloster. Heute ist Plouarzel im Sommer Versorgungszentrum des Küstenorts *Lampaul-Plouarzel*.

Wer an Superlativen seine Freude hat: Unter tätiger Mithilfe der Bürgerschaft entstand am 16. Juli 1988 auf dem Marktplatz die größte Crêpe der Welt, die mit sechs Metern Durchmesser und einer Fläche von 28,36 Quadratmetern anstandslos ins Guinnessbuch der Rekorde aufgenommen wurde. An der Stelle der gigantischen Ofenplatte erinnert heute eine kleine Tafel an das denkwürdige Backereignis.

• *Postleitzahl* 29810

• *Information* **Office de Tourisme**, bei der Kirche. Großzügiger Raum mit wechselnden Ausstellungen zu lokalen Themen.

Juli/Aug. Mo–Sa 9.30–12.30 und 14–19 Uhr, So 10–12 Uhr. Sept. bis Juni Mo–Fr 9–12 und 14–18 Uhr, Sa 9–12 Uhr. ✆ 02.98.89.69.46, omt.plouarzel@wanadoo.fr, www.plouarzel.com.

• *Verbindung* **Busse** von Cat bedienen ab Brest die schleifenförmige Linie Brest–St-Renan–Porsporder–Portsall–Ploudalmézeau–St-Renan–Brest. Werktags 3-mal, sonntags und an Feiertagen 1-mal.

• *Reiten* Der **Poney Club Blue Nash** im Ortsteil Ruscumunoc (Porsmoguer) verleiht Pferde und Ponys und organisiert Ganztagesausritte mit Reiterfrühstück. ✆ 02.98.89.30.05.

• *Tennis* Eine Municipal-Halle und mehrere private Courts, Auskünfte im Office de Tourisme.

• *Golf* **Golf des Abers**, im Ortsteil Kerhoaden steht der westlichste Golfplatz Frankreichs: 18 Löcher. ✆ 02.98.89.68.33.

Menhir von Kerlouas: Ein weiterer Superlativ. Der Menhir 3 km landeinwärts von Plouarzel ist mit 12 Metern der höchste stehen gebliebene Menhir der Bretagne. Ob die Megalithiker seinerzeit wussten, dass sie einen Rekord aufstellten, ist unbekannt. Dem schlanken Granitbrocken an einem Feldrand scheint ein Teil der Spitze abhanden gekommen zu sein..

Anfahrt Ab Plouarzel beschildert; wenn Sie denken, Sie hätten sich verfahren, noch ein kurzes Stück bis zu einem kleinen Parkplatz.

Saint-Renan (6800 Einwohner)

Das Städtchen im Hinterland der Aber-Region, kaum 15 km von der Großstadt Brest entfernt, strahlt kleinbürgerliche Behäbigkeit aus. Das Zentrum mit seinen Granit- und Fachwerkhäusern um den schräg abfallenden *alten Marktplatz* ist ein beschauliches Fotomotiv. Die *Kirche*, im 19. Jahrhundert im neoromanischen Stil vergrößert, zeigt in ihrem Inneren einen breiten, halbrunden, auf Säulen abgestützten Chorumgang, der eher an einen Tempel denken lässt. Ein kleines *Heimatmuseum* erzählt, dass St-Renan in der zweiten Hälfte des 20. Jahrhunderts die europäische Hauptstadt des Zinnabbaus war (bis die letzte Mine ausgebeutet war).

Die Gründung von St-Renan wird dem heiligen Ronan zugeschrieben, der hier eine erste Klause unterhielt, bevor er sich bei Locronan ansiedelte und dort berühmt wurde (siehe *Locronan*, Kastentext *Der Heilige und die Hexe*). Im Mittelalter wurde St-Renan zur Hauptstadt des unteren Léon und Sitz des herzoglichen Gerichts, das nach der Vereinigung mit Frankreich ein königliches wurde. Vermutlich war die Vergangenheit St-Renans aufregender als es die Gegenwart ist. Aufregung herrscht heute nur noch am Samstagvormittag. Dann wird die ganze

Im Zentrum von St-Renan

Innenstadt zum Basar – der Markt von St-Renan hat eine jahrhundertealte Tradition und ist einer der größten im Finistère.

- *Postleitzahl* 29290
- *Information* **Office de Tourisme**, im Zentrum. Juli/Aug. Mo–Sa 9–12.30 und 14–18.30 Uhr. Sept. bis Juni Di–Fr 9.30–12.30 und 14–17.30 Uhr, Sa 9–12 Uhr. Place du Vieux Marché. ✆ 02.98.84.23.78, 📠 02.98.32.60.18, ot.saint-renan@wanadoo.fr, www.saint-renan.com.
- *Verbindung* **Busse** von Cat bedienen ab Brest die schleifenförmige Linie Brest–St-Renan–Porspoder–Portsall–Ploudalmézeau –St-Renan–Brest. Werktags 3-mal, sonntags und an Feiertagen 1-mal.
- *Markt* Samstagvormittag, hauptsächlich an der Place du Vieux Marché und in der Rue St-Yves. Vielleicht der größte, sicherlich der schönste Markt im Finistère.
- *Camping* ** **Municipal de Lokournan**, etwas außerhalb an einem kleinen Gewässer beim Fußballplatz (Anfahrt beschildert). Ganz gemütliches Gelände, ordentliche, frisch renovierte Sanitärblocks. Tennisplatz. Kleiner Nachteil für Lärmempfindliche ist die nahe Straße. Offiziell 30 Stellplätze, doch es passen mehr aufs Gelände. Geöffnet Juni bis Mitte Sept. Rue de l'Aber. ✆ 02.98.84.37.67 📠 02.98.32.43.20.

Le Conquet (2400 Einwohner)

Das einstmals gefürchtete Korsarennest ist ein respektierliches Städtchen geworden, seine Seefahrer sind mittlerweile brave Angehörige der christlichen Seefahrt: 1990 wurde in Anwesenheit eines französischen Admirals unter dem minutenlangen Tuten der Schiffssirenen und den Klängen der Ortskapelle der neue Hafen eingeweiht.

Le Conquet liegt am letzten Aber der Aber-Küste, der hier jedoch nur noch schlicht *Le Croaé* heißt, weil er gar so kurz ist. Den besten Blick auf das Hafenstädtchen hat man von der gegenüberliegenden *Pointe de Kermorvan*: Einzig der schmale Wasserstreifen des Croaé, auf dem ruhig und geschützt die Boote dümpeln, trennt die schmale, sich weit ins Meer ziehende Felszunge vom gegenüberliegenden Le Conquet.

In der Hafenbucht herrscht lässiger Betrieb, nur das Schiff nach Ouessant oder das Löschen eines Fischkutters bringt kurze Geschäftigkeit. Das kleine Zentrum Le Conquets liegt hoch über dem Mündungstrichter – ein kleiner Marktplatz und enge, planlos verwinkelte Gassen, die steil zum Hafen hin abfallen.

Das letzte Mal, und dies gründlich, wurde die Stadt 1558 von Engländern zerstört. Seitdem wurde es ruhiger in Le Conquet, das seit römischen Zeiten häufiges Opfer von Eroberern und Plünderern gewesen war, und dessen eigene Seefahrer auch nicht gerade den friedlichsten Ruf hatten. Heute hat kein Bretagne-Tourist mehr Angst vor Piraten, und so ist Le Conquet zu einem festen Anlaufpunkt im Finistère geworden. Die Stippvisitler kommen wegen der Schiffsverbindung zur nahen *Ile d'Ouessant*. Die Urlaubsmöglichkeiten um Le Conquet herum locken eine eigene Gästeschar, die sich angenehm die Zeit vertreiben kann: Spaziergänge auf der Halbinsel *Kermorvan*, Baden in einer der vier Buchten der *Plages des Blancs Sablons* oder ein Ausflug zur *Pointe St-Mathieu* mit ihrem berühmten Leuchtturm im Kloster.

Information/Verbindungen

- *Postleitzahl* 29217
- *Information* **Office de Tourisme**, gleich am Ortseingang an der Route de Brest, oberhalb der Trichtermündung. Juli/Aug.

Le Conquet

Früher Korsaren-, heute harmloses Provinznest

Mo–Sa 9–13 und 15–19 Uhr, So 9–13 Uhr. Sept. bis Juni Di–Sa 9–12 Uhr. Parc de Beauséjour. ✆ 02.98.89.11.31, ✉ 02.98.89.08.20, tourisme@leconquet.fr, www.leconquet.fr.
• *Verbindung* Mo–Sa täglich 6 **Busse** nach Brest, an Sonn- und Feiertagen 3-mal. Fahrtdauer 40 Minuten.
Fähre nach Ouessant: die westlichste Insel Frankreichs wird von Brest über Le Conquet und die Insel Molène angelaufen. In Le Conquet zusteigen auf ein Boot von Penn Ar Bed, das von Brest kommt (Fahrtzeit 1¼ Std.), oder mit den Schnellbooten von Finist'mer (Fahrtzeit 35 Min.). In der Hauptsaison mit Penn Ar Bed 10-mal täglich, von Okt. bis März nur einmal täglich, die Schnellboote von Finist_Mer nur Mitte April bis Sept. Aktuelle Abfahrtszeiten in Le Conquet an der Embarcadère, teilweise Zwischenstopp und Aussteigemöglichkeit auf Molène (20 Min. vor Ouessant). Rückfahrkarte (1 Tag gültig) bei Penn Ar Bed ca. 26 €, Kinder ca. 16 €, bei Finist'mer ähnlich. Auskünfte und Buchungen in der Gare Maritime. ✆ 02.98.80.80.80 (Penn Ar Bed) bzw. ✆ 08.25.13.52.35 (Finist'mer).

Diverses

• *Parken* In der Saison manchmal problematisch. Beim Rathaus oder beim Office de Tourisme sind einige Parkplätze, weitere an der Fähranlegestelle ganz hinten am Hafen.
• *Bootsausflug* Verschiedene Ausflüge mit der **Aquafaune**, die in ihrem „Salon a Vision Sous-Marine" Einblicke in die Unterwasserwelt erlaubt. Die schwimmende Beobachtungsstation wird meistens von Delfinen begleitet, und mit etwas Glück bekommt man auch die grauen Seehunde zu Gesicht, die auf einer der zahllosen Felsen des Molène-Archipels faulenzen. Preisbeispiel: 2½-Std.-Ausflug zum Archipel von Molène 23 €, Kinder 15 €. Billetterie am Hafen, Reservierung ✆ 02.98.89.14.13.
• *Einkaufen* Wer von der Aber-Küste kommt oder dahin will und sich selbst verpflegt – das beste und größte Angebot westlich von Brest, inkl. Supermarkt, gibt's in Le Conquet.
• *Markt* Jeden Dienstagvormittag rund um die Place Llandeilo.
• *Pardon* Am 2. Sonntag im September.

Côte du Léon

Leuchtturm und Kloster St-Mathieu

Übernachten

• *Hotels* ** **De la Pointe Ste-Barbe**, gesichtsloser Bau an der Landspitze von Le Conquet an der Pointe Ste-Barbe. Direkter Zugang zum Strand. Restaurant (siehe *Essen*), Bar. 49 ordentliche Zimmer mit teils schönem Blick. DZ je nach Lage und sanitärer Ausstattung 36–115 €. Geschlossen vom 15. 11. bis 15. 12. Rue Ste-Barbe.
02.98.89.00.26, 02.98.89.14.81, hotelpointesaintebarbe@wanadoo.fr, www.hotelpointesaintebarbe.com.
** **Le Relais du Vieux Port**, am Kai des Fischerhafens. Nur 7 Zimmer, die teureren geräumig, mit Grand und Extra-Lit sowie phantastischer Aussicht auf den alten Hafen. Die billigen Zimmer sind kleiner, dafür mit geräumigem Bad. DZ 42–55 €. 1, quai de Drellac'h, 02.98.89.15.91.
• *Camping* ** **Les Blancs Sablons**, großzügiger Platz auf der Halbinsel von Kermorvan, optimal für Badefreunde: Nach einem kleinen Spaziergang sind die letzten beiden Buchten der Plages des Blancs Sablons zu Fuß zu erreichen. Ordentliche Sanitärs, Waschmaschine. 360 Stellplätze. Geöffnet April bis Sept. Les Blancs Sablons, / 02.98.89.06.90.

Essen

• *Restaurant* **De la Pointe Ste-Barbe**, im gleichnamigen Hotel auf der gleichnamigen Landspitze. Mit 2 Hermelinen ausgezeichnetes Restaurant, dessen raffinierte Menüs unter Kennern der bretonischen und französischen Küche einen guten Ruf haben. Bei frühzeitiger Reservierung kann man ganz vorne an der großen Glasfront speisen und dabei einen grandiosen Blick auf den Ozean genießen – und vergisst schnell, dass man sich in einem ziemlich scheußlichen Betonkasten befindet. Menüs von 19–42 €, Gourmet-Menü 82 €. Unsere Empfehlung für 19 €: Fischterrine, Schwertfisch in Bourguignon-Sauce, Sorbet des Hauses. Rue Ste-Barbe, 02.98.89.14.81.
• *Crêperie* **Relais du Vieux Port**, wem das Restaurant Ste-Barbe zu teuer ist, kann am Kai des Fischereihafens einkehren. Vorzügliche Crêpes und Galettes und – besonders empfehlenswert – der Salat Chavignol, Blattsalat mit Nüssen und gegrilltem Ziegenkäse auf Himbeeressig. Auch Entrecôte mit Frites oder gut zubereitete Meeresspezialitäten. 1, quai de Drellac'h, 02.98.89.15.91.

Baden

Plages des Blancs Sablons: Fußwege durch Dünen führen steil bergab zu vier nebeneinander liegenden, bei Flut von Felsvorsprüngen getrennten Buchten an der Nordseite der Halbinsel Kermorvan – allesamt vom Feinsten. Zusammengerechnet 2½ km Strand ergeben das Badeparadies von Le Conquet, das neben Urlaubern am Wochenende auch verstärkt von Brestois aus der nahen Großstadt aufgesucht wird. Keine Strandeinrichtungen.

Einige weitere Strände findet man entlang der Küste Richtung St-Mathieu *(Le Bilou, Portzliogan, Grève Bleu)*.

Le Conquet/Umgebung

Pointe de Kermorvan: Heide zieht sich über den schmalen Finger, Kormorane verstecken sich in Weltkriegsbunkern, an der Landspitze leuchtet ein Turm. Das Spazierareal Le Conquets – die steil abfallenden Ränder der Landzunge von Kermorvan – bietet Ausblicke nach allen Seiten: Ganz nah Le Conquet, im Norden die Pointe de Corsen, draußen auf dem Meer die Inseln, weit weg Molène und Ouessant. Wer sich allerdings am Wochenende auf Kermorvan ergehen will, wird wie an den Blancs-Sablons-Stränden den Genuss mit vielen Menschen teilen müssen – Kind und Hund und Kegel entsteigen den Kraftfahrzeugen, die in Stoßzeiten Stoßstange an Stoßstange den Rand der Straße säumen, die an einem überfüllten Parkplatz endet. Tipp: Die Fußgängerbrücke *Paserelle du Croaé* führt unweit vom Campingplatz über den *Croaé*. Wer über die Brücke geht oder radelt, spart viele Autokilometer.

St-Mathieu: Ein Leuchtturmensemble und eine verfallene Abtei unmittelbar oberhalb einer schroff abstürzenden Steilküste, dazu Möwengeschrei und die Wellen des Atlantiks, das ergibt eine der ungewöhnlichsten Kulissen der bretonischen Küste.

Das *Kloster*, schon im 6. Jahrhundert gegründet, bewahrte laut bretonischen Chronisten das Haupt des heiligen Matthäus auf und war einst das Kulturzentrum des äußersten Westens. St-Mathieu, das heute unscheinbare Dorf, war vor 600 Jahren eine wichtige Stadt in dieser Region. Erhalten ist aus dieser Zeit nur die *Fassade der Abteikirche*. Die ältesten Teile stammen aus dem 12. Jahrhundert, der *Wehrturm* neben dem Chor dokumentiert die stete Abwehrbereitschaft. Der *Glockenturm* der Abtei war der erste Leuchtturm, der 1740 eine verglaste Laterne mit 60 Spiegeln erhielt, die 1821 durch eine Argand-Lampe mit acht Reflektoren ersetzt wurde. 1865 wurde der heutige, 37 m hohe *Leuchtturm* gebaut. Sein Signal – alle 15 Sekunden ein Blitz – ist 29 Meilen weit und ausgebildete Navigatoren wissen: Aha, das ist der Blitz von St-Mathieu, sieben Seemeilen westlich des Goulet von Brest.

Als Zugabe zum Spaziergang auf der Landspitze, der stimmungsvollen Ruinenbesichtigung und einem eventuellen Leuchtturmaufstieg gibt es ein Restaurant, eine Bar, einen angemessenen Parkplatz und ein *Denkmal zu Ehren der Gefallenen der Weltkriege*. Von letzterem ist das Ensemble aus verfallener Kultstätte und integrierter maritimer Signalstation optisch am besten erfassbar.

Öffnungszeiten des Leuchtturms Mai, Juni und Sept. Sa/So 15–18.30 Uhr; Juli/Aug. täglich 10–12 und 14–19 Uhr (von Mitte Juli bis Mitte August ohne Mittagspause).

● *Hotel* ***** Hostellerie de la Pointe St-Mathieu**, gleich beim Leuchtturm, eine der besten und schönst gelegenen Herbergen des westlichen Finistère. 23 komfortable Zimmer mit Blick auf Leuchtturm und Ruinen, sehr exquisites Restaurant. DZ je nach Stockwerk und Ausstattung 60–95 €, teurer sind die Suiten. Pointe St-Mathieu, 29217 Plougonvelin.
✆ 02.98.89.00.19, ✆ 02.98.89.15.68, saintmathieu.hotel@wanadoo.fr, www.pointe-saint-mathieu.com.

Plougonvelin (2900 Einwohner)

Das arg zersiedelte Städtchen ist im Sommer der überlaufene Mittelpunkt der *Bucht von Bertheaume*. Das Leben spielt sich an den drei Stränden ab und am *Fort Bertheaume*, das einst die Zufahrt in die Rade de Brest bewachte. Vor 20 Jahren noch war die Festung ein vergessenes Gemäuer in einer einsamen Bucht. Heute sind das Fort und der gleichnamige kleine Strand unterhalb fester Bestandteil der Urlaubsgestaltung. Das Fort wird tagsüber nicht nur bei Schlechtwetter gern besichtigt, Höhepunkt aber sind die musikalisch umrahmten Nachtbesuche der illuminierten Anlage.

Öffnungszeiten des Fort Bertheaume April bis Juni und Sept./Okt. Di–So 14–18 Uhr. Juli/Aug. täglich 10–19 Uhr. Eintritt 3,50 €.

- *Postleitzahl* 29217
- *Information* **Office de Tourisme**, am Hafen beim Centre Nautique. Freundlich und kompetent. Juli/Aug. Mo–Sa 10–13 und 14–19 Uhr, So 10–13 Uhr. Sept. bis Juni Di/Mi und Fr/Sa 10–12.30 und 14–18 Uhr, Do 10–12.30 Uhr. Boulevard de la Mer. ✆ 02.98.48.30.18, ✆ 02.98.48.25.94, tourisme@plougonvelin.fr, www.plougonvelin-fr.com.
- *Verbindung* **Busse** nach Brest bzw. Le Conquet, werktags bis zu 6-mal täglich, an Sonn- u. Feiertagen 3-mal in beide Richtungen.
- *Fahrradverleih* **PLG Loisirs** vermietet Tourenräder und Mountainbikes. ZAC de Toulibil, ✆ 02.98.48.23.37.
- *Markt* In der Hauptsaison jeden Sonntagvormittag.
- *Schwimmbad* Beheiztes Meerwasserschwimmbad beim Centre Nautique.
- *Wassersport* **Centre Nautique**, am Trez-Hir-Strand. Surfstunden und Wochensegelkurse. Plage du Trez-Hir, ✆ 02.98.48.22.20. **Hippocampe Plongée**, beim Centre Nautique. Tauchkurse. Plage du Trez-Hir, ✆ 06.81.33.91.32 (Handy).
- *Camping* *** **Les Terrasses de Bertheaume**, in der Nähe des Fort Bertheaume. Viele Bungalows, aber auch Platz fürs Zelt. Beheizter Swimmingpool. 75 Stellplätze. Ganzjährig geöffnet, Rue de Perzel. ✆/✆ 02.98.48.32.37, http://perso.orange.fr/camping-terrassesdebertheaume.

Pointe du Petit-Minou: Klingt putzig und ist putzig. Schön liegt der Leuchtturm in einer stillen Küstengegend, wo die Ebbe kleine Sandstrände freigibt und im Süden die nahe Halbinsel Crozon sich ins Wasser schiebt. Auf einer Klippe ragt der Stummel auf, davor ein kleines Küstenfort. Sie müssen draußen bleiben: Für Zivilisten aller Nationen ist der Zutritt untersagt, damit Sie nicht versehentlich Frankreich erobern. Tipp: Spaziergänge entlang der Küste. Pfad vorhanden.

Ile d'Ouessant (900 Einwohner)

Ein einsames Eiland an der Grenze zwischen dem offenen Atlantik und dem Ärmelkanal. Unentwegt branden die Wellen gegen den Granitklotz an, der die rollenden Wogen an seinen Felszacken in helle Gischt zerstieben lässt. Die vorgelagerten Riffe wurden Seefahrern aller Generationen zum Verhängnis.

Enez-Eusa (= legendenumwobene kahle Insel am Ende der Welt) ist der bretonische Name für Ouessant. Geformt wie eine Krabbenzange, ist die Insel 1558 Hektar groß, 8 km lang und bis zu 4 km breit. Sie ist der westlichste Punkt Frankreichs, die Sonne geht hier fast eine Stunde später als in Straßburg unter.

Fromrust und *Fromveur* heißen die beiden kräftigsten Strömungen, die die Insel umspülen, besonders der Fromveur mit einer Durchschnittsgeschwindigkeit von 13 Kilometern pro Stunde macht den Schiffsbesatzungen das Leben schwer. Doch die Havarien sind seltener geworden, obwohl der Verkehr stark zugenommen hat: Mehr als 50.000 Schiffe schwimmen jährlich an der Insel vorbei, nunmehr sicher geleitet von einem der aufwendigsten Signalsysteme der Weltmeere.

Ile d'Ouessant   327

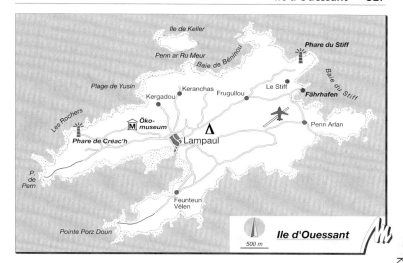

Das Leben auf Ouessant wird von der See bestimmt. Die Männer sind als Leuchtturmwärter, Fischer oder aktive Mitglieder der französischen Marine zum Großteil in einem maritimen Gewerbe beschäftigt. Früher waren auch Schiffbrüche eine wichtige Einnahmequelle der Ouessantins – ließen sich doch aus Wrackteilen Möbel aller Art herstellen.

Erst seit dem 19. Jahrhunderts darf nach einem Regierungserlass Getreide angebaut werden, aber die Ackerflächen der Insel sind ohnehin gering. Schafe weiden auf den kargen Heideflächen, in kleinen Gärten wird etwas Gemüse gezogen. Über das ganze Eiland sind planlos Häuschen hingekleckert. Das traditionelle leuchtende Blau und Grün der Fensterläden weicht mehr und mehr weißem oder braunem Lack, obwohl die Insel einigen Schutzbestimmungen unterliegt, die ihren Charakter erhalten sollen. Der *Parc Naturel Marin d'Iroise*, der die gesamte Westküste der Bretagne um die Rade de Brest und die Bucht von Douarnenez umfasst (Eröffnung 2007), stößt bei vielen Insulanern übrigens auf Ablehnung. „Wir wollen nicht zu Indianern in einem Reservat werden", ließ 2006 ein Inselpolitiker verlauten.

Die meisten Touristen lassen es bei einem Tagesbesuch bewenden. Es ist vor allem der Kitzel, sich auf einem exponierten, meerumtosten Stück Land zu befinden, der die Leute anzieht. Wer aber bleibt und sich in aller Ruhe von der Sprödheit des kargen Eilands einfangen lässt, kommt auf seine Kosten. Überhaupt zeigt sich das Wesen der Insel sowieso erst außerhalb der Hauptsaison und bei richtigem Sauwetter. Hinweis: Bei Sturm riskieren Sie, Ihren Inselaufenthalt unfreiwillig zu verlängern!

*I*nformation/*V*erbindungen/*D*iverses

- *Postleitzahl* 29242
- *Information* **Office de Tourisme**, bei der Kirche in Lampaul. Freundliche und kompetente Auskünfte, Buchung und Reservierung der Fähren. Mitte Juli bis Aug. Mo–Sa 9–13 und 13.30–19 Uhr, So 9.30–13 Uhr. Sept. bis Mitte Juli Mo–Sa 10–12 und 14–17 Uhr, So 10–12 Uhr. Bei Sturm manchmal geschlossen. ✆ 02.98.48.85.83, ℻ 02.98.48.87.09, www.ot-ouessant.fr.

Der Heiratsantrag

Die Männer Ouessants waren die Herrscher der Meere, doch die Frauen der Insel, sich ihrer ständigen Überzahl bewusst, hatten eine weniger schwache Stellung als ihre Geschlechtsgenossinnen auf dem europäischen Festland. Unter anderem entschieden sie nach eigenem Gutdünken, wer ihr Liebster sein sollte, und ihr Heiratsantrag sah dann so aus: Sie buken und buken, bis ein leckerer Kuchen fertig war, mit dem sie sich ins Elternhaus des Auserwählten zum Kaffeetrinken einluden. Nach nervösem Smalltalk kam dann der bange Augenblick: Nahm der junge Mann eine Kuchenschnitte von seiner Verehrerin an, war er so gut wie verlobt. Weigerte er sich, – „Nö du, ich bin mehr der Wursttyp" – flossen wohl nachts in einem kleinen Haus mit blauen Fensterläden die bitteren Tränen einer abgewiesenen jungen Frau. Im Grunde waren die Ouessantines doch brave Mädels. Und solide Hausfrauen.

P. S. Wenn heute von einheimischen Damen männlichen Hominiden Kuchen serviert wird, hat das überhaupt nichts zu bedeuten. Diese Art der Liebeswerbung ist ausgestorben.

- *Fährverbindung mit dem Festland* Die Boote von **Penn Ar Bed**, fahren über Le Conquet nach Brest (Fahrtdauer 1¼ Std.), manchmal mit Zwischenhalt auf Molène. Die Schnellboote **von Finist'mer** schaffen die Überfahrt nach Le Conquet in 35 Minuten. In der Hauptsaison mit Penn Ar Bed 10-mal täglich, von Okt. bis März nur 1-mal täglich, die Finist'mer-Schnellboote nur Mitte April bis Sept. Rückfahrkarte (1 Tag gültig) bei Penn Ar Bed ca. 26 €, Kinder ca. 16 €, bei Finist'mer ähnlich. Auskünfte und Buchungen im Office de Tourisme oder unter ✆ 02.98.80.80.80 (Penn Ar Bed) bzw. ✆ 08.25.13.52.35 (Finist'mer).

- *Inselbus* Pünktlich zu den An- und Abfahrten der Fähren bedient der **Inselbus** die Längsverbindung der Insel zwischen Lampaul und der Anlegestelle der Fähre in der Baie du Stiff.

- *Inseltaxis* bieten Rundfahrten an oder transportieren Sie komfortabel zwischen Hotel und Fährschiff, z. B. Dominique Etienne, ✆ 06.07.90.07.43 (Handy).

- *Fahrradverleih* Das Fahrrad ist das Hauptverkehrsmittel auf Ouessant. Gleich an der Anlegestelle bieten mehrere Verleiher ihre Räder an – vom robusten Mountainbike bis zum eleganten Damenrad, auf Wunsch mit Körbchen. Wer sich nicht gleich entscheiden will: **Ouessancycles** der Familie Malgorn verleiht auch am Kirchenplatz in Lampaul, ✆ 02.98.48.83.44.

- *Pardon* kleinerer Pardon bei der Kapelle Notre-Dame-de-Bon-Voyage am 1. oder 2. Septembersonntag.

- *Reiten/Kutschenfahrten* Begleitete Gruppenausflüge hoch zu Ross für Anfänger und Fortgeschrittene oder Kutschenfahrten beim **Centre Équestre Calèches du Ponant**, ✆ 02.98.48.89.29.

Übernachten

- *Hotels* Die nachstehend aufgeführten Hotels verfügen alle über ein Restaurant und befinden sich im Hauptort Lampaul le Bourg:
** Le Fromveur, in der Ortsmitte, einige Meter von der Kirche zum Meer. In zwei Häuschen bieten 15 Zimmer „tout comfort". Im Restaurant mit Barbetrieb feste Essenszeiten, Menü ab 15 €. Spezialität: gefüllte Krabben. DZ 52–93 €. Mitte Nov. bis Jan. geschlossen (außer Weihnachten bis über Neujahr). ✆ 02.98.48.31.30, ✉ 02.98.48.85.97.

** Roch Ar Mor, beste Lage steil über den Klippen, 15 Zimmer, z. T. mit Meerblick, Terrasse zum Ausruhen, Menüs im 180-Gedeck-Restaurant ab 16 €. DZ 54–85 €. Letzte Novemberwoche bis Mitte Feb. geschlossen (außer Weihnachten bis über Neujahr). ✆ 02.98.48.80.19, ✉ 02.98.48.87.51, roch.armor@wanadoo.fr, http://perso.wanadoo.fr/rocharmor.
L'Océan, in der Ortsmitte, Nähe Kirche. Bröckelige Dispersionsfarbe gibt dem

Ile d'Ouessant

schlichten Hotel ein wenig gemütliches Äußeres. 9 Zimmer mit Meerblick, Bar. Vom Zimmer mit Waschbecken und Bidet bis zum Zimmer mit Bad. DZ 30–50 €. Ganzjährig geöffnet. ✆ 02.98.48.80.03, ✉ 02.98.48.84.29.
La Duchesse Anne, unterhalb der anderen Etablissements, direkt am Meer. Einfaches Haus mit 9 ebenso einfachen Zimmern. Spezialität neben den Meeresfrüchten: Jakobsmuscheln am Spieß. DZ 46–49 €. ✆/✉ 02.98.48.80.25.

- *Privatzimmer* Knapp 2 Dutzend Privatzimmer gibt es auf der Insel. Eine Liste ist beim Office de Tourisme erhältlich bzw. auf dessen Website einzusehen.
- *Camping* ** **Municipal Penn Ar Bed**; ein Stück außerhalb von Le Bourg neben der Straße zur Anlegestelle umgibt eine Steinmauer den kahlen Platz für 100 Zelte. Unidyllisch einfach. Rezeption im Rathaus. Geöffnet April bis Sept. ✆ 02.98.48.84.65.

Sehenswertes/Spaziergang

Phare du Stiff (Leuchtturm): Die *Baie du Stiff* überragend, ist der Leuchtturm vom Schiff aus das erste sichtbare Bauwerk Ouessants. An seiner klobigen Architektur ist seine Verwandtschaft mit Kriegstürmen zu erkennen: Wo Baumeister *Vauban* 1695 zwei kegelstumpfförmige Wachttürme errichten ließ, wurde knapp 200 Jahre später der Leuchtturm hochgezogen. Über 32 m ist er hoch, seine Lampe aus dem Jahr 1926 hat eine Reichweite von 24 Meilen und macht alle zwanzig Sekunden mit zwei roten Blitzen die Steuerleute auf das Nordostende der Insel aufmerksam.

Lampaul: Alle Wege führen zu dem Hauptort der Insel in der zangenförmigen Bucht von Lampaul. Das „Kloster von Pol" erinnert an den kurzen Aufenthalt des Gründungsmissionars, der seine Arbeit auf Ouessant jedoch bald frustriert aufgab und auf die Insel Batz weiterzog (siehe *Insel Batz*, Kastentext *St-Pol Aurélien*). Kleiner Hafen, Kirche mit Friedhof, wenige rustikale Hotels und die Häuschen der Einheimischen – Lampaul ist unspektakulär, aber in sich stimmig.

Friedhof: Weiße Christusfiguren auf schweren Kreuzen aus schwarzem Granit übersäen den Friedhof unterhalb der Kirche. Auch wer unauffindbar ertrank, bekam auf Ouessant einen Platz unter den Seinen: Ein kleines mausgraues Mausoleum

Kampf der Elemente – Les Rochers an der Nordwestküste Ouessants

mitten unter den Gräbern beherbergt Wachskerzen in Kreuzform (bretonisch *proëlla*, auf Deutsch „Rückkehr in die Heimat"), die nach der üblichen Trauernacht symbolisch für verschollene Seefahrer beigesetzt wurden.

Ökomuseum: Die *Maison des Techniques et Traditions ouessantines* in Niou-Uhella ist in einem restaurierten Bauernhof zu Hause. Originalmöbel und Gebrauchsgegenstände, Trachten und Handwerkszeug. Zum Ökomuseums-Ensemble gehören auch Heuschober, Backhaus, blaue Türen, blaue Fenster und eine Natursteineinfassung.

Öffnungszeiten April bis Sept. täglich 10.30–18.30 Uhr, sonst mindestens 13.30–16 Uhr. Besser nachfragen! Erwachsene 5 €. Vorsicht beim Eintritt: niedrige Pforte.

Leuchtturmmuseum (Phare de Créac'h): Das Museum für Seewegmarkierungen im Leuchtturm von Creac'h widmet sich der Geschichte und Entwicklung der maritimen Signalisation: Reflektoren, Vitrinen, Spiegel etc. – und das alles in einem stattlichen, aktiven Leuchtturm.

Öffnungszeiten wie Ökomuseum. Eintritt 5 €. Für den Besuch beider Museen gibt es Kombitickets.

Nordwestküste: Hier tobt auf breiter Front der endlose Kampf der Urelemente. Von der Westspitze Ouessants, der *Pointe de Pern*, bis etwa zum *Plage de Yusin* ist das aufregendste Stück der Inselküste dem ständigen Anprallen des Atlantiks ausgesetzt, am wütendsten zwischen dem *Phare de Créac'h* und Porz Yusin. *Les Rochers*, eine spitzgezackte Formation der Nadelfelsbastion, stemmt sich seit Jahrtausenden dem Wasser entgegen.

Ein Stück Wissenschaftsgeschichte: Vor der *Pointe de Pern* steht am Inselrand eine zerfallene *Kapelle*. Heute ein Aufenthaltsraum für Schafe, war sie 1866 Örtlichkeit eines einzigartigen physikalischen Experiments: Zwei Pferde trieben eine Pumpe an, die ihrerseits ein Nebelhorn zum Tuten brachte. Doch die frei lebenden Inseltiere zeigten sich bald renitent und wollten partout nicht stur im Kreis laufen. Dennoch war das Experiment erfolgreich: Die Pferde wurden später durch eine willige Dampfmaschine ersetzt, und ab 1885 tutete direkt an der Pointe de Pern eine dampfbetriebene Trompete in die Nebelschwaden.

Auf dem Friedhof von Ouessant

Pointe de Porz Doun: Die untere Krabbenzange der Insel, die zusammen mit der Pointe de Pern die Bucht von Lampaul begrenzt, ist weniger grandios als die Nordwestküste, doch nicht unattraktiv. Vorbei an einigen kleinen Stränden führt der Weg zur Südspitze, von der die zangenförmige Bucht samt dem gemütlichen Lampaul im Panorama zu überblicken ist.

Baden

Wegen der Wasserverhältnisse keine umwerfenden Möglichkeiten: Die See ist meist wild, die Küsten felsig, ungeschützt und steil. Der beste Strand ist die *Plage de Yusin* an der Nordwestküste, hinter den gezackten Felspyramiden von *Les Rochers*. Weitere Bademöglichkeiten an der Bucht von Lampaul.

Ile Molène (300 Einwohner)

Wenn Sie im Sommer auf die Insel kommen, die für die meisten nur eine Zwischenstation auf Ouessant-Route ist, sehen Sie vielleicht ein Tangschiff, das zum Bruttosozialprodukt des Inselchens maßgeblich beiträgt. Neben dem Tang ist der Fisch die wichtigste Erwerbsquelle auf dem flachen Fleckchen Land, das nur 1 km^2 groß und an der höchsten Stelle 6 m hoch ist.

Lieben Sie kurze Strandspaziergänge? Sie können aussteigen – Unterkunft finden Sie im Inselhotel oder auf dem Inselcampingplatz.

- *Postleitzahl* 29259
- *Verbindung* Die meisten Fähren von Penn Ar Bed (Brest–Le Conquet–Ouessant) legen einen Zwischenhalt auf Molène ein. Alles weitere siehe *Le Conquet* oder *Ile d'Ouessant*.
- *Hotel* ** **Kastell An Daol**, 10 Zimmer „tout comfort" mit Hafenblick. Restaurant mit 80 Gedecken. DZ 45–65 €. Mitte Jan. bis Mitte Feb. geschlossen. ✆ 02.98.07.39.11, ✉ 02.98.07.39.92, kastell.an.daol@libertysurf.fr.
- *Camping* **Municipal**, 50 einfache Stellplätze. Anmeldung und Bezahlung im Rathaus, werktags 10–12 Uhr.
✆ 02.98.07.39.05, ✉ 02.98.07.38.28, mairie.ile.molene@wanadoo.fr.
- *Restaurant* **L'Archipel**, am Kai. Geöffnet Ostern bis Sept. ✆ 02.98.07.38.56.

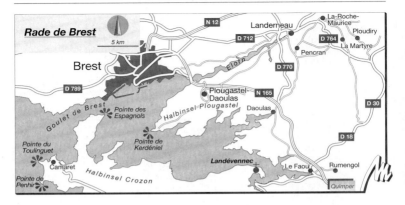

Rade de Brest

Seit Jahrhunderten sind in der riesigen Bucht Kriegsschiffe zu Hause. Die Rade de Brest ist mit einer Wasserfläche von 150 km² einer der größten Naturhäfen Europas, alle europäischen Kriegsschiffe würden hier Platz finden.

Die Mündungsbuchten von Aulne und Elorn sind die letzten Ausläufer der 5 km langen, knapp 2 km breiten Rade de Brest. Von der sicheren Bucht führt zwischen der *Halbinsel Crozon* und dem Nordwestzipfel des bretonischen Festlands nur eine schmale Einfahrt ins offene Meer, der knapp zwei Kilometer breite *Goulet de Brest*. Seine engste Stelle, und damit vor dem Raketenzeitalter von beiden Seiten aus gut zu sichern, liegt zwischen der *Pointe des Espagnols* der Halbinsel Crozon und der *Pointe de Portzic* westlich von Brest.

Rund um die Rade de Brest ist touristisch einiges geboten. Eine kurzweilige Entdeckungsfahrt zieht sich vom Kriegs- und Handelshafen *Brest* im Norden über das Landstädtchen *Landerneau* und die Erdbeer-Halbinsel *Plougastel* zur Halbinsel *Crozon* mit ihren vorzüglichen Aussichtspunkten am Südrand der Bucht.

Brest (149.600 Einwohner)

Wie wichtig die strategische Lage der Stadt war, bekamen ihre zivilen Bewohner immer wieder schmerzhaft zu spüren, das letzte Mal im Zweiten Weltkrieg. Die von der deutschen Wehrmacht besetzte Hafenstadt wurde von den alliierten Streitkräften innerhalb weniger Wochen zusammengebombt.

So kann die Stadt nichts dafür, dass sie sich im Zentrum ausgesprochen nüchtern und kühl präsentiert, während die Außenquartiere nichtssagend bis heruntergekommen wirken. Beim Wiederaufbau von Brest wurde ein geometrischer Gesamtplan zugrunde gelegt. Haupteinkaufsader ist die schnurgerade *Rue de Siam*. Großzügig gestaltete Plätze lassen viel Raum, die Stilrichtungen der Bauten reichen von einer Art Neo-Empire über platten Säulen-Klassizismus bis zum hypermodernen Kulturzentrum *Le Quartz* aus Glas und Spiegel.

Die Gunstlage der Hafenstadt brachte aber nicht nur Gefahr und Tod, auch den Wohlstand verdanken die Bürger und Bürgerinnen von Brest dieser Riesenlaune der Natur. 40.000 Menschen, rund ein Drittel der arbeitenden Bevölkerung, sind in der Verteidigungsindustrie bzw. deren Zulieferbetrieben beschäftigt. Brest ist einer der großen Kriegs- und Handelshäfen Frankreichs, bretonische Universitätsstadt, Sitz eines bedeutenden Ozeanographischen Forschungszentrums *(CNEXO)* und, nach den schweren Zerstörungen, die modernste Stadt der Bretagne. Von den Reisenden, die Landschaftseindrücke oder schnuckelige Fachwerkidylle bevorzugen, wird die Stadt links liegengelassen. Wer kommt, ist meist auf der Durchreise und vertreibt sich hauptsächlich mit maritimen Programmpunkten die Zeit.

Geschichte

Seit 2000 Jahren dient die Bucht von Brest als idealer Ankerplatz der heidnischen und christlichen Seefahrt, und immer wieder ist die Stadt ein heiß umkämpfter Zankapfel. 1341, im bretonischen Erbfolgekrieg, entzweit Brest sogar Verbündete: *Jean de Montfort* lässt die Stadt durch englische Truppen besetzen, die dann nicht mehr abrücken wollen. Glücklos versucht er, die Festung zurückzuerobern, auch fünf Anläufe des französischen Königs scheitern. Erst 1397 bringt die Tochter des englischen Königs durch ihre Heirat mit *Karl VI.* die Besitzrechte über die Stadt als Mitgift nach Frankreich zurück.

Immer aufwendiger und den jeweiligen Kriegstechniken angepasst, werden die Befestigungsanlagen stetig verstärkt, der beste der königlichen Baumeister, *Vauban*, kümmert sich persönlich um die zeitgemäße Gestaltung der Stellungen. Richelieu beginnt mit dem Ausbau des Hafens in der Penfeld-Mündung, sein Nachfolger *Colbert* erhebt Brest im 17. Jahrhundert zur Seehauptstadt Frankreichs. Mehrere Seefahrtsschulen werden eröffnet, in denen neben Marinekadetten und Baumeistern für maritime Festungswerke auch Kanoniere eine fundierte Ausbildung erhalten. Colbert ist auch der Initiator der *Seerolle*, in der bis heute alle männlichen französischen Küstenbewohner eingetragen sind, die beruflich mit dem Meer zu tun haben und so gezielt für den Dienst auf See rekrutiert werden können.

Ende des bretonischen Schienennetzes – Bahnhof von Brest

Rade de Brest

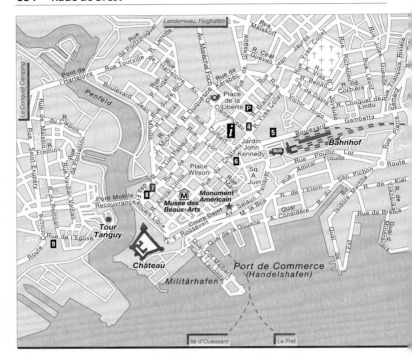

Der stattliche Hafen, inzwischen die Heimat von *la Royale*, der königlichen Flotte, zieht neben prominenten Besuchern und Händlern aus aller Welt auch sesshafte werktätige Menschen an. Kunsttischler und Blattgoldspezialisten finden den Weg hierher und verdienen sich durch ihre schmückenden Arbeiten an den Schiffen der französischen Flotte goldene Nasen. Seit 1750 kommen auch jede Menge Sträflinge, die ebenfalls tüchtig arbeiten, doch nichts verdienen: Das *Bagno von Brest* mit einer Kapazität von 500 Häftlingen ist bis zur Regierung *Napoleon III.* eines der gefürchtetsten Arbeitslager der französischsprachigen Welt. Die der Kriegsmarine unterstellten Gefangenen werden für alle harten und lebensbedrohlichen Arbeiten eingesetzt; als Alternative droht ihnen die Zwangsverschiffung in noch schlimmere Arbeitslager in den Kolonien.

Im Zweiten Weltkrieg richtet sich ab 1940 die deutsche Wehrmacht in der kampflos eroberten Stadt ein: Die französische Kriegsmarine hat vorher ihre noch schwimmfähigen Schiffe abgezogen und die Hafenanlagen und die zurückgebliebenen Schiffe gesprengt. Den Deutschen ist das recht, sie verbunkern die ganze Gegend und machen aus dem Hafen einen stark befestigten U-Boot-Stützpunkt, der vier Jahre lang immer wieder angegriffen, aber nicht eingenommen wird. 1944 landen die Alliierten in der Normandie, umgehen den deutschen Atlantikwall auf dem Landweg und befreien unter hohem Blutzoll auch Brest. Nach 43 Tagen Belagerung und Bombardement kapitulieren am 18. September die deutschen Besatzer vor der alliierten Übermacht – die Innenstadt und das Hafenviertel von Brest gibt es nicht mehr.

Brest 335

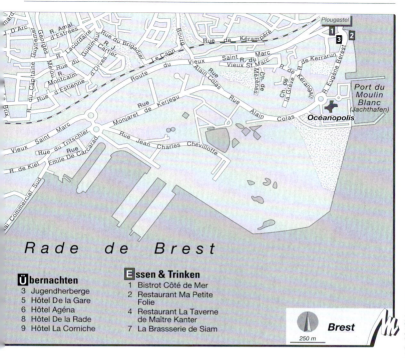

Übernachten
- 3 Jugendherberge
- 5 Hôtel De la Gare
- 6 Hôtel Agéna
- 8 Hôtel De la Rade
- 9 Hôtel La Corniche

Essen & Trinken
- 1 Bistrot Côté de Mer
- 2 Restaurant Ma Petite Folie
- 4 Restaurant La Taverne de Maître Kanter
- 7 La Brasserie de Siam

Die letzte Katastrophe geschieht 1947, als im Handelshafen ein norwegischer, mit Ammoniumnitrat beladener Frachter explodiert. Etliche Todesopfer, Hunderte von Verletzten und 5000 zerstörte Häuser und Behelfsquartiere im ohnehin schon geschundenen Hafenviertel werden gezählt.

Brest wird wiederaufgebaut und avanciert mit dem neu angelegten *Arsenal* hinter dem Strand von Lanilon ein weiteres Mal, diesmal zusammen mit Toulon, zum größten Kriegshafen Frankreichs. Der größere Stellenwert allerdings kommt dem Ausbau des Handelshafens zu. Den Kriegshafen können mittlerweile auch Ausländer, soweit sie EU-Bürger sind, im Rahmen einer Führung besichtigen.

Information

- *Postleitzahl* 29200
- *Information* **Office de Tourisme**, im Kulturpalast der Stadt. Ein verglaster und verspiegelter Bau namens Le Quartz aus der Serie „Neopostmoderne". Juli/Aug. Mo–Sa 9.30–19 Uhr, So 10–12 Uhr; Sept. bis Juni Mo–Sa 9.30–18 Uhr. Place de la Liberté. ✆ 02.98.44.24.96, ✉ 02.98.44.53.73, contact@brest-metropole-tourisme.fr, www.brest-metropole-tourisme.fr.

Verbindungen

- *Flugzeug* Aérodrome Brest-Guipavas südöstlich der Stadt; u. a. mehrmals täglich nach Paris. Regelmäßige Flüge in andere französische Städte und nach England. Lufttaxi nach Ouessant: Finist'air unterhält regelmäßige Flugverbindungen zur Insel

336 Rade de Brest

Fluchtpunkt Rathaus

Ouessant, mindestens 2-mal täglich, Flugdauer etwa 20 Min. ✆ 02.98.32.01.00, ✆ 02.98.84.87.32, www.brest.aeroport.fr.

• *Zug* Der Bahnhof, ein Rundbau passend zur Stadt, befindet sich an der Place du 19e RIC. Zwischen 4.45 und 23 Uhr verlassen werktags rund 25 Züge den westlichsten Bahnhof Frankreichs Richtung Osten. Über Morlaix/Guingamp/St-Brieuc nach Rennes/Paris, über Châteaulin/Quimper/Lorient nach Vannes und weiter nach Nantes. Dazu kommen zahlreiche Regionalzüge Richtung Morlaix oder Quimper.

• *Schiff* **Fähre nach Ouessant**: Neben Le Conquet, der kürzesten Verbindung, bedient Brest über Le Conquet und Ile Molène die Wasserverbindung zur Insel. Abfahrt der Boote von *Penn Ar Bed* im ersten Bassin des Handelshafens. Täglich 1-mal am Vormittag, Fahrtdauer ca. 2½ Std. Rückfahrkarte ca. 30 €, Kinder ca. 18 €. Service Maritime Départemental, 1er Bassin, Port de Commerce. ✆ 02.98.80.80.80.
Fähre nach Le Fret (Halbinsel Crozon), von April bis Sept. täglich 3-mal, Juli/Aug. 4-mal. Fahrtdauer 40 Min. Aktueller Fahrplan im Office de Tourisme, bei Vedettes Armoricaines im ersten Bassin des Handelshafens (✆ 02.98.44.44.04) oder bei Azénor (✆ 02.98.41.46.23). In Le Fret Anschluss an die Busse nach Camaret, Morgat und Crozon.

• *Bus* Busse starten beim Bahnhof an der Place du 19e RIC. Mit *CAT* ab Brest auf der schleifenförmigen Linie: St-Renan/Porspoder/Portsall/Ploudalmézeau/St-Renan/Brest zur „**Côte des Légendes**". Werktags 3-mal in beide Richtungen, sonntags und an Feiertagen 1-mal. Nach **Quimper** werktags mindestens 6-mal, über Plougastel-Daoulas nach **Le Faou** (werktags mindestens 5-mal). Die *Cars de St-Mathieu* fahren werktags 6-mal nach **Le Conquet**, *Voyages Bihan* werktags mindestens 6-mal über Lesneven/Plouescat nach **St-Pol Léon/Roscoff**. Mindestens 6 Busse täglich von *Les Cars des Abers* nach **Lannilis**. Beste Verbindung nach **Plougastel-Daoulas** mit dem *Stadtbus Nr. 25*. Auf die Halbinsel **Crozon** mit Endstation Camaret fährt *Effia*, mindestens 5 Busse täglich.

• *Stadtverkehr* Die weißgelben Stadtbusse sollen in der Zukunft durch ein neues, schienengebundenes Verkehrssystem ergänzt werden. Doch vorläufig verkehrt immer noch die Buslinie 7 zwischen der Place de la Place Liberté, dem Bahnhof, dem Handelshafen und dem Port de Plaisance (Océanopolis). Städtische Busdrehscheibe ist die Place de la Liberté.

Diverses

• *Internet* **@cces.cibles**, 31 avenue Georges Clemenceau. In erster Linie ein Treff der Cyber-Spieler, aber man kann hier auch seine E-Post abrufen. Mo–Sa 11–1 Uhr, So 14–23 Uhr.

• *Bootsausflug* In der Vor- und Nachsaison 2-mal täglich, von Juni bis Aug. 3-mal täglich, starten am ersten Bassin des Port de Commerce (unterhalb des Châteaus) die Ausflugsboote von *Azénor* zu einer **Rundfahrt in der Reede von Brest** (aktuelle Zeiten im Office de Tourisme erhältlich). Dauer etwa 1½ Stunden, Erwachsene 15 €, Kinder 10 €. Sie sehen u. a. die Schutzreede, den Militärhafen mit den Silhouetten der Kriegsschiffe, die U-Boot-Basis (ebenso von fern),

Brest 337

den Leuchtturm von Portzic, die Hafeneinfahrt und ihre Befestigungen.
Von April bis Sept. bietet *Azénor* auch **Schlemmerkreuzfahrten** in der Rade de Brest an. 3 Std. 15 Min. Schiff mit Mittag- bzw. Abendessen kosten je nach Menü 45–62 €. Start am Port de Plaisance bei Océanopolis. ✆ 02.98.41.46.23.

• *Autoverleih* **ADA**, 9, avenue Georges Clemenceau. ✆ 02.98.44.44.88.

• *Fahrradverleih* Nagelneue Räder standen 2006 neben dem **Office de Tourisme**, das damit sein Dienstleistungsangebot in dankenswerter Weise erweitert hat.

• *Einkaufen* Fast alles, was das Herz begehrt. Hauptgeschäftsstraße ist die Rue de Siam.

• *Markt* Mehrere Märkte, der größte Mo–Sa 7–13 und 16–19.30 Uhr, So 7–13 Uhr in den **Halles St-Louis** an der Rue Louis Pasteur. Jeden 2. Samstag im Monat Flohmarkt. **Bio-Markt** Di 16–20 Uhr und Sa 8.30–12.30 Uhr in den Halles de Kérinou – im Norden der Stadt, erreichbar mit der Buslinie 2 (Haltestelle „Kérinou Place").

• *Feste* Alle 4 Jahre findet in Brest die große **Fête internationale de la mer et des marins** statt. 2004 fanden sich über 2000 alte Segelschiffe aus 30 verschiedenen Nationen in der Reede zusammen. Nächstes Treffen: 11.–17. Juli 2008. Das Riesenevent lohnt mit Sicherheit einen Besuch, es ist allerdings mit sehr großem Andrang zu rechnen. Insbesondere am Nationalfeiertag 14. Juli, aber auch an allen anderen Abenden, wird es Feuerwerke und *spectacles pyrotechniques* geben. www.brest2008.fr/fr. Nicht ganz so spektakulär, erfreuen sich die **Jeudis du Port** dennoch regen Zulaufs: Im Juli und Aug. gibt es am Hafen jeden Donnerstagabend Konzerte und vieles mehr.
Europäisches Kurzfilmfestival, jährlich eine Woche Mitte November. Spezialisten des Kurzfilms (Dokumentar-, Experimentier- oder Spielfilm) aus ganz Europa tragen das Datum in ihre Agenda ein. 2006 ging die 21. Ausgabe erfolgreich über die Bühne. www.filmcourt.fr.

• *Wassersport* Großes Angebot an Kursen und Leihgeräten:
Crocodiles de l'Elorn, Segeln, Bootsverleih und Kurse, Port du Moulin Blanc. ✆ 02.98.41.73.81.
G.M.A.P. Brests Adresse für Taucher, Port de Commerce. ✆ 02.98.43.15.11.
USAM Voile-Kajak, Segeln und Kajak, Port du Moulin Blanc. ✆ 02.98.02.36.73

• *Waschsalon* **Point Bleu**, 7, rue de Siam.

*Ü*bernachten/*E*ssen *(siehe* *K*arte *S. 334/335)*

• *Hotels* *** **La Corniche (9)**, im Stadtteil Kerbonne, westlich der Penfeld-Mündung. Eine gediegene, ruhige Adresse: stilvolles Anwesen, 16 modern eingerichtete Zimmer mit Bad/WC, Flat-TV und Telefon. Feines Restaurant, Tennisplatz, zwei Saunas. DZ 55–85 €. In den Weihnachtsferien geschlossen. 1, rue Admiral Nicol. ✆ 02.98.45.12.42, ✆ 02.98.49.01.53, hotel@hotel-lacorniche.com, www.hotel-la-corniche.com.

** **Hôtel de la Gare (5)**, in Bahnhofsnähe. Funktionales, aufgemöbeltes Hotel mit 24 Zimmern. Alle Zimmer mit Radio, TV und Telefon, wahlweise Dusche/WC oder Bad/WC. Einige Zimmer mit Meerblick. Hoteleigene Garage. DZ je nach Größe und Ausblick 45–60 €. Ganzjährig geöffnet. 4, boulevard Gambetta. ✆ 02.98.44.47.01, ✆ 02.98.43.34.07, info@hotelgare.com, www.hotelgare.com.

** **De la Rade (8)**, exponiert in der Hauptgeschäftsstraße, mit 44 recht einfachen Zimmern ein großes Etablissement. Hoteleigene Garage. Kein Restaurant. DZ 44–54 €. Ganzjährig geöffnet. 6, rue de Siam. ✆ 02.98.44.47.76, ✆ 02.98.80.10.51, bjjm@wanadoo.fr, www.hoteldelarade.com.

** **Agéna (6)**, einige Fußminuten vom Bahnhof, gleich beim Kennedy-Garten. 21 sachlich-moderne Zimmer, Bar und Salon à la disposition des clients. WiFi-Anschluss. DZ 42–48 €. Ganzjährig geöffnet. 10, rue Frégate La Belle Poule. ✆ 02.98.33.96.00, ✆ 02.98.43.20.63, hotel.agena@wanadoo.fr

• *Jugendherberge* **(3)** In der Nähe von Ozeanopolis am Jachthafen. 118 Schlafplätze in 29 4-Bett-Zimmern und einem DZ. Übernachtung 15 € pro Person. Ganzjährig geöffnet. Mit dem Bus Nr. 3 oder 15 Verbindung in die Innenstadt. 5, rue de Kerbriant. ✆ 02.98.41.90.41, ✆ 02.98.41.82.66, brest.aj.cis@wanadoo.fr, www.ucrif.asso.fr.

• *Camping* *** **Du Goulet**, in Ste-Anne du Portzic, ca. 5 km westlich des Zentrums. Schmuckloses größeres Terrain ohne Charme mit Swimmingpool und Rutschbahnen. Platz für 100 Campingeinheiten. Stromanschlüsse vorhanden. Die Buslinie 71 ist die nächste Verbindung in die Innenstadt. Ganzjährig geöffnet. ✆/✆ 02.98.45.86.84, campingdugoulet@wanadoo.fr, http://perso.orange.fr/campingdugoulet.

Rade de Brest
Karte S. 332

Das alte Arsenal an der Recouvrance-Hebebrücke

- *Restaurants* Die Brester Küche ist für drei Spezialitäten bekannt: Goldbrassen mit Crevetten und Schalotten *(dorade aux crevettes et échalotes)*, Stockfisch mit Porrée *(morue au poireau)* und schließlich Blutwurst mit Sahne und Zwiebeln *(boudin à la crème et aux oignons)*.

Ma Petite Folie (2), empfehlenswertes Restaurant mit Fischspezialitäten im Bauch eines gestrandeten Schiffes, das trocken auf dem Strand von *Moulin Blanc* liegt. Menüs 20–40 €. So geschlossen. Port du Moulin Blanc. ✆ 02.98.42.44.42.

La Taverne de Maître Kanter (4), die in ganz Frankreich präsente Brasseriekette bietet immer gutes Essen. Die Spezialität in Brest sind selbstverständlich Meeresfrüchte (direkt aus dem Becken). Menüs 17–24 €. Täglich geöffnet. 15, av. Georges Clemenceau. ✆ 02.96.80.25.73.

La Brasserie de Siam (7), im Zentrum. Solides Restaurant ohne den großen Gaumenkitzel, doch für das Gebotene reelle Preise (Menü 15 €). 12, rue de Siam. ✆ 02.98.46.05.52.

Bistrot Côté de Mer (1), die preiswerte Alternative direkt gegenüber der *Petite Folie*. Großräumiges Lokal mit Terrasse. Sehr preiswerte Mittagsmenüs, kein gastronomisches Erlebnis, aber durchaus passend nach einem Tag in *Océanopolis*, am Strand von *Moulin Blanc* oder für Gäste der nahen Jugendherberge. Täglich geöffnet. 18, rue du Moulin Blanc. ✆ 02.98.41.53.40.

Sehenswertes

Tanguy-Turm (Stadtgeschichtliches Museum): Die *Tour de la Motte Tanguy* in der Rue de la Tour am rechten Penfeld-Ufer gehörte einst zu dem Festungswerk der Hafenstadt, wurde 1944 zerstört und 1974 über ihren Grundmauern originalgetreu wiederaufgebaut. Heute steht der Turm vereinsamt da und beherbergt das kleine *Musée de la Tour Tanguy*. Thema: Brest vor der Revolution (1. Stock) und Brest nach der Revolution (2. Stock).

Öffnungszeiten Juni bis Sept. täglich 10–12 und 14–19 Uhr, Okt. bis Mai Mi/Do 14–17 Uhr, Sa/So 14–18 Uhr. Eintritt frei.

Château (Marinemuseum): Aus einem römischen Lager an der Mündung des Penfeld-Flusses entwickelte sich ab dem 12. Jahrhundert die mittelalterliche, trapezförmige Befestigungsanlage. Dicke Mauern und viele Kanonen schützten das Schloss der Herren von Brest und – zusammen mit der Tour Tanguy am Nordufer – die Einfahrt in die Penfeld so gut, dass die Anlage als uneinnehmbar galt. Seit 1923 ist das Château ein *Monument historique*. Nicht der Zahn der Zeit nagte an der Festung, sondern das Dauerbombardement von 1944. Nach 1991 wurde in einem ersten Bauabschnitt die *Bastion Sourdeac* mit dem *Donjon* hinter der Einfahrt zum Handelshafen restauriert.

Im Château unterhält die französische Marine in einigen Türmen ein gut bewachtes *Museum*, das der Geschichte der französischen Marine gewidmet ist. Schiffe, Bilder, Dokumente, Ausrüstung, dazu die Geschichte des Châteaus und des Bagnos von Brest.

Öffnungszeiten Marinemuseum April bis Mitte Sept. täglich 10–18.30 Uhr. Mitte Sept. bis März 10–12 und 14–18 Uhr, Di geschlossen. Billettverkauf jeweils bis eine halbe Stunde vor Schließung. Eintritt 5 €. Die Festung selbst ist als Sitz der *Préfecture Maritime* Militärgebiet, zur Besichtigung freigegeben sind einige Türme und Teile des Walls.

Lebensart

Vor Brest kam es im Lauf der langen englisch-französischen Kriege zu vielen Seekämpfen. Zu ihnen gehörte auch ein vergleichbar harmloses Treffen: Während des amerikanischen Unabhängigkeitskriegs stößt 1778 die „Belle Poule" aus Brest auf die feindliche „Arethusa" unter englischer Flagge. Das folgende Gefecht beendet die angeschlagene Arethusa, indem sie Reißaus nimmt. Frankreich kann wieder einmal stolz auf seine Flotte sein, und ein Figaro aus Paris feiert in der Damenwelt des Hofs Triumphe mit seinem Modehit „à la Belle Poule": In einer ausgesparten Nische des hochgetürmten Haars halten Klammern – was denn? – ein Segelschiffchen.

Kunstmuseum (Musée des Beaux-Arts): Wenig aufregende Ausstellungsräume in der Rue Traverse Nr. 4. Der Schwerpunkt der städtischen Bildersammlung liegt auf Werken des 17. und 18. Jahrhunderts: Italiener, Holländer und Franzosen. Dazu gesellen sich einige Künstler aus dem 19. Jahrhundert, u. a. aus der Schule von Pont-Aven.

Öffnungszeiten Di–Sa 10–12 und 14–18 Uhr, So 10–12 Uhr. Eintritt 4 €, Jugendliche bis 18 Jahre sowie Kunststudenten aller Länder gratis.

Cours Dajot: Unterhalb des Châteaus beginnt diese schattige, etwa 600 Meter lange Promenadenstraße mit Blick auf die Anlagen und Schiffe des Handelshafens sowie über die Reede von Brest. Die Straße wurde übrigens 1769 von Sträflingen des berüchtigten Bagnos von Brest angelegt – das sollte Ihnen die Lust am Flanieren aber nicht nehmen.

Monument Américain de Brest: Der monumentale Turm an einem exponierten Aussichtspunkt der Promenade über dem Handelshafen ist kein Schmuckstück. Er erinnert an die Landung der amerikanischen Truppen am 1. September 1917, die sich ab diesem Jahr in den Ersten Weltkrieg einmischten. Deutsche Truppen jagten den Turm 1940 in die Luft, doch das letzte Wort hatten schließlich die Amerikaner. Sie bauten 1958 den heute meist gesperrten Turm originalgetreu in seiner ganzen Hässlichkeit wieder auf.

Handelshafen (Port de Commerce): Mitte des 19. Jahrhunderts war die Penfeld-Mündung als Kriegs- und Handelshafen überlastet, sodass der Bau eines eigenen Zivilhafens nötig wurde. Heute schwimmen vom Kutter bis zum Öltanker alle Schiffstypen vor den Hafenanlagen des Port de Commerce. Jährlich werden über zwei Millionen Tonnen Ladung umgeschlagen, die Tanker werden im eigenen Ölhafen gelöscht. Mächtig sind auch die Docks – im größten können Schiffe bis 500.000 t gewartet werden.

Militärhafen: Ehrenamtliche Mitarbeiter bieten 2-stündige Führungen durch den Militärhafen an. Am Eingang muss ein Pass aus der Schengen-Zone vorgelegt werden, zu der bald auch die Schweiz gehören wird.

Öffnungszeiten 2. Juni- und 1. Septemberhälfte Führungen um 14.30 und 15 Uhr. Juli/Aug. mehrere Führungen von 14.30 bis 16 Uhr. Eintritt frei, Trinkgeld wird aber nicht abgelehnt.

Recouvrance-Hebebrücke (Pont mobil de Recouvrance): Die Stahlkonstruktion aus dem Jahr 1954 gilt noch immer als die größte Hebebrücke Europas und funktioniert nach dem Fahrstuhlprinzip: Zu festen Zeiten wird das 87 Meter lange und 530 Tonnen schwere Mittelteil der Fahrbahn in zweieinhalb Minuten um 26 Meter angehoben, damit kein Hochseedampfer anschrammt. Innerhalb von Sekunden wird das Tragwerk dann wieder herabgelassen, und der Landverkehr kann wieder fließen.

Albert-Louppe-Brücke: 880 m lang überspannt sie seit 1930 am Nordostende der Bucht von Brest in drei gewaltigen Bögen die Elorn und erspart dem Reisenden damit 25 km Landweg. Die beiden Brückenenden werden symbolträchtig von insgesamt vier *Statuen* geschmückt: eine Frau von der Küste bei Brest, ein Mann aus Léon und ein Paar von der Halbinsel Plougastel. Albert Louppe, Präsident des *Conseil général du Finistère*, war der Initiator des Bauwerks.

Océanopolis: 1990 öffnete am Jachthafen *Océanopolis* seine Kasse – und war damit das größte und auch bestausgestattete Aquarium Europas. Der Komplex, ein monumentaler, in Beton gegossener, stilisierter Krebs, zeigt in seinem Inneren auf 2700 m² die ganze Palette der noch lebenden Fauna und Flora der Atlantikküste. Robben, Vögel und Fische aller Art, eingebettet in Vorführungen, Filme, Computeranimationen und Vorträge rund um das Meer. Mittlerweile ist der Krebspavillon zum *Pavillon der gemäßigten Zonen* mutiert, ergänzt durch einen *Tropenpavillon* und einen *Polarpavillon*. Neben unzähligen Aquarien mit den schillerndsten Fischen sind in der Tropenabteilung jede Menge Informationen zur Entstehung von Atollen und Korallenriffs verfügbar. Im Polarpavillon wiederum beginnt der Rundgang mit der Panoramaprojektion *Antarctica*. Anschließend bekommt der Besucher einen Bären aufgebunden bzw. einen Eisbären. Dieser ist eindeutig aus Kunststoff, ebenso eindeutig aber sind die Robben und Pinguine, die sich auf den Eisschollen tummeln, aus Fleisch und Blut. Nicht nur in den Aquarien wird etliches geboten. Während des Rundgangs lernen die Besucher neben den Winden und dem Wechsel der Gezeiten auch das Innenleben eines Fischerbootes kennen. Für Kinder am interessantesten sind die Becken, in denen sie allerlei Meeresbewohner (keine Angst, sie beißen nicht!) anfassen dürfen. Kurzum: Man ist nach einem Besuch von Océanopolis in Sachen Meer viel schlauer als vorher – vorausgesetzt, man kann sich in die erste Reihe durchdrücken. Beste Zeiten: am frühen Vormittag oder wenn andere Menschen am Mittagstisch sitzen. Trotz des satten Eintrittspreises ist der Besuch empfehlenswert. Eine Besichtigung aller drei Pavillons kann leicht einen halben bis ganzen Tag füllen, Restaurationsmöglichkeiten vor Ort sind vorhanden.

• *Anfahrt* Océanopolis liegt am Jachthafen von Moulin-Blanc und ist dank der reichen Beschilderung nicht zu verfehlen. Oder einfach mit dem Bus Nr. 7 vom Zentrum zur Endhaltestelle.

• *Öffnungszeiten* April bis Aug. täglich 9–18 Uhr. Sept. bis März Di–Sa 10–17 Uhr, So 10–18 Uhr. Erwachsene 15,40 €, unter 17 Jahren 10,80 €. Das Schlangestehen an der Kasse vermeidet, wer sich eine Eintrittskarte im Office de Tourisme besorgt.

Pont de Rohan in Landerneau

Landerneau (14.300 Einwohner)

„Das wird wieder Krach geben in Landerneau" war einst ein bekanntes Sprichwort in Frankreich. Doch es ist stiller geworden in Landerneau – auch die lärmenden Polterabende der Witwenhochzeiten, für die die Stadt weit über ihre Grenzen berühmt war, werden heute geziemend ruhig im familiären Rahmen begangen.

Landerneau, die einstige Hauptstadt des Léon und Grenzstadt zur Grafschaft Cornouaille, ist zur Bedeutungslosigkeit abgesunken und steht nunmehr in jeder Hinsicht im Schatten des nahen Brest. Im 16./17. Jahrhundert war die Stadt im Machtbereich der Fürsten von Rohan noch ein wichtiger Umschlag- und Lagerplatz für Brest sowie Standort von Segeltuch- und Ledermanufakturen, deren Produkte für den Export bestimmt waren. Dann sank Landerneaus Stern. Die geringe Entfernung zur Großstadt an der Küste lässt Landerneau jedoch seit einigen Jahrzehnten wieder prosperieren. Mit Brauerei, Düngemittelfabrik, Kühlhallen, Milch- und Schlachthof ist die Stadt ein gut eingerichtetes, wohlhabendes Zentrum seines bäuerlichen Umlands, das sich auf Obst- und Gemüseanbau sowie Lachs- und Forellenzucht spezialisiert hat.

Nur der *Quai de Léon* und der *Quai de Cornouaille* am rechten und linken Elorn-Ufer erinnern daran, dass Landerneau an der Schnittstelle der alten Grafschaften Léon und Cornouaille liegt. Seit Jahrhunderten säumen rund um die *Pont de Rohan* die schönen Fassaden solider Bürgerhäuser den Fluss, der bis nach Landerneau den Gezeiten unterworfen ist. Wer durch Landerneau kommt und sich etwas Zeit nimmt, erhält – neben einem kleinen Bummel – die bleibendsten Eindrücke auf der Außenterrasse des Café-Treffs *Le Goéland* auf der Rohanbrücke – hier kommt auch die Nase auf ihre Kosten.

342 Rade de Brest

Information/Verbindungen/Diverses

- *Postleitzahl* 29800
- *Information* Office de Tourisme du pays de Landerneau et de Daoulas, in einem kleinen Häuschen am Rand der Rohan-Brücke. Gute Auskünfte u. freundliche Hilfe. Im Sommer 1-mal wöchentlich begleitete Führungen. Ganzjährig geöffnet. Juli bis Aug. Mo–Sa 9.30–12.30 und 13.30–19 Uhr, So 9.30–12.30 Uhr; Sept./Okt. Di–Sa 10–13 und 14–18 Uhr. Im Rest des Jahres stark wechselnde Öffnungszeiten. Pavillon Pont de Rohan. ℡ 02.98.85.13.09, ℻ 02.98.21.39.27, ot.payslanderneau-daoulas@wanadoo.fr.
- *Verbindung* **Zug**: Bahnhof knapp 2 km nordwestlich des Zentrums. Landerneau liegt am Schnittpunkt der Schnellstrecken Brest/Rennes/Paris und Brest/Vannes/Nantes, zusätzlich fahren die Regionalzüge Brest/Morlaix und Brest/Quimper über Landerneau. Gute Verbindungen in alle Richtungen. **Bus**haltestellen am Bahnhof und am Elorn-Ufer bei den Parkplätzen. Busse in alle Richtungen der Region.
- *Parken* Großparkplätze am Quai de Léon.
- *Fahrradverleih* **Cycles Le Gall**, Rue Alain Daniel. ℡ 02.98.21.50.62.
- *Einkaufen* Die Agrarprodukte des Umlands – Obst und Gemüse, Lachs und Forellen.
- *Markt* Am Quai de Léon und an der Place du Marché am Dienstagvormittag und Freitagvormittag (nur Obst und Gemüse) sowie am Samstag.
- *Reiten* Gleich zwei Reitclubs arbeiten im Vorort La Forest-Landerneau an der Elorn: **Club Hippique de l'Elorn**, ℡ 02.98.85.31.40, und **Poneyclub du Guerrus**, ℡ 02.98.21.68.28.
- *Waschsalon* **Lav'29**, selber waschen oder Wäsche abgeben. Mo–Fr 9–12 und 14–19 Uhr, Sa 9–12 Uhr. 3, rue Défossés.

Übernachten/Essen

- *Hotels* **** Le Clos du Pontic (4)**, von der Citôtel-Kette übernommenes Logis-de-France-Haus auf der südlichen Elorn-Seite. 32 Zimmer in einem stilvollen, älteren Anwesen, gutes Restaurant. Internet-Zugang, hoteleigener Parkplatz. DZ 49–65 €. Ganzjährig geöffnet. Rue du Pontic. ℡ 02.98.21.50.91, ℻ 02.98.21.34.33, clos.pontic@wanadoo.fr, www.clos-pontic.com.
** Ibis (1), stadtauswärts in Stadtrandlage beim Kongresszentrum. Klassisches Glied der Ibis-Kette, 42 Zimmer mit guter Sanitärausstattung, Restaurant, Gartenterrasse. DZ 44–57 €. Ganzjährig geöffnet. Parc boisé de Mescoat. ℡ 02.98.21.85.00, ℻ 02.98.20.67.61, bonjour@mescoat.com, www.mescoat.com.
** L'Amandier (2), 8 Zimmer. Restaurant mit Fisch und Meeresfrüchten. DZ 42–49 €. Ganzjährig geöffnet. 55, rue de Brest. ℡ 02.98.85.10.89, ℻ 02.98.85.34.14.
- *Camping* **** Municipal du Calvaire**, im Freizeitpark der Stadt – Tennis, Schwimmbad, Fußballstadion am Elorn-Ufer. Der Platz selbst: Hecken schützen vor neugierigen Blicken, Pappeln beleben die Rasenflächen. Splittwege, Stromblocks, ordentliches Sanitärgebäude (Duschzeiten nicht verpassen!). 42 Stellplätze. Geöffnet Mitte Mai bis Mitte Okt. Rue du Calvaire. ℡ 02.98.21.66.59, ℻ 02.98.85.43.35, ti-ker-landerne@mairie-landerneau.fr.
- *Restaurants* Bei schönem Wetter ist die betischte Brücke über die Elorn (Pont de Rohan) sehr lebendig. Die Spezialität des Städtchens schwimmt im Fluss – Forelle und Aal.
Les Cap-Horniers (3), in einer Gasse hinter dem Quai d'Elorn. Menüs 18–25 €, Schwerpunkt Fisch. Großer Pluspunkt: Die Muscheln kommen aus Carantec. So und Mo abends geschlossen. 13, rue du Commerce. ℡ 02.98.21.32.38.

Sehenswertes

Der vom Office de Tourisme angebotene *Circuit de Landerneau* ist beim besten Willen bald erledigt – in etwa einer halben Stunde können es auch die Langsamsten schaffen. Die Höhepunkte:

Flach überspannt die **Rohan-Brücke** *(Rue du Pont)* in sechs Bögen seit 1336 die Elorn, ihre heutige Form erhielt sie im Jahr 1510: Die Häuschen mit den Schieferfassaden zu beiden Seiten der massiven Steinkonstruktion nehmen der Pont de Rohan jeden Brückencharakter.

Landerneau/Umgebung 343

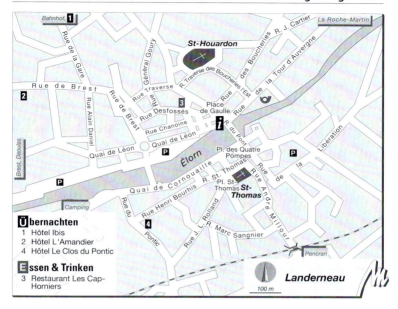

Die **Kirche St-Houardon** ist großteils ein Werk des 19. Jahrhunderts. Der *Turm* und die *Renaissance-Vorhalle* (1604) sind die ältesten und auch schmucksten Partien.
Das in eine Kapelle umfunktionierte *Beinhaus* (1635) und der *Glockenturm* der **St.-Thomas-Kirche** aus dem 16. Jahrhundert, Thomas Becket (1118–1170), dem ermordeten und heilig gesprochenen Erzbischof von Canterbury geweiht, sind die wichtigsten Sehenswürdigkeiten auf der anderen Uferseite.
Die meisten **alten Häuser** versammeln sich hinter dem Quai de Léon am rechten Elorn-Ufer um die Place du Général-de-Gaulle, darunter eine schieferverkleidete *Maison d'Anne* (17. Jh.) am de-Gaulle-Platz Nr. 9. Am anderen Ufer findet sich weitere Altbausubstanz um die St.-Thomas-Kirche. Besonders putzig ist die *Herberge der 13 Monde* schräg gegenüber der Kirche, in deren Fassade kleine Erdtrabanten aus dem Stein gearbeitet sind.

Landerneau/Umgebung

Neben Morlaix und Landivisiau ist Landerneau ein idealer Startpunkt für die **Calvaire-Tour**. Rund um Landerneau, besonders am linken Elorn-Ufer, finden sich einige kleine Ortschaften wie Pencran, La Martyre, La Roche-Maurice, deren Pfarrbezirke sich an Prunk zwar nicht mit der Calvaire-Tour-Konkurrenz vergleichen können, doch zumindest kleine Attraktionen bieten. Wir verweisen in diesem Zusammenhang vor allem auf die Todesdarstellungen, vor denen sich Bretagne-Reisende so gerne gruseln.
Als Ergänzung und Abrundung zur Calvaire-Tour kann die Besichtigung einiger dieser Landkirchen in diesem stillen Teil der Bretagne ein ebenso vergnügliches wie lehrreiches Urlaubserlebnis werden.

Granitenes Gesamtkunstwerk

Pencran: Auf einer Hügelkuppe liegt der Pfarrbezirk mit *Triumphtor*, *Beinhaus* und *Calvaire*. Der Enclos von Pencran (= Holzkopf) ist kein gewaltiges Monument, doch gelang hier ein in sich fein abgestimmtes Ensemble, das sich kunstvoll-unaufdringlich in seinen bäuerlichen Rahmen einpasst. Der ältere Calvaire wurde hier nicht als Figurengruppe gestaltet – an den drei locker nebeneinander stehenden Kreuzen an den Treppen zum *Enclos paroissial* sterben Jesus und die beiden Schächer; in tiefer Trauer blickt Magdalena zum Gekreuzigten hinauf. Der einst schmucke Bau der Sakristei verfällt unbeachtet, auch die Kirche mit ihrem doppelstöckigen, durch Balkons gegliederten Turm leidet sichtbar an ihrem Alter. Doch Granit ist zäh. Die *Eingangspforte der Vorhalle* (1553) hingegen ist noch immer ein großartiges Gesamtkunstwerk aus Stein. Neben Fragmenten der Geburtsszene und den Aposteln schmücken verwitterte Granitminiaturen mit viel Liebe zum Detail den Eingang. Haben Sie schon einmal einen betrunkenen Noah gesehen?

Anfahrt Ca. 3½ km südöstlich von Landerneau. Die Stadt über die Rue André Millour oder die Rue de Pontic im Süden verlassen, dann ausgeschildert.

La Martyre: Ein düsteres, dreibogiges *Triumphtor* mit begehbarer Brüstung führt in den aufwendig gestalteten Pfarrbezirk des winzigen Orts. Hoch über dem Eingang sind die schmerzverzerrten Steinleiber der traditionellen Sterbeszene des *Calvaires* zu sehen. Das Triumphtor und der Calvaire mit nur wenigen Figuren sind in La Martyre eines: Drei Kreuze entsprießen der Balustrade, in der Mitte Jesus, an seinen Seiten die niedrigeren Kreuze der Schächer, zu Füßen des Herrn trauert eine Pietàgruppe. Die Anlage muss einmal viel Geld gekostet haben, doch La Martyre konnte sich eine repräsentative Andachtsstätte leisten: Vom 14. bis zum 18. Jahrhundert richtete der Ort die größte Messe Westfrankreichs aus – neben den Stammgästen aus England, Holland und Irland verschlug es sogar arabische Geschäftsleute in das Nest.

Der Märtyrer, dem diese Kirche geweiht ist, ist entweder *Salaün*, Vorgänger des Königs *Gradlon* und angeblich im Jahr 421 genau an der Stelle des Altars ermordet, oder ein zweifelhafter Salaün, der letzte bretonische König, der 400 Jahre später lebte, seinen Vorgänger aus dem Weg räumte, später ebenfalls am Altar umgebracht worden sein soll und nach seinem Tod vom Papst trotz aller Sünden heilig gesprochen wurde. Am *Beinhaus* von 1619 gibt die ebenerdig angebrachte, fast lebensgroße Karyatide der Fachwelt Rätsel auf: Die Frauengestalt mit unverhülltem Oberkörper ist ab dem Nabel bis zu den Füßen bandagiert. Eine Sirene? Eine überlebende römische Göttin? Oder einfach eine Phantasiefigur? Über dem Eingang verweisen von Engeln gehaltene Spruchbänder, auf denen die Hölle in schöner

Landerneau/Umgebung

keltischer Tradition ein Ort dauernden Frierens ist, ans unvermeidliche Sterben: „Der Tod, das Jüngste Gericht, die eisige Hölle ..."

Die Kirche entstand zwischen dem 14. und dem 16. Jahrhundert Die *Vorhalle*, aus der Mitte des 15. Jahrhunderts und damit die älteste im Léon, ist überreich mit Figurenschmuck ausgestattet. Der Tod am Weihwasserbecken des Seitenportals hält unter dem Arm einen Schädel eingeklemmt, die andere Knochenhand führt den Todespfeil. Im Tympanon ist die mutwillig zerstörte Geburtsszene von Nazareth eingemeißelt: Ochs und Esel blicken neugierig vom Bildrand herein, die stillende Maria mit unbedeckten (und wohl deshalb später zerstörten) Brüsten hält ihre Arme in Wiegestellung, doch das Jesuskind ist längst verschwunden. Der künstlerische Höhepunkt im Inneren sind die *Sablières*; an den langen, bunt bemalten Balken unter dem Holzgewölbe

Dämonin im Gebälk (La Martyre)

haben sich die von der Gemeinde bestellten Kunsttischler mit Genuss ausgetobt. Abstrakte Ornamente wechseln mit biblischen und alltäglichen Szenen. Die Fenster des Chorraums mit den hell-bunten und doch grausam-realistischen Passionsszenen gelten als Vorbild der Fenster von La Roche-Maurice.

- *Anfahrt* Ca. 10 km südöstlich on Landerneau, am linken Elorn-Ufer erst in Richtung Sizun, nach ca. 8 km links ausgeschildert. Oder von Pencran aus (s. o.) der Beschilderung folgen (4 km).
- *Pardon* Am 2. Mai- und am 2. Julisonntag.

- *Camping* **La Martyre**, von Landerneau kommend, 500 m vor La Martyre rechts. In erster Linie Platz für Wohnmobile, zur Not kann man auf dem winzigen Gelände auch sein Zelt aufstellen. Ganzjährig geöffnet. Anmeldung und Bezahlung werktags auf der Mairie. ✆ 02.98.25.13.19, ✆ 02.98.25.14.02, mairie.lamartyre@wanadoo.fr.

La Roche-Maurice: Die malerische Ruine einer Burg erhebt sich im Ort, der sich hangaufwärts zieht und von der Kirche gekrönt wird. Die Kirchgänger der Ortschaft wissen lange schon Bescheid: „*IE VOUS TUE TOUS*" – Ich töte euch alle. Scherenförmig über dem Weihwasserbecken des *Beinhauses* (1640, eines der größten der Bretagne) macht Ankou seine zum Spruchband stilisierten Beinknochen breit. Unmittelbar neben dem Beinhaus wächst die Kirche (16. Jh.) in den Himmel, der zweigeschossige Turm wirkt bei dieser Enge überdimensioniert. Im skulptierten Seitenportal, durch das man in die Kirche gelangt, stehen wie üblich die zwölf Apostel. Im Inneren beleuchtet ein großes *Chorfenster* von 1539 mit einer Renaissancedarstellung der Passion den fröhlich-bunten Raum, dessen größter Schatz der vielfigurige *Renaissance-Holzlettner* mit Triumphbalken ist: Apostel, Päpste und Heilige geben sich die Ehre, am Kreuz leidet Jesus für die Menschheit, beweint von zwei betenden Frauen. Vier monströse Figuren, zwei männlich und zwei weiblich, helfen die Empore des Lettners zu tragen.

- *Anfahrt* Von Landerneau ca. 4 km in Richtung Landivisiau, dann auf die andere Seite der Elorn wechseln, und schon sind Sie da.
- *Pardon* Am 15. August Pardon zur Kapelle Notre-Dame-de-Bon-Secours bei Bon-Christ (knapp 3 km östlich von La Roche-Maurice).

Ploudiry: Dem Tod entkommt nun einmal niemand. In Ploudiry bedroht Ankou an der Fassade des Beinhauses im Pfarrbezirk mit seinem langen, unfehlbaren Pfeil fünf herausgemeißelte Köpfe vom Bauern bis zum Bischof – sie symbolisieren verschiedene Stände, erst der Tod hebt die Unterschiede auf. Wie das Beinhaus stammen auch die Vorhalle der Kirche und die Altäre im Inneren aus der Zeit der bretonischen Renaissance (17. Jh.) und sind einen Blick wert.

Plougastel-Daoulas (12.200 Einwohner)

Nachdem die zentrale Place de l'Eglise völlig neu gestaltet wurde, ist der Hauptort der Halbinsel Plougastel schöner geworden, und der berühmte Calvaire hat eine angemessene, ruhige Umgebung bekommen.

Plougastel ist eine unauffällige Kleinstadt in einem unauffälligen, ländlichen Bezirk. Trotz ihrer Nähe zur Großstadt Brest ist die Halbinsel samt ihres Hauptorts provinziell geblieben. Trotzdem: die Zeiten ändern sich. Wer noch vor zwanzig Jahren die Halbinsel Plougastel besuchte, konnte seine Freude an den traditionellen Gewändern besonders der Frauen haben – Plougastel galt als eine Oase der bretonischen Tracht. Im heutigen Plougasteler Alltag sind die Häubchen, Westen und Zipfelmützen fast ganz verschwunden. Nur noch an besonderen Festtagen werden die alten Trachten aus dem Schrank geholt.

Zusammen mit der Jakobsmuschel ist die Erdbeere das Wahrzeichen von Plougastel-Daoulas. Sie machte die Halbinsel berühmt und verhalf ihr in Frankreich zum Beinamen „Erdbeer-Halbinsel". Neben Erdbeeren und Muscheln aus der Brester Bucht sind Tomaten, Blumen, Melonen und Gemüse die weiteren Geldquellen der agrarorientierten Halbinsel. Einheimische Bretonen nutzen Plougastel-Daoulas als Versorgungszentrum und Umschlagplatz, Tourismus findet in – für bretonische Küstenverhältnisse – nur sehr bescheidenem Rahmen statt. Die Halbinsel ist ein ruhiges Spaziergebiet mit Panoramapunkten über der Bucht von Brest, mit etlichen Kapellen und einigen Dörfern, in denen man ältere Herrschaften ihren Hund ausführen sieht, und die vom eilig Reisenden schnell mit dem Auto abgehakt werden. Berühmt ist hier einzig der *Calvaire von Plougastel-Daoulas* – vor ihm steht dann auch der eiligste Tourist respektvoll still.

Information/Verbindungen/Diverses

- *Postleitzahl* 29470
- *Information* **Office de Tourisme**, neben der Post, unweit der zentralen Place du Calvaire. Juli/Aug. Mo–Sa 9–12.30 und 14.30–19 Uhr, the rest bis Juni Di 9–12 und 14–18 Uhr, Mi–Fr 9–12 und 14–17 Uhr, Sa 9–12 Uhr. 4bis, place du Calvaire. ✆ 02.98.40.34.98, ✆ 02.98.40.68.85.
- *Verbindung* Von und nach Brest am besten mit dem **Stadtbus Nr. 25**. Dazu werktags mindestens 5 Busse nach Le Faou oder Brest.
- *Einkaufen* Erdbeeren. Vor allem während der Erntezeit im Mai und Juni, doch noch bis spät in den September rollt der Erdbeernachschub aus den Treibhäusern. Oft verkaufen die Erdbeerbauern direkt ab Haus.
- *Feste* Am 2. Junisonntag großes Erdbeerfest mit Umzug und Folkloregruppen.

Plougastel-Daoulas 347

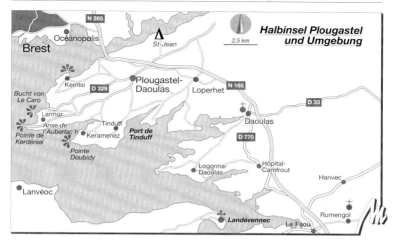

Übernachten

● *Hotels* **** Kastel Roc'h**, die feinste Adresse der Stadt, im westlich gelegenen Weiler Roc'h Kérézen (Nationalstraße Brest–Quimper: Ausfahrt Plougastel-Daoulas). Mittelklasse-Schick zwischen funktional und neobarock. Parkplatz, Garten, Swimmingpool, Bar, 46 Zimmer. DZ mit Bad/WC 57–81 €. 91, avenue Charles de Gaulle. ✆ 02.98.40.32.00, ✆ 02.98.04.25.40, comfortbrest@wanadoo.fr, www.comforthotelbrest.com.
* Brit Hôtel Iroise, im Weiler Roc'h Kérézen gleich neben dem Hotel Kastel Roc'h. Kleiner und weniger aufwendig als dieses. DZ mit Dusche/WC 34–48 €. Rond-Point de Roc'h Kérézen. ✆ 02.98.40.68.70, ✆ 02.98.40.68.61, iroise@brithotel.fr.

● *Camping* Mit Campings ist es auf der Halbinsel schlecht bestellt. Einziger Platz der Gegend einige Kilometer oberhalb von Plougastel-Daoulas ist der ***** St-Jean** am Ufer der Elorn, direkt deren Mündung. Schattig, heckenunterteilt, Laden, eigener Strandabschnitt am Elorn-Ufer, kleiner Kinderspielplatz, Mobilhome-Verleih. 125 Stellplätze. Ganzjährig geöffnet. Ty ar Menez. ✆ 02.98.40.32.90, ✆ 02.98.04.23.11, www.campingsaintjean.com.

Sehenswertes

Calvaire: In einer Nische der Basis stehen die Schutzheiligen gegen die Pest, St-Sebastian und St-Rochus: 1598 wurde der Calvaire wegen der gerade wütenden Seuche in Auftrag gegeben, nach ihrem Abklingen zwischen 1602 und 1604 erstellt. 1944 wurde er wie die Kirche durch Granaten beschädigt und wieder restauriert. Über 180 Granitfiguren stellen 20 Szenen dar, deren Mittelpunkt, die Passion, durch kleine Extra-Geschichten umrahmt wird. Alle Stationen des Kreuzwegs sind minutiös festgehalten, der Engel schwebt über dem reuigen Schächer, der Teufel wartet auf den Tod des unbelehrbaren Sünders. Wie in Guimiliau holt auch in Plougastel-Daoulas der Teufel die Katel Gollet, wobei es den Anschein hat, als ob die personifizierte Sünde dies auch noch genießt (siehe *Guimiliau*, Kastentext *Katel Gollet – die verfluchte Katharina*).

Vermutlich wurde der Calvaire dem von Guimiliau abgeschaut, eventuell von den gleichen Steinmetzen geschaffen, zu deutlich sind die Übereinstimmungen des jüngeren Calvaires mit dem berühmten Vorbild. In einem Punkt aber unterscheiden sich die beiden Calvaires deutlich: Während die Figuren in Guimiliau Stein gewordene Momentaufnahmen menschlicher Gefühle darstellen, ist der Calvaire von Plougastel-Daoulas ein unterkühltes, unpersönliches Monumentalwerk, das sich erst nach und nach erschließt: „Sie werden den Calvaire siebenmal umrunden und eine achte Runde beginnen müssen, um die verschiedenen Szenen, die der behauene Stein erzählt, zu entdecken und wertzuschätzen", weiß der Stadtprospekt.

Strawberryfields forever?

Die Geschichte der Erdbeere auf Plougastel zeigt, wie wendig der bretonische Landmann, geschmäht als sturer Dickschädel, unflexibel und allem Neuen wenig aufgeschlossen, sich verhalten kann. 1715 wurde die Erdbeere von Südamerika nach Europa gebracht. Einige Exemplare landeten auch in Brest, wo sich zuerst nur einige aufgeschlossene Botaniker über die neue Frucht freuten. Im Verlauf des späten 18. Jahrhunderts – mit dem Weben von Segeltuch war nur noch wenig Geld zu machen – wurden einige Bauern von Plougastel auf die Idee gebracht, sich mit der Erdbeere eine neue Existenz aufzubauen. Bald stiegen immer mehr Plougasteler in das Geschäft ein und gaben dem Exoten aus Übersee eine neue Heimat – Erdbeerfelder über Erdbeerfelder überzogen im Verlauf von 50 Jahren das Gebiet der Halbinsel.

Das Klima, ausgeklügelte Düngemethoden und der nahe Welthafen Brest waren die Garanten eines ertragreichen Anbaus und guten Absatzes, und der Erfolg gab den experimentierfreudigen Erdbeerzüchtern recht. Ab Mitte des 19. Jahrhunderts florierte das Geschäft, vor allem Paris und London konnten gar nicht genug von der süßen Beere kriegen. Eigene Schiffe der 1897 gegründeten Erdbeer-Genossenschaft belieferten von Brest aus die britische Insel, wo die Beeren schon zwei Tage nach der Ernte reißenden Absatz fanden.

Etwa hundert Jahre lang, bis zur Mitte des 20. Jahrhunderts, verdienten sich die Erdbeerbauern der Halbinsel goldene Nasen, dann ging der Umsatz zurück. Zum einen waren auf England die einheimischen Anbauflächen stark erweitert worden, zum anderen wurde das handarbeitsintensive Geschäft im Maschinenzeitalter zu unlukrativ – bäuerliche Arbeitskräfte wanderten scharenweise in die Industrie ab. Wurden 1950 noch 6000 t angebaut, waren es aufgrund der konstant gesunkenen Nachfrage in den 1990er Jahren nur noch etwa 1000 t.

Die Plougasteler waren also wieder einmal in Zugzwang und konterten geschickt: Teure Gewächshäuser und billige Folientunnels hielten Einzug, in denen besonders Tomaten und Blumen die Erdbeere ablösten. 3000 t Tomaten sind die jährliche Ernte. Da in Frankreich und der EU aber schon genug Tomaten im Umlauf sind, haben die ansässigen Bauern für ihre Expansionsgelüste einen neuen Markt im Auge: Amerika.

Erdbeermuseum (Musée de la fraise et du patrimoine): Das Museum knapp oberhalb der Kirche ist in erster Linie ein betuliches Heimatmuseum. Zur Einführung wird die Geologie der Halbinsel erklärt, es folgen ein Pappmodell der Stadt und die Geschichte des Calvaires. Der nächste Raum ist dann sozusagen der *Salon de la fraise*: Arbeitsgeräte, leere Erdbeerkistchen, ein Bauer mit seiner Frau beim Pflü-

cken von (Kunststoff-)Erdbeeren – naja. Anschließend werden Fischfang und Fußfischen erläutert, und zu guter Letzt folgt die unvermeidliche, historische Abteilung mit Bauernschrank und Grand Lit, als deren Glanzpunkt eine lebensgroße Puppenfamilie beim Abendessen sitzt. Im Vergleich dazu sind die kleinen Vitrinen vor der Kasse mit Erdbeerprodukten wie Erdbeerkaramell oder Erdbeerlikör geradezu interessant. Fazit: So recht überzeugen konnte das Museum uns nicht.

Öffnungszeiten Juni bis Aug. Di–Fr 10–12.30 und 14–18 Uhr, Sa/So 14–18 Uhr. Sept. bis Mai Di–Fr sowie am 1. und 3. So im Monat 14–17.30 Uhr. Eintritt 4 €.

Plougastel-Daoulas/Umgebung

Rundfahrt auf der Halbinsel: Die Blicke von der Straße abseits der Küste bleiben beschränkt – hohe Hecken schützen die Kulturen, verbergen die Häuser und parzellieren die Halbinsel in unübersichtlicher Weise, so dass nur das Glas der Gewächshäuser Akzente im undurchdringlichen Grün setzen kann.

Die Anlaufpunkte an der Küste bieten allesamt Panoramablicke auf die Bucht von Brest. Das auf einem Hügel an der Westküste gelegene **Kernisi** beginnt den Aussichtsreigen. In der gemütlichen Bucht von **Le Caro**, einige Kilometer unterhalb, verändert sich der Blickwinkel. Neben *Brest* ist die *Pointe des Espagnols* der Halbinsel Crozon an der engsten Stelle der Riesenbucht gut auszumachen. Die noch vom letzten Weltkrieg befestigte **Pointe de Kerdéniel** ist der Höhepunkt der Panoramatour. Im unteren Ortsteil ist ein Fußweg ausgeschildert: Blick auf die Mündungen von *Faou* und *Elorn*, *Brest*, die *Pointe des Espagnols* und die *Ile Longue*. Den letzten Aussichtspunkt bildet ein Stück hinter dem Meer **Keramenez** an der *Bucht von L'Auberlac'h*, wo eine Orientierungstafel bei der exakten Bestimmung der einzelnen Punkte hilft. Von hier aus überblickt man neben dem Südteil der Bucht von Brest auch Teile der Halbinsel Plougastel.

Apostolische Begrüßung (Kloster von Daoulas)

Daoulas (1800 Einwohner)

Im Sommer sind die Parkplätze unterhalb der alten *Abtei* gut gefüllt. Um die romanische Klosterkirche aus dem 12. Jahrhundert entstand ein heute viel besuchter, *geschlossener Pfarrbezirk* für die Gemeinde von Daoulas, die zum Kirchgang von ihren Häusern im Tal ein Stück bergauf gehen müssen.

Schon im 5. Jahrhundert gründeten Mönche um den heiligen Columban hier ein erstes Kloster, das nach etlichen Wikingerüberfällen immer mehr herunterkam und von den Brüdern schließlich knapp 500 Jahre später verlassen wurde. Bis 1125 dämmerten die Ruinen von sich hin, als der Herzog von Léon ein gottgefälliges Werk vollbrachte: Er finanzierte einen romanischen Neubau, den er dem Augustinerorden übereignete. Der nannte schon bald eine stattliche Abtei sein eigen, die er geschmackvoll erweiterte und reich ausstattete – neben dem Ausbau der Kirche lag der Mönchsgemeinschaft die Bibliothek besonders am Herzen. 1790 vertrieben Revolutionäre die Bewohner des Klosters und verwüsteten die Abtei, die nach 1880 teilweise wieder aufgebaut wurde.

Der rußgeschwärzte, wuchtige *Eingang* in den Pfarrbezirk (mit Friedhof, Grabkapelle und kleinem Calvaire) ist nichts anderes als das verpflanzte und umgebaute einstige Südportal der Kirche. An den Seiten sind wie üblich die zwölf Apostel, oben eine Bethlehem-Szene auf der Vorderseite und eine Pietà auf der Rückseite. Das Kircheninnere ist eine Rekonstruktion des romanischen Stils: düster, kahl und fast schmucklos. Prunkstück der Klosteranlage ist der beschädigte *Kreuzgang* aus dem ausgehenden 12. Jahrhundert. Sein Dach und die seitliche Begrenzung sind verschwunden; geblieben sind elegante Arkaden und Kapitelle mit fein gemeißeltem Ornamentschmuck. In seiner Mitte steht ein *Brunnen* mit Dämonen, an dem sich die Mönche mit gemischten Gefühlen laben konnten.

Ein Teil des Klosterkomplexes wird heute für wechselnde, überregional beachtete ethnographische Ausstellungen genutzt. 2006 waren unter dem Titel „Visages des dieux, visages des hommes" asiatische Masken das Thema. Hinter dem Ausstellungsgebäude erstreckt sich der *Parc de Daoulas*, eine Oase der Ruhe.

Öffnungszeiten Park und Ausstellung täglich 10.30–18.30 Uhr. Eintritt 4 € (Park), 6 € (Park + Ausstellung).

Gleich unterhalb des umfriedeten Bezirks und optisch ganz gut zu diesem passend steht die **Chapelle Ste-Anne**. Sie wurde 1667 an Stelle eines Pilgerhospizes aus dem 15. Jahrhundert errichtet, nachdem hier die Mutter Marias und Schutzheilige der Bretagne mehrmals einem Bauern erschienen war. Beachtenswert ist der kunstvoll gemeißelte Eingang mit vier korinthischen Säulen, über dem die Heilige thront, ein Renaissance-Türmchen krönt das Ensemble. Im Inneren ist eine sehr dramatische Pietà-Skulptur zu sehen, die – an der Rückwand platziert – allerdings etwas verloren wirkt.

Markt Samstagvormittag sehr lebendiger Wochenmarkt auf der Place St-Yves, dem Hauptplatz des Orts.

Hôpital-Camfrout: Auf halbem Weg zwischen Plougastel-Daoulas und Le Faou. Die unglaublich malerisch gelegene *Kirche* (16. Jh.) neben dem eingefassten Flussbett ist nicht zu Unrecht ein beliebtes Motiv für Maler und Fotografen. Kirchenspezialisten finden im Inneren einige fein gearbeitete Skulpturen aus der Zeit der Hochgotik.

Le Faou: Le Faou, einst eine wichtige Hafenstadt auf halber Strecke zwischen Brest und Quimper, ist ein uraltes Städtchen mit heimeligem Ortsbild. Die großen Zeiten sind vorbei, doch nicht ohne positive Folgen: Le Faou wurde in die Liste der schönsten Dörfer Frankreichs aufgenommen. Alte Häuser mit Schieferfassaden, im Erdgeschoss Einzelhandelsgeschäfte und Restaurants, säumen die Hauptstraße, auf der es sommers zu Geschäftszeiten munter summt und brummt.

Rumengol: An der D 42, knapp 3 km östlich von Le Faou, steht die Kirche von Rumengol, mehrmals jährlich das Ziel der Wallfahrer zur *Notre-Dame-de-Tout-Remède*. Einer der bekanntesten und größten Pardons der Bretagne findet hier am Wochenende von Trinitatis statt (zwischen Pfingsten und St. Johanni), ein weiterer am 15. August zu Ehren von König Gradlon. Die Kirche selbst ist eine typische Pilgerkirche mit überladenem Inneren, den besten Eindruck hinterlassen ihre Außenmauern.

Halbinsel Crozon

Wehrmachtsbunker aus dem Zweiten Weltkrieg und Befestigungsanlagen aus den Anfängen des französischen Absolutismus übersäen die Ränder des zerklüfteten Landzipfels. Vor der Raketen-Ära war die Halbinsel Crozon ein strategisch exponierter Punkt: Wer sie beherrschte, hatte die Herrschaft über die Bucht von Brest.

Der große Kriegshafen von Brest liegt genau gegenüber, und die *Ile Longue*, eine flache Landzunge bei Le Fret, ist ein streng abgeschirmter Marinestützpunkt (Fotografieren verboten!). Doch in Friedenszeiten wie heute sind Atlantikfluten, Kormorane und Strände mit blitzblankem Sand, besonders aber die vielen Aussichtspunkte gefahrlos zu genießen.

Weit zieht sich die Halbinsel mit ihren Felstoren, Grotten, steil abfallenden Klippen, schroffen Kaps, tief eingeschnittenen Fjorden und windigem Heideland ins Meer.

Kurz vor den Felsformationen der *Pointe de Penhir*, der Spitze der lang gezogenen Halbinsel, bildet die Halbinsel noch zwei Arme: Einer endet im Norden an der *Pointe des Espagnols* und ist schuld an der Meerenge von Brest, der andere endet im Süden am *Cap de la Chèvre*, das in die Bucht von Douarnenez im Süden hineinragt. Zum Baden gibt es in der Bretagne schönere Strände als auf Crozon, wo etliche Strände als gefährlich ausgewiesen sind *(plages dangereuses)*; doch nirgendwo sind so viele Landspitzen auf engem Raum versammelt. Eine gemütliche Rundfahrt entlang der Küste oder noch besser ausgedehnte Spaziergänge zu den vielen Felsnasen sind der beste Weg, die Schönheiten Crozons zu erfassen.

Am Wochenende schwärmen verstärkt die Brestois, wie man die Bewohner der nahen Großstadt nennt, über die Halbinsel aus, doch auch in der Hochsaison ist Crozon nicht überlaufen. Der größte Gästeandrang auf der Halbinsel herrscht in Camaret und Crozon/Morgat, die sich ganz auf den kurzen Sommertourismus eingestellt haben. Meist französische Camperfamilien belegen mit Vorliebe auch die Standquartiere von Telgruc-sur-Mer und St-Nic an der Bucht von Douarnenez.

Landévennec (400 Einwohner)

Hinter Le Faou sieht man an einem Aussichtspunkt an der D 791 das neue Kloster Landevénnecs ganz nah vor sich. Aber dann führt die Straße mit Hilfe des 272 m langen *Pont de Térénez* erst über die Aulne auf die zerklüftete Halbinsel hinüber, um dann noch weiteren Umwegen das verschlafene Landévennec in den letzten Ausläufern der Bucht von Brest zu erreichen. Die Ansammlung trauriger Wracks in der Aulne heißt offiziell *Cimetière des bateaux* (Schiffsfriedhof).

Palmen wiegen sich sanft vor dem Kreisker der alten Ortskirche (16. Jh.), träge klatscht das Wasser an die Friedhofsmauern, und genauso ist die Stimmung im Dorf. Es tut sich wenig in Landévennec, und noch weniger wäre los, gäbe es das *Kloster des heiligen Guénolé* nicht. Die alte Abtei, einst eine Basis für die Missionierung

Ein Opfer der Revolution – das Kloster von Landévennec

Landévennec 353

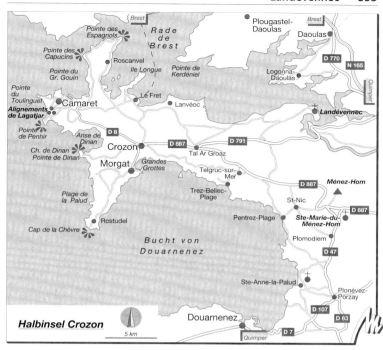

Halbinsel Crozon

der Bretagne, ist verfallen und lockt nur Kurzbesucher an; doch seit 1958 leben in einer einfachen, rosa verputzten Anlage nebenan wieder die Mönche von Landévennec. Die Benediktiner halten gut besuchte, zweisprachige Messen (auf Bretonisch und Lateinisch), organisieren neben ihren christlichen Beschäftigungen die Besichtigung der Abteiruine und sind für ihre Fruchtpasteten bekannt. Die religiöse Anziehungskraft der frühchristlichen Stätte an der Aulne-Mündung ist ungebrochen.

- *Postleitzahl* 29560
- *Information* **Office de Tourisme**. Nur in der Hauptsaison geöffnet, Mo–Sa 10–12.30 und 15.30–19 Uhr. ✆ 02.98.27.78.46, ✉ 02.98.27.34.79, www.inet-bretagne.fr/com/landevennec; sonst gibt es Informationen in der Mairie: ✆ 02.98.27.72.65.
- *Parken* Ein Großparkplatz am Ortseingang lässt keine Parksorgen aufkommen.
- *Hotels* **** Le St-Patrick**, an der Straße zur Kirche. 7 Zimmer auf zwei Etagen, teils Etagenduschen, teils mit Dusche/WC. Die Zimmereinrichtung ist etwas ältlich, dafür gibt's, wenn man Glück hat, einen Schaukelstuhl und eine Pendule (Nr. 2). Kleiner Salon mit TV für Hotelgäste. Preiswertes Restaurant mit gutem Tagesmenü, z. B. Muscheln oder Jägerhuhn. DZ 37 €. Okt. bis März geschlossen, Restaurant in der Nebensaison Mittwoch geschlossen. Rue St-Guénolé. ✆ 02.98.27.70.83.

Le Beau Séjour, an der Straße zur Kirche, knapp oberhalb des Hotels St-Patrick. Ein wunderschönes Haus mit Terrassenrestaurant zur Aulne. 2005/2006 „wegen Arbeiten" geschlossen. Die Wiedereröffnung, an die im Dorf keiner recht glauben wollte, war für den 1. Sept. 2007 angekündigt. Rue St-Guénolé. ✆ 02.98.27.36.99.

- *Camping* *** Municipal Le Pal**, simpler, kleiner Platz, buchtabgewandt an der allerletzten Aulne-Schleife am Fluss mit schönem Blick. 20 Stellplätze. Geöffnet Mai bis Sept. ✆ 02.98.27.72.65, ✉ 02.98.27.34.79.

Wo das Meer an die Friedhofsmauer klatscht

Sehenswertes

Abtei: 1988 wurde die alte Abtei von American Express mit dem „Prix Europa nostra" geehrt, doch kaputt bleibt kaputt: Außer den Ruinen der Klosterkirche unmittelbar hinter der Küste hat von der Anlage kein Stein die Zeiten überstanden. 485 von St-*Guénolé*, dem Ratgeber des legendären Königs *Gradlon* (siehe *Quimper/Geschichte* und *Douarnenez*, Kastentext *Ys – das Atlantis der Kelten*) gegründet, wuchs die Abtei in 500 Jahren zu einem blühenden Gemeinwesen und einer fruchtbaren Zelle des Katholizismus, wohlgelitten von den weltlichen Herrschern und wirtschaftlich gesichert durch die Warenzölle der Aulne-Schifffahrt. Gottlose Wikinger, die 913 als erste über das Kloster herfielen, läuteten eine Ära der Raubzüge ein. Die Abtei erhob sich zwar nach 23 Jahren mit neuem Gesicht wie Phönix aus der Asche und gelangte wieder zu Reichtum und Ansehen, doch die regelmäßigen Heimsuchungen englischer Plünderer in den folgenden Jahrhunderten machten ein ruhiges Leben unmöglich. Das endgültige Aus kam mit der Französischen Revolution. Die Mönchsgemeinschaft wurde zwangsaufgelöst, das Kloster weit unter Wert verkauft, die Steine der überflüssig gewordenen Anlage schließlich peu à peu nach Brest geschafft, wo sie recycelt wurden.

Nur die unteren Mauerreste der romanischen Klosterkirche (11. Jh.) sind übrig geblieben – leere Fensterbögen in der niedergerissenen Fassade und Säulenstümpfe im freiliegenden Innenraum. Die ältesten Bauteile stammen aus der karolingischen Zeit, keltisches Schmuckwerk auf verbliebenen Kapitellen bildet eine künstlerische Rarität. Das Mausoleum im rechten Seitenschiff ist angeblich das Grab Gradlons. 1990 wurde ein *Museum* eröffnet, das einen stimmungsvollen Einblick in die Klostergeschichte gibt: Diashow, Statuen, Modelle und Kleinfunde.

Öffnungszeiten Mai, Juni und 2. Septemberhälfte Mo–Fr 10–18 Uhr, Sa 14–18 Uhr. Juli bis Mitte Sept. täglich 10–19 Uhr. Okt. bis April So 14–18 Uhr. Eintritt 4 €.

Le Fret

Lanvéoc, *Le Fret* und *Roscanvel* an der Nordküste sind die kleineren Urlaubsdomizile auf Crozon. Von den drei bescheidenen Küstenorten erwähnenswert ist vor allem das adrett gelegene Le Fret in einer heimeligen Sichelbucht, nicht zuletzt wegen seiner Schiffsverbindung nach Brest und der Aussicht auf die Erdbeerhalbinsel Plougastel. Die bei Le Fret anschließende *Ile Longue* ist nicht zugänglich – die flache Halbinsel ist ein schwer bewachter Stützpunkt für französische Atom-U-Boote. Eine aeronautische Basis östlich von Lanvéoc ergänzt das militärische Infrastruktur der Rade de Brest.

- *Fähre nach Brest* **Azénor** fährt von April bis Sept. Di–So täglich morgens, mittags und am frühen Abend über die Rade nach Brest, in der Hauptsaison öfter sowie auch am Mo, Dauer der Überfahrt 40 Min. Preis hin/zurück 16 €. Di–Fr gibt es außerdem ein Kombiticket inkl. Eintritt für *Océanopolis*: Abfahrt Le Fret 13 Uhr, Rückfahrt ab Océanopolis 17.15 Uhr – die Zeit für die Besichtigung ist also eher knapp bemessen, allerdings entgeht man den Wartezeiten an der Kasse. Kombiticket 29 €. Auskunft unter ✆ 02.98.41.46.23.
Weitere Verbindungen durch **Vedettes Armoricaines**. ✆ 02.98.27.88.44.
- *Bootsausflug* **Azénor** (s. o.) unternimmt neben dem Linienverkehr auch Bootsausflüge in der Rade. Ticket 25 €.
- *Hotel* ** **Hostellerie de la Mer**, Logis de France am Bootshafen. 25 gepflegte Zimmer, DZ mit Dusche/WC 50–65 €. Im Restaurant können auch Nicht-Gäste gut speisen. Januar geschlossen. Le Fret, 29160 Crozon. ✆ 02.98.27.61.90, ✆ 02.98.27.65.89, hostellerie.de.la.mer@wanadoo.dr, www.hostelleriedelamer.com.
- *Camping* ** **Gwel Kaër**, nach der großen Brücke. Klein, steil am Hügel, mit großen Bäumen. Für zwei Sterne gut eingerichtet: Lebensmittel. Knapp 100 Stellplätze. Geöffnet April bis Sept. Port du Fret. 29160 Crozon. ✆/✆ 02.98.27.61.06, www.camping-gwel-kaer.com.
** **Municipal de la Cale**, beim Hafen von Lanvéoc. 70 Stellplätze. Geöffnet Mitte Juni bis Mitte Sept. La Cale, 29160 Lanvéoc. ✆ 02.98.27.58.91.

Camaret

(2700 Einwohner)

Ein einst bedeutender Langustenhafen, der wegen der geschrumpften Fanggebiete wirtschaftlich zu kämpfen hat, und eine kleine, nicht mehr zeitgemäße Werft – eine Standardsituation für etliche bretonische Hafenorte, die vom Fisch allein nicht mehr leben können. In den Sommermonaten hat sich Camaret erfolgreich dem Tourismus verschrieben, wichtiger als der Fischer- ist dann der Jachthafen. Der touristische Hauptort der Halbinsel hat sich auf ein zahlreiches Publikum eingestellt: Die Hafenzeile wurde zur Restaurantmeile, auf der mit Blick auf die hautnah dümpelnden Fischkutter am Kai gespeist wird.

Der *Sillon*, ein schmaler Naturdamm, schiebt sich 600 m lang in die Hafenbucht, beherrscht von einer Kapelle und einem Wehrturm – der Umschlagplatz des im Hundertjährigen Krieg englisch besetzten Umlands machte den klobigen *Tour Vauban* nötig.

Geschichte: Die Ortsgeschichte liest sich wie eine Anhäufung von Eroberungsversuchen, die seit der Installation der Verteidigungsanlagen rund um die Halbinsel – bis zum Zweiten Weltkrieg – wirksam unterbunden wurden. Die blutigsten Nasen an diesen Festungswerken holten sich die vereinigten Engländer und Holländer: Die Stadtchronisten zehren immer noch vom 18. Juni 1694, als das eben fertig gestellte Bollwerk auf dem Damm und der freiwillige Kampfeinsatz der männlichen Bevölkerung von Camaret zum überwälti-

356 Rade de Brest

genden Sieg Frankreichs beitrugen: angeblich 45 eigene Verwundete, 1200 feindliche Gefallene.

Anekdote am Rande: 1801 baute der amerikanische Ingenieur *Robert Fulton* ein Unterseeboot mit einer Vorrichtung, die es erlaubte, an einem nichts ahnenden Schiff einen Sprengsatz befestigen. Er wollte der französischen Regierung durch die Versenkung eines englischen Schiffs beweisen, dass so ein U-Boot eine tolle Sache sei. Mister Fulton startete sein Unterwassergefährt in Camaret, kam aber nicht dazu, seine Ladung zu zünden, weil der gesichtete Engländer rechtzeitig verschwand. Die französische Marine zeigte sich fortan desinteressiert und ließ das Projekt des Visionärs aus Übersee platzen.

Information/Verbindungen/Diverses

- *Postleitzahl* 29570
- *Information* Office de Tourisme, am Anfang des Kais. Juli/Aug. Mo–Sa 9–13 und 14–19 Uhr, So 9–12 Uhr. Sept. bis Juni Mo–Sa 9–12 und 14–18 Uhr. 15, quai Kléber. ✆ 02.98.27.93.60, ✉ 02.98.27.87.22, ot.camaret@wanadoo.fr, www.camaret-sur-mer.com.
- *Verbindung* Camaret ist die Endstation der Presqu'île-Linien nach Brest bzw. Quimper. Werktags über Roscanvel/Crozon/Telgruc/Landévennec mindestens 4-mal nach Brest und öfter Crozon/Le Fret/Telgruc/St-Nic ebenso oft nach Quimper.
- *Bootsausflüge* Viele Ziele sind im Angebot, umfassende Auskunft gibt das Office de Tourisme. Einige Veranstalter:
Azénor fährt zu den *Tas de Pois*, die der Spitze der Halbinsel vorgelagert sind (Vogelreservat!), oder nach *Brest/Océanopolis*. ✆ 02.98.41.46.23.
Pesketour fährt mit dem Fischerboot „Lion" ebenfalls zum Vogelreservat der *Tas de Pois* und zur *Pointe des Espagnols*. In der Hauptsaison frühmorgens und vor Sonnenuntergang auch *Ausflüge für Fischer* oder solche, die sich im Metier versuchen möchten. ✆ 02.98.27.98.44.
Penn ar Bed steuert die Inseln *Ouessant*, *Molène* und *Sein* an. ✆ 02.98.80.80.80.

- *Fahrradverleih* **Donegan Pub**, nach dem Bier aufs Rad. Einige Drahtesel im Verleih. 39, quai Toudouze. 02.98.27.98.16.
- *Veranstaltungen* **Lundis musicaux**, im Juli/August an Montagen – 2006 gab es bereits die 34. Auflage der „musikalischen Montage". Abwechselnd entweder in der Kirche oder in der Kapelle wird klassische, volkstümliche und religiöse Musik vorgetragen – vom Duett bis zum 50-köpfigen Chor – von meist hochkarätigen Ensembles. Aktuelles Programm im Office de Tourisme.
- *Pardon* Am 1. Sonntag im September zu Ehren der Notre-Dame-de-Rocamadour mit Segnung des Meers.
- *Tennis* Der Tennisclub von Camaret residiert im Stade Municipal, wo er eine Halle besitzt. Anfragen und Reservierung Rue du Stade. ✆ 02.98.27.93.60.
- *Wassersport* **Club Léo Lagrange**, am Nordostende des Hafens. Ausrüstungsverleih und diverse Schulungen, u. a. Tauchen, Segeln, Kajak. Quai Téphanie. ✆ 02.98.27.90.49.
Club TBAC, der Tauchspezialist von Camaret: nur die Sauerstoffflasche nachfüllen oder mit der „Odyssée" auf Schatzsuche gehen. 4, quay Kléber. ✆ 02.98.27.99.73.

Übernachten/Essen

- *Hotels* *** Thalassa**, der Riese von Camaret am Ende der Hafenzeile. 47 gute Zimmer, die Hälfte davon mit Loggia zur Meerseite. Beheiztes Meerwasserschwimmbad, Hamam und balneotherapeutische Abteilung Restaurant. DZ 59–125 €. Geöffnet April bis Sept. Quai du Styvel.
✆ 02.98.27.86.44, ✉ 02.98.27.88.14, hotel.thalassa@wanadoo.fr, www.hotel-thalassa.com.

** De France eine familiäre Alternative zum Thalassa, 20 Zimmer. Mit Restaurant. DZ 49–89 €. Geöffnet März bis Nov. Quai Toudouze. ✆ 02.98.27.93.06, ✉ 02.98.27.88.14.
** Du Styvel, 13 ordentliche Zimmer mit Dusche/WC, die meisten auf der Meerseite. Restaurant mit Hafenblick. DZ 34–50 €. Ganzjährig geöffnet. 2, quai du Styvel.
✆ 02.98.27.92.74, ✉ 02.98.27.88.37, hotelstyvel@wanadoo.fr.

600 m schiebt sich der Sillon in die Hafenbucht

** **Vauban**, 16 voll ausgestattete Zimmer, z. T. schöner Hafenblick. Kein Restaurant, aber Eisdiele, Bar, Terrasse und Garten. DZ 30–42 €. Geöffnet 2. Februarwoche bis Nov. 4, quai du Styvel. ✆ 02.98.27.91.36, ✉ 02.98.27.96.34.

• *Camping* **** **Le Grand Large**, in der Heide oberhalb der gut sichtbaren Atlantikküste nordöstlich von Camaret beim Weiler Lambézen. Recht gute Infrastruktur mit kleinem Laden, einfachen Speisen und Swimmingpool. 123 Stellplätze. Geöffnet April bis Sept. Lambézen. ✆ 02.98.27.91.41, ✉ 02.98.27.93.72, www.campinglegrandlarge.com.

*** **Trez Rouz**, am gleichnamigen Strand, 3 km nordöstlich von Camaret (Ortsteil Roscanvel). Teilweise schattiges Wiesengrundstück direkt neben der Straße gleich am Meer, ebenfalls passabel eingerichtet, z. B. Brotdepot und Waschmaschine. 80 Stellplätze. Geöffnet Mitte März bis Mitte Okt. Trez Rouz, Route de la Pointe des Espagnols. ✆ 02.98.27.93.96, www.trezrout.com.

** **Municipal du Lannic**, oberhalb des Zentrums Richtung Pointe de Penhir (Anfahrt beschildert), in der Nähe des Alignements von Lagatjar. Ein ansprechendes, großes Gelände neben dem Sportzentrum. Steil über der Küste, hohe Baumreihen im welligen Areal und lustige moderne Sanitärblocks. Duschen mit Jetons, Brot gibt es vom „Kunstbäcker". 300 Stellplätze. Geöffnet April bis Sept. ✆ 02.98.27.91.31, ✉ 02.98.27.87.19.

• *Restaurants/Crêperien* Die Restaurants sind fast allesamt am Hafenkai. Wer partout keine Meeresküche mag, findet hier auch Crêperien, Brasserien und Pubs. Eine Spezialität der örtlichen Küche ist die Jakobsmuschel (coquille St-Jacques). Im Herbst und im Winter werden sie frisch aus der Bucht von Brest gefischt – dann schmecken sie am allerbesten.

Sehenswertes

Tour Vauban: Der Turm mit seinen drei vieleckigen Stockwerken steht trutzig auf dem schmalen Naturdamm im Hafen von Camaret. 1689 begannen unter *Vauban*, dem Lieblingsbaumeister des französischen Königshauses, die Arbeiten an einer der effizientesten Verteidigungseinrichtungen der Halbinsel. Schon fünf Jahre später spielte die Kleinstfestung bei dem legendären Großangriff auf Camaret eine bedeutende Rolle – Vauban selbst koordinierte von dem noch nicht fertig gestellten, dachlosen „Roten Turm" die Verteidigung. Im Turminneren ist ein kleines

Museum untergebracht, das *Musée Historique et Naval*, das sich während der Saison in bescheidenem Rahmen der geschichtlichen Aufarbeitung des Seewesens annimmt: Bilder, Stiche, Schiffsmodelle und natürlich die Schlacht um Camaret.

Kapelle Notre-Dame-de-Rocamadour: Die Nachfolgekapelle dreier Vorgängerbauten trägt ebenfalls zur Silhouette des Sillon-Damms bei. Zwischen 1610 und 1683 errichtet, wurde der Turm beim Angriff von 1694 zusammengeschossen und nicht wieder aufgebaut. Die Kapelle war einst eine Zwischenstation für bretonische Pilger, die im Hundertjährigen Krieg auf ihrer Wallfahrt nach Rocamadour-en-Quercy den Landweg vermeiden wollten. Im Inneren ist neben Schiffsmodellen als größte Kostbarkeit ein altes Kreuz zu sehen.

Alignements de Lagatjar: Zwei Kilometer südwestlich des Hafens stehen seit 1928 wieder 143 kleinere Menhire aus weißem Quarzit in drei Reihen neben der Straße – nur ein spärlicher Rest eines einst riesigen Megalith-Felds, in dem vor etwa 200 Jahren noch über 800 Steine aufrecht standen, deren Ausrichtung möglicherweise mit dem Sternbild der Plejaden zusammenhing.

Baden

Meist ist Kies der Liegeuntergrund. Der kleine Sandstrand *Plage du Correjou* an der alten Hafenmole ist die ortsnächste Badestelle. Um Camaret verteilen sich drei größere Sand-Kies-Strände ohne Strandeinrichtungen, der ungefährlichste und bestbesuchte ist die *Plage de Trez Rouz* 3 km im Nordosten. Der *Strand von Pen Had*, zwischen der Pointe Toulinguet und der Pointe Penhir, ist abgelegen, schön und gefährlich. Campen ist hier ebenso verboten wie an der *Plage du Veryac'h* östlich der Pointe de Penhir.

Aussichtspunkte um Camaret

Um Camaret liegen so viele Felskaps mit Fernsicht und Flair wie sonst nirgendwo in der Bretagne. Im Folgenden von Süd nach Nord:

Pointe des Espagnols: Sie ist aus früheren Zeiten immer noch außerordentlich stark befestigt. Der nicht alltägliche Blick auf eine riesige Bucht, eine stattliche Großstadt und einen leibhaftigen Kriegshafen machen die Pointe des Espagnols zu einem viel angefahrenen Panoramapunkt. Weiß glänzend schmiegt sich *Brest* in das grüne Küstenland, davor der *Goulet*, die schmale Einfahrt in die Rade de Brest, weit hinten am Ende der Bucht die *Albert-Louppe-Brücke* und die *Halbinsel Plougastel*. Tipp: der sonnige Mittag bietet das beste Licht auf Brest.

1589 landeten 400 katholische, spanische Söldner auf der Halbinsel, um die Einfahrt nach Brest zu blockieren. Südlich der Pointe zwangen sie Einheimische aus Roscanvel, eine Stellung zu errichten, die erst nach zähem Kampf von den französisch-königlichen Truppen genommen werden konnte. Die Historiker sind sich nicht ganz einig: Elf oder auch nur acht Spanier überlebten das Landeunternehmen, das der Pointe des Espagnols ihren heute unverfänglichen Namen schenkte. Im Sommer widmet sich ein kleines *Museum* im Fort der Militärarchitektur.

Pointe des Capucins: Wasser und Wind feilen stetig an den Felsformationen – schwarz und rot und braun stürzen links die Felsen steil zum Meer ab, rechts nistet ein düsterer Wehrmachtsbefehlsstand im Granit. Der Blick reicht bis zur *Pointe de St-Mathieu* im Nordwesten.

Auf der Pointe de Penhir

Pointe de Grand Gouin: In der Vielzahl der Panoramapunkte steht die ortsnächste Landspitze, die den Westrand der Bucht von Camaret bildet, weniger spektakulär da. Doch hässlich ist sie nicht und sie erlaubt die schönste Sicht auf die *Anse de Camaret*.

Pointe de Toulinguet: Die westlichste Landspitze Crozons wird von einem Leuchtturm überragt, das Fort stammt aus dem Jahr 1811. Das Ensemble gehört allerdings zum militärischen Sperrgebiet der Marine, eine starke Mauer verwehrt den Zugang. Doch über dem *Strand von Pen Had* genießt man ein Panorama vom Feinsten, das bis zur *Pointe de Penhir* reicht.

Pointe de Penhir: Manche Leute meinen, die Pointe de Penhir auf Crozon sei der berühmten Pointe du Raz landschaftlich überlegen. Das 70 Meter hohe, gespaltene Felskliff aus hellem Granit ist eines der aufregendsten bretonischen Kaps. In Felsschluchten gurgelt tief unten grünes Wasser, in kleinen Buchten schäumt wütende Gischt. Der zerklüfteten Spitze vorgelagert sind die *Tas de Pois* (Erbsenhaufen), drei harmonisch kleiner werdende Felsklötze im Meer. Gemeinsam mit den Tas de Pois ist die Landspitze ein Vogelschutzgebiet. Nach einem kurzen Spaziergang vergrößern dankenswerterweise einige fest installierte Ferngläser die Höhepunkte des Panoramas: in der Ferne die Striche der Inseln *Ouessant* (Nordwest) und *Sein* (Südwest), im Süden das *Cap Sizun* mit der *Pointe du Raz*. Der vorspringende Punkt im West-Finistère ist die *Pointe de St-Mathieu*, gegenüber die nahe *Pointe de Toulinguet*. Auf der anderen Seite sind die *Pointe de Dinan* und das *Ziegenkap* zu sehen. Die östlich unterhalb anschließende *Plage de Veryac'h* ist ein langer Sandstrand mit einem postmodernen Thalassozentrum, die Erhebung im Landesinneren ist der *Ménez-Hom*. Wer mutig, geschickt und schwindelfrei ist, kann auch klettern; besonders auf der Südseite des Kaps erlaubt der Fels das Eindringen in eine Welt, in der die Strudel mit unwiderstehlichem Sog am nackten Stein nagen. Das Meer hat hier schon oft seine Gefährlichkeit bewiesen: Immer wieder zieren havarierte Schiffsüberreste die Pointe de Penhir – zerfressene Eisenskelette und rostig-grüner Wasserschaum zwischen stoischem Granit.

Crozon (ca. 7500 Einwohner)

Im Sommer ist Crozon zu den Geschäftsöffnungszeiten ohnehin stets gut besucht. Am Markttag aber quellen die Sträßchen gänzlich über, dann wird das Vorwärtskommen nicht nur für die plötzlich zahlreich herumkurvenden Kraftfahrzeuge zur Geduldsprobe. Der Hauptort der Halbinsel, zwei Kilometer landeinwärts, ist für Touristen hauptsächlich wegen seines Warenangebots, der Verkehrsanbindung und seiner kleinstädtischen Infrastruktur interessant. Nach dem Einkaufsbummel oder Küstenausflug schmeckt außerdem ein Kaffee in den alten Städtchen mit seinen engen Gassen besonders gut. Das bedeutendste Stück Kultur der Halbinsel bietet die Ortskirche mit einem *Altar-Retabel*, das in Thematik und Ausführung wohl konkurrenzlos dasteht.

Information/Verbindungen/Diverses

- *Postleitzahl* 29160
- *Information* **Office de Tourisme**, zentrale Informationsstelle für die gesamte Halbinsel, außerhalb des Zentrums beim Großparkplatz/Bushaltestelle in der Nähe der D 155 (nach le Fret). Juni bis Sept. Mo–Sa 9.30–13 und 14–19 Uhr, So 10.30–13 Uhr. Okt. bis Mai Mo–Sa 9.30–13 und 14–17.30 Uhr. Boulevard de Pralognan. ✆ 02.98.27.07.92, 02.98.27.24.89, officedetourisme@crozon.fr, www.crozon.com.
- *Verbindung* **Bus**bahnhof gleich an der D 8 beim Office ceTourisme. Crozon liegt an den Busstrecken Camaret–Brest und Camaret–Quimper. Werktags mindestens jeweils 4 Busse täglich in alle Richtungen.
- *Parken* Am problemlosesten neben der D 8 bei der **Maison de Tourisme.**
- *Internet* **Café** ce Bretagne, am Marktplatz. Ein freundliches Café mit einem unscheinbaren Computer in der Ecke bietet Anschluss an die Welt.
- *Fahrradverleih* **Point Bleu**, unweit des Office de Tourisme. Boulevard Mendès-France. ✆ 02.98.27.09.04.
- *Einkaufen* Crozon ist – s. o. – das Einkaufsparadies der Halbinsel. Supermärkte, Einzelhandel, alles da.
- *Markt* Täglich kleiner Markt am Kirchplatz. Wer es größer mag, muss auf den 2. oder 4. Mittwoch im Monat warten.
- *Veranstaltungen* **Festival du bout du monde** (Festival vom Ende der Welt) am 2. Augustwochenende, jeweils ab 16 Uhr bis tief in die Nacht. Der Name ist zweideutig: Zum einen wird auf das *Finistère* als Ende der Welt angespielt, zum anderen kommen die auftretenden Künstler aus der ganzen Welt. Die Konzerte sind im Dorf *Landaoudec* zwischen *Crozon* und *Lanvéoc*.
- *Reiten* **Etrier de l'Aber**, 2 km von Crozon auf der D 87 Richtung Brest, dann rechts ab Richtung Plage de l'Aber. Auch Ponys. ✆ 02.98.26.24.63.
- *Tennis* Der Tennisclub von Crozon vermietet Courts und gibt Kurse. Route du Loc'h. ✆ 02.98.27.24.87.

Übernachten

- *Hotel* ***** De la Presqu'île**, einziges Hotel in Crozon, zentral am Marktplatz. 13 sehr komfortable Zimmer. Zum Hotel gehören das Restaurant „Le Mutin Gourmand" und die „Cave de la Presqu'île", die neben Kaffees, Tees und regionalen Spezialitäten vor allem ein gutes Weinangebot hat. Alles in allem also eine gute Adresse – und charmant obendrein. DZ 44–67 €. Place de l'Eglise. ✆ 02.98.27.29.29, 02.98.26.11.97, mutin.gourmand@wanadoo.fr, www.chez.com/mutingourmand.
- *Camping* ***** Les Pins**, südwestlich von Crozon neben der D 308 (am Intermarché vor Crozon ab; Anfahrt beschildert. Schattiges Waldgelände (Pinienwäldchen), für 3 Sterne triste Sanitäranlagen, u. a. Gasservice, Spielplatz, Lebensmittel, Restaurant, aber kein Strand. 150 Stellplätze. Geöffnet Mitte März bis Okt. Route de Dinan. ✆ 02.98.27.21.95, camping.lespins@presquile-crozon.com.
*** La Plage de Goulien, beim gleichnamigen Strand, z. T. schattig; Laden, Waschmaschine und kleiner Kinderspielplatz. 120

Stellplätze. Geöffnet Juni bis Mitte Sept. Kèrnavéno, Pointe de Dinan. ✆ 02.98.27.17.10, camping.goulien@presquile-crozon.com.
** Les Bruyères, kleiner Platz im Nirgendwo (Richtung Ziegenkap, dann rechts ab und immer weiter, bis er schließlich unvermutet auftaucht); ausgesprochen ruhig, gemütliche Stellplätze unter Bäumen. 130 Stellplätze. Geöffnet Mai bis Sept. Le Bouis. ✆/≈ 02.98.26.14.87, camping.les.bruyeres@presquile-crozon.com.
** Pen Ar Ménez, der stadtnächste Platz, in der Nähe der Office de Tourisme neben der D 8 oberhalb des Zentrums. 110 Stellplätze. Ganzjährig geöffnet. Boulevard de Pralognan. ✆ 02.98.27.12.36.

Sehenswertes

Kirche: Die Ortskirche am Marktplatz ist seit Jahrhunderten der Aufbewahrungsort eines typischen Exemplars „bäuerlich"-bretonischer Kirchenkunst. Im Jahr 1603 wurde mit Begeisterung und viel Phantasie die einzigartige *Altarwand* geschnitzt und bemalt: 400 Figuren auf 29 Tafeln stellen das Martyrium von 10.000 christlichen Legionären auf dem Berg Ararat dar, die auf Befehl Kaiser Hadrians wegen ihres Glaubens gefoltert und gekreuzigt wurden. Bunt, naiv und in der Aussage kompromisslos.

Morgat

In Morgat hat der Tourismus früher als anderswo auf der Halbinsel eingesetzt: Der Großunternehmer *Armand Peugeot*, der Nachwelt bekannt durch die gleichnamige Automobilmarke, rief gegen Ende des 19. Jahrhunderts in dem seinerzeit windigen Fischerdörfchen einen Verein zur Förderung des Fremdenverkehrs ins Leben. Eine vielleicht aberwitzige Entscheidung, da Morgat, tatsächlich noch am Ende der Welt, nur mühsam erreichbar war und nicht mehr als die ärmliche Infrastruktur eines abgelegenen Fischerdorfs zu bieten hatte. Doch Peugeot bewies nicht nur bei Kraftfahrzeugen Weitblick – heute ist Morgat mit seinem großen Strand und den mannigfachen Wassersportmöglichkeiten die erste Bade-Adresse der Halbinsel.

Kap bei Morgat

Rade de Brest

Direkt an Crozon angrenzend und diesem politisch eingemeindet, hat sich das kleine Morgat seine Eigenständigkeit dennoch bewahrt. In einer tief eingeschnittenen Bucht der Steilküste, beherrscht vom schützenden Felskap *Beg Ar Gador* im Süden, liegt hinter dem langen Strand der von Wäldchen umgebene Ort. Fischerboote laufen ein und aus, doch im Sommer dominieren die Ausflugsboote zu den *Grotten von Morgat* den Verkehr.

Information/Verbindungen/Diverses

- *Postleitzahl* 29160 Crozon-Morgat
- *Information* Office de Tourisme in einem kleinen Häuschen direkt am Strand, nur in der Saison geöffnet: Juli/Aug. Mo–Sa 10–13 und 15–19 Uhr, So 16–19 Uhr. Juni und Sept. Mo–Sa 10.30–13 und 15.30–19.30 Uhr, So 16.30–18.30 Uhr. Boulevard de la Plage. ✆ 02.98.27.29.49, www.crozon.com.
- *Verbindung* Der **Bus**bahnhof von Crozon (s. o.) ist die nächste Anschlussstelle ans den öffentliche Verkehrsnetz.
- *Bootsausflug* Mehrere Veranstalter tuckern zu den **Grottes Marines de Morgat**. Gezeitenabhängige Abfahrt von Mitte Juni bis Ende August, die Besichtigungsfahrt dauert 45 Min., angelaufen werden vier Grotten. Vedettes Sirènes, am Hafen. ✆ 02.98.26.20.10.

Ähnliches Angebot, zudem Fahrt zur **Ile Vierge** mit Vedettes Rosmeur. ✆ 02.98.27.10.71.
- *Fahrradverleih* **Point Bleu**, beim Jachthafen. Quai Kador. ✆ 02.98.26.24.66.
- *Wassersport* **Centre Nautique CNCM**, die gesamte Palette an wassersportlichen Aktivitäten inkl. Surfen und Wasserski. Am Jachthafen, ✆ 02.98.16.00.00.
Point Passion Plage, neben dem Centre Nautique die zweite Adresse, ähnliches Angebot. Plage de Morgat, ✆ 02.98.26.24.90.
Point Bleu, der Fahrradverleiher hat auch einige Kanus im Depot. Beim Jachthafen. Quai Kador. ✆ 02.98.2624.66.
Centre de Plongée ISA, Tauchkurse und Tauchausflüge. Am Jachthafen. ✆ 02.98.27.05.00.

Übernachten/Essen

Hotels *** **Le Grand Hotel de la Mer**, direkt am Meer gelegen, mit Blick auf die große Bucht von Douarnenez. 78 Zimmer, großes Panorama-Restaurant, direkter Zugang zum Meer. DZ 51–110 €. Geöffnet Mitte April bis Sept. 17, rue d'Ys. ✆ 02.98.27.02.09, ✉ 02.98.27.02.39, thierry.regnie@vvf-vacances.fr, www.legrandhoteldelamer.com.
** **Julia**, bei der Schule an der Strandpromenade ein Stück landeinwärts. Logis-de-France-Quartier im robusten Landhausstil. Bar, Restaurant. 18 ordentliche, sanitär unterschiedlich ausgestattete Zimmer. DZ 46–73 €. Geöffnet März bis Anfang Okt. 43, rue de Tréflez. ✆ 02.98.27.05.89, ✉ 02.98.27.23.10, contact@hoteljulia.fr, www.hoteljulia.fr.

** **De la Baie**, einfache Unterkunft an der zentralen Place d'Ys hinter dem Strand. Ohne Restaurant. 26 Zimmer. DZ 34–60 €. Ganzjährig geöffnet. 46, boulevard de la Plage. ✆ 02.98.27.07.51, ✉ 02.98.26.65.89, hotel.de.la.baie@wanadoo.fr.
- *Camping* siehe *Crozon/Camping*.
- *Crêperie* **La Bolée**, vom ersten Stock des Häuschens hat man eine tolle Aussicht auf den Jachthafen und die ganze Bucht, aber auch auf der Terrasse direkt am Strand schmecken die Crêpes. In der Nebensaison Mo geschlossen. 48, boulevard de la Plage. ✆ 02.98.17.06.56.

Sehenswertes

Grotten (Les Grottes de Morgat): Ein Bootsausflug zu den Felsgrotten nördlich und südlich der halbrunden Bucht zählt zum festen Programmpunkt eines ausgedehnteren Morgatbesuchs; die größte und beeindruckendste Wasserhöhle, die *Grotte de l'Autel*, wurde vom Atlantik 15 m hoch und 80 m lang in den Fels der Steilküste getrieben und löst von den vier angelaufenen Grotten bei den Passagieren die meisten Ahs und Ohs aus. Die aus dem Wasser aufragenden Felsen im Inneren gaben ihr den Namen „Altargrotte". Die *Kleinen Grotten* in den Felsen zwischen dem großen Strand und dem von Portzic können bei Ebbe zu Fuß aufgesucht werden – ein schöner Spaziergang.

Baden

Plage de Morgat: Direkt vor Morgat breitet sich der große Hauptstrand aus. 900 m lang, von den Felsen der Bucht von Morgat begrenzt, bei Flut bleiben noch bis zu 30 m feinster Sand. Volle Strandinfrastruktur von der Umkleidekabine über das Strandzelt bis zum Kinderclub.

Plage de Portzic: Gleich nebenan in einer 200 m langen Felsausspülung, bei Flut bleibt ein bis zu 10 m langer Sand-Kies-Streifen. Kinderfreundlich. Über Treppen vom hochgelegenen Parkplatz aus erreichbar.

Aussichtspunkte um Morgat/Crozon

Pointe de Dinan: Die Pointe de Dinan ist eine Landspitze wie andere auch, die eigentliche Attraktion ist das *Château de Dinan* kurz vor dem Ende des Kaps. Eine während der Flut durchspülte Natursteinbrücke erlaubt den Übergang auf den Steinklotz im Meer, einer zyklopischen Burgruine ähnlich. Hier lebten nach Auskunft des Volksmunds einst barbarische Riesen, die sich bevorzugt von Seefahrern ernährten und deren einzige ernsthafte Widersacher die Korrigans waren: Zwerge, die ihren Wohnsitz in den Grotten der Steilküste bei Morgat hatten. Der Aufenthalt auf dem legendenumwobenen Felsschloss ist reizvoll. Kleine Spaziergänge, kurze Klettertouren oder ein Picknick an einer windgeschützten Stelle lassen die Zeit wie im Flug verstreichen. Festes Schuhwerk oder Turnschuhe sind auf den schmalen Pfaden und im Fels hilfreich.

Cap de la Chèvre: Weder hat die Landzunge die Form einer Ziege noch weiden hier welche. Nein, hier lebte in grauer Vorzeit der böse Riese Kawr, der dem Kap den Namen gab. Auf die Pinienwäldchen um Morgat folgt Heideland, dann duckt sich links der Straße der Weiler *Rostudel* in die Heide – die niedrigen, zusammengedrängten Granithäuschen lassen ahnen, wie abgeschieden und bescheiden das Leben hier noch vor einigen Jahrzehnten war. Und dann das Ziegenkap, ein steil abfallendes Kliff am Ende des Festlands mit einem 360-Grad-Panorama: Imposante 100 Meter stehen Sie über dem glitzernden Meeresspiegel und sehen bei klarem Wetter die nahe *Pointe de Penhir*, die *Pointe du Van*, die vorbleckende *Pointe du Raz* auf der Halbinsel Sizun und weit draußen den Strich der *Ile de Sein*. Stacheldraht verhindert, dass Sie dem Abgrund zu nahe kommen. Kein prickelndes Kaperlebnis, doch gemütliche Spaziergänge hoch über dem Meer.

Telgruc-sur-Mer (1800 Einwohner)

Knapp drei Kilometer sind es vom Dorf zur Küste, doch weil der Strand von *Trez-Bellec* zum Gemeindegebiet gehört, versteht sich der Ort, Domizil zahlreicher Ferienwohnungen, als Badeort. An der *Trez-Bellec-Plage*, besonders bei Surfern beliebt, läuft die Straße auf einem Damm direkt hinter dem Strand der kleinen Bucht, damit das Wassersportzubehör nicht so weit getragen werden muss. Spektakulärer als der Strand von Trez-Bellec ist die *Plage de l'Aber* unterhalb von *Tal Ar Groaz*, die nächste Bucht im Nordwesten; dort mäandert ein Flüsschen mit dem simplen Namen *Aber* gelangweilt durch die Mitte der Bucht zu den Stranddünen des Schwemmlandgebiets.

Rade de Brest

Information/Diverses

- *Postleitzahl* 29560
- *Information* **Office de Tourisme**, in der Ortsmitte. Mo–Fr 9.30–12.30 Uhr. 6, rue du Ménez Hom. ✆ 02.98.27.78.06, ℻ 02.98.27.79.26.
- *Wassersport* Das **Centre Nautique de Telgruc** hat sein Domizil ganzjährig am Strand von Trez Bellec. Kurse für Kinder und Erwachsene, Anfänger und Fortgeschrittene; Verleih von Segel- und Surfgerät. ✆ 02.98.27.33.83.

Camping

- *Bei Trez-Bellec* ****** Le Panoramic**, an der Straße von Telgruc zum Trez-Bellec-Strand. Hotel de Plein-Air nennt sich der Platz stolz – zu Recht. Eine gehobene Anlage mit touristischer Rundum-Infrastruktur für Freunde des gepflegten Campierens. Service wird groß geschrieben. 200 Stellplätze. Geöffnet Juni bis Mitte Sept. Route de la Plage-Penker. ✆ 02.98.27.78.41, ℻ 02.98.27.36.10, www.camping-panoramic.com.
  *** Armorique. Gespanne Achtung: steile Anfahrt, steile Verbindungswege zu den einzelnen Terrassen des Platzes. 1 km Luftlinie vom Strand, der vom Platz aus nicht zu sehen ist – hohe Bäume spenden Schatten und verbergen das Meer. Vom Areal her angenehm. 1990 wurde der Platz mit seinen heruntergekommenen sanitären Anlagen von einem agilen Familienvater und Selfmademan übernommen, der sich an die Ausgestaltung gemacht hat und nun einen frischen Camping präsentiert – neue Sanitärblocks, Bar etc. Fahrradverleih, Tennis, Spielsalon, Wohnwagenvermietung. 100 Stellplätze. Geöffnet April bis Sept. 112, rue de la Plage. ✆ 02.98.27.77.33, ℻ 02.98.27.38.38, www.campingarmorique.com.
  ** Les Mimosas, der erste der vier Plätze an der Straße von Telgruc hinunter zum Strand von Trez-Bellec. Blick wahlweise auf die umgebenden Wohnhäuser oder einen Zipfel des Meers weit unten. Hecken. 90 Stellplätze. Geöffnet April bis Sept. Kergreis, rue de la Plage. ✆/℻ 02.98.27.76.06, www.campingmimosa.com.
  ** Pen Bellec, blasses, schattenloses Wiesengelände neben dem Centre Nautique an der Straße, der Surferstrand direkt vor der Haustür. 45 Stellplätze. Geöffnet Juni bis Sept. Plage de Trez-Bellec. ✆ 02.98.27.31.87, camping.penbellec@wanadoo.fr.
- *Bei Tal Ar Groaz* **** de l'Aber**, nordwestlich von Telgruc sur Mer oberhalb des Aber-Strandes. Anfahrt: bei Tal Ar Groaz auf der D 887 meerwärts. Üblicher 2-Stern-Normplatz neben der Straße, in Hanglage mit gigantischer Sicht über die Bucht. Geöffnet Juni bis Dez. 100 Stellplätze. Route Plage de l'Aber. ✆ 02.98.27.02.96, ℻ 02.98.27.28.48.

Saint-Nic   (700 Einwohner)

Klingt fast so flott wie St-Trop, doch die beiden Badeorte trennen Welten. Badezone der bäuerlichen Landgemeinde ist *Pentrez-Plage*, ein selbständiger Ortsteil mit Bar, Hotel-Restaurant und einigen Campingplätzen unten am Strand. Versorgungszentrum ist *Plomodiern* mit seinem Ecomarché. Für St-Nic selbst bleibt außer einer Diskothek und einem gelungenen Kirchturm schier nichts.

Wo heute die Häuser St-Nics stehen, befand sich in längst vergangenen Zeiten eine zentrale Kultstätte der keltischen Druiden. Der Strand ist im Sommer gut besucht und zieht sich von Pentrez-Plage über die gesamte Bucht bis *Lestrevet* – 4 km Sand, bei Ebbe ist der Weg zum Wasser lang, bei Flut dringt das Nass bis zur Straße vor.

- *Wassersport* Der **Club Nautique de Plomodiern** verleiht an der Plage de Pors ar Vag Wassersportzubehör zu – z. T. – recht günstigen Preisen. ✆ 02.98.81.52.49.
  Club de Pentrez. Lust auf Strandsegeln? Kurse und Verleih von Geräten, Pentrez-Plage. ✆ 02.98.27.22.82.
- *Camping* Zwei Plätze nebeneinander am Ortsausgang von Pentrez-Plage, gleich hinter der Straße, etwa 20 m hinter der Strandzone. Der eine ein Dreisterner, der andere ein standardgleicher Zweisterner mit ähnlichem Gelände – hohe Hecken grenzen die beiden Rasengelände ab und parzellieren sie ein wenig:
  *** Ker Ys, ein mauerumfasstes Grundstück am Nordrand von Pentrez-Plage. Gut ausgestattet mit modernen sanitären Anlagen

Idylle bei St-Nic

(Warmwasser auch im Waschbecken), Waschmaschine, kleiner Bibliothek, Kinderspielplatz und Spielraum. 190 Stellplätze. Geöffnet Ostern bis 3. Septemberwoche. Pentrez-Plage, 29550 St-Nic-Pentrez. ✆ 02.98.26.53.95, ✉ 02.98.26.52.48, www.ker-ys.com.

** **Ménez Bichen**, gleich neben dem vorgenannten. 265 Stellplätze. Aufgrund seiner offen dargebotenen Größe ein nicht besonders reizvolles Gelände und fast schattenlos. Geöffnet Mai bis Sept. Chemin des Dunes, 29550 St-Nic-Pentrez. ✆ 02.98.26.50.82, www.menezbichen.com.

• *Campings bei Lestrevet* Am Südende der Bucht von Pentrez, beim Streudörfchen Lestrevet, sind eine Reihe weiterer Plätze, darunter:

*** **L'Iroise**, gepflegtes 2,2-ha-Areal, 200 m zum Strand; neben der regulären, ordentlichen Ausstattung auch Mobilhome-Verleih. Nette Bar. 132 Stellplätze. Geöffnet Mitte April bis Mitte Sept. Plage de Pors Ar Vag, 29550 Plomodiern. ✆ 02.98.81.52.72, ✉ 02.98.81.26.10, www.camping-iroise.com.

** **Goulit Ar Guer**, die etwas schlichtere Alternative gleich oberhalb des Camping L'Iroise, teils schattig und ebenfalls mit kleinem Laden. 100 Stellplätze. Geöffnet April bis Okt. Plage de Pors Ar Vag, 29550 Plomodiern. ✆ 02.98.81.52.71, legoulit@wanadoo.fr.

Halbinsel Crozon/Umgebung

Ménez Hom: Auf seiner Flucht aus dem versinkenden Ys (siehe *Douarnenez*, Kastentext *Ys – das Atlantis der Kelten*) ritt König Gradlon auf den Ménez Hom, löschte eigenhändig die Feuer der bis dahin hier oben aktiven Druiden und ließ postwendend eine Kapelle auf dem Gipfel errichten – der Ménez Hom, der dem bretonischen Himmel am zweitnächsten ist, ist also mehr als nur eine einfache Hügelkuppe.

Mit satten 330 m ist der Ménez Hom der höchste Berg weit und breit. Einsam und kahl, nur flankiert von zwei niedrigeren Kuppen, ragt der letzte Ausläufer der *Montagnes Noires* einige Kilometer hinter dem Atlantik auf. Oben bietet sich eine entsprechende Rundsicht, die von einem großen Publikum dankbar genossen wird. Eine Orientierungstafel erlaubt die Identifizierung der Bretagne zwischen der *Pointe de St-Mathieu* und dem Südende der *Bucht von Douarnenez* sowie der markanten Punkte im weiten Hinterland.

366 Rade de Brest

Märtyrer mit Foltergrill

Kapelle Ste-Marie-du-Ménez-Hom: Unterhalb der Hügelkuppe des Ménez Hom, direkt an der Straße, stürmt der Turm des dunklen Kirchleins dem Himmel entgegen. Ein Tor führt in den ulmenbeschatteten Pfarrbezirk mit einem *Calvaire* aus dem 16. Jahrhundert.

Im Inneren sind im nördlichen Schiff noch die geschnitzten *Deckenbalken* (16. Jh.) erhalten; sie sind mit Tieren und Geschichten geschmückt, oft sind die Motive schwer zu entziffern. Noch bilderfreudiger ist die dreiteilige *Altarwand*, die sich über die gesamte Ostfront erstreckt. Feinste Holzschnitzarbeiten sind zu sehen, die Farben allerdings sind sehr verblasst und bedürfen der Auffrischung. Im linken Altar ist eine Darstellung des heiligen Laurentius zu sehen, mit dem Rost, auf dem er im Jahr 258 zu Tode gegrillt wurde. Eine Statue desselben Märtyrers, die Bibel in der einen Hand, den Grill in der anderen, ist hinten im Kirchenschiff zu sehen. Laurentius soll übrigens noch vom Rost aus seine Peiniger verspottet haben, man möge ihn wenden, der Braten sei auf einer Seite schon gar. Vielleicht gilt er deshalb als der Schutzpatron der Köche.

Pardon Mitte August zu Ehren der hiesigen Maria.

Ste-Anne-la-Palud: Einsam steht die große, graue Kapelle aus dem letzten Jahrhundert an einer Wiesenfläche hinter dem Dorf – untrügliche Indizien für einen großen Pardon. In der Tat: Der Pardon von Ste-Anne ist eine der bedeutendsten bretonischen Feierlichkeiten und zieht jährlich neben Tausenden von Pilgern auch viele Touristen an. So finden sich am Festtag zwischen den einheimischen Trachten und Kirchenbannern zahllose Amateurfotografen auf der Jagd nach einem „motif folklorique". Das Ziel der Pilger, die schon am Samstag die Messe besuchen, bevor sie sich abends zu einer Lichterprozession versammeln, ist eine eher unscheinbare bemalte *Granitstatue der heiligen Anna* (16. Jh.). Das Programm der nächsten Tage (bis Dienstag) ist ähnlich: Gottesdienste und ein feierlicher Großumzug als Abschluss der Wallfahrt.

An den Ufern des Atlantiks nördlich und südlich von Ste-Anne-la-Palud locken immer wieder Badefreuden: Fünf akzeptable Strände verteilen sich in beide Richtungen, für Zulauf sorgen hauptsächlich die Gäste der umliegenden Campingplätze.

Pardon Am letzten Augustsonntag große Wallfahrt zu Ehren der heiligen Anna.

• *Hotel* ****** Hotel de la Plage**, wenn hier einmal die Welt zugrunde geht, dann vornehm; ein Haus der „Relais et Châteux"-Kette vom Feinsten in feinster Lage – einsam, direkt am Meer, unweit der Kapelle. Stilvolles Anwesen mit angemessenen Räumlichkeiten zu entsprechenden Preisen. DZ 170–303 €. Geöffnet April bis Okt. Ste-Anne-la-Palud, 29550 Plonévez-Porzay. ✆ 02.98.92.50.12, ✆ 02.98.92.56.54, info@plage.com, www.relaischateaux.com/laplage.

Halbinsel Crozon/Umgebung

- *Camping im Norden von Ste-Anne* An der Ty-Anquer-Plage und an der Plage Treguer liegen zwei Plätze – beide übliche, einfache 2-Stern-Areale an der Küste auf etwa gleichem Preisniveau:

** Treguer, am gleichnamigen Strand. 270 Stellplätze. Geöffnet Mitte Juni bis Mitte Sept. Ste-Anne-la-Palud, 29550 Plonévez-Porzay. ✆ 02.98.92.53.52, ✉ 02.98.92.54.89, www.camping-treguer-plage.com.

** Ste-Anne, an der Kreuzung der D 67 mit der Straße nach Trefeuntec. Der spartanischste der hiesigen Campings und fast nur während des Pardons bevölkert. 100 Stellplätze. Geöffnet Mai bis Sept. Créach Leren, 29550 Plonévez-Porzay. ✆ 02.98.92.51.17.

- *Camping im Süden von Ste-Anne* ****** International de Kervel**, bei der Ortschaft Kervel. Ein Campingdorf mit 330 Stellplätzen mitten in der Einsamkeit, knapp 1 km zum Strand. Das große Gelände ist so toll nicht, doch voll ausgestattet – der Luxus beginnt bei der holzgetäfelten, mehrsprachigen Rezeption. Geöffnet April bis Mitte Sept. Kervel, 29550 Plonevez Porzay. ✆ 02.98.92.51.54, ✉ 02.98.92.54.96, www.kervel.com.

** Ville d'Ys, an der Plage de Kervel. Flache Terrassen auf einem steilen Hügel direkt über dem langen, breiten Strand und einer Crêperie. Einfach, aber gute Lage. 60 Stellplätze. Geöffnet April bis Sept. Plage de Kervel, 29550 Plonevez Porzay. ✆ 02.98.92.50.52, ✉ 02.98.92.50.08.

Die Großmutter von Jesus Christus

Ste-Anne ist die Schutzheilige der gesamten Bretagne, ihr sind zahlreiche Kirchen geweiht, vor ihren Altären und Statuen brennen besonders viele Kerzen. Warum? In den Adern von Jesus floss – natürlich – bretonisches Blut. Anna, die Mutter der Jungfrau Maria, war nach bretonischer Überlieferung eine waschechte Bretonin, eine Prinzessin der Landschaft Cornouaille, verheiratet mit Joachim, einem maßlos eifersüchtigen Mann, der seine Frau nicht einmal mit eigenem Nachwuchs teilen wollte. Als Anna trotzdem in andere Umstände kam, befürchtete der Himmel von dem unbeherrschten Triebmenschen offenbar Schlimmes: In Nullzeit wurde die Schwangere von Engeln nach Nazareth versetzt, wo sie ihre Tochter Maria gebar, die später bekanntermaßen den Tischler Joseph heiratete. Nach der Geburt kehrte sie in die Heimat zurück und durfte hier sogar viele Jahre später ihren Enkel begrüßen. Denn bevor Jesus in Jerusalem einzog, so eine ganz ausgefallene Variante, unternahm er noch eine kurze Stippvisite bei seiner bretonischen Großmutter.

Vermutlich kam die Verehrung der Anna über zurückkehrende Kreuzritter aus dem Heiligen Land ans Ende der Welt und fiel hier sofort auf fruchtbaren Boden. Herzogin Anne war natürlich vom aufkommenden Annenkult begeistert und unterstützte ihn nach Kräften. Seitdem ist Ste-Anne ebenso wie ihre Tochter etlichen gläubigen Bretonen erschienen, um sie durch ein Wunder darauf aufmerksam zu machen, dass sie hier gerne eine Kirche hätte.

P. S. Diese gern erzählte Version des Lebens der heiligen Anna hält die Bretonen nicht ab, ihren namentlich bekannten Macho-Gatten zu verehren: In der Wallfahrtskirche Ste-Anne-d'Auray flackert auch vor der Statue des *heiligen Joachim*, immerhin Verursacher ihrer himmlischen Entführung ins Gelobte Land, ein Lichtermeer. Und hätte Jesus nicht so einen bösartig-eifersüchtigen Großvater gehabt – er wäre sicher ein waschechter Bretone geworden.

Côte de Cornouaille

Locronan (800 Einwohner)

Ein bretonisches Musterstädtchen: Weber, Glasbläser, Töpfer, Lederhandwerker in antiquiert gestylten Ateliers bieten handgearbeitete Waren feil. Doch was vermögen sie gegen den heiligen Ronan auszurichten, der sich diesen Ort als letzte Ruhestätte aussuchte: Im 6-Jahres-Rhythmus vereint er Tausende von Pilgern zur Grande Troménie, eine der größten Wallfahrten der Bretagne.

Aber auch die alljährlich stattfindende *Petite Troménie* zu Ehren des heiligen Ronan zieht Scharen von gläubigen und neugierigen Besuchern an, und der Alltag des Städtchens ist sowieso ganz auf Touristen abgestellt. Das sauber herausgeputzte Locronan mit seinen freundlich stimmenden Blumenkästen ist eine einzige belebte Fußgängerzone. Die Autos der Touristen werden auf dem Großparkplatz vor dem Ort abgestellt, die Kunsthandwerker erfreuen sich regen Zuspruchs, Restaurants und Cafés sind gut besetzt, und gedämpftes Dauergemurmel ist das Hintergrundgeräusch in der Kirche des heiligen Ronan.

Das winzige Locronan, mit seinem granitenen Ortskern als *Petite Cité de Charactère* und *Un des plus beaux Villages de la France* ausgezeichnet, hält des Öfteren als Originalkulisse für Kino- und Fernsehproduktionen her. Dann nimmt auch die Guillotine auf der Grande Place vor den Augen der Neugierigen ihre blutige Arbeit wieder auf: Philippe de Broca drehte hier *Chouans*, Roman Polanski den Kassenflop *Tess* mit Nastassja Kinski. Kein Neubau stört das Häuserensemble um den Kirchenmittelpunkt – nur die Ladenschilder und Verkehrszeichen müssen abgenom-

Côte de Cornouaille

men werden, schon ist das braun-graue Granitstädtchen, seit dem 17. Jahrhundert einschließlich Kopfsteinpflaster baulich nicht mehr verändert, ein mustergültiger Hintergrund für Mantel- und Degenfilme aller Art.

Das Handwerk, heute von Touristen am Leben erhalten, hat Tradition in Locronan: 400 Webstühle schnurrten hier einst und lieferten begehrtes Segeltuch und Leinen, bis die industrielle Revolution mit ihren Manufakturen den Anfang vom Ende des Wohlstands einläutete. Die Dampfschifffahrt machte schließlich die letzten verbliebenen Weber arbeitslos, die jetzigen Kunsthandwerker siedelten sich erst in den letzten Jahrzehnten wieder an.

Höhepunkt des Gästestroms ist die *Troménie* (*Tro minihy* = Weg um das Kloster), bei der Schaulustige und Pilger verschmelzen. Bei der Kleinen Troménie pilgern die Wallfahrer auf dem 5 km langen Weg, den Ronan jeden Morgen betend – und zu jeder Jahreszeit barfuß – abschritt. Bei der Große Troménie, die alle sechs Jahre gefeiert wird, begeben sie sich auf den langen Weg, den der Heilige am sechsten Tage ging. Am Samstagabend bereitet das feierliche „Mysterium des heiligen Ronan" mit über 100 kostümierten Mitwirkenden auf die fünfstündige Wallfahrt vor. Tags darauf bewegt sich der festliche Zug mit Bannerträgern, hoher Geistlichkeit, der zerbeulten Messeglocke des Heiligen und seinen Reliquien auf 12 Kilometern zu den 12 Stationen um den Berg. Gute Kondition ist Voraussetzung: Das letzte Stück zur zehnten Station auf dem *Hügel des Horns* – hierhin flog das von Keben abgeschlagene Horn des Ochsen (siehe Kastentext *Der Heilige und die Hexe – das Lied von St-Ronan*) – wird im Eilschritt zurückgelegt, bevor nach der kurzen Schlusspredigt des Bischofs der lange Heimweg angetreten wird. Die letzte Station beider Troménies ist das unheilige *Kreuz der Keben*, das einzige, vor dem die Gläubigen sich nicht bekreuzigen.

*I*nformation/*D*iverses

- *Postleitzahl* 29180
- *Information* **Office de Tourisme**, im alten Gemäuer beim Rathausplatz. Kompetente mündliche Auskünfte, Prospekte und, gegen Gebühr, aufschlussreiches Hintergrundmaterial über Stadt und Kirche. Öffnungszeiten

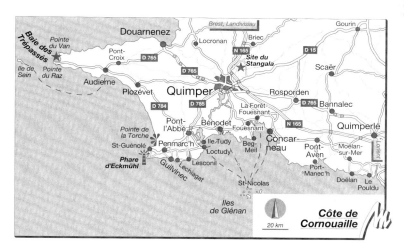

sehr unterschiedlich: in der Hauptsaison Mo–Sa und Sonntagnachmittag, von April bis Juni und im Sept./Okt. nur Mo–Fr. Im Winter zeitweise geschlossen. Ein kleines angeschlossenes Museum zeigt bretonische Motive und alte Locronan-Photographien (Eintritt 2 €). Place de la Mairie. ✆ 02.98.91.70.14, 📠 02.98.51.83.64, locronan.tourisme@wanadoo.fr, www.locronan.org.

- *Parken* Auf einem gebührenpflichtigen Großparkplatz vor dem Ort. Die Ortsdurchfahrt ist für Nicht-Anlieger gesperrt.
- *Einkaufen* Die Erzeugnisse des örtlichen Kunsthandwerks werden in den Kunsthandwerksläden zum Kauf angeboten. Handweber, Seidenmaler, Schnitzer, Schuster, Töpfer, Heilige aus Holz, klassisch-verspielte Stickereien, moderne Ledermodelle u. v. m.
- *Feste* Im Juli und August Festival der klassischen Musik. Ganzjährig Sakralmusikkonzerte in der Kirche St-Ronan. Auskünfte und Kartenbestellung beim Office de Tourisme.
- *Pardon* Jährlich am 2. Julisonntag wird die Kleine Troménie gegangen. Große Troménie alle 6 Jahre am 2. und 3. Julisonntag: 2007, dann wieder 2013.

Übernachten/Essen

- *Hotel* ** **Le Prieuré**, hinter dem großen Parkplatz zentral im Ort. 14 ganz unterschiedliche Zimmer, jeweils mit sehr eigenem Charakter, stets sanitär gut ausgestattet. Garten und gemütliches Restaurant. DZ 57–67 €, HP 53–60 €. Geöffnet Mitte März bis Mitte Nov. 11, rue du Pieuré. ✆ 02.98.91.70.89, 📠 02.98.91.77.60, leprieure1@aol.com, www.hotel-le-prieure.com.
- *Camping* ** **Municipal**, östlich des Granit-Ensembles, in einer ruhigen Siedlung (ausgeschildert). Großzügiges, auf mehreren Terrassen angelegt, Wiesengelände, schöner Panoramablick. 125 Stellplätze. Geöffnet Juni bis Sept. Rue de la Troménie, ✆ 02.98.91.87.76.
- *Restaurant* **Le Fer à Cheval**, Brasserie am Kirchplatz. Das frühere Hotel hat ganz auf Speisen umgestellt. Menus 13–25 €. Place de l' Eglise. ✆ 02.98.91.70.74.

Sehenswertes

Kirche St-Ronan: Im Jahr 1031 ließ ein bretonischer Herzog an der Stelle der ersten Grabkapelle eine romanische Kirche errichten, die 1420 einem christlichen Renommierprojekt weichen musste. Die Herzöge der Bretagne finanzierten den neuen Bau, königliche und herzogliche Erlasse zur Beteiligung am Salzgewinn der Halbinsel Guérande stellten neben den Einnahmen aus Pilgerbörsen bis zur Revolution den Wohlstand der florierenden Großwallfahrtsstätte sicher.
Die Kirche des St-Ronan wurde in einem Guss zwischen 1420 und 1480 hochgezogen – vollendete bretonische Spätgotik in dunklem Granit. Aber man war nicht ganz zufrieden. 1485 erhielt der Baumeister der Kathedrale zu Quimper den Auftrag, im Süden der Ronankirche eine Kapelle anzubauen, zum Kirchenschiff weit geöffnet und würdig für das Grab des Heiligen. *Pierre Le Goaraguer* zeigte sich dem Vorhaben gewachsen, 30 Jahre nach Auftragseingang war Ronans letzte Ruhestätte vollendet: Neben dem mächtigen Turm der Kirche erhob sich das zierliche Türmchen der Kapelle, neben dem monumentalen Portal lud das neue der Grabkapelle mit seinen filigranen Steinmetzarbeiten im Bogen zum Eintritt. Der hohe Spitzhelm des auf vier Pfeilern ruhenden Kirchturms wurde 1808 vom Blitz getroffen und aus Geldmangel einfach abgetragen, doch sonst blieb alles, wie es war. Zusammen mit der *Chapelle du Pénity* bildet die Ronankirche inmitten der mittelalterlichen Stadthäuser eine architektonische Einheit.

Authentischer Hintergrund für Mantel- und Degenfilme:
Kulissenstädtchen Locronan

Der Heilige und die Hexe – das Lied von St-Ronan

Das Ronanlied, zum großen Pardon gesungen, erzählt die Legende eines heiligen Lebens, das sich weniger durch Weisheit und kosmische Liebe auszeichnete als durch wundersame Hau-Ruck-Methoden. Schon mit seinem ersten bretonischen Auftritt bestach der aus Irland eingewanderte Heilige: In einem steinernen Trog, der ihm als Boot diente, steuerte er zum Schrecken der einheimischen Fischer flugs auf die Küste des Léon zu. Beim ersten Bodenkontakt verwandelte sich der Fels in einen Schimmel, auf dem Ronan ans trockene Ufer ritt, wo er den verdutzten Augenzeugen erst einmal eine flammende Predigt hielt. Sie nutzte nichts – die Leute wollten vom Christentum nichts wissen. Desungeachtet ließ sich Ronan in einer Einsiedelei nahe dem heutigen Locronan nieder, wo er wegen seines eigensinnigen Umgangs mit den Naturgesetzen und seines aufbrausenden Wesens eher gefürchtet als geliebt war. Der bretonische Schriftsteller Ernest Renan schreibt treffend: „Unter den Heiligen der Bretagne ist niemand origineller als er. Er war mehr Erdgeist als Heiliger. Seine Macht über die Elemente war fürchterlich. Sein Charakter war heftig und ein wenig bizarr; man wusste niemals im Voraus, was er tun würde, was er wollte. Man achtete ihn, aber seine Hartnäckigkeit, allein seinen Weg zu gehen, flößte eine gewisse Furcht ein."

Der weitere Inhalt des Ronanlieds erzählt von seinem Sieg über die Hexe Keben und vom Sieg des Christentums über die dunklen heidnischen Mächte der gottlosen Druiden.

Keben, die im Wald von Nevet, in der Nachbarschaft des Eremiten hauste, war die Anwesenheit der christlichen Konkurrenz zuwider. Bei *König Gradlon* klagte sie Ronan wegen einer angeblichen Verwandlung in einen Werwolf und des damit verbundenen Mordes an ihrer Tochter an. Der verdächtigte Einsiedler wurde für schuldig befunden und zwecks Vollstreckung des Todesurteils in die Hauptstadt Quimper gebracht, wo er von zwei wilden Hunden zerfleischt werden sollte. Als die Bestien den Heiligen jedoch sanft umschnurrten, war es Gradlon klar, dass Ronan die Unschuld in Person sein musste. Als der Eremit gar das von Keben selbst getötete Kind – es fand sich nach seinen Hinweisen in einer Truhe des Hexenhaushalts – wieder zum Leben erweckte, drehte sich der Spieß um: Die entlarvte Keben entging, wie der Leser gleich sehen wird, ihrer gerechten Strafe nicht.

Auch Ronans letzter Auftritt war eines irischen Heiligen würdig. Nach seinem Tod in St-Brieuc hätten alle größeren Städte der Bretagne gern seinen Leichnam in ihrer Kirche gehabt, doch man kannte den Verstorbenen: Gefiel ihm die getroffene Wahl nicht, war ein Erdbeben wohl die kleinste Katastrophe, die er noch vom Himmel aus anrichten würde, so die übereinstimmende Meinung. Vorsichtshalber wurde der Tote auf einen von zwei Ochsen gezogenen Karren gelegt, damit er selbst seinen letzten Ruheplatz aussuchen konnte.

Nach einigen Tagen wurde klar, dass das Ziel des Leichengespanns die alte Einsiedelei Ronans in den Wäldern der Cornouaille sein musste. Am Ostersonntag erreichte die Prozession, die dem Wagen folgte, das Grundstück der Keben, die gerade den Feiertag missachtete und ihren Waschtag abhielt. Fröhlich sang sie ein Spottlied über ihren verblichenen Erzfeind, der tot und scheinbar wehrlos an ihr vorbeirumpelte. Doch als die Ochsen den Leichnam mitten durch ihre Wäsche zogen, schlug ihre Häme in Wut um.

> Keifend und den Toten bespuckend schlug sie mit dem Waschholz einem Zugtier ein Horn ab, womit das Maß endgültig voll war: Auf der Stelle wurde sie von der Hölle verschlungen. Das Kreuz der Keben bezeichnet den Ort, an dem die Erde sich öffnete. Vor diesem Kreuz bekreuzigt sich kein Bretone.
> Nach dem Zwischenfall trotteten die Ochsen noch ein Stück in der Wildnis herum und hielten schließlich an. Vielleicht waren sie einfach müde geworden, jedenfalls wurde dies als Zeichen gedeutet, an dieser Stelle eine Grabkapelle für den Heiligen zu errichten.

Im Mittelpunkt der künstlerischen Ausstattung steht der heilige Ronan. Schon in der *Vorhalle* am großen Portal dient die Figur des Eremiten als Blickfang. Zehn Medaillons an der *Kanzel* (1707) schildern bunt und drastisch einige Ereignisse aus seinem Leben, breiten Raum nimmt dabei seine Auseinandersetzung mit der bösen Keben ein. In der Kapelle Pénity steht sein *Grabmal*, auf dem er mit der Rechten den Segen spendet, während die Linke den Bischofsstab in den Rachen eines Ungeheuers stößt. Sechs Granitengel tragen die Liegefigur aus Kersantoner Granit (15. Jh.), über ihr wird auf einem Altar der *Reliquienschrein* mit den Überresten des streitbaren Heiligen aufbewahrt.

Der dämmrige Innenraum von Kirche und Kapelle ist mit Statuen reich ausgestattet. Die bemalten Steinfiguren der *Kreuzabnahme* (16. Jh.) in der Pénity-Kapelle – teilweise in zeitgenössischen Gewändern – strahlen Trauer und Ergriffenheit aus. Am Tabernakel des *Hauptaltars* mit Holzschnitzereien aus dem 17. Jahrhundert tragen zwei Engel ein vergoldetes Kreuz. Hinter dem Altar zeigt das große *Fenster* (um 1480) 17 Episoden der Passionsgeschichte; der Bilderreigen beginnt mit der Auferweckung des Lazarus und endet mit einem Besuch des auferstandenen Christus bei Adam und Eva in der Hölle. Das 18. Bild (rechts unten) stellt eine lokale Nobilität dar.

Locronan

Douarnenez (15.800 Einwohner)

Der Fisch und sein Fang ist bis auf den heutigen Tag die Lebensgrundlage der Stadt in der Bucht von Douarnenez. Jeden Tag werden riesige Mengen an Sardinen, Makrelen, Thunfisch und Langusten an Land gebracht, von denen ein großer Teil sofort in die Konservenfabriken wandert.

Hinter dem hochgelegenen Zentrum von Douarnenez führen Gässchen verwinkelt die Steilküste hinunter zu den Hafenanlagen. Der *Port nouveau* mit seinen modernisierten Anlagen, von einer 700 m langen Mole gegen Meeresunbill gut geschützt, ist der sechstgrößte französische Fischerhafen. Der alte *Port du Rosmeur* gleich daneben, von vereinzelten alten Häusern umrahmt, ist wirtschaftlich unbedeutend und der nostalgischste Flecken von Douarnenez. Der *Port Rhu* beherbergt heute das *Hafenmuseum*, Europas größte museale Sammlung von Wasserfahrzeugen.

Douarnenez, gelegentlich mit dem Doppelnamen *Douarnenez-Tréboul* bezeichnet, besteht aus vier völlig unterschiedlichen Stadtteilen. Drei eigenständige Gemeinden mit eigenständigem Charakter wurden nach Kriegsende 1945 durch einen Verwaltungsakt mit Douarnenez zusammengefasst, doch haben sie auch 60 Jahre später wenig von ihren persönlichen Noten verloren. *Pouldavid* und *Ploaré* mit der *Plage du Ris* sind ländlich unauffällig, *Tréboul*, das sich Jahr für Jahr ein wenig mehr herausputzt, sorgt mit seiner *Plage des Sables Blancs* für einen Hauch Seebad-Atmosphäre.

Die Mündung des *Pouldavid-Flusses*, der tief in die Felsen eingeschnittene *Port Rhu*, trennt die Innenstadt von Douarnenez vom Ortsteil *Tréboul* auf der gegenüberliegenden Seite. Die Sträßchen zum Fluss hin sind kleinstädtisch geprägt, der Jachthafen ist für den Rummel zuständig, im Westteil, der sich über dem Strand im Schatten einer baumbestandenen Anhöhe ausbreitet, herrscht Vorortatmosphäre. Tréboul, meist von französischen Gästen besucht, ist ganz auf den Meerestourismus ausgerichtet – Jachthafen, Segelschule, Thalassotherapie und, als Grundlage, natürlich der Strand. So wohnt in und um Tréboul auch das Gros der Gäste.

Geschichte

Eher dem Sagenkreis als der Historie zuzurechnen sind die überlieferten Geschichten rund um Douarnenez. Sicher ist, dass Douarnenez die Ex-Hauptstadt der Cornouaille war, bevor Quimpers Stern aufging – bei *Plomarc'* an der Plage du Ris soll in einer längst verfallenen Burg ein König Marc'h residiert haben, jener, der mit dem Sagenkönig Marke aus dem Tristan-und-Isolde-Stoff identisch sein soll (siehe *Huelgoat*, Kastentext *Tristan und Isolde*). Später zog es König Gradlon auf seiner Flucht aus der versinkenden Stadt Ys, die vielleicht an der Bucht von Douarnenez lag (siehe Kastentext *Ys – das Atlantis der Kelten*), nach Quimper. Auch die kleine Tristaninsel unmittelbar vor der Mündung des Pouldavid-Flusses hat ihre Rolle gespielt. Auf ihr landete der suizidgefährdete *Tristan*, der mit einem Sprung von der Steilküste des Festlands seinem liebestollen Leben ein Ende setzen wollte,

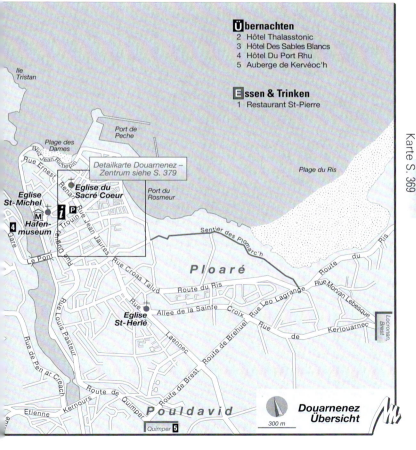

Ys – das Atlantis der Kelten

Vorneweg: Süffisant bemerken Bretonen, dass Par-Is nichts anderes heißt als „Wie Ys". Der Standort der legendären, uralten Stadt, die ohne jede Spur verschwand, ist naturgemäß umstritten: Lag sie spektakulär in der Baie des Trépasses oder gar vor der Pointe du Raz? Gab es sie überhaupt? Oder deuten die Geschichten doch mehr auf die Bucht von Douarnenez? Egal. Stellen Sie sich eine große Stadt vor. Reich, prächtig, für die Ewigkeit aus unzerstörbarem Granit erbaut, mit gepflasterten Straßen, Müllabfuhr und Kanalisation. Die Märchenstadt lag am Ende einer Bucht, ein mächtiger Damm schützte das stolze Menschenwerk vor den Meeresfluten. Dann versank Ys, und weil der König allein den Goldenen Schlüssel in Verwahrung hatte, mit dem der Damm geöffnet werden konnte, werden viele wundersame Geschichten über den Untergang der Stadt Ys erzählt.

In unserer christlichen Version spielen mit: König *Gradlon* (gut), seine Tochter *Dahud* (verkommen), der Teufel (böse) und *St-Corentin* (heilig). Ort und Zeit der Handlung: Ys, die Hauptstadt der Cornouaille im 6. Jahrhundert nach Christus.

Ys erlebt unter der Regentschaft des gütigen Königs Gradlon einen Wirtschaftsboom ungeheuren Ausmaßes. Doch Geld bringt Verderben in die Welt. Ys wird das Sodom und Gomorrha der Bretagne, über die Schwellen der Kirchen wächst langsam Gras. Alle Bürger und Bürgerinnen mit Ausnahme des standhaften Königs Gradlon treiben es rundum schlimm, am allerschlimmsten Dahut, die missratene Tochter des Regenten.

Natürlich wittert der Teufel hier die Chance, seinen Gegenspieler mit wenig Aufwand um etliche Seelen zu bringen. Als galanter Verehrer gewinnt er schnell Macht über Herz und Körper des vergnügungssüchtigen Mädchens. Und schickt mitten in der Nacht die sexuell abhängige Königstochter los, den Goldenen Schlüssel zu entwenden. Mit diesem öffnet der Teufel die Schleusen des Damms, Ys versinkt, alle Menschen sterben – bis auf König Gradlon. Der wird von seinem Besucher, dem Einsiedler Corentinus, geweckt, wirft sich auf ein Pferd, zieht seine verstörte Tochter hinauf und flieht. Doch Dahud darf nicht entkommen: Die Flut droht die Flüchtenden einzuholen, und der Bischof empfiehlt Gradlon, seine Tochter abzuwerfen. Das eigene Kind? Nein! Was der Vater nicht fertig bringt, erledigt Corentinus. Mit seinem Bischofsstab holt er Dahud vom Pferd, die im gurgelnden Wasser versinkt. Gradlon ist gerettet.

Der einzige Überlebende von Ys braucht natürlich eine neue Hauptstadt. Zusammen mit Corentinus begibt sich König Gradlon nach Quimper, das er zu seinem Regierungssitz ausbaut. Hier regiert er noch viele Jahre sein Königreich Cornouaille mit so viel Güte, dass er nach seinem Tod als Heiliger verehrt wird.

Dahut hat den Anschlag des Corentinus übrigens überlebt. Als Nixe geistert sie in und auf den Wogen der See, und wer sie sieht, wird erst betört und ertrinkt dann, weil er ihr unbedingt ins Wasser folgen will. Eine winzige Erlösungschance indes wurde der Prinzessin eingeräumt: Wenn am Karfreitag in Ys eine Messe für sie gelesen wird, kann ihre Seele in Frieden ruhen.

Douarnenez

Gewitterstimmung über Douarnenez

jedoch von seinem Mantel wie auf Schwingen sanft zur Insel getragen wurde. So etwas gefällt den Bretonen: 1520 änderten die Bewohner nach kurzer Debatte ihren Ortsnamen von *St-Michel* in *„Tristansinselweiler"* um. Doch lang hielt sich der Name nicht: Schon 1541 verfügte der Rat der Stadt die offizielle Umbenennung in *Douarnenez* – Erde der Insel.

Gegen Ende des 15. Jahrhunderts erlebte Douarnenez eine schlimme Zeit: Der Großräuber *La Fontenelle*, der selbst den König von Frankreich zu Zugeständnissen zwingen konnte, nistete sich ausgerechnet auf der Ile de Tristan ein. Aus Teilen der von ihm geschleiften Stadtmauer von Douarnenez ließ er sich hier seinen befestigten Hauptwohnsitz schaffen. Von hier zog er auch los, um das wohlhabende Penmarc'h zu plündern. Zeitgenössischen Quellen zufolge kostete allein dieser Raubzug 5000 Bauern das Leben, und die Beute musste auf 300 Booten zur Tristaninsel befördert werden. Als La Fontenelle schließlich gefasst und 1602 auf das Rad geflochten wurde, ging ein großes Aufatmen durch die Gegend.

Heute ist Douarnenez ein vitales, maritim ausgerichtetes Städtchen. Die stattliche Fangflotte, drei große Konservenfabriken und ihr neuzeitlicher Ableger – ein Betrieb für Nahrungsmittelverpackung – sorgen ganzjährig für Arbeitsplätze. Im Sommer sorgen Tourismus und Thalassotherapie für zusätzliche Einnahmen.

*I*nformation/*V*erbindungen

- *Postleitzahl* 29172
- *Information* **Office de Tourisme**, umfassende Information, Privatzimmervermittlung, Anmeldung für Veranstaltungen, Ticketreservierung für Bootsausflüge, Inselfahrten etc. Juli/Aug. Mo–Sa 10–12 und 14–19 Uhr. Sept. bis Juni Mo–Sa 10–12 und 14–17 Uhr. 1, rue du Docteur Mevel.

✆ 02.98.92.13.35, 📠 02.98.92.70.47, info@douarnenez-tourisme.com, www.douarnenez-tourisme.com.
- *Verbindung* Mit dem **Bus** nach Quimper wochentags mindestens 9-mal, zur Pointe du Raz über Audierne während der Woche mindestens 5-mal täglich.

378 Côte de Cornouaille

Diverses

- *Internet* Gebührenpflichtiger Zugang in der Post, Place Stalingrad.
- *Bootsausflug* Von April bis Sept. gehen die Vedettes Rosmeur auf Exkursion, z. B. in die **Bucht von Douarnenez** oder auf Anfrage zum **Vogelreservat auf Cap Sizun**, auch ein 4-stündger **Ausflug für Angler** steht im Programm; Auskunft und Billettverkauf im Office de Tourisme oder bei Vedettes Rosmeur im Hafen, ✆ 02.98.92.83.83.
- *Fahrradverleih* **La Bécane** 42, avenue de la Gare 42 (Tréboul), ✆ 02.98.74.20.07.
- *Einkaufen* Sardinen. Sicherheitshalber am besten eingedost.
- *Markt* Frische Agrarprodukte jeden Vormittag in den Markthallen und am Jachthafen von Tréboul. Mo vormittags Markt auf dem Großparkplatz des Zentrums; Mi und Sa vormittags am Jachthafen von Tréboul.
- *Feste* Im August, am Tag des Pardons (meist am 2. Sonntag), wird in der Stadt auch das weltliche Möwenfest gefeiert.
- *Veranstaltungen* Ein bemerkenswertes Festival gegen Ende Juli spielt auf die Rolle der Stadt im Sardinengeschäft an: Unter dem Titel **Les arts dînent à l'huile** (kleines Wortspiel: je nach Aussprache bedeutet es *Ölsardinen* oder *die Kunst speist mit Öl*) wird jährlich eine Hafenstadt eingeladen, 2007 die türkische Stadt Gelibolu. Kunst und Kleinkunst aller Art. Informationen unter ✆ 02.98.92.27.13 oder www.lesartsdinent.com.
Festival de Cinéma, jährlich eine Woche lang in der 2. Augusthälfte. 2007 zum 30. Mal. Infos und Termine beim Office de Tourisme oder über www.kerys.com/festival.
- *Wassersport* So gut wie alle Aktivitäten im Stadtteil Tréboul:
Centre Nautique, Schulungen aller Art, große Flotte. Rue de Birou (hinter dem Jachthafen). ✆ 02.98.13.79.
Fun Evasion, Surfkurse und Brettverleih. Plage des Sables Blancs, ✆ 02.98.74.33.33.
Iroise nautic, Bootsverleih, auch Schlauchboote. Am Jachthafen. ✆ 02.98.74.29.38.
- *Tennis* An der Plage des Sables Blancs besitzt der örtliche Tennisclub 6 Courts. Clubhaus ✆ 02.98.74.08.18.
- *Spazieren/Wandern* Siehe *Sehenswertes/Spaziergänge*. Das Office de Tourisme hat einige weitere Vorschläge von 1½- bis 2-stündigen Kurzwanderungen zusammengestellt. Eine ausführliche Broschüre mit Hintergrunderklärungen wird Ihnen gerne ausgehändigt (auch in Deutsch).
- *Waschsalon* **Le Lavoir**, im Zentrum auf dem Weg zum Hafen. 2, rue du Centre.

Wie ein Baum zum Einbaum wird

Übernachten (siehe Karten S. 374/375 und 379)

- *Hotels* *** **Thalasstonic (2)**, gediegener Luxus am kleinen Park ein Stück hinter der Plage des Sables Blancs. Alle Einrichtungen für eine Thalassokur. 50 wohnliche Zimmer, Restaurant (auch Diätgerichte) und Garten. DZ 66–132 €, HP 80–123 €. Ganzjährig geöffnet. Rue des Professeurs-Curie. ✆ 02.98.74.45.45, ✉ 02.98.74.36.07,

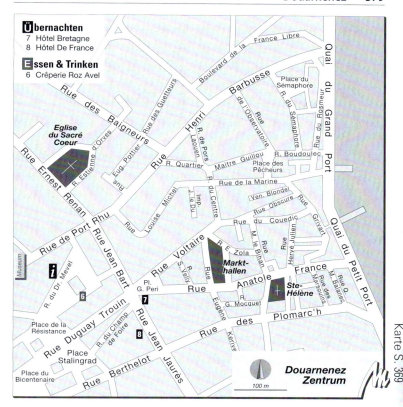

info-hotel-dz@thalasso.com,
www.hotel-douarnenez.com.

** Auberge de Kervéoc'h (5), 13 Zimmer in einem alten bretonischen Bauernhaus, am Stadtausgang Richtung Quimper (D 765). DZ 65–85 €. Ganzjährig geöffnet. 42, route de Kervéoc'h. ✆ 02.98.92.07.58, ✆ 02.98.92.03.58, contact@auberge-kerveoch.com, www.auberge-kerveoch.com.

** Du Port Rhu (4), in Tréboul. Das ehemalige Bahnhofshotel (die Eisenbahnlinie ist längst abgebaut) wurde 2006 als komfortables Hotel neu eröffnet. Angenehme, renovierte Zimmer, alle mit Dusche/WC, Flatscreen und WiFi-Anschluss. Schöne gläserne Speiseterrasse mit Sicht auf den Hafen. Die Zimmer zur Straße sind schallisoliert, von den obersten Zimmern großartiger Blick auf den Hafen. DZ 44–65 je nach Saison und Zimmerlage. 99, avenue de la Gare. ✆ 02.98. 74.00.20, ✆ 02.98.74.15.67, hotel-du-port-rhu@wanadoo.fr, www.hotel-du-port-rhu.fr.

** De France (8), an einer Hauptader der Innenstadt von Dournenez. 25 Zimmer, Restaurant und Hofterrasse. Bar, Salon, großzügige Rezeption. Jedes Zimmer mit Dusche/WC, TV und Telefon. DZ 49–59 €. Ganzjährig geöffnet. 4, rue Jean-Jaurès. ✆ 02-98. 92.00.02, ✆ 02.98.92.27.05, hotel.de.france.dz@wanadoo.fr, www.hotel-de-france-dz.com.

** Bretagne (7), günstige Stop-over-Bleibe mitten in Douarnenez an einer der Hauptverkehrsadern; 23 schnörkellose Zimmer und Aufzug, Restaurant angeschlossen. Frühstücksbuffet. DZ mit Dusche 34–49 €, mit Dusche/WC 42–57 €. Ganzjährig geöffnet. 23, rue Duguay-Trouin 23. ✆ 02.98.92.30.44, ✆ 02.98.92.09.07, contact@le-bretagne.fr, www.le-bretagne.fr.

Des Sables Blancs (3), in Tréboul, etwas hinter dem Weißsandstrand. Die ehemalige

„Ville d'Ys" hat neue Besitzer und einen neuen Namen. 2006 war das Etablissement noch nicht klassifiziert, vermutlich bekommt es 2 Sterne. 10 renovierte Zimmer, alle mit Dusche/WC, Pizzeria-Crêperie angeschlossen. DZ 39–60 €. Geöffnet Mitte März bis Dez. 39, rue des Sables-blancs. ✆ 02.98.74.00.87, ✉ 02.98.75.58.37.

• *Camping* Vier Plätze, allesamt im Ortsteil Tréboul, teilen sich das Geschäft im Caravan- und Zeltgewerbe. Alle Plätze haben dasselbe Preisniveau.

*** **De Kerleyou**. 55 Stellplätze. Geöffnet Mai bis Mitte Sept. ✆ 02.98.74.13.03, ✉ 02.98.74.09.61, www.camping-kerleyou.com.

** **Du Croas-Men**, hinter dem Fußballplatz. 40 Stellplätze. Geöffnet April bis Sept. ✆ 02.98.74.00.18, ✉ 02.98.74.00.89, www.croas-men.com.

** **Du Trezulien**, 140 Stellplätze, mit Bar und Videoraum. Geöffnet 2. Aprilwoche bis Sept. ✆ 02.98.74.12.30, ✉ 02.98.74.01.16, www.camping-trezulien.com.

** **Municipal du Bois d'Isis**, sehr schönes, schattiges Gelände mit hohen Bäumen hoch über der Bucht, 400 m zum Strand, angenehm und reich ausgestattet. Barbetrieb, Fahrradverleih, Lebensmittel und Kleingerichte (im Sommer), kleiner Kinderspielplatz, Waschmaschinen, ordentliche Sanitärs. Sonnenenergie liefert Warmwasser. Einziger von Lesern monierter Nachteil: Keine Möglichkeit, das Abwasser zu entsorgen, man wird hinunter in die Stadt geschickt. 120 Stellplätze. Geöffnet Juni bis Mitte Sept. ✆ 02.98.74.05.67, ✉ 02.98.74.39.26.

Essen (siehe Karten S. 374/375 und 379)

• *Restaurants* Haben Sie schon einmal Sardinensuppe mit Sauerampfer *(soupe aux sardines et à l'oseille)* oder Suppe mit Speck und Buchweizen *(soupe au lard et au sarrasin)* probiert? Beides sind lokale Spezialitäten aus Douarnenez, und weit über die Stadtgrenzen bekannt ist der *Kouign-Amman*, der bretonischste der bretonischen Kuchen.

Le St-Pierre (1), hinter dem Westende des Strands von Tréboul; gutes Restaurant mit wunderschönem Blick über das Meer. Moules à la bretonne, Couscous de la mer und andere Köstlichkeiten mehr. Menu ab 18 €, die Spezialitäten des Hauses à la carte. 5, route des Roches Blanches. ✆ 02.98.74.03.33.

• *Crêperie* **Roz Avel (6)**, wer lieber bei Crêpes bleibt, dem sei diese kleine Crêperie empfohlen: nicht nur Crêpes, auch gute Salate und ein beachtliches Angebot an Eisbechern. 4bis, place Edouard Vaillant. ✆ 02.98.92.15.34.

Sehenswertes

Ein Besuch der **Hafenanlagen** inklusive des Hafenmuseums (s. u.) gehört zu den touristischen Highlights in Douarnenez. Kirchen- und Kapellenliebhaber können sich im Ortsteil Ploaré die **Kirche St-Herlé** aus dem 16./17. Jahrhundert mit hohem Turm und geschnitztem Hochaltar sowie die **Kapelle Ste-Hélène** nah am Hafen von Rosmeur mit zwei Originalfenstern aus dem 16. Jahrhundert vormerken. Die grün überwucherte kleine **Tristaninsel** in der Bucht unmittelbar vor Douarnenez, geheimnisumwitterter Schauplatz legendenhafter Ereignisse und Wohnort des grausamen Räubers La Fontenelle, ist vom Besichtigungsprogramm ausgeschlossen: Das Eiland ist in Privatbesitz.

Hafenmuseum (Le Port-Musée): Wo früher die Handelsschiffe der seefahrenden Nationen angelegt haben, ist nun ein einzigartiges Museum in Betrieb. In den 1980er Jahren begann ein sammelwütiger Freundeskreis mit dem *Musée du Bateau* an der kleinen Place de l'Enver, Holzboote zu sammeln und der Öffentlichkeit zu präsentieren. Aus dem netten, aber bescheidenen Bootsmuseum der Anfangstage entwickelte sich Europas größte Schiffssammlung.

Das Museum ist zweigeteilt: Im 2006 komplett überholten *Musée du Bateau* dreht sich nach wie vor alles um das (Holz-)Boot, seine Konstruktion, seine Geschichte und sein Gebrauch. Im passenden Rahmen einer ehemaligen Konservenfabrik sind 80 von bislang 230 zusammengetragenen Booten ausgestellt. Darunter findet man

Douarnenez 381

auch Exoten wie eine Piroge (Einbaum mit seitlichen Schwimmern, die ein Umkippen verhindern) aus Papua-Neuguinea und ein „Bateau-Panier" (eine hohle, korbähnliche Halbkugel) aus Vietnam. Der historische Überblick über den Schiffbau ist ebenso ausführlich und anschaulich wie der Einblick in diverse Fischfangtechniken von Norddeutschland bis Italien. Ergänzt wird das reichhaltige Angebot durch wechselnde Ausstellungen: 2007 gelangten die Besucher durch eine gigantische Sardinendose in einen Ausstellungssaal, in dem sich alles um die Verdosung der Sardine drehte.

Das *Freilichtmuseum* liegt gegenüber dem Museumsbau im Port Rhu. Vor der Mündung in die Bucht von Douarnenez sind am langen Kai etwa 40 Schiffe verankert. Fünf davon dürfen hautnah besichtigt werden, u. a. ein Langustenfischer, der 2- bis 3-mal jährlich bis vor die mauretanische Küste schipperte. Für 2007 wurde eine Neugestaltung der Freilichtabteilung versprochen, ein paar Jahre später soll dann auch die feuerrote *Scarweather* restauriert sein, die im Hafen dümpelt – ein *Bateau-Phare*, ein Schiff mit Leuchtturm, sozusagen ein mobiler Leuchtturm, der in Seenot eingesetzt werden konnte.

Öffnungszeiten Mitte Juni bis Sept. täglich 10–19 Uhr. Okt. bis Mitte Juni Di–So 10–12 und 14–18 Uhr, November geschlossen. Eintritt 6,20 €, 6- bis 15-Jährige 3,80 €.

Spaziergänge: Ein Spaziergang am *Port Rhu*, über die Panoramastraße *Boulevard Jean-Richepin* oberhalb des *neuen Hafens* vorbei zum alten *Hafen Rosmeur* und durch die Gassen am Steilhang wieder hinauf ins Zentrum bietet die schönsten Eindrücke von Douarnenez. Der von den Behörden als *Chemin de la Sardine* gekennzeichnete Weg (eingelassene Bronzesardinen im Straßenpflaster) kommt in etwa zum selben Resultat: Er schlägt den Aussichtspunkt über dem Port Rosmeur als Start vor und endet bei der *Maison Charles Tillon* an der Rue Anatol France. Auf dreisprachigen Informationstafeln (Bretonisch, Französisch, Englisch) erfährt man auf dem „Sardinenweg" eine Menge über die Stadt, u. a. auch über den Sardinenkommunisten Charles Tillon, so genannt, weil er 1924 in Douarnenez einen Streik der Sardinenarbeiter organisierte. Später saß Tillon als Minister in de Gaulles Kabinett.

Ein etwas längerer, sehr empfehlenswerter Spazierweg führt über den Küstenpfad *Sentier des Plomarc'h* vom *Hafen Rosmeur* hoch über dem Meer zur *Plage du Ris*.

Baden

Plages des Sables Blancs: Der Renommierstrand des Ortsteils Tréboul – großzügige, bis zu 300 m lange, weiße Sandfläche mit Seebadzugaben: Park, Tennisplätze, Hotels. Erfrischungen, Rettungsstation und Kinderclub sind selbstverständlich.

Plage St-Jean: Im Ortsteil Tréboul vor der Plage des Sables. Bei Ebbe gibt's viel Platz Richtung Meer. Eingeklemmt zwischen Felsen unterhalb der gleichnamigen Kapelle lockt der kleine, nur 50 m breite Strand viele Familien an – betont kinderfreundlich wird das Wasser nur langsam tiefer.

Plage des Dames: Eine kleine, steingefasste Bucht beim Port Rhu ums Eck bildet den netten Stadtstrand von Douarnenez, der trotz seiner recht geringen Aufnahmekapazität und seiner Hafennähe im Sommer erstaunlich gut besucht ist. Besonders beliebt bei Familien mit noch jungem Nachwuchs.

Plage du Ris: Vom Hafen Rosmeur windet sich ein zwei Kilometer langer Küstenpfad zum breiten Strand mit feinem Sand. Sein größter Nachteil: die Algen und der Geruch. Sein Plus: die schöne Lage.

Halbinsel Sizun

Der Hafen von Audierne ist im Sommer Standort der Gästemassen. Pont-Croix wird wegen seiner Kirche aufgesucht. Für das Vogelschutzgebiet der Halbinsel schwärmen Ornithologen. Doch Anziehungspunkt Nummer eins ist die westliche Landspitze der Halbinsel, die Pointe du Raz, ab der der Mensch dem Lauf der Sonne nicht mehr folgen konnte. Ihre vorderste Spitze bedeutete den Kelten das Ende der Welt.

Die Spitze der Felshalbinsel, an der die *Pointe du Raz* und die *Pointe du Van* die *Baie des Trépassés* einrahmen, war früher ein Ort der Gefahr und der Legenden, heute ist sie eines der großen Ziele jeder Bretagnereise. Doch schon einige Meter daneben ist die Welt wieder in Ordnung, leben die recht wenigen Menschen wie seit alters her in überschaubaren Einheiten zusammen oder versteckt in Einsiedelhöfen.

Von Douarnenez bis zur Pointe du Raz trennt eine durchgängige Steilwand von 70 bis 80 Metern Höhe das Festland vom heranwogenden Ozean. Immer wieder ragen Kaps ins Meer, bilden sich Buchten mit wirbelndem Wasser, das donnernd gegen die Felsen schlägt. Haupteinnahmequelle der Region ist, trotz des Rummels an der Pointe du Raz, immer noch das Fischereigewerbe. Verschwiegene Ortschaften verstreuen sich im Inneren der Halbinsel, gegen das Kap-Ende im Westen werden die Häuser immer niedriger und erreichen bei *Plogoff* ihre geringste Höhe. Die westlichsten Häuser stehen auf der legendenumwobenen *Ile de Sein* in Sichtweite vor der Pointe du Raz. Die beiden größten Orte sind der Hafenort *Audierne* und das Landstädtchen *Pont-Croix* mit seiner Kirche, deren Turm in die Geschichte des Kirchenbaus eingegangen ist.

Das Angebot für Wassersportler ist schmal: Die besten Badeplätze sind bei Audierne, ein weiterer Strand folgt bei *Primelin* zwischen Plogoff und Audierne am Südrand der Halbinsel, die *Baie des Trépass*és ist für Surfer interessant, das war's auch schon. Das eigentliche Erlebnis auf Le Cap ist der Aufenthalt an der frischen Luft und das genussreiche Beobachten der Naturelemente im Licht des Sonnenfeuers.

● *Camping* auf Cap Sizun: Außerhalb von Douarnenez und Audierne verteilen sich nur relativ wenige Plätze bis zur Kapspitze, die meisten sind schlichte Zweckareale für Kurzzeitgäste. Eine Auswahl:

**** Pil Koad, bei Poullan-sur-Mer (ausgeschildert); der luxuriöseste und am komfortabelsten ausgestattete Stützpunktplatz der Halbinsel. Beheizter Swimmingpool, zwei gediegene Sanitärblocks, Bar, Fahrradverleih, Minigolf, Tennis. 90 Stellplätze. Geöffnet letzte Maiwoche bis Sept. 29100 Poullan-sur-Mer. ✆ 02.98.74.26.39, ✉ 02.98.74.55.97, www.pil-koad.com.

** Pors Peron, gehört zur Gemeinde Beuzec-Cap-Sizun; von Poullan-sur-Mer kommend die D 7 zwischen den Ortschaften verlassen und auf der D 407 meerwärts fahren. Einfach ausgestatteter Platz vor der Küste nahe dem Vogelschutzgebiet. 14 Stromanschlüsse, 90 Stellplätze. Geöffnet April bis Sept. 29790 Beuzec-Cap-Sizun. ✆ 02.98.70.40.024, ✉ 02.98.70.54.46, campingporsperon@hotmail.com.

** De la Baie, bei Cléden-Cap-Sizun Richtung Baie des Trépassés; auch winzig, kleiner, schlichter Sanitärblock, 12 Stromanschlüsse für 27 Stellplätze. Ganzjährig geöffnet. 29770 Lescléden. ✆ 02.98.70.64.28.

** Kermalero, der landspitzennächste Camping in Primelin, im Ortsteil Kermalero bei den Sportanlagen; anspruchsloser Platz mit ordentlichen Sanitärs. 75 Stellplätze. Ganzjährig geöffnet. 29770 Primelin. ✆ 02.98.74.84.75, ✉ 02.98.74.81.19.

Réserve du Cap Sizun (Vogelreservat)

Zwischen der *Pointe de Beuzec* im Osten und der *Pointe de Brézellec* im Westen hat der Mensch in den wilden Klippen von *Castel-Ar-Roc'h* einigen Vogelarten eine Schutzzone zugestanden. Schwärme von Kolkraben, Krähenscharben, Silber-, Mantel- oder Dreizehenmöwen haben zusammen mit Tordalken, Alpenkrähen und anderen Federträgern einen vorübergehenden Wohnsitz in ungebändigter Natur. Die beste Zeit, den gefiederten scheuen Freunden mit dem Fernrohr aufzulauern, ist während des Nestbaus von Mitte April bis Mitte Juni. Ab Mitte Juli fliegen die Zugvögel aus, die letzten suchen im August das Weite.

Öffnungszeiten Das Reservat ist von März bis Aug. täglich von 10–18 Uhr zugänglich. Eintritt frei; kostenpflichtige Führungen täglich um 10.30 und 14.30 Uhr. Infos z. B. im Office de Tourisme von Audierne, ✆ 02.98.70.12.20.

Pointe du Van

Ein Riesenparkplatz in der Heide. Dann ein ausgetretener Pfad zur kleinen, uralten *Kapelle St-They* mit ihrem von Wind und Wetter zernagten Glockenturm über der *Baie des Trépassés* und erste, vorbereitende Blicke auf den schwarzen Felsstrich der *Pointe du Raz*. Sie können die Kapelle, die seit dem 15. Jahrhundert der Bittgebete bang wartender Seemannsfrauen gehört hat, aufsuchen oder links liegen lassen und direkt zur Landspitze weitergehen – der etwa zehnminütige Weg zur Pointe du Van ist auf jeden Fall eine gelungene Einstimmung auf die Landspitze hoch über dem Atlantik.

Die nördliche Begrenzung der *Baie des Trépassés* ist weniger spektakulär als ihr südliches Pendant. Das Meer stürmt hier weniger theatralisch gegen das Land an, doch der Aufenthalt auf der Pointe du Van ist rundum gemütlich, Spaziergänge bieten unerwartete Einblicke in den Küstenverlauf, und die Sicht von ganz vorne gehört ist außergewöhnlich: rechts das *Cap de la Chèvre* und die *Pointe de Penhir* der Halbinsel Crozon, weit entfernt die *Pointe St-Mathieu*; links draußen im Meer die *Ile de Sein*, der *Leuchtturm la Vieille* und der Felsklotz der *Pointe du Raz*.

Sie können auch prickelnde Kletterpartien wagen, um tiefer in die Felsen des Kaps einzudringen und die Grenze zwischen Wasser und Land in vorderster Front zu inspizieren. Wie immer bei solchen Unternehmungen sind Vorsicht und akzeptables Schuhwerk die Garanten eines unbeschwerten Vergnügens.

Auf dem Weg zur Pointe du Van

Baie des Trépassés

Wütend wogt der Ozean in der Bucht, knallt mit Getöse gegen die Felsen, verläuft sich kraftlos geworden im Sand. Die Bretagne wäre nicht die Bretagne, gäbe es über die „Bucht der Dahingeschiedenen" nicht diverse Versionen über die Herkunft ihres Namens. Wurden von hier die verstorbenen Druiden der Kelten von kräftigen Ruderern zu ihrer letzten Reise auf die Insel Sein übergesetzt? Oder spülte das Meer hier besonders viele Ertrunkene an Land? Lag hier Ys, dessen Bewohner der Ozean verschlang? Wurden hier mit trügerischen Lichtsignalen Schiffe in den Untergang gelockt? Oder handelt es sich gar um sprachliche Schlamperei, weil die Kelten gar nicht *boe an anaon* sagten, Bucht der Seelen in Not, sondern ganz profan *boe an aon* – Bucht des Bachs? In dieser urweltlichen Bucht am Ende der alten Welt erfüllt der gruselige Name jedenfalls seinen Zweck, hier könnten sich in der Tat die schauerlichen Ereignisse abgespielt haben, die ihr zugeschrieben werden.

Auf den vorzüglichen Sandstrand der 300 m langen Bilderbuchbucht folgen Dünen, darauf Sümpfe und kleine Teiche in den kargen Hügeln – ein einsamer, unwirtlicher Landstrich, erst durch den Tourismus menschlicher Nutzung zugeführt. Bei Flut ist die Baie des Trépassés ein vorzügliches Surfareal, Fußgänger am Strand hören den hereinbrechenden Ozean am lautesten in der Nähe der Felsen, Angler können ihr Glück auch in der Strandmitte versuchen. Die beiden Hotels in den Dünen hinter dem Strand entmythologisieren etwas, liegen aber unbestritten in Top-Lage.

• *Hotels/Restaurants* ** **De la Baie des Trépassés**, etwas erhöht über dem Strand, 27 Zimmer, die Speisekarte im Restaurant mit Panoramablick lebt von Fisch und Meeresfrüchten (Menü ab 15 €). DZ 34–66 €, die billigsten mit Dusche/WC auf Etage, HP 55–71 €. Geöffnet Mitte Feb. bis Mitte Nov. 29770 Plogoff. ✆ 02.98.70.61.34, ✆ 02.98.70.35.20, hoteldelabaie@aol.com, www.baiedestrepasses.com.

** **Le Relais de la Pointe du Van**, modernes Anwesen in erster Reihe in den Dünen hinter dem Strand. 25 Zimmer, Restaurant, Bar, Salon de Thé, Brasserie. DZ 45–64 €, HP 57–66 €. Geöffnet April bis Dez. 29770 Cléden-Cap-Sizun. ℡ 02.98.70.62.79, www.baiedestrepasses.com.

Pointe du Raz

Granit ist hart, doch letztendlich wehrlos und vergänglich. Der Wind hat den Fels kahlgefegt, pausenlos brandet der Atlantik gegen den stummen Stein. Seine Wellen brechen im Sekundenabstand an den kantigen Riffen, unaufhörlich graben die Fluten tiefe Spalten und schäumende Nischen in die wirr aufgetürmte Felsbastion. Spektakulärer als hier wird der europäische Kontinent nirgends vom Meer berannt, die Folge sind zur Hochsaison mindestens ebenso spektakuläre Besuchermassen, die sich 72 Meter über dem Meer auf die Landspitze ergießen. Tipp: Besuch bei Sturm. Kein Gedränge, keine Weitsicht, aber wütendes Meer und peitschender Wind – eine dramatische Inszenierung eines Naturschauspiels. Oder: In der Hochsaison einfach auf eins der benachbarten Kaps ausweichen. Auch wenn diese landschaftlich vielleicht nicht ganz an die *pointe des pointes* heranreichen, so sind sie für Naturbegeisterte bestimmt weitaus ergiebiger als die Massenwanderung zur *Pointe du Raz*.

Die Pointe du Raz wurde zum Naturschutzgebiet erklärt, das einem absoluten Bauverbot unterliegt. Zitat: „Ziel der Aktion: Unansehnliche Gebäude zu entfernen und die ursprüngliche Vegetation der Klippen wieder zu ermöglichen. Um die Qualität des Besuchs zu gewährleisten, wurde ein neues Ensemble, das sich wunderbar in die Landschaft einfügt, am Tor zur Pointe du Raz errichtet." Von wegen. Das harmlose 10-Zimmer-Hotel de l'Iroise, viel fotografierter Blickfang am nördlichen Klippenrand, musste schließen, weil es zu seinem Unglück plötzlich in der geschützten Zone lag. Hinter den Großparkplätzen aber taucht erst einmal das respektlos

Die Maria der Schiffbrüchigen an der Pointe du Raz

hingeklotzte, abartige *Centre Commercial* auf – Snackbars, Läden, Restaurants und Info-Stelle zwei Meter neben dem Naturschutzgebiet.

Von diesem Albtraum führt der Weg am *Leuchtturm* vorbei zur *Notre-Dame des Naufragés*, einem den Schiffbrüchigen gewidmeten monumentalen *Denkmal* mit einer überdimensionalen Maria – die Spannung wächst. Schließlich zeigt sich das Chaos der aufregend zerklüfteten Spitze der Halbinsel, deren letzte Felstürme sich gischtbesprüht im Meer verkleckern.

Weit hinter den Felsen und den Leuchttürmen *La Vieille* und *Tévennec* schwimmt die *Ile de Sein*, und am Horizont taucht an klaren Tagen der Strich des *Phare Ar Men* auf, ein Leuchtturm weit draußen im Meer.

Nukleel? Nann Trugarez!

Atomkraft? Nein danke! 1976 wurde bekannt, dass die französische Regierung erwägt, bei Plogoff, fünf Kilometer hinter der Pointe du Raz, ein Atomkraftwerk zu errichten. Vermutlich war weniger die Angst vor einem eventuellen GAU für den folgenden Proteststurm ausschlaggebend als die Umsiedlungspläne und der drohende Verlust eines Stücks ungebändigter Natur und damit eines Publikumsmagneten ersten Ranges: Schon die ersten vorbereitenden Bodenproben konnten nicht ohne Widerstand der Bevölkerung entnommen werden.

In der letzten Phase des Widerstands kamen 1980 Zehntausende von Atomkraftgegnern zusammen, die das Projekt z. T. auch gewaltsam bekämpften – neben Kundgebungen und Demonstrationen kam es zu Besetzungsaktionen und Straßenschlachten. 1981 lenkte Präsident Mitterrand ein. Dass bei Brennilis in den Monts d'Arrée, in einer weniger spektakulären Gegend abseits der großen Tourismusgebiete, schon seit 1966 ein Atommeiler das französische Stromnetz belieferte, störte die wehrhaften Atomkraftgegner offensichtlich weniger. 1987 wurde diese Anlage für zu klein und veraltet befunden und abgeschaltet. Seitdem ist die Bretagne wieder – nein, nicht ohne Strom – ohne Nuklear-Kraftwerk.

Richtig zu genießen ist das Weltende auf einem Rundgang um die Kapspitze. Auf einem teilweise schwindelerregenden Felspfad nah am Abgrund können Sie sich bis zur äußersten Spitze vorarbeiten und nach einem angemessenen Aufenthalt auf der vordersten Felsplatte auf der anderen Seite zurückkehren. Schwierige Stellen sind mit Seilen gesichert.

- *Verbindung* Von weltabgeschieden kann überhaupt keine Rede mehr sein – ab Audierne ist die Landspitze werktags mit bis zu 11, sonntags mit 5 **Bussen** an die Welt angeschlossen – und zudem im Ausflugsprogramm aller Busreiseveranstalter von Quimper bis Concarneau.
- *Führung* Der schmale, teilweise unbequeme Klippenpfad mit kurzen Kletterpartien um die vorderste Spitze ist das A und O der Raz-Visite, aber nicht jedermanns Sache. Offizielle Guides (Büro im Centre Commercial) bieten deshalb gegen Bezahlung ihre hilfreiche Begleitung an.
- *Pardon* Am 1. Sonntag im August Wallfahrt zur Maria der Schiffbrüchigen (Notre-Dame des Naufragés).
- *Parken* Der einzige legale Parkplatz vor der Pointe du Raz gehört zum Touristenzentrum, ist den Umständen entsprechend riesig (1000 Plätze) und kostet 5 €. Wer nicht bereit ist, diesen satten Obolus als Beitrag für die Erhaltung des Naturschutzgebiets zu entrichten, muss einen längeren Fußmarsch in Kauf nehmen; im hinteren Teil von Plogoff herrscht Halteverbot. Lesertipp: Eventuell ist die Schranke nach 19 Uhr geöffnet.

- *Shuttle-Bus* Vom neuen Touristenzentrum, das sich wunderbar in die Landschaft einpasst, verkehrt ein kostenloser Shuttle-Bus zum Leuchtturm (zu Fuß gemütliche 10 Minuten). Besonders Senioren nehmen das Angebot gerne an.
- *Übernachten/Essen* ** **Hotel Ker Moor**, zwischen Plogoff und Primelin, etwas oberhalb der Plage du Loch. Nettes 16-Zimmer-Haus der Citôtel-Kette mit schönem Ausblick, unterschiedlicher Sanitärausstattung und gutem Restaurant. DZ 35–85 € (letztere mit *Lit Breton* oder *Lit Baldaquin*), HP 50–79 €. Ganzjährig geöffnet. Plage du Loch, Route de la Pointe du Raz, 29770 Plogoff. ✆ 02.98.70.62.06, 02.98.70.32.69, contact@hotel-kermoor.com, www.hotel-kermoor.com.
- *Essen* **Relais de l'Ile de Sein**, kurz vor dem Großparkplatz. Mit eigenem Parkplatz für die Klientel (videoüberwacht). Akzeptable Menüs gibt's ab 10 €. ✆ 02.98.70.60.67.

Confort-Meilars   (700 Einwohner)

Das Örtchen selbst ist weiter nicht aufregend, aber die Dorfkirche am Straßenrand ist einen Besuch wert. Am *Calvaire* auf dem dreieckigen Sockel aus dem 16. Jahrhundert sind noch die Nischen zu sehen, in denen die zwölf Apostel standen, die der Französischen Revolution zum Opfer fielen. Im 19. Jahrhundert wurde eine neue Apostelserie gemeißelt, diesmal so groß, dass sie in den alten Nischen keinen Platz mehr fand, also stellte man sie ganz einfach auf die darüber liegende Plattform. Obendrein sind aus zwölf dreizehn geworden: der Verräter Judas wurde durch Matthias ersetzt, und als dreizehnter wurde Paulus in den Apostelstand erhoben. Ganz neu ist die Christusfigur. Sie stammt aus dem Jahr 1990, der alte Christus stürzte 1978 vom Calvaire.

Das Kircheninnere zeigt schöne *Sablières* im Chor, einander fast verschlingend reihen sich Ungeheuer und Menschen. Das Licht dringt nicht nur durch die 400 Jahre alten *Chorfenster* ein (Motiv: Baum Jesse mit den zwölf Stämmen Israels), sondern auch durch zwei *seitliche Fenster*, von denen eines Jesus' Eltern bei der Arbeit zeigt: Maria näht, Josef bearbeitet einen Holzbalken, wobei er das Beil gefährlich nah an zwei spielenden Engelchen vorbeisausen lässt. Eine Seltenheit ist das ebenfalls 400 Jahre alte *Glockenrad* von 1,7 m Durchmesser mit zwölf Glöckchen verschiedener Größe, die eine Klangharmonie ergeben, wenn das Rad in Drehung versetzt wird. Testen Sie selbst und befolgen Sie dabei die in französischer Sprache gehaltene Gebrauchsanweisung: Kette lösen, in den auf dem Boden markierten Kreis stellen, am Strang ziehen, erst sachte, dann stärker, die Kette loslassen, zuhören, die Kette wieder einhängen.

Pardon Am 1. Julisonntag Wallfahrt zur Notre-Dame de Confort.

Pont-Croix   (1700 Einwohner)

Oberhalb des Flusstals des *Goyen* erhebt sich die stolze Kirche, von der kleinen *Place de l' Eglise* zur weiten *Place de la République* führt flach eine unscheinbare Gasse, dann senken sich die Häuschen von Pont-Croix zügig zum trägen Goyen-Fluss hinab. Wer den Spaziergang machen will: die *Grande* und die *Petite Chère* sind die nettesten und stufigsten Gässchen am Hang. Das alte Städtchen am Ende der Goyen-Mündung war einst die Kapitale von Cap Sizun und bekannt für seinen Handelshafen, seine Messen und seine Kirche. Der Hafen hat seine Bedeutung völlig verloren, die Messen finden nicht mehr statt, doch die *Kirche* zieht noch Ortsfremde an, die sich das Vorbild der Türme der Kathedrale von Quimper aus der Nähe anschauen wollen. Einige Ausflügler besuchen vielleicht das *Heimatmuseum*. Die Zugabe – das stille Ortsbild von Pont-Croix – wird

Côte de Cornouaille

meist noch im Schnellrundgang erledigt, dann knallen die Autotüren, und die Motoren starten zur Weiterfahrt.

- *Postleitzahl* 29790
- *Information* **Office de Tourisme**, bei der Kirche ums Eck. Juli bis Sept. täglich 9.30–12.30 und 14–19 Uhr. Okt. bis Juni Mo–Fr 10–12.30 und 14–18 Uhr, Sa 14–18 Uhr. Rue Laënnec. ✆/📠 02.98.70.40.38, otsi.pontcroix@wanadoo.fr, www.pont-croix.info.
- *Verbindung* Mit dem **Bus** mindestens 4-mal täglich Richtung Quimper oder über Audierne zur Pointe du Raz.
- *Fahrradverleih* **MBK**, von der Durchgangsstraße Richtung Audierne vor dem SuperU links abbiegen. Räder aller Art. Rue JJ. Le Goff 21, ✆ 02.98.70.41.77.
- *Markt* Ganzjährig am Donnerstagvormittag, Im Juli/Aug. Sonntagvormittag und Montagabend.
- *Pardon* Am 15. August großer Pardon Notre-Dame-de-Roscudon mit Fackelumzug. Kleiner Pardon am 1. Sonntag im September.
- *Reiten* **Centre équestre du Goyen**, Kurse und Promenaden, ✆ 02.98.70.51.04.
- *Camping* **** Municipal Langroas**, ein wenig frequentierter Platz 1 km im Norden des Städtchens beim Stadion (Richtung Cap Sizun). Schattig, ruhig, Spielplatz. 100 Stellplätze. Geöffnet Mitte Juni bis Mitte Sept. Route de Lochrist, ✆ 02.98.70.40.86.

Sehenswertes

Kirche Notre-Dame-de-Roscudon: Im frühen 13. Jahrhundert wurde der Bau begonnen, 1290 wurde der Chor vergrößert, 1450 wegen des neuen, 67 m hohen *Turms* das Querschiff umgebaut – insgesamt dauerten die Umbauarbeiten bis ins 16. Jahrhundert. Der Turm mit den zarten Galerien und den ausladenden Wasserspeiern wurde zum Vorbild der Türme der Kathedrale zu Quimper. Das eigentliche Prunkstück aber ist das reich verzierte *Portal* (Ende 14. Jh.) mit seinen drei spitzgiebeligen Wimpergen über dem Eingang; über dem mittleren der kleeblattgeschmückten Giebel thront die *Steinfigur der Notre-Dame-de-Roscudon*. Aufgrund der langen Bauzeit präsentiert sich die Kirche in romanisch-gotischer Stilmischung, das Kirchenschiff und der Chor mit seinem breiten Umgang, seinen eleganten Arkaden und leichtfüßigen Pfeilern blieben romanisch und sind auch heute in ständiges Halbdunkel gehüllt. Das Renaissance-*Taufbecken* zeigt ein farbiges Flachrelief mit der Taufe Christi im Fluss, ein Engel steht eher unbeteiligt daneben. Ebenfalls beachtenswert ist das geschnitzte und vergoldete *Abendmahl* (17. Jh.) hinter dem Hauptaltar.

Le Marquisat: Kleines Heimatmuseum in einem Herrschaftshaus aus dem 16. Jahrhundert, das sich in seinem Zustand aus dem Jahr 1930 präsentiert und der Vergangenheit des Städtchens und des Caps Sizun widmet: historische Küche und Schlafzimmer, Schwarzweißfotos, Trachten, Werkzeuge und ein Raum für wechselnde Ausstellungen.
Öffnungszeiten Mitte Juni bis Mitte Sept. Mo–Sa 10.30–12.30 und 15.30–18.30 Uhr, So 15.30–18.30 Uhr. Mitte Sept. bis Mitte Juni So 15–18 Uhr. Eintritt 2 €.

Audierne (2500 Einwohner)

Das Städtchen schmiegt sich der Goyen-Mündung entlang an die grünen, baumbestandenen Hänge. Die meist weißen Häuser, allesamt schmal, reihen sich geradlinig am Fluss auf, gruppieren sich eng um das kleine Zentrum hinter der *Place de la Liberté* und verlieren sich dann im Grün der Anhöhen über dem Tal. Weil die Hafenstadt traditionell Küstenfischerei betrieb, verbreiteten böse Zungen aus der Nachbarschaft, nur feige Fischer würden die Küstengewässer abfischen und vor längeren Fahrten auf den rauen Ozean zurückschrecken. Doch warum in die Ferne schweifen, wenn das Gute nahe liegt?

Audierne

Audierne an der Mündung des Goyen

Noch immer macht von April bis Oktober die arg geschrumpfte Küstenfischflottille von ihrem Heimathafen aus Jagd auf die Jakobsmuschel, ganzjährig werden normaler Speisefisch sowie der begehrte Thun und die Languste angelandet. In etwa 30 Meerwasserbecken werden die gefangenen Krustentiere in großen Mengen bis kurz vor dem Verzehr aufbewahrt. In der Neuzeit hat sich rund um den geschützten Hafen in der Mündung des Goyen etwas fischbezogene Industrie angesiedelt: Konservenfabriken, eine Eisfabrik und zwei kleine Werften stellen den Broterwerb eines nicht geringen Teils der Bevölkerung sicher.

Das größte und lebendigste Städtchen der Halbinsel ist auf Gäste eingestellt: Baden an den Stränden vor Ort und in der Umgebung, Ausflüge zum *Cap Sizun* und in die Region sowie der fast obligatorische Besuch der *Ile de Sein*, dazu das sommerliche Veranstaltungsprogramm mit Folkloreschwerpunkt und einigen Segelregatten – Audierne erwartet seine Besucher mit einem umfangreichen Angebot.

Information/Verbindungen/Diverses

- *Postleitzahl* 29770
- *Information* **Office de Tourisme**, gegenüber dem Hafenkai, die zentrale Informationsstelle der Halbinsel. Auskünfte, Prospekte, Hotellisten und Zimmervermittlung für die Stadt und das Umland. Mo–Sa 9–12 und 15–19 Uhr, in der Saison länger. 8, rue Victor Hugo. ✆ 02.98.70.12.20, info@audierne-tourisme.com, www.audierne-tourisme.com.
- *Bus* Werktags 5 Busse über Pont Croix nach Douarnenez, 6 nach Quimper, 11 zur Pointe du Raz. Die Kurzstreckenlinie nach Pont-l'Abbé wird werktags 3-mal, sonntags 2-mal bedient.
- *Fähre zur Ile de Sein* Mehrere Boote zweier Gesellschaften halten den Passagierbetrieb aufrecht. Ab der zweiten Juliwoche bis Ende August 6-mal täglich (je 2-mal Vormittag, später Mittag, Nachmittag), ansonsten 2-mal (Vormittag). Rückfahrt von der Ile de Sein früher Mittag, Nachmittag und früher Abend bzw. nur am frühen Abend. Fahrtdauer etwa 70 Minuten, aktuelle Abfahrtszeiten beim Office de Tourisme

oder direkt bei den Fährgesellschaften Biniou bzw. Penn Ar Bed. Ablegestelle (Embarquement) 3 km außerhalb von Audierne an der Plage Ste-Evette. Rückfahrbillett 25 €, Kinder bis 10 Jahre 14 €.
Penn Ar Bed, Gare Maritime Ste-Evette. ✆ 02.98.70.70.70.
Biniou, Gare Maritime Ste-Evette. ✆ 02.98.70.21.15.

- *Fahrradverleih* **Locabike**, nur im Juli und August. Rue Ernest Renan. ✆ 02.98.70.11.37.
- *Markt* Obst und Gemüse gibt es jeden Mittwochmorgen frisch vom Erzeuger. Am Samstagmorgen breiten sich die Stände des Großen Marktes auf der Place de la Liberté und der Place de la République aus.
- *Wassersport* Alle Aktivitäten am Strand von Ste-Evette. Segeln, Surfen, Tauchen. Schulungen und Verleih:
Club Nautique de la Baie d'Audierne, Segelschule und Verleih. ✆ 02.98.70.21.69.
Modeo Surf Club, Quai Anatole France. ✆ 02.98.70.07.98.
- *Tennis* Der örtliche Tennisclub vermietet 4 Courts hinter dem Strand. Anmeldung unter ✆ 02.98.70.20.29.

Übernachten/Essen

- *Hotels* ***** Le Goyen**, am Hafen. 26 gute Zimmer, gepflegtes Restaurant (siehe *Essen*) und die Annehmlichkeiten der gehobenen Klasse. DZ 67–141 €, HP 99–124 €. Geöffnet April bis Mitte Nov. Place Jean Simon. ✆ 02.98.70.08.88, ✆ 02.98.70.18.77, hotel.le.goyen@wanadoo.fr, www.le-goyen.com.
** Au Roi Gradlon, am Strand von Ste-Evette. 19 ordentliche Zimmer, bis auf eines alle mit Meerblick. Restaurant. Ein Spezialservice ist die Vermietung von Mountainbikes (nur an Gäste). DZ 51–64 €. Ganzjährig geöffnet. 5, boulevard Manu Brusq. ✆ 02.98.70.04.51, ✆ 02.98.70.14.73, accueil@auroigradlon.com, www.auroigradlon.com.
** L'Horizon, am Strand von Ste-Evette, im selben Besitz wie Roi Gradlon und von diesem nur durch eine Straßenkurve getrennt. Mit 50 unterschiedlichen Zimmern ist der Riese des Städtchens die preiswerteste und einfachste Übernachtungsadresse. DZ mit Dusche/WC 34–51 €. Geöffnet April bis Sept. 40, rue Jean-Jacques Rousseau. ✆ 02.98.70.09.91, ✆ 02.98.70.01.49.
- *Camping* Mehrere fast standardgleiche Plätze um Audierne und in der Nachbargemeinde Plouhinec im Osten versorgen Campeurs und ihre Familien. Eine Auswahl:
** De Larenvoie, ein etwas abschüssiges Gelände links neben der Straße von Plouhinec nach Audierne. Wer im Inneren des Wiesenareals mit Bäumen Platz findet, ist etwas vor Lärm geschützt. Hinweis: Die flachen der 75 Stellplätze sind zuerst besetzt. Geöffnet Juni bis Mitte Sept. Chemin de Larenvoie, Plouhinec. ✆ 02.98.70.89.38.
** Municipal de Kersiny, das meernächste Areal (Abzweig in Plouhenec). Ein offener Platz am Hang mit einigen Mietchalets über dem Atlantik. Niedrige Hecken schützen zumindest des Zeltlers Füße vor Wind. Kleiner Laden, kleiner Spielplatz, kleine Gerichte. 95 Stellplätze. WiFi-Zugang. Geöffnet April bis Ende Sept. 1, rue Nominoé, Plouhenec. ✆ 02.98.70.82.44, info@kersinyplage.com, www.kersinyplage.com.
- *Restaurant* **Le Goyen**, die Essadresse des gleichnamigen Hotels am Hafen. Im gediegenen Restaurant herrscht fast Wohnzimmeratmosphäre. Die Küche genießt exzellenten Ruf, die Spezialitäten kommen alle aus dem Meer, Menüs 34–51 €. Place Jean Simon, ✆ 02.98.70.08.88.

Baden

Plage Ste-Evette (Plage d'Audierne): Ein knapp 1 km langer, bei Flut noch bis 50 m breiter, im Sommer gut besuchter Strand unterhalb der Strandpromenade. 2 km westlich vom Zentrum in geschützter Südlage mit allen Einrichtungen: Umkleidekabinen, Segelschule, Kinderclub etc.

Plage de Kersiny: Ohne Infrastruktur, etwa 4 km südöstlich von Audierne unterhalb von Plouhinec. In jeder Hinsicht zweite Wahl nach dem Stadtstrand. Der Dünenstrand vor Felsriffen ist knapp 400 m lang, bei Flut noch 50 m breit.

Plage de Penhors: Ein Stück südlich vom Kersiny-Strand, eine Stichstraße führt von Plouhinec an die Küste. Mehrere Kilometer karge Küste mit eingestreuten Ferienhäuschen. Viel Wind, bei Ebbe jede Menge Sand und bei Flut gewaltig viel

Meer. Ideal zum Baden und für längere Strandspaziergänge, auch in der Hochsaison relativ einsam.

Halbinsel Sizun/Umgebung

Ile de Sein: Schon früh haben sich Menschen der starken Strömung des felsgespickten *Raz de Sein* ausgesetzt und die Insel im Sonnenuntergang besucht: Der letzte Landklecks vor der Unendlichkeit des Ozeans war der glückseligen Region der Unsterblichen am nächsten. Später unterhielten die Kelten auf der Insel der Feen und der Toten eine Kultstätte und begruben hier vielleicht ihre Druiden. Ein Dolmen und einige Menhire bei der Kirche erinnern an die Frühzeit des Homo sapiens.

In früheren Zeiten galten die Bewohner der kargen Insel, die sich nie autark ernähren konnten, als Piraten und Strandräuber. Die Tourismusmanager des Finistère legen allerdings Wert auf die Feststellung, dass ihnen erstens nichts zu beweisen sei und sie sich zweitens mittlerweile in „aktive Lebensretter" verwandelt hätten. Heute leben etwa 500 Menschen wegen der ungünstigen Erwerbsbedingungen steuerfrei auf dem flachen, baumlosen Eiland, das sich 7 km vor der Pointe du Raz wie ein langschwänziges Fabeltier im Meer windet. Gerade 1 km² groß ist das gut durchlüftete Inselchen, Anbauflächen gibt es keine, nur das Meer liefert seinen Fisch, Hummer werden gezüchtet. Boote dümpeln im Hafen, die Häuser von *Le Bourg* ducken sich zum Schutz vor dem Wind eng zusammen, ein Leuchtturm weist den Weg – für viel mehr wäre auch kein Platz. Vielleicht ist es die Überschaubarkeit des winzigen Landfleckens, der für die Anziehungskraft der Insel sorgt – in der Saison drängen sich die Tagesgästescharen in den Gassen von Le Bourg.

Im Zweiten Weltkrieg blieben neben Frauen und Kindern nur der Pfarrer und der Leuchtturmwärter auf der von deutschen Soldaten besetzten Insel zurück. Der Rest der männlichen Bevölkerung, 144 Seefahrer, schloss sich der Exilarmee von General *de Gaulle* an, der dies nach Soldatenart mit einem markigen Spruch zu honorieren wusste: „Wie viele seid ihr?" „144, mon Général!" „Sein ist also die Hälfte Frankreichs!" Von dieser Hälfte kehrten 36 nicht mehr zurück.

• *Hotels* ** **Ar-Men**, 10 Zimmer mit Dusche/WC, alle mit Meerblick. Restaurant. DZ 50–65 €. Im Jan. und im Okt. jeweils für 3 Wochen geschlossen. Route du Phare, 29990 Ile de Sein. ✆ 02.98.70.90.77, ✉ 02.98.70.93.25, hotel.armen@wanadoo.fr, www.hotel-armen.net.
Les Trois Dauphins, das alteingesessene Inselhotel mit 7 Zimmern und einem Restaurant (Spezialität Hummerragout und Crêpekreationen). DZ 32–56 € je nach sanitärer Ausstattung und Ausblick. Ganzjährig geöffnet. 16, quai des Paimpolais, 29990 Ile de Sein. ✆ 02.98.70.92.09, www.hotelilledesein.com.
• *Camping* Auf einem Fleckchen Land im Süden Le Bourgs, das der Gemeinde gehört, kann gezeltet werden. Die Modalitäten werden im Rathaus erledigt. ✆ 02.98.70.90.35, ✉ 02.98.70.91.98 (Mairie).

Pays Bigouden

Das Bigouden-Häubchen, die traditionelle Kopfbedeckung der weiblichen Bevölkerung dieses Landstrichs, gab dem Bigoudenland seinen klingenden Namen. Nach offiziellen Angaben tragen heute noch etwa 3000 Frauen die hohe Spitzenhaube; die dazugehörigen gelb und rot bestickten Trachten lassen allerdings auch sie im Schrank hängen – diese werden nur zu Festtagen ausgepackt.

Das *Pays Bigouden* erstreckt sich über die *Halbinsel Penmarc'h* zwischen den Ufern des *Odet* und des *Goyen* in der Bucht von Audierne. Bis zum 16. Jahrhundert war die Halbinsel mit der Hauptstadt *Pont-l'Abbé* einer der wohlhabendsten Landstriche der Bretagne. Dann schlug das Schicksal zu: Die Kabeljauschwärme wanderten ab, einheimische Großräuber und plündernde Engländer brandschatzten immer wieder das Land, das mehr und mehr verarmte und am Rande der westlichen Zivilisation nur mehr eigensinnig vor sich hindämmerte.

Die Bewohner des Bigoudenlands gelten als eigener Schlag unter den Bretonen, viele Klischees werden über sie verbreitet: Mehr der Vergangenheit als der Zukunft zugewandt sei die bretonische Sprachinsel, derb, stolz, auf Eigenständigkeit bedacht. Daran scheint etwas zu sein: „Wir Bigoudins stehen in dem Ruf, eben anders zu sein. Das muss wahr sein, denn alle sagen es, nicht zuletzt wir selbst. Nur, wir sagen es etwas anders als alle." (Pierre Jacques Hélias, Bigoude)

Über das flache Land sind zahllose spitzgiebelige Häuser verstreut, die weiß in der Sonne glänzen. Die Äcker werden bis nahe an den Atlantik bestellt. Die Küste des Bigoudenlands ist felsig, von Riffen umgeben und durchsetzt von kleinen Häfen. Der Fischfang spielt trotz intensiver Landwirtschaft die Hauptrolle im Wirtschaftsleben. Die kleinen Küstenorte von *St-Guénolé* bis *Loctudy* sind allesamt rege Fischerhäfen. Jährlich entreißt die insgesamt 450 Schiffe zählende Fangflotte dem Meer 35.000 Tonnen Fisch und Schalentiere und liegt damit an der Spitze der französischen Fischfangstatistik.

Viele, auch unspektakuläre Megalithdenkmäler und einige Kirchen, Kapellen und Calvaires, allen voran der *Calvaire von Notre-Dame-de-Tronoën*, sind das kulturelle Erbe dieses Landstrichs, doch Hauptanziehungspunkt ist die Küste. Segler und Surfer werden finden gute Winde vor, aber auch Badegäste und Fußfischer sind an den Stränden von Le Guilvinec bis Loctudy – lange, für den Atlantik charakteristische Dünenstrände –gut aufgehoben. Fazit: ein klassisches, aber ruhigprovinzielles bretonisches Urlaubseck.

Saint-Guénolé

Gierige Möwen, Fischfabriken, eine Handvoll Hafenbars – St-Guénolé ist nach Concarneau und Lorient einer der größten bretonischen Sardinenhäfen. Der Fang wird, für alle Menschen ohne Schnupfen unschwer festzustellen, gleich vor Ort verarbeitet. Weitere Sensationen: Der Kabelstrang, der Europa mit Amerika telefonisch verbindet, verlässt am *Pors-Carn-Strand* das Wasser, und das *Vorgeschichtliche Museum* von St-Guénolé ist nach dem von Carnac immerhin das zweitbedeutendste seiner Art in der Bretagne.

Kleinsthotels und Campings sind die Anzeichen, dass St-Guénolé auch im Tourismus seine kleine Rolle spielt. Die Felsen von St-Guénolé, einfach *les Rochers*, sind dem stärksten Ansturm des Atlantiks ausgesetzt – nirgendwo sonst in der Bretagne können die Wellen mit solcher Gewalt an das Land donnern. Neben den Felsen beginnt der lange Dünenstrand Pors Carn, der sich hinüber zur *Pointe de la Torche* zieht – Platz für alle, das kinderfreundlichste Stück in einer kleinen Bucht nah den *Rochers*.

- *Postleitzahl* 29760
- *Verbindung* St-Guénolé ist Endpunkt der **Bus**strecke von und nach Quimper. Werktags bis zu 9 Busse, sonntags 6-mal.
- *Hotel* ** **Hotel de la Mer**, am Schlenderboulevard von Guénolé. 10 Zimmer in solider Mittelklasse, z. T. mit Meerblick. Restaurant. DZ 46–63 €. Mitte Jan. bis Mitte Feb. sowie 2. Novemberhälfte geschlossen. 184, rue F. Péron. ✆ 02.98.58.62.22, ✉ 02.98.58.53.86, www.hotelstgue.com.
- *Markt* Freitagvormittag.
- *Camping* *** **Le Domaine de la Joie**, der einzige Platz bei St-Guénolé/Penmarc'h in

Saint-Guénolé/Umgebung

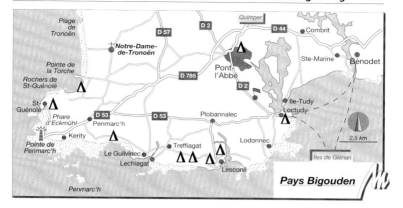

Meeresnähe. Die *Domäne der Freude* liegt hinter der Durchgangsstraße gegenüber einer Fina-Tankstelle. Großer, schlichter Normplatz mit ausreichenden sanitären Anlagen und einigen Extras: Schwimmbecken, Waschmaschine, Tennis, Minigolf, Hüttenvermietung. 230 Stellplätze. Geöffnet April bis Mitte Sept. Rue de la Joie.
✆ 02.98.58.63.24, ✆ 02.98.58.57.01,
www.domainedelajoie.com.

Sehenswertes

Prähistorisches Museum (Musée préhistorique finistérien): Megalithen vor dem Bau kündigen an, worum es bei der pädagogisch strukturierten Sammlung geht. Die Exponate aus dem gesamten Finistère mit Schwerpunkt Halbinsel Penmarc'h umspannen die Jahrtausende von der Steinzeit bis zur römischen Besetzung. Gräber und Menhire sind aus Platzgründen im Garten untergebracht, die zahlreichen Funde aus der Frühgeschichte des Menschen werden in zwei Ausstellungsräumen gezeigt. Aufsehen erregend in Saal 1 ist eine Totenstadt aus der Eisenzeit.
Öffnungszeiten Mitte Juni bis Mitte Sept. 10–12 und 14–18 Uhr, am Di zu. Eintritt 3 €.

St-Guénolé/Umgebung

Pointe de la Torche: Hier greift der Atlantik auf breiter Front an. Zwischen St-Guénolé bis vor Audierne zieht sich ein etwa 25 km langer, dünenbegrenzter Sand-/Kiesstreifen, an den ein meist unruhiges Meer anbrandet – für Badende gefährlich, doch ideal für Surfer und ein Traum für das Funboard. Die einsam ins Meer blickende Landspitze teilt die lange Strandzone in zwei riesige, weißsandige Badebuchten mit exzellenten Gleitbedingungen. Im Worldchampionship-Revier bei der Pointe de la Torche trifft man sich jedes Jahr zum Funboard-Festival. Als Zugabe zum kleinen Spaziergang an die Landspitze gibt es am Ziel alte Kult- und neuere Militärarchitektur: Unter einem frei zugänglichen *Langgrab* mit einigen Seitenkammern auf der Kuppe der Pointe de la Torche duckt sich ein betonierter, verschlossener *Wehrmachtsbunker*.

• *Wassersport* **Ecole de Surf de Bretagne** hat einen Stützpunkt an der Pointe; Schule (vom Tages- bis zum Wochenkurs), Zubehörladen und Verleih. Geöffnet Ostern bis Okt. La Torche. 29120 Plomeur, ✆ 02.98.58.53.80.

• *Camping* ***** De la Torche**, unweit der Landspitze (ausgeschildert); guter, neuerer Platz, idealer Stützpunkt für die Surfgemeinde. Spielplatz, beheiztes Schwimmbecken und Sportgelände (Volleyball, Fuß- und Basketball). 120 Stellplätze. Geöffnet April bis Sept. Roz An Tremen, 29120 Plomeur.
✆ 02.98.58.62.82, ✆ 02.98.58.89.69,
www.campingdelatorche.fr.

Pointe de la Torche

Notre-Dame-de-Tronoën: Im Heideland hinter breiten Dünen in Sichtweite des Meers steht eine Crêperie, ein Stück dahinter in den Dünenausläufern die schlichte *Kapelle Notre-Dame-de-Tronoën*, deren Türmchen zierlich aus der Dachmitte in den Himmel ragt. Gleich neben der Kapelle aus dem frühen 15. Jahrhundert trotzt der älteste *Calvaire* der Welt den Zeiten – seit 1450 ist er dem Erosionsprozess ausgesetzt. Die Figuren im hellgrauen Stein sind verwittert, Regen und Wind haben manche Gesichter geglättet und unleserlich gemacht. Auch Marias Konturen, die so gut wie nackt im Bett liegt, und die des Jesuskindes sind verwaschen. Doch geschadet haben Wasser, Salz und Wind der Ausdruckskraft nicht.

Drei Kreuze erheben sich vom Sockel, auf zwei Ebenen lehnen sich die unterschiedlich großen und gestalteten Figuren an eine Steinplatte. Zwei Szenen der Passionsgeschichte sind einzig auf diesem Calvaire zu sehen: Der wiederauferstandene Jesus erscheint der überraschten Maria-Magdalena als verkleideter Gärtner, und die Schächer tragen, hinter Jesus gehend, ihre Kreuze wie der Gottessohn eigenhändig den Schädelberg hinauf.

Pardon Am 3. Sonntag im September.

Kapelle von Languidou: Die Kapelle ist heute eine Ruine – aber was für eine. Im 12. Jahrhundert errichtet und im 16. Jahrhundert mit einer wandfüllenden Fensterrosette geschmückt, wurde die Kapelle nach der Revolution verkauft und teilweise abgetragen. Heute steht die Ruine einsam und verlassen inmitten von Feldern, verstreuten Höfen und weidenden Schafen. Das Dach fehlt, doch einige Reliefs, Rundbögen des Mittelgangs und vor allem die granitene Fensterrose sind gut erhalten.

Anfahrt Von Plonéour-Lanvern auf der D 2 knapp 3 km nordwestlich nach Tréogat, dort die erste Straße links, von da noch 3 km (ab Tréogat beschildert).

Penmarc'h

(5900 Einwohner)

Der Verwaltungsort der umliegend verstreuten Kleingemeinden unmittelbar hinter der *Pointe de Penmarc'h* besitzt im Ortsteil *Kérity* ein Wahrzeichen: Kantig und braun wächst am Ende der Hauptstraße kurz vor dem Meer der düster gemauerte Leuchtturm mit dem deutschen Namen *Phare d'Eckmühl* über die Hausdächer hinaus. Mit 65 m Höhe ist er einer der höchsten Leuchttürme Frankreichs, benannt hat ihn die noble Stifterin nach ihrem Vater, *Louis Nicolas Davout*, Fürst von Eckmühl, der als General in Napoléons Diensten war. Neben dem Leuchtturm steht seit Jahrhunderten die *Kapelle Notre-Dame-de-la-Joie* mit ihrem verwitterten Glockenturm gefährlich nah am Gestade; eine Mauer muss das Meer zurückhalten.

Im Zentrum von Penmarc'h gilt die klassisch-gotische *Kirche St-Nonna* mit dem zierlichen Glockentürmchen als ein Musterbeispiel des bretonischen Flamboyant. 1508 von einheimischen Reedern gestiftet, wurde sie in der Blütezeit Penmarc'hs errichtet. Am dicken, nie vollendeten Westturm sind noch die für Kirchenbauten an der Küste typischen Reliefs erhalten: Schiffe und Fische.

Als der Räuber *La Fontenelle* Ende des 16. Jahrhunderts auf seiner brandschatzenden Rundreise über die Halbinsel 3000 Bauern samt ihren Familien töten ließ, die sich in der Kirche sicher wähnten, war das wirtschaftliche Schicksal von Penmarc'h auf Jahrhunderte besiegelt. Erst der Aufschwung nach dem 2. Weltkrieg brachte wieder mehr Leben in diese Region.

- *Postleitzahl* 29760
- *Information* **Office de Tourisme**, großes Büro beim Phare d'Eckmühl. Mitte Juni bis Mitte Sept. Mo–Sa 10–12.30 und 14–19 Uhr, So 14–18 Uhr. Mitte Sept. bis Mitte Juni Mo–Fr 9.30–12.30 und 14–18 Uhr, Sa 14–18 Uhr. Place du Maréchal Davout. ✆ 02.98.58.81.44, 02.98.58.86.62, office-tourisme@penmarch.fr, www.penmarch.fr.

Der älteste Calvaire der Bretagne steht in Tronoën

*Einer der höchsten:
Phare d'Eckmühl*

- *Verbindung* Penmarc'h liegt an der **Bus**strecke Quimper–St-Guénolé; werktags bis zu 9-mal.
- *Fahrradverleih* **Le Buhannic-Jacquinet**, ✆ 02.98.58.75.32.
- *Markt* In der Hauptsaison Montagabend ab 17.30 Uhr am Fuße des Leuchtturms, Mittwochmorgen im Ortsteil Kerity, speziell für *produits bigouden*.
- *Pardon* Für Notre Dame de la Joie am 15 August.
- *Wassersport* **Centre nautique de Penmarc'h**, Segel- und Surfkurse für Anfänger und Fortgeschrittene. Pyramide du Ster, ✆ 02.98.58.64.87.

Sehenswertes

Phare d'Eckmühl/Centre de Découverte Maritime: Seit seiner umfassenden Innenrenovierung ist der Eckmühl-Leuchtturm aus dem Jahr 1835 Mittelpunkt des Zentrums der maritimen Entdeckung. Noch finden auf dem Gelände jährlich wechselnde Ausstellungen statt, doch in absehbarer Zeit soll eine feste Abteilung die Penmarc'her Geschichte dokumentieren. Im Rahmen der Besichtigung darf der Leuchtturm auch bestiegen werde – maximal 20 Personen auf einmal.

- *Öffnungszeiten* Leuchtturm: April bis Sept. 10.30–18.30 Uhr, Di geschlossen. Centre de Découverte: April bis Juni und Sept. 14–18 Uhr, Di geschlossen. Juli/Aug. tägl. 10.30–18 Uhr. Eintritt Leuchtturm 2 €, Centre de Découverte 3,20 €, Kombi-Ticket Leuchtturm + Centre 4 €.

Le Guilvinec (3000 Einwohner)

Le Guilvinec liegt am westlichen Ufer einer tief eingeschnittenen Flussmündung, die als Hafen dient – ein lebhaftes Fischerstädtchen mit Reede, Konservenfabriken, Campings und einem Hotel. Wenn die Boote am Nachmittag zurückkommen, finden sich an der *Criée*, der Fischversteigerungshalle, Schaulustige, Kleinkunden und Großhändler ein. Anziehungspunkt von Le Guilvinec ist sein langer Strand, westlich schließt sich ein 5 km langer Sandstreifen Richtung Penmarc'h an – ruhige, geschützte Plätze in den Dünen oder nur ruhige am Strand.

- *Postleitzahl* 29730
- *Information* **Office du Tourisme**, am Hafen. Juli/Aug. Mo–Sa 10–12.30 und 15–19 Uhr, So 10–12.30 Uhr. Sept. bis Juni Mo 15–18 Uhr, Di–Fr 10–12.30 und 15–18 Uhr, Sa 10.30–12 Uhr. 62, rue de la Marine. ✆ 02.98.58.29.29, ✆ 02.98.58.34.05, ot@leguilvinec.com, www.leguilvinec.com.
- *Verbindung* Le Guivinec liegt an der **Bus**strecke Quimper–St-Guénolé; werktags bis zu 9-mal.

- *Fahrradverleih* **Peuziat** in der Rue de la Paix (Nähe Kirche) verleiht zu gängigen Konditionen Velos. ✆ 02.98.58.20.17.
- *Markt* Jeden Dienstag bunter Wochenmarkt auf der Place de l'Eglise. In der Hauptsaison auch Sonntagmorgen.
- *Criée* Sehenswerte Frischfischversteigerungen um 6.30 und 16.30 Uhr. Das Office de Tourisme organisiert in der Hauptsaison Mo–Fr nachmittags Besichtigungen.
- *Hotel/Restaurant* ** **Du Centre**, mitten im Ort mit kleinem Gartenbetrieb, familiärem Restaurant und 9 Zimmern, fast alle mit Dusche/WC. DZ 40–52 €. Monsieur Le Mann ist auch der Chef einer gehobenen Küche, Spezialität: Meeresfrüchte à la carte oder im Menü (16–48 €). Ganzjährig geöffnet. 16, rue Général de Gaulle. ✆ 02.98.58.10.44, ✆ 02.98.58.31.05.
- *Camping* *** **La Plage**, westlich der Ortschaft nach dem Abzweig Penmarc'h/Zentrum am Meer (Richtung Phare d'Eckmühl). Riesiges, sehr gut ausgestattetes Areal, auch als längere Bleibe geeignet. Schwimmbecken, Minigolf, Fahrradverleih. 410 Stellplätze. Geöffnet Mai bis 1. Septemberwoche. Ster Poulguen. ✆ 02.98.58.61.90, ✆ 02.98.58.89.06, www.campingsbretagnesud.com.
** **Municipal de la Grève blanche**, am Ortsausgang Richtung Penmarc'h. Kahles Gelände zwischen Dünen und Straße, ordentliche sanitäre Anlagen. 100 Stellplätze. Geöffnet letzte Maiwoche bis Sept. Rue des Fusillés de Poulguen. ✆ 02.98.58.56.20.

Lechiagat

Das kleine Dorf, das sich mit Le Guilvinec die Flussmündung teilt, bildet zusammen mit *Treffiagat* eine Gemeindeeinheit unter treffiagatistischer Hoheit. Das ruhige Lechiagat mit dem kleinen Jachthafen ist der touristischere der beiden Orte. Auch an Lechiagat schließt sich ein längerer Sandstrand mit Dünenbegrenzung an. Man findet ihn unterhalb der *Rue des Dunes*: 4 km weißer Sand in allen Körnungen. Der Abschnitt unmittelbar hinter Lechiagat fällt wegen seiner Algen und der Enge bei Hochwasser qualitativ gegenüber den folgenden Kilometern ab.

- *Verbindung* Lechiagat liegt an der **Bus**strecke Quimper-St-Guénolé; werktags bis zu 9 -mal
- *Markt* Jeden Samstagvormittag auf der Place du Marché.

Vor malerischem Hintergrund: die vereinigte Fangflotte von Le Guilvinec und Lechiagat

- *Wassersport* **Centre nautique de Lechiagat**, in der Nähe des Camping Skividen. Surf- und Segelkurse für Einzelpersonen, Familien und Gruppen. ✆ 02.98.58.21.58.
- *Hotel* ** **Du Port**, am Hafenbecken. 40 ordentliche Zimmer und Restaurant. DZ 42–58 €. 53, avenue Port Lechiagat, 29730 Treffiagat. ✆ 02.98.58.10.10, @ 02.98.58.29.89.
- *Camping* ** **des Ormes**, östlich von Lechiagat unterhalb der Straße nach Lesconil. Flaches, heckengesäumtes Wiesengelände, 300 m zum Strand. Brotverkauf, Waschmaschine u. a. 76 Stellplätze. Geöffnet Juni bis Sept. Kerlay, 29730 Treffiagat. ✆ 02.98.58.21.27.

** **Karreg Skividen**, kurz danach, Heckenplatz, passable Sanitäranlagen, Anschluss an Bauernhof, 200 m zum Strand. Gespanne haben es schwer, enge Zufahrt. 45 Stellplätze. Geöffnet April bis Sept. Squividan, 29730 Treffiagat. ✆ 02.98.58.22.78, @ 02.98.87.35.54.

** **Municipal le Merlot**, 800 m landeinwärts an der Verbindungsstraße, ruhig. 125 Stellplätze. Geöffnet Mitte Juni bis Mitte Sept. 29730 Lechiagat Treffiagat. ✆ 02.98.58.03.09, @ 02.98.58.98.59.

Lesconil

(3000 Einwohner)

Weit ins Land windet sich der Meeresarm *Le Steir*, der von vier Flüsschen Zulauf erhält. Am Ende des Fjords liegt das nette Lesconil: eine Fischfabrik, viele Neubauten und einige Hotels. Der Fischereihafen an der Westmündung des Meeresarms wird jeden Sommer für wenige Wochen ein touristisches Nebenzentrum im Schatten des größeren Loctudy, dann zieht wieder die Ruhe des Bigoudenlands ein. Im Hafen ist Platz für 30 Fischkutter, werktags täglich um 17.30 Uhr wird der Fang vor Ort versteigert, dann ist – abgesehen vom Pardon am dritten Augustsonntag – am meisten los in Lesconil.

Gebadet wird an der *Grande Plage* – 1 km lang und schneeweiß zieht sich der beliebte Strand ab der Mündung des Steir nach Westen.

- *Postleitzahl* 29740 Plobannalec-Lesconil
- *Information* **Office de Tourisme**, ein Häuschen im Westen des Orts, auf der Düne. eine Filiale der Zentralstelle in Pont-l'Abbé. Sehr rührig, informiert auch über die in den beiden Sommermonaten recht zahlreichen Veranstaltungen, Termine und Kosten. April bis Sept. 9.30–12.30 und 14–19 Uhr. Okt. bis März Di und Fr 9.30–12.30 Uhr. Le Sémaphore, 4, rue Pierre Loti. ✆ 02.98.87.86.99, @ 02.98.66.10.82, info@pontlabbe-lesconsil.fr, www.ot-pontlabbe29.fr.
- *Verbindung* Lesconil ist Endstation der **Bus**linie Quimper–Pont-l'Abbé–Loctudy–Lesconil. Werktags 5 Busse ab Quimper, sonntags 4.
- *Markt* Mittwochvormittag.
- *Wassersport* Diverse Segel- und Surfkurse beim **Centre nautique**, Büro: 2, rue Victor Hugo. ✆ 02.98.87.89.43.
- *Waschsalon* **Laverie automatique**, täglich 8–22 Uhr. 1, rue de la République.
- *Hotels* ** **Grand Hotel des Dunes**, ansehnliches 50-Zimmer-Hotel mit Seebadatmosphäre und guter sanitärer Ausstattung, die Zimmer meist mit Meerblick. DZ 71–84 €. Geöffnet April bis 1. Oktoberwoche. 17, rue Laënnec. ✆ 02.98.87.83.03, @ 02.98.82.23.44, grand.hoteldesdunes@wanadoo.fr, www.grandhoteldesdunes.com.

** **Du Port**, zufriedenstellendes Hafenhotel mit 12 unterschiedlichen Zimmern, alle mit Dusche/WC. Restaurant. DZ 48–62 €. Geöffnet April bis Okt. 4, rue du Port. ✆ 02.98.87.81.07, @ 02.98.87.85.23.

- *Camping* *** **La Grande Plage**, am westlichen Ortseingang an der Straße nach Le Guilvinec, 200 m vor dem Wasser. Gut eingerichteter Platz mit ordentlichen, behindertenfreundlichen Sanitärs, Laden, Fahrradverleih, Fernsehraum, Minigolf etc. 120 Stellplätze. Geöffnet Mai bis Sept. 71, rue Paul Langevin. ✆/@ 02.98.87.88.27, campinggrandeplage@hotmail.com.

*** **Des Dunes**, gleich neben dem vorgenannten; vom Platz her etwas bescheidener, doch gleichfalls nett eingerichtet. 100 m vom Strand, sehr gute Infrastruktur, gute Sanitärs. 120 Stellplätze. Geöffnet letzte Maiwoche bis Mitte Sept. 67, rue Paul Langevin. ✆ 02.98.87.81.78, @ 02.98.82.27.05.

** **Keralouet**, eine billigere, aber unidyllischere Alternative am östlichen Ortsende neben der Straße nach Loctudy. 64 Stellplätze. 2005 wurden neue Sanitäranlagen gebaut. Geöffnet 2. Aprilwoche bis Sept. 11, rue Eric Tabarly. ✆ 02.98.82.23.05, @ 02.98.87.76.65, www.campingkeralouet.com.

Ebbe bei Loctudy

Loctudy (3700 Einwohner)

Loctudy ist ein florierender Fischer- und Urlaubsort: Gleich neben dem modernen Fischerhafen sind die Liegeplätze des Jachthafens. Zusammen mit der gegenüberliegenden Halbinsel *Ile Tudy* bildet die Landspitze von Loctudy den schmalen Einlass in die *Mündungsbucht des Pont-l'Abbé*. Neben den Anwesen der Einheimischen und dem Hafen bestimmen Villen und lauschige Gärten das Ortsbild. Direkt vor und um Loctudy am westlichen Ende der Bucht von Bénodet hat die Natur einige Strände eingerichtet. Der Hauptstrand *Plage de Langoz*, 400 m Sand mit Felsriffen, ist am ortsnächsten, am besten ausgerüstet und am meisten besucht. Die Strände von *Kervizec* und *Lodonnec* schließen sich an.

*I*nformation/*V*erbindungen/*D*iverses

- *Postleitzahl* 29750
- *Information* **Office de Tourisme**, ein dreieckiger Pavillon mit viel Glas neben dem Rathaus (Ortsmitte). Mitte Juni bis Mitte Sept. Mo–Sa 9–12 und 14–19 Uhr. Mitte Sept. bis Mitte Juni Mo/Di und Do–Sa 9–12 Uhr. Place de la Mairie. ✆ 02.98.87.53.78, ✉ 02.98.87.57.07, ot.loctudy@wanadoo.fr, www.loctudy.fr.
- *Verbindung* Loctudy liegt an der **Bus**strecke Quimper–Pont-l'Abbé–Lesconil. Werktags 5 Busse ab Quimper, sonntags 4.

Boot nach Ile Tudy. In der Hochsaison befördern kleine Boote laufend Gäste über die kleine Meerenge zwischen Loctudy und Ile Tudy, in der Nebensaison entsprechend seltener oder gar nicht.

- *Bootsausflug* Die *Vedettes de l'Odet* sind der einzige Großveranstalter. Von Loctudy aus 2 Angebote:

Odet-Flussfahrt nach Quimper (beschrieben unter *Quimper/Umgebung*). Mitte Juli bis Aug. Di–Sa täglich eine Abfahrt. In der Vor- und Nachsaison nur Freitag. Wesentlich mehr Abfahrten in Bénodet. Das Vergnügen dauert etwa 2½ Stunden. Erwachsene retour 23 €, 4- bis 12-Jährige 14 €, 0- bis 4-Jährige 4,50 €.

Fahrt zu den **Iles de Glénan** Juni bis Sept. täglich, in der Hochsaison sogar 2-mal.

400 Côte de Cornouaille

Erwachsene hin/zurück 28 €, 4- bis 12-Jährige 14,50 €, 0- bis 4-Jährige 4,50 €. Auskünfte bei den Vedettes de l'Odet im Fischerhafen. ✆ 08.25.80.08.01, www.vedettes-odet.com.

- *Fahrradverleih* **La Pédale Bigoudène**, an der Zufahrtsstraße von Pont-l'Abbé. 13, rue du Général de Gaule. ✆ 02.98.87.42.00.
- *Markt* Dienstagvormittag.
- *Criée* Gefangene Meeresbewohner werden außer Sa und So täglich um 7 und 17 Uhr en gros an den Mann gebracht.
- *Pardon* Am 3. Septembersonntag, St-Quido zu Ehren.
- *Wassersport* **Centre nautique**, der fünftgrößte Segelclub des Finistère. Schulungen und Verleih von Segelbooten, Kajaks oder Surfboards. Plage de Langoz, ✆ 02.98.87.42.84. **Locamarine**, Verleih von Booten und Surfbrettern. Am Hafen, ✆ 02.98.87.95.95.

Übernachten

- *Hotel* ** **De Bretagne**, an der Straße zum Hafen, 14-Zimmer mit Dusche, die billigeren mit WC auf Etage. Kein Restaurant. DZ 47-70 €. Ganzjährig geöffnet. 19, rue du Port. ✆/🖂 02.98.87.40.21, hoteldebretagne@msn.com.
- *Camping* Einige Plätze gleich nördlich vom Ortskern, alle in Meernähe:

*** **Les Mouettes** der am besten ausgestattete und teuerste Platz. 68 Stellplätze. Geöffnet Mitte Juni bis Mitte August. 6, rue de Pen Hador. ✆ 02.98.87.43.51.

** **Municipal Kergall**, gleich neben der Segelschule, 100 Stellplätze. Geöffnet Ostern bis Sept. Boulevard de la Mer. ✆ 02.98.87.45.93.

** **Les Hortensias**, direkt am Meer bei der Pointe de Kergall, 100 Stellplätze. Beheiztes Schwimmbecken. Geöffnet April bis Sept. 38, rue de Tulipes. ✆ 02.98.87.46.64, www.camping-loctudy.com.

Weitere Campings auf der anderen Seite der Mündung bei und um Ile Tudy.

Sehenswertes

Kirche St-Tudy: Im Pfarrbezirk wird ersichtlich, dass Loctudy buchstäblich steinalt ist. Eine gallische, zwei Meter hohe *Grabstele* (Grabmal in Form einer aufrecht stehenden Platte oder eines Steins) im Friedhof wurde vor vielen Jahrhunderten christianisiert. Die *Kirche* stammt in ihrem Kern aus dem 12. Jahrhundert und wurde im 15. und 18. Jahrhundert umgestaltet. Von Kunstliebhabern wird sie wegen der keltischen Motive an Kapitellen und Sockeln der Säulen des Chorumgangs besucht.

Manoir de Kerazan: 2 km außerhalb, an der Straße nach Pont-l'Abbé. Im 16. Jahrhundert entstand die Hauptfront der herrschaftlichen Landvilla. 200 Jahre später wurde ein Seitenflügel angefügt, der zu Beginn dieses Jahrhunderts noch einmal erweitert wurde und dem Gebäude seine heutige L-Form bescherte. Die Fondation Astor stiftete das Schloss 1929 dem Institut de France, das im Sommer einen Teil des stattlichen Landsitzes in dem dann schattigen Park zur Besichtigung freigibt: antike französische Möbel (Stil Ludwig XV.) und alte (17. Jh.) wie moderne Gemälde (20. Jh.) von französischen, flämischen und holländischen Malern.

Zur saisonalen Hauptausstellung (2006: Eisenbahnplakate und Anfänge des Tourismus in der Bretagne) kommen monatlich wechselnde Kunstausstellungen in der Orangerie hinzu.

Öffnungszeiten April bis Mitte Juni und 2. Septemberhälfte Di–So 14–18 Uhr. Mitte Juni bis Mitte Sept. täglich 10.30–19 Uhr. Eintritt 5,50 €.

Ile Tudy (600 Einwohner)

Eine langgestreckte Landzunge mit viel Sand und kleineren Kiefernbeständen. Nach rund 2 km Fahrt an Häuserreihen vorbei hat man die Spitze der Halbinsel erreicht: ein reizvolles, fein herausgeputztes Ensemble aus Bars, Crêperien, Restaurants und Hotels auf engstem Raum.

Die Westseite der Halbinsel mit ihrem langen Dünenstrand ist ein geschätztes Baderevier.

- *Postleitzahl* 29980
- *Information* **Office de Tourisme**, im modernen Wohngebiet von Ile Tudy (gleich links der Einfallstraße). Nur April bis Sept. geöffnet. Vor- und nachher wende man sich an das zentrale Büro in Pont-l'Abbé. 1, rue des Roitelets. ✆ 02.98.56.30.14, ✆ 02.98.56.36.26.
- *Verbindung* **Bus**anschluss nach Quimper und Pont-l'Abbé.
Boot nach Loctudy. In der Hochsaison befördern kleine Boote laufend Gäste über die kleine Meerenge zwischen Ile Tudy und Loctudy, in der Nebensaison entsprechend seltener oder gar nicht.
- *Markt* Montagvormittag.
- *Wassersport* Der **Club de Voile** schult Kinder und Erwachsene. 1, rue des Mousses, ✆ 02.98.56.43.10.
- *Hotel/Restaurant* ** **Modern Hotel**, sympathisches Logis-de-France-Etablissement in vorderster Front an der Inselspitze. Großzügiger Ausblick auf den Hafen, Essen im hoteleigenen *Restaurant le Malamok* (Menü 21–29 €). 12 renovierte Zimmer, davon 9 mit Meerblick. DZ 55–70 €, HP für 2 Pers. 110–116 €. Nov./Dez. geschlossen. 9, place de la Cale. ✆ 02.98.56.43.34, ✆ 02.98.51.90.70, courrier@hotelmodern.com, www.hotelmodern.com.
- *Camping* *** **Pen Ar Palud**, etwa 150 m hinter dem Ne-Téven-Strand; schattiges Gelände mit einigen willkommenen Zusatzeinrichtungen, z. B. Fernsehraum und beheiztes Schwimmbecken. 60 Stellplätze. Geöffnet Juni bis 1. Septemberwoche. 6, avenue du Téven. ✆ 02.98.51.97.00, ✆ 02.98.51.97.65, www.euromer.fr.
** **Municipal le Sillon**, direkt am Ile-Tudy-Strand. Gesichtsloser Normplatz mit 165 Stellplätzen. Geöffnet April bis Mitte Sept. 23, avenue des Sports. ✆ 02.98.56.43.39.

Pont-l'Abbé (7800 Einwohner)

Ihren Namen erhielt die Stadt beidseits eines Meeresarms von der ersten Brücke, die ein Abt von Loctudy im 7. Jahrhundert hier schlagen ließ. 1400 Jahre später besitzt Pont-l'Abbé immerhin zwei Brücken, ein Château, eine Stadtkirche, eine kerzengerade Hauptstraße und um die Zentrumsachse das niedrige Häusergewirr einer betagten Kleinstadt. Bis ins 16. Jahrhundert spielte Pont-l'Abbé eine bedeutendere Rolle auf der Geschichtsbühne: In der Hauptstadt des damals reichen Bigoudenlands liefen die Fäden politischer und wirtschaftlicher Macht zusammen. Während der Stempelpapierrevolte 1675 (siehe *Geschichte*, Kastentext *Die Stempelpapierrevolte – der bretonische Bauernkrieg*), an der die Bauern um Pont-l'Abbé maßgeblich beteiligt waren, hatten die repräsentativen Bauten der Stadt entsprechend zu leiden: Das Schloss und die Kirche von Lambourg am anderen Ufer der *Rivière* gingen nach Ausbruch des Aufstands in Flammen auf.

Der behäbige Kleinhafen in der *Rivière de Pont-l'Abbé*, vor 450 Jahren ein wichtiger Umschlagplatz, dient nun hauptsächlich der Freizeitschifffahrt als Refugium. Das wiederaufgebaute *Schloss* der einflussreichen Barone du Pont, die von ihrem Wohnsitz neben der Brücke seit dem 12. Jahrhundert die Stadtgeschicke lenkten, wurde nach der Revolution ganz und gar verbürgerlicht. Zuerst war die Aristokratenbehausung ein Gefängnis, seit 1836 wickelt der Magistrat der Kleinstadt seine Amtsgeschäfte im noblen Rahmen ab, und seit 1955 teilt er sich mit dem Museum des Bigoudenlands brüderlich die Räumlichkeiten des einstigen Herrschaftssitzes.

„Hebken" – „So sind wir und so bleiben wir" ist das Motto der traditionsbewussten Stadt. Auch wirtschaftlich: Ein immer noch Früchte tragender Geschäftszweig ist die alteingesessene Möbelfabrikation, nach wie vor bekannt ist Pont-l'Abbé für feine Stickerei- und Spitzenarbeiten, von den lokalen Ateliers für einen überregionalen Markt gefertigt.

402   Côte de Cornouaille

Information/Verbindungen/Diverses

- *Postleitzahl* 29122
- *Information* **Office de Tourisme**, direkt hinter dem Schloss. Juni bis Sept. Mo–Sa 9.30–12.30 und 14–19 Uhr. Okt. bis Mai Mo–Sa 9.30–12 und 14–17 Uhr. Square de l'Europe. ✆ 02.98.82.37.99, 📠 02.98.66.10.82, infopontlabbe-lesconil.com. www.ot-pontlabbe29.fr.
- *Verbindung* **Busse** halten am Pont-Neuf und in der Rue Jules-Ferry, einer Seitenstraße der Rue du Général-de-Gaulle (Hauptstraße). Anschlüsse nach Loctudy, St-Guénolé und Quimper werktags bis zu 6-mal).
- *Parken* Großparkplatz am Pont-Neuf, weitere zentrale Parkmöglichkeiten am Quai St.-Laurent und an der Place de la République.
- *Fahrradverleih* Unweit des Schlosses bei **MBK**, 28, place de la République. ✆ 02.98.87.12.41.
- *Einkaufen* Häubchen.
- *Markt* Markthallen direkt am unteren Ende der Place de la République. Jeden Donnerstag ganztägig Markt an den Plätzen Gambetta und de la République.
- *Feste* Passend zur Hauptstadt des Bigoudenlands am 2. Julisonntag **la Fête des Brodeuses**; mehrere tausend Besucher feiern das rauschende Fest der Stickerinnen, die für den guten Ruf der Stadt mitverantwortlich waren. Ein voller Tag mit Trachten-Defilee, Tänzen, Gesängen. Höhepunkt am Nachmittag ist die Krönung der Königin der Stickerinnen, die später im Prunkzug zum Château geleitet wird. Den Abschluss bildet das obligatorische Fest-noz ab 21 Uhr, mit dem der Tag selig ausklingt. 1995 zum drittschönsten Fest Frankreichs gekürt, feierte die Häubchenfete 2009 ihren 100. Geburtstag!
- *Pardon* Am Sonntag nach dem 15. Juli Wallfahrt zur Notre-Dame-des-Carmes.
- *Reiten* Größere und kleinere Ausflüge mit dem **Club Hippique de Pont-L'Abbé**, ✆ 02.98.87.34.62.
- *Tennis* Netzball! Doppelfehler! Der örtliche Tennisclub spielt in der Rue des Chevaliers; Gäste sind willkommen. ✆ 02.98.87.18.00.
- *Waschsalon* **La Lavanderie**, zentral im Städtchen; Maschinen für die kleine (4 kg), die mittlere (8 kg) und die große Wäsche (16 kg); täglich 8–21.30 Uhr. 1, place Gambetta.

Übernachten/Essen

- *Hotels* ** **De Bretagne**, eine gute Adresse am größten Platz der Stadt. 18 Zimmer, Restaurant. Für die Preisklasse gute, nett eingerichtete Zimmer. DZ 56–65 €. Ganzjährig geöffnet. 24, place de la République. ✆ 02.98.87.17.22, 📠 02.98.82.39.31.
** **De la Tour d'Auvergne**, knapp oberhalb der Place de la République und ebenfalls eine gute Adresse. 19 voll ausgestattete Zimmer hinter einer netten Fassade. Bar, Restaurant. DZ 43–46 €. Ganzjährig geöffnet. 22, place Gambetta. ✆ 02.98.87.00.47, 📠 02.98.82.33.78, contact@tourdauvergne.fr, www.tourdauvergne.fr.
- *Camping* ** **Municipal de Pors Moro**, kleiner Wiesenplatz am Mündungsufer gegenüber der Stadt (vom Schloss über die Brücke und rechts). 50 Stellplätze. Geöffnet Mitte Juni bis Mitte Sept. Quai de-Pors-Moro. ✆ 02.98.66.09.09.
- *Crêperie* **Du Marché**. Freundlich-helle Einrichtung, freundlicher Service und zufriedene Gäste. Crêpes und Galettes, Salate und Eis. 15, place de la République. ✆ 02.29.40.41.42.

Sehenswertes

Château: Direkt am Nordufer des Meeresarms wohnten ab dem 13. Jahrhundert standesgemäß die Barone du Pont gleich neben der zollpflichtigen Brücke, die zu ihren reichlichen Einkünften maßgeblich beitrug. Im 14. Jahrhundert begannen die Arbeiten an der Schlossanlage, aus dem 15. Jahrhundert stammt der unverändert wehrhafte Wohnturm. Erhalten sind der *Donjon*, das vorgesetzte, schlanke Uhrtürmchen *Tour de Gouet* und der angebaute *Wohntrakt*. Nach den Zerstörungen durch aufständische Bauern im Jahr 1675 veränderten im 18. Jahrhundert grundlegende Renovierungsarbeiten das Gesicht der Schlossburg einschneidend: Im Zusammenspiel von luftigem Barock und abweisendem Mittelalter prägen nun große Fenster die Fassade und versorgen die Rathausbediensteten im Gegensatz zu den lichtscheuen, früheren Bewohnern der Burg mit ausreichend Tageslicht.

Museum: Das *Musée Bigouden* im Schloss widmet sich in den vier Stockwerken des Donjons ausschließlich der regionalen Volkskunde; der Schwerpunkt ist im 3. Stockwerk zu bewundern: die *Haube* in ihren prächtigsten Variationen. Daneben bieten Trachten, Mobiliar, Handwerkszeug, Skulpturen, Bilder, Pläne, eine Bootsabteilung und Tonbanderläuterungen einen kleinen Einblick über den früheren Alltag bretonischer Bauern, Seeleute und Bürger in einer immer noch traditionsverhafteten Region.
Öffnungszeiten Ostern bis Mai Mo–Sa 10–12 und 14–17 Uhr. Juni bis Sept. täglich 10–12.30 und 14–18 Uhr. Letzter Eintritt 45 Min. vor Schließung. Eintritt 3,50 €.

Das Bigoudenhäubchen

Die Entstehungsgeschichte der *Coiffe bigoudène*, des höchsten bretonischen Damenhäubchens, ist typisch für die Region der ausgemachten Querköpfe. Nach der Stempelpapierrevolte von 1675 (siehe *Geschichte*, Kastentext *Die Stempelpapierrevolte*), die im Pays Bigouden besonders hohe Wellen schlug, lässt Ludwig XIV. etliche Kirchtürme zwischen Concarneau und Douarnenez schleifen. Und was machen die gedemütigten Bigoudiens bzw. deren Frauen? Sie schlagen auf ihre Weise zurück und kreieren die Coiffe bigoudène. Das hohe Spitzenhäubchen, das selbst stärksten Winden standhält, symbolisiert den bretonischen Kreisker, und kein König wird es je zu schleifen wagen.

P. S. Selbstverständlich ist das wieder eine dieser typischen bretonischen Geschichten – durch nichts bewiesen, aber nett.

Kirche Notre-Dame-des-Carmes: Aus der Kapelle eines Karmeliterklosters wurde die Pfarrkirche von Pont-l'Abbé. 1411 entstand der heutige Bau, der 1603 seinen Glockenturm bekam und bei dieser Gelegenheit leicht verändert und dem Zeitgeschmack entsprechend renoviert wurde. Eine *Marienfigur*, *Statuen* von Johannes und St-Sebastian sowie die *Kreuzigungsszene* in der Mitte der Kolonnaden (linke Seitenwand des Hauptschiffs) gehören zur Ausstattung des kühlen Inneren. Spektakulär flutet das Licht durch die große, renovierte *Rosette* (15. Jh.) im Chor: die acht unteren Fenster zeigen heilig gesprochene Mitglieder des Karmeliterordens.

Monument aux Bigoudens: Am 7. September 1931 wurde am Quai St-Laurant unweit der Kirche Notre-Dame-des-Carmes das *Poème de granit et de bronze* des Bildhauers *Francois Bazin* enthüllt, der dafür den begehrten „Prix National" in Gold einheimste. Es zeigt ein Mädchen in Bigoudentracht und vier trauernde Frauengestalten verschiedenen Alters; sie sorgen sich um ihre abwesenden Söhne, Väter und Männer, die weit draußen im gefährlichen Ozean mit den Naturgewalten ringen.

Pont-l'Abbé/Umgebung

Ökomuseum: Ab Pont-l'Abbé 2 km Richtung Loctudy. Das alte *Gut von Kervazégan* wurde mitsamt seinen Wirtschaftsgebäuden im Stil der bretonischen 1920er Jahre restauriert, mit passendem Mobiliar, bäuerlichen Gebrauchsgegenständen und Hausgeräten ausgestattet und trägt seitdem als *Maison du Pays Bigouden* zur sommerlichen Kulturlandschaft von Pont-l'Abbé bei.
Öffnungszeiten Juni bis Sept. Mo–Sa 10–12 und 14–18 Uhr. Eintritt 2,50 €.

Botanischer Garten (Parc botanique de Cornouaille): Bei Combrit, etwa 6 km östlich von Pont L'Abbé, liegt einer der schönsten botanischen Gärten der Bretagne. Auf einer Fläche von etwas mehr als 4 Hektar blühen ab März Hunderte von Blumenarten und Sträuchern. Besonders schön im Frühjahr ist die Rhododendronblüte, im Sommer sind die 230 verschiedenen Rosen die Hauptattraktion. Wer von der Pracht etwas nach Hause mitnehmen will: Im Gewächshaus werden Jungpflanzen verkauft.

Öffnungszeiten Mitte März bis Mitte Okt. 10–12 und 14–19 Uhr. Eintritt 6 €, Kinder die Hälfte. Hunde haben keinen Zutritt!

Quimper (63.200 Einwohner)

Der berühmte Blick durch die Rue Kéréon, die Schusterstraße, zum Portal der doppeltürmigen Bischofskirche zählt seit der Erfindung der Fotografie zu den beliebtesten bretonischen Stadtmotiven. Wer sein Bild im Kasten hat: Das Beobachten der Fotografen von der Wahl des Ausschnitts bis zum erlösenden „Klick" ist eine ebenso vergnügliche Studie.

15 Kilometer von der Küste, wo die Flüsse *Steir* und *Odet* sich vereinigen, liegt Quimper (bretonisch *Kemper*, Zusammenfluss), die Hauptstadt des Finistère. Die Bischofs- und ehemalige Residenzstadt der Cornouaille gilt als die bretonischste der großen Städte der Bretagne, und dieser Ruf sorgt für entsprechenden Zulauf. Sammelpunkt ist die Altstadt mit einigen bunt gemischten Häuserzeilen in den historischen Gassen: frisch herausgeputztes Fachwerk, Repräsentationsarchitektur der Renaissance und das Wahrzeichen Quimpers, die *Kathedrale St-Corentin*.

Um das relativ kleine Zentrum hat sich selbstverständlich viel Gesichtsloses angesammelt. Nach den 1960er Jahren verdoppelte sich innerhalb eines Jahrzehnts die Einwohnerzahl, und der Fachwerkstil ist längst passé. Doch wie seit alters her überragen nur die Türme der Kathedrale die Stadt, und seit alters her mündet der Steir im Zentrum Quimpers unterirdisch in den größeren Fluss, der für Stunden kärglich rinnt, bevor er wieder sein Bett ausfüllt – die Gezeiten reichen bis Quimper. Die vielen Brücken über den Odet – netterweise sind die meisten für Fußgänger gedacht – lockern dank ihres bunten Blumenschmucks das steingefasste Flussbett der einstigen Lebensader der Stadt freundlich auf.

Die Quimpérois stehen auf Tradition und verschließen sich doch nicht der Moderne: Als die alte Markthalle abgebrannt war, wurde sie ohne Zaudern durch eine moderne ersetzt. Heute kaufen die Kunden in einem weder historisierenden noch futuristischen Marktbau ein, der trotz seiner luftigen Konstruktion mit zeitgenössischen Materialien nicht als Fremdkörper auf dem kleinen Platz wirkt. Der Tradition verhaftet sind dagegen die *Fayencen* aus Quimper – bemalte Porzellannippes, auf dem der bretonische Landmann und sein liebes Weib im traditionellen Blau, Grün und Rot fröhliche Urständ feiern. Die heute hergestellten Stücke halten sich in Form und künstlerischer Ausführung eng an die überlieferten Folklore-Motive, wie sie das Bürgertum des ausgehenden 19. Jahrhunderts schätzte.

Geschichte

In römischer Zeit lag am strategisch wichtigen Platz der Mündung zweier Flüsse zumindest ein Wachtposten, um den sich eine kleine Siedlung entwickelte, doch erzählfreudigen Bretonen ist dies egal. Für sie beginnt die Geschichte Quimpers mit dem Untergang der Stadt Ys (siehe *Douarnenez*, Kastentext *Ys – das Atlantis*

Schaufensterbummel

der Kelten), als König *Gradlon* Quimper zur Hauptstadt seines Reichs machte und den Eremiten *Corentinus* zum Bischof seiner neuen Residenz ernannte. Gradlon wird noch heute hoch verehrt, und sein bester Freund und Ratgeber St-Corentinus ist der Schutzheilige Quimpers.

Viele Wunder werden von diesem Heiligen berichtet, besonders wunderlich die berühmte Fischmahlzeit, Parabel für das unerschöpfliche, Nahrung spendende Meer: Täglich schwamm ihm ein Fisch zu, von dem der anspruchslose Heilige so viel verspeiste, bis er satt war. Den angenagten Rest warf er ins Wasser zurück, und am nächsten Tag war der Fisch wieder heil und bot sich erneut zum Verzehr an.

Auch um Gradlon ranken sich viele Sagen, und noch vor 250 Jahren wurde der legendäre Stadtgründer am Gradlonstag auf seltsame Art gefeiert: Ein schwindelfreier Bursche versah den steinernen König auf seinem Ross über dem Portal der Kathedrale mit einer Serviette und (scheinbar) mit einem Glas Wein. König Gradlon leerte (scheinbar) sein Glas, das der schwindelfreie Bursche (der den Wein selbst getrunken hatte) anschließend von oben in die händereckende Menge warf. 100 Taler zahlte der Magistrat zähneknirschend dem glücklichen Fänger und hoffte dabei insgeheim, dass es nächstes Jahr wieder Scherben geben würde.

Zur nachprüfbaren Stadtgeschichte: Etwa um 500 löst Quimper Douarnenez als Hauptstadt der Cornouaille ab, Jahrhunderte lang regieren von hier aus die Grafen der Cornouaille ihren Besitz, bis Quimper dem Herzogtum Bretagne eingegliedert wird. Ab dem 13. Jahrhundert entwickelt sich Quimper zu der mittelalterlichen Stadt, deren Überbleibsel im Altstadtkern heute das Touristenauge erfreuen – nur die Mauern des einstigen Stadtwalls sind bis auf einen winzigen Rest neben dem alten Bischofspalais abgetragen.

Quimper erlebt als eine der wenigen mittelalterlichen Metropolen der Bretagne hautnah alle Stürme der Zeiten, ist im Erbfolgekrieg und den Religionskriegen immer wieder Ziel von Belagerungen und Plünderungen, von hier ziehen die Parteien

Côte de Cornouaille

in den Kampf. Es werden Pläne geschmiedet und Verträge unterzeichnet, bis der französische Absolutismus auch den bretonischen Adel mundtot macht.

Ende des 17. Jahrhunderts erblüht ein neuer Industriezweig in der Stadt, der zumindest in Fachkreisen noch immer geschätzt wird und noch heute seine zerbrechlichen Waren produziert: Die beiden verbliebenen Fayence-Manufakturen Quimpers bieten, wenn auch nun in kleinerem Rahmen, seit 200 Jahren Arbeitsplätze und pflegen so das Image der einzigen und letzten bretonischen Fayence-Stadt. Die Vorkommen an Tonerde an den Odet-Ufern sind noch lange nicht erschöpft.

Information/Verbindungen

- *Postleitzahl* 29000
- *Information* **Office de Tourisme**, in einem modernen Pavillon am Ufer des Odet, Kompetent in allen touristischen Belangen. Mitte März bis Mai und 2. Septemberhälfte Mo–Sa 9.30–12.30 und 13.30–18.30 Uhr. Juni und 1. Septemberhälfte Mo–Sa 9.30–12.30 und 13.30–18.30 Uhr, So 10–12.45 Uhr. Juli/Aug. Mo–Sa 9–19 Uhr, So 10–13 und 15–17.45 Uhr. Okt. bis Mitte März Mo–Sa 9.30–12.30 und 13.30–18 Uhr. Place de la Résistance. ✆ 02.98.53.04.05, 🖷 02.98.53.31.33, office.tourisme.quimper@wanadoo.fr, www.quimper-tourisme.com.
- *Flugzeug* Der Flughafen der Stadt, der Aéroport de Quimper Pluguffan, liegt 7 km westlich des Zentrums von Quimper. Flüge nach Paris und über Brest nach London. Flughafen ✆ 02.98.94.30.30.
- *Zug* Gute Anschlüsse nach Norden, besonders gute in den Südosten. Quimper liegt an der Schnellstrecke Brest–Nantes, dazu kommt die Direktverbindung nach Rennes und Redon (beide über Lorient–

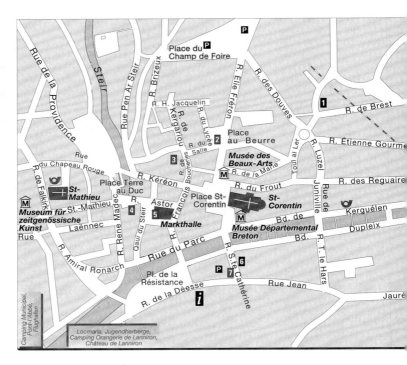

Quimper

Auray–Vannes). Der Bahnhof befindet sich etwa 2 km südöstlich des Zentrums, an der Ausfallstraße nach Lorient.
• *Bus* Busbahnhof am Bahnhof, diverse Haltestellen in der Stadt. Nach Douarnanez wochentags mindestens 9-mal, nach Audierne und weiter zur Pointe du Raz mindestens 4-mal. Zahlreiche Verbindungen ins Pays Bigouden. Weitere gute Verbindungen nach Brest, über Concarneau nach Quimperlé.

Diverses

• *Parken* Problemlos auf den gebührenpflichtigen Großparkplätzen am südlichen Odet-Ufer und im Norden der Altstadt.
• *Internet* **c.com c@fé**, bei der Markthalle, in erster Linie ein nettes Café mit Straßenbestischung, innen ein Computer mit Internet-Zugang. 9, quai Port au Vin.
• *Petit Train* Mit der Kindereisenbahn für 5 € durch die Innenstadt, Kinder unter 5 Jahren umsonst. April bis Okt., Abfahrt jede Stunde vor der Kathedrale.
• *Bootsausflug* Ab der Embarcadère Cap-Horn unterhalb vom Locmaria laden von Juni bis Sept. die *Vedettes de l'Odet* zur **Odet-Flussfahrt** nach Bénodet ein (beschrieben unter *Quimper*). Preis hin/zurück Erwachsene 23 €, 4- bis 12-Jährige 14 €, 0- bis 4-Jährige 4,50 €. Infos und Billetts beim Office de Tourisme oder bei Vedettes de l'Odet, ✆ 08.25.80.08.01.
• *Stadtführung* In der Hauptsaison bietet das Office de Tourisme tägl. um 10.30 Uhr Führungen durch Stadt und Kathedrale an. Preis 5 €.
• *Autoverleih* **Europacar**. 16, av. de la Libération und am Flughafen. ✆ 02.98.90.00.68.
Citer, am Flughafen. ✆ 02.98.90.13.13.
Avis, am Flughafen. ✆ 02.98.90.31.34.
Hertz, am Flughafen. ✆ 02.98.53.12.34.
• *Fahrradverleih* **Torch V.T.T.** 58, rue de la Providence, ✆ 02.98.53.84.41.
• *Einkaufen* Herzchen mit Blumenschmuck, Nippes-Kacheln mit Landmann oder Landfrau, 2.-Wahl-Teller nach Originalmotiven aus dem Museum – wem die Keramik aus Quimper gefällt, sucht am besten die Fabrikationsstätten auf. Der Marktriese ist **HB-Henriot** an der Rue Haute im Ortsteil Locmaria (Mo–Fr 9–12 und 14–19 Uhr).
Bretonisches Tuch schneidert **Le Glazik** im Ortsteil Locmaria: Blousons, Pantalons und Original-Fischertrachten. 9, rue du 19 mars 1962. ✆ 02.98.52.29.28.
• *Markt* Lebensmittelmarkt täglich in der Markthalle. **Kleidermarkt** Mi und Sa am Quai du Steïr und in der Markthalle.
• *Veranstaltungen* In der Woche vor dem letzten Julisonntag schwärmen Tausende von Teilnehmern des **Festival de Cornouaille** in der Stadt aus. Trachten, Konzerte, Lesungen, Schauspiele. Höhepunkt ist der Sonntag: am Vormittag großer Trachtenumzug mit etwa 2500 Teilnehmern aus allen Regionen der Bretagne, nachmittags Aufzug der Tanz- und Musikgruppen. Aktuelle Daten und Programm beim Office de Tourisme.
Semaines musicales jedes Jahr in den drei ersten Augustwochen – mannigfaltig dargebotene klassische Musik an verschiedenen Spielorten.
• *Waschsalon* Wäsche dreckig? Macht nichts. **Laverie automatique** richtet's. 4, rue St-Julien, in der Nähe der Kirche Ste-Thérèse beim Bahnhof.

Übernachten
1 Hôtel Gradlon
6 Hôtel Dupleix
8 Hôtel Mercure
9 Hôtel De la Gare

Essen & Trinken
2 Crêperie De la Place au Beurre
3 Le Bistro à Lire
4 Restaurant O'Keltia
5 Restaurant La Taverne de Maître Kanter
7 Restaurant Rive Gauche
10 Pizzeria L'Adriana

Quimper Zentrum

408 Côte de Cornouaille

Übernachten (siehe Karte S. 406/407)

Hotelschwerpunkt mit Billig- und Mittelklassequartieren am Bahnhof. Weitere Hotels sind im großen Kreis um das Zentrum verstreut. Eine Auswahl:

● *Hotels* ***** Gradlon (1)**, östlich des Zentrums bei der Bahnlinie; 22 gute Zimmer, wohnlicher Salon und ruhiger Innengarten mit hübscher Frühstücksmöglichkeit. Kein Restaurant. DZ je nach Komfort 69–155 €. Ganzjährig geöffnet. 30, rue de Brest. ✆ 02.98.95.04.39, ℻ 02.98.95.61.25, contact@hotel-gradlon.com, www.hotel-gradlon.com.
** Mercure (8), großes Hotel gegenüber dem Bahnhof. Modern und funktional, 61 ziemlich standardgleiche Zimmer mit integrierten sanitären Anlagen. Ganzjährig geöffnet. DZ 75–110 €. 21bis, avenue de la Gare. ✆ 02.98.90.31.71, ℻ 02.98.53.09.81, H1421@accor.com.
** Dupleix (6), am südlichen Odet-Ufer, schräg unterhalb der Kathedrale. Modernes Hotel mit 29 ordentlichen Zimmern. DZ je nach Komfort 69–96 €. Ganzjährig geöffnet. 34, boulevard Dupleix. ✆ 02.98.90.53.35, ℻ 02.98.52.05.31, hotel-dupleix@wanadoo.fr, www.hotel-dupleix.com.
** De la Gare (9), gegenüber dem Bahnhof, die billigere Alternative zum Nachbarn „Mercure". Die modernen Zimmer zeigen auf einen ruhigen Innenhof; Restaurant vorhanden. DZ 43–58 €. 17, avenue de la Gare. ✆ 02.98.90.00.81, ℻ 02.98.53.21.81, hoteldelagarequimper@free.fr, www.hoteldelagarequimper.com.

● *Jugendherberge* 60 einfache Betten im Westen des Zentrums (Richtung Aufierne). Übernachtung pro Pers. 11 €, Frühstück 3,40 €. Geöffnet April bis Sept., Rezeption 8–11 und 17–21 Uhr. 6, avenue des Oiseaux. ✆ 02.98.64.9797, ℻ 02.98.55.38.37, quimper@fuaj.org, www.fuaj.org (sich auf der Karte nach Quimper klicken).

● *Camping* ****** Orangerie de Lanniron**, im Süden der Stadt an der Odet-Schlaufe. Wo einst die Bischöfe von Quimper residierten, ist an der ehemaligen Residenz am Ostufer des Odet ein gepflegter 17-ha-Luxusplatz entstanden. Schatten, Schwimmbad und Tennis, Laden, Restaurant, Uferpark – alles da. Rund 200 Stellplätze. Geöffnet Mitte Mai bis Mitte Sept. Orangerie de Lanniron, Allée de Lanniron. ✆ 02.98.90.62.02, ℻ 02.98.52.15.56, www.lanniron.com.
** Municipal, kleiner, für Stadtverhältnisse gemütlicher Platz bei der Jugendherberge am westlichen Stadtrand (Richtung Audierne) in einem schönen, alten Parkgelände. Großzügige Stellflächen, sanitäre Ausstattung ganz ordentlich. Ganzjährig geöffnet. Parc de l'Ancien Séminaire, Avenue des Oiseaux. ✆/℻ 02.98.55.61.09.

Essen (siehe Karte S. 406/407)

Quimpers Küche bietet mehrere Spezialitäten, eine davon ist Makrele in Apfelwein oder mit Senf *(maquereau au cidre oder à la moutarde)*.

● *Restaurants* **Rive Gauche (7)**, gutbürgerliche Mittelklasse in halb-modernem Interieur. Solide Menüs, Meeresbewohner, Federvieh und Vierbeiner sind auf der Speisekarte gleichberechtigt. Menüs ab 16 €, wobei schon das günstigste etwas hermacht. 9, rue Ste-Catherine. ✆ 02.98.90.06.15.
O'Keltia (4), bei der Markthalle. Hier kann man auf 2 Etagen gut speisen. Menüs von 13–26 €, auch Pizza und Pasta. Unsere Empfehlung: Gebratene Chèvre auf Toast mit Speckstückchen, Hühnchenfilet in Chouchenn auf frischer Nudeln, Tarte au citron. 1bis, quai du Port au Vin. ✆ 02.98.64.68.99.
La Taverne de Maître Kanter (5), eine empfehlenswerte Adresse. Auf der Speisekarte stehen – entsprechend der elsässischen Herkunft der Kette – Flammkuchen und Sauerkraut, aber auch viel Fisch und Meeresfrüchte. Ganz besonders ist die Aussicht im ersten Stock: Wer mittags speist, kann beim Plätschern des Hummerbeckens direkt auf das bunte Treiben in den Markthallen schauen. 14, quai du Steïr. ✆ 02.98.95.30.05.
L'Adriana (10), die Pizzeria in dem lachsfarbenen Haus bietet auch eine große Auswahl an Pasta, Fleisch und Salaten. Sa und So mittags geschlossen. 1, rue Jean Jaurès. ✆ 02.98.90.41.71.

● *Crêperie* **De la place au Beurre (2)**, die Crêperie in einem verwinkelten Fachwerkhaus am pittoresken *Butterplatz* serviert exzellente Crêpes. Im Winter Do/Fr geschlossen. 2bis, place au Beurre, ✆ 02.98.95.49.88.

● *Bar* **Le Bistro à Lire (3)**, im Zentrum. Kleines, freundliches Café mit großem französischsprachigem Krimi-Angebot (nur Verkauf). 18, rue des Boucheries. ✆ 02.98.95.30.86.

Die Ile Louët bei Carantec (JG) ▲▲
Wrackteil an der Pointe de Penhir (JG)

▲▲ Hummerreusen (JG)
▲ Rentnerleben (MXS)

Artischockenfeld im Goldenen Gürtel (JG) ▲▲
Häuserfassade in Morlaix (JG) ▲

▲▲ Detail in Lampaul-Guimiliau (JG)
▲ Tour-Eiffel-Haus in Pontrieux (JG)
▲▲ Roscoff (JG)
▲ Stillleben in Josselin (JG)

Die Erfindung des Stethoskops

René Laënnec, 1781 in Quimper geboren, hätte nach seinem Medizinstudium wohl bis zum Ruhestand eine normale Arztpraxis unterhalten, wäre er nur nicht so schüchtern gewesen. Doch wie das Leben spielt – was für andere ein Handicap ist, machte ihn berühmt.

Ein anscheinend normaler Arztalltag im Jahr 1815. „Die nächste, bitte!" – die Patientin tritt ein, und Docteur Laënnec verschlägt es die Sprache. Eine Schönheit, ein Traum von einer Frau steht vor ihm. Dr. Laënnecs Puls rast. Als die Betörende auch noch über Herzschmerzen klagt, ist der Mediziner mit den Nerven am Ende. Der Arzt müsste nun, wie er es gelernt und bis jetzt tadellos praktiziert hat, seinen Kopf auf die Brust der Schmerzgeplagten legen, um das Herz abzuhören. Doch der 34-jährige Mann ist wie gelähmt. Nie, nie könnte er sein Ohr an den Busen dieser holden Schönheit pressen. Fieberhaft überlegt er nach einem schicklichen Ausweg, und er weiß gar nicht, was er tut, als er, ganz verlegen, ein Stück steifes Papier zu einem Rohr rollt. Ein Rohr? Aber natürlich! Das war es, ein Rohr könnte es zur Not tun und würde den so dringend gebotenen Abstand schaffen. Hoffentlich hat die Patientin nichts gemerkt. Baff ist wohl das zutreffendste Wort für Dr. Laënnecs Zustand, als er die Herztöne so laut und deutlich wie noch nie hört.

Nein, er hat die schöne Patientin nicht geheiratet, wie es sich für ein ordentliches Happy-End gehört. Vielmehr hatte der Arzt bald die abendländische Ärzteschaft von seinem Hörrohr überzeugt und widmete sich fortan der systematischen Erforschung der Auskultation, des Abhorchens: Aus dem ersten primitiven Papierrohr entwickelte sich schnell das heute unverzichtbare Stethoskop („Bitte nicht atmen!").

Nach dem verdienten Ruhestand siedelte Dr. Laënnec nach Douarnenez um. Als er 1826 starb, wurde er am Friedhof von Ploaré (Douarnenez) beigesetzt. So sonnt sich auch Douarnenez im Ruhm des bedeutendsten Sohnes Quimpers. Sein Denkmal in Quimper steht etwas verloren auf dem Laënnec-Platz bei der Kathedrale.

Sehenswertes

Kathedrale St-Corentin: Der Grundstein der Kathedrale wurde 1240 gelegt. Zuerst wurde der *Chor* in Angriff genommen, der sich nicht lotrecht ans *Hauptschiff* anschließt, sondern leicht nach links geneigt ist. Kirchenmythologisch wird der Knick als das zur Seite geneigte Haupt Christi am Kreuz interpretiert, bautechnisch gesehen wich man wohl einer Grabkapelle aus, die man wegen des Neubaus nicht abreißen wollte. Im 15. Jahrhundert nahmen *Längs-* und *Querschiff* sowie die leichtfüßig aufstrebenden *Türme* ihre heutige Gestalt an. Letztere waren größere Kopien des Turms der Kirche von Pont-Croix, erst 1857 bekamen sie dank des Corentin-Pfennigs, den der Bischof von Quimper seiner Diözese fünf Jahre lang auferlegte, ihre langen, lichtdurchlässigen *Spitzen* und mit diesen ihre endgültige, himmelstürmende Eleganz. Unbekümmert wurde so das Gotteshaus im wechselnden Stil der Zeiten hochgezogen, strenge Früh- und gereifte Spätgotik treffen auf den Neoklassizismus, der sich an die frühen gotischen Pläne hielt.

410 Côte de Cornouaille

Die Spitzen von St-Corentin

Das enge Zusammenspiel von Kirche und aristokratischem Staat wird an der *Westfassade* sichtbar, auf der sich die Herzöge von Montfort, Herrscher über die Cornouaille und Herzöge der Bretagne, in Stein verewigen ließen; hoch über dem Portal reitet der weltliche Stadtgründer König Gradlon auf seinem steinernen Ross. Die Jahre der Revolution werden wie anderswo auch eine bittere Zeit für das Gotteshaus. 1789 werden Stifterwappen, Grabmale und die unteren, gut erreichbaren Fenster beschädigt oder zerschlagen und die Kunstschätze geraubt. Vier Jahre später, wohl in höhnischer Absicht exakt am Festtag des heiligen Corentinus, werden die Holzstatuen der Kathedrale öffentlich verbrannt. Die heutige Ausstattung wurde nach den antiklerikalen Zerstörungsaktionen etwas wahllos zusammengetragen, sie entspricht nicht mehr der ursprünglichen Pracht.

Im Inneren der Kathedrale herrscht die Geschäftigkeit eines weltlich-religiösen Kulttempels: Kulturtouristen und gläubige Katholiken mengen sich zu einer Gemeinde, von der ein Teil christliche Kultur inspiziert und murmelnd seiner Bewunderung Ausdruck verleiht, während der andere Teil still im Gebet versunken ist oder kreuzschlagend weitere Lichter im Meer der Kerzen entzündet.

Nach den abgeschlossenen Restaurierungsarbeiten erstrahlt das Kircheninnere wieder im alten Glanz. Die Höhepunkte der reichen Ausstattung: Nach dem Eintritt von der Westseite links die *Taufkapelle* mit dem *Taufbecken* und einer *Alabasterstatue von Johannes dem Täufer* (15. Jh.), rechts eine *Grablegung Christi* in Gips. An der Südfassade flackern Kerzen und Totenlichter vor einer Nachbildung der *Grotte von Lourdes* – die Madonna steht auf aufgehäuftem Felsgestein und wird von einer Knienden angebetet.

An der vorderen Ecke zum südlichen Querschiff fällt die geschnitzte *Holzkanzel* (1679) auf, deren vergoldete Medaillons aus dem Leben des Corentinus erzählen. Gleich gegenüber, an der anderen Ecke zum südlichen Querschiff, ist ein etwas ausgefallenes Motiv zu sehen: Anna, die Nationalheilige der Bretagne, bringt der halbwüchsigen Maria das Lesen bei (Statue aus dem 17. Jh.).

Im Chor wird der heilige *Jean Discalcéat* (1279–1349) alias *Santik Du* verehrt. Die Statue des „kleinen schwarzen Heiligen" ist das einzige Stück, das die Revolution unversehrt überstanden hat. Santik Du ging dem bodenständigen Maurerhandwerk nach, bevor er in Rennes Theologie studierte und bei den Minoriten Ordensbruder und Priester wurde. Er beachtete die strengen Ordensregeln sehr gewissenhaft, pflegte bei einer Epidemie in Quimper Pestkranke und wurde schließlich selbst ein Opfer des Schwarzen Todes. Er gilt als Schutzheiliger der armen Leute. An seiner Statue wurde früher Brot deponiert, das sich die Bedürftigen holen konnten.

Die *Fenster* in der oberen Reihe des Hauptschiffs und im Querschiff zeigen bretonische Ritter, Kirchenmänner oder Fürsten, verwoben in Szenen aus dem Leben bretonischer Heiliger.

Alte Häuser: Im Rahmen eines schleifenförmigen Rundgangs durch die obere und untere Altstadt erschließt sich die mittelalterliche Bausubstanz, die das 21. Jahrhundert noch erleben darf. Die bemerkenswertesten Stationen:

Die *Place St-Corentin* gegenüber der Kathedrale ist ein guter Ausgangspunkt. Wer von ihr aus die *Rue Guéodet* betritt, steht bald vor dem *Haus der Karyatiden*, dessen Figuren ihr Dasein recht lustig finden. Am Ende der Straße rechts in die *Rue des Boucheries* und gleich nochmals rechts in die *Rue du Sallé*, wo die *Maison Minuellou* (Nr. 10) heraussticht. Das schmucke Haus, unten blau gestrichenes Fachwerk, oben Schiefer, rückt mit jeder seiner drei Etagen ein Stück weiter in die Straße hinein. Ein paar Schritte weiter, und man steht auf der winzigen *Place au Beurre*, wo einst der Buttermarkt war und heute eine angenehme Bar und eine Crêperie zur Pause einladen.

Romantik am Fluss

Die kurze *Rue Kéréon*, auf der die Fotografen damit beschäftigt sind, die Kathedrale einzufangen, wird durchgängig von adrett geputzten Geschäftshäuschen aus dem Mittelalter gesäumt; über den Köpfen der Fußgänger verehrt ein geschnitzter und buntbemalter Quimpérois (im Giebel von Haus Nr. 12) Tag und Nacht sein angebetetes weibliches Pendant auf der anderen Gassenseite, das ihm schon seit Jahrhunderten Hoffnung macht.

An der *Place Terre au Duc*, wo der Steir im Schatten eines Wachtürmchens sich in sein unterirdisches Bett begibt, standen früher Gericht und Kerker der bretonischen Herzöge. Hier steht mitten im malerischsten Platz-Ensemble das vielleicht lustigste Haus Quimpers – ohne Nachbarn, schief, verzogen und ungemein heiter.

Kunstmuseum (Musée des Beaux-Arts): An der Place St-Corentin bei der Kathedrale. Seit der Neueröffnung 1993 ist das umfangreiche Bilderangebot wieder das ursprüngliche: Maler des 16. bis 20. Jahrhunderts, bretonische Motive im „Bretonischen Saal", etliche Werke der Schule von Pont-Aven, darunter *Emile Bernard* und *Paul Sérusier*, ein Extrasaal für Bilder und Originalmanuskripte von *Max Jacob*. Der gebürtige Quimpérois ging um 1900 nach Paris, um in der Großstadt zu finden, was Quimper nicht bieten konnte: Anschluss an die Surrealisten- und Avantgardeszene und damit Anregungen für sein eigenes Schaffen. Neben der ständigen Sammlung beherbergt das Museum im Jahr zwei bis drei Sonderausstellungen.

Öffnungszeiten April bis Juni und Sept./Okt. 10–12 und 14–18 Uhr, Di geschlossen. Juli/Aug. tägl. 10–19 Uhr. Nov. bis März 10–12 und 14–18 Uhr, Di und Sonntagvormittag geschlossen. Eintritt 4 €.

Volkskundemuseum (Musée Départemental Breton): Gleich neben dem Gemäldemuseum. Alte Exponate in didaktischer Anordnung geben einen Überblick über Geschichte, Kulturschaffen und Alltagsleben seit der römischen Besetzung im Finistère und der Cornouaille. Ein Glanzpunkt ist der 3 m hohe *Menhir von Kernuz* mit Gravierungen von möglicherweise gallischer Hand. Die *Fayencen-Abteilung* ist aus lokalpatriotischen Gründen besonders üppig.

Öffnungszeiten Juni bis Sept. täglich 9–18 Uhr. Okt. bis Mai 9–12 und 14–17 Uhr, Mo und Sonntagvormittag geschlossen. Eintritt 3,80 €.

Museumspass

Der **Passeport culturel** für 11,50 € berechtigt zum Eintritt von 4 der folgenden 6 Museen/Führungen: Kunstmuseum, Volkskundemuseum, Fayence-Museum, Faïencerie, Museum für zeitgenössische Kunst und vom Office de Tourisme angebotene Stadtführungen. Welche 4 Museen/Führungen der Inhaber des Museumspasses besuchen will, liegt bei ihm selbst. Erhältlich ist der Pass an jeder der aufgeführten 6 Stellen.

Kirche Notre-Dame-de-Locmaria: Der Stadtteil Locmaria, etwas unterhalb des Kerns von Quimper auf der anderen Seite des Odet, in frühen Quellen als *Aquilonia* erwähnt, versteht sich als Ursprungsort des späteren Quimpers. Hier unterhielten die Benediktiner ein Kloster, und hier sollen die ersten Bischöfe residiert haben, bevor die Diözesenleitung nach Quimper umzog. Erst spät wurde Locmaria eingemeindet, das lange auf seine Unabhängigkeit und seine Rechte pochte. Es war Sitte, dass jeder frisch bestallte Bischof seine Aufwartung bei der Äbtissin des Frauenklosters von Locmaria machte; in einem immergleichen Zeremoniell vertraute er Pferd, Mantel und Handschuhe der Priorin an, bevor er fragte, ob er hier in Gottes Namen die Nacht verbringen dürfte.

Die letzten Nonnen verließen das Kloster 1792, als es zwangsaufgelöst wurde. Die romanische *Klosterkirche Notre-Dame-de-Locmaria* – ursprünglich *Sancta Maria in Aquilonia Civitate* – bei den Fayencemanufakturen ist der einzige klerikal genutzte Rest der Abtei. Die Kirche wurde vermutlich im 11. Jahrhundert erbaut, der Chor im 19. Jahrhundert einschneidend renoviert. Der äußere Eindruck ist der eines düsteren Gotteshauses, das von seinem dicken Turm niedergehalten wird. Das Innere ist ungewohnt hell, die Wände fast kahl, der umgebaute Chor säulchengegliedert. Höhepunkt der kargen Ausstattung ist der *Triumphbalken* mit Christus, der mit einer roten Robe bekleidet ans Kreuz geschlagen ist.

Fayence-Museum: In Locmaria, hinter der Manufaktur von Quimpers Fayence-König HB Henriot. 500 ausgesuchte Stücke geben einen Überblick über die Geschichte und das kreative Schaffen der einheimischen Fayencemanufakturen. Ergänzt wird die Sammlung durch jährlich wechselnde Ausstellungen.

Öffnungszeiten Mitte April bis Okt. Mo–Sa 10–18 Uhr. Eintritt 4 €.

Fayencen

Fayencerien sind Keramikwerkstätten, die Fayence eine weiß glasierte, bemalte Irdenware, benannt nach Faenza, einem Hauptort der italienischen Fayenceproduktion. Werkstücke aus fein geschlemmten Tonsorten werden an der Luft getrocknet, darauf in Öfen bei 800–900 °C verfestigt, dann in ein mit Zinnoxid angereichertes Glasurbad getaucht und in noch feuchtem Zustand blau, grün, mangan, gelb oder rot bemalt. In einem zweiten Brand verschmelzen bei hohen Temperaturen (bis etwa 1100 °C) die weiß deckende Glasur und die sich in ihr einbettenden Scharffeuerfarben zu einem glänzenden Überzug.

Schon Jahrzehnte vor Beginn der Produktion in Quimper wurde die Tonerde der Odet-Ufer zur Weiterverarbeitung nach Locronan verschifft. Um 1690 eröffnete ein Südfranzose, der den Grundstoff der Bequemlichkeit halber vor Ort verarbeiten wollte, die erste Manufaktur in Quimper. Die Bemalung war anfangs eine Stilverschmelzung aus tradierten Motiven von Rouen und Nevers – den namhaftesten Werkstätten Frankreichs – und dem Morgenland. Eine Qualität wie Delfter Porzellan oder Fayencen aus dem türkischen Iznik wurde in Quimper nie erreicht; hergestellt wurde solide, wenig ausgefallene Keramik für eine wohlhabende Kundschaft.

Ab Ende des 18. Jahrhunderts begannen englische Manufakturen, das europäische Festland mit billigem Steingut zu überfluten – die Fayencen verschwanden fast völlig vom Markt. Erst der Jugendstil verhalf der Fayenceherstellung wieder zu einem neuen Aufschwung, der sich auch in der Bretagne bemerkbar machte: Ab 1880 wird in Quimper mit der Massenproduktion von Keramik begonnen, die bis heute zum größten Teil mit bretonischen Motiven dekoriert ist und, je nach Geldbeutel, in jedes gut- bis kleinbürgerliche Wohnzimmer passt.

Faïencerie: In Locmaria, im Hause HB Henriot, dem unangefochtenen Marktführer in Sachen Kitsch und Kunst. Der geführte Gang durch die Werkstätten verschafft einen Einblick in die Produktionsweise. In den Ausstellungsräumen sind die Ergebnisse der aktuellen Arbeiten sowie alte Prachtstücke, von denen man sich nicht trennen wollte, zu bewundern: funktionale Keramik, als künstlerisch wertvoll deklarierte Staubfänger, dazwischen wirkliche Kunst. Flache Teller, Suppenteller, Kaffeegeschirr, Vasen, Schüsseln oder Platten in allen Größen, Puppen, Figurengruppen, Uhren, Tiere (z. B. stolzer Schwan und scheues Reh) und viele andere Kostbarkeiten mehr.
Öffnungszeiten Nur Führungen: Mo–Fr 9.15, 10.15, 11.15, 14, 14.45, 15.45 und 16.15 Uhr. Eintritt 3,50 €.

Museum für zeitgenössische Kunst (Centre d'art contemporain): Das Ausstellungsgebäude liegt inmitten des neu entstandenen Kulturkomplexes und zeigt wechselnde Ausstellungen zeitgenössischer Künstler.
Öffnungszeiten Di–Sa 10–12.30 und 13.30–18 Uhr, So 14–17 Uhr, zwischen den einzelnen Ausstellungen jeweils 3 Wochen Pause. Eintritt 1,50 €, Personen unter 26 Jahren gratis.

Château de Lanniron: Am östlichen Odet-Ufer, 2½ km südlich von Quimper-Centre. „Nach des Tages Müh' und Plag' kann man hier den lieben Gott einen guten Mann sein lassen. Schönes Schloss in 1-A-Lage, Preis Verhandlungssache" – hätten die Bischöfe von Quimper annoncieren können, hätten sie ihren Wohnsitz veräußern wollen. Im 17. Jahrhundert von den Bischöfen bezogen, wurden Schloss und Park im 19. Jahrhundert dem Geschmack der Zeit angepasst und bis dato so erhalten. Der prächtig angelegte Garten der ehemaligen Residenz ist zum Flanieren freigegeben.
Öffnungszeiten Mitte Mai bis Mitte Sept täglich 14–18 Uhr. Eintritt 4 €, Kinder bis 10 Jahre die Hälfte.

Quimper/Umgebung

Flussfahrt auf dem Odet: Eine romantische Fahrt auf einem romantischen Fluss: Kurvenreich, still und blau schlängelt der Odet sich durch sein liebliches, grün wucherndes Tal, bis er sich, kurz vor seiner Mündung ins Meer, respektabel weitet. An den Ufern stehen aristokratische Schlösschen in gepflegten Parks, großzügige Villen betuchter Zeitgenossen, Bürgershäuser in bevorzugter Lage, ab und zu sichtet man einen Seitenarm oder eine Anlegestelle.

Die *Vire-Court* genannten Schleifen, in denen der Odet hinter der seeartigen *Baie de Kérogan* nach Quimper seiner großzügigen Mündung entgegenzieht, sind der Höhepunkt der Fahrt. An der engsten Stelle des Odet ragen Felsen auf, einer davon ist der *Jungfernsprung (Saut de la Pucelle)* – hier verfolgte angeblich ein sexuell amoklaufender Mönch eine Maid, die mit einem gewaltigen Sprung von einem Felsen zum anderen übersetzte. Der Mönch sprang nach und stürzte ab. Den *Bischofsstuhl (Chaise de l'Evêque)*, eine andere Felsformation in den Flussschleifen, formten Engel für *St-Corentin*, der oft hier saß und meditierte. Kurz darauf folgt die engste Kurve: Hier traute sich einst die spanische Flotte, die ausgezogen war, um Quimper zu plündern, nicht mehr weiter und trat den Rückweg an. Kurz vor Bénodet wird die *Cornouaille-Brücke* von unten besichtigt, die 610 m lang den Odet überspannt. Dann öffnet sich die Mündung des Flusses endgültig zu einer Bucht des Atlantischen Ozeans.

Weitere Informationen siehe *Quimper, Bénodet, Concarneau/Bootsausflug.*

Site du Stangala: Nach einem etwa 30-minütigen Waldspaziergang bergauf erreicht man den beliebten Panoramapunkt, eine von Büschen umrahmte Felsplattform ungefähr 70 m über einer engen Schleife des sich sanft schlängelnden Flusslaufs des *Odet*. Blick auf den Odet unten im Vordergrund, auf die Häuser von Tréazon am Talhang. Links in weiter Ferne zeigt sich die *Montagne de Locronan* mit ihrer Kapelle auf der Kuppe.

Anfahrt Von Quimper im Ortsteil Locmaria Richtung Autobahn, noch vor dieser links ab Richtung Quéllenec/St-Guénolé. Bei Quéllenec wieder links ab und parken.

Bénodet
(2750 Einwohner)

Das Meer, ein Fluss und eine Lagune sind die Wasserflächen Bénodets. Der Atlantik erfüllt alle Wassersportträume, der charmante Odet, von Bénodet bis nach Quimper schiffbar, befriedigt romantische Flussfahrtbedürfnisse, und in der flachen Lagune hinter der lang gezogenen schmalen Düne am östlichen Ortsende treffen Anfänger des Surfsports auf badende Kinder.

Bei Bénodet, an der Odet-Mündung, endet die wilde bretonische Südküste. Von Bénodet bis la Baule häufen sich die Unterkunftsorte, die Strände werden länger, die klimatisch begünstigte Küstenzone ist den Gezeiten weniger unterworfen. Zwar gibt sich das Bigoudenland in Sachen Tourismus-Promotion viel Mühe, doch auf absehbare Zeit wird es dabei bleiben: Der große Strom der Urlauber zieht von La Baule bis Bénodet.

Bénodet verdient den Namen Seebad wirklich, der Ort ist ein Urlaubsparadies, in dem es an nichts mangelt: Hotels, Restaurants, Thalassotherapie-Zentrum, dazwischen die Villen der Betuchten, das Casino für einen verspielten Abend, ein mondäner Jachthafen, Bars und Eisdielen für den Appetit auf gekühltes Süßes. Wer gerade nicht badet, konsumiert oder einen Ausflug macht, kann den Leuchtturm *La Pyramide* besteigen (192 Stufen), auf der *Promenade* wandeln oder entlang der *Corniche de l'Estuaire* am Meer spazieren gehen.

*I*nformation/*V*erbindungen

- *Postleitzahl* 29950
- *Information* **Office de Tourisme**, ab vom Schuss in einer ruhigen Wohngegend, 500 m landeinwärts an der Straße nach Quimper. Das kompetente Büro hilft in allen touristischen Belangen weiter. April bis Mitte Juni Mo–Sa 9.30–12 und 13.30–18 Uhr. Mitte Juni bis Mitte Sept. Mo–Sa 9–19 Uhr, So 10–18 Uhr. Mitte Sept. bis März Mo–Sa 9.30–12 und 14–17 Uhr. 29, avenue de la Mer. ✆ 02.98.57.00.14, ✆ 02.98.57.23.00, tourisme@benodet.fr, www.benodet.fr.
- *Bus* Etliche **Busse** nach Quimper; wer nach Fouesnant, Concarneau oder Pont l'Abbé möchte, muss in Quimper umsteigen.
- *Schiff* **Fähre zu den Iles de Glénan**; die Fahrt zu der vorgelagerten Inselgruppe wird von den *Vedettes de l'Odet* organisiert. In der Hauptsaison starten 4 Boote zwischen 9.30 und 13.30 Uhr zu ihrer etwa 1-stündigen Überfahrt, im Mai/Juni 2-mal täglich außer Montag. Retourticket 28 €, 4- bis 12-Jährige 14,50€, 0- bis 4-Jährige 4,50 €. Auskunft und Ticketverkauf an der Ablegestelle oder unter ✆ 08.25.80.08.01.

Im Sommer Boot nach **Loctudy**, Fahrtdauer 30 Minuten, einfaches Ticket ca. 5 €.

*D*iverses

- *Bootsausflug* Mit den *Vedettes de l'Odet* zur **Odet-Flussfahrt** nach Quimper (beschrieben unter *Quimper/Umgebung*). Im Juli/Aug. 5-mal täglich, ab April mindestens 2-mal. Das Vergnügen dauert etwa 2½ Std. Abfahrtshafen ist außer Bénodet auch

416 Côte de Cornouaille

Loctudy. Die Fahrt führt bis Quimper ins Viertel Locmaria. Erwachsene retour 23 €, 4- bis 12-Jährige 14 €, 0- bis 4-Jährige 4,50 €. Wer das Mittagsboot (nicht Montag) ab Bénodet wählt, kann ein Croisière-Déjeuner einnehmen: Auskünfte und Billetts beim Office de Tourisme oder bei den Vedettes de l'Odet im Hafen- und im Ortsbüro, ✆ 08.25.80.08.01.
Die gleiche Gesellschaft bietet ein Kompaktpaket zu den Iles de Glénan: Hin- und Rückfahrt, Inselrundfahrt und „Entdeckung der Unterwasserlandschaft mit einem Naturfachmann", Aufenthalt auf St-Nicolas. Erwachsene 39,50 €, 4- bis 12-Jährige 21 €, bis 4 Jahre 4,50 €.

• *Fahrradverleih* **Cycletty** mitten im Ort in der Nähe der größeren Rue de Cornouaille (100 m landeinwärts vom Handelshafen); auch Tandems. 5. avenue de la Mer. ✆ 02.98.57.12.49.

• *Markt* Montagvormittag auf der Place du Meneyer (Avenue de la Plage).

• *Wassersport* **U.C.P.A.** Die nationale Organisation bietet Kurse in Segeln, Surfen, Kajak, Wasserski. Auch Hochsee-Segel- oder -Surfkurse. Fort du Coq. ✆ 02.98.57.16.09.
Multisports Centre du Letty, der U.C.P.A. angegliedert, bietet ein vergleichbares Programm. ✆ 02.98.57.03.26.
Speed Evasion verleiht Kajaks. Plage du Trez. ✆ 02.98.58.56.20.

• *Tennis* **Tennisclub Bénodétois** im Sportkomplex von Poulpry (im Osten des Orts), 4 Courts außen, 2 innen. ✆ 02.98.57.16.15.

• *Golf* **Golf de l'Odet**, eines der 7 bretonischen Mitglieder von Formule Golf. Golfer treffen sich bei Clohars-Fouesnant einige Kilometer nordöstlich den noblen 18-Loch-Platz (par 72 SSS 73). Putting Green. Auch Kurse. ✆ 02.98.54.87.88.

• *Casino* Wer seine Urlaubskasse ohne Knochenarbeit aufbessern möchte, kann sein Glück im Spielpalast an der Corniche de la Plage versuchen.

• *Waschsalon* am Jachthafen, tägl. geöffnet.

Übernachten

• *Hotels* ***** Ker Moor**, ausladender, von einem Pinienpark umgebener Hotelkasten an der Strandpromenade. Schwimmbad, Tennisplatz. Zusammen mit dem angegliederten Hotel Kastel Moor 60 Zimmer der gehobenen Klasse, teils mit Balkon. Restaurant. DZ 75–130 € je nach Saison und Komfort. Ganzjährig geöffnet. Corniche de la Plage. ✆ 02.98.57.04.48, ℻ 02.98.57.17.96, kermooor.hotel@wanadoo.fr, www.kermoor.com.

** Les Bains de Mer, 32-Zimmer-Hotel in einer ruhigen Seitenstraße oberhalb des Handelshafens mit eigenem Swimmingpool. Ordentliche Räumlichkeiten mit unterschiedlicher sanitärer Ausstattung. DZ 52–89 €. Ganzjährig geöffnet. 11, rue de Kerguélen. ✆ 02.98.57.03.41, ℻ 02.98.57.11.07, bainsdemer@portdebenodet.com, www.lesbainsdemer.com.

Ker Vennaik, kleineres 16-Zimmer-Hotel etwas abseits vom Trubel nahe der Plage du Coq. Restaurant und Garage. DZ 45–80 €. Geöffnet Ostern bis Okt. 45, avenue de la Plage. ✆ 02.98.57.15.40, ℻ 02.98.57.27.48, contact@hotel-benodet.com, www.hotel-benodet.com.

** Le Cornouaille, oberhalb der Promenade; freundlicher Empfang. Frühstücken (Buffet) im kleinen Palmenhof im Restaurant-Annexe. Ausgezeichnete Küche. 32 moderne, praktische und ausreichende Zimmer, alle mit Du/WC. DZ 40–65, HP 47–60 €. Geöffnet Feb. bis Mitte Nov. 62, avenue de la Plage. ✆ 02.98.57.03.78, ℻ 02.98.57.09.80, info@le-cornouaille-hotel.com, www.le-cornouaille-hotel.com.

** De la Poste, die preiswerteste Wahl im Seebad. 18 ordentliche Zimmer unweit von Kirche und Hafen. DZ 38–55 €. Ganzjährig geöffnet. 17, rue de l'Église. ✆ 02.98.57.17.08, ℻ 02.98.57.04.97.

• *Camping* 8 Plätze um Bénodet mit einer Kapazität von über 2200 Campingeinheiten; auf den gehobenen Großanlagen ist auch im Hochsommer ein Plätzchen frei. Alle nachstehend aufgeführten Plätze befinden sich südöstlich des Zentrums.

**** Pointe St-Gilles, ein wahres „village de plein air", ein Campingdorf an einem Sträßchen direkt am Meer, Zufahrt über die Rue Poulmic. Schwimmbecken und die ganze Ausrüstung eines gehobenen Campingplatzes für Langzeitgäste. Fast 500 Stellplätze. Geöffnet Mai bis Mitte Sept. Rue Poulmic. ✆ 02.98.57.05.37, ℻ 02.98.57.27.52, www.camping-stgilles.fr.

**** Le Letty, der letzte Platz in der Reihe am Ausgang der Lagune, ein riesiges Urlaubsdorf. Eigener Strandabschnitt an der flachen Lagune, viel Schatten auf dem unterteilten 10-ha-Areal und selbstverständlich alle Einrichtungen der Luxuskategorie, allerdings kein Swimmingpool. Segelschule angeschlossen (siehe *Wassersport*). Fast 500 Stellplätze. Geöffnet Mitte Juni bis 1. Septemberwoche. ✆ 02.98.57.04.69, ℻ 02.98.66.22.56, www.campingduletty.com.

*** **De la Plage**, hinter der Hotelzeile oberhalb der Plage du Trez. Spielplatz, beheizter Kleinswimmingpool mit Kinderrutsche und Planschbecken. Mehrere Sanitärblocks, Laden, etliche Wohncontainer und verschiedene Verleihangebote: Fahrrad, Windsurfbrett, Fischerzubehör. Hohe Bäume geben einem Teil des Geländes Schatten. Im unteren Areal viele Wohncontainer. 300 Stellplätze. Geöffnet Mai bis Sept. 20, rue du Poulquer. ✆ 02.98.57.00.55, ℻ 02.98.57.12.60, www.campingdelaplagebenodet.com.

*** **Du Poulquer**, gegenüber dem vorgenannten; Heckenareal mit ordentlichen Sanitäranlagen und Pseudospielplatz, Swimmingpool und klitzekleinem Kinderplanschbecken. 215 Stellplätze. Geöffnet Mitte Mai bis Sept. 23, rue du Poulquer, ✆ 02.98.57.04.19, ℻ 02.98.66.20.30, www.campingdupoulquer.com.

** **Du Trez**, der zentrumsnächste Platz, in Casinonähe auf einem Hügel hinter dem Stadtstrand im Häuschengewirr. Kleines, gartenähnliches Gelände in dritter Reihe. Etwa 500 m zum Strand, futuristische Sanitärpavillons. 180 Stellplätze. Geöffnet Juni bis Mitte Sept. 9, rue des Peupliers. ✆/℻ 02.98.57.15.94, www.campingdutrez.com.

Essen

• *Restaurant* **Le Spi**, direkt am westlichen Ende der Strandpromenade. Bei schönem Wetter der ideale Ort, um den flanierenden Herrschaften, Badegästen und Wassersportlern zuzuschauen, oder einfach um selbst in einem Liegstuhl die Sonne zu genießen. Meeresfrüchte, Fisch und exzellente Crêpes. Unser Favorit: Crêpe bergère mit Chèvre, Speck und Salat. In der Hauptsaison täglich geöffnet. 3, avenue de la Plage. ✆ 02.98.57.19.50.

Sehenswertes

Musée du Bord de Mer: Seit einigen Jahren besitzt Bénodet auch ein Museum, in dem sich alles um Geschichte und Gegenwart von Badetourismus, Wassersport und Küste dreht. Besonders interessant sind die Filme über das Seebad der zwanziger und dreißiger Jahre des letzten Jahrhunderts.
Öffnungszeiten Mitte Juni bis Mitte Sept. Mo–Sa 10–13 und 14–18.30 Uhr, So10–13 und 14–18 Uhr. Eintritt 4 €.

Baden

Plage du Trez: Der Stadtstrand erfreut sich dank seiner Gunstlage in der sich tief öffnenden Mündungsbucht des Odet eines Riesenzulaufs. Einen halben Kilometer lang zieht er sich unterhalb der Promenade hin, bei Flut bleiben immer noch 30–50 m Sandfläche vor dem endgültigen Nass. Selbstverständlich volle Infrastruktur inklusive mehrerer Kinderclubs.

Fouesnant (8100 Einwohner)

Mit „Wald und Meer" wirbt die Gemeinde. Der Hauptort Fouesnant, etwas landeinwärts inmitten stattlicher Apfelbaumbestände, ist dank seiner Strände im Umland ein beliebter Urlaubsort. An manchen Tagen blähen sich Hunderte von Segeln in der halbkreisförmigen Baie de la Forêt.

Kleiner und viel ländlicher als Bénodet, bietet Fouesnant außer seinen Stränden, dem grünen Hinterland und Cidre aus eigener Herstellung ein ansprechendes Ortszentrum: blumenüberwucherte Häuser und eine beachtenswerte Kirche. Das Schiff der *Pfarrkirche St-Pierre* aus dem 12. Jahrhundert wurde zwar im 18. Jahrhundert baulich verändert, doch blieben die Grundform des Gebäudes, die Tonnen-

418 Côte de Cornouaille

gewölbe unter dem Dach und die fünf Joche, in denen oberhalb der Arkade je ein schmales Fenster Licht einlässt, erhalten. Vor der Kirche weint eine steinerne Bretonin um die Soldaten des Orts, die aus dem Krieg nicht mehr heimkamen.

Die größte Fläche um Fouesnant wird von Apfelbäumen eingenommen, denen mit Kastanien und Eichen bepflanzte Böschungen Schutz geben – Fouesnant rühmt sich des besten Cidres der Bretagne. Die schönsten Strände liegen im Süden des Orts um *Beg-Meil* und *Mousterlin* – kilometerlange Dünenstrände, an denen sich immer ein ruhiges Plätzchen findet.

Information/Verbindungen

- *Postleitzahl* 29170
- *Information* **Office de Tourisme**, an einem der zahlreichen Rond-Points (gut ausgeschildert). Freundlich, mehrsprachig und kompetent. Juli/Aug. Mo–Sa 9–19 Uhr, So 10–13 Uhr. Sept. bis Juni Mo–Sa 9–12 und 14–18 Uhr. Rue de Kérourgé 49. ✆ 02.98.56.00.93, ℻ 02.98.56.64.02, www.ot-fouesnant.fr.
Im Sommer unterhält das Büro eine Filiale am Hafen von Beg-Meil. ✆ 02.98.94.97.47.
- *Verbindung* Mit dem **Bus** problemlos mehrmals täglich nach Quimper. Nach Bénodet und Concarneau gibt es keine Direktverbidungen. 6-mal täglich fährt der Lokalbus nach Cap-Coz und Beg-Meil.
Fähre zu den Iles de Glénan, die Fahrt zu der vorgelagerten Inselgruppe wird von den *Vedettes de l'Odet* organisiert. In der Hauptsaison starten die Boote 2-mal täglich in Beg-Meil, in der 2. Junihälfte Mo keine Überfahrt, von April bis Mitte Juni wöchentlich 1-mal. Fahrtdauer etwa 1½ Std. Retourticket Erwachsene 28 €, 4- bis 12-Jährige 14,50 €, bis 4 Jahre 4,50 €. Auskunft und Buchung beim Office de Tourisme oder an der Ablegestelle in Beg-Meil. Vedettes de l'Odet ✆ 08.25.80.08.01.

Diverses

- *Bootsausflug* Ausflüge rund um die **Glénan-Inseln** starten in Beg-Meil. Veranstalter sind die *Vedettes de l'Odet*, die ein Büro an der Ablegestelle unterhalten. ✆ 08.25.80.08.01.
- *Fahrradverleih* **Mécanique Loisirs** unterhält gleich zwei Verleihstellen: 56, rue de l'Odet (Fouesnant-Zentrum), ✆ 02.98.56.18.23, und 77, rue des Glénans (Beg-Meil), ✆ 06.65.00.60.39 (Handy).
Markt Freitagvormittag im Zentrum von Fouesnant. In der Saison auch in Beg-Meil (Mittwochvormittag) und Cap-Coz (Dienstagvormittag).
- *Feste* Am 3. Juliwochenende wird beim **Apfelbaumfest** (Fête des Pommiers) der beste regionale Cidre gekürt. Die Feier beginnt bereits Freitagabend und klingt am Montag aus. Viele Trachtenträger und Trachtenträgerinnen, Umzug, Feuerwerk, Essen, Trinken.
- *Pardon* Am letzten Sonntag im Juli Wallfahrt zur Kapelle Ste-Anne.
- *Schwimmbad* Das Erlebnisschwimmbad **Les Balnéides** unterhalb von Fouesnant bietet die längste Riesenrutsche der Bretagne: 75 Meter. Variierende Öffnungszeiten, meist am Nachmittag, sonntags zuverlässig 10–18 Uhr, in der Hauptsaison tägl. 10–20 Uhr. Allée de Loc'hilaire, ✆ 02.98.56.18.19.
- *Wassersport* **Centre Nautique de Fouesnant-Cornouaille**, Verleih von Surfbrettern, Katamaranen und Kajaks sowie diverse Kurse. Plage du Cap-Coz. ✆ 02.98.51.01.05.
Centre international de Plongée C.I.P., der Tauchspezialist am Ort. Beg-Meil. ✆ 02.98.94.49.00.
- *Reiten* **Haras de la Mer Blanche**, hinter dem Strand von Mousterlin. Route de St-Sébastien, Kermanson. ✆ 02.98.56.51.37.
- *Tennis* Etliche Plätze im Gemeindegebiet verteilt. Auskunft beim Office de Tourisme.
- *Wandern* 50 km Wanderwege weist das Gemeindegebiet von Fouesnant inklusive der Iles de Glénan auf. Karten und Tourenbeschreibungen beim Office de Tourisme.

Übernachten

- *Hotels* *** **De la Pointe de Mousterlin**, in Traumlage hinter den Stranddünen von Mousterlin. Das Stammhaus in Schneeweiß mit säulenchverziertem Eingang, der

Fouesnant 419

Annexe modern gehalten. Recht große Anlage mit 44 Zimmern, manche mit Balkon. Beheiztes Schwimmbecken (Mitte April bis Mitte Okt.), Sauna, Spielraum, gediegenes Restaurant mit ebensolchen Menüs (nicht billig). DZ 60–112 €, HP 64–90 €. Feb. bis Mitte März geschlossen. Pointe de Mousterlin. ✆ 02.98.56.04.12, ✉ 02.98.56.61.02, ho-pointe@club-internet.fr, www.mousterlinhotel.com.

** **Le Thalamot**, etwas außerhalb von Beg-Meils Zentrum, kurz vor dem Leuchtturm, 50 m vom Strand entfernt. Restaurant, 30 ordentliche Zimmer. DZ 54–71 €. Geöffnet 2. Aprilwoche bis Sept. 4/6, chemin Creux. ✆ 02.98.94.97.38, ✉ 02.98.94.49.92, resa@hotel-thalamot.com, www.hotel-thalamot.com.

** **L'Orée du Bois**, in Fouesnant bei der Kirche; günstig und gepflegt. Kein Restaurant. 15 Zimmer mit WC, die besseren auch mit Dusche, 2 Zimmer führen zu einem Gärtchen, in dem sich hervorragend frühstücken lässt, bestes Zimmer ist die Nr. 15: ruhig und geräumig. DZ 34–55 €. Ganzjährig geöffnet. 4, rue de Kergoadic. ✆ 02.98.56.00.06, ✉ 02.98.56.14.17.

Le Bon Acceuil, im Zentrum von Beg-Meil, das nicht klassifizierte Billighotel der Gemeinde. 14 schlichte Zimmer. DZ unabhängig von der Saison je nach sanitärer Ausstattung 25–33 €. Geöffnet Mai bis 3. Septemberwoche. 18, rue des Glénan. ✆ 02.98.94.98.14, ✉ 02.98.94.47.00.

• *Camping* Im Gemeindegebiet von Fouesnant liegen 21 Plätze. Etliche Areale verstecken sich in dem teils sumpfigen Gelände zwischen der Pointe de Mousterlin und Cap-Coz. Einzige Chance, sie in dem unübersichtlichen Gebiet zu finden: sich an die Beschilderungen halten. Eine kleine Auswahl der Plätze um Cap-Coz, Mousterlin und Beg-Meil:

Bei Cap-Coz ** **Les Mimosas**, 800 m zum Strand, Normplatz mit beheiztem Schwimmbad. 75 Stellplätze. Ganzjährig geöffnet. 104, descente du Cap. ✆ 02.98.56.55.81, ✉ 02.98.51.62.56, www.camping-les-mimosas.com.

** **Pen-an-Cap**, 400 m zum Meer, ähnlicher Standard wie Les Mimosas. 100 Stellplätze. Geöffnet Mai bis Mitte Sept. 27, route du Port. ✆ 02.98.56.09.23, www.penancap.com.

** **Kerscolper**, ein Stückchen südlich vom großen Strand in Meernähe (300 m). Mit Bar, Fernsehraum Schwimmbecken und einigen Extras mehr der bestausgestattete Platz bei Cap-Coz. 160 Stellplätze. Geöffnet Mitte Mai bis 1. Septemberwoche. Descente de Bellevue. ✆ 02.98.56.09.48, ✉ 02.98.51.69.24, jean-claude.capp@wanadoo.fr.

Bei Beg-Meil und Mousterlin **** **Sunêlia Atlantique**, im grünen Hinterland, zwischen Mousterlin und Beg-Meil (beschildert, gut zu finden). 400 m zum Strand von Mousterlin und 2 km nach Beg-Meil. Abgeschiedener, luxuriöser Top-Camping mit allem Zubehör und Riesenrutsche in den Pool. 432 Stellplätze. Geöffnet Mai bis 1. Septemberwoche. Route de Mousterlin. ✆ 02.98.56.14.44, ✉ 02.98.56.18.67, www.latlantique.fr.

*** **Le Vorlen**, bei den großen Dünen von Beg-Meil. Gut ausgestattetes 10-ha-Gelände mit 600 Stellplätzen, etwa 200 m vom Strand von Kérambigorn und 1 km von Beg-Meil. Schwimmbad und Toboggans. Geöffnet letzte Maiwoche bis Mitte Sept., voller Service im Juli/Aug. Kerambigorn. ✆ 02.98.94.97.36, ✉ 02.98.94.97.23, www.vorlen.com.

Bretonische Trauer

*** **Kost Ar Moor**, recht schattiger Platz, 400 m hinter den Stranddünen von Beg-Meil. Aus dem familiären 1-ha-Areal wurde eine große, gut ausgestattete Anlage. Brotdepot, Laden, Fernsehraum, Bar, Volleyballplatz usw. 360 Stellplätze. Geöffnet April bis 3. Septemberwoche. Pointe de Mousterlin. ✆ 02.98.56.04.16, ✉ 02.98.56.65.02, www.camping-kost-ar-moor.com.

*** **La Plage de Cleut-Rouz**, eingezäunter Heckenplatz auf freiem Feld, etwa 200 m vom Strand von Beg-Meil. Auch gut ausgestattet. Knapp 150 Stellplätze. Geöffnet Mai bis Sept. Hent Cleut-Rouz. ✆ 02.98.56.53.19, ✉ 02.98.56.65.49, www.cam180laplage.fr.

Fouesnant/Umgebung

La Forêt-Fouesnant: Am Ende eines kleinen Fjords, etwa 3 km westlich von Fouesnant an der Straße nach Concarneau. Im Zentrum steht der stimmungsvolle *Pfarrbezirk* mit Kirche, Calvaire und gefasster Quelle aus dem 16. Jahrhundert. *Altar* und *Taufkapelle*, beide aus Holz, sind der größte Schmuck des dreischiffigen Inneren. An den *Port-La-Forêt*, den modernen Hafen, schließt sich die *Plage de Kerleven*, der Hauptstrand von La Forêt-Fouesnant an: 1 km lang, gut erschlossen, mit großzügigem Wassersportangebot.

Cap-Coz: Auf dem 2 km langen schmalen Landstreifen Cap-Coz im Osten von Fouesnant wurde in den 1970er Jahren ein Tourismuszentrum mit Schiffsanlegestelle aus dem Boden gestampft. Mittlerweile ist Cap-Coz der gut besuchte Hausstrand von Fouesnant – der sandige Strand zur offenen Buchtseite ist ebenso lang wie das Halbinselchen.

Beg-Meil: In den Dünen hinter dem kilometerlangen, sandigen Küstensaum stechen Pinien hoch, veredeln das Strandvergnügen und spenden den Blechkarossen Schatten. Beg-Meil hat sich gemausert. Aus der verschlafenen Ferienappartementsiedlung hinter der *Pointe de Beg-Meil* ist ein quicklebendiges Urlaubsörtchen geworden. Im Hafen unten an der langen Mole starten die Ausflugsboote, im Zentrum geht im Sommer die Post ab. Bei Wassersportaktivisten und Erholungssuchenden hat das kleine Beg-Meil schon lange einen guten Namen: Gern wird darauf verwiesen, dass in den frühen Jahren des 20. Jahrhunderts schon *Marcel Proust* und *Sarah Bernhardt* dem Ort die Ehre gaben. Die langen Strände *Grande Plage* (= *Plage des Dunes*) und *Plage du Sémaphore* hinter einem Piniengürtel in den Dünen sind gut ausgestattet. Weitere Strände ohne Infrastruktur an der Hafenmole von Beg-Meil und weiter in Richtung Cap-Coz. Die vielen Parkplätze hinter den Stränden sind an sonnigen Augusttagen schnell belegt.

Mousterlin: Flach und sandig schiebt sich die *Pointe de Mousterlin* ins Meer, weit schweift der Blick, und der Strand lockt zum Bad. Mousterlin selbst ist ein kleiner Ort hinter der Pointe im hier trockengelegten, kultivierten Sumpfland. Der *Kerlosquen-Strand* im Osten der Pointe Richtung Beg-Meil, ein etwa 4 km langer Sandstreifen unterhalb hoher Dünen, empfiehlt sich auch für ausgedehnte Strandspaziergänge ohne Wasserberührung.

Concarneau (19.500 Einwohner)

Gleich einer schwimmenden Festung liegt die völlig ummauerte Ville Close im stattlichen Becken des Fischerhafens. Nur eine kleine Brücke trennt die touristisch aufbereitete Enklave einer vergangenen Zeit von der alltäglichen Geschäftigkeit des Hafenviertels.

Concarneau (bretonisch *Konk Kernew*, Ecke der Cornouaille), eine der wichtigsten bretonischen Festungen des Mittelalters, entwickelte sich im 19. Jahrhundert zu einem ordinären Sardinenhafen, der zu Beginn des 20. Jahrhunderts seine bitterste Zeit erlebte: 1905 blieben die Sardinenschwärme plötzlich aus. Die Stadt verlor ihre Lebensgrundlage, nur durch Spendenaktionen konnte die Not etwas gelindert

Concarneau

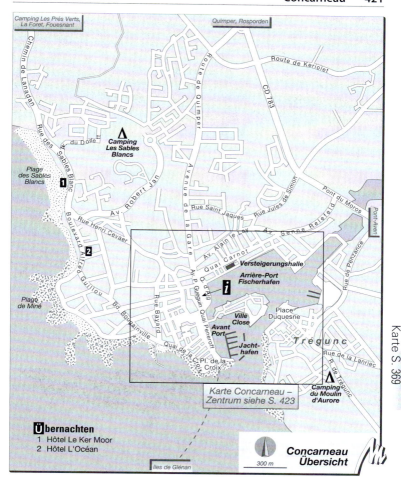

werden. Die letzte große Katastrophe traf Concarneau in der Sturmnacht vom 19. zum 20. September 1930. 207 Seeleute kehrten nicht mehr zurück und hinterließen 127 Witwen und 187 Kinder.

Seitdem hat Concarneau wieder einen Aufschwung erlebt. Dank des Jachthafens, der Tauchschule auf den nahen *Iles de Glénan* und dem Sportangebot an den südlichen Stränden gilt die Stadt als bedeutendes Wassersportzentrum. Doch die direkte Ausbeutung des Meeres hat nach wie vor Vorrang: Concarneau ist nach Boulogne und Lorient der drittgrößte Fischereihafen Frankreichs, seine Flotte, die sich zur *Grande pêche* aufmacht (siehe Kapitel *Wirtschaft*), die größte Frankreichs.

Die Stadt breitet sich an der Mündung des *Moros-Flusses* in der *Bucht von La Forêt-Fouesnant* aus. Der Hafen gliedert sich in zwei Areale. Das vordere nimmt private Sportboote und Ausflugsschiffe auf, der dahinter liegende *Arrière-Port* ist der Heimathafen der Fischer. Die den Fangquoten angemessene Versteigerungshalle am Quai Carnot wird täglich ein- bis zweimal zum Mittelpunkt des wirtschaftlichen Lebens.

In die Stadtmitte kommen die Touristenscharen nur wegen der denkmalgeschützten befestigten Inselstadt, gern als der kleine Bruder St-Malos bezeichnet. Das moderne Concarneau um den Hafen herum wird nur so nebenbei mitgenommen. Das Gros der Urlauber hält sich an den langen Stränden um die Stadt auf, speziell am östlichen Ufer der *Baie de la Forêt* und im Feriengebiet an der *Baie de Cabellou* im Süden. Meist brechen sie nur zur Stippvisite, zum Einkaufen oder zum gehobenen Essen nach Concarneau auf.

Information/Verbindungen

- *Postleitzahl* 29900
- *Information* **Office de Tourisme** neben der Ville Close am Hafen. Kompetente Information, Buchung von Ausflügen, Zimmervermittlung. Mai/Juni Mo–Sa 9–12 und 14–18 Uhr, So 9–12 Uhr. Juli/Aug. täglich 9–19 Uhr. Sept. bis April Mo–Sa 9–12 und 14–18 Uhr. Quai d'Aiguillon.
✆ 02.98.97.01.44, ✆ 02.98.50.88.81, contact@tourismeconcarneau.fr, www.tourismeconcarneau.fr.
- *Bus* Busbahnhof am oberen Ende des Quai d'Aiguillon am Fischerhafen. Zahlreiche Anschlüsse, die meisten nach Quimper. Corncarneau ist Endstation der Linien von Quimper bzw. Rosporden mit guten Anschlüssen in beide Richtungen. Über Pont-Aven nach Quimperlé, außerdem Busse nach Süden.
- *Schiff* **Fähre zu den Iles de Glénan**; die Fahrt zu der vorgelagerten Inselgruppe wird von zwei Gesellschaften organisiert: *Vedettes de l'Odet.* Ab der 2. Juliwoche bis Ende August starten die Boote am Vor- und Nachmittag je 1-mal zu ihrer etwa 1-stündigen Überfahrt, im Juni nur donnerstags um 14 Uhr. Erwachsene hin und zurück 28 €, 4- bis 12-Jährige 14,50€, bis 4 Jahre 4,50 €. Auskunft und Reservierung am Jachthafen oder unter ✆ 02.98.57.00.58.
Vedettes Glenn. Juli/Aug. täglich 2 Fahrten. Über Fahrten im Mai/Juni und Sept. konsultiere man das Office de Tourisme oder direkt die Gesellschaft am Jachthafen. Preise hin und zurück: Erwachsene 26 €, 4- bis 12-Jährige 14 €, bis 4 Jahre 4 €. 17, avenue du Docteur-Nicolas. ✆ 02.98.97.10.31.
Fähre nach Beg-Meil, in 25 Minuten über die Bucht an die Strände von Beg-Meil. In der Hauptsaison 4-mal täglich, Erwachsene einfach ca. 10 €. Auskunft und Reservierung: *Vedettes Glenn,* 17, avenue du Dr Nicolas. ✆ 02.98.97.10.31.
Fähre (Bac) Ville Close – Place Duquesne. Die kleine Fähre (Überfahrt 0,75 €) überquert den Fischerhafen an der engsten Stelle. Vor allem für Einheimische, die auf der anderen Seite etwas zu tun haben. So interessant ist die Place Duquesne auch wieder nicht.

Diverses

- *Parken* Großparkplätze am Jachthafen bis zum Office de Tourisme.
- *Internet* **espace informatique**. Das professionelle Informatikunternehmen bietet zu Geschäftszeiten Internet-Zugang, keine Spiele. 23, rue des Ecoles.
- *Petit Train* Der Miniatur-Zug startet von April bis Sept. beim Office de Tourisme, kommentierte Stadtrundfahrt für 5 €.
- *Bootsausflug* Rundfahrtprogramme rund um die **Glénan-Inseln** offeriert im Sommer *Vedettes de l'Odet.* Beliebt sind auch die Boote, die Einblicke in die Unterwasserwelt rund um den Archipel erlauben. Auskünfte beim Office de Tourisme, bei den Vedettes de l'Odet am Jachthafen oder unter ✆ 02.98.57.00.58.
- *Fahrradverleih* **Vélo & Oxygène**, 65, avenue Alain Le Lay 65, ✆ 02.98.97.09.77.
- *Markt* Die Markthalle gegenüber der Ville Close ist täglich 8–12.30 Uhr geöffnet, auch an Sonn- und Feiertagen. Montag und Freitag Wochenmarkt.

Concarneau 423

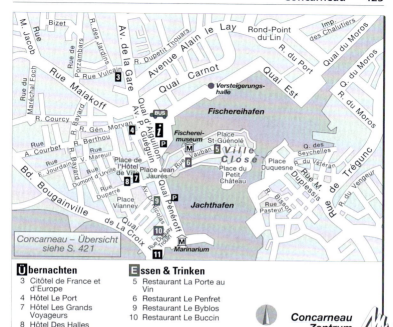

Côte de Cornouaille Karte S. 369

Ü bernachten
- 3 Citôtel de France et d'Europe
- 4 Hôtel Le Port
- 7 Hôtel Les Grands Voyageurs
- 8 Hôtel Des Halles
- 11 Jugendherberge

E ssen & Trinken
- 5 Restaurant La Porte au Vin
- 6 Restaurant Le Penfret
- 9 Restaurant Le Byblos
- 10 Restaurant Le Buccin

Concarneau Zentrum

● *Criée* Um die Fischversteigerung noch einigermaßen traditionell zu erleben, muss man sich beeilen; in einigen Jahren wird wohl auch hier alles vollautomatisiert ablaufen. Derzeit bietet ein früherer Fischer geführte Criée-Besichtigungen und vieles mehr an (Besuch von Fischerbooten etc.); je nach Programm 2–6 €, außerhalb der Hauptsaison nur nach Reservierung. Auskunft beim Office de Tourisme oder unter ✆ 02.98.50.55.18.

● *Feste* Am vorletzten Augustsonntag beginnt die einwöchige **Fête des filets bleus**: Das große Fest der blauen Fischernetze, eine groß angelegte Folkloreveranstaltung an den Quais vor der Ville Close, hat ihren Ursprung in einer Solidaritäts- und Spendenaktion für die notleidenden Sardinenfischer zu Anfang des 20. Jahrhunderts. Trachten, Tänze, bretonischer Ringkampf usw. Die Netze sind übrigens wegen der Farbe des Meeres blau, damit sie den Fischen unsichtbar bleiben. Auskünfte beim Office de Tourisme.

● *Wassersport* **Centre International de Plongée de Glénan**; die international renommierte Organisation hat sich mit Haut und Haar dem Tauchsport verschrieben und unterhält auf St-Nicolas auf den Iles de Glénan eine Schule (eine Art Tauchinternat). ✆ 02.98.50.57.02.

Ecole de Voile Les Glénans lehrt auf den Glénan-Inseln die die hohe Kunst des Segelns (eine Art Segelinternat). Adresse in Concarneau: Place P. Vianney. ✆ 02.98.97.14.84.

Point Passion Plage, Verleih von Katamaranen, Surfbrettern, Kajaks. Plage des Sables Blancs. ✆ 02.98.50.59.54.

● *Waschsalon* Gestern beim Dessert gekleckert? **Laverie Automatique**, Place de l'Hôtel de ville, hilft täglich 7–20 Uhr.

Falls die Maschinen dort alle besetzt sind, finden Sie in Hafennähe eine weitere Selfservice-Einrichtung: **Laverie Automatique**, 21, av. Alain le Lay, täglich 7–21 Uhr.

Côte de Cornouaille

Zugang zur Ville Close von Concarneau

Übernachten (siehe Karten S. 421 und 423)

- *Hotels* Die meisten Unterkünfte findet man in der Stadt, an der stadtnahen Plage des Sables Blancs oder beim Cabellou-Strand im Süden. Folgende Hotels sind alle in der Innenstadt oder an der Plage des Sables Blancs:

*** L'Océan (2)**, Zimmer mit Meerblick an der Plage des Sables Blancs. 70 komfortable Räume, ebensolches Restaurant mit exquisiten Gerichten. Beheiztes Schwimmbecken, Spielsaal, usw. DZ 69–135 €, HP 59–90 €. Ganzjährig geöffnet. Plage des Sables Blancs. ℡ 02.98.50.53.50, ℻ 02.98.50.84.16, hotel.ocean@wanadoo.fr, www.hotel-ocean.com.

** **Le Ker Moor (1)**, ebenfalls direkt an der Plage des Sables Blancs; wesentlich kleiner und übersichtlicher als das „Océan". 11 voll ausgestattete Zimmer, alle mit Blick aufs Meer. Kein Restaurant. DZ je nach Komfort und Größe 95–180 €, die teuersten sind Suiten mit Terrasse. Ganzjährig geöffnet. Plage des Sables Blancs. ℡ 02.98.97.02.96, ℻ 02.98.97.84.04, contact@hotel.kermor.com, www.hotel-kermor.com.

** **Citôtel de France et d'Europe (3)**, das Mittelklassehotel liegt in Bahnhofs- und Hafennähe. 26 Zimmer, DZ 69–92 €. Ganzjährig geöffnet. 9, avenue de la Gare. ℡ 02.98.97.00.64, ℻ 02.98.50.76.66, hotel.france-europe@wanadoo.fr.

** **Des Halles (8)**, ebenfalls zentral, beim Rathaus. 22 Zimmer, Bar, TV-Raum, kein Restaurant. Weitgespanntes Wohnangebot, die günstigen Räume akzeptabel, die guten Zimmer recht komfortabel. DZ 49–71 €. Ganzjährig geöffnet. Place de l'Hôtel-de-Ville. ℡ 02.98.97.11.41, ℻ 02.98.50.58.54, contact@hoteldeshalles.com, www.hoteldeshalles.com.

** **Le Port (4)**, gegenüber dem Office de Tourisme. Blick auf das hintere Hafenbecken, im Erdgeschoss PMU-Bar. 14 Zimmer. Kein Restaurant, aber Fernsehraum und preislich günstig, weil einfach. DZ 36–50 €. Ganzjährig geöffnet. 11b, avenue Pierre-Guéguin. ℡ 02.98.97.31.52, ℻ 02.98.60.59.03.

- *Camping* Etliche Plätze verteilen sich links und rechts der Stadt, weitere bei Trégunc im Süden und noch weiter südlich am Cabellou-Strand. Die stadtnächsten von Concarneau sind:

**** **Les Prés Verts**, an der Straße von Concarneau nach Fouesnant, 200 m hinter dem kleinen Strand von Kernous. Geschützte

Concarneau

Anlage der Top-Kategorie, u. a. mit Laden, kleinem Spielplatz, Videospielen. 150 Stellplätze. Geöffnet Mai bis Mitte Sept. Kernous-Plage. ℘ 02.98.97.09.74, ℡ 02.98.97.32.06, www.presverts.com.

*** **Les Sables Blancs**, auf einem Hügelchen gelegen, kurzer Weg zur nahen Plage des Sables Blancs. Das leicht abschüssige Terrain ist durch Bäume und hohe Hecken gegliedert, das Sanitärhäuschen ist älteren Datums und schlicht. In der ersten Reihe Blick über die Bucht. Mit Bar und einfachem Restaurant im Sommer. 150 Stellplätze. Geöffnet Ostern bis Sept. Plage des Sables Blancs. ℘/℡ 02.98.97.16.44, www.camping-lessablesblancs.com.

** **Du Moulin d'Aurore**, an der östlichen Seite der Moros-Mündung im Ortsteil Trégunc, 50 m vom Meer entfernt. 170 Stellplätze. Geöffnet April bis Sept. 49, rue du Trégunc. ℘ 02.98.50.53.08, ℡ 02.98.97.09.37, www.moulinaurore.com.

Les Grands Voyageurs (7), kleines Hotel für große Reisende mit tollem Blick auf Hafen und Ville Close. Besonders lebhaft wird es unter den Zimmern zum Platz montags und freitags, wenn der große Markt stattfindet. 16 Zimmer, DZ 29–54 €. Ganzjährig geöffnet. 9, place Jean Jaurès. ℘ 02.98.97.08.06, ℡ 02.98.97.07.77, beatrice.donniou@wanadoo.fr, www.hotel-concarneau.com/iondex.htm.

• *Jugendherberge* **(11)**, in toller Lage mit Blick auf die Bucht und nur 5 Minuten von Jachthafen und Ville Close entfernt. 76 Schlafplätze aufgeteilt in 4-, 6- und 10-Bett-Zimmer. Pro Person 13,60 € inkl. Frühstück. Ganzjährig geöffnet. Place de la Croix. ℘ 02.98.97.03.47, ℡ 02.98.50.87.57, concarneau.aj.cis@wanadoo.fr, www.ajconcarneau.com.

Essen (siehe Karte S. 423)

Besonders für ein Gericht ist die Küche von Concarneau bekannt: Thunfisch mit Reis, Karotten und Weißwein (thon au riz, carottes et vin blanc).
Restaurant-, Crêperie- und Snackschwerpunkt ist konkurrenzlos die Ville Close.

• *Restaurants* **Le Buccin (10)**, liegt in der Neustadt und hat die Farbe Gelb als Thema seiner Innenausstattung. Exzellente Menüs ab 19 €, auch das preiswerteste ist eine Gaumenfreude der gehobenen Art. Zur Abwechslung einmal ohne Fisch empfehlen wir den Salat mit Kaninchenfleisch, die Ente im Knuspermantel mit Cidre und Honig, und – um beim Thema zu bleiben – die Tarte tatin mit konfitierter Ananas und Bananen. In der Nebensaison Do geschlossen, ebenso Samstagmittag und Sonntagmittag, in der Hauptsaison Mo und Di mittags geschlossen. 1, rue Duguay Trouin. ℘ 02.98.50.54.22.

La Porte au Vin (5), eines der vielen Restaurants in der Ville Close, das mit der schönen Terrasse einen Pluspunkt besitzt: Menüs 15–25 €, auch Crêpes-Menüvorschlag für 15 €: Jakobsmuscheln auf bretonische Art, grillte Sardinen mit Dampfkartoffeln, Eis. April bis Okt. täglich geöffnet. 9, place St-Guénolé. ℘ 02.98.97.38.11.

Le Penfret (6), nettes Holz- und Natursteininterieur in der Ville Close. Menüs 15–25 €. Feb. bis Sept. täglich geöffnet. 40, rue Vauban. ℘ 02.98.50.70.55.

Le Byblos (9), Brasserie in Hafennähe. Fisch und Fleisch, Pizza und Pasta; ein Lokal von vielen in der Nähe des Hafens, aber preisgünstig und freundlich. Erfreut sich besonders bei jugendlichem Publikum großen Zuspruchs. 9, avenue Dr Nicolas. ℘ 02.98.50.52.83.

Sehenswertes

Ville Close: Die Keimzelle des heutigen Concarneau und unumstrittenes Zentrum des touristischen Geschehens. Vom *Pont du Moros* im Norden des Hafenbeckens ist eine umfassende Bestandsaufnahme über die Inselstadt möglich. 350 Meter lang und 100 Meter breit schiebt sich die befestigte Stadtinsel in das Hafenbecken, rundum von ihrer hohen, turmbewehrten Mauer umgeben, die Südwestspitze seit alters her unbesiedelt.

Am *Uhrturm* vorbei führt das Brücklein zur *Torbastion*, erst dahinter beginnt die zusammengedrängte Wohnzone um die Hauptachse *Rue Vauban*. Schmale Granithäuschen säumen das Kopfsteinpflaster, das ehemalige *Arsenal* (heute Fischereimuseum), die *Kirche* und das alte *Hospiz* sind seit ihrer Erbauung die einzigen

Oldtimertreffpunkt vor der Ville Close

größeren Anwesen des noch immer vollkommen abgeschotteten Städtchens. Die *Stadtmauer* – das charakteristischste Element der Insel – ist z. T. begehbar (Konditionen s. u.). Der Halb-Rundgang gibt Einblicke in das kleine Gemeinwesen und über den Hafen, den es in seine zwei Areale teilt: Auf der Südpartie des Walls schwanken die Masten der Jachten, die Nordseite ist den weniger eleganten Fischkuttern und der langen Auktionshalle vorbehalten.

Im 14. Jahrhundert begannen die Arbeiten am Schutzwall, ihr jetziges Aussehen erhielten sie im 17. Jahrhundert unter *Vauban*, dem Stararchitekten des Sonnenkönigs. Die Türme, Bastionen, Tore und auch der Uhrturm am Stadteingang sind hauptsächlich sein Werk. Wo Soldaten eine Festung wittern, wird gebombt: Im 2. Weltkrieg litt auch die Ville Close, weil die deutsche Wehrmacht den Alliierten nicht kampflos weichen wollte. Ähnlich wie in St-Malo wurde rekonstruiert, was zerstört war, doch die Schäden in Concarneau waren wesentlich geringer. Heute liegt über den wiederaufgebauten Häusern schon wieder die Patina von fünfzig Jahren.

Die kurze Strecke von der Rue Vauban über die Place St-Guénolé zur Rue St-Guénolé ist auf engstem Raum mit knapp 20 auf Touristen ausgelegten Einkaufsmöglichkeiten sowie über 15 Esstempeln und Crêperien gepflastert.

• *Rundgang auf der Stadtmauer* Für den kleinen Gang auf der Stadtmauer der Ville Close – nur Teile sind freigegeben – sind Mitte Juni bis Mitte Sept. 0,80 € zu entrichten, in der übrigen Zeit ist der Spaziergang nicht möglich.

Fischereimuseum (Musée de la Pêche): In der Hauptgasse der Ville Close im alten Arsenal (früher ein Gefängnis) untergebracht, beschäftigt sich das Museum mit dem Fisch, seinem Fang und der Rolle Concarneaus in diesem Gewerbe. Neben geschichtlichen Fragen wird geklärt, wie der Wal und der Hering gefangen werden, oder Sie spielen Kapitän im großen Saal der kommerziellen Hochseefischerei. Ferner sind geboten: Aquarium mit 40 Becken, in einem döst der Stolz des Museums, ein gekidnappter Quastenflossler. Dazu 80 Schiffsmodelle, der echte 36-m-Chalutier *Hémérica*, Fotografien, Dioramen, Kleinboote, Pläne, Statistiken u. v. m.

Öffnungszeiten April bis Juni und Sept. täglich 10–18 Uhr. Juli/Aug. täglich 9.30–20 Uhr. Okt. bis März täglich 10–12 und 14–18 Uhr. Eintritt 6 €, Kinder 4 €.

Marinarium: Das Aushängeschild des ältesten meeresbiologischen Instituts der Welt (gegründet 1859) ist ein düsterer, kaum besuchter Bau an der Nordspitze Concarneaus am Ende des Jachthafens – die Touristen sind alle in der Ville Close. Doch unbeugsam präsentiert das Marinarium sein Angebot – das Meer. Neben den obligatorischen Aquarien veranschaulichen aufschlussreiche Dia- und Video-Shows, dass der Ozean, der den größten Teil unseres Planeten bedeckt, Heimat für eine unendliche Anzahl von Lebewesen und wichtiger Teil des globalen Gesamtsystems ist.

Öffnungszeiten Feb. bis Dez., Führung nach Voranmeldung. Eintritt 5 €, Kinder 3 €.

Baden

Rund um Concarneau findet man eine ganze Menge Strände, doch zu den schönsten der Bretagne zählen sie mit Sicherheit nicht. Ihre größten Handicaps sind Algen, Schmutz und ein wenig idyllisches Hinterland. Trotzdem sind sie im Sommer gut besucht. Die besten Bademöglichkeiten bietet die *Baie du Cabellou*.

Plage du Miné: Der stadtnächste größere Strandflecken vor der Plage des Sables Blancs unterhalb des Boulevard Katherine Wylie; bei Flut ein kleiner, eingezwängter Flecken Sand, bei Ebbe auch nicht ansehnlich.

Plage des Sables Blancs: Knapp 3 km vom Zentrum Richtung La Forêt-Fouesnant. Der 400 m lange Stadtstrand ist auch für sportliche Aktivitäten wohlgerüstet – vom Tretboot bis zum Surfbrett kann der Kunde wählen. Gleich daneben die *Plage des Petits Sables Blancs* – weitere 200 m Sand unter einer Steinmauer.

Plage de Cabellou: In einer für den Tourismus gänzlich erschlossenen Bucht 7 km südlich von Concarneau dreht sich neben dem normalen Wasserbad alles um den Wassersport: Hier wird in großem Rahmen geschult und vermietet. Der Strand selbst ist 800 m lang, die Flut lässt noch sichere 30 m Breite übrig. Essen und Trinken vor Ort sind ebenfalls gesichert. Weitere, meist kleinere Strände verteilen sich rund um die Bucht von Cabellou.

Concarneau/Umgebung

Iles de Glénan: Etwa 20 km im Süden Concarneaus schwimmen die Inselchen der Gruppe im offenen Meer, und um sie herum schwimmen im Sommer jede Menge Wasserfahrzeuge. Die sieben Inselsplitter sind ein Eldorado für Wassersportler, die sich hier hemmungslos austoben. Die Tauchschule auf *St-Nicolas* und die Segelschulbasen auf *Penfret, Bananec, Drennec* und *Cigogne* können über mangelnden Publikumszuspruch nicht klagen. Doch normale Tagesausflügler besuchen nur St-Nicolas mit seinen wenigen Häuschen, dem Anlegeort der Fähre. Die Inseln *Brunec* und *Loch* sind Privatbesitz, *Giautec* ist als Vogelreservat ausgewiesen. Gemein sind allen Inseln schöne Strände und winddurchwehte Heideflächen. Ist es zum Baden zu kalt, empfiehlt sich ein optisch reizvoller Spaziergang an der Küste, die durch einen Weg rundum erschlossen ist.

- *Verbindung/Bootsausflug* Siehe *Loctudy, Bénodet, Fouesnant, Concarneau.*
- *Segeln/Tauchen* Adressen siehe *Concarneau/Wassersport.*

Pont-Aven (3000 Einwohner)

Gauguin war hier, und daraus schlägt das Städtchen bis heute Kapital: Ateliers, Galerien, Expositionen, ein Museum, das ganz der „Schule von Pont-Aven" verpflichtet ist, dazu der Spaziergang im Liebeswäldchen oder der Ausflug nach Nizon – Gauguin war hier.

Gauguin, der die Bretagne durchstreifte und in Pont-Aven zeitweise seinen ersten Wohnsitz hatte, fand hier eine wilde, naive Primitivität der Bevölkerung, er war begeistert vom Licht und den Farben, die den profansten Gegenstand veredeln können. In und um Pont-Aven entdeckte er eine Landschaft, die seiner romantischen Vorstellung der Idylle entsprach. Doch Gaugin war nicht der erste, der Pont-Aven entdeckte.

Seit 1860 zog es vor allem englische Maler nach Pont-Aven, die die ersten bretonischen Sujets in die Malerei einführten. Zehn Jahre später logierte hier eine Gruppe amerikanischer Maler, was die illustre Anziehungskraft des Orts noch vergrößerte. Bereits 1885 schrieb die *Revue Politique et Littéraire*, dass man in Pont-Aven keinen Schritt mehr tun könne, „ohne auf eine ausgedrückte Farbtube oder den Abfall von Paletten zu treten". Als 1886 die „Ecole de Pont-Aven" gegründet wurde, war der Höhepunkt erreicht. Namen wie *Gauguin, Bernard, Sérusier, Schuffenecker, Seguin* und viele mehr stehen für eine Kunstrichtung, die mehr Wert auf die subjektive Wahrnehmung legt als auf ein naturalistisches Abbild einer objektiven Wirklichkeit. Oder wie Meister Gauguin es formulierte: „Ich bin kein Maler, der nach der Natur malt, heute weniger denn je. Bei mir spielt sich alles in meiner verrückten Phantasie ab."

Von wilder, naiver Primitivität der Menschen kann heute keine Rede mehr sein, auch der überlieferte Spottvers „Pont-Aven ist eine Stadt, die 14 Mühlen und 15 Häuser hat" hat jede Grundlage verloren. Doch die putzige *Ortsmitte* von Pont-

Pont-Aven 429

Aven, der *Hafen*, der *Aven-Fluss* und sein *Tal*, die verbliebenen *Mühlen* oder das *Liebeswäldchen* in seiner lichtdurchtränkten Anmut lassen auch Laien ahnen, was Bilderbesessene hier noch immer finden können.

Noch heute werden Maler von diesem Ort magisch angezogen, doch das Gros der vielen Touristen hat mit Pinsel und Farben nichts zu schaffen – sie wandeln auf den Pfaden Gauguins, bestaunen das Original des „Gelben Jesus" oder entziffern die Gedenktafel an der *Maison de la Presse*, der ehemaligen Pension der guten Madame *Gloannec*, die pro Monat nur 65 Francs Miete verlangte – und auch nur dann, wenn die pinselnden Hungerleider gerade flüssig waren.

Information/Verbindungen

- *Postleitzahl* 29330
- *Information* **Office de Tourisme**, in der Ortsmitte. Von April bis Sept. bietet das Büro Di, Do und Sa begleitete Stadtführungen inkl. Museumsbesuch an (Erwachsene 7 €, Kinder 5 €). April bis Juni und Sept. tägl. 10–12.30 und 14–18.30 Uhr. Juli/Aug. tägl. 9.30–19.30 Uhr. Okt. tägl. 10–12.30 und 14–18 Uhr. Nov. bis März Mo–Sa 10–12.30 und 14–18 Uhr. 5, place de l'Hotel-de-Ville. ✆ 02.98.06.04.70, ✉ 02.98.06.17.25, ot.pont.aven@wanadoo.fr, www.pontaven.com.
- *Verbindung* Pont-Aven liegt an der **Bus**strecke Moëlan-sur-Mer–Quimperlé bzw. Concarneau–Quimper; werktags mindestens 6 Anschlüsse in beide Richtungen.

Diverses

- *Ateliers* 80 Galerien und die entsprechende Anzahl mehr oder weniger begnadeter Maler haben sich mittlerweile in Pont-Aven niedergelassen – die Palette ist weit gestreut, von Marinemalerei über bretonische Landschaftsdarstellungen bis hin zu zeitgenössischer Kunst. Der unverbindliche Besuch einiger Ateliers gehört zum Muss eines Pont-Aven-Besuchs.
- *Parken* Parkplätze am Aven-Fluss beim Hafen, zwei weitere Großparkplätze an den Ortsausgängen Richtung Bannalec bzw. Concarneau. Trotzdem kann in der Hauptsaison die Suche nach einem Parkplatz entnervend sein. Da hilft dann nur Runden drehen oder Pont-Aven zu Fuß, z. B. von Port Bélon aus, ansteuern.
- *Bootsausflug* Anfang April bis Ende Sept. fahren Ausflugsschiffe mehrere Touren auf dem **Aven-Fluss**. Zum Beispiel in 1¼ Std. von Pont-Aven bis zum Meer und wieder zurück. Eine *Zwei-Flüsse-Fahrt* startet in Port-de-Bélon und führt in knapp 2 Stunden von den Austerngründen des Bélon-Flusses nach Pont-Aven und wieder zurück nach Port-de-Bélon. Aktuelle Auskünfte beim Office de Tourisme oder in Port-de-Bélon bei *Vedettes Aven-Bélon*, ✆ 02.98.71.14.59.
- *Markt* Die Wanderhändler, die am Tag zuvor in Bénodet waren, bauen am Dienstagmorgen ihre Stände im Zentrum auf; im Juli/Aug. am Hafen.
- *Feste* Am 1. Augustsonntag die **Fête des Ajoncs d'Or** (Fest des Goldenen Stechginsters), 1905 vom Barden Botrel ins Leben gerufen, als Höhepunkt der sommerlichen Veranstaltungen (siehe *Paimpol*, Kastentext *Théodore Botrel*). Wallfahrt, Kunst und Folklore.
- *Kanu/Kajak* Fluss- und Meerausflüge. Ganzjährig schult und verleiht **La Pagaie des Avens**, die Basen in Pont-Aven und Port-Manec'h unterhält. Quai Téodore Botrel, ✆ 06.11.97.53.94 (Handy).
- *Wandern* Um Pont-Aven, Bélon und Moëlan-sur-Mer erschließt ein Netz von Wanderwegen das „Pays de Gaugin". Der Pflichtspaziergang zur Kapelle von Trémalo und durch den Bois d'Amour ist nur 4 km lang und dauert ca. 1½ Stunden. Auskünfte und Karten beim Office de Tourisme.

Übernachten

- *Hotels* Ausnahmslos gute bis gehobene Mittelklasse bestimmt das Hotelbild. Man wohnt zentral oder am Hafen. Camper müssen ausweichen – die nächsten Plätze bei Nevez (s. u.) oder bei Le Pouldu (siehe *Pont-Aven/Umgebung*).

Côte de Cornouaille Karte S. 369

430 Côte de Cornouaille

*** Le Roz-Aven, ein gediegenes Haus am Parkplatz am oberen Hafenende. Flussblick. 17 komfortable Zimmer. DZ je nach Größe und Lage 58–95 €. Geöffnet März bis Dez. 11, quai Théodore Botrel. ✆ 02.98.06.13.06, ✉ 02.98.06.03.89, rozaven@wanadoo.fr, www.hotelpontaven.online.fr.

** Les Ajoncs d'Or, zentral beim Rathaus. 20 teils renovierte, gegen den Straßenlärm geschützte Zimmer, Restaurant (Sonntagabend, in der Nebensaison auch Mo geschlossen) mit Menüs 22–42 €. DZ 52–80 €, HP 54 €. Im Jan. und eine Woche im Okt. geschlossen. 1, place de l'Hotel-de-Ville. ✆ 02.98.06.02.06, ✉ 02.98.06.18.91, www.ajoncsdor-pontaven.com.

** Les Mimosas, am Ende der Place Botrel in sehr ruhiger Lage. 10 Zimmer mit Blick auf den Hafen und ein Fischrestaurant. DZ 49–80 €. Mitte Nov. bis Mitte Dez. geschlossen. 22, square Théodore Botrel. ✆ 02.98.06.00.30, ✉ 02.98.06.01.54, hotelmimosas@wanadoo.fr, www.hotels-pont-aven.com.

• *Camping* Etwa 10 Plätze mit 2 bis 4 Sternen bei Névez südlich von Pont-Aven. Wir haben drei besucht, alle südlich von Névez beim Weiler Raguénès hinter dem gleichnamigen Strand:

**** Le Raguenès Plage, voll ausgebauter Luxusplatz (Airotel) direkt am Meer. 290 Stellplätze. Geöffnet April bis Sept. 19, rue des Iles, 29920 Névez. ✆ 02.98.06.80.69, ✉ 02.98.06.89.05, www.camping-le-raguenes-plage.com.

*** L'Océan, heckenunterteiltes Wiesengelände, etwa 300 m zum Strand, mit der nötigsten 3-Stern-Ausrüstung, gute sanitäre Ausstattung. Über die nächtliche Ruhe wird streng gewacht: Nach 23 Uhr nur noch Flüsterlautstärke. 140 Stellplätze. Geöffnet Mitte Mai bis Mitte Sept. Raguenès, 29920 Névez. ✆ 02.09.06.87.13, ✉ 02.98.06.78.26.

** Le Vieux Verger, beim Océan-Camping; von Platz und Infrastruktur einfacher, aber weniger reglementiert. 120 Stellplätze. Geöffnet Ostern bis Sept. Ty Noul, Raguenès, 29920 Névez. ✆ 02.98.06.83.17, ✉ 02.98.06.76.74.

Essen

Entsprechend seiner touristischen Attraktivität ist Pont-Aven mit Restaurants, Crêperien und Snack-Bars gut ausgestattet.

• *Restaurants* **Moulin de Rosmadec**, exquisite Küche in bester Lage am Flussufer, im lauschigen Ambiente einer alten Mühle. Menus 30–72 €. Eine Spezialität: Barben auf Austerncreme. Am Mi geschlossen, in der Nebensaison auch Sonntagabend und Montagmittag. Venelle de Rosmadec. ✆ 02.98.06.00.22.

La Chaumière Roz Aven, im Hotel Roz Aven. Mit Straßenbetischung. Für den Mittagstisch sowohl bei Einheimischen wie Touristen sehr beliebt, aber auch zum nachmittäglichen Kaffee und Kuchen geeignet. Jan. geschlossen. 11, quai Thérodore Botrel. ✆ 0.2.98.06.13.06.

Tahiti, am Ortsrand Richtung Bannalec (Fußgängerweg zum Bois d'Amour). Günstige exotische und chinesische Gerichte in provinziell-bürgerlichem Rahmen, Menü ab 15 €. 21, rue de la Belle-Angèle. ✆ 02.98.06.15.93.

• *Crêperie* **Du Port**. Fischspezialitäten, Crêpes und Galettes. Im Sommer, wenn auf der Straße betischt ist, sehr beliebtes Lokal. Im Jan. und in der Nebensaison Mi geschlossen. 13, quai Théodore Botrel. ✆ 02.98.06.00.88.

Sehenswertes

Spuren von Gauguin und Botrel: Außer den bekanntesten bretonischen Motiven von Gauguin machen nur einige stille Büsten auf die beiden bedeutendsten Gäste Pont-Avens aufmerksam. Wo in der Ortsmitte heute Zeitungen verkauft werden, diente früher die *Herberge der Madame Gloanec* als Treffpunkt der illustren Künstlerszene (Gedenktafel). Am ehemaligen *Hotel Julia* an der Straßenecke zwischen Rathausplatz und Rue Louis Lomenech erinnert eine weitere Gedenktafel an *„la bonne Hôtesse" Julia Guillou*, die sich ebenfalls rührend um ihre chronisch verschuldeten Gäste kümmerte. Neben dem Namen Gauguin kann das Städtchen auch auf den unvergessenen Liedermacher *Théodore Botrel* stolz sein, der sich im Alter in Pont-Aven niederließ, das erste Stechginsterfest Pont-Avens organisierte, vom Ortsgeistlichen Bretonisch lernte und hier verstarb. Am Hafen steht eine Statue des Chansonniers.

Paul Gauguin

„Wenn meine Holzschuhe auf den granitenen Boden aufschlagen, höre ich jenen dunklen und kräftigen Laut, den ich in der Malerei suche", schrieb Paul Gauguin aus Pont-Aven. Die kunstinteressierte Nachwelt erfreut sich vor allem an den Südseebildern des Malers, doch seinen persönlichen Stil fand er in der Bretagne. Und sein letztes Bild, das er kurz vor seinem Tod auf den fernen tropischen Marquesas-Inseln malte, war eine bretonische Winterlandschaft.

Am 7. Juni 1848 in Paris geboren, stirbt Gaugin am 8. Mai 1903 in Atuo auf der Insel Hiva Oa – dazwischen liegt das Leben eines Mannes, der von der Malerei besessen ist. Mit 35 Jahren gibt Gauguin seine bis dahin in geordneten Bahnen verlaufende bürgerliche Existenz mit allen Konsequenzen auf: Er kündigt seinen Job als Börsenkaufmann (den er infolge eines Börsenkollaps ohnehin verloren hätte), verlässt seine dänische Frau und die fünf gemeinsamen Kinder und steht nun ohne Geld und soziale Bindungen auf der Straße. Jetzt kann er unbeschwert malen.

Côte de Cornouaille
Karte S. 369

1886 geht er in die Bretagne – dort ist das Leben spottbillig und ohne großstädtische Ablenkung. In Pont-Aven findet er eine Schar gleichgesinnter Verrückter mit demselben Lebensziel. Bald ist Gauguin unter den meist viel jüngeren Kollegen ein bekannter Name: „Hier ist auch ein Impressionist mit Namen Gauguin, ein merkwürdiger Bursche. Er ist 38 Jahre alt und zeichnet und malt sehr gut." (Emile Bernard)

Aus den oft hitzig verlaufenden Abendmahlzeiten in der Herberge der Madame *Gloannec* entsteht die innovative Schule von Pont-Aven. Ein Dutzend Pont-Aven-Schüler, darunter der blutjunge *Emile Bernard*, *Paul Sérusier* und Gauguins glühendster Anhänger *Charles Laval*, finden sich unter der Leitung Gauguins einige Sommer lang zusammen, um ihr Leben gemeinsam unter das Banner der Malkunst zu stellen. Es wird debattiert, gemalt, getrunken, gestritten und wieder gemalt, das ganze Herzblut der Gruppe fließt frei von irgendwelchen Nebensächlichkeiten des Alltags in die Theorie und Praxis des Bilderschaffens.

Besonders mit Bernard verbindet Gauguin eine enge Beziehung, über ihn lernt er *Van Gogh* kennen, den er in Arles besucht, und es ist anzunehmen, dass Bernard und Gauguin gemeinsam den neuen Stil der Schule von Pont-Aven entwickelten. Später, nach dem Durchbruch der beiden Künstler, wird passieren, was so oft passiert: Jeder beansprucht die geistige Vaterschaft für sich, die Folge sind jahrelanger Streit und viel grundloser Hass auf beiden Seiten.

Zum Durchbruch fehlen noch einige Jahre, aber 1888 beginnt die Schule von Pont-Aven von sich reden zu machen – unbeachtete Malerkollegen ziehen zögernd den Hut, neugierige Touristen kommen, um die wilden Künstler zu bestaunen. Doch Geld bringt die erste Berührung des Malers mit einem größeren Publikum nicht, im Gegenteil.

1889 zieht der mittellose Gauguin ins nahe Le Pouldu an die Küste um – die Touristen haben die Lebenshaltungskosten in Pont-Aven in die Höhe klettern lassen und die Ruhe aus dem Städtchen vertrieben. Der zivilisationsmüde Gauguin findet auch in der Bretagne nicht, was er an unverfälschter Einfachheit sucht. 1891 zieht es ihn nach Tahiti. Eine für ihn naturverbundene Ursprünglichkeit der Südseemenschen und die Farben der Tropen locken ihn in die französische Palmenkolonie, wo er beginnt, die Bilder zu malen, um die sich heutzutage große Museen und millionenschwere Privatsammler reißen.

1893 kehrt er nach Paris zurück, kommt für einen Kurzbesuch nach Pont-Aven, das sich ihm entfremdet hat, und muss länger bleiben: Bei einer Prügelei in Concarneau bricht er sich ein Bein. 1895 setzt er sich wieder nach Tahiti ab, zieht dann 1901 vorsichtshalber auf die Marquesas-Inseln um, um größere Differenzen mit der Kolonialverwaltung zu vermeiden, die nicht gut auf den verschuldeten Querschädel zu sprechen ist. Zwei Jahre später stirbt er.

Gauguins Frühwerk ist noch vom Impressionismus geprägt, die persönliche Formfindung gelingt ihm ab 1888 in der Bretagne: Die Wendung hin zu einem Stil betont-deutlicher Abgrenzung der Flächen, die expressiv gesteigerte, knallbunte Farbigkeit seiner Bilder ging als Synthetismus, ein Wegbereiter des Expressionismus, in die Kunstgeschichte ein.

Gauguins überlieferte „Malstunde im Bois d'Amour" zeigt, worauf es dem Ex-Börsianer farbtechnisch ankam: „Wie sehen Sie diesen Baum? Ist er grün? Also los, malen Sie grün, das schönste Grün Ihrer Palette, und dieser Schatten, ist er nicht eher blau? Nur Mut, malen Sie ihn so blau wie Sie nur können!"

Museum: Alljährlich pilgern um die 50.000 zahlende Besucher an den Gemälden des modernen Ausstellungsgebäudes hinter der Mairie vorbei. Die wechselnden Ausstellungen sind der Schule von Pont-Aven sowie regionalen Malern gewidmet, einige Bilder bleiben dauerhaft hängen. Ein Lichtbildervortrag und ein kleines Dokumentationszentrum vermitteln Hintergründe.

Seit 2004 ist das Museum auch im Besitz eines originalen Gauguin-Gemäldes: Das 30 mal 42 cm große Pastell „Köpfe von Bretoninnen" entstand 1894 in Pont-Aven, bevor der Meister Europa endgültig den Rücken kehrte. Kaufpreis: 430.000 € – damit hätte Gauguin die Zechschulden der gesamten Malerbande von Pont-Aven locker begleichen können.

Öffnungszeiten Feb. bis Juni und Sept. bis Dez. täglich 10–12.30 und 14–18 Uhr. Juli/Aug. täglich 10–19 Uhr Zwischen den Wechselausstellungen (3-mal pro Jahr) bleibt das Museum jeweils für 4 Tage geschlossen. Eintritt 4 €.

Pont-Aven/Umgebung

Kapelle von Trémalo: Ein Muss jeder Gauguin-Wallfahrt. Von Buchen umschattet, bei einem Gehöft inmitten eines lichten Wäldchens liegt das dunkle gotische Kapellchen, das Gauguin oft besuchte. Der buntbemalte gekreuzigte Christus mit

Pont-Aven/Umgebung 433

den gestreckten Armen und dem leicht zur Seite geneigten Kopf (17. Jh.) im Inneren gilt als Vorbild des berühmten *Gelben Christus*, den Gauguin 1889 malte. Auch das Original des leidenden Jesus, von einem unbekannten Kunsthandwerker geschaffen, ist Kunst. Abgeschlossen? Der Schlüssel wird im Bauernhof aufbewahrt.

Weg Straße Richtung Rosporden (D 27), bei der Steigung am Ortsende von Pont-Aven den ersten Weg rechts und durch den Wald (beschildert). Ein schöner Spaziergang.

Auf dem Sentier côtier nach Port Manec'h: Wer am Hafen den rot-weißen Markierungen folgt, kann am rechten Ufer des Aven bis an die Küste wandern. Der schöne Spaziergang führt teils am Fluss entlang, der gezeitenabhängig mehr oder weniger Wasser führt, teils auch durch eine sanfte, bewaldete Hügellandschaft. Nach ca. 30 Minuten erreicht man die alte Gezeitenwassermühle in *Le Hénan*, nach weiteren 45 Minuten den kleinen Hafenort *Kerdruc*. Bis ans Meer in *Port Manec'h* sind es insgesamt 12 km, von dort reicht der Blick bei schönem Wetter bis zur *Ile de Groix* im Südosten. Tipp: Um dem Parkplatzproblem in Pont-Aven zu entgehen, kann man das Auto auch am Parkplatz von *Le Hénan* abstellen – am westlichen Ortseingang von *Pont-Aven* Richtung *Le Hénan* und *Kerdruc* abbiegen.

Nizon: 3 km westlich von Pont-Aven ist der *Calvaire* (17. Jh.) im Zentrum von Nizon ein weiteres Ziel der Gauguin-Pilger. Die steinerne Pietàgruppe am Fuß des Calvaires – drei Frauen mit dem eben vom Kreuz genommenen Jesus – wurde von Gauguin aus ihrer angestammten Umgebung herausgelöst und im „Grünen Christus" vor eine Dünenlandschaft gesetzt. Gauguin wusste die bretonischen Calvaires als gelungene Kunstform zu würdigen und übersteigerte deren Ausdruckskraft in eine noch größere Einfachheit. Bei seinen Zeitgenossen allerdings stieß er damit an die Grenzen des Kunstverstands. Als der Maler dem Pfarrer von Nizon „Jakobs Kampf mit dem Engel" schenken wollte, wollte dieser das Bild, in seinen Augen eine Obszönität, um Himmelswillen nicht haben. Das 1888 entstandene Werk gilt heute als Gauguins Abschied vom Impressionismus.

Zwischen Pont-Aven und Pont Manec'h

Côte de Cornouaille

Grands Sables: der Strandname ist Programm

Moëlan-sur-Mer: Etwa 12 km südöstlich von Pont-Aven liegt neben der D 24 das Moëlan-sur-Mer mit der *Kapelle St-Philibert-et-St-Roch* am südöstlichen Ortsrand (Anfahrt beschildert). Die Patrone des gotischen Gotteshäuschens werden gleichermaßen verehrt, beide haben ihren eigenen Pardon. Der ältere Heilige ist St-Philibert. Erst seit der Pestepidemie von 1598 pilgern die Bürger Quimpers nach Moëlan-sur-Mer, um auch St-Rochus ihre Reverenz zu erweisen.

Im Inneren sind die *Skulpturen* aus dem 16. und 17. Jahrhundert erwähnenswert, die weitere Beschreibung überlassen wir einer Leserin: „Der bezaubernde Innenraum besticht geradezu mit dem warmen Licht, durch die bunten Fenster hervorgerufen, dem soliden Mauerwerk und den einfachen Holzstühlen. Aber am eindrucksvollsten war für mich der unverkleidete Dachstuhl (effektvoll ausgeleuchtet), der Einblick in dessen Konstruktion gewährt." Der helle, einfache *Calvaire* (16. Jh.) vor der Kapelle zeigt eine Besonderheit: Oben auf dem Kreuz ist auf beiden Seiten ein Christus, einer ist gekreuzigt, der andere bereits auferstanden und zeigt seine Wundmale. Die gefasste *Fontaine St-Roch* am Rand des Kapellenbezirks, früher der Ortsbrunnen, hilft Kleinkindern gegen Blähungen. Rezeptur: Ein Erwachsener muss in der Quelle das Leibchen des erkrankten Kindleins waschen, das ihm dann anschließend (trocken) übergezogen wird.

Wesentlich älteren Datums ist die *Allée couverte de Kercordonner*. Das Megalithengrab liegt 3 km außerhalb an der D216 in Richtung *Brigneau* inmitten eines Maisfeldes.

- *Öffnungszeiten* der Kapelle: Mitte Juni bis Mitte Sept. täglich 10–12 und 15.30–19 Uhr.
- *Pardon* Am 2. Sonntag nach dem 15. August zu Ehren St-Philiberts, eine Woche später zu Ehren St-Rochs.

Le Pouldu: Eine wildzerklüftete Klippenküste säumt Le Pouldu, drei feinsandige Strände schmiegen sich in die Felsen. Der Ort besteht aus den Teilen *Le Pouldu-Plage* und *Le Pouldu-Port* und gehört zusammen mit *Doëlan* zur Gemeinde *Clohars-Carnoët*, außerhalb der Monate Juli und August eine verschlafene Gegend. Le Pouldu wurde 1889 Jahren von Gauguin „entdeckt", der von Pont-Aven hierher

Pont-Aven/Umgebung 435

zog. Ein kleines *Museum* in der Maison Marie-Henry (Rue des Grands Sables), in der er wohnte, und eine Gedenktafel neben der *Kapelle Notre-Dame-de-la-Paix* oberhalb der *Plage Grands Sables* erinnern an den berühmten Maler. Die Kapelle aus dem 15./16. Jahrhundert stand bis 1958 in Nizon, halbverfallen und von Brombeersträuchern überwuchert. In einer aufwendigen Transportaktion wurde sie Stein für Stein nach Le Pouldu gebracht und hier wieder aufgerichtet.

Der Badeort hat kein Zentrum. Der größte Teil des Geschehens spielt sich an der Durchgangsstraße oberhalb des Grands-Sables-Strandes ab. Die Umgebung ist mit Campingplätzen gespickt, die einst ländliche Idylle von Ferienhäusern zersiedelt. Trotzdem finden sich – vor allem am *Laïta*-Fluss – reizvolle Ecken. Der Hafen ist malerisch, von hier führt ein Spazierweg (Sackstraße) an der Laïta entlang.

Ein weiteres pittoreskes Fleckchen besitzt die Gemeinde mit dem Hafenort *Doëlan*, wo eine tief eingeschnittene Bucht mit Segelbooten und Fischkuttern *Rive Droite* und *Rive Gauche* voneinander trennen. Am rechten Ufer lockt das Cidre-Anwesen *Les Vergers de Pen ar Steir* mit Direktverkauf, am linken bieten sich schöne Spaziergänge an oder eine Pause in der Hafenbar.

Information/Verbindungen/Diverses

- *Postleitzahl* 29360 (Clohars-Carnoët)
- *Information* **Office de Tourisme**, oberhalb des Strandes Grands Sables. Jan. bis Juni und Sept./Okt. Mo–Sa 9.30–12.30 und 13.30–17.30 Uhr. Juli/Aug. Mo–Sa 9.30–12.30 und 13.30–18.30 Uhr, So 10–12 Uhr. Nov./Dez. Mo–Sa 10–12.30 und 13.30–17 Uhr. Place de l'Océan. ✆ 02.98.39.93.42, ✉ 02.98.39.92.29, ot.clohars-carnoet@wanadoo.fr, www.cloharscarnoettourisme.com.
- *Verbindung* Juli/Aug. werktags 2 bis 3 Busse nach Quimperlé, sonst nur an Schultagen am frühen Morgen.
- *Fahrradverleih* **Fontaine** an der Durchgangsstraße, nur Juli/August, ✆ 02.98.96.32.44.
- *Wassersport* Ausrüstung ebenfalls bei **Fontaine**. Tauch- und Segelangebote.
- *Reiten* **Le Haras de Cotonard**, Ausritte und Kurse für Anfänger und Fortgeschrittene. ✆ 02.98.39.98.65.
- *Tennis* Gemeindeplatz mit 4 Außencourts. Anmeldung übers Rathaus, ✆ 02.98.71.53.90, oder am Platz, ✆ 02.98.96.90.87.

Übernachten

- *Hotel* ** **Le Panoramique**, moderner Bau mit Crêperie im Untergeschoss, oberhalb der Kerou-Plage. Komfortable Adresse mit 25 Zimmern, alle mit Bade- oder Duschkabinett inkl. WC. Salon, Bar mit Kamin, kein Restaurant. DZ 42–57 €. Geöffnet März bis Okt. Le Kérou. ✆ 02.98.39.93.49, ✉ 02.98.96.90.16, poulduramique@wanadoo.fr, http://hotel-lepouldu.annaec.com.
- *Camping* **** **Embruns**, oberhalb der Ortschaft in einer Häuseransiedlung. Zum Strand 500 m. 150 Stellflächen in einem teils heckenunterteilten 2½-ha-Areal. Komfortable Hygieneblocks, Volleyball-Platz, Minigolf. Geöffnet Mitte April bis Mitte Sept. Rue du Philosophe Alain. ✆ 02.98.39.91.07, ✉ 02.98.39.97.87, www.camping-les-embruns.com.

Du Quinquis, an der D 49 etwas landeinwärts, 300 m zum Strand; nettes, schattiges Areal unweit der Kapelle Notre-Dame-de-la-Paix. Heckenunterteilte Stellplätze mit viel Grün. Ordentliche Sanitärs. Laden. Nebenan Minigolf und nutzbarer Swimmingpool. Mai bis Sept. geöffnet. Le Quinquis. ✆ 02.98.39.92.40, ✉ 02.98.39.96.56, www.campingquinquis.com.

** **Le Kerou**, oberhalb des gleichnamigen Strandes (beschildert), 700 m bergab zum Strand. Sehr schöne Aussicht, wenig Schatten, gut eingerichtet (Bar, Caféterrasse), am Empfang thront ein Dolmen. Fahrradverleih. 235 Stellplätze. Geöffnet Ostern bis Sept. Rue des Ajoncs. ✆ 02.98.39.92.57, ✉ 02.98.39.90.05, www.camping-kerou.com.

** **Grands Sables**, direkt neben der Kapelle Notre-Dame-de-la-Paix, oberhalb des großen Strands von Le Pouldu. Umgeben von Ferien- und Wohnhäusern. Nicht weiter unterteiltes Wiesenareal, das in eine Mulde abfällt. Zum Teil schattige Plätze unter Bäumen, einfache Sanitärs. 200 m zum Strand. 130 Stellplätze. Ostern bis Mitte Sept.

Côte de Cornouaille Karte S. 369

geöffnet. Rue du Philosophe Alain. ℡ 02.98.39.94.43, ✆ 02.98.39.97.47, www.camping-lesgrandssables.com.
** Le Vieux Four, 500 m außerhalb des Zentrums, links der D 49. Camping auf dem Bauernhof. Schmale Zufahrt für Gespanne. Schöner, etwas abschüssiger Platz in einem typisch bretonischen Agraranwesen. Apfelbäume spenden Schatten. Einfache sanitäre Anlagen in einem Nebengebäude des Bauernhofs. 50 Stellplätze. Auf Wunsch Versorgung mit frischen Landprodukten (empfehlenswerter hausgemachter Cidre). Geöffnet Ostern bis Mitte Sept. Rue des Grands Sables. ℡ 02.98.39.94.34.

Quimperlé (10.850 Einwohner)

Einheimische bezeichnen Quimperlé als den Mont-Saint-Michel des Landes. Die steil vom Fluss zur Kirche Notre Dame hinaufstrebenden Häuser beschreiben eine pyramidenförmige, vom Kirchturm gekrönte Silhouette, der des berühmten Klosterbergs im Atlantik nicht unähnlich – aber damit ist der Vergleich erschöpft. Quimperlé verheißt keine großen Sensationen, überrascht aber immer wieder mit lauschigen Ecken und unerwarteten Ausblicken.

Das beschauliche Quimperlé am Zusammenfluss von *Ellé* und *Isole*, die unter dem Namen *Laïta* zum Atlantik weiterfließen, gliedert sich in zwei Teile. Die Oberstadt mit dem von der *Notre-Dame* überragten *Quartier St-Michel* erhebt sich auf einem steilen Felssporn. Die Unterstadt breitet sich auf der von den beiden Flüssen gebildeten Insel aus und ist die Wiege des Städtchens. Vor über 1300 Jahren gründete der Mönch Guthiern eine Missionsstätte, um die der Ort *Anaurot* heranwuchs. Anaurot wurde um 900 von Normannen geplündert und vollständig zerstört. Zwei Jahrhunderte später erlebte Quimperlé einen Neuanfang. Der Comte *Alain de Cornouaille* hatte über der kleinen Festlandsinsel ein goldenes Kreuz untergehen sehen, verstand den göttlichen Wink und schenkte das heilige Fleckchen zwischen den Flüssen dem Propst von Redon. Rund um die eiligst errichtete *Abtei Ste-Croix* entstand das neue Quimperlé.

Seine Hochblüte erlebte Quimperlé zur Zeit der bretonischen Herzöge, bis Mitte des 18. Jahrhundert galt die Stadt, inzwischen von der Benediktinerabtei verwaltet, als die Pforte zur Cornouaille. Zwischen den alten Fachwerkhäusern der Unterstadt entstanden die Verwaltungsgebäude und die eleganten Renaissancebauten reicher Herren.

Information/Verbindungen/Diverses

- *Postleitzahl* 29300
- *Information* **Office de Tourisme**, direkt bei der Kirche in der Oberstadt. Juli/Aug. Mo–Sa 9.30–13 und 14–19 Uhr, So 10–12 Uhr. Sept. bis Juni Mo–Sa 9–12.30 und 14–18 Uhr. 45, place Saint Michel. ℡ 02.98.96.04.32, ✆ 02.98.96.16.12, ot.quimperle@wanadoo.fr, www.quimperletourisme.com.
Im Sommer zusätzlich Auskünfte im Tourismuspavillon bei der Brücke in der Unterstadt. Juli/Aug. Mo–Sa 10–12.30 und 13.30–18 Uhr.
- *Verbindung* **Zug**: Bahnhof in der Oberstadt. Quimperlé liegt an der Linie Redon–Vannes–Lorient–Quimper. Nach Quimper mindestens 8-mal täglich, Richtung Vannes und Redon-Rennes mindestens ebenso oft.

Bus: Zentrale Haltestelle am Bahnhofsplatz, eine weitere am Quai Brizeux in der Unterstadt. Werktags 7-mal über Pont-Aven, Concarneau nach Quimper, sonn- und feiertags 4-mal. Regelmäßig nach Lorient. Von Juli bis Ende Aug. werktags 2 bzw. 3 Busse nach Le Pouldu, sonst nur an Schultagen am frühen Morgen. Jeden Mi ein Extrabus zum Markt nach Lorient.
- *Markt* Freitag 9–16 Uhr ländlicher Wochenmarkt auf der Place St-Michel in der Oberstadt. Di–So jeweils morgens in der Markthalle der Unterstadt.
- *Waschsalon* **Laverie automatique**, 64, rue du Couédic (Richtung Champion-Supermarkt). Die Trommeln drehen sich ohne Ruhetag täglich von 8–22 Uhr.

Quimperlé

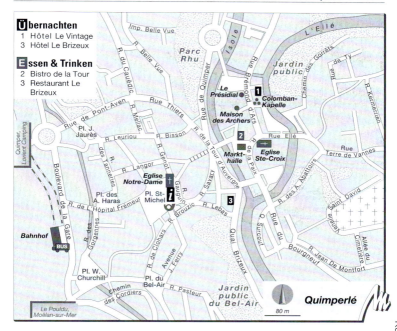

Übernachten
1 Hôtel Le Vintage
3 Hôtel Le Brizeux

Essen & Trinken
2 Bistro de la Tour
3 Restaurant Le Brizeux

Übernachten/Essen

• *Hotels* ***** Le Vintage (1)**, neben der Colomban-Ruine in der Unterstadt. Der Sohn des „Bistro de la Tour" (s. u.) hat das alte Haus der lokalen Sparkasse zu einer sehr komfortablen Herberge umgebaut. 10 modern eingerichtete, helle Zimmer mit Massagedusche oder Bad und Internet-Zugang. Jedes Zimmer ist anders und jedes ziert ein Wandgemälde, modernes Art-Deco sozusagen. So freundlich wie die Zimmer ist auch die Rezeption – der Gast fühlt sich rundum wohl. DZ 80–120 €, das teuerste sehr geräumig, komfortabel sind alle. Ganzjährig geöffnet. 20, rue Brémond d'Ars. ✆ 02.98.35.09.10, ✆ 02.98.35.09.29, bistrodelatour@wanadoo.fr, www.hotelvintage.com.

Le Brizeux (3), einfaches Stadthotel in einer Häuserzeile am Ufer der Laïta. Restaurant (siehe *Essen*), lebhafte PMU-Bar zur Straße. Architektonisches Glanzstück ist der ins Haus integrierte alte gotische Bogen. DZ 26–50 € je nach sanitärer Ausstattung. Ganzjährig geöffnet. 7, quai Brizeux. ✆ 02.98.96.19.25.

• *Camping* **** Municipal**, einfacher Platz, dem Sportzentrum angeschlossen. Ausfallstraße Richtung Quimper, beim Leclerc-Supermarkt rechts ab. 40 Stellplätze auf ebenem Rasengelände mit wenig Schatten. Die knappen, aber gut gepflegten Sanitärs gehören zum Sportzentrum. Geöffnet Juni bis Sept. Rue du Camping. ✆ 02.98.39.31.30.

• *Restaurants* **Bistro de la Tour (2)**, in der Unterstadt bei der Markthalle. Ausgezeichnete französische und bretonische Küche in Salon-Atmosphäre, das Weinangebot ist einmalig, von den 300 verschiedenen Whiskeys gar nicht zu reden. Menüs ab 23 €. 2, rue Dom Morice. ✆ 02.98.39.29.58.

Le Brizeux (3), im gleichnamigen Hotel. Mit Blick über die Laïta werden im 1. Stock Gaumenfreuden ohne Brimborium serviert. Rustikales Ambiente, angenehme Atmosphäre und freundlicher Service lassen das Dîner rundum gelingen. Menüs ab 14 €, gute À-la-carte-Auswahl und große Weinkarte, auf der auch das günstige Pichet nicht fehlt. 7, quai Brizeux. ✆ 02.98.96.22.88.

Côte de Cornouaille

Sehenswertes

Eglise Notre-Dame de l'Assomption/Oberstadt: Die Kirche auf der Spitze des Hügels, deren vierkantiger Turm die pyramidenförmige Silhouette der Oberstadt bestimmt, wurde zwischen dem 13. und 15. Jahrhundert gebaut. Sie verbindet gelungen romanische Strenge mit gotischer Eleganz, Renaissance-Steinmetze haben die Vorhalle reich mit Laubwerk und Figuren verziert. Von den zwölf Aposteln allerdings harren nur noch drei vor Ort aus, die anderen hinterließen leere Nischen. Noch schlimmer steht es im gegenüberliegenden Südportal, dem heutigen Eingang zur Kirche: Dort sind gleich alle zwölf verschwunden. Im Inneren birgt die Kirche nichts Nennenswertes.

Ein Stück unterhalb der Vorhalle führt ein Torbogen auf die *Place Gambetta*, von der aus die von Geschäften und Boutiquen gesäumte *Rue Savary* steil zum Fluss abfällt. Links vor dem Tor, im Haus Nr. 6, erblickte am 29. Januar 1789 der beste Bombarde-Spieler aller Zeiten das Licht der Welt: der blinde *Mathurin Furic* alias Mathurin L'Aveugle. Am 14. September 1859 verstarb der auf Volksfesten und Truppenaufmärschen gefeierte Musiker in seinem Geburtshaus. Eine Gedenktafel in Bretonisch und Französisch erinnert an ihn.

Eglise Ste-Croix: *St-Guthiern* hatte im 6. Jahrhundert hier eine erste Gebetsstätte gebaut, die heutige Kirche wurde im 11./12. Jahrhundert nach dem Plan der Heilig-Kreuz-Kirche in Jerusalem errichtet. Auch mit dem neuen klotzigen Campanile – 1848 war der alte Glockenturm eingestürzt und hatte große Teile der Kirche niedergerissen – blieb sie eines der schönsten romanischen Bauwerke der Bretagne, ein Rundbau mit drei Apsidialkapellen und einer Vorhalle. Unter der Kuppel, im Zentrum des kreuzförmigen Grundrisses, wo die Messe zelebriert wird, liegt die *Krypta* der alten Abtei. Unbeschadet vom Turmeinsturz, von zwei romanischen Säulenkränzen umrahmt, schließt sie die zwei *Grabmäler* (15. Jh.) ein, das des Kirchengründers und das von Abt Lesperevez. An die Rückwand der Vorhalle lehnt sich ein *Renaissancealtar*. Das steinerne Kunstwerk zeigt die vier Evangelisten über ihr Schreibzeug gebeugt, der Stimme von oben lauschend, während Jesus zum Himmel aufsteigt. Das lebensgroße *Grablegungsensemble* aus Kalksandstein (16. Jh.), das sich auf halbem Weg zur Krypta versteckt, ist etwas verwittert und von Menschenhand beschädigt.

Altstadtviertel: Hinter der *Kirche Ste-Croix* führt die *Rue Brémond d'Ars* an mehreren alten Fachwerkhäusern vorbei. Die Straße galt früher den Krautjunkern als erste Wohnadresse, wappenverzierte Portale öffnen sich zu den einstigen Stadtquartieren der Landadeligen. Vorbei an der Ruine der *Kapelle St-Colomban*, und man sieht an der gegenüberliegenden Seite *Le Présidial*, das alte Gericht der Stadt. Neben einer bemerkenswerten Treppe aus dem 19. Jahrhundert präsentiert es als städtische Galerie jährlich fünf bis sechs Ausstellungen moderner Kunst. Gegenüber der Colomban-Ruine lohnt die *Rue Dom Morice* eine kurze Besichtigung. Unter anderem Fachwerk steht hier das schönste Haus der Stadt, die *Maison des Archers* aus dem Jahr 1470 (Haus-Nr. 7). Auf beiden Etagen mit mehreren Kaminen ausgestattet, war das Haus einst Quartier der Bogenschützen *(archers)*, die damals die Gendarmen stellten. Fünf Jahre lang wurde es liebevoll restauriert, heute sind in seinen Räumen Ausstellungen meist bretonischer Gegenwartskunst zu sehen.

Öffnungszeiten von Le Présidial und Maison des Archers 10–12 und 14.30–19 Uhr, Di geschlossen. Der Eintritt ist in beiden Häusern in der Regel gratis.

Der Dolmen von Crucuno

Côte du Morbihan

Lorient (59.200 Einwohner)

L'orient – der Orient: Die auf dem Reißbrett entworfene Stadt war für ein gutes Jahrhundert Frankreichs Tor zur Welt– eine durch geschäftstüchtige Kolonialmanager und clevere Sklavenhändler rasch reich gewordene Handelsmetropole.

1664 erhielt die Stadt ihren Namen, im Jahre 1666 wurde sie auf königlichen Befehl erbaut. *Ludwig XIV.* folgte den Einflüsterungen seines Finanzministers *Colbert*, der, um den königlichen Säckel weiter zu füllen, die Gründung einer Handelskompanie vorgeschlagen hatte. Ihre Aufgabe sollte es sein, Frankreich am gewinnbringenden Geschäft mit den pazifischen und indischen Kolonien teilhaben zu lassen, und die dafür gegründete *Compagnie des Indes Orientales* verdiente bald Unsummen. Lorient wurde binnen kürzester Zeit eine blühende Wirtschaftsmetropole. Skrupellose Geschäftemacher, Korsaren und Merkantilisten verdienten sich goldene Nasen an einem zeittypischen Dreiecksgeschäft: Mit billigem Schund beladen, liefen die Schiffe die afrikanischen Kolonialhäfen an, wo sie den glitzernden Plunder gegen „schwarzes Gold" eintauschten – afrikanische Sklaven, die in die Übersee-Plantagen verfrachtet und dort gegen einträgliche Importartikel weiterverhökert wurden. Bei der Rückkehr der Schiffe nach Lorient raschelte das Papiergeld, Aktiencoupons wurden fällig, Optionen realisiert. An den Hafenkais duftete es nach Gewürzen und Tee, in den Lagern und Magazinen stapelte sich orientalisches Porzellan und chinesische Seide.

Mit dem Verlust der indischen Kolonien 1757 drohte Lorient der wirtschaftliche Ruin. Doch bereits 1770 gewann die Stadt ihr Leben zurück, Lorient wurde zum königlichen Arsenal für den Bau und die Reparatur von Kriegsschiffen umfunktioniert, und *Napoléon I* gründete um 1800 den großen Militärhafen von Lorient.

Nach dem Ersten Weltkrieg bekam Lorient seinen Fischereihafen, heute der zweitgrößte Frankreichs. Nach der Besetzung der Stadt durch deutsche Truppen im Juni 1940 bauten die Nazis die Hafenanlagen zwischen 1941 und 1943 mit 900.000 t Beton zu einer gewaltigen U-Boot-Basis aus. Während der Luftangriffe alliierter Bomber wurde die bis Mai 1945 besetzte Stadt zu 85 % zerstört. Ironie der Geschichte: Die *Base-des-Sous-Marins* überstand die Angriffe mehr oder weniger unversehrt und beherbergte bis in die neunziger Jahre die U-Boote der französischen Marine. Heute steht die Basis leer – bis auf ein einzelnes U-Boot, das die Marine der Stadt zum symbolischen Preis von einem Franc überlassen hat. Die Pläne, es einer Besichtigung zugänglich zu machen, wurden bisher noch nicht realisiert, interessierte Touristen werden allerdings durch die Anlage geführt.

Nach dem Krieg baute man Lorient schnell wieder auf – der Not der Zeit gehorchend überwiegend funktional. So bietet Lorient wenig; abgesehen vom Hafen und den Verkehrsanbindungen ist die Stadt für den Reisenden nicht interessant – ein nach dem Weltkrieg wie Phönix aus der Asche entstiegener „rauchender und rasselnder Polyp" (Hermann Schreiber), der nicht nur die Trichtermündung des *Scorff*, sondern auch das gegenüberliegende *Port-Louis* mit seiner Zitadelle aufgesogen hat.

Militärarchitektur

Information/Verbindungen

- *Postleitzahl* 56100
- *Information* **Office de Tourisme**, beim Jachthafen, Anfahrt beschildert. April bis Juni und Sept. Mo–Sa 9–12.30 und 13.30–18 Uhr. Juli/Aug. Mo–Sa 9–19 Uhr, So 9–13 Uhr. Okt. bis März Mo–Fr 10–12 und 14–18 Uhr, Sa 10–12 und 14–17 Uhr. Quai de Rohan. ✆ 02.97.21.07.84, ✉ 02.97.21.99.44, accueil@lorient-tourisme.fr, www.lorient-tourisme.com.
- *Flugzeug* Der Aéroport de Lann-Bihoué liegt 10 km westlich des Zentrums. Direktflüge mit Air France nach Paris und Lyon. Auskunft: ✆ 02.97.87.21.50.
- *Zug* Lorient liegt an der Hauptlinie Paris–Rennes–Quimper. Mehrmals täglich Direkt-

Lorient 441

verbindungen nach Paris, viele Anschlüsse nach Quimper. Nahverkehrszüge nach Hennebont, Quimperlé und Auray. In Auray Busanschluss nach Carnac. Bahnhof in der Nordstadt an der Hauptstraße nach Vannes in der Rue Beauvais.

• *Bus* Regelmäßig nach Pont Scorff, Hennebont, Le Faouët, Pontivy und Quimperlé. Mehrere Haltestellen, zentraler Umsteigebahnhof Gare d'Echanges, Cours de Chazelles (beim Bahnhof).

• *Schiff* Regelmäßige Personenfähren über die **Reede**. Über Locmiquélic nach Port-Louis und weiter nach Gavres auf dem Zipfel der südlichen Landzunge der Rade von Lorient. Ganzjährig ca. halbstündlich von 7–19.30 Uhr, am Wochenende weniger Fahrten. Abfahrt/Ankunft am Quai des Indes in der Nähe des Office de Tourisme oder am Fischerhafen.

Regelmäßige Fährverbindungen (Auto- und Personen) zur **Ile de Groix** mit der *Société Morbihannaise de Navigation (SMN)*. Abfahrt vom modernen Schiffsbahnhof am Boulevard Adolphe Pierre (Anfahrt beschildert). Ganzjährig, in der Hochsaison bis zu 6-mal täglich, in der NS noch 3- (April) bzw. 4-mal. Fahrtzeit 45 Min., retour 24 €, Jugendliche bis 25 Jahre 15 €. Wer sein Auto mitnehmen möchte, sollte reservieren (Platzkapazität 20–25 Pkw, retour 120–200 € je nach Länge des Fahrzeugs, Wohnmobile noch teurer). In der Hauptsaison einmal täglich über Quiberon zur **Belle Ile** (Le Palais oder Sauzon). Retourticket Erwachsene 25 €, Jugendliche bis 25 Jahre 15 €. Abfahrt Lorient 8.20 Uhr, keine Autos und Fahrräder, Reservierung erforderlich, Dauer der Überfahrt 1 Stunde.

Auskunft und Reservierung: Société Morbihannaise de Navigation (SMN).
✆ 08.20.05.60.00 oder 02.97.35.02.00, www.smn-navigation.fr.

Diverses

• *Internet* **Webbow Cybercafé**, unter den Arkaden hinter dem Kongresspalast, unweit des Office de Tourisme. 13, place Jules Ferry.

• *Bootsausflüge* Diverse Angebote, von der **Hafenrundfahrt** über die **Umrundung der Ile Groix** bis zur **Blavet-Fahrt** nach Hennebont. Infos im Office de Tourisme.

• *Autoverleih* **Europcar**, 4, boulevard Laënnec (Nähe Bahnhof), ✆ 02.97.21.13.45
ADA, 16, cours de Chazelles (Nähe Bahnhof) und am Flughafen. ✆ 02.97.21.75.06.

• *Markt* Jeden Vormittag in den Markthallen von Merville und Saint-Louis. Mi und Sa regelmäßiger Wochenmarkt rund um die Hallen.

• *Feste* Kelten aller Ländern vereinigen sich während des **Festival Interceltique** Anfang August. Bretonische, irische, walisische, schottische Folklore. Einer der größten sommerlichen Events der Bretagne, für Fans keltischer Musik ein Muss.

Übernachten

• *Hotels* ** **Leopol**, Mitglieder Citôtel-Kette, zwischen Kirche und Bahnhof, links in einer Seitenstraße des Cours de Chazelles. 28 geräumige Zimmer, die meisten mit separatem Bad/WC. Gemütliche Wohnatmosphäre. WiFi-Anschluss. Kein Restaurant. DZ 50–73 €. Weihnachten bis Neujahr geschlossen. 11, rue Waldeck-Rousseau. ✆ 02.97.21.23.16, ✆ 02.97.84.93.27, hotel.leopol@wanadoo.fr, www.hotel-leopol-lorient.com.

** **Le Victor Hugo**, in der Nähe des Office de Tourisme. Ganz sympathisches Stadthotel mit 28 ordentlichen, unterschiedlich ausgestatteten Zimmern. DZ 37–70 €. Ganzjährig geöffnet. 36, rue Lazare Carnot.
✆ 02.97.21.16.24, ✆ 02.97.84.95.13, contact@hotelvictorhugo-lorient.com, www.hotelvictorhugo-lorient.com.

D'Arvor, Nähe Office de Tourisme. Nettes bürgerliches Haus mit 13 einfachen Zimmern. Sanitär unterschiedlich ausgestattet, gepflegte Gemeinschaftseinrichtungen, Bar. Empfehlenswertes Restaurant mit gutbürgerlicher Küche. DZ 29–35 €. Ganzjährig geöffnet. 104, rue Lazare Carnot. ✆ 02.97.21.07.55.

• *Jugendherberge* Im Süden etwas außerhalb der Stadt, direkt beim Ter-Fluss. 78 Betten in 3- bis 5-Bett-Zimmern. Waschmaschine im Haus. Übernachtung pro Pers. 10–11,50 €. Mitte Dez. bis Jan. geschlossen. 41, rue Victor Schoelcher, Rives du Ter. ✆ 02.97.37.11.65, ✆ 02.97.87.95.49, lorient@fuaj.org, www.fuaj.org (dort auf der Karte nach Lorient durchklicken).

Sehenswertes

Museumsschiff Thalassa: In der Nähe des Office de Tourisme und des Jachthafens Nach 36 Jahren auf See, in denen die „Thalassa" die Erde 38 Mal umrundet hat, hat sich das ehemalige französische Forschungsschiff im Hafen von Lorient zur Ruhe gesetzt. Es beherbergt heute ein Museum, das sich vor allem an Kinder richtet, die hier ihre Fähigkeiten als Ozeanograph, Fischer oder Käpt'n erproben können.
Öffnungszeiten Juli/Aug. täglich 9–19 Uhr; Sept. bis Juni Mo–Fr 9–12.30 und 14–18 Uhr, So 14–18 Uhr. Eintritt 5,60 €, Kinder 5,10 €.

Lorient/Umgebung

Port-Louis: Port-Louis war früher ein regional bedeutender Fischereihafen. Zur Zeit der Ligakriege Ende des 16. Jahrhunderts wurde die Stadt, die damals *Blavet* (wie der Fluss) hieß, von den Spaniern mit einer mächtigen Zitadelle befestigt. Heute gehört Port-Louis zum Naherholungsgebiet Lorients; die Badegäste gelangen durch ein Tor in der Wehrmauer an der *Promenade des Patis* zum feinsandigen Strand.

Kardinal *Richelieu* ließ hier ein erstes Handelskontor für die geplante Ostindische Kompanie einrichten, und Blavet wurde, König *Ludwig XIII*. zum Gefallen, in Port-Louis (Ludwigs Hafen) umgetauft. Weil die dazugehörige Handelsflotte fehlte, gingen die Geschäfte nicht allzu gut, und als Finanzminister Colbert 1666 den neuen Handelshafen Lorient auf der gegenüberliegenden Seite der Bucht bauen ließ, ging es mit Port-Louis endgültig bergab. Einen vorübergehenden Höhenflug erlebte das Städtchen Mitte des 19. Jahrhunderts als Sardinenhafen.

Wie der große Nachbar Lorient wurde auch Port Louis im Zweiten Weltkrieg zusammengebombt und größtenteils zerstört. Einzig die wehrhaften Mauern der *Zitadelle*, die sich auf die äußerste Landspitze der Halbinsel drängt und die Einfahrt in die *Rade de Lorient* überwacht, haben die Bomben und den Zahn der Zeit überstanden. Seit 1984 residieren in der Zitadelle zwei Museen.

Zitadelle/Museen: Die Festung, die sich im Westen des Städtchens um den Küstensaum legt, wurde 1591 errichtet, 1614 erweitert und 1636 im Auftrag der französischen Krone zu einem abweisenden Bollwerk ausgebaut. Zwei Brücken und ein halbrunder Vorwall bildeten für potentielle Gegner die erste Barriere. Im Mittelpunkt der rechteckigen Anlage liegt der geräumige Exerzierplatz. An den Flanken und Ecken springen keilförmig schwere Bastionen ins Meer vor, ein Wehrgang führt über die Befestigungsmauern. Die Gebäude der Zitadelle stammen größtenteils aus dem 19. Jahrhundert.

Das *Musée National de la Marine* gibt anhand zahlreicher Schiffsmodelle einen Überblick über die Vergangenheit der Marineschifffahrt. Im Pulverturm der Zitadelle illustrieren schwere Mörser, Torpedos und Seeminen die Entwicklung von Artilleriegeschossen seit dem 17. Jahrhundert. In einem Nebenraum wird in dramatischer Weise ein Seerettungseinsatz auf dem SOS-Boot von Roscoff nachgestellt. Im Südwestflügel der Kaserne dokumentieren Modelle von Fischerschiffen die friedliche Küstenschifffahrt im Atlantik.

Den Höhepunkt des Museumskomplexes bildet das *Musée de la Compagnie des Indes*, das im Nordwestflügel der Lourmel-Kaserne die Geschichte der Handelsgesellschaft erzählt. Präsentiert werden alte Stiche, Bilder, Möbel, Seekarten und Mannschaftslisten, daneben ausgewählte Kostbarkeiten des Fernhandels: Porzellan, Seide, wertvolle Lackarbeiten, Edelsteine. Beachtung verdienen auch die Nachbildungen berühmter Handelsschiffe des 18. Jahrhunderts. Die „Comte d'Artois", die 1758 zu einer 18-monatigen Rundfahrt aufbrach, wird mitsamt Personal und Ausstattung eines schwimmenden Handelsriesen vorgestellt: 300 Figuren (Mannschaften und Passagiere), der mit allerlei Handelsgütern gefüllte Schiffsbauch, Proviant und Bewaffnung – alles, was für eine Weltreise nötig war. Im Erdgeschoss erzählt eine vertonte Diaschau von der Straße des Goldes und der Gewürze.

• *Öffnungszeiten beider Museen* Feb./März 14–18, Di geschlossen. April bis Mitte Mai 10–13 und 14–18.30 Uhr, Di geschlossen. Mitte Mai bis Aug. täglich 10–18.30 Uhr. Sept. bis Mitte Dez. 13.30–18 Uhr, Di geschlossen. Eintritt für beide Museen 5,50 €, Jugendliche unter 18 Jahre gratis.

Larmor-Plage: Genau gegenüber der Zitadelle von Port-Louis erhebt sich der granitene, strauchbewachsene Glockenturm der gotischen *Ortskirche Notre-Dame-de-la-Clarté* (15./16. Jh.) in den

Notre-Dame-de-la-Clarté

Himmel. In der Vorhalle begrüßen zwölf steinerne Apostel die Besucher. Das Kirchenschiff ist mit bemaltem Tafelwerk ausgeschmückt, im Chor steht neben dem reich verzierten Hauptaltar aus dem 17. Jahrhundert der sog. *Judenaltar*. In sein Altarblatt sind gut 40 Figuren geschnitzt, die ausdrucksstark gestalteten Personen versammeln sich am Hang des Kalvarienberges, wo Jesus zum letzten Mal seinen Vater anruft.

Notre-Dame-de-la-Clarté war einst für die spirituellen Belange der französischen Kriegsmarine zuständig. Jahrhunderte lang feuerten die in den Kampf ziehenden Kriegsschiffe beim Auslaufen aus der Bucht von Lorient drei Kanonenschüsse ab, denen die Glocken der Kirche antworteten. Dazu flatterten auf der Kirchturmspitze die Farben der Trikolore, und der Ortsgeistliche erflehte Gottes Segen für die gerechte Sache.

Die Kirche mit ihrem wuchtigen Kreisker steht zwar noch im geographischen Ortsmittelpunkt, ist aber nur noch zu Gottesdienstzeiten und am 24. Juni, dem Tag der Schiffssegnung, Zentrum des Geschehens. Heute dreht sich in Larmor-Plage alles um das Badevergnügen und den Wassersport. Die drei Strände *Plage de Toulhars*, *Port-Maria* und *Kerguelen* direkt vor der Haustür ziehen Wochenendgäste aus Lorient und erholungssuchende Urlauber an. Neue Ferienhäuser zersiedeln den Küstenabschnitt rund um Larmor-Baden, Reste der Bunker- und Befestigungsanlagen des Zweiten Weltkriegs betonieren an vielen Stellen die Dünenlandschaft.

• *Postleitzahl* 56260

• *Information* **Office de Tourisme**, in einem Häuschen vor dem Camping des Algues. Feb. und Ostern bis Sept. Öffnungszeiten sehr wechselhaft. ✆ 02.97.33.70.02, www.

larmor-plage.com.

• *Fahrradverleih* **Larmor Cycles**, im Sommer täglich 9–20 Uhr. 40bis, rue des 4 Frères Leroy Quéret, ✆ 02.97.33.79.50.

444　Côte du Morbihan

- *Markt* Sonntagvormittag im Zentrum.
- *Schiffssegnung* Große Wallfahrt alljährlich am 24. Juni. In der bunten Prozession der Bénédiction des Courreaux durchpflügen zahlreiche Boote den Meeresarm, der die Ile-de-Groix vom Kontinent trennt.
- *Wassersport* Das große **Centre Nautique de Kerguelen** am gleichnamigen Strand ist für den Wassersport in all seinen Spielarten zuständig. ℡ 02.97.33.77.78.
- *Hotel* ** **Les Mouettes**, außerhalb des Zentrums, in der Bucht von Kerguelen; 20 nicht nur sanitär gut ausgestattete Zimmer, zum Großteil mit Meerblick. Garten, Barbetrieb, im Restaurant halten Geschäftsleute aus Lorient mit ihren Partnern gern ausführliche Mittagsbesprechungen ab. DZ 75–79 €. Ganzjährig geöffnet. Anse de Kerguelen. ℡ 02.97.65.50.30, ✆ 02.97.33.65.33, info@lesmouettes.com, www.lesmouettes.com.
- *Camping* *** **De la Fontaine**, am Ortsausgang nach Fort Bloqué. Der jüngste der Plätze ist der beste: angenehmer, geräumiger Platz mit unterteilten Stellflächen, halb unterirdische, grasbewachsene Sanitärs. Im Sommer Brotverkauf, Pizzadienst, Laden mit Zeitungen und Zeitschriften. 130 Stellplätze. Ganzjährig geöffnet. Route de Kerderff, Impasse de Quello. ℡ 02.97.33.71.28, ✆ 02.97.33.70.32, camping-la-fontaine@sellor.com.
- *** **Municipal des Algues**, wesentlich liebloser als der vorgenannte, hinter der Strandzeile. Nach einer Umgestaltung 1990 bietet der Campingplatz neben Sanitärpavillons auch ein „Centre Polyvalente", eine Mehrzweckhalle für Sport und Spektakel. 100 m zum Strand. 145 Stellplätze. Geöffnet Mitte Juni bis Mitte Sept. Boulevard Port Maria. ℡ 02.97.65.55.47, ✆ 02.97.84.26.27.

Ploëmeur: Das Städtchen südlich des Flughafens ist die viertgrößte Kommune der Region. 18.000 Menschen leben in dem 4000 Hektar großen Gemeindegebiet, an dessen etwa 15 km langem Küstenabschnitt die Ferien-Kleinzentren *Fort Bloqué*, *Kerroch* und *Kerpape* liegen. Feine, lang gezogene Sandstrände wechseln sich mit Felsklippen ab, Reste von Bunkeranlagen und Betonbefestigungen begrenzen auf langen Strecken den Dünenstreifen. Entlang der Küstenstraße D 152 von Guidel-Plages nach Larmor-Plage finden sich Ferienhauskolonien und meist sehr einfache Campingplätze, dazwischen kleine Fischerhäfen.

Der Reigen der weitläufigen Dünenstrände beginnt bei der hübschen *Guidel-Plage* an der östlichen Mündungsseite der Laïta. Die Westgrenze der Großgemeinde

Fort Bloqué

Lorient/Umgebung 445

Ploëmeur bildet einige Kilometer weiter das viel besuchte Badeörtchen *Fort Bloqué*, das seinen Namen der bei Flut vom Meer umspülten, von schweren Mauern geschützten Festung verdankt. Die 1 km lange *Plage de Fort Bloqué* (Segelschule) nördlich der Retortensiedlung ist ein Dorado für Surfer; günstige Brisen aus Südwest sorgen für schnittige Fahrt, Architekten bauen Strandburgen, inspiriert von der Silhouette des Forts.

In südöstlicher Richtung folgen weitere Strände. Die *Plage du Courégant* wird malerisch begrenzt von der gleichnamigen Landspitze mit dem kleinen Hafen. Weitläufig zersiedelt von Campingplätzen und Wohnwagenparzellen mit Hausnummern die *Pointe du Talut*, eine breite Felsnase, schwer befestigt mit einem mächtigen Bunkerwall, auf der der etwas muffige Duft einer Schrebergartenkolonie herrscht. Auf der klippigen Westseite liegt das alte *Kerroch* mit seinem Hafen, auf der Ostseite zwängt sich die *Plage du Perello* zwischen die Felsen. Ein Stückchen weiter, am Rand der Großsiedlung *Lomener*, folgt die Bucht von Stole *(Anse du Stole)*. Den südlichen Abschluss des zu Ploëmeur zählenden Küstenstreifens bildet die Badestation von *Kerpape* oberhalb der flachsandigen Bucht von Kerguelen. Für den gesamten Abschnitt gilt: viel Betrieb während der Ferienzeit. In der Nebensaison sind im Winter sind die Jalousien der Ferienhäuschen, Residenzen, Hotels und Restaurants heruntergelassen.

- *Postleitzahl* 56270
- *Information* **Office de Tourisme**, rue des Écoles, Ploëmeur Bourg. Juni bis Sept. 02.97.85.27.88, www.ploemeur.com.
- *Markt* Sonntag und Mittwochvormittag in Ploëmeur Bourg. Dienstag morgen im Ortsteil Kerroch. In der Sommersaison jeden Freitagvormittag in Fort Bloqué.
- *Camping* **** Pen er Malo**, am Nordrand der Plage de Fort-Bloqué in der Heide am Atlantikwall. 08/15-Platz mit 131 Stellflächen und Bunker an der Straße zum Meer. Kein Schatten, magere Sanitäreinrichtungen, Waschmaschinen. 100 m zum Strand. Ganzjährig geöffnet. Route Cotière.

02.97.05.99.86, 02.97.05.97.65, www.camping-penermalo.fr.
** Camping Kerbel, unweit des vorherigen Platzes. nur 45 Stellplätze, ansonsten ähnliche Bedingungen. Kinderspielplatz, Strom und Wasser für Wohnmobile. Kein Schatten. April bis Sept. geöffnet. 02.97.82.91.73.
*** de Kerpape, 240 Stellplätze mit direktem Zugang zum Strand von Kerguelen. Großzügiges Gelände, allerdings nicht viel Schatten im Heideland. Wasser- und Stromversorgung für Wohnmobile und Caravans. Laden, Kinderspielplatz, sanitäre Anlagen knapp ausreichend. Geöffnet April bis Okt. Lomener. 02.97.82.94.55, 02.97.64.44.64.

Hennebont: Von der alten Bausubstanz innerhalb des mächtigen Stadtwalls ist nicht viel geblieben. Am 7. August 1944 bombardierte die deutsche Artillerie auf dem Rückzug vor den Alliierten die Stadt am Ufer des *Blavet* zu 75 % in Schutt und Asche, Hennebont verlor sein Gesicht einer mittelalterlichen Festungs- und Handelsstadt. Von der *Ville Close* mit den Stadtmauern aus dem 13. Jahrhundert steht neben einem sorgsam gepflegten und von Blumenbeeten gesäumten Mauerrest nur noch die *Porte Broerec'h*, einst Haupteingangstor, zeitweise Stadtgefängnis und heute Kleinmuseum. Den Krieg halbwegs unbeschadet überstanden hat die *Basilika Notre-Dame-du-Paradis* (16. Jh.), mit ihrem 65 m hohen Turm ein imposantes Zeugnis bretonischer Flamboyant-Architektur.

Im Mittelalter war Hennebont Zentrum der Region, verlor aber im späten 17. Jahrhundert mit dem Ausbau des Hafens von Lorient seine Bedeutung. Bereits im Erbfolgekrieg ging es in Hennebont hoch her. Hartnäckig verteidigte damals die legendäre *Jeanne de Flandre* alias *Jeanne la Flamme* anstelle ihres vom französischen König eingesperrten Gatten *Jean de Montfort* den Familienbesitz gegen

446 Côte du Morbihan

Basilika Notre-Dame-du-Paradis

- *Postleitzahl* 56700
- *Information* **Office de Tourisme**, am großen Platz vor der Basilika. Juli/Aug. Mo–Sa 9–19 Uhr, So 10–12.30 Uhr. Sept. bis Juni 9–12.30 und 14–18 Uhr. 9, place Foch. ✆ 02.97.36.24.52, ℻ 02.97.36.21.91, tourisme.hennebont@wanadoo.fr, www.hennebont.com.
- *Verbindungen* **Zug**, Hennebont liegt an der Hauptlinie Rennes–Redon–Vannes–Lorient–Quimper. Werktags mindestens 6-mal, sonn- und feiertags 4-mal in beide Richtungen. TGV-Anschluss ab Lorient.
Bus, Haltestelle außerhalb der Altstadt an der Route de Port-Louis am Blavet-Ufer. Die Linien 16 und 18 verkehren auf der Strecke Lorient–Carnac und halten an allen touristisch interessanten Orten der Südküste. Täglich mindestens 6-mal Richtung Carnac, nach Lorient mindestens 1-mal pro Stunde.

Charles de Blois. Zur Zeit des Ancien Régime bis zur Französischen Revolution war Hennebont Sitz des Senneschalls (Kronbeamter) für die Region. Mitte des 19. Jahrhunderts bekam die Stadt ihren *Haras National*, das staatliche Pferdegestüt, das bis heute den guten Ruf Hennebonts in der Pferdewelt ausmacht. Zu diesem Zweck kaufte der Staat das Gelände der *Abtei La Joie-Notre-Dame*, eines Zisterzienserklosters, dessen Ruinen im 24-Hektar-Park des Gestüts besichtigt werden können.

Zwischen Juni und September gibt es im *Haras National* mehrmals täglich Führungen auf dem Gelände (Eintritt 6,60 €). Die Besucher können die 85 Zuchthengste besuchen oder sich in der Reitschule auf den Rücken eines Vollblüters setzen. Neben dem Haras-Besuch gehören ein Stadtmauerspaziergang und Wanderungen am Blavet-Ufer zum Hennebonter Besichtigungsprogramm.

Nach Pontivy 2-mal täglich. Auskunft und Reservierung

- *Markt* Donnerstag von 9–12 Uhr, einer der größten Märkte der Region.
- *Pardon* Letzter Septembersonntag Wallfahrt zu Ehren der Notre-Dame-de-Voeu.
- *Reiten* Mehrere Möglichkeiten, u. a. in der Gestütsreitschule beim **Haras National**, wo 40 Pferde und Ponys zur ständigen Verfügung stehen. Rue Victor Hugo. ✆ 02.97.89.40.30.
- *Waschsalon* Waschen mit Spaß im **Fun Lavage**, täglich 8–22 Uhr. Rue Maréchal Joffre.
- *Camping* ** **Municipal de St-Caradec**, am linken Blavet-Ufer am Nordrand der Stadt. Gemütlicher Platz, z. T. schattig. Sanitäre Anlagen mit fließend Warmwasser. 70 Stellplätze. Geöffnet Mitte Juni bis Mitte Sept. St-Caradec, ✆ 02.97.36.21.73.

Rivière d'Etel: Die Rivière d'Etel zwischen Lorient und der Halbinsel Quiberon ist so etwas wie eine Miniaturausgabe des Golfs von Morbihan. Durch eine enge Passage strömt im Wechsel der Gezeiten Meerwasser in die inseldurchsetzte, zerfranste Bucht, bisweilen mit immenser Gewalt – die Einfahrt ist in Schifffahrtskreisen berüchtigt. Die Sandbänke an der Enge laden zum Sonnenbad, schöne Blicke auf die Rivière erlauben die Autobrücke *Pont Lorois*, die *Pointe de Mané Hellec* auf der östlichen Buchtseite und die Insel *St-Cado* (s. u.). Am besten erschließt sich die Region durch Spaziergänge, mit dem Fahrrad oder – am angemessensten – auf

Lorient/Umgebung 447

einem Bootsausflug. Hauptorte sind Belz vor der Insel St-Cado und der kleine Thunfischhafen *Etel* an der Ostseite des schmalen Durchlasses zum Meer.

- *Information* **Office de Tourisme** am Hafen. Juli/Aug. täglich 9.30–18.30 Uhr. Sept. bis Juni Di–Sa 9.30–12.30 Uhr. Place des Thoniers, 56410 Etel. ✆ 02.97.55.23.80, ✆ 02.97.55.44.42, syndicat.initiative.etel@wanadoo.fr, www.etel-tourisme.com.
- *Bootsausflug* Ab Etel mit der *Compagnie des Iles* 1½-stündige kommentierte **Rundfahrt durch die Ria d'Etel**. Mitte April bis Mitte Juni 4-mal wöchentlich, dann bis zur 1. Septemberwoche täglich, im restlichen September 3-mal wöchentlich. Erwachsene 13 €, 4- bis 14-Jährige 8,50 €, bis 4 Jahre 4 €. Auskunft und Reservierung am Hafen von Etel oder unter ✆ 02.97.55.45.77.
- *Markt* Dienstag in Etel, bei der Kirche.
- *Hotel/Restaurant* **** Le Trianon**, Logis-de-France-Herberge im Ortszentrum von Etel unweit der Kirche. Gemütliches Hotel mit 16 Zimmern und einem Restaurant, das wie der Rezeptionssaal üppig gepolstert ist und den Speisenden in die Zeit des Biedermeier versetzt. DZ 50–98 €. 14, rue Général Leclerc, 56410 Etel. ✆ 02.97.55.32.41, ✆ 02.97.55.44.71, www.hotel-le-trianon.com.
- *Camping* **** Municipal de la Barre**, in Etel; windiger, ungeschützter Platz hinter dem Hafen, nah an der Mündung der Rivière d'Etel in den Atlantik. Einziges Plus ist der tolle Blick. 276 Stellplätze. Geöffnet Ostern bis Mitte Sept. Rue de la Barre, 56410 Etel. ✆/✆ 02.97.55.33.79.

St-Cado: Noch bevor sie die kleine Brücke zur Ile St-Cado betreten, zücken die meisten Besucher schon die Kamera. Ein winziges Eiland vor St-Cado, so klein, dass gerade ein einziges Haus darauf Platz hat, wird ins Visier genommen. Das Haus mit den hellblauen Fensterläden gehört zu den beliebtesten Fotomotiven der Bretagne. St-Cado selbst ist eine dicht bebaute, kleine Insel, die Kapelle ist dem heiligen *Cado* geweiht, einem königlichen Spross aus Wales, der im 6. Jahrhundert hierher kam, um die Bretonen zu missionieren. Der ursprünglich von den Templern im schlichten romanischen Stil errichteten Kapelle wurde in der Spätgotik an der Rückseite eine Empore hinzugefügt. Seit dem Mittelalter sind Wallfahrten auf die Insel bezeugt. Im 19. Jahrhundert dauerten die jährlichen Festivitäten für Cado, der als Heiliger der Gehörlosen verehrt wird, eine ganze Woche, heute beschränkt man

My home is my island (vor St-Cado)

sich auf den Pardon am 3. Septembersonntag. Dann schreiten die Würdenträger gemessenen Schrittes die breite Treppe des Calvaire (19. Jh.) hinauf, um von hier aus die Feier zu dirigieren.

- Von Lorois Kergo (an der Brücke über die Rivière) auf der D 16 2 km nach Belz, dort links ab (etwa 3 km, ausgeschildert).
- *Camping* ** **St-Cado**, in Belz, vor der Ile St-Cado; einfacher Heckenplatz mit einigen Extras wie kleiner Spielplatz und Tennis. 100 Stellplätze. Geöffnet April bis Sept. 5, rue Pen Perleieu, St-Cado, 56550 Belz. ✆ 02.97.55.31.98, www.camping-saintcado.com.

Erdeven: Für Anreisende aus dem Westen ist das Dorf bereits der Auftakt zur Megalith-Tour von Carnac. Die zahlreichen Megalithzeugnisse um Erdeven bilden die westlichen Ausläufer des Steinzentrums Carnac. Südöstlich der Ortschaft, an der D 781 (Parkplatz), liegt die mit 1129 Menhiren größte Steinallee der Umgebung, die *Alignements de Kerzerho*. Die Steine sind in zehn Reihen aufgerichtet, die größten sind bis zu fünf Meter hoch.

Südlich von Erdeven liegen entlang des flachen Küstenstreifens mehrere Campingplätze und seichte, lang gezogene Strände – wer länger bleiben will, findet hier ein schönes, nicht sehr überlaufenes Feriengebiet mit idealen Radtourmöglichkeiten.

- *Camping* Mehrere Plätze in der Umgebung, einer der besseren von ihnen: *** **Des Megalithes**, am östlichen Ortsausgang Richtung Meer. 100 großflächige Stellplätze auf einem gut ausgestatteten Areal. Geöffnet April bis Sept. Ker Félicité, 56410 Erdeven. ✆ 02.97.55.68.76.

Crucuno: Knapp 2 Kilometer nach den Alignements de Kerzerho (s. o.) weist an der Straße nach Carnac links ein Schild nach Crucuno, einem kleinen Weiler, dessen granitene Häuschen den Eindruck erwecken, sie seien aus prähistorischer Bausubstanz gemauert. Neben einem grauen Anwesens erhebt sich der *Dolmen von Crucuno*. Nur noch die Grabkammer ist erhalten, elf aufrechte Hinkelsteine tragen eine mächtige, in zwei Stücke geborstene Deckplatte. 800 m weiter landeinwärts steht als weiterer Zeuge der Prähistorie der *Dolmen Mané Groh*, ein schmales Ganggrab mit Seitenkammern.

Prähistorischer Sitzplatz

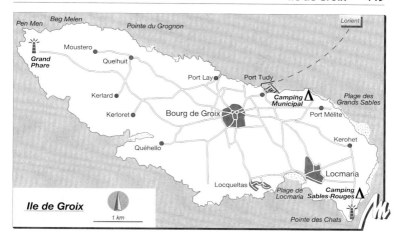

Ile de Groix

(2300 Einwohner)

„Qui voit Groix, voit sa joie" – „Wer Groix sieht, sieht seine Freude", verheißt der Volksmund. Und es sind viele, die dem Lockruf folgen: Bis zu 15.000 Besucher täglich überschwemmen im Sommer die Insel, um sich an ihr zu erfreuen.

Die Ile de Groix ist 15 km vom Kontinent entfernt, 8 km lang und 3 km breit. Im Westen stürzen an einigen Stellen über 40 Meter hohe Klippen ins Meer ab. Felsnadeln, Grotten und winzige Buchten bieten Vögeln willkommene Nistplätze. Die granatfarbenen Felsen, Quarzadern, Schieferablagerungen und besonders das blaue Glaucophan, vor 300 Millionen Jahren durch die unterirdische Kollision zweier gewaltiger Felsplatten in der Erdrinde aus dem Meer getrieben, machen Groix zu einem spannenden Aktionsfeld für Mineralogen. Sowohl Vögel wie Steine sind im Naturreservat „François le Bail" geschützt: Der „Secteur de Pen Men" an der Westspitze ist für die Vögel zuständig, der „Secteur de Locqueltas" im Süden für die Mineralien.

Im Inselinneren überwuchern Heide, Pinienwäldchen und grüne Täler das Millionen Jahre alte Gestein, aufgelockert von Ackerflächen, Weilern und den schnuckeligen Anwesen des kleinen Ortes Locmaria im Südosten. Der Ost- und Südteil sind flacher und besitzen mehrere feinsandige Badestrände, darunter die Plage des Grands Sables, eine weit gerundete, einer konvexen Linse ähnliche Sandzunge, die sanft ins Meer leckt. Badegäste suchen hier im Sand nach Edelsteinen (Granat).

Der betriebsame Hafen *Port Tudy* ist nahtlos mit dem Hauptort *Bourg de Groix* zusammengewachsen. Hier leben die meisten der Inselbewohner, die einst als ausgezeichnete Thunfischfänger galten und Groix anfangs des 20. Jahrhunderts zu einem der ersten Häfen für die gefährliche Islandfischerei aufsteigen ließen. Einziges Relikt aus dieser Zeit ist ein Thunfisch, der statt des Wetterhahns die Spitze des Kirchturms schmückt.

Ecomusée de l'Ile de Groix: In einer alten Konservenfabrik in Port Tudy hat die Gemeinde ein kleines Ökomuseum eingerichtet: Brauchtum, Geschichte und Geologie der Insel.
Öffnungszeiten April bis Juni und Sept./Okt. Di–So 10–12.30 und 14–17 Uhr. Juli/Aug. Di–So 9.30–12.30 und 15–19 Uhr. Nov. bis März Mi und Sa/So 10–12.30 und 14–17 Uhr. Eintritt 4,50 €.

- *Postleitzahl* 56590
- *Information* **Office de Tourisme**, an der Hafenzeile in Port Tudy. Hilfe bei der Vermittlung von Appartements, bei mineralogischen Exkursionen und mehr. Port Tudy. ✆ 02.97.86.53.08, ✆ 02.97.86.54.96, tourisme.groix@free.fr.
- *Verbindung* Regelmäßig Fähren (Auto- und Personen) nach Lorient mit der *Société Morbihannaise de Navigation (SMN)*. Ganzjährig, in der Hochsaison bis zu 6-mal täglich, in der NS noch 3 (April) bzw. 4-mal. Fahrtzeit 45 Min. Preise siehe *Lorient/Verbindung*. Auskunft und Reservierung: Société Morbihannaise de Navigation (SMN).
✆ 08.20.05.60.00 oder 02.97.35.02.00, www.smn-navigation.fr
- *Führung* In der Hauptsaison halbstündiger geführter Besuch im Naturschutzgebiet Locqueltas; Führer vom Fach erklären die geologischen Besonderheiten und geben Einblick in die Welt der Mineralien. Eintritt 4 €, Kinder 2,50 €. Auskunft im Office de Tourisme
- *Autoverleih* Mit dem geliehenen Clio oder Jeep von **Coconuts** über die Insel. Port-Tudy, ✆ 02.97.86.81.57.
- *Fahrradverleih* Mehrere Anbieter am Quai und auf dem Weg nach Bourg; z. B. **Coconuts** (s. o.) mit Tourenrädern und Mountainbikes oder **Bikini Bike**, ebenfalls Tourenräder und Mountainbikes, Port Tudy, ✆ 02.97.86.85.12.

- *Wassersport* Kanu, Kajak und Rudern bei l'AMER, Plage de Locmaria, ✆ 02.97.86.88.59.
- *Hotels* ** **Ty Mad**, 25-Zimmer-Haus direkt am Hafen. Aussicht über das Hafentreiben und das Meer. Das Restaurant gilt als exzellente Speiseadresse. DZ 54–90 €, HP 45–75 €, Menü 20–40 €. 1. Dezemberhälfte sowie 3 Wochen im Januar geschlossen. ✆ 02.97.86.80.19, ✆ 02.97.86.50.79, contact@tymad.com, www.tymad.com.
** **La Marine**, stilvolles Haus mit 22 z. T. antik möblierten Zimmern in Bourg de Groix. Alle Zimmer mit Dusche, einige mit WC auf Etage. Garten, Café-Terrasse, gemütliches Ambiente. Restaurant mit 120 Gedecken, Menüs 17–25 €. DZ 36–90 €, HP 45–72 €. Ab 2. Januarwoche für einen Monat geschlossen. 7, rue Général de Gaulle. ✆ 02.97.86.80.05, ✆ 02.97.86.56.37, hotel.dela.marine@wanadoo.fr, www.hoteldelamarine.com.
- *Camping* *** **Sables Rouges**, unweit des Leuchtturms an der Südostspitze der Insel. 120 Stellplätze fast direkt am Meer (100 m), Stromboxen, ordentliche sanitäre Anlagen, Kinderspielplatz, Swimmingpool. Im August unbedingt reservieren. Geöffnet Juni bis Mitte Sept. Port Coustic. ✆ 02.97.86.81.32, ✆ 02.97.86.59.17, camping.sables-rouges@wanadoo.fr.
** **Camping Municipal**, einfaches Gelände an der Pointe du Spermec mit direktem Zugang zum Strand, 1 km östlich von Groix Bourg. 40 Stellplätze. Geöffnet Juli bis Sept. Le Mené. ✆ 02.97.86.81.13, ✆ 02.97.86.59.97.

Halbinsel Quiberon

Wie ein Wellenbrecher teilt die Halbinsel die Atlantikfluten – im Osten sanft abfallend, sandig und ruhig im Spiel der Gezeiten die weite, flutgeschützte Bucht von Quiberon, im Westen die den Strömungen und Winden ausgesetzte Côte Sauvage (wilde Küste) mit ihren steilen Klippen über einer gefährlichen See.

Im Sommer springt die Einwohnerzahl in die Höhe – dann leben über 100.000 Menschen auf der Halbinsel. Über 2000 Stunden Sonnenschein und jährlich weniger als 650 mm Niederschlag machen die 14 km weit in den Atlantik vorgeschobene Landzunge zu einem bevorzugten Feriengebiet der Bretagne. An der schmalsten Stelle der durch Sandanschwemmungen entstandenen Halbinsel – ein 25 m breiter Landstreifen – ist gerade noch Platz für die Straße und das Bahngleis, bewacht vom mächtigen, mehrmals zerstörten und im 19. Jahrhundert wiederaufgebauten *Fort Penthièvre*. Nach diesem Engpass ist Quiberon dicht besiedelt, zwischen den einzelnen Orten haben sich seit den 1970er Jahren verstärkt Ferienhauskolonien angesiedelt.

> ### Die Schlacht von Quiberon
> Im Jahr 1795 wird das blutigste Kapitel der Halbinsel geschrieben. Englische Schiffe bringen 5000 royalistische Emigranten, meist Mitglieder des französischen Adels, an den Strand von Carnac, wo sie von 10.000 königstreuen Bretonen erwartet werden. Schnell und schmerzlos soll die nur 3000 Mann starke republikanische Armee unter General Hoche auf Quiberon überrumpelt werden. Doch zeitraubende Meinungsunterschiede über die Befehlsgewalt, gepaart mit Verrat, lassen das Unternehmen für die Royalisten zu einer Katastrophe werden. Statt sofort anzugreifen, werden zwei Wochen vertändelt, in denen General Hoche seine Truppen aufstocken kann und über die Pläne der Konterrevolutionäre auch noch bestens unterrichtet wird. Am Fort Penthièvre entscheidet sich das Schicksal der Royalisten. Nur 3000 von ihnen überleben das Gemetzel. Die meisten Gefangenen werden später hingerichtet.

Schräg gegenüber dem alten malerischen Fort erstrecken sich in einem sandigen, vom Wind zerzausten Kiefernwald entlang der Dünen mehrere Campingterrains an einer 3 km langen Sandbucht. Der Ortsteil *Penthièvre* nördlich der Landenge ist eine Retortensiedlung – Villen und Appartementhäuser in rechtwinkligen Straßenzügen.

Hauptort der Halbinsel ist das quirlige, halbmondäne Bade- und Kurstädtchen *Quiberon* mit seinen Häfen *Port Maria* (Sprungbrett nach Belle-Ile) und *Port Haliguen* (Jachten und Fischerei). Hier spielt sich der Haupttrummel der Sommersaison ab. *St-Pierre-Quiberon*, im Nordteil der Halbinsel, ist die zweite Hauptgemeinde, im Ortskern herrscht fast noch authentische bretonische Provinzatmosphäre. St-Pierre-Quiberon angegliedert sind im Norden *Kerhostin* (winziger alter Ortskern mit winzigen Gassen, umgeben von Ferienhäusern) und das alte *Portivy*, in dessen Westen eine steil abfallende Felsspitze, die *Pointe du Percho*, den Beginn der unter Naturschutz stehenden *Côte Sauvage* markiert.

Im Süden geht St-Pierre fast nahtlos in den Ortsteil *St-Julien* über, im Prinzip schon ein Vorort von Quiberon. Von hier bis zur *Pointe du Conguel*, der am weitesten vorgeschobenen Landspitze der Halbinsel im Südosten, gibt es mehrere Campingplätze, Bade- und Wassersportreviere.

Côte Sauvage

Scharfe Klippen, Felsschlünde, Grotten und Spalten – bizarr stürzt das von Heidekraut und Grasnelken überzogene Land ins Meer ab. An den malerischen kleinen Buchten mit feinem Sand herrscht meist absolutes Badeverbot – zu gefährlich ist die See (Grundsee!). Die Côte Sauvage ist Naturschutzgebiet und deshalb von der emsigen Bauwut, die den Rest der Halbinsel zersiedelt, verschont geblieben. An der Panoramastraße, die von Portivy aus etwas landeinwärts durch die Ginster- und Bruyère-Heide der Küste folgt, wurden zahlreiche Parkplätze gebaut.

Es geht auch wilder

Ein von Menhiren, Stelen, unzähligen Hinweisschildern und Badeverbotstafeln gesäumter *Wanderpfad* (ca. 2 Stunden) windet sich oberhalb der Steilküste am aufregenden Felskamm entlang und bietet immer neue überraschende Aussichten: das massive *Felsentor von Port Blanc*, durch das die Flut tobt, die *Teufelsgrotte*, ein sagenumwobener Felsschlund, in dem es gurgelt und dröhnt, oder das *Loch des Souffleurs (Trou du Souffleur)*. Die *Pointe Beg er Lan* markiert das Südende der Côte Sauvage und bietet ein vorzügliches Panorama. Doch der aufregendste Aussichtspunkt der wilden Küste bleibt die *Pointe du Percho* im Norden, eine steil ins Meer fallende Landnase westlich von Portivy: im Rücken das geschichtsträchtige Fort Penthièvre und die Hafenzeile, davor und darunter furchige Strömungen und Strudel, spritzende Gischt.

Quiberon (5100 Einwohner)

Das Städtchen ist seit 1924 als staatlich anerkannter Luftkurort klassifiziert und hat dank der Thalassotherapie einen zusätzlichen Aufschwung erfahren. Adrett und aufgeräumt präsentieren sich die Boutiquen und Bars, die Geschäfte haben Hochkonjunktur. Quiberons Mittelpunkt ist die *Place Hoche* zwischen dem *Fährhafen Port Maria* und der *Grande Plage*, auf dem eine Bronzestatue an den jungen Revolutionsgeneral erinnert (siehe Kastentext *Die Schlacht von Quiberon*). Von hier führt der *Boulevard Chanard*, flankiert von Geschäften und Bars, zum Bahnhof hinauf. Östlich des Zentrums reihen sich mehrere Strände bis zur zerfransten *Pointe du Conguel*, der Südspitze der Halbinsel. Hier liegen Campingplätze und die Beton- und Glaspaläste des Kurzentrums. Weniger Trubel herrscht im alten Fischerhafen von *Port Haliguen*, wo heute vorzugsweise die Jachten ankern. Nördlich davon folgt eine Reihe von Campingplätzen und Stränden *(Ortsteil St-Julien)*; fast nahtlos geht die Bebauung über den nationalen Segelstützpunkt von *Beg-Rohu* und das Windsurfzentrum von *Port-Orange* in die Gemeinde *St-Pierre-Quiberon* über.

Quiberon

Information/Verbindungen

- *Postleitzahl* 56170
- *Information* **Office de Tourisme**, 200 m oberhalb der Grande Plage in der zentralen Geschäftsstraße vom Hafen zum Bahnhof. Zuständig für alle touristischen Belange – von der Einschreibung zur Tennisstunde bis zur Ferienhausvermittlung. Juli/Aug. Mo–Sa 9–19.30 Uhr, So 10–13 und 14–18 Uhr. Sept. bis Juni Mo–Sa 9–12.30 und 14–18 Uhr. 14, rue de Verdun. ✆ 08.25.13.56.00, ✉ 02.97.30.58.22, quiberon@quiberon.com, www.quiberon.com.
- *Zug* Das „Tire-Bouchon" (Korkenzieher) genannte Bähnchen verbindet im Juli/Aug. bis zu 8-mal täglich die Halbinsel mit Auray. Der Bahnhof liegt im Zentrum, in der Nähe der Kirche. 5 Stationen auf der Halbinsel, dann über Plouharnel, Ploemel nach Auray. Fahrtzeit 30–60 Min.
- *Bus* Mit der Linie 1 der Cars du Morbihan Anschluss nach Auray und Vannes. Abfahrt am Hafen, Haltestellen am Bahnhof, im Zentrum von St-Pierre, in Kerhostin (Isthmus) und am Fort Penthièvre. Dann über Carnac, St-Philibert und Trinité-sur-Mer nach Auray und Vannes. Fahrtzeit bis Auray ca. 1 Stunde. In der Saison bis zu 10-mal täglich (Schwerpunktzeiten Ankunft und Abfahrt der Fähren nach Belle-Ile).
- *Schiff* **Fähre nach Belle-Ile**, Abfahrt in Port Maria (Gare maritime). Gebührenpflichtiger Parkplatz am Hafenkai, der in der Hauptsaison oft nicht ausreicht. Es gibt 2 Anlegehäfen in Belle-Ile:
In *Sauzon* legen von Ende April bis Mitte Sept. die Schnellboote aus Quiberon an, Fahrtzeit je nach Gefährt 15 bzw. 25 Minuten, Erwachsene hin/zurück ca. 25 €, Kinder ca. 15 €.
In *Le Palais* legen die großen Fährschiffe an, die auch Autos mitnehmen. In der Saison täglich bis zu 10-mal, in der Nebensaison weniger. Fahrtzeit 40 Min., dieselbe Zeit kann in der Hauptsaison das Aussteigen beanspruchen. Hin/zurück ca. €, Kinder ca. 15 €. Wer motorisiert auf die Insel will (nur für einen Langzeitaufenthalt interessant), muss unbedingt vorbuchen – es stehen pro Fahrt nur ca. 30 Fahrzeugplätze zur Verfügung. Preisbeispiele (Hin- und Rückfahrt): Pkw je nach Länge 120–220 €, Wohnmobile teurer. In der Hauptsaison verkehren zudem auch Schnellboote zwischen Quiberon und Le Palais, Fahrtzeit 20 Min., Preis nur unwesentlich höher.
Auskünfte Gare Maritime. ✆ 08.20.05.60.00 oder 02.97.35.02.00, www.smn-navigation.fr.
Fähre zu den Inseln Houat und Hoëdic, Abfahrt am Port Maria. In der Hochsaison täglich 6 Personenfähren nach Houat (Saint-Gildas, Fahrtzeit 60 Min.). Von dort nochmals 3-mal täglich auf die Ile de Hoëdic (Port de l'Argol, Fahrtzeit ab Houat ca. 40 Min.). In der Nebensaison nur 1 bzw. 2 Boote zu den Inseln. In den Wintermonaten sollte man sich vorher vergewissern, ob das Boot am selben Tag zurück nach Quiberon fährt. Erwachsene nach Houat oder Hoëdic und zurück ca. 25 €, Kinder ca. 15 €.
Auskunft Gare Maritime. ✆ 08.20.05.60.00 oder 02.97.35.02.00, www.smn-navigation.fr.

Diverses

- *Internet* Mehrere öffentliche Zugänge in der Stadt. Mehrere Computer, auch Spiele beim sehr freundlichen Betrieb **@cyber@**, 9, place Hoche. Di geschlossen.
- *Petit Train* Der kleine Zug startet an der Place Hoche mehrmals täglich zu seiner 50-Minuten-Rundfahrt um die Landspitze. Der schönste Streckenabschnitt ist die Côte Sauvage. Erwachsene 6 €, Kinder 3 €.
- *Bootsausflug* Populärster Ausflug ist die **Belle-Ile-Rundfahrt**. Sie umfasst die Fahrt mit der Fähre, eine Inselrundfahrt mit dem Bus plus Mittagessen. Infos beim Office de Tourisme. In der Saison täglich außer Montag. Eine **Morbihan-Rundfahrt** zu Wasser hat Compagnie des Iles (Port Haliguen) im Programm; weitere Ausflüge zu Schiff führen in die **Bucht von Quiberon**, durch den **Golf von Morbihan** oder zu den Inseln **Houat** und **Hoëdic**.
- *Rundflug* Aérodrom südlich von Port-Haliguen. Der **Quiberon Air Club** offeriert atemberaubende halb- bzw. ganzstündliche Rundflüge über den Golf von Morbihan und das Küstengebiet von Quiberon. Belle-Ile, Houat und Hoëdic aus der Vogelperspektive. Auskunft und Anmeldung beim Office de Tourisme oder direkt am Flugplatz (südlich des Port Haliguen). ✆ 02.97.50.11.05, www.quiberonairclub.com.

454 Côte du Morbihan

• *Fahrradverleih* Mehrere Anbieter mit großer Auswahl an Tourenrädern und Mountainbikes. Daneben Funmodelle mit Sonnendach, Tandems, Mofas und Roller. Keine Unterschiede in Preis und Qualität. Zwei Anbieter: **Cyclomar**, 47, place Hoche (oberhalb der Grande Plage), ℅ 02.97.50.26.00.
Cycles Loisirs, 3, rue Victor Golvan (Seitenstraße oberhalb des Office de Tourisme), ℅ 02.97.50.31.73.

• *Markt* Ganzjährig Samstagvormittag großer Wochenmarkt rund um die Place du Varquez (oberhalb der Place Hoche). Bunte Mischung aus Souvenirs, Secondhand, Kunsthandwerk, Lebensmitteln, Obst, Gemüse. Ganzjährig Donnerstagvormittag in St-Pierre-Quiberon. Nur in der Saison Mittwochvormittag am Port Haliguen.

• *Veranstaltungen* Im Sommer riesiges buntes Vergnügungsprogramm, inklusive Sommerfeste, Konzerte, Feuerwerk und Segelregatten. Ausführliches aktuelles Programm beim Office de Tourisme.

• *Wassersport* Die exponierte Halbinsellage macht Quiberon zum Segel- und Surfdorado. Mehrere Segelschulen in Quiberon und St.-Pierre-Quiberon bieten in beiden Disziplinen Kurse für Anfänger und Fortgeschrittene. Sie verleihen – neben privaten Anbietern – auch Ausrüstung und Boote.
Centre nautique Quiberonnais, ℅ 02.97.30.56.19.
Ecole de Surf, vor allem Surfkurse. Route du Port Blanc. Portivy. ℅ 02.97.50.39.67.
Ecole de Char a voile UCPA, Strandsegeln, Wasserski und Kajak, an der plage de Penthièvre. 1, avenue St-Malo. Penthièvre. ℅ 02.97.52.39.90.
Ecole Française de Plongée – der Tauchspezialist Quiberons unterhält von April bis Nov. ein Büro beim Fährhafen. 3, quai de Houat. ℅ 02.97.50.00.98.

• *Reiten* Jeder Ortsteil hat seine Arena für Ausbildung und Wettkampf. Zusätzlich Promenaden und wilde Ausritte an der Côte Sauvage oder an den weiten Stränden. Aufgesattelt wird u. a. bei:
La Grande Randonnée in Kervihan gegenüber dem Stadion. St-Pierre-Quiberon. ℅ 06.12.90.94.12 (Handy).
Centre Equestre l'Epéron, im Nordwesten Quiberons, beim Wasserreservoir (Ortsteil Kergallo). 38, rue J.-P. Calloch. ℅ 02.97.50.28.32.

• *Tennis* Etliche Clubs, z. B. **Océan Sporting Club Tennis** hinter dem Kongresspalast: mehr als ein Dutzend Plätze und eine Tennishalle. 30bis, rue de St-Clément, ℅ 02.97.50.10.44.

• *Casino* Glücksspielzentrale an der Grande Plage. Roulette, Boule und Black-Jack für Zocker und Verzweifelte täglich bis 3 Uhr morgens.

• *Waschsalon* Mehrere vollautomatische Waschküchen, z. B. **Laverie Automatique** in der Impasse des Violettes, hinter der Kirche von Quiberon.

Übernachten (siehe Karten S. 455 und 457)

• *Hotels* Neben einer Unzahl von Privatzimmern und Residenzen rund 30 Hotels mit über 1200 Betten. Starke Preisschwankungen in der Hochsaison, in mehreren Häusern ist dann Halbpension obligatorisch und Voranmeldung ratsam. Mehrere Hotels bieten auch Studios mit Kochnische und Mehrbettzimmer oder Appartements an. Eine Auswahl:

In Quiberon/Ort ****** Sofitel (9)**, die beiden Luxushotelkomplexe über der Plage de Goviro sind neueren Datums. Im *Sofitel-Thalassa* (133 Zimmer bzw. Suites, die Hälfte mit Meerespanorama) ist das Thalassotherapiezentrum untergebracht. Im 2004 komplett renoviert *Sofitel-Diétique* (78 Zimmer mit gleichem Komfort) geht's eher um Abspecken. Beide Renommierhotels mit Tennis, Park, Salon, Konferenzraum und WiFi-Zugang; im Thalasso-Sofitel ein Meerwasserhallenbad, im Diät-Sofitel ein Diät-Restaurant. DZ 95–310 €, HP/Pers. 125–355 €. Januar geschlossen. Pointe de Goulvars. ℅ 02.97.50.20.00, ℡ 02.97.50.46.32, HO557@accor.com, www.accorthalassa.com (dort auf der Karte sich nach Quiberon durchklicken).

*** Ker Noyal (15), gehobener Komfort in noblem Hotel 100 m oberhalb des großen Strandes. 100 bestausgestattete, helle Zimmer, zum Strand hin mit Balkons bzw. Terrassen. DZ 70–120 €. Geöffnet Feb. bis Nov. 43, chemin des Dunes. ℅ 02.97.50.55.75, ℡ 02.97.50.55.93, contact@kernoyal2.com, www.kernoyal2.com.

*** Bellevue (8), auf der verbauten Landspitze zwischen Grande Plage und Goviro-Strand. 2-stöckiger Neubau mit 36 sanitär voll ausgestatteten Zimmern. Garten mit beheiztem Swimmingpool. Ruhig und gediegen. Restaurant. DZ 59–115 €, HP 55–88 €. Geöffnet April bis Sept. Rue de Tiviec. ℅ 02.97.50.16.28, ℡ 02.97.30.44.34, bienvenue@bellevuequiberon.com, www.bellevuequiberon.com.

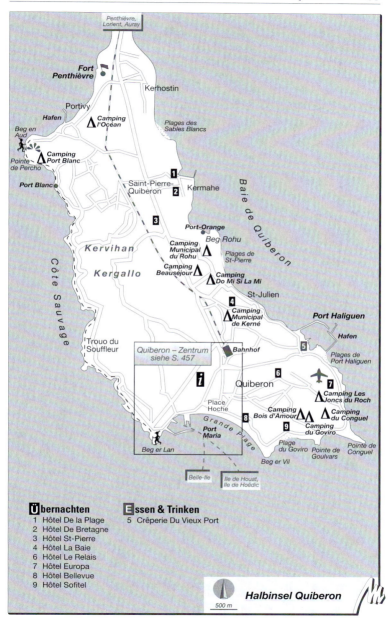

Côte du Morbihan

*** Les Druides (13), postmodernes Gebäude mit langer Restaurantmarkise, zentral vor der Place Hoche. Einige der 31 Zimmer haben Balkons, die darunter liegenden Zimmer sind etwas dunkel. Restaurant (Mai bis Sept.) mit guten Fischgerichten, DZ 59–115 €, HP 55–79 €. Geöffnet März bis Okt. 6, rue de Port Maria. ✆ 02.97.50.14.74, ℻ 02.97.50.35.72, contact@hotel-des-druides.com, www.hotel-des-druides.com.

** Albatros (17), zwischen Grande Plage und Hafen mit Blick auf die Fähren. Das ehemalige 1-Stern-Hotel hat renoviert und ist damit eine Klasse gestiegen. 35 komfortable Zimmer mit Dusche/WC, mehrheitlich mit Balkon vom Strand. Restaurant „Le Corsaire" und Bar mit kleiner, blumengeschmückter Terrasse zur Strandpromenade. DZ 60–89 €. Ganzjährig geöffnet. 24, quai de Belle-Ile. ✆ 02.97.50.15.05, ℻ 02.97.60.27.61, www.hotel-albatros-quiberon.com.

** La Mer (20), direkt an der Hafenzeile. Traditionelles Haus mit granitsteingefassten Fenstern, 22 Zimmer mit Bad/Dusche/WC. Keine Balkons, aber teilweise Meerblick. Beheizter Swimmingpool. Restaurant. DZ 59–84 €. Geöffnet April bis Mitte Nov. 8, quai de Houat. ✆ 02.97.50.09.05, ℻ 02.97.50.44.41, hotel-de-la-mer@wanadoo.fr, www.hoteldelamer.com

** Le Neptune (19), direkt an der Hafenzeile. 4-stöckiger Neubau mit 21 sanitär voll ausgestatteten Zimmern, teilweise Balkons mit Blick auf Hafen und Meer. Restaurant. DZ 59–79 €. Mitte Dez. bis 1. Januarwoche geschlossen. 4, quai de Houat. ✆ 02.97.50.09.62, ℻ 02.97.50.41.44.

** Men er Vro (10), in der Nähe von Kirche und Bahnhof. Zwei Gebäuden, 10 z. T. etwas enge Zimmer mit eigenem Bad/WC. DZ 49–75 €. Jan. und 1. Februarwoche geschlossen. 22, rue de Port Haliguen. ✆ 02.97.50.16.08, ℻ 02.97.29.50.75, www.hotel-menervro.com.

** L'Océan (18), Logis de France hinter dem Hafen. Charmantes, 1897 gegründetes Hotel. 37 Zimmer, 27 davon mit Dusche/WC, die anderen mit Etagen-Toiletten. Restaurant. DZ 36–64 €. Geöffnet Ostern bis Sept. 7, quai de l'Océan. ✆ 02.97.50.07.58, ℻ 02.97.50.27.81.

** Le Relais (6), am Stadtrand, etwas abseits der Straße nach Port Haliguen. 800 m zum Meer. 23 Zimmer mit Bad/WC in einem einfachen Gebäude. Familiäre Atmosphäre, gemütlicher Garten, Parkplatz, preiswertes Restaurant. DZ 47–51 €. Über den Jahreswechsel so wie 3 Wochen im Okt. geschlossen. 64, rue du Roch-Priol. ✆ 02.97.50.10.56, ℻ 02.97.50.35.69, lerelais.quiberon@wanadoo.fr, www.hoteldurelais.fr.

In den Ortsteilen Port Haliguen, St-Julien und St-Pierre ***** Europa (7)**, stilloses Gebäude-Ensemble am südlichen Ortsausgang von Port Haliguen. 53 komfortable Zimmer und 12 Studios mit Küche. Außen nichtssagend, innen sehr komfortabel und großzügig. Hallenschwimmbad und Grünanlage. Restaurant. Über die Straße direkt zur Bucht von Conguel. DZ 85–140 €, HP 79–106 €. Geöffnet April bis Okt. Boulevard de la Teignouse. ✆ 02.97.50.25.00, ℻ 02.98.50.39.30, europa.hotel@wanadoo.fr, www.europa-quiberon.com.

*** De la Plage (1), direkt am Hafen in St-Pierre. Mehrstöckiger Neubau mitten im Ort, über die Straße zum betonierten Hafenstrand. Gemütliches Wohnen in 43 komfortablen, geschmackvoll möblierten, hellen Zimmern, z. T. mit Balkon und Meerblick. Restaurant. DZ 48–110 €, HP 58–84 €. Geöffnet April bis Sept. 25, quai d'Orange. ✆ 02.97.30.92.10, ℻ 02.97.30.99.61, www.hotel-la-plage.com.

** St-Pierre (3), am Ortsrand von St-Pierre an der Durchgangsstraße. Nicht gerade ein Ferienhotel, aber eine gute Bleibe über Nacht. 28 korrekte Zimmer mit Dusche/WC, die meisten im Anbau nach hinten, wo man von der Straße nichts hört. Hoteleigener Parkplatz. Restaurant. DZ 38–75 €. Geöffnet Mitte März bis Sept. 34, route de Quiberon. ✆ 02.97.50.26.90, ℻ 02.97.50.37.98, hotel@hotel-st-pierre.com, www.hotel-st-pierre.com.

** La Baie (4), im Ortsteil St-Julien, knappe 100 m vom Strand. Klein, ruhig, 19 unterschiedlich ausgestattete Zimmer, die Hälfte mit Bad/WC. Schattige Terrasse, Frühstückssalon. Kein Restaurant. DZ je nach sanitärem Standard 33–60 €. Geöffnet April bis Mitte Nov. 13, rue de la Petit-Côte. ✆ 02.97.50.08.20, ℻ 02.97.50.41.51.

**De Bretagne (2), im Ortsteil St-Pierre, gegenüber dem Rathaus. Granitsteinfassade mit hohen Fenstern und einem netten, etwas auf rustikal getrimmten Restaurant im Erdgeschoss. Ein Katzensprung zum Strand, 100 m zum Hafen. 20 Zimmer mit Bad/Dusche/WC. DZ 48–50 €. Geöffnet April bis Okt. 37, rue du Général Gaulle. ✆ 02.97.30.91.47, ℻ 02.97.30.89.78, hotel.bretagne@online.fr, www.hoteldebretagne.fr.st.

● *Jugendherberge* **Les Filets Bleus**, etwas abseits der Straße von Quiberon nach Port Haliguen. 28 Betten, Selbstversorgerküche

Quiberon 457

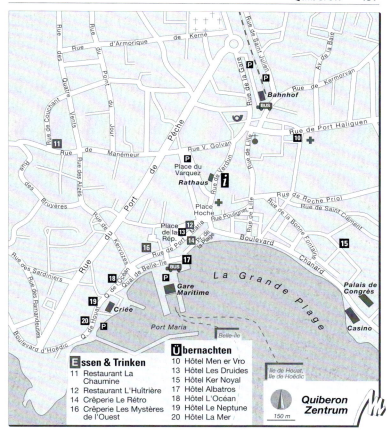

E ssen & Trinken
11 Restaurant La Chaumine
12 Restaurant L'Huîtrière
14 Crêperie Le Rétro
16 Crêperie Les Mystères de l'Ouest

Ü bernachten
10 Hôtel Men er Vro
13 Hôtel Les Druides
15 Hôtel Ker Noyal
17 Hôtel Albatros
18 Hôtel L'Océan
19 Hôtel Le Neptune
20 Hôtel La Mer

Quiberon Zentrum

und Zeltmöglichkeit. Pro Nacht ca. 10 €. April bis Sept. geöffnet. 45, rue du Roch Priol. ✆ 02.97.50.15.54, quiberon@fuaj.org.

• *Camping* 13 Campingplätze säumen die Küste der Halbinsel – fast alles 2- und 3-Sternplätze mit sehr unterschiedlicher Ausstattung. Schwerpunkte sind das Gebiet um den Flugplatz südlich von Port Haliguen und die lang gezogene Bucht von Quiberon zwischen Port Haliguen und St-Pierre auf der Ostseite der Halbinsel. An der Côte Sauvage haben sich – wohl auch in Folge des Badeverbots – nur einige Plätze an der Nordspitze rund um Portivy angesiedelt. Eine Auswahl:

**** Du Conguel, weitläufiges Areal kurz vor der gleichnamigen Landspitze. Aus dem einstigen 2-Stern-Normplatz wurde der beste Camping der Halbinsel. Alle Annehmlichkeiten eines Top-Platzes, Swimmingpool inklusive. Welliges Gelände, in dem sich Sand- und Rasenflächen abwechseln, Kiefern und hohe buschige Hecken. Mehrere direkte Uferzugänge. 250 Stellplätze. Geöffnet April bis Okt. Boulevard de la Teignouse. ✆ 02.97.50.19.11, ✆ 02.97.30.46.66, www.campingduconguel.com.

*** Les Joncs du Roch, neben dem Aérodrom südlich von Port Haliguen auf dem Weg zur Pointe du Conguel – die Flieger gehören zum Platzleben. Rasengelände, von hohen Hecken umgrenzt. Wenig Schatten, aber ordentliche sanitäre Anlagen, Stromblocks, Abwasser für Wohnwagen,

Waschmaschiner und Bügelraum. Zum Meer etwa 500 m. 163 Stellflächen. Geöffnet 2. Aprilwoche bis Sept. Rue de L'Aérodrome. ✆/℻ 02.97.50.24.37.

*** **Do Mi Si La Mi**, am nördlichen Ortsausgang von St-Julien. Gleich daneben ein Supermarkt, über die Straße zum Strand. 350 Stellplätze zwischen gepflegten Hecken, Blumenbeeten und Bäumchen. Ordentliche sanitäre Anlagen mit Warmwasserduschen. Laden, Sandwichbar-Restaurant, Selbstkocherküche, Aufenthaltsraum mit TV und Fahrradverleih. Waschmaschine. Geöffnet April bis Okt. Plage St-Julien. ✆ 02.97.50.22.52, ℻ 02.97.50.26.69, www.domisilami.com.

*** **Bois d'Amour**, aus dem einst schlichten Municipalplatz wurde ein aufgepepptes Privatunternehmen; großer Platz hinter dem Thalassozentrum, etwa 150 m vom Sandstrand von Goviro. Sandiges Dünengelände mit Heidekraut. Der „Liebeswald" besteht aus wenigen Bäumen und ein paar Hecken. Pool, Kinderspielplatz, 2 Sanitärblocks. 290 Stellplätze. Geöffnet letzte Märzwoche bis Sept. Rue de St-Clément. ✆ 02.97.50.13.52, ℻ 02.97.50.42.67, www.homair-vacances.fr.

** **Beauséjour**, ein Katzensprung nördlich des Do Mi Si La Mi, durch die Straße vom Strand getrennt. Das Gelände ist von hohen Hecken umgeben, sonst nicht unterteilt. Sanitäre Anlagen mit gratis Warmwasser, Stromblocks, Lebensmittel, Wohnwagenvermietung, Fahrradverleih. 150 Stellplätze. Geöffnet Mai bis Mitte Sept. St-Julien Plage. ✆ 02.97.30.44.93, ℻ 02.97.50.44.73, www.campingbeausejour.com.

** **Municipal du Goviro**, kurz vor Rohu am Meer. Welliges Dünengelände mit Bäumen und Hecken, die die Hälfte der 250 Stellplätze unterteilen. Zum Strand etwa 100 m, über die Straße. Große, brauchbare sanitäre Anlagen, Kinderspielplatz. Geöffnet April bis 1. Oktoberwoche. Boulevard du Goviro. ✆ 02.97.50.13.54.

** **Municipal du Rohu**, zwischen St-Julien und St-Pierre im gleichnamigen Ortsteil. Etwas kahl und trostlos auf einer dürren Düne in erster Reihe zum Ozean. Ziemlich windig, was aber die Surfer nicht stört – auf dem Platz UCPA-Segelschulbasis. Einfache sanitäre Anlagen. 105 Stellplätze. Geöffnet April bis 1. Oktoberwoche. Chemin des Men Du. ✆ 02.97.50.27.85, ℻ 02.97.30.87.20.

** **Port Blanc**, 500 m südlich von Portivy, kurz vor der Pointe du Percho. Flaches, rasen- und heidekrautdurchsetztes Sand-Terrain, von zerzausten Hecken und einem Drahtzaun umgeben. 2 sehr einfache Sanitärblocks. Etwa 300 m zur Küste. 142 Stellplätze. Geöffnet Mitte Juni bis Mitte Sept. Route de Port Blanc. ✆/℻ 02.97.30.91.30.

** **L'Océan**, an der Durchgangsstraße in Portivy (den Ort im Süden verlassen), hinter dem Kinderferiendorf. Viel Sand und wenig Schatten, groß und weitläufig, 100 m zum Strand, der sich aber nicht sonderlich zum Baden eignet. Etliche Freizeitangebote für groß und klein, u. a. Ponys und Karaoke. 300 Stellplätze. Geöffnet April bis Okt. 16, avenue de Groix. ✆ 02.97.30.91.29, ℻ 02.97.30.80.18, www.relaisdelocean.com.

** **Municipal de Kerné**, oberhalb der Côte Sauvage, 1 km vom Ortsrand von Kerné; kahles, leicht abfallendes Wiesengelände ohne Schatten an einem künstlich angelegten Weiher. 260 Stellplätze. Geöffnet Juli/Aug. Village de Kerné, ✆ 02.97.50.05.07.

Essen (siehe Karten S. 455 und S. 457)

• *Restaurants* **La Chaumine (11)**, im touristischen Abseits im westlichen Ortsteil. Stilvolles Haus in ländlicher Umgebung, kleine Auswahl, nicht gerade billig, aber gut und ruhig. Menüs 14–45 €, 36, place du Manémeur. ✆ 02.97.50.17.67.

L'Huîtrière (12), das beliebte Restaurant an der Grande Plage ist ganz auf Fisch und Meeresfrüchte spezialisiert. Schöne Terrasse oberhalb des Strandes, Meerblick – von der Rückseite zeigt sich das Haus als verspieltes Schlösschen mit zwei angebauten Türmchen. Empfehlenswerte Menüs von 23–27 €. Probieren Sie als ersten Gang Fischsuppe und danach z. B. Millefeuille de saumon aux blancs de poireaux oder vergleichen Sie Muscheln aus der Baie de Quiberon (in verschiedenen Größen erhältlich) mit deren Verwandten aus Cancale. 3, rue de Port Maria. ✆ 02.97.30.44.03.

• *Crêperies* **Le Rétro (14)**, direkt an der Strandpromenade mit Blick auf die an- und abfahrenden Schiffe nach Belle-Ile. Crêpes, Snacks und Salate, serviert bis 18 Uhr. Do geschlossen. Promenade de la Plage. ✆ 02. 97.30.39.93.

Du Vieux Port (5), die Crêperie mit Flair am Jachthafen von Port Haliguen ist bei Einheimischen eine beliebte Adresse. Neben Crêpes auch große Auswahl an Meeresfrüchten. Täglich geöffnet. 42, rue Surcouf. ℡ 02.7.50.01.56.

Les Mystères de l'Ouest (16), in zweiter Reihe hinter der Strandpromenade in einem Hinterhof versteckt. Eine improvisierte Bambushütte, die Wand voller subkultureller Plakate. „Never trust a Hippy" – aber den Crêpes von Quiberons verrücktester Crêperie kann man trauen. Jugendliches Publikum, laute Musik und Bar. 22, rue de Port Maria. ℡ 02.97.50.42.23.

Baden

Absolutes Strandverbot für Vierbeiner, Badeverbot für alle an der *Côte Sauvage*. Strände entlang der Ostküste, rund um die *Pointe du Conguel*, in Quiberon und im nördlichen Teil der Halbinsel, noch vor der Landenge bei Penthièvre: dort Dünenstrände, von Kiefernwäldchen begrenzt.

Grande Plage: Der Hauptstrand des Städtchens in einer weiten, zum Meer hin offenen Bucht, gesäumt vom Strandboulevard mit seinen Geschäften, Cafés und Residenzen. Etwa 1½ km lang und

Quiberons Hauptstrand

selbst bei Flut noch 30–50 m breit. Wenn sich bei Ebbe das Meer weit zurückzieht, tauchen Sandbänke und Felsriffe auf. Stark besucht und mit allen Stranderinrichtungen versehen.

Plage du Goviro: Der 200 m lange Dünenstrand unterhalb des Thalassotherapiezentrums besitzt sauberen, feinen Sand und lässt auch bei Flut noch ausreichend Platz für Badetücher. Ohne Strandeinrichtungen. Die an den Goviro-Strand anschließenden Badebuchten ziehen sich rings um die felsige Landspitze von Conguel herum – weniger besucht, etwas rauer und von kleinen Riffen und Felsen durchsetzt. Auf dem äußersten Zipfel der Pointe du Conguel gibt es einen speziellen Vierbeinerstrand.

Plage de Port Haliguen: Der 250 m lange Strand beim Jachthafen wird bei Flut ziemlich eng. Etwas klein und verbaut. Für die Badegäste stehen die Sanitäreinrichtungen des Hafens zur Verfügung. Besserer Strand etwas südlich beim Hotel Europa, parallel zur Küstenstraße: 1 Kilometer langer, vor der Brandung bestens geschützter seichter Sandstrand mit Dünenabschluss, Surfer- und Seglerrevier.

Plage de St-Pierre: Nördlich von Port Haliguen, zwischen St-Julien und St-Pierre, ziehen sich Dünen den Küstensaum entlang. Bei Ebbe sind die einzelnen Strandabschnitte miteinander verbunden, bei Flut durch kleine Landnasen begrenzt und noch 20–30 m breit. Campings, Ferienhäuser, mobile Sportausrüstungsverleiher, Surfer und Segler. Mehrere Strandabschnitte haben Strandclubs, teilweise Umkleidekabinen, Toiletten und Duschen. Am Nordende, unterhalb des alten Ortskerns (Beg Rohu), befindet sich eine Station der nationalen Segelschule.

Plage des Sables Blancs: Nördlich von St-Pierre und Kerhostin. 3 km lang, von einem Kiefernwald begrenzt und sehr flach. Bei Flut wird es eng. Gut geschützt, die

Brandungswellen verrollen friedlich im weißen Sand. Mehrere Campingplätze und Wassersportausrüster.

Plage de Penthièvre: Der breite Dünenstreifen mit dem spärlichen Heidekrautüberzug, der sich auf der Meerseite kilometerweit zum Festland streckt, geht extrem flach in den Atlantik über. Bei Ebbe optimales Revier für Strandsegler. Surfausrüstung und Wassersportartikel im gleichnamigen Retortendorf.

Quiberon/Umgebung

Ile de Houat: Die größere der beiden Inseln, die wie eine Verlängerung der Quiberon-Halbinsel aus dem Ozean auftauchen, ist 15 km vom Festland entfernt, etwa 5 km lang und 1 km breit. Sie ragt bis zu 30 m aus dem Meer und ist von einer abgeschoren wirkenden Grasnarbe aus Heidekraut und maritimer Flora bedeckt (besondere Spezies: wilde Lilien und Strohblumen).

Besucher kommen im kleinen, malerischen Hafen *St-Gildas* an. An der Mole stapeln sich die „Casiers" der Krebs- und Hummerfänger, und wenn die Boote einlaufen, herrscht für kurze Zeit Geschäftigkeit – der Fisch- und Krustentierfang ist die Haupterwerbsquelle der Houatais. 1972 wurde unweit der *Plage de Salus* auf der Südseite eine Hummerzuchtstation gegründet, die die Ernte an Krustentieren erhöhen soll. Wer Zeit und Interesse hat: Das von Mai bis September geöffnete muschelförmige *Eclosarium* (an der Südseite, ausgeschildert) informiert über das Ökosystem Meer und warum es so wichtig ist, das gefährdete Gleichgewicht zu bewahren.

Auf der Insel sind nicht gerade zehn motorisierte Fahrzeuge zugelassen (meist landwirtschaftliches Gerät), für Fremde kommt eine Erkundung also nur mit dem Rad oder per Pedes in Frage. Etwas oberhalb des Hafens liegt *Centre Bourg*, der Hauptort, dessen weiß getünchte, blumengeschmückte Häuschen sich in den Gassen rund um den Kirch- und den Dorfplatz mit seinem Brunnen gruppieren. Im Süden lädt die *Plage de Salus* zum Bad, im Osten die *Plage Goured*, ein weit geschwungener, von Dünen begrenzter Strand mit Sicht auf die Nachbarinsel Hoëdic. Den alten Hafen am südlichen Strandende zerstörte ein Unwetter in den 1950er Jahren.

- *Verbindung* siehe *Quiberon/Verbindungen*.
- *Hotels* *** **La Sirène**, oberhalb des Hafens; bestes Inselquartier, Restaurant, 23 voll ausgestattete Zimmer, 5 davon mit Meerblick. DZ 100 €, Juli/Aug. nur Halbpension für 82–90 €/Person. Geöffnet Ostern bis Sept. Route du Port. ✆ 02.97.30.66.37, ✆ 02.97.30.66.94, www.houat-la-sirene.com.
** **Des Iles**, einfaches 13-Zimmer-Hotel oberhalb des Hafens. Sanitär unterschiedlich ausgestattet. Restaurant mit 100 Gedecken. DZ 57–63 €, HP 58–65 €/Person. Geöffnet Ostern bis Okt. ✆ 02.97.30.68.02, ✆ 02.97.30.66.61, www.chez.com/houat.
- *Camping* Eine lokale Initiative macht sich seit Jahren für eine Lösung etwas abseits von Le Bourg stark, doch vorläufig bleibt es bei der einzigen Möglichkeit: kleine Aire Naturelle auf Gemeindegrund, einfache Sanitäreinrichtungen. ✆ 02.97.30.68.04 (Mairie).
- *Restaurant/Crêperie/Snacks* Neben den Hotelrestaurants bleiben für die kleine Verköstigung u. a.:
Crêperie Chez Loulou, Le Bourg. Geöffnet Mai bis Aug. ✆ 02.97.30.67.88.
Bar Le Siata, Le Bourg. Austerndegustation und Fastfood. ✆ 02.97.30.66.13.

Ile de Hoëdic: 7 km südöstlich von Houat und 22 km vom Kontinent liegt die kleine, von mehreren feinsandigen Buchten umringte, von feinem Dünensand überzogene Granitinsel – etwa 2½ km lang und maximal 800 m breit. Die Vegetation ähnelt der von Houat, wird aber durch Tamarisken, Feigenbäume und Zypressen bereichert. Hoëdic besitzt drei kleine Häfen (*Port Croix* im Süden, *Port Guen* im Westen), in denen im Sommer die Jachten ankern. Anlegestelle für die

Fährboote ist *Port d'Argoal* im Norden, der gemütliche Fischer- und Fährhafen. Oberhalb der Mole verteilen sich etwas landeinwärts die kleinen, niedrigen Häuser des Hauptorts *Le Bourg* in Dreier- und Vierergruppen über ein flaches Plateau. Hoëdics Bewohner leben fast ausschließlich vom Tourismus. Die Inselerforschung mit dem Fahrrad oder zu Fuß dauert etwa drei Stunden. Die Pfade, die sich durch das niedrige Heidekraut winden, führen unweigerlich zum *Fort d'Hoëdic*, das sich in eine Mulde der Heidekraut- und Dünenlandschaft duckt: imposante Militärarchitektur aus dem 19. Jahrhundert, in dem heute das *Conservatoire de l'Espace Littoral* (Naturschutzverein) zuhause ist.

- *Verbindung* siehe *Quiberon/Verbindungen*.
- *Hotel* *** Les Cardinaux**, 10-Zimmer-Haus mit unterschiedlich ausgestatteten Zimmern. Restaurant. DZ ab 50 €. Okt. geschlossen. ✆ 02.97.52.37.27, 📠 02.97.52.41.26, lescardinaux@aol.com.
- *Camping* **Municipal**; ein einfacher Platz im Heideland der Insel. Ausgewiesene 150 Stellplätze, einige Wasserstellen und einfache Sanitärblocks. Auskünfte, Anmeldung und Bezahlen im Rathaus. Geöffnet Mai bis Sept. ✆ 02.97.52.48.88, 📠 02.97.52.33.27.

Belle-Ile-en-Mer

Die Überfahrt zur „Schönen Insel im Meer" dauert nur eine Dreiviertelstunde. Herrschte in Quiberon noch ganz Geschäftigkeit und Rummel, verschwindet im Ankunftshafen Le Palais mit den wenigen von Bord rollenden Autos die letzte kontinentale Hast. Jedenfalls in der Nebensaison.

Belle-Ile, mit über 8400 Hektar die größte bretonische Insel, gehört zu den bevorzugten Reisezielen in der Bretagne. Das Schieferplateau, das über 60 m aus dem Meer aufragt, ist 17 km lang und fünf bis neun Kilometer breit. Das Inselinnere ist geprägt von ginsterbestandenem, windgepeitschtem Heideland, in das sich Getreidefelder und Äcker mischen. Von hier führen Dutzende kleiner Bachtäler zur Küste hinunter, tief eingeschnitten, grün, von Wiesen, Wäldern und Gärten gesäumt. Belle-Ile ist nur dünn besiedelt. Neben *Le Palais*, dem Anlegehafen der Fähren, gelten nur noch *Locmaria* (ein kleines Dörfchen oberhalb der Ostküste), das Bauerndorf *Bangor* (der einzige Ort im Inselinneren) und der Hafenort *Sauzon* als eigenständige Ortschaften. In den sich zu fjordartigen Buchten öffnenden Tälern verteilen sich Gehöfte, Weiler und seit einigen Jahren – am Ausgang der Täler – einzelne Hotels. Die *Ports*, die sich rund um die Insel reihen, sind keine Häfen im Wortsinn – die Einbuchtungen und Einschnitte der Bachtäler, bretonisch *porz*, wurden aus französischen *port* verballhornt.

Belle-Ile ist in erster Linie eine landschaftliche Attraktion. Im Norden und Nordosten findet man geschützte Badebuchten, im Süden und Nordwesten, steil abfallend und von der Atlantikgischt umtost, die *Côte Sauvage* mit ihren Felsnadeln, Grotten und Aussichtspunkten. Ein sternförmiges Straßennetz überzieht die Insel, die Hauptkreuzung liegt beim Flughafen im Landesinneren zwischen Le Palais und Bangor. Von hier führen nur wenige Stichstraßen direkt ans Meer, sodass vor der Erfrischung oft ein kleiner Fußmarsch oder eine Kletterpartie bewältigt werden muss. Unproblematisch ist der Zugang zum Meer auf der Ostseite, die der Quiberon-Halbinsel zugewandt ist. Hier führt die Straße ein kurzes Stück direkt am Küstensaum entlang bis zur *Pointe de Kerdonis*.

Tipp: Wer die Ruhe und Schönheit Belle-Iles erleben möchte, sollte die Insel im Juli und noch mehr im August meiden.

Geschichte

Belle-Ile, die Schöne Insel, gilt in der keltischen Mythologie als ein Geschenk wundertätiger Feen an die Bretonen. Als die edlen Damen ihr Zauberreich am Meer verlassen mussten, waren sie so traurig, dass sie mit ihren salzigen Tränen den heutigen Golf von Morbihan unter Wasser setzten. Dann rissen sie sich in ihrer grenzenlosen Verzweiflung ihre Haarkränze vom Kopf, warfen sie ins Meer und verwandelten sie in Inseln und Riffe. Der Kopfschmuck der Feenkönigin trieb mit der Tränenflut weit hinaus aufs offene Meer und erstarrte zur größten und schönsten Insel der Bretagne: Belle-Ile.

Historisch belegt ist, dass Belle-Ile seit dem 9. Jahrhundert Lehensgut der Abtei Ste-Croix von Quimperlé war und 1572 von den Mönchen an das Geschlecht der *Gondi de Retz* verkauft wurde. Die Herren bauten die 1549 errichtete Schmalspurfestung am Hafen von Le Palais zur Zitadelle aus, und 100 Jahre später erwirbt *Nicolas Fouquet* die Insel: Der erste Finanzbeamte und Schatullenverwalter Ludwigs XIV. braucht einen sicheren Platz für seine eigenen Millionen. Er lässt *Le Palais* weiter befestigen, bestückt die Zitadelle mit 200 Kanonen und richtet sich prachtvoll ein – zu prachtvoll, denn der Sonnenkönig fühlt sich von Fouquets schillernder Hofhaltung provoziert. 1661 muss der Minister zurücktreten und landet im Gefängnis von Nantes. Belle-Ile fällt an die Krone und bleibt, trotz einiger holländischer und englischer Eroberungsversuche im 17. und 18. Jahrhundert, fest in französischer Hand.

Ende des 19. Jahrhunderts wird Belle-Ile touristisch entdeckt, impressionistische Inselbilder des Malers *Claude Monet* bezaubern das Pariser Publikum. *Proust* und *Andre Gide* kommen zur Stippvisite, *Sarah Bernhardt* verbringt von 1893 an über 40 Jahre lang ihren Sommerurlaub auf Belle-Ile. Sie lässt sich das alte Fort an der Nordwestspitze der Insel zum Refugium ausbauen. Im Zweiten Weltkrieg ist die Insel von Deutschen besetzt, die das Urlaubsdomizil der berühmten Schauspielerin sprengen.

Information/Verbindungen

- *Postleitzahl* 56360 Le Palais/Belle-Ile-en-Mer.
- *Information* **Office de Tourisme**, am Fährhafen von Le Palais; bunte Prospekte, Wanderkarten und Hotellisten. Juli/Aug. Mo–Sa 9–9.30 Uhr. Sept. bis Juni Mo–Sa 9–12.30 und 14–18 Uhr. ✆ 02.97.31.81.93, 02.97.31.56.17, belle.ile.infos@wanadoo.fr, www.belle-ile.com.
- *Verbindung* **Schiffe nach Quiberon**: In *Sauzon* starten von Ende April bis Mitte Sept. die Schnellboote nach Quiberon, Fahrtzeit je nach Gefährt 15 bzw. 25 Min. In *Le Palais* legen die großen Fährschiffe ab, die auch Autos mitnehmen; Fahrtzeit 40 Min. Zudem verkehren in der Hauptsaison auch Schnellboote zwischen Le Palais und Quiberon. Fahrtzeit 20 Min. Weitere Details siehe *Quiberon/Verbindungen*. Auskünfte im Office de Tourisme oder bei der Fährgesellschaft SMN. ✆ 08.20.05.60.00 oder 02.97.35.02.00, www.smn-navigation.fr.

Inselbus: Mehrmals täglich fährt *Taol Mor* von Le Palais nach Sauzon und wieder zurück (Linie 2), außerdem nach Bangor (Linie 2) und Locmaria (Linie 3). Die Busse verkehren regelmäßig von April bis September, sonst nur in den Schulferien.

Diverses

- *Inselrundfahrt* Die wichtigsten Sehenswürdigkeiten mit dem Bus; kommentierter ganz- oder halbtägiger Ausflug z. B. mit **Cars Verts**. Wer nicht schon in Quiberon gebucht hat, kann das am Hafen von Le Palais gegenüber der Anlegestelle nachholen. Ausflug je nach Länge und Leistung ab 15 €. Angemerkt sei, dass sich im Sommer an den exponierten Punkten kleinere Buskarawanen treffen, was nicht jedermanns

Belle-Ile-en-Mer

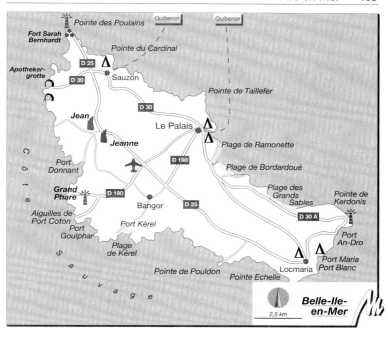

Sache ist. ✆ 02.97.31.81.88.

• *Autoverleih* Mehrere Anbieter zu ähnlichen Konditionen, alle in Le Palais, u. a.:

Locatourisle, Quai Bonnelle, ✆ 02.97.31.83.56, sowie **Belle-Isle Tourisme**, Quai de l'Yser, ✆ 02.97.31.81.88.

• *Fahrradverleih* Mehrere Verleiher in Le Palais, kein Unterschied in Preis und Qualität. U. a.:

Cyclotour, 3, quai Bonelle, Le Palais. ✆ 02.97.31.80.68.

Roue libre, 6, quai Jacques Le Blanc 6, Le Palais (April bis Sept.), sowie in der rue Pont Orgo, Le Palais – etwas abseits (Okt. bis April). Hier gibt's auch Tandems. ✆ 02.97.31.49.81.

Cycloloisirs, Pen Prad, Sauzon. ✆ 02.97.31.80.68.

• *Wassersport* Mehrere Segelschulen, Jachtclubs, Bootsverleiher und Surfausrüster. Zentrum der Verleihbüros ist der Quai von Le Palais.

Angelus Plongée, der Tauchspezialist auf der Insel. Quai Gambetta, Le Palais. ✆ 06.85.13.83.76.

Horizon, Surfschule und Brettverleih. Locmaria und Le Palais. ✆ 02.97.31.54.71.

• *Reiten* **Domaine des Chevaliers de Bangor**, gegenüber dem Flugplatz. Reitstunden, begleitete Promenaden oder Alleinausritte. Reservierung im Sommer unbedingt empfehlenswert. Ganzjährig geöffneter Reitstall mit Manege. Bangor. ✆ 02.97.31.52.28.

• *Golf* 18-Loch-Platz in schöner Küstenlage, bei Loch Nr. 2 ist vorsichtige Spielweise angesagt: Ein zu weiter Schlag – und der Ball wird vom Meer verschluckt. Beim Dîner im Clubhaus können die Einlochungen analysiert werden. Les Poulains, Sauzon, ✆ 02.97.31.64.65.

Übernachten

• *Hotels* Für die Hochsaison gilt: unbedingt reservieren. Die meisten Zimmer werden in dieser Zeit nur mit Halbpension vermietet. Die Preise zwischen Haupt- und Nebensaison differieren ungewöhnlich stark.

Côte du Morbihan

Bei der Apothekergrotte

In Le Palais **** Le Bretagne**, am Kai. Das 31-Zimmer-Haus gefällt durch seinen traditionellen Stil. Die Mehrzahl der Zimmer mit Bad/WC, 12 mit Meerblick. Das Restaurant ist eine solide Speiseadresse. DZ 42–85 €, im Sommer ausschließlich HP 43–68 €/Pers. Ganzjährig geöffnet. Quai de l'Acadie. ✆ 02.97.31.80.14, ✉ 02.97.31.33.03, info@hotel-de-bretagne.fr, www.hotel-de-bretagne.fr.

** Atlantique, hübsch renoviertes Hotel ebenfalls in vorderster Front am Kai. 30 gut ausgestattete Zimmer mit Dusche/Bad/WC, 7 davon mit Meerblick. Sauna. DZ 39–78 €, HP 40–62 €. Ganzjährig geöffnet. Quai de l'Acadie. ✆ 02.97.31.80.11, ✉ 02.97.31.81.46, contact@hotel-atlantique.com, www.hotel-atlantique.com.

La Frégate, Billighotel zwischen den 2-Stern-Kollegen am Kai und meist schnell ausgebucht (complet). 10 einfache, aber gemütliche Zimmer, alle mit Namen (l'oiseau bleu, le nid), die meisten mit Meer- bzw. Hafenblick. Kein Restaurant. DZ 23–40 €. Geöffnet April bis Mitte Nov. Quai de l'Acadie. ✆ 02.97.31.54.16, ✉ 02.97.31.49.79.

In Sauzon ***** Le Cardinal**, 400 m vom Hafen auf der Pointe du Cardinal. Moderner Bau inmitten der Heide. 70 etwas kleine, funktionale Komfortzimmer, Superaussicht über das Meer oder die Inselheide. Restaurant. DZ 106–155 €, HP 88–113 €. Geöffnet April bis Sept. Port Bellec. ✆ 02.97.31.61.60, ✉ 02.97.31.66.87, hotel-le-cardinal@wanadoo.fr, www.hotel-cardinal.fr.

** Les Tamaris, kleines Hotel 500 m vom Hafen, ausgeschildert; 15 freundliche Zimmer mit Dusche/WC. Kein Restaurant. DZ 47–70 €. Ganzjährig geöffnet. 11, allée des Peupliers. ✆ 02.97.31.65.09, ✉ 02.97.31.69.39, hotel.les.tamaris@free.fr.

In Port Goulphar ****** Le Castel Clara**, Top-übernachtungsadresse der Insel, die schon der frühere Staatspräsident François Mitterrand zu schätzen wusste. Herrlich gelegen in einem schlossähnlichen Gebäude mit Blick über Hafen und Felsküste. Zimmer, Suiten und Appartements. Ausgezeichneter Komfort. Aussichtsterrasse, Gartenanlage, Tennisplatz, beheizter Meerwasser-Swimmingpool. Thalassotherapeutisches Angebot. Gediegenes Restaurant. DZ 155–310 €, teurer sind die Suiten und Appartements. Geöffnet Mitte Feb. bis Mitte Nov. Goulphar, Bangor. ✆ 02.97.31.84.21, ✉ 02.97.31.51.69, contact@castel-clara.com, www.castel-clara.com.

** Grand Large, kleines Hotel in schöner Lage mit 35 guten Zimmern. Schönes Panorama, besonders von den 20 meerseitigen Zimmern. DZ 67–99 €, HP 60–77 €. Geöffnet April bis Mitte Nov. Goulphar, Bangor.

Belle-Ile-en-Mer

✆ 02.97.31.80.92, ✉ 02.87.31.58.74, legrdlar@aol.com, www.hotelgrandlarge.com.

• *Jugendherberge* In Le Palais, 93 Plätze fast ausschließlich in 2-Bett-Zimmern. Voll- oder Halbpension möglich. Ordentliche Ausstattung. Duschen und WC auf Etagen. Übernachtung/Pers. 11,50 €, Frühstück 3,40 €. Oktober und Weihnachten/Neujahr geschlossen. Haute Boulogne, ✆ 02.97.31.81.33, ✉ 02.97.31.58.38, belle-ile@fuaj.org, www.fuaj.org (sich auf der Karte zur Insel durchklicken).

• *Camping* Belle-Ile mit seiner schönen Natur ist ein beliebtes Campingparadies – da reichen die über ein Dutzend meist einfachen Anlagen mit über 700 Stellplätzen für den alljährlichen Sommeransturm nicht aus. Reservierung im Juli und Aug. ist mehr als empfehlenswert.

In Le Palais *** **Bordénéo**, 1½ km außerhalb von Le Palais, landeinwärts, 700 m zum Meer. Heckenunterteilt, z. T. Schatten. Ordentliche sanitäre Anlagen. Lebensmittelladen, Tennis- und Spielplatz, Aufenthaltsraum. TV, Waschmaschine, Radverleih. 145 Stellplätze. Geöffnet Ostern bis 3. Septemberwoche. Bordénéo. ✆ 02.97.31.88.96, ✉ 02.97.31.87.77 www.bordeneo.com.

** **Municipal Les Glacis**, 100 Stellplätze abseits der Küste in Le Palais. Sehr einfach, nicht für Wohnwagen geeignet. Spielplatz. Geöffnet April bis Sept. Les Glacis. ✆ 02.97.31.41.76, ✉ 02.97.31.57.16, lesglacis@tiscali.fr.

In Sauzon ** **Municipal Le Pen Prad**, in einer geschützten Mulde am östlichen Ortsrand. 200 m zum Meer, 300 m nach Sauzon. 78 Stellplätze auf 1½ ha Wiesenfläche. Gute sanitäre Einrichtungen, Stromboxen. 12 Bungalows zur Miete. Geöffnet April bis Sept. Pen-Prad. ✆ 02.97.31.64.82 (nur zu den Bürozeiten der Mairie), mairiedesauzon@wanadoo.fr.

In Locmaria ** **Municipal de Lannivrec**, etwas abseits des Orts. 110 Stellplätze mit wenig Schatten. 2 Tennisplätze, Spielplatz und Fahrradverleih. Einfache Sanitärgebäude. Geöffnet letzte Maiwoche bis Mitte Sept. Lannivrec. ✆ 02.97.31.73.75, camping.lannivrec@wandoo.fr.

* **Municipal de Port-Andro**, 120 Stellplätze in unmittelbarer Nähe zum gleichnamigen Strand. Absolut einfach, ohne Schnickschnack, ohne Schatten. Nicht für Wohnwagen geeignet, keine Stromboxen. Geöffnet letzte Maiwoche bis Mitte Sept. Port Andro. ✆ 02.97.31.73.25, camping.portandro@wanadoo.fr.

Essen

• *Restaurants* **Le Contre-Quai**, das kleine Speiselokal beim Hafen von Sauzon gilt als gute Adresse in Sachen Service und Qualität. 36 Gedecke – also reservieren! Spezialitäten sind u. a. Gurkensalat mit Austern auf Kräutercreme oder Lammnierchen mit Schalotten. Gerichte à la carte ab 25 €. Rue St-Nicolas, Sauzon. ✆ 02.97.31.60.60.

L'Annexe, das ländlich eingerichtete Lokal mit Blick auf die Zitadelle serviert auf dem Holzfeuer zubereitete gute Fleisch- und Fischgerichte à la carte, z. B. Spieß vom glücklichen Insellamm. In der Nebensaison Mi geschlossen. 3, quai de l'Yser, Le Palais. ✆ 02.97.31.81.53.

l'Atlantique, das Restaurant des gleichnamigen Hotels besticht v. a. durch den tollen Hafenblick vom Wintergarten aus. Gute Fischgerichte, Menü und à la carte. Täglich geöffnet. Quai de l'Acadie, Le Palais. ✆ 02.97.31.80.11.

• *Crêperie* **Chez Renée** – ein Lesertipp: „Mit Liebe gestaltetes Interieur, süßer, komplett umwachsener Garten mit schöner Terrasse, ganz ruhig, von Wiesen umgeben; Wirtsleute, die sich zum Plaudern mit an den Tisch setzen ... und dazu eine sehr leckere Crêpe-Auswahl." Le Bourg, Bangor. ✆ 02.97.31.52.87.

Le Palais (2500 Einwohner)

Der doppelte Festungsring beim Hafen zeugt von Le Palais' strategischer Bedeutung im Lauf der Geschichte. Schwere Mauern umrahmen das Städtchen, das mit seinen bunten Häusern so gar nicht militärisch wirkt. Im quirligen Haupt- und Verwaltungsort der Insel sorgt nicht nur der rege Fährverkehr für viel Betrieb, hier befinden sich auch die meisten Einkaufsmöglichkeiten und die meisten touristischen Angebote.

Die massive, spitzwinklige *Zitadelle* wurde 1549 von *Heinrich II.* in Auftrag gegeben und von Stararchitekt *Vauban* 1687 zu einem uneinnehmbaren Bollwerk ausgebaut. Nach der Revolution diente die Festung lange Zeit als Gefängnis, 1961 ging sie in Privatbesitz über. Heute können Zivilisten aller Nationen auf den alten, großzügigen Parade- und Exerzierplätzen promenieren und sich im kleinen *Musée Historique* über die Geschichte der Insel – besonders aber über ihre berühmten Gäste – informieren. Der Zugang in den äußeren Verteidigungsring ist kostenlos, die exzellente Aussicht vom vorderen Festungswall kann nur im Rahmen eines gebührenpflichtigen Zitadellenbesuchs genossen werden.

Öffnungszeiten der Zitadelle (Heimatmuseum) April bis Juni und Sept./Okt. täglich 9.30–18 Uhr. Juli/Aug. tägl. 9–19 Uhr. Nov. bis März tägl. 9.30–12 und 14–17 Uhr. Eintritt 6,10 €, Kinder die Hälfte.

Baderoute

Die in erster Linie für Badefreunde interessante Tour über die Pointe de Kerdonis und Locmaria zurück nach Le Palais beträgt etwa 33 km. Wer Le Palais auf der Avenue Camot durch die Porte Locmaria verlässt, gelangt an mehreren Stränden vorbei (*Plage de Ramonette*, der Stadtstrand, *Plage de Bardardoué* und schließlich *Plage des Grands Sables*, der gut geschützte und größte Inselstrand) zur *Pointe de Kerdonis* mit Leuchtturm und Blick auf die Passage zwischen Belle-Ile und Hoëdic. Hier knickt die Straße oberhalb des Küstensaums nach Süden ab, führt über *Port An-Dro* (steiler Fußweg zum 300 m langen Sandstrand am Ausgang eines Bachtals) ins kleine, vom Tourismus weniger behelligte *Locmaria* mit seiner 1714 erbauten Kirche. Von Locmaria aus führen zwei Stichstraßen steil zum Meer hinab in die beiden Talbuchten *Port Maria* (idyllischer Strand bei Ebbe) und *Port Blanc*. Ein Stück weiter südlich liegt die zerfurchte *Pointe Echelle*. Von hier aus wenig atemberaubend auf der D 25 quer über die Insel 13 km nach Le Palais zurück.

Nordwestküste

Die landschaftlich schönste Tour führt über den *Nordwestteil* der Insel und ist etwa 50 Kilometer lang. Die Straßen sind teils ausgebaut, teils sehr schmal. Zu den Sehenswürdigkeiten entlang der Küste gelangt man meist nur über Spazierwege oder schmale Küstenpfade. Von Le Palais aus führt die Route über die D 30 zuerst nach Sauzon.

Sauzon: Der kleine Ort mit seinem von vielen Jachten und Booten frequentierten Naturhafen zieht sich reizvoll am Westufer des gleichnamigen Flüsschens entlang. Sauzon ist die malerischste Inselsiedlung, die herausgeputzte Hafenfront ein Mussziel für Tagesausflügler und dementsprechend touristisch aufgepeppt: Restaurants und Souvenirläden bestimmen das Bild. Vom Hafen aus führt ein knapp zweistündiger Fußweg (hin und zurück) zur und um die *Pointe du Cardinal*, einem Aussichtspunkt mit Blick über die Hafeneinfahrt und das gegenüberliegende Festland.

Pointe des Poulains: Die Nordwestspitze der Insel wird bei Flut gänzlich von der Insel abgetrennt. Bauliche Höhepunkte sind der Leuchtturm, eine Kapelle und rechts vor der Landspitze das zerstörte *Fort Sarah Bernhardt*, zeitweiliger Urlaubssitz der berühmten Schauspielerin. Sie widmete sich, umgeben von einem Heer jährlich wechselnder Bewunderer, dem bretonischen Landleben, schlug im Butterfass gesalzene Butter und genoss das romantisch-wilde Ambiente. Hier beginnt die *Côte Sauvage*, die in ihrer wilden Tücke und Zerklüftung der Namensvetterin auf der Quiberon-Halbinsel in nichts nachsteht.

Apothicairerie-Grotte: Sie ist die größte Attraktion der Côte Sauvage. In Millionen von Jahren hat der Atlantik, der ungebremst an die Steilküste klatscht, tiefe Ein-

Der kleine Hafen von Sauzon

buchtungen in den Inselrand geknabbert, deren spektakulärste die Apothekergrotte ist, ein gigantischer Felsentunnel unter einer hohen Klippe. Die Grotte verdankt ihren Namen den Apothekergefäßen ähnlichen, bauchigen Kormoran-Nestern, die früher die Felswand bedeckten. Heute sind die Nester fast gänzlich verschwunden. Die großen Vögel sind den Menschenmassen gewichen, und ein Teil der Grotte ist 1990 eingestürzt. Trotzdem: Die Klippen über der immer noch riesigen Grotte, in der die Meeresbrandung tost, sind den Besuch wert. Früher konnte man über eine glitschige, bei Flut von der Gischt besprützte Felsentreppe hinuntersteigen, die heute aus Sicherheitsgründen gesperrt ist.

Menhire: Mitten im Heideland, links und rechts der Straße nach *Port Donnant* (von hohen Felsen eingerahmter, äußerst schöner, aber sehr gefährlicher Badestrand), stehen zwei außergewöhnliche Menhire: *Jeanne* und *Jean*, zwei Liebende, die von einer Hexe in Stein verwandelt wurden, weil sie ihren Sexualtrieb nicht zügeln konnten und sich schon vor der Hochzeitsnacht einander hingaben.

Grand Phare: 1 Kilometer landeinwärts, kurz vor Port Goulphar, erhebt sich der knapp 50 m hohe Leuchtturm, der mit einem der lichtstärksten Leuchtfeuer Europas ausgestattet ist (Reichweite knapp 60 km). Die Aussichtsterrasse bietet einen hervorragenden Blick über die Insel und die von Klippen und Felsen zerfurchte Côte Sauvage.

Port Goulphar: Kein Wunder, dass hier die nobelsten Inselhotels liegen. Hinter einem gastronomisch genutzten Landhaus fällt die Straße steil zum Meer hin ab und endet in der reizvollsten Bucht der Belle-Ile: *Port Goulphar*, ein kleiner Hafen entlang einer schmalen Bucht, vor der mehrere kleine Inselchen und Riffe liegen. Ein Katzensprung westlich und von der Straße über den Klippen gut zu sehen ragen die *Felsnadeln von Port Coton (Aiguilles de Port Coton)* wie surrealistische Torsos aus dem Meer; ihr Name rührt von dem fast watteartigen Schaum, den die

Strömungen der Côte Sauvage hier aufwirbeln. Zurück nach Port Goulphar und von dort über das Hochplateau nach *Bangor*, dem einzigen Dörfchen im Inselinneren. Badefreunde nehmen hier die 3 km lange Stichstraße nach *Port Kérel*, ein schöner, viel besuchter Strand in einer von Felsen geschützten Bucht. Von Bangor führt die D 190 quer über die Insel zurück nach Le Palais.

Carnac (4400 Einwohner)

Das Königreich der Steine: Die einzigartigen Megalithreihen, die sich nördlich des Ortes die Straße entlang ziehen, zählen zu den Mysterien der frühen Menschheitsgeschichte, und die ortsansässigen Bäcker wissen daraus Kapital zu schlagen. Statt der bei uns üblichen Granatsplitter zieren Menhire aus Hefeteig und Kokosflocken die Vitrinen.

Carnac ist das bedeutendste Zentrum der bretonischen Megalithkultur, in dem Archäologen, Enthusiasten der Vorgeschichte und UFO-Forscher eine schier unerschöpfliche Fundgrube für Spekulationen und Theorien finden – so viele Steinalleen, Tumuli, Dolmen und Menhire wie hier gibt es nirgendwo in der näheren Umgebung.

Im Sommer ist Carnac eines der meistbesuchten bretonischen Städtchen, das neben dem Megalithen- vor allem vom Badetourismus profitiert. Zwar wirkt das Seebad Carnac-Ville durch seine Gärten und Parks harmlos wie eine Sommerfrische, doch in regenarmen Sommern bekommt die Gemeinde enorme Schwierigkeiten mit dem Menschenansturm. Tausende von Feriengästen bedrohen die frühgeschichtlichen Monumente, strapazieren den Wasserhaushalt und die öffentliche Ordnung. Die Verwaltung will dem nicht tatenlos zusehen und hat einen mehrsprachigen „Brief an die Sommerurlauber" in Umlauf gebracht, der die Probleme erkennen lässt. Wir zitieren: *Die Gemeindeverwaltung ist in Bezug auf die Sicherheit an Land und auf dem Meer kompromisslos. Im Fall eines schweren Verstoßes benachrichtigen Sie bitte ohne zu zögern die Gendarmerie. Niemand braucht 3 Duschen am Tag. Niemand darf einen Wasserhahn tropfen lassen.*

Carnac besteht aus drei Ortsteilen: *Carnac-Plage* ist das viel besuchte Seebad mit langem, weißem Strand und den Kolonialstilvillen, Hotels und Residenzen in schönen Pinien- und knorrigen Kiefernparks. *Carnac-Ville* oder *Carnac Bourg*, das alte, ursprüngliche Dorf um die Kirche St-Cornély, liegt 1 km landeinwärts. Und westlich der beiden Ortsteile, getrennt durch das alte Salzmoor, heute der Gemeindesee, ducken sich die windschiefen Granithäuschen des Weilers *Saint Colomban* auf die zum Meer hin abfallende, von Stränden gesäumte Landzunge.

Information/Verbindungen

- *Postleitzahl* 56340
- *Information* **Office de Tourisme**, professionell geführtes Büro im Ortsteil Carnac-Plage. Ganzjährig Mo–Sa 9.30–12.30 und 14–18 Uhr. In der Hauptsaison etwas länger und auch Sonntag geöffnet. 74, avenue des Druides. ✆ 02.97.52.13.52, ✎ 02.97.52.86.10, accueiltourisme@carnac.fr, www.carnac.fr. Von April bis Sept. **Zweigstelle** im alten Ortsteil neben der Kirche; dieselben Öffnungszeiten. Place de l'Eglise.

- *Verbindungen* Mit der **Bus**linie 1 der Cars du Morbihan nach Quiberon (mit Anschluss auf die Fähre zur Belle-Ile), nach Auray und Vannes. Werktags bis zu 8-mal täglich in beide Richtungen. Zentrale Haltestellen in Carnac-Plage neben dem Tourismusbüro und in Carnac-Ville unterhalb der Kirche, an der Avenue de la Poste.
Im Juli/Aug. verkehrt zwischen Carnac-Ville und Carnac-Plage die **Carnavette**, ein Gratis-Shuttle der Stadt: von 13.30–20,30 Uhr im 15-Minuten-Takt.

Carnac 469

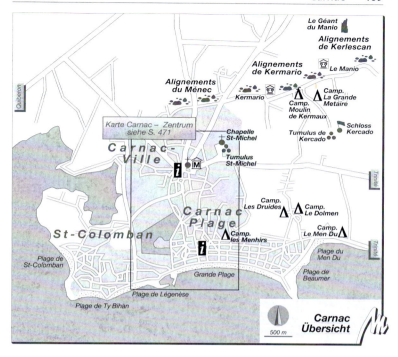

Carnac Übersicht

Diverses

• *Petit Train* In 50 Minuten vom Jachthafen über die aufgerichteten Steine von Ménec nach La Trinité-sur-Mer. Tickets an der Haltestelle Port-en-Dro (Jachthafen). Erwachsene 6 €, Kinder 3 €. Im Juli/Aug. um 21 Uhr Nachtfahrt, etwas länger, etwas teurer.

• *Fahrradverleih* Mehrere Anbieter mit ähnlichem Angebot – Zweiräder vom Mofa bis zum Fun-Rad Känguru, u. a.:
Cyclo'hiss, in Carnac-Plage. 93bis avenue des Druides. ✆ 02.97.52.75.08.
Lorcy, in Carnac-Ville. 6, rue de Courdiec, ✆ 02.97.52.09.73.

• *Markt* Mittwoch und Sonntag.

• *Pardon* Viel besuchte Wallfahrt zu St-Cornelius am 2. Sonntag im September. Mit Segnung des Hornviehs in der Rue St-Cornély, westlich der Kirche, an einem Brunnen.

• *Wassersport* Vom Surfbrett bis zum Tauchkurs, Hydrospeed, Paragliding, Wasserski – alles ist zu haben. Zentrum der Aktivitäten sind die Grande Plage und das Areal am Jachthafen Port-en-Dro.
Carnac Evasion, eine Allroundadresse im Verleihgeschäft, 52, avenue des Druides. ✆ 02.97.52.63.30.

• *Reiten* **Centre Equestre des Menhirs** in Le Manio. ✆ 02.97.55.73.45.

• *Tennis* Mehrere Clubs und Hotels bieten über 30 Plätze. Der lokale Tennisclub mit 10 Courts residiert am östlichen Ende der Grande Plage. Tennis Club de Carnac, Avenue d'Orient, ✆ 02.97.52.93.53.

• *Minigolf* Hinter dem Diana-Hotel beim Jachthafen, in der zweiten Reihe zur Grande Plage. Avenue de Port-en-Dro.

• *Waschsalon* **Laverie Prado**, in Carnac-Plage (Nähe Office de Tourisme). Die Waschmaschinen gönnen dem Gilb keinen Ruhetag: täglich geöffnet. 8, allée des Alignements.

Côte du Morbihan

Übernachten

- *Hotels* ****** Le Diana (8)**, Carnacs erste Adresse. zentral an der Grande Plage in einem parkähnlichen Areal am Strandboulevard. 31 großzügige Zimmer bzw. Appartements mit komfortablen Balkons zum Meer. Minigolf, Swimmingpool, Tennis. Gediegenes Restaurant. DZ 105–270 €, in der Hauptsaison nur HP für 111–172 €/Pers. Geöffnet Mitte April bis 1. Novemberwoche. 21, boulevard de la Plage. ✆ 02.97.52.05.38, ℻ 02.97.52.87.91, contact@lediana.com, www.lediana.com.

*** Le Tumulus (1), am Fuß des Tumulus von St-Michel in Carnac-Ville, 2006 zum 3-Stern-Etablissement aufgestiegen. Großbürgerliche Ferienvilla in schönem Gartenpark. 25 komfortable Zimmer, Swimmingpool, Restaurant. Halbpension (89–149 €/Pers.) erwünscht. DZ 70–190 €, noch teurer die Suiten und Appartements. Januar geschlossen. 31, chemin du Tumulus. ✆ 02.97.52.08.21, ℻ 02.97.52.81.88, info@hotel-tumulus.com, www.hotel-tumulus.com.

*** Celtique (7), große Villa im Kolonialstil zwischen Strandpromenade und Hauptstraße, ruhiger, von Bäumen beschatteter Park. Gartenterrasse mit Sonnenschirmen, geheiztes Schwimmbad. Das von der Best-Western-Kette übernommene Hotel hat eine Totalrenovierung angekündigt. 58 ruhige Zimmer mit gemütlicher Wohnatmosphäre. Gute Sanitärausstattung. DZ 68–152 €. Ganzjährig geöffnet. 17, avenue de Kermario. ✆ 02.97.52.14.15, ℻ 02.97.52.71.10, reservation@hotel-celtique.com, www.hotel-celtique.com.

*** Le Plancton (9), 3-geschossiger Flachbau am Strandboulevard mit langer Fensterfront zur Bucht. Komfortables Wohnen in 30 modern ausgestatteten, hellen Südzimmern mit Loggias. Restaurant. DZ 70–150 €. Geöffnet 2. Aprilwoche bis Sept. 12, boulevard de la Plage. ✆ 02.97.52.13.65, ℻ 02.97.52.87.63, info@hotel-plancton.com, www.hotel-plancton.com.

** Licorne (5), 5 Fußminuten zum Strand und ins Zentrum von Carnac-Plage, in der Nähe der alten Salzfelder. Freundliches kleines Hotel mit 26 akzeptablen Zimmern mit TV und Dusche/WC. Kein Restaurant. DZ 49–85 €. 5, avenue de l'Atlantique. ✆ 02.97.52.10.59, ℻ 02.97.52.80.30, contact@hotel-la-licorne.com, www.hotel-la-licorne.com.

** Lann Roz (4), Hotel mit Blumengarten an der Verbindungsstraße zwischen Carnac-Plage und Carnac-Ville; 13 ordentliche Zimmer (Bad bzw. Dusche/WC), ausgezeichnetes Restaurant (siehe *Essen*). DZ 53–75 €, Halbpension 47–62 €. Ganzjährig geöffnet. 36, avenue de la Poste. ✆ 02.97.52.10.48, ℻ 02.97.52.24.36, hotel.lann-roz@club-internet.fr, www.lannroz.com.

** La Marine (2), in Carnac-Ville, gleich beim Museum. Bis zur Theke ist das Design so blau wie das Meer. 31 Zimmer mit moderner Ausstattung (Bad/WC). Gartenterrasse. DZ 39–62 €, Frühstücksbuffet. Ganzjährig geöffnet. 4, place de la Chapelle. ✆ 02.97.52.07.33, ℻ 02.97.52.17.90, info@la-marine-carnac.com, www.la-marine-carnac.com.

- *Camping* Rund 20 Plätze aller Kategorien mit knapp 2000 Stellplätzen – trotzdem kann es im August eng werden. Schwerpunkte entlang der Straße der Alignements und am östlichen Stadtrand von Carnac-Plage. Keine Campingmöglichkeiten direkt am Meer. Oft starke Preisunterschiede zwischen Haupt- und Nebensaison. Eine Auswahl:

**** Les Menhirs, Luxusplatz 250 m oberhalb der Grande Plage. Großes, fast schattenloses Areal, 161 Stellplätze in Reih und Glied. Gepflegte Sanitäreinrichtungen, Wasser- und Abwasseranschlüsse für Wohnmobile. Restaurant, Bar, Laden, Waschmaschinen, Reinigung, Tennis, Sauna, Fahrradverleih. 60-m-Rutschbahn in den Pool, Spielplatz, Planschbecken und Swimmingpool. Wohncontainer-Vermietung. Geöffnet Mai bis Sept. 7, allée St-Michel. ✆ 02.97.52.94.67, ℻ 02.97.52.25.38, www.lesmenhirs.com.

**** La Grande Métairie, unterhalb der Alignements an einem Weiher, in einer Talmulde. Großzügiges, schattiges Wiesenterrain, teilweise von Hecken, hohen Bäumen und Büschen unterteilt. Gute Sanitäreinrichtungen. Swimmingpool, Waschmaschinen, vielfältiges Animationsangebot von Tennis über Reiten bis Minigolf. Restaurant, Laden. 128 Stellplätze. Geöffnet April bis 1. Septemberwoche. Route des Alignements de Kermario. ✆ 02.97.52.24.01, ℻ 02.97.52.83.58, www.lagrandemetairie.com.

*** Les Druides, am östlichen Ortsende von Carnac-Plage, 500 m zu den Stränden. Gepflegtes Gelände in ländlicher Umgebung. 90 Stellplätze, ordentliche Sanitärblocks, Spielplatz, sonst wenig Infrastruktur. Geöffnet

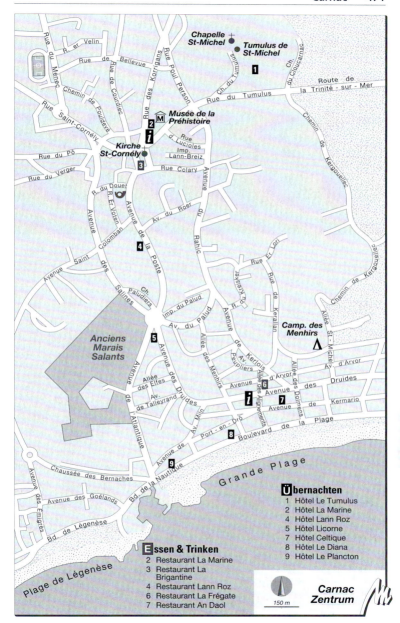

472 Côte du Morbihan

Abendstimmung in den Megalithfeldern

Mai bis Mitte Sept. 55, schemin de Beaumer. ℡ 02.97.52.08.18, ℡ 02.97.52.96.13, www.camping-les-druides.com.

*** Moulin de Kermaux, in einem Kiefern- und Pinienwäldchen unterhalb der Menhirfelder von Kermario. Nettes Gelände mit Kinderspielplatz, beheiztem Swimmingpool, Laden. Ordentliche sanitäre Anlagen. Leser beschwerten sich aber über die Totalbeschallung mit Rap bis Mitternacht. Das ist natürlich nicht jedermanns Sache, und wir hoffen, dass dies auch der Campingbetreiber inzwischen so sieht. 70 Stellplätze. Geöffnet 2. Aprilwoche bis Mitte Sept. Kermaux. ℡ 02.97.52.15.90, ℡ 02.97.52.83.85, www.camping-moulinkermeaux.com.

*** Le Dolmen, neben dem Druidencamp. Recht einfaches Gelände, an dessen Eingang ein Dolmen steht. Kinderspielplatz, Caravanverleih wie auf den meisten Plätzen. Keine Hunde und sonstigen Haustiere. Geöffnet Mitte Mai bis Mitte Sept. Beaumer. ℡ 02.97.52.12.35, ℡ 02.97.52.63.91.

** Le Men Du, einer der wenigen 2-Sterner in und um Carnac und von allen Plätzen der strandnächste (unterhalb von Les Druides). Wer auf große Ausstattung verzichten kann, findet hier einen für seine Klasse attraktiven Platz. 100 Stellplätze. Geöffnet April bis Sept. Beaumer. ℡/℡ 02.97.52.04.23, www.camping-mendu.fr.

Essen (siehe Karte S. 471)

Eine Vielzahl von gediegenen Restaurants, Crêperien, Pizzerien und Snackbars verteilt sich über das Stadtgebiet, gehäuft in Carnac-Plage. Vier bekannte, gute Speiseadressen:
• *Restaurants* **Lann Roz (4)**, im gleichnamigen Hotel (s. o.). Der Michelin-Führer für gehobene Gastronomie bescheinigt dem Haus eine ausgezeichnete Meeresfrüchteküche und 1-A-Fleischspezialitäten. Nicht zu Unrecht. Menüs 15–30 €. Januar sowie außerhalb der französischen Schulferien am Mo geschlossen. 36, avenue de la Poste. ℡ 02.97.52.10.48.

La Brigantine (3). Im efeubewachsenen Haus hinter der Kirche von Carnac-Ville kann man sich mit Meeresfrüchteplatten und Menüs (auch Hummermenü) verwöhnen lassen. Januar geschlossen. 3, rue Colary. ℡ 02.97.52.17.72.

La Frégate (6), in Carnac-Plage (Nähe Office de Tourisme). Freundlicher Service in traditionellem Haus mit traditioneller Küche, von derselben Familie bereits in dritter Generation geführt. Schattige Terrasse zur Straße. Menüs 19–36 €. Geöffnet Ostern bis Okt. 14, allee des Alignements. ℡ 02.97.52.97.90.

An Daol (7), das bunte Restaurant in der Nähe des Office de Tourisme gehört zum Hotel Celtique. Innen in stilvoller Umgebung oder draußen auf der Terrasse Menüs von 19–32 € oder Meeresfrüchte à la carte. Reservierung empfohlen. Außerhalb der Saison mittags geschlossen. 17, avenue de Kermario. ✆ 02.97.52.14.15.
La Marine (2), im gleichnamigen Hotel (s. o.). Unprätentiöses, beliebtes Restaurant mit preiswerten Menüs (11 €). Geöffnet Di–Sa am Mittag, Fr/Sa auch abends. 4, place de la Chapelle. ✆ 02.97.52.07.33.

Sehenswertes

Kirche St-Cornély: Eine der schönsten Renaissance-Kirchen des Morbihan. Der Bau der Kirche im Zentrum des alten Carnac wurde 1639 mit der Errichtung des mächtigen, viereckigen *Turmes* mit achteckiger Spitze begonnen, der in der südlichen Bretagne viel Aufsehen erregte und später oft kopiert wurde. Über dem Eingangsportal thront ein bemalte Statue des heiligen Cornelius in segnender Pose zwischen zwei farbig-naiven Bildtafeln, die zwei Ochsen inmitten von Menhiren und Dolmen zeigen. Der Kirchenheilige gilt als zuverlässiger Beschützer des Hornviehs, noch bis zum Ersten Weltkrieg trieben die Bauern der Umgebung ihr Vieh zur Segnung vor das Eingangsportal. Über der nördlichen Vorhalle schmückt ein in der Bretagne einzigartiger *barocker Aufsatz* aus dem Jahr 1792 das Seitenportal, dessen Vorbild der Baldachin des Petersdoms ist.

Im Inneren sind vor allem die leider schlecht ausgeleuchteten *Tonnengewölbe* des Hauptschiffs und der beiden Seitenschiffe sehenswert, im 18. Jahrhundert von einem Künstler aus Pontivy bemalt und 1962 bis 1965 komplett restauriert. Sie zeigen in vier thematisch abgeschlossenen Zyklen Szenen aus dem Leben des Kirchenheiligen, die Geschichte von Johannes dem Täufer, die Mysterien des Rosenkranzes und Szenen aus dem Leben Christi. Zu den weiteren Kunstschätzen zählen die aus Schmiedeeisen fein gearbeitete *Kanzel*, das *Chorgitter* sowie eine von zwei Engeln flankierte *Statue des heiligen Cornelius* aus vergoldetem Holz (17./19. Jh.) mit einem Reliquiar in der Brust.

Ein Papst flieht nach Carnac

Die Historiker sind sich einig: *St-Cornelius*, der erste der römischen Aristokratie entsprossene Papst, bekleidete nur ein kurzes, aber wichtiges Pontifikat. Seine Hauptaufgabe sah er im Kampf gegen die Götzenverehrung seiner Zeit. Zwangsläufig legte er sich mit dem Kaiser Roms an, der ihn aufforderte, dem antiken Götterhimmel zu huldigen. Cornelius weigerte sich und wurde darauf nach Civitavecchia verbannt, wo er anno Domini 253 an Erschöpfung und geistiger Auszehrung starb.

Soweit die nüchterne Wissenschaft. Nach Einschätzung legendenverliebter Bretonen ist das aber alles Humbug. Für sie gilt eine andere Wahrheit: Cornelius, begleitet von einem kräftigen Stier, der sein bescheidenes sakrales Gepäck trug, konnte fliehen und wurde von römischen Truppen bis nach Carnac gejagt. Dort holten ihn die Verfolger ein. Der Heilige, nur noch die Fluten des Ozeans vor sich, wandte sich seelenruhig um und verwandelte die Tausende von Legionären in Steine. So heißen die berühmten Menhire von Carnac, die mit etwas gutem Willen an eine römische Schlachtreihe erinnern können, bis heute bei den Bretonen „Soldats de St-Cornély".

St-Cornelius, der Schutzheilige des Hornviehs

Musée de la Préhistoire: Das Museum für Vorgeschichte unweit der Kirche von Carnac-Ville besitzt die umfangreichste Sammlung früh- und vorgeschichtlicher Funde in der Bretagne. Das Museum, 1881 von dem schottischen Hobbyarchäologen *James Miln* und seinem französischen Freund und Frühgeschichtler *Zacharie Le Rouzic* gegründet, wurde 1985 völlig neu gestaltet. Zahlreiche Exponate dokumentieren die regionale Geschichte über die Zeitspanne von 450.000 Jahren vor Christus bis zum frühen Mittelalter (8. Jh.). Zu sehen sind seltene Schmuckstücke aus Stein, Werkzeuge, Faustkeile und Äxte aus der Jungsteinzeit, Grabstätten (aufschlussreich das rekonstruierte Grab einer Frau mit Kind aus dem Mesolithikum) und gravierte Steine aus Hünengräbern. Eine vertonte Diaschau informiert (auch in Deutsch) über die verschiedenen Interpretationen der bis heute rätselhaft gebliebenen Funde von Carnac und der Umgebung.

<u>*Öffnungszeiten*</u> Feb. bis April und Okt. bis Dez. 10–12.30 und 14–17 Uhr, Di geschlossen. Mai/Juni und Sept. 10–12.30 und 14–18 Uhr, Di geschlossen. Juli/Aug. täglich 10–18 Uhr. Ganz sollte man sich auf diese Angaben allerdings nicht verlassen. Eintritt 5 €.

Tumulus de St-Michel: Der 125 m lange, 60 m breite und 12 m hohe Grabhügel am nördlichen Ortsrand wurde nach Messungen mit der Radio-Karbon-Methode vor 6500 Jahren errichtet. Der Tumulus, auf dessen Gipfel die *Kapelle St-Michel* (17. Jh.) und ein kleines *Steinkreuz* (16. Jh.) stehen, ist eine Aufschichtung von über 35.000 Kubikmetern Erdreich, Schlamm und Bruchsteinen und wurde 1862 von *René Galles*, einem Archäologen aus Vannes, angegraben. Durch Zufall führten seine Arbeiten direkt zum Eingang des Fürstengrabes, wo ein Jadebeil, Ohrringe und über 100 Halskettenperlen aus Türkis (alle in den Museen von Carnac und Vannes) einen ersten Hinweis auf die Bedeutung des Fundes gaben. 1864 entdeckte Galles ein weiteres Grabgewölbe mit vermischter menschlicher und tierischer Asche sowie mehrere sogenannte Steinkistengräber, die wahrscheinlich dem fürstlichen Personal bzw. seinen Liebsten vorbehalten waren. Das Innere des Tumulus kann heute nicht mehr betreten werden, dafür entschädigt der Gipfel des Grabhügels mit einer weiten Aussicht über Carnac-Ville und die Küste.

Tumulus de Kercado: Der Grabhügel in einem Wäldchen ist von der Route des Alignements aus zu erreichen (Spazierweg); er liegt in unmittelbarer Nähe des gleichnamigen Schlosses, ist rund 6000 Jahre alt und in relativ gutem Zustand. Das etwa 4 m hohe Fürstengrab beherbergt eine von einer riesigen Felsplatte abgedeckte Grabkammer. In der linken, hinteren Ecke zeigen die Tragsteine einige schwache Gravuren.

Öffnungszeiten In der Saison täglich 9–12 und 14–18 Uhr. Außerhalb dieser Zeiten kann man im Schloss von Kercado den Schlüssel erhalten. Taschenlampe nicht vergessen und einen Obolus von 1 € in die Blechkasse geben.

Die Megalithfelder

Die letzte Zählung ergab genau 2792 Hinkelsteine, die sich über die drei großen Alignements nördlich von Carnac verteilen. Über eine Länge von knapp 4 km dehnen sich die Steinalleen von *Ménec*, *Kermario* und *Kerlescan* aus. Die Größe der geheimnisumwitterten Steine ist unterschiedlich (0,80–6,50 m), ebenso ihre Anordnung. Das Heidekraut, das einst zwischen den Reihen wucherte, wurde von den Besucherheeren niedergetrampelt, der Boden, der die Steine über die Jahrtausende hielt, erodierte. Die Folge: Die Megalithe sitzen so locker wie Zähne bei einer schlimmen Parodontose. Die Denkmalschutzbehörde hat inzwischen reagiert: die Steinreihen sind mit einem Gitterzaun geschützt, das Gelände wird renaturiert, und erste Fortschritte sind sichtbar. Im Frühjahr leuchtet gelber Ginster zwischen den Felsblöcken, die Heide breitet sich wieder aus. „Ein ehrgeiziges großartiges Programm der Aufwertung soll in Zukunft bessere Empfangs- und Besuchsbedingungen bieten", kann man auf einer Informationstafel am Rande der Steinfelder lesen. Bis das Großprojekt mit Ausstellungen, Informationszentren und breit angelegten Wander- und Radwegen Realität wird, dürften allerdings noch einige Jahre ins Land ziehen. Ein schöner Blick über das Gelände bietet sich vom Dach des Point d'accueil und vom Turm der Windmühle bei Kermario.

Führungen In der Hauptsaison bietet das Office de Tourisme mehrmals täglich Führungen an, bei denen einige Abschnitte der *Alignements* betreten werden dürfen. Von Okt. bis März ist dies auch ohne Führung möglich, wobei je nach Bodenzustand abwechselnd bestimmte Abschnitte zur Begehung freigegeben sind.

Alignements de Ménec: Elf parallel verlaufende Steinreihen mit 1099 Steinen auf einer Länge von über einem Kilometer und einer Breite von rund 100 Metern bilden die größte Menhirallee der Welt. Die Steine wachsen nach Westen hin (bis zu 4 m Höhe) und werden von einem halbkreisförmigen Cromlech aus 71 Steinen begrenzt.

Alignements de Kermario: Nicht das größte, doch das schönste Steinfeld. 1029 Felsblöcke, die größten über 6 m hoch, schließen zehnreihig an die vorige Allee, von der sie ein Wäldchen trennt, an und enden nach 1200 m auf dem *Grabhügel von Le Manio*. Interessantestes Exemplar ist der *Menhir aux Serpents* am östlichen Ende der Allee, an dessen Fuß fünf Schlangenzeichnungen eingeritzt sind. Den nördlichen Abschluss der Steinallee bildet – etwas im Wald versteckt – der *Gigant von Manio (Géant du Manio)*, ein Koloss von über 6 m Höhe, unterhalb von ihm ein vierseitiger, fast quadratischer *Cromlech* aus 39 niedrigen Steinen aus dem Waldboden ragt.

476 Côte du Morbihan

Und niemand weiß, warum: Was machten die Megalithiker in Carnac?

Alignements de Kerlescan: Die 555 Felsblöcke in 13 Reihen auf einer Länge von 280 m sind am besten über den Spazierweg zu erreichen, der vom Reitstall an der *Route des Alignements* abzweigt. Im Nordwesten steht der *Dolmen de Kerlescan*. Im Südosten, durch die Straße und ein Stück Heidegelände heute von der größeren Steinallee von Kerlescan getrennt, früher wohl mit ihr vereint, richten sich die bescheideneren Felsblöcke des *Petit Ménec* auf.

Baden

Carnac liegt im Herzen der Bucht von Quiberon. Die Kreiselströmung in der Bucht – verursacht durch die weit vorgeschobene Halbinsel – hat feinsandige und sanft in die Fluten abfallende Bilderbuchstrände aufgeschüttet, die zu den badefreundlichsten der Bretagne gehören. Ein Problem, das den Tourismusbehörden seit einigen Jahren durchschwitzte Sessel beschert, sind die Algen. Diese vermehren sich rasend schnell und sind, haben sie sich erst einmal in Felsspalten angesiedelt, kaum mehr zu beseitigen. Eine Gruppe von Gemeindearbeitern ist eifrig damit beschäftigt, die Strände zu säubern. Der unangenehme Geruch, den die grünen Teppiche beim Trocknen verbreiten, lässt sich allerdings nicht vermeiden. Die Strände von West nach Ost:

Plage de St-Colomban: 400 m lang, ziemlich flach und mit einem etwa 20 m breiten Sandgürtel. Am Strand kann man Zelte mieten, Kinderclub mit üblichem Animationsprogramm, Toiletten. Keine Boote. Am *Boulevard de l'Océan*, der den Colomban-Strand begrenzt, können sich Hungrige und Durstige versorgen.

Plage de Ty Bihan: Von zwei Felsnasen begrenzt, 250 m feiner, seichter Strand mit Kinderclub und Sprungturm. An der Straße Versorgungsmöglichkeiten und Toiletten. Bei Flut knapp 20 m breit.

Plage de Légenèse: Flach und seicht. Pinienparks mit Ferienhäusern und Grünanlagen mit Baumbestand begrenzen den 400-m-Strand, der durch den Jachthafen von der Grande Plage getrennt ist. Viel besucht und von den Wassersportartikel-

La Trinité-sur-Mer 477

Anbietern bestens versorgt (Surfbretter, Tretboote, Sprungturm). Kinderclub und Zeltverleih. Keine Hunde.

Grande Plage: Der Hauptstrand. 1½ km lange, auch bei Flut noch knapp 50 m breite Badebucht, die sich ab dem *Port de Plaisance* unterhalb der Strandpromenade entlang zieht und in die spitze, weit ins Meer hinausreichende *Pointe Churchill* ausläuft. Eine gediegene Hotel- und Ferienhäuserzeile in schattigen Pinienwäldchen säumt den Boulevard. Alle Strandeinrichtungen eines modernen Seebades und turbulentes Badeleben im Sommer.

Plage de Beaumer und **Plage du Men Du**: Die beiden kleinen, geschützten Strände liegen auf der Ostseite der Pointe du Churchill, durch eine Grünanlage voneinander getrennt. Bei Ebbe ausgedehnte Wattlandschaft, bei Flut noch 10–20 m breit. Oberhalb der Strände Parkplätze, Pinien und der Strandboulevard. Verschiedene Strandeinrichtungen, Cafés, Restaurants und Crêperien.

Carnac/Umgebung

La Trinité-sur-Mer (1500 Einwohner)

Am westlichen Ufer des Flusses *Crac'h* erhebt sich die Ortschaft leicht erhöht auf einer Landzunge. La Trinité-sur-Mer mit seinem großen Jachthafen genießt in der Segelszene einen guten Ruf und ist bekannt für seine Austernparks im fjordartigen Mündungsbecken des Flusses. Haupttätigkeit und erste Einnahmequelle ist – noch vor dem Tourismus – die Gewinnung von Austernbrut. Das Zentrum der Gemeinde breitet sich rund um den Hafen aus, oberhalb des Flussufers zersiedeln Ferienhäuser die schmale, bewaldete Landzunge.

Der nach Süden zum Meer hin offene, 400 m lange *Strand von Kervillen* ist die beste Badeadresse (Parkplatz, Toiletten, Mickey-Club, 2 kleine Campingplätze am Rand). An ihn schließt sich noch vor der gleichnamigen Landzunge die *Plage de Kerbihan* an. Die Strände entlang der Flussmündung sind wegen Algen und Gezeiten nur bedingt zum Baden geeignet, die Zufahrtswege meist privat. Die 300 m lange Brücke *Pont de Kerisper* (D 781 Richtung St-Philibert und Locmariaquer) bietet einen Überblick über das weit eingeschnittene Flusstal und das geschäftige Hafenzentrum mit seinen Bootswerften.

- *Postleitzahl* 56470
- *Information* **Office de Tourisme**, am Hafen. Juli/Aug. Mo–Sa 9–13 und 14–19 Uhr. Sept. bis Juni Mo–Sa 9–12 und 14–18 Uhr. 30, cours des Quais. ✆ 02.97.55.72.21, ℡ 02.97.55.78.07, tourisme@ot-trinite-sur-mer.fr, www.ot-trinite-sur-mer.fr
- *Verbindung* **Bus**haltestelle beim Fischmarkt am Hafen. Von 7.30–17.30 Uhr Anschlüsse nach Carnac/Quiberon und Auray/Vannes mit der Linie 1.
- *Bootsausflug* Navix veranstaltet von Mitte Juli bis Aug. täglich 4 Touren im **Golf von Morbihan**. Die ganztägige Tour „2 Inseln an einem Tag" (Arz und Moines) kostet 23 €, 4- bis 14-Jährige 15 €, bis 4 Jahre 4 €. Ebenfalls täglich in der Saison tuckert um 8 und 11 Uhr das Ausflugsschiff nach **Belle Ile**, zurück um 18 Uhr; Erwachsene 29 €, 4- bis 14-Jährige 19 €, bis 4 Jahre 5 €. Navix, Le Port. ✆ 08.25.13.21.50.
- *Markt* Di und Fr jeweils vormittags. Fischmarkt jeden Morgen in der Halle aux Poissons.
- *Wassersport* **Société nautique de la-Trinité**, eine Allround-Adresse für Segeln, Surfen, Kajak und Wasserski an verschiedenen Stränden. Môle Eric Tabarly. ✆ 02.97.55.73.48.
- *Hotel* ** **L'Ostrea**, zentral am Hafen, Mittelklassehotel mit 13 guten Zimmern, alle mit Dusche/WC. Restaurant, Brasserie, Pub. DZ 50–80 €. Ganzjährig geöffnet. 34, cours des Quais. ✆ 02.97.55.73.23, ℡ 02.97.5586.43, hotel.ostrea@wanadoo.fr, www.hotel-ostrea.com.

Côte du Morbihan

- *Camping* 5 Campingplätze in der näheren Umgebung, 3 davon im Landesinneren, nördlich von La Trinité (die Abzweigung auf die D 186 vor der Brücke über den Crac'h führt zu drei 3-Sterne-Plätzen). Die beiden anderen Plätze auf der Landzunge im Süden links und rechts der Plage de Kervillens, mehr oder weniger direkt am Meer.
**** **La Baie**, 170 Stellflächen in einem schattigen Wäldchen in besiedelter Vorstadtgegend. Freundlicher Platz, gute Infrastruktur. Laden, Vorgekochtes, Restaurant, Swimmingpool mit großer Rutsche, Kinderspiel- und Tennisplatz, Fahrradverleih. Geöffnet letzte Maiwoche bis Mitte Sept. Kervillen. ✆ 02.97.55.73.42, ℻ 02.97.55.88.81, www.campingdelabaie.fr.
**** **La Plage**, 200 Stellplätze in ähnlichem Terrain wie der vorherige Platz, ähnliche Infrastruktur, ähnliches Preisniveau. Geöffnet Mai bis Mitte Sept. Kervillen. ✆ 02.97.55.73.28, ℻ 02.97.55.88.31, www.camping-plage.com.
**** **Kervilor**, im gleichnamigen Ortsteil; große Rutsche ins Schwimmbecken, schattig, sehr gut ausgestattet, insgesamt empfehlenswert. 230 Stellplätze. Geöffnet Mai bis Mitte Sept. Kervilor. ✆ 02.97.55.76.75, ℻ 02.97.55.87.26, www.camping-kervilor.com.
*** **Park Plijadur**, an der Straße nach Carnac; bis auf einige Ausstattungsdetails (kein Tennis, Fahrradverleih) dem Kervilor sehr ähnlich und ebenfalls empfehlenswert. 200 Stellplätze. Geöffnet April bis Sept. 94, route de Carnac. ✆ 02.97.55.72.05, ℻ 02.97.75.50.17, www.parkplijadur.com.

Saint-Philibert (1300 Einwohner)

Weit verstreut zwischen zwei Fjordbuchten, gegenüber von La Trinité, liegt das ländliche St-Philibert – im Vergleich zu Carnac und La Trinité eine Urlaubsadresse 2. Klasse. Der herausgeputzte, etwas verträumte Ortskern mit Kapelle und Brunnen liegt malerisch vor der Wattlandschaft, mehrere Strände säumen südlich der Ortschaft die Küste. Doch sind die Buchten rund um die Landnase ziemlich veralgt und bei Ebbe schlickig. Der *Strand von Kernevest*, gegenüber La Trinité am Ufer des Crac'h, ist ein etwa 300 m langer, von Wald begrenzter Dünensaum, bei Flut noch 10 m breit. Die von einem Appartementareal mit Supermarkt gekrönte *Plage de Men er Bellec* ist wenig einladend, flach und seicht. Starke Veralgung.

> **Tipp**: Statt nach der Brücke über den Crac'h auf der D 781 zu bleiben und auf gerader, doch ereignisloser Strecke einen Kilometer weiter links nach St-Philibert abzubiegen, lohnt es sich, „par la côte" zu fahren; die schmale D 28 führt gleich hinter der Brücke (rechts) rund um die Landnase, man erreicht beide Strände und die Campingplätze.

- *Einkaufen* Leser entdeckten in St-Philibert an der D 28 (Nebenstraße zwischen St-Philibert und Crac'h die **Keksfabrik La Trinitaine**, in der leckere Butterkekse und andere Süßigkeiten sehr preiswert ab Werk verkauft werden.
- *Markt* Im Sommer jeden Samstag in St-Philibert-Bourg.
- *Hotel* ** **Domaine du Congre**, an der D 781, 1½ km vor der Brücke nach La Trinité. Von außen gesehen eintönige Kastenarchitektur aus den 1970er Jahren, doch innen ein gepflegtes Haus mit 25 Zimmern. Gartenanlage mit hübschem Schwimmbad, Restaurant. DZ 47–65 €. Ganzjährig geöffnet. ✆ 02.97.55.00.56, ℻ 02.97.55.19.77, www.bir.fr/trinite/congre.
- *Camping* *** **Le Chat noir**, neben dem Domaine du Congre, für Reisende mit Mobilwohnungen, die auf einen gewissen Standard nicht verzichten wollen. Gut und schattig, beheiztes Schwimmbad. Mehr Wohnwagen als Zelte. 100 Stellplätze. Geöffnet April bis Okt. Route de la Trinité. ✆/℻ 02.97.55.04.90, www.camping-lechatnoir.com.
*** **Les Palmiers (Au Vieux Logis)**, im Landesinneren, rund um ein bretonisches Bauernanwesen (ausgeschildert). Spielplatz, große Tennisanlage, Tischtennis, Waschmaschine, Spielplatz, Agrarprodukte ab Erzeuger. 115 Stellplätze. Ganzjährig geöffnet. Kernivilit. ✆ 02.97.55.01.17, ℻ 02.97.30.03.91.

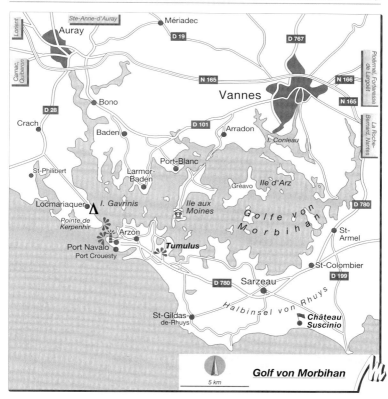

Golf von Morbihan

"Mor Bihan", das Kleine Meer. Nach der bretonischen Legende überschwemmten die Tränen trauriger Feen, die einst hier lebten und vor den Menschen aus ihrem Zauberreich fliehen mussten, das Festland. Ihre Haarkränze verwandelten sich in 365 Inseln, die im Tränenmeer schwimmen – für jeden Tag des Jahres eine.

Geologen sehen die Sache nüchterner: Die 12.000 Hektar große Wasserfläche ist das Resultat einer relativ jungen Verschiebung zweier gigantischer Platten in der Erdkruste, die den Meeresboden senkte und das Binnenmeer entstehen ließ – nur durch eine schmale Meerenge ist die bis zu 17 m tiefe Bucht mit dem Atlantik verbunden. Der gewaltige Sog von 10 Knoten Fließgeschwindigkeit an dieser Engstelle besorgt im Spiel der Gezeiten den Wasseraustausch und verhindert eine Versalzung und Verlandung der Bucht. Zahlreiche Flüsse, besonders der *Auray*, der ungeheure Mengen Sand und Geröll anschwemmt, zergliedern die Küste in tief einreißende Mündungsarme mit dazwischen weit vorspringenden Landzungen, die sich flach in das sanft gekräuselte Kleine Meer hinausschieben.

Côte du Morbihan

Zweimal am Tag verändert sich das Gesicht dieser außergewöhnlichen Meer- und Insellandschaft. Während bei Flut die flachen, bewaldeten Inseln schemenhaft auf dem Meer schwimmen, verwandelt die Ebbe den Golf in weite, von Prielen, Sandbänken und Austernparks durchzogene Schlicklandschaften, die sich aus der spiegelglatten Wasserfläche des „Kleinen Meeres", wie von Zauberhand hervorgeholt, herausheben.

Naturfreunde finden im Golf eine fast mediterrane Vegetation, in der neben Palmen sogar Orangen- und Zitronenbäume gedeihen. Von den Inseln und Inselchen des Golfes sind etwa 40 bewohnt, die größten sind die *Ile aux Moines* und die *Ile d'Arz*. Kulturhistorisch aufregend ist die *Ile Gavrinis* mit dem interessantesten Fürstengrab der Bretagne, dem Tumulus von Gavrinis.

Der Golf von Morbihan ist eines der größten Vogelreservate Europas: Myriaden von Flugenten, Stelzenvögeln und Möwenarten beleben den Himmel, auf ihrem Flug in den Süden machen hier alljährlich die großen Zugvögel eine Pause, und in der Brutsaison gibt sich ein Fünftel des Weltbestandes an Kurzschnäblern ein Stelldichein. Am besten erschließt sich der Golf von Morbihan auf dem Wasser, zahlreiche Schiffsgesellschaften bieten ihre Dienste an.

• *Fährverbindungen* Zwischen Mai und Oktober 9-mal täglich Personenfähre zwischen **Locmariaquer** und **Port Navalo** an den beiden Landspitzen am Eingang zum Golf. Weitere regelmäßige Verbindungen zwischen Larmor-Baden und der Insel **Gavrinis**, zwischen Arradon und der **Ile aux Moines** sowie der **Ile d'Arz**. Auskünfte in den Hafenbüros der verschiedenen Gesellschaften.

• *Bootsausflüge* Eine Unzahl von Angeboten erschließt den Golf von Morbihan inkl. Auray-Flussmündung per Schiff. Von der Fähre zwischen zwei Häfen über die kommentierte halb- oder ganztägige Panoramarundfahrt bis zur gastronomischen Golfkreuzfahrt ist alles zu bekommen. Haupthäfen sind Locmariaquer, Auray, Vannes und Port Navalo. Insgesamt unterscheidet sich das Preis-Leistungs-Verhältnis der Gesellschaften kaum. Aus der Fülle der Angebote zwei Beispiele von Navix: Ganztägige große Golftour inkl. Besuch der Mönchsinsel 23 €, 4- bis 15-Jährige 15 €, bis 4 Jahre 4 €. Die beiden größten Gesellschaften, beide mit zentralem Büro in Vannes und weiteren Büros an den Abfahrtshäfen:
Navix, ✆ 08.25.13.21.00, www.navix.fr.
Compagnie des Iles, ✆ 08.25.13.41.00, www.compagniedesiles.com
Kreuzfahrten mit Essen: Eine lukullische Kreuzfahrt, bei der 60 km Golf absolviert werden – entweder zum Mittagessen von 12.30–16 Uhr oder zum Candlelight-Dinner von 20–23.30 Uhr. Mitte Juli bis Aug. täglich ab Vannes und Port Navalo (Mittagessen) Mi und Sa (Abendessen). Die Fahrt auf den großzügigen Panorama-Restaurant-Schiffen kostet mittags 23 €, 4- bis 14-Jährige 15 €, bis 4 Jahre 4 €; abends 26 € (4- bis 14-Jährige 16,50 €, bis 4 Jahre 4 €, zusätzlich das Menü 21–29 € bzw. Kindermenü für 11 €.
Auskunft bei Navix (s. o.).

Locmariaquer (1400 Einwohner)

Locmariaquer liegt auf einer Halbinsel, die sich zwischen der *Crac'h-* und der *Auray-Mündung* weit ins Meer hinausschiebt und zusammen mit dem gegenüberliegenden Port Navalo das Tor des Golfs bildet. Die weiß gestrichenen Häuser drängen sich auf der Golf-Seite zusammen und bilden die Kulisse eines provinziellgemütlichen Urlaubsparadieses abseits der Turbulenzen großer Seebäder. Doch ein Geheimtipp ist Locmariaquer nicht. An schönen Sommertagen amüsiert sich viel Badevolk entlang des fast 15 km langen, flachen Küstensaums mit seinen insgesamt 6 km feinen Sandstränden, Bootsausflügler drängeln sich am Hafen, am Kassenhäuschen eines kleinen Ausgrabungsgeländes herrscht reger Betrieb: Stolz und zurecht nennt sich Locmariaquer *Cité mégalithique*.

Locmariaquer

Die Meerseite von Locmariaquer

Seine bedeutenden prähistorischen Monumente, die zur Carnac-Gruppe gerechnet werden und zwischen Jungsteinzeit und Frühbronzezeit errichtet wurden, machten Locmariaquer in Fachkreisen schon früh berühmt. Die Halbinsel war eine der beliebtesten Begräbnisstätten frühzeitlicher Sippenchefs. Zahlreiche Dolmen, darunter die gewaltige *Table des Marchands* oder der zerbrochene *Feenstein*, der mächtigste Menhir der Welt, bezeugen die außerordentliche Rolle der Halbinsel im Totenkult der Megalithiker. Von der *Pointe de Kerpenhir* glitten im Strom der Gezeiten die Boote mit den Seelen der Vorfahren hinüber zur Göttin des Jenseits.

Eine lange Tradition besitzt die Gemeinde in der Austernzucht. Nach den Römern genossen bretonische Herzöge und französische Könige den Luxus-Snack. Mitte des 19. Jahrhunderts beauftragte *Napoléon III* einen renommierten Biologen, die Austernkultur der Region zu professionalisieren, und über hundert Jahre lang war das Austerngewerbe wichtigstes wirtschaftliches Standbein Locmariaquers. Nach einigen bösen Rückschlägen zu Beginn der 1970er Jahre – Parasiten dezimierten die Bestände – musste japanische Zuchtware importiert werden. Doch gelang es den Austernzüchtern, die fernöstliche Brut so zu veredeln, dass die Produkte heute als anerkannte *Creuses de Bretagne* wieder auf die Teller der Gourmets gelangen. 45 Zuchtbetriebe aus Locamariaquer beliefern den Markt mit rund 3000 t Austern pro Jahr.

Information/Verbindungen/Diverses

- *Postleitzahl* 56740
- *Information* **Office de Tourisme**, kleines Büro im Ortszentrum; nützlich ist eine bunte Karte inklusive den wichtigsten Sehenswürdigkeiten und Campings. Juli/August Mo–Sa 9–13 und 14–18 Uhr, So 10–13 Uhr. April bis Juni und Sept. Mo–Sa 9.30–12.30 und 14–17.30; im Rest des Jahres sehr variable Öffnungszeiten. 1, rue de la Victoire. ℡ 02.97.57.33.05, ℻ 02.97.57.44.30, info@ot-locmariaquer.fr, www.locmariaquer.com.

482 Côte du Morbihan

- *Verbindung* Ein Bus verbindet Locmariaquer (Haltestelle im Ortszentrum) 2-mal täglich mit Auray.

Fähre: Regelmäßige Fährverbindung mit Port Navalo auf der gegenüber liegenden Landspitze (15 Minuten). Im Sommer 8-mal täglich, in der Nebensaison weniger häufig.

- *Bootsausflüge* Zwei Gesellschaften organisieren Golfrundtouren:

Navix, die große Gesellschaft mit Hauptsitz in Vannes und mehreren Stützpunkten im Golf. ✆ 08.25.13.21.00, www.navix.fr.

Vedettes L'Angelus, die lokale Alternative. Port du Guilvin. ✆ 02.97.57.30.29, www.vedettes-angelus.com. Im Sommer mit Navix (s. o.) täglich eine Überfahrt nach **Belle-Ile**, ebenfalls 1-mal nach **Houat**. Abfahrt jeweils 10 Uhr, zurück 18.30 Uhr. Auskunft/Buchung am Hafen oder unter ✆ 08.25.13.21.00.

- *Markt* Dienstag und Samstagvormittag an der Place Général de Gaulle.

- *Segelschule* **Société nautique**, Le Rolay, ✆ 02.97.57.32.90.

- *Tennis* Plätze am Terrain des Sports, Auskünfte beim Office de Tourisme.

Übernachten

- *Hotels* ** **Lautram**, 24-Zimmer-Hotel am Platz vor der Kirche gleich vor dem Hafen; gutbürgerliches Haus mit gemütlicher Atmosphäre, unterschiedliche Ausstattung. Restaurant. DZ 40–60 €. Geöffnet April bis Sept. Place de l'Eglise. ✆ 02.97.57.31.32, ✆ 02.97.57.37.87.

** **l'Escale**, nettes kleines Hotel direkt am Hafen mit schöner Aussicht und kleinem Gartenpark. 12 unterschiedlich ausgestattete Zimmer. Behagliches Restaurant mit traditionellen Gerichten ab 12 €. DZ 35–58 €. Geöffnet April bis Mitte Sept. 1, place Dariorigum. ✆ 02.97.57.32.51, ✆ 02.97.57.38.87.

- *Camping* *** **Municipal La Falaise**, an der Südwestspitze der Halbinsel, durch die Straße vom Hauptstrand getrennt. 320 Stellplätze auf wunderschönem, leicht hügeligem Terrain, teils mit großen Bäumen bestanden. Ordentliche Sanitäreinrichtungen, Laden, Pizzeria, Kinderspielplatz, Tischtennis, Kajak- und Kanuverleih. Geöffnet Mitte März bis Mitte Okt. Route de Kerpenhir. ✆/✆ 02.97.57.31.59, accueil@locmariaquer.fr.

** **Kerpenhir**, schattenloses, von Hecken und einem Zaun eingefasstes Rasenterrain unweit der gleichnamigen Landspitze. Einfache Sanitärblocks. Auf der anderen Straßenseite gutbürgerlich speisen im *Hotel-Restaurant Le Relais*. 95 Stellplätze. Geöffnet Mai bis Sept. Kerpenhir. ✆ 02.97.57.31.92, ✆ 02.97.57.44.99.

** **La Ferme Fleurie**, unweit der aufregendsten Megalithen, am nördlichen Ortsrand etwas landeinwärts. Kleiner, schattiger Platz, sanitär ausreichend. Vermietung von Bungalows, Zelten und Caravans. Laden, Spielplatz. 30 Stellplätze. Geöffnet März bis Mitte Nov. Kerlogonan. ✆/✆ 02.97.57.34.06.

Sehenswertes

Die Megalith-Zeugnisse am Ortseingang erregen seit Mitte des 19. Jahrhunderts die wissenschaftliche Neugier – und in ihrer Folge die Phantasie der Touristen. Ähnlich wie in Carnac taten sich besonders der Vanner Archäologe René Galles und der „Vater der Megalithen", *Zacharie Le Rouzic*, bei den Ausgrabungsarbeiten im letzten Jahrhundert hervor. 1986 wurde mit archäologischen Grabungen größeren Ausmaßes rund um die *Table des Marchands* begonnen, wobei sich Hinweise auf eine noch frühere Kultstätte und Besiedlung fanden. Seitdem ist das Gelände rund um den Großen Menhir eingezäunt und von Suchgräben durchfurcht. Wertvolle Fundstücke befinden sich in den Museen von Vannes und Carnac. Hinweis für alle dunklen Ganggräber um Locmariaquer: Für die Erkundung ist eine Taschenlampe erforderlich.

Öffnungszeiten des Ausgrabungsgeländes mit der Table des Marchands, dem Grand Menhir brisé und dem Cairn Er-Grah: Mai bis Aug. tägl. 10–19 Uhr; Sept. bis April tägl. 10–12.30 und 14–17 Uhr. Kleine Ausstellung, Führungen auf Wunsch. Eintritt 5 €.

Dolmen Mané Lud: Nah der Hauptstraße am Ortseingang. Der *Hügel der Leichen* (bret. *Mané Nélud*) war das erste Ganggrab, das 1863/64 angegraben wurde: 5,50 m hoch, 80 m lang, 50 m breit und von einer dünnen Erdschicht überzogen. Das Fürstengrab aus aufgeschichteten Steinen besitzt eine ovale Grabkammer, in deren Mittelpunkt René Galles einen Bestattungs- oder Opferplatz ausmachte (menschliche Asche in einem sogenannten Steinkistengrab). Grabkammer wie Gang weisen Ritzungen und Muster auf. Frei und gratis zu besichtigen.

Table des Marchands: Der *Tisch der Händler* trägt seinen Namen zu Recht: Die 5 € Besichtigungsgebühr grenzen an Wucher. Dem deutschen Dichterjournalisten *Heinrich Heine*, der im Rahmen seiner Recherchen über Elementargeister Anfang des 19. Jahrhunderts Locmariaquer besuchte, galt das mächtige Ganggrab noch als Wohnstatt der Korrigans. Heute besitzt der Tisch der Händler mit der fast 1 m dicken und 5,72 m auf 3,95 m großen „Tischplatte" ein viel profaneres Aussehen: Hinter dem Drahtgitter wirkt das Ex-Totenhaus geheimnislos. In ihrer feinen Bearbeitung außergewöhnlich sind die Gravierungen und Reliefs des hinteren spitzbogigen Tragsteins. Der besonders bei megalithischen Monumenten in Spanien und Portugal vorkommende Strahlenkranz (Symbol der Sonnengöttin) und die 56 Hakenstäbe (sie symbolisieren möglicherweise ein ährenschwangeres Kornfeld) beweisen in den Augen der Wissenschaftler, dass die Ackerbau treibenden armorikanischen Megalithiker Sonnen- und Fruchtbarkeitsrituale in den Mittelpunkt ihres Glaubens rückten.

Grand Menhir brisé: 25 m vom Kaufmannstisch liegen die vier schweren Brocken des großen, zerbrochenen Menhirs. Über seinen Zweck gibt es nur Spekulationen. Der ursprünglich 20,30 m hohe *Men-er-Hroec'h* (Feenstein) besitzt ein Gewicht von 350 t und dürfte erst relativ spät aufgerichtet worden sein – unter den Bruchstücken fand man gallorömische Spuren. Unklar ist, wann und warum der stolze Stein in Trümmer ging. Stürzte er bereits beim Aufrichten um, schlug der Blitz ein oder wurde er in Stücke gehauen? Einigkeit besteht dagegen darüber, dass der Granitriese über eine längere Entfernung hierher transportiert wurde, mit ziemlicher Sicherheit aus einem Steinbruch an der Côte Sauvage (Quiberon).

Pierres Plates: Die knieförmig geknickte *Allée couverte* liegt an einem kleinen Steilufer etwa 1½ km westlich der Pointe de Kerpenhir. Das von elf flachen Steinen überdachte Ganggrab stammt aus dem 3. Jahrtausend v. Chr. Ein *Menhir indicateur* (Hinweismenhir) zeigt die Grabanlage an und bestärkt die Vermutung, dass die Pierres Plates auch eine Orientierungshilfe für die Küstenschiffer gewesen sein könnten. Nicht allzu aufregend, gratis zu besichtigen.

Pointe de Kerpenhir: Hinter der flachen Landspitze am Eingang zum Golf von Morbihan kräuseln sich die Strömungen, die im Gezeitenrhythmus den Wasseraustausch zwischen Golf und Atlantik besorgen. Die strategisch wichtige Pointe ist noch immer von der Zeit des Zweiten Weltkriegs gezeichnet: Hinter dem Denkmal einer Fischerfrau mit Kind, die nach dem Familienvater Ausschau hält, ragt eine verrostete MG-Lafette aus dem grauen Fundament. Auf der anderen Seite der Meerenge, einen knappen Kilometer entfernt, steht der Leuchtturm von Port Navalo.

Auray (10.900 Einwohner)

Das so friedlich wirkende Städtchen am Ufer des *Loch* oder *Auray-Flusses* hat eine bewegte Geschichte. Von der Anfang des 13. Jahrhunderts auf einem steilen Felshügel über dem Loch erbauten Burg ist nichts mehr erhalten: *Heinrich II.*, Enkel der Herzogin Anne de Bretagne und König von Frankreich, ließ sie 1526 gnadenlos schleifen und verwendete die Steine für den Bau der Festung Le Palais auf der Insel Belle-Ile.

Côte du Morbihan

Von den Grundmauern der Burg führt heute die romantische *Promenade du Loch* in spitzkehrigen Serpentinen hinunter nach *St-Goustan*, dem alten Hafen von Auray. Durch die Blätterkronen der Bäume bieten sich traumhafte Ausblicke auf das mittelalterliche Handelszentrum, das zu den am besten erhaltenen Ortskernen der Bretagne zählt und Auray das Prädikat *Ville d'Art et Histoire* eingebracht hat. Eine Brücke verbindet den alten *Hafen* mit der hoch über dem Fluss liegenden sympathischen „Neu"-Stadt, deren Zentrum vor allem von repräsentativen Verwaltungsgebäuden aus dem frühen 19. Jahrhundert und der *Kirche St-Gildas* geprägt ist. Hier, in der Oberstadt, spielt sich heute das Alltags- und Wirtschaftsleben ab.

Information/Verbindungen

- *Postleitzahl* 56400
- *Information* **Office de Tourisme**, in einer herausgeputzten, wunderschönen Kapelle im Herzen der Oberstadt. Auskünfte auch in Deutsch, reichlich Material über Stadt und Golf von Morbihan, wechselnde Ausstellungen zu bretonischen Themen. Juli/Aug. Mo–Sa 9–19 Uhr, So 9–12 Uhr. Sept. bis Juni Mo–Fr 9–12 und 14–18 Uhr, Sa 9–12 Uhr. 20, rue du Lait. ✆ 02.97.24.09.75, ✆ 02.97.50.80.75, info@auray-tourisme.com, www.auray-tourisme.com.
- *Verbindung* Zug: Bahnhof am nördlichen Stadtrand an der TGV-Linie Paris–Quimper. Mehrmals tägl. in beide Richtungen. Mehrmals tägl. auch nach Redon/Rennes.

Im Juli und August versucht der **Tire-Bouchon** (Korkenzieherzug) die chronischen Engpässe auf der Straße nach Quiberon zu umgehen. Mit 10 Fahrten täglich in beide Richtungen und einem Fahrpreis von 2,50 € ist er eine echte Alternative zum Autostau auf dem Damm.
Bus: Mehrmals täglich nach Vannes und Lorient. Für Touristen ist die Linie 1 interessant: Haltestellen an allen wichtigen Orten am Golf von Morbihan bis nach Quiberon/Carnac/Lorient. Relativ zentral die Haltestelle an der Place Loch (beim Stadion, 200 m südlich vom Rathausplatz). Hauptterminal am Bahnhof.

Diverses

- *Petit Train* Zwischen der Oberstadt und dem alten Hafenviertel St-Goustain verkehrt im Sommer das Spielzeugzüglein. Abfahrt in der Oberstadt beim Rathaus.
- *Bootsausflug* Auch Auray und das nahe Le Bono sind an das Ausflugsprogramm rund um den Golf angeschlossen. Auskunft und Prospekte im Office de Tourisme.
- *Markt* **Wochenmarkt** Mo und Fr vormittags in der Fußgängerzone der Oberstadt. **Biomarkt** Donnerstag 17–20 Uhr auf der Place Notre-Dame.

Les Marchés de l'Art et de la Création. Mai bis Sept., jeweils einen Sonntag pro Monat (Auskunft im Office de Tourisme) am Hafen von St-Goustan – Künstler, Kunsthandwerker und solche, die es werden wollen.
- *Reiten* Mehrere Reitställe in der Umgebung, einer im **Centre équestre de Plougoumelen**, Tréverno Plougoumelen, ✆ 02.97.24.87.31.
- *Waschsalon* **Laverie du Centre**, in der Oberstadt. Der Schrecken der Wäscheberge – in 35 Minuten alles sauber! Place Gabriel Deshayes. Täglich 7–22 Uhr.

Übernachten

- *Hotels* **** Du Loch (1)**, klingt im Deutschen nicht sehr vertrauenerweckend, doch das du Loch ist ein gediegenes Quartier am nördlichen Stadtrand (in der Nähe Gendarmerie). 30 ordentliche Zimmer und ein weithin gelobtes Restaurant („La Sterne", s. u.). DZ 55–65 €. Mitte Dez. bis 1. Januarwoche geschlossen. 2, rue Guhur, La Forêt. ✆ 02. 97.56.48.33, ✆ 02.97.56.63.55, contact@hotel-du-loch.com, www.hotel-du-loch.com.
** Le Branhoc (6), ca. 1½ km außerhalb Aurays an der Straße nach Bono; 29 Zimmer in einem gutbürgerlichen Haus, recht komfortabel und nett eingerichtet. DZ 42–62 €. Ganzjährig geöffnet. Route du Bono. ✆ 02.97.56.41.55, ✆ 02.97.56.41.35, le.branhoc@wanadoo.fr.

Auray

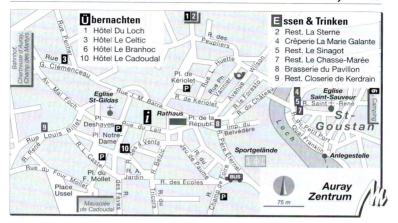

* **Le Celtic (3)**, etwas heruntergekommenes Hotel im Stadtzentrum, dafür preiswert. 19 Zimmer mit unterschiedlicher Sanitärausstattung. Bar. DZ 30–57 €. Ganzjährig geöffnet. 38, rue Clemenceau. ☎ 02.97.24.05.37, ✉ 02.97.50.89.79.

* **Le Cadoudal (10)**, in der Nähe der Kirche, am großen Platz. Neues, noch nicht abgewohntes Etablissement der unteren Kategorie. 13 Zimmer gut in Schuss, DZ je nach Sanitärausstattung und Saison 37–52 €. Ganzjährig geöffnet. 9, place Notre-Dame. ☎ 02.97.24.14.65, ✉ 02.97.50.78.51.

● *Camping* ** **Du Parc Lann**, schattiges und ruhiges Gelände in unmittelbarer Nähe des Bono-Flusses und der Küstenwege. Wohnmobilverleih, Kinderspielplatz. Geöffnet Mitte April bis Sept. ☎ 02.97.57.93.93, campingduparclann@wanadoo.fr.

Essen

● *Restaurants* **Closerie de Kerdrain (9)**, Feinschmeckerrestaurant unweit der Kirche St-Gildas. Stilvoll eingerichtete Meierei aus dem 16./17. Jh. mit 3-Bestecke-Küche (Michelin), die auserlesene Gaumenfreuden serviert. Menüs 35–92 €. So und Mo abends sowie ab der letzten Februarwoche für einen Monat geschlossen. 20, rue L. Billet. ☎ 02.97.56.61.27.

La Sterne (2), im Hotel du Loch (s. o.). Bekannt für extravagante Fisch- und Meeresfrüchtespezialitäten, Menüs ab 20 €. Samstagmittag geschlossen, geschlossen auch von Okt. bis Feb. und von Mitte Dez. bis 1. Januarwoche am Sonntagabend. 2, rue Guhur, La Forêt. ☎ 02.97.56.48.33.

Le Sinagot (5), schon durch die Lage am Hafen unten schmeichelt sich das Restaurant ins Herz der Touristen. Nicht das billigste der Hafenrestaurants, aber eines der besten. Spezialität sind Meeresfrüchte, billigstes Menü 14 €, gute À-la-carte-Auswahl. Januar sowie außerhalb der Saison am Do geschlossen. 9, place St-Sauveur. ☎ 02.97.56.37.30.

Le Chasse-Marée (7), am Hafen. Klassische maritime Küche (Fische und Muscheln), aber auch Fleischgerichte und knackige Salate. Freundliche Bewirtung. Menüs 16–22 €. Mo/Di abends sowie Mitte Okt. bis Mitte Nov. geschlossen. 11, place St-Sauveur. ☎ 02.97.56.50.46.

Brasserie du Pavillon (8), günstiges Lokal am Rathausplatz, tagsüber der Treffpunkt junger Leute. Lebhafte Atmosphäre zum Mittag- oder Abendessen. Immer wechselnde, doch stets gediegene Menüs (13–17 €), daneben Fleisch- und Fischgerichte à la carte. 1, place de la République. ☎ 02.97.24.01.81.

● *Crêperie* **La Marie Galante (4)**, am Hafen. Die Crêperie mit bretonischem Interieur ist bei Touristen wie bei Einheimischen beliebt. Exzellenter Service und reichlich garnierte Crêpes. In der Nebensaison Mo/Di geschlossen. 3, place St-Sauveur. ☎ 02.97.24.18.51.

Sehenswertes

> In Auray und Umgebung wurden einige der blutigsten Kapitel der bretonisch-französischen Historie geschrieben. Die wenig spektakulär wirkenden Sehenswürdigkeiten erschließen sich erst, wenn Sie die Nerven behalten und sich aufrichtig für deren Geschichte interessieren – dann hat Auray einiges zu bieten. Die Stadt war Zeugin einer schicksalhaften Schlacht, Schauplatz eines blutrünstigen Prozesses und Geburtsort eines tragisch endenden Idols.

Hafenviertel St-Goustan: Schiefe Fachwerkhäuser (15./16. Jh.) wachsen vom Kai die engen, steilen, kopfsteingepflasterten Gassen den Hügel hinauf, überragt von der Turmspitze der gotischen *Kirche St-Sauveur*. Der träumerisch an einer Flussschleife des Loch gelegene alte Hafen von Auray war bis zu Beginn des 20. Jahrhunderts ein wichtiger Umschlagplatz. Es herrschte buntes Treiben, die schnellen Küstenschiffe, die mit Kolonialwaren, Textilien, Holz und Apfelwein beladen hier ankerten, brachten Wohlstand in die Stadt. Am *Quai Franklin* hielt sich 1776 der amerikanische Unterhändler und Mitverfasser der Unabhängigkeitserklärung *Benjamin Franklin* im Haus Nr. 8 auf, um die für die amerikanische Unabhängigkeit entscheidenden Verhandlungen mit Frankreich zu führen. In der besonders schönen *Rue du Petit Port* mit ihren restaurierten Häusern schnuppern Touristen dem Mittelalter nach. Empfehlenswert ist auch ein kurzer Spaziergang auf den beiden alten Treidelwegen an den Flussufern und auf der *Promenade du Loch*, die in steilen Stufen in die Oberstadt führt und großartige Aussichten auf den alten Hafen bietet.

Kirche St-Gildas: Die Kirche im Zentrum der Oberstadt ist ein kunterbuntes Gemisch verschiedener Stile; sie stammt zum größten Teil aus dem 17./18. Jahrhundert und vereint Elemente der Gotik, Renaissance und des Barocks. Im Inneren beeindrucken ein marmorverziertes *Retabel* (1664), die gold-rot prunkende *Kirchenorgel* (1761) und ein holzgeschnitzter *Baldachin* über dem Taufbecken.

Mausolée de Cadoudal: im Ortsteil Kerléano am südlichen Stadtrand. In einem einfachen, runden Kuppelmausoleum ruhen die Gebeine von *Georges Cadoudal*, dem berühmtesten und letzten Kämpfer der Chouannerie (siehe *Geschichte*, Kastentext *Der letzte Chouan*). Die Grabstätte wurde gegenüber seinem Elternhaus (kleines Museum) errichtet.

Chartreuse d'Auray: Im Norden der Stadt (hinter dem Bahnhof). Das mit grausamer Härte geführte Gemetzel, das als „Schlacht von Auray" (siehe *Geschichte*, Kastentext *Die Schlacht von Auray*) in die Annalen einging, spielte sich am 29. September 1364 zwei Kilometer nördlich von Auray in den Sümpfen von Kerzo ab und beendete den 23 Jahre währenden bretonischen Erbfolgekrieg. Einzige Erinnerung an das Massenmorden ist die *Grabkapelle* der ehemaligen Kartäuserabtei *Chartreuse d'Auray*, die Jean de Montfort unmittelbar nach seinem Sieg stiftete, um den im Kampf gefallenen Rivalen und Blutsverwandten Charles de Blois einen christlichen Gefallen zu erweisen. Der historische Gebäudekomplex der Abtei wurde 1968 bei einem Brand fast vollkommen zerstört, die Grabkapelle mit den Gebeinen von Charles de Blois blieb – ein Wunder? – unversehrt. Heute sind in der wiederaufgebauten Chartreuse die „Töchter der Weisheit" zugange, ein im 18. Jahrhundert gegründeter Orden zur Pflege der Kranken

In einer Gruft der Grabkapelle ruhen, unter der knappen lateinischen Inschrift „Für Gott, für den König frevelhaft erschlagen" lieblos aufeinander geschichtet die

Am kleinen Hafen von St-Goustan

makaberen Reste der auf dem *Champ des Martyrs* (s. u.) gemeuchelten royalistischen Emigranten und Chouans. 1814 wurden sie exhumiert und aus der Sühnekapelle des *Champ des Martyrs* in die für Charles de Blois errichtete Grabkapelle der *Chartreuse d'Auray* gebracht.

Champ des Martyrs: 2 km nördlich der Stadt, in der Nähe der Chartreuse d'Auray (s. o.). Das zweite, nicht minder grausige Ereignis in der Geschichte Aurays fand unweit der Sümpfe statt, in denen schon Charles de Blois sein Leben gelassen hatte. Auf dem Feld der Märtyrer steht eine *Sühnekapelle* für 952 königstreue Soldaten und Chouans, die hier im Anschluss an die blutige Schlacht von Quiberon 1795 exekutiert wurden (siehe *Halbinsel Quiberon, Die Schlacht von Quiberon*). An der einem griechischen Tempel nachempfundenen, etwas heruntergekommenen Fassade des Kirchenvorbaus erinnert eine knappe Inschrift an die Massenhinrichtung: „Hic deciderunt" (Hier sind sie gestorben).

Auray/Umgebung

Ecomusée de St-Dégan: Etwa 5 km nördlich von Auray kurz vor *Brec'h*. Einige Anwesen des kleinen Weilers St-Dégan wurden in jahrelanger Arbeit restauriert und geben mit ihrer liebevollen Inneneinrichtung nun einen lebendigen Überblick über das Landleben um Auray vom 17. bis ins 19. Jahrhundert. Das dazugehörige Obstgartenmuseum sorgt dafür, dass in Vergessenheit geratene Obstbäume nicht ganz aussterben.

Öffnungszeiten März bis Juni und Sept./Okt. tägl. 14–17.30 Uhr, Juli/Aug. tägl. 10–19 Uhr. Die Führung dauert 1 Stunde. Eintritt 5 €.

Le Bono: Sympathisches Örtchen an der *Ria d'Auray* mit einem hübschen Hafen und als kleine Attraktion eine mittlerweile für den Verkehr gesperrte *Brücke* über den Bono. Die heutige holzplankenbedeckte Konstruktion geht auf einen Eingriff Gustave Eiffels zurück, der die alte Brücke ganz im Geschmack der Zeit veränderte.

Doch um die Pflege des Juwels kümmerte sich niemand. Die Planken sind morsch, die Eisenteile verrosteter, als es sich der Eiffelturm erlauben könnte.

Der letzte Chouan

1771 wird in Kerléano bei Auray der Bauernsohn *Georges Cadoudal* geboren, der als „letzter Chouan" in die Geschichte einging. Cadoudal, der sich 1793 der Waldkauzbewegung angeschlossen hat, überlebt die Niederlage von Quiberon und wird 1795 zum Anführer der Chouans im Untergrund. Trotz mehrerer Schlichtungsversuche Napoléons – er trägt dem in der Bretagne fanatisch verehrten Rebellenchef sogar den Generalsrang an – lässt Cadoudal nicht von seinen royalistischen Idealen ab und terrorisiert, teils mit Erfolg, die republikanischen Truppen. 1799, die Chancen für eine Wiedereinsetzung der Monarchie waren mit Napoléons Staatsstreich auf Null gesunken, verfällt Cadoudal auf eine bizarre Idee: Er will den Ersten Konsul entführen, beschließt dann aber, den kleinen Korsen durch ein Attentat zu beseitigen. Dieses misslingt, Cadoudal wird verhaftet, von Napoléon verurteilt und am 12. Juni 1804 in Paris unter dem frenetischen Jubel einer aufgewiegelten Menge als „letzter Chouan" hingerichtet. Die Leiche des royalistischen Rebellen wird in der anatomischen Abteilung der Pariser Universität von Medizinstudenten seziert. Sein auf ein Drahtgerüst gezogenes Skelett dient lange Jahre als praktisches Anschauungsmaterial für den Knochenbau des Menschen.

Sainte-Anne-d'Auray (1800 Einwohner)

Der von einer mächtigen Basilika überragte Ort 6 km nördlich von Auray wird alljährlich im Juli von mehr als 35.000 Pilgern überschwemmt: Ste-Anne-d'Auray ist die wichtigste bretonische Wallfahrtsstätte; einem Sprichwort zufolge muss jeder Bretone „tot oder lebend" die Basilika aufgesucht haben. Ste-Anne-d'Auray spiegelt auf eindrucksvolle Weise bretonisches Selbstverständnis: Es ist nicht nur ein Ort religiöser Verehrung, sondern auch Symbol eingefleischten Nationalbewusstseins, und es wundert nicht, dass der Tag des großen Pardons zu Ehren der Nationalheiligen mit dem bretonischen Nationalfeiertag zusammenfällt. Dementsprechend ist Ste-Anne-d'Auray keine einfache Kirche, sondern ein weit ausladendes Gebäude- und Denkmal-Ensemble, zu dem neben der *Basilika* ein *Kloster* mit Kreuzgang, die *Schatzkammer*, ein *Volkskundemuseum*, ein *Wachsfigurenkabinett*, ein *Gefallenendenkmal*, ein wundertätiger *Brunnen* und eine *Scala Sancta* (Heilige Treppe) gehören.

• *Information* **Office de Tourisme**, Juli/Aug. täglich, Sept. bis Juni Mo–Fr. Rue de Vannes. ✆ 02.97.57.69.16, tourisme.steanne@wanadoo.fr, www.sainte-anne-auray.com.

• *Pardon* Die religiöse Saison wird Anfang März eröffnet. Zwischen Ostern und Oktober finden (meist mittwochs und sonntags) regelmäßige Wallfahrten statt, bei denen Vertreter der einzelnen Pfarrgemeinden der Bretagne Votivtafeln überbringen und um Segen für ein gutes Jahr bitten. Zentrales Ereignis ist die große Wallfahrt am 25./26. Juli, die um 21.30 Uhr mit dem „Veillée de Ste-Anne" (Erweckung) beginnt, einer riesigen Lichterprozession, an der Tausende von Pilgern mit Kerzen, Fahnen und Heiligenbildern teilnehmen, und offiziell um Mitternacht endet. Am nächsten Tag folgt nach dem Pontifikalamt um 10.30 Uhr unter noch größerer Teilnahme der Grand Pardon.

Basilika Ste-Anne

Scala Sancta – die Heilige Treppe in Ste-Anne-d'Auray

Sehenswertes

Basilika Ste-Anne: Die nicht nur von außen kühle, protzige und ausladende Basilika, der heiligen Anna, der Mutter Marias, geweiht, wurde 1865 nach Plänen des Pariser Architekten Deperthes im Stil der Renaissance errichtet. Ihre Entstehung geht auf ein Ereignis am Anfang des 17. Jahrhunderts zurück, von dem, wie häufig in mysteriösen Fällen, mehrere Versionen in Umlauf sind. Hier die wahrscheinlichste: Am 25. Juli 1624 erschien unter Mithilfe der Karthäusermönche von Auray dem tiefgläubigen, als etwas tumb bekannten Bauern Yvon Nicolazic die heilige Anna und bezeichnete ihm eine Stelle, wo sie eine Kirche gebaut haben wollte. Als man nach eingehender Prüfung der Schilderungen Nicolazics im Beisein der kirchlichen Prominenz im angezeigten Acker zu graben anfing, entdeckte man wundersamerweise eine stark demolierte, unförmige Holzfigur, die der Bischof zweifelsfrei als Annenfigur identifizierte. Sofort wurde eine Kapelle errichtet, und der einträgliche Kult um die Heilige begann. Nach und nach wuchsen ein Kloster (1641), die Heilige Treppe (1660) und mehrere Wohngebäude rund um die Kapelle, Pilger strömten herbei, und die Klingelbeutel klimperten. Dabei ist es bis heute geblieben. Ganzjährig finden sich Gläubige in der Basilika ein. Das Lichtermeer der Kerzen vor der vergoldeten Holzfigur, deren Sockel ein Schädelfragment der Heiligen bewahrt, erlischt nie.

Trésor: Der Kirchenschatz ist in einem der Basilika angeschlossenen Gebäude zu bewundern. Alles dreht sich um die Heilige: Reliquien, Votivtafeln, Gewänder, Schwerter, Schiffsmodelle und Gegenstände aus Konzentrationslagern des Nazireichs. Zu den Kostbarkeiten zählt ein Reliquienschrein, den die österreichische Kaiserin Anna 1638 dem Kloster stiftete – ihr Dank für die Geburt des lang ersehnten Thronfolgers, des späteren Sonnenkönigs Ludwig XIV. In einer Kunstgalerie werden historische Gemälde über die Wallfahrt und Bildnisse prominenter Besucher gezeigt. Darunter befinden sich auch das Porträt des Nicolazic und ein Bildnis des „Banditen Gottes" Keriolet, eines von Anna zum Priester geläuterten Verbrechers, der um 1640 die Gegend unsicher machte. Eine andere Galerie gibt einen Überblick über bretonische Bildhauerkunst und die Steinmetzkunst des 15. und 16. Jahrhunderts An das Museum angeschlossen ist ein Souvenirladen, in dem neben Spardosen in Glockenform auch 54-Karten-Pokerblätter erhältlich sind.

Öffnungszeiten Juli/Aug. 10–12 und 14.30–18 Uhr, So vormittags geschlossen. Sept. bis Juni 10.30–12 und 15–18 Uhr, So vormittags und Mo geschlossen. Eintritt 2 €.

Mémorial: Das monumentale Mausoleum im Blumenpark links der Basilika wurde zwischen 1923 und 1932 zum Andenken an die 240.000 gefallenen Bretonen des Ersten Weltkriegs errichtet. Ihre Namen sind, nach Ortschaften (zweisprachig) getrennt, auf zwei langen Mauerreihen aufgelistet. Heute ist das aufrüttelnde Monument eine Gedenkstätte für alle bretonischen Toten der Kriege des 20. Jahrhunderts.

Larmor-Baden (1000 Einwohner)

Der ruhige Hafenort ist umgeben von Austern- und Muschelgärten, die Hafenmole erlaubt den Ausblick auf die vorgelagerten grünen Inselchen. Larmor-Baden mit zwei Hotels, zwei Campingplätzen und mehreren völlig sensationslosen, gezeitenabhängigen Badestränden ist touristisch vor allem wegen der Übersetzmöglichkeit auf die *Ile Gavrinis* interessant. So ist neben der Bar im Zentrum die Mole der belebteste Flecken von Larmor-Baden.

• *Bootsausflug* Die **Vedettes Blanches Armor** bieten ab Larmor-Baden täglich einige Golffahrten an. Information und Reservierung am Hafen oder unter ✆ 02.97.57.15.27.

• *Hotel* ** **Auberge du Parc Fétan**, an der Straße vom Hafen. Die neuen, sehr freundlichen Besitzer haben das Haus 2005 rundum renoviert und vermieten auf dem Gelände auch Appartements. Schöne, helle Zimmer mit Dusche/WC, die meisten mit Aussicht auf den Hafen, die in der oberen Etage etwas größer und mit Aircondition. Beheizter Swimmingpool, eigener Parkplatz. Den Gästen wird abends auf Wunsch ein Menü serviert. DZ 40–80 €, je nach Saison, Zimmerlage und -größe, Aufschlag für Halbpension 28 €/Person. 17, rue de Berder, 56870 Larmor-Baden. ✆ 02.97.57.04.38, 📠 02.97.57.21.55, contact@hotel-parcfetan.com, www.hotel-parcfetan.com.

• *Camping* ** **Ker Eden**, kein Garten Eden, sondern einfaches Gelände am knappen Strand am Ortsausgang nach Baden mit 100 Stellplätzen und einigen Bäumen. Immerhin Warmduschen. Geöffnet Juni bis Sept. Ker Eden. ✆ 02.97.57.05.23.
** **Le Diben**, gleich schräg gegenüber dem vorgenannten. Campen neben einem (hübschen) Bauernhof; einfach, wenig Schatten. Auch Zimmervermietung. 60 Stellplätze. Geöffnet Mai bis Sept. Le Diben. ✆/📠 02.97.57.29.12, www.campinglediben.com.

Ile Gavrinis

Die unbewohnte Insel beherbergt das bemerkenswerteste Fürstengrab der Bretagne: den *Tumulus de Gavrinis*. Ein Pfad führt zwischen Brombeerhecken von der Schiffsmole zu einer Hügelterrasse hinauf. Hier erhebt sich seit 4000 v. Chr. der kreisrunde Grabhügel, der mit 6 m Höhe und 50 m Durchmesser die Insel beherrscht. Das mächtige Fürstengrab ist aus Bruchsteinen aufgeschichtet, der Gang ist 13 m lang, gebildet von 23 Tragsteinen und neun Deckplatten. Am Gangende schließt sich die Grabkammer an – mannshoch und fast quadratisch, die sechs Stützsteine von einem wuchtigen Monolithen überdacht. Bemerkenswert ist die – mit Neonlicht ausgeleuchtete – Ornamentik der Tragsteine: verschlungene Linien, Schlangen, konzentrische Kreise, Tannenzweigmuster und ein mit viel Phantasie als Männergestalt zu identifizierendes, verschlungenes Flachrelief.

Da man bei ersten Ausgrabungsarbeiten 1832 keinerlei Grabbeigaben entdeckte, ist anzunehmen, dass das Fürstengrab bereits in früherer Zeit geplündert wurde. Spektakulär ist eine erst später gemachte Entdeckung: Auf der Oberseite der freigelegten Deckplatte der Grabkammer fand man gigantische Gravierungen – ein 2 m langes Rind mit riesigen, gebogenen Hörnern, eine überdimensionale Pflugschar sowie der Rücken und die Hörner eines weiteren Rindes. Verblüffend: Das unvollständige Rind passte genau zu den Gravuren in der Deckplatte des *Table des Marchands*, die Pflugschar wurde nahtlos von einem im *Dolmen von Er Vinglé* (beide in Locmariaquer) gefundenen Ornament ergänzt. Die Vermessung und geologische Untersuchung der drei Steine beseitigte 1984 den letzten Zweifel. Es handelt sich um drei Teile aus dem gleichen grobkörnigen Granitstück, haarscharf fügen sich die Bruchkanten aneinander. Die drei Steine müssen einmal einen einzigen, 14 m hohen, verzierten Menhir gebildet haben. Neue Rätsel, neue Spekulationen: Waren die Neolithiker Grabräuber, die sich beim Bau ihrer Nekropolen mit Material aus den Grabstätten der unterlegenen Sippen versorgten, um deren übernatürliche Kräfte zu bannen?

• *Überfahrten von Larmor-Baden* März und Okt. 13.30–17 Uhr außer Mi. April/Juni und Sept. Mo–Fr 13.30–18.30 Uhr, Sa/So 9.30–12.30 und 13.30–18.30 Uhr. Juli/Aug. täglich 9.30–12.30 und 13.30–19 Uhr. Aktuelle Abfahrtszeiten im Hafenbüro. Die Überfahrt dauert 15 Min, der Aufenthalt auf der Insel 30 Min. Preis (Hin- und Rückfahrt inkl. Führung) in der Hauptsaison 10 €, Kinder 4 €. Reservierung empfehlenswert: ✆ 02.97.57.19.38.

Ile aux Moines (600 Einwohner)

Die Insel der Mönche, früher im Besitz des Klosters von St-Gildas (auf der Halbinsel von Rhuys), ist mit 6 km Länge und 3 km Breite die größte Inseln im Golf. Trotzdem wirkt – abgesehen von der Anzahl der Ferienhäuser – alles auf der „Perle des Golfs" miniaturhaft: Minihügelchen und Minitäler, von Mini-Sträßchen durchzogen, Miniwäldchen, deren Namen aus Feenmärchen stammen, so der *Bois d'Amour* (Liebeswald), *Bois des Soupirs* (Wald der Seufzer) oder der *Bois des Regrets* (Wald des Bedauerns). Auf jedem Fleckchen grünt und blüht es, zahlreiche Palmen ragen aus den Gärten, über denen es sich eine reiche Vogelwelt gut gehen lässt. Die *Ile aux Moines* zählt zu den landschaftlichen Höhepunkten des Golfs von Morbihan.

Hauptort der Insel ist *Le Bourg* mit putzigen Gässchen rund um die Kirche, ebenerdigen Fischerhäuschen und doppelstöckigen Wohnstätten der Kapitäne – nur ihnen war es erlaubt, höhere Häuser zu bauen. Noch im 19. Jahrhundert regierte auf der Insel eine Art maritimer Aristokratie; den feudalen Kapitänen waren die Familien der Matrosen untergeordnet. Von den zahlreichen Werften, in denen früher Dreimaster für die Cap-Horniers gebaut wurden, ist noch eine übrig geblieben. Sie hat sich auf die Konstruktion und Restaurierung traditioneller bretonischer Holzboote spezialisiert. Die Insulaner leben heute hauptsächlich vom Tourismus, einige Familien verdienen ihr Geld mit Muschel- und Austernzucht.

Ab Ostern kommen die Tagesausflügler in *Port Lério*, der Anlegestelle, an und suchen meist gleich ein Lokal in Le Bourg auf. Abgesehen vom August ist die Insel ein ruhiges Feriengebiet. An der Westseite ist die *Plage du Gored* beliebt, einer der wenigen Strände des Binnenmeers, an dem man auch bei Ebbe noch die Fluten erreicht. An der Ostseite herrscht das für den Golf typische Wattmeer mit Muschelbänken und Austerngärten vor. Prähistorische Zeugen (*Cromlech* und *Dolmen*) findet man im Südteil. Schöne Aussichtspunkte sind die Nordspitze (*Pointe de*

Nach einem anstrengenden Ausflugtag

Trech) mit Blick auf die Bucht von Arradon und den Golf sowie die *Pointe de Brouel* im Osten, vor der sich die Zwillingsschwester der Mönchsinsel zeigt, die *Ile d'Arz*.

- *Postleitzahl* 56780
- *Information* **Office de Tourisme**, in einem Kiosk am Hafen. Begehrtestes Beutegut der Neuankömmlinge ist der Inselplan. April bis Sept. ✆ 02.97.26.32.45.
- *Verbindung* Ganzjährig Boote der „Izenah Croisières" ab **Port-Blanc** bei Larmor-Baden im 30-Minuten-Takt. Fahrtzeit 5 Min., Preis hin und zurück 3,70 €.
- *Fahrradverleih* Der Tipp für Tagesausflügler: das Stahlross. Mehrere Anbieter, darunter **P'tit Louis**, am Hafen. Tourenräder und Mountainbikes. Für Schnellbesucher Vermietung ab 1 Stunde. ✆ 02.97.26.35.21.
- *Wandern/Radeln* Einige Streckenvorschläge von 15 Minuten bis knapp 4 Stunden hat das Office de Tourisme parat.
- *Hotels* ** **De l'Isle**, in Le Bourg. Schlichtes Äußeres, angenehmes Inneres. 7 Zimmer und eine Suite, Restaurant und Crêperie. DZ 68–120 €. Geöffnet Feb. bis Mitte Nov. Rue du Commerce. ✆ 02.97.26.32.50, ✉ 02.97.26.39.54, philippe.morvant@wanadoo.fr, hotel-de-lisle.com.
Le San Francisco, ein düsteres Gemäuer am Hafen, doch innen ganz gemütlich. 8 ordentliche Zimmer, Aussichtsterrasse mit Blick über den Golf, Restaurant. DZ 85–125 €, HP 70–90 €. Geöffnet Mitte Feb. bis Okt. Le Port. ✆ 02.97.26.31.52, ✉ 02.97.26.35.59, www-le-sanfrancisco.com.
- *Camping* ** **Municipal Le Vieux Moulin**, außerhalb des Orts Kergonan, an der Ostseite der Insel. Etwa 300 m zum Meer, 44 schattige Stellplätze, einfache sanitäre Anlagen, Spielplatz. Nur für Zelte geeignet. Geöffnet Mitte Juni bis Mitte Sept. ✆ 02.97.26.30.68, ✉ 02.97.26.38.27.

Ile d'Arz (200 Einwohner)

Erst eine dramatische Liebesgeschichte trennte die L-förmige Ile d'Arz, früher durch einen schmalen Landarm mit der Mönchsinsel verbunden, von der großen Schwester ab: Ein reicher Kapitänsprössling hatte sich in eine arme Fischerstochter verliebt und wollte sie heiraten. Was nicht sein kann, das nicht sein darf: Der Teufel (oder der liebe Gott – je nach Version) schickte eine Sturmflut, der Damm, auf dem sich die beiden Liebenden jeden Abend getroffen hatten, versank in den Wogen.

494 Côte du Morbihan

Wassersportstützpunkt Arradon

Die Ile d'Arz, etwa 5 km lang und etwas kleiner als die Mönchsinsel, wird von sieben Satelliteninseln umringt. Die ständig wechselnden Strömungen rund um Arz gelten bei Segelexperten als ausgezeichnetes Revier zum Üben von schwierigeren Navigationsmanövern. Dies ist auch der Grund für die Existenz einiger Segelschulen, darunter das große *Centre Nautique des Glénan*.

• *Wassersport* **Centre Nautique des Glénan**; ganzjährig Segelkurse, Kreuzfahrten und andere Wassersportausbildungsprogramme. Von der Anlegestation Minibus-Service zum Centre (hin/zurück 3 €). ✆ 02.97.44.31.16

• *Hotel* ** **Escale d'en Arz,** Logis-de-France-Mitglied, an der Hafenmole. 11 passable Zimmer mit Dusche/WC, z. T. mit Blick aufs Meer. Panorama-Restaurant. DZ 60–95 €, HP 61–91 €. Geöffnet März bis Sept. Le Béluré. ✆ 02.97.44.32.15, ✆ 02.97.44.32.56, hotel.escale.en.arz@wanadoo.fr, www.restaurant-escale-arz.com.

• *Camping* ** **Municipal les Tamaris,** nahe dem Weiler Pennero im Nordostteil der Bucht. 70 schlichte Stellplätze, Stromanschlüsse für Wohnwagen, Kinderspielplatz. Geöffnet Mitte April bis Mitte Sept. ✆ 02.97.44.33.97.

• *Postleitzahl* 56840
• *Verbindung* Täglich, im Sommer häufiger, von der Gare Maritime in Vannes Boote über die Ile de Conleau nach Arz. Überfahrt 15 Minuten. Retourticket 6 €.

Arradon (4700 Einwohner)

Der Ort selbst liegt etwas landeinwärts, der kleine, von Wochenend- und Ferienhäusern umdrängte Hafen auf der gleichnamigen Landzunge bietet typisches Golfpanorama: Segelboote, Inselsplitter und direkt gegenüber die Nordspitze der *Ile aux Moines*. Arradon bzw. die Pointe d'Arradon ist im Sommer ordentlich belebt – zahlreiche Wassersportler haben hier, unweit der Départementshauptstadt Vannes, ihren Stützpunkt. Die Hotels liegen wahlweise im Binnenland oder an der Pointe d'Arradon.

• *Postleitzahl* 56610
• *Wassersport* An der Pointe d'Arradon hat das große **Centre Nautique d'Arradon** seinen Stützpunkt. Segeln und Windsurfen. ✆ 02.97.44.72.92.
• *Hotels* *** **Le Stivell,** auf dem Weg zur Landspitze, bei der einzigen Ampel weit und breit. 25 komfortable Zimmer. DZ 56–70 €. Mitte Nov. bis Mitte Dez. geschlossen. 15, rue Plessis d'Arradon. ✆ 02.97.44.03.15, ✆ 02.97.44.78.90, yves.chalet@wanadoo.fr, www.hotelstivell.com.
** **Les Vénètes.** Die Veneter verteidigen mit stolzen Preisen seit 1935 die Landspitze von Arradon. DZ 100–180 €. Ganzjährig geöffnet. La Pointe. ✆ 02.97.44.85.85, ✆ 02.97.44.78.60, info@lesvenetes.com, www.lesvenetes.com.
** **Beaurivage,** der Nachbar vom Drei-Sterne-Hotel Stivell, die besten Räume in ähnlicher Ausstattung, doch weniger komfortabel. 18 passable Zimmer mit Dusche/WC. DZ 45–58 €. Ganzjährig geöffnet. 17, rue Plessis d'Arradon. ✆ 02.97.44.01.42, ✆ 02.97.44.87.37, beau.rivage@free.fr, www.beaurivagehotel.net.
• *Camping* **** **Penboch,** Luxusplatz im Osten von Arradon. 175 Stellplätze mit komplettem Hotel-plein-air-Programm. Gut fre-

quentierter Spielplatz, kleine Riesenrutschbahn. Geöffnet Mitte April bis Mitte Sept. 9, chemin de Penboch. ✆ 02.97.44.71.29, ✉ 02.97.44.79.10, www.camping-penboch.fr.
*** **L'Allée**, 100 meist schattige Stellplätze 600 m vom Meer in freier Wildbahn. Appartement- und Caravanvermietung, beheiztes Schwimmbad, vorgefertigte Gerichte. Geöffnet April bis Sept. L'Allée. ✆ 02.97.44.01.98, ✉ 02.97.44.73.74, www.camping-allee.com.

Vannes

(51.800 Einwohner)

Als Julius Cäsar vor 2000 Jahren die Bretagne eroberte, war es der Stamm der Veneter, der ihm den heftigsten Widerstand entgegensetzte. Die für ihre Tapferkeit und Lebenslust bekannten Veneter, die den römischen Feldherrn zu Komplimenten hinrissen (was ihn nicht davon abhielt, sie zu ermorden oder in die Sklaverei zu treiben) gaben Vannes den Namen.

Vannes ist die Hauptstadt des Départements Morbihan und – wie zu Cäsars Zeit – auch heute noch wichtigster Verkehrsknotenpunkt der Region. Die Stadt am Nordufer des Golfs von Morbihan ist zu einem dynamischen Handels- und Industriezentrum gewachsen. An der Peripherie und im Süden haben sich nationale, renommierte Großbetriebe wie der Pneuhersteller Michelin angesiedelt, Lagerhallen, Hafenanlagen und Wohnblocks wuchern aus dem Boden. Doch im alten Vannes hat sich das Stadtbild kaum verändert.

Vor dem Halbrund repräsentativer Fassaden auf der quirligen *Place Gambetta* ragen die Masten der Segeljachten aus dem Hafenbecken, dahinter schließen mächtige Stadtmauern mit dickbauchigen Türmen das Mittelalter ein – heute belebt von Boutiquen, luxuriösen Geschäften und stilvollen Restaurants. In den Gassen der zur Fußgängerzone erklärten *Altstadt* mit ihren renovierten Fachwerkfassaden, gekrönt von der gewaltigen *Kathedrale St-Pierre*, verliert sich die Zeit, unter dem weit hervorragenden Schieferdach des alten *Waschhauses* an der *Marle* klingt noch das Schwatzen der Waschfrauen nach. Die Stadt gibt sich viel Mühe, ihre Attraktionen zu fördern, Kultur hat einen hohen Stellenwert: Museen, Parks, Promenaden und das Aquarium sorgen für Kurzweil. Vannes ist nicht nur eine der schönsten bretonischen Städte, sondern auch eine der lebhaftesten.

Geschichte

Mit der Besetzung Armorikas durch römische Truppen beginnt die Geschichte des heutigen Vannes. Nachdem die Römer die venetische Oberschicht ermordet und den Großteil der restlichen Bevölkerung auf dem Sklavenmarkt verramscht haben, entsteht auf dem Stadtgebiet ein römisches Verwaltungs- und Verkehrszentrum, das zunächst *Darioritum* und später *Venetis* heißt. Mit der Christianisierungswelle im 5. Jahrhundert verwandelt sich die römische Stadt in eine christliche Enklave. *St-Patern*, ein Mönch aus der Schule des St-Gildas, der durch eifrige Wundertätigkeit noch über seinen Tod hinaus für Staunen sorgte, legt den Grundstein für Vannes' Zukunft als Bischofsstadt. Im 9. Jahrhundert schlägt Vannes' glorreiche historische Stunde: *Nominoe*, ein aus biederen Verhältnissen stammender Ellenbogenmensch, wird von Karl dem Großen zum Grafen von Vannes, später von Ludwig dem Frommen zum ersten Heerführer und Herzog der Bretagne ernannt. Ein Plan reift in Nominoes Kopf. 845 sagt er sich von der fränkischen Oberhoheit los, 851 gründet sein Sohn *Erispoe* das Königreich Bretagne mit Vannes als Hauptstadt. Ironie der Geschichte: In der gleichen Stadt, in der die Unabhängigkeit der Bretagne begann, endet sie knapp 800 Jahre später. 1532 tritt *Claude*, Tochter der Anne de Bretagne, das Herzogtum an die französische Krone ab. Ihr Gatte *Franz I.* lässt sich

496 Côte du Morbihan

„Vannes und seine Frau"

diesen Staatsakt, der „die immerwährende Union des Herzogtums Bretagne mit dem Königreich und der Krone Frankreichs" besiegelt, von den Landständen in Vannes bestätigen. Die Bretagne ist wieder, was sie vor Nominoe war: eine ausgebeutete Provinz einer mächtigen Nation.

Erst ab 1675 erlangt Vannes wieder überregionale Bedeutung, als *Ludwig XIV.* nach der Niederschlagung der „Stempelpapierrevolte" (siehe *Geschichte, Die Stempelpapierrevolte – der bretonische Bauernkrieg*) das bretonische Parlament aus Rennes verbannt. 15 Jahre tagen die Parlamentarier in Vannes, das der Strafaktion des Sonnenkönigs einen neuen Aufschwung verdankt. Während der Französischen Revolution steht Vannes auf der Seite der Königstreuen und muss mit hohem Blutzoll dafür büßen.

Der Aufstieg des neuen Hafens Lorient leitet den Abstieg von Vannes ein, der nach dem Zweiten Weltkrieg jedoch gestoppt wird: Neue Industrieansiedlungen leiten den Wandel zu einer modernen, prosperierenden Stadt ein.

Information/Verbindungen

- *Postleitzahl* 56000
- *Information* am Hafenkai. Juli/Aug. tägl. 9–19 Uhr. Sept. bis Juni Mo–Sa 9.30–12.30 und 14–18 Uhr. 1, rue Thiers. ✆ 02.97. 47.24.34, ✉ 02.97.47.29.49, info@tourisme-vannes.com, www.tourisme-vannes.com.
- *Zug* Vannes liegt an der TGV-Verbindung Paris–Brest. Über Redon bzw. Quimper mehrmals täglich in beide Richtungen. Dazu zwei schnelle „Bummelzüge" auf der Strecke Redon/Quimper (über Auray, Hennebont, Lorient und Quimperlé). Im Sommer zur Halbinsel Quiberon über eine Stichbahn (Auray–Carnac).
- *Bus* Für Busreisende interessant ist u. a. die *Linie 1* (Auray–Lorient) zur Halbinsel Quiberon, Stopps an allen wichtigen Tourismuszentren (Auray, Locmariaquer, Trinité, Carnac). Mit dem *Stadtbus* in den Golf von Morbihan zu den Abfahrtshäfen für die Golf-Inseln (Port-Blanc, Larmor-Baden). Einige weitere Linien: *Linie 8* über La Roche-Bernard 3-mal täglich nach Nantes. *Linie 4* über Malestroit 2-mal tägl. nach Ploërmel, mit *Linie 81* weiter nach Rennes. Zentrale Busstation am Bahnhof.

Diverses

- *Petit Train* Der kleine Zug rollt auch in Vannes: von April bis Mitte Okt. täglich außer Mi und Samstagvormittag im 30-Minuten-Takt zur kommentierten Stadtrundfahrt, Mitte Juli bis Aug. bis 22.30 Uhr. Erwachsene 5 €, Kinder 3 €.
- *Bootsausflüge* Die Flotte der Kursschiffe unternimmt von April bis Ende Sept. **Bootstouren im Golf** und fährt ganzjährig zur **Ile d'Arz**. Schlemmerrundfahrten im Restaurantschiff zwischen März und Sept. (Näheres siehe *Golf von Morbihan*). Im Juli/Aug. einmal täglich zu den Inseln **Houat** und **Belle-Ile**. Beide Hauptveranstalter unterhalten an der Gare Maritime ein Büro – knapp 2 km südlich der Altstadt,

Vannes 497

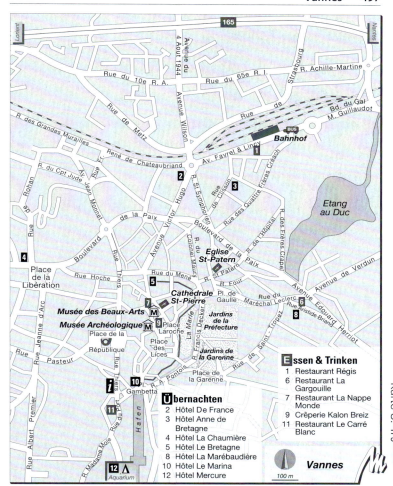

Côte du Morbihan Karte S. 479

E ssen & Trinken
1 Restaurant Régis
6 Restaurant La Gargouille
7 Restaurant La Nappe Monde
9 Crêperie Kalon Breiz
11 Restaurant Le Carré Blanc

Ü bernachten
2 Hôtel De France
3 Hôtel Anne de Bretagne
4 Hôtel La Chaumière
5 Hôtel Le Bretagne
8 Hôtel La Marébaudière
10 Hôtel Le Marina
12 Hôtel Mercure

Vannes
100 m

gegenüber dem Aquarium: *Navix*, Parc du Golfe, ✆ 08.25.13.21.00, www.navix.fr, und *Compagnie des Iles*, Parc du Golfe, ✆ 08.25.13.41.00, www.compagniedesiles.com.

• *Fahrradverleih* **Cycles Le Mellec**, Nähe Place de la Libération, verleiht zu gängigen Konditionen. 51ter, rue Jean Gougaud. ✆ 02.97.63.00.24.

• *Markt* **Wochenmarkt** Samstagvormittag, Juni bis Sept. auch Mittwochvormittag auf der Place des Lices. **Fischmarkt** Freitag und Samstag in den Hallen an der Place de la Poissonnerie.

• *Feste* Bunt und lebhaft geht es während der **Fêtes historiques** Mitte Juli zu: Am 13. und 14. Juli (Nationalfeiertag) sowie am vorhergehenden Wochenende gibt es traditionelle Spektakel, Feuerwerke etc.

Jazzig wird's beim **Jazz à Vannes** in der 2. Julihälfte: Hier finden bekannte Musiker in Clubs und openair ihr Publikum.

Ein wichtiger Termin für Liebhaber bretonischer Folklore sind **Les Celti'Vannes** Mitte

September: bretonischer Tanz und Musik auf Straßen und Plätzen.
Des **Festival international de la photo de mer** mit Konferenzen, diversen Veranstaltungen und – für Touristen besonders lohnend – Fotoausstellungen steigt im April an verschiedenen Orten in der Altstadt. Infos unter www.photodemer.fr oder im Office de Tourisme.

• *Tennis* **Tennisclub Vannetais**, westlich der Altstadt. Allée du Clos Vert. ✆ 02.97.63.14.66.

• *Waschsalon* Zeitgemäßer als im Waschhaus an der Marle waschen Sie in der **Laverie automatique**. 5, avenue Victor Hugo, täglich 7–21 Uhr.

Übernachten/Essen (siehe Karte S. 497)

• *Hotels* Über 20 Hotels der unterschiedlichsten Kategorien (mittlere Oberklasse bis 1-Stern–Logis) mit etwa 600 Zimmern. Die meisten Unterkünfte liegen etwas außerhalb des historischen Zentrums. Eine Auswahl:

*** Mercure (12), m Parc du Golfe etwas außerhalb, beim Aquarium; eine der besten Adressen mit gediegenem Wohnkomfort, 77 Zimmer mit erstklassigen sanitären Ausstattung und schöner Aussicht. Hotel-Restaurant Le Dauphin mit ausgezeichneter Küche. DZ 94–126 €. Ganzjährig geöffnet. Parc du Golfe. ✆ 02.97.40.44.52, ✎ 02.97.63.03.20, H2182-GM@accor-hotels.com, www.mercure.com („vannes" ins Eingabefeld tippen).

*** La Marébaudière (8), oberhalb des Promenaden-Parks La Garenne, unweit des Etang de Duc. Nobel in ruhiger Lage, 41 Zimmer mit entsprechender Einrichtung. DZ 70–100 €. Ganzjährig geöffnet. 4, rue Aristide Briand. ✆ 02.97.47.34.29, ✎ 02.97.54.14.11, marebaudiere@wanadoo.fr, www.marebaudiere.com.

** De France (2), vor dem neuen Rathauskomplex. Funktionales 30-Zimmer-Hotel. Unterschiedliche Ausstattung, kein Restaurant. DZ 55–68 €. Ganzjährig geöffnet. 57, avenue Victor Hugo. ✆ 02.97.47.27.57, ✎ 02.97.42.59.17, hotel-de-france-vannes@wanadoo.fr, www.hotelfrance-vannes.com.

** Anne de Bretagne (3), gleich gegenüber dem Bahnhof. Funktionales 20-Zimmer-Hotel mit ordentlichen Räumen und Sanitäreinrichtungen. Kein Restaurant. DZ 52–65 €. Ganzjährig geöffnet. 42, rue Olivier de Clisson. ✆ 02.97.54.22.19, ✎ 02.97.42.69.10, jubert.joel@wanadoo.fr, www.anne-bretagne.com.

** Le Marina (10), im Halbrund der Place Gambetta am Kopfende des Jachthafens. Wer gern eine größere Auswahl an Bars und Brasseries direkt vor der Haustür hat, ist hier richtig. 14 Zimmer im unteren 2-Sterne-Bereich, die Zimmer nach hinten sind ruhiger, aber ohne umwerfende Aussicht. DZ 57 €. Ganzjährig geöffnet. Place Gambetta. ✆ 02.97.47.00.10, ✎ 02.97.47.00.34, lemarinahotel@aol.com.

** Le Bretagne (5), kleines, nettes Hotel unweit der Kathedrale. 12 für die Preisklasse ordentliche Zimmer, unterschiedlich ausgestattet, zum Teil Etagen-WC. Kein Restaurant. DZ 40–42 €. Ganzjährig geöffnet. 36, rue du Mené. ✆ 02.97.47.20.21, ✎ 02.97.47.90.78, hotel.lebretagne@free.fr.

** La Chaumière (4), einfaches Garni-Hotel 500 m vom Zentrum an der Hauptstraße nach Auray. 13 Zimmer, etwas laut. Restaurant und hoteleigener Parkplatz. DZ mit Dusche/WC 50–55 €. Ganzjährig geöffnet. 12, place de la Libération.
✆ 02.97.63.28.51, ✎ 02.97.63.10.17, hotel-lachaumiere@club-internet.fr.

• *Camping* ***** Municipal de Conleau**, etwas außerhalb der Stadt bei der Gare Maritime. Die Uferstraße trennt das leicht abschüssige Rasengelände von der Golfküste. Vereinzelt Pappeln und Kiefern. Nach Jahren sanitärer Tristesse herrscht auch in diesem Bereich endlich 3-Sterne-Niveau. Kleiner Laden, Kajak- und Fahrradverleih, Scheckkarten-Schlagbaum. Busanschluss ins Zentrum. 200 Stellplätze. Geöffnet April bis Sept. Presqu'île de Conleau. ✆ 02.97.63.13.88, ✎ 02.97.40.38.82, camping@mairie-vannes.fr.

• *Restaurants* **Régis (1)**, am Bahnhofplatz. Edle Gaumenkitzeleien für Gourmets. Bekannt für exzellenten Fisch und Meeresfrüchte, dem Michelin 1 Stern wert. Menüs 29–74 €, Spezialität Langusten à l'Estragon, Seebarbensalat mit Kräutern und Wolfsbarschragout. So/Mo geschlossen. 24, place de la Gare. ✆ 02.97.42.61.41.
Le Carré Blanc (11), geschmackvoll und minimalistisch eingerichtetes Restaurant am westlichen Hafenufer, das Nichtrauchern durch einen Bereich mit Rauchverbot entgegenkommt. Menüs je nach Anzahl

An der Place Gambetta

der Gänge 15–20 €, große Weinauswahl. Samstagnachmittag, So und Mo geschlossen. 28, rue du Port. ✆ 02.97.47.48.34.

La Nappe Monde (7), das helle, gemütliche Lokal ist vor allem für das Mittagessen ein beliebter Treffpunkt. Freundliche Bedienung, die neben regionaler Küche und Pizze auch Exotisches serviert, z. B. Bison, Strauß und Känguruh. Menüs 17–25 €. Mi geschlossen. 8, rue Pierre-René Rogues. ✆ 02.97.47.21.94.

La Gargouille (6), eine exzellente Adresse der etwas anderen Art. Im mittelalterlich anmutenden Interieur werden unter den Blicken der fratzen- und teufelsgesichtigen Wasserspeier (Gargouilles) Spieße der exotischsten Art verzehrt. Unser Favorit: In Zimt karamellisierter Lammspieß. Samstagmittag geschlossen, außerhalb der Saison auch So und Mo. Reservierung empfehlenswert. 9, rue Aristide Briand. ✆ 02.97.42.48.51.

• *Crêperie* **Kalon Breiz (9)**, die beliebte, traditionelle Crêperie in der Altstadt ist Nachbar des La Nappe Monde. Sonntagmittag geschlossen. 6, rue Pierre-René Rogues. ✆ 02.97.54.27.20.

Sehenswertes

Stadtrundgang: Von der *Place Gambetta* am Kopf des schmalen Jachthafenbeckens geleitet die wehrhafte *Porte St-Vincent* in die engen, fachwerkgesäumten Altstadtgassen. An der neuen Markthalle *(Halles des Lices)* vorbei gelangt man auf die von Bürgerhäusern gesäumte *Place des Lices*, auf der früher die Turniere und Schaukämpfe der Ritter ausgetragen wurden. Über die *Rue Pierre-René Rogues* an der oberen Spitze des Platzes (interessant das Eckhaus am Ende der Gasse, im Volksmund das „Haus von Vannes und seiner Frau", mit zwei bäuerlich-derben Holzskulpturen an der Giebelseite) und die *Rue des Halles* erreicht man die *Place Henri IV*, mit ihrem gelben, roten und ockerfarbenen Fachwerk an den Häusern der schönste Platz der Stadt. Gleich ums Eck in Richtung Kathedrale stehen die *Markthallen (La Cohue)* aus dem 12. Jahrhundert, in denen heute das Musée des Beaux-Arts untergebracht ist. Am rechten Kirchenschiff der *Kathedrale St-Pierre* vorbei (s. u.) gelangt man hinunter zur *Porte Prison* (Gefängnistor). Ein massiger Turm, in dem Verdächtige einst auf ihre Verhandlung warteten, flankiert das alte

Tor. Dahinter, schon außerhalb des Altstadtkerns, führt rechts die *Rue Francis Decker* zum alten Graben unterhalb des Stadtwalls mit seinen Bastionen. Der barocke Park mit bunten, geometrischen Blumenbeeten entlang der grün veralgten *Marle* endet beim alten städtischen Waschhaus mit seinem neuen Schieferdach. Über die Treppe dahinter (bei der kleinen Brücke) führt der Spaziergang durch die *Porte Poterne* zurück in den Altstadtkern.

Tipp: Ein besonders eindrucksvolles Panorama über Waschhaus und Stadtwall genießen Sie vom ehemaligen *Schlosspark* aus, der sich östlich der Straße über einen Hügel zieht und durch den ein schöner Spazierweg *(Promenade de la Garenne)* führt.

Kathedrale St-Pierre: Ihre Geschichte reicht vom 12. Jahrhundert (Romanik) bis ins 19. Jahrhundert (Neugotik), das Ergebnis ist ein buntes Konglomerat unterschiedlicher Stile und Kunstepochen, mit An- und Vorbauten, einer kreisrunden Kapelle, langem Kirchenschiff und zwei monumentalen Türmen. Vom frühesten Bau ist nur der mit einer neuen Spitze gekrönte Nordturm erhalten, die aus dem Kirchenschiff herausspringende Kapelle ist eines der seltenen bretonischen Renaissance-Bauwerke. In ihrem lichten Inneren liegen die Reliquien des spanischen Dominikaner-Paters *Vinzenz Ferrer*, den König Philipp II. quer durch Europa schickte, um den gottlosen Pöbel wieder auf die rechte Bahn zu bringen. Ferrer, ein begnadeter Redner, rastlos in Sachen Gottes- und Königspropaganda unterwegs, lockte mit seinen derben und volkstümlichen Schmähpredigten Tausende von Neugierigen und Gläubigen an. 1417 wird er in die Bretagne beordert und kommt zweimal nach Vannes. Beim ersten Mal predigt er 24 Tage lang vor einer elektrisierten Menge, zwei Jahre später kehrt er nach einer Reise durch die bretonischen Bistümer nach Vannes zurück – und stirbt. Um seine Gebeine entbrennt ein heftiger Streit. Philipp II. will die sterblichen Überreste seines Starpredigers zurückhaben, der Bischof von Vannes widersetzt sich. Über 36 Jahre lang halten die Vannetais (die Bewohner von Vannes) die Knochen des Bußpredigers versteckt, die vom König gedungenen Einbrecher kehren ohne Reliquie auf die iberische Halbinsel zurück.

Das Grab des heiligen Vinzenz in der Rundkapelle wird gerahmt von einem verblichenen Gobelin (1615), der seine Vita samt Wunder und Heiligsprechung illustriert. Ein anderes Gemälde zeigt ihn bei der Arbeit: Vinzenz predigt den Bürgern von Granada. Im ehemaligen Kapitelsaal der Kathedrale (rechts hinter dem Chor) befindet sich die Schatzkammer, wo neben diversen Kultgegenständen (Hostienbüchse aus Elfenbein, Kreuze, Kelche, Bücher) eine bemalte Hochzeitstruhe (12. Jh.) ins Auge sticht.

Musée des Beaux-Arts: Die alten Markthallen *La Cohue* („Die lärmende Versammlung") waren bis 1840 die Domäne der Händler, speziell der Metzger, und während des Ancien Régime Sitz des Finanzgerichts. Hier entschied der Präsidial über Steuerfragen, zur Zeit der Revolution fällten hier die Jakobiner ihre blutigen Urteile, später diente die Cohue als Theater. Ein Teil der Hallen – verborgen hinter verschachtelten Fachwerkfassaden – ist im romanischen, der andere im Stil des 14. und 16. Jahrhunderts gehalten.

Das renovierte Gebäude beherbergt heute das *Musée des Beaux-Arts* mit einer Kollektion namhafter Maler besonders des 19. Jahrhunderts: Corot, Millet, Delacroix und Goya. Ein Extrasaal widmet sich der Geschichte des Golfs von Morbihan, Schiffsmodelle illustrieren die Entwicklung der Seefahrt. Jährlich wechselnde Ausstellungen von der Archäologie bis zur modernen bildenden Kunst ergänzen das Angebot.

Öffnungszeiten Mitte Juni bis Sept. tägl. 10–18 Uhr. Okt. bis Mitte Juni Mi–Sa 13.30–18 Uhr. Eintritt 4,50 €, Kombipass mit dem Musée Archéologique 6 €.

*Ein Opfer der Waschmaschine:
Das alte Waschhaus an der Marle hat längst geschlossen*

Musée Archéologique: Das *Château Gaillard*, das mit seinem vorgebauten Treppenturm eher an eine Festung als an ein Schloss erinnert, war nach 1457 sporadischer Tagungsort des bretonischen Parlaments. Neben dem von Carnac beherbergt es heute die interessanteste prähistorische Sammlung der Bretagne. Schwerpunkt sind die Funde der ersten Ausgrabungen in Locmariaquer und Carnac (Tumulus von St-Michel): jede Menge Schmuck, Perlen und Münzen, daneben auch derbes steinzeitliches Arbeitsgerät. Die neuere Abteilung zeigt Passionskreuze aus dem späten Mittelalter.
Öffnungszeiten Mitte Juni bis Sept. tägl. 10–18 Uhr. Eintritt 3 €, im Kombipass mit dem Musée des Beaux-Arts 6 €.

Aquarium: An der Ausfahrt des Jachthafens, etwa 1½ km vom Zentrum im Parc du Golfe. 1984 wurde das futuristisch anmutende ozeanographische und tropische Aquarium eingeweiht. In über 50 Bassins, verteilt auf drei Ebenen, präsentiert es gut 600 Arten maritimer Fauna von der Nautilusmuschel bis zum Tigerhai. Bemerkenswert: das 35.000-Liter-Becken mit einem tropischen Korallenriff und das Haifischbecken. Skurril: das berühmteste Krokodil Frankreichs, das 1984 in den Abwasserkanälen von Paris entdeckt wurde und daraufhin weltweit Furore machte.
Öffnungszeiten April bis Juni und Sept. tägl. 10–12 und 14–18 Uhr. Juli/Aug. tägl. 9–19 Uhr. Okt. bis März tägl. 14–18 Uhr. Eintritt 8,90 €, 4- bis 11-Jährige 5,90 €, Kombipass mit Schmetterlingspark 13 €, 4- bis 11-Jährige 9 €.

Schmetterlingspark: Seit einigen Jahren gibt es direkt neben dem Aquarium auch einen *Jardin aux papillons* zu besichtigen, in dem die Besucher inmitten von mehr als 15000 tropischen und heimischen Schmetterlingen spazieren gehen können.
Öffnungszeiten April bis Juni und Sept. tägl. 10–12 und 14–18 Uhr. Juni bis Aug. tägl. 10–19 Uhr. Eintritt 7,50 €, 4 bis 11 Jahre 5,50 €, Kombipass mit Aquarium 13 €, 4 bis 11 Jahre 9 €.

Vannes/Umgebung

Forteresse de Largoët: Bei *Elven* im Landesinneren, etwa 15 km nordöstlich von Vannes links der Straße nach Ploërmel. Die Festung, wunderschön in einem gepflegten Waldgelände gelegen, wurde leider schon 1488 vom Franzosenkönig Karl VIII. zerstört. Neben dem Torbau und einem kleineren Turm zeugt nur noch der mächtige, sechs Stockwerk hohe Bergfried von der einstigen Bedeutung der Burg: Die bis zu 9 m dicken und 44 m hoch aufeinander getürmten Mauern bilden den höchsten Donjon Frankreichs. Die Ruinen Largoëts werden wegen der verbliebenen Türme heute oft *Tours d'Elven* genannt.

Öffnungszeiten Mai Sa/So 14.20–18.30 Uhr. Juni und Sept. 10.30–12.10 und 14.20–18.30 Uhr, Di geschlossen. Juli/Aug. täglich 10.30–12.10 und 14.20–18.30 Uhr. Eintritt 4 €.

Questembert: Wo anno 888 der bretonische Graf Alain III. den Normannen kräftig auf die Mütze gab, steht heute eine lebhafte Kleinstadt mit viel Gewerbe im Umland. Etwas traurig eingezwängt verbringt die älteste *Markthalle* der Bretagne (1552) mit ihrer ausgeklügelten Dachkonstruktion ihre alten Tage, nur an den Markttagen entfaltet sie ihren Reiz.

• *Verbindung* Mehrmals täglich mit der Linie 9 von und nach Vannes und weiter nach Rochefort-en-Terre.

• *Markttag* Montagvormittag unter dem Dach der Markthalle.

Halbinsel von Rhuys

Die lang gestreckte Halbinsel aus Schiefergestein, die den Golf von Morbihan gegen den Atlantik abschirmt, gilt wegen ihres milden Klimas und der mediterranen Vegetation als angenehme Sommerfrische. Der Küstensaum zum Golf hin ist flach und durch eine ununterbrochene Folge von Landzungen und Buchten zerklüftet, auf der Atlantikseite wechseln kleine Steilküstenabschnitte mit weiten Stränden. In den letzten Jahren regt sich die Bautätigkeit besonders auf dem Westzipfel: Ferienhäuser ducken sich in die Kiefernwäldchen entlang der Küste, die Ortschaften wachsen allmählich zusammen, und das touristische Aufkommen während der Sommermonate ist zum Massenansturm geworden. Vor allem entlang der Atlantikküste breitet sich der Badetourismus aus. Von *Port Navalo* an der äußersten Westspitze der Rhuys-Halbinsel über *Port de Crouesty* und *Kerjouanno* bis weit hinter *St-Gildas de Rhuys* reihen sich Strände und Badebuchten. Zu den Austerzüchtern der Halbinsel führt die *Route de l'Huître*. Wer ihr folgt, kann nicht nur Austern kaufen, sondern auch etliche schöne Plätze finden.

• *Information* **Maison du Tourisme du Pays de Rhuys**, großzügige Tourismuszentrale für die ganze Halbinsel an der D 780, auf der Höhe von St-Colombier. Juli/Aug. tägl. 9–19.30 Uhr. Sept. bis Juni Mo–Sa 9–12.30 und 14.30–18 Uhr, So 10–12 Uhr. ✆ 02.97.26.45.26, 02.97.26.47.58, rhuys@rhuys.com, www.rhuys.com.

• *Verbindung* Mehrmals täglich startet in Vannes die **Bus**linie 7 zu ihrer Fahrt auf die Presqu'ile de Rhuys. Über Sarzeau, St-Gildas de Rhuys, Arzon nach Port Navalo.

Sarzeau (6100 Einwohner)

Das Verwaltungs- und Handelsstädtchen abseits der Küste ist die größte Siedlung der Halbinsel. Die offiziellen kulturellen Glanzpunkte des Städtchens setzen zwei Renaissance-Gebäude und ein kleines Museum, doch den besten Eindruck hinterlässt die adrette Ortsmitte mit ihren Einkaufsmöglichkeiten. Ein Besuch lohnt vor

Sarzeau 503

allem am Donnerstag, wenn der größte Markt der Halbinsel Sarzeau auf Touren bringt. Die Strände der Gemeinde sind an schönen Tagen gut besucht.

- *Postleitzahl* 56370
- *Information* **Office de Tourisme**, Juli/Aug. Mo–Sa 9–12.30 und 14–19 Uhr, So 10–12 Uhr. Sept. bis Juni Mo–Sa 9–12 und 14–18 Uhr. Rue du Général de Gaulle. ✆ 02.97.41.82.37, 02.97.41.74.95, info@tourisme-sarzeau.com, www.tourisme-sarzeau.com.
- *Fahrradverleih* **Loca Services**, Route de St-Gildas, Kerollaire. ✆ 02.97.42.99.21.
- *Markt* Donnerstagmorgen auf der Place des Trinitaines, die dann kein Parkplatz ist.
- *Wassersport* Vielfältiges Angebot bis hin zum Strandsegeln:
Ecole de voile du Roaliguen, am Strand von Roaliguen, schult und verleiht Optimisten, Katamarane, Kinder-Katamarane und Surfbretter. Le Roaliguen. ✆ 02.97.41.96.95.
Club nautique de Penvins, ähnliches Angebot, zusätzlich auch Strandsegler. Penvins. ✆ 02.97.67.38.47.
- *Tennis* Der Tennisclub Sarzeau hat insgesamt 6 Plätze am Parc des Sports. Kurse und Court-Vermietung. ✆ 02.97.41.80.13.
- *Hotels* ** **Le Connétable**, prägt die Ortsmitte von Sarzeau entscheidend mit –zum Guten. Bar, Restaurant und 33 meist kleine, doch ordentlich-funktionale Zimmer. DZ je nach sanitärer Ausstattung 46–60 €. Ganzjährig geöffnet. 3, place Richmont. ✆ 02.97.41.85.48, hotelfermine@wanadoo.fr, http://perso.wanadoo.fr/hotelfermine.
** **Du Port**, moderner Zweckbau an der Hafenzeile von St-Jacques. Im Restaurant viel Tagesbetrieb, 8 gute, voll ausgestattete Zimmer. DZ 58 €. Ganzjährig geöffnet. Rue du Port St-Jacques. ✆ 02.97.41.93.51, 02.97.41.80.67.
- *Camping* 7 Plätze liegen auf dem Gemeindegebiet von Sarzeau, darunter:
*** **La Ferme de Lann-Hoëdic**, an der Straße zum Roaliguen-Strand, ausgeschildert, 800 m zum Strand, geleitet von einem gastfreundlichen französisch-englischen Paar. Komfortabel und sauber, moderne sanitäre Anlagen. „Zudem gibt es jeden Morgen frische Backwaren und ein großes Angebot regionaler Produkte", schreiben Leser, die sich hier rundum wohl fühlten. 128 Stellplätze. Geöffnet April bis Okt. Route de Roaliguen. ✆ 02.97.48.01.73, 02.97.41.72.87, www.camping-lannhoedic.fr.
*** **Kersial**, etwa 2 km landeinwärts an der Straße nach St-Jacques. Wer sich an der meerfernen Lage nicht stört, ist hier gut aufgehoben. Gut ausgestattet. 75 Stellplätze. Geöffnet April bis Mitte Sept. Route de St-Jacques. ✆/ 02.97.41.75.59, domaine.de.kersial@wanadoo.fr.
*** **Manoir de Ker An Poul (La Madone)**, großer Platz etwa 500 m hinter dem Strand von Penvins. 350 Stellplätze. Alle Bequemlichkeiten einer 3-Sterne-Anlage. Geöffnet Mitte April bis Sept. Penvins.
✆ 02.97.67.33.30, 02.97.67.44.83, www.camping-lamadonefr.
** **St-Jacques**, am Strand von St-Jacques und mit 500 Stellplätzen der Campingriese der Halbinsel. Einfach ausgestatteter Platz für Leute ohne große Ansprüche. Extra: Tennisplatz. Geöffnet April bis Sept. 1, rue Pratel Vihan. ✆ 02.97.41.79.29, 02.97.48.04.45, www.camping-stjacques.com.

Château de Suscinio: Südöstlich von Sarzeau über die D 198 nach ca. 3 km zu erreichen. Hinter der mächtigen Umfassungsmauer des Wasserchâteaus gähnten vor einigen Jahren noch leere Fensterhöhlen, und dachlose Gebäud verströmten die Atmosphäre eines romantischen Ruinenbildes von Caspar David Friedrich. Dann wurde die ehemalige Sommerresidenz der bretonischen Herzöge mit Geldern des Départements vor dem endgültigen Zerfall bewahrt und durch eine aufwendige Restaurierung wieder in Schuss gebracht. Ihren vorläufigen Abschluss fanden die Arbeiten mit der Fertigstellung der Dachstühle des östlichen Wohnflügels. Seitdem leuchtet Suscinio wieder im herrschaftlichen Glanz vergangener Jahrhunderte. Im Innern beherbergt die Burg heute zwei Museen und wechselnde Ausstellungen: Höhepunkt sind zweifellos die Mosaikböden der ehemaligen Schlosskapelle im 1. Etage. Die Kapelle war um das Jahr 1370 durch einen Brand vollkommen zerstört worden, die wunderbaren Böden aus über 30.000 Terrakotta-Fliesen gerieten in Vergessenheit und wurden erst 1975 durch einen glücklichen Zufall wiederentdeckt. In der 2. Etage sind jährlich wechselnde Ausstellungen zu sehen, die 3. Etage ist der

Suscinio, einst die Sommerresidenz der bretonischen Herzöge

Geschichte des Schlosses seit dem 13. Jahrhundert gewidmet. Die eindrucksvolle Fotodokumentation der 30-jährigen Restaurierungsarbeiten macht diesen Abschnitt auch für Besucher interessant, die mit den französischen Texttafeln nicht so viel anfangen können.

Mitte Juli bis Mitte August gibt es im Schlosshof Theateraufführungen und historische Spektakel.

Öffnungszeiten Febr./März und Okt. 10–12 und 14–18 Uhr, Mi geschlossen. April bis Sept. tägl. 10–19 Uhr. Nov. bis Jan. 10–12 und 14–17 Uhr, Mi geschlossen. Eintritt 6 €.

Saint-Gildas-de-Rhuys (1400 Einwohner)

Auf einem Plateau über der Küste liegt die von einer mächtigen Kirche überragte Tausend-Seelen-Gemeinde. Hinter der Kirche, die wie eine brütende Glucke inmitten des granitgrauen Ortskerns sitzt, senkt sich das Land zum Hafen hin ab, an der oberen Peripherie schießen Ferienhäuser aus dem Boden. Beiderseits des Orts liegen zwei lange Strände: westlich die von einem breiten Dünensaum begrenzte *Plage des Govelins* in einer 2 km langen Bucht (Strandeinrichtungen) und 5 km östlich die *Plage de Roaliguen*.

St-Gildas-de-Rhuys ist eine der ältesten Siedlungen der Halbinsel. Ihre Gründung geht auf *Gildas* zurück, der im frühen 6. Jahrhundert das Land missionierte und durch einige spektakuläre Händel mit dem Teufel etliche Seelen für Gott gewann. Bis zum 12. Jahrhundert blieb St-Gildas-de-Rhuys eine der größten und einflussreichsten Abteien, die auch für ihre losen Sitten und skrupellosen Intrigen von sich reden machte (siehe Kastentext *Abélard*). Von der *Abteikirche* dieser Zeit ist der romanische Teil des Chors und des Querschiffs erhalten. An der Außenwand des Chors stellt ein verwittertes *Relief* ein Ritterspiel dar: Zwei schwer gepanzerte Reiter stürzen sich mit gestreckter Lanze aufeinander. Einer der Recken soll Geoffroi de Plantagenêt darstellen, einer der gefürchtetsten Turniergiganten seiner

Der Odet in Quimper (JG)

▲▲ Idylle an der Pointe du Raz (JG)
▲ An der Pointe de la Torche (JG)

Eine geheimnisumwitterte Bucht – die Baie des Trépassés (JG) ▲▲
Locronan (JG) ▲

▲▲ Audierne (MXS)
▲ Megalithen bei Carnac (JG)
▲ Friedlich und still – Nantes-Brest-Kanal (JG)

Zeit, der bei einem Lanzenduell durchbohrt wurde. Im Kircheninnern verbergen sich unter den Rundbogen und massigen Pfeilern des Chors bemerkenswerte *Totenstätten*: neben den Grabplatten verschiedener Abbés, Adliger und hoher Würdenträger auch das *Granitgrab von St-Goustan* (11. Jh.) mit einem wertvollen Reliquienschrein, in dem die knöchernen Überreste des Heiligen ruhen. Hinter dem barocken Hauptaltar hat der Kirchenpatron seine letzte Ruhestätte gefunden. Sein Schädel inklusive Arm- und Beinknochen ist Teil des Kirchenschatzes.

- *Postleitzahl* 56730
- *Fahrradverleih* **Espace Bretagne**, östlich des Ferienhäusermeers. Nur im Sommer. 29, route de Kergoff. ✆ 02.97.45.14.00.
- *Wassersport* **Ecole de Voile Rohu**, an der Plage des Govelins. Segeln und Surfen; Kurse und Verleih. ✆ 02.97.45.37.05.
- *Camping* ****** Le Menhir**, 4 km außerhalb der Ortschaft, unweit der Kreuzung der D 780 mit der D 198 nach St-Gildas. Schattig, hervorragend ausgestattet mit Laden, Tennisplatz, Swimmingpool und Fahrradverleih. 1,5 km zum Strand Les Govelins. In der Hauptsaison Vorbestellung dringend empfohlen! 180 Stellflächen. Geöffnet letzte Maiwoche bis Mitte Sept. Rue du Clos Er Be. ✆ 02.97.45.22.88, ✆ 02.97.45.37.18, www.camping-bretagnesud.com.
** Du Goh'Velin, an der D 198, ca. 2 km außerhalb. Einfaches Campingterrain mit 100 z. T. schattigen Stellflächen. 1 km zum Strand. Geöffnet April bis Mitte Sept. 89, rue de Guernevé. ✆ 02.97.45.21.67, www.gohvelin.fr.

Abélard

Pierre Abélard, 1079 bei Nantes geboren, gilt zu seiner Zeit als einer der führenden geistigen Köpfe Frankreichs. Er verfasst wegweisende philosophisch-theologische Schriften und verdient seinen Lebensunterhalt als Privatlehrer bei reichen Leuten. Dabei unterläuft ihm ein folgenschwerer Fehler, dem die Nachwelt ein berühmtes literarisches Kunstwerk verdankt, der aber den Lehrer die Manneskraft kostet: Pierre verführt in Paris *Héloïse*, eine seiner Schülerinnen und ausgerechnet die Nichte eines einflussreichen und nicht zimperlichen Kanonikers. Nach der Entdeckung der leidenschaftlichen Affäre lässt der erboste Oheim den verliebten Theologen von gedungenen Spezialisten entmannen. Mehr als nur in seiner Ehre verletzt, verschlägt es den gezeichneten Gottesmann in die Bretagne, das „barbarische Land, dessen Sprache ich nicht kenne und dessen Bewohner wild und ungehobelt sind", wie er an Héloïse schreibt. Im Kloster St-Gildas will er als Abt seines Fleisches Schmach sühnen, doch weh: In seinem Briefwechsel schildert er die heillosen Zustände der Benediktiner-Gemeinschaft, in der die Mönche „schlimmer als die Heiden" leben: „Ihre einzige Regel ist, keine zu haben, ihr Lebenswandel ist barbarisch, das Kloster zu einem wilden Freudenhaus verkommen." Blutige Jagdtrophäen zieren die Pforten der Abtei, und nur das Gebell der Meute und der Klang der Jagdhörner können die geilen Mönche aus den Betten ihrer Konkubinen locken. Wieder gerät der Entmannte in Gefahr: Bestrebt, Zucht und Ordnung in die mönchischen Reihen zu bringen, legt er sich mit seinen Ordensbrüdern an und fällt fast einem Giftanschlag zum Opfer. Nur durch Zufall kann sich Abélard 1132 retten und findet bei einem Edelmann Zuflucht. Hier entsteht seine berühmte „Historica calamitatum mearum" („Geschichte meines Unglücks"), eine bittere Anklage gegen den Zustand der kirchlichen Institutionen, gewürzt durch wahrscheinlich nie abgesandte, fingierte Briefe des immer noch verliebten Abbés an seine Héloïse, in denen er seinen schmerzhaften Verlust beweint.

Arzon (2100 Einwohner)

Die Hafen- und Badeorte an der zerklüfteten Westspitze der Halbinsel wie Port Navalo und Port du Crouesty gehören alle zur Gemeinde Arzon und werden von ihr verwaltet. Außer der Supermarktballung an der Peripherie und einem kleinen Zentrum mit etlichen Läden hat Arzon selbst, nicht direkt am Meer gelegen, nichts zu bieten.

- *Postleitzahl* 56640
- *Petit Train* An den Sommerwochenenden verkehrt das Touristenbähnchen zwischen Port Navalo und Port du Crouesty.
- *Fähre* Regelmäßige Fährverbindung von Port Navalo mit **Locmariaquer**, 8-mal täglich im Sommer, in der Nebensaison weniger häufig; Fahrtzeit 15 Min.
- *Bootsausflug* Ausflugsboote der *Nevix* starten in Port Navalo zu **Golftouren**. Ebenfalls mit Navix im Sommer täglich zwei Überfahrten zur **Belle-Ile**: Abfahrt 8.45 und 10.20 Uhr, zurück 18 und 20.30 Uhr; Erwachsene 32 €, 4- bis 14-Jährige 21 €, bis 4 Jahre 5 €. Auskünfte/Buchungen am Hafen oder unter ✆ 08.25.13.21.00, www.navix.fr.

Ausflüge auf dem Nachbau eines Langustenfängers sind auf dem *Krog e Barz* möglich. Informationen unter ✆ 02.97.53.99.25.

- *Fahrradverleih* **Abbis Location**, in Port du Crouesty, Quai des Voiliers. ✆ 02.97.53.64.64.
- *Markt* Wochenmarkt der hinteren Halbinsel Dienstag und Freitag in Arzon.
- *Wassersport* Jede Menge Angebote, die meisten in Port du Crouesty, z. B: **Ecole de Voile du Fogéo**, Schulungen und Verleih von Segelbooten, Katamaranen und Surfbrettern. ✆ 02.97.53.84.01.
- *Hotel* ** **Glann Ar Mor**, in Port Navalo, hinter dem Zentrum von Arzon, kurz vor dem Meer an der Straße. Funktionaler Bau mit Restaurant. 9 ordentliche Zimmer, DZ 59–75 €. Ganzjährig geöffnet. 27, rue des Fontaines. ✆ 02.97.53.88.30, ✉ 02.97.53.68.47, infos@glannarmor.fr, www.glannarmor.fr.
- *Camping* *** **Le Tindio**, an der Golf-Seite, 1 km östlich von Arzon beim Weiler Kerners, an einer tief eingeschnittenen Bucht. Anständig ausgestattet, gepflegte Sanitärblocks. 220 Stellplätze. Geöffnet April bis Okt. ✆ 02.97.53.75.59, ✉ 02.97.53.91.23, letindio@arzon.fr.

** **Bilouris**, exponiert auf einer Landzunge unweit des Camping Le Tindio und etwas einfacher als dieser. 100 z. T. schattige Stellplätze oberhalb des Strands in der Bucht von Kerners. Lebensmittellädchen, Kinderspielplatz, Snackbar. Geöffnet Mitte März bis Okt. ✆/✉ 02.97.53.70.55, bilouris@aol.com.

** **Port Sable**, südlich des Hafens von Port Navalo, an der Bucht zwischen Navalo und Crouesty. Leicht zum Meer abfallendes Areal, nicht unterteilt und von einigen Kiefern beschattet. 2 ordentlich gewartete Sanitärblocks, direkter Zugang zum Strand an der Atlantikseite. Knapp 200 Stellplätze. Geöffnet April bis Okt. ✆ 02.97.53.71.98, ✉ 02.97.53.89.32, portsable@arzon.fr.

Butte de César: Kurz vor Arzon, rechts der D 780, erhebt sich der *Tumulus von Tumiac*, der als Hügel Cäsars *(Butte de César)* in die Geschichte eingegangen ist. Von der Spitze des 15 m hohen Erdhügels aus, unter dem ein Hünengrab entdeckt wurde, soll der Feldherr 56 v. Chr. seine Seetruppen in der entscheidenden Schlacht gegen die Veneter dirigiert haben. Einen Bericht dieser Seeschlacht liefert Cäsar in seinem von Lateinschülern geliebten Buch *De Bello Gallico* (Vom Gallischen Krieg): Während die Veneter mit 220 tiefbauchigen Segelschiffen antraten, hatte sich Cäsar für flache Rudergaleeren entschieden. Am Tag der Schlacht herrschte ruhige See und relative Windstille. Die venetische Seglerflotte lag manövrierunfähig in den Fluten, und Cäsars wendige, von Sklavenkraft angetriebenen Galeeren hatten leichtes Spiel, die unbeweglichen Keltenschiffe zu zerstören. Die Folge seines Siegs war die Einverleibung Armorikas ins römische Weltreich und die Verschleppung der überlebenden Veneter in die Sklaverei.

Petit Mont: Viele Jahrtausende war das *Fürstengrab* kurz vor Arzon totes Kapital, ein unscheinbarer Hügel über dem Ufer. Dann schichteten Archäologen um den Kern des *Cairns* einen stattlichen Steinhaufen auf, wie er vor etwa 6500 Jahren ausgesehen haben könnte, bevor er mit Erde bedeckt wurde. Das Ergebnis darf gegen Gebühr besichtigt und betreten werden.

Öffnungszeiten April bis Juni und Sept./Okt. 14–18 Uhr, Mi geschlossen. Juli/Aug. täglich 14–18 Uhr. Eintritt 3,50 €.

Port Navalo: Ein kleiner, aber wichtiger Leuchtturm, der Hafen, eine Strandpromenade mit gemütlichen Bänken und Aussichtspunkten, dazu ein paar Hotels, viele Ferienappartementhäuser, Restaurants und Crêperien – Port Navalo, Ankunfts- und Abfahrtshafen für die Panoramaschiffe und Fähren, bildet zusammen mit dem gegenüber liegenden Locmariaquer das Tor zum Golf. Und das von Kiefernwäldchen umgebene Bade- und Hafenörtchen an der schmalen Golfmündung wird mit *Port du Crouesty* bald ganz zusammengewachsen sein. Auf dem Küstensaum zum Atlantik liegen zwei schöne, von Felsen und Kieferbestand begrenzte Strände, die im Sommer immer gut belegt sind.

Port du Crouesty/Kerjouanno: Südöstlich von Port Navalo bildeten einst lose verteilte Weiler und Gehöfteansammlungen auf einer weiteren Landzunge den Ort *Port du Crouesty* – heute mit 1200 Bootsplätzen ein Eldorado für Jachtbesitzer. Die rege Bautätigkeit der letzten Jahre hat östlich den Retortenort *Kerjouanno* entstehen lassen: Ferienhauskolonien, ein etwa 1 km langer Badestrand und ein vielfältiges Freizeitangebot. Noch weiter im Osten schmiegt sich ein 3 km langes Dünengelände an den Atlantik: gute Bademöglichkeiten.

Was haben Sie entdeckt?

Haben Sie **den** Strand in der Bretagne gefunden, ein freundliches Restaurant weitab vom Trubel, ein nettes Hotel mit Atmosphäre, einen schönen Wanderweg? Wenn Sie Ergänzungen, Verbesserungen oder neue Tipps zum Bretagne-Buch haben, lassen Sie es uns bitte wissen!

Wir freuen uns über jeden Brief!

Marcus X. Schmid
Stichwort „Bretagne"
Michael Müller Verlag
Gerberei 19
91054 Erlangen
E-Mail: mxs@michael-mueller-verlag.de

Ebbe an der Liebesküste

Côte d'Amour

La Roche-Bernard (800 Einwohner)

La Roche-Bernards beste Tage liegen lange zurück. Das Städtchen, das mit seinen Kanonen auf einem steilen Felssporn die Ufer der Vilaine und die Ausfahrt zum Ozean bewachte, verlor in den letzten Jahrhunderten immer mehr an Bedeutung und ist heute auf den Rang einer sympathischen Provinzgemeinde gesunken.

Dabei war früher alles anders. Schon ein Wikingerfürst hatte die strategische Bedeutung des Orts erkannt und einen imposanten Bergfried errichtet. Der Einfluss seiner Nachkommen, die fleißig Abgaben kassierten, wuchs, La Roche-Bernard stieg zum Hauptsitz einer der neun Baronien des Herzogtums auf. Stadt und Hafen blühten, die Herren von La Roche kontrollierten die Flussschifffahrt, verdienten am Weinhandel und mischten beim Transit des weißen Goldes aus den Salzsümpfen der Guérande-Halbinsel kräftig mit.

Im 17. Jahrhundert war aus dem einstigen Wikingerhorst die erste protestantische Gemeinde der Bretagne geworden, deren solid geführte Werften hoch im Kurs standen. So hoch, dass Minister Richelieu auf die sonst für hugenottische Städte üblichen Bestrafung (Schleifung) verzichtete und La Roche-Bernard sogar mit einem als Staatsgeheimnis gehüteten, einträglichen Auftrag versah. 1629 begannen auf dem Gelände des heutigen Campingplatzes die Bauarbeiten an Frankreichs erstem dreideckigen Kriegsschiff, der in die Schiffsbaugeschichte eingegangenen *La Couronne*. In fünfjähriger Arbeit entstand ein 1200-Tonnen-Riese, 52 m lang, mit 68 Kanonen bestückt, der 1638 mit 634 Mann Besatzung an seiner ersten Seeschlacht teilnahm und noch ein Jahrhundert später als viel kopierter Prototyp französischer Linienschiffe die Weltmeere durchpflügte.

Während der Revolution war La Roche eine republikanische Hochburg. Beim Angriff vereinigter royalistischer und Chouan-Truppen starb der revolutionäre Bürgermeister Sauveur unter den königlichen Bajonetten mit den Worten „Es lebe die Republik!" Zu seinem Gedenken wurde die Stadt nach der republikanischen Rückeroberung für einige Jahre in „La Roche-Sauveur" umbenannt.

La Roches Abstieg begann mit dem Bau der ersten Vilaine-Brücke 1839. Der Hafen verödete, die Verkehrsströme und Handelswege führten fortan ohne Zwischenstopp am Ort vorbei. Die Brücke, die heute in 50 m Höhe den Fluss überspannt und über die Tag und Nacht die Fernlaster donnern, wurde 1960 gebaut. Die vorbeirauschenden Chauffeures werfen einen kurzen, entzückten Blick ins Flusstal hinab, wo sich Segeljachten spiegeln und über einem kantigen Felssporn die windschiefen Dächer der Ortschaft zu einem geometrischen Muster zusammenschachteln.

*I*nformation/*V*erbindungen/*D*iverses

- *Postleitzahl* 56130
- *Information* **Office de Tourisme**, in der Ortsmitte. April bis Juni Mo–Sa 10–12.30 und 14–18 Uhr. 1. Julihälfte und 2. Septemberhälfte täglich 10–12.30 und 14–18.30 Uhr. Mitte Juli bis Mitte Sept. tägl. 10–19 Uhr. Okt. bis März Di–Sa 10–12.30 und 14–17.30 Uhr. 14, rue du Docteur Cornudet. ✆ 02.99.90.67.98, ✍ 02.99.90.67.99, office.tourisme@cc-pays-la-roche-bernard.fr, www.cc-pays-la-roche-bernard.fr.
- *Verbindung* **Bus**: Mehrmals täglich (Sonn- und Feiertage weniger) mit den Linien 20 bzw. 8/8b nach Nantes und Pont-Château bzw. Vannes.
- *Internet* **Pro Ximicro**, in der Nähe der Kirche. 14, rue St-James.
- *Bootsausflug* Diverse Ausflüge auf der Vilaine veranstaltet *Vedettes Jaunes*. Z. B. im Juli und Aug. am Nachmittag stündlich flussabwärts bis zum Staudamm von Arzal, Fahrtzeit 90 Minuten. Beliebt sind auch die ganztägigen Flusskreuzfahrten auf der „Anne de Bretagne" mit Verköstigungsmöglichkeit. Information und Buchung am Hafen oder ✆ 02.99.45.02.81.
- *Markt* Donnerstagvormittag.

*Ü*bernachten/*E*ssen

- *Hotels* *** **Auberge Bretonne**; Solange und Jacques Thorel haben ihr exklusives Restaurant (s. u.) zum Hotel erweitert. Stilvoll, charmant und luftig wie ihre bekannte Küche. 8 Zimmer in exklusiver, detailverliebter Ausstattung. DZ 130–280 €. Nov. und Jan. geschlossen. 2, place Duguesclin. ✆ 02.99.90.60.28, ✍ 02.99.90.85.00, jacques.thorel@wanadoo.fr, www.auberge-bretonne.com.

** **Auberge des 2 Magots**, zentral auf dem schönsten Platz des Städtchens. Schmuckes, lang gezogenes 15-Zimmer-Hotel, komfortable, stilvoll eingerichtete Räumlichkeiten, alle mit Dusche/WC. Im Hotelrestaurant ausgezeichnete Menüs. Sept. bis Juni am So/Mo geschlossen. 1, place du Bouffay. ✆ 02.99.90.60.75, ✍ 02.99.90.87.87, infos@auberge-les2magots.com, www.auberge-les2magots.com.

Auberge Rochoises, fast am Ortsende, an der Straße nach La Baule. Ausreichende, für den Preis nicht ungemütliche Zimmer. Im Restaurant (Di abends und Mi geschlossen) schmackhafte Menüs. DZ 40–50 €. 42, rue de Nantes. ✆ 02.99.90.77.37, ✍ 02.99.90.73.09, brodev@wanadoo.fr.

- *Camping* *** **Municipal du Patis**, am Ufer der Vilaine. Gut geführter, sanitär sehr ordentlicher Platz. Von Hecken unterteiltes Rasengelände. In unmittelbarer Nähe zwei Bootshäfen, Tenniscourt und Möglichkeit für Kanu- und Kajak-Fahrten. 60 Stellflächen. Geöffnet April bis Sept. Chemin du Patis. ✆ 02.99.90.60.13, ✍ 02.99.90.88.28, www.camping-larochebernard.com.
- *Restaurant* **Auberge Bretonne**, im gleichnamigen Hotel (s. o.). Restaurant der gehobenen Klasse mit fabelhafter Küche, stilvoll eingerichtet. Spezialitäten: getrüffelte Jakobsmuscheln, die „süßen Wonnen

Solanges" und der Hummertopf. Berauschende Weinkarte mit erlesenen Tropfen. Menüs ab 90 € (!). ✆ 02.99.90.60.28.
• *Bar* Le Rochois, im Zentrum gegenüber der Auberge des 2 Magots. In Zeitschriften blättern, Schach spielen, sich an den Bildern und Plakaten ergötzen oder auf dem gemütlichen Sofa einen Kaffee zu sich nehmen – ein wunderbarer Ort. 10, place du Bouffay. ✆ 02.99.90.66.22.

Sehenswertes

Stadtspaziergang: Bester Startpunkt ist der Hafen. Gleich oberhalb des einstigen Zollkais mit seinen alten Lagerhallen und den mit Außentreppen versehenen Häusern (17. Jh.) ragt der *Felsen* empor, eine denkmalgeschützte Anlage, auf der noch zwei funktionsunfähig gemachte Kanonen über die Vilaine wachen. Sie stammen vom Kriegsschiff *Le Juste*, das mit Mann und Maus bei der Schlacht der Kardinäle 1759 vor Croisic auf Grund lief. Dem Felsen gegenüber führt die *Promenade du Ruicard* oberhalb des Hafens entlang und endet in einem Gewirr kleiner, enger Gässchen, die steil zum Ortszentrum ansteigen (Häuser aus dem 16./17. Jh.). Am Ende der Promenade wartet das *Château des Basses-Fosses*, ein imposantes fünfstöckiges Gebäude aus dem 16./17. Jahrhundert, in dem sich das *Musée Maritime* eingenistet hat. In der *Rue de la Saulnerie* oberhalb der Promenade du Ruicard (Blick auf den alten Hafen) kann man zwischen Kramläden und Werkstätten einige ehemalige Magazine der Baronie entdecken: voluminöse Salzscheunen mit verzierten, steinernen Fenstersimsen, Bullaugen, Doppeltoren und dem traditionellen Schieferdach, besonders schön ist das Haus Nr. 12.

An der zentralen *Place du Bouffay* oder *Place du Pilori* (Pranger), stand während der Revolution die Guillotine. Gegenüber der beeindruckenden Fassade der *Auberge des 2 Magots* schließt die *Maison du Canon* den Platz ab. Das granitene Renaissance-Herrenhaus (1599) mit dem rosettenverzierten Spitzdach, den Eselsrückenfenstern und dem kleinen Glockenturm erhielt seinen Namen vom Artilleriegeschütz, das man 1760 in ein Hauseck einmauerte. Die Kanone stammt vom Kriegsschiff *L'Inflexible*, das wie *Le Juste* in der Schlacht der Kardinäle unterging.

Musée de la Vilaine Maritime: Das Anwesen eines reichen Salzhändlers aus dem 17. Jahrhundert präsentiert in sieben Sälen eine kleine Heimatausstellung, die ein anschauliches Bild über den maritimen Alltag zu Anfang unseres Jahrhunderts liefert. Bemerkenswert ist das zehn Meter lange Modell von Stadt und Hafen, das den Hintergrund einer Diorama-Show liefert. Englischsprachiger Kommentar.
Öffnungszeiten Sicher: April bis Okt. – die exakten Zeiten weiß allenfalls das Office de Tourisme. Eintritt 3 05 €.

Guérande (13.600 Einwohner, Région Pays de la Loire)

Die einstige Hauptstadt des Pays Blanc, des Weißen Landes, liegt heute im Windschatten von La Baule. Das Salz aus den Salzfeldern, das über Jahrhunderte Grundlage des Wohlstands war, ernährt nur noch selten den Mann und die Frau. Umso willkommener sind die Touristen aus der nahen Seebad-Retorte, die in der mauerumgürteten Altstadt Guérandes die „Bretagne typique" suchen.

Von einem wehrhaften Mauerring geschützt, blieb der Charakter der mittelalterlichen Stadt weitgehend erhalten. Sechs Türme überragen den Stadtwall, vier Tore führen in die Gassen der Altstadt, die fast sternförmig an der *Place St-Aubin* vor der Stiftskirche zusammenlaufen. Der Graben, der die Wälle früher umgab, wurde im 18. Jahrhundert zugeschüttet, seitdem führt eine zum schattigen Boulevard

Guérande 511

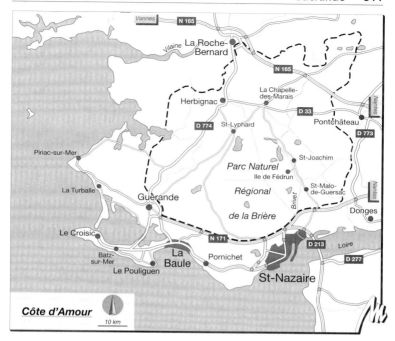

Côte d'Amour
10 km

gewachsene Ringstraße rund um die Stadtmauer. Wichtigster Zugang zur Altstadt ist das Südosttor, die mächtige *Porte St-Michel*, durch die vor 500 Jahren Anne de Bretagne mit ihrem Gefolge ritt.

Guérande heute ist eine ländliche Kreisstadt, umgeben von halbmodernen Vororten und über 40 Dörfern und Dörfchen. Der mittelalterliche Glanz ist verblichen, die malerischen Gassen und Winkel der Altstadt lassen aber noch den Wohlstand und die gediegene Saturiertheit der Bürger der einstigen Salzmetropole erahnen. Nicht umsonst hat sich Guérande die deutsche Mittelalter-Perle Dinkelsbühl zur Partnerstadt gewählt. Und wie beim deutschen Partner bietet auch das adrett aufgepäppelte Zentrum von Guérande alles, was Urlauber auf einer Stippvisite schätzen.

Guérande war über Jahrhunderte politisches und wirtschaftliches Zentrum der gesamten gleichnamigen Halbinsel. Geographisch umfasst die *Presqu'île de Guérande* das Gebiet zwischen der *Loire-* und der *Vilaine-Mündung*. Ursprünglich war ein Großteil dieser Region vom Meer bedeckt, die heutige *Halbinsel von Le Croisic* und die *Ile de Fédrun* (in der *Grande Brière*) ragten als Inseln aus dem Wasser.

Infolge einer relativ jungen tektonischen Verschiebung zweier Erdplatten hob sich der Meeresboden um 15 m und ließ die heutigen Sumpfgebiete entstehen. Der vom Meer abgetrennte Ostteil verwandelte sich in das sumpfige *Pays Noir* (Schwarzes Land, Torfmoor), die 40.000 ha große Fläche der *Grande Brière*. Im Westen entstand das *Pays Blanc*. Die Anschwemmungen der beiden großen Flüsse füllten den Boden des ehemaligen Golfes auf, und das Festland wuchs langsam zu der Insel hinüber, auf der heute La Baule liegt. Die Meeresströmungen sorgten dafür, dass

Zentraler Zugang zur Altstadt – Porte St-Michel

ein kleiner Kanal frei blieb. Durch ihn erfolgt der Wasseraustausch zwischen den flachen, salzigen Sümpfen *(Marais Salants)* und dem Atlantik. Damit waren die natürlichen Voraussetzungen für das Salzgeschäft gegeben.

Geschichte

Guérandes Geschichte ist untrennbar mit dem Salz verbunden. Bereits vor über 1000 Jahren gewannen die Bewohner das weiße Gold aus den Sümpfen südlich der Stadt. Um 900 erhält der Kirchensprengel von Guérande stattliche Privilegien, und der blühende Reichtum der Stadt lockt die verschiedensten Völker und Herrscher an. Erst zerstören normannische Truppen die Befestigungen, dann plündern der Spanier Ludwig und seine Söldner die reiche Stadt. Obwohl Guérande im Erbfolgekrieg auf der Siegerseite steht, wird die Stadt ein Raub der Flammen. Nach der Schlacht von Auray 1364 dankt *Montfort* für die teuer bezahlte Treue und verleiht der Stadt Sonderrechte. Eine lang anhaltende Zeit des Friedens und des Wohlstands bricht an. 1488 erhält Guérande vom Vater der späteren Herzogin Anne seinen Stadtwall, Anne selbst führt von Guérande aus erste Heiratsverhandlungen mit dem König von Frankreich. Nach der erfolgreichen Vermittlung spendet die neue Königin der Stadt eine goldene Blumenkrone, die noch heute bei traditionellen Hochzeiten vor die Heiratskandidatinnen gelegt wird. Zusätzlich erhalten die Salzbauern ein zollrechtliches Privileg: Sie dürfen ihr weißes Gold steuerfrei handeln und transportieren – ein überaus einträgliches Geschäft.

Im März 1793 belagern republikanische Truppen die Stadt. Royalistische Anhänger, die sich hinter den schweren Mauern Guérandes eingeigelt haben, leisten 80 Tage lang Widerstand. Zur Strafe verliert die Salzstadt ihre königlichen Privilegien, der Niedergang beginnt. Erst mit der Entwicklung des Tourismus durch die Geburt von La Baule tun sich für die inzwischen von der südfranzösischen Konkurrenz überholten Salzgewerbler neue Einnahmequellen auf. Sie sprudeln, wenn auch lange nicht so reichlich wie in La Baule, bis heute.

Guérande 513

Information/Verbindungen/Diverses

- *Postleitzahl* 44350
- *Information* **Office de Tourisme**, am Platz vor der Porte St-Michel. Juni und Sept. Mo–Sa 9.30–12.30 und 13.30–18 Uhr, So 10–13 und 15–17 Uhr. Juli/Aug. Mo–Sa 9.30–12.30 und 13.30–18 Uhr, So 10–13 und 15–18 Uhr. Okt. bis Mai Mo–Sa 9.30–12.30 und 13.30–18 Uhr. Gutes Material über die gesamte Gegend. 1, place du Marché au Bois. ✆ 02.40.24.96.71, ✉ 02.40.62.04.24, contact@ot-guerande.fr, www.ot-guerande.fr.
- *Verbindung* **Busse** der Linie 80 werktags bis zu 8-mal täglich nach La Turballe und Piriac, in die Gegenrichtung nach St-Nazaire. So und Feiertage 5-mal. Werktags bis zu 11 Busse der Linie 83 nach La Baule und z. T. direkt weiter nach St-Nazaire. Haltestellen beim Rathaus in der Rue des Saulniers und an der Porte St-Michel.
- *Fahrradverleih* **Bicycle Vélos**, im Gebäude St-Aubin südöstlich des Altstadtkerns. 6, rue G. Flaubert. ✆ 02.40.62.39.95.
- *Einkaufen* Unbedingt Salz. Garantiert direkt vom Salzbauern vermarktet das Groupement des Producteurs du Sel das weiße Gold. Erkennbar an „Sel marin de Guérande".
- *Markt* Mittwoch- und Samstagvormittag auf dem Platz vor der Kirche.
- *Feste* Von Mitte Juli bis Mitte Aug. unter dem Titel **Voix des Orgues** (Orgelstimmen) jeden Freitagabend Konzerte mit der Königin der Instrumente in der Stiftskirche. Tickets über das Office de Tourisme.
- *Reiten* Mehrere Möglichkeiten; z. B. **Ferme équestre La Champagne**, 6 km nördlich der Stadt bei St-Molf an der D 774, ✆ 06.08.50.69.43 (Handy).

Übernachten/Essen

- *Hotels* ** **Les Voyageurs**, das Eckhaus an der Nordseite des Stadtmauerring zeigt 2 Logis-de-France-Kamine. 12 ordentliche Zimmer, sanitär gut ausgestattet. Restaurant (s. u.). In der Sommersaison Halbpension erwünscht. DZ 54–62 €, HP 53–58 €. Weihnachten bis Ende Jan. geschlossen. Place du 8 mai 1962. ✆ 02.40.24.90.13, ✉ 02.40.62.06.64.

** **Le Roc Maria**, in einer kleinen Gasse bei der Kirche. Pittoreskes, renoviertes Natursteingebäude aus dem 15. Jh., 10 Zimmer mit moderner Sanitärausstattung. Kein Restaurant, aber eine gemütliche Crêperie, in der auch gefrühstückt wird. DZ 54–57 €. Januar geschlossen. 3, rue du Vieux Marché aux Grains. ✆ 02.40.24.90.51, ✉ 02.40.62.13.03, www.hotelcreperierocmaria.com.

** **Les Remparts**, gleich beim Office de Tourisme, an der Ringstraße um den Stadtwall. Hübsches 8-Zimmer-Hotel mit gemütlichen Zimmern, wahlweise mit Dusche oder Bad/WC. Im Hotelrestaurant bretonische Gerichte, gute Speiseadresse (außerhalb August Sonntagabend und Mo geschlossen). In den Sommermonaten HP obligatorisch. DZ 45 €, HP 50 €. Geöffnet Mitte März bis Mitte Nov. 14/15, boulevard du Nord. ✆ 02.40.24.90.69, ✉ 02.40.62.17.99.

Le Pont Blanc, nicht gerade die ansprechendste Unterkunft, aber eine preiswerte und optimal gelegene Alternative in der oft etwas knappen Hotellandschaft Guérandes. 50 m von der Porte St-Michel. Über Weihnachten und Neujahr geschlossen. DZ 34–43 €. 17, faubourg St-Michel. ✆ 02.40.24.91.91.

- *Camping* **** **De Léveno**, luxuriöse Anlage im Osten der Stadt (3 km, ausgeschildert), in einem lichten Kiefernwald. Lichtungartiges 5-ha-Wiesengelände, von Hecken- und Ginsterbüschen gegliedert. Riesenspielplatz mit vernünftigen Spielgeräten. Großer, beheizter Swimmingpool, 2 Tennisplätze, Reiten, Pingpong-Zelt, Fahrradverleih, Fernsehraum, vorgekochte Menüs, Laden, Restaurant, Bar, Waschmaschinen, Top-Sanitärs. Im Sommer eine reiche Palette von Animationsprogrammen für jung (Sackhüpfen) und alt (Tanzabend). 350 großzügige Stellplätze. Geöffnet Mitte April bis Sept. Route de l'Etang de Sandun. ✆ 02.40.24.79.50, ✉ 02.40.62.01.23, www.campingleveno.com.

**** **Parc Ste-Brigitte**, auf dem Höhenkamm über den Salzsümpfen, rechts der Straße nach La Turballe (D 99) in einem Schlosspark. Wiesengelände mit Hecken, Blumenbeeten und Büschen, schattig unter Bäumen oder sonnig am großen Swimmingpool (mit beheiztem Planschbecken). Gepflegtes Sanitärgebäude, Waschmaschinen, Trockner. Gemeinschaftsräume in alten, renovierten Gebäuden. TV, Pingpong, Sportprogramme, Animation, im Sommer 1-mal wöchentlich Disco. 150 Stellplätze. Geöffnet April bis Sept. Route de la Turballe.

Dunkles Rätsel auf dem Kirchplatz

✆ 02.40.24.88.91, 📠 02.40.23.30.42, www.campingsaintebrigitte.com.
*** Municipal de Bréhadour, etwa 1½ km nordöstlich der Stadt, etwas abseits der Straße nach La Roche Bernard (D 774). Großes, heckenunterteiltes Wiesengelände. Spielplatz, geheiztes Schwimmbecken, 2 Tennisplätze, kleiner Laden, ganz ordentliche Sanitäreinrichtungen. 271 Stellplätze. Geöffnet Juni bis Sept. Bréhadour. ✆ 02.40.24.93.12, 📠 02.40.62.10.47.
** Le Panorama, in unmittelbarer Nähe vom Camp Parc Ste-Brigitte, hinter dem Ortsteil Clis, links der Straße D 99. Unterhalb des Geländes bei Sonnenuntergang Blick über die Salzsümpfe. Einfaches Wiesenterrain, von einigen Obstbäumen aufgelockert, putziges Sanitärgebäude mit geblümten Plastikvorhängen vor den Waschkabinen. Waschmaschine, Laden im Rezeptionsgebäudchen. 70 Stellplätze. Geöffnet Mitte März bis Mitte Nov. Route de la Turballe. ✆ 02.40.24.79.41, 📠 02.40.24.87.96.
● *Restaurant* **Le Vieux Logis**, das rustikale Restaurant in der Nähe der Stiftskirche war für die Qualität des Fleisches sogar dem Gourmetführer *Gault-Millau* eine lobende Erwähnung wert. Vor den Augen seiner Gäste grillt der ehemalige Fleischermeister Jean-Louis Morali Rippchen, Steaks u. a. über dem Holzfeuer. Menüs 23–29 €. Dienstagabend und außerhalb der Saison auch Mittwoch sowie Mitte Nov. bis Mitte Dez. geschlossen. 1, place de la Psalette. ✆ 02.40.62.09.73.
Les Voyageurs, das Restaurant des gleichnamigen Hotels (s. o.) ist eine solide Speiseadresse der Stadt. Wer nicht auf Rosa steht, sollte die Inneneinrichtung ignorieren. Gute Menüs 18–33 €. Unser Tipp: Als Vorspeise Miesmuscheln in exzellenter Sauce. Sonntagabend und Montag geschlossen. Place du 8 mai 1962. ✆ 02.40.24.90.13.
● *Crêperie* **La Flambée**, die nette Crêperie versteckt sich in der Gasse zwischen Kirchplatz und Südtor. Gemütliche Atmosphäre, oft bei bretonischer Volksmusik. Crêpes und Galettes aus Bio-Mehl. Täglich geöffnet. 12, rue de Saillé. ✆ 02.40.24.73.82.

Salz

Ein unter den Salzbauern gebräuchliches Sprichwort sagt alles über die Güte des Guérander Salzes: „Un sel si bon que l'on met dans la conversation" – ein Salz, so gut, dass man es in die Unterhaltung streut.

Die einstige Meeresbucht im Südwesten Guérandes, die sich vor Jahrtausenden in eine flache Sumpflandschaft verwandelte, wurde von Menschenhand in ein überdimensionales, 1700 Hektar großes Schachbrett verwandelt. Durch ein ausgeklügeltes System von immer flacher werdenden Becken, Kanälen *(étiers)*, sich verjüngenden Gräben und Verdunstungspools *(Salinen)* wird hier seit 1000 Jahren aus Meerwasser das weiße Gold gewonnen, das fahrige Köche heute so sorglos verstreuen. Wichtigste natürliche Faktoren der Salzgewinnung sind der Gezeitenunterschied (bei Flut strömt das Meerwasser durch den schmalen Kanal bei Le Croisic in die flache Bucht) und die Verdunstung des Meerwassers bei Sonnenschein. Das Salz kristallisiert aus und wird dann regelrecht geerntet.

Mit langen, breiten Rechen *(Las)* stehen die Salzbauern *(Paludiers)* auf kleinen Plattformen *(Ladure)* und ziehen vorsichtig die wertvolle, fragile Salzblume *(Fleur de sel)*, die oberste weiße Schicht, aus den 2 bis 5 cm tiefen Salinenbecken *(Fares oder Adernes)*. Bei günstiger Witterung gewinnt man auf diese Weise 3 bis 5 kg Spitzensalz *(Sel Menu)* pro Tag und Becken. In den letzten, nur noch knapp 2 cm tiefen Salinen *(Oeillets)* ist die Salzkonzentration durch Verdunstung so hoch, dass ein graues, besonders mineralienreiches Salz *(Sel Gris)* ausflockt. Es wird mit flachen Schaufeln zwischen den Becken in Kegeln aufgehäuft und in der Fabrik gereinigt und weiterverarbeitet. Geerntet wird von Juni bis September. In einem 15 bis 30 Tage dauernden, stark von der Witterung abhängigen Prozess gewinnt man aus den rund 8000 Becken im Jahresdurchschnitt etwa 10.000 Tonnen Salz. Heute leben noch rund 250 Familien in der Region vom Salzhandwerk.

Nach einem steten Niedergang des Salzabbaus und der Stilllegung vieler Salinen infolge der preisgünstigeren Konkurrenz aus den wetterbegünstigten südfranzösischen Erntegebieten sieht sich die Regierung seit 1972 gezwungen, das traditionelle Gewerbe der Guérande-Halbinsel durch Subventionen und Gesetze zu retten – und damit auch ein vom Menschen sinnvoll genutztes Naturreservat.

Sehenswertes

Porte St-Michel: *Château* nennt der Volksmund das repräsentative, von zwei mächtigen, spitzhelmigen Türmen flankierte Tor in der Stadtmauer. Es wurde Ende des 15. Jahrhunderts zusammen mit dem Wall errichtet und diente lange Zeit dem Gouverneur als Wohnung. Heute ist hier ein *Heimatmuseum* eingerichtet. In den Wachstuben (1. Stock) stehen typische Möbel aus der Brière (gewachst) und den Salzsümpfen (mit Ochsenblut bemalt). In den Wohnräumen des Gouverneurs (2. Stock) zieren Gemälde die Wände, feiner Nippes, Fayencen, Waffen und Alltagszierrat füllen einige Schaukästen. Im obersten Geschoss präsentieren lebensgroße hölzerne Mannequins und Dressmen lokale Trachten, ein alter Webstuhl macht mit dem Konfektionsgeschäft der Zeit, das Modell eines Salzgartens mit den Geheimnissen der Salzgewinnung vertraut.
Öffnungszeiten April bis Sept. 10–12.30 und 14.30–19 Uhr. Okt. 10–12 und 14.–18 Uhr. Montagvormittag stets geschlossen. Eintritt 3,50 €.

Collégiale St-Aubin: Von der Mitte des 9. Jahrhunderts bis zur Revolution wurde der Gottesdienst täglich von einer Versammlung aristokratischer Herren unter der Leitung des Dompropstes abgehalten – deshalb *Collégiale*, Stiftskirche. Erste Fundamente legte der Kirchenheilige Aubin – man fand unter dem Chor Bauteile aus dem 6. Jahrhundert. Die Kirche im Zentrum der Altstadt ist ein immer wieder umgestaltetes und erweitertes Baukonglomerat, an dem alle Stilarten vom 12. bis zum 17. Jahrhundert ihre Spuren hinterlassen haben. Die mit Glockentürmchen, romanischen Kapitellen und schaurigen Wasserspeiern verzierte Granitfassade besitzt eine gotische *Außenkanzel* (15. Jh.). Im Inneren der Kirche fallen die schlichten romanischen *Säulen* auf, die von gotischen Bögen überbrückt werden. Sehenswert sind die *Buntglasfenster* (13. bis 18. Jh.), besonders das *Chorfenster* mit einer Mariendarstellung. In einer dekorierten Stirnwand des Südquerschiffs schaut die *Statue des Heiligen Aubin* (15. Jh.) wohlwollend-mahnend herab.
Zwischen Kirche und Markthalle liegt wie ein Fremdkörper in der mittelalterlichen Kulisse eine eigenartig anmutende Skulptur. Im Inneren der bronzenen Uniform mit ihren Kleeblatt-Löchern plätschert es – ein *Brunnen*.

Puppenmuseum (Musée de la Poupée et du Jouet ancien): In der Rue de Saillé in der Altstadt (Weg ausgeschildert). Wer Freude an historischen Puppen aus den Jahren 1830–1930 findet, kann hier wohlgemut rein. Kleine Puppensammlung, auch Schaukelpferde und Puppenzubehör.
Öffnungszeiten April bis Okt. täglich 10–13 und 14.30–19 Uhr. Nov. bis März tägl. 14–18 Uhr. Eintritt 4 €, Kinder 6–10 Jahre 2,50 €.

Guérande/Umgebung

Marais Salants (Salzsümpfe): Das als „Land der Sonne, des Meeres und des Windes, zwischen Himmel und Wasser gepriesene, magische Land, wo der Schrei der Möwen und der schwere Flug der Reiher mit dem Parfum des Salzes und der Blumen verschmilzt" (Prospekt), entfaltet aus der Vogelperspektive des Batzer Kirchturms seinen größten Reiz: eine kunstvoll vom Menschen gestaltete Kulturlandschaft, durchzogen von kleinen Kanälen, von Dämmen, von rechteckigen, gleichmäßig gereihten Becken, in denen ruhig die gespiegelten Wolken vorüberziehen und weiße Salzkegel glitzern.

Saillé: Ein kleines Nest an einem Dammweg (von Guérande auf der D 774 etwa 2 km in Richtung Pouliguen, Le Croisic) mitten in den Salzgärten. Von der Kirche, in der *Jean IV* 1381 die Spanierin Johanna von Navarra heiratete, ist nichts übrig-

La Turballe 517

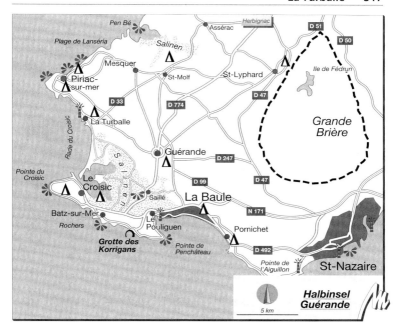

geblieben außer einer Kapelle, die nunmehr einen profanen Zweck erfüllt: Sie beherbergt die *Maison des Paludiers* (Haus der Salzarbeiter), ein kleines Museum, in dem sich alles ums Salz dreht. Trachten, Arbeitsgeräte, Möbel und eine Diaschau, die sich der Arbeit und Methoden der Salzbauern widmet. Von Juni bis September kann man sich bei schönem Wetter täglich um 17 Uhr einer begleiteten Führung durch die Salinen anschließen (ca. 1½ Stunden).

Öffnungszeiten der Maison des Paludiers April bis Okt. 10–12.30 und 14.30–17.30 Uhr, in der Hauptsaison bis 18 Uhr. Nov. bis März Mo 14.30–17.30 Uhr. Eintritt 4,10 €.

La Turballe (4000 Einwohner, Région Pays de la Loire)

Das gesichtslose, lang gestreckt an die Küste geklotzte Fischerstädtchen ist eines der Badereviere der Halbinsel. Im 17. Jahrhundert bestand La Turballe aus 15 windigen Fischerkaten, erst mit dem Bau einer Konservenfabrik 1824 begann der Ort zu wachsen. Heute besteht die Gemeinde von La Turballe aus mehreren ehemaligen Fischer- und Salzbauerndörfchen, die sich rund um den früheren, etwas landeinwärts gelegenen Hauptort und Kirchensprengel von *Trescalan* zusammengeschlossen haben. Zentrum von La Turballe ist der im 19. Jahrhundert ausgebaute Hafen, in dem hauptsächlich Sardinen und Sardellen angelandet werden. Die *Criée* mit ihrer betonierten Fassade verschandelt die asphaltierte Hafenpromenade, doch ein Besuch lohnt sich. Von der Gästebalustrade aus genießen Sie – umwölkt von Fischgeruch – den regen Trubel von oben. Lautstark wird der Fang versteigert, den die etwa 100 Fangboote der Turballer Flotte einfahren. Mit einer Jahrestonnage von knapp 13.000 t zählt La Turballe zu den umsatzstärksten Fischereihäfen der

Côte d'Amour

Die Fischhalle ist das Zentrum von La Turballe

Bretagne (20 Mio. Euro). Von den Konservenfabriken, die früher den Fang verarbeiteten, konnte sich allerdings nur eine halten.

Für Touristen ist La Turballe in erster Linie wegen seiner Quartier- und Bademöglichkeiten interessant. Nördlich schmiegen sich zwei etwas felsige Sandbuchten (*Plage de Ker Elisabeth* und *Plage de la Bastille*) an die Küste, im Süden läuft ein feinsandiger, 4 km langer Dünenstreifen mit mehreren Stränden (u. a. *Plage des Bretons*, *Plage de la Croix*) in die Landspitze von *Pen Bron* aus. Wenige Hotels, viele Ferienimmobilien und eine Handvoll Campingplätze bilden die touristische Infrastruktur.

- *Postleitzahl* 44420
- *Information* **Office de Tourisme**, direkt gegenüber der Fischhalle am Hafen. Juli/Aug. Mo–Sa 10–13 und 14–19 Uhr, So 10–13 Uhr. Sept. bis Juni Mo–Fr 10–12.30 und 14–18 Uhr. Place Charles de Gaulle. ✆ 02.40.23.39.87, 02.40.23.32.01, otsi.turballe@free.fr, http://otsi.la.turballe.free.fr.
- *Verbindung* **Busse** der Linie 80 starten werktags 8-mal, sonn- und feiertags 5-mal am Platz vor der Criée in Richtung Piriac bzw. Guérande und La Baule.
- *Petit Train* Bequem mit dem kleinen Zug vom Camping Le Falaise über den Hafen zum Camping Chardons Bleus und weiter zum Pen Bron; im Juli/Aug. täglich, in der Nebensaison nur an den Wochenenden.
- *Bootsausflüge* Im Sommer mehrere Möglichkeiten, z. B. Ganztagestouren nach **Belle Ile**, **Houat** und **Hoëdic**. Die Rückfahrkarte zur Belle Ile kostet mit Compagnie des Iles für Erwachsene 34 €, Kinder 4–14 Jahre 23 €. 2-mal täglich verkehrt ein Boot zwischen La Turballe und **Le Croisic**, einfache Fahrt 4 €. Auskünfte beim Office de Tourisme oder bei Compagnie des Iles, ✆ 08.25.13.41.80.
- *Fahrradverleih* **Herigault**, in der Nähe des Postamts, vermietet Tourenräder. 52, rue de Lattre. ✆ 02.40.23.30.59.
Verleih auch im **Parc de Loisirs**, Boulevard de la Grande Falaise, ✆ 02.40.62.53.06.
- *Markt* Täglich Fischmarkt in der Criée. Wochenmarkt Mi und Sa auf der Place E. Moreau oberhalb des Quais.
- *Criée* Aktuelle Zeiten im Office de Tourisme erfragen.
- *Wassersport* **Nautisme en Pays Blanc**, Kurse rund ums Segeln und Surfen, auch Verleih von Booten und Brettern. Plage des Bretons, ✆ 02.40.62.89.20.
Club de Plongée ist fürs Tauchen zustän-

dig. Port de la Turballe. ✆ 02.40.23.31.01.
• *Hotel* ** **Les Chants d'Ailes**, südlich des Hafens (500 m), direkt hinter der Plage des Bretons mit schönem Meerblick. Komfortables 17-Zimmer-Hotel. Die Größe der Vögel sagt nichts über die Größe der Zimmer aus – größer als das Reiher-Zimmer ist das Schwalben-Zimmer. DZ 45–65 €. Ganzjährig geöffnet. 11, boulevard Bellanger. ✆ 02.40.23.47.28, ✉ 02.40.62.86.43, hotel.chantsdailes@wanadoo.fr.
• *Camping* *** **Les Chardons Bleus**, Gemeindeplatz mit direktem Zugang zum Meer am großen Strand (2 km südlich), im touristischen Neubaugebiet am Ortsrand von La Turballe. Unweit des Platzes die Zone de Loisirs mit Trimm-dich-Pfad, Kinderamüsement und Riesenwasserrutsche. 300 schattenlose Stellflächen auf einem ausgedehnten, spärlich bepflanzten Dünenareal. Optimal für Wassersportler (Surfer). Ordentliche Sanitäranlagen, gefließte Einzelkabinen und Warmwasser. Laden und Kochmöglichkeiten. Snackbar. Im Sommer ziemlich schnell voll. 300 Stellplätze. Geöffnet Mai bis Sept. Boulevard de la Grande Falaise.
✆ 02.40.62.80.60, ✉ 02.40.62.85.40, camping.les.chardons.bleus@wanadoo.fr.
** **La Falaise**, von Piriac kommend, direkt an der Straße vor dem Ortseingang. Oberhalb der Küste mit Zugang zur felsendurchsetzten Sandbucht Ker Elizabeth. 150 Stellflächen, heckenunterteilt, wenig Schatten. Ausreichende Sanitäreinrichtungen. Laden. Geöffnet April bis Okt. 1, boulevard de Belmont. ✆ 02.40.32.32.53, ✉ 02.40.62.87.07, www.camping-de-la-falaise.com.

Piriac-sur-Mer (1900 Einwohner, Région Pays de la Loire)

Weit und breit der schönste Küstenort. Die niedrigen, granit- und schiefergrauen Giebel der alten Fischerhäuschen, die sich hinter dem Hafenkai um die Kirche drängen, riegeln das alte Piriac gegen die Neuzeit ab. Vom regen Bau der Ferienhäuser und Appartements, die rund um Piriac die Landzunge mit der *Pointe de Castelli* zersiedeln, spürt man im Ortskern nur wenig. Alt-Piriac ist von engen Gassen durchzogen, kaum breiter als ein Auto, man also besser nicht ins Dorf hineinsteuert. Das Ensemble wind- und wettergepeitschter Fassaden, das den Kirchplatz umrahmt, scheint noch in den Zeiten des Romanciers *Emile Zola* zu verharren, der, angeregt von der melancholisch-urwüchsigen Kraft des Orts, von 1876 bis zu seinem Tod 1902 immer wieder in Piriac auftauchte.

Wo sie nicht verbaut ist, ist die teils felsige, teils sandige Steilküste von lichten und windzerzausten Pinienwäldchen umgeben. Mehrere unterschiedlich große Strände

Nicht nur aus der Ferne reizvoll: Piriac-sur-Mer

La Baule im Herbst: fast menschenleer

locken die Badegäste: intime kleine Buchten mit Kies rund um die *Pointe de Castelli*, von der man eine schöne Aussicht genießt, der Ortsstrand *Plage St-Michel* oder die flache, 150 m lange *Bucht von Lérat* (Richtung La Turballe), die auch für Kleinkinder zum Planschen geeignet ist. Für die gastronomische Versorgung sind ein gutes Dutzend Restaurants, Crêperien und Pizzerien zuständig, für die Übernachtung – neben der Unzahl von Ferienimmobilien – einige Hotels und ein Dutzend meist einfacher Campingplätze.

- *Postleitzahl* 44420
- *Information* **Office de Tourisme**, am Rand des alten Dorfkerns beim großen Parkplatz. Juli/Aug. Mo–Sa 9.30–19 Uhr, So 10–12.30 und 15–18 Uhr. Sept. bis Juni Mo–Sa 9–12.30 und 14–18 Uhr. 7, rue des Cap-Horniers. ✆ 02.40.23.51.42, 02.40.23.51.19, piriac.otsi@wanadoo.fr, www.piriac.net.
- *Verbindung* **Busse** der Linie 80 starten werktags 8-mal, sonn- und feiertags 5-mal in Richtung La Turballe, Guérande und La Baule.
- *Parken* Großer Parkplatz direkt vor dem Dorfkern (Place Paul Vince).
- *Fahrradverleih* **Garage Patalane**, Nähe Rathaus. Rue du Calvaire, ✆ 02.40.23.50.62.
- *Markt* Di und Sa, in der Hauptsaison auch Mo und Mi Markt auf der großen Place Paul Vince, vor dem Dorfkern. **Fischmarkt** Mo–Sa auf dem Kirchplatz.
- *Reiten* Nächster Reitstall (auch Poneys) beim **Club du Bel-Air** in Mesquer, 5 Pferdeminuten vom Strand. Route de Piriac, ✆ 02.40.23.56.86.
- *Wassersport* **Atout vent** hat den Wind als Trumpf (atout): Bootsverleih, ✆ 02.40.15.51.48.
- *Hotels* Das Appartement- und Residenzengeschäft läuft auf Hochtouren, im Hotelgewerbe arbeiten nur wenige Häuser:

** **De la Poste**, das solide 2-Stern-Haus im Zentrum mit 15 Zimmern ist die beste Adresse am Ort. DZ 44–67 €, HP 47–59 €. Geöffnet letzte Februarwoche bis Okt. 26, rue de la Plage. ✆ 02.40.23.50.90, 02.40.23.68.96.

* **De la Plage**, direkt am Strand, einfach, aber sympathisch. 14 Zimmer. DZ je nach sanitärem Zustand und Aussicht 38–54 €. Ganzjährig geöffnet. Place du Lehn. ✆ 02.40.23.50.05, 02.40.15.50.38, info@hotelpiriac.fr.st, www.hotelpiriac.fr.st.

- *Camping* 10 Campingplätze unterschiedlichster Größe. Die meisten sind sehr einfach ausgestattet und liegen abseits der Küste im Halbinsel-Inneren. Eine Auswahl:

**** **Le Parc de Guibel**, ruhig und abseits, ein zweigeteiltes, 10 ha großes Wald- und Wiesengelände an der Straße nach Mesquer (3 km nach Piriac). Schön parzelliert, Sanitärs bestens ausgestattet und gewartet. Riesenpalette von Freizeitangeboten und Sportwettbewerben: Tennis, Tischtennis, Swimmingpool, Volleyball etc. Laden, Bar und Restaurant in zentraler Lage. Mietbungalows und Mietcaravans. 450 Stellplätze. Geöffnet April bis Sept. Route de Kerdrien. ✆ 02.40.23.52.67, www.parcduguibel.com.

*** **Le Pouldroit**, am Ortsrand an der Straße nach Mesquer. 7-ha-Platz auf einem ebenen Wiesenterrain. Einige Kiefern und Laubbäume spenden Schatten, Hecken und Blumenbeete unterteilen das Areal. Ältere, gut gewartete Sanitärblocks. Großzügiges Freizeitangebot: Swimmingpool, Fahrradverleih, Tennis. Laden und Snackbar. Ca. 350 m zum nächsten Strand. 240 Stellplätze. Geöffnet April bis knapp Mitte Nov. Route de Mesquer. ✆ 02.40.23.50.91, ✆ 02.40.23.69.12, pouldroit@domaines-pleinair.com.

** **Le Razay**, an der D 333 nach Guérande, oberhalb der auslandenden Ferienanlage des Ortsteils St-Sébastien. Auch hier breites Animationsprogramm. Einfache sanitäre Anlagen mit Warmduschen. 800 m zum Strand (Bucht von Lérat). 110 Stellplätze. Geöffnet Mai bis Sept. Route de Razay. ✆ 02.40.23.56.80, ✆ 02.40.23.66.90.

La Baule (15.800 Einwohner, Région Pays de la Loire)

Sie haben viel Geld. Sie lieben das Bad im Atlantik und das in der Menge. Casino? Disko? Restaurants vom Allerfeinsten? Einkaufsbummel bei Ebbe oder Regenwetter? Dann sind Sie hier richtig: La Baule ist das bretonische Seebad der Superlative.

An der endlos langen Strandpromenade sticht sie schon von weitem ins Auge: Die 1975 gebaute, futuristisch anmutende Appartementwelle, die nach der Vorstellung ihrer Architektin die Dünung des Atlantiks symbolisieren sollte. Leider wirkt sie eher wie ein augenschmerzendes Betonriff, das über dem Sandstrandbogen in den Himmel ragt. Von den reizenden Ferienvillen im Kolonialstil und den eleganten Grand Hôtels der Belle-Epoque, die einst die Strandpromenade säumten, blieben nur wenige – und meist nur in zweiter und dritter Reihe – erhalten. Die meisten wurden abgerissen, umgebaut oder in viele funktionale und gewinnbringende Ferienwohnungen aufgeteilt.

La Baule ist eine Retortenschöpfung. 1879 „entdeckten" den Ort französische Bahnbeamte, die bei der Fertigstellung der Bahnlinie St-Nazaire – Le Croisic die Zukunftsträchtigkeit des von Pinienwäldchen abgeschirmten, ewig langen Dünen- und Strandstreifens erkannten. Die gewieften Tourismuspioniere kauften großflächige Terrains, parzellierten sie und legten mit Hilfe großzügig gewährter Kredite ein Straßennetz an. Bald gewann La Baule das Aussehen und den Ruf eines mondänen Seebads, die Schlafwagen aus Paris brachten Tausende zivilisationsmüder Gäste in die Sommerfrische, die ihrer lieblichen Wäldchen wegen fix *Côte d'Amour* (Liebesküste) getauft wurde. Seither setzt sich der Sturm auf La Baule ungebrochen fort: In den Sommerferien halten sich hier mager geschätzt 150.000 Urlauber auf.

Bei diesem ungeheuren Run, an dem sich vor allem französische Urlauber beteiligen, hat das Netz der touristischen Infrastruktur keine Löcher: knapp 7000 Ferienwohnungen, rund 40 Hotels mit 3000 Betten, 1000 Gästezimmer, Villen, Campingplätze. La Baule ist in jeder Hinsicht ein touristischer Superlativ und bezeichnet sich nicht zu unrecht als *„Grande Station Sportive d'Europe"*: 40 Sportclubs mit 36 Disziplinen von A (Aikido) bis Y (Yoga) halten die Gäste fit. Klassische Urlaubssportarten wie Tennis, Segeln, Surfen, Tauchen oder Reiten verstehen sich von selbst.

Côte d'Amour Karte S. 511

522 Côte d'Amour

Was tun mit dem angebrochenen Tag?

Die Bucht von La Baule ist seit 500 Jahren besiedelt, die Bewohner des damaligen *Escoublac* mussten aber vor der zunehmenden Versandung hinter den von den atlantischen Winden aufgeworfenen Dünengürtel zurückweichen. Hier gründeten sie das heute alte Neu-Escoublac. Um ein weiteres Vordringen des Sandes zu verhindern, wurde Mitte des 19. Jahrhunderts der Dünensaum mit Pinien bepflanzt, 1879 der Bahndamm darauf errichtet. Seither trennt die inzwischen licht gewordene *Forêt d'Escoublac*, auch *Bois d'Amour* (Liebeswald) genannt, den alten Ortsteil vom modern-mondänen Stadtgebiet.

Heute erstreckt sich La Baule schlauchförmig entlang des 5 km langen Strandes zwischen dem Hafenbecken von *La Baule-Pouliguen* und dem Tiefwasserhafen von *La Baule-Pornichet*. Mehr oder weniger nahtlos sind diese beiden Ortsteile mit La Baule verwachsen. Angesichts der Entfernungen innerhalb der Agglomeration ist das Auto das bevorzugte Verkehrsmittel, im Sommer sind der 4-spurige Strandboulevard und die Stadtavenuen häufig überlastet. Zwei Stadtzentren lassen sich ausmachen: Das turbulente *La Baule-Centre* rund um die Place de la Victoire (unterhalb des Bahnhofs La Baule-Escoublac) mit seinen feinen Geschäften, großzügigen Avenuen und dem offenen Marktgelände und das verschlafene *La Baule-les-Pins*, dessen Appartementhäuser zwischen Strand und Pinienwald sich konzentrisch von der Place des Palmiers hinauf zum Bahnhof La Baule-les-Pins ziehen.

Information/Verbindungen

- *Postleitzahl* 44500
- *Information* **Office de Tourisme**, in der Nähe des Bahnhofs La Baule-Escoublac. Riesenauswahl an Prospekten, Visitenkarten und Hochglanzinfos. Einschreibemöglichkeiten zu fast allen Sportprogrammen, Organisation von Rundfahrten (Bus/Boot), Veranstaltung unzähliger Feste und Konzertabende in der Saison, Vermittlung von Appartements bzw. Hotelzimmern. Juli/Aug.

La Baule

täglich 9.30–19.30 Uhr. Sept. bis Juni Mo und Mi– Sa 9.15–12.30 und 14–18 Uhr, Di 10.15-12.30 und 14–18 Uhr, So 10–13 Uhr. 8, place de la Victoire. ✆ 02.40.24.34.44, ✆ 02.40.11.08.10, tourisme.labaule@wanadoo.fr, www.labaule.fr.

• *Zug* La Baule hat 2 Bahnhöfe – La Baule-Escoublac (zentral) und La Baule-les-Pins. Sie liegen zwar nicht an der Hauptstrecke, werden aber – besonders im Sommer – ausreichend bedient. In weniger als 3 Stunden donnert der TGV mit bis zu 300 km/h nach Paris (insgesamt mindestens 3 Direktverbindungen pro Tag), 6-mal täglich Richtung St-Nazaire und Nantes.

• *Bus* Mehrere Haltestellen (u. a. an den SNCF-Bahnhöfen) über das ganze Stadtgebiet verteilt. Linie 81 fährt im Sommer im knappen Stundenrhythmus (werktags bis zu 12-mal) über Pouliguen und Batz nach Le Croisic; mit Linie 81 und 82 in entgegengesetzter Richtung nach St-Nazaire; mit Linie 83 werktags bis zu 12-mal nach Guérande.

Diverses

• *Petit Train* Auch in La Baule rollt er – vom Casino sektorenweise zum Hafen von Pornichet und zurück; in der Hauptsaison 10–22.30 Uhr.

• *Fahrradverleih* Mehrere Verleiher. Eine sehr seriöse Adresse:
Michel Chaillou, gegenüber dem Office de Tourisme. 3, place de la Victoire. ✆ 02.40.60.07.06.

• *Markt* Großzügige Markthalle mit über 100 Händlern unweit des Office de Tourisme auf einem geräumigen Platz. Ganzjährig geöffnet, in der Nebensaison Mo geschlossen. Im Sommer durchgehend 9–20 Uhr. Großer Wochenmarkt Di, Fr und So.

• *Feste* Höhepunkt der Festsaison sind Juli und Aug.; vom Strandkonzert über Folkloretreffen und Filmfestspiele bis zum Galaabend des russischen Tanzballetts. Einen aktuellen Festkalender erhält man beim Office de Tourisme.

• *Schwimmbad* **Aquabaule**, modernes, öffentliches Schwimmbad mit 50-m-Freibecken und Schwimmhalle (25-m-Becken) ca. 100 m strandeinwärts zwischen den beiden Ortszentren (Mitte der Bucht). Die 126 m lange Riesenrutsche macht nicht nur Kindern Spaß. Das ganze Jahr über täglich geöffnet Avenue Honoré de Balzac.

• *Wassersport* Alles ist möglich. Surfbretter und Segelkreuzfahrt, Wasserski und Flaschentauchen; 4 große Strandclubs mit breitem Animationsprogramm für Kinder und Jugendliche, 4 große Segel-/Surfzentren und eine Riesenauswahl an Verleihern. Einige Großanbieter:
Club des Dauphins, Segel- und Schwimmkurse für Kinder. Boulevard Hennecart, ✆ 02.40.42.01.62.
La Baule Nautic, Bootsverleih, am Hafen von Pornichet, ✆ 02.40.61.03.78.
Ecole de voile latitude, Segel- und Surfkurse der verschiedensten Schwierigkeitsgrade und Verleih von Brettern und Sportausrüstung. 28, boulevard de l'Océan, ✆ 02.40.60.57.87.
Holywind, Verkauf und Verleih diverser Wassersportgeräte von der Taucherbrille bis zur Segeljacht. 2, avenue Pierre Loti, ✆ 02.40.60.51.96.

• *Reiten* Mehrere große Reitställe. Das Angebot reicht vom 1-Wochenkursus für Anfänger bis zur Perfektion des „Pas-de-Deux"; Sie können sich einer Pferdepromenade anschließen oder den Gaul frei für eine Stunde zäumen.
Manège des Platanes am äußersten Ostzipfel des Liebeswaldes (Nähe Flugfeld). 23, avenue Antoine Louis 23, ✆ 02.40.60.37.37, oder **Centre Equestre de La Baule**, Reitzentrum im Freizeitpark (hinter der Tennisanlage. 5, avenue des Rosières, ✆ 02.40.60.39.29.

• *Tennis* Allein die 3 großen Clubs verfügen über 80 Plätze, zwei davon:
Tennis Country Club Barrière, mit 24 Courts die größte Anlage, gediegene Ausstattung mit Clubräumen, Duschen etc.; in einem großzügigen Parkgelände in Richtung Pouliguen. 113, avenue Lattre de Tassigny, 02.4011.46.26.
Le Garden, Anlage unterhalb des Parc des Dryades in La Baule-les-Pins. Squash-Court selbstverständlich, Minigolf nebenan. 2, avenue Gabrielle, ✆ 02.40.60.21.00.

• *Golf* **Golf International de La Baule**, nettes Gelände 6 km nordöstlich von La Baule, unweit von St-André-des-Eaux. 6200-m-Parcours mit 18 Löchern (Par 72) und ein kleinerer 9-Lochplatz. Domaine de St-Denac, ✆ 02.40.60.46.18.

• *Casino/Disco* Im Beachcasino beim Thalassozentrum rollt jeden Abend ab 21 Uhr die Kugel. Roulette, Boule, Black-Jack und

Côte d'Amour
Karte S. 511

524 Côte d'Amour

eine kleine Armee einarmiger Banditen. Angeschlossen sind eine Brasserie und die Diskothek „Le Paradise", tagsüber locken Markenboutiquen und exklusive Geschäfte. Esplanade Francois André.

Übernachten

• *Hotels* Fast unüberschaubares Hotelangebot, rund 40 Hotels aller Kategorien mit über 3000 Betten. Trotzdem: In der Hauptsaison kann es knapp werden. Unentschlossene erhalten eine ausführliche Hotelliste mit Preisen und Beschreibung im Office de Tourisme. Im Sommer bestehen

• *Waschsalon* **Laverie du Berlioz**. 180, avenue de-Lattre-de-Tassigny.
La Saponaire, 218, avenue de-Lattre-de-Tassigny.

verschiedene Etablissements auf Halbpension. Eine kleine Auswahl:
**** Castel Marie-Louise (8), im selben Besitz wie das nachstehende Ermitage, gleich links vom Casino mit schönem Pinienpark, der den Lärm vom Hafenboulevard etwas dämpft. Edle Unterkunft im Landhausstil

La Baule

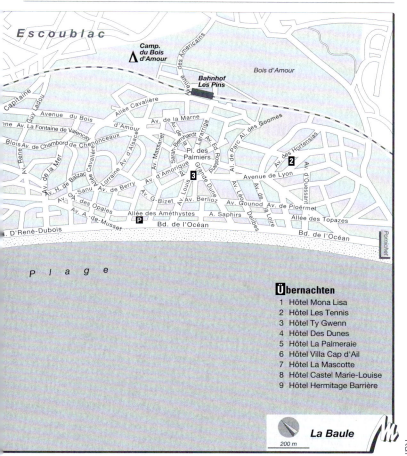

Übernachten

1. Hôtel Mona Lisa
2. Hôtel Les Tennis
3. Hôtel Ty Gwenn
4. Hôtel Des Dunes
5. Hôtel La Palmeraie
6. Hôtel Villa Cap d'Ail
7. Hôtel La Mascotte
8. Hôtel Castel Marie-Louise
9. Hôtel Hermitage Barrière

der Belle-Epoque mit 31 geschmackvoll eingerichteten Zimmern für Leute, denen das „Hermitage" zu groß ist. Kein Schwimmbad. DZ 159–548 €. Mitte Nov. bis Mitte Dez. geschlossen. 1, avenue Andrieu.
✆ 02.40.11.48.38, 02.40.11.48.35,
marielouise@relaischateaux.com,
www.castel-marie-louise.com.

**** Hermitage Barrière (9), Sie lieben den Luxus und können sich ihn leisten. Beste Lage am Strandboulevard, das Casino in der Nähe. 207 Zimmer und 9 Appartements mit Topausstattung. Hotelgäste finden alles im Haus. DZ 139–534 € – da fällt das Frühstück mit 20 € nicht mehr ins Gewicht. Geöffnet April bis Okt. sowie über Weihnachten/Neujahr. 5, esplanade Lucien Barrière.
✆ 02.40.11.46.46, ✉ 02.40.11.46.45, www.lucienbarriere.com (sich dort in der Luxuskette von Barrière durchklicken).

** La Mascotte (7), hinter dem Casino. Geschmackvoller Neubau (Neo-Landhaus) mit kleiner Palmenterrasse und gepflegtem Gartenpark, für seine Kategorie ausgezeichnet ausgestattet und eingerichtet. 23 Zimmer, z. T. mit Gartenbalkon und lichten Fenstern. Restaurant DZ 66–102 €. Geöffnet März bis Okt. 26, avenue Marie Louise.
✆ 02.40.60.26.55, ✉ 02.40.60.15.67, hotel.la.mascotte@wanadoo.fr, www.la-mascotte.fr.

Côte d'Amour

** **La Palmeraie (5)**, familiäres Logis-de-France in der Nähe des Rathauses. Piniengelände mit Blumengarten ca. 50 m vom Meer. Ordentliches, behagliches Hotel, 22 Zimmer mit Bad oder Dusche/WC. Restaurant (2 Kamine). DZ 56–97 €. Geöffnet April bis Sept. 7, avenue des Cormorans. ℡ 02.40.60.24.41, ℻ 02.40.42.73.71, hotel.la.palmeraie@wanadoo.fr, www.hotel-lapalmeraie-labaule.com.

** **Villa Cap d'Ail (6)**, an der Straße nach Pouliguen, Höhe Casino, etwa 250 m zum Strand. Das frühere „Flépen" hat 2006 mit dem neuen Besitzer den Namen gewechselt und das Haus aus den späten Gründerjahren komplett renoviert. 23 modern und individuell eingerichtete Zimmer. Gartengelände mit Pinien. Kein Restaurant. DZ 62–90 €. Ganzjährig geöffnet. 145, avenue de Lattre de Tassigny. ℡ 02.40.60.29.30, ℻ 02.40.11.03.96, villacapdail@wanadoo.fr, www.villacapdail.com.

** **Mona Lisa (1)**, 2006 von neuem, sehr sympathischem Besitzer eröffnet an der Stelle des früheren „Violetta". 2006 waren einige Zimmer renoviert, bis 2007 sollten es alle sein. Beheiztes Schwimmbad. DZ 40–72 € (dürfte nach der Totalrenovierung höher sein). 42, avenue Georges Clémenceau. ℡ 02.40.60.21.33, ℻ 02.40.42.72.46.

** **Ty Gwenn (3)**, im Zentrum von La Baule-les-Pins. 17-Zimmer-Hotel, einfach, aber durchaus behaglich eingerichtet. Insgesamt nettes Wohnambiente. Zimmer z. T. ohne Bad, nur mit Waschbecken oder WC. Kein Restaurant. DZ 39–70 €. Geöffnet Mitte Feb. bis Okt. sowie über Weihnachten. 25, avenue de la Grande Dune. ℡ 02.40.60.37.07, ℻ 02.4011.08.43, hotel.tygwenn@wanadoo.fr, www.hotel-tygwenn.fr.

** **Des Dunes (4)**, unweit des Office de Tourisme, an der Straße nach Pouliguen. Gepflegtes 32-Zimmer-Hotel mit ordentlicher Einrichtung, sanitär renoviert, alle Zimmer mit Bad bzw. Dusche/WC. Restaurant. DZ 44–69 €. Ganzjährig geöffnet. 277, avenue de Lattre de Tassigny. ℡ 02.51.75.07.10, ℻ 02.51.75.07.11, info@hotel-des-dunes.com, www.hotel-des-dunes.com.

** **Les Tennis (2)**, in La Baule-les-Pins, unterhalb des Dryaden-Parks (200 m zum Strand). 18-Zimmer-Garni-Hotel mit unterschiedlicher sanitärer Ausstattung (von Waschbecken bis Bad/WC). DZ 48–68 €. Ganzjährig geöffnet. 1, avenue de Lyon. ℡ 02.40.60.24.04, ℻ 02.40.60.66.32, hotel.tennis@wanadoo.fr, www.hotel-lestennis.labaule.com.

• *Camping* Campingfreunde haben es schwer in La Baule. Die Hotels und Residenzen lassen für preisgünstige Urlaubsmöglichkeiten nur noch spärlich Platz. Am Strand gibt's überhaupt kein Campingrevier, und im Sommer sind fast alle Plätze ausgebucht.

**** **La Roseraie**, im Ortsteil Escoublac, oberhalb der Schnellstraße nach St-Nazaire. Modernes Hotel de plein air mit zahlreichen Sportmöglichkeiten. Tennis, Billard, Volleyball, Fahrradverleih, Swimmingpool. Extra Abteilung für jugendliche Zelter. 235 Stellflächen auf ebenem, aber wenig beschattetem Wiesenterrain. Sehr gute Sanitäranlagen, Laden, Bar, Restaurant. 2½ km zum Strand. Geöffnet April bis Sept. 20, avenue Jean Sohier. ℡ 02.40.60.46.66, ℻ 02.40.60.11.84, www.laroseraie.com.

*** **Du Bois d'Amour**, Zufahrt hinter der Brücke unter den Bahngleisen auf dem Weg vom zentralen Bahnhof nach Escoublac. Ein großes Gelände entlang der Bahnlinie, großzügig unterteilt, sandiger Boden, Schatten durch Pinien. Ordentliche sanitäre Einrichtungen, etwa 1 km zum Strand. Gern von jugendlichen Gästen besucht. 354 Stellplätze. Geöffnet Mitte Feb. bis Okt. Allée de Diane. ℡ 02.40.60.17.40, ℻ 02.40.60.11.48, www.campingdelabaule.com.

*** **Les Ajoncs d'Or**, schattiges Gelände mit heckenunterteilten, teils etwas abschüssigen Rasenflächen am Rand einer Vorortsiedlung nördlich vom Bahndamm. Beheizter Swimmingpool, Laden, Bar, einfaches Speiselokal. 222 Stellflächen. Geöffnet April bis Sept. Chemin du Rocher. ✆ 02.40.60.33.29, ✉ 02.40.24.44.37, www.ajoncs.com.

*** **L'Eden**, im nördlichen Ortsteil St-Servais, etwas abseits der D 99. 5-ha-Gelände im bäuerlichen Hinterland. Akkurat parzelliertes Park-Wald-Terrain, als Attraktion ein idyllisch-romantischer Steinbruchsee. Kinderfreundlich. Minigolf, beheizter Swimmingpool (Riesenrutsche) und Planschbecken. Campinggerechter Laden mit vorgekochten Gerichten (Plats cuisiniers). Ordentliche, gefliese Sanitäreinrichtungen mit Warmduschen. Geöffnet April bis Okt. 13–15, route de Ker Rivaud. ✆ 02.40.60.03.23, ✉ 02.40.11.94.25, www.campingeden.com.

Essen

Schon der Grand Café ist kleiner und teurer als beispielsweise sein Bruder in Châteaubriant, aber deshalb nicht besser. So verhält es sich auch mit dem Speiseangebot in La Baule. Preislich deutlich über dem bretonischen Durchschnitt, in der Qualität eher darunter – ausgenommen, Sie investieren ein paar dutzend Euro. Die Lokale sind in der Regel auf Massenabfertigung eingerichtet, in der Restaurant-Landschaft überwiegen Crêperien und Pizzerien mit den kleinsten Calzones der Welt. Die meisten La-Baule-Gäste essen aber sowieso in ihrem Appartement oder brutzeln sich etwas auf dem Campingplatz. So haben wir keine Empfehlung, sind aber für jeden Tipp, der uns eines besseren belehrt, dankbar.

Baden

Die Strandbucht von La Baule gehört zweifelsohne zu den schönsten Stränden Europas. Sie ist durch die Croisic-Halbinsel gut gegen die von Westen kommenden Atlantikfluten geschützt und hat doch eine für Wassersportler optimale Dünung. Die *Grande Plage* (inklusive der Strandabschnitte von Pouliguen und Pornichet 7 km lang) gleitet feinsandig und flach ins Meer, bei Flut bleiben noch gut 20 m Strandbreite. Im Hochsommer grillen sich die Touristen schwerpunktmäßig vor dem Casino oder dem Thalassozentrum an der Sonne. Die Prachtbucht besitzt selbstredend Toiletten, Umkleide- und Duschkabinen sowie ein breit gefächertes Animier-, Gastronomie- und Verleihangebot.

Naturliebhaber mögen Probleme mit dem betonierten Strandboulevard haben, ambitionierte Surfer und Segler fühlen sich hier pudelwohl. Für sie gelten trotzdem einige Regeln, auf die seitens der Stadtverwaltung und der örtlichen Wasserpolizei hingewiesen wird. Faustregel: Die ersten 500 m gehören dem Badegast, für Unfälle und Missgeschicke, die innerhalb dieser Schutzzone geschehen, ist der Wassersportler verantwortlich. Grundsätzlich gilt am Strand Hundeverbot (dahinter Leinenpflicht).

La Baule/Umgebung

Pornichet: In östlicher Richtung scheint die Strandzeile von La Baule nahtlos in den Ort Pornichet überzugehen. Erst auf der Landnase hinter dem großen Jachthafen verwandelt sich das Flair des mondänen Seebads langsam zu einem familiäreren Ferienort. Statt ausladender, mehrstöckiger Appartementblocks reihen sich niedrige Einfamilien- und Ferienhäuser in die lichten Pinienparks. Pornichet, das bereits zu den Gründerzeiten La Baules existierte und ebenfalls vom Tourismus lebt, besteht aus zwei Ortsteilen: dem Ferienstädtchen *Pornichet-les-Pins* mit den oft nur während der Saison bewohnten Häusern auf der Landzunge und dem alten Kern *Vieux Pornichet*, Verwaltungs- und Geschäftszentrum der Gemeinde. Der Ort besitzt im großen Tiefseehafen mit seinen über 1000 Liegeplätzen noch eine tätige

Fischfangflotte, und im weithin bekannten *Hippodrome de la Côte d'Amour* finden mehrmals jährlich gut dotierte Pferderennen statt.

- **Essen La Gargouille**, das Schwesteretablissement des Wasserspeierrestaurants von Vannes (siehe dort). Auch hier exzellente Spieße in besonderer Atmosphäre. In der Hauptsaison tägl. ab 19.30 Uhr geöffnet. 96, avenue du Général de Gaulle, ✆ 02.40.61.74.52.

Pouliguen: Im Westen schließt sich, nur durch die Brücke über den Jachthafen getrennt, das nicht minder mondäne Le Pouliguen an die Prachtavenue von La Baule an. Le Pouliguen hat seinen eigenen Charakter, teilweise wirkt der Ort wegen seiner zur Schau gestellten Gutbürgerlichkeit der Gebäude und Edelvillen noch überheblicher als La Baule. An der Südspitze der Landzunge – ein Spazierweg schließt sich an die Hafenallee an und führt um sie herum – besitzt Pouliguen zwei gut geschützte, kleinere Strände, oberhalb lockert ein lichtes Pinien- und Kiefernwaldareal das Häusermeer etwas auf. Westlich von Le Pouliguen wird die Küste steiler und rauer, sie heißt dort zu Recht *Côte Sauvage* – wilde Küste (siehe auch *Batz-sur-Mer*). In den touristischen Hochzeiten stellen allerdings die wilden Besucherhorden die Wildheit der Küste in den Schatten.

St-Nazaire: Die moderne Industrie- und Handelsstadt mit fast 70.000 Einwohnern an der Mündung der Loire stand lange Zeit im Schatten von Nantes, aus dem sie sich erst Mitte des 19. Jahrhunderts löste: Als die höheren Tonnagen nicht mehr die Loire-Mündung bis nach Nantes hinaufgebracht werden konnten, wurde 1856 der Tiefwasserhafen von St-Nazaire eingeweiht. Ein rascher Aufstieg folgte. 1881 wurde das heute noch zu den größten Hafenbecken Europas zählende 22 ha große *Bassin de Penhoët* ausbetoniert, in den riesigen Trockendocks und Werften begann man mit dem Bau von gigantischen Passagier- und Handelsschiffen sowie Panzerkreuzern. Dann kamen düstere Zeiten. Im Ersten Weltkrieg landeten die alliierten Truppen, im Zweiten Weltkrieg setzte sich der deutsche Wehrmacht fest. Mit dem Ausbau eines 300 m langen und 125 m breiten, 2,5 Millionen Kubikmeter Stahlbeton fressenden U-Bootstützpunktes, dessen überdachte Schleuse die Ein- und Ausfahrt der Nazi-U-Boote vor Bombenangriffen schützte, gewann St-Nazaire allererste strategische Bedeutung. Und musste teuer bezahlen. Während die Stadt von 1944 bis zum Ende des Kriegs tagtäglich von alliierten Bombern heimgesucht und schließlich dem Erdboden gleichgemacht wurde, überstand das grauschwarze Stahlbetonmonstrum der Deutschen alle Angriffe unbeschadet. Noch heute arbeiten in dem heruntergekommenen, scheinbar unverwüstlichen Zeugnis menschlichen Zerstörungswahns mehrere Industriebetriebe, auf dem Werftgelände werden noch immer Ozeanriesen gebaut. Heute gibt es Pläne, das triste Viertel um den Bunker in ein modernes, lebenswertes Quartier zu verwandeln.

Von touristischem Interesse ist St-Nazaire allenfalls der *Dolmen du Bois-Savary*, ein Grabmal der Megalithiker, das sich unweit des düsteren U-Boot-Bunkers auf einem schattigen Platz erhebt. Neben dem Bunker hat der Dolmen als einziges „Bauwerk" der Stadt die Zerstörungen des Zweiten Weltkriegs unbeschadet überlebt.

Batz-sur-Mer (3000 Einwohner)

Unübersehbar überragt der mächtige Glockenturm der Kirche von *St-Guénolé* die alte Salzbauerngemeinde, die bis vor 250 Jahren noch auf einer Insel lag. Batz hat seine ländliche Atmosphäre nicht verloren, die Küste ist nicht mit Residenzklötzen und Spiegelfassaden verbaut. Das Zentrum von Batz liegt etwas landeinwärts zwischen

Batz-sur-Mer 529

Zackige Küste bei Batz

den kultivierten Salzsümpfen und den wild anbrandenden Atlantikwogen. Hinter der Ortskirche stehen die eindrucksvollen Ruinen der *Kapelle Notre-Dame-du-Mûrier*, deren Dach im 19. Jahrhundert von einem Sturm weggefegt und nicht mehr ersetzt wurde. Uneingeschränkt empfohlen sei der Aufstieg auf den 60 m hohen Glockenturm der Ortskirche: Das spiegelnde Mosaik der *Marais Salants* (siehe *Guérande*) breitet sich zu einem prächtigen Panorama aus, in der Ferne schwimmt Belle-Ile.
Öffnungszeiten des Kirchturms Mai bis Sept. tägl. 10–12 und 14–18 Uhr. Steiggebühr 1,50 €, Kinder 0,80 €.

An der Küstenstraße reihen sich Ferienhäuschen an die 7 km lange *Côte Sauvage*. Die Küste fällt gelegentlich steil ins Meer, Felsklippen und einige lauschige Sandbuchten wechseln einander ab. Auf Felszinnen spähen Möwen in die Gischt, Surfsegel blähen sich im Wind. Batz ist beim weniger betuchten, oft jugendlichen Publikum beliebt. Der schönste Strand, die etwa 600 m lange *Plage Valentin* liegt auf halbem Weg nach Croisic, ein welliger Dünenstreifen grenzt sie zum Land hin ab (große Segelschule). Vom östlichen Ende des Strands führt ein schöner Spazierweg an der zackigen Felsküste entlang – Kamera nicht vergessen!

- *Postleitzahl* 44740
- *Information* **Office de Tourisme**, kleines Büro bei der Kirche. Juli/Aug. tägl. 9.30–18.30 Uhr. Sept. bis Juni Mo/Di und Do/Fr 9.30–12.30 und 13–17.15 Uhr, Mi und Sa 9.30–12.30 Uhr. 25, rue de la Plage.
  02.40.23.92.36, 02.40.23.74.10, officetourismebatzsurmer@wanadoo.fr, www.mairie-batzsurmer.fr.
- *Verbindung* **Zug**: Züge nach Le Croisic (Endstation) oder über Le Pouliguen, La Baule, Pornichet und St-Nazaire in knapp 1½ Stunden nach Nantes.
  Bus: Linie Nr. 81 fährt täglich im knappen Stundenrhythmus nach Le Croisic oder über Pouliguen, La Baule und Pornichet nach St-Nazaire, werktags bis zu 12-mal. Außerdem im Sommer werktags 4-mal täglich über Le Pouliguen nach Guérande.
- *Fahrradverleih* **Garage Lebaud** (Ford), im Norden des Orts. Z. A. Prad Velin. 02.40.23.93.16.

Côte d'Amour Karte S. 511

- *Markt* Montag, im Sommer auch Freitag.
- *Pardon* Zu Ehren von St-Guénolé am 2. Sonntag im August.
- *Wassersport* **Ecole de Voile Valentin**, am gleichnamigen Strand. Kurse in Segeln und Surfen, Verleih von Booten und Brettern. ✆ 02.40.23.85.28.
- *Camping* ***** Les Paludiers (Campéole)**, ausgedehntes, schattenloses Terrain an der Küstenstraße nach Le Croisic oberhalb der Plage Valentin. 200 m zum Strand. Attraktiv ist der Platz nur aufgrund der Lage. Laden, Bar und Snackrestaurant, Spielplatz, Mietzelte, Radverleih – alles da, aber recht lieblos. 350 Stellplätze. Geöffnet Mitte April bis Mitte Sept. Route de Croisic. ✆ 02.40.23.85.84, ✉ 02.40.23.75.55, www.campeole.com (sich auf der Karte durchklicken).

Sehenswertes

Musée des Marais Salants: In der bereits 1887 gegründeten Ausstellung über die Regional- und Salzgeschichte finden Interessierte einiges an Informationen über Geschichte und Technik der Salzgewinnung sowie über das Leben der Salzbauern. *Öffnungszeiten* Jan. bis Mai und Dez. Sa/So 10–12 und 14–18 Uhr. Juni Mo–Fr 10–12 Uhr, Sa/So 10–12 und 14–18.30 Uhr. Juli/Aug. tägl. 10–12.30 und 14.30–19 Uhr. Sept. tägl. 10–12.30 und 14.30–18.30 Uhr. Okt./Nov. Mo–Fr 10–12 Uhr, Sa/So 10–12 und 14–18 Uhr. Eintritt 4 €.

Le Grand Blockhaus: Ein zum Museum umfunktionierter ehemaliger Befehlsstand der Wehrmacht. Wer hier eine aufregende Militaria-Show in stimulierender Originalkulisse erwartet, liegt falsch. Auf korrekte Details wird Wert gelegt. In der Hauptsache stellen freundliche und grimmige Puppensoldaten 11 Szenen aus dem Bunkerleben dar. Die an der Kasse erhältlichen Informationsblätter – auch in Deutsch – vertiefen das Gesehene. Interessantes Detail: Der Bunker war als Hotel getarnt, mit aufgemalten Fenstern und Türen und einem aufgesetzten Dach, und wurde von den alliierten Fliegern nie entdeckt, erst nach der Kapitulation wurde er übergeben. Die bei der Übergabe gefundenen Lebensmittel hätten der 24-köpfigen Besatzung noch für zwei Jahre Bunkerleben gereicht. *Öffnungszeiten* April bis Mitte Nov. tägl. 10–19 Uhr. Eintritt 5,50 €.

Le Croisic (4300 Einwohner, Région Pays de la Loire)

Schon um das Jahr 1500 war die Stadt ein wichtiger Fischer- und bedeutender Kriegshafen: Über Jahrhunderte kontrollierten die als geschäftstüchtig und risikobereit geltenden Croisicais als Reeder, Seeräuber oder einfache Wrackplünderer die Einfahrten in die Mündungen Loire und Vilaine.

Zu den friedlicheren Zeitgenossen gehörte der 1698 in Le Croisic geborene *Pierre Bouguer*, der als Astronom zum Nutzen seiner Kollegen nicht nur das Heliometer erfand, sondern sich auch daran machte, den Äquator zu vermessen. Seine Statue steht am Hafen bei der alten Criée; gestiftet wurde sie laut Inschrift von der Regierung und vom Volk Ecuadors, dem Andenstaat, der dem zentralen Meridian seinen Namen verdankt.

Wuchtige alte Reeders- und Kapitänshäuser aus dem 16. und 17. Jahrhundert säumen die lange Hafenpromenade. Die Fensterfronten und schmiedeeisenverzierten Balkone blicken über die Kais hinweg zum *Grand Traict*, zur großen Bucht der Salzgärten, die von einem kuriosen Labyrinth kleiner Kanäle und Salinenbecken durchzogen ist. Entlang der Kais, die den Hafen in drei Becken teilen, herrscht das Treiben eines lebhaften Fischerstädtchens. Wie auf magischen Rollen gezogen, weisen im steten Wind die bunten Markierungswimpel der Fangboote hinüber zur 1982 errichteten „Kathedrale des Fischfangs", der neuen *Criée*. Hier schlägt jeden Morgen die Stunde des Fischs. Von der Balustrade herab kann man seiner aufge-

Rathaus von Le Croisic

regten, lautstarken Vermarktung zusehen. Über 60 Boote entreißen dem Meer jährlich 3300 t Fisch und Krustentiere.

In Le Croisic herrscht hemdsärmelige Lässigkeit; Lastwagenchauffeure, Matrosen und urwüchsige Kapitäne mischen sich im Sommer fast unbemerkt unter die Touristenscharen. Der geschäftige Trubel entlang der Hafenpromenade versickert aber schnell in den engen Gassen, die, ausgehend von der ehemaligen Fischhalle, die Kirche *Notre-Dame-de-Pitié* einschnüren. Sehenswert sind neben den alten Häusern aus dem 16./17. Jahrhundert und der Kirche das schmucke Rathaus *(Hôtel d'Aiguillion)* sowie das neue Aquarium.

Kurz vor dem Bahnhof erhebt sich der *Mont Esprit*, ein im 19. Jahrhundert aus dem Ballast der Salzschiffe (Erde) aufgeworfener Hügel, parkartig bepflanzt mit Krüppelkiefern, Tamarisken und Blumengeometrie. Von ihm aus bietet sich eine Aussicht über das Mosaik des *Grand Traict* und die vom Festland herüberleckende, flachsandige Landzunge *Pen-Bron*. Vom *Mont Lénigo*, der auf dieselbe Art am westlichen Ende des Hafens entstand, ist der Blick noch schöner. Mitte August ist der von einer Granitsteinmauer eingefasste, lang gezogene Promenadenhügel übrigens Schauplatz eines viel besuchten Festes: Der Pfarrer segnet die einfahrenden Fischerboote und Segeljachten.

Information/Verbindungen

- *Postleitzahl* 44490
- *Information* **Office de Tourisme**, in einem schön renovierten Häuschen neben dem Bahnhof. Juli/Aug. Mo–Sa 9–13 und 14–19 Uhr, So 10–13 und 15–17 Uhr. Sept. Mi–Sa 9–12.30 und 14–18.30 Uhr. Okt. bis Juni Di–Sa 9–12.30 und 14–18.30 Uhr. Place du 18 Juin 1940. 02.40.23.00.70, 02.40.23.23.70, bienvenue@ot-lecroisic.com, www.ot-lecroisic.com.
Im Juli/Aug. wird am Hafen zusätzlich eine **Zweigstelle** unterhalten. Mo–So 10–13 und 14.30–19.30. Place du 8 Mai.

Côte d'Amour

An der Kaipromenade

- *Zug* Le Croisic! Endstation! Zwischen 5.05 Uhr und 20.40 Uhr fahren nach Sommerfahrplan täglich über 20 Züge. Über Le Pouliguen, La Baule, Pornichet und St-Nazaire in knapp 1½ Stunden nach Nantes, mit dem TGV in 1 Stunde.

- *Bus* Mit Linie 81 täglich im knappen Stundenrhythmus über Batz, Pouliguen, La Baule und Pornichet nach St-Nazaire, werktags bis zu 12-mal. Außerdem im Sommer werktags 4-mal tägl. über Le Pouliguen nach Guérande. Zentralste Haltestelle beim Hafen, Place Dinan, Endstation am Bahnhof.

Diverses

- *Internet* **Le Croisic Informatique**, am Anfang des Quais. 4, quai Hervé Rielle.
- *Petit Train* Im Juni am Wochenende, in der HS täglich rollt der Kleine Zug die Küstenstraße von Le Croisic nach Le Pouliguen.
- *Bootsausflüge* Umfangreiches Angebot, u. a.:
Fahrten nach **Houat** und **Hoëdic** mit der Compagnie des Iles, ✆ 08.25.13.41.79.
2-mal täglich verkehrt ein Boot zwischen Le Croisic und **La Turballe**, einfache Fahrt 4 €. Auskünfte beim Office de Tourisme.
- *Fahrradverleih* **Bihoré**, zwischen Bahnhof und Hafen. 34, rue du Traict, ✆ 02.40.62.92.81.
- *Markt* **Wochenmarkt** in den Hallen der Rue des Cordiers und auf der Place Dinan. Do und Sa jeweils vormittags, in der Hauptsaison auch Di.
Marché du terroir, im Juli/Aug. am Freitagmorgen in der Rue du Pilori (bei der Place Dinan), Markt der regionalen Produkte.
Flohmarkt im Juli/Aug. am Dienstagmorgen auf der Place Dinan.
- *Criée* In der Fischhalle werden jährlich ca. 3300 Tonnen Fische, Krustentiere und Muscheln umgeschlagen. In der Saison Mo–Sa um 4 Uhr Langustinen (traditionell auf Zuruf versteigert), um 4.30 Uhr Fisch, ab 7 Uhr alles; Sonntag um 6 Uhr Langustinenversteigerung.
- *Fischen* Von Mai bis Ende Sept. kann man auf der „Toison d'Or" (40 Plätze) sein Mittagessen fischen. 5-Stunden-Angeltrip (7–12 Uhr) auf See 28 €, Angelroute kann für 10 € gemietet werden. Nachmittags startet die Motor-Schaluppe mehrmals täglich zu einem 1-Stunden-Ausflug entlang der Küste. Erwachsene 7 €. Auskünfte in der Bar de la Criée am Hafen oder bei J. Turpin, ✆ 02.40.62.94.43.
- *Feste* Aus dem reichen Veranstaltungsprogramm ragt die **Fête de la Mer** am 15.

Le Croisic

August heraus: eine bunte Prozession mit halb religiösem und halb weltlichem Charakter zieht von der Kirche zum Mont Lénigo.
• *Tauchen* Flaschentauchen an der Côte Sauvage. Der lokale Tauchclub **Groupe Atlantique de Plongée** bietet von Mai bis Okt. Unterwassertrips mit einem alten Segelschoner zum Plateau du Four auf offener See an. Clubhaus und Flaschenfüllstation bei der Festhalle hinter der Kirche.

Rue du Pont de Chat, ✆ 02.40.62.91.83.
• *Tennis* Der örtliche Club besitzt 5 Courts und eine Halle sowie 2 schön gelegene Plätze auf dem Mont Esprit. ✆ 02.40.23.21.61.
• *Golf* 9-Loch-Platz für Anfänger und Fortgeschrittene an der Côte Sauvage, ✆ 02.40.23.14.60.
• *Waschsalon* Do it yourself am Parkplatz bei Intermarché. Rue de Kerdavid.

Übernachten

• *Hotels* Der Trend geht in Richtung Ferienimmobilie, aber noch bieten etwa 10 Hotels der mittleren bis einfachen Kategorie Quartier. Hotelschwerpunkte sind Port-Lin an der Atlantikseite und der Hafenkai. Eine Auswahl:
*** **Les Vikings**, wohnlicher Glas-Beton-Komplex mit kleinen Balkons und Terrassen oberhalb des Strands von Port-Lin mit Meerespanorama. 24 komfortable, geräumige und helle Zimmer. DZ 71–111 €. Ganzjährig geöffnet. Port-Lin. ✆ 02.40.62.90.03, ✉ 02.40.23.28.03, www.hotel-les-vikings.com.
** **Les Nids**, 50 m oberhalb des Strands von Port-Lin. 24 freundliche Zimmer, zum Großteil mit Balkon und moderner Sanitärausstattung. Schöner Garten. Gemütliches Restaurant in einem niedlichen Gebäude mit Turm gleich ums Eck. DZ 60–99 €. Hoteleigene Schwimmhalle. Geöffnet April bis 1. Novemberwoche. Plage de Port-Lin. ✆ 02.40.23.00.63, ✉ 02.40.23.09.79, hotellesnids@worldonline.fr, www.hotellesnids.com.
** **L'Estacade**, zentral am Hafen, gegenüber der neuen Fischhalle. Familiäres 14-Zimmer-Hotel mit zum Großteil gemütlichen, großen Zimmern, nach der erfolgten Renovierung mit modernen sanitären Einrichtungen. Einfaches Restaurant. DZ 42–69 €. Ganzjährig geöffnet. 4, quai du Lénigo. ✆ 02.40.23.03.77, ✉ 02.40.23.09.79, lestacade@wanadoo.fr.
• *Camping* *** **De l'Océan**. 200 m oberhalb der flachen Bucht von Castouillet, am Ende der Landzunge. Heckenunterteiltes Wiesengelände ohne Schatten, ordentliche Sanitärblocks. Beheizter Swimmingpool (2 Becken) mit Riesenrutsche, Spielplatz, Tischtennis, Tennis. Bar, vorgekochte Gerichte, Laden. 400 Stellplätze. Geöffnet April bis Sept. Route de la Maison Rouge. ✆ 02.40.23.07.69, ✉ 02.40.15.70.63, www.camping-ocean.com.
** **De la Pierre Longue**, oberhalb der Küstenstraße etwas landeinwärts. Ebenes Wiesenareal mit einigen Bäumchen. Halbwegs ordentliche Sanitäranlagen, Laden, Bar, Tennis. 162 Stellflächen. Ganzjährig geöffnet. Rue Henri Dunant. ✆ 02.40.23.13.44, ✉ 02.40.23.23.13.
** **Du Paradis**, Wiesenareal auf der Landspitze, 300 m zum Strand. Im Vergleich zum Nachbarn etwas schwächer ausgestattet, keine Versorgungsmöglichkeiten auf dem Platz. 110 Stellplätze. Geöffnet Mai bis Sept. Route de Pelamer. ✆ 02.40.23.07.89.

Essen

• *Restaurants* **L'Océan**, Top-Speiseadresse am Strand von Port-Lin. Vom Restaurant Panoramablick auf die Heimat der Tiere, die Sie gerade verspeisen; Meeresbewohner sind in der Küche erste Wahl. Menüzusammenstellung à la carte ab 56 €. Plage de Port-Lin, ✆ 02.40.62.90.03.

Le Bretagne, am Hafen; stilvoll mit alten Nussbaummöbeln und viel Liebe zum Detail eingerichtetes, mehrfach ausgezeichnetes Speiserestaurant; erlesene Weinkarte und reiche Auswahl an Muschel-, Krustentier- und Fischgerichten. „Einfaches" 3-Gang-Gourmetmenü für 27 €. 11, quai de la Petite Chambre. ✆ 02.40.23.00.51.

Sehenswertes

Eglise Notre-Dame-de-Pitié: Die zwischen 1494 und 1528 im gotischen Spitzbogenstil errichtete Kirche zu Ehren der Jungfrau des Erbarmens hat vier Kirchenschiffe und flache Chorhäupter; ein 56 m hoher Glockenturm mit Laternenkuppel überragt den Bau. Im Inneren sind mehrere *Holzstatuen* aus dem 15. bis 17. Jahrhundert zu sehen, darunter die des gegeißelten Christus und der windrosetragenden Notre-Dame-des-Vents, die die Fischerfrauen um guten Wind für ihre heimkehrenden Männer anflehen.

Hôtel d'Aiguillon: Das repräsentative Rathaus in zweiter Reihe hinter dem Hafen wurde Ende des 17. Jahrhunderts während des Le Croisics gebaut. Im Garten des Anwesens ruht eine Attraktion: eine zwei Tonnen schwere Bronzekanone, die im Profil ein Porträt *Ludwigs XIV.* trägt. 1955 von Tauchern bei Le Croisic aus 12 m Tiefe geborgen, gehört sie zu den wenigen Überresten der legendären Schlacht der Kardinäle. 1759 verlor Ludwig XV. im Verlauf des Siebenjährigen Kriegs gegen England in einem blutigen Seegefecht vor der Stadt einen Großteil seiner Flotte. Die bullige Kanone im Rathausgarten stammt von der *Soleil Royal*, einem noch vom Sonnenkönig georderten, aber erst 1748 in Bau gegebenen Kriegsschiffs, das in der Schlacht von Kardinal Conflans auf Grund gesetzt und angezündet wurde, um die übermächtigen Engländer an der Einfahrt in die Bucht zu hindern. Seit 2006 befindet sich die berühmte Kanone auf einer Wanderausstellung und kehrt erst im Herbst 2009 wieder an ihren angestammten Platz zurück.

Océarium: 150 Gattungen aus allen Weltmeeren in 30 Aquarien. Während 3000 Muscheln sich schamhaft verschließen, blüht die gelborange *Dendrophyllia* (Rote Zäpfchenkoralle) mit ihrem schleierig-eleganten Hofstaat im „Touch-Pool" (Berührbecken) unter Ihrer Berührung auf. Im Glastunnel paddeln Haie über Ihrem Kopf, ganz aus der dunklen Tiefe der See glotzt *Coelacanthus*, ein 40-Kilo-Quastenflosser, in erschreckte Kinderaugen, und Piranhas wetzen die Zähne: Hereinspaziert!
Öffnungszeiten Feb. bis Mai, Sept. bis Mitte Nov. und über Weihnachten/Neujahr tägl. 10–12 und 14–18 Uhr. Juni bis Aug. tägl. 10–19 Uhr. Mitte Nov. bis vor Weihnachten tägl. 14–18 Uhr. Eintritt 11 €, 3- bis 12-Jährige 8 €.

Baden

Abgesehen von einigen kleinen Buchten rund um die Landzunge gibt es zwei größere Strände. An der Nordseite die stark von den Gezeiten abhängige, bei Flut steil in Schwimmtiefe führende *Plage de St-Goustan* (alle Strandeinrichtungen) und die zum Atlantik gerichtete, 250 m lange *Plage de Port-Lin*, eine nette, von Felsriffen begrenzte Sandbucht, in der sich das Badeleben Le Croisics hauptsächlich abspielt.

Grande Brière

Die Schönheit des Parc Naturel Régional de Brière eröffnet sich den Besuchern erst richtig, wenn sie die „Route touristique" verlassen und mit einem der Brière-typischen, kiellosen Holzkähne in das Labyrinth verwunschener Kanäle, glucksender Moore und wiegenden Schilfs eintauchen: ein 40.000 Hektar großes Naturreservat – still, melancholisch, märchenhaft.

Das *Pays Noir*, das Schwarze Land der Halbinsel von Guérande, ist ein gewaltiges Torfmoorgebiet mit einem Durchmesser von 15 bis 20 km. Eine Hebung des Meeresbodens löste um 7500 v. Chr. eine gewaltige Flutkatastrophe aus und verwandelte das Schwemmland aus dem Loire-Becken in ein gurgelndes Sumpfgebiet (siehe auch *Guérande*). Schon früh erkannte der Mensch den wirtschaftlichen Nutzen der Sümpfe, begann sie trockenzulegen und nutzte die zu Torf verwitterten Wasserpflanzen und Bäume zur Düngung der Felder sowie als Heizmaterial; auf

Grande Brière

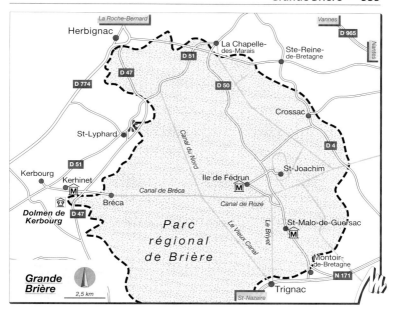

den Trockeninseln ließ er seine Tiere weiden. Mitte des 15. Jahrhunderts begann die kommerzielle Ausbeutung: Per Erlass des bretonischen Herzogs erhielten die Bewohner den Auftrag und das Privileg, gemeinsam ein besonders torfreiches Gelände zu bewirtschaften – die knapp 7000 Hektar große Fläche der *Grande Brière Mottière*. Die Ära des Torfabbaus begann und wurde über Jahrhunderte zum wichtigsten Erwerbszweig der Sumpfbewohner. Ein Bild der entbehrungsreichen Arbeit und der trostlosen Abgeschiedenheit der Bewohner gibt ein Klassiker der französischen Heimatliteratur, *Alphonse de Châteaubriand*. In seinem Roman *La Brière* (1923) übertünchte er zwar die karge Landschaft mit idyllischen Farben, verschwieg aber auch die Härte des Brièrer Alltags nicht.

Heute befinden sich im Gebiet der Grande Brière 21 Gemeinden, einige Ortschaften schwimmen wie Inseln im Sumpf. Auf insgesamt 135 km durchziehen Kanäle das Moor, das noch immer gemeinschaftlich genutzter Wirtschaftsraum ist (die Bewohner zahlen eine jährliche Abgabe für Jagd, Fisch- und Weiderechte sowie für das Schneiden von Schilf). Das kommerzielle Torfstechen ist zurückgegangen, Jagd (Wildente) und Fischfang (Silberbauchaal) oder Blutegel-Ernten haben sich mittlerweile als einträglicher erwiesen. Bedeutendster Wirtschaftszweig jedoch ist der Tourismus geworden. Für viele Einheimische, die ihr Auskommen in den Fabriken von St-Nazaire und Trigniac finden, bringen die Urlaubsgäste, die sich in den flachen Kähnen *(blins)* durch die Sümpfe staken lassen, ein gern gesehenes Zubrot.

*I*nformation/*D*iverses

● *Information* Tourismuszentrale der Region ist die **Maison du Tourisme de Brière** in La Chapelle-des-Marais (Zentrum). Prospekte, Tourenvorschläge (auch auf Deutsch),

536 Côte d'Amour

Morgendliches Idyll im „Schwarzen Land"

Auskünfte aller Art. Juni bis Sept. tägl. 10–13 und 14–18 Uhr. Okt. bis Mai Mo–Fr 10–13 und 14–18 Uhr, Sa 10–13 und 14–17.30 Uhr. 38, rue de la Brière. ✆ 02.40.66.85.01, ℻ 02.40.53.91.15, tourisme@parc-naturel-briere.fr, www.parc-naturel-briere.fr.

Filialen in einigen Orten in der Brière, u. a. **Office de Tourisme in St-Lyphard**. April bis Juni und Sept. Mo–Sa 10.30–12.30 und 13.30–18 Uhr. Juli/Aug. tägl. 10–12.30 und 13.30–19 Uhr. Okt. bis März Di–Sa 10.30–12.30 und 13.30–17.30 Uhr. Place d'Eglise. ✆ 02.40.91.41.34, ℻ 02.40.91.34.96.

• *Bootsverleih/Exkursionen* Zahllose Kahnverleiher. Es werden Promenaden (begleitet, bis 30 Personen) angeboten, daneben gibt es auch Bocte ohne Führer. Einige Schwerpunkte: **St-Lyphard**, von der D 51 aus Richtung Guérande kurz vor der Ortschaft rechts ab zum Weiler La Pierre Fendue (1½ km). Im „Hafen" liegen viele blins, flache, kiellose Kähne. Der geführte Gruppenausflug in das Torfmoor dauert 45 Minuten (ab 7 €, Kinder 4 €), ein kleines Boot solo für den halben Tag kostet ab 20 €.

Ein weiteres Zentrum ist die **Ile de Fédrun**. Links und rechts der Straße warten die Kähne in den Kanälen. Preise für Promenaden und Exkursionen wie in St-Lyphard.

Großangebot auch in **Bréca**, weit vorgeschoben etwa 5 km südlich von St Lyphard (D 47 bis Le Brunet, dort links ab).

• *Fahrradverleih* **Yannick Cadiet**, in St-Lyphare. 21ter, rue de la Côte d'Amour. ✆ 02.40.91.32.81.

• *Markt* Im Juli/Aug. jeden Donnerstag **Wochenmarkt** im Museumsdörfchen Kerhinet, Agrarprodukte aus der Grande Brière.

• *Angeln* Nur mit Angelschein. Dieser ist je nach Ort in den Bürgermeistereien oder Bars/Tabacs erhältlich. Infos im Maison du Tourisme (siehe *Information*).

Übernachten/Essen

• *Hotels* ** **Les Chaumières du Lac**, bei St-Lyphard gegenüber dem See. 20 Zimmer in einem kleinen Hotelareal der Neuzeit neben der Landstraße. Mit dem gehobenen, beliebten Restaurant *Auberge les Typhas* (Di Ruhetag). 20 komfortabel ausgestattete Zimmer. DZ 64–80 €, HP 67–70 €. Geöffnet Mitte Feb. bis kurz vor Weihnachten. Face au Lac – D 47, 44410 St-Lyphard.

✆ 02.40.91.32.32, ℻ 02.40.91.30.33, jclogodin@leschaumieresdulac.com, www.leschaumieresdulac.com.

** **Auberge du Kerhinet**, gemütlich wohnen im Museumsdorf; etwas versteckte Logis-de-France-Herberge mit 7 Zimmern und empfehlenswertem Restaurant für das Mittagessen (Mi und Di geschlossen, außer im Juli/Aug.). DZ 50 €. Village de Kerhinet,

Grande Brière

44410 St-Lyphard. ✆ 02.40.61.91.46, ℻ 02.40.61.97.57.

* **Vince**, in Herbignac am Rand der Grande Brière, zentral bei der Kirche. Einfach, aber für einen Kurzzeitaufenthalt ausreichend. 14 Zimmer, teils mit eigenen Sanitärs, teils auf der Etage; günstiges Restaurant. DZ 33–37 €. Über Weihnachten/Neujahr geschlossen. 8, rue de Verdun, 44410 Herbignac. ✆ 02.40.88.90.21, ℻ 02.40.88.91.28, www.hotelrestauvince.com

• *Camping* *** **Les Brières du Bourg**, etwas außerhalb von St-Lyphard an der Straße nach La Chapelle-des-Marais. Rasengelände an einem kleinen Badesee, z. T. schattig. Ordentliche Sanitärblocks, Sportanlagen (Tennis, Tischtennis), Fahrradverleih, organisierte Kahnfahrten. 110 Stellplätze. Geöffnet Mitte März bis Mitte Nov. 44410 St-Lyphard. ✆ 02.40.91.43.13, ℻ 02.40.91.43.03.

• *Restaurant* Eine Spezialität, die Sie probieren sollten: Pimpeneaux – überm Torffeuer gegrillter Brière-Aal (mit silbrigem Bauch). Weitere regionale Leckerbissen sind Rebhuhn, Ente oder Fisch. Eines der gediegensten Restaurants der Gegend: **La Mare aux Oiseaux**, Gourmet-Restaurant auf der Ile de Fédrun. Menüs 35–80 €. Hier erhalten Sie neben sonstiger exzellenter Küche in der Regel auch die genannten Gerichte. Mo mittags geschlossen. Ile de Fédrun, 44720 St-Joachim. ✆ 02.40.88.53.01.

Brière-Rundfahrt

> Eine Rundfahrt von ca. 80 km führt an allen interessanten touristischen Höhepunkten rund um das Torfmoor vorbei. Zur richtigen Erkundung ist ein Holzkahn oder Boot unerlässlich (siehe *Bootsverleih/Exkursionen*) – zahlreiche Bootsanlegestellen liegen an der Strecke. Unsere Grande-Brière-Rundfahrt beginnt an der westlichen Brière-Seite in Kerhinet.

Kerhinet: Das Dorf 6 km südlich des größeren St-Lyphard ist ein Freilandmuseum, vom Komitee des Naturschutzparks erworben und im Stil der früheren Brière-Dörfer restauriert. 18 Gebäude, Bauernhäuser, Scheunen und Ställe, vermitteln Einblicke in den ehemaligen Alltag der Bewohner der Grande Brière. Zu besichtigen sind eine ganzjährig geöffnete *Weberwerkstatt*, das unvermeidliche *Haus der Handwerkskunst* und das kleine *Musée du Chaume* (Arbeits- und Hausgeräte, Möbel und Trachten des „Pays Noir"). Von Kerhinet führt eine schmale Straße nach *Le Brunet* und von dort weiter nach *Bréca* (ca. 3 km), einer größeren Kahn- und Bootsablegestelle.

Öffnungszeiten des Musée du Chaume Mitte April bis Juni tägl. 14–18 Uhr. Juli bis Mitte Sept. tägl. 10.30–13 und 14.30–18.30 Uhr. Eintritt 5 €, bis 12 Jahre 2,50 €; oder im Museumspass (alle Museen der Grande Brière) 9 €, bis 12 Jahre 4 €.

St-Lyphard: Die Ortskirche besitzt einen mit einer Aussichtsterrasse versehenen Turm – über 135 Stufen können Sie sich 35 m zu einem schönen Brière-Panorama hocharbeiten. Danach empfehlen wir eine Pause auf dem gemütlichen, von Bars gesäumten Kirchplatz. Für Bootsausflügler interessant ist der Weiler *La Pierre Fendue* außerhalb der Gemeinde.

Turmbesteigung Juli/Aug. tägl. 10–12 und 13.30–18.30 Uhr. In der Nebensaison nur Di–Sa 10.30–12.05 und 14–17 Uhr. Die Turmbesteigungen finden in Begleitung einer Angestellten des Office de Tourisme statt. Damit Sie mit dieser nicht alleine sind: mindestens 2 zahlende Besucher. Eintritt 3 €.

La Chapelle-des-Marais: Die „Kapelle der Sümpfe" ist ein Provinznest am Nordrand des großen Moors. Das touristische Interesse konzentriert sich auf die *Maison du Tourisme de Brière*, die zentrale Informationsstelle des Naturreservats (siehe *Information*).

St-Joachim/Ile de Fédrun: Der auf zwei kleinen Trockeninseln nur wenige Meter über den Sümpfen gelegene Ort ist durch einen Kanal und ein enges Sträßchen mit der *Ile de Fédrun* verbunden – der schönsten Insel der Grande Brière. Niedrige, strohgedeckte Bauernhäuser *(Chaumières Brièronnes)* im traditionellen Stil der Brière, säumen den Weg, die meisten restauriert, weiß getüncht und mit Blumenschmuck am Fenstersims, einige aber auch halb verfallen. Hinter den Gemüsegärten liegen die flachen Kähne, die bei Bedarf ihre Fracht in den Sumpf befördern – neben Touristen beispielsweise Ziegen und Schafe, die zu den trockenen Weideflächen *(plattières)* im morastigen Torfmoor geschifft werden.

Früher war die Ile de Fédrun bei Brautpaaren in ganz Frankreich bekannt: Zwei Manufakturen in St-Joachim stellten wächserne Orangenblüten her – ein traditionelles, kleinbürgerliches Hochzeitsgeschenk, das um die Wende zum 20. Jahrhundert bis nach Portugal geliefert wurde und als einziger „Industriezweig" der Brière auch Frauen einen Arbeitsplatz bot. Die Firmen haben die Produktion schon lange eingestellt, eine Sammlung des Brautnippes präsentiert die *Maison de la Mariée* (Haus der Braut) auf der Ile de Fédrun (Haus-Nr. 132). Das Haus Nr. 308 ist eine vom Tourismusbüro renovierte und eingerichtete *Chaumière Brièronne* mit typischen Möbeln und einer Dokumentation der früheren Lebensverhältnisse auf der Insel Fédrun.

Öffnungszeiten Maison de la Mariée und Chaumière Brieronne Mitte April bis Juni. tägl. 14–18 Uhr. Juli bis Mitte Sept. tägl. 10.30–13 und 14.30–18.30 Uhr. Eintritt für beide Museen 5 €, bis 12 Jahre 2,50 €; oder im Museumspass (alle Museen der Grande Brière) 9 €, bis 12 Jahre 4 €.

St-Malo-de-Guersac: Eine stille Ortschaft mit schiefergedeckten Häuschen auf einer etwa 10 bis 13 m hohen, aus dem Sumpfgebiet ragenden und von Kanälen umzogenen „Insel". Am Ortsende überquert man den *Brivet*, einen Flusskanal, auf dem früher die Torf-Lastkähne tuckerten. Gleich links der Brücke die *Maison de Garde*. Die Ex-Wach- und Zollbehörde ist nun eine „Maison d'accueil" und kleines Museum für die hier lebende Vogel- und Fischwelt. Etwas weiter, direkt über den Schleusentoren des Kanals, die putzige *Maison de l'Eclusier*, das Wohnhaus des Schleusenwärters, in dem einige magere Dias und Dokumente die Entwicklungsgeschichte des Moors beschreiben. Interessanter ist das am Ufer vertäute dickbauchige Lastschiff *Théotiste*: Wie die Fühler einer Riesengarnele ragen die weit ausladenden Hebearme des ehemaligen Torffrachters aus dem Rumpf. 800 m weiter, auf der anderen Seite des Kanals, führt ein 1 km langer Rundweg um die *Réserve Pierre Constant*, ein 26-ha-Freigehege, in dem die Vögel der Brière beobachtet und die botanischen Kenntnisse auf einem Lehrpfad erweitert werden können.

Brière-Haus

● *Öffnungszeiten der Maison de l'Eclusier* Mitte April bis Juni tägl. 14–18 Uhr. Juli bis Mitte Sept. tägl. 10.30–13 und 14.30–18.30 Uhr. Die Réserve Pierre Constant darf nur Juli bis Mitte Sept. ab 9 Uhr betreten werden. Eintritt für Maison de l'Eclusier + Réserve Pierre Constant 5 €, bis 12 Jahre 2,50 €; oder im Museumspass (alle Museen der Grande Brière) 9 €, bis 12 Jahre 4 €.

Ostbretagne

Redon (9500 Einwohner)

Auf Plakaten wirbt die Stadtverwaltung für ein modernes, dynamisches Redon und setzt ihre Pläne auch tatkräftig um: Vor Rathaus und Kirche durchschneidet eine tief liegende Eisenbahnbrücke den einst zusammenhängenden Platz zwischen den repräsentativen Bauten. Damit liegt Redon konsequent auf historischem Kurs. Schon früher war das Städtchen am *Vilaine-Ufer* ein bedeutendes regionales Wirtschafts- und Handelszentrum. Auf die verkehrsstrategisch günstige Lage weist schon die Tatsache hin, dass sich in Redon die vier bretonischen Pilgerwege nach dem spanischen Santiago di Compostela zu einem Strang nach Süden vereinigen. Segensreich mag auch die rege Tätigkeit der Klostergemeinschaft der *Kirche von Saint-Sauveur* für das gemütliche Städtchen gewirkt haben, die *Fachwerkhäuser* zwischen der Kirche und dem heutigen Hafenbecken bezeugen mittelalterlichen Wohlstand. Musterexemplare dieser Zeit (15.–18. Jh.) finden sich entlang der Fußgängerzone *Grande Rue* sowie an deren Seiten- und Parallelstraßen.

Mit dem Ausbau des *Nantes-Brest-Kanals* Anfang des 19. Jahrhunderts stieg Redon zum bedeutenden Verkehrsknotenpunkt auf. Der Kanal durchkreuzt im rechten Winkel die Vilaine, brachte neuen Aufschwung und prägt seitdem das Bild der Stadt. Zwischen Hafen und Vilaine-Ufer entstand eine großzügige Schleusenanlage mit vier Toren, überspannt von kleinen, blumengeschmückten Brücken. Die repräsentativen Reederhäuser am *Quai Duguay-Trouin*, die ausladenden Lagerhallen dahinter, Speicher und Zollgebäude des alten Hafenviertels sind Zeugen vergangenen

Wohlstands, die *Tour Richelieu* aus dem 17. Jahrhundert, einst Wohnsitz des zeitweiligen Abts von Redon und späteren französischen Ministers, nimmt sich im einstigen Handelsviertel vergleichsweise bescheiden aus.

Von der wichtigen Wasserkreuzung zum Eisenbahnknoten war es dann noch ein fünfzigjähriger Schritt. Zu Beginn des 20. Jahrhunderts siedelten sich Industrie- und Produktionsbetriebe (u. a. Feuerzeuge) an, die Altstadt wurde zu eng, Fabriken und Arbeitersiedlungen wucherten nördlich des Bahndamms aus. Bis heute ist Redon ein lebhaftes Handelszentrum geblieben. Allerdings spielt sich die regste Betriebsamkeit der Neuzeit vorwiegend an der Peripherie ab: Im gigantischen Leclerc-Supermarkt von *St-Nicolas-de-Redon* herrscht mehr Trubel als in der ganzen Altstadt.

Information/Verbindungen/Diverses

- *Postleitzahl* 35600
- *Information* **Office de Tourisme**, großzügiges Büro gegenüber der Kirche (unter der Bahnlinie durch). Juli/Aug. Mo–Sa 9.30–12.30 und 13.30–18.30 Uhr, So 10–12.30 und 15–17.30 Uhr. Sept bis Juni Mo und Mi–Fr 9.30–12 und 14–18 Uhr, Di 9.30–12 Uhr, Sa 10–12.30 und 15–17 Uhr. Place de la République. ✆ 02.99.71.06.04, ✉ 02.99.72.36.68, tourisme-pays-redon@wanadoo.fr, www.tourisme-pays-redon.com.
- *Verbindung* **Zug**: Redon ist ein wichtiger SNCF-Knotenpunkt. Hauptlinien: Paris–Rennes–Redon–Quimper–Brest (ab Rennes mit dem TGV in die Hauptstadt) sowie Bordeaux–Nantes–Redon–Vannes bzw. Rennes–Brest; in beide Richtungen täglich ca. 10 Anschlüsse.
Busse starten und halten am Bahnhofsplatz. Mehrmals täglich nach Nantes, St-Nazaire und La Baule. 3-mal täglich Richtung Châteaubriant oder Rennes.
- *Internet* **e'Scape Zone**, am Platz beim Office de Tourisme. 5, place de Bretagne.
- *Bootsausflüge* Zwei Zielrichtungen stehen zur Auswahl – der Kanal Nantes–Brest oder die Vilaine. Beliebt sind auch die 4-stündigen Gourmetkreuzfahrten mit den Vedettes Jaunes. Auskünfte/Reservierung problemlos beim Office de Tourisme oder bei Vedettes Jaunes, ✆ 02.97.45.02.81, www.vedettesjaunes.com.
- *Fahrradverleih* **Nicolas Chedaleux**. 44, rue Notre Dame. ✆ 02.99.72.19.95.
- *Markt* Montagvormittag in der Markthalle und den Straßen der Umgebung, Freitag und Samstag jeweils vormittags in der Markthalle.
Foire Teillouse am 4. Wochenende im Oktober. Markt und Folklore, bekannt für die köstlichen heißen Maronen, eine Spezialität der Region von Redon.
- *Feste* **Vendredis du Port**, im Juli und Aug. an den Freitagabenden: Konzerte, Essen u. v. m. im Hafen von Redon.
- *Bootsverleih* 1 Stunde, halb- oder ganztags Kapitän sein dürfen – **Day Boats** verleiht kleine Motorboote für die Fluss- oder Kanalfahrt, für die kein Führerschein erforderlich ist. La Gacilly (D 8 Richtung Ploërmel), ✆ 02.99.72.41.11.
- *Tanzkurs* Im Juli und Aug. gibt es speziell für Touristen eine Einführung in bretonische Tänze: gratis auf dem Platz vor dem Office de Tourisme jeden Donnerstagabend.

Übernachten/Essen

- *Hotels* ** **Chandouineau (1)**, oberhalb des zentralen Parkplatzes. Exklusiver Sitz der Confraternité du Marron (Maronenbruderschaft). 7 Komfortzimmer, gelegentlich etwas laut wegen vorbeibrausender Züge. Gutes Restaurant mit angemessenen Menüpreisen (Sa/So abends geschlossen). DZ 70–82 €. Mitte Nov. bis über Neujahr geschlossen. 10, rue de la Gare. ✆ 02.99.71.02.04, ✉ 02.99.71.08.81.
** **Asther (2)**, komplett renoviertes 18-Zimmer-Hotel gegenüber dem Marktplatz. Alle Zimmer mit Bad und TV. Brasserie, Bar und Restaurant. DZ 54 €. Ganzjährig geöffnet. 14, rue des Douves. ✆ 02.99.71.10.91, ✉ 02.99.72.11.92, asther.redon@wanadoo.fr, www.asther-hotel.com.
** **Le France (3)**, gutbürgerliche Unterkunft der Citôtel-Kette mit vielen kleinen blauen Balkons (Blick auf den Hafen) in unmittelbarer Nähe des Kanals. 18 ganz gemütliche Zimmer mit Dusche/WC. Fahrrad-Garage. DZ 35–50 €. Mitte Dez. bis 1. Januarwoche geschlossen.

Redon 541

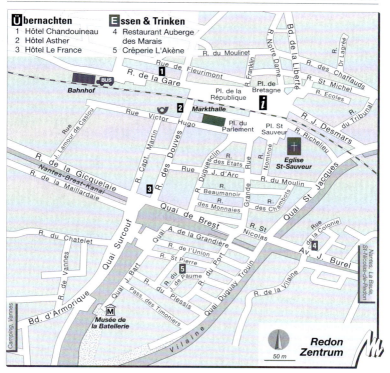

Übernachten
1 Hôtel Chandouineau
2 Hôtel Asther
3 Hôtel Le France

Essen & Trinken
4 Restaurant Auberge des Marais
5 Crêperie L'Akène

30, rue Duguesclin. ✆ 02.99.71.06.11, ℻ 02.99.72.17.92, hotellefrance@hotellefrance.com, www.hotellefrance.com.

• *Camping* **** Municipal La Goule d'Eau**, an der Straße nach Vannes unterhalb des Hafenbeckens. Schönes, schattiges Wiesengelände am Ufer des Kanals. 50 Stellplätze, ordentliche Sanitäranlagen. Nur Juli/Aug. geöffnet. Rue de la Goule d'Eau. ✆ 02.99.72.47.92, ℻ 02.99.71.55.35.

• *Restaurant* **Auberge des Marais (4)**. Im Restaurant direkt an der Wasserkreuzung serviert der Küchenchef Meeresfrüchte und bretonische Menüs von 12–22 €. Einfache, aber sympathische Adresse, leider keine Außenbetischung. Di und So abends, Mi ganztags geschlossen. 80, av. Jean Burel. ✆ 02.99.71.02.48.

• *Crêperie* **L'Akène (5)**, etwas abseits, in einer schönen alten Gasse. Sehr populär, der Wirt hängt ein Schild an die Tür, bevor das Lokal aus allen Nähten platzt. Preiswert, gute Crêpes und Salate. 10, rue du Jeu de Paume. ✆ 02.99.71.25.15.

Sehenswertes

Eglise St-Sauveur: Die eindrucksvolle Kirchenanlage neben der Eisenbahnlinie stammt aus dem 11. und 12. Jahrhundert, über Jahrhunderte lebten fleißige Benediktiner in dem düsteren Gotteshauskomplex. Bis zur Revolution war St-Sauveur (bereits 832 gegründet) ein viel besuchter Wallfahrtsort. 1780 vernichtete ein Brand das romanische Kirchenschiff, nur der von einer 3-stöckigen Fensterarkade beleuchtete romanische *Vierungsturm* (12. Jh.), der *Chor* (15. Jh.) und ein gotischer *Turm*, der heute getrennt vom Kirchenbau in den Himmel ragt, überstanden das

Auf dem Nantes-Brest-Kanal

vorrevolutionäre Feuer. Während das Innere des romanischen Kirchenschiffs mit seinen gedrungenen Pfeilern die düstere Atmosphäre einer niedrigen, dunklen Krypta verbreitet, ist der lichtdurchflutete Chor mit dem bequemen *Chorumgang* und dem *Hochaltar* ein Paradebeispiel gotischer Spiritualität und Helle. Der Altaraufsatz wurde 1636 von *Richelieu* gestiftet, der als weltlicher Abt die Einnahmen des Klosters auf sein Konto brachte. An die Südflanke der Kirche fügt sich das Kollegiums-Gebäude mit einem Kreuzgang aus dem 17. Jahrhundert und dem barocken Garten an.

Museé de la Batellerie de l'Ouest: Das Museum in einer Art Großbaracke am Quai Jean Bart führt in die Zeit zurück, in der Redon ein wichtiger Schifffahrtsknotenpunkt war. Typische Kanalboote, historische Fotos, Modelle, Videofilm etc. Wenig aufregend, doch für Regentage ein kleiner trockener Zeitvertreib.
Öffnungszeiten Mitte Juni bis Mitte Sept. tägl. 10–12 und 15–18 Uhr, Mitte Sept. bis Mitte Juni Mo, Mi und Sa/So So 14–18 Uhr. Eintritt 2 €.

Redon/Umgebung

Rochefort-en-Terre (700 Einwohner)

Das auf einem Schieferfelsen über zwei tiefen Flusstälern gelegene Städtchen war die erste Gemeinde Frankreichs, die mit dem Prädikat *Village Fleuri* ausgezeichnet wurde. Geraniengeschmückt reihen sich die grauen Schiefer- und Granitsteinhäuser die *Grande Rue* entlang – eine bretonische Dorfidylle Dank seiner günstigen verkehrspolitischen Lage auf einem Felssporn über dem *Gueuzon-Tal*, dem einzigen natürlichen Durchstich des Schieferkamms zwischen Malestroit und La Roche-Bernard, erhielt Rochefort schon im 11. Jahrhundert eine *Wehrburg*, von der aus im Lauf der Zeit mehrere große Geschlechter den Handel im Landesinneren kontrollierten. Nach wiederholten Verwüstungen und stetem Wiederaufbau raffte die Revolution schließlich fast den gesamten Schlosskomplex hinweg, nur ein gut befestigtes

Rochefort-en-Terre

Tor, ein paar Wirtschaftsgebäude und die Kellergewölbe blieben relativ unversehrt. Anfang des 20. Jahrhunderts verliebte sich der wohlhabende amerikanische Maler Klots in das verschlafene Nest und begann mit der Restaurierung der verfallenen Schlossruinen. Er schuf ein halb mittelalterliches, halb im Renaissance-Stil gehaltenes architektonisches Konglomerat, in dem heute ein efeuüberwuchertes *Museum* döst – etwas Volkskunde und Bilder der Künstler Alfred Klots und dessen Sohn Trafford.

Öffnungszeiten des Museums April/Mai Sa/So 14–19 Uhr. Juni und Sept. tägl. 14–19 Uhr. Juli/Aug. tägl. 10–19 Uhr. Eintritt 4 €.

Die meisten der stattlichen Häuser, in denen der Landadel inmitten des gut situierten Bürgertums wohnte, stammen aus dem 16. und 18. Jahrhundert. An der zentralen *Place du Puits* mit Brunnen und altem Justizgebäude ragt über einem Calvaire die *Kirche Notre-Dame-de-la-Tronchaye* in den Himmel, seit dem 12. Jahrhundert Ziel von Pilgern und mehrmals umgebaut. Der größte Teil der Pfarrkirche stammt aus dem 16. Jahrhundert Im rechten Querschiff steht hinter einem kunstvoll verzierten Schmiedeeisengitter die bis heute hochverehrte *Marienfigur Notre-Dame-de-la-Tronchaye*; hinter dem Chor wird in einer vergitterten Nische der *Kirchenschatz* verwahrt. Der *Renaissance-Altar* auf der gegenüber liegenden Seite war ursprünglich am Eingang des Chors aufgerichtet, um die acht Stiftsherren, die bis zur Revolution täglich die Messe sangen, vom gemeinen Kirchenvolk abzusondern.

- *Postleitzahl* 56220
- *Information* **Office de Tourisme**, viel Material, kompetentes Personal. Mitte Juni bis Mitte Sept. Mo–Sa 10–12.30 und 14–18.30, Sa/So 14–18.30 Uhr. Mitte Sept. bis Mitte Juni Mo–Fr 10–12.30 und 14–18 Uhr. Place du Puits, ✆/✆ 02.97.43.33.57, ot.rochefortenterre@wanadoo.fr, www.rochefort-en-terre.com.

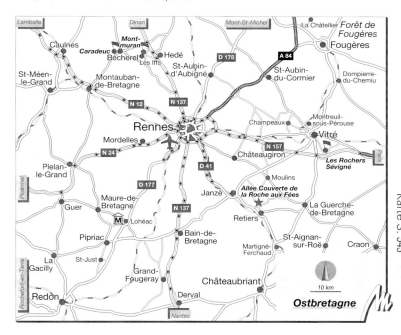

Ostbretagne Karte S. 543

544 Ostbretagne

- *Parken* Eigens für touristische Stadtbesuche wurde ein groß dimensionierter Parkplatz am nordöstlichen Ortsausgang eingerichtet.
- *Markttag* Mittwoch und Samstagnachmittag.
- *Pardon* Am 3. Augustsonntag große Wallfahrt zur Notre-Dame-de-la-Tronchaye.
- *Hotel* ** **Le Pélican**, im Zentrum, und das einzige Hotel an Ort, also Monopolstellung und entsprechende Preise. DZ 60–68 €. Place des Halles. ℅ 02.97.43.38.48, ℅ 02.97.43.42.01, le.pelican@wanadoo.fr.
Außerhalb: **Le Nominoë**, in Pleucadeuc, 8 km in Richtung Malestroit. Für Selbstfahrer eine preiswerte Alternative zur Übernachtung in Rochefort. Die Zimmer sind etwas ältlich, aber korrekt und sauber. Im überraschend großen Speisaal gibt sich das junge Wirtepaar Mühe, eine preiswerte bretonische Küche anzubieten. Vielleicht wird demnächst auch etwas aus dem großen Garten nach hinten gemacht. DZ mit Dusche/WC 35 €. 12, avenue de Paris, 56140 Pleucadeuc. ℅ 02.97.26.93.46, ℅ 02.97.26.95.80.
- *Privatzimmer* Wegen der prekären Übernachtungslage gibt es mittlerweile mehrere Vermieter von Privatzimmern. Eine Liste ist im Office de Tourisme erhältlich.
- *Camping* *** **Le Moulin Neuf**, am Ortsrand Richtung La Roche-Bernard. Wiesengelände mit schattigen Bäumen und der kompletten Ausstattung eines guten 3-Sterne-Areals, Waschmaschine und kostenloser Tennisplatz inklusive. 60 Stellplätze. Idylle: Etwa 1 km vom Camping lockt ein kleiner Badesee mit Bootsverleih und Strand. Geöffnet Mitte Mai bis 1. Septemberwoche. Chemin de Bogeais. ℅ 02.97.43.37.52, ℅ 02.97.43.35.45.

Parc de Préhistoire de Bretagne: Bei Malansac, etwa 2 km südöstlich von Rochefort-en-Terre. Homo Erectus trifft Tyrannosaurus Rex. In dem für Frankreich einzigartigen Erlebnispark sind auf 20 ha mit etlichen wetterfesten Puppen und Sauriernachbildungen an die 30 Szenen der Vorgeschichte gestaltet, wie sie sich die Parkbetreiber vorstellen („grandeur réelle"). Die Zeitreise beginnt bei den bis zu 20 m (!) großen Sauriern und führt über die ersten Menschen, die vor 500.000 Jahren die Bretagne besiedelten, zu den Megalithikern um 2000 v. Chr.: Sie sehen kämpfende Dinos, pelzige Urzeitmenschen beim Menhirtransport oder beim mühseligen Versuch, Feuer zu machen.

Öffnungszeiten April bis Mitte Okt. tägl. 10.30–19 Uhr, Mitte Okt. bis Mitte Nov. So 13.30–18 Uhr. Eintritt 9 €, 5- bis 11-Jährige 5 €.

Hereinspaziert! Kulinarischer Spezialitätenladen in Rochefort-en-Terre

Einsam im Park – der Donjon von Grand Fougeray

St-Just: Etwa 18 km nördlich von Redon links der D 177 nach Rennes liegt das Dorf, in dessen Nähe ein *Circuit des mégalithes* (beschildert) zu einigen zum Teil beachtenswerten Hinterlassenschaften der Frühzeitmenschen führt: Alignements, Allées couvertes, Menhire und Tumuli in einer gottverlassenen Landschaft. Der Rundweg, am besten in aller Ruhe mit dem Rad oder zu Fuß zurückzulegen, beginnt an der spektakulärsten Steinsetzung um St-Just, den *Alignements von Cojoux*.

Grand Fougeray: Gepflegte Romantik in ländlicher Umgebung. Als letzter Rest einer im 17. Jahrhundert geschleiften Burg steht am Ortsrand an einem kleinen, romantisch umwucherten See ein beachtlicher *Donjon* (im Inneren gebührenpflichtige wechselnde Ausstellungen). 1354 holte der Feldherr *Duguesclin* (siehe *Dinan*, Kastentext *Bertrand Duguesclin*) mit einer netten Kriegslist die von Engländern besetzte Burg zurück: Von Spionen unterrichtet, dass die Engländer auf einen größeren Posten Holz warteten, maskierten er und einige seiner Ritter sich als harmlose Holzfäller. Die Besatzer fielen auf den Trick herein und bezahlten ihre Gutgläubigkeit fast ausnahmslos mit dem Leben.

Anfahrt Grand Fougeray liegt etwa 35 km östlich von Redon an der Schnellstraße Rennes–Nantes. Der Donjon ist ab Ortsmitte als „Tour Duguesclin" ausgeschildert.

Châteaubriant (13.000 Einwohner, Région Pays de la Loire)

Umgeben von welligem, von Hecken und Wäldern durchschnittenem Agrarland, in das märchenhafte Teiche und fischreiche, kleine Seen eingebettet sind, drängen sich die Schieferdächer der alten Festungsstadt um den Burgberg. Das einstige Sumpfland am Rand der Provinz geriet im 13. Jahrhundert in den Blickwinkel der Mächtigen. Mit dem Ausbau einer uneinnehmbaren Festung sowie der Trockenlegung und Urbarmachung der Sümpfe wuchs das Umland zu einer fruchtbaren Pfründe und die Stadt zu einem militärisch-strategischen Stützpunkt. Die mächtige

Ostbretagne

Auf der Foire de Béré

Schlossanlage gehörte – zusammen mit Vitré und Fougères – zum mittelalterlichen Ostwall des Herzogtums Bretagne und war ein wichtiges Bollwerk gegen französische Machtgelüste. Châteaubriants Bürger hatten darunter oft zu leiden.

1234 und 1488 wird die Stadt belagert, ausgehungert, schließlich geplündert und großteils zerstört. Ab 1500 beginnt ein neuer Aufschwung. Gegenüber der düsteren Zwingburg lässt *Jean de Laval* einen repräsentativen Wohnsitz für seine Gattin bauen, im Umland siedelt er Hüttenbetriebe und Schmieden an, die bis heute einen wesentlichen Wirtschaftszweig der Region bilden.

Nach der Französischen Revolution kehren wieder Ruhe und Wohlstand ein. Ab Mitte des 19. Jahrhunderts wächst die Stadt über ihre Mauern hinaus, der Wall wird niedergerissen. Durch extensive Urbarmachung verringert sich das Heideland, die metallfördernden und -verarbeitenden Betriebe blühen (die Produktion von Ackergerät bringt Châteaubriant den Ruf der „Hauptstadt der Pflüge" ein), neue Straßen und Schienenwege bilden eine solide Infrastruktur für den Handelsverkehr. Im Zweiten Weltkrieg ist Châteaubriant eines der von den Nazis am meisten gefürchteten Widerstandsnester, die Bestrafung der Freiheitskämpfer ist brutal. Zahlreiche Gedenkstätten in der Umgebung, die bekannteste die *Carrière des Fusillés* (Steinbruch der Erschossenen) etwa ein Kilometer außerhalb der Stadt (Richtung Laval), erinnern an die Massenmorde.

• *Postleitzahl* 44110

• *Information* **Office de Tourisme**, in der Altstadt, unterhalb des Schlosses (Fußgängerzone). Ausführlicher Prospekt (auch in Deutsch) über die Stadt und das „Castelbrianteser Land" mit Vorschlag für einen Rundgang durch die Altstadt. Mo 14–18 Uhr, Di–Fr 9.30–12.30 und 14–18 Uhr, Sa 9.30– 12.30 (Juli/Aug. auch 14–18 Uhr). 22, rue de Couéré. ✆ 02.40.28.20.90, ✆ 02.40.28.06.02, tourisme-chateaubriant.fr.fm, www.tourisme-chateaubriant.fr.fm.

• *Verbindung* **Zug**: Châteaubriant liegt an einer Nebenlinie. Werktags 5-mal nach Rennes, sonn- und feiertags 2-mal. Bahnhof, von der Altstadt kommend, links unter-

Châteaubriant

halb des Schlosses an der Rue de la Gare. **Bus**linie 40 fährt nach Laval. Werktags mit Bus Nr. 41 mindestens 4-mal nach Nantes. Haltestelle und Auskunft an der Place E. Bréant (beim Rathaus).

• *Märkte* **Wochenmarkt** am Mittwochmorgen im Stadtzentrum.

Der **Rindermarkt** von Châteaubriant ist der drittgrößte Frankreichs. Jeden Mittwoch in der Markthalle an der Rue Aristide Briand.

Foire de Béré, am 2. Septemberwochenende 3 Tage lang auf einem riesigen Wiesengelände im Ortsteil Béré (im Nordwesten der Stadt). Jährlich seit 1050 – 2006 wurde die 957. Ausgabe gefeiert! Der Markt ist eintrittspflichtig (Fr 2,60 €, Sa/So 5,30 €), aber es lohnt sich. Zu kaufen gibt's Traktoren und Mähmaschinen, Stiere und Kühe, Wohnzimmer, Kleider, Bettwäsche, biologische Produkte, Wurst, Käse und noch vieles mehr. Im Preis inbegriffen ist der Besuch des Rummelplatzes sowie der abendlichen Konzerte.

• *Waschsalon* An der Rue de Couéré, beim Office de Tourisme ums Eck. Täglich 7–21 Uhr.

• *Übernachten* *** **Hotel Châteaubriant**, U-förmiges, steinernes Gebäude mit hübschen Dachgauben und lichter Fensterfront im Zentrum. Kleine Terrasse zur Straße, hoteleigener Parkplatz; 30 gemütliche und komfortable Zimmer (TV etc.) sowie 6 Suiten. Kein Restaurant. DZ 35–65 €. Ganzjährig geöffnet. 30, rue 11 Novembre. ✆ 02.40.28.14.14, ✆ 02.40.28.26.49.

** **Hotel Terminus**, 2003 renoviertes Bahnhofshotel 200 m vom Schloss. 9 ordentliche, teils sehr geräumige Zimmer. Kein Restaurant, dafür Eisbar/Café. DZ 40–55 €. Ganzjährig geöffnet. 3, rue de la Gare.
✆ 02.40.28.14.36, ✆ 02.40.28.16.93, terminus-chateaubriant@wanadoo.fr.

• *Camping* ** **Municipal les Briotais**, in einem abschreckenden Industriequartier im Süden der Stadt, an der Straße nach Nantes, beim Wald von Tugny. 35 Stellplätze in einem heckenunterteilten Areal nah der Eisenbahn. Einfache, aber ordentliche sanitäre Anlagen, Stromanschlüsse. Kleiner Kinderspielplatz. Fußballfeld angeschlossen. Geöffnet Mai bis Sept. Rue Tugny. ✆ 02.40.81.02.32, mairie.chateaubriant@wanadoo.fr.

Sehenswertes

Château: Die mächtige Schlossanlage, in der die Tragödie um Françoise de Foix ihr schauerliches Ende fand (siehe Kastentext *Françoise de Foix*), ist geprägt von zwei unterschiedlichen architektonischen Prinzipien, die sich aus den wechselnden Funktionen der Anlage erklären. Die *Zwingburg*, heute Ruinen, entstand zwischen dem 11. und 14. Jahrhundert und diente der Verteidigung des für die Herzöge wichtigen strategischen Orts. Mauerwälle und ein mächtiger Donjon machten die von Sumpfgebiet umgebene Burg von Châteaubriant zu einer fast uneinnehmbaren Festung. Nach der Einverleibung des Herzogtums ins Königreich zu Beginn des 16. Jahrhunderts gab der damalige Gouverneur *Jean de Laval* eine elegante Wohnanlage in Auftrag, die er

St-Jean-de-Béré

gegenüber der Zwingburg errichten ließ: ein beschwingt-fröhliches Renaissance-Schloss mit einem *Palais Seigneural*. Das luxuriöse, dreiflügelige Gebäude-Ensemble, in dem heute das Amtsgericht von Châteaubriant seine Urteile fällt und die Stadtbibliothek sowie ein sozialmedizinisches Zentrum Unterkunft gefunden haben, ist nur zum Teil zu besichtigen. Vom parkartigen Ehrenhof führt ein stellenweise zerstörter Säulengang über einen reizenden Treppenpavillon zum Repräsentierbalkon. Von ihm aus gelangt man in das unheimliche *Zimmer der Françoise de Foix*, die hier die finstersten Tage ihres Lebens fristete, und zur Betkapelle, in der die Grabplatte der unglücklichen Schlossherrin liegt.

Öffnungszeiten Mitte Juni bis Mitte Sept. 11–18.30 Uhr, Di geschlossen. Mitte Sept. bis Mitte Juni Mo und Mi–Fr 10–12.45 und 14–18.30 Uhr, Sa/So 14–18.30 Uhr. Innerhalb der offiziellen Öffnungszeiten, auf die man sich allerdings nicht allzu sehr verlassen sollte, werden Führungen angeboten. Eintritt frei.

Françoise de Foix – vom Bett des Königs ins Verlies des Gemahls

Wir schreiben das Jahr 1508: Im zarten Alter von 13 Jahren wird *Françoise de Foix* mit dem Grafen von Châteaubriant, *Jean de Laval*, vermählt. Der krankhaft eifersüchtige Aristokrat hält das zu einer edlen Dame heranwachsende Mädchen in strengster Klausur. Umsonst. Die Kunde von der atemberaubenden Schönheit und dem Charme der Dame de Châteaubriant erreicht das Ohr des Königs, des erfolgreichsten Schürzenjägers seiner Zeit. Trotz verzweifelter Versuche, seine Gattin vor den galanten Nachstellungen seines Vorgesetzten zu schützen, hat Jean das Nachsehen. Mit einer üblen Intrige lockt *Franz I.* die zauberhafte Frau an seinen Hof und spannt sie dem Ehemann aus. Françoise de Foix bleibt über zehn Jahre lang Franzens bevorzugtes Herzblatt, beschenkt mit herrlichem Geschmeide und aller – vergänglichen – königlichen Leidenschaft. Dann entzündet eine andere Dame, ebenfalls verheiratete Herzogin, des Königs lüsterne Phantasie, und Françoise wird auf Betreiben der neuen Favoritin zu ihrem Gatten zurückgeschickt. Der Graf, in grausiger Wut entbrannt, straft die gedemütigte Frau auf seine Weise. Über zehn Jahre hinweg sperrt er sie zusammen mit der siebenjährigen Tochter in ein mit schwarzem Tuch ausgeschlagenes Zimmer ein, das zusätzlich in ständiger Dunkelheit gehalten wird. In der Nacht des 16. Oktobers 1537 findet die Pein ein Ende: Der vom Wahn gezeichnete Graf öffnet der inzwischen heillos zerrütteten Frau mit seinem Schwert die Pulsader und lässt sie verbluten.

Kirche von St-Jean-de-Béré: Die Kirche auf einer kleinen Anhöhe am Nordwestrand der Stadt (Ortsteil *Béré*) war die Keimzelle Châteaubriants. Sie wurde im Zuge der Urbarmachung des sumpfigen Landstrichs im frühen 11. Jahrhundert von Benediktinermönchen aus Redon errichtet und blieb bis ins 19. Jahrhundert hinein die zentrale Kirche der Pfarrgemeinde. Aus der Gründungszeit stammen das schiefergedeckte romanische *Kirchenschiff* und der *Chor* aus rotem Sandstein, der *Glockenturm* über dem gedrungenen Querschiff wurde erst im 19. Jahrhundert hinzugefügt. Ein kunstvolles *Portal* (15. Jh.) schmückt die Südfassade. Im Inneren fällt der *Hochaltar* (1665) auf: zum Teil aus wertvollem Marmor gearbeitet, geschmückt von einem schön geschnitzten Barock-Altarblatt. Neben verschiedenen *Heiligenskulpturen* (darunter eine stehende Maria aus dem 15. Jh.) stechen an der Rückwand zwei flache *Kalksteinreliefs* ins Auge; sie thematisieren die Verkündigung (14. Jh.) und die Heimsuchung (16. Jh.).

La Guerche-de-Bretagne (4100 Einwohner)

Apfelwein, Pfeilerhäuser und der seit 1121 stattfindende Dienstagsmarkt sind La Guerches profane Attraktionen. Kirchen- und Kunstgeschichtler werden die Basilika besuchen, Liebhaber der Megalith-Kultur den gut 10 km entfernten Feen-Felsen *La Roche-aux-Fées*, eines der schönsten prähistorischen Monumente der Bretagne.
La Guerche-de-Bretagne war früher der Landsitz *Duguesclins*. Wenn das zeitraubende Kriegsgeschäft es zuließ, residierte er in einem Holz-Donjon, der im 15. Jahrhundert durch eine Steinburg ersetzt wurde, die dann während der Französischen Revolution zerstört wurde. Von einem Stadtwall umgeben, entwickelte sich La Guerche vom 16. bis zum 18. Jahrhundert zu einem blühenden Handelsstädtchen. Im Zentrum, rund um den *Rathausplatz* und die *Place de Gaulle*, zeugen die alten, auf Pfeilern ruhenden Fachwerkhäuser vom einstigen Wohlstand. Dicht aneinandergereiht und windschief vorkragend, bilden einige von ihnen Arkadengalerien, unter denen die Zeit stehen geblieben scheint. La Guerche-de-Bretagne, einst mit Sitz und Stimme in der Ständeversammlung vertreten, ist mit der Neuzeit ins historische Abseits geraten: ein gemütlicher Marktflecken, der seit Jahrhunderten jeden Dienstagvormittag zum Leben erwacht. Dann versammeln sich die Händler und Bauern mit ihren Lieferwagen und mobilen Ständen im Zentrum, um im Schatten der Basilika ihre Geschäfte zu machen.

- *Postleitzahl* 35130
- *Information* **Office de Tourisme**, links neben der Basilika. Von Juli bis Okt. Mo–Sa 9.30–12 und 14.15–17.30 Uhr, Montagnachmittag geschlossen; in der Nebensaison etwas kürzer. 2, rue du Cheval Blanc. ✆/ 02.99.96.30.78, otsi.laguerche@wanadoo.fr.
- *Verbindung* Es gibt mehrere **Bus**-Linien. 1-mal täglich über Châteaugiron (dort umsteigen) nach Rennes. Daneben 1-mal werktags nach Laval und 1-mal täglich nach Vitré bzw. Châteaubriant (während der Schulzeit 2-mal).
- *Markt* Der quirlige Wochenmarkt mit oft über 200 Händlern findet seit dem Jahr 1121 mit Unterbrechungen jeden Dienstagvormittag auf dem Marktplatz statt.
- *Übernachten* ** **Hotel La Calèche**, die beste Adresse der Stadt, etwa 300 m nördlich des Zentrums. 13 zum Teil richtig gemütliche Zimmer. Restaurant und Bar. Restaurant und Hotel sind Freitag- und Sonntagabend sowie Montag geschlossen, außerdem komplett während der drei ersten Augustwochen. DZ 54 €. 16, avenue Leclerc. ✆ 02.99.96.21.63, 02.99.96.49.52.

La Guerche-de-Bretagne: Großreinemachen nach dem Markt

* **Les Routiers**, an der Ausfallstraße nach Angers. Älteres Haus mit 9 Zimmern, Dusche/WC teils auf Etage. Vor allem als Restaurant bekannt. DZ 35–40 €. Ganzjährig geöffnet. 11, faubourg Anjou. ✆ 02.99.96.23.10, ✆ 02.99.96.44.43.

• *Camping* ** **Municipal**, in La Selle Guerchaise, knapp 5 km östlich von La Guerche. Kleiner sensationsloser Platz auf dem Land, 5 km östlich von La Guerche-de-Bretagne. 15 Stellplätze. ✆ 02.99.96.06.14.

Sehenswertes

Basilika de Notre-Dame: Das Gotteshaus wurde 1951 in den Rang einer *Basilique Mineure* erhoben. Haupt- und südliches Seitenschiff sind aus dem 16. Jahrhundert, Turm und nördliches Seitenschiff wurden im 19. Jahrhundert errichtet. Vom Ursprungsbau, einer schlichten Kapelle von 1206, ist nur noch der gedrungene, schieferbehelmte Chorturm erhalten. Überragt wird die Kirche vom 75 m hohen Glockenturm – ein schlanker, himmelwärts strebender Pfeil im Stil der Neugotik, der an die Originale im Finistère erinnert.

Im Inneren der Kirche fallen mehrere Raritäten ins Auge, als Erstes eine *Liegefigur* aus weißem Tuffstein, links im Chor: Kirchengründer Guillaumes II hat im steinernen Panzerhemd seine Ruhe gefunden, das Haupt von Engeln, die eisenbewehrten Füße von einem Hund bewacht. Das Chorgestühl (16. Jh.) zählt zu den schönsten der Bretagne. Die Rückenlehnen sind geschmückt mit geschnitzten, blumigen Arabesken, zwischen denen Herkules mit den Genien spielt und sich Zentauren und Greife, Schimären und Kinder verstecken. Mit groteskhintergründigem Humor präsentieren sich die Figuren an den Miserikordien (als Sitzgelegenheit dienender Vorsprung am hochgeklappten Sitz des Gestühls), die vom irdischen Paradies und seinen Sünden erzählen. In den Mosaiken der Fenster des Südschiffs (15.–17. Jh.) sind biblische Szenen mit historischen Personen besetzt, u. a. der beinahe naturalistische heilige Yves im weißen Hermelin der Advokaten.

La Guerche-de-Bretagne/Umgebung

La Roche-aux-Fées: Das auf einem Hügelchen unter Bäumen gelegene Langgrab ist eines der mächtigsten der Bretagne. 42 zum Teil über 40 Tonnen schwere Steine aus rötlich schimmerndem Schiefer bilden das Gerüst der Grabstätte, die nach der Legende von kräftigen Feen gebaut wurde. Von der gewaltigen Vorhalle führt ein knapp mannshoher Gang in eine ausladende, mehrfach gegliederte Grabkammer. Der Feenfelsen ist Schauplatz eines uralten Brauches. Früher trafen sich hier bei Vollmond künftige Brautpaare, um durch das Zählen der Steine – die Dame links, der Herr rechts um den Dolmen herum – die Feen über die Zukunft zu befragen und sich ihrer intellektuellen Fähigkeiten zu vergewissern. Stimmte die Zahl überein, die sich die beiden nach erfolgter Umrundung gleichzeitig zurufen mussten, war alles in Butter, bestand eine geringe Abweichung (bis 2), war die Schulbildung mangelhaft, doch die Verbindung gerettet. Gab es jedoch eine größere Diskrepanz, fiel die Hochzeit besser ins Wasser – der Ehe wurde viel Missgeschick prophezeit. Heute vollzieht man das traditionelle Vollmond-Ritual sicherheitshalber meist erst nach der Trauung – am liebsten bei Sonnenschein, im Beisein der Hochzeitsgäste und mindestens einer Videokamera.

Anfahrt Etwa 10 km westlich von La Guerche; über die D 463 Richtung Rennes, nach 5 km in Visseiche links ab auf die D 48 (5 km Richtung Essé), kurz hinter der Ortschaft Marcillé-Robert wieder links und noch 1½ km leicht bergan.

Vitré ist eine der architektonischen Perlen der Bretagne

Vitré (15.300 Einwohner)

„Wäre ich nicht König von Frankreich, wäre ich gern Bürger von Vitré." Blickt man von den Tertres Noirs über das Tal der Vilaine, versteht man Heinrich IV. (1553–1610). Die Silhouette des Schlosses über dem Fluss erinnert an Grimms Märchenwelt. Hinter den Mauern, Türmen und Zinnen könnte Dornröschen auf den erlösenden Kuss warten.

Vitré gehört zu den architektonischen Perlen der Bretagne. Kaum eine andere Stadt ist so gut erhalten wie die von einem schweren Mauerkorsett eingeschnürte Altstadt Vitrés. An ihrer Westseite wird die *Ville Close* vom Stadtschloss beherrscht, im Mittelalter eine der wichtigsten Grenzfesten des bretonischen Herzogtums. Vitré war Zentrum einer der neun Baronien der Bretagne, über Jahrhunderte einer der aktivsten Handels- und Handwerksplätze für Tuch und Webwaren und eine wohlhabende Stadt – wie die idyllischen Gassen und Fachwerkhäuser bezeugen. Hauptattraktion Vitrés ist das *Château*, ein Glanzstück mittelalterlicher Militärarchitektur, das heute die Stadtverwaltung und ein ausgefallenes Museum beherbergt. Überragt wird die Stadt von den spitzen, „pickligen" Türmen und Giebeln der *Eglise Notre-Dame* (Aussichtsplattform), unter der die Schieferdächer und kopfsteingepflasterten Gassen metallisch blinken.
Tipp: Den schönsten Blick auf die Stadt und das Schloss genießt man von den *Tertres Noirs* (Schwarze Hügel) nordöstlich des Zentrums (ausgeschildert).

Geschichte

Die Glanzzeit Vitrés liegt mehr als 500 Jahre zurück. Rund um die strategisch wichtige Festung an der Grenze des Herzogtums ist eine blühende Handels- und

Handwerksstadt mit knapp 7000 Seelen gewachsen, die Vitréens frequentieren fremde Länder in aller Welt. Die Bruderschaft der *Marchands d'Outre-Mer* (Überseekaufleute, Vertreter der städtischen Weberzunft) verhökert Vitrés berühmtes Hanfleinen und seine begehrten Wollsocken von Flandern bis Indien und Amerika. In den heimischen Mauern drängt sich reich verziertes Fachwerk, und die Seigneursfamilien und Herzöge sind's zufrieden. Einen rauschhaften Höhenflug erleben die Vitréens um die Mitte des 15. Jahrhunderts – unter Franz II. sorgen die geschickten Winkelzüge eines einheimischen Schneiders für Vitrés blühenden Reichtum (siehe Kastentext *Eine tragische Karriere*).

> **Eine tragische Karriere**
>
> *Pierre Landais* lebt in der Mitte des 15. Jahrhunderts als Schneider in Vitré. Seine handwerklichen Fähigkeiten und sein einnehmendes Wesen fallen Herzog *Franz II.*, der in der Stadt weilt und sich neu einkleiden will, bei einer Anprobe auf, und er ernennt den flotten Zwirnartisten zu seinem Kammerherrn. Die beiden verstehen sich gut. Statt mit seinem Friseur plaudert Franz nun am liebsten mit Pierre, in Windeseile gewinnt der beredte Schneider des Herzogs Herz. Pierre Landais, stets gut über die laufenden Geschäfte informiert, steigt zum Schatzmeister und schließlich – einige wohl platzierte Ratschläge haben ihn unentbehrlich gemacht – zum ersten Berater des obersten Herrn der Bretagne auf.
>
> Mit Neid und Argwohn beäugen die ausgestochenen adeligen und geistlichen Mitbewerber den einfachen Emporkömmling, der es sogar wagt, über die unlauteren Vorrechte des Adels und des Klerus zu philosophieren. Als Landais auch noch eine Bresche für die Aufnahme seiner bürgerlichen Standesgenossen ins Ständeparlament schlagen will, ist das Maß voll. Erfolgreich konspirieren einige Herren am Pariser Hof und ziehen den König auf ihre Seite. Der, über die schauderhaften Ansichten Landais' aufs Höchste erbost, zwingt Franz II., seinen Ratgeber fallen zu lassen.
>
> Flugs präpariert man eine infame Anklageschrift, beschuldigt den Ex-Schneider des Hochverrats und der Steuerhinterziehung und kerkert ihn schließlich ein. In den Verliesen des Schlosses von Nantes gesteht der Unglückliche unter der Folter alle gegen ihn vorgebrachten „Verbrechen". 1485 wird er unter dem Gejohle einer von Bänkelsängern aufgewiegelten Menge auf dem Richtplatz von Nantes gehenkt.

Zur Zeit der Religionskriege (1562–1598) steht Vitré unter dem Schutz des mächtigen Geschlechts der *Colignys*. Vitré ist eine hugenottische Hochburg, der Stadtherr *Gaspar de Coligny* einer der berühmtesten französischen Protestantenführer. Da er immer mehr Einfluss auf den noch jugendlichen König *Karl IX.* gewinnt, zieht er sich die Missgunst der streng katholischen Königsmutter zu. Zunächst entkommt er einem von ihr angezettelten Anschlag, doch in der Bartholomäusnacht vom 24. August 1572 – der ganze hugenottische Adel ist unter Zusicherung freien Geleits anlässlich einer Hochzeit nach Paris gekommen – wird Coligny zusammen mit 3000 Glaubensgenossen niedergemacht. Harte Zeiten brechen über die Stadt herein. 1598 sorgt das Edikt von Nantes für vorübergehende Beruhigung. *Heinrich IV.* sichert den Protestanten freie Glaubensbetätigung und uneingeschränkten Handel zu, und die strebsamen Hugenotten Vitrés machen wieder prächtige Geschäfte.

Vitré 553

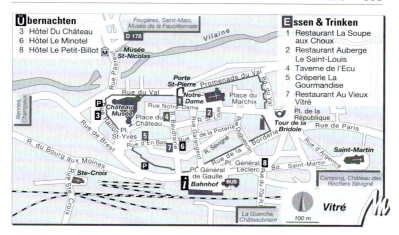

Den endgültigen Abstieg Vitrés leitet *Ludwig XIV.* ein. Mit der Aufhebung des Edikts von Nantes 1685 fliehen Tausende Hugenotten aus der Bretagne, die Textilindustrie verliert ihre wichtigsten Köpfe und Arbeiter, der Hanfanbau um Vitré – wichtigste Quelle des Reichtums – kommt zum Erliegen. Über 200 Jahre lang schläft Vitré in seinem mittelalterlichen Korsett nun einen Dornröschenschlaf.

Erst seit Mitte des 20. Jahrhunderts beginnt die Wirtschaft wieder zu prosperieren. Ein von der Regierung eingeleitetes Förderungsprogramm zu Beginn der 1970er Jahre belebt die traditionelle Kurzwarenfabrikation aufs Neue; Schuhfabriken, Lebensmittelindustrie und Produktionsstätten für Landmaschinen schaffen zusätzlich Arbeitsplätze – ein Prozess, der bis heute anhält.

*I*nformation/*V*erbindungen/*D*iverses

• *Postleitzahl* 35500

• *Information* **Office de Tourisme**, beim Bahnhof. Ausführliche Informationen. Juli/Aug. tägl. 10–12 und 14–19 Uhr. Sept. bis Juni Mo 14.30–18 Uhr, Di–Fr 9.30–12.30 und 14.30–18 Uhr, Sa 10–12.30 und 15–17 Uhr. Place Général de Gaulle. ✆ 02.99.75.04.46, ✆ 02.99.74.02.01, info@ot-vitre.fr, www.ot-vitre.fr.

• *Verbindung* **Zug**: Vitré liegt an der Hauptstrecke Rennes–Paris. Mindestens 6-mal täglich in beide Richtungen (Sonn- und Feiertage mindestens 3-mal). Die Fahrt nach Rennes dauert etwa 20 Min., nach Paris etwas über 3 Stunden Der TGV hält nur im Sommer in Vitré (sonst: nächste Station Laval); mit dem Hochgeschwindigkeitszug ist Paris nur noch 2 Stunden entfernt.
Bus: Nach Fougères werktags und zu Schulzeiten 2- bis 4-mal, nach Rennes 3-mal. Abfahrt beim Bahnhof.

• *Internet* **Cyber Espace 35**, auch von Spielern frequentiert. 13, rue du 70e Régiment d'Infanterie.

• *Markt* Samstagvormittag in der Rue de la Poterie.

• *Feste* **Festival du Bocage** Anfang bis Mitte Juli in Vitré und den umliegenden Dörfern; Kleinkunstfestival mit einheimischen und internationalen Künstlern.

• *Golf* Eine der schönsten Golfanlagen der Bretagne liegt unterhalb des Schlosses von Madame de Sévigné, etwa 6 km auf der D 88 südöstlich von Vitré. 18 Löcher par 71 in einem weiten, mit Nussbäumen und alten Rotbuchen bestandenen Rasenpark entlang des malerischen Flussufers. Golf des Rochers, Les Rochers Sévigné. ✆ 02.99.96.52.52.
Wer im Minotel (s. u.) absteigt, bekommt die Golfausrüstung vergünstigt.

Ostbretagne

Übernachten (siehe Karte S. 553)

- *Hotels* ** Le Minotel (6), gemütliches, kleines Hotel mit 17 Zimmern an einem beliebten Platz mitten im alten Vitré. Für Golfliebhaber gibt es interessante Angebote (s. o.). Kein Restaurant, aber das gegenüber liegende Au vieux Vitré ist im selben Besitz. DZ 49 €. Ganzjährig geöffnet. 47, rue de la Poterie 47, ℅ 02.99.75.11.11, ✉ 02.99.75.81.26, contact@leminotel.fr, www.leminotel.fr.

** Le Petit-Billot (8), Mittelklasse-Etablissement der Citôtel-Kette in der Nähe des Bahnhofs. 21 ordentliche Zimmer mit unterschiedlichem Sanitärkomfort. Frisch renovierte Fassade, Zusammenarbeit mit dem Restaurant nebenan. DZ 48 €. Nach Weihnachten bis über den Jahreswechsel geschlossen. 5, place Général Leclerc. ℅ 02.99.75.02.10, ✉ 02.99.74.72.96, petit-billot@worldonline.fr, www.petit-billot.com.

** Du Château (3), 24-Zimmer-Hotel am Stadtwall unterhalb des mächtigen Schlosses. Ab dem 2. Stock schöne Aussicht auf das Schloss. Ruhige Lage, kein Restaurant. DZ 43–45 €. Ende Okt./Anfang Nov. für eine Woche geschlossen. 5, rue Rallon. ℅ 02.99.74.58.59, ✉ 02.99.75.35.47, hotel-du-chateau2@wanadoo.fr, http://perso.wanadoo.fr/hotel-du-chateau.

- *Camping* ** Municipal St-Etienne, 2 km südöstlich des Zentrums am Ortsendeschild (Richtung Rochers-Sévigné, D 88). Campen passend zur Stadt: gepflegtes Wiesengelände, efeuüberrankte Ruinenreste und Sanitärblock im Natursteinstil (tolle Duschen). Bushaltestelle in Platznähe, vom Zentrum Linie 3, ins Zentrum Linie 4. Knapp 50 Stellplätze. Geöffnet März bis Mitte Dez. Route d'Argentré. ℅ 02.99.75.25.28.

Essen (siehe Karte S. 553)

Vitré wartet mit 2 kulinarischen Spezialitäten auf: „La Roulade Sévigné", eine Rindsroulade nach dem Rezept der sparsamen Madame de Sévigné. Und zum Nachtisch ein „Vitréais", ein delikates Biskuit mit Honig, Mandeln und karamelisierten Apfelscheiben, das Sie in jeder Pâtisserie erhalten.

- *Restaurants* Taverne de l'Ecu (4), in der Straße der früheren Lederzunft speist man gediegen und stilvoll in einem sehr schön restaurierten Fachwerkhaus aus dem 17. Jh. Neben verschiedenen Menüs (16–36 €) Erlesenes à la carte. Di abends und Mi geschlossen, ebenso 10 Tage im Februar und letzte Augustwoche. 12, rue de la Baudrairie. ℅ 02.99.75.11.09.

Auberge Le St-Louis (2), gegenüber der Kirche Notre Dame; innen gemütlich holzgetäfelt, außen einige Tischchen unter den alten Arkaden. Gepflegte Küche, große Auswahl zu moderaten Preisen – Menüs 12–28 €, Beispiel aus dem 17-€-Bereich: Jakobsmuscheln, Entenbeinchen und -leber und köstliches Dessert. Etwas teurer sind der geräucherte Lachs und die auf Salat servierten Langustinenschwänzchen. Ende Sept./Anfang Okt. geschlossen. 31, rue Notre-Dame. ℅ 02 99.75.28.28.

La Soupe aux Choux (1), unterhalb der Kirche Notre Dame, optisch ein nichtssagendes Lokal mit kleiner Außenterrasse. Bei den Vitréens und Vitréennes ist die „Kohlsuppe" ein gern besuchtes Lokal. Dort bestellen sie entweder das günstige Tagesmenü (Richtung Hausmannskost, 3 Gänge 13 €) oder sie stellen sich ihr Menü à la carte zusammen. Sehr gut als Vorspeise das Rindercarpaccio mit Basilikum, als Dessert empfehlenswert die Crème brulée à la vanille. Samstagmittag und So geschlossen (außer Juli/Aug.). 32, rue Notre-Dame. ℅ 02.99.75.10.86.

Au Vieux Vitré (7), am Haus schwingt ein Kneipenschild mit einem pfannenbewehrten Koch: Das Pizzeria-Restaurant im Obergeschoss empfiehlt sich mit Pizzen, Salaten, italienischen und französischen Fleischgerichten (Florentiner Medaillons). Im Erdgeschoss erweitert eine Crêperie das kulinarische Angebot. Straßentische laden zum Verweilen. So/Mo geschlossen. 1, rue d'En Bas. ℅ 02.99.75.02.52.

- *Crêperie* La Gourmandise (5), neben der Place St-Yves. Günstige Crêpes in lebhafter Atmosphäre. Für 10 € pro Person kann man es sich hier mit selbst zusammengestellten Crêpes und Cidre gut gehen lassen. Donnerstagabend und Montag geschlossen. 26, rue d'En Bas. ℅ 02.99.75.02.12.

Sehenswertes

Stadtrundgang: Am eindrucksvollsten ist das Gassenviertel zwischen Schlossplatz und Kirche. Vom Château aus führt die *Rue du Château* in Vitrés schönste Straße, die *Rue de la Baudrairie*. In den von Satteldächern überragten Fachwerkhäusern wohnten, produzierten und verkauften die alten Meister der Lederzunft (altfranzösisch *baudroyers*) ihre Artikel; einige der Häuser sind auf Stein oder Holzpfeiler abgestützt, sogenannte *maisons à porches*, die man in Vitré auch in anderen Gassen sieht. Abwärts führt sie zur *Rue d'En Bas*, dort links in die *Rue de la Poterie*, die zentrale Gasse der Altstadt. Diese mündet in die *Rue Duguesclin*, die sich bei der verwitterten und vegetativ überwucherten *Tour de la Bridole* (13.–15. Jh.) zur *Place de la République* öffnet. Ein Gittertor gibt hier den Weg frei zur *Promenade du Val*, einer idyllischen Allee mit Aussicht über das Vilaine-Tal. Durch das *Saint-Pierre-Tor* gelangt man links in die Altstadt zurück, zur *Kirche Notre-Dame* und auf der *Rue Notre-Dame* zurück zum Schloss.

Château/Musée: Die Burg ist eines der schönsten Denkmäler mittelalterlicher Militärarchitektur Frankreichs. Der Ende des 11. Jahrhunderts errichtete Ursprungsbau war eine einfache, palisadenbewehrte Festung auf dem steilen Felshang über der Vilaine – Reste dieser romanischen Burg wurden im Burghof ausgegraben; die Burg wurde nach zwei Jahrhunderten abgerissen und Mitte des 13. Jahrhunderts neu errichtet. Im 14. und 15. Jahrhundert wurde der Neubau mehrmals erweitert, mit wehrhaften Galerien versehen und schließlich zur repräsentativen und militärischen Residenz ausgebaut. Die Burg besitzt einen dreieckigen Grundriss, eine schwere, hölzerne Zugbrücke führt durch einen

Im Schlosshof

von zwei Türmen bewachten Torbau in den Innenhof mit seinem großen Brunnen. Sieben Türme erheben sich im Mauerwall, an der Nordseite ist heute das Rathaus der Stadt.

Ein Teil der Schlossanlage wird als *Museum* genutzt. Verteilt auf drei Türme, durch eine Galerie auf der Burgmauer verbunden, werden hier einige außergewöhnliche Raritäten aufbewahrt. Die *Tour St-Laurent* bietet neben dem Panorama auf die Schieferdächer der Altstadt Skulpturen aus Vitréser Bürgerhäusern, flandrische Gobelins (16. Jh.), Truhen, alte Stadtansichten und als Höhepunkt einen Kamin aus dem Jahr 1583, frisch bemalt und mit dekorativen Musikern, Tänzern und Wappen verziert.

Auf dem Weg zur Altstadt

Über die Wehrmauergalerie gelangt man zur *Tour de l'Argenterie*, die seit 1989 das städtische Kuriositätenkabinett beherbergt. Achtung: Die außergewöhnliche Kollektion verrückter Objekte, die Ambroise Morel, ein Vitréser Natur- und Heimatkundler, zusammengetragen und der Stadt vermacht hat, ist nichts für schwache Nerven. Neben den naturkundlichen Exponaten (Insekten, Vögel und Muscheln) winden sich im Alkohol Reptilien, Säugetiere und ein menschlicher Fötus, während am Plafond eine ausgestopfte Boa Constrictor hängt. Ein Leckerbissen für Freunde speziellen Humors ist die Vitrine mit den ausgestopften Fröschen: in teilweise zeitgenössischen Kostümen stellen sie Szenen aus dem aristokratischen Alltag dar; elegant tanzen sie eine Polonaise, sie spielen Karten, humpeln kläglich einbeinig auf Krücken herum oder fechten mit einem gegnerischen Frosch.

Den Abschluss des Besuchs bildet die *Tour de l'Oratoire*, in deren angebauter Renaissance-Kapelle sich ein dreiflügeliger Altar (16. Jh.) befindet. 32 wertvolle Emailletafeln aus Limoges (17. Jh.) mit Motiven aus dem Leben Christi und Marias schmücken ihn; daneben liturgische Gewänder und zwei kunstvolle, im 19. Jahrhundert von Pariser Goldschmieden gefertigte Monstranzen.

• *Öffnungszeiten des Museums* Mai bis Sept. 10–12.45 und 14–18 Uhr, Di geschlossen. Okt. bis April 10–12.45 und 14–17.30 Uhr, Di und Sonntagvormittag geschlossen. Eintritt 4 €. Das Ticket berechtigt gleichzeitig zum Besuch des Museums St-Nicolas, des Château des Rochers Sévigné und des Musée de la Faucillonaie.

Eglise Notre Dame: Zwischen 1420 und 1550 bauten mehrere Generationen an der monumentalen Kirche aus grauem Vitréser Stein, die klassische Züge der Hochgotik aufweist. Wenig überzeugend ist allerdings der Haupteingang im Westen: Hier wurde ein dorisches Säulenportal eingebaut, das nicht so recht zum großen Torbogen passen will. Die helle Holztür mit ihren Schnitzarbeiten bildet dann einen weiteren Kontrast. Harmonischer ist die Südseite der Kirche mit ihren sieben reich verzierten Giebeln. Hier ist auch die *Außenkanzel*, auf der die protestantischen Prediger während der Religionskriege predigten. Das Kircheninnere birgt nichts Aufregendes.

Musée St-Nicolas: In der gotischen Kapelle des ehemaligen Hospitals unterhalb der Burg (Rue Pasteur) widmet sich eine kleine Ausstellung der religiösen Kunst. Schwerpunkt des Musée d'Art Sacré sind Goldschmiedearbeiten des 19. und der ersten Hälfte des 20. Jahrhunderts. Sehenswert sind neben der kleinen Sammlung die Wandgemälde der Kapelle aus dem 15. Jahrhundert.

Öffnungszeiten Identisch mit denen des Schlossmuseums (siehe *Château/Musée*). Eintritt im dortigen Ticket enthalten.

Vitré/Umgebung

Château des Rochers Sévigné: 6 km südöstlich von Vitré, links der D 88, umgeben von einem Wald mit hohen Rotbuchen und alten Nussbäumen, liegt das Schloss der Marquise de Sévigné, in dem die Literatin einst lustwandelte. Vor dem L-förmigen Schlossbau aus dem 15. Jahrhundert öffnet sich der französische Garten

---

Madame de Sévigné

Marie de Rabutin Sévigné, Jahrgang 1626, ging als eine der bekanntesten Briefeschreiberinnen in die Literaturgeschichte ein. Ihre aus Klatsch, Intrigen und historischen Fakten zusammengesetzten Mitteilungen an verschiedene literarische Größen und an ihre in der Provence lebende Tochter illustrieren geistreich und sprachgewandt den Alltag der geplagten Adelskreise im 17. Jahrhundert.

Die gebürtige Burgunderin heiratete 1644 den Marquis von Sévigné, der schon acht Jahre später bei einem Duell getötet wurde. Zunächst lebte die Witwe mit ihren beiden Kindern weiter in Paris, doch das für Adelskreise aufwendige Leben in der Hauptstadt verschlang ungeheure Summen, und das Erbe schmolz dahin. 1678 zog sich die Familie nach Vitré zurück. Im Stammschloss ihres verstorbenen Mannes führte die Marquise aus Sparsamkeitsgründen ein karges Leben, argwöhnisch und geizig kontrollierte sie ihre Pächter und Handwerker.

In über 1500 Briefen, die sie im Lauf ihres zunächst ereignisreichen (in Paris), später eintönigen Lebens (im Schloss des Rochers) schreibt, kommentiert Madame das Alltagsleben ihrer aristokratischen Zeitgenossen. Pointiert erzählt sie von politischen Intrigen und vom Klatsch am Hof des Sonnenkönigs, in den späten Briefen an ihre Tochter widmet sie sich ganz der Bretagne. Boshaft lässt sie sich über den bretonischen Landadel aus („Es fließt soviel Wein durch die Kehle eines Bretonen wie Wasser unter der Brücke hindurch") oder begleitet die Sitzungen des Ständeparlaments mit beißendem Spott. Daneben bleibt der Schlossherrin noch Zeit, sich peinlich genau um die kleinen Dinge des Lebens zu kümmern. Höchst erstaunt wundert sie sich über die von ihr bestellten Dachdecker, die, „man dankt Gott, für 12 Sous eine Arbeit machen, die man für 10.000 Ecu nicht machen würde". In einer Anwandlung von Mitleid bedauert sie ihre armen Pächter und Bauern, „die kaum Brot haben, auf Stroh schlafen und weinen".

1695 zieht die inzwischen fast 70-jährige Marquise zu ihrer Tochter in die Provence, wo sie am 17. April 1696 auf Schloss Grignan stirbt.

(17. Jh.), den der berühmte Landschaftsarchitekt André Le Notre gestaltet hat. Im 17. Jahrhundert wurde der alte Flügel mit einem niedrigeren Wohngebäude erweitert, die Kapelle steht etwas isoliert daneben.

Die Besichtigung der Schlossanlage beschränkt sich auf die Kapelle und zwei etwas lieblos eingerichtete Zimmer im Nordturm. Während sich in der Kapelle das alte Mobiliar, Sessel für die Damen und niedrige, stoffbespannte Betbänke für die Herren bewundern lassen, ist der Besuch der Schlossräume enttäuschend. Das *Cabinet vert* des Erdgeschosses ziert ein Kamin mit den Initialen Madame de Sévignés, an den Wänden hängen zwei Portraits der Dame: etwas mollig, das Kleid tief dekolletiert, ganz im aristokratischen Zeitgeschmack. In einer Vitrine liegen Handschriften aus – Haushaltsaufzeichnungen und Berichte über die Schlossverwaltung. Im oberen Raum sind weitere Bilder und spärliches Mobiliar zu sehen. Geruhsam und kurzweilig ist ein Spaziergang durch den *grand parc* (Gelände des Golfclubs), in dem die Wege noch die von Madame de Sévigné verliehenen Namen tragen: *le mail* (die Promenade), *l'infini* (die Unendlichkeit) oder *l'humeur de ma fille* (die Laune meiner Tochter).

Öffnungszeiten Identisch mit denen des Schlossmuseums (siehe *Vitré, Château/Musée*). Eintritt im dortigen Ticket enthalten.

Musée de la Faucillonnaie: Das vierte im Bunde des Vitréser Museumsnetzwerks, 5 km nördlich in Montreuil-sous-Pérouse. In einem Gutshaus, dessen Ursprünge aus dem 15. Jahrhundert stammen, werden Gegenstände des gehobenen Landlebens vergangener Tage gezeigt. Nichts Aufregendes, doch wer sein Museumsticket voll ausschöpfen will, wird sich wohl auf den kurzen Weg machen.

Öffnungszeiten Mai bis Sept. tägl. 10–12.45 und 14–18 Uhr. Okt. bis April 10–12.15 und 14–17.30, Di geschlossen. Eintritt im Ticket des Schlossmuseums (siehe *Vitré, Château/Musée*) enthalten.

Champaux: Ein kleines Dorf im Abseits und in dessen Mitte ein dörfliches Schmuckstück – die *Place du Cloître*. Sie ist gesäumt von den Granitreihenhäusern der früheren Chorherren und der *Stiftskirche*, ein hübscher *Ziehbrunnen* auf der Rasenfläche rundet das historische Ensemble harmonisch ab. Die große einschiffige Kirche stammt aus dem 14. und 15. Jahrhundert, die Höhepunkte im Inneren datieren aus der Zeit der Renaissance: das *Chorgestühl* (Schnitzereien, u. a. Adam und Eva im Fell) und die *Fenster* der Apsis (Passionsgeschichte und Abrahams verhindertes Opfer). Eine weltliche Zugabe nach der Besichtigung ist das urige Landcafé neben der Kirche.

Anfahrt Vitré auf der D 857 Richtung Châteaubourg verlassen und nach knapp 5 km rechts ab, dann noch 4 km auf einem schmalen Sträßchen.

Fougères (21.800 Einwohner)

Die schweren Mauern und Bastionen der Burg tief unten im Tal des Nançon sprechen eine beredte Sprache. Über Jahrhunderte war Fougères als mächtigste und heftig umstrittene Feste des bretonischen Ostwalls eine der größten mittelalterlichen Wehranlagen Europas.

Die *Unterstadt* Fougères mit der Burganlage, der *Kirche St-Sulpice* und den alten Fachwerkhäusern eng um die *Place du Marchix* ist der von der Geschichte angestaubte Kern der ehemaligen Grenzstadt. Heute spielt sich das Leben Fougères in der jüngeren *Oberstadt* ab, auf den Flanken eines Steilhangs hoch über der Flussschleife des *Nançon*.

Blick vom Jardin publique

Fougères war die nördlichste Grenzfeste des bretonischen Ostwalls. Die Stadt war aber nicht nur von herausragender strategischer Bedeutung für das bretonische Herzogtum, sondern auch eine wichtige Handelsstadt – zunächst eine Topadresse für die Segeltuchproduktion, dann für die Fabrikation von Schuhen (siehe Kastentext *Vom Tuch zum Schuh*).

Bereits vor dem Zweiten Weltkrieg stürzte Fougères in eine tiefe wirtschaftliche Depression, die auch nach dem Krieg anhielt. Erst die Pariser Förderprogramme der späten 1960er und frühen 70er Jahre brachten neuen ökonomischen Aufschwung. Durch die Ansiedlung moderner Industriebetriebe (Elektronik, Lasertechnik und Chemie) und die systematische Modernisierung des Agrarwesens gewann Fougères einen Teil seiner überregionalen handelspolitischen Bedeutung zurück. Die 6000 bis 7000 Tiere fassende Versteigerungshalle im *Parc de l'Aumaillerie*, in der sich jeden Donnerstag die Viehhändler treffen, ist einer der wichtigsten Umschlagplätze Frankreichs und der EU für Rind- und Hornvieh.

Geschichte

Fougères wechselvolle Geschichte beginnt vor rund 1000 Jahren mit dem Bau einer simplen Holzburg *(motte)* auf einem Felsplateau inmitten des schwer anzugreifenden Sumpfgeländes, das der mäandernde Fluss *Nançon* hier bildet. Zu ihren Füßen entwickelt sich eine kleine Stadt, eine Kirche wird errichtet, eine Mönchsgemeinschaft zieht ein, vor allem aber siedeln sich unter dem Schutz der Barone von Fougères Gerber- und Färberfamilien an. Einer der bekanntesten lokalen Barone ist *Raoul II*, Vasall des bretonischen Herzogs *Conan der Kleine*, der sich 1166 zusammen mit mehreren Adeligen gegen den englischen König stellt. Raoul muss nach einer mehrmonatigen Belagerung aufgeben, seine Burg wird geschleift. Nach dem Abzug der Engländer macht er sich an den Bau eines steinernen Gebäudes, das zukünftigen Attacken nicht mehr so hilflos gegenüberstehen soll.

In den folgenden drei Jahrhunderten bauen seine Nachfolger ein gewaltiges Verteidigungsensemble in das sumpfige Land, leiten sogar den Flusslauf um und befestigen die Mauern mit mächtigen Türmen. Fougères' strategische Lage erfordert diese Maßnahmen auch. Häufig ist die Burg umkämpfter Zankapfel mächtiger Interessen. Trotz ihrer ungeheuren Ausmaße ziehen immer neue Herren mit Gewalt in die Festung ein: Ludwig IX., Duguesclin, der aragonische Hauptmann Surienne und 1488 schließlich *Karl VIII.*, der drei Tage nach der Einnahme Fougères auch die entscheidende Schlacht gegen Franz II. gewinnt und damit den Anfang vom Ende des autonomen Herzogtums der Bretagne einleitet.

Vom Tuch zum Schuh

Im Schatten des Schlosses, entlang der Flussschleife des Nançon, arbeiteten schon seit dem 12. Jahrhundert die Gerber und Färber der Stadt. Im 13. Jahrhundert galten die Stofffärber von Fougères als Meister ihres Fachs, die Tuchweber als exzellente Textilspezialisten. Mit dem Aufkommen der Segelschifffahrt am Anfang des 15. Jahrhunderts erlebte Fougères einen rasanten wirtschaftlichen Aufstieg. Bretonisches Segeltuch war bei allen Flotten begehrt, und die Fougerais lieferten.

Als die Dampfschifffahrt das Segeltuch überflüssig machte, stellte sich die Weberzunft flugs auf das Strumpfgeschäft um, und bereits vor der Revolution galt geklöppeltes Fußgarn aus Fougères bei Damen und Herren als erste Wahl. Ab 1800 ging man zur handwerklichen Produktion von Stoffschuhen über, zunächst aus Wolle geflochten, dann aus Filz gewirkt. Mit der Idee, statt der textilen Sohle eine aus Leder an das Fußkleid zu nähen und den Filz schließlich durch einen Lederschaft zu ersetzen, begann Fougères goldene Ära als führende französische (Damen-)Schuhstadt. Bis 1870 wurden die Schuhe ausschließlich handgenäht, dann in industrieller Produktion hergestellt. Vor allem im zweiten Drittel des 19. Jahrhunderts boomte das Geschäft: Von 1874 bis 1890 verdoppelte sich die Zahl der in der Schuhindustrie Beschäftigten, in 27 Fabriken schufteten 11.000 Arbeiter und Arbeiterinnen. Mit der Verbesserung der industriellen Techniken sank zwar die Zahl der Schuhproduzenten, doch 1950 verdienten immer noch 5000 Fougerais ihren Lebensunterhalt in der Schuhfabrik. Eine Stadt, die ihre Ökonomie auf ein einziges Produkt abstellt, läuft Gefahr, wenn der Weltmarkt mit seinen harten Gesetzen auf den Plan tritt. Die ausländische Konkurrenz und die zu späte Modernisierung der Produktionsanlagen brachten Fougères in eine tiefe wirtschaftliche Talsohle. Nur wenige der einst berühmten Fougèrer Schuhunternehmen überlebten den Konkurrenzkampf der letzten Jahre.

Zwischen 1793 und 1804 wird Fougères mehrmals zum Schauplatz trauriger Gemetzel. Stadt und Umgebung gelten als Hochburg der Chouannerie, in wechselnder Folge wird Fougères belagert, gestürmt und erobert. Mal sind es die Blauen (Republikaner), mal die Roten (Royalisten), die in der Stadt wüten. Ströme von Blut fließen, Bürgermeister werden füsiliert, fast zehn Jahre lang herrschen Denunziation, Mord und Totschlag. Danach kehrt Ruhe in Fougères ein – und die Dichter kommen, zuerst *Honoré de Balzac*, dann *Victor Hugo*. Beide sind auf der Suche nach der Vergangenheit, beide haben vor, über die Zeit der Chouan-Bewegung zu berichten.

Fougères

Balzac gelingt mit seinem in Fougères geschriebenen Roman *Les Chouans* 1829 der literarische Durchbruch. Hugo kommt 1836 in Begleitung von Juliette Drouet, seiner lebenslangen Geliebten, die in Fougères geboren ist, in die Stadt und fasst sein Entzücken im berühmten Ausspruch zusammen: „Gerne würde ich jeden fragen: Haben Sie Fougères gesehen?" Die literarische Vergangenheit der Stadt lebt heute im Rahmen einer *promenade littéraire* weiter: Der interessierte Besucher kann sich beim Entdecken der Sehenswürdigkeiten durch Zitate großer französischer Dichter auf kleinen Tafeln in vergangene Jahrhunderte zurückversetzen lassen.

Information/Verbindungen/Diverses

- *Postleitzahl* 35300
- *Information* **Office de Tourisme**, im Zentrum der Oberstadt. Ostern bis Juni und Sept./Okt. Mo–Sa 9.30–12.30 und 14–18 Uhr, So 13.30–17.30 Uhr. Juli/Aug. Mo–Sa 9–19 Uhr, So 10–12 und 14–16 Uhr. Nov. bis Ostern Mo 14–18 Uhr, Di–Sa 10–12.30 und 14–18 Uhr. 2, rue Nationale. ✆ 02.99.94.12.20, ℻ 02.99.94.77.30, ot.fougeres@wanadoo.fr, www.ot-fougeres.fr.
Nebenstelle von Juni bis Sept. beim Schloss, gleiche Öffnungszeiten wie das Hauptbüro. Place P. Simon
- *Verbindung* **Bus**bahnhof 300 m südlich des Zentrums. Nach Laval 2-mal tägl., Vitré mindestens 3-mal werktags, Sonn- und Feiertage 2-mal, über St.-Aubin-du-Cormier nach Rennes (bis zu 8-mal werktags, Sonn- und Feiertage 2-mal). In der Saison zusätzlich mehrmals tägl. zum Mont-St-Michel. Die Gare Routière, findet man an der Place de la République.
- *Petit Train* Der kleine Zug rollt ab dem Schlossplatz 30 Minuten durch die Ober- und die Unterstadt. Erwachsene 5 €, Kinder 3 €.
- *Markt* **Wochenmarkt** Samstagmorgen im Zentrum.
Der **Rindermarkt** (Marché de l'Aumaillerie, im Südosten der Stadt) findet jeden Freitagvormittag statt. Eintritt 2 €, Kinder gratis.
- *Waschsalon* **La Laverie du Futur**, Filialen in der Rue de la Forêt und an der Place de la République.

Übernachten (siehe Karte S. 563)

- *Hotels* ** **Du Commerce (7)**, südlich des Bahnhofs. Nettes Hotel mit 15 meist komfortablen, sanitär unterschiedlich ausgestatteten Zimmern. Gartenterrasse. Im Restaurant (So abends geschlossen) preiswerte und gute Menüs. Völlig unterschiedliche DZ 46–81 €, HP 52–60 €. Über Weihnachten/Neujahr geschlossen. 3, place de l'Europe. ✆ 02.99.94.40.40, ℻ 02.99.99.17.15, tmk.fougeres@wanadoo.fr.

** **Balzac (3)**, unweit des Theaters im Zentrum. Gepflegtes Stadthotel, 20 ordentliche Zimmer mit unterschiedlicher Sanitärausstattung. TV und Telefon. Kein Restaurant. DZ 38–58 €, die billigsten mit Etagen-WC. Ganzjährig geöffnet. 15, rue Nationale. ✆ 02.99.99.42.46, ℻ 02.99.99.65.43, balzachotel@wanadoo.fr, www.balzachotel.com.

** **Citôtel Les Voyageurs (1)**, im Zentrum der Oberstadt an einer verkehrsreichen Kreuzung. Mehrstöckiges 36-Zimmer-Hotel, 2003 komplett renoviert, Zimmer z. T. etwas laut. Restaurant (unabhängig vom Hotel geführt) im Erdgeschoss (siehe *Essen*). WiFi-Zugang. DZ 42–56 €. Weihnachten bis 15. Jan. geschlossen. 10, place Gambetta. ✆ 02.99.99.08.20, ℻ 02.99.99.99.04, hotel-voyageurs-fougeres@wanadoo.fr.

* **Flaubert (5)**, ein Stück hinter dem Busbahnhof; 2003 renoviertes 10-Zimmer-Hotel mit kleiner Bar. Einfache Räume, einige mit Dusche/WC. DZ ab 27 €. Ganzjährig geöffnet. Rue Gustave Flaubert, ✆ 02.99.99.00.43.

De Bretagne (6), bahnhofsnah und einfach, doch für die Preisklasse in Ordnung. Der freundliche, gut informierte Besitzer erspart den Weg zur Touristinformation. 19 Zimmer, vom schlichten Raum mit Waschbecken bis zum 4-Personenzimmer mit Dusche/WC. Internet-Anschluss. Wer auf die Glotze nicht verzichten kann, dem wird für 4 € pro Nacht geholfen. DZ ab 22 €. Geschlossen von Weihnachten bis Silvester. 7, place de la République. ✆ 02.99.99.31.68, ℻ 02.99.99.31.68, contact@hoteldebretagnefougeres.com, www.hoteldebretagnefougeres.com.

- *Camping* ** **Fougères**, am Rand der Vorstadt Paron, 2½ km vom Zentrum an der D 77, bescheiden ausgeschildert. Gediegenes

Rasengelände mit Hecken, Pappeln und viel Grün, umgeben von einem Complexe sportive. Gute und saubere Sanitäreinrichtungen. Spielplatz, Tennismöglichkeit. 90 Stellplätze. Geöffnet Mai bis Sept. Route de la Chapelle-Janson. ✆ 02.99.99.40.81, ✉ 02.99.99.70.83, sports@fougeres.fr.

Essen

• *Restaurants* **Les Voyageurs (1)**, das Restaurant im gleichnamigen Hotel (aber in getrennter Regie geführt) ist das beste der Stadt, hier können Sie die meisten Euro lassen. Keine kulinarischen Offenbarungen, doch eine gute Auswahl sehr ordentlicher Menüs ab 17 €. Sa mittags geschlossen, außerhalb der Saison auch So abends. 10, place Gambetta. ✆ 02.99.99.14.17.
Le Buffet (4), gleich neben dem Villéon-Museum; etwas nüchtern, aber preiswerte und gute Menüs von 11–21 €. Am Vorspeisen- und Dessertbuffet darf man sich je nach Menü ein oder mehrere Gerichte aussuchen. Mittwochabend und So geschlossen. 53bis, rue Nationale. ✆ 02.99.94.35.76.
La Naïade (2), Pizzeria, Saladerie, Grill. Stilvoll eingerichtetes Gasthaus. Preiswert. Sonntagmittag, in der Nebensaison So/Mo geschlossen. 9, place du Théâtre. ✆ 02.99.94.51.75.

Sehenswertes

Schloss: Trotz der Ausmaße seiner gewaltigen Wehrmauern gehört die Feste von Fougères zu den Burgen, die oft erfolgreich belagert und eingenommen wurden. Die Gründe dafür sind die paradoxe Lage der Burg und die Verbesserung der Feuerkraft der Artillerie im Lauf der Jahrhunderte. Während im frühen Mittelalter das sumpfige Gelände an der Nançonschleife und die nur kurz reichenden Geschütze Gewähr für die Unversehrtheit der Feste boten, erwies sich die Lage im Flusstal in späterer Zeit als schweres Handikap. Vom Felssporn über der Burganlage erreichten die modernen, weitreichenden Kanonengeschosse mühelos das Bollwerk und konnten sturmreife Breschen in den Festungswall schlagen. So gelang es seit dem 14. Jahrhundert vielen Belagerern, in auszehrenden Kanonenduellen die imposante Festung zu knacken (siehe *Geschichte*).
Ein Rundgang außerhalb der Ringmauer verschafft einen ersten Eindruck der Anlage – die Wucht der bis zu sieben Meter dicken Mauern ist überwältigend. Insgesamt verstärkten 13 Türme die Verteidigungsanlage, benannt nach Eroberern oder späteren französischen Gouverneuren. Ins Innere der Anlage gelangt man hinter der Brücke über den Nançon. Von drei Türmen bewacht, öffnet sich das *Vorwerk* – der erste Hof, in dem früher die Eindringlinge von allen Seiten aus beschossen und mit Pech übergossen werden konnten. Eine Brücke über einen weiteren Graben, von Bogenschützen und Pechgießern in den vier Türmen kontrolliert, führt durch die zweite Verteidigungsmauer in den *Innenhof*. Von links nach rechts erheben sich der *Raoul-*, der *Surienne-*, der *Mélusine-*, der *Gobelin-* und der *Coigny-Turm*. Der Mélusine-Turm, der mächtigste der fünf, wurde um 1300 von dem Geschlecht der Lusignans gebaut, die ihren Stammbaum auf die keltische Fee Mélusine zurückführen. Der Turm ist 31 m hoch, hat einen Durchmesser von 13 m und eine fast vier Meter dicke Mauer. Seine Plattform erlaubt einen exzellenten Rundblick über die Burg und die Dächer des Marchix-Viertels.
Öffnungszeiten Feb. bis Mitte Juni und Okt. bis Dez. tägl. 10–12 und 14–17 Uhr. Mitte Juni bis Sept. tägl. 9–19 Uhr (ganz sollte man sich auf die offiziellen Angaben aber nicht verlassen). 3-mal tägl. begleitete 45-Minuten-Führungen (englisch/französisch/deutsch). Eintritt 3,65 €. Das Schloss kann jederzeit auch unbegleitet besichtigt werden.

Marchix-Viertel: Das Fachwerk rund um die *Place du Marchix* (früher Schauplatz des Hornviehmarkts) und die anschließenden Gassen ist ein häufig gemaltes und

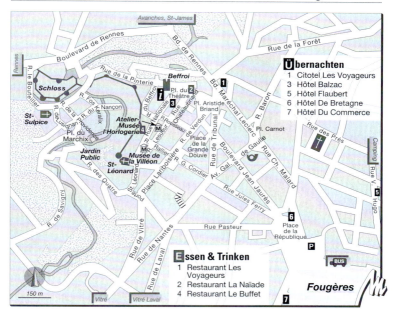

fotografiertes Motiv. Die Häuser stammen vorwiegend aus dem 16. Jahrhundert Besonders romantisch ist der Blick auf die über dem Flussufer thronenden Fachwerkkonstruktionen *(Rue des Tanneurs).*

Eglise St-Sulpice: Die zwischen dem 15. und 18. Jahrhundert mehrmals umgebaute Kirche im spätgotischen Stil beherbergt die Jesus stillende *Marienfigur Notre-Dame-des-Marais* (Jungfrau der Sümpfe). Englische Plünderer hatten sie 1166 nach der Eroberung der Stadt in die Sümpfe geworfen, wo sie später wunderbarerweise wieder auftauchte. Natürlich ein prächtiger Anlass, ihr zu Ehren alljährlich einen Pardon zu begehen. Chor und Chorumgang sind im unteren Teil komplett mit Holz ausgekleidet. Davor stehen zwei granitene Retabel, von denen das rechte Gerber-Retabel (15. Jh.) das schönere ist. Es zeigt noch Spuren der früheren Bemalung der Madonna, im oberen Teil ist das Werkzeug der Gerber zu sehen.

Eglise St-Léonard: Das im 15./16. Jahrhundert gebaute Gotteshaus ist heute die Hauptkirche der Stadt. Am Fuß der Kirche zieht sich der *Jardin public* – der Stadtpark hat einen früheren Friedhof verdrängt – terrassenförmig zum Schloss hinunter. Die Allee des Parks ist dankenswerterweise von hohen Bäumen und niedrigen Bänken gesäumt: ausgezeichnetes Panorama über die Burg und das Marchix-Viertel unten an der Nançon-Schleife. Den noch besseren Überblick allerdings bietet nach einigem Schnaufen der Glockenturm der Kirche.

Öffnungszeiten des Glockenturms Ostern bis Nov. Steiggebühr 2,05 €, Kinder unter 10 Jahren gratis.

Beffroi: Der unten vier- und oben achteckige Granitturm mit schiefergedecktem Helm, animalischen Wasserspeiern und einer schmalen Flamboyant-Balustrade

Fougères, eine der größten Burganlagen des Mittelalters

wurde im 14. Jahrhundert gebaut. Hier tagte früher die Ratsversammlung der Stadt. Der Beffroi von Fougères ist, neben dem von Dinan, der einzig erhaltene weltliche Glockenturm der Bretagne – nicht nur Zeichen von Wohlstand, sondern auch Symbol für das frühe Aufbegehren eines durch Handwerk und Handel reich gewordenen, aufstrebenden Bürgertums gegen die aristokratische Macht.

Atelier-Musée de l'Horlogerie: An der Rue Nationale (Haus Nr. 37) lädt die kombinierte Museumswerkstatt *l'Horlogerie* dazu ein, kostbare Überbleibsel aus der Prädigitalzeit zu bewundern – mehr als 200 Uhren gibt es zu sehen, von kleinen Armband- und Taschenuhren, bunten Spieldosen bis hin zu prächtigen Pendel- und großen Kirchturmuhren.
Öffnungszeiten Mitte Juni bis Aug. Di–Sa 9–12 und 14–19 Uhr. So/Mo 14–18.30 Uhr. Sept. bis Mitte Juni Di–Sa 9–12 und 14–19 Uhr; letzte Augustwoche geschlossen. Die Kasse schließt eine Stunde vor der Schließung der Museumswerkstatt. Eintritt 4,50 €, 10- bis 18-Jährige sowie Studenten 3,70 €. Kinder unter 10 Jahren gratis.

Musée de La Villéon: Einem Sohn der Stadt zu Ehren in der Rue Nationale (Haus Nr. 51) gegründet. Der Impressionist *Emmanuel de la Villéon* (1858–1944) malte mehr als hundert Bilder, von denen hier beinahe die Hälfte zu sehen ist. Das Museum befindet sich in einem schönen, mit einer Vorhalle versehenen Fachwerkhaus, dessen Anblick die Bilder des Künstlers fast in den Schatten stellt.
Öffnungszeiten Mitte Juni bis Mitte Sept. tägl. 10.30–12.30 und 14–18 Uhr. Mitte Sept. bis Mitte Juni Mi–So 10–12 und 14–17 Uhr. Eintritt frei.

Fougères/Umgebung

Fôret de Fougères: Ein mit 1600 Hektar relativ großer Wald 3 km nordöstlich der Stadt. Ein dichtes Netz kilometerlanger kleinerer und größerer Fußwege führt (beschildert) zu nicht gerade atemberaubenden, dafür etlichen Höhlen und Megalithzeugnissen. Durchaus anregende Spaziergänge.

Parc Floral de Haute Bretagne: In einem liebevoll um ein altes Herrenhaus angelegten Park können v. a. in den Monaten Juni und Juli prächtige Rosen- und Hortensienarrangements bewundert werden. Ähnlich wie in *Fougères* wird man auch bei diesem Spaziergang von Zitaten großer Dichter begleitet. Doch auch große Dichterworte vermögen nicht über den deftigen Eintrittspreis hinwegzutrösten.

- *Anfahrt* Von Fougères auf die D 798 (Richtung Avanches/St-James), nach ca. 10 km links auf die D 19 (Richtung Le Châtellier), dann gut ausgeschildert.
- *Öffnungszeiten* März und Okt. bis Mitte Nov. tägl. 14–17.30 Uhr. April bis Juni und Sept. Mo–Sa 10–12 und 14–18 Uhr, So 10.30–18 Uhr. Juli/Aug. tägl. 10.30–18 Uhr. Eintritt 8,90 €.

Rennes (206.000 Einwohner)

Ganz unbretonisch-modern präsentiert sich die Hauptstadt der Bretagne. Ursache ist die schwere Feuersbrunst von 1720. Die mittelalterliche Stadt mit den vorkragenden Fachwerkhäusern in den engen Gassen wurde fast vollständig ein Raub der Flammen, und das Zentrum von Rennes erhielt sein für heute typisches Gesicht: ein am Reißbrett entworfenes, ausladendlichtes Stadtgebilde mit neoklassizistischen Fassaden.

Rennes liegt am Zusammenfluss von *Ille* und *Vilaine* im Herzen eines geologischen Bassins – eine Lage, die die Stadt seit knapp zwei Jahrtausenden zum Verkehrsknotenpunkt prädestiniert. Anders als andere bretonische Städte war Rennes im Lauf seiner Geschichte weniger in Richtung Monts Arrée als vielmehr in Richtung Osten orientiert. Bretonisch hörte man in der Krönungsstadt der bretonischen Herzöge nur selten, das geschliffene Französisch der Parlamentsaristokratie, der Verwaltungsbeamten und Diplomaten war in der Hauptstadt des Herzogtums an der Tagesordnung.

Rennes ist die größte Stadt der Bretagne und ihre Hauptstadt. Seit dem Zweiten Weltkrieg verdoppelte sich die Einwohnerzahl, alle wichtigen Finanz-, Justiz- und Verwaltungsbehörden befinden sich hier. Daneben ist Rennes auch eine wichtige Industrie- und Handelsstadt, an der Peripherie haben sich Elektronikkonzerne (u. a. militärische Produktion), Automobilindustrie (Citroën), Transportunternehmen und Baufirmen niedergelassen. Mit seinen zwei Universitäten, denen noch mehrere Fachhochschulen angeschlossen sind, ist Rennes auch das Bildungszentrum der Bretagne. 40.000 Studentinnen und Studenten geben der Stadt ein jugendliches, weltoffenes Flair.

Geschichte

Rennes *(Condate)* ist bereits zur Zeit der Römer der zentrale Verkehrsknotenpunkt ihrer Provinz Armorika. Nach seinen Bewohnern nennt sich ein ganzer keltischer Stamm: die Redonen, die sich, im Gegensatz zu den widerspenstigen Venetern, nach dem Sieg Cäsars 56 v. Chr. schnell mit den römischen Machthabern arrangieren und – ganz dem galloromischen Lebensstil verhaftet – die Stadt schon früh zur Blüte bringen. Rennes geht nach dem Zusammenbruch Roms in die Hände der Goten, später der Franken über. Im 9. Jahrhundert erhält *Erispoe*, ein Nachkomme britannischer Kelten, aus der Hand *Karls des Kahlen* die Unabhängigkeit der Bretagne und mit ihr die Städte Rennes und Nantes – Ursprung einer fast 1000-jährigen Rivalität um die Vorherrschaft in der Bretagne. Erst mit der Neugliederung Frankreichs (1790) in Départements entschied Rennes den politischen Konkurrenzkampf letztlich für sich.

Im frühen Mittelalter ist Rennes eine heftig umstrittene Stadt, im Wechsel mit Nantes Sitz der bretonischen Herzöge, ständig von Briten und Franzosen umbuhlt, gelegentlich belagert und geplündert und so das geeignete Pflaster eines später über die Bretagne hinaus berühmt gewordenen Haudegens und Volkshelden, *Bertrand Duguesclin* (siehe *Dinan*, Kastentext *Bertrand Duguesclin*). Einen Schlussstrich unter Rennes erste unruhige Zeiten setzt nach dem Erbfolgekrieg 1365 *Jean de Montfort*, der künftige Herzog der Bretagne. Unter ihm und seinen Nachfolgern entwickelt sich Rennes zur mittelalterlichen Hauptstadt des Herzogtums, bis Anfang des 15. Jahrhunderts steigt die Einwohnerzahl auf stolze 12.000. Zwar residieren die Machthaber meist im verhassten, weltoffeneren Nantes, doch gekrönt werden die Herrscher in der Kathedrale von Rennes.

1491 wird diese Regelung der Stadt fast zum Verhängnis: *Karl VIII.* belagert zwei Wochen lang die bretonische Metropole, um die 12-jährige *Anne de Bretagne*, die hier auf die Ankunft ihres eigentlichen Gatten Maximilian von Österreich wartet, selbst zu freien (siehe *Geschichte*, Kastentext *Anne, Herzogin der Bretagne*). Zum Glück für die Stadt entscheidet sich das Kind für den 17-jährigen Franzosen. Rennes bleibt heil. Die Krönungszeremonie kann in der Kathedrale ungestört über die Bühne gehen, und so steht die Stadt vor einer blühenden Zukunft.

Mit der Übergabe des Herzogtums an die französische Krone 1532 wächst ihre Bedeutung noch. Da das wirtschaftlich bedeutendere Nantes König *Heinrich II.* zu unsicher ist, wird Rennes 1554 zum Sitz des bretonischen Parlaments und damit zur politischen Hauptstadt der Bretagne. In Rennes tagen die Stände, und die wichtigsten juristischen Entscheidungen fallen hier. Die Stadt boomt. Die im Parlament vertretenen Aristokraten des halbautonomen Herzogtums bauen sich großzügige Quartiere *(Hôtels)*, in denen sie während der Tagungsperioden residieren, die Geschäfte der Händler blühen, Wohlstand anzeigendes Fachwerk sprießt in den engen Gassen. 1675 erschüttert die „Stempelpapierrevolte" die Stadt (siehe *Geschichte*,

Kastentext *Die Stempelpapierrevolte*). Die Truppen *Ludwigs XIV.* ziehen in Rennes ein und schicken das Parlament in die Verbannung.

In der Nacht des 22. Dezembers 1720 findet Rennes´ über 200 Jahre währender Höhenflug ein plötzliches Ende. Ein Tischler entfacht auf dem Heimweg von der Weinstube im Vollrausch mit seiner Öllampe ein Feuer, das sich zu einer alles verschlingenden Brandkatastrophe auswächst. Fünf Tage lang wütet die Feuersbrunst in der dicht verwinkelten Stadt, fast 1000 Häuser werden ein Raub der Flammen, über 8000 Menschen obdachlos. Rennes ist fast vollständig zerstört. Die Pläne für den Neuaufbau entwickelt der Pariser Architekt *Jean Gabriel*, der der Stadt, die jetzt auch die Universität von Nantes übernommen hat, zwischen 1722 und 1756 ihr neues Gesicht gibt: monumentale Administrationspaläste mit granitenen Erdgeschossen und Säulengängen, die die Tuffsteinfassaden säumen, über die sich geometrisch gemusterte und bleiern schimmernde Schieferdächer legen. Rennes wird eine repräsentative, klassizistische Beamtenstadt, geprägt von breiten Avenuen, großzügigen Verwaltungsgebäuden und ausladenden Wohnhäusern, die appartementweise an die zahlungskräftigen Bevölkerungsschichten verkauft bzw. vermietet werden – eine Weltneuheit.

Mit dem Zeitalter der Industrialisierung verändert sich Rennes' Aussehen zum dritten Mal. Die Altstadt wird zu klein, die Stadt braucht Platz. Südlich der *Vilaine*, die bis dahin das Stadtgebiet natürlich abgegrenzt hat und nun kanalisiert wird, wächst in einem trockengelegten Sumpfgelände eine neue Stadt empor. Fabriken, Lagerhallen, Eisenbahn und neue Arbeiterwohnblocks legen sich wie Zwiebelschalen um den Altstadtring, in dessen kühler Eleganz das Beamtentum arbeitet und wohnt. Noch bis in die Mitte des 20. Jahrhunderts gilt es in Rennes keineswegs als Empfehlung, von „drüben", aus der proletarischen Südstadt, zu kommen.

1940 wird Rennes bei Fliegerangriffen schwer bombardiert. Über 6000 Menschen sterben, vor allem in der Südstadt richtet der Bombenhagel ungeheure Schäden an. Die Aufbauarbeiten nach dem Zweiten Weltkrieg sind ein relativ geglücktes Beispiel urbaner Planung, bei dem auch „soziale" Architekten zum Zuge kommen. So präsentiert sich Rennes heute als Stadt mit mindestens drei sympathischen Gesichtern: dem spärlichen mittelalterlichen, dem neuzeitlich-klassizistischen und dem modern-funktionalen des 20. Jahrhunderts.

Information

- *Postleitzahl* 35000
- *Information* **Office de Tourisme de Rennes Métropole**, neben der Kapelle St-Yves in der westlichen Altstadt, eine Gasse hinter der Vilaine. Information über die gesamte Bretagne – speziell über das Département Ille et Vilaine. Stadtprospekte, Hotelliste, Reservierungen, begleitete Stadtführungen (auch in Deutsch). Freundliche, mehrsprachige Auskünfte. April bis Sept. Mo–Sa 9–19 Uhr, So 11–18 Uhr. Okt. bis März Mo–Sa 9–18 Uhr, So 11–18 Uhr. 11, rue St-Yves. ✆ 02.99.67.11.11, ✉ 02.99.67.11.10, infos@tourisme-rennes.com, www.tourisme-rennes.com.

Verbindungen

- *Flugzeug* Der bretonische Flughafen mit den meisten Anschlüssen, 7 km außerhalb in Rennes-St.-Jacques (D 177, südwestlich). Nonstop-Flüge nach Paris, Lyon, Bordeaux, Toulouse, Marseille, Montpellier, Nice, Metz und Bâle-Mulhouse. Die Buslinie 57 hält die Verbindung mit der Stadt aufrecht. ✆ 02.99.29.60.00.
- *Zug* Rennes ist der Zentralbahnhof der Bretagne. Ende 1991 wurde das zur bretoni-

Place de la Mairie mit Oper

schen Metropole passende Abfertigungszentrum fertig gestellt: Viel Glas, viel Licht, Großrolltreppe und großstädtisches Reisezentrum. Mehrere Hauptlinien schneiden sich hier: Brest–St-Brieuc–Rennes–Paris, Quimper–Rennes–Paris; mindestens 10-mal tägl. in 3 Stunden über Laval und Vitré nach Paris (mit dem TGV 5-mal tägl. in 2 Std.); ebenso oft nach Brest. Quimper (über Redon, Vannes, Lorient) erreicht der Zug in 2½ Stunden, Brest in 2–3 Stunden. Touristisch interessante Nebenlinien: Rennes–Dol–Pontorson (Mont-St-Michel), Rennes–Dol–St-Malo/Dinard (etwa 10-mal täglich). Um auf die Nord-Süd-Achse nach Nantes, Lyon und Bordeaux zu kommen, steigt man in Redon um (etwa 10-mal täglich). Der Bahnhof liegt im Süden der Stadt, ca. 800 m vom Zentrum.

• *Bus* Busbahnhof neben dem Hauptbahnhof. Flächendeckende Verbindungen zu allen Nahzielen (z. B. Paimpont, Châteaubriant, Dinan, Ploërmel, Loudéac, Fougères, Vitré, Dol, La Guerche), zu den größeren Städten (Brest, St-Brieuc, Vannes etc.) und zu den Küsten- und Urlaubsorten im Süden (La Baule, Carnac, Quiberon) und Norden (St-Malo/Dinard, Mont-St-Michel). Sonn und feiertags stark reduzierte Fahrpläne. Auskünfte bei T.I.V., 20, rue du Pré du Bois. ✆ 02.99.26.11.26.

• *Métro* Seit 2002 verfügt Rennes über eine **Metro-Linie**, die tagsüber alle 3 bis 5 Minuten den Nordwesten der Stadt mit dem Südosten verbindet – 8,57 km in 16 Minuten.

• *Stadtbusse* Rennes hat ein sehr gut ausgebautes öffentliches Verkehrsnetz, das jährlich über 35 Millionen zahlende Passagiere befördert. 19 Stadtlinien, noch mehr Vorstadtverbindungen und einige Nachtbusse. Die Stadtbusse verkehren im 5- bis 20-Minuten-Rhythmus von 6.30–20.30 Uhr, Nachtservice bis 23.30 Uhr. Interessant für Camping-Touristen ist die Linie 3 (St-Laurent), die von der Place de la République oder vom Rathaus zum Campingplatz fährt. Fahrplan bei der Touristinfo oder am Campingplatz, Kartenverkauf an der Place de la Mairie von Mo–Sa 7–19 Uhr, beim Busfahrer oder in den Metrostationen.

Diverses

• *Parken* Die Stadtverwaltung rühmt sich ihrer über 10.000 Parkplätze, die in den vergangenen Jahren eingerichtet wurden. Trotzdem wird es beim täglichen Berufsverkehr sehr eng. Die größten Parkareale in der Innenstadt findet man entlang der Vilaine-Ufer;

Rennes 569

sie sind gebührenpflichtig und für Wohnwagen und Wohnmobile gesperrt (Höhe maximal 2,40 m). Weitere gebührenpflichtige Parkplätze sind über die ganze Altstadt verteilt.

• *Autoverleih* **Europcar**, am Bahnhof. Place de la Gare, ℅ 02.23.44.02.72; am Flughafen, ℅ 02.99.30.23.32.
Avis, am Bahnhof, ℅ 02.23.45.14.14; am Flughafen ℅ 02.99.29.60.22
Sixt, südlich des Bahnhofs. 1, square Sarah Bernhardt, ℅ 02.99.53.89.65.
Hertz, am Bahnhof, Place de la Gare, ℅ 02.23.42.17.01.

• *Fahrradverleih* **Cycles Guédard**, beim Bahnhof. 13 boulevard Beaumont. ℅ 02.99.30.43.78.

• *Bootsverleih* **urbaVag**, im Norden der Stadt, vermietet Elektroboote (5 oder 7 Plätze) stundenweise, halb- oder ganztags, auf denen man auf der Vilaine bzw. auf dem Ille-Rance-Kanal die Stadt erkunden kann. Nicht ganz billig. Rue du Canal St-Martin. ℅ 02.99.33.16.88.

• *Markt* Jeden Samstagvormittag rund um die Place des Lices. Wochenmarkt mit reichem Sortiment, frische Lebensmittel, Krimskrams und bunter Blumenmarkt.

• *Feste* Groß ist die Anzahl kultureller Veranstaltungen und Feste. Im Office de Tourisme sind alle Informationen erhältlich. Der Schwerpunkt liegt in den Sommermonaten. und das Topereignis steigt in der 1. Juliwoche: Das Festival mit dem zweideutigen Titel **Les Tombées de la Nuit** (Gefallene der Nacht oder Einbruch der Dunkelheit) ist das städtisch gesponsorte Kultur-Großereignis – eine Woche Tanz, Musik, Theater mit bretonischen und internationalen Darstellern auf verschiedenen Open-air-Bühnen und in den Fest- und Konzertsälen der Stadt. Informationen unter www.lestdnuit.com.

Übernachten (siehe Karte vorderer Umschlag)

In 50 Hotels mit über 2000 Zimmern ist bis auf die 5-Sterne-Luxus-Kategorie alles vertreten. Das Schwergewicht liegt auf der einfachen bis leicht gehobenen Mittelklasse. Die meisten Hotels finden sich in der Südstadt, Schwerpunkt Bahnhof.

• *Hotels* *** **Mercure-Colombier (17)**, der Bettenriese der Stadt in einer ruhige Seitenstraße in der Südstadt, in der Nähe des Kulturkomplexes Champs Libres. 5 Min. zum Zentrum oder Bahnhof. 142 standardgleiche Zimmer mit allem Komfort, Restaurant. DZ 96–108 €. Ganzjährig geöffnet. 1, rue Capitaine Maignan. ℅ 02.99.29.73.73, ℡ 02.99.29.54.00, H1249@accor.com, www.mercure.com (ins Formular „Rennes" eintippen).

** **Nemours (12)**, in der Nähe der neuen Markthallen, hinter der Place de la République. Jedes Kind in Rennes kennt den schnittigen Monsieur Chappey und seine Mannschaft von der MS Nemours. Der umgängliche Ex-Kapitän heißt Sie persönlich willkommen an Bord des Hotels. 29 Kabinen erster Klasse im ersten Stock mit Telefon, Fax, Minitel und Video. Bad/WC. Kein Restaurant, aber Kombüse für kleine Gerichte. DZ 52–90 €. Im Sommer 3 Wochen geschlossen, 5 rue de Nemours.
℅ 02.99.78.26.26, ℡ 02.99.78.25.40, resa@hotelnemours.com, www.hotelnemours.com.
Ibis (19), neues Hotel der bekannten Kette, in die moderne Bahnhofsarchitektur integriert und mit direktem Zugang zum Bahnhof. 90 klimatisierte Komfortzimmer, WiFi-Zugang. Hervorragendes Frühstücksbuffet. DZ 49–85 €. Ganzjährig geöffnet. 15, rue de Châtillon. ℅ 02.23.36.01.36, ℡ 02.23.36.01.37, H3450@accor.com, www.ibishotel.com (ins Formular „Rennes" eingeben).

** **Président (14)**, hinter der etwas geschmacklos-nüchternen Neubaufassade an der Straße zum Bahnhof verbergen sich 34 stilvoll eingerichtete Zimmer, alle mit Bad/WC bzw. Dusche/WC. WiFi-Zugang. Kein Restaurant. DZ 65–77 €. Weihnachten bis Silvester geschlossen. 27, avenue Janvier.
℅ 02.99.65.42.22, ℡ 02.99.65.49.77, hotelpresident@wanadoo.fr, www.hotelpresident.fr.

** **Garden (11)**, bei der Fernsehstation FR 3, 100 m vom zentralen Quai. Gemütliches Anwesen mit schönem Blumenpatio, zu dem die meisten der 25 Zimmer hinausgehen. Unterschiedlich ausgestattet, die meisten mit Bad/WC oder Dusche/WC. Alle mit Telefon/TV. Wintergarten. Salon, kein Restaurant. DZ 57–65 €. Ganzjährig geöffnet. 3, rue Duhamel. ℅ 02.99.65.45.06, ℡ 02.99.65.02.62, gardenhotel@wanadoo.fr.

** **Le Bretagne (18)**, Mitglied der Citôtel-Kette gegenüber dem Bahnhof. 40 Zimmer mit unterschiedlicher sanitärer Ausstattung (Dusche oder Bad/WC), zum Platz hin etwas laut. DZ 48–63 €. Ganzjährig geöffnet. 7, place de la Gare. ℅ 02.99.31.48.48, ℡ 02.99.

Ostbretagne
Karte S. 543

30.45.47, le.bretagne.hotel@wanadoo.fr, www. hotel-le-bretagne.fr.

** Des Lices (5), am gleichnamigen Platz in der Altstadt, eines der seltenen Hotels abseits der Bahnhofsgegend. Moderner, funktionaler Bau mit 45 ebensolchen Zimmern. Kein Restaurant. Privatparkplatz. DZ 55–61 €. Ganzjährig geöffnet. 7, place des Lices. ✆ 02.99.79.14.81, ✉ 02.99.79.35.44, hotel. lices@wanadoo.fr, www.hotel-des-lices.com.

** Lanjuinais (10), in einer Seitenstraße zwischen der Place de Bretagne am Ende des Quais und dem Kongresspalast in dessen Mitte. 39-Zimmer-Hotel mit komfortablen Räumlichkeiten. Alle mit Bad oder Dusche/WC und TV. Kein Restaurant. Frühstücksbuffet. DZ 43–57 €. Ganzjährig geöffnet. 11, rue Lanjuinais. ✆ 02.99.79.02.03, ✉ 02.99. 79.03.97, hotel-lanjuinais@wanadoo.fr, www. hotel-lanjuinais.com.

* D'Angleterre (13), zwei Gründe sprechen für das Hotel: die zentrale Lage zwischen Bahnhof und Altstadt und die günstigen Preise. Einfach, aber doch mit Stil. 30 altmodische, zum Teil geräumige Zimmer mit unterschiedlicher sanitärer Ausstattung. DZ 25–48 €. Ganzjährig geöffnet. 19, rue du Maréchal Joffre. ✆ 02.99.79.38.61, ✉ 02.99.79.43.85.

La Tour d'Auvergne (15), 12 korrekte Billigzimmer, zumindest nach hinten ruhig. Alle mit TV, teils mit Dusche/WC, teils mit Duschkämmerchen, teils Dusche/WC auf Etage. DZ 27–48 €. Ganzjährig geöffnet. 20, boulevard de la Tour d'Auvergne. ✆ 02. 99.30.84.16, ✉ 02.23.42.10.01.

Le Rocher de Cancale (2), kleines Hotel in einem putzigen Fachwerkhaus mitten im Herzen der Altstadt. In der Nachbarschaft Bars, Pubs und Musikkneipen, in denen sich abends die Szene trifft. 4 kleine Zimmer mit Bad oder Dusche/WC. Das Restaurant seviert ausgezeichnete Meeresfrüchte und Fisch. DZ 38–47 €. Ganzjährig geöffnet. 10, rue St-Michel. ✆ 02.99.79.20.83.

• *Jugendherberge* ca. 1½ km nördlich der Altstadt am Kanal (Buslinie 2 und 18, Haltestelle Rue St-Malo). 96 Schlafplätze in 40 Zimmern. Übernachtung inkl. Frühstück 16 €/Pers. Über Weihnachten/Neujahr geschlossen. 10–12, canal St-Martin. ✆ 02.99. 33.22.33, ✉ 02.99.59.06.21, rennes@fuaj.org, www.fuaj.org (sich dort weiterklicken).

• *Camping* ****(*) Municipal des Gayeulles**, 3 km vom Altstadtzentrum am nordöstlichen Stadtrand im Naherholungsgebiet von Gayeulles (Buslinie 3 ab Place de la Mairie Richtung St-Laurant, Haltestelle Gayeulles). Großes, ansprechendes Rasenareal unter Verwaltung des kommunalen Gartenbauamts; Kleinzeltbesitzer wohnen schattig unter Bäumen, Wohnwagen und -mobile parken in großzügig unterteilten Parzellen. „Das absolute Highlight, was die Sanitäreinrichtungen betrifft. Die Duschen sind mittels Vorhang von der Kleiderablage innerhalb der Kabine getrennt. An den Standplätzen befindet sich für jede Parzelle eine Säule mit Elektro- und Frischwasseranschluss sowie die Möglichkeit, Schmutzwasser auszuleeren" (aus unserer Leserpost). Großzügiger Spielplatz. 30 Komfortplätze, die ganzjährig geöffnet sind; 100 3-Sterne-Plätze, geöffnet von April bis Okt.; 50 zusätzliche Plätze nur für Zelte im Juli und Aug. Rue du Professeur Maurice Audin. ✆ 02.99.36.91.22, ✉ 02.23.20.06.34.

Essen/Nachtleben (siehe Karte vorderer Umschlag)

Über 200 Restaurants, Crêperien, Brasserien – die Küchen der Stadt bieten fast alle Gaumenfreuden: exotisch, bretonisch, italienisch, marokkanisch. Für Altstadtbummler: Ein internationales Restaurant-Eck mit meist einfachen Lokalen liegt an der Place Rallier du Baly unterhalb der Place des Lices.

• *Restaurants* **Auberge St-Saveur (7)**, kleines, aber feines Spezialitätenrestaurant in einem windschiefen Fachwerkhäuschen aus dem 15. Jh. in der Nähe der Kirche St-Pierre. Die Hummer kommen frisch aus dem Aquarium, die Menüs von 18–27 € wurden mehrfach prämiert. Samstagmittag, So und Montagmittag geschlossen. 6, rue St-Saveur. ✆ 02.99.79.32.56.

Le Four à Ban (1), gemütliches, kleines Feinschmeckerlokal zwischen der Place Ste-Anne und der Place Hoche, nicht nur dem Michelin eine lobende Erwähnung wert. Vier wechselnde Menüs (18–45 €), kleine A-la-carte-Auswahl, doch für den verwöhntesten Gaumen findet sich sicher etwas. Spezialität des Hauses: Langoustines et artichauts bretons à la crème de foie gras. Samstagmittag, So und Montagabend geschlossen. 4, rue St-Melaine. ✆ 02. 99.38.72.85.

Taverne de la Marine (9), in zentraler Lage, innen klimatisiert und gepflegt, außen Straßenlärm. Das beim einheimischen Mittelstand beliebte Lokal ist in der Hauptsache auf Fisch und Meeresfrüchte eingestellt, hat aber auch ein paar Brasserie-Platten im Angebot. Menüs 20–28 €. Täglich geöffnet, Reservierung empfohlen. 2, place de Bretagne. ✆ 02.99.3153.84.

Le Queen Mum (6), traditionelle Küche in gemütlicher Atmosphäre. Mittagsmenü 11 €, abends Menüs von 16–25 €. So geschlossen. 11, rue St-Georges. ✆ 02.23.20.09.83.

Le Café Noir (16), kurz vor dem Bahnhof, unter den Lokalen in Bahnhofsnähe aus gutem Grund das beliebteste. In der lebhaften Brasserie gönnen sich auch der Rennais und die Rennaise eine gute Mahlzeit ohne Menüzwang. Bretonische Brasserie-Durchschnittspreise. Fixer, dennoch freundlicher Service, Pizza, Fleisch- und Fischgerichte. Empfehlenswert die Entenbrust mit leckerer Fruchtsauce. Menüs 17–34 €. Täglich geöffnet, Fr/Sa bis 2 Uhr früh! 55, avenue Janvier. ✆ 02.99.30.54.40.

L'Assiette Kabyle (4), der einfache, doch nicht schlechte Marokkaner. Spieße, Hühnchen-Couscous (ab 12 €), Tajine ab 13 €. So geschlossen. 6, place Rallier du Baty. ✆ 02.99.79.41.26.

La Lupa (3), der Italiener, auf dessen Terrasse man sich die hausgemachte Pasta schmecken lassen kann. Menüs von 8–12 €. So geschlossen. 10, place Rallier du Baty. ✆ 02.99.79.31.15.

La Taverne Grecque (8), sehr beliebtes griechisches Restaurant mit Wintergarten, mehrfach prämiert. leckere Vorspeisen (z. B. Feta im Blätterteig), Hauptgerichte ca. 11 € (z. B. grillte Lammrippchen im Kräutermantel). So/Mo geschlossen. 1, rue des Dames. ✆ 02.99.31.63.31.

• *Nachtleben* Dichteste Barfrequenz in der Rue St-Michel, die Gasse zwischen der Place des Lices und der Place Ste-Anne.

Sehenswertes

Altstadt: Für einen Stadtspaziergang empfehlen wir als Ausgangspunkt die *Place du Bas des Lices*. Vom unteren Ende des Platzes könnte man direkt zur *Kathedrale St-Pierre* (s. u.) gelangen, doch der historisch bewusste Spaziergänger nimmt den Weg durch die *Portes Mordelaises* und tritt über die alte Zugbrücke in die Altstadt ein. Er wandelt so auf den Spuren der bretonischen Herzöge, die im Mittelalter durch das heute verwahrloste, von Resten der Stadtbefestigung flankierte Tor schreiten mussten, ehe sie in der Kathedrale gekrönt wurden. Links vor ihr führt die *Rue de la Monnaie* zur *Place de la Trinité*, dort nochmals links, und man steht auf der großen *Place des Lices* – der frühere Turnierplatz ist Schauplatz des Wochenmarktes geworden. Vom oberen Ende des Platzes erreicht man die *Place St-Michel* und etwas weiter die *Place Ste-Anne* mit ihren windschiefen, mit Skulpturen reich geschmückten Fachwerkhäusern. Von der Place St-Michel abwärts führt die *Rue Rallier du Baty*, wo das mittelalterliche Ensemble gänzlich von Restaurants, Bars und Pubs in Beschlag genommen ist, zurück zur Rue de la Monnaie. Diese ein paar Meter gehen, dann links in die *Rue St-Guillaume* einbiegen: Hier befindet sich eines der schönsten Häuser der Stadt, das *Ti Koz*. Das von Holzskulpturen bewachte Fachwerkhäuschen (16. Jh.), in dessen Vorläufergebäude Duguesclin gelebt haben soll, ist heute ein kleines, vorzügliches Speiselokal. Von hier aus gelangt man, dem Halbrund der Apsis der Kathedrale folgend, zur *Rue du Chapitre*, wo das ausladende Renaissance-Ensemble des *Hôtel de Blossac* (Haus Nr. 6, s. u.) für die einstige Wohnpracht der oberen Stände Zeugnis ablegt.

Östlich dieses Gebäudes verändert sich das Altstadtbild drastisch: Statt Fachwerkromantik beherrscht Sachlichkeit die breiter werdenden Straßen. Die Rue du Chapitre führt in der Verlängerung direkt zur *Place de la Mairie* mit ihren repräsentativen Bauten, heute Flanier- und Fußgängerzone der Stadt sowie Zentrum der sommerlichen Animation. Unter dem liebevoll *Le Gros* (der Dicke) genannten gedrungenen Glockenturm des monumentalen *Rathauses* mit seinen beiden bauchigen Pavillons ist eine große, leere Nische zu sehen. In ihr befand sich seit 1764 eine bronzene Figurengruppe, die Ludwig XV. huldigte. Sie wurde 1911 auf Druck der französischen Regierung beseitigt und durch eine wenig einfühlsame, allegorische Darstellung der Vereinigung der Bretagne mit Frankreich ersetzt; 1932 sprengten bretonische Separatisten das verhasste Symbol in die Luft. Seither ist die Nische leer.

Dem barocken Rathaus gegenüber steht der klassizistische Rundbau der *Oper* (1831). Den Platz diagonal (von der Rue du Chapitre her kommend) überqueren, und schon steht man vor dem *Palais du Parlement* (s. u.).

Rechts vor dem Parlamentspalast ein Stück auf der *Rue Victor Hugo* gehen, dann führt an der ersten Kreuzung – beim kommunalen Schwimmbad mit seiner Art-Déco-Fassade aus 1925 – die *Rue Contour de la Motte* zum *Jardin du Thabor* hoch. Der frühere Klostergarten wurde Ende des 19. Jahrhunderts in einen elf Hektar großen öffentlichen Park umgewandelt. Zwischen Blumenbeeten und französisch gestutzten Bäumen und Hecken kann man sich hier vom Stadtspaziergang erholen. Ein Botanischer Garten mit Palmen und seltenen Pflanzen, ein berühmtes Rosarium, ein Tiergehege und eine ostasiatisch anmutende Taubenschlag-Pagode sorgen für Kurzweil (täglich 7.30–20.30 Uhr geöffnet, im Winter nur bis 18.30 Uhr).

Palais du Parlement: Der Parlamentspalast ist das wichtigste historische Bauwerk der Stadt, 1615 von der parlamentarischen Aristokratie in Auftrag gegeben und durch eine Wein- und Cidre-Steuer finanziert. Neben dem Parlament sollte er auch den obersten bretonischen Gerichtshof beherbergen und insgesamt monumentaler Ausdruck der parlamentarischen Gesinnung des Adels gegen das absolute Königtum sein. Ein erster Architekt macht sich 1615 ans Werk, ein rigoroser Vertreter des französischen Manierismus. Drei Jahre später holt man einen neuen Mann, denn die Entwürfe lassen in ihrer gekünstelten Verspieltheit die politischen Absichten der Auftraggeber kaum erkennen. *Salomon de Brosse*, dessen ausladende Renaissancepaläste in Paris für Aufsehen sorgen, schafft schließlich, was die Herren Parlamentarier wollen: ein unübersehbares, herausforderndes Monument und Symbol bretonischer Autonomie. 1665 ist das Glanzstück im Stil der Florentiner Renaissance fertig gestellt. In der *Grand' Chambre*, der 20 m langen, 10 m breiten und 7 m hohen Großen Kammer, tritt zum ersten Mal das bretonische Parlament zusammen. Die üppige Pracht, in der die Sitzungen des Obersten Gerichtshofs und die Parlamentsversammlungen stattfanden, ist noch zu spüren. Die mit prunkvollen Gemälden dekorierte Kassettendecke, vergoldete Täfelungen und mit zierlichem Schnitzwerk dekorierte Logen, in denen Beobachter den öffentlichen Sitzungen folgen konnten, sprechen vom Selbstbewusstsein ihrer Auftraggeber. Wertvolle Gobelins (Anfang 20. Jh.) erzählen stolz die Geschichte der Bretagne (besonders eindrucksvoll der Wandteppich mit der Krönung Anne de Bretagnes). Weitere interessante Säle: die *Salle des Gros Piliers*, der Saal der dicken Pfeiler (erster Saal), in dem bis in die Mitte des letzten Jahrhunderts Schriftkundige und mobile Juristen ihre Dienste anboten, oder die *Salle des Pas Perdus* (Saal der verlorenen Schritte) – die Wandelhalle, in der nervöse Delinquenten und hoffnungsvolle Verteidiger auf das Urteil warteten.

1994 ging der Parlamentspalast während einer Protestkundgebung bretonischer Fischer gegen die europäische Agrarpolitik in Flammen auf. Mittlerweile ist das Bauwerk wieder vollständig restauriert, die Fassade strahlt in ihrer alten Pracht.

• *Öffnungszeiten* Der Palast ist nur mit Führung zu besichtigen. In der Regel eine Führung (max. 30 Pers.) am Tag, am Wochenende 2 Führungen. Die exakten Zeiten hängen von der behördlichen Nutzung des Palasts ab, variieren von Tag zu Tag und können beim Office de Tourisme erfragt werden. Reservierung obligatorisch, entweder beim Office de Tourisme oder unter ✆ 02.99.67.11.66. Eintritt 6,10 €. Die Tickets müssen 15 Min. vor der Führung im Office de Tourisme abgeholt werden.

Das Rathaus mit dem Glockenturm Le Gros

Kathedrale St-Pierre: Ein heidnischer Tempel aus dem 4. Jahrhundert wurde 200 Jahre später von einem christlichen Gotteshaus überbaut. Doch von der Kathedrale, in der einst die bretonischen Herzöge gekrönt wurden, bleibt heute nur die Erinnerung. Der alle Spielarten der Gotik spiegelnde Kirchenbau, im 12. Jahrhundert begonnen und bis ins 18. Jahrhundert verändert, stürzte nach dem Brand von 1720 ein. Nur die beiden amputierten Türme überstanden die Flammen und den Zahn der Zeit. Mit dem Bau der heutigen Kathedrale wurde 1787 begonnen; von der Revolution unterbrochen, dauerten die Arbeiten bis 1844. Ergebnis: ein neoklassizistischer Kolossalbau, dessen von Tonnen überwölbter Innenraum trotz allen vergoldeten Stucks düster und melancholisch wirkt. Größter Schatz ist ein gewaltiger flandrischer *Altar*: ausladendes, vergoldetes Schnitzwerk (16. Jh.), das vom Leben der Heiligen Jungfrau Maria erzählt – in seiner Art wohl eines der schönsten Kunstwerke der Bretagne.
Öffnungszeiten Tägl. 9.30–12 und 15–18 Uhr. Sonntagnachmittag sowie Juli und Aug. auch Montag geschlossen

Hôtel de Blossac: Ein typisches Gebäude des Architekten *Jean Gabriel* für ein aristokratisches Parlamentsmitglied. Das stattliche Anwesen hinter der Kathedrale mit Ställen, Wirtschaftsgebäuden und dem ausladenden Wohnpalais wurde nach dem Brand von 1720 errichtet. Beachtenswert ist die Empfangshalle mit der geschwungenen, von Marmorsäulen und Arkaden flankierten Treppe, die einen guten Eindruck des florentinisch angehauchten Zeitgeschmacks vermittelt. Über der gelb-weiß gehaltenen Eingangsfassade prunkt noch das Wappen des ersten Hausbesitzers *(de Blossac)*. Heute ist das denkmalgeschützte Gebäude Sitz der regionalen Kulturverwaltung.

Les Champs Libres/Musée de Bretagne: Im Jahr 2006 eröffnete in Bahnhofsnähe Rennes' supermoderner Kulturkomplex, der das *Musée de Bretagne*, die *städtische Bibliothek* und den *Espace des Sciences* mit einem vollständig auf digitaler Technik basierenden Planetarium umfasst. Architekt des futuristisch anmutenden Baus ist

574 Ostbretagne

In der Museums-Abteilung „Die moderne Bretagne"

Christian de Portzamparc, der auch die 2002 eröffnete Französischen Botschaft in Berlin entwarf.

Das **Musée de Bretagne** zeigt in sinnvoll gegliederten Perioden von den Grabrunen der Megalithiker bis zu den Spitzenhauben und Trachten des frühen 20. Jahrhunderts Objekte aus der bretonischen Geschichte. Aus der *Ur- und Frühgeschichte* stammen Grabbeigaben aus Hügelgräbern, Armreife aus massivem Gold, Schalen, Vasen, Krüge und keltisches Ackerbau- und Schlachtwerkzeug aus der Bronzezeit – Archivbilder und Pläne der Ausgrabungsarbeiten dokumentieren die Arbeit der Archäologen. Direkt anschließend wird der Besucher mit der *gallo-römischen Epoche* konfrontiert, die mit der Seeschlacht der Veneter gegen Cäsar 57 v. Chr. beginnt und mit der Invasion britannischer Mönche im späten 5. Jahrhundert endet. Aus der Unzahl römischer Münzen, Armreife, Stempel, Keramiksiegel, Wegsteine, Gedenk- und Ehrentafeln sticht die „Göttin des Menez-Hom" (1. Jh.) heraus: ein zierlich gearbeitetes Bronzeköpfchen mit toten Augenhöhlen, herunterhängenden Mundwinkeln und einem von einer phantastischen Gans gekrönten Helm.
Die weiteren Abteilungen umfassen folgende Epochen: die *Bretagne vom 5. bis zum 16. Jahrhundert* mit bildhauerischer Sakralkunst, Kapitellen und Steinmetz-Zierrat aus dem 12. Jahrhundert sowie Objekten aus der *Zeit der unabhängigen bretonischen Herzöge* (u. a. ein erlesenes Portrait der Herzogin Anne), die *Epoche des Ancien Regime* (1532–1789) und die *moderne Bretagne* (1789–1914), die mit typisch bretonischem Mobiliar (Lit-Clos) und einer außergewöhnlichen Sammlung gut erhaltener Trachten aufwartet.
Öffnungszeiten Di 12–21 Uhr, Mi–Fr 12–19 Uhr, Sa/So 14–19 Uhr. Eintritt 4 €. Der Besuch des Planetariums kostet zusätzlich 3 €.

Musée des Beaux-Arts: Der zwischen 1849 und 1856 als Teil der Universität gebaute Palast am linken Vilaine-Ufer war lange Zeit Sitz der Fakultäten, wurde aber von Anfang an auch als Museum genutzt. Das Musée des Beaux-Arts beherbergt eine mit dem 14. Jahrhundert beginnende reichhaltige Sammlung von Gemälden, Zeichnungen und bretonischer Keramik, ergänzt von einer ägyptologischen und antiken Abteilung. Die Säle sind nach Jahrhunderten und Schulen geordnet. Die italienische Renaissance des 16. Jahrhunderts vertreten *Tintoretto* und *Veronese*, dessen kraftstrotzender Perseus die pralle Andromeda aus den Fängen eines geflügelten Meerungeheuers befreit. Makaber und düster-bizarr ist der „Marsch des Todes" des süddeutschen Malers *Hans Baldung Grien*. Das 17. Jahrhundert zeigt die niederländische *(Rembrandt)* und flämische Schule *(Rubens)*.
Unter den Franzosen des 17. Jahrhunderts fallen *Claude Vignons* „Selbstmord Kleopatras" und *Le Bruns* monumentale „Kreuzabnahme Christi" auf. *Gaugin* (Still-

leben mit Orangen), *Emile Bernard* (Der gelbe Baum) und *Sérusier* (Einsamkeit) bilden den Schwerpunkt der Künstler von Pont-Aven. Ein Raum ist den Malern bretonischer Motive gewidmet: der Annen-Pardon in Ste-Anne-la-Palud, die Bucht von Erquy im Jahr 1876 oder *Delaunays* „Volksfest auf dem Land". Die Malerei des 19. Jahrhunderts geizt nicht mit klassischen Motiven oder Schlachtengemälden *(Alex Chantron, Mélingue)*. In der Abteilung des 20. Jahrhunderts (der letzte Saal) hängen Gemälde von *Picasso*, *Utrillo*, *Vlaminck* und *Delaunay*.

Öffnungszeiten Di–So 10–12 und 14–18 Uhr. Eintritt 4,20 €; falls gleichzeitig eine Wechselausstellung gezeigt wird: 5,30 €.

Rennes/Umgebung

Ecomusée du Pays de Rennes: Im Süden von Rennes, an der Straße nach Châtillon-sur-Seiche. Eine Art Freilandmuseum rund um das Gut von Binitais, lange Zeit eines der größten Landwirtschaftsgüter in der Umgebung von Rennes. Auf dem renovierten Landgut präsentiert sich bäuerliches Alltagsleben aus den letzten fünf Jahrhunderten.

Öffnungszeiten April bis Sept. Di–Fr 9–18 Uhr, Sa 14–18 Uhr, So 14–19 Uhr. Okt. bis März Di–Fr 9–12 und 14–18 Uhr, Sa 14–18 Uhr, So 14–19 Uhr. Eintritt 4,60 €.

Châteaugiron: Eventuell interessant für Burgenfans. Das Städtchen 18 km südöstlich von Rennes, einst Teil der östlichen Burgenkette der Bretagne, ist heute eine *Cité de caractère* am Rand der Bretagne. Das hübsche kleine Zentrum wird dominiert von der immer noch mächtigen Burg oberhalb der Durchgangsstraße. Das älteste Bauwerk ist der eindrucksvolle Donjon aus dem 13. Jahrhundert, der Glockenturm ist 200 Jahre jünger. Im Wohntrakt, im 18. Jahrhundert neu gestaltet, ist heute das Rathaus untergebracht.

Manoir de l'Automobile: Vom ehrwürdigen Oldtimer über den Käfer zu den noblen Sportflitzern von Ferrari oder Maserati. Wer jede Woche seinen Wagen wäscht und den Besuch des Automobilmuseums versäumt, ist selber schuld. Auf 10.000 m² dreht sich alles um den fahrbaren Untersatz, dabei etliche Prunkstücke wie der Rolls Royce aus dem Jahr 1925, einer der ersten Wohnwagen oder die Sammlung aufgemotzter Rallyebrummer. Diverse ausgebaute Motoren und 4000 Automodelle ergänzen die aussagekräftige PS-Sammlung.

• *Anfahrt* Das Automobilmuseum ist in Lohéac, knapp 30 km im Südwesten von Rennes an der D 177 (Richtung Redon).

• *Öffnungszeiten* Di–So 10–13 und 14–19 Uhr. Eintritt 8,50 €, Kinder von 10–16 Jahren 7 €.

St-Aubin-du-Cormier: Auf halbem Weg von Rennes nach Fougères liegt das geschichtsträchtige Städtchen, in dessen Umgebung 1488 die bretonischen Truppen unter Herzog Franz II. gegen das königliche Heer kämpften. Neben der Burgruine und den *Bécherel-Felsen* im Wald macht auch die kleine Kirche einen Zwischenstopp lohnenswert.

Les Iffs: ca. 20 km nordwestlich von Rennes. Das abgeschiedene Dörfchen ist vor allem wegen der nahen Burg *Montmuran* (s. u.) Ziel einiger Touristen. Die Dorfkirche von Les Iffs zeigt ein schönes Südportal, innen sind die handwerklich meisterlichen Fenster aus dem 16. Jahrhundert – die Passionsgeschichte in 20 Szenen – beachtenswert. Weltlich lustig dagegen geht es am Sonntagnachmittag in der *Bar du Village* zu, die Dorfkneipe, deren Besuch wir zur Erholung vom Kulturtrip empfehlen.

Anfahrt Von Rennes auf die Schnellstraße knapp 20 km Richtung Dinan, dann bei Hédé links ausgeschildert.

Burg Montmuran: Keine 1000 Meter von Les Iffs schlummert in völliger Einsamkeit die Burg Montmuran. Die gesellschaftlichen Höhepunkte des Hoflebens liegen lange zurück: Hier heiratete *Bertrand Duguesclin* seine Jeanne, und auf Montmuran wurde der Haudegen 1354 zum Ritter geschlagen. Das wehrhafte Gemäuer, das teilweise bis ins 12. Jahrhundert zurückreicht, war einst eine harte Nuss für Belagerer, heute sind die Pechnasen unbemannt, die Zugbrücke ist herabgelassen und das Fallgitter am Tor hochgezogen – Teile der Burg (u. a. *Kapelle*, *Burgmuseum* und *Gardesaal* in einem der Türme) können besichtigt werden.
Öffnungszeiten Juni bis Sept. 14–18 Uhr, Sa geschlossen. Eintritt 4 €.

Bécherel: Die Häuser des *Cité de Caractère* gruppieren sich auf einem Hügel – ein Traum aus Granit. Bécherel war von 1123 bis 1790 ein befestigter Adelssitz und weit über die bretonischen Grenzen bekannt für seinen Flachs, aus ihm wurde das beste bretonische Leinen gewebt. Die Stadtmauer ist abgetragen, und Flachs wird nicht mehr angebaut. Heute hat Bécherel als *Cité du livre* (Stadt des Buches) einen Namen: Etwa ein Dutzend Buchläden drängen sich in den Gassen, jeden ersten Sonntag im Monat gibt es einen Büchermarkt.
Anfahrt Von Les Iffs (s. o.) ca. 7 km nach Westen (ausgeschildert).

Château de Caradeuc: Am westlichen Ortsende von Bécherel liegt das „Versailles der Bretagne" (Eigenwerbung). Im frühen 18. Jahrhundert nach dem Vorbild des französischen Königsschlosses gebaut, war sein bekanntester Bewohner Louis René de Caradeuc de la Chalotais. Der einflussreiche Jurist verfasste eine Schrift wider die Jesuiten, die im bretonischen Parlament durchschlagenden Erfolg hatte: Ihr Orden wurde in der Bretagne verboten. Sein Lohn bestand in 11 Jahren Kerker und Verbannung. Das Schloss ist nicht zugänglich, doch der Parkbesuch ist ein fürstliches Vergnügen für jedermann: Skulpturen, Wasserspiele, gezähmte, verspielt zugeschnittene Natur und von der Nordterrasse eine schöne Aussicht.
Öffnungszeiten Ostern bis Juni und Sept./Okt. Sa/So 14–18 Uhr. Juli/Aug. tägl. 12–18 Uhr. Eintritt 5 €.

In der Altstadt von Rennes

Verträumt: die innere Bretagne

Argoat

Fôret de Paimpont (Wald von Paimpont)

Als König Artus und seine Ritter der Tafelrunde noch gegen das Böse auf der Erde fochten, hieß der Wald Brocéliande und war der zauberdurchwobene Schauplatz von tödlichen Kämpfen, galanten Abenteuern und schicksalhaften Tragödien.

Unter seinem damals unendlichen Blätterdach bestrickte *Viviane* den rasend verliebten *Merlin*, die Fee *Morgane* lockte ihre Liebhaber auf Nimmerwiedersehen ins Tal ohne Wiederkehr, und der Löwenritter *Iwein* beschützte nach seinem Sieg über den Schwarzen Ritter das Reich der „Dame von der Quelle". Und da, wo es den Wald in seiner ursprünglichen Gestalt noch gibt, wächst wie zu Artus' Zeiten hüfthoher Farn unter Eichen, Buchen und Kastanien, gedeihen Efeu und Fingerhut in dem quell- und wasserreichen hellen Laubwald, in dem der Mittel- mit dem Laubspecht um die Wette klopft.

Die *Brocéliande*, die früher fast die ganze innere Bretagne bedeckte, ist mit etwa 6300 Hektar der größte Wald der Bretagne. Bis auf ihren auch schon gelichteten Rest wurde sie bis zum Ende des 19. Jahrhunderts systematisch gerodet und verfeuert: Ihr Holz diente der Herstellung von Stahl, und Bauern auf der Suche nach mehr Ackerfläche rodeten den Wald für ihre Zwecke. Systematische Aufforstungen werden seit der vorletzten Jahrhundertwende vorangetrieben – doch aus Wirtschaftsgründen meist mit schnell wachsenden Kiefern, die mit dem Charakter der legendären Brocéliande nichts gemein haben.

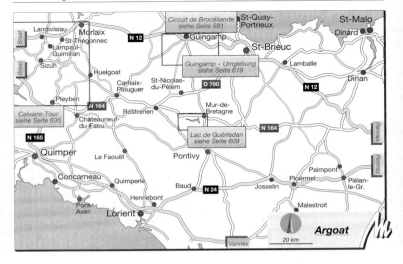

Und jetzt die schlechten Nachrichten: Das Waldgebiet ist überhaupt nicht zusammenhängend. Immer wieder bilden Heide- oder Ackerflächen riesige Lichtungen, so dass der Sturm, der 1987 über die Bretagne tobte, noch schlimmer als in geschlossenen Waldgebieten wüten konnte und verheerende Schäden anrichtete. Im September 1990 erscheint die Ouest-France mit der Schlagzeile „Der Zauberwald brennt". Im Tal ohne Wiederkehr war, vermutlich durch Brandstiftung, Feuer ausgebrochen und hatte 200 Hektar des ausgetrockneten Waldes abgebrannt. In den Tagen danach lodert das Feuer immer wieder auf und kann nicht unter Kontrolle gebracht werden. „Die Brocéliande stirbt", stellt eine weitere Zeitungsüberschrift fest und übertreibt nicht: Von den 7000 ha des größten Forstgebietes der Bretagne waren 10 % im wohl schönsten Teil eingeäschert worden – das Tal ohne Wiederkehr, Heimat der Fee Morgane, gab es erst einmal nicht mehr.

Die Artussage

Jede Sage rankt sich um einen möglicherweise wahren Kern. Den sucht man natürlich auch in der Artus-Forschung. So hat *Geoffrey Ashe* die Vermutung geäußert, das historische Vorbild des Vorsitzenden der Tafelrunde könne der Keltenkönig *Riothamus* aus dem 5. Jahrhundert sein, der die Sachsen nicht nur auf britischem Boden erfolgreich zurückschlug, sondern sie mit seinem Heer auch in Frankreich belästigte. Nach Ashe besiegt Riothamus-Artus zwar die Sachsen in Gallien, wird aber in der folgenden Schlacht von den Westgoten vernichtend geschlagen, woraufhin er sich nach Burgund zurückzieht, wo er vermutlich stirbt.

Doch Artus wird nicht vergessen werden, denn den Kelten (Briten und Bretonen) gelang es, ihre historische Niederlage in die vielleicht schönste, umfangreichste und tiefgründigste Geschichte des christlichen Kulturkreises umzudichten. Die ursprünglich keltische Regionalsage von Kampf und Niederlage gegen die übermächtigen Sachsen wurde in England, Frankreich und

Deutschland zu einem immer weiter wachsenden höfischen Epos gestaltet, in dem – mehr oder weniger elegant – alle keltisch-heidnischen Elemente durch christliche ersetzt sind und Ritter ohne Fehl und Tadel phantastische Abenteuer in ihrem täglichen Kampf gegen das Böse auf der Welt erleben.

Der Erste, der den unbedeutenden Lokalherrscher Artus zum glanzvollen Monarchen hochstilisiert, ist *Geoffrey von Monmouth* um 1135 in seiner „Historia Regnum Britanniae". Der normannische Dichter *Wace* übersetzt das Werk des Engländers ins Französische und fügt ihm zahlreiche eigene Motive hinzu, die wiederum vermutlich auf bretonisches Erzählgut zurückgehen. Die so weitergesponnene Artussage wird für die höfischen Dichter des Mittelalters immer interessanter, in ihr finden sie den Rahmen, eigene Geschichten zu erzählen oder bislang eigenständige Sagen zu integrieren. *Chrétien de Troyes* (1135–1190) schließlich führt den Sagenkreis um König Artus zu seiner Vollendung. Spätere Dichter wie *Wolfram v. Eschenbach* (um 1200) verändern nur noch Nuancen. Der Kern der Sage liest sich so:

Mit Hilfe des Magiers *Merlin* besteigt der junge *Artus*, Sohn des Königs *Uther*, den englischen Thron. Als einzigem der vielen Thronanwärter des zerrissenen, von äußeren Feinden bedrohten Landes gelingt es ihm, das Zauberschwert Excalibur aus einem Amboss zu ziehen, was ihn zum rechtmäßigen König macht. Artus zieht gegen die Feinde los, und nicht zuletzt durch Excalibur erlebt England darauf eine Zeit des friedlichen Aufschwungs. Von Merlin, Drahtzieher der Geschicke und Ratgeber des Königs, erhält Artus einen kreisrunden Tisch als Symbol der Gleichheit. Hier soll er die würdigsten Ritter um sich versammeln, die ihm im Kampf gegen das Unrecht und das Böse helfen sollen. Artus regiert als anerkannter König auf Camelot, ist glücklich mit *Guinevra* verheiratet und versammelt bald zahlreiche Recken um sich, darunter so bekannte Namen wie *Gawein*, *Lancelot*, *Eric*, *Iwein* oder *Parzival*. In den zahllosen Abenteuern der „Ritter der Tafelrunde" retten sie Jungfrauen, erschlagen ehrlose Ritter und Feuer speiende Drachen oder kämpfen mit ihrer eigenen Tugend. Nebenbei suchen die Helden erfolglos die Gralsburg, in der der Gral (siehe *Tréhorenteuc*, Kastentext *Der Gral*) aufbewahrt wird. Der Platz neben dem König, der „gefährliche Platz", bleibt lange leer. Er ist dem reinsten Ritter aller Zeiten bestimmt, und von Merlin weiß man, dass das Ende der Tafelrunde nah ist, wenn Artus einen neuen Tischnachbarn hat. So kommt es auch. *Galahad*, der später den Gral finden wird, stößt als letzter Ritter zur Runde, und schon eskalieren die Ereignisse: Lancelot, im unlösbaren Konflikt zwischen seiner Liebe zu Guinevra und seiner Treue zu seinem Herrn, setzt sich ab, die Gemeinschaft beginnt zu zerfallen. Während eines Feldzugs des Königs, der einigen Tafelrittern das Leben kostet, bemächtigt sich sein widerlicher Neffe *Mordred* mit Hilfe der eigensüchtigen Herzöge Englands seines Throns und seiner Frau. König Artus und sein angeschlagenes Heer kehren in Eilmärschen zurück und stellen sich trotzig einer weit überlegenen Streitmacht. Die Ritter einer Zeit, die sich unwiderruflich dem Ende zuneigt, schlagen ihre letzte Schlacht. Das Chaos siegt, ein Hoffnungsschimmer aber bleibt: Der sterbende Artus wird auf die Insel Avalon gebracht. Unter den Apfelbäumen der Insel der Seligen darf er solange sorglos und glücklich verweilen, bis die Zeit gekommen ist, in der er wieder auf die Welt zurückkehrt, um endgültig Ordnung zu schaffen.

Fünfzehn Jahre später gibt es Erfreulicheres zu vermelden. Die zur Aufforstung des Hochwalds gepflanzten amerikanischen Eichen gedeihen aufgrund des reichlich fließenden Regens prächtig. Selbst in den am stärksten betroffenen Gebieten um Tréhorenteuc grünt es wieder zaghaft – zumindest unten am Fluss im Tal ohne Wiederkehr. Doch wird es wohl noch einige Jahre dauern, bis die schlimmsten Narben zugewachsen sind.

Touristischer Hauptstützpunkt ist der ruhige Ort *Paimpont*, auch einige in der *Fôret de Paimpont* verstreute einfache Hotels und Campingplätze bieten Unterkunft in der abgeschiedenen Gegend.

Circuit de Brocéliande

Abgesehen von längeren Aufenthalten mit längeren Wanderungen oder einfachen Spaziergängen (der Wald ist mit einem Netz von markierten Wegen versehen), können Sie sich mit dem eigenen Gefährt auf den 62 km langen **Circuit de Brocéliande** begeben, auf dem Sie im Verlauf eines Tages die interessantesten Ziele ansteuern. Zu einigen Anlaufpunkten müssen Sie für das letzte Wegstück die Füße einsetzen.

Paimpont (1400 Einwohner)

Stille Schieferhäuser aus der Abteilung für Musketierfilme, eine Abtei, ein kleiner See – der zentrale Ort der Brocéliande liegt an einer gelichteten Stelle im Waldgebiet und strahlt die Ruhe des Alters in einer romantischen Umgebung aus. Die erste *Abtei*, um die sich der Ort ansiedelte, wurde im 7. Jahrhundert von König *Judicael* gegründet, Herrscher über die nördliche Bretagne und später einfacher Mönch. Während der Französischen Revolution wurden die im Lauf der Jahrhunderte ständig veränderten und auch neu errichteten Gebäude zerstört und nur zum Teil restauriert: Arkaden verfallen melancholisch vor dem See.

Im ehemaligen Abteigebäude residiert heute der Bürgermeister, und sollte er bei seiner verantwortungsvollen Arbeit einmal Gott um Rat nachsuchen wollen, braucht er keine drei Schritte zu tun: Die *Kirche* ist nur durch einen Flur von seinen Arbeitsräumen getrennt. Sie stammt aus dem 13. Jahrhundert und wurde bis in die Neuzeit mehrmals umgebaut. Im einschiffigen Inneren erwähnenswert sind die kunstvolle *Täfelung* mit ihren Friesen, im linken Querschiff ein in Stein gehauener und bemalter Judicael und eine Holzskulptur des heiligen Méen, dem die Kirche einst geweiht war. Vom Hof der Abtei *(Cour des Augustins)* gelangt man in den direkt über dem See gelegenen Garten – ein wunderschöner Ausblick.

- *Postleitzahl* 35380
- *Information* **Office de Tourisme de Brocéliande**, bei der Abtei. Prospektmaterial und mündliche Auskünfte über die Brocéliande. Juni bis Sept. täglich 10–12 und 14–18 Uhr. Okt. bis Mai Di–So 10–12 und 14–17 Uhr. Im Januar geschlossen. In der Hauptsaison organisiert das Büro für Selbstfahrer halb- und ganztägige Führungen durch den Wald von Brocéliande. Preise pro Person: 6 € (vormittags), 10 € (nachmittags), 12 € (ganztags). 5, esplanade de Brocéliande. ✆ 02.99.07.84.23, ✆ 02.99.07.84.24, ot.paimpont.broceliande@wanadoo.fr.
- *Fahrradverleih* **Bar Le Brécilien**, Verleih von Mountainbikes von April bis Sept. 6, rue du Général de Gaulle 6. ✆ 02.99.07.81.13.
- *Bootsverleih* Vom späten Frühjahr bis zum frühen Herbst werden 10 viersitzige Tretboote sowie Kajaks/Kanus verliehen. Im Juli und Aug. täglich, sonst nur samstags. Am Weiherrand oder gleich beim **Club nautique** neben dem Office de Tourisme. Reservierung möglich unter ✆ 02.99.07.85.89.

Paimpont

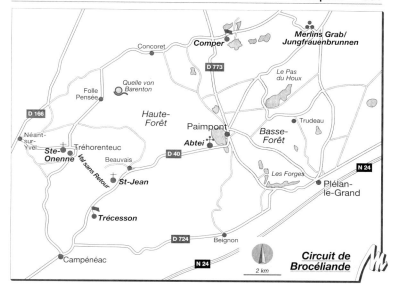

- *Wandern* 19 markierte Rundwanderwege (die beiden längsten 14 km), die große Brocéliande-Tour (160 km) und ein Teil des G.R. 37 erschließen den Wald für Fußgänger. Material ist bei den Tourismusbüros von Paimpont und Plélan-le-Grand erhältlich, Professionelle Routenbeschreibungen finden Sie in den französischsprachigen Topo Guides, im Buchhandel erhältlich.
- *Reiten* Hoch zu Ross durch den Zauberwald. Diverse Reitställe bieten vom Stundenritt bis zum Tagesausflug ein breites Angebot. Adresslisten bei den Tourismusbüros von Paimpont und Plélan-le-Grand.
- *Hotel* ** **Relais de Brocéliande**, gegenüber dem Stadttor. Natursteinfassade in Grau, mit Tiefrot, Ocker und Efeu aufgelockert. Garten, Bar, Restaurant (siehe *Essen*), 24 ordentliche Zimmer, klein, aber nicht ungemütlich. DZ 34–55 €, einige mit Dusche/WC, einige mit Dusche, die billigsten mit Dusche/WC auf Etage. ✆ 02.99.07. 84.94, ✉ 02.99.07.8060, relais-de-broceliande@wanadoo.fr, www.le-relais-de-broceliande.fr.
- *Jugendherberge* in einem Natursteinhaus zwischen Paimpont und Concoret; 20 Betten. Übernachtung ca. 10 €/Person. Geöffnet Juni bis Mitte Sept. 35380 Plelan-le-Grand. ✆ 02.99.22.76.75, ✉ 02.99.59.06.21, www.fuaj.org (sich auf der Karte weiterklicken).
- *Privatzimmer* Um Paimpont wie im ganzen Waldgebiet ist die Zahl der privaten Zimmervermieter enorm. Adressen bei den Tourismusbüros von Paimpont und Plélan-le-Grand.
- *Camping* ** **Municipal Brocéliande**, ein rein funktionales, schattenloses Wiesengelände am Weiher; 90 Stellplätze und ein kleiner funktionaler Sanitärbau. Geöffnet Mai bis Sept. 2, rue du Chevalier Lancelot du Lac. ✆ 02.99.07.89.16.

Camping Trudeau (Camping auf dem Bauernhof), im Ortsteil Trudeau, 3½ km östlich von Paimpont an der D 40; schattenloses Wiesenareal neben dem Sträßchen. Zum Ambiente gehören ein altes Backhaus und ein efeuumrankter Bauernhof; in letzterem werden auch Zimmer und Fahrräder vermietet. 25 Stellplätze. Geöffnet Mitte Juni bis Sept. Trudeau. ✆ 02.99.07.81.40.

- *Restaurant* **Relais de Brocéliande**, im großzügigen Speisesaal des Hotels (s. o.) herrscht eine Stilmischung von gehobenem Jagdambiente und Belle-Epoque. Freundlicher Service, gute Küche, große Weinkarte. Neben A-la-carte-Gerichten Menüs 17–36 €. Unsere Empfehlung: Jägersalat mit Wachtelfilet und -eiern, Wildschwein in Waldbeeren. Mo Ruhetag. ✆ 02.99.07.84.94
- *Crêperie* **Au Temps des Moines**, traditionelles Natursteinhaus mit Blick auf den See. In der Hauptsaison täglich geöffnet, sonst nur Fr–So. 16, avenue du Chevalier Ponthus. ✆ 02.99.07.89.63.

Les Forges: Spaziergänger ziehen ihre Kreise um den Teich, um den bis zur Mitte des 19. Jahrhunderts in einigen Hüttenwerken ein Stahl hergestellt wurde, der wegen seiner Härte einen guten Namen hatte. Einige kümmerliche Ruinen und Schornsteine erzählen nur wenig von ihrer Geschichte, was bleibt, ist ein Spaziergang in frischer Luft und die Einkehr in ein Ausflugsrestaurant an der Nationalstraße. Vielleicht lässt sich die Idylle an einem nebligen Novembertag blicken, während der Saison ist Les Forges einfach unnötig voll.
Weg Von Paimpont in südöstlicher Richtung über die D 773 bis kurz vor die Kreuzung mit der D 724.

Plélan-le-Grand (2900 Einwohner)

Entlang der N 24 zieht sich die größte Gemeinde der Brocéliande, vom Wald ist in der näheren Umgebung so gut wie nichts geblieben. Der Ort, an dessen südlichem Rand (Richtung Le Gué) sich auch ein Supermarkt niedergelassen hat, bietet neben einer romanischen Kapelle aus dem 12. und einer Kirche aus dem 19. Jahrhundert die besten Einkaufsmöglichkeiten der Gegend. Trotz eines Hotels und eines Campingplatzes ist Plélan als Basis für Brocéliande-Unternehmungen nur zweite Wahl hinter Paimpont.

- *Postleitzahl* 35380
- *Information* **Pays d'Acceuil Touristique de Brocéliande**, zuständig für das gesamte Waldgebiet Ganzjährig Mo–Fr 9–12 und 14–18 Uhr. 1, rue des Korrigans. ✆ 02.99.06.86.07, ✆ 02.99.06.86.39, info@broceliande-tourisme.info.
- *Markt* Am Sonntagvormittag.
- *Hotel* **Hotel des Bruyères**, zentral in einer Seitenstraße der Hauptstraße. Das unauffällige Anwesen ist das beste der hiesigen Zimmeranbieter. Restaurant (Di abends und Mi geschlossen), 12 ordentliche Zimmer. DZ 36–45 €. Ganzjährig geöffnet. 10, rue de Brocéliande. ✆ 02.99.06.81.38, ✆ 02.99.06.81.75.
- *Camping* **Municipal**, beim Sportkomplex. Fast schattenloser Platz mit kleinem Sanitärkomplex, wenig idyllische Zweckanlage. 33 Stellplätze. Geöffnet Mitte Mai bis Mitte Sept. Rue de l'Hermine, ✆ 02.99.08.61.41.

Le Pas du Houx: Von den 14 größeren und kleineren Wasserflächen des Waldes der mit Abstand größte Weiher der Brocéliande – rundum hohe Bäume, dazwischen 86 Hektar sanft gekräuselte Wasserfläche, Schilf und zwei einsame Schlösser an den Ufern: Anfang des 20. Jahrhunderts ließen betuchte Auftraggeber das neonormannische *Château Broceliande* und das *Château du Pas du Houx* am Weiherrand errichten (beide privat und nicht zugänglich). Spazierwege am Ufer und im Wald.
Weg Von Plélan-Le-Grand der Circuit-Beschilderung links ab folgen; über den Weiler Trédeal auf die D 40, dann rechts ab zu den Weihern.

Merlins Grab/Jungbrunnen: Zwei aufgerichtete Felsbrocken und eine mit Wunschzetteln und Haarlocken gespickte Mistel in einer kleinen Waldlichtung. Merlin ist hier, er ist nicht tot, er ist nur in einer anderen Dimension – neun magische Kreise trennen den unsterblichen Zauberer von Ihnen. Doch den Augen ist da wenig einzufangen, Sie müssen Ihre anderen Sinne einsetzen, um hinter dem mickrigen Grab die Anwesenheit Merlins zu spüren.
Gleich in der Nähe plätschert eine kleine, halbgemauerte Quelle, die als *Jungbrunnen* gehandelt wird. Weder ist sie zum Baden geeignet noch zum Trinken, allenfalls kann man ins Wasser schauen und sich angesichts des Spiegelbilds mit dem eigenen Alterungsprozess versöhnen.

- *Weg* Vom Weiher Le Pas du Houx erst in nordwestlicher Richtung bis zum Weiler Telhouët, dort rechts in die D 171, bei der nächsten Kreuzung der Beschilderung Richtung Comper in Nordwestrichtung folgen, dann links an der Straße im Wald den Parkplatz nicht verfehlen und auf der anderen Straßenseite Merlins Grab suchen.

Von hier aus bei der nahen Lichtung 5 Minuten am mannshohen Zaun entlang zum Jungbrunnen.

Merlin

Der unsterbliche, nie alternde Meistermagier Merlin stammt aus der Vereinigung des Teufels (böse) mit einer Jungfrau (gut, aber leichtsinnig). Gottlob wurde das Baby gleich nach der Geburt christlich getauft und Merlins Seele somit gerettet. Seine vom Vater ererbten übernatürlichen Eigenschaften wie Reisen in der Zeit, Bewusstseinsübertragungen oder Schaffen von Materie setzte er als erwachsener Zauberer ausschließlich für die Sache des Guten ein.

Neben seinen unschätzbaren Hilfeleistungen für König Artus und dessen Ritter hatte Merlin natürlich auch ein Privatleben – und dieses sollte ihm zum Verhängnis werden. Viviane, die blonde Tochter des reichen Schlossherrn am Comper-See, war seine große Liebe. An der Quelle von Barenton eroberte er ihr Herz im Sturm, und fortan war er ihr völlig verfallen. Viviane profitierte gut von dieser Beziehung: Mit seinen magischen Kräften schuf er ihren künftigen Lieblingsort, ein Schloss auf dem Grund des Comper-Sees, und die Zaubertricks, die er ihr verriet, machten Viviane zu einer mächtigen, allseits respektierten Fee. Viviane liebte ihren Merlin, solange er ihr fleißig alle Geheimnisse zum Mitschreiben anvertraute. Nur seinen letzten, größten Zauber wollte er lieber für sich behalten. Viviane drängte und drängte, bis der haltlos verliebte Mann nachgab und damit sein Unglück besiegelte: Viviane sprach den großen Bann. Gefangen in einem neunfach gestaffelten Kreis aus Luft wartet der Unsterbliche nun auf das Ende der Zeit.

Merlins Grab

Anmerkung: Es gibt mehrere Versionen über Merlin und Viviane; einer Variante zufolge war auch Viviane in Merlin verliebt, bis ihre Liebe in Besitzsucht umschlug – nur so war ihr der viel beschäftigte Merlin für immer sicher. Auch die Schlüsse unterscheiden sich; in einer Fassung könnte Merlin sich sehr wohl befreien, tut es aber aus Rücksicht auf die immer noch geliebte Viviane nicht, um ihr die Illusion der Allmacht zu lassen. Ein ganz versöhnlicher Schluss weiß zu berichten, Viviane sei mit Merlin zusammen hinter dem Bannkreis, und es gehe ihnen gut.

Château Comper: Anmutig spiegelt sich das Schloss im Weiher seines Parks. Doch nur wer bereit ist, einen Obolus zu entrichten, kommt in den Genuss dieses stimmungsvollen Bilds – hohe Mauern schirmen den umfangreichen Besitz vor den Blicken Neugieriger ab. Der Schlossherr, erlauchtes Mitglied der König-Artus-Gesellschaft, zeichnet auch verantwortlich dafür, dass einige Räume des Schlosses zum *Centre de l'Imaginaire Arthurien* umfunktioniert wurden: Die wichtigsten Personen der Artussage, die wichtigsten Requisiten (Excalibur, runder Tisch) und eine kleine Einführung über die Kelten. Die zahlreichen Texttafeln der Ausstellung hängen leider nur auf Französisch aus.

Die im 14. Jahrhundert errichteten Wehrmauern samt Türmen und Toren wurden von *Heinrich IV.* zum Großteil zerstört, das Wohngebäude aus dem 16. Jahrhundert während der Revolution in Brand gesetzt. Die angenagten Ruinen des Burgwalls verwittern weiter, der Wohntrakt aber wurde im 19. Jahrhundert restauriert und wird heute privat genutzt.

Mystik-Tratsch: Am und im kleinen See von Comper ereigneten die seltsamsten Dinge. So wohnte in einem Schloss auf dem Seegrund *Viviane*, Geliebte des Zauberers *Merlin*. Hier unten widmete sie sich acht Jahre der Erziehung eines ausgesetzten Königsprinzen, der später als Ritter *Lancelot vom See* verzweifelt gegen seinen Sexualtrieb kämpfte. *Guy XIV de Laval*, der unter *Jeanne d'Arc* gegen die Engländer focht, wohnte zwar wieder ganz normal neben dem Weiher, war aber als recht fähiger Magier bekannt.

- *Anfahrt* Von Merlins Grab der Straße nach Comper folgen.
- *Öffnungszeiten* April bis Juni und Sept. bis Mitte Okt. 10–17.30 Uhr, Di/Mi geschlossen. Juli/Aug. 10–19 Uhr, Mi geschlossen. Eintritt 5 €.

Quelle von Barenton: Mitten im abgeschiedensten Hochwald rinnt spärlich etwas Wasser aus der robust eingefassten Quelle, um sich sacht in einem Bachlauf zu verlieren. Als *Merlin* hier, am „Ort der Freuden", zum ersten Mal der liebreizenden *Viviane* begegnete, schäumte noch kochendes Wasser aus dem Erdreich hervor und übertönte die Geräusche das Waldes. Heute wird an der legendären Quelle nicht mehr so heiß gegessen, wie früher gekocht wurde, doch ist ihre Anziehungskraft – besonders in Zeiten der Trockenheit – ungebrochen. Bei unserer ersten Recherche fanden wir auf einer Steinplatte neben der Umfassung folgende drei Gegenstände: einen Keks, einen Becher Wein und ein unruhig flackerndes Totenlicht.

P. S. Die Quelle von Barenton ist eine Wunderquelle. Einige Tropfen Wasser, auf einen bestimmten Stein nahe der Quelle gegossen, lösen einen Gewittersturm aus oder bringen zumindest Regen. Welcher Stein, sei aus Sicherheitsgründen verschwiegen.

- *Weg* Vom Château Comper weiter nach Concoret, dort links ab Richtung La Saudrais, dort wieder links ab. Wenig später weist ein Schild nach links. Spätestens vor dem Wald parken. Dann der spärlichen Beschilderung (weiße Punkte) folgen, einen großen Waldweg überqueren, weitere 5 Min. Hang aufwärts und einen Pfad links ab. Bald hören Sie ein leises Gluckern.
- *Camping* **De Barenton**, von der D 141 leiten beim Weiler Folle-Pensée die Schilder hinauf zu dem aufgerüsteten Platz in der Einsamkeit des Waldes. 19 Stellplätze um einen Kleinstweiher, ein neuerer Sanitärbereich, Snack-Café und eine freundliche Platzfamilie. Auch Zimmervermietung (Gîte). Ganzjährig geöffnet. Folle-Pensée, 35380 Paimpont, ✆ 02.97.22.68.87, ✉ 02.97.22.64.72, http://perso.orange.fr/souriez.com/barenton.htm.

Plélan-le-Grand

Tréhorenteuc: Tréhorenteuc lässt sich gerne „Tor zum Tal ohne Wiederkehr" nennen und untertreibt damit unseres Erachtens. Denn die *Dorfkirche Ste-Onenne*, benannt nach der Schwester von König Judicael, die hier beigesetzt war, enthält einen einmaligen modernen Kunstschatz der Brocéliande: Kunstvoll und bilderreich widmet sich die Ausschmückung des Kirchleins der Tafelrunde von König Artus. 1945 wandte sich der damalige Ortspfarrer und Artus-Liebhaber *Abbé Gillard* an das französische Militär und beantragte zwei deutsche Kriegsgefangene, die ihn bei der künstlerischen Ausstattung der renovierungsbedürftigen Kirche fachkundig unterstützen sollten. Nach seinen Ideen fertigten der Maler *Karl Rezabeck* und der Tischler *Peter Wisdorf* im Verlauf zweier Jahre *Bilder*, *Altäre* und einen *Kreuzweg*, in deren biblische Motive Elemente der Artussage eingewoben sind. So steht die Fee Morgane an der 9. Kreuzwegstation für die Wollust, der Hirsch am Ende des Langhauses

Der Gral erscheint der Tafelrunde: Fensterbild in Tréhorenteuc

versinnbildlicht den Leib Christi im Rahmen der Artuslegende: der Hirsch, den Galahad jagt, verwandelt sich in Jesus und die vier Evangelisten.

Die Arbeiten auf den *Fenstern* zu beiden Seiten des Altars („Die Erscheinung des Grals" und „Das Letzte Abendmahl") waren schon 1943, also noch vor dem Eintreffen der deutschen Helfer, abgeschlossen. 1951 wurde das Chorfenster fertiggestellt, und seitdem bringt die Sonne das gleißende Licht des Grals über dem hell lodernden Dornbusch so zur Geltung, wie es sich Abbé Gillard wohl vorgestellt hat.

Die Verquickung von keltischer Legende und christlichem Evangelium brachte dem Geistlichen in einem eher konservativen Teil der christlichen Welt nicht nur Freunde – seine letzten Jahre verbrachte er in einem anonymen Altersheim einer Großstadt. Nach seinem Tod 1979 wurde Abbé Gillard am Ort seines Lebenswerks beigesetzt, das nunmehr auch kirchlicherseits von jedem heidnischen Makel freigesprochen ist. Mehr noch: 1999 wurde unter dem Motto „20 ans après" der 20. Todestag des Abbés in einem feierlich-aufwendigen Rahmen begangen. Höhepunkt des Festtags mit Messe, Umzug und Groß-Picknick war die Einweihung einer Gedenkstatue.

• *Information* **Office du Tourisme**, neben der Kirche. Auskünfte, Wanderungen ins Val sans Retour, Ausflüge zu den wichtigsten Stationen des Zauberwaldes, Kirchenführungen. Mo–Sa 10–12 und 14–17 Uhr, im Sommer bis 18 Uhr. Place Abbé Gillard, 56430 Tréhorenteuc. ✆ 02.97.93.05.12, ✆ 02.97.93.08.00, site.vsr@club-internet.fr, www.valsansretour.com.

Der Gral

Der Gral, altfranzösisch graal, das Gefäß, taucht in der höfischen Literatur des Mittelalters auf und inspiriert bis heute die Phantasie europäischer Schriftsteller und Opernregisseure. Die älteste bekannte Gralsdichtung verfasst *Chrétien de Troyes* mit „Perceval", im 19. Jahrhundert verhilft der Komponist *Richard Wagner* dem Gral zu einem anhaltenden Comeback, im 21. Jahrhundert entdeckt der Amerikaner Dan Brown den Grals-Mythos und macht ihn zum Kernstück seines Bestsellers „The Da Vinci Code" (in der deutschen Übersetzung „Sakrileg").

Der Gral ist ein geheimnisvoller, in der Literatur in verschiedener Form auftauchender sakraler Gegenstand: ein Kelch, eine Schale, ein Stein, der zusammen mit einer ständig blutenden Lanze vom Gralskönig und den Gralsrittern in einer unsichtbaren Burg bewacht wird. Immer wirkt der Gral Wunder: Er spendet Glück, ewige Jugend, Heilung und gutes Essen in Hülle und Fülle. In der christlichen Version wurde der Gral, der das Blut Jesu enthält, zusammen mit der Lanze, die dem Gekreuzigten zwischen die Rippen gestoßen wurde, von *Joseph von Arimathea* vom Morgenland nach Westeuropa gebracht (Symbolik des Abendmahls und der Messe). In der keltischen Erzähltradition, die ebenfalls einen Gral kennt, ist das Gefäß der magische Kelch der Kraft und des Überflusses. Psychologisch versierten Mythenforschern gilt der Gral als religionsunabhängiges Fruchtbarkeitssymbol, wobei der Kelch den Schoß der Frau und die Lanze das Glied des Mannes versinnbildlichen soll.

Die Gralsuche ist ein wesentliches Element der Artussage. Nur dem seelisch reinsten aller Ritter ist es bestimmt, die Burg Montsalvatsch zu finden und Gralskönig zu werden. Und einmal kommt der Gral sogar auf die Burg Camelot: Als mit dem Erscheinen *Galahads* die Tafelrunde das erste und einzige Mal vollständig versammelt ist, taucht aus dem Nichts das wundertätige Gefäß auf und speist die versammelten Ritter. Abbé Gillard von Tréhorenteuc sah hier das Abendmahlmotiv und ließ danach das vielleicht schönste Fenster gestalten, in dem der Gral vor der Tafelrunde erscheint.

Val sans retour (Tal ohne Wiederkehr): So sah es einmal aus: Tief eingeschnitten zwischen schroffen Felshängen gediehen Farn und Heidekraut im Talgrund, die Blätter der Bäume flüsterten im Wind und warfen ihren Schatten auf den tiefklaren Feenspiegel-Teich *(Miroir des Fées)*. Heute: Ginster überwuchert den Boden, einige Bäume ragen trostlos in den Himmel, mühsam werden die Hänge wieder aufgeforstet. Der Zauber des Tals ist seit dem Waldbrand im September 1990 dahin, der *Goldene Baum (Arbre d'Or)*, ein von François Divan nach dem Brand vergoldeter Baumstumpf, wartet zwischen zwei verkohlten Stämmen auf ein neues Goldenes Zeitalter. Es heißt, *Merlin* hält seine schützende Hand über den Wald von Paimpont. Wenn dem so ist – hat er eine Niederlage in einem magischen Kampf erlitten? Oder wie konnte es passieren, dass das Tal ohne Wiederkehr so furchtbar zerstört wurde?

Weg Im Süden von Tréhorenteuc ab dem Parkplatz den Schildern folgend auf einem bequemen Waldweg leicht bergauf gehen. Nach etwa 15 Minuten stehen Sie über der Schlucht. Felsstufen führen hinab, ein Weg schlängelt sich durch den Talgrund.

Château Trécesson: Noch immer führt der Weg ins Schloss über die Zugbrücke und durch ein mehr abweisendes als einladendes Tor – doch das Bilderbuchschloss (15. Jh.) ist in Privatbesitz und ohnehin nur von außen zu bestaunen. Spielt auch noch das Wetter mit, präsentiert sich das wehrhafte Mauerwerk mit seinen Türmchen und schwarzen Dächern hinter dem Weiher ganz in Rot und ergibt mit seinem Spiegelbild im Wasser das am häufigsten abgelichtete Motiv des Fôret de Paimpont.
Weg Von Tréhorenteuc über die Abbaye La Joie-Notre-Dame nach Campénéac, dann links ab und gleich wieder links auf die D 312. Das Schloss liegt rechts der Straße.

Kapelle St-Jean: Auf der einen Straßenseite ein für zivile Menschen verbotenes Militärgelände, gegenüber die hingeduckte dunkle, geschlossene Kapelle des Johanniterordens in einem kleinen Ensemble verfallener Schieferhäuser. Risikoloser Kurzbesuch eines vor langer Zeit verlassenen Weilers.
Weg Von Trécesson Richtung Paimpont, nach etwa 4 km links der Straße.

> ### Morgane
>
> Morgane, die Fee aus dem Sagenkreis der Tafelrunde, teilt die Geschichtenerzähler in zwei Lager. Einig sind sich alle darin, dass Morgane eine heilkundige Halbschwester von König *Artus* war. Aber war sie gut oder böse? Einmal dient sie aufopfernd den Mächten des Lichts und geleitet Artus nach Avalon, der Insel der Seligen. Ein andermal wieder gilt sie als ebenbürtige Feindin des großen Zauberers Merlin. Warum ist diese Gestalt, in der Mythenforscher die keltische Göttin Modron sehen, gar so widersprüchlich? Hat die katholische Kirche bei der Verwandlung einer vielleicht keltischheidnischen Priesterin in eine unchristliche Hexe die Hand im Spiel gehabt? Eine letzte Ehrenrettung der guten Fee unternahm Frau Marion Zimmer-Bradley in ihrem Buch „Nebel von Avalon": Dort schildert sie Morgane als weise Frau mit einem grundehrlichen Charakter.
>
> Im Val sans retour, raunt eine der vielen Legenden jedenfalls, sei die (jetzt wieder böse) Fee zu Hause gewesen. Verbittert und nach Rache lechzend, nachdem sie von ihrem Liebhaber betrogen worden war, belegte sie das Tal mit einem Bann. Jeder Ritter, der hier vorbeikam und mindestens einen Seitensprung auf dem Kerbholz hatte, kam aus dem Tal nicht mehr heraus. Natürlich hatte jeder Blaublütler, der durch die Brocéliande streifte, Dreck am Stecken, und bald waren 40 Ritter zusammen, mit denen sich Morgane angenehm die Zeit vertrieb. Erst *Lancelot vom See* beendete den Zauber. Ohnmächtig musste Morgane zusehen, wie der edle Ritter, der noch nie an eine andere Frau gedacht hatte als an *Guinevra*, Gattin seines Königs, die vierzig Gefangenen aus dem Tal befreite.

Ploërmel (7500 Einwohner)

Die Zeit tickt anders in Ploërmel: Wenn vierzig Generationen vergangen sind, hat der schwarze Zeiger der Astronomischen Uhr gerade eine Umdrehung hinter sich. Um die Spiralen und Federn eines ausgeklügelten Uhrwerks hinter dem schützenden Glas einer Vitrine spiegelt sich Vergänglichkeit.

Ploërmel, lange Zeit eine ernstzunehmende Rivalin des nahen Josselin, steht heute wirtschaftlich wie touristisch ganz im Schatten des dreimal kleineren Nachbarn.

Hinter Glas: l'horloge und das Porträt ihres Schöpfers

Ein Bummel durch das übersichtliche, lichte Provinzstädtchen wird kaum überanstrengen, so bleibt Zeit und Konzentration, die beiden Hauptattraktionen Ploërmels ausgiebig zu genießen: Die *Kirche des heiligen Armel* und die *Astronomische Uhr* im frei zugänglichen Innenhof eines katholischen Instituts verdienen mehr als nur einen flüchtigen Blick. Von Ploërmel aus sind *Malestroit* und *Rochefort-en-Terre* (siehe *Redon/Umgebung*) gut erreichbar – die beiden Städtchen sind aufgrund ihres gut erhaltenen Ortsbilds und ihrer ruhigen, grünen Umgebung beliebte Ausflugsziele im Argoat.

Geschichte

St-Armel selbst, einer der verehrten Gründer-Heiligen Klein-Britanniens, legt mit seiner Einsiedelei im 6. Jahrhundert den Grundstein für die nach ihm benannte Stadt. Weltpolitisch gesehen haben die Bewohner Ploërmels im ersten Drittel ihrer Stadtgeschichte Ruhe. Die Herzöge der Bretagne ernennen die Stadt zur Residenz, in der auch mehrmals die Stände tagen. Im 12. Jahrhundert erwähnen die Chronisten die erste Gründung eines Karmeliterklosters auf bretonischem Boden, und das Jahr 1351 geht in die lokale Geschichte ein, als während des bretonischen Erbfolgekriegs vom besetzten Ploërmel aus ein Teil der englischen Besatzungsmacht in die legendäre „Schlacht der Dreißig" zieht, um sich blutige Köpfe zu holen (siehe *Josselin*, Kastentext *Die Schlacht der Dreißig*). Die größte Katastrophe erlebt Ploërmel im 17. Jahrhundert. Englische Truppen brennen nach zäher Belagerung die eroberte Stadt nieder – Grund für die heute spärliche alte Bausubstanz. Während der Französischen Revolution ist Ploërmel kurzfristig Provinzhauptstadt, und kurz darauf wird einer der bedeutendsten Söhne der Stadt geboren: *Dr. Alphonse Guérin*, der Erfinder des gepolsterten Watteverbands. Zum ersten Mal und gleich en gros wird der wundfreundliche Verband erfolgreich während des Deutsch-Französischen Kriegs 1870/71 bei französischen Verwundeten eingesetzt.

- *Postleitzahl* 56800
- *Information* **Office de Tourisme**, etwas unterhalb der Kirche. Viel Informationsmaterial über die Umgebung, u. a. auch Karten mit Streckenvorschlägen für Radtouren zwischen 20 und 70 km Länge. Juli/Aug. Mo–Sa 9.30–19 Uhr, So 9.30–12.30; Sept. bis Juni Mo–Sa 10–12.30 und 14–18.30 Uhr. 5, rue du Val. ✆ 02.97.74.02.70, ✉ 02.97.73.31.82, ot.ploermel@wanadoo.fr.
- *Verbindung* Zentrale **Bus**haltestelle an der Place Lamennais. Anschlüsse Richtung Rennes bzw. über Josselin nach Pontivy 4- bis 5-mal täglich, nach Vannes über Malestroit insgesamt 6-mal täglich. Fahrzeiten: 1 Std. nach Vannes, 1 Std. nach Rennes, 50 Minu-

ten nach Pontivy, 15 Minuten nach Josselin.

- *Parken* Verschiedene Plätze des Städtchens sind als Parkzonen ausgewiesen, ergänzt durch einige Abstellflächen vor dem Zentrum.
- *Internet* **CDIM Espace Informatique**, in der Nähe des Office de Tourisme. 3, rue de la Gare.
- *Fahrradverleih* **Robert Miloux**, 19, rue des Forges. ✆ 02.97.74.06.96.
- *Markttag* Freitagmorgen sowie am 1. und 3. Montag im Monat.
- *Golf* **Golf du Lac au Duc**, 9-Loch-Platz (par 36) am gleichnamigen Weiher im Nordwesten der Stadt. Auskunft und Anmeldung ✆ 02.97.74.19.55.
- *Hotels* ** **Le Thy**. Das kleine *Hotel de charme* bietet 7 unterschiedlich große Zimmer, von denen jedes thematisch einem bestimmten Maler zugeordnet ist (Van Gogh kostet weniger als Klimt). Kein Restaurant, dafür Hotelbar. DZ 50–60 €. 19, rue de la Gare.
✆ 02.97.74.05.21, 📠 02.97.74.02.97, info@le-thy.com, www.le-thy.com.
Le Thalassa, hübsches, efeuumranktes Anwesen mit 6 einfachen Zimmern. Bar, Brasserie, Restaurant. DZ 35–40 €. 76, rue de la Gare. ✆ 02.97.73.35.17, 📠 02.97.74.26.96.
- *Camping* Siehe *Umgebung/Lac au Duc*.

Sehenswertes

Kirche St-Armel: der optische und geographische Mittelpunkt des Städtchens. Der gotische Hauptbau aus dem 15. und 16. Jahrhundert strebt himmelwärts, während der im 18. Jahrhundert hinzugefügte Turm stumpf und ohne Spitze mit der Balustrade endet. Das *Nordportal* aus der Übergangszeit von der Spätgotik zur Frührenaissance ist der am liebevollsten gestaltete Teil der Fassade, und der Genießer greift zum Fernglas: In Überfülle ranken sich aus dem Granit gemeißelte Skulpturen und Ornamente rund um das Portal, verwitternde Figurengruppen erzählen kleine Grotesken, in denen ein lustiges Schwein den Dudelsack spielt oder ein Gatte mit Nadel und Zwirn die Lippen seiner geschwätzigen Gattin vernäht.

Im Inneren sind die restaurierten *Fenster* aus dem späten 16. Jahrhundert beachtenswert. Eines zeigt die Wurzel Jesse, acht Fenster des linken Querschiffs sind dem Kirchenpatron gewidmet. Bunt und bilderreich erzählen sie einige nicht alltägliche Situationen aus dem Leben des heiligen Armel, in aller Ausführlichkeit natürlich seine unvergessene Drachendressur, bei der er das Biest durch bloßes Umlegen seines Schals zähmt – eine auch auf der Insel Batz bekannte Legende, dort allerdings mit St-Pol als Hauptdarsteller (siehe *Roscoff/Umgebung*, Kastentext *St-Pol Aurélien*). Unter der *Holztonnendecke* mit den fein gearbeiteten Simsen stehen seit vielen Jahrhunderten die *Grabmäler* und *-statuen* einiger bretonischer Herzöge: *Jean II.* und *Jean III.* sowie auch *Philipp de Montauban* und dessen Gemahlin fanden in der Kirche des St-Armel ihre letzte Ruhe.

Alte Häuser: Im Altstadtkern im Norden der Kirche blieben in der *Rue Beaumanoir* und in der *Rue des Francs-Bourgeois* einige Wohnhäuser aus dem 16. Jahrhundert von der Zerstörung Ploërmels verschont und erfreuen heute den Flaneur. Das auffälligste Anwesen in der Rue Beaumanoir ist die *Maison des Marmousets* (Haus Nr. 7), die durch ihre geschnitzten Figuren in den Trägerbalken besticht; gegenüber steht die nicht ganz so spektakuläre *Maison des Ducs de Bretagne* (Haus der Herzöge) aus dem Jahr 1586.

Lamennais-Institut: Das katholische Institut in der Rue du General Dubreton wurde 1817 als Mönchsstift von *Jean-Marie de Lamennais* gegründet. Die Brüder der Abtei machten es sich zur Aufgabe, den Küstenbewohnern etwas Grundschulwissen beizubringen. Das mehrflügelige Gebäude aus dem 19. Jahrhundert sowie das kleine Museum der Brüder-Gemeinde sind für verwöhnte Bretagne-Reisende nicht so interessant. Empfohlen sei jedoch ein Besuch wegen der *astronomischen Uhr* (s. u.) – ein weltweit einzigartiges Meisterwerk der Zeitmessung.

Der Papst von Ploërmel

Zurab Tsereteli hat zweifellos ein Flair für das Große. Der georgische Bildhauer, seines Zeichens Präsident der Akademie der Bildenden Künste Russlands, hat in der russischen Hauptstadt eine 96 Meter (!) hohe Statue von Zar Peter dem Großen geschaffen, die majestätisch über die Moskwa blickt. Ebenfalls in Moskau steht Tseretelis nur 8 m hoher Général de Gaulle, die Statue wurde von den Präsidenten Chirac und Putin gemeinsam eingeweiht. Putin selbst wurde vom rührigen Künstler als Judokämpfer in Bronze gegossen, eine Skulptur, die derzeit noch niemand haben will. Überhaupt passiert es dem umstrittenen Meister ab und zu, dass seine Werke schnöde abgelehnt werden: Griechenland wollte einen Koloss von Rhodos nicht haben, Frankreich verzichtete auf einen Balzac, die USA auf Columbus (er steht jetzt im spanischen Sevilla), New York lehnte eine Statue Franklin D. Roosevelts ab. Im katholischen Ploërmel denkt man anders: Der Bürgermeister nahm das Geschenk des georgischen Bildhauers, eine 8 m hohe Staue von Papst Johannes Paul II. (Karol Wojtyla), mit Freuden an.

Die bronzene Papst-Statue wurde im Dezember 2006 eingeweiht, ohne Proteste ging das allerdings nicht ab. Die Bretagne ist zwar katholischer als das übrige Frankreich, aber Frankreich versteht sich eben nach wie vor als laizistischer Staat, kirchliche und staatliche Angelegenheiten gehören getrennt. Doch das Geschrei der Gegner ließ den Bürgermeister kalt. Tsereteli habe ihm bei einem Besuch in Moskau eine Staue angeboten, sagt der Bretone: „Ich habe Johannes Paul II. vorgeschlagen. Er ist ein Papst der Öffnung, ein Gigant der Geschichte."

Die Statue ist ein Geschenk an die Stadt, die steuerzahlenden Bürger Ploërmels werden einzig für den Sockel (8000 € veranschlagt der Bürgermeister, die Opposition wesentlich mehr) zur Kasse gebeten. Dazu kommen die Kosten für die bereits installierten Überwachungskameras, und möglicherweise wird auch noch eine leibhaftige Wachmannschaft nötig sein. Schließlich haben die Bretonen in der Vergangenheit schon andere Helden von ihren Sockeln gestürzt. Vielleicht wird ja die „Place Zurab Tsereteli" dereinst wieder zur „Place St-Marc", ein Name, der den bretonischen Katholiken ohnehin geläufiger ist.

Astronomische Uhr (l'horloge astronomique): Eine Jules-Verne-Adaption in einer Glasvitrine im Innenhof des Instituts – auch nach dem siebten Blick stehen Sie noch verständnislos da. Das Gewirr aus Zahnrädern, Gewichten, Schrauben und Stäben endet glasklar durchdacht an zehn Zifferblättern, an denen Sie die verschiedensten Zeiten und Konstellationen ablesen können: u. a. die profane Ortszeit, die jeweilige Zeit an allen Orten des Erdballs, natürlich den jeweiligen Tag und Monat, die Mondphasen, das aktuelle Tierkreiszeichen oder den augenblicklichen Stand der Gestirne über Ploërmel. Ein Zifferblatt zeigt den jeweiligen Sonnenstand und ist für den Zuschauer am langweiligsten – der gelbe Zeiger braucht für eine Umdrehung ein volles Jahr, der weiße Zeiger kommt scheinbar gar nicht vom Fleck, er braucht für eine Umdrehung hundert Jahre; noch langsamer ist der schwarze, der die erste Runde im Jahr 2855 geschafft haben wird (1000 Jahre pro Umdrehung). Hinter den zehn Zifferblättern ist das zentrale Uhrwerk zu sehen, das die

ganze Maschinerie steuert und täglich neu aufgezogen werden muss. Bruder *Bernardin*, mit bürgerlichem Namen *Gabriel Morin*, Astronom, Mathematiker und Navigationswissenschaftler, schuf in fünfjähriger Tüftelei dieses ungewöhnliche Meisterwerk, das seit 1855 den Unterricht für angehende Brüder bereicherte.
Öffnungszeiten Ostern bis Okt. täglich 9–12 und 14–18 Uhr. Nov. bis Ostern So 10–12 und 14–18 Uhr. Mit und ohne Führung, auf Wunsch hören Sie auf einer Kassette Ihrer Sprachwahl eine ausführliche Erläuterung des Wunderwerks. Spende willkommen.

Ploërmel/Umgebung

Lac au Duc: Der Herzogssee, etwa 3 km im Norden Ploërmels, zieht sich mit 250 ha Fläche über acht Kilometer in die Länge. Der in eine stille, unspektakuläre Hügellandschaft eingebettete See darf von Sportlern genutzt werden: Surfer und Segelboote tummeln sich auf dem glitzernden Blau, ein von Menschenhand geschaffener Strand ermöglicht Badenden einen bequemen Zugang. Wassersporteinrichtungen, Campingplatz und Restaurant finden Sie am Nordwestende des Sees, die natürlichen Uferzonen sollten Sie unberührt lassen.

- *Wassersport* **Base nautique**, Schulungen und Verleih von allerlei Wassersportgerät vom Surfbrett über den Optimisten bis zum Katamaran. ✆ 02.97.74.14.51.
- *Camping* ** **Camping du Lac**, ein mittelgroßer Platz am Nordwestufer des Sees neben dem künstlichen Strand; 150 schattige Stellplätze unter hohen Bäumen am Seeufer – eine Art Garten-Waldgelände mit durchschnittlichen sanitären Anlagen. Geöffnet April bis Sept. 56800 Taupont. ✆ 02.97.74.01.22, www.camping-du-lac-ploermel.com.

Malestroit (2500 Einwohner)

Das Städtchen, malerisch am Ufer des hier eingefassten, von alten Brücken überspannten *Oust* gelegen, ist ein beliebter Anlegepunkt für Hausboote. In der Geschichte taucht der Ort zum ersten Mal während der Kreuzzüge auf. Im 12. Jahrhundert zogen Malestroiter Ritter erfolgreich gen Jerusalem und brachten reiche Schätze zurück – seither zeigt das Stadtwappen neun byzantinische Goldmünzen. Malestroit muss eine wohlhabende Stadt gewesen sein, bereits im 14. Jahrhundert entsandte sie einen Deputierten in die Provinzverwaltung, 1462 erhielt sie einen Umfassungswall und zählte zu den neun befestigten Baronien der Bretagne. Der Niedergang begann mit den Religionskriegen im 16. Jahrhundert. An deren Ende lag das Städtchen ruiniert darnieder, die Mühlen am Ufer des Oust waren zerstört, eine Pestepidemie besorgte den Rest. Malestroit verschwand aus den Annalen der Geschichte und ist heute eine kleine Provinzstadt, deren alte Fachwerkhäuser rund um Kirche und die *Place du Bouffay* durch humorvolle Holzskulpturen auffallen: ein geschnitzter Pelikan, eine Muttersau, ein Akrobat, ein Hase spielt neben einem betrunkenen Seemann den Dudelsack. Ein schmuckes Bauwerk ist auch das Rathaus mit seinen drei Gedenktafeln: Eine erinnert an die von den Nazis verhafteten Opfer, eine an Jacques Bonsergent, Bürger von Malestroit und erster von den Nazis füsilierter Franzose; die dritte schließlich gedenkt an de Gaulles berühmtem Appell aus London, sich im Widerstand ihm anzuschließen. Wichtigstes Bauwerk ist die *Kirche Saint-Gilles* mit zwei Kirchenschiffen aus verschiedenen Epochen (12. Jh. und 16. Jh.) – ein erstaunliches Exempel für die romanisch-gotische Stilvermischung. Kurios ist das Figurenensemble über und neben dem Seitenportal: Punkt 15 Uhr (Sonnenschein vorausgesetzt) projizieren die vier Evangelistensymbole, die zusammen mit dem Ochsen des heiligen Hervé das Portal flankieren, ein Schattenbild an die Kirchwand, das dem Profil Voltaires ähneln soll.

Argoat

Empfehlenswert: ein gemütlicher Spaziergang durch das Städtchen und am Ufer des Oust entlang.

- *Postleitzahl* 56140
- *Information* Office de Tourisme, zentral in der Altstadt am Kirchplatz, zuständig für das Städtchen und das Pays de Malestroit. Juli/Aug. Mo–Sa 9–19 Uhr, So 10–16 Uhr. Sept. bis Juni Mo–Sa 9.30–12.30 und 14.30–18.30 Uhr. 17, place du Bouffay. ✆ 02.97.75.14.57, ✆ 02.97.73.71.13, tourisme@malestroit.com, www.malestroit.com.
- *Verbindung* Malestroit liegt an der **Buslinie Ploërmel–Vannes**. Werktags 4-mal in beide Richtungen.
- *Fahrradverleih* **MBK**, 45, faubourg Ste-Anne. ✆ 02.97.75.13.36. Auch das **Office de Tourisme** stellt ein paar Leihräder zur Verfügung
- *Markttag* Donnerstagvormittag auf dem großen Parkplatz vor der Stadt.
- *Veranstaltung* Am letzten Julisamstag lockt das Musikfestival **Le Pont du Rock** Tausende Besucher in die kleine Stadt.
- *Waschsalon* **Les Lavandières**, am großen Parkplatz vor der Stadt. 3, place du Dr Jean Queinnec. Täglich 8–21 Uhr.
- *Hotel* **Le Cap Horn**, schlichte 8-Zimmer-Herberge im Westen der Altstadt. DZ 23–28 €, alle mit Dusche, WC jedoch auf Etage. 1, faubourg St-Michel. ✆ 02.97.75.13.01, ✆ 02.97.75.22.55.
- *Camping* **Municipal de la Daufresne**; schattig in Stadtnähe am Kanal, neben dem Schwimmbad. Angenehmer Platz, nett gegliedert; das größere, nicht unterteilte Areal für Zeltler. Kajak- und Kanuverleih. 75 Stellplätze. Geöffnet Mai bis Mitte Sept. ✆ 02.97.75.13.33, ✆ 02.97.75.06.68.

Musée de la Résistance Bretonne: Etwa 1 km außerhalb von Malestroit, im Ortsteil *St-Marcel*. In einem 6-ha-Park widmet sich das Museum dem bretonischen Widerstand im Zweiten Weltkrieg. Videofilme und Zeitdokumente geben Interessierten wissenswerte Einblicke in die Résistance, über den Atlantikwall, über den Schwarzmarkt und vieles mehr (Französischkenntnisse sind nützlich). Auch eine per Pedal betriebene Rundfunkstation der Widerständler gehört zum Inventar. Besuchermagnet und Höhepunkt jedoch ist die lebensnahe Präsentation von typischen Kriegssituationen: Bunkerleben, besetzte Straßen und martialische Panzerspähwägen auf dem Vormarsch. Die Standortwahl fiel übrigens nicht zufällig auf St-Marcel. Hier befand sich ein Camp für Fallschirmjäger und Résistance-Kämpfer, das 1944 von der Wehrmacht angegriffen wurde. Nach dem Überfall wurden 600 Tote gezählt.

Öffnungszeiten April bis Mitte Juni täglich 10–12 und 14–18 Uhr. Mitte Juni bis Mitte Sept. täglich 10–19 Uhr. Mitte Sept. bis März 10–12 und 14–18 Uhr, Di geschlossen. Eintritt 6,60 €.

Josselin (2400 Einwohner)

Das Schloss: Abends spiegelt sich die trutzig-kahle Außenseite mit den drei verbliebenen Rundtürmen im ruhigen Wasser des Oust, morgens leuchtet die Sonne die ornamentierte Prunkfassade des Fürstensitzes aus. Das geglückte Zusammenspiel von Architekt und betuchtem Auftraggeber schuf eines der schönsten Schlösser der Bretagne.

Das *Château* derer von Rohan ist eindeutig die Attraktion des Kleinstädtchens. Doch auch das Städtchen hat seine Reize. In der Saison ergießen sich die Besuchermassen durch die stimmungsvollen Gässchen mit ihren anheimelnden Fachwerkhäuschen, strömen in die *Kirche Notre-Dame-du-Roncier* und sitzen dann zufrieden in den Cafés auf dem Kirchenplatz, um Erfrischungen und die himmelwärts strebende Eleganz der Kathedrale zu genießen. Josselin an den Ufern des *Oust* ist ein Juwel und einer der meistbesuchten Orte der inneren Bretagne – auch die Hausbootbesatzungen legen hier einen Stopp ein.

Josselin – die Prunkfassade

Neben dem Sommertourismus tragen einige kleine moderne Fabrikationsstätten am Ortsrand ganzjährig zum Gedeihen des weltoffenen Städtchens bei. Pappkartons und Fleischkonserven aus Josselin sind aus der gallischen Verpackungs- und Dosenbranche nicht mehr wegzudenken.

Geschichte

Die Geschichte Josselins ist die Geschichte seiner Burg. Als sich *Vicomte Guethonec* 1008 auf einem Felsen über dem Oust eine Burg bauen lässt, gibt er auch dem unbedeutenden Dorf nebenan einen Namen: Josselin, genau wie der Sohn des Vicomte. 1168 lässt der englische König *Heinrich II. Plantagenet* im Verlauf einer größeren Fehde die Burg erobern und schleifen, doch deren neuer Besitzer *Vicomte Eudes II* krempelt die Ärmel hoch und baut aus den Ruinen ein neues, stärker befestigtes Josselin. 1370 wechselt das Schloss auf friedliche Weise seinen Herrn: *Olivier de Clisson*, Feldmarschall und einer der Mächtigen Frankreichs, erwirbt es, verstärkt es durch weitere Mauern und neun wuchtige Rundtürme und vererbt es 1407 an seinen Schwiegersohn *Alain VIII* aus dem Geschlecht der Rohan.

1488 wird Josselin zum zweiten Mal zerstört. Der bretonische Herzog *Jean II* will durch diese – unter Schlossbesitzern übliche – Strafaktion den franzosenfreundlichen Rohans eine Lektion erteilen, die sie nicht vergessen sollen. Der Herzog stirbt, und seine Tochter *Anne*, Herzogin der Bretagne und Gemahlin des Königs von Frankreich, durchkreuzt die Pläne ihres toten Vaters. Auf ihre Fürsprache hin versieht *Karl VIII.* den Chef des Rohan-Clans, *Jean II*, mit großzügigen Geldmitteln für den Wiederaufbau. Der Fürst nutzt die Gunst der Stunde: Zwischen 1490 und 1510 erhält Josselin seine einmalige Prunkfassade.

Im 16. und 17. Jahrhundert stehen die Rohans als Hugenottenanhänger und Teilnehmer eines Putschversuchs schon wieder auf der falschen Seite. 1629 muss das Schloss mit dem Verlust von sechs Türmen und seines Wehrfrieds erneut für seine

Besitzer büßen. Kardinal *Richelieu*, Erzfeind der Hugenotten im Dienst des französischen Königshauses, teilt anlässlich eines Empfangs im Louvre von Paris dem nichts ahnenden Herzog Henri von Rohan höfisch-diplomatisch mit: „Monsieur, ich habe eben einen schönen Treffer in Eurem Kegelspiel getan." Der Schlossherr von Josselin muss sich unter seiner Perücke große Mühe geben, nicht die Fassung zu verlieren.

Im 18. Jahrhundert kümmern sich die Rohans nicht mehr um Josselin. Das Schloss beginnt zu verfallen, wird während der Revolutionsjahre als Tribunal, Getreidespeicher und Gefängnis für Aristokraten genutzt und verkommt immer mehr. Im 19. Jahrhundert erinnert sich die Familie Rohan an ihr Château und veranlasst aufwendige Renovierungen. Seitdem wird Josselin wieder von den Rohans bewohnt und gepflegt. Die Rolle des spendablen Königs haben in der Republik Frankreich die Touristen übernommen – durch den Kauf eines Billetts unterstützen sie den Erhalt des Märchenschlosses.

Information/Verbindungen/Diverses

- *Postleitzahl* 56120
- *Information* **Office de Tourisme**, stilvoll im Fachwerkhaus beim Schlosseingang gleich neben der Hauptstraße. April bis Juni und Sept. Mo–Sa 10–12 und 14–18 Uhr, So 14–18 Uhr. Juli/Aug. täglich 10–18 Uhr. Okt bis März Mo–Fr 9.30–12 und 14–17.30 Uhr, Sa 10–12 Uhr. Place de la Congrégation. ✆ 02.97.22.36.43, ✆ 02.97.22.20.44, site.otjosselin@wanadoo.fr, www.paysdejosselin-tourisme.com.
- *Verbindung* Mehrmals täglich **Busse** über Ploërmel nach Rennes, in die Gegenrichtung nach Vannes, außerdem Busse nach Pontivy.
- *Parken* Einige beschilderte Großparkplätze in Schlossnähe. Wer sie benutzt, entlastet sich und den Ort.

- *Fahrradverleih* **Guého-Roblin**, 6, Place Duchesse-Anne. ✆ 02.97.22.28.02.
- *Markttag* Samstagvormittag.
- *Pardon* Anfang September der überregional bekannte Pardon zur Notre-Dame-du-Roncier. „Unsere Frau vom Dornbusch" heilte 1832 drei Kinder, die während ihrer epileptischen Anfälle bellende Laute von sich gaben. Seitdem ist der Pardon noch berühmter und heißt „Wallfahrt der bellenden Mädchen" *(Pardon des aboyeuses)*.
- *Veranstaltungen* Im Juli und Aug. steigt jeden Mittwochabend die **Festiv'été**: Theater, Konzerte usw. im Freien. Informationen im Office de Tourisme.
Am 2. Augustsonntag ist das Pferderennen auf der Rennbahn von St-Jean-des-Prés das lokale Großereignis.

Übernachten/Essen

- *Hotel* ** **Du Château**, die größte Herberge Josselins, gegenüber der Burg, am anderen Ufer des Oust. 36 Zimmer, eigene Garage und Parkplatz, Restaurant. DZ je nach Lage und sanitärer Ausstattung 33–70 € (wer sich für die günstigste Variante entscheidet, darf nur gegen Bezahlung duschen). Dez./Jan. geschlossen. 1, rue Général de Gaulle. ✆ 02.97.22.20.11, ✆ 02.97.22.34.09, contact@hotel-chateau.com, www.hotel-chateau.com.
- *Privatzimmer* Das Office de Tourisme hilft mit einer vollständigen Liste weiter.

- *Camping* *** **du Bas de la Lande**, terrassenartig ansteigendes Gelände oberhalb des Kanals bei Guégon, in der Nähe der Schnellstraße nach Lorient (ausgeschildert) – die Camper verlieren sich mehr und mehr in der Höhe. Gut geführt. Von der Stimmung sympathisch, mit partiellem Schatten und exzellentem (geheiztem!) Sanitärblock. Bar, Crêperie, Brotverkauf, kleiner Kinderspielplatz, über die Straße zum Minigolf. 55 Stellplätze. Geöffnet April bis Okt. Guégon, Route de Lorient. ✆ 02.97.22.22.20, 02.97.73.93.85.

Josselin – die Wehrfassade

- *Restaurants* **La Table d'O**, oberhalb des Kanals. Die Fensterfront bietet tolle Ausblicke auf das mächtige Schloss. Wer exzellent speisen möchte, ist hier richtig. Menüs von 22–40 €. Mi und Sonntagabend geschlossen. 9, rue Glatinie. ✆ 02.97.70.61.39.
Du Château, im gleichnamigen Hotel (s. o.), der örtliche Gourmet-Treff. Menü 15–49 €. 1, rue Général de Gaulle. ✆ 02.97.22.20.11.
Les Routiers bietet preisgünstige rustikale Hausmannskost ohne touristisches Flair – hier stillen die Werktätigen ihren Hunger. Menüs 10–16 €. 128, rue Glatinie. ✆ 02.97.22.27.29.
Pizzeria du Château, in der Hauptstraße; Speisetreffpunkt eines hauptsächlich jugendlichen Publikums, gelegentlich lassen sich auch ältere bis alte Semester im Gastraum oder im kleinen Hofgarten die italienischen Spezialitäten schmecken. Fazit: gehobenes Pizza- und Pastaniveau. Täglich geöffnet. 6, rue des Trente, ✆ 02.97.75.96.40.

Sehenswertes

Château Josselin: Die zwei Gesichter des Schlosses könnten verschiedener nicht sein. Die abweisende, kompakt abfallende Wehrseite mit den drei wuchtigen Wehrtürmen auf den Felsen über dem Blavet lässt nicht nichts von der Schönheit der granitgrauen Fassade des Wohntrakts ahnen. Hinter den Kassenhäuschen führt eine Zugbrücke über einen harmlosen Steinlöwen im alten Wassergraben hinüber zu den Kugelbüschen des kleinen Parks, und hier entfaltet sich die Pracht Josselins auf einen Schlag: Lang und verspielt streckt sich das Schlossgebäude am Rand des Plateaus und lässt das bullige Gesicht der anderen Seite vergessen. Meister ihres Fachs meißelten filigrane Ornamente, hauchdünne Spitzen und dämonische Wasserspeier aus dem dunklen Granit, die dem harten Stein Hohn zu sprechen scheinen. Die Gesamtheit der Fassade ist am besten von der frei stehenden *Tour Prison* am hinteren Ende des Schlossparks zu erfassen, die Vielfalt der Details ist nur aus der Nähe zu erkennen – wobei die obere Fassadenhälfte mit ihren hohen Giebeln und dem zierlichen Steingitterwerk die Schmuck des Erdgeschosses noch übertrumpft. Schauen, staunen und auf erste Zeichen von Genickstarre achten. Immer wieder taucht ein „A" im Schmuckwerk auf – dauerhafter Dank der Rohans an die Herzogin Anne, die den französischen König dazu gebracht hatte, seine Schatulle für die bretonischen Herzöge zu öffnen.

Ein Teil des Erdgeschosses ist zur Besichtigung freigegeben. So können auch Durchschnittsbürger im Rahmen eines kleinen Rundgangs den Wert des Interieurs eines hochadeligen Wohnsitzes kurz überschlagen. Höhepunkte sind der filmreife Speisesaal, der nobel eingerichtete Salon und die behagliche Bibliothek mit ihren 3000 Bänden, von denen sich etliche mit der Geschichte des eigenen Geschlechts befassen. Fototipp: Morgens vom Schlosspark aus die Wohnfassade, abends von der Brücke über den Oust die Wehrseite des Châteaus ablichten.

Öffnungszeiten April/Mai und Okt. 14–18 Uhr. Juni bis Mitte Juli und Sept. täglich 14–18 Uhr. Mitte Juli bis Aug. täglich 10–18 Uhr. Die Führung dauert 45 Minuten. Eintritt 7 €, Kinder 4,50 €. Kombiticket Schloss + Puppenmuseum 11,50 €, Kinder. 8 €.

Puppenmuseum (Musée des Poupées): Schwelgen in der Welt der Puppen. Von den vielen Museen der Bretagne das Musée des Poupées eines, dessen Besuch eine echte Bereicherung des Urlaubsalltags darstellt und in dem es auch Kindern nicht gleich langweilig wird. Ein begeisterter Eintrag aus dem Gästebuch: „Es war wunderschön, so viele Puppen zu sehen. Vielleicht kommen wir einmal wieder. Tschüßle." *La Duchesse de Rohan*, die Großmutter des heutigen Schlossherrn, legte Ende des 19. Jahrhunderts den Grundstock für die Sammlung von Puppen, Puppenzubehör (wie Puppenküchen) und etablierten Gesellschaftsspielen (z. B. Scrabble). Auf zwei Stockwerken tummeln sich etwa 600 Puppen aus allen Herren Länder – die letzten 1989 eingekauft, die ältesten aus dem frühen 19. Jahrhundert:

Porzellanpuppen zum Spielen und Lernen für Aristokratenkinder, Barbiepuppen und der Elefantenkönig Babar, exotische kleine Indianer- und Eskimobuben, ein kuscheliger Plüsch-Snoopy, Kleinstpüppchen ... Die ergreifendste Szene der Ausstellung: Sanft streichelt eine Puppe einen kühlen Roboter.

Öffnungszeiten Identisch mit denen des Schlosses. Eintritt 6,20 €, Kinder 4,40 €. Kombiticket Puppenmuseum + Schloss 11,50 € bzw. 8 €.

Die Schlacht der Dreißig

1351: In der Bretagne tobt seit 10 Jahren der Erbfolgekrieg (siehe *Geschichte*). Josselin steht unter der Herrschaft von *Jean de Beaumanoir*, einem Parteigänger von *Charles de Blois*, der mit Unterstützung des französischen Königs die bretonische Herzogskrone anstrebt. Die Nachbarstadt Ploërmel wird von *Sir Bemborough* gehalten. Der englische Ritter hält mit seinen Truppen wie sein König zu *Jean de Montfort*, dem Bruder des verstorbenen Jean III. Die Dörfer und Felder um Josselin und Ploërmel sind durch die Raubzüge beider Parteien mittlerweile verwüstet, die ständigen Kleingefechte haben auf jeder Seite viel Blut gekostet, und weder die Bretonen noch die Engländer konnten bisher einen entscheidenden Vorteil erringen. Patt. Und hier beginnt die Geschichte, die unter Kennern der höfischen Ethik als ein doppelt schönes Beispiel für ritterliches Verhalten gilt.

Jean de Beaumanoir und der Feldhauptmann Bemborough vereinbaren, das ausufernde, sinnlose Blutvergießen zu beenden, ein letzter Kampf – dreißig Ritter gegen dreißig Ritter – soll über Sieg oder Niederlage entscheiden. (Ritterliches Verhalten Nr. 1)

Am 27. März treffen auf der Heide von Mi-Voie, fünf km im Osten Josselins, 30 Bretonen auf 20 Engländer, unterstützt von sechs Deutschen und vier Bretonen. Den ganzen Tag hauen und stechen sie nach allen Regeln der Fechtkunst aufeinander ein, gegen Abend sind die Engländer besiegt. Neun von ihnen, darunter Bemborough, erleben den Sonnenuntergang nicht mehr.

Der einfühlsame Satz eines Mitstreiters hat als wörtliches Zitat die Zeiten überdauert. Feldmarschall de Beaumanoir, nach Stunden harter Kriegsarbeit verschwitzt und aus mehreren Wunden blutend, macht aus seinem schrecklichen Durst kein Hehl. Und was gibt ihm sein Kampfgefährte *Geoffroy du Blois* zur Antwort? „Sauf dein Blut, Beaumanoir, und dein Durst vergeht!" (Ritterliches Verhalten Nr. 2)

Kirche Notre-Dame-du-Roncier: Am Anfang der Kirche „Unsere Frau vom Dornbusch" steht eine Legende. 800 und noch einige Jahre nach Christi Geburt entfernte ein Bauer fleißig Unkraut und Dornbüsche von seinem Acker und fand in einem der Stachelgewächse eine Marienstatue. Natürlich nahm er sie mit, doch am nächsten Tag fand sich die Figur auf ihrem alten Platz in den Dornbüschen wieder. Der unerklärliche Vorgang wiederholte sich einige Tage, bis der bretonische Dickschädel begriff: Aha, hier will die Jungfrau eine Kirche haben. So entstand am Fundort der Statue das erste Bethaus, bald ersetzt durch eine romanische Kapelle, die 1186 in Flammen aufging.

Die heutige Kirche, im 11. Jahrhundert begonnen und im Prinzip erst 1949 mit dem Chorturm vollendet, ist im Wesentlichen ein Werk der bretonischen Spätgotik, das Gotteshaus scheint in den Himmel zu streben. Im großzügigen, dezent

Im Pfarrbezirk von Guéhenno

ausgestatteten Innenraum herrscht die Weltläufigkeit einer viel besuchten Wallfahrts- und Besichtigungskirche. Die Holzstatue der Jungfrau vom Dornbusch wurde ein Opfer der Revolution, nur ein kleines Stück konnte aus der Asche gerettet werden – ein *Reliquienschrein* links vom Chor hält es unter Verschluss. Auch die Schäden am *Marmor-Grabmal des Olivier de Clisson* und seiner zweiten Frau in der *Kapelle Sainte-Marguérite* (rechts vom Chor) gehen auf die kirchenstürmenden Republikaner von 1793 zurück. Heil hingegen blieb die schmiedeeiserne *Kanzel*, die ein einheimischer Kunstschmied im 18. Jahrhundert schuf. Im Sommer darf der Turm bestiegen werden (gratis): Einblicke in den Schlossgarten und ungetrübter Panoramablick über das Umland.

Kapelle Ste-Croix: Das Schönste an der einfachen Kapelle ist die Hanglage mit Blick auf Fluss und Schloss, das Bemerkenswerteste ihr Alter: Der romanische Bau aus dem 11. und 13. Jahrhundert ist das älteste Stück Architektur der Region. Auch unter französischen Kunsthistorikern gilt die Kapelle – ohne große Töne – als „très simple, sans ornementation".

Josselin/Umgebung

Gedenksäule: Im Dörfchen *La Croix-Helléan*, 5 km östlich von Josselin, erinnert neben der Durchgangsstraße ein 15 m hoher Obelisk an die Schlacht der Dreißig, die hier stattfand (siehe Kastentext *Die Schlacht der Dreißig*). Zuerst diente eine Eiche als Gedenkstätte, später ein zweimal zerstörtes Kreuz. Den heutigen Obelisken ließ Ludwig XVIII. zu seinem Ruhm aufstellen: „Lang lebe der König – die Bourbonen immer." Die Bronzetafel gibt weitere Auskünfte über die Schlacht und die Baugeschichte des Denkmals.

Guéhenno: Das Dorf 10 km im Südwesten Josselins besitzt den östlichsten umfriedeten Pfarrbezirk der Bretagne, der sich vor seinen Kollegen im Westen nicht zu verstecken braucht. Innerhalb der Einfriedung finden sich neben Kirche und Friedhof ein Beinhaus, ein Calvaire und eine *Säule*, an deren Schaft die Marterwerkzeuge eingemeißelt sind, an der Spitze blickt ein Granithahn – Symbol für den Verrat des Petrus – stumm nach Osten. Auch das *Beinhaus* erzählt aus der Passionsgeschichte: Maria und Magdalena trauern um Jesus, dessen Leichnam, bewacht von zwei Soldaten aus Stein, in der mittleren Grabkammer ruht. Der um 1550 geschaffene *Calvaire*, einer der ältesten der Bretagne überhaupt, ist harmonisch und ausdrucksstark. 1793 während der Revolution eingerissen und Mitte des 19. Jahrhunderts mit den sorgsam aufbewahrten Statuen und Reliefs wiederaufgebaut, hat er von seiner künstlerischen Kraft nichts verloren – die Gesichter und Körper der Figuren des Calvaires sind zeitlose Momentaufnahmen eines flüchtigen Augenblicks.

Anfahrt Ab Josselin 5 km auf der N 24 Richtung Lorient, dann weitere 5 km auf der D 778 in Richtung Süden.

Pontivy (13.500 Einwohner)

Die Herzöge der Familie Rohan bescherten der Stadt ein Schloss, Napoléon ließ neben den verwinkelten Gassen des Mittelalters gleich eine neue Stadt hochziehen: Großzügige Avenues kreuzen sich im rechten Winkel, klotzige Verwaltungsgebäude rahmen die Place Aristide Briand und können doch nicht verhindern, was Napoléon nicht ahnen konnte: Aus dem einstigen Paradeplatz wurde ein seelenloser Großparkplatz.

Dagegen hat sich die anheimelnde Enge des alten Pontivy rund um die *Place du Martray* über die Zeiten gerettet. Fachwerk und heller Granit gruppieren sich seit alters her unterhalb der massiven Familienburg, nur das Angebot in den Läden hat sich der Zeit angepasst. Die *Rue Nationale* ist die schnurgerade Hauptachse der Stadt, die in die *Ville Napoléonienne* führt, ab der *Place Aristide Briand* schließen sich ihr nahtlos die einfachen Häuserzeilen des frühen 19. Jahrhunderts an – für aufwendige Fassadengestaltung blieb bei dem eher militärisch ausgerichteten Projekt kein Geld übrig.

Hausbootbesatzungen legen gerne in Pontivy an. Die am Durchstich des *Nantes-Brest-Kanals* in den begradigten *Blavet* gelegene Stadt bietet neben Sightseeing aus zwei Epochen auch willkommene Einkaufsmöglichkeiten. Rund um Pontivy laden etliche Ziele zu Ausflügen ein, die Sie zu einer ganz individuellen Rundreise zusammenstellen können. Die alte Herzogsstadt ist immer noch Mittelpunkt eines anmutigen und kulturreichen Umlands, das von seiner Lage im Kernland des Geschlechts der Rohan profitiert.

Geschichte

Pontivy bedeutet „Brücke des Yves". Im Verlauf der Einwanderungswelle von England in den abgelegenen Zipfel Frankreichs lässt *St-Yves* im 6. Jahrhundert am menschenleeren Ufer des Blavet ein Kloster und eine der damals seltenen Brücken über den Fluss errichten – die Keimzelle der Siedlung Pontivy. Einige hundert Jahre später, Pontivy ist inzwischen ein Lehen der Ducs de Rohan, entdeckt das noble Geschlecht aus dem Weiler Rohan in der Nähe Pontivys sein Herz für die Stadt. *Herzog Jean II* beginnt 1485 mit dem Bau einer ebenso schützenden wie repräsentativen Burg, die der Stadt in diesen unsicheren Zeiten zum Aufschwung verhilft. Als sie um 1600 gar Hauptstadt der mächtigen Herzöge wird, blüht Pontivy auf.

An der Place du Martray

1790 schlagen sich Rat und Bewohner der Stadt einträchtig auf die Seite der Revolution: Pontivy empfängt die Revolutionsräte von 203 Städten, die 318 Delegierten der *Fédération militaire et civile bretonne-angévine* werden mit frenetischem Jubel begrüßt. Bald wird Pontivy – inmitten eines königsfreundlichen Umlands, das sich mit den städtischen Republikanern blutige Gefechte liefert – die Bastion der Republik gegen die hartnäckig kämpfende Chouannerie. Bei soviel Loyalität wird *Napoléon* auf die Stadt aufmerksam. Mit einigen weitreichenden Befehlen schlägt der geniale Stratege gleich mehrere Fliegen mit einer Klappe: Die englische Flotte vor der eigenen Küste macht französische Schiffsbewegungen immer riskanter, ein Kanal von Nantes nach Brest würde dieses Problem elegant lösen.

Pontivy am Blavet-Fluss, genau auf der Mitte der Strecke, wird zur repräsentativen Garnisonsstadt hochgerüstet. Im Süden der Altstadt wird ab 1807 im Zeitraum von 23 Jahren eine neue Stadt aus dem Boden gestampft: als Erstes eine Kaserne, dann der Gerichtshof, die Mairie (Rathaus), ein 300-Betten-Hospital und ein Gefängnis (das städtische Lyceum wird erst zwei Jahre später genehmigt). Die offiziell nur für den Bau des Kanals zuständigen Truppen erfüllen nach den Plänen des Korsen auch eine innenpolitische Funktion: Sie sollen die dickschädeligen bretonischen Bauern in Schach halten, die dem neuen Frankreich nach wie vor sehr distanziert gegenüberstehen.

Pontivy dankt dem Konsul schon drei Jahre vor Beginn der Bauarbeiten vor dem ersten Spatenstich für die Neu-Stadt und nennt sich *Napoléonville*. Kaum 50 Jahre später – der Ex-Kaiser schmachtet mittlerweile auf St. Helena – verliert der Nantes-Brest-Kanal an Bedeutung und Pontivy wird wieder das, was es vor dem Einzug der Rohans war: ein bedeutungsloses Provinznest. Erst seit den 1970er Jahren entstehen vor der Stadt mit den zwei Gesichtern kleine Industrie- und Handelsviertel – der staatlich gelenkte Versuch, dem Zentrum einer wirtschaftlich benachteiligten Region zu einem entwicklungsfähigen Standbein zu verhelfen.

Das Château de Rohan in Pontivy (JG) ▲▲
Das turmreiche Château von Vitré (MXS) ▲

Wallfahrtskirche St-Herbot

Fassadenmalerei in Fougères (JG) ▲
Fachwerkensemble in Rennes (JG) ▲▲
Paimpol (JG) ▲

▲▲ Pause vom Alltag – Café in Rennes (JG)
▲ Fougères – die imposante Burganlage (MXS)

Pontivy 601

Information/Verbindungen/Diverses

- *Postleitzahl* 56300
- *Information* **Office de Tourisme**, an der Hauptstraße, auf der Höhe des Schlosses. Eine Flut von Prospekten und freundliche wie kompetente Auskunft. Privatzimmervermittlung. Ganzjährig Mo–Sa 10–12 und 14–18 Uhr. 61, rue du Général de Gaulle. ✆ 02.97.25.04.10, 📠 02.97.25.63.69, pontivy.officedetourisme@wanadoo.fr.
- *Verbindung* Gute **Bus**-Anbindung in alle Richtungen; die Busse nach Vannes, Lorient, St-Brieuc und Rennes sind auf den TGV abgestimmt.
- *Parken* Zentralste Möglichkeit ohne große Sucherei auf der geräumigen Place Aristide Briand oder unterhalb des Schlosses in Rathausnähe.
- *Bootsausflug/Bootsverleih* An der Wasserkreuzung Blavet/Nantes-Brest-Kanal, am Bassin des Récollets residiert die **Base nautique de Toulboubou**. Ausflüge (wahlweise ganztags, übers Wochenende oder auch länger) z. B. auf dem Lac de Guerlédan oder auf dem Nantes-Brest-Kanal. Verliehen werden Kajaks und Kanus. ✆ 02.97.25.09.51.
Das ganze Jahr über stimmungsvolle **Blavet-Fahrt** mit der *Etoile du Blavet*. Abfahrt in St-Nicolas-des-Eaux (ca. 12 km südwestlich). ✆ 02.97.29.13.07.
- *Markt* Am Montag bis in den Nachmittag. In der Innenstadt in den Gassen zwischen der Place du Martray und dem Château.
- *Pardon* Am 15. August Pardon für Notre-Dame-de-Quelven-en-Guern. Am 2. Sonntag im September Pardon zu Ehren Unserer Frau zur Freude.

Übernachten/Essen (siehe Karte S. 603)

- *Hotels* *** **L'Europe (5)**, elegant-stilvolles Haus aus dem 19. Jh. 20 lärmisolierte Zimmer mit meist schöner Möblierung und eigenem Badezimmer. Nach hinten hinaus Gartenanlage. Gediegen eingerichtetes Restaurant mit guten Menüs. DZ 50–90 €. Ganzjährig geöffnet. 12, rue François Mitterrand. ✆ 02.97.25.11.14, 📠 02.97.25.48.04, hoteleuropepontivy@wanadoo.fr.

* **Robic (6)**, in der Südstadt, am anderen Ufer von Napoléonville (D 2 Richtung Quimperlé), eine empfehlenswerte Adresse: 25 Zimmer unterschiedlicher Größe, alle 2005 komplett renoviert und mit Dusche/WC/TV und WiFi-Zugang. Neben der einladenden begrünten Empfangshalle das *Café des Arts*, wo man sein Glas wahlweise auf Chaplin, Pulp Fiction oder Mireille Mathieu abstellt, während Marilyn Monroe, Che Guevara Zigarre rauchend, Einstein mit gebleckter Zunge und die Beatles in Krawatten von den Wänden schauen. Internetzugang gratis im Café (freundlicherweise konsumieren Sie etwas dazu). DZ 44–68 €. Ganzjährig geöffnet. 4, rue Jean Jaurès. ✆ 02.97.25.11.80, 📠 02.97.25.74.10, contact@hotel-robic.com, www.hotel-robic.com.

** **Le Porhoet (1)**, 100 m unterhalb des Schlosses an der Straße nach St-Brieuc. 28 Zimmer, die zur Straße hin etwas laut. Unterschiedliche sanitäre Ausstattung. Kein Restaurant. DZ 26–52 €. Ganzjährig geöffnet. 41, rue Général de Gaulle. ✆ 02.97.25.34.88, 📠 02.97.25.57.17.

** **Martin (3)**, oberhalb der Markthalle, gehört zur Brittany-Hotel-Kette. 23 für den Preis ordentliche Zimmer mit unterschiedlicher sanitärer Ausstattung, günstiges Restaurant (So geschlossen). DZ je nach Sanitärstandard 18–31 €, Frühstück 4,50 €. Ganzjährig geöffnet. 1–3, rue Leperdit. ✆ 02.97.25.02.04, 📠 02.97.25.36.44.

- *Jugendherberge* auf der Ile des Recollets, an der Kreuzung der Wasserstraßen. 25 Betten in 13 DZ oder 3-Bett-Zimmern. Übernachtung 11,50 €/Person. Ganzjährig geöffnet, außerhalb der Saison an Wochenenden Reservierungspflicht. Ile des Recollets. ✆ 02.97.25.58.27, 📠 02.97.25.76.48, www.fuaj.org (sich auf der Karte durchklicken).

- *Restaurant* **Auberge de l'Ile (2)**, direkt am Fluss. Feine Fisch- und Fleischgerichte; im Sommer kann man sich das Essen direkt am Wasser neben einer großen Trauerweide schmecken lassen. Menüs 15–32 €. Mo/Di geschlossen. 3, rue de la Fontaine. ✆ 02.97.25.15.30.

- *Crêperie* **La Petite Bretonne (4)**, mit Terrasse mitten im alten Zentrum. Schöne Fotos schmücken die weniger geschmackvoll gestrichenen Wände. So geschlossen. 20, rue du Fil. ✆ 02.97.25.73.49.

Residenz der Herzöge von Rohan

Sehenswertes

Château de Rohan: Standesgemäß residierten die Rohan-Herzöge seit Ende des 15. Jahrhunderts hinter dem Graben und den Mauern der Wehrburg. Der Turm links, der die 20 m hohe, schnörkellose Außenfassade flankiert, ist noch gewaltiger und dicker als sein rechter Bruder und das beliebteste Einzelmotiv der adligen Wohnstatt. Das Schloss wurde aufwendig restauriert und ist seitdem Anziehungspunkt zahlloser Bretagnereisenden. Eine grazile Wendeltreppe, der Saal der Wachen, das Schlafzimmer der Herzöge, die Schlosskapelle und anderes sind zu bewundern.

Jedes Jahr gibt es im Schloss wechselnde Ausstellungen, Themen waren u. a.: „Hexen" oder „Die wundersame Welt der Automaten", eine Dauerausstellung zeigt Statuen von Gaston Schweitzer (1879–1962), einem Pariser Bildhauer, der oft in der Gegend von Pontivy gearbeitet hat.

Öffnungszeiten Mitte Juni bis Mitte Sept. tägl. 10.30–18.30 Uhr. Mitte Sept. bis Mitte Juni Mi–So 10–12 und 14–18 Uhr. Dez. und Jan. geschlossen. Eintritt 4,50 €; in der Hauptsaison nachmittags täglich drei Führungen für 6 €.

Eglise Notre-Dame-de-la-Joie: Auf dem Höhepunkt der Ruhr-Epidemie 1696 wurde St-Yves, der bisherige Kirchenheilige und Schutzpatron der Stadt, entlassen, seine Nachfolgerin wurde die Jungfrau Maria zur Freude. Am 11. September 1696 überbrachte ihr die Bevölkerung das erste Mal wertvolle Weihegeschenke – dies ist der Ursprung des heutigen Pardons. Der spätgotische Kirchenbau aus dem 16. Jahrhundert ist schmucklos-nüchtern, und so besuchen nur wenige Reisende die Kirche, in deren linker Seitenkapelle die Statue der Notre-Dame-de-la-Joie verehrt wird.

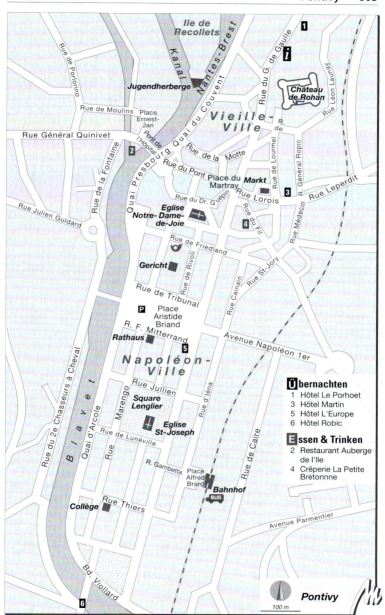

Altstadt: Die *Place du Martray* und die umliegenden Gassen geben mit ihren Häusern aus dem 16. und 17. Jahrhundert noch immer ein Beispiel, wie eine mittelalterliche Stadt ausgesehen hat. Den besten Eindruck von den typischen engen Gassen mit zum Teil vorkragenden Fachwerkhäusern erhält man in der *Rue du Pont*, der *Rue du Docteur-Guépin* und der *Rue du Fil*. Das herrschaftliche Eckhaus an der *Rue du Général de Gaulle/Rue Lorois* mit seinen Ecktürmchen und Wandpfeilern gehörte den Rohans und diente repräsentativen Zwecken: Hier trafen sich die von ihnen geladenen Jagdteilnehmer nach dem Halali.

Ville Napoléonienne: Die auffälligsten Gebäude der neuen Stadt – Heimat von Militär und Verwaltung – liegen rund um die *Place Aristide Briand*. Die klassizistischen Säulen und Dreiecksgiebel der klein ausgefallenen Renommierbauten sind, dem damaligen Zeitgeschmack gemäß, Anleihen aus der Antike. Bei den zweistöckigen Bürgerhäusern der Planstadt, die die geraden Straßen und den begradigten Blavet säumen, wurde aus finanziellen Gründen weitgehend auf Schmuckwerk verzichtet – so ziehen sich die Häuserzeilen Napoléonvilles ziemlich eintönig in die Länge. *St-Joseph*, die Kirche der Neustadt, wurde erst im späten 19. Jahrhundert gebaut.

Pontivy/Umgebung

> Sakrale Kunst, schöne Ortsbilder – von Pontivy aus lassen sich eine ganze Reihe von lohnenden Ausflügen unternehmen. Die so genannte Blavet-Rundfahrt, die um Pontivy herumführt, ist einer der interessantesten Circuits der Bretagne, den Sie sich je nach Zeit und Interesse individuell zusammenstellen können.

Stival: Der Besuch gilt der kapellenartigen, gotischen *Kirche St-Mériadec* (16. Jh.) mit ihren Fresken und Fenstern. Ähnlich wie *St-Yves* widmete sich auch der heilige *Mériadec* den Unterprivilegierten, u. a. heilte er Taube, indem er vor ihren Ohren mit einem Goldglöckchen bimmelte. Die Fresken im Kirchenchor schildern Szenen seines Lebens. Der Schöpfer des schönsten Fensters ist ausnahmsweise bekannt: 1552 fertigte ein gewisser Jehan Le Flammant das Renaissancefenster mit der Darstellung der Wurzel Jesse. Wenn Sie Zeit und Interesse haben: Am Ortsausgang von Stival befindet sich ein St-Mériadec geweihter *Brunnen*.

Anfahrt Etwa 3½ km nordwestlich von Pontivy an der D 764.

Kapelle Ste-Noyale: Die einsam gelegene Kapelle mit dem eigenartig geschwungenen, chinesisch anmutenden Glockenturm ist mit einer religiösen Gruselgeschichte verbunden. Nach dem Motto „Wenn ich dich nicht haben kann, soll dich auch kein anderer haben", enthauptete ein verschmähter Liebhaber die spätere Heilige, die ihren Kopf vom Boden aufhob und nach Pontivy trug, um sich dort beisetzen zu lassen. In der Kapelle aus dem 15. Jahrhundert sind einige Lebensstationen der heiligen Noyale gemalt, u. a. die kopflose Märtyrerin mit dem blutigen Haupt in der Hand, aus dessen Hals tiefrotes Blut sprudelt. Zum Ensemble gehören neben der Kapelle ein einfacher *Calvaire* und ein alter heiliger *Brunnen* auf der anderen Straßenseite vor dem Waldrand.

Anfahrt Ab Pontivy auf der D 2 nach Osten bis Noyal-Pontivy (7 km). Dort bei der Kirche links in das nach Ste-Noyale beschilderte Sträßchen abbiegen (leicht zu übersehen), nach 2½ km ist die Kapelle erreicht.

Rohan: Im Kleinen entstand hier große Geschichte: Aus dem unscheinbaren Ort am Nantes-Brest-Kanal stammt das Geschlecht der Rohans, das die Geschicke der

Der Pardonplatz von Quelven

Gegend über Jahrhunderte lenkte. 1104 erhob Alain, der erste Herzog der Rohans, den Weiler zur Stadt, doch zeigt sich die 600-Seelen-Gemeinde bis heute ländlich. Der kleine Platz um das Rathaus in der Ortsmitte verströmt eine ausgeprägt gemütliche Provinzialität. Die Kirche wächst ausnahmsweise abseits der Ortsmitte neben dem Kanal in die Höhe, dessen Schleuse und kleiner Jachthafen ein zusätzlich beruhigendes Bildelement beisteuern. Die Uferwege am Kanal laden zu Spaziergängen ein.

- *Anfahrt* 17 km auf der D 2 nach Osten.
- *Camping* ** **Municipal du Val d'Oust**, direkt am Kanal mit wenig hübschen, doch ordentlichen Sanitärs. Übersichtlicher Rasenplatz mit Bäumen für 45 Stellplätze, Stromblocks. Geöffnet Mitte Juni bis Mitte Sept. Route de St-Gouvry, ✆ 02.97.51.57.58, ✆ 02.97.51.52.11.

Quelven: Ein Granitdörfchen vom Feinsten, die *Kapelle Notre-Dame-de-Quelven* mit dem riesigen Turm auf dem Hügel ist weithin sichtbar. Auch bei strahlendem Sonnenschein ist der Ort mit der Wallfahrtskapelle am großen Pardonplatz düster und mittags völlig ausgestorben. Die Kapelle (Ende 15. Jh.) mit den Ausmaßen einer Kirche besticht vor allem durch ihren 70 m hohen Turm und die Vorhalle an der Südseite. Kostbarstes Stück des Kirchenschatzes ist die seltene *Statue Ouvrante*, eine aufklappbare Marienfigur, in deren Innerem auf zwölf Reliefs Lebensstationen ihres göttlichen Sohnes festgehalten sind. Die Statue wird der Gemeinde nur an großen Festtagen gezeigt.

- *Anfahrt* Pontivy in südwestlicher auf der D 2 verlassen. Nach etwa 7 km rechts ab auf die D 2B nach Quelven.
- *Pardon* Am 15. August gut besuchte Wallfahrt zu Ehren der Jungfrau Maria von Quelven. Nach der Prozession entfacht ein Engel das traditionelle Freudenfeuer. Die Feierlichkeiten beginnen am Vorabend.

Melrand: Das ungewöhnlichste Detail des stillen Orts aus grauem Granit ist der *Calvaire* am Ortsausgang nach Bubry. Statt der Queräste ragen in Melrand zwölf

Apostelköpfe aus der Säule, die das Kreuz trägt; ganz oben am Kreuz eine Dreieinigkeitsgruppe – über Christus thront Gottvater mit der Taube des Heiligen Geistes auf dem Bauch.

Anfahrt Von Pontivy ca. 17 km auf der D 2 in südwestlicher Richtung.

St-Nicodème: Unterhalb der Straße duckt sich die riesige Kapelle (16. Jh.) in eine Mulde – der gewaltige Turm signalisiert schon von weitem ein ungewöhnliches Stück Architektur. Späte, filigrane Gotik vereinigt sich mit früher, noch schüchterner Renaissance, die dem Gotteshaus ebenfalls ihren Stempel aufdrückt. Im Innenraum sind die Schnitzereien am Gesims und das Holzgewölbe die Glanzpunkte. Vor der Kirche steht ein spätgotischer *Brunnen* (1608) mit drei üppig verzierten Spitzgiebeln über den drei Becken – ein Prachtexemplar.

Anfahrt Pontivy auf der D 768 in südliche Richtung, nach etwa 12 km rechts ab auf die D 1, dann noch 2 km.

Castennec: Einst stand hier die befestigte römische Stadt *Sulim*, um deren Statue es viel Hin und Her gab (siehe *Quinipily*). Vom Oppidum an der Kreuzung zweier Römerstraßen ist nichts mehr zu sehen. Auf einem Grat hoch über dem Blavet erlaubt ein Aussichtstürmchen weitschweifende Blicke. Das verträumte Dörfchen unten am Fluss ist *St-Nicolas-des-Eaux*, Abfahrtshafen für Blavet-Fahrten (siehe *Pontivy/Bootsausflug*), Standort eines romantischen Jachthafens und eines kleinen 2-Stern-Campings.

Anfahrt Ab St-Nicodème weiter auf der D 1 bleiben, durch St-Nicolas, links halten und nach der Flussschleife auf den gegenüber liegenden Hügel hinauf.

Baud: Das Dorf liegt am Rand des lockeren Waldbestands der *Forêt von Lanvaux*, wo die Bretagne fruchtbar und lieblich ist. Die Bewohner von Baud leben mehrheitlich in der malerisch zusammengedrängten alten Oberstadt, auf dem Hügelzug über dem Evel-Tal. Die an die Ortskirche angebaute *Kapelle Notre-Dame-de-la-Clarté* beherbergt eine Marienstatue der Jungfrau zur Klarsicht, deren Fürbitte Augenleidenden helfen soll. Ihr Pardon ist am ersten Julisonntag.

Neben der Kapelle besitzt das Provinzstädtchen seit einigen Jahren eine weitere Sehenswürdigkeit. Das *Conservatoire régional de la carte postale* weihte 1996 die ständige Ausstellung *Cartopole* ein, die sich ganz der Postkarte des beginnenden 20. Jahrhunderts in der Bretagne widmet. Zu sehen ist eine Auswahl der über 30.000 Postkarten der Sammlung, man erfährt Interessantes zur Geschichte (Texttafeln am Eingang auch auf Englisch) und kann sich durch eine Diashow in vergangene Zeiten zurückversetzen lassen. Unter www.cartolis.org sind mittlerweile mehr als 17.000 Karten auch online verfügbar. Eine sehr gelungene Ausstellung für alle, die schon immer wissen wollten, wie die Bretagne zu Beginn des touristischen Zeitalters aussah.

• *Anfahrt* Ab Pontivy auf der D 768 24 km nach Süden.

• *Öffnungszeiten von Cartopole* Mitte April bis Mitte Juni und Mitte Sept. bis Okt. Mi/Do und Sa/So 14–17.30 Uhr. Mitte Juni bis Mitte Sept. täglich 10–12.30 und 14–18 Uhr (Juli/Aug. bis 19 Uhr). Eintritt 4 €.

Guénin: Die kleine Gemeinde 6 km nordöstlich von Baud eignet sich als Ausgangspunkt für Spaziergänge durch die Gegend. Besonders lohnenswert ist ein Ausflug zu den Kapellen *Maneguen* (16. Jh.) und *St-Michel* (18. Jh.). Der 165 Meter hohe Hügel *Maneguen* (weißer Berg) erhielt seinen Namen, nachdem er um das Jahr 1300 über mehrere Tage in hellem Licht erstrahlte. Rund 400 Jahre später wurde auf seinem Gipfel eine dem heiligen Michael geweihte Kapelle errichtet, die bis heute Ausflugsziel vieler gläubiger Bretonen ist. Auch wer den Ort ohne religiöse

Motive aufsucht, kann den Ausblick über die Landschaft genießen und auf einem Netz kleiner Pfade die Umgebung erkunden.

- *Anfahrt* Von Baud auf der D 197 nach Guénin, anschließend auf derselben Straße weiter nach Locminé. Etwa 2 km hinter Guénin sind die Kapellen links ausgeschildert.
- *Chambres d'hôtes* **Le Bouter**, in Kerchassic, nördlich von Guénin. Die freundliche Unterkunft bei Madame und Monsieur Le Bouter ist ein idealer Ausgangspunkt für Ausflüge in die Region. Auf Vorbestellung kann man an den bretonischen Mahlzeiten des Ehepaars teilnehmen. DZ ca. 45 € inkl. Frühstück. Kerchassic, 56150 Guénin. ✆ 02.97.51.12.42, elisabethlb@wanadoo.fr.

Quinipily: Hier dreht sich alles um die geheimnisumwitterte *Venus von Quinipily*. Im früheren Park des ruinierten Quinipily-Schlosses, 2 km südwestlich von Baud, führt die einst angebetete, umkämpfte, umgesiedelte und verunstaltete Statue heute auf ihrem Granitsockel an einem monumentalen Brunnenbau ein beschauliches Dasein. Das war nicht immer so.

Bis 1660 war die Figur am Aussichtspunkt von Castennec zu Hause, wo wahrscheinlich die Legionäre der römischen Garnisonsstadt *Sulim* ihren Kult gepflegt haben: Die Venus von Quinipily soll in ihrer Jugend – eine der verwegensten Theorien – die ägyptische Göttin Isis gewesen sein, der ein beliebter Potenz- und Fruchtbarkeitskult gewidmet war. Als die Römer weg waren, übernahmen die Bretonen die Verehrung der liebesfördernden Statue mit den ausgeprägt weiblichen Formen. Überliefert ist, dass Frauen, die sich ein Kind wünschten, inbrünstig ihren Körper an der Venus von Quinipily rieben, um schwanger zu werden. Der Bischof von Vannes konnte diesem heidnischen Treiben nicht tatenlos zusehen: Dreimal wurde die Figur auf seine Anordnung in den Blavet geworfen, dreimal wurde sie wieder herausgefischt und aufgestellt. 1669 wurde sie schließlich nach Quinipily geschafft, von der Kirche beauftragte Steinmetze meißelten an der nackten Statue herum und versahen sie notdürftig mit einer steinernen Kleidung. Schöner wurde sie durch die kirchliche Zensur nicht. Doch die anrüchige Plastik war so wirkungsvoll entschärft, dass der Zulauf zu ihr nachließ und der Bischof sich beruhigt anderen Aufgaben zuwenden konnte – Reibefälle wurden keine mehr bekannt. Nach so viel Geschichte ein praktischer Hinweis: Um die Details gut zu sehen, ist ein Fernglas oder ein starkes Teleobjektiv hilfreich.

- *Anfahrt* Von Baud in Richtung Hennebont, in Coët Vin links und 500 m zum Parkplatz.
- *Öffnungszeiten* Mai bis Okt. täglich 10–19 Uhr. Nov. bis April Mi–Mo 11–17 Uhr, Di geschlossen.

Lac de Guerlédan (See von Guerlédan)

Alle zehn Jahre wird der von Menschenhand geschaffene See abgelassen. Dann taucht auch das versunkene Dorf der Schieferarbeiter wieder auf. In den Jahren dazwischen bedeckt das gestaute Wasser des Blavet-Flusses fjordähnlich die einstigen engen Täler einer spärlich besiedelten, von dichtem Grün bedeckten Hügellandschaft.

Noch in den ersten Jahrzehnten des 20. Jahrhunderts war die Bretagne, verglichen mit Frankreich, ein Drittweltland. Der See von Guerlédan war ein zentrales Projekt zur Förderung der Region. 1929 wurde der Staudamm gebaut, seit 1931 versorgt das Wasserkraftwerk der Anlage die Bretagne mit Strom. Dafür musste nicht nur ein ganzes Dorf weichen – durch die Flutung des Blavet-Tals wurde auch der Lauf des Nantes-Brest-Kanals unterbrochen. Auf 10 km² Fläche breiten sich die Wasser des Lac du Guerlédan am buchtenreichen Ufer aus und dienen neben der Energiegewinnung der Freizeitgestaltung eines wasserbegeisterten, hauptsächlich französischen Publikums.

> Die um den See angebotene Rundfahrt gehört zu den weniger spektakulären bretonischen Circuits. Die Strecke erlaubt nur sehr partielle Blickkontakte zum versteckten See – meist schlängelt sich das schmale Asphaltband in einigem Abstand an ihm vorbei, nur Stichstraßen führen gelegentlich an die Uferzone. Aber: Wer das Wandern nicht scheut, kann den stillen Guerlédan-See richtig genießen. Direkt um die Wasserfläche, gleich unterhalb der unmittelbar aufsteigenden Hügel, führen Wander- und Promenadenwege um den verlockend glitzernden See. Hauptanziehungspunkt am Seeufer ist Beau Rivage – ein erschlossenes Uferstück, das ganz für Badetouristen reserviert ist.

Mur-de-Bretagne (2100 Einwohner)

Das freundlich-harmlose Bretonenstädtchen, das sich unauffällig durch die Jahrhunderte schmuggelte, ist eine gute Basis für eine Tour um den See. Neben seinem Feinschmecker-Restaurant (siehe *Restaurant*) erwähnenswert sind der stimmungsvolle *Kirchplatz* mit einigen alten Häusern und die *Ste-Suzanne-Kapelle* am höher gelegenen westlichen Ortsrand, in der ein sichtlich geplagter Teufel die Kanzel tragen muss. Bei der Kapelle steht der vielleicht jüngste *Cromlech* der Bretagne: Erst 1958 richteten einige starke Männer der Stadt zwölf etwa ein Meter lange Steine zu einem Dolmen um eine Steinplatte auf.

- *Postleitzahl* 22530
- *Information* **Office de Tourisme de Guerlédan**, bei der Kirche. Hier ist man für den ganzen Guerlédan-See zuständig und spricht auch Deutsch. Juli/Aug. Mo–Sa 10–12.30 und 14–18 Uhr, So 10.30–12.30; in der

Residenz im Grünen

Lac de Guerlédan 609

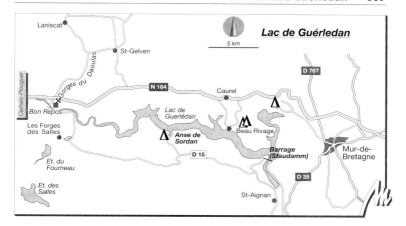

Nebensaison Mo–Sa 10–12.30 und 14–17.30 Uhr; im Winter Mo–Fr 10–12.30 und 14–17 Uhr. Verlässlicher als diese Zeiten ist der Touchscreen, auf dem einige Informationen abgerufen werden können. 1, place de l'Eglise. ✆ 02.96.28.51.41, ✆ 02.96.26.35.31, otsi.guerledan@wanadoo.fr.

• *Verbindung* Mur-de-Bretagne liegt verkehrstechnisch günstig direkt an der häufig befahrenen **Bus**linie Carhaix-Plouguer–Loudéac. Werktags mindestens 5 Busse in beide Richtungen, im Sommer bedeutend mehr. Haltestellen am Lac de Guerlédan sind Caurel, St-Gelven und Bon Repos.

• *Fahrradverleih* bei der **Base de plein air Guerlédan**, an der Stichstraße zum See, beim Camping. ✆ 02.96.67.12.22.

• *Markttag* Nur im Sommer, Freitag nachmittags bis abends.

• *Kanus/Kajaks* Verleih beim **Club F.F.C.K.**, bei der Base de Plein Ait, an der Stichstraße zum Camping. ✆ 02.96.26.30.52.

• *Hotel* ***** Auberge Grand' Maison**, stilvolles Anwesen unterhalb des Kirchplatzes. Das Entrée ist mit Auszeichnungen geschmückt – Gourmets ist das „Große Haus" ein Begriff (siehe *Restaurant*). Die Vermietung der 9 Zimmer – vom guten DZ mit Dusche/WC bis zum Chambre Grand Confort – ist neben dem Geschäft mit dem Gaumenkitzel fast nebensächlich. DZ 49–98 €, HP für 2 Personen 156–216 €. 1. Januarwoche sowie im Feb. und Okt. jeweils 2 Wochen geschlossen. 1, rue Léon Le Cerf. ✆ 02.96.28.51.10, ✆ 02.96.28.52.30, ad-maison@wanadoo.fr, www.auberge-grand-maison.com.

• *Camping* **** Municipal**, neben einem Jugendferienlager in schöner Lage über dem See (Anfahrt von Mur-de-Bretagne nach Westen zum See, beschildert). Terrassenförmige, von Heckenwällen eingefasste Wiesenplätze ziehen sich über dem See hinter einer kleinen Staumauer steil hinauf. Die Sanitäranlagen sind in der Hochsaison ordentlich ausgelastet. 133 Stellplätze. Geöffnet Mitte Juni bis Mitte Sept. ✆ 02.96.26.01.90, ✆ 02.96.26.09.12.

• *Restaurant* **Auberge Grand' Maison**. Die exzellente Küche von Christophe Le Fur findet selbst im strengsten Gourmetführer Anerkennung. Vier wechselnde Menüs, abends das günstigste 36 €, das Feinschmeckermenü 90 €. Spezialitäten sind z. B. Entenpastete, gefüllte Täubchen oder „Hummer in fünf Akkorden". 1, rue Léon Le Cerf. ✆ 02.96.28.51.10.

St-Aignan: Das ruhige 600-Seelen-Dorf am Blavet-Ufer, etwa 3 km vor See und Staudamm an der D 31, gehört zu den obligaten Stationen bei der Guerlédan-Rundfahrt. In der *Kirche* aus dem 12. Jahrhundert sind eine geschnitzte Wurzel Jesse und eine Darstellung der Dreifaltigkeit zu sehen, das liebevoll aufgemachte *Musée de l'Electricité* stimmt auf den Besuch des *Guerlédan*-Staudamms *(Barrage de Guerlédan)* ein (s. u.), zu dem von hier ein Sträßchen hochführt: Informationen

über die Geschichte des Dammbaus, technische Details zu Turbinen, Pumpen und Signalapparaten, die zu bedienen Sie aufgefordert werden.
Öffnungszeiten Museum Mitte Juni bis Mitte Sept. tägl. 10–12/14–18.30 Uhr. Eintritt 3,10 €.

Barrage de Guerlédan (Staudamm): Kurvenreich führt das letzte Stück der Straße hinauf zu einem Parkplatz. Hoch oben auf der Aussichtsplattform blicken Sie in das Blavet-Tal hinab oder Sie konzentrieren sich auf den riesigen Staudamm, der die Fluten des Blavet zurückhält. 45 m hoch, an der Basis über 33 m dick und 206 m lang, staut er seit 1929 an einer Engstelle der einstigen Blavet-Schlucht 55 Millionen Kubikmeter Wasser auf 400 Hektar, sein Kraftwerk liefert jährlich 23 Millionen kWh Strom. Im *Musée de l'Electricité* des Kraftwerks erhalten Sie detaillierte Informationen.

Anse de Sordan (Bucht von Sordan): Eine kleine Bucht mit Zugang ins Wasser für Badegäste, Boote, eine Anlegestelle für Seerundfahrtschiffe, Tretbootverleih, Parkplätze, Grillrestaurant mit angeschlossener Snackbar, ein Campingplatz – kurzum: ein Zentrum der aktiven Freizeitgestaltung am See und mittags ein beliebter Picknickplatz.

Camping **** Municipal de l'Anse de Sordan**, seenah, mit 50 meist schattigen Stellplätzen und aufgefrischten sanitären Anlagen. Geöffnet bis Sept. Günstiger Strombezug vom Staudamm. Anse de Sordan, 56480 St-Aignan. ✆ 02.97.27.52.36.

Les Forges des Salles: Das Dörfchen mit Schloss – abseits vom See in einer Lichtung in der 2500 ha großen *Fôret de Quénécan* gelegen – lebte einmal von seinen Schmieden, die bis ins 19. Jahrhundert hartes Qualitätseisen herstellten. Heute herrscht am Rande des Hochwalds Ruhe. Von hier aus ist ein kurzer Abstecher zum verschwiegenen *Etang des Salles*, dem Saalweiher, möglich sowie zum restaurierten *Château les Salles* aus dem 18. Jahrhundert, das mit seinem ebenfalls wiederhergestellten Ensemble von Häusern einen Einblick in die untergegangene Welt bretonischer Eisenherstellung gibt. Um den Wohntrakt mit dem kleinen Park gruppieren sich die Werkstätten einer Eisengießerei, die alte Schule und das Haus des Schmieds.

• *Weg* Zum les Salles von Les Forges des Salles knapp 2 km Richtung Ste-Brigitte, rechts auf einen unscheinbaren Fahrweg.

• *Öffnungszeiten* Ostern bis Juni und Sept./Okt. Sa/So 14–18.30 Uhr. Juli/Aug. tägl. 14–18.30 Uhr. Eintritt 5 €.

Bon Repos: Die Straße führt direkt am idyllischen Ensemble vorbei: eine alte *Steinbrücke*, die den Verkehr über den Nantes-Brest-Kanal leitet, eine intakte *Schleuse*, das *Haus des Wärters* und die Fassade eines halb zerstörten *Klosters*. Die mächtigen Ruinen neben der nostalgischen Wasserstraße dienen schon seit Jahren als stimmungsvolle Fassade des lokalen Ausflugszentrums samt Restaurant, Souvenirladen und Mineralienausstellung. Im Hochsommer ist die Idylle dahin, wenn der Picknickplatz an der alten Schleuse voll belegt ist und sich ganze Busgesellschaften die Füße vertreten. Der Kanal, hier identisch mit dem Blavet, erlaubt kleinen Booten die Fahrt von Châteaulin zum Lac de Guerlédan.

Das ehemalige Zisterzienserkloster wurde 1184 von Alain III. von Rohan gegründet. Unter Abt Saint Geniès bekam die Anlage im 18. Jahrhundert ihr heutiges Aussehen, bevor sie nach der Französischen Revolution verlassen wurde und nach und nach verfiel. Seit 1986 hat sich ein Unterstützerverein dem Wiederaufbau und der Renovierung verschrieben, zum 20. Geburtstag des Projekts eröffnete er in den restaurierten Flügeln ein Kulturzentrum. Erst feierte der rührige Verein mit gutem Recht sich selbst – mit einer dreitägigen Ausstellung über sein 20-jähriges Engage-

Lac de Guerlédan 611

Bon Repos: Zisterzienserkloster als Kulturzentrum

ment zur Erhaltung und Restaurierung der Abtei. Es folgte eine Dokumentation über Bon Repos und den Flachsanbau in der Umgebung und schließlich eine ambitionierte Ausstellung von Werken der Gegenwartskunst. Man darf auf die Fortsetzung gespannt sein.

Führungen durch die Abtei März bis Mitte Juni und Mitte Sept. bis Okt. täglich 14–18 Uhr. Mitte Juni bis Mitte Sept. täglich 11–19 Uhr. Eintritt 3 €.

• *Veranstaltungen* Im Sommer steht beim großen *Spectacle son et lumière* die Klosterruine in Flammen. Außerdem gibt es von Frühling bis Herbst regelmäßig Konzerte, deren Erlöse zum weiteren Wiederaufbau des Klosters beitragen.

• *Hotel* **Les Jardins de l'Abbaye**; in einem Natursteinhaus unmittelbar neben der Klosterruine bietet dieses kleine Hotel 5 gleiche Nichtraucherzimmer mit Bad und WC an. Ein idealer Ausgangspunkt für ausgedehnte Spaziergänge entlang des zumindest im Frühling und Herbst verlassenen und idyllischen Kanals. Nebenbei auch Kanu- und Mountainbike-Verleih. DZ 45 €. Abbaye de Bon Repos, 22570, St-Gelven, ✆ 02.96.24.95.77, ✆ 02.96.24.95.27, lesjardinsdelabbaye@wanadoo.fr, http://abbaye.jardin.free.fr.

Daoulas-Schlucht (Gorges du Daoulas): Wasser, Felsen, Heidekraut und Ginster. Die Bezeichnung Schlucht ist etwas hoch gegriffen für das kurvenreiche Tal, das sich vor Ort als harmloses Schlüchtchen entpuppt. Schnell fließendes Wasser hat sich ein tief eingeschnittenes Bett im Schiefer geschaffen und einigen Felsen ein seltsames Aussehen verschafft.

Laniscat: Das *Glockenrad* in der Pfarrkirche lockt immer wieder Touristen in das Dörfchen hinter dem Guerlédan-See. Früher wurde es an Festtagen in Betrieb genommen, heute hängt es unerreichbar hoch an der Wand. Der Zug eines mittlerweile abgenommenen Seils brachte das Rad von einem Meter Durchmesser zum Drehen, an dem Glöckchen befestigt sind, die eine kleine Melodie erklingen ließen. Die im 17. und 18. Jahrhundert hergestellten Glockenräder wurden zur akustischen Untermalung der Kommunion eingesetzt und gelten als christliche Fortsetzung der keltischen Sonnenräder, die zum Deuten der Zukunft benutzt wurden. Nach moderner Auffassung darf sich, wer bimmelt, etwas wünschen – die Chance, dass der Wunsch in Erfüllung geht, ist etwa so groß wie ein Sechser im Lotto. Deshalb heißt das *roue à carillons* (Glockenrad) bei den Bretonen gelegentlich auch *roue de fortune* (Glücksrad). Heute gibt es in der Bretagne nur noch fünf Glockenräder, eines davon in Confort-Meilars auf der Halbinsel Sizun (siehe dort).

Beau Rivage: Mit einladenden Fußwegen am Seeufer ist das auf einer Landzunge gelegene Beau Rivage das ungefochtene Urlauberzentrum am Guerlédan-See. Und hier geht es ab: Bar, Restaurant, Hotel, Campingplätze, Minigolf, Telefonzellen, Sandstrand, Anlegestelle, Bootsverleih – alles ist da und wird in der Hochsaison auch voll genutzt. Ab September zieht dann wieder Ruhe ein, und die Einrichtungen schließen langsam ...

• *Schiffsrundfahrt* Die „Duc de Guerlédan" I und II sorgen während der Saison für die Personenbeförderung auf dem See. An verschiedenen Haltestellen kann zu- und ausgestiegen werden. Auch Kreuzfahrten (1½ Std.) und Fahrten mit Menü an Bord (3 Std.) werden angeboten. März bis Nov. Les Vedettes de Guerlédan, ℡ 02.96.28.52.64.

• *Bootsverleih* An der Anlegestelle liegen Tretboote, Ruderboote und Kajaks bereit.

• *Hotel* ** **Le Beau Rivage**, nüchternes Etablissement von Logis de France mit Seeufer. 8 Zimmer, schönes Restaurant mit Seeterrasse (siehe *Restaurant*). DZ 45–53 €, HP 44–52 €/Pers. Januar geschlossen. Beau Rivage, 22530 Caurel. ℡ 02.96.28.52.15, ℡ 02.96.26.01.16.

• *Camping* **** **Nautic**, ein angenehmer Platz, abgelegen und einsam mitten in der Pampa hoch über dem See und gestalterisch der grün überwucherten Landschaft angepasst (Anfahrt beschildert). Optischer Mittelpunkt der terrassenförmig abfallenden Anlage ist der Swimmingpool, wo Sie die Schwimmer wie im Aquarium beobachten können. Die Sanitärblocks sehen Wohnbungalows zum Verwechseln ähnlich. 80 Stellplätze. Geöffnet Mitte Mai bis 3. Septemberwoche. Route de Beau Rivage, 22530 Caurel. ℡ 02.96.28.57.94, ℡ 02.96.26.02.00, www.campingnautic.fr.st.

** **Les Pins**, direkt hinter der Anlegestelle von Beau Rivage; ein angenehmes Rasengelände mit Birken und Apfelbäumen, für das im Sommer unbedingt Reservierung nötig ist. Wasserskizentrum, kleiner Lebensmittelladen. 60 Stellplätze. Geöffnet April bis Sept. Beau Rivage 22530 Caurel. ℡ 02.96.28.52.22.

** **Le Guerlédan**, ein Stück nach dem Les Pins, die beiden gehören zusammen. Apfelbäume auf dem Rasen, über die Straße geht es zum See. Etwas einfacher als der Nachbar. 85 Stellplätze. Geöffnet April bis Sept. Beau Rivage 22530 Caurel. ℡ 02.96.26.08.24.

• *Restaurant* **Le Beau Rivage**, im gleichnamigen Hotel (s. o.). Das vor Ort konkurrenzlose Restaurant mit seiner großen Speiseterrasse zum See ist auf ein zahlreiches Ausflugspublikum eingestellt. Menüs ab 15 €. ℡ 02.96.28.52.15.

• *Crêperie* **Crêperie du vieux Moulin**, gleich neben *Le Beau Rivage* und ebenfalls mit schönem Seeblick; unter dem Schieferdach einer modernen Kurzpyramide kann hier der kleinere Hunger gestillt werden. Di Ruhetag. ℡ 02.96.28.54.72.

Guingamp (8000 Einwohner)

Zwischen den Strumpfgeschäften, Spezereiläden und Boutiquen der Fußgängerzone öffnet sich das prächtige Portal der Basilika. Hausfrauen unterbrechen ihren Einkaufsbummel, um in der kerzenerleuchteten Vorhalle der Schwarzen Madonna ein Licht anzuzünden.

Der alljährliche Pardon zu Ehren Marias lockt Tausende von Pilgern aus der ganzen Bretagne in die Stadt am *Trieux-Fluss*. Dann ist der von mittelalterlichem Fachwerk umrahmte, medaillonförmige Platz im Zentrum der Altstadt Schauplatz ausgelassener Festlichkeiten. Den Rest des Jahres mischen sich nur wenige Touristen in den geschäftigen Alltag der Stadt.

Guingamp

Die „Pumpe" vor der Kulisse der Basilika

Guingamp, der alte Verkehrsknotenpunkt zwischen Armor und Argoat, in dessen Altstadt die Zeit stehen geblieben zu sein scheint, hat sich nach dem Zweiten Weltkrieg zu einem lebhaften landwirtschaftlichen Zentrum entwickelt. Die Ansiedlung der französischen Telefongesellschaft Cit-Alca-Tel in den 1960er Jahren setzte auch industrielle Impulse: In den neuen Industriezonen am Stadtrand entstanden dringend benötigte Arbeitsplätze. In der französischen Sportöffentlichkeit gilt Guingamp als unkalkulierbare Größe. Die nun schon seit mehreren Jahren in der ersten Liga kickende Fußballmannschaft *En Avant* (Vorwärts) hat durch außergewöhnliche Siege über klare Favoriten mehrmals für Furore gesorgt.

Geschichte

Guingamp leitet sich ab aus dem Bretonischen *Gwen* (weiß) und *Gamp* (Lager). Schon in römischer Zeit war der Ort ein wichtiger Verkehrsknotenpunkt und Garnisonsstadt. Nach der Invasion der Normannen taucht der Name im 11./12. Jahrhundert erstmals in Karten und auf Münzen auf. Rund um die Burg hoch über dem Trieux-Fluss wuchs langsam eine mittelalterliche Stadt heran, die im 13. Jahrhundert mit einer Stadtmauer umschlossen wurde. Bereits zu dieser Zeit war Guingamp ein bekannter Wallfahrtsort für die Schwarze Madonna. Die Stadt entwickelte sich zu einem aktiven Handelsplatz und wurde, mit einer wehrhaften Garnison ausgestattet,

Verwaltungszentrum der Grafschaft Goëllo und später des Herzogtums Penthièvre. Nachdem ein großer Teil des Ortes während des bretonischen Erbfolgekriegs zerstört wurde, kam Mitte des 15. Jahrhunderts frischer Wind in die Stadt: *Pierre II*, Herzog der Bretagne, zog ins renovierte Schloss ein und brachte Guingamp auf Vordermann. Neue Wälle, Wachtürme und vier Stadttore garantierten trotz unruhiger Zeiten einen wirtschaftlichen Aufschwung für die fleißigen Bürger, die in ihrem Handwerk, der Baumwollweberei, einen guten Ruf genossen.

Im Frühling 1626 endete Guingamps erstes goldenes Zeitalter jäh: Im Zuge seiner absolutistischen Politik, die dem König die aristokratischen Widersacher vom Leib halten sollte, ließ *Richelieu* das Schloss schleifen. Ein neuer Aufschwung folgte gegen Ende des 17. Jahrhunderts mit dem Einzug der Ursulinerinnen und Augustinerinnen. Sie errichteten ein Kloster und Wirtschaftsgebäude und verhalfen der Stadt zu neuer Blüte. Mehrgeschossige noble Bürgerhäuser umringten die Basilika, am Stadtrand, durch keine Mauern mehr beengt, entstanden neue Viertel.

Von 1800–1914 verdoppelte sich die Bevölkerung auf fast 9000 Einwohner. Mit dem Bau der Bahnlinie Paris–Brest Anfang des 20. Jahrhunderts entwickelte sich die Stadt zu einem lebhaften Handelszentrum und stieg nach dem Krieg zur zweiten Unterpräfektur des Départements Côtes-du-Nord auf. Während des Zweiten Weltkriegs war Guingamp ein bedeutendes Zentrum des Widerstands. Am 7. August 1944, dem Tag der Befreiung von den deutschen Truppen, wurde der 60 m hohe Turm der Basilika von einer Bombe getroffen und fast vollständig zerstört (wiederaufgebaut 1955).

Information/Verbindungen/Diverses

- *Postleitzahl* 22200
- *Information* **Office de Tourisme**, im Zentrum. Internet-Zugang. Jan./Feb. und Dez. Di und Fr/Sa 10.15–12 und 14.15–17.30 Uhr. März und Okt./Nov. Di und Do–Sa 10.15–12 und 14.15–17.30 Uhr. April/Mai Di und Do–Sa 10.15–12 und 14.15–18 Uhr. Juni und Sept. Mo–Sa 10.15–12 und 14.15–18 Uhr. Juli/Aug. Mo–Sa 10.15–12 und 14.15–18 Uhr. Place du Champ-au-Roy, ✆ 02.96.43.73.89, ✆ 02.96.40.01.95, otguingamp@wanadoo.fr, www.ot-guingamp.org.
- *Verbindung* **Zug**: Guingamp liegt an der Hauptstrecke Paris–Brest. Mehrmals täglich superschnell mit dem TGV nach Brest (1 Std.) und über Rennes (umsteigen) nach Paris (3 Std.). Regionalzüge fahren auch nach Paimpol oder Lannion, bis zu 7-mal täglich nach St-Brieuc und Morlaix. Bahnhof im Südosten der Stadt.
Busse starten und halten am Bahnhofsvorplatz. Gute Verbindungen nach Paimpol, Lannion und St-Brieuc.
- *Parken* Am problemlosesten auf den Parkplätzen nur einen Katzensprung außerhalb des Zentrums an der Place du Vally.
- *Internet* Kostenpflichtiger Zugang im Office de Tourisme.
- *Fahrradverleih* **Mr. Lancien**, 3, rue Gambetta, östlich des Bahnhofs, bereits in der Gemeinde Ploumagoar. ✆ 02.96.44.21.58.
- *Markt* Freitagvormittag und Samstag auf dem Platz gegenüber dem Rathaus.
- *Feste* **Fête du Saint Loup**, Mitte August. Eine Woche lang dreht sich alles um bretonische Tänze, die Bühnen sind über die ganze Stadt verteilt. Ein Tanzwettbewerb mit vielen Volkstanz- und Trachtengruppen mit anschließendem Fest-noz auf der Place du Centre krönt am Samstagabend die Festwoche. Ihren Ausklang findet sie bei einem großen Defilee der Teilnehmer am Sonntagnachmittag. Dabei wird auch die „Dérobée" getanzt, ein altertümlicher Volkstanz, bei dem die Männer versuchen, einander die Frauen zu stehlen.
- *Pardon* Am Samstag vor dem 1. Sonntag im Juli Pardon für Notre-Dame-de-Bon-Secours. Nach 21.30 Uhr wird die Schwarze Jungfrau in einer Lichterprozession durch die Stadt getragen, anschließend im Beisein des Bischofs Segnung am Brunnen auf der Place du Centre. Zum Schluss werden Freudenfeuer entzündet, und die Feier geht über in eine Nacht ausgelassener Heiterkeit (siehe Kastentext *Die sündige Nacht der Vergebung*).

Guingamp 615

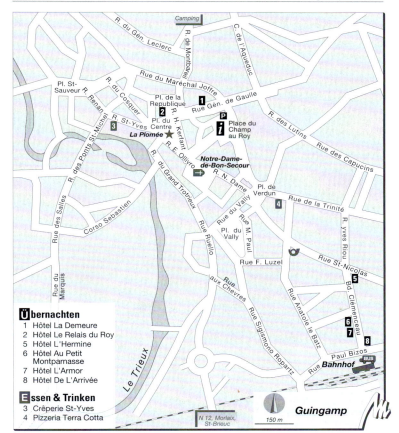

Übernachten/Essen

- *Hotels* ****** La Demeure (1)**, eine familiär geführte, sehr dezente Unterkunft in einer städtischen Villa aus dem 17. Jh. Alle Zimmer (Rauchverbot) sehr geräumig und komfortabel mit Stilmöbeln eingerichtet. Frühstück im wunderschönen Wintergarten, von dem man in den noch schöneren Garten gelangt. Ein sorgfältig zusammengestelltes Fotoalbum schlägt den Gästen die Sehenswürdigkeiten der Umgebung vor. Internet-Anschluss. DZ 66–78 €, teurer sind die Suiten, in der Regel wird ein mehrtägiger Aufenthalt erwartet. Ganzjährig geöffnet. 5, rue du Général de Gaulle. 02.96.44.28.53, 02.96.44.45.54, contact-demeure@wanadoo.fr, www.demeure-vb.com.

*** Le Relais du Roy (2), durch das Renaissance-Portal im Seitenhof des schönen Fachwerkhauses soll einst der König geschritten sein. Seither gilt das Relais als erste Übernachtungsadresse Guingamps. Nicht zu Unrecht: Neben dem Blick aufs Altstadtgeschehen bieten alle 7 Zimmer mit ihren furchtbaren Tapeten und schönen Möbeln Bad/WC/TV. Ein gediegenes Restaurant, in dem der Hotelbesitzer selbst kocht, vervollständigt das königliche Ambiente. DZ ab 70 €. Über Weihnachten/Neujahr

Pilgerziel Schwarze Madonna

geschlossen. 42, place du Centre. ✆ 02.96.43.76.62, ✉ 02.96.44.08.01.

** **L'Armor (7)**, modernisiertes, für den Preis gutes 23-Zimmer-Hotel an der Straße zum Bahnhof. Alle Zimmer mit Dusche bzw. Bad und WC. Dazu buntes Kabelprogramm im TV. DZ ab 50 €. Ganzjährig geöffnet. 44–46, boulevard Clémenceau. ✆ 02.96.43.76.16, ✉ 02.96.43.89.62, guingamp@armor-hotel.com, www.armor-hotel.com.

** **L'Arrivée (8)**, Bahnhofshotel der Interôtel-Kette direkt gegenüber den Bahnsteigen. 27 ordentliche Zimmer mit Dusche/WC oder Waschbecken/WC. TV in allen Zimmern. Kein Restaurant, sehr lebendige Bar im Erdgeschoss. DZ 54–68 €. Ganzjährig geöffnet. 19 boulevard Clémenceau, ✆ 02.96.40.04.57, ✉ 02.96.40.14.20, hoteldelarrivee.guingamp@wanadoo.fr, www.hotel-arrivee.com.

** **L'Hermine (5)**, Natursteinhaus mit spiegelverglastem Vorbau im Erdgeschoss. 12 durchschnittliche Zimmer, alle mit Dusche bzw. Bad/WC ausgestattet. Billard-Bar mit Cafébetrieb, günstiges Restaurant (Samstag mittags und So geschlossen) DZ 38 €, Halbpension 40 €. Ganzjährig geöffnet. 1, boulevard Clémenceau. ✆ 02.96.21.02.56, ✉ 02.96.44.08.81, infos@hermine-guingamp.com, www.hermine-guingamp.com.

Au Petit Montparnasse (6), Kleinsthotel mit Pensionsatmosphäre auf dem Weg zum Bahnhof, die Ausstattung verrät den leichten Hang der Herbergsmutter Marie zu Plastikknippes aus dem Schaustellermilieu. Kunststoffmobiliar und Wachsrosen im Bar- und Restaurantabteil des Erdgeschosses, 7 sehr einfache Zimmer mit Waschbecken und Etagenklo. DZ 23–27 €. 32, boulevard Clémenceau. ✆ 02.96.43.72.17.

• *Camping* ** **Milin Kerhé**, 3 km außerhalb der Stadt, im Ortsteil Pabu an der D 787 links ab und den Schildern folgen. Der Weg führt in einen idyllischen Talkessel des Trieux-Flusses, an dessen Ufer sich der Zeltplatz ausbreitet. Wiesenterrain ohne direkten Schatten, schöne Stellplätze und absolute Ruhe. Sehr gepflegte Sanitäranlagen. Nur Juli/Aug. geöffnet. Milin Kerhé, ✆ 02.96.13.59.59.

• *Restaurant* **Pizzeria Terra Cotta (4)**, in erster Linie Pizza und Pasta, aber auch andere Gerichte. Weder schick noch billig, ist die Pizzeria mit dem grün gestrichenen Holzinterieur eine ganz passable Adresse. Di abends und So geschlossen. 14, rue de la Trinité. ✆ 02.96.43.97.51.

• *Crêperie* **St-Yves (3)**, Crêpes in allen Variationen in gemütlicher Atmosphäre hinter einer leuchtend blauen Fassade. In der Nebensaison So/Mo geschlossen. 27, rue St-Yves. ✆ 02.96.44.31.18.

Sehenswertes

Basilika Notre-Dame-de-Bon-Secour: Der Baugrund der imposanten Basilika im Zentrum der Altstadt war bereits im 11. Jahrhundert ein beliebtes bretonisches Wallfahrtsziel. Damals stand hier die romanische Kapelle der ersten Guingamper Burg, die der Heiligen Jungfrau geweiht war und viele Pilger anlockte. Die Kapelle wurde im 13. Jahrhundert zum ersten Mal grundlegend renoviert und gotisch umgestaltet. Das einträgliche Geschäft mit dem Glauben zog immer neue, prächtigere

Vergrößerungen nach sich. Bis zum Ende des 15. Jahrhunderts war eine aufsehenerregende Kirche entstanden, deren drei Türme die Dächer der Stadt überragten und weithin sichtbar von der Gottgefälligkeit der Gemeinde kündeten. Bei den vielen, oft eilig ausgeführten Bauarbeiten muss einmal ein Fehler unterlaufen sein. Im Herbst 1535 stürzt der mittlere Turm der Westfassade ein und begräbt das halbe Kirchenschiff. Die Ausschreibung für den Neubau gewinnt der junge bretonische Architekt *Le Moal*. Sein Entwurf im Stil der Renaissance-Stil, bis dahin in seiner Heimat kaum verbreitet, kann sich gegen den Vorschlag des renommierten Hochgotikers *Beaumanoir* durchsetzen. Die Arbeiten werden 1580 beendet und hinterlassen die zwitterhafte Basilika, die sich über den Dächern der Fußgängerzone erhebt: eine eindrucksvolle Melange aus Gotik (links) und Renaissance (rechts).

Die sündige Nacht der Vergebung

Die Geschichte des Pardons zu Ehren der Schwarzen Madonna reicht bis ins 13. Jahrhundert zurück. Kreuzritter sollen die Marienskulptur aus dem Osten mitgebracht haben, und schon bald war die Figur ein Gegenstand der religiösen Verehrung. Einige Forscher vermuten einen heidnischen Brauch als Ursprung der Feier. Nach ihrer Meinung soll in grauer Vorzeit an dieser Stelle die keltische Erdgöttin angebetet worden sein, was dazu führte, dass heidnische Rituale sich nahtlos mit katholischen Zeremonien verbanden. Mit diesem Hinweis versucht die Wissenschaft auch die orgiastischen Ausschreitungen zu erklären, die den Pardon bis in die Mitte des 19. Jahrhunderts begleiteten.

Nachdem die letzten liturgischen Gesänge vor dem Springbrunnen verklungen und die Freudenfeuer entzündet waren, ging es deftig her auf der Place du Centre. Ein Chronist aus dem 19. Jahrhundert berichtet über die „Nacht der Vergebung", in der alles erlaubt war: „Die Menge der Büßer versammelt sich auf dem Platz, und alle liegen durcheinander auf der nackten Erde. Wenn es am nächsten Morgen hell wird, kehren viele junge Mädchen errötend und beschämt zu ihren Müttern zurück und haben dem Pfarrer eine Sünde mehr zu beichten." Kein Wunder also, dass der Bischof versucht war, die Wallfahrt zu verbieten. Doch der Druck der lebenslustigen Pilger war zu groß. So blieb die Anrufung der „Muttergottes-zur-guten-Hilfe" bis heute ein von den Bretonen freudig gefeiertes Heiligenfest, und alljährlich am Vorabend des ersten Julisonntags wird die schwarze Marienfigur vom Altarsockel geholt und in einem Fackelzug durch die Altstadt getragen, danach werden drei Freudenfeuer entzündet. Ausschweifungen der Art, wie sie früher den Bischof so erzürnten, finden heute– jedenfalls öffentlich – nicht mehr statt.

Von der Rue Notre Dame aus gelangt man erst in die Vorhalle. Hinter einem flackernden Kerzenmeer thront die lebensgroße *Figur der Schwarzen Madonna* mit Jesuskind, bis heute Ziel zahlloser Pilger und Mittelpunkt des alljährlich stattfindenden großen Pardons von Guingamp. Im dreischiffigen Inneren nimmt man als erstes einen Wald von Pfeilern und Säulen wahr. Direkt unter dem Glockenturm steht der *Hauptaltar*, dahinter stellt eine bemalte Skulpturengruppe mit über 30 Figuren aus Holz die Passionsgeschichte vor, und neben ihr ruht die alte Glocke, die den Guingampais von 1430 bis 1989 „die Stunden der Freude und Mühsal" schlug.

In der Kirche ruhen verschiedene Bischöfe in ihren *Grabmälern* (zum Teil aus dem 14. Jh.). Bemerkenswert ist auch das *Fenster* über der Porte Ste-Jeanne, das in vier Bildern Episoden aus dem Leben der *Françoise d'Amboise* erzählt, einer großen Gönnerin der Stadt und Ehefrau des Herzogs Pierre II., die starken Anteil am Aufschwung des mittelalterlichen Guingamp und am Ausbau der Kirche hatte.
Der Eingang auf der Westseite wird wegen der berühmten Vorhalle mit der Schwarzen Madonna meist übersehen: ein reich skulptiertes Renaissance-Portal.

La Plomée: An der Place du Centre. Der erste, einfache Brunnen, den die Stadtverwaltung bauen ließ, stand ursprünglich weiter unten am Ende des spitz zulaufenden Platzes. 1588 wurde er durch einen neuen Brunnen am heutigen Standort ersetzt. Der plätscherte dort 150 Jahre lang, bis 1743 der Magistrat den Wasserspender repräsentativer gestalten ließ. Der Skulpteur *Yves Corlay* wurde beauftragt, sein außergewöhnliches Modell zu realisieren: einen in Blei gefassten Granit-Springbrunnen, der auf geglückte Weise Renaissance-Elemente mit dem Louis-XV-Stil vereint. Der Springbrunnen mit seinen drei Schalen, im Volksmund „die Pumpe" *(la Pompe)* genannt, ist mit Fabelwesen aus der antiken Mythologie verziert: Am unteren Becken starren vier Widderköpfe auf die Durstigen, darüber thronen Greife mit Pferdeköpfen und weit geöffneten Schwingen sowie Löwengestalten. In das obere Becken spritzt das Wasser aus den schweren Brüsten geflügelter Nymphen, über ihnen aus dem Kopf einer bleiernen Jungfrau, die den Brunnen krönt und mit ihrem zierlichen Fuß eine Schlange niederhält.

Alte Häuser: Um die *Place du Centre* stehen 400 Jahre Stadtgeschichte – alte Bürgerhäuser in schwerem Granit und schönem Holzfachwerk. Besonders beeindruckend sind die Gebäude Nr. 31 und Nr. 48, in denen im 15. und 16. Jahrhundert die Garnisonskommandanten residierten. Im Seitenhof von Nr. 42 *(Hotel le Relais du Roy)* ist ein Renaissance-Portal mit einem schmucken Steinrelief eines Familienwappens zu sehen.

Guingamp/Umgebung

Grâces: Ein kleines Dörfchen 3 km westlich von Guingamp, etwas abseits der vierspurigen Nationalstraße. Das Ortszentrum wird überragt vom Turm der *Kapelle Notre Dame,* von der Herzogin Anna anlässlich ihres Besuches von Guingamp gestiftet und zwischen 1506 und 1508 erbaut; über dem linken Eingang der fünfgiebeligen Seitenfassade ist ihr Wappen noch gut zu erkennen. Im Inneren gilt die Aufmerksamkeit einem *Reliquienschrein* mit den kärglichen Überresten des Feldherrn und Herzogs Charles de Blois und den eindrucksvoll-deftigen Holzschnitzereien auf den *Deckenquerbalken* und den *Sablières.* Sie dienten auch in Grâces als drastisches, pädagogisch-praktisches Anschauungsmaterial, mit dem der Pfarrer seine Predigten untermalte, um den schwarzen Schafen der Gemeinde die üblen Auswirkungen ihrer Völler-, Saufer- und Hurerei vor Augen zu führen.

Menez-Bré: Der höchste Berg der Gegend ist mit seinen 302 m Höhe ein beliebtes Naherholungsziel. Auf seinem Gipfel mit der kleinen *Kapelle St-Hervé* genießt man eine schöne Aussicht über das fruchtbare, hügelige Ackerland. Der Berg liegt etwa 10 km westlich von Guingamp an der RN 12, die Auffahrt zum Gipfel überrascht mit satten 18 % Steigung.

Belle-Isle-en-Terre: Etwa 15 km westlich von Guingamp, an der Nationalstraße RN 12. In Frankreich werden Ortschaften, die nahe am Zusammenfluss zweier Flussläufe liegen, oft mit dem Zusatz *Ile* versehen. Den Namen unseres Städtchens

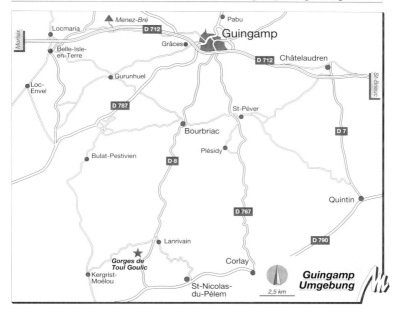

jedoch brachten im Mittelalter Mönche aus Belle-Ile-en-Mer mit, die hier eine Filiale ihres Stammklosters eröffneten. Im Bretonischen – in Belle-Ile noch sehr gebräuchlich – heißt der Ort *Benac'h*, was soviel wie Erhebung bedeutet und sich auf den 18 m hohen, felsigen Hügel im Ortszentrum bezieht.

Lange Zeit war Belle-Isle offizielles Nachtquartier und Lager für königliche Boten auf der Etappe Rennes–Brest. In der Umgebung wurden bis in die Neuzeit Blei, Eisen und Nickel gefördert und trugen zum relativen Wohlstand der Bewohner bei. Heute ist es still in Belle-Isle: Ein Flüsschen gluckert, das Schlösschen *Castel-Mond* wirkt neben dem schnuckeligen Rathausneubau etwas verkommen, und die örtliche Feuerwehr ist bemerkenswerterweise in einer alten Kapelle untergebracht.

Locmaria: Der ein Kilometer nördlich von Belle-Isle gelegene Weiler besitzt eine der ältesten Kapellen der Region, die im 14. Jahrhundert von den Templern ausgebaut wurde. Im Inneren besticht ein prächtiger *Lettner* aus dem 16. Jahrhundert. Eine Prunktreppe mit 110 Stufen führt zur Quelle der Heiligen Jungfrau von Pendreo, die bretonischen Müttern als bewährte Helferin bei Keuchhusten gilt.

Loc-Envel: Die 100-Seelen-Gemeinde 3½ km südlich von Belle-Isle ist eines der schönsten Dörfchen der Region. Der Ort steht unter dem Schutz von St-Guénael – genannt Envel – und war lange Zeit ein Pfarrlehen der Benediktiner von St-Jacut-de-la-Mer. Unter ihrer Ägide entstand im 16. Jahrhundert die *Kirche* zu Ehren des Heiligen, auf einer leichten Anhöhe und von einem Friedhof umgeben. Interessant sind die Teile eines über 400 Jahre alten spätgotischen *Lettners*, gleich hinter dem Eingang und nicht wie üblich den Chor abtrennend, sowie eine reich verzierte, bemalte *Holzdecke*. Über dem Chor segnet ein gütiger Christus die Besucher, das Chorfenster schildert das Leben des heiligen Envel.

Gurunhuel: Die auf einer Anhöhe über der Bocagelandschaft des Argoat gelegene Ortschaft strömt provinzielles Flair aus. Im niedrigen Granitsteinhaus in der Ortsmitte laufen alle Fäden der 380-Seelen-Gemeinde zusammen: Es ist Lebensmittelladen, Bäckerei, Haushalts- und Kurzwarengeschäft, gelegentlich Restaurant, immer Café und natürlich Tratsch- und Meinungsbörse. Für Touristen, die es hierher verschlagen hat, bietet Gurunhuel neben einem authentischen Stück bretonischer Provinz die mit Wehrturm versehene *Ortskirche Notre-Dame* (16. Jh.), die *Kapelle St-Fiacre* (15. Jh.) und einen in Fachkreisen bekannten *Calvaire*. Jesus wird von einem Engel ins Himmelreich geleitet, hinter dem uneinsichtigen der beiden Schächer lauert schon der Böse.

Anfahrt Von Guingamp 6½ km südwestlich über die D 787; in Mousterou Ortsmitte zeigt ein Wegweiser nach Gurunhuel (6 km).

Bulat-Pestivien: In einem der ärmsten Gebiete der Bretagne liegt die Gemeinde mit dem höchsten *Kirchturm* des Départements. Der 66 m hohe Kreisker, das älteste Renaissance-Monument der Bretagne, wurde gegen 1530 begonnen und 1865 durch einen neuen Helm erhöht. Er kann über eine Innentreppe bestiegen werden (139 Stufen) und erlaubt schöne Blicke über die hügelige Bocagelandschaft der inneren Bretagne. Die mächtige Kirche (ihre Ursprünge reichen ins 12. Jh. zurück), deren Proportionen gar nicht in das schläfrige Dörfchen passen, war im Mittelalter ein stark frequentiertes Wallfahrtsziel. Heute ist der heilige Rummel erloschen.

Die *Vorhalle* ist hochgotisch, hinter der fein gearbeiteten eleganten Rosette sind die zwölf Apostel mit ihren sinnträchtigen Attributen versammelt. Das ausladende Innere der Kirche birgt neben einem 5 m langen *Opfertisch* aus Stein (1583) eine schön verzierte *Holzkanzel* aus der Renaissance sowie ein sehr originelles *Lesepult*. Die ominöse „Loggia", ein Erker an der rechten Wand, wird auch *Zimmer der Eingeschlossenen* genannt. Hier ließen sich nach Fertigstellung der Kirche zwei Mönche, die beim Bau der Sakristei mitgeholfen hatten, einmauern, um möglichst nah am Heiligtum zu sein. Durch zwei kleine Fenster konnten die beiden versorgt werden und an der Messe teilnehmen, ohne ihre Einsiedelei zu verlassen.

- *Anfahrt* Von Guingamp über die D 787 Richtung Carhaix. Nach 15 km links auf die D 31; dann noch 5 km nach Bulat.
- *Pardon* Am Sonntag nach dem 8. September Pardon für die Heilige Jungfrau von Bulat. Dabei wird die „Vierge d'Argent", eine wertvolle Marienfigur aus massivem Silber, gezeigt, die den Rest des Jahres an einem sicheren Ort verwahrt wird.

Bourbriac: Die 2300 Einwohner der Kommune haben viel Platz – flächenmäßig ist Bourbriac die drittgrößte Gemeinde des Départements. In der Ortsmitte überrascht die mächtige *Kirche*, die mit ihrem 64 m hohen Turm die wenigen Geschäfte und die Mairie auf dem Dorfplatz erdrückt. Der Turm gilt als Beispiel für den Übergang der Gotik in die bretonische Renaissance. Die Kirche ist dem heiligen Briac geweiht, der im 6. Jahrhundert als Geistheiler wirkte. Die Apostel der Vorhalle sind mitsamt ihrer Bemalung teilweise überraschend gut erhalten. Im Inneren ist wenig zu sehen. Das Grabmal Briacs findet man hinten links, gegenüber dem Taufstein. Die Krypta mit den Kapellen der Sieurs de Helloc'h und der Sieurs de Kerias, beides lokale Notabilitäten, birgt wenig Aufregendes. Sie war früher über eine heute zugemauerte Treppe direkt mit dem Chor verbunden.

Das Gemeindegebiet von Bourbriac umfasst 800 ha Wald, 32 km fischreiche Flussläufe und zwei Weiher – also ein mögliches Wandergebiet. Dolmen, Menhire und Tumuli aus der Vorgeschichte bezeugen, dass die nahe und weitere Umgebung von Bourbriac schon seit der Bronzezeit Siedlungsland war. Das brachte die findige

Kantonsverwaltung auf die Idee, einen Circuit touristique zusammenzustellen. Ergebnis: Die *Tour des Vieilles Pierres* (Tour der Alten Steine), eine 80 Monumente umfassende Rundfahrt, die Experten der Frühgeschichte aufregen könnte. Die Eingliederung zahlloser Kapellen, Brunnen, Beinhäuser, Calvaires und alter Häuser in den Rundweg ist etwas wahllos geschehen und macht die Strecke oft länger als nötig.

Anfahrt 10 km südlich von Guingamp an der D 8.

Lanrivain: Das Dörfchen auf einer leichten Anhöhe war schon in der Bronzezeit besiedelt. Der umfriedete Pfarrbezirk der *Ortskirche St-Grégoire* (19. Jh.) besitzt einen *Friedhof* mit *Beinhaus* (15. Jh.) und – als gestalterischen Höhepunkt – einen ansehnlichen *Calvaire* aus dem 16. Jahrhundert. Auffallend sind seine großen Heiligenfiguren, die sich trotz Restaurierung von den erlittenen Revolutionsschäden nicht mehr ganz erholt haben. Den uralten Baum neben dem Calvaire soll *Heinrich IV.* Ende des 16. Jahrhunderts eigenhändig gepflanzt haben.

Ein Kilometer nördlich von Lanrivain findet sich im Weiler *Giaudet* die schmucke Kapelle der Jungfrau von Giaudet – ein bis heute beliebter Wallfahrtsort, der ein Kuriosum beherbergt: Einem ansässigen Bauern war vor 300 Jahren die heilige Jungfrau im Kindbett erschienen. Seither ist im Kircheninneren am prächtigen Altar Maria mit Gotteskind in liegender Position zu sehen, und der Weiler bekam seinen Namen: „Yaudet" – bretonisch für Kindbett.

Anfahrt 25 km südlich von Guingamp über die D 8, bis Bourbriac noch ganz gut ausgebaute Straße, danach schmale, gewundene Landstraße mit teilweise schöner Aussicht über die wellige Landschaft.

Gorges de Toul Goulic: Der Weg zur idyllischen Schlucht ist ausgiebig ausgeschildert und führt, an Wegkreuzen und Bildstöcken vorbei, 2 km außerhalb von Lanrivain auf einen Parkplatz. Von da führt ein 15-Minuten-Spaziergang ins *Blavet-Tal* hinab. Zwischen rund gewaschenen Granitblöcken im Wald schlängelt sich das Flüsschen durch ein schmales Tal und verschwindet teilweise unter dem bizarren Gestein. Nicht das große Naturerlebnis, doch ein netter Ausflug ins Grüne.

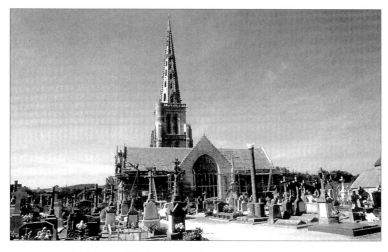

Der höchste Kirchturm des Argoat steht im kleinen Bulat-Pestivien

Kergrist-Moëlou: Wer sich als Fremder hierher verirrt, kommt nur wegen der Kirche. Der *Calvaire* im Pfarrbezirk (15. Jh.) wurde von republikanischen Plünderern während der Revolution in Trümmer gehauen. Als wieder ruhigere Zeiten kamen, bastelte man die annähernd 100 Heiligenfiguren aus Kersantoner Granit auf dem heil gebliebenen achteckigen Sockel ziemlich planlos zusammen und schuf so ein kunterbuntes Sammelsurium beschädigter, in einer falschen Geschichte umherirrender Heiliger.

Im Inneren der idyllisch von alten Bäumen umstandenen *Kirche* ist im Tonnengewölbe des Längsschiffs eine schön bemalte Holzdecke zu entdecken. Mit Arabesken verzierte Medaillons zeigen die Konterfeis der französischen Bischöfe, die 1870 am vatikanischen Konzil teilgenommen hatten. Im Querschiff betrachten rechts weibliche Heilige sanftmütig den Besucher, links runzeln weißbärtige Propheten die Stirn.

Anfahrt Von Lanrivain 20 km entfernt, erst in Richtung Gorges de Toul Goulic, aber auf der D 87 bleiben.

St-Nicolas-du-Pélem: Die „grüne Ferienstation" abseits der Nationalstraße wirbt mit einem 50 km langen Wanderwegenetz um Urlauber. Naturliebhaber mit gutem Schuhwerk können aus zehn Circuits ihren Favoriten auswählen: die Wälder-, Landhäuser-, Kapellen-, Tumulus- oder Menhir-Tour. Ansonsten bietet St-Nicolas außer dem adretten Ortsbild seinen Gästen kein allzu aufregendes Programm. Kulturbeflissene werden vielleicht die *Ortskirche* aus dem 15. Jahrhundert besuchen, in der zwei renovierte Buntglasfenster die Passionsgeschichte erzählen.

- *Postleitzahl* 22480
- *Information* **Office de Tourisme**, in Ortsmitte, gegenüber der Kirche. Juli/Aug. Mo–Sa 10.30–12 und 14.30–18 Uhr. Place Kreisker, ✆ 02.96.29.52.51, ✉ 02.96.29.51.27.
- *Hotel* ** **Auberge Kreisker**, zentral bei der Kirche; Mitglied von Logis de France, angeschlossene Brasserie. Zimmer mit Dusche/WC 40–47 €. 11, place Kreisker. ✆ 02.96.29.51.20, ✉ 02.96.29.53.70.
- *Camping* ** **De la Piscine**, an der Straße nach Plouvenez, neben dem Schwimmbad. Das von der Gemeinde verwaltete Areal mit 60 Stellplätzen ist nicht mehr als eine schlichte Abstellfläche mit Stromblocks und Sanitäranlagen. Geöffnet Mitte Juni bis Mitte Sept. ✆ 02.96.29.51.27, ✉ 02.96.29.56.12.

Le Faouët (2800 Einwohner)

Umgeben vom hügeligen Wald- und fruchtbaren Ackerland der Montagnes Noires liegt Le Faouët in einer Landidylle. Im Wasser der grünen Bachtäler tummeln sich Forellen und Lachse, und allerorten erheben sich die Türmchen und Türme der Wallfahrtskapellen aus den Buchenwäldern.

Le Faouët (bret. Buchenwald) ist ein typisches Provinzstädtchen des Argoat, verschlafen und weitab vom Schuss – hier werden die Gehsteige schon am frühen Abend hochgeklappt. Für Touristen ist Le Faouët als Ausgangspunkt für Wanderungen durch das *Ellé-Tal* interessant. Stille Spazierwege führen durch schattige Wälder zu einigen außergewöhnlichen Kulturschätzen, wie die eindrucksvoll gelegene *Kapelle Ste-Barbe* oder die *Kapelle des heiligen Fiacre* mit ihrem seltenen Holzlettner.

Das Städtchen selbst bietet als Attraktion eine bemerkenswerte *Markthalle* (siehe *Sehenswertes*). Vor der Halle erinnert ein ungewöhnliches *Denkmal* an den in Le Faouët geborenen *Corentin Carré*: Der jüngste Soldat Frankreichs hatte sich 1915 mit 15 Jahren freiwillig für den Ersten Weltkrieg gemeldet und war 1918 kurz vor Ende des Krieges bei einem Luftangriff auf dem „Feld der Ehre" gefallen.

Le Faouët

Schweres Gebälk – in der Markthalle von Le Faouët

- *Postleitzahl* 56320
- *Information* **Office de Tourisme**, im Zentrum, Nähe Markthalle. Juli/Aug. Mo–Sa 10–12.30 und 14–18.30 Uhr. Sept. bis Juni Di–Sa 10–12.30 und 14–17.30 Uhr. 3, rue des Cendres. ✆ 02.97.23.23.23, ✆ 02.97.23.13.75, officedetourisme.lefaouet@wanadoo.fr.
- *Verbindung* Werktags 5 **Busse** nach Quimperlé, dort Anschlüsse u. a. nach Lorient. 2- bzw. 3-mal nach Plouray oder Gourin. Sonntags kein Busverkehr. Haltestelle bei der Markthalle.
- *Markt* Jeden 1. und 3. Mittwoch im Monat vormittags in der Markthalle und rundherum.
- *Hotels* ** **La Croix d'Or**, gegenüber der Markthalle. 12 ordentliche Zimmer mit guter Sanitärausstattung. Solides Hotelrestaurant mit guten Gerichten. DZ 48 €, HP für 2 Pers. 86 €. Mitte Dez. bis Mitte Jan. geschlossen. 9, place Bellanger. ✆ 02.97.23.07.33, ✆ 02.97.23.06.52, reservations@lacroixdor.fr, www.lacroixdor.fr.
- *Camping* *** **Municipal Beg er Roch**, 3-ha-Areal entlang eines ruhig plätschernden Forellenbachs im Talgrund, unterhalb einer alten Mühle (Wald und Wiese). Die Gemeinde hat sich Mühe gegeben: verschiedene sportliche Angebote (Spielsaal für Groß und Klein), Minigolfplatz. Kleiner Lebensmittelbasar, Eis und frische Getränke. Mobilhome- und Caravan-Vermietung. 85 Stellplätze. Geöffnet März bis Sept. Route de Lorient, ✆ 02.97.23.15.11.
- *Crêperie* **La Sarrasine**, in schönem Granithaus zentral bei der Markthalle, aber nicht nur stilvolles Ambiente, sondern auch köstliche Crêpes und Galettes – wahlweise traditionell oder nach Art des Hauses. Mo geschlossen (außer im August). 1, rue du Château. ✆ 02.97.23.06.05.

Sehenswertes

Markthalle: Unter dem weit heruntergezogenen Schieferdach der Markthalle aus dem 16. Jahrhundert geht ein Phantom um: Die Seele der Straßenräuberin und Volksheldin *Marion de Faouët*, die im 18. Jahrhundert Edelleute, Geizkrägen und Händler ausplünderte und die Armen beschenkte, wurde zum Spuken verdammt und hat nun hier ihren Wohnsitz. Daneben wird die 19 m breite und 53 m lange Halle, die die Grande Place beherrscht, immer noch für den Wochenmarkt und zu Festveranstaltungen genutzt. Zwei Spitzgiebel aus Holzfachwerk ruhen auf granitenen Säulen und grenzen das Dach seitlich ab, in der Mitte erhebt sich ein schieferbehelmter, achteckiger Glockenturm.

Ste-Barbe – Kapelle am Abgrund

Museum: Stimmungsvoll im ehemaligen Ursulinerinnenkloster untergebracht. Die fest installierte Sammlung – Qualitätskeramik aus Quimper und einige bretonische Heimatbilder – ist weniger spektakulär. Doch jedes Jahr sind hier auch in wechselnden Ausstellungen Werke bedeutender bretonischer Maler zu bewundern, die einen Besuch lohnen. 2006 z. B. Bilder von Henri Barnoin (1882–1940), einem Pariser Landschaftsmaler, der sich in Concarneau niederließ und die berühmte Markthalle von Le Faouët mit Öl auf die Leinwand bannte.

Öffnungszeiten Juni bis Sept. täglich 10–12 und 14–18 Uhr, bei Ausstellungen manchmal auch schon ab April. Eintritt 4,80 €.

Bienenmuseum (l'abbeille vivante): Hier dreht sich alles um das Leben der Biene. Die Bevölkerung eines Bienenstocks, der Bienenstock im Wandel der Zeit, vom Ei zur Arbeitsbiene, die Arbeit des Imkers ... Die anschauliche Bienensammlung, 1993 mit einem 1. Preis ausgezeichnet, wird ergänzt durch weitere Insektenvölker (Ameisen) und einen Verkaufsraum, in dem Produkte der fleißigen Biene zu erwerben sind.

• *Weg* Nördlich von Le Faouët, vom Zentrum aus ca. 10 Min. zu Fuß (Autofahrer nehmen einen größeren Umweg in Kauf, Richtung Gourin, dann Rosteren). Der Besuch lässt sich problemlos mit einem Spaziergang zur Kapelle Ste-Barbe (s. u., weitere 10 Min. zu Fuß) verbinden.

• *Öffnungszeiten* April bis Juni und Sept. tägl. 10–12.30 und 13.30–18 Uhr; Juli/Aug. tägl. 10–19 Uhr. Eintritt 6 €, 4- bis 15-Jährige 4 €.

Kapelle Ste-Barbe: Direkt unterhalb eines Aussichtsplateaus, in einer Felshöhlung über dem *Ellé-Tal*, duckt sich die von Lage und Architektur reizvolle Kapelle. Sie wurde 1498 von einem einheimischen Landedelmann in Auftrag gegeben, der hier durch ein Wunder der heiligen Barbara vor schwerem Steinschlag gerettet wurde. Die enge Lage über dem Ellé-Tal nötigte den Architekten und Handwerkern eine Meisterleistung ab. Das Baumaterial musste mühsam vom Rand des Plateaus abgeseilt oder vom Talgrund heraufgezogen werden. 1512 war das Kirchlein im Flamboyant-Stil vollendet und wurde schnell zum Wallfahrtsort für die gütige Barbara. Ende des 17. Jahrhunderts errichtete man für die zahlreichen Pilger eine ausladende Treppe, die vom Plateau aus bequem hinunter zur Kirche führt. Im Inneren überzeugen vor allem die *Renaissancefenster* aus dem 16. Jahrhundert, die bunt die Lebensgeschichte der Kirchenheiligen erzählen. Ein Stück unterhalb der Kapelle sprudelt eine eingefasste, geweihte *Quelle*.

• *Anfahrt* 3 km nördlich von Le Faouët (ausgeschildert). Die Kapelle ist vom Bienenmuseum aus (s. o.) in einem gut 10-minütigen Spaziergang zu erreichen.

• *Pardon* Am letzten Junisonntag und am 4. September.

Le Faouët/Umgebung

St-Fiacre: Der Weiler etwa 2½ Kilometer südlich von Le Faouët, an der Straße nach Quimperlé, ist ein viel besuchter Flecken. Die *Kapelle St-Fiacre* im typischen Flamboyant-Stil des 15. Jahrhunderts am Ortsrand beherbergt ein 500 Jahre altes Meisterwerk hochgotischer Schnitzkunst – den 1986 hervorragend restaurierten farbenfrohen *Lettner*, der das Schiff vom Chor trennt. Gekrönt wird er von einem gekreuzigten Christus, anschauliche Szenen zeigen Profanes und Paradiesisches, menschliche Schwächen und Laster. Während Adam und Eva, der Gemeinde zugewandt, sich schamhaft mit einem Feigenblatt bedecken, spielt sich auf der Rückseite – für den Klerus gut zu studieren – wildestes Leben ab: Ein glasig glotzender Trunkenbold mit Fass erbricht einen ganzen Fuchs, ein Dieb versteckt sich im Apfelbaum, der musikalische Faulpelz gibt sich ganz dem Dudelsack hin, und ein harmloses Pärchen verkörpert – wenig ersichtlich – angeblich die Wollust. Ein verschmitzter Großvater mit Bambusstöckchen, vermutlich dem Lettner entstiegen, erklärte uns in gebrochenem Kriegsdeutsch liebevoll die Figuren. Gegen ein Trinkgeld hatte er nichts einzuwenden.

Kernascléden: Die 350-Seelen-Gemeinde 12 km östlich von Le Faouët (D 782) besitzt eine der bemerkenswertesten Kirchen der Bretagne. Das 1453 geweihte Gotteshaus wurde von der Familie der Rohans gestiftet. Die Legende weiß zu berichten, dass himmlische Transporteure den Bau der Pfarrkirche beschleunigten, Engel brachten jeden Tag Handwerker und Handwerkszeug nach Kernascléden.
Die Kirche ist ein gotisches Meisterwerk, geprägt vom schlanken Turm, den großen Fensterrosetten und zwei Vorhallen. Das Innere überwölbt im vorderen Teil (Chor, linkes Querschiff) ein freskenverziertes *Spitztonnengewölbe*. 24 Bilder schildern Szenen aus dem Leben Marias, darunter über den Spitzbogen sieben weitere Bilder zur Leidensgeschichte Jesu, eine achtes zeigt die Himmelfahrt – Jesus unter engelhaften Sängern und Musikanten. Höhepunkt des Kirchenschmucks sind die bei Restaurierungsarbeiten im rechten Querschiff freigelegten Fragmente eines *Totentanzes* und die *Darstellung der Hölle*. Der Tod kennt keine Klassenunterschiede – jeder muss sterben: In einer makabren Prozession ziehen Kaiser, König und Kardinal vorbei, begleitet von einem Skelett, das die Posaune des Jüngsten Gerichtes bläst. Rechts daneben, fast über die ganze Wand freigelegt, eine sehr anschauliche Schilderung des Höllenpfuhls: Sichtlich vergnügte Teufel sieden in riesigen Töpfen die bösen Seelen, ein langhorniger Folterknecht piesackt die Verdammten mit dem Dreizack, in einem bauchigen Fass ertrinken die von den Martern Gequälten.

Carhaix-Plouguer (7600 Einwohner)

Der bullige Stier im Stadtwappen verweist auf Carhaix' wichtigsten Wirtschaftszweig. Umgeben von saftig-grünem Weideland, auf dem gefleckte Milchkühe gelangweilt wiederkäuen, widmen sich die Carhaisiens besonders der Aufzucht von kräftigen Hornviehvätern.

Carhaix war in römischer Zeit ein wichtiger Verkehrsknotenpunkt. Hier trafen sich sieben römische Straßen, und die frühere Siedlung der keltischen Osismer wuchs unter der römischen Herrschaft zu einer „Großstadt" mit 10.000 bis 15.000 Einwohnern. Im 6. Jahrhundert war Carhaix die Hauptstadt der Grafschaft Poher. Im Mittelalter kam die Stadt durch den Abbau von silberhaltigem Blei zu einigem Wohlstand, doch mit dem 18. Jahrhundert begann ein unaufhaltsamer Niedergang. Viele Bewohner verließen die Stadt, verdingten sich als Dienstboten in Paris oder wanderten aus. Erst in jüngster Zeit erlebte Carhaix wieder eine Aufwärtsentwicklung. Durch die Agrarförderprogramme wurde die Provinzstadt zu einem Landwirtschaftszentrum ausgebaut, dessen Spezialität die Hornviehzucht und die Milcherzeugung ist.

Auffallend für Carhaix, seit 1956 mit dem Ortsteil *Plouguer* verwaltungstechnisch zusammengefasst, sind die vielen großzügigen Plätze und die für die Bretagne untypische, lockere Bebauung. Die Bevölkerung des Umlands findet hier die besten Einkaufsmöglichkeiten zwischen Pontivy und Morlaix, für Touristen ist Carhaix nicht allzu aufregend. Kenner der französischen Geschichte und Liebhaber der keltischen Sprache werden vielleicht einen Moment vor der Bronzestatue des „ersten Grenadiers der Republik" auf der *Place de la Tour d'Auvergne* stehen bleiben. Wer blutrünstige Legenden liebt, sucht die *Kirche des heiligen Trémeur* auf. Aus den wenigen verbliebenen Fachwerkhäusern des Mittelalters sticht die *Maison du Sénéchal* heraus, in der sich das Tourismusbüro und das kleine *Heimatkundemuseum* eingerichtet haben.

- *Postleitzahl* 29270
- *Information* **Office de Tourisme**, in der Maison du Sébéchal, dem schönsten Haus im Zentrum. In den oberen Stockwerken residiert das kleine Heimatkundemuseum (Eintritt frei). Juni und Sept. Mo–Sa 9–12 und 14–18 Uhr. Juli/Aug. Mo–Sa 9–12.30 und 13.30–19 Uhr, So 10–13 Uhr. Okt. bis Mai Di/Mi und Fr/Sa 10–12 und 14–17.30 Uhr, Do 14–17.30 Uhr. 6, rue Brizeux.
✆ 02.98.93.04.42, ✉ 02.98.93.23.83, tourismecarhaix@wanadoo.fr.
- *Verbindung* **Zug**: Carhaix ist Endstation einer Stichlinie. Nächster Umsteigebahnhof Richtung Brest oder Rennes/Paris ist Guingamp. Mindestens 6-mal täglich nach Guingamp. Bahnhof im Osten der Stadt, 300 m vom Zentrum.
3 **Bus**haltestellen: am Bahnhofsplatz, im Zentrum und bei der Kirche St-Trémeur. Mindestens 3-mal täglich über Huelgoat nach Morlaix (So 1-mal). 1-mal werktags über Guingamp nach St-Brieuc. Außerdem mindestens 2-mal (So 1-mal) über Châteauneuf nach Châteaulin. 5-mal werktags über Mur-de-Bretagne nach Loudéac.
- *Fahrradverleih* **Technic-bike** vermietet Tourenräder und Mountainbikes; Boulevard Jean Moulin, ✆ 02.98.93.07.50.
- *Markttag* **Wochenmarkt** Samstag auf der Place de Foire.
- *Feste* **Festival des vieilles charrues**, jährlich am 3. Juliwochenende. Obwohl der Name (alte Pflüge) dies nicht vermuten lässt, handelt es sich um ein erstklassiges Festival mit Konzerten bretonischer, französischer und Weltmusik, das bis zu 150.000 Besucher in das kleine Städtchen lockt. Infos zum Programm unter www.vieillescharrues.asso.fr.
Fête de la Tour d'Auvergne, am vorletzten Junisamstag. Folklorefestival zu Ehren von Théophile Malo-Corret (siehe Kastentext *Der erste Grenadier der Republik*).
- *Waschsalon* In der Nähe des Rathauses. Täglich 7–21 Uhr. 5, place d'Aiguillon.

- *Hotels* ** **Le Noz Vad**, modernes, ganz komfortables Mittelklassehotel an der D 764 im Stadtzentrum. 44 Zimmer verschiedener Größe, alle mit Bad/Dusche/WC und Lärmschutzfenstern. Internet-Anschluss. DZ 51– 69 €. Ganzjährig geöffnet. 12, boulevard de la République. ✆ 02.98.99.12.12, ✉ 02.98.99.44.32, aemcs@nozvad.com, www.nozvad.com.
- ** **D'Ahès**, im Zentrum an der Hauptstraße. 10 ordentliche Zimmer mit gutem Sanitärkomfort (Bad oder Dusche/WC). Bar. DZ 36–40 €. Februar geschlossen. 1–3, rue Ferdinand Lancien. ✆/✉ 02.98.93.00.09.
- *Camping* ** **Municipal de la Vallée de l'Hyères**, im gleichnamigen Tal, ein nettes Freizeitgelände und Naherholungsgebiet, etwa 2 km außerhalb (Richtung Brest über die D 764, ausgeschildert). 5 Weiher umgeben den Platz, ein großflächiges, lichtes Rasenterrain mit vielen kleinen Bäumen und Blumenbeeten direkt am Fluss. Spielplatz, Tennis- und Boulegelände, Kanufahrten. Sehr gepflegte Sanitäranlagen. 62 Stellplätze. Geöffnet Juni bis Sept. Vallée de l'Hyères, Route de Kerniguez, ✆ 02.98.99.10.58, ✉ 02.98.99.15.92.
- *Café* **Mod-All**, bei der Markthalle hinter der Kirche. Sehr sympathisches, von einem jungen Paar betriebenes Café, Mini-Buchhandlung mit kleiner DVD-Abteilung. Wer mit den alten und neuen Büchern nichts anfangen kann, stürzt sich auf die hausgemachten Biskuits. 15, place des Halles. ✆ 02.98.99.33.61.

Totentanz in Kernascléden

Sehenswertes

Kirche St-Trémeur: Das dem *heiligen Trémeur* geweihte Gotteshaus aus dem 16. Jahrhundert wurde nach einem Brand im 19. Jahrhundert im Stil der Gotik neu aufgebaut. Aufregender als die Kirche ist die Vita ihres Patrons, dessen Statue über dem Portal zu sehen ist: Der heilige Mann trägt seinen Kopf in der Hand.

Trémeur war der Sohn des legendären Grafen und Frauenschlächters *Comorre*. Nach der Legende – eine Variation des Ödipus-Stoffes – wurde Comorre geweissagt, dass ihn ein männlicher Nachkomme meucheln werde. Der Graf war gewarnt und sah sich vor. Als seine Ehefrau schwanger wurde, erwürgte er sie. Auf diese Weise hatte er bereits vier Frauen ins Jenseits befördert, als Tréphine, seine fünfte Gemahlin, heimlich einen Sohn gebar. Nach der Geburt kam ihr der bretonische Blaubart hinter die Schliche und schlug ihr den Kopf ab, doch konnte der heilige Gildas den Säugling aus der Burg schmuggeln. Im Wald von Carnoet versteckt, wuchs Trémeur unter den Anleitungen des Heiligen wie sein Ziehvater zum gottesfürchtigen Mann heran. Als Comorre bei einem Jagdausflug Trémeur begegnete und ihm die verblüffende Ähnlichkeit des jungen Mannes mit Tréphine auffiel, verlor auch Trémeur seinen Kopf: Mit einem wohl platzierten Schwerthieb enthauptete der Vater den eigenen Sohn. Doch der Torso hob den Kopf auf, setzte ihn wieder an den Hals und lief dem vor Angst schlotternden, in seine Burg fliehenden Comorre hinterher. Am Tor angelangt, schleuderte er eine Handvoll Erde gegen die Mauern, die daraufhin barsten und Comorre unter sich begruben.

Der erste Grenadier der Republik

Théophile Malo-Corret, 1743 in Carhaix geboren, begeistert sich früh für die bretonische Sprache und das Kriegshandwerk. Er tritt in die königliche Armee ein, erklimmt als Bürgerlicher aber nur langsam die Karriereleiter. Mit 46 Jahren hat es Théophile, dessen Spezialität das Werfen von Handgranaten ist, gerade zum stellvertretenden Hauptmann gebracht. Mit dem Ausbruch der Revolution – er ist ihr begeisterter Anhänger – zeigt Théophile seine Qualitäten. Die Revolutionskriege führen ihn mit seiner Kompanie durch ganz Frankreich. Durch seine Kühnheit erwirbt er die Gunst seiner Grenadier-Soldaten und den Beinamen *La Tour d'Auvergne*, der zu einem gefürchteten Markenzeichen wird. Wo er auftaucht, zittern die Gegner. So auch bei der Belagerung von San Sebastian, als die Bewohner der Stadt dem anrückenden Hauptmann die Stadtschlüssel freiwillig übergeben. Nach dieser Bravourleistung werden dem Helden hohe militärische Posten angedient, doch *La Tour* lehnt dankend ab. Er beendet seine Militärzeit lieber bei seinen ihm treu ergebenen Soldaten und widmet sich nach seiner Pensionierung 1793 ganz seiner zweiten Leidenschaft, der bretonischen Sprache. Sein besonderes Augenmerk gilt der Erstellung einer keltischen Grammatik und der Frage, ob Adam und Eva im Paradies bretonisch parlierten, als sie ihren verhängnisvollen Fehler begingen (siehe *Wissenswertes von A bis Z/Heilige*). 1797 werden La Tours Studien unterbrochen. Der letzte Sohn seines Freundes *Brigant* – drei waren bereits für Napoléon gefallen – soll zum Militärdienst eingezogen werden. Der inzwischen 54-jährige Haudegen und Sprachforscher meldet sich freiwillig an dessen Stelle. Natürlich werden dem prominenten Grenadier ungefährliche Posten in der Etappe angeboten, doch La Tour d'Auvergne bleibt seinen ehernen Grundsätzen treu. Der Hauptmann a. D. will in vorderster Front bei der Truppe bleiben, tritt als einfacher Soldat ins 46. Regiment ein und zieht knapp drei Jahre lang durch Europa. Am 27. Juni 1800 streckt ihn die Lanze eines österreichischen Ulanen in der Schlacht bei Oberhausen nieder. Als Napoléon vom tragischen Ende des Ideal-Soldaten erfährt, ernennt er ihn posthum zum „ersten Grenadier der Republik" und lässt seinen Sarg mit dem Ehrensäbel schmücken. Am Tag seiner Beerdigung trägt die gesamte napoleonische Armee Trauer.

Maison du Sénéchal: In dem schieferverkleideten, mit schönen Statuen geschmückten Gebäude (16. Jh.) in der *Rue Brizeux* wohnte und urteilte der Seneschall, der Beamte der französischen Krone und damit mächtigster Mann vor Ort. Im Erdgeschoss hat sich heute das Tourismusbüro niedergelassen, im ersten Stock wird gratis eine kleine heimatkundliche Ausstellung gezeigt: Carhaixer Trachten, Kupferstiche (u. a. die Enthauptung des Räubers La Fontenelle) und Dokumente über Carhaix' berühmtesten Sohn, *La Tour d'Auvergne*.

Carhaix/Umgebung

Châteauneuf-du-Faou: Das Städtchen auf einem steilen Höhenkamm über der *Aulne* gehört zur Kategorie *Station Verte de Vacances*. Bekannt ist der Ort als Anglerparadies; im Fluss fängt man Hechte und Lachse, oder man fährt einfach Boot. Kunstfreunde suchen in Châteauneuf die *Pfarrkirche* auf, deren Taufkapelle 1919 vom Gauguin-Schüler *Paul Sérusier* mit Motiven aus dem Leben Christi ausgemalt wurde. Weitere Urlauberfreuden: Bootsfahrten auf der Aulne, ausgedehnte Radtouren und Spaziergänge im Grünen.

- *Postleitzahl* 29520
- *Information* **Office de Tourisme**, im Ortszentrum. April bis Juni und Sept. Di–Sa 9–12 und 14–18 Uhr. Juli bis Aug. 9–12.30 und 14–19 Uhr, Sonntagnachmittag geschlossen. Okt. bis März Di–Sa 9–12 Uhr. Place Au Seigle. ✆ 02.98.81.83.90, ✉ 02.98.81.79.30, officedetourisme.chateauneufdufaou@wanadoo.fr.
- *Bootsverleih/Kanus* **Aulne Loisir**, unten an der Aulne, in Penn-ar-Pont, vermietet Hausboote (kein Führerschein nötig), Kajaks und Kanus. ✆ 02.98.73.28.63.
- *Verbindung* **Bus**haltestelle im Zentrum. Mindestens 2-mal werktags nach Carhaix und Châteaulin (Sonntag 1-mal).
- *Camping* ** **De Penn-ar-Pont**, etwas außerhalb, am Ufer der Aulne beim städtischen „Complexe touristique" (Schwimmbad, Tennis, Basketballplatz). Terrassenförmig angelegt und von Hecken unterteilt, renovierte Sanitärs. Zur Anlage, die als Familienferiendorf genutzt wird, gehört auch ein 2-Stern-Hotel. Großes Freizeitangebot: Bibliothek, Pingpong, Kicker, Bogenschießen, Organisation von Ausritten und Klettertouren. 80 Stellplätze. Geöffnet Mitte Juni bis Mitte Sept. Penn-ar-Pont, St-Goazec. ✆ 02.98.81.81.25

Huelgoat (1700 Einwohner)

Huelgoat heißt Hochwald. Unter seinem schattigen Blätterdach sollen Tristan und Isolde Händchen haltend spazieren gegangen sein, Feen sollen gezaubert haben, und eine keltische Siedlung ist nach dem Sagenkönig Artus benannt. 1987 knickte ein Orkan große Teile des viel gepriesenen Märchenwaldes. Einige der klangvollen Stationen werden noch Jahre brauchen, ihren ursprünglichen Zauber wiederzuerlangen.

Der Wald war früher ein Teil der *Brocéliande*, dem ausgedehnten Waldgebiet, das einst das Innere der Bretagne bedeckte. Von ihm ist wenig geblieben. Auch vom Wald von Huelgoat (1987: 600 ha) ist wenig geblieben. Nach Waldbränden und dem Orkan von 1987 sind Wiederaufforstungsprogramme angelaufen, aber es wird noch Jahrzehnte dauern, bis Fotografen die romantischen Motive wieder finden, mit denen die Tourismusprospekte noch werben. Wer das Gebiet nicht von früher kennt, ist gegen derlei nostalgisch-melancholische Anwandlungen gefeit und wird den Wald ganz schön finden.

Das Städtchen Huelgoat, dessen niedrige Häuser sich friedvoll um den 15 Hektar großen See legen, war früher ein Bergbauort. In den Minen wurde bis Ende des

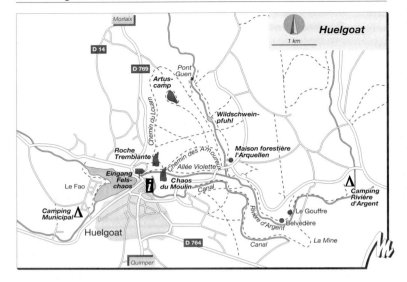

19. Jahrhunderts silberhaltiges Blei ausgebeutet, daneben lebte Huelgoat von Holzgewinnung und der Pantoffelherstellung. Im ersten Drittel des 20. Jahrhunderts entdeckten englische Touristen den Ort als gut durchlüftete Sommerfrische in den „Bergen" (175 m ü. M.), und Huelgoat wurde ein touristisches Muss im Landesinneren. Die im Wald versteckten und durch Erosion entstandenen Felsenmeere reizten die Phantasie der Besucher und verlockten die Einheimischen zu unzähligen Legenden, die sie bei einigen Ballons Rouge in einem der Cafés auf dem stattlichen Marktplatz noch heute gern erzählen.

• *Postleitzahl* 29690

• *Information* **Office de Tourisme**, im Moulin du Chaos, am unteren Ende des Sees. Mit Vorbehalt: Juli/Aug. Mo–Sa 10–12 und 14–17.30 Uhr. Sept. Di–Sa und 14–17.30 Uhr. Okt. bis Juni Mo–Fr 10–12 und 14–16 Uhr. Moulin du Chaos. ✆/✆ 02.98.99.72.32.

• *Verbindung* 2 **Busse** täglich (sonntags 1-mal) nach Carhaix und nach Morlaix.

• *Hotel* ** **Du Lac**, am östlichen Seezipfel, das einzige Quartier im Ort. 15 akzeptable Zimmer mit Dusche bzw. Bad/WC, nach vorne in Stoßzeiten etwas laut. DZ 49–61 €. Angeschlossen sind Bar und Restaurant (s. u.). 9, rue du Général de Gaulle. ✆ 02.98.99.71.14, ✆ 02.98.99.70.91.

• *Camping* ** **Municipal du Lac**, eine Straße teilt den Platz. 75 heckenunterteilte Stellplätze zum Teil am See, zum Teil am kleinen Bach. Einige Kiefern und Büsche spenden Schatten. Spitzgiebeliger, ordentlicher Naturstein-Sanitärblock im Bachbereich. Kinderspielplatz, Tretbootverleih. Gleich daneben das Sportzentrum Huelgoats (Tennis, Schwimmbad). Geöffnet Mitte Juni bis Mitte Sept. Le Fao. ✆ 02.98.99.78.80, ✆ 02.98.99.75.72, mairie.huelgoat@wanadoo.fr.

** **La Rivière d'Argent**, 3 km außerhalb, rechts der Straße nach Carhaix (D 769 A). Der bessere von beiden Plätzen Huelgoats, einsam am Silberfluss unter hohen, schattigen Bäumen. Hecken teilen die Rasenflächen, direkter Anschluss an den Wanderweg. Schwimmbad, Tenniscourt, Volleyball, Petanque oder Fischen. Kleiner Lebensmittelladen, Snackbar. 84 Stellplätze. Geöffnet letzte Aprilwoche bis Sept. La Coudraie. ✆ 02.98.99.72.50, ✆ 02.98.99.90.61, www.campriviere.net.

• *Restaurant* **Du Lac**, im gleichnamigen Hotel (s. o.), das einzige Restaurant des Orts; bunte Mischung aus Touristen und

Einheimischen. Neben einigen Menüs (Durchschnitt) gibt es recht ordentliche Pizzen, doch Spezialität des Hauses sind Gerichte vom offenen Holzkohlengrill, z. B. bretonische Kutteln oder schlicht ein zartes Entrecôte. Durchschnittspreise. 9, rue du Général de Gaulle. ✆ 02.98.99.71.14.

Rundwanderung

Startpunkt des etwa 8 km langen Rundwanderwegs ist die *Brücke* am Ausgang des Sees. Etwa 3½ Stunden reine Laufzeit, Markierung gelb bzw. gelb-weiß.

Gleich zu Beginn ein Höhepunkt: Hinter der „Mühle des Chaos" kommt das Chaos der Mühle. Vom *Moulin du Chaos* am Silberfluss (14. Jh., heute Sitz des Office de Tourisme) führt eine glitschige Leiter hinunter ins *Chaos du Moulin* – ein imposantes Felsenlabyrinth. Zwischen riesigen Granitblöcken gelangt man hinunter zur gurgelnden Teufelsgrotte *(Grotte du Diable)*, in der das Flusswasser in einem düsteren Schlund verschwindet und Gottes prominentester Gegenpart der Legende nach einen sagenhaften Schatz bewacht.

Der klammen Unterwelt entstiegen, folgt man dem Felsenchaos, das der Fluss im Lauf seiner Geschichte geschaffen hat. Wie die Ränge eines steinernen Theaters reihen sich die Blöcke auf dem gegenüber liegenden Flussufer zum Halbrund. Hier, im *Théâtre de Verdure* (Freilichttheater) finden im Sommer folkloristische Veranstaltungen statt. Ein kleiner Wegweiser zeigt links den Weg zur *Roche Tremblante* (steil aufwärts und dann am Geländer entlang hinunter). Der schwankende Felsen ist ein über 100 Tonnen schwerer Granitblock, den eine Laune der Natur so gelagert hat, dass er durch einfache menschliche Muskelkraft zum Zittern gebracht werden kann – zwei unscheinbare Vertiefungen im Stein zeigen die richtige Stelle für den Einsatz Ihrer Kräfte an.

Zurück zur Abzweigung, auf dem Hauptweg am Silberfluss weiter. Nach kurzer Zeit führt der Weg aufwärts zur *Ménage de la Vierge*, dem Haushalt der Jungfrau, dessen steinerne Ausstattung (angeblich Töpfe, Buttermaschine, Kopfkissen und Ruhesessel) für die Autoren trotz mühsam erklommener Blickwinkel nicht zu erkennen war. Etwa 50 m weiter gabelt sich der Hauptweg – rechts folgt die schattige *Allée Violette* dem Fluss, links führt der *Sentiers des Amoureux* bergauf. Natürlich auf den Pfad der Liebenden wechseln. Zunächst noch vom grünen Blätterdach beschattet geht es auf den Spuren Tristans und Isoldes leicht bergan, bis nach 800 m ein Wegkreuz jäh aus den romantischen Träumen reißt: Hier oben haben die Waldbrände und der Jahrhundert-Orkan besonders stark gewütet: Wo einst Wald den Bergrücken bedeckte, wuchern Farn und Heidekraut. Zwischen einigen verschont gebliebenen Veteranen wachsen zögernd ein paar junge Bäumchen.

Trotzdem – nun links bergauf etwa 15 Minuten zum *Camp d'Artus*. Das angebliche Lager von König Artus ist eine rechteckige Fläche, von einem mit Brombeerbüschen und Unterholz überwucherten, ovalen Wall eingefasst. Ein Rundgang auf ihm verschafft Einblicke. Seit 1938 Hausfundamente und Feuerstellen entdeckt wurden, weiß die Wissenschaft Bescheid: Beim Camp d'Artus handelt es sich aller Wahrscheinlichkeit nach um ein keltisches Oppidum, eine nicht nur militärisch genutzte Höhensiedlung. Der Eingang in die „Stadt" wurde von einer 18 m hohen, aus Steinen und Holzbohlen aufgeschichteten und später von Grünpflanzen überwucherten „Burg" aus kontrolliert. Am Fuß der Befestigung erklärt eine Schautafel (auf Französisch) die Anlage, erläutert das Bauprinzip, informiert über die Forschungsgeschichte und zitiert Cäsar.

Tristan und Isolde

Die ursprünglich keltische Geschichte über eine aussichtslose, schicksalhafte Liebe zweier sympathischer Menschen breitete sich im Mittelalter von der Bretagne über Frankreich nach Deutschland und schließlich über ganz Europa aus. Wegen ihres zeitlosen Stoffs und belebt sie noch heute den Spielplan renommierter Opernhäuser oder dient als Drehbuchvorlage für Zelluloidkunst (z. B. „Der ewige Bann" von Jean Cocteau).

Zumindest eine der Hauptpersonen hat gelebt: Im 5. Jahrhundert ist tatsächlich ein *König Marc'h*, Herrscher über die Cornouaille, nachgewiesen, und natürlich haben die Bretonen damit einen stichhaltigen Grund, die Schauplätze der Sage in ihrer Heimat anzusiedeln. In der Bucht von Douarnenez ist der kämpfende Tristan zuhause, in den Wäldern von Huelgoat der liebende. Uns scheint die schöne Umgebung passend, an seine Geschichte zu erinnern, bevor wir uns zu einer Rundwanderung durch das Gebiet aufmachen, wo Tristan und Isolde Hand in Hand spazieren gingen:

Seine Eltern hat Tristan (der Traurige), Prinz der Landschaft Léon, nie kennen gelernt. Der Vater stirbt einige Monate vor dem Eintreffen des neuen Erdenbürgers, die Mutter überlebt die Geburt des Stammhalters nicht. Sein Onkel, König Marke, holt den Jüngling zu sich, und bald entwickelt sich sein geist- und waffengewandter Neffe zu einer unverzichtbaren Stütze des Reichs, das gerade eine schwere Zeit durchlebt: Die Cornouaille ist Irland tributpflichtig, 300 Jungfrauen müssen jährlich an die grüne Insel geliefert werden.

Tristan bietet sich an, dieser Schmach ein Ende zu bereiten. Der Recke *Morold*, Schwager und bewaffneter Arm des Irenkönigs, erwartet keine Schwierigkeiten, als er wie üblich die Ladung unberührter Mädchen abholen will. Doch Tristan verweigert den Tribut und stellt sich auf der Samsoninsel in der Bucht von Douarnenez zum Kampf. Mit einem Hieb, so mächtig, dass ein Splitter seiner Klinge in der klaffenden Wunde stecken bleibt, spaltet er Morold den Schädel, doch auch Tristan wird tödlich verwundet. Die einzige, die ihn retten könnte, ist peinlicherweise die heilkundige Schwester des Gefallenen, die Königin von Irland.

Als Spielmann verkleidet, lässt er sich nach Irland übersetzen, wo er unter dem Namen *Tantris* auftritt und alles nach Wunsch verläuft. Nach einigen Wochen exzellenter Behandlung und Pflege durch die Königin, assistiert von ihrer hinreißenden Tochter Isolde, kann Tantris vom Krankenlager aufstehen. Doch bevor sich unter den jungen Leuten eventuell etwas anbahnen könnte, muss Tristan fluchtartig das Land verlassen. Isolde, die messerscharf Tristans beschädigtes Schwert mit dem Splitter im Kopf Morolds in Zusammenhang bringt, rät dem Mörder ihres Onkels aufgebracht („... und dich haben wir gesund gepflegt!") schleunigst zu verschwinden, bevor sie die Wachen ruft.

König Marke, seit dem Sieg Tristans dem irischen Kollegen gegenüber im Vorteil, will die Prinzessin, von der ihm der Neffe nach seiner glücklichen Heimkehr so viel erzählt hat, freien. Die Formalitäten soll der davon überhaupt nicht begeisterte Tristan regeln. Ebenso wenig begeistert ist Isolde, doch aus Gründen der Staatsraison muss der Antrag vom irischen Königshaus angenommen werden. Auf der Schiffsreise zur bretonischen

Küste ereilt die beiden das Verhängnis: Der magische Liebestrank, den die Mutter ihrer Tochter mitgab, um ihre Ehe mit dem alten Mann erträglicher zu machen, wird Tristan und Isolde kredenzt und richtet verheerende Verwirrungen in ihrem Gefühlsleben an. Sie können nicht anders, untrennbar sind sie fortan durch die Liebe miteinander verbunden. Lustlos heiratet Isolde König Marke. Sie kann ihm keine gute Gattin sein, und Tristan hintergeht seinen Onkel. So oft wie möglich treffen sich die beiden Liebenden, um heimlich und hemmungslos Zärtlichkeiten auszutauschen. Das kann auf Dauer nicht gut gehen.

Die Vielfalt, mit der die unterschiedlichen Erzähler das Liebespaar leiden lassen und schließlich töten, ist groß. Beschränken wir uns auf ein unkompliziert-wehmütiges Ende: König Marke entdeckt den schändlichen Betrug und ist tödlich beleidigt. Gemeinsam lässt er das Paar auf dem Scheiterhaufen sterben, ihre Gräber werden links und rechts einer Kapelle geschaufelt – geweihte Erde soll die beiden im Tode trennen. Seine Bemühungen indes sind vergeblich. Aus dem Herz Isoldes entsprießt ein Rosenstock, aus dem Herz Tristans ein Weinstock, und schon am Tag nach der Bestattung wuchern Rosen und Wein eng umschlungen über dem Dach des Gotteshauses zusammen.

Denselben Weg vom Artus-Camp wieder zurück zur Wegkreuzung und über die *Allée Violette* hinunter zur *Mare aux Sangliers*, dem Wildschweinpfuhl am *Clair-Ruisseau* (Klarer Bach). Die Spuren der Zerstörung sind hier nicht mehr so schlimm wie noch vor ein paar Jahren. Die Setzlinge des Wiederaufforstungsprogramms kämpfen sich rund um den einst so malerischen Tümpel in eine neue Zukunft, wie seit je suhlen sich rund geschliffene, bauchige und von zartem Moos überzogene Felsblöcke wie Wildschweine im spärlichen Wasser.

Hinter der Mare aux Sangliers folgt der Wanderpfad dem Bachlauf und mündet nach etwa 1 km auf die Straße nach Carhaix (D 769 A). Dieser nach links folgen, nach ca. 200 m öffnet sich *Le Gouffre*, ein tiefer Felsschlund, in den das Wasser des Flusses hinabstürzt. In dieses glitschige, gischtumspritzte Felsloch soll die böse Fee *Dahud* jeweils im Morgengrauen ihre ausgelaugten Liebhaber hinabgestoßen haben. Seither darben die Seelen der erschöpften Unglücklichen am Grund des Schlunds und warten darauf, dass ein beherzter Mann den Zauber der Fee bricht.

Ein kleiner Kletterpfad führt hinter der Gouffre-Brücke steil gewunden zum *Belvédère*, einem Aussichtspunkt auf einem Felssporn mit Blick über das Tal des Silberflusses. Zur Brücke zurück. Ein schmaler Wanderpfad auf der linken Flussseite (ausgeschildert *La Mine*) führt in das sich verbreiternde Tal, wo nach 1 km verlassene Blei- und Silberminen auftauchen. Den Fluss überqueren und den bewaldeten Bergrücken steil nach oben. Überall zwischen den Bäumen liegen kleine Gruben und Schächte, am Ende des Hohlpfades ist eine stillgelegte *Wasserkraftanlage* erreicht, die einst eine Gesteinzerkleinerungsmaschine betrieb. Dahinter windet sich ein schmaler Kanal *(Le Canal)* – in ihm wurde das Erz ausgewaschen – durch den Wald. Über seine „Promenade" nach Huelgoat zurück (ca. 3 km).

Kurz vor der Ortschaft biegt links ein Pfad ab, hinauf zur *Roche Cintrée* (gewölbter Felsen) mit Panorama über die *Monts d'Arrée* und die *Montagnes Noires* – zu Ihren Füßen breitet sich rings um den See Huelgoat aus.

Huelgoat/Umgebung

St-Herbot: Die Kirche des Schutzheiligen des Hornviehs ist nicht nur äußerlich ein Juwel. Hinter der leicht verwitterten spätgotischen Fassade mit dem spitzlosen Vierkantturm verbirgt sich eine der schönsten *Chorschranken* der Bretagne (16. Jh.). Das einst bunt bemalte Eichenholz präsentiert sich nun wieder naturbraun, aber immer noch mit seinen reichen, wundervollen Schnitzarbeiten, gekrönt von einer ausdrucksstarken Kreuzigungsgruppe. Die zweite Attraktion ist das *Chorgestühl*, eine ebenso liebevolle Handwerksarbeit wie der Lettner. Erwähnenswert sind zudem eine steinerne Liegefigur des Heiligen und zwei steinerne Tische, auf denen noch heute Hornviehbesitzer aus nah und fern zum Pardon von St-Herbot Schwanzhaarbüschel ihrer Tiere ablegen. Ein *Beinhaus*, eine *Monumentaltreppe* (beide aus der Zeit der Renaissance) und ein großes *Steinkreuz* runden das Wallfahrtsensemble harmonisch ab.

• *Anfahrt*   St-Herbot liegt etwa 7 km südwestlich von Huelgoat an der D 14.

• *Pardon*   Der Pardon für St-Herbot wird an Christi Himmelfahrt begangen.

Brennilis: Um den Ort treffen keltische Mythen auf das Atomzeitalter. Einige Menhire, ein kleiner umfriedeter Pfarrbezirk, ein 800 Hektar großer Stausee und an dessen Ostufer Frankreichs ältestes Atomkraftwerk. 1966 in Betrieb genommen und 1987 wegen veralteter Technik und zu geringer Leistung wieder stillgelegt, lieferte es neben Elektrizität auch den Stoff für einen Band des Kultcomics „Spirou und Fantasio".

Von den Planern unbeabsichtigt, aber höchst passend, wurde das Kraftwerk in eine verwunschene Gegend gestellt: Nordwestlich von Brennilis hinter dem Stausee liegt das Moor *Yeun Elez* (Teufelsmoor). Hier ist *Youdis*, der Eingang in das altbretonische Totenreich, das man sich von Nebelschwaden bedeckt, fahl, eiskalt und trostlos vorzustellen hat. Im Moor treiben sich deshalb jede Menge Geister herum, die aufgrund ihres ruchlosen Lebens keinen Frieden in der Welt der Toten finden können. Im Sommer findet hier der *Gorsedd digor* statt, die große öffentliche Generalversammlung der Bruderschaft der bretonischen Druiden.

Hinweis: Mit den zahlreichen Spukgestalten und unheimlichen Wesen, die im Moor leben, ist nicht gut Kirschen essen. Wer z. B. nachts von den Nachtwäscherinnen angehalten wird, ihre tropfnassen Tücher auszuwringen und diese nach der falschen Seite wringt, stirbt einen qualvollen Tod.

Calvaire-Tour – Umfriedete Pfarrbezirke

Ehre sei Gott in der Höh. Wie kein anderer Landstrich in der Bretagne prunken die umfriedeten Pfarrbezirke im Elorn-Tal und den Monts d'Arrée mit Triumphtoren, Beinhäusern, vielfigurigen Calvaires und verschwenderisch-kunstvollen Kirchen.

Den *Enclos paroissial* (siehe *Wissenswertes von A bis Z*) gibt es nur in der Bretagne, und die schönsten und aufwendigsten Beispiele versammeln sich in einem kleinen, ländlichen Gebiet, von dem Reisende ohne Vorwissen oder Reiseführer vermuten würden, dass sich hier Fuchs und Hase Gute Nacht sagen und das Platzen einer Kaldaunenwurst Anlass für ein Fest-noz ist. Dies stimmt so nicht. Bis Mitte des 17. Jahrhunderts war der Landstrich zwischen *Elorn* und *Aulne* an der Grenze von Léon und Cornouaille durch seinen großflächigen Flachsanbau und das florierende

Calvaire-Tour – Umfriedete Pfarrbezirke 635

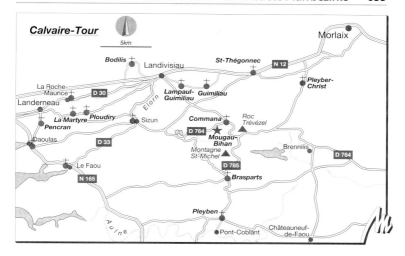

Gewerbe der (Segel-)Tuchmacherei eine wohlhabende Region, in der für Landesverhältnisse überdurchschnittlich viel Geld gemacht wurde. Und dass ein Teil dieses Geldes in aufwendige klerikale Bauvorhaben und Kirchenausstattungen investiert wurde, hatte einen guten Grund.

Gegen Ende des 16. Jahrhunderts sah die katholische Kirche ihre bretonischen Schäflein in Gefahr: Ein Teil hatte sich dem ketzerischen Hugenotten (französische Protestanten calvinistischer Prägung) zugewandt, während andere, meist bäuerliche Kirchenmitglieder, sich ungenierter denn je um die heidnischen Götzen der Vorzeit versammelten. Die *Gegenreformation* setzte ein, eine hundertjährige Kampagne mit dem Ziel, die verlorengegangene Attraktivität der heiligen römischen Kirche wiederherzustellen. Die Mittel waren vielfältig: Ketzerprozesse, Hinrichtungen oder Vertreibung waren die Peitsche, als Zuckerbrot wurden die geweihten Stätten des einzig wahren Gottes zu prachtvollen Heiligtümern ausgebaut.

Pompöse Eingangspforten in den heiligen Bezirk, vielfigurige Calvaires und bildergeschmückte, barocke Prunkaltäre gehörten etwa hundert Jahre lang zum künstlerischen Repertoire der Gegenreformation. Die unwissenden, emotionalen und Bildern verhafteten bretonischen Kirchgänger sollten ein Spektakel erleben, das nachhaltigen Eindruck auf das einfache Gemüt hinterlassen musste. Wer in die Kirche ging, wurde gemahnt, erschreckt und gleichzeitig auf die Wonnen des Christenhimmels hingewiesen. Die Figuren waren eindeutig und drastisch, die Bilder dramatisch und für jeden verständlich, die Altäre eine irdische Vorwegnahme der paradiesischen Pracht. Während Kinder die Taufe unter den himmlischen Baldachinen der Taufbecken empfingen, spiegelte sich der Tod im Weihwasserbecken, und auf Deckenbalken kämpfte die Tugend gegen das unausrottbare Laster. Die goldverzierten Statuen der Märtyrer und wundertätigen Heiligen aus Bronze, Holz oder Stein, plastisch und bunt, bildeten weitere Zutaten einer wohlbedachten Mixtur, um Ketzertum und Aberglauben zu vertreiben und die Zweifelnden auf den rechten Weg zurückzuführen.

Als die Reformierten trotz angelaufener kirchlicher Gegenmaßnahmen weiterhin gefährlich-großen Zulauf bekamen, wurde innerhalb weniger Jahre immens viel Geld in die belehrende Kulisse des rechten Glaubens investiert, um den Bretonen einen eindrucksvollen spirituellen Hintergrund gegen neue Ideen und uralte heidnische Mythen anzubieten.

Das Ziel der Gegenreformation wurde erreicht. Reformierte Christen sind in der Bretagne bis heute eine unscheinbare Minderheit. Was der Nachwelt blieb, sind die Geschlossenen Pfarrbezirke. Die Gemeinden, die dafür früher Unsummen locker machen konnten, sind heute unscheinbare Dorfgemeinschaften, ihre Pfarrbezirke letztes sichtbares Relikt vergangenen Wohlstands, den die Tuchmacherei einst brachte. Rache der Geschichte: Mit dem Exodus der mehrheitlich hugenottischen Tuchmacher, die von katholischen Eiferern verfolgt wurden, war es auch mit den wirtschaftlich guten Zeiten endgültig vorbei.

Die berühmtesten *Enclos paroissiaux* liegen eng zusammen in drei kleinen Flecken um Landivisiau: *Guimiliau*, *Lampaul-Guimiliau* und *St-Thégonnec* konkurrierten über hundert Jahre am eifrigsten um den schönsten Pfarrbezirk. Weiter südlich bestechen die Bezirke von *Pleyben* und *Sizun*, dazwischen verstreut ist eine Vielzahl weiterer Enclos paroissiaux, Calvaires, Triumphtore usw. Zur Abwechslung können Sie zwischendurch den *Roc Trevezel* besteigen oder das *Langgrab von Mougau-Bian* bei Commana inspizieren.

Weitere Pfarrbezirke in der Umgebung siehe *Landerneau/Umgebung*.

Hinweis: Mit öffentlichen Verkehrsmitteln ist die Calvaire-Tour ein zermürbendes Unterfangen. Wer nur die bekanntesten Pfarrbezirke sehen will, kann sich eine Radtour überlegen oder zu einem eintägigen Fußmarsch aufbrechen. Eine weitere Möglichkeit ist die Teilnahme an einer organisierten Busfahrt, die während der Saison an allen größeren Touristenorten angeboten wird.

Landivisiau (8800 Einwohner)

An der RN 12, der Direktverbindung zwischen Morlaix und Brest, breitet sich das harmlose Marktstädtchen aus. Einst war es ein rein bretonisches Zentrum für Pferdezucht und Lederverarbeitung, heute gehört der *Pferde- und Rindermarkt* (Pfingstmontag) nicht nur zu den größten der Bretagne: Pferd, Ochs und Kuh aus ganz Frankreich werden hier verhökert. Für Reisende ohne eigenen Ross- oder Hornviehbestand ist Landivisiau Versorgungszentrum und Stützpunkt für eine ausgedehnte Calvaire-Tour.

Die im 15./16. Jahrhundert erbaute *Kirche* von Landivisiau, 1865 bis auf Turm und Vorhalle völlig umgestaltet, kann sich mit den Pfarrbezirken im Umland nicht messen, auch das in den heutigen Friedhof versetzte und gänzlich restaurierte Beinhaus ist nur ein matter Abglanz der Ossuaires in den Pfarrbezirken rund um Landivisiau.

- *Postleitzahl* 29400
- *Verbindung* **Zug**: Landivisiau liegt an der Strecke Brest–Rennes. Etliche Anschlüsse in beide Richtungen, nur der TGV hält nicht. Bahnhof im Süden der Stadt in Elorn-Nähe. **Bus**bahnhof am Bahnhof.
- *Hotels* ** **Kyriad Au Relais du Vern**, vor den Toren der Stadt (N 12, Ausfahrt Landivisiau-Ost). 52 gut ausgestattete Zimmer mit Bad/WC, TV und Telefon. Restaurant, Freizeiteinrichtungen (Tennis, Reiten, Spielplatz). DZ 65–68 €. Weihnachten/Neujahr geschlossen. ZA du Vern. ℡ 02.98.24.42.42, 📠02.98.24.42.00, kyriad.landi@gofornet.com, www.hotelkyriad-relaisduvern.com.

* **De l'Avenue**, simples Stadthotel, etwas südlich des Zentrums in Rathausnähe, 20 unterschiedliche Zimmer, teils im Neben-

haus (renoviert). Restaurant. DZ 31–45 €, die billigeren mit Etagendusche. Mitte Sept. bis Mitte Okt. geschlossen. 16, avenue de Coat Meur. ✆ 02.98.68.11.67, ✆ 02.98.68.96.62, hotel-resto-avenue@wanadoo.fr, www.avenue-hotel-landivisiau.com.

Le Terminus, außerhalb des Zentrums, Routier-Hotel an der Ausfallstraße Richtung Bahnhof. 14 Zimmer mit einfacher Sanitärausstattung, 8 Zimmer mit eigenem Bad. Das Restaurant ist ein klassisches Lokal für Straßenkapitäne, Menüs ab 11 € inkl. Wein. DZ 32–40 €. Ganzjährig geöffnet. 94, avenue Foch. ✆ 02.98.68.02.00.

Landivisiau/Umgebung

Bodilis: Kein Mensch ist auf der Straße. Einsam regiert der Bürgermeister in einem allein stehenden Häuschen hinter der Kirche seine kleine Gemeinde von 1500 Seelen. Im abgeschiedenen Bodilis, an einer Sackgasse am Rand der Calvaire-Tour, ist nur die Dorfbar neben der Kirche (besonders bei Regen) gut besucht. Und doch kennt die Welt das Dorf: In Pferdekreisen ist Bodilis durch seine guten Zuchterfolge bekannt.

Kunstfreunde kommen wegen der *Ortskirche*, eine Art „Schatzkammer der bretonischen Skulptur". Die südliche *Vorhalle* beginnt mit den Kunstreigen, dann geht's innen weiter: *Balkenschnitzereien* in Überfülle, *Ornamente* im Wechsel mit biblischen und bäuerlichen Szenen, farbige *Holzaltäre* mit Schnitzwerk und vergoldete *Altar-Retabel*, die weitere Akzente setzen. Unter dem *Glockenturm*, wegen des nahen Militärflugplatzes nachts an der Spitze beleuchtet, kann man hindurchgehen – Portale durchbrechen seine drei freien Seiten – und zur skulpturen- und nischengeschmückten *Sakristei* (17. Jh.) an der Nordseite der Kirche vorstoßen.

Anfahrt Landivisiau in Richtung Lesneven auf der D 32 verlassen; ein kurzes Stück hinter der Autobahn rechts ab (ausgeschildert).

Lampaul-Guimiliau (2000 Einwohner)

Ein wahrhaft göttlicher Bezirk hinter der symbolisch-niedrigen Umfassungsmauer: Kreuze, Tore und dann als Höhepunkt das Innere der Kirche. Selten schuf die westliche Christenheit so farbenfrohe Kunst – Gold herrscht vor, dazwischen Buntes in allen Abstufungen der Farbpalette.

Durch die *Triumphpforte* von 1668 – auf der Balustrade die drei Kreuze von Golgatha – geht es in den kleinen heiligen Bezirk. Der karge *Calvaire* im ehemaligen Friedhof besteht aus nur einem Stamm, der sich oben in drei Kreuze verästelt: Neben Jesus, dessen Blut von zwei Engeln aufgefangen wird, hängen die beiden Schächer. Gleich neben der Pforte steht das *Beinhaus* (1667), aus dem später eine Grabkapelle wurde. An der Fassade trotzt das eingemeißelte „Memento Mori" (Gedenke der Toten) unbeachtet den Zeiten, im Beinhaus drinnen werden unter den Augen von St-Rochus und St-Sebastian an höchst lebendige Besucher Karten, Bücher und Souvenirdudelsäcke verkauft, dazu läuft der Klein-TV mit einem ganz und gar irdischen Programm.

Die *Kirche* stammt in wesentlichen Teilen aus dem 17. Jahrhundert, der *Turm*, einst einer der höchsten des Finistère, 1573 nach dem Vorbild des Kreiskers von St-Pol-de-Léon hochgezogen, verlor 1809 durch einen Blitzschlag die oberen 18 Meter und büßte damit seine frühere Eleganz ein. Im *Hauptportal*, 1533 ausnahmsweise im Westen errichtet, stehen stumm die Apostel in ihren Nischen, über dem Eingang Maria und Kind, zwischen den Zwillingstoren ein skulptiertes *Weihwasserbecken*.

Das Innere unter dem Holztonnengewölbe ist gottlob beleuchtet. Ein farbenprächtiger *Triumphbalken* (16. Jh.) mit dem übermannsgroßen gekreuzigten Jesus, betrauert von Maria und Johannes, trennt den Gemeinderaum vom Chor. In den

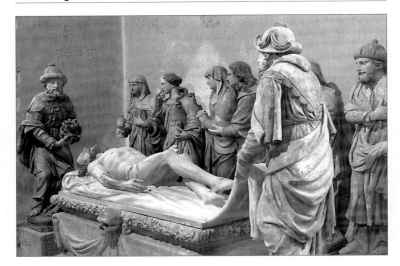

Dramatische Grablegung

Balken zur Gemeinde hin sind winzige bunte Passionsszenen geschnitzt, auf der anderen Seite konnten sich Klerus und Landadel an den zwölf Sibyllen (weissagende Frauen des Altertums, die die Geburt Jesu vorhergesagt hatten und deshalb von christlichen Künstlern gern als Motiv verwendet wurden) und an der Verkündigungsgruppe erfreuen.

Die aus einer Eiche geschnitzte und bunt bemalte *Kreuzabnahme* (1533) an der linken Wand ist ergreifend gestaltet, fünf Figuren trauern, jede auf ihre Weise, um den toten Jesus. Noch bunter und vielfach mit Figuren aufgelockert ist der Holzbaldachin des *Taufbeckens*, getragen von acht reich dekorierten Säulen; oben, am turmähnlichen Abschluss, die Apostel und andere Heilige, über dem Eingang die Taufe Christi. Im rechten Seitenschiff steht das *Weihwasserbecken der Teufel*: Ein nacktes Menschenpaar krümmt sich am Beckenrand, eine Schlange versucht am Grunde des Beckens, vor dem gottgeweihten Nass zu fliehen, darüber wird Jesus getauft.

Von den *Altären* des Kirchenraums zählen zwei zu den wohl gelungensten Beispielen des bretonischen Barocks (17. Jh.). Die künstlerische Liebe zum Detail und die zahlreichen kleinen Figuren, die die Altaraufsätze bevölkern, erfordern etwas Muße, um die Feinheiten hinter der blendenden Pracht zu entdecken.

Der *Passionsaltar* (linke Chorseite) ist reichlich mit Gold bedeckt. Rechts ist die untere Seite dem heiligen Miliau gewidmet; vom eigenen Bruder hingemeuchelt, hält er seinen Kopf etwas ratlos in der Hand, aus dem Hals springt das tiefrote Blut, während der Mörder das Schwert verstaut. Links unten wird Maria nach ihrer Geburt gewaschen, vom Himmelbett aus schaut Anna, die erschöpfte Mutter, zu. Am gelungensten ist das vielfigurige Mittelteil des Altars, die Passion, ganz in Gold mit einigen roten und blauen Farbtupfern: unten die goldgekleideten Teilnehmer des letzten Abendmahls am weiß gedeckten Tisch, in der Mitte die Kreuztragung mit rot gewandetem Jesus, der im Kasten darüber standhaft die Kreuzigung erträgt, während sich die Körper der Schächer im Todeskampf verrenken.

Der fast ebenso prächtige *Altar für Johannes den Täufer* aus derselben Werkstatt (rechts im Chor) ist hauptsächlich mit Episoden aus seinem Leben geschmückt: Johannes und Jesus als Kinder unter der Obhut Marias, Christi Taufe, die Enthauptung des Täufers. Links oben besiegt ein riesiger Erzengel Michael den Teufel, auf dem unteren linken Altar-Retabel sind gefallene und gute Engel im schrecklichen Kampf verstrickt – Rubens lieferte hierzu das Vorbild.

Die mannsgroße *Grablegung Christi* hinten im linken Kirchenschiff ist leider weniger gut ausgeleuchtet als die Altarwände, die lebensechte Figurengruppe ist ein sehr beeindruckendes Werk: 1676 meißelte der Seefahrer und Bildhauer *Antoine Chavragnac* aus weichem Kalktuff die acht Trauernden, die in fassungslosem Schmerz um den Leichnam des Herrn versammelt sind. Joseph von Arimathäa hinter dem Haupt des steinweißen Leichnams zeigt die größte Erschütterung, Johannes hat noch die Kraft, die inbrünstig betende Maria zu stützen.

• *Hotel* ** **Hostellerie de l'Enclos**, unterhalb des Kirchbezirks; der moderne zweistöckige, motelähnliche Bau lebt, wie der Name schon sagt, ganz vom Geschäft mit dem Enclos. 40 voll ausgestattete Zimmer (TV, Telefon) mit eigenem Sanitärbereich inkl. WC. Restaurant. DZ 45–47 €, HP 40 €. 1. Januarhälfte geschlossen. Route St-Jacques, 29400 Lampaul-Guimiliau. ✆ 02.98.68.77.08, ✆ 02.98.68.61.06, hostellerie.desenclosqwanadoo.fr.

Guimiliau (800 Einwohner)

Miliau, ein Abkömmling des bretonischen Königshauses von *Nominoe*, der von seinem machthungrigen Bruder *Rivod* enthauptet wurde, gab dem Ort seinen Namen, als Heiliger ist er für Geschwüre und Rheuma zuständig. Guimiliau ist der kleinste der Pfarrbezirksorte, sein *Enclos* aber der vollkommenste und der *Calvaire* vor der Kirche ein bestechendes Kunstwerk.

Der Pfarrbezirk von Guimiliau

Das *Triumphtor* (17. Jh.) wird von zwei Reitern bewacht. Das *Beinhaus* rechts der Kirche (1648) sieht exakt wie dasjenige von Lampaul-Guimiliau aus. Spektakulärer als dort ist hingegen der *Calvaire*. Von 1581 bis 1588 dauerten die Arbeiten am Passionsspektakel, dann war er zur Zufriedenheit von Auftraggeber und Künstlern fertig gestellt. An und auf dem achteckigen Sockel mit Blendarkaden, eingerahmt von den vier Evangelisten an den Pfeilern des Sockels, spielen etwa 200 Figuren in insgesamt 25 Szenen. Nur eine mächtige Säule mit einem kurzen Querbalken (Maria, Petrus, Johannes und St-Yves lehnen paarweise Rücken an Rücken) steigt in der Mitte des Calvaires auf, ganz oben leidet Christus am Kreuz. Darunter tummeln sich in der Tracht der Zeit Heinrichs III. die Mitspieler und Mitspielerinnen einer üppigen Inszenierung der immergleichen, 17 Szenen umfassenden Passionsgeschichte – genüsslich und detailreich wird der Stoff ausgeschmückt.

Die Deftigkeit des sprühenden Lebens, die Brutalität und Grobschlächtigkeit einer Soldateska, die emotionslos die erhaltenen Befehle vollstreckt, spirituelle Versenkung, rührende Trauer oder Sensationslust – eine Vielzahl von zeitlosen, weil immergleichen Gefühlen ist in den Granit eingemeißelt. Eine eindrückliche Szene bietet das *Abendmahl*: Am gut gedeckten Tisch herrscht beste Stimmung, Petrus wäscht soeben Jesus die Füße, die restlichen elf Apostel sind beim Tafeln, noch liegt das Osterlamm unangeknabbert auf einer Platte. Gleich über der einladenden Tafel aber, als einer der Höhepunkte des Schreckens, die *Höllenfahrt der Katel Gollet*: Kleine, widerliche Teufel zerren und schieben das unglückliche Mädchen, das wohl soeben begreift, dass es jetzt für seine Sünden zahlen muss, in den Schlund der Hölle: ein mit großen Granitzähnen versehenes Dämonenmaul.

Die im 16. Jahrhundert errichtete *Kirche* wurde im 17. Jahrhundert völlig umgebaut und präsentiert sich deshalb in einem Gotik-Renaissance-Gemisch, allein der *Turm* von 1530 blieb unangetastet spätgotisch. Das Prunkstück der Fassade ist das *Südportal* (1606–1617), umrahmt von drei mit Figuren verzierten Bogenläufen. Die kleinen, filigran aus dem Granit gehauenen Gestalten erzählen Geschichten aus der Bibel: Kain, in einem zeitgenössischen Kostüm, tötet Abel, aus der putzigen Arche Noah lugen einträchtig Mensch und Tier (rechte Seite), daneben schläft Noah seinen Rausch aus – letztere beide Szenen findet man übrigens, in identischer Ausführung, am 50 Jahre älteren Portal von Pencran (siehe dort). In der *Vorhalle* stehen die bemerkenswert gearbeiteten Apostelfiguren (15. Jh.), auf dem Fries (linke Seite) wird soeben Eva erschaffen, Gottvater zieht sie aus einer Rippe des schlafenden Adams.

Innen, vor dem Hintergrund eines schlichten Gemäuers mit niedrigen, weiß gekalkten Wänden zeigt sich die ganze Pracht bretonischer Renaissance. Gleich neben dem Eingang steht ein granitenes *Taufbecken* mit einem eichengeschnitzten *Holzbaldachin* auf acht kunstvoll gedrechselten Säulen – Wein und Lorbeer ranken sich spielerisch zur hohen Dachkonstruktion, auf der zahlreiche Figuren aus ihren Nischen blicken und Jesus gerade getauft wird. Ausladende *Barockaltäre* mit Medaillons, Putten, Blumen, Früchten und Vögelchen sorgen für weiteren Glanz. In der Mitte des *Miliau-Altars* stützt die Gattin den schon toten Heiligen, der seinen abgeschlagenen Kopf in der Hand hält; am *Joseph-Altar* hat der Tischler

Das Letzte Abendmahl, gekrönt vom schrecklichen Ende der bösen Katel

Katel Gollet – die verfluchte Katharina

Die Szene, in der Katel Gollet vom Teufel und seinen Helfern in die Hölle gezogen wird, taucht in einigen Calvaires auf, natürlich nicht ohne erzieherische Absicht. Katel steht für die Mahnung an beide Geschlechter, die Sünde – im Rahmen der lustfeindlichen Herrenreligion gern als verführerische Frau dargestellt – und einen Rückfall in das Heidentum tunlichst zu meiden.
Geschichten über die verruchte Katel, die selbst noch im Beichtstuhl log und gar dem Teufel eine Hostie besorgte, werden in vielen Varianten erzählt. Doch das schreckliche Ende ist immer gleich und als unmissverständlicher Hinweis an junge Mädchen zu verstehen, sich der Koketterie und Hurerei zu enthalten. Andernfalls würden sie vom Teufel höchstpersönlich aufs Kreuz gelegt und der ewigen Verdammnis anheim fallen. Hier eine Fassung ohne Hostie und Beichtstuhl:
Katel, verzogene Tochter eines harmlosen Landadeligen, schön wie die Sünde, gemein, voller Leidenschaft und doch unnahbar wie ein Eisberg, wollte nur denjenigen heiraten, der zwölf Stunden mit ihr, der begeisterten Tänzerin, durchtanzte. Nicht genug, dass sie damit alle Don Juans der Umgebung verschliss und zahllose Bewerber hechelnd und erschöpft vorzeitig die Tanzstatt verließen – etliche heiratswillige junge Männer waren in das begehrenswerte Konditionswunder so maßlos vernarrt, dass sie auf körperliche Alarmsignale nicht achteten und einen unrühmlichen Tanztod starben.
So war Katel zu einer öffentlichen Gefahr geworden und wurde – dem Wunsch des rechtschaffenen Volkes folgend, das allmählich um seinen männlichen Nachwuchs fürchtete – von ihrem Vater im Schlossturm eingesperrt, den sie bis zu ihrer Hochzeit nicht mehr verlassen sollte. Doch der nächste Pardon kam und mit ihm das große Tanzfest, das Katel keinesfalls versäumen mochte. Es fiel ihr leicht, einen unerfahrenen Pagen dazu zu bringen, sie zu befreien und zum Fest zu begleiten.
„Was wollt ihr? Ich tanze nur mit meinem Verlobten", rief Katel den erstaunten Gästen zu, bevor sie den Unglücklichen auf die Tanzfläche zog, die er nicht mehr lebend verließ. Als er tot zu Boden ging, erstarb auch die Musik, und Katel regte sich in der plötzlichen Stille maßlos auf: „Zum Teufel! Gibt es hier keine Musikanten und Tänzer, die meiner würdig sind?"
Es gab. Zwei Fremde in einem roten und einem schwarzen Wams waren auf einmal da, der Rote spielte den Dudelsack, der Schwarze forderte Katel zum Tanz. Unter den verstörten Blicken der Festgemeinde nahm er Katel in die Arme, und zu den Klängen einer unsagbar fremden, teuflisch-anziehenden Musik tanzte Katel ihren letzten Tanz.
Der Schwarzbewamste hielt wahrscheinlich schon eine Tote umschlungen, als es wie im Theater donnerte, rauchte und bestialisch stank. Als sich die Schwaden verzogen hatten, fehlten die beiden Fremden und auch Katel Gollet.

Joseph sein Ziehkind Jesus an die Hand genommen. Die üppig geschmückte *Holzkanzel* (1677) zeigt auf den Medaillons die personifizierten Tugenden: Weisheit, Gerechtigkeit, Mäßigung und Mut. Der auf Säulen ruhende und reich mit Schnitzereien versehene eichene *Orgelprospekt* von 1677 wurde Ende der 1980er Jahre komplett restauriert. Auf dem Prospekt ist – ein Kratzfuß vor *Ludwig XIV.* –

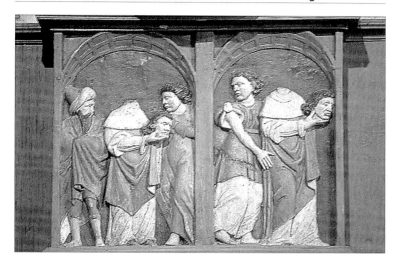

Kopflose Heilige (in Guimiliau)

neben Reliefs mit christlichen Motiven der ganz weltliche Siegeszug Alexanders des Großen dargestellt.

Essen Gleich mehrere Bars, Crêperies, Pizzerien und Restaurants in dem winzigen Ort können vom umfriedeten Pfarrbezirk leben.

Saint-Thégonnec (2300 Einwohner)

Der Ortsheilige St-Thégonnec bekehrte im 5. Jahrhundert die hiesigen Heiden und schaffte nach der Überlieferung eigenhändig die Steine für den Bau seiner Kirche auf einem Ochsenkarren heran. Sicher ist er verzückt, wenn er heute vom himmlischen Paradies auf den *Enclos paroissial* hinunterblickt, der nach und nach das erste, bescheidene Kirchlein ersetzte. In reinster Renaissance, ohne gotische Rückbesinnung, doch in bretonischer Eigenwilligkeit prunkt der monumentalste Pfarrbezirk der armorikanischen Halbinsel. In St-Thégonnec wurde sehr auf die bauliche Geschlossenheit und Pracht der Gesamtanlage Wert gelegt, so steht im Mittelpunkt der Besichtigung der Enclos paroissial als Ganzes.

Die Anlage ist von zwei Seiten zugänglich. Von der unterhalb gelegenen Straße führen ausgetretene Stufen zu einem schlichten Einlass, doch erst beim Eingang am höher gelegenen Platz vor dem Ensemble zeigt sich die Monumentalität in ihrer ganzen Pracht. Eines der aufwendigsten und prächtigsten Renaissance-*Triumphtore* (1587) der Bretagne führt in das irdische Reich Gottes: Zinnen, Kuppeln und luftige Türmchen auf vier Pfeilern. Die beiden Mittelpfeiler, durch einen Bogen verbunden, bilden den Eingang. Man sieht dem Tor sein Alter an: Wuchtiger und gedrungener als die später entstandenen Teile, ist es der am wenigsten elegante Teil der Anlage.

Das *Beinhaus* (1676–1681) ist das schönste des Landes: ein überdimensionales, reich geschmücktes Reliquiar in üppigster bretonischer Renaissance, die zweistöckige Fassade gegliedert von Säulchen, schmalen, hohen Bogenfenstern und den heute leeren Nischen darüber. Weitere Schmuckelemente sind ein umlaufendes Spruchband über den Fenstern und die Wasserbecken mit Kleindächern. Ungewöhnlich ist das Türmchen und, im Inneren, die hell erleuchtete *Krypta*, über der sommers das Geschäft mit Andenken aus St-Thégonnec auf Hochtouren läuft. Unten in der Krypta herrscht weltabgewandte Trauer. Von 1699 bis 1702 arbeitete der Kunstschnitzer *Jacques Lespaignol* an der bemalten, eichenen, mannsgroßen *Grablegungsszene* mit dem Schweißtuch Jesu. Apropos Geschäft: sie kostete 1500 Livres.

> **Feuer!**
>
> Am Morgen des 8. Juni 1998 wird in St-Thégonnec Feueralarm ausgelöst – die Kirche brennt! Nach den Löscharbeiten wurde das Ausmaß des Schadens sichtbar. Das Dach war zum großen Teil abgebrannt, das linke Kirchenschiff völlig verwüstet. Einige Kunstwerke wie der Rosenkranzaltar waren unwiederbringlich verloren, andere wie die Orgel wurden beschädigt, konnten aber restauriert werden. Der Hauptaltar und die Kanzel haben den Brand gottlob unbeschadet überstanden. 2005 wurden die Restaurierungsarbeiten abgeschlossen.

1610 war der *Calvaire* nach elfjähriger Bauzeit beendet: Drei Kreuze ragen vom Sockel in den Himmel, die beiden Schächerkreuze schlank und einfach, die Mittelsäule knorrig mit zwei Querbalken in Höhe der Schächer. Auf dem oberen Balken zwei römische Reiter, unten Apostel, gleich zweimal Maria und St-Yves. Nicht nur die beiden Schächer hängen in Pluderhosen am Kreuz, alle Figuren des Calvaires, der sich ausschließlich mit der Passionsgeschichte beschäftigt, sind in zeitgenössischen Kostümen des 17. Jahrhunderts gekleidet. Realistisch gestaltet sind ebenso die rund 40 Figuren auf dem Sockel, die sich ohne ausschmückende oder abschweifende Elemente auf das Wesentliche konzentrieren: die Guten entrückt, die Bösen boshaft grimassierend oder einfach ignorant. Jesus muss auf seinen Kreuzwegstationen unendlich leiden, er wird geschlagen und getreten; dass ihm verächtlich die Zunge herausgestreckt wird, ist noch der harmloseste Spaß, den die Söldner mit ihm treiben. Ein Spaß des Bildhauers ist die Schüssel, in der sich Pontius Pilatus seit bald 400 Jahren die Hände wäscht. Schief wie sie ist, könnte sich in ihr das Schuld tilgende Wasser keine Sekunde halten.

Von 1599 bis 1714 wurde an der *Kirche* gebaut, verändert, vergrößert und wieder umgebaut, bis sie stilistisch mit dem Gesamtbezirk völlig verschmolzen war. Der wuchtige *Viereckturm* – nach dem

Christi Verhaftung

Vorbild des Renaissance-Turms von Pleyben zwischen 1599 und 1610 hochgezogen – lässt den älteren *Glockenturm* in seinem Schatten verblassen, fünf Laternen über dem Balkon schließen ihn ab. Im *Südportal* stehen die verbliebenen Statuen von vier Aposteln, an den Außenwänden ist die Verkündigung zu sehen, in einer Wandnische über der Vorhallenpforte der Ortsheilige St-Thégonnec. Das barock ausgestattete Kircheninnere wirkt etwas überladen, Prunkstück ist die holzgeschnitzte, rotbraune *Kanzel* aus dem Jahr 1683, die erst 1722 ihren vergoldeten Deckel bekam.

Im Sommer ist der Pfarrbezirk mitsamt Calvaire nachts ausgeleuchtet.

- *Pardon* Wallfahrt zu Ehren St-Thégonnecs am 2. Septembersonntag.
- *Übernachten* ***** Auberge St-Thégonnec**, ganz nah am Pfarrbezirk; sehr zuvorkommende Rezeption. 20 Komfortzimmer mit TV, Telefon und Bad/WC. Restaurant. DZ 85–95 €, HP für 2 Pers. 150–170 €. Weihnachten/Neujahr geschlossen. 6, place de la Mairie, 29410 St-Thégonnec.
✆ 02.98.79.61.18, 📠 02.98.62.71.10, contact@aubergesaintthegonnec.com, www.aubergesaintthegonnec.com.

Der Calvaire von St-Thégonnec

St-Thégonnec/Umgebung

Pleyber-Christ: Der Ort ist größer als St-Thégonnec, doch kirchenarchitektonisch kann er nicht im Geringsten mithalten. Immerhin erstrahlen die Buntglasfenster des *Beinhauses* des kleinen Ensembles in der Ortsmitte nach einer umfassenden Restaurierung in frischem Glanz. Das „Triumphtor" von 1921 ist ein Kriegerdenkmal für die Gefallenen des Ersten Weltkriegs. Die *Kirche* zeigt fünf Querschiffe, im Portal Apostelstatuen, innen verzierte Balken, das originale Chorgestühl und ein Abendmahlrelief am Altar.

Sizun (1850 Einwohner)

Ein sympathisches, stattliches Dorf mit einem ansehnlichen Enclos paroissial. Besonders auf das *Triumphtor* des Pfarrbezirks sind die Bewohner Sizuns stolz. Ein Nachbau der monumentalen Eingangspforte in den heiligen Bezirk wurde 1989 zum 200-jährigen Jubiläum der Französischen Revolution in den Tuilerien von Paris aufgestellt und später ins Centre Pompidou transferiert. Der *Arc de Triomphe* von Sizun stammt aus dem 16. Jahrhundert und ist nach römischem Vorbild gestaltet: Drei säulenflankierte klassische Bögen tragen die Balustrade mit den Kreuzen des Calvaires. Früher konnte hier der Pfarrer in luftiger Höhe die Messe zelebrieren. Heute ist dies nicht mehr möglich, die Aufgangstreppe musste einer Straßenverbreiterung weichen.

Triumphpforte und Beinhaus im Kirchenbezirk von Sizun

Gleich neben dem Tor steht das *Beinhaus* (1585–1588) mit seiner schreinartigen, zweigeschossigen Fassade, das Erdgeschoss verspielt gestaltet und reich verziert, über den Rundbogenfenstern posieren in einfachen Nischen die gestrengen Apostel mit Sätzen aus dem Glaubensbekenntnis auf langen Spruchbändern. Im Ossuaire ist ein winziges Heimatmuseum (gratis) untergebracht: Trachtenhauben, Bratpfannen und andere nützliche Gegenstände, daneben Verkauf von Büchern über die Bretagne und Material zur Calvaire-Tour.

Der quadratische Glockenturm mit seiner oktogonalen Spitze wird umrahmt von vier Zusatzglockentürmchen, über dem Portal speit eine Sirene Regenwasser.

Das *Kircheninnere* ist geschmückt mit einigen Altären aus dem 17. Jahrhundert und einem Deckengebälk, auf dem inmitten des Zierrats und vieler anderer Darstellungen einige Engel die Marterwerkzeuge der Passion in ihren Händchen halten. An einem der Pfeiler ist ein Holzrelief von Ste-Geneviève (15. Jh.) zu sehen; ein Teufelchen versucht die Kerze in ihrer Hand auszublasen, doch steht – göttliche Vorsehung – ein Engelchen parat, um sie gleich wieder anzuzünden. Schließlich wage man auch noch einen Blick in die große Vitrine des Kirchenschatzes: Sie enthält ein kostbares silbernes Reliquiar in Form einer Büste des Kirchenpatrons, des heiligen Suliau. Die Reliquien sind im Kopf der Büste aufbewahrt.

- *Postleitzahl* 29450
- *Information* **Office de Tourisme**, neben dem Kirchenbezirk, übliche Öffnungszeiten. 3, rue de l'Argoat. ✆ 02.98.68.88.40, ✉ 02.98.68.86.56.
- *Hotels* ** **Des Voyageurs**, bei der Kirche, mit Nebengebäude in der Seitenstraße. „Logis de France"-Label; 22 einfache Zimmer in unterschiedlichem Sanitärstandard. Beliebtes Restaurant. DZ 47 €, HP 45 €. Ganzjährig geöffnet. 2–4, rue de l'Argoat. ✆ 02.98.68.80.35, ✉ 092.98.24.11.49, hotelvoyag@aol.com, www.hotelvoyageurs-sizun.com.

Le clos des 4 Saisons, im Zentrum. Ländliches, ganz gemütliches Familienhotel mit „Logis de France"-Label, in einem kleinen Park. 19 Zimmer mit TV/Telefon, zum Großteil mit Bad. Restaurant (im Gebäude gegenüber, Fischspezialitäten), kleiner Garten, Terrasse, Aufenthaltsraum. DZ 40 €. 2, rue de la Paix. ✆ 02.98.68.80.19, ✉ 02.98.24.11.93, jr.gillette@wanadoo.fr, www.restaurant-4saisons.com.

• *Camping* **Municipal du Gollen**, am Elorn-Fluss (ausgeschildert). Gute Sanitärausstattung, Aufenthaltsraum. Fußballgelände, Tennis-, Volleyball- und Bouleplatz direkt am Ufer, das Schwimmbad von Sizun gleich in der Nachbarschaft. 29 Stellplätze. Geöffnet Ostern bis Sept. Route de St-Cadou, ✆ 02.98.24.11.43, ✉ 02.98.68.86.56.

Sizun/Umgebung

Commana: Exakt 260 m über dem Meer befindet sich der höchstgelegene *Enclos paroissial* der Welt, der Turm der Kirche ist weitere 60 m hoch. Ein von zwei Masken bewachtes *Triumphtor*, ein *Beinhaus* von 1668 im Renaissancestil, zwei *Calvaire-Kreuze*, an denen Magdalena in Gestalt einer bretonischen Landfrau granitene Tränen um Jesus weint. Im *Südportal* (1645–1653) stehen die Nischen der Apostel leer, einzig Kirchenhistoriker meinen, dies sei schon immer so gewesen, das Portal sei nicht vollendet worden.

Am meisten überrascht in Commana das Kircheninnere. Im Stil des bretonischen Bauernbarocks des 17. Jahrhunderts protzt eine reiche Ausstattung, die beiden golden-bunten Altarwände sind üppig ausgestattet. Am *Altar der 5 Wunden* rechts vom Annenaltar blutet Jesus, von Engeln getröstet, aus fünf Wunden. Der prunkvolle, fast überladene *Annenaltar* (1682, ganz links) mit Säulchen, Girlanden, pausbackigen Engeln und farbenfrohen Medaillons ist ein Meisterwerk. In der Mitte Anna und Maria, zwischen den beiden erteilt das Jesuskind mit der Weltkugel in der Linken seinen Segen. Darüber thront die Dreifaltigkeit: Gottvater im roten Mantel, der gekreuzigte Sohn im Lendenschurz und ganz oben, schon fast im Gebälk, symbolisiert ein goldenes Täubchen den Heiligen Geist. Die Adler über dem Erzengel Gabriel und der Muttergottes stehen für zwei Aspekte des katholischen Selbstverständnisses: immer wachsam sein und stark wie der König der Lüfte.

Das fünfeckige *Taufbecken* aus dem 17. Jahrhundert scheint luftig wie eine Pagode. An den Säulen symbolisieren fünf tugendhafte Damen Nächstenliebe, Hoffnung, Gerechtigkeit, Glauben und Mäßigkeit, an der Decke des Baptisteriums ist Johannes der Täufer mit der Taufe Christi beschäftigt.

Prunkaltar für die heilige Anna

In der Einsamkeit der Monts d'Arrée: die Kapelle St-Michel

Mougau-Bihan: Mitten in der bretonischen Landschaft grasen hinter einem kleinen Weiler fette Milchkühe bei der Grabstätte eines kriegerischen Keltenfürsten, der seinerzeit vom Plündern der Küstendörfer lebte. 14 m lang streckt sich seit 3000 v. Chr. sein *Langgrab* dem Berg entgegen. Die Erde, die einst das Grab verhüllte, ist durch Erosion und Auswaschung abgetragen, das Grundgerüst der von Nord nach Süd ausgerichteten *Allée Couverte* aber blieb: Granitquader bedecken die parallelen Steinlinien, und auch die Gravierungen im Inneren haben die Jahrtausende überstanden: Deutlich und kunstvoll sind ein krummes Schwert, vier Blutstropfen und einige Lanzenspitzen in den Stein der fünftausend Jahre alten Grabkammer gemeißelt.

Anfahrt Südlich von Commana an der D 764 der Beschilderung folgen. Knapp 2 km.

Roc Trevezel: Kein Baum weit und breit, nur endlose Heide. 384 m über dem Meer, in der einsamen, weitläufigen Berglandschaft der *Monts d'Arrée*, markieren graue Sandstein- und Quarzzacken einen der höchsten Punkte der Bretagne mitten im Naturschutzpark Armorique.

Eilige finden an der unterhalb des Gipfels vorbeiführenden D 785 einen Parkplatz, von da ist es nach ganz oben nur ein Katzensprung. Der Rundblick bei entsprechenden Sichtverhältnissen ist umfassend. Im Westen das Elorn-Tal und die Rade de Brest, im Südwesten der Menez-Hom, im Nordosten die Bucht von Lannion. Der See im Süden ist das gestaute Wasserreservoir für das Atomkraftwerk von Brennilis, die karge Heidegegend im Osten das legendenumwobene Moor von *Yeun Elez* (Höllensumpf), in dem sich der bretonische Eingang zur Welt der Toten befindet (siehe *Umgebung Pleyben/Brennilis*).

Anfahrt Von Commana in östlicher Richtung auf die D 764, nach 5 km rechts in die D 785 abbiegen (ausgeschildert).

Montagne St-Michel: Der 380 m hohe Hügel ist die zweithöchste Erhebung der Region. Statt von Schieferplatten ist die Kuppe von einer Kapelle gekrönt. Das Panorama ist dem vom Roc Trevezel ähnlich, der umfassende Blick auf den See von Brennilis zu seinen Füßen bestechend schön.

Anfahrt Von Roc Trevezel (s. o.) auf der D 785 ca. 10 km in südwestliche Richtung (ausgeschildert).

Pleyben (3400 Einwohner)

Das Städtchen drei Kilometer nördlich der Aulne trägt die untrüglichen Zeichen einer überregionalen Wallfahrtsstätte. Der Enclos grenzt an einen großzügigen Platz in der Ortsmitte. In einem für das kleine Pleyben überdimensionierten Gelände zeugen Calvaire, Beinhaus, Sakristei und die Kirche mit einem schönen bretonischen Renaissanceturm von vergangenem Wohlstand und gutem Geschmack. Pleybens Blüte dauerte von 1550 bis etwa 1660, als die Stadt Zentrum einer Art halbautonomen Agrarrepublik war. In dieser Zeit entstand auch der größte Teil der heutigen Anlage, stilvoll-elegant, weit und mächtig. Kirche, Handel und weltliche Obrigkeit fanden sich im Pfarrbezirk ein: An dem einsam aufragenden schlichten Kreuz im Pfarrbezirk verkauften die Salzhändler der Guérande ihr Gewürz, und dort stellte sich auch der öffentliche Ausrufer in Positur, um die neuesten Bekanntmachungen zu verbreiten. Heute sind es die Touristen, die vor allem wegen des eleganten Calvaires über den grasbewachsenen Ex-Friedhof ausschwärmen, um das Kreuz kümmert sich niemand mehr.

Ab 1555 wurde etwa 200 Jahre am *Calvaire* herumgebastelt, und es entstand die künstlerisch wertvolle Bibelgeschichte aus Stein. Die ältesten Skulpturen waren damals auf einem kleineren Podest zuhause, das nah der später errichteten Vorhalle stand. 1738 wurde der Calvaire, mit weiteren Figuren bestückt und völlig neu konzipiert, an den heutigen Standort am Rand des Bezirks verlegt.

Der hohe Sockel übernimmt die Funktion des in Pleyben fehlenden Triumphtors. Die Plattform ist nicht rechteckig, sondern weitet sich mit den Stützpfeilern an den Seitenenden aus, um

Gehörnt, geflügelt, böse: Gleich hat das Teufelchen eine neue Seele zum Quälen

mehr Platz zu schaffen. Die Figuren des Calvaires sind hoch über den Köpfen der Betrachter postiert, die Kreuze schweben im Himmel. Geduldig wartet das Gute am Kreuz des bekehrten Barnabas, ein gehörnter Teufel hat sich die Seele des reuelosen Schächers reserviert, der im Todeskampf die Zunge herausstreckt. Engel umgeben den gekreuzigten Christus und fangen mit einem Kelch das Blut aus seiner Brustwunde auf. Zwei Reiter umrahmen die Auferstehung, geharnischte Soldaten zu Füßen des Kreuzes dösen oder schlafen tief. Im Gegensatz zu den figurenreichen Calvaires von Guimiliau oder Plougastel, die in buntem, schwelgerischem Durcheinander die Passionsgeschichte erzählen und immer wieder vom

Thema des Kreuzwegs abschweifen, beschränkt sich der Calvaire von Pleyben – ähnlich wie der von St-Thégonnec – auf relativ wenige steinerne Darsteller, die wirkungsvoll etwa 30 Szenen von der Verkündigung bis zur Passion Jesu gestalten. Weniger auf Dramatik oder kühle Distanz wird hier Wert gelegt als vielmehr auf ruhige Ausgewogenheit und eine logische Abfolge der Geschichten. Der Bilderreigen beginnt mit der Verkündigung an der Südwestecke des Sockels, wird gegen den Uhrzeigersinn gelesen und endet mit der Auferstehung.

Die abschreckende Katel-Gollet-Szene wird in Pleyben durch den im Grunde hoffnungsvollen „Abstieg Christi in die Vorhölle" ersetzt: Am Eingang des feuerumrahmten Höllenschlundes wartet der wiederauferstandene Christus, noch ins Leichentuch gehüllt, auf die Schar der Verstorbenen, angeführt von Adam und Eva, über die am Tag des Jüngsten Gerichts geurteilt werden soll. Ein grimmiges Ungeheuer will sie – umsonst – am Verlassen der Vorhölle hindern.

Während der Frühjahrsstürme 1990 wurde das große Zentralkreuz geknickt und umgehend wieder aufgerichtet. Die Bruchstelle ist kaum mehr zu sehen.

Das *Beinhaus* von 1550 hat eine wechselvolle Geschichte hinter sich: Nach seiner Restaurierung 1733 wurde es eine Kapelle, nach der Revolution eine Dorfschule, 1850 dann ein Postamt; heute wird es im Sommer für kleine Ausstellungen genutzt. Die *Sakristei*, ein viergeteilter Rundbau mit schiefergedeckten Kuppeln (1719), ist als eigenständiges Werk der Kirche vorgebaut, von der Ostseite der Apsis aus ist sie zugänglich.

„Drei Generationen, jede nach ihrem Geschmack, doch ohne Missklang" arbeiteten an dem Gotteshaus. Die Inschrift über dem Eingang der Sakristei gibt Auskunft über die Baugeschichte des Gotteshauses, das St-Germain von Auxerre geweiht ist. 1564 wurde die Kirche erbaut, von 1857 bis 1860 komplett renoviert, wie die Wandtafel berichtet. Gleich drei Türme überragen das Dach. Der schlanke gotische *Glockenturm* mit seiner hohen Steinspitze ist durch eine Galerie mit einem kleineren *Treppentürmchen* verbunden. Zu diesen gesellte sich später der *Turm St-Germain* und stahl den beiden die Schau. Mit seinen knapp 50 Metern Höhe wurde der klobige neue Renaissance-Turm an der Westseite der Fassade Vorbild für diverse Nachfolgetürme (St-Thégonnec, Bodilis und etliche mehr).

Im *Innenraum* der Pfarrkirche erhellt erfreulich viel Licht die phantastisch bemalte und geschnitzte *Deckenkonstruktion* aus dem Jahr 1571. Mehr als nur einen Blick wert sind besonders die Längsbalken entlang den Seitenschiffen mit aztekisch anmutenden, farbenprächtigen Meeresungeheuern und Drachen. An den Deckenkonsolen erzählen bunte Holzfiguren neben dem Lebenslauf Jesu noch andere Geschichten und Legenden. Medaillons, Rankenwerk und Figuren an den *Altären* (alle 17. Jh.) setzen weitere Akzente. 1996 waren die jahrelangen Restaurierungsarbeiten abgeschlossen. Auch die Orgel mit den pausbäckigen Puttengesichtern unter den großen Pfeifen erstrahlt wieder in frischem blauem und goldenem Glanz.

- *Postleitzahl* 29190
- *Information* **Office de Tourisme**, am zentralen Platz des Städtchens; auch Zimmervermittlung. Nur Mitte Juni bis Mitte Sept. geöffnet. Mo–Sa 10–12 und 14.30–18 Uhr. Place Charles de Gaulle, ✆/≈ 02.98.26.68.11.
- *Verbindung* Pleyben liegt an den **Bus**strecken Chateulin–Carhaix (werktags mindestens drei Anschlüsse in beide Richtungen) und Quimper–Roscoff (1-mal täglich).
- *Einkaufen* Die eingedosten **Galettes de Pleyben** haben in der ganzen Bretagne einen guten Ruf als Kaffeegebäck.
- *Markttag* Lebensmittelmarkt jeden Samstagvormittag, großer Wochenmarkt jeden 2. Dienstag.
- *Pardon* Am 1. Augustsonntag.

Pleyben/Umgebung

Der Pfarrbezirk von Pleyben

- *Waschsalon* Direkt hinter der Kirche, täglich 7–21 Uhr geöffnet.
- *Hotel* * **Auberge du Poisson Blanc**, in Pont-Coblant, 4 km südlich an der D 785. Kleine, schnuckelige 6-Zimmer-Herberge an der Aulne. Blick über den Fluss. Gemütliches Restaurant. DZ mit Du/WC 52–55 €. Pont-Coblant, ✆ 02.98.73.34.76, ✇ 02.98.73.31.21.
- *Camping* ** **Municipal**, in Pont-Coblant am Ufer der Aulne, 4 km südlich, von der D 785 aus beschildert. Passabler, ruhiger Platz mit einigen Bäumen am Ufer und Warmwasserduschen. Das kleine Nautikzentrum verleiht Kanus. Versorgungs- und Essensmöglichkeiten 100 m nebenan. 60 Stellplätze. Geöffnet Mitte Juni bis Mitte Sept. Pont-Coblant. ✆ 02.98.73.31.22, ✇ 02.98.26.38.99, commune-de-pleyben@wanadoo.fr.
- *Essen* **La Blanche Hermine**, auch wenn die Taverne direkt gegenüber dem Calvaire von außen eher den Eindruck eines gewöhnlichen Touristenrestaurants macht, ist sie innen doch urbretonisch. Zu den traditionellen Gerichten kann man eine der 10 angebotenen Biersorten aus der Bretagne trinken, die Mahlzeit mit einem Chouchenn als Apéritif beginnen oder bei einem *Whisky breton* ausklingen lassen. In der Nebensaison Dienstagabend und Mi geschlossen, ebenso den ganzen Januar. 1, place Charles de Gaulle, ✆ 02.98.26.61.29.

Pleyben/Umgebung

Brasparts: Eine ruhige Pfarrgemeinde im heidebedeckten „Bergland". Der kleine *Pfarrbezirk* zeigt eine steinerne Pietà-Gruppe am spärlichen Calvaire. An den Ecken des *Beinhauses* lauern sensenbewehrte Knochenmänner, am *Renaissanceportal* thronen Christus und die zwölf Apostel – unter Apostel Jakob die seltene Granitskulptur einer Teufelin mit Hörnern und entblößten Brüsten.

Innen sind noch am ehesten die bunten *Chorfenster* aus dem 16. Jahrhundert sehenswert. Die Statuen der vier Evangelisten an der Kanzel sind verschwunden (Diebstahl), andere sind geblieben, unter ihnen eine bemalte Pietà aus Holz. Das helle Klassenzimmermobiliar verleiht dem Gotteshaus einen etwas unpassenden Dorfschulcharakter.

Anfahrt 9 km nördlich von Pleyben an der D 785.

Etwas Französisch

Guter Wille wird honoriert. Wer sich mit auch nur wenigen französischen Wörtern durchzuschlagen versucht, zeigt damit, dass er als Gast gekommen ist, und kann sich der Freundlichkeit des Gastgebers gewiss sein.

Grüße

guten Tag	**bonjour**
guten Abend	**bonsoir**
gute Nacht	**bonne nuit**
auf Wiedersehen	**au revoir**
bis bald	**à bientôt**
bis gleich	**à toute à l'heure**

Gespräche

Wie geht es dir?	Comment vas-tu?
Wie geht es Ihnen?	Comment allez-vous?
danke	merci
Mir geht es gut, und dir (Ihnen)?	Je vais bien, et toi (vous)?
Wie heißen Sie?	Comment vous appelez-vous?
Wie heißt das auf Französisch?	Comment cela se dit en français?
Ich bin ...	Je suis ...
Deutsche/r	Allemand/Allemande
Österreicher/in	Autrichien/Autrichienne
Schweizer/in	Suisse/Suissesse
Entschuldigung	pardon
Deutschland/ deutsch	l'Allemagne/ allemand/e
Sprechen Sie Deutsch? (Englisch, Italienisch)?	Parlez-vous allemand? (anglais, italien)?
Kennen Sie ...?	Connaissez-vous ...?
Ich habe nicht verstanden	Je n'ai pas compris
Ich weiß (es) nicht	Je ne (le) sais pas
Ich suche	Je cherche
Geben Sie mir ..., bitte!	Donnez-moi ..., s'il vous plaît!
einverstanden! o.k.!	d'accord!

Minimalwortschatz

ja	oui
nein	non
vielleicht	peut-être
und	et
oder	ou
schön	beau (bel, belle)
groß/klein	grand(e)/petit(e)
viel	beaucoup de
wenig	peu de
es gibt/es gibt nicht	il y a/il n'y a pas
wo/wohin?	où?
wann?	quand?
wie viele?	combien de?
warum ?	pourquoi?
..., bitte! (Aufforderung)	..., s'il vous plaît

Etwas Französisch

Unterwegs

Ich suche ...	Je cherche ...	links	à gauche
Wo ist ...?	Où est ...?	rechts	à droite
Ich möchte ...	Je voudrais ...	geradeaus	tout droit
Ich möchte nach ... gehen	Je voudrais aller à ...	Abfahrt, Abflug	le départ
		Ankunft	l'arrivée
Wann kommt ... an?	A quelle heure arrive ...?	Information	l'information
Wann fährt/fliegt ein ... nach ...?	A quelle heure il y a-t-il un (une) ... pour ...?	Fahrkarte	le billet
		einfach	aller simple
		hin und zurück	aller retour
Um wie viel Uhr?	A quelle heure?	Flughafen	l'aéroport
um (4) Uhr	à (quatre) heures	Flugzeug	l'avion
Weg	le chemin	Hafen	le port
Straße	la rue	Schiff	le bateau
Überlandstraße	la route	Fährschiff	le ferry-boat
Autobahn	l'autoroute	Bahnhof	la gare
Kreuzung	le carrefour	Zug	le train
Kreisel	le rond-point	Bus	le bus
Ampel	les feux, le feu rouge	Busbahnhof	la gare routière
abbiegen	tourner		

Rund ums Auto

Ich möchte mieten (für einen Tag)	Je voudrais louer (pour un jour)	Blinker	le clignotant
		Bremsen	les freins
Wie viel kostet das (pro Tag)?	Combien ça coûte? (par jour)?	Bremslichter	les feux de stop
		Felge	la jante
Voll, bitte!	Le plein, s'il vous plaît!	Gang	la vitesse
Ich habe eine Panne	Je suis tombé en panne	Gebläse	le ventilateur
		Handbremse	le frein à main
(Der Anlasser) geht nicht mehr.	(Le démarreur) ne marche plus.	Kupplung	l'embrayage
		Kühler	le radiateur
Auto	la voiture	Lichtmaschine	la dynamo
Führerschein	le permis de conduire	Motor	le moteur
Tankstelle	la station d'essence	Motorhaube	le capot
Benzin	l'essence	Reifen	le pneu
Diesel	le gas-oil/le gazole	Rückwärtsgang	la marche arrière
Öl	l'huile	Scheibenwischer	l'essuie-glace
Ölwechsel	la vidange (d'huile)	Scheinwerfer	le phare
Unfall	l'accident	Schlauch	le tuyau
Abschleppdienst	le dépannage	Stoßdämpfer	l'amortisseur
Autowerkstatt	le garage	Wasser (destilliert)	l'eau distillée
Anlasser	le démarreur	Vergaser	le carburateur
Auspuff	l'échappement	Zündkerzen	les bougies
Batterie	la batterie		

Unterkunft

Haben Sie ...?	Avez-vous ...?	*voll (alle Zimmer belegt)*	complet
ein Zimmer reservieren	réserver une chambre	*Vollpension*	pension complète
Doppelzimmer	la chambre double	*Halbpension*	demi-pension
Einzelzimmer	la chambre single	*Frühstück*	le petit déjeuner
Wie viel kostet das?	Combien ça coûte?	*Ich nehme es (das Zimmer).*	Je la prends.
Das ist zu teuer.	C'est trop cher.	*Zeltplatz*	le camping
ein billigeres Zimmer	une chambre moins cher	*Zelt*	la tente
		im Schatten	à l'ombre
mit Dusche/mit Bad	avec douche/avec salle de bain	*elektrischer Anschluss*	le branchement électrique
für eine Nacht	pour une nuit	*Dusche*	la douche
für (3) Tage	pour (trois) jours	*Waschmaschine*	le lave-linge

Bank/Post

offen	ouvert	*Briefmarke*	le timbre
geschlossen	fermé	*Brief*	la lettre
Ich möchte Schweizer FRanken wechseln.	Je voudrais changer des francs suisses.	*Telefonkarte*	la télécarte
		Ansichtskarte	la carte postale
		Luftpost	par avion
... ein Fax aufgeben	... envoyer un fax	*Eilpost*	exprès
Bank	la banque	*Einschreiben*	lettre recommandée
Wechselkurs	le cours du change		
Briefkasten	la boîte aux lettres		

Einkaufen

Haben Sie ...?	Avez-vous ...?	*Wurstwarenhandlung*	la charcuterie
Ich hätte gern ...	Je voudrais ..., s'il vous plaît.	*Apotheke*	la pharmacie
		Buchhandlung	la librairie
Wie viel kostet das?	Combien ça coûte?	*Schreibwarenhandlung*	la papeterie
		Apfel	la pomme
Das ist zu teuer/ billiger.	C'est trop cher/ moins cher.	*Briefumschlag*	l'enveloppe
		Brot	le pain
Das gefällt mir nicht.	Ça ne me plaît pas.	*Buch*	le livre
		Butter	le beurre
1 Pfund/Kilo	une livre/ un kilo de	*Ei*	l'oeuf
		Essig	le vinaigre
100 Gramm	cent grammes	*Honig*	le miel
Lebensmittelgeschäft	l'alimentation	*Käse*	le fromage
Bäckerei	la boulangerie	*Klopapier*	le papier de toilette
Metzgerei	la boucherie		

Etwas Französisch

Marmelade	la confiture	*Shampoo*	le shampooing
Milch	le lait	*Sonnenöl*	l'huile solaire
Öl	l'huile	*Streichhölzer*	les allumettes
Orange	l'orange	*Tomaten*	les tomates
Pfeffer	le poivre	*Wurst*	la charcuterie
Salz	le sel	*Zeitung*	le journal
Seife	le savon	*Zucker*	le sucre

Sehenswertes/geographische Begriffe

Wo ist der/die/das ...?	**Où est le/la ...?**
Wo ist der Weg/die Straße zum ...?	**Pourriez-vous m'indiquer le chemin pour ...?**
rechts/links	**à droite/à gauche**
hier/dort	**ici/là**

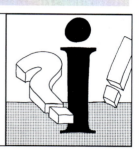

Berg	la montagne	*Kloster*	le couvent
Burg	le château	*Leuchtturm*	le phare
Brücke	le pont	*Meer*	la mer
Bucht	la baie	*Museum*	le musée
Dorf	le village	*Platz*	la place
Fluss	la rivière	*Schlucht*	les gorges
Gipfel	le sommet	*See*	le lac
Hafen	le port	*Stadt*	la ville
Höhle	la grotte	*Staudamm*	le barrage
Insel	l'île	*Strand*	la plage
Kapelle	la chapelle	*Turm*	la tour
Kirche	l'église	*Wald*	la forêt

Hilfe/Krankheit

Ich habe (hier) Schmerzen.	J'ai des douleurs (ici).	*Zahnarzt*	le dentiste
Ich bin allergisch gegen ...	J'ai une allergie contre ...	*Ich brauche ...*	J'ai besoin de ...
		Heftpflaster	le sparadrap
Konsulat	le consulat	*Mullbinde*	la bande de gaze
Arzt	le docteur	*Schmerzen*	des douleurs
Krankenhaus	l'hôpital	*krank*	malade
Polizei	la police	*erkältet*	enrhumé(e)
Unfall	l'accident	*Grippe*	la grippe

656 Etwas Französisch

Husten	la toux	... Kopfschmerzen	... mal à la tête
Durchfall	la diarrhée, la colique	... Halsschmerzen	... mal à la gorge
Verstopfung	la constipation	... Zahnschmerzen	... mal aux dents
Entzündung	l'inflammation	Auge/die Augen	l'oeil/les yeux
Ohrenentzündung	l'otite	Ohr	l'oreille
Insektenstich	la piqûre d'insecte	Magen	l'estomac
Ich habe ...	J'ai ...	Rücken	le dos

Können Sie mir bitte helfen?	**Pourriez-vous m'aider, s'il vous plaît?**
Wo ist ein Arzt/eine Apotheke?	**Où pourrais-je trouver un docteur/ une pharmacie?**
Wann hat der Arzt Sprechstunde?	**A quelle heure le cabinet est-il ouvert?**

Allgemeine Zeitbegriffe

vorgestern	avant-hier	Woche	la semaine
gestern	hier	Monat	le mois
heute	aujourd'hui	Jahr	l'an/l'année
morgen	demain	danach	après
übermorgen	après-demain	Wie viel Uhr ist es?	Quelle heure est-il?
Stunde	l'heure	Um wie viel Uhr?	A quelle heure?
Tag	le jour	Wann?	Quand?

Tageszeiten, Tage, Monate, Jahreszeiten

Morgen	le matin	April	avril
Nachmittag	l'après-midi	Mai	mai
Abend	le soir	Juni	juin
Nacht	la nuit	Juli	juillet
Montag	lundi	August	août
Dienstag	mardi	September	septembre
Mittwoch	mercredi	Oktober	octobre
Donnerstag	jeudi	November	novembre
Freitag	vendredi	Dezember	décembre
Samstag	samedi	Frühjahr	le printemps
Sonntag	dimanche	Sommer	l'été
Januar	janvier	Herbst	l'automne
Februar	février	Winter	l'hiver
März	mars		

Zahlen

1	un	17	dix-sept	1000	mille
2	deux	18	dix-huit	2007	deux mille sept
3	trois	19	dix-neuf		
4	quatre	20	vingt	einmal	une fois
5	cinq	21	vingt et un	zweimal	deux fois
6	six	22	vingt-deux	der erste	le premier (la première)
7	sept	30	trente		
8	huit	40	quarante	der zweite	le deuxième
9	neuf	50	cinquante	die Hälfte von ...	la moitié de ...
10	dix	60	soixante		
11	onze	70	soixante-dix	ein Drittel	un tiers
12	douze	80	quatre-vingts	ein Viertel	un quart
13	treize	90	quatre-vingt-dix	ein Paar ...	une pair de ...
14	quatorze				
15	quinze	100	cent		
16	seize	200	deux cents		

Speiselexikon

Kellner!	Monsieur!
Die Speisekarte bitte!	La carte, s'il vous plaît!
Ich hätte gerne ...	Je voudrais bien ...
Haben Sie ...?	Est-ce que vous avez ....?
Die Rechnung bitte!	L'addition, s'il vous plaît!

Allgemeines

l'assiette	Teller	chaud(e)	heiß
l'addition	Rechnung	la commande	Bestellung
l'auberge	Landgasthof	compris	inbegriffen
boire	trinken	le couteau	Messer
la brasserie	eigentlich Brauhaus; heute v. a. Bezeichnung für Cafés mit Mittags- und Abendtisch	la cuillère	Löffel
		cuit(e)	gekocht
		le déjeuner	Mittagessen
		dur(e)	hart, zäh
la carte	Speisekarte	l'entrée	Vorspeise
... des vins	Weinkarte	l'épice	Gewürz
... du jour	Tageskarte	la fourchette	Gabel
le cendrier	Aschenbecher	froid(e)	kalt

fumé(e)	geräuchert
le garçon	Kellner, Ober
en gelée	gesülzt
la glace	Eis
le glaçon	Eiswürfel
la goutte	Tropfen
le gratin	Auflauf, Überbackenes
les grillades	Gegrilltes
grillé(e)	gegrillt
les herbes de Provence	Kräuter der Provence
l'hors-d'œuvre	Vorspeise
l'huile	Öl
libre-service	Selbstbedienung
maigre	mager
manger	essen
mijoté(e)	geschmort
mousseux	schäumend
moulin à poivre	Pfeffermühle
la note	Rechnung
la peau	Haut, Schale
le petit déjeuner	Frühstück
le pichet	Weinkaraffe
la pincée	Prise
le plat	Gericht, Platte
... du jour	Tagesgericht
poêlé(e)	*in der Pfanne gebraten*
à point	*gebraten (außen knusprig, innen rosa)*
le pot	Topf
le pourboire	Trinkgeld
prêt	bereit, angerichtet
un quart	ein Viertel
les quenelles	Klößchen, Röllchen
râpé(e)	geraspelt, gerieben
réchauffer	aufwärmen
recommandé	empfohlen, empfehlenswert
le relais	Landgasthof
la rouille	scharfe rote Soße
saignant	kurz angebraten
salé(e)	gesalzen
servir	bedienen, auftragen
le sel	Salz
la soupe	Suppe
tendre	zart, mürbe
la terrine maison	Pastete nach Art des Hauses
le thym	Thymian
tiède	lauwarm
la tranche	Schnitte, Scheibe

Fleisch, Wild und Geflügel

l'agneau	Lamm
l'assiette anglaise	kalte Platte
bien cuit	durchgebraten
le bifteck	Beefsteak
le bœuf	Ochse oder Rind
le boudin	Blutwurst
la brochette	Spießchen
la caille	Wachtel
le canard	Ente
le carré d'agneau	Lammrückenstück
le cerf	Hirsch
la charcuterie	Wurstaufschnitt
le châteaubriand	Grillsteak
le cheval	Pferd
la chèvre	Ziege
le chevreuil	Reh
le coq	Hahn
le coq au vin	Hähnchen in Rotweinsoße
le coquelet	Brathähnchen
la côte	Rippenstück
... d'agneau	Lammkotelett
... de veau	Kalbskotelett
la dinde	Pute
le dindon	Truthahn, Puter
l'entrecôte	Zwischenrippenstück
l'épaule d'agneau	Lammschulter
l'escalope	Schnitzel
les escargots	Weinbergschnecken
le faisan	Fasan
le faux-filet	Lendenstück vom Rind
le filet	Lendenbraten
le foie	Leber
le gibier	Wild

Etwas Französisch 659

le gigot	*Keule*
la goulache	*Gulasch*
les cuisses de grenouilles	*Froschschenkel*
le jambon	*Schinken*
le jambonneau	*Schweinshaxe*
le jarret	*Haxe*
la langue de bœuf	*Rinderzunge*
le lièvre	*Hase*
le lapin	*Kaninchen*
le mouton	*Hammel, Schaf*
la noisette d'agneau	*Lammnüsschen*
l'oie	*Gans*
l'os	*Knochen*
l'os à moelle	*Knochen mit Mark*
la paupiette	*Roulade*
le perdreau	*junges Rebhuhn*
la perdrix	*Rebhuhn*
les pieds de cochon	*Schweinsfüße*
le pigeon	*Taube*
le pintadeau	*Perlhuhn*
la poitrine	*Brust*
le porc	*Schwein*
le porcelet	*Spanferkel*
la poularde	*Masthuhn*
le poulet	*Brathähnchen*
la queue	*Schwanz*
les rognons	*Nieren*
le rôti	*Braten*
le sanglier	*Wildschwein*
la saucisse	*Bratwurst*
le saucisson	*Brühwurst*
la selle d'agneau	*Lammrücken*
le steak au poivre	*Pfeffersteak*
le tournedos	*Lendenschnitte*
les tripes	*Kutteln, Innereien*
le veau	*Kalb, Kalbfleisch*
la viande	*Fleisch*
la volaille	*Geflügel*

Meeresfrüchte/Fische

l'aile de raie	*Rochenflosse*
l'anchois	*Sardelle (Anchovis)*
l'anguille	*Aal*
le bar	*Barsch*
le barbeau (barbillon)	*Barbe*
la bargue	*Meerbutt*
la baudroie	*Seeteufel*
la bouillabaisse	*kräftige Fischsuppe mit mehreren Fischarten*
le cabillaud	*Kabeljau*
la carpe	*Karpfen*
le congre	*Meer- bzw. Seeaal*
les coquillages	*Muscheln*
les crevettes	*Garnelen*
le denté	*Zahnbrasse*
les écrevisses	*Flusskrebse*
le flétan	*Heilbutt*
le gambas	*Garnelen, Krabben*
le grondin	*Knurrhahn*
le homard	*Hummer*
les huîtres	*Austern*
la lotte de mer	*Seeteufel*
le loup de mer	*Wolfsbarsch*
le maquereau	*Makrele*
la morue	*Stockfisch*
les moules	*Muscheln*
le pavé de saumon	*Lachsfilet*
le perche	*Seebarsch*
la plie	*Scholle*
le poisson	*Fisch*
... de rivière	*Flussfisch*
le poulpe	*Tintenfisch*
la praire	*Venusmuschel*
la raie	*Rochen*
la rascasse	*Drachenkopf*
le sandre	*Zander*
les sardines à l'huile	*Ölsardinen*
le saumon	*Lachs*
la seiche	*Tintenfisch*
la sole	*Seezunge*
le st-pierre	*St.-Petersfisch*
la tanche	*Schleie*
le thon	*Thunfisch*
le tourteau	*Taschenkrebs*
la truite	*Forelle*
... à la meunière	*Forelle Müllerin*

... bleue	*Forelle blau*	le turbot	*Steinbutt*
... fumée	*Räucherforelle*		

Gemüse/Beilagen

les artichauts	*Artischocken*	la mâche	*Feldsalat*
les asperges	*Spargel*	le millet	*Hirse*
le béchamel	*weiße Sahnesoße*	les nouilles	*Nudeln*
les cèpes	*Steinpilze*	les oignons	*Zwiebeln*
les chanterelles	*Pfifferlinge*	la pâte	*Teig*
le chou	*Kohl*	les pâtes	*Nudeln*
le chou-fleur	*Blumenkohl*	le pain	*Brot*
le chou vert	*Grünkohl*	les petits pois	*Erbsen*
la choucroute	*Sauerkraut*	le poireau	*Lauch, Porree*
le concombre	*Gurke*	la poirée	*Mangold*
les courgettes	*Zucchini*	les pommes de terre	*Kartoffeln*
les crudités	*Rohkost*		
l'échalote	*Schalotte*	le radis	*Rettich*
les épinards	*Spinat*	la ratatouille	*geschmortes Gemüseallerlei zumeist aus Auberginen, Zucchini, Paprika und Tomaten*
le fenouil	*Fenchel*		
la garniture	*Beilage*		
le gingembre	*Ingwer*		
les girolles	*Pfifferlinge*	le riz	*Reis*
les haricots verts	*grüne Bohnen*	les roses des prés	*Wiesenchampignons*
la laitue	*Kopfsalat*		
les légumes	*Gemüse*	la salade	*Salat*
les lentilles	*Linsen*	la sauge	*Salbei*
		la semoule	*Grieß*

Obst, Dessert, Gebäck und Käse

l'abricot	*Aprikose*	la macédoine de fruits	*Obstsalat*
les amandes	*Mandeln*	les myrtilles	*Heidelbeeren*
le beignet	*Krapfen*	la noisette	*Haselnuss*
la brioche	*Hefegebäck*	la noix	*Walnuss*
le calisson	*Mandelkuchen*	la pâtisserie	*Konditorei, Gebäck*
la confiserie	*Süßwaren*	la pêche	*Pfirsich*
doux, douce	*süß*	le petit gâteau	*Teegebäck*
le flan	*Pudding*	le pignon	*Pinienkern*
la figue	*Feige*	la poire	*Birne*
le fromage	*Käse*	la pomme	*Apfel*
la framboise	*Himbeere*	les primeurs	*Obst und Gemüse*
les fruits	*Früchte, Obst*	le pruneau	*Back- oder Dörrpflaume*
le gâteau	*Kuchen*	la pulpe	*Mark, Fruchtfleisch*

Etwas Französisch

les raisins	Weintrauben
le ramequin	kleiner Käsekuchen
le plateau de fromage	Käseplatte
le sablé	Sandgebäck
le sorbet aux fruits	Früchtesorbet
le soufflé	Eierauflauf
le sucre	Zucker (sucré: gesüßt)
le sirop	Sirup
la tarte	Kuchen
la tartelette	Törtchen

Diverses

l'aïoli	Knoblauchmayonnaise
le beurre	Butter
... d'ail	Knoblauchbutter
la ficelle	sehr dünnes, langes Weißbrot
la graisse d'oie	Gänseschmalz
le jaune d'œuf	Eigelb
la menthe	Pfefferminz
le miel	Honig
la moutarde	Senf
l'œuf (brouillé)	(gekochtes) Ei
le persil	Petersilie
la poivrade	Pfeffersoße
le potage	Suppe
la potée	Eintopf
les rillettes d'oie	Gänsepastete
les truffes	Trüffel
le velouté	Crèmesuppe
le vinaigre	Essig
le yaourt	Joghurt

Getränke

l'alcool	Alkohol
la bière (brune) blonde	helles (dunkles) Bier
la biere à la pression	Bier vom Fass
la boisson	Getränk
la bouteille	Flasche
brut	trocken, herb (Champagner)
le café	Kaffee
... au lait	Milchkaffee
le chouchenn	Chouchenn, bretonischer Honigwein (Aperitif)
le digéstif	Verdauungsschnaps
demi	halb
demi-sec	halbtrocken
le demi	das (Glas) Bier
l'eau	Wasser
... gazeuse	Mit Kohlensäure
... naturelle	natürliches
	Mineralwasser
... de vie	Branntwein
l'infusion	Kräutertee
le jus	Saft
le lait	Milch
... entier	Vollmilch
le pastis	Anisschnaps, der mit Wasser zu einer gelblichen Flüssigkeit verdünnt wird
les rafraîchissements	Sammelbegriff für Erfrischungsgetränke
le thé	Tee
le verre	(Trink-)Glas
le vermouth	Wermut
le vin	Wein
... blanc	Weißwein
... de table	Tischwein
... du pays	einheimischer Wein
... rouge	Rotwein

Verlagsprogramm

Ägypten
- Ägypten
- Sinai & Rotes Meer

Baltische Länder
- Baltische Länder

Belgien
- *MM-City* Brüssel

Bulgarien
- Schwarzmeerküste

Dominikanische Republik
- Dominikanische Republik

Deutschland
- Allgäu
- Altmühltal & Fränkisches Seenland
- Berlin & Umgebung
- *MM-City* Berlin
- Bodensee
- Franken
- Fränkische Schweiz
- *MM-City* Hamburg
- Mainfranken
- *MM-City* München
- Nürnberg, Fürth, Erlangen
- Oberbayerische Seen
- Ostfriesland und Ostfriesische Inseln
- Ostseeküste – von Lübeck bis Kiel
- Ostseeküste – Mecklenburg-Vorpommern
- Rügen, Stralsund, Hiddensee
- Schwäbische Alb
- Usedom

Ecuador
- Ecuador

Frankreich
- Bretagne
- Côte d'Azur
- Elsass
- Haute-Provence
- Korsika
- Languedoc-Roussillon
- *MM-City* Paris
- Provence & Côte d'Azur
- Südfrankreich
- Südwestfrankreich

Griechenland
- Athen & Attika
- Chalkidiki
- Griechenland
- Griechische Inseln
- Karpathos
- Kefalonia & Ithaka
- Korfu
- Kos
- Kreta
- Kykladen
- Lesbos
- Naxos
- Nord- u. Mittelgriechenland
- Peloponnes
- Rhodos
- Samos
- Santorini
- Skiathos, Skopelos, Alonnisos, Skyros – Nördl. Sporaden
- Thassos, Samothraki
- Zakynthos

Großbritannien
- Cornwall & Devon
- England
- *MM-City* London
- Südengland
- Schottland

Irland
- Irland

Island
- Island

Italien
- Abruzzen
- Apulien
- Adriaküste
- Chianti – Florenz, Siena, San Gimignano
- Dolomiten – Südtirol Ost
- Elba
- Friaul-Julisch Venetien
- Gardasee
- Golf von Neapel
- Italien
- Kalabrien & Basilikata
- Ligurien – Italienische Riviera, Genua, Cinque Terre
- Liparische Inseln
- Marken
- Mittelitalien
- Oberitalien
- Oberitalienische Seen
- Piemont & Aostatal
- *MM-City* Rom
- Rom & Latium
- Sardinien

- Sizilien
- Südtirol
- Südtoscana
- Toscana
- Umbrien
- *MM-City* Venedig
- Venetien

Kanada
- Kanada – der Westen

Kroatien
- Istrien
- Kroatische Inseln & Küste
- Mittel- und Süddalmatien
- Nordkroatien – Kvarner Bucht

Malta
- Malta, Gozo, Comino

Marokko
- Südmarokko

Neuseeland
- Neuseeland

Niederlande
- *MM-City* Amsterdam
- Niederlande

Norwegen
- Norwegen
- Südnorwegen

Österreich
- *MM-City* Wien
- Wachau, Wald- u. Weinviertel
- Salzburg & Salzkammergut

Polen
- *MM-City* Krakau
- Polen
- Polnische Ostseeküste

Portugal
- Algarve
- Azoren
- *MM-City* Lissabon
- Lissabon & Umgebung
- Madeira
- Nordportugal
- Portugal

Schweden
- Südschweden

Schweiz
- Genferseeregion
- Graubünden
- Tessin

Serbien und Montenegro
- Montenegro

Slowakei
- Slowakei

Slowenien
- Slowenien

Spanien
- Andalusien
- *MM-City* Barcelona
- Costa Brava
- Costa de la Luz
- Gomera
- Gran Canaria
- *MM-Touring* Gran Canaria
- Ibiza
- Katalonien
- Lanzarote
- La Palma
- *MM-Touring* La Palma
- Madrid & Umgebung
- Mallorca
- Nordspanien
- Spanien – gesamt
- Teneriffa
- *MM-Touring* Teneriffa

Tschechien
- *MM-City* Prag
- Südböhmen
- Tschechien
- Westböhmen & Bäderdreieck

Tunesien
- Tunesien

Türkei
- *MM-City* Istanbul
- Türkei
- Türkei – Lykische Küste
- Türkei – Mittelmeerküste
- Türkei – Westküste
- Türkische Riviera – Kappadokien

Ungarn
- *MM-City* Budapest
- Ungarn

Zypern
- Zypern

Aktuelle Informationen zu allen Reiseführern finden Sie im Internet unter
www.michael-mueller-verlag.de

Michael Müller Verlag GmbH, Gerberei 19, 91054 Erlangen

Tel. 0 91 31 / 81 28 08-0; Fax 0 91 31 / 20 75 41; E-Mail: info@michael-mueller-verlag.de

Markttag in Concarneau

Register

A

Abbé Fouré 141
Abbé Gillard 585
*Abélard,
 Pierre* 505
Aber Benoît 317
Aber Ildut 319
Aber Wrac'h 315
Adresse 51
Alignements 51, 358, 448, 475, 476
Alimentation 34
Allée couverte 51
Altsteinzeit 86
*Amboise,
 Françoise d'* 618
Amoco-Cadiz 319
Anfahrtsrouten 13
Ankou 51
*Anne de Bretagne
 (Herzogin)* 92, 277, 282, 308, 367, 512, 566, 593
Anreise 12
Anse de Sordan 610
Apotheken 70
Apothicairerie-
 Grotte 466
Appartements 27
Apsis 52
Aquarien 52
*Ar Balp,
 Sebastian* 94
Arbeit 53
Argoat 53, 577
*Arimathea, Joseph
 von* 586
Arkade 53
Armorika 53
Arradon 494
Artischocken 290
Artus (König) 577, 579
Artussage 578
Arzon 506
Atomkraftwerk 386
Audierne 388
Auray 483
Ausrüstung 54
Austern 35, 117, 120
Auto (in der Bretagne) 17
Autoverleih 18
Aux Moines (Insel) 243
Avalon 579

B

Baden 54
Bahn (Anreise) 15
Bahn (in der
 Bretagne) 19
Baie de la Forêt 417
Baie des Anges 315
Baie des Trépassés 384
Baie du Cabellou 427
Balzac, Honoré de 560
*Barbe-Torte, Alan
 (König)* 90
Barbier, René 294
*Barbinais, Porcon
 de la* 127
Barenton (Quelle) 584
Barrage de
 Guerlédan 610
Basilika 55
Batz (Insel) 300
Batz-sur-Mer 528
Baud 606
Beau Rivage 612
Beaujou, Anne de 91

Register B–C

Beaumanoir, Jean de 597
Beauport (Abtei) 217
Bécherel 576
Beg-Meil 420
Beinhaus 74, 643, 646
Belle-Ile-en-Mer 461
Belle-Isle-en-Terre 618
Bemborough, Sir 597
Bénodet 415
Benzin 18
Bernard, Emile 431
Bernhardt, Sarah 462, 466
Bevölkerung 44
Bienassis (Schloss) 180
Bier 36
Bigoudenhäubchen 403
Binic 202
Biniou 72
Blois, Charles de 91, 156, 446, 486, 487, 597, 618
Blois, Geoffroy du 597
Bocage 56
Bodilis 637
Bombarde 72
Bon Repos 610
Bono (Insel) 243
Boquen (Abtei) 189
Botrel, Théodore 216, 217, 430
Botrel, Tiphaine 155
Boucherie 34
Bourbriac 620
Brasparts 651
Braz, Anatol le 222, 229, 234
Bréhat (Insel) 220
Bréhec-en-Plouha 210
Brennilis 634
Brest 332
Bretagne, Gilles de 170
Brignogan-Plage 304
Brioc (Mönch) 195
Britische Einwanderung 88
Brocéliande 577
Brosse, Salomon de 572
Broussais, François Joseph Victor 125

Bucht von Mont-St-Michel 98
Bulat-Pestivien 620
Bus (in der Bretagne) 20
Butte de César 506

C

Cadoudal, Georges 488
Cairn 56, 274
Cairn von Barnenez 274
Callot (Insel) 288
Calvaire 56, 284, 347, 394, 634, 640, 644, 649
Calvaire-Tour 343, 634
Camaret 355
Camping-Carnet 60
Cancale 117
Canterbury (Lord) 156
Cap de la Chèvre 363
Cap Fréhel 172
Cap-Coz 420
Caradeuc (Schloss) 576
Caradeuc de la Chalotais, Louis René de 576
Carantec 285
Carhaix-Plouguer 626
Carnac 468
Carré, Corentin 622
Carrel, Alexis 234
Cartier, Jacques 125, 141
Cäsar, Julius 495
Castennec (Hügel) 606
Cézembre 143
Chambres d'hôtes 28
Champaux 558
Châteaubriand, Alphonse de 535
Châteaubriand, François-René de 115, 125, 138
Châteaubriant 545
Châteaugiron 575
Châteauneuf-du-Faou 629
Châtelaudren 200
Chor 56
Chouannerie 96

Chouans 488
Chouchenn 36
Circuits Touristiques 57
Claude de France (Herzogin) 92
Clisson, Olivier de 593
Coatfrec (Schloss) 264
Colbert, Jean-Baptiste 333, 439
Coligny, Gaspar de 552
Combourg 114
Commana 647
Comorre (Graf) 627
Comper (Schloss) 584
Concarneau 420
Confort-Meilars 387
Coquille St-Jacques (Jakobsmuschel) 175
Corbière, Tristan 295
Corentinus (Eremit) 405
Corlay, Yves 618
Corn Ar Gazel 317
Cornic, Charles 278
Corniche Bretonne 235
Corniche de l'Armorique 269
Cornon, Raymond 138
Cornouaille, Alain de 436
Cosmopolis 258
Costaères (Schloss) 246
Côte d'Amour 508
Côte de Cornouaille 368
Côte de Granit Rose 235
Côte des Bruyères 267
Côte des Légendes 301
Côte du Goëlo 194, 195
Côte du Léon 276
Côte du Morbihan 439
Côte Emeraude 124
Côte Sauvage (Quiberon) 451

Crêperies 33
Criée 57
Cromlech 58
Crozon 360
Crozon-Halbinsel 351
Crucuno 448

D

Dahouët 181
Dahud (Fee) 376, 633
Daoulas 350
Daoulas-Schlucht 611
Dinan 149
Dinard 142
Diplomatisches 58
Doëlan 434
Dol 110
Dolmen 59, 448, 482
Donjon 59
Doppelbett 26
Douarnenez 374
Dourduff 284
Dreux, Pierre de 90
Drouet, Juliette 561
Dugay-Trouin, René 127
Duguesclin, Bertrand 91, 104, 156, 171, 545, 549, 566, 576
Dunes des Marguerites 315

E

Edikt von Nantes 552
Eiffel, Gustave 487
Elven 502
Enclos paroissial 59, 634, 636
Energiewirtschaft 49
Englandfähren 22
Erdbeere 346, 348
Erdeven 448
Erispoe (König) 90, 495, 565
Ermäßigungen 60
Erquy 174
Erster Weltkrieg 96, 491
Essen 31
Etel 447

F

Fahrrad 16, 23
Faouët, Marion de 623
Fauna 43, 44
Fayencen 404, 406, 413
Feiertage 60
Ferrer, Vinzenz 500
Fest-noz 61
Fischen 39
Fischfang 46
Flamboyant-Stil 61
Flandre, Jeanne de 445
Flaubert, Gustave 87
Flora 43
Foix, Françoise de 548
Fôret de Fougères 564
Fôret de Paimpont 577
Fort Bloqué 445
Fort La Latte 171
Fotografieren 61
Fouesnant 417
Fougères 558
Fouquet, Nicolas 462
Franz I. 92, 495, 548
Franz II. (Herzog) 89, 552, 560
Französische Revolution 93
Fremdenverkehrsämter 64
Frémiet, Emmanuel 107
Fresnel, Augustin Jean 172
Fulton, Robert 356
Furic, Mathurin 438
Fußfischen 61

G

Gabriel, Jean (Architekt) 567, 573
Galahad 579, 586
Gallien (röm. Provinz) 88
Gauguin, Paul 428, 431, 433, 434
Gaulle, Charles de 391
Gavrinis (Insel) 491

Gegenreformation 635
Geld 62
Geographie 40
Geologie 40
Geschichte 85
Getränke 36
Gezeiten 62
Gezeitenkraftwerk 148
Giaudet 621
Gildas (Mönch) 504
Gisant 63
Gîtes d'Etape 28
Gîtes ruraux 27
Glockenrad 611
Gogh, Vincent Van 431
Golf 39
Golf von Morbihan 479
Golfstrom 42
Gorges de Toul Goulic 621
Gouren 38
Grâces 618
Gradlon (König) 89, 365, 372, 375, 376, 405
Gral 586
Grand Bé (Insel) 138
Grand Fougeray 545
Grand Rocher (Aussichtsfels) 268
Grande Brière 534
Grande Pêche 128, 203, 211
Grottes de Morgat 362
Guéhenno 598
Guénin 606
Guérande 510
Guérin, Alphonse 588
Guidel-Plage 444
Guimiliau 639
Guinevra 579
Guingamp 612
Gurunhuel 620
Guy XIV de Laval 584

H

Hallervorden, Didi 247
Harpe celtique 72
Hausboote 22
Haustiere 63
Heilige 63

Register H–K 667

Le Gouffre – der nördlichste Punkt der Bretagne

Heine, Heinrich 483
Heinrich II. 90, 483, 566
Heinrich IV. 551, 552
Helori, Yves 223
Hennebont 445
*Hoche, Louis Lazare
(General)* 451
Hôpital-Camfrout 351
Hotels 25
Huelgoat 629
Hugenotten 553, 635
Hugo, Victor 85, 98,
149, 560
Hundertjähriger
Krieg 90
Hydromel 36

I

Ile aux Moines 492
Ile d'Arz 493
Ile de Fédrun 537
Ile de Hoëdic 460
Ile de Houat 460
Ile de la Comtesse 208
Ile de Sein 391
Ile Grande 257
Ile Groix 449
Ile Longue 355

Ile Tudy 400
Ile Vierge
(Leuchtturm) 313
Iles de Glénan 427
Industrie 48
Information 64
Ingrand, Max 315
Internet 65

J

Jacut (Mönch) 164
Jakobsmuschel 175
Jardins du
Montmarin
(Schlosspark) 149
Jean II (Herzog) 593,
599
Jean III (Herzog) 90
Jean IV 516
Jean V 185
*Johannes
der Täufer* 272
Josselin 592
Judicael (König) 580
Jugendherberge 28
Jugon-les-
Lacs 191
Jungsteinzeit 86

K

Kapitell 65
Karl der Große 89
Karl der Kahle 565
Karl VI. 333
Karl VIII. 91, 560, 566,
593
Karl IX. 552
Karyatide 66
Katel Gollet 642
Kathedrale 66
Kelten 87
Kenotaph 66
Keramenez 349
Kerazan (Manoir) 400
Keremma (Dünen)
304
Kerfons (Kapelle) 264
Kergornadéac
(Schloss) 293
Kergrist (Schloss) 266
Kergrist-Moëlou 622
Kerhinet 537
Kerjean (Schloss) 293
Kerjouanno 507
Kerlouas (Menhir) 321
Kermaria 210

Register K–M

Kernascléden 625
Kernisi 349
Kérouzéré (Schloss) 293
Kerpape 445
Kerroch 445
Kerzerho (Alignements) 448
Kleidung 66
Klima 42
Kolumbus 220
Korrigans 69, 253
Korsaren 127
Kreisker 66
Kreuzgang 66

L

La Baule 521
La Caravane 121
La Chapelle-des-Marais 537
La Couronne 508
La Fontenelle (Räuber) 264, 377, 395
La Forêt-Fouesnant 420
La Guerche-de-Bretagne 549
La Hunaudaye (Burg) 190
La Martyre 344
La Roche-aux-Fées 550
La Roche-Bernard 508
La Roche-Derrien 229
La Roche-Maurice 345
La Tour d'Auvergne (Hauptmann) 628
La Trinité-sur-Mer 477
La Turballe 517
Lac au Duc 591
Lac de Guerlédan 607
Lacs Bleus 180
Laënnec, René 409
Lamballe 184
Lambilly, Louis-Marie de 185
Lamennais, Félicité de 125
Lamennais, Jean-Marie de 589
Lampaul 329
Lampaul-Guimiliau 637
Lampaul-Plouarzel 320
Lampaul-Ploudalmézeau 317
Lancelot 579, 584, 587
Lancieux 163
Landais, Pierre 552
Landerneau 341
Landévennec 352
Landivisiau 636
Landwirtschaft 47
Langgrab 51, 550
Langhaus 67
Languidou (Kapelle) 394
Lanildut 319
Laniscat 611
Lanleff 211
Lanloup 210
Lannilis 315
Lannion 260
Lanniron (Schloss) 414
Lanrivain 621
Lanvéoc 355
Largoët (Festung) 502
Larmor-Baden 491
Larmor-Plage 443
La Roche-Jagu (Schloss) 230
Laval, Jean de 546, 547, 548
Lavergne, Louis-Marie 185
Le Bono 487
Le Caro (Bucht) 349
Le Cerf (Insel) 243
Le Conquet 322
Le Croisic 530
Le Diben 274
Le Faou 351
Le Faouët 622
Le Folgoët 308
Le Fret 355
Le Gouffre 233
Le Grouanec 314
Le Guilvinec 396
Le Nôtre, André 558
Le Palais 465
Le Pas du Houx (Weiher) 582
Le Pouldu 434
Le Saulnier, François 202
Le Vieux-Marché 266
Le Vivier-sur-Mer 117
Le Yaudet 267
Lechiagat 397
Léhon 158
Les Costans (Insel) 243
Les Forges 582
Les Forges des Salles 610
Les Iffs 575
Lesconil 398
Lesneven 308, 310
Lespaignol, Jacques 644
Lestrevet 364
Lettner 67
Leuchttürme 68
Lieue de Grève 268
Lilia 314
Linienflüge 12
Loc-Envel 619
Locmaria 619
Locmaria (Belle Ile) 466
Locmariaquer 480
Locquirec 270
Locronan 368
Loctudy 399
Lohéac 575
Lomener 445
Lorient 439
Loti, Pierre 212, 217, 219
Ludwig der Fromme 89
Ludwig XII. 92
Ludwig XIII. 442
Ludwig XIV. 94, 308, 439, 496, 553, 567
Ludwig XV. 534

M

Maclow (Malo, Missionar) 126
Malban (Insel) 243
Malestroit 591
Marais Salants 516
Marc'h (König) 632
Marc'h Sammet (Aussichtspunkt) 269
Marché 34
Märchen und Legenden 68
Maupertius, Pierre-Louis 125
Maximilian, Erzherzog von Österreich 92
Meeresfrüchte 34

Register M–P

Megalith 70
Megalithfelder 475
Megalithkulturen 87
Meheut, Mathurin 189
Melrand 605
Ménez Hom (Berg) 365
Menez-Bré (Berg) 618
Menhir 70, 86, 113, 258, 321, 483
Menhir de Champ-Dolent 113
Mercoeur (Gouverneur) 150
Merlin 579, 582, 583, 584
Merlins Grab 582
Michael (Erzengel) 114
Minihy-Tréguier 229
Mitfahrzentrale 16
Mittelsteinzeit 86
Moëlan-sur-Mer 434
Molène (Insel) 331
Moncontour 191
Monmouth, Geoffrey von 579
Mont Dol 114
Montagne St-Michel 648
Montauban, Arthur de 170
Montfort, Jean de 91, 156, 308, 333, 445, 486, 512, 566, 597
Montmuran (Burg) 576
Mont-St-Michel 98
Morgane 587
Morgat 361
Morin, Gabriel 591
Morlaix 276
Mougau-Bihan (Langgrab) 648
Mousterlin 420
Mur-de-Bretagne 608
Muscadet 36
Museum 71
Musik 71

N

Napoléon I 188, 440, 488, 600
Napoléon III 169, 481

Naturschutzgebiete 72
Niederschläge 42
Nizon 433
Nominoe, Graf von Vannes 89, 495
Notre-Dame-de-Tronoën (Kapelle) 394
Notre-Dame-Le-Guildo 170

O

Odet (Fluss) 414
Öffnungszeiten 73
Oratorium 74
Ortsnamen 74
Ossuaire 74
Ostbretagne 539
Ouessant (Insel) 326

P

Paimpol 211
Paimpont (Ort) 580
Paramé 140
Parc de Préhistoire de Bretagne 544
Parc Floral de Haute Bretagne 565
Pardon 74
Parzival 579
Pâtisserie/Confiserie 34
Pays Bigouden 391
Pays des Abers 311
Pêche à pied 61
Pencran 344
Penmarc'h (Halbinsel) 391
Penmarc'h (Ort) 395
Pentrez-Plage 364
Perros-Guirec 236
Peugeot, Armand 361
Pferdewagen 23
Philippe Auguste 105
Pierre II (Herzog) 614
Pietà 76
Pinchon, Guillaume 198
Piriac-sur-Mer 519
Pizzerien 33
Plate (Insel) 243
Plélan-le-Grand 582
Pléneuf 181
Pleubian 232

Pleumeur-Bodou 258
Pleyben 649
Pleyber-Christ 645
Ploaré 374
Ploëmeur 444
Ploërmel 587
Plouarzel 320
Ploubazlanec 219
Ploudalmézeau 318
Ploudiry 346
Plouescat 302
Plougasnou 273
Plougastel (Halbinsel) 349
Plougastel-Daoulas 346
Plougonvelin 326
Plougonven 284
Plougrescant 232
Plouguerneau 312
Plouha 209
Ploumanach 244
Ploumilliau 269
Pointe Beg er Lan 452
Pointe de Bihit 254
Pointe de Corsen 320
Pointe de Diben 274
Pointe de Dinan 363
Pointe de Grand Gouin 359
Pointe de Kerdéniel 349
Pointe de Kermorvan 325
Pointe de Kerpenhir 483
Pointe de la Torche 393
Pointe de l'Arcouest 219
Pointe de Locquirec 271
Pointe de Mané Hellec 446
Pointe de Pen al Lann 288
Pointe de Penhir 359
Pointe de Plestin 269
Pointe de Pontusval 307
Pointe de Porz Doun 331
Pointe de Primel 274
Pointe de Toulinguet 359
Pointe des Capucins 358

Auf der Ile de Fédrun (Grande Brière)

Pointe des Espagnols 358
Pointe des Poulains 466
Pointe du Décollé 160
Pointe du Grouin 122
Pointe du Percho 452
Pointe du Petit-Minou 326
Pointe du Raz 385
Pointe du Talut 445
Pointe du Van 383
Poissonnerie 34
Pont-Aven 428
Pont-Croix 387
Pontivy 599
Pont-l'Abbé 401
Pontorson 107
Pontrieux 231
Pornichet 527
Porspaul 320
Porspoder 318
Port Blanc 234
Port de l'Aber Wrac'h 315
Port du Crouesty 507
Port Goulphar 467
Port Manec'h 433
Port Navalo 507
Port-Blanc 493
Port-Louis 442

Portsall 318
Port Tudy 449
Portzamparc, Christian de (Architekt) 574
Post 76
Pouldavid 374
Pouliguen 528
Presse 76
Primel-Trégastel 274

Q

Quelven 605
Questembert 502
Quiberon (Halbinsel) 450
Quiberon (Ort) 452
Quimper 404
Quimperlé 436
Quinipily 607
Quintin 199

R

Rade de Brest 332
Raguenuel, Tiphaine 104, 157
Raoul II 559
Redon 539
Refektorium 76

Reisezeit 77
Reiten 39
Reliquiar 77
Renan, Ernest 222, 228
Rennes 565
Reparaturen 18
Réserve du Cap Sizun 383
Résistance 97
Restaurants 32
Retabel 77
Rhuys (Halbinsel) 502
Richelieu (Kardinal) 185, 265, 442, 542, 594, 614
Riothamus (Keltenkönig) 578
Rivière de Morlaix 284
Rivière d'Etel 446
Roc Trevezel (Berg) 648
Rochefort-en-Terre 542
Rocher du Crapaud 319
Rochers Sévigné (Schloss) 557
Rohan 604
Rosanbo (Schloss) 266

Register R–T

Roscanvel 355
Roscoff 294
Rothéneuf 140
Rouzic (Insel) 243
Rumengol 351
Runan 232

S

Sables-d'Or-les-Pins 173
Sablières 78
Saillé 516
Salaün (König) 344
Salaün (Narr) 308
Salz 512, 515, 516, 530
Samson (Mönch) 110
Sarkophag 78
Sarzeau 502
Sauvage-Halbinsel 231
Sauzon 466
Schiff 78
Schiff (in der Bretagne) 21
Schiffsausflüge 21
Schlacht der Dreißig 597
Schlacht von Auray 91, 486
Schlacht von Quiberon 451, 487
Schlacht von St-Aubin 91
Schlösser und Burgen 78
Schuhe 560
Schweitzer, Gaston 602
Segeln 37
Sentiers des Douaniers 78
Sept Saints (Kapelle) 266
Sérusier, Paul 431, 629
Sévigné, Marie de Rabutin 95, 557
Sieben Inseln (Sept Iles) 243
Siebenschläferkapelle 266
Sienkiewicz, Henry 246
Sillon de Talbert (Landspitze) 231

Site du Stangala (Aussichtspunkt) 415
Sizun 645
Sizun (Halbinsel) 382
Sonnantes, Pierre 170
Souvenirs 79
Spezialitätenläden 33
Sport 37
Sprache 79
St-Aignan 609
St-Armel 588
St-Briac 620
St-Briac-sur-Mer 162
St-Brieuc 64
St-Brieuc 195
St-Cado 447
St-Cado (Insel) 447
St-Cast-Le-Guildo 165
St-Corentin 64, 376, 414
St-Cornelius 473
St-Dégan 487
St-Efflam 269
St-Fiacre 625
St-Gildas-de-Rhuys 504
St-Gonéry 232
St-Guénolé 354
St-Guénolé 392
St-Guirec 247
St-Guthiern 438
St-Herbot 634
St-Herbot 634
St-Jacut-de-la-Mer 164
St-Jean 410
St-Jean (Kapelle) 587
St-Jean-du-Doigt 272
St-Joachim 537
St-Just 545
St-Lunaire 160
St-Lyphard 537
St-Malo 64
St-Malo 124
St-Malo-de-Guersac 538
St-Mathieu 325
St-Mériadec 604
St-Michel 314
St-Michel-en-Grève 268
St-Nazaire 528
St-Nic 364
St-Nicodème 606
St-Nicolas 427
St-Nicolas-des-Eaux 606

St-Nicolas-du-Pélem 622
St-Pabu 317
St-Patern 495
St-Philibert 478
St-Pierre-Quiberon 451
St-Pol 64
St-Pol Aurélien (Einsiedler) 289, 300
St-Pol-de-Léon 289
St-Quay-Portrieux 205
St-Renan 321
St-Ronan 64, 368, 372
St-Samson 64
St-Servan-sur-Mer 138
St-Thégonnec 643
St-Trémeur 627
St-Tugdual 64
St-Uzec (Menhir) 258
St-Waroc'h 64
St-Yves 64, 222, 226, 229, 269, 599
Ste-Anne 64, 367, 488
Ste-Anne-d'Auray 488
Ste-Anne-la-Palud 366
Ste-Barbe (Kapelle) 624
Ste-Marie-du-Ménez-Hom (Kapelle) 366
Ste-Noyale (Kapelle) 604
Ste-Onenne 585
Stempelpapierrevolte 94, 401, 403, 496, 566
Stethoskop 409
Stival 604
Stivell, Alain 71
Strom 81
Stuart, Maria 295, 299
Studentenausweis 60
Supermarché 34
Surcouf, Robert 125, 127
Surfen 38
Suscinio (Schloss) 503

T

Tal Ar Groaz 363
Tal ohne Wiederkehr 586
Tang 311
Tauchen 39
Taureau (Festung) 288
Telefonieren 81

Telgruc-sur-Mer 363
Temperaturen 42
Temple du Mars 158
Templer 262
Tennis 39
Thalasso-Therapie 82
Tonquédec (Schloss) 265
Torf 534
Totentanz 210, 625
Touche-Trébry (Schloss) 194
Tourismus 49
Tours d'Elven (Festung) 502
Transsept 82
Trébeurden 254
Tréboul 374
Trécesson (Schloss) 587
Trédaniel 194
Tredrez-Locquémeau 269
Treffiagat 397
Trégastel 248
Tréglonou 317
Tréguier 222
Tréhorenteuc 585
Trémalo (Kapelle) 432
Tremblay 110
Treujenn Gaol 72
Trez-Bellec 363
Trézien 320
Trinkgeld 82
Tristansage 375, 632
Tristansinsel 380
Triumphbalken 82
Tro Breiz 75
Troyes, Chrétien de 579, 586
Tsereteli, Zurab 590
Tugdual (Mönch) 222
Tumulus 82, 474, 475, 491, 506
Tympanon 83

U/V/W

Übernachten 25
Umfriedete Pfarrbezirke 634
Usine Marémotrice 148
Val sans retour 586
Val-André 181
Vallée des Traouïero 253
Vannes 495
Vauban (Baumeister) 136, 171, 172, 329, 333, 357, 426, 465
Veiel, Axel 98
Venus von Quinipily 607
Villéon, Emmanuel de la 564
Vitré 551
Viviane (Merlinsage) 583, 584
Volkskunst 83
Waroc'h 89
Wassersport 37
Wimperg 84
Wirtschaft 46
Wurzel Jesse 84

Y/Z

Yeun Elez 634
Ys 376
Zola, Emile 519
Zoll 84
Zöllnerspfade 78
Zweiter Weltkrieg 96, 334, 426, 442, 528, 546, 567, 592, 614
Zwiebeljohnnies 294

Fotonachweis

Gilles Aeschimann: S. 10

Klaus Goldmann: S. 231, 260

Jochen Grashäuser & Walter Schäffer: S. 15, 17, 21, 23, 25, 30, 39, 43, 45, 46, 48, 52, 54, 55, 57, 58, 59, 65, 67, 69, 75, 79, 83, 85, 89, 93, 97, 104, 106, 113, 114, 116, 123, 139, 140, 143, 146, 156, 161, 163, 168, 169, 171, 172, 175, 179, 181, 185, 186, 188, 190, 194, 195, 198, 201, 202, 206, 210, 217, 220, 223, 228, 230, 241, 245, 247, 252, 255, 257, 259, 263, 265, 271, 272, 275, 276, 280, 283, 284, 288, 292, 295, 298, 303, 307, 309, 313, 315, 317, 320, 324, 329, 330, 331, 333, 338, 349, 352, 357, 359, 361, 365, 368, 377, 384, 385, 394, 395, 396, 397, 399, 405, 410, 411, 419, 426, 431, 434, 440, 443, 444, 446, 459, 464, 467, 472, 474, 476, 481, 487, 490, 493, 494, 499, 501, 504, 508, 515, 516, 518, 519, 520, 522, 526, 536, 538, 544, 545, 549, 551, 555, 556, 564, 566, 573, 574, 585, 588, 593, 598, 605, 613, 621, 623, 627, 628, 639, 643, 645, 646, 648, 649, 664

Florian Hammer: S. 12, 28, 90, 124, 373, 433, 452, 559

Marcus X. Schmid: S. 11, 19, 32, 36, 37, 49, 60, 72, 73, 98, 109, 126, 148, 150, 151, 155, 213, 218, 227, 233, 249, 258, 264, 268, 306, 310, 316, 321, 323, 336, 341, 344, 345, 350, 354, 366, 378, 389, 424, 428, 439, 447, 448, 496, 506, 512, 514, 529, 531, 532, 542, 546, 547, 568, 576, 583, 600, 602, 608, 611, 616, 624, 638, 641, 644, 647, 651, 667, 670

Farbseiten: Jochen Grashäuser (JG), Marcus X. Schmid (MXS)